I0823236

GRANDEZA

ANDRÉS MANUEL LÓPEZ OBRADOR

GRANDEZA

Planeta

Diseño de portada: Planeta Arte & Diseño / Erik Pérez Carcaño
Fotografía de portada, contraportada y solapa izquierda: © Rodrigo Jardón
Fotografía de solapa derecha: Archivo Fotográfico del proyecto «La pintura mural prehispánica en México». Fotógrafo Ernesto Peñaloza Méndez, 1997, Instituto de Investigaciones Estéticas, UNAM
Formación: Alejandra Romero
Fotografías de interiores: Cortesía del autor

Bajo el sello editorial PLANETA M.R.
Avenida Presidente Masaryk núm. 111,
Piso 2, Polanco V Sección, Miguel Hidalgo
C.P. 11560, Ciudad de México
www.planetadelibros.com.mx

Primera edición impresa en México: diciembre de 2025
Cuarta reimpresión en México: diciembre de 2025
ISBN: 978-607-39-3858-7

Impreso en los talleres de Impregráfica Digital, S.A. de C.V.
Avenida 11 463, interior Bodega 2, Colonia San Nicolas Tolentino
C.P. 09850, Iztapalapa, Ciudad de México
Impreso y hecho en México – *Printed and made in Mexico*

ÍNDICE

Introducción 9

I. Origen y destino de las civilizaciones

1. El universo, la vida y el hombre 15
2. Darwin y la evolución 28
3. El racismo 35
4. Salvajes, bárbaros y esclavos 41
5. Las antiguas civilizaciones afroasiáticas y europeas 56
6. Judíos, romanos y cristianos 90

II. Grandeza indígena

7. La única invasión bienaventurada de América 161
8. La invasión de los bárbaros 274
9. Colonialismo decadente 449
10. Resurrección y legado 514

Notas 593

INTRODUCCIÓN

La intención de este análisis es demostrar que los mejores principios éticos y la bondad que poseemos como pueblo y nación provienen de aquello que heredamos de las grandes civilizaciones del México prehispánico. Para comprobar esta hipótesis me apoyé en el trabajo de antropólogos, sociólogos, historiadores, arqueólogos y otros científicos sociales; así como de expertos en biología, física y astronomía; también recurrí a especialistas tanto en la interpretación de códices y traducción de jeroglíficos como en el estudio de tradiciones y costumbres. A todo esto lo acompaña el modesto agregado de mi experiencia de años de trabajo en comunidades indígenas y la comprensión del pensamiento popular y de los sentimientos más íntimos que recogí a lo largo de mi peregrinar por comunidades y ciudades de todo el país.

Pretendo reivindicar con este libro la vigencia del México profundo y sus civilizaciones originales, sometidas y negadas, como lo describió el maestro Guillermo Bonfil Batalla, pues considero una ingratitud no reconocer que, debido a esas raíces y enseñanzas, los mexicanos de hoy somos libres, fraternos, trabajadores, honestos y felices. Por esas benditas culturas nuestro país ha resistido todo tipo de calamidades y su pueblo, aunque eventualmente desfallece, siempre se levanta y vuelve a ponerse de pie para seguir caminando hacia el porvenir.

Por eso es paradójico y absurdo que persistan actitudes discriminatorias, o la pretensión de que hay una supuesta superioridad de «razas» y clases sociales, cuando deberíamos estar infinitamente agradecidos y orgullosos por ser lo que somos: depositarios de un legado de valores morales y espirituales portentosos y ejemplares.

El estigma del masoquismo y del complejo de inferioridad fue impuesto por la invasión española, se mantuvo en el México Independiente, lo retomó el afrancesamiento de la élite en el poder durante el Porfiriato y aún está latente en la esencia del pensamiento conservador de nuestros días: naco, chairo, chinto, indio, pata rajada, indita, inculto, tonto, ignorante, maloliente, raspa, liso, muerto de hambre, pobre diablo, flojo, don nadie y otros epítetos más tienen como única explicación lo profunda que ha sido la colonización mental y la manipulación masiva, implantada por la oligarquía dominante en cualquier época.

Esta es la razón principal por la que escribo este libro: para explicar cómo se concibieron, fueron penetrando y pretenden mantenerse estos prejuicios perniciosos e inhumanos en tanta gente, y cómo han permanecido a lo largo de nuestra historia a pesar de movimientos tan profundos y radicales como la Independencia, la Reforma liberal y la Revolución mexicana, en específico con los cambios registrados durante el gobierno cardenista y, recientemente, con la toma de una conciencia colectiva nunca antes vista en nuestro país, promovida por la Cuarta Transformación de la vida pública de México.

La intención es, pues, refutar la historia inventada o tendenciosa basada, entre otras aberraciones, en atribuir a los pueblos indígenas de la Antigüedad supuestas prácticas de sacrificios humanos, el canibalismo y otros procederes de ese tipo y, por el contrario, con pruebas y argumentos, dar a conocer y exaltar la grandeza de las espléndidas civilizaciones mesoamericanas que han mantenido a México como una potencia cultural en el mundo.

Para llegar al tema principal con los antecedentes necesarios y con más elementos, decidí comenzar esta obra con el fascinante y complejo análisis sobre los orígenes del mundo, la naturaleza, las religiones, las antiguas civilizaciones, los imperios, las tiranías y, desde luego, la humanidad, la cual, independientemente del sexo, del género, y de las características físicas, ha demostrado ser buena y virtuosa. Según la definición más clásica atribuida a Cicerón: «El hombre ocupa el centro del universo, se halla erguido para admirar el cielo [y] para conocer a la divinidad, tiene el don de la palabra a diferencia de los animales y aspira a vivir en una sociedad civilizada, [basada] en la justicia, como dueño, en suma, de [una] creación a la que, a su vez, cuida y respeta».[1]

La segunda parte del libro trata de cómo se llevó a cabo la única invasión constructiva que se ha registrado en América: la llegada a estas tierras de los *Homo sapiens* hace aproximadamente 20 000 o 40 000 años, para luego referirme al surgimiento de las civilizaciones de la época prehispánica; posteriormente, abordaré el tema de la llamada Conquista, además de ese periodo desconocido de casi tres siglos denominado Virreinato; para finalmente demostrar que lo mejor de los mexicanos de hoy lo heredamos de nuestro pasado glorioso.

Pienso que esa última parte les resultará más atractiva. A mí es la que más me apasiona por ser la más cercana e íntima, o quizá por aquella afirmación de Balzac de que «no hay nada como [...] los campesinos, la gente de provincia para estudiar a fondo sus asuntos en todos los sentidos». Como siempre, agradezco a Pedro Pablo Martínez, Pedro Miguel y, por supuesto, a Laura, Laurita Nieto, por su apoyo en el análisis, la revisión, la corrección y la ayuda en la elaboración de este trabajo. Espero que contribuya al debate y que les guste.

A los pueblos indígenas de México,

por su gran legado de libertad, fraternidad, creatividad y humanismo.

I

ORIGEN Y DESTINO DE LAS CIVILIZACIONES

Capítulo 1

EL UNIVERSO, LA VIDA Y EL HOMBRE

En 1995, hace ya treinta años, se publicó un pequeño libro con un título por demás atractivo: *La más bella historia del mundo.* Participaron en la obra tres grandes científicos de disciplinas distintas: el astrofísico franco-canadiense Hubert Reeves; los franceses Joël de Rosnay (biólogo), Yves Coppens (paleontólogo) y Dominique Simonnet (ensayista y periodista), quien guio la conversación entre los tres científicos. Cada uno de ellos habla de tres temas básicos: el universo, la vida y el hombre. En el prólogo, el periodista que los interroga despliega los abundantes conocimientos de los que se dispone sobre los orígenes del universo y la vida, en contraste con las restringidas y recientes nociones acerca de los humanos y sus civilizaciones.

Al hablar del conocimiento sobre el universo, Simonnet explica que «la ciencia dispone, en la actualidad, de un relato completo de nuestros orígenes» porque se cuenta con revolucionarios instrumentos para explorar el sistema solar, telescopios espaciales que hurgan la intimidad del universo, grandes aceleradores de partículas que reconstruyen sus primeros instantes, ordenadores que simulan la aparición de la vida y tecnologías de la biología, de la genética y de la química que revelan lo invisible y lo infinitamente pequeño, a la par de los recientes hallazgos de fósiles y el progreso de su datación, los cuales permiten reconstruir, con asombro, la precisión de los caminos de los antepasados de la humanidad. Tanto los científicos como el escritor señalan que esto y más es sabido y probado de manera esquemática y cronológica. Exponen que primero se creó el universo hace 15 000 millones de años; 11 000 millones de años después, la evolución de la materia se convirtió en vida. Mucho más cerca de nuestros tiempos, hace tres millones y medio de años, vivieron en África los *Australopithecus,* primates homínidos que tienen en la joven Lucy a su más famosa representante. Sobre este último escalón, el periodista Simonnet agrega que el conocimiento de nuestra ascendencia simiesca se plantea no hace mucho, apenas un poco más de un siglo; quizá se tardó tanto porque, como recuerda él mismo en tono de broma, en 1860, al enterarse de los descubrimientos de Darwin, una respetable dama inglesa exclamó: «Si es verdad que el hombre desciende del mono, roguemos que eso no se divulgue».[1]

Simonnet goza en su prólogo subrayando la temprana edad del hombre, su insignificancia ante el cosmos y la vida, y remacha que «solo somos chispas irrisorias en relación con el universo». Y se pregunta: «¿Qué vale nuestra sofisticación actual ante 15 000 millones de años que se precisaron para configurar nuestra complejidad?».[2]

Por si fuese poco, acentúa que los nuevos descubrimientos sobre el universo, la vida y la humanidad son perturbadores, pues desafían antiguas certidumbres y destrozan prejuicios, ya que:

> Desde la Antigüedad, los progresos del conocimiento no cesan de situar al hombre en el lugar que le corresponde. ¿Nos creíamos en el centro del mundo? Galileo, Copérnico y los otros nos desengañaron: en realidad habitamos un planeta trivial, situado en los suburbios de una galaxia modesta. ¿Creíamos ser creaciones originales, distantes de las demás especies vivientes? ¡Qué lástima! Darwin nos colgó en el árbol común de la evolución animal... Tendremos que tragarnos nuestro inmotivado orgullo: somos las últimas producciones de la organización universal.[3]

Considero valiosa la idea de que la ciencia nos puso en nuestro lugar, aunque irrelevante ante lo sublime que es el amor del ser humano. Pero, antes de entrar en esa materia, repasemos algo de lo que el entrevistador pregunta con agudeza a los científicos, quienes siempre responden de manera sencilla y genial, lo que hace del libro un texto todavía más ameno e indispensable sobre la creación del universo. En el diálogo con Simonnet, el astrofísico Reeves señala que todo parte del conocido *Big Bang,* que significa «gran explosión». Explica que hace 10 000 o 15 000 millones de años el universo estaba «completamente desorganizado, no poseía ni galaxias, ni estrellas, ni moléculas, ni átomos, ni siquiera núcleos de átomos [...] Solo es un caldo de materia informe a una temperatura de miles de millones de grados».[4]

Este es el tiempo del que se tiene conocimiento; antes es la nada, una frontera en la cual «todos los datos de la astrofísica se detienen».[5] El investigador no descarta la similitud del relato científico sobre esa especie de explosión en la que todo comienza a moverse a partir del calor y la luz, con las narraciones de diversas religiones, en especial, el libro primero de la Biblia, conocido como Génesis, el cual dice: «En el principio creó Dios los cielos y la tierra. Y la tierra estaba desordenada y vacía, y las tinieblas estaban sobre la faz del abismo, y el Espíritu de Dios se movía sobre la faz de las aguas. Y dijo Dios: Sea la luz; y fue la luz. Y vio Dios que la luz era buena; y separó Dios la luz de las tinieblas».[6]

Con otras analogías, en el Popol Vuh, libro sagrado de los maya-quichés, se dice: «He aquí el relato de cómo todo estaba en suspenso, todo tranquilo, todo inmóvil, todo apacible, todo silencioso, todo vacío, en el cielo, en la Tierra». Y así los dioses hicieron nacer la Tierra, el hombre y «fecundaron a los animales de las montañas».[7]

Aunque la ciencia no reconoce la veracidad de la mitología religiosa ni ha probado la existencia o la inexistencia de Dios, el mismo astrofísico acepta que la imagen de un caos inicial que se transforma progresivamente en universo organizado está, en efecto, en varios relatos tradicionales. Es común a numerosas creencias: la encontramos en los egipcios, en los indios de Norteamérica, en los sumerios. El caos se suele representar con una imagen acuática, un océano inmenso en la oscuridad; por ejemplo, «nada existía, a excepción del cielo vacío y el mar en calma en la noche profunda», relata la tradición maya, y «toda la tierra era mar», dice un texto babilónico.

El astrofísico resume que antaño, sobre todo por la influencia filosófica de Aristóteles, se pensaba que el universo era eterno y no cambiaba, y que en tiempos recientes se descubrió que las estrellas nacen y mueren luego de vivir miles de millones de años: «Brillan porque queman su carburante nuclear y se extinguen cuando este se les agota».[8] Hoy, sostiene el científico que, gracias a los instrumentos de observación modernos, se puede saber hasta la edad de las estrellas. También asegura que algunos filósofos sí le atinaron, como Lucrecio, quien 50 años a. C., afirmó que el universo aún era joven y que seguiría creciendo.

Más que a la filosofía o la religión, advierten los científicos de la actualidad, el avance en el conocimiento del universo se lo debemos a la física, las matemáticas y la astronomía y, particularmente, a los muchos instrumentos de observación del universo. Dice, extasiado, Hubert Reeves: «Gracias a nuestros instrumentos [...] podemos reconstruir su historia [la del universo], como los prehistoriadores reconstruyen el pasado de la humanidad a partir de fósiles abandonados en las cavernas. Pero tenemos una inmensa ventaja sobre los historiadores: podemos ver directamente el pasado».[9] Todo ello es cierto, pero ni los historiadores, arqueólogos, físicos y biólogos, entre otros, pueden conocer los sentimientos de las personas estudiando restos humanos; ni tampoco los astrofísicos, con sus potentes telescopios para observar astros situados a 12 000 millones de años luz de distancia, pueden resolver el actual sufrimiento de millones de seres humanos sobre la faz de la Tierra. Los fósiles del espacio, como los huesos viejos, nos darán información de la materia, no de lo humano. La paradoja de hoy es que existe mucha ciencia, pero poca conciencia.

En fin, el astrofísico es una eminencia, un hombre admirable que llega a concluir con estas sencillas y sabias palabras: «La historia de la materia es la historia de la materia que se organiza».[10] Asimismo, nos muestra que la edad de la Luna y de la Tierra es la misma: 4 560 millones de años; que el Sol y sus planetas aparecieron al mismo tiempo, en un periodo en que nuestra galaxia ya tenía más de 8 000 millones de años; que la Luna se enfrió en menos tiempo que la Tierra y que este proceso provoca erupciones y temblores; que nuestro planeta es el único que posee agua líquida; y algo verdaderamente fascinante: que estamos hechos, como diría Carl Sagan, de polvo de estrellas,[11] átomos y partículas que se han ido combinando y han conformado los organismos vivos.

Según este fabuloso libro, *La más bella historia del mundo,* antes se tenía la creencia de que la materia era completamente opuesta a lo viviente; se decía: «La materia es inerte, inmóvil, incapaz de reproducirse»;[12] la ciencia, como afirma el biólogo Joël de Rosnay, demostró que «las moléculas estaban compuestas de átomos y las células, hechas de moléculas»[13] y, sin dejar la cierta soberbia de los sabios o la deformación profesional expresada en todas las disciplinas del conocimiento, arremete al señalar que: «se explicaba que la vida había aparecido en la tierra por voluntad de los dioses o gracias a un azar extraordinario. Era, de hecho, un modo de ocultar la ignorancia».[14]

El biólogo expositor no solo desecha por completo la concepción de la vida fincada en lo religioso, sino que refuta lo del «azar creador» sostenido por algunos científicos, según los cuales «en la Tierra primitiva algunas sustancias químicas se habrían combinado accidentalmente para producir los primeros organismos».[15] Sin embargo, el biólogo expresa que esa hipótesis no se sostiene en la actualidad y argumenta que solo es válido y demostrable que todo forma parte de un mismo proceso: «Después del nacimiento de la tierra, las moléculas se van a organizar en macromoléculas; estas, en células, y las células, en organismos. La vida resulta de la interacción y de la interdependencia de estos muchos constituyentes».[16]

Complejidad aparte, lo interesante para los que nacimos en tierras bajas es que según De Rosnay, a diferencia de lo que se piensa, «la vida no apareció en los océanos [...] sino muy posiblemente en las lagunas y en los pantanos, en lugares secos y calurosos de día y fríos y húmedos por la noche, lugares que se secan y se rehidratan».[17]

En la evolución hacia la vida, lo primero o central es la formación de la célula con su tendencia natural a unirse para obtener ventajas en la búsqueda de bacterias o nutrientes. En lo esencial, el biólogo describe que «el árbol de la vida se desarrolla en tres grandes ramas a partir de los seres pluricelulares más simples, como las algas, las medusas, las esponjas; la de los hongos, los helechos, los musgos, las plantas de flor; las de los gusanos, los moluscos, los crustáceos, los arácnidos, los insectos, y la de los peces, los reptiles, los procordados; luego las aves, los anfibios, los mamíferos...».[18]

También explica De Rosnay que «la hemoglobina y la clorofila integran la composición de lo viviente y la sangre es roja y son verdes las hojas»; que el color se obtiene de moléculas que absorben granos de luz y de fotones que colorean la materia, y que probablemente nada es gris: «ni todo blanco ni todo negro. El color está vinculado estrechamente a la vida».[19] Más adelante aborda la formación del sexo y afirma que «la naturaleza puede combinar genes gracias a la sexualidad. Estalla la diversidad. Comienza la gran aventura de la evolución biológica»;[20] y algo provocador, pero aceptado en muchas culturas y fundado científicamente: «La muerte es tan importante como la sexualidad: vuelve a poner en circulación los átomos, las moléculas, las sales minerales que necesita la naturaleza para continuar desarrollándose. La muerte realiza un gigantesco reciclaje de unos átomos cuyo número es constante desde el *Big Bang.* Gracias a ella, la vida animal se puede regenerar».[21] Luego concluye: «La muerte no es, por cierto, un regalo para el individuo, pero sí lo es para la especie: le permite conservar su nivel óptimo de desempeño».[22]

Vale la pena resaltar que en esta historia sobre el origen de la vida se asegura algo que resulta increíble y asombroso a la vez: se sostiene que los dinosaurios desaparecieron de la faz de la Tierra por un meteorito que cayó en la Península de Yucatán. El biólogo francés cuenta la historia de esta manera: «Los dinosaurios reinaban en el planeta hace doscientos millones de años. Las especies jamás habían logrado conquistar, como ellos, todos los ambientes. Había pequeños, enormes, vegetarianos, carnívoros, corredores, voladores, anfibios... una diversidad formidable que les permitió adaptarse a sus entornos».[23]

Sin embargo:

> A finales del jurásico *[sic.],* hace sesenta y cinco millones de años, cayó en el golfo de México; cerca de Yucatán, un enorme meteorito de cinco kilómetros de diámetro. El choque fue tal que repercutió al otro costado del planeta y provocó un resurgir de magma.

> Este golpe doble creó un incendio mundial, se abrasaron los bosques, se liberó gas carbónico y polvaredas cubrieron la tierra con un velo inmenso. El planeta se oscureció, se produjo un frío terrible y, probablemente, un posterior efecto invernadero que condujo a un recalentamiento.[24]

Sin pretender contradecir esta hipótesis que está bien estudiada, resulta interesante saber que esqueletos casi completos de mamuts y caballos se hayan encontrado en 2019-2022, en Santa Lucía, Estado de México, donde se construyó el nuevo Aeropuerto Internacional Felipe Ángeles (AIFA), pues se trata del mayor hallazgo de mamuts y otras especies extintas descubierto en el territorio mexicano. Estos restos fueron cuidadosamente extraídos por ingenieros militares y arqueólogos del Instituto Nacional de Antropología e Historia (INAH) y se fundó en la misma base aérea, civil y militar: el Museo Paleontológico de Santa Lucía Quinamétzin, el cual incluye siete mamuts —tres machos adultos, dos hembras, uno joven y una cría—; un oso chato y dos especies de perezosos terrestres; un félido dientes de sable; un león americano; un lobo del pleistoceno y un gliptodonte mexicano.

Todos estos ejemplares son ancestros de otros más recientes, por ello solo aclaro aquí sobre aquellos cuyo nombre podría no ser tan familiar para los lectores, como el onagro (*Equus hemionus),* que es un equino pequeño similar al burro; el gonfoterio (*Gomphotheriidae),* un proboscidio parecido a los elefantes actuales; y el gliptodonte mexicano (*Xenarthra, Glyptodontidae),* un armadillo gigante; un camello, un caballo y un onagro americano; además de un mastodonte y un enorme bisonte. Es tan interesante este tema que conviene insertar aquí conceptos e información de los especialistas del INAH de varias disciplinas que trabajaron en su rescate y conservación y que laboran aún en el estudio de este importante descubrimiento:

> Los mamuts [nos dicen], pertenecen al orden *Proboscidea,* que actualmente está constituido por solo tres especies de elefantes, pero que en el pasado fue mucho más diverso; los registros más antiguos sugieren que sus ancestros aparecieron hace aproximadamente 50 millones de años con la especie *phosphatherium escuilliei,* en África. Los mamuts y en general todos los representantes de la familia *elephantidae,* se originaron hace aproximadamente 6 millones de años en dicho continente, pero fue hasta el plioceno tardío, hace tres millones de años, que migraron a Europa donde se diversificaron y una de las especies derivadas, denominada mamut estepario *(mammuthus trogontherii)*, cruzó el continente americano a través del puente de hielo que se formaba durante las glaciaciones que hubo en el pleistoceno, hace 1.2 millones de años. A partir de esta especie evolucionó el mamut colombino *(Mammuthus columbi)*, que tuvo la ocupación más extensa en este continente. Su intervalo geográfico se extendió desde el suroeste de Canadá hasta Costa Rica. En México se han encontrado restos de mamut colombino desde Baja California hasta Oaxaca, con excepción de la Península de Yucatán. La cuenca de México es la zona del país con el mayor número de hallazgos de esta especie.[25]

Sobre su extinción, los expertos del INAH no sostienen una sola causa; afirman que:

> Desde finales del siglo XIX se han contrastado dos grandes modelos para explicar las extinciones pleistocénicas: aquellos que implican fenómenos naturales, desde interacciones biológicas entre organismos (competición, desplazamiento ecológico, etcétera), cambios climáticos, eventos geológicos (por ejemplo, vulcanismo), hasta eventos catastróficos como la caída de un meteorito. Por otro lado, están aquellos que señalan que fue la presencia humana la que condujo directa o indirectamente (caza o enfermedades introducidas, destrucción del hábitat, etcétera) a la defaunación o disminución en las poblaciones de las especies de mayor envergadura y su posterior extinción. En los últimos años se ha preferido considerar que hubo un efecto sinergético entre ambos modelos que llevó a las especies de megafauna a su desaparición. En cualquier caso, al disminuir la tabla de los mamíferos, los cuales tienen una influencia desproporcionada en la estructura y función de los ecosistemas, la biósfera terrestre se ha rediseñado.[26]

Al regresar al biólogo de *La historia más bella del mundo* y a la reflexión del periodista sobre la sencillez de cómo se creó el universo y surgió la vida, sin considerar el estudio social del hombre, encontramos que se habla de las funciones del cerebro y su evolución con énfasis en lo que se puede manejar con el conocimiento y la modernidad. Por ejemplo, Joël de Rosnay sostiene que en la actualidad:

> El hombre puede hacer hoy todo lo que hacen los demás animales: correr como una gacela con un automóvil, volar como un águila con un ala delta, evolucionar bajo el agua como un delfín, avanzar bajo tierra como un topo [...] Una máscara, anteojos, un paracaídas, alas, ruedas [...] Ha ampliado también sus funciones sensoriales mediante la escritura, que permite conservar la palabra y transmitir el pensamiento en el espacio y en el tiempo. Esto caracteriza al cerebro humano. No solo es una masa muelle de neuronas, ni una estación telefónica que agrupa los circuitos del cuerpo, ni siquiera un ordenador. Se extiende también al exterior, acoplado a otros cerebros humanos en el conjunto del planeta. Es una red fluida, en continua organización, que reconfigura sus neuronas en la acción y la reflexión.[27]

Esa descripción, añadiría yo, responde a la de una máquina perfecta hecha para enfrentar circunstancias materiales con eficiencia, sin mucho énfasis en los sentimientos, y posiblemente, sin felicidad. Ahora que está en boga la denominada Inteligencia Artificial (IA), es indiscutible que se puede lograr mucho en el campo del conocimiento; incluso se puede llegar a saber acerca de los deseos de las personas, como ya suele aplicarse mediante algoritmos en el internet o en celulares, y hasta indagar sobre sus estados de ánimo, pero resultará muy difícil conocer a ciencia cierta el comportamiento relacionado con la bondad de los seres humanos, y mucho menos si no hay de por medio fines de lucro, así como utilizar estas innovaciones para ayudar a atemperar los pocos instintos malos del hombre, si es que los hay, y fomentar su natural y fecunda inclinación hacia la fraternidad y el amor.

El mundo es complejo, no complicado; gracias a la ciencia:

> Es una repartición de elementos simples que se reproducen y proliferan. Hoy sabemos simular este fenómeno en una pantalla de ordenador: partiendo de una forma elemental vemos que se constituyen dibujos elaborados a los que llamamos con el hermoso nombre «formas fractales»; parecen alas de mariposas, colas de hipocampos, montañas, nubes. La vida es así, repetitiva. El átomo está en la molécula, que está en la célula, que está en el organismo, que está en la sociedad...[28]

Así de simple, diría yo y, al parecer, así ve las cosas de la ciencia y de la vida el periodista Simonnet cuando concluye: «En toda esta historia, se comprueba que la complejidad se desarrolla con la disposición de cosas simples: dos quarks en el comienzo del universo, cuatro átomos simétricos para el carbono, solo cuatro bases para los genes, dos moléculas semejantes para fundar los mundos animal y vegetal, dos individuos para el sexo [...] Como si en cada etapa la naturaleza encontrara el camino más sencillo para progresar».[29]

Ahora bien, pasemos a otro interesante tema de este excepcional y reflexivo libro: el del origen de los seres humanos. El paleontólogo Yves Coppens nos explica magistralmente el avance de la ciencia en el campo del conocimiento sobre el origen del hombre. Naturalmente, el fundamento general de su método parte de la teoría de la evolución de Darwin, de modo que inicia hablando de los pequeños monitos de América del Norte y otras evoluciones de especies semejantes en otras partes del planeta. Explica cómo esta especie logra desarrollarse porque pasa de alimentarse de insectos a frutos, y así va adaptando su cuerpo. Por ejemplo, se dota de una clavícula, lo que le permite ensanchar:

> La caja torácica del animal, aumenta entonces la amplitud de sus miembros superiores y le permite, en el momento de la recolección, aferrarse mejor al tronco de los árboles para trepar. Por la misma razón las garras, molestas para escalar, se convierten en uñas planas. Y la pata va a poseer un dedo oponible a los demás, lo que permitirá que estos primitivos cojan, con el conjunto de sus extremidades, un fruto, una piedra o un trozo de madera.[30]

Luego el paleontólogo afirma que con la ciencia y la ayuda de un microscopio electrónico es posible conocer, a partir de fragmentos de dientes o huesos, el desarrollo de una especie, su antigüedad y su comportamiento. Entonces explica:

> Los primeros restos que se descubrieron, a menudo solo dientes, bastaron para que se pudiera pasar de su morfología y significado alimentario al resto del cuerpo. Sabemos, gracias a las *Leyes de Correlación de la Anatomía Comparada*, que inventó Cuvier, que tal diente se sitúa en tal tipo de mandíbula, que tal mandíbula corresponde a tal tipo

de cráneo, que tal cráneo se instala sobre un determinado tipo de columna vertebral, que tal columna vertebral se asocia a tal tipo de esqueleto apendicular, que tal esqueleto sostiene tal tipo de musculatura, etc. Por deducción pasamos del diente al animal.[31]

Sin embargo, lo más revelador es que, de acuerdo con el tiempo de la aparición de la especie humana, biólogos y paleontólogos han aceptado que su existencia data de unos siete millones de años, no sin antes ir investigando todas las especies de monos: los originarios del norte del continente americano que emigran a África y Arabia —en donde ya existían especies semejantes—; luego, aquellos se trasladaron a Europa y Asia y, en esa permanente evolución y emigración, han ido descartando los menos parecidos a nosotros los seres humanos, como el rampiteco de Asia o el orangután de Pakistán. Finalmente, se concluye con algo verdaderamente excepcional: el pariente más cercano al hombre es el chimpancé africano; «el 99% de nuestros genes son comunes a las dos especies».[32] Vaya golpe tan contundente para los racistas de antes y de ahora que, aunque parezca increíble, buscan en su ADN la huella de sus orígenes blancos o europeos; para su desazón, puede ser que esos genes «europeos» sean solo una pequeña proporción y que provengan de los neandertales; en el resto de nuestra composición y origen, la cuna está en África. Claro que, según los científicos, hay de monos a monos y nosotros somos herederos de especies más evolucionadas. En palabras de Darwin, se «ha demostrado en forma concluyente que en todos los caracteres visibles el hombre difiere menos de los simios superiores de lo que estos difieren de los miembros inferiores del mismo orden de los primates».[33] Para especificarlo mejor, los científicos han sostenido que venimos de los primates, pero de un tipo de simio. Darwin insiste mucho en su eurocentrismo y sostiene que los «simíados se escindieron en dos grandes ramas, los monos del Nuevo Mundo y los del Viejo Mundo y que de entre estos últimos, en un periodo remoto provino el hombre, maravilla y gloria del universo».[34]

No obstante, el científico inglés nos sigue convenciendo con algo realmente bello y mágico:

> A menos que cerremos voluntariamente los ojos, podemos, con nuestros conocimientos actuales, reconocer aproximadamente nuestro abolengo; no hay ninguna necesidad de sentirse avergonzado por él. El organismo más humilde es algo mucho más elevado que el polvo inorgánico que pisan nuestros pies y nadie que posea una mente sin prejuicios puede estudiar un ser vivo, por humilde que sea, sin verse sorprendido y entusiasmado por su estructura y propiedades maravillosas.[35]

No hay mejor lección de humildad, en efecto, que los resultados del Proyecto Genoma Humano, divulgados en los albores de este siglo: cuando los científicos analizaron la carga genética de nuestra especie, no solo encontraron su inmensa similitud con la de los chimpancés (96% de coincidencias), sino también con la de los ratones, con los que compartimos el 85% de los genes; más aún, el 60% de nuestros genes son idénticos a los de la mosca de la fruta y el 50%, a los de una especie vegetal denominada

Musa paradisiaca, popularmente conocida como plátano. Si solo ese 4% nos distingue de nuestros más próximos parientes primates, las diferencias genéticas entre nosotros residen solamente en el 0.1% del ADN. A eso se reducen todas las distinciones biológicas esenciales entre los pueblos, las culturas y civilizaciones, los idiomas, las religiones, las ideologías y las clases sociales; y es una proporción aún más diminuta la que caracteriza a cada persona, un ser único e irrepetible.

En cuanto al origen del hombre, el profesor Yves Coppens nos guía en este interesante relato y confirma que África es el lugar más concurrido por los paleontólogos y otros especialistas en la recolección de fósiles cuyo estudio resulta sorprendente, como cuando los arqueólogos británicos Louis y Mary Leakey descubrieron en Tanzania, en 1959, el cráneo completo de un homínido cuya edad databa de 1 750 000 años. Dos años después, encontraron el esqueleto completo de un *Homo habilis.* Antes de estos descubrimientos se calculaba que la aparición del hombre rondaba los 80 000 años. A partir de entonces, la búsqueda de restos humanos por África se ha desarrollado en concurridas peregrinaciones anuales de científicos. Coppens hizo un cálculo y asegura que, hasta 1996, se habían recogido de África «unos doscientos cincuenta mil fósiles»[36] y, para reafirmar el origen de nuestra especie, enumera los lugares donde se han encontrado los más reconocidos como pertenecientes a antepasados de los humanos:

> Fósiles de siete millones solo se han encontrado en Kenia; también de seis y de cinco millones. Los de cuatro millones han aparecido en Kenia, Tanzania y Etiopía. Los de tres millones, en Kenia, Tanzania, Etiopía, África del Sur y en el Tchad. Los de dos millones se han hallado en las mismas regiones y además, con algunas piedras talladas, en Europa y en Asia... Los de un millón de años se extienden por toda el África, Asia y Europa. Después vienen Australia y América. Si se sitúan todos estos mapas en orden cronológico y se los encadena, se descubre la historia del poblamiento humano y se está obligado a concluir esto: el hombre salió de un pequeño hogar africano, se repartió lentamente en África y después en el mundo entero; y ahora último realiza una ligera excursión por el sistema solar.[37]

Según nuestro guía, hace siete millones de años se produjo en la cuna de nuestros antepasados un severo fenómeno natural: un hundimiento o una falla geológica que dividió una amplia región de la selva africana con un profundo cañón de 4 000 metros de profundidad y ocasionó el cambio de clima, menos lluvia y una transformación de la flora, creando con el tiempo una sabana con más sequía, lo que a su vez originó la aparición erguida de los chimpancés:

> Se les ve ponerse de pie en otros tipos de situaciones: para ver más lejos, para defenderse o atacar —porque esto les libera las manos y les permite lanzar piedras— y, en fin, para llevar alimentos a los pequeños. Podemos imaginar que en esa época nuestros antepasados perdieron pelo para facilitar la transpiración que producía la sequía y que, para llevar a los bebés, las madres tuvieron que sostenerlos en brazos (mientras que entre los simios,

los pequeños se sujetan ellos mismos, aferrados del pelo de la madre) también podemos pensar que si uno se mantiene de pie en ese paisaje descubierto se ofrece menos superficie corporal al sol.[38]

Aquí deseo destacar que quizá por ser paleoantropólogo, este investigador es el único de los coautores del libro que pone especial interés en los sentimientos y el amor primario. Nos dice que, desde entonces, nuestros antepasados se abrazaban, protegían a los hijos, y formaban familias y grupos para vivir. Su narrativa de que nuestros antepasados africanos o prehumanos caminan de pie y se mantienen erguidos desde hace ocho millones de años se centra preferentemente en Lucy, el esqueleto más completo de una hembra de aproximadamente veinte años y tres millones de antigüedad encontrada en 1974, en Etiopía, y en cuyo descubrimiento participó el paleoantropólogo Yves Coppens. Es curioso que le pusieron así al más afamado fósil de esta especialidad por una canción de los Beatles, *Lucy in the sky with diamonds,* la cual sonaba en una pequeña grabadora del campamento cuando los investigadores se dieron cuenta de la magnitud del descubrimiento que habían realizado y que estaban por dar a conocer. Los paleontólogos etíopes, por su parte, prefirieron nombrarla Birkinesh, que significa «persona valiosa» en su lengua, el amhárico.[39]

Este esqueleto es probablemente el más estudiado de todos. Eso ahora nos permite saber que Lucy vivía en manada, es decir, en sociedad, como todos los primates, y que era vegetariana; por el estudio de los dientes se cree que comía frutos y tubérculos, y durante varios lustros se conjeturó que habría muerto ahogada o por el ataque de un cocodrilo, pues fue hallada en zona baja, pero una autopsia del equipo dirigido por el antropólogo John Kappelman de la Universidad de Texas mostró en 2016 la certidumbre de que cayó de un árbol de poco más de dos metros.

A partir de allí y siempre en evolución, las familias de simios van caminando mejor que sus antepasados y, erguidos, fortalecen la estructura muscular para sostener la cabeza; se desarrolla mejor el cerebro, se liberan las manos y empiezan a construir herramientas rudimentarias, como se observa en las piedras labradas en Etiopía, datadas en tres millones de años de antigüedad y utilizadas todavía «para limpiar raíces o tubérculos y no para cortar carne o raspar huesos».[40]

Casi a manera de conclusión, el maestro Coppens sostiene que los humanos aparecieron hace unos tres millones de años, cuando individuos con lenguaje rudimentario para comunicarse se fueron diferenciando de sus antepasados por ser más grandes, más erguidos, menos trepadores y dotados de un encéfalo más sensible e irrigado; es decir, con cerebros más desarrollados. Debe agregarse que los *Homo sapiens* pudieron producir fuego desde hace unos 500 000 años a partir del roce de piedras.

Dice el investigador que antes se clasificaban las etapas de la evolución humana en tres formas: «*habilis, erectus* y *sapiens*. Pero no hace mucho se descubrieron otras, como el *Homo rudolfensis* y el *Homo ergaster*».[41] Asegura también que lo más cercano a sus características humanas tiene que ver con las transformaciones anatómicas de los pies y con las mandíbulas más redondas para comer de todo: «ranas, frutos, gusanos, tubérculos [...] y como muestran los cráneos de animales que tienen huellas de golpes de piedra, ya son cazadores avezados: capturan gacelas y camaleones, hipopótamos y caracoles».[42] Además, el humano:

> Es el único vertebrado que posee una laringe en posición baja. Esto permite, con el establecimiento de las cuerdas vocales, la instalación de una suerte de caja de resonancia entre estas y la boca, combinada con el ahondamiento y reducción del hueso mandibular posterior a los incisivos, el hioides, que de este modo concede mayor movilidad a la lengua. El lenguaje, si aún no es articulado como el nuestro, ya es mucho más elaborado.[43]

En la parte última habla de un tema interesantísimo y muy actual: la migración. El hombre —decía yo en una de mis visitas a Estados Unidos para defender a nuestros paisanos del antimexicanismo oportunista de los políticos de ese país— es el más antiguo y eterno caminante. Coppens explica el origen de este acontecimiento contestando una interrogante elemental: «¿Por qué iban a esperar, sin moverse, cientos de miles de años en el sitio donde nacieron? Cuando se sube a una colina para ver qué hay al otro lado y se descubre en el horizonte otra colina, se siente, es obvio, ganas de subir allá [...] Y además nuestro hombre está dotado de alguna inteligencia; debe cazar para alimentarse, lo que le impulsa a viajar».[44] La migración en nuestro tiempo, lamentablemente es más por necesidad que por gusto, placer o curiosidad.

El investigador coincide con otros en que las primeras familias de seres humanos vivían en pequeños grupos que salieron de África y fueron poblando Asia y, más tarde, Europa, en medio de las dificultades creadas por las sucesivas glaciaciones; pero el hombre finalmente «terminará por colonizar el planeta: empuja por todas partes, invade América atravesando el estrecho de Bering, que no estaba sumergido, cien mil años antes de Colón. Y se las arregla para llegar en embarcaciones a Australia, hace al menos sesenta mil años».[45] Lo nuevo que sucede hace 100 000 años es la capacidad humana de intuir e imaginar otros mundos, al punto de preparar el viaje hacia ellos hace 40 000 años por medio de rituales y con el arte que los acompaña. La población del *Homo sapiens* empieza a nacer en casi todo el mundo y así lo cuenta el investigador: «Ciento cincuenta mil humanos, hace tres millones de años en un pequeño rincón de África, varios millones en el planeta hace dos millones de años, entre diez y veinte millones, hace diez mil años... Y después mil millones hace doscientos años y seis mil millones en la actualidad».[46]

En este punto, el periodista formula una pregunta crucial a nuestro guía: «¿Tiene sentido el concepto de raza?».[47] La respuesta es un contundente «No», fundado en este razonamiento: «En la terminología botánica o zoológica, una raza es una subespecie. Esto es decisivo en el caso del hombre: todos somos *sapiens sapiens.* Es verdad que hay poblaciones, pero no hay razas humanas. La mezcla es tal que en el nivel de los tejidos, de la célula, de la molécula, estas distinciones no tienen sentido alguno».[48]

Este interesantísimo libro termina con un epílogo en el cual se reflexiona sobre el futuro de nuestra especie y se habla de una cuarta etapa; es decir, predomina el optimismo en el porvenir: los astros tardarán mucho en cambiar, la cultura podrá conservar la naturaleza y el hombre solo podrá transformarse para bien, dice Yves Coppens: «Dentro de diez millones de años es posible que tengamos una cabeza diferente de la actual. El esqueleto se nos hará más grácil y armonioso y el cerebro sin duda va a seguir desarrollándose».[49] Incluso, ante la eminente destrucción de la naturaleza, el biólogo Joël de Rosnay considera con optimismo que todo podrá ser superado usando el conocimiento de la evolución que han relatado en el libro, e incluso aclara que «no se trata, como quizás lo desean algunos ecologistas nostálgicos, de clausurar la variedad de lo viviente en recintos cerrados, en reservas; se trata más bien de buscar armonía entre la tierra y la tecnología, entre la ecología y la economía».[50] Por mi parte, creo en el crecimiento de la inteligencia colectiva, en un humanismo tecnológico.

Pero es Hubert Reeves, el físico, el más exacto en este tema, quien hace el mejor diagnóstico. En efecto, hemos avanzado mucho en tecnología; se creó el internet e infinidad de aparatos de todo tipo, en un año pudimos desarrollar una vacuna para controlar una pandemia y se sigue explorando el universo para encontrar elementos que nos permitan vivir cuando, dentro de 5 000 millones de años, el Sol haya consumido todo su hidrógeno y se convierta en un gigante rojo que devorará la Tierra y otros planetas; sin embargo, mucho antes de eso está latente el peligro de la extinción de la humanidad. Reeves explica el problema de manera sencilla, pero acertada, cuando dice: «¡Me impresionan los dos rostros de la realidad! El primero muestra esta bella historia que acabamos de relatar. Y ella permite pensar que todo tiene un sentido. El segundo, más sombrío, revela que el hombre de hoy parece incapaz de vivir armoniosamente con los suyos y con la biósfera. Guerras y deterioros son habituales. Como si algo se hubiera estropeado en algún momento de la evolución».[51] Y añade: «¿Por qué esto marcha tan bien en el mundo físico y tan mal en el mundo humano? ¿Habrá llegado la naturaleza a un "nivel de incompetencia" por aventurarse tan lejos en la complejidad?». Y concluye que «el drama cósmico se podría resumir en tres fases: la naturaleza engendra complejidad; la complejidad engendra eficacia; la eficacia puede destruir la complejidad».[52] A lo que pregunta el extraordinario periodista Dominique Simonnet: «¿Y eso qué quiere decir?». Y contesta el científico, no solo hablando a sus colegas y muchos más, sino refiriéndose a los seres humanos que «inventaron en el siglo XX, dos modos de autodestruirse: el armamento nuclear y el deterioro del medio ambiente. ¿Es viable la complejidad? ¿Ha sido una buena idea de la naturaleza la idea de alcanzar un nivel de complejidad que lleve a amenazarse a sí misma? ¿La inteligencia es acaso un don envenenado?».[53] ¿Nos faltará aún mucho tiempo para alcanzar una fase superior de moral y de civilización? ¿Ha progresado verdaderamente la humanidad en el plano de la conducta y la moral? Todas estas interesantes preguntas, en efecto, encuentran respuesta en el atraso moral y la involución social originada por la codicia, que nos ha llevado incluso al exterminio, tragedia que no surge en el siglo XX con los holocaustos, las bombas atómicas y los genocidios, sino que viene de mucho más atrás:

de siglos de esclavitud, racismo, imposiciones coloniales y uso de la ciencia no para beneficio de la humanidad, sino para el lucro y la egolatría de los potentados del mundo. Es cierto que existe internet, pero solo está al alcance del 65% de la población mundial. Se va al espacio en naves que alcanzan 50 000 kilómetros por hora, pero no hay medicinas para evitar el cáncer, la diabetes o los infartos, pues se prefiere (o deja más dinero) curar que prevenir. Tampoco se puede hablar de civilización si se gasta infinitamente más en guerras y en armas nucleares que lo que se destina a ayudar a más de mil millones de personas que sobreviven en este mundo con menos de un dólar diario. Evidentemente, no solo se trata de una crisis; es una decadencia, algo que nos atañe en todos los campos de la vida pública: lo económico, lo social, lo cultural, lo político y, desde luego, lo moral. De allí que no debe olvidarse la lección de que la ciencia necesita siempre ir de la mano con el humanismo. Vale añadir que hace falta evitar la arrogancia de creer saberlo todo porque la vida no solo es racionalidad, sino también espiritualidad. Ni la Organización de las Naciones Unidas (ONU), ni las iglesias, ni la Administración Nacional de Aeronáutica y el Espacio (NASA, por sus siglas en inglés), ni la academia podrán significar progreso, justicia y paz si no se aplica el principio del amor al prójimo y la sencilla frase de que solo siendo buenos podemos ser felices.

Capítulo 2

DARWIN Y LA EVOLUCIÓN

Darwin admite desde el principio que el hombre proviene de otros animales; en particular, de los monos, aunque estos posean sistemas nerviosos menos complejos (por eso los llama «especies inferiores») que el del ser humano. Insiste tanto en ello que llega a utilizar el término «raza» y distingue entre «razas antiguas» o «modernas»; inclusive habla de «razas civilizadas» cuando compara órganos o sentidos como los dientes, la oreja, el olfato, el tamaño del apéndice, los vellos del cuerpo, las mamas o cualquier otra variación rudimentaria entre los mamíferos. No obstante, todo esto que atribuye a la evolución y a la herencia le sirve para demostrar su verdad fundamental:

> El hombre y los demás animales vertebrados se hallan construidos según el mismo modelo general y porque atraviesan idénticos estadios tempranos de desarrollo, y porque, finalmente, conservan ciertos rudimentos comunes [...] Esta conclusión adquiere gran fuerza cuando contemplamos los miembros de toda la serie animal y consideramos las pruebas que nos suministran sus afinidades o clasificación, su distribución geográfica y sucesión geológica. Únicamente es nuestro propio prejuicio y la arrogancia que hizo que nuestros antepasados se declararan descendientes de semidioses, lo que nos hace poner reparos a esta conclusión.[1]

Darwin insiste mucho en la inferioridad de nuestros antepasados simios y no deja de sugerir nuestra lejanía con ellos y la cercanía a un protohombre o especie semihumana; sin embargo, no deja de encontrar elementos originales en lo que llamó «razas modernas». Por ejemplo, sostiene que un diente (un canino) es algo que vincula hasta la actualidad al mono con el hombre y dice que:

> En los simios antropomorfos, solo los machos tienen los caninos bien desarrollados, pero en la hembra de gorila, y en menor grado en la hembra de orangután, estos dientes sobresalen considerablemente de los demás. Por ello, el hecho, que se me ha asegurado, de que a menudo las mujeres poseen caninos que sobresalen mucho, no es ninguna objeción seria a la idea de que su gran desarrollo ocasional en el hombre es un caso de reversión a un progenitor simiesco.[2]

Darwin llega a sostener de manera enérgica y simpática: «Quien rechace con desdén la idea de que la forma de sus propios caninos, y su gran desarrollo ocasional en otros hombres, se deben a que nuestros primitivos antepasados estaban provistos de estas armas formidables, probablemente revelará, al hacer un despectivo, su linaje de origen».[3]

Aun cuando a todos estos descubrimientos el padre del evolucionismo los llama «desarrollo detenido», «reversión», «variación correlacionada», entre otros fenómenos, también insiste en hablar de barbarie y civilización, mostrando desconocimiento sobre el tema o, de plano, tratando de congraciarse con el pensamiento conservador de esos tiempos. Por ejemplo, le preocupa el aumento poblacional porque habría necesidad de más alimentos y no todos los seres humanos podrían «vivir confortablemente», como dirían los victorianos. Sin tomar en cuenta los vastos recursos del planeta, se limita a culpar de una posible sobrepoblación a los pobres, a los que llama una y otra vez «bárbaros» o «raza bárbara», la cual se distingue de los hombres de naciones civilizadas, las cuales tienen una mejor manera de procrear: «En los salvajes, la dificultad de obtener el sustento limita a veces su número de una manera mucho más directa que con la gente civilizada, porque todas las tribus sufren periódicamente graves hambrunas».[4]

También le tranquiliza que «la mayor tasa de mortalidad infantil en las clases más pobres es asimismo muy importante, así como la mayor mortalidad, debida a diversas enfermedades, de los habitantes de casas atestadas y miserables, a todas las edades».[5] E indignantemente, se apoya en Malthus para sostener «que la capacidad reproductiva es menor en las razas bárbaras que en la civilizadas».[6] Incluso muy tempranamente insinúa que debiera buscarse un control poblacional, pues aunque «los salvajes parecen ser menos prolíficos que las personas civilizadas, sin duda aumentarían rápidamente si su número no se mantuviera rígidamente bajo por algunas razones».[7] Y pone de ejemplo lo sucedido en la India, donde, gracias a las vacunas para enfrentar enfermedades y pandemias, se incrementó considerablemente la población. En otras palabras, la ciencia, según Darwin, no debería utilizarse para reproducir salvajes. ¡Qué «bárbaro», el científico!

Pero continuemos con Darwin, gran científico, defensor del avance físico e intelectual del hombre aun cuando solo tenga en mente a los «civilizados» y no a los «salvajes» de su tiempo. Fue, a pesar de ello, un genio que demostró que las especies evolucionan, algo que hoy resulta incontrovertible; también magistral, aunque un poco más rebatible, es su idea de que «la selección natural había sido el principal agente de cambio, aunque ayudada en gran parte por los efectos heredados de la costumbre, y en menor medida por la acción directa de las condiciones del entorno».[8]

Quizá el error de Darwin fue no pensar en todos los hombres y solo comparar al ser humano original con el «civilizado» de su época. Pero es notorio que no tomó en cuenta a las sociedades y culturas no europeas de su tiempo. Como naturista, hizo un viaje de cinco años en una embarcación inglesa, el *Beagle,* y visitó las costas de América del Sur, Cabo Verde, Australia y otros lugares, pero, al parecer, no fue suficiente esa experiencia. Le faltó más tiempo. Así lo expresa cuando habla de que no hay ningún censo de los «salvajes» y, por lo mismo, se desconoce su capacidad reproductiva, aunque sostiene que «a partir del testimonio coincidente de misioneros y de otras personas que han residido durante largo tiempo con tales gentes, parece que sus familias son por lo general pequeñas, y que las grandes son raras».[9] Es evidente que solo recibía información de los «salvajes» de Australia y de las comarcas de la India «que han resultado despobladas por los estragos que causan los tigres».[10] También de este gran país, como ya lo escribimos, Darwin menciona el aumento de la población «salvaje» cuando se empieza a aplicar la vacuna, pero pasa por alto que Gran Bretaña dominaba la India en la época victoriana, así como también se repartía África con Francia y Portugal, y mantenía gran influencia en el continente americano.

En tiempos de Darwin, Gran Bretaña era el imperio más grande del mundo. Poseía parte de Canadá, islas del Caribe americano con esclavos dedicados a las plantaciones y colonias en Asia, como Singapur y Ceylán. Australia había sido convertida en colonia penal. Controlaba, como ya dijimos, parte de la India y Sudáfrica, y mantenía posesión militar con bases navales en Gibraltar, Malta, Heligoland y varias islas del Atlántico e Índico. Pero sobre todo Inglaterra fue la cuna de la Revolución Industrial y, para 1870, ya producía la tercera parte del producto industrial del mundo. Pese a ello, y sin que fuera tachada de salvaje, en Gran Bretaña las jornadas laborales de los obreros eran extenuantes, había trabajo infantil, el salario era mínimo, y en los barrios de Londres y otras ciudades vivían millones de familias de manera insalubre y en extrema pobreza.

Darwin también se esmera en diferenciar la mente y el conocimiento de un «salvaje» con el de una eminencia o sabio. Habla del gradualismo y de las razas más cultivadas o superiores y afirma que «tampoco es ligera la diferencia en carácter moral entre un bárbaro, como el hombre que describe el viejo navegante Byron que arrojó a su hijo a las rocas por haber dejado caer un cesto de erizos de mar, y un Howard o un Clarkson; y en intelecto, entre un salvaje que apenas usa términos abstractos y un Newton o un Shakespeare».[11] Aunque alienta que «diferencias de este tipo entre los hombres más encumbrados de las razas más elevadas y los salvajes más primitivos están conectadas por las gradaciones más finas. Por lo tanto, es posible que sean transmitidas y unas se desarrollen hasta llegar a las otras».[12]

Así como hace 150 años Darwin no deja de hablar del hombre primitivo y salvaje cuando ya se conocía la existencia milenaria de grandes culturas en todo el mundo, extrañamente profesa un profundo amor por los animales; les otorga méritos a todos, pero en particular a los perros y a los monos. Reconoce lo que todos sabemos de su innata generosidad y detalla, con infinidad de ejemplos, su fidelidad. Dice: «El amor de un perro por su amo es notorio; tal como dice de forma pintoresca un autor antiguo: un perro es la única cosa de esta tierra que te quiere más de lo que se quiere a sí mismo».[13] Sostiene que quien maltrata innecesariamente a un perro mantendrá, a menos que tenga un corazón de piedra, un remordimiento hasta el último momento de su vida. A los animales les concede las virtudes del conocimiento, la emulación, la vergüenza, la magnanimidad, la imaginación, el razonamiento, el instinto, el sentido del humor, la curiosidad, el disfrute de la excitación, entre otras emociones y facultades del intelecto.

Esto no quiere decir que Darwin valorara el intelecto de los animales igual que el del hombre, pues, utilizando el ejemplo de un niño de 11 meses, demuestra la superioridad mental de un bebé en relación con el más inteligente de los perros. Lo cuenta así: «Yo anotaba diariamente las acciones de uno de mis hijos, y cuando tenía unos once meses de edad y antes de que pudiera hablar una sola palabra, me sorprendía continuamente la enorme rapidez con la que toda suerte de objetos y sonidos eran asociados en su mente, en comparación con la situación en el más inteligente de los perros que llegué a conocer».[14]

Sin embargo, Darwin es un gran defensor de la cercanía del hombre con el resto de los animales y no duda en afirmar que estos pueden llegar a tener un mejor razonamiento que un ser humano, algo que desde sus tiempos hasta la actualidad nunca se ha demostrado científicamente. No obstante, este tema se convirtió para Darwin en algo obsesivo y majadero, y lo llevó a asumir posturas francamente despóticas, clasistas y racistas, muy afines al pensamiento dominante de su época: téngase en cuenta que, mientras a él la realeza del Reino Unido lo honró al morir, en abril de 1882, con funerales de Estado, en contraste, en Londres, casi al mismo tiempo que Darwin (hablamos de marzo de 1883), otro científico, pero de lo social, defensor de los desposeídos, Carlos Marx, murió en la pobreza, y fue enterrado con una pequeña concurrencia de amigos y familiares de manera sobria. Independientemente de su disciplina académica, los científicos nunca deberían olvidar que, en un mundo de víctimas y verdugos, la labor de los intelectuales, como lo dijo el novelista Albert Camus, es no estar en el lado de los verdugos.

En la época de Darwin, el arzobispo Summer sostuvo que «solo el hombre es capaz de un perfeccionamiento progresivo. Que es capaz de un perfeccionamiento incomparablemente mayor y más rápido que ningún otro animal, no admite disputa; y ello se debe principalmente a su capacidad de hablar y de transmitir el saber adquirido».[15] Pero no solo es el arzobispo quien cuestiona a Darwin, como él mismo lo acepta; también otros han dicho que:

> Únicamente el hombre es capaz de perfeccionamiento progresivo; que solo él utiliza herramientas o fuego, domestica a otros animales o posee propiedad; que ningún animal tiene el poder de abstracción, o de formar conceptos generales, es consciente de sí mismo y se comprende; que ningún animal emplea el lenguaje; que solo el hombre tiene sentido de la belleza, está sometido a caprichos, posee el sentimiento de la gratitud, el misterio, etc.; que cree en Dios o está dotado de consciencia.[16]

Darwin no aceptó fácilmente esta postura y volvió con su obsesión contra lo bárbaro en el ser humano. Decía que un perro posee conciencia de sí mismo, mientras «¡qué poco puede ejercer su consciencia de sí misma, o reflexionar sobre la naturaleza de la propia existencia, la mujer de un degradado salvaje australiano, fatigada por el duro trabajo, que utiliza pocas palabras abstractas y que no puede contar más allá de cuatro!».[17]

De todas formas, es interesantísima la manera en que Darwin argumenta su visión sobre el elevado nivel de raciocinio de los animales, pues defiende su capacidad mental de manera persistente. Sostiene que el hombre no es el único animal que puede hacer uso del lenguaje para expresar eso que pasa por su mente, solo que varias especies se valen de sonidos, muecas, ladran de distintas maneras; que, si acaso «los animales inferiores difieren del hombre únicamente en la capacidad casi infinitamente grande de este de asociar entre sí los sonidos e ideas más diversificadas, y ello depende evidentemente del gran desarrollo de sus capacidades mentales».[18] Incluso defiende el sentido de la belleza en los animales y no deja de cuestionar «los horribles adornos y la música igualmente espantosa que admiran la mayoría de salvajes».[19] Más aún, expresa que «podría proponerse que su facultad estética [de los "salvajes"] no está tan altamente desarrollada como en algunos animales, por ejemplo en las aves».[20]

Los casos acerca de la inmoralidad de los «salvajes» abundan en el texto de Darwin, como lo hemos venido constatando; sin embargo, es importante el recuento de estas ideas verdaderamente caducas porque de ello se desprende el predominio de siglos del pensamiento conservador, según el cual hay superioridad moral, racial y social, útiles para justificar hechos crueles como la opresión, la humillación e, inclusive, el exterminio. En consecuencia, exponemos algunas expresiones más del científico: «Un indio norteamericano queda satisfecho con sí mismo, y es honrado por los demás, cuando arranca la cabellera de un hombre de otra tribu».[21] O cuando afirma que la conducta de los animales para con sus semejantes «no es mucho peor que la de los indios de Norteamérica, que ayudaron a sus compañeros débiles para que mueran en las llanuras»,[22] algo tan insólito que ni siquiera en ningún guion de las películas del Viejo Oeste se atrevieron a imaginar. Y en esta otra: «Es bien sabido que las mujeres y los niños de los indios de Norteamérica les ayudaban a torturar a sus enemigos».[23] Una más: «Algunos salvajes sienten un horroroso placer en la crueldad hacia los animales»[24] y añade que «la experiencia común justifica la máxima de los españoles: "nunca jamás te fíes de un indio"».[25] El inglés seguramente desconocía la historia del español Gonzalo Guerrero, quien antes de la Conquista llegó a las costas de la Península de Yucatán debido a un naufragio, decidió vivir entre los mayas, casarse y renunciar a su nacionalidad, a su rey y a su religión. Posteriormente, combatió y murió al lado de los naturales que resistían la conquista. Está suficientemente demostrado que las atrocidades más inhumanas cometidas en América las consumaron europeos, quienes, como pretendidos mensajeros de la civilización, nunca supieron controlar sus malos instintos cuando estaban de por medio el oro y cualquier ambición de riqueza. Solo le faltó al científico usar la frase de su casi paisano y contemporáneo, el general irlandés Philip Henry Sheridan, jefe del ejército estadounidense que durante una guerra de exterminio de indígenas Kiowa, en 1869, pronunció lo siguiente: «El mejor indio es el indio muerto».[26] Pero finalicemos este apartado con otra cita en la cual Darwin reconoce, con sus asegunes, que «la esclavitud, aunque en algunos aspectos beneficiosa durante épocas antiguas, es un gran crimen; pero no se consideró así hasta tiempos muy recientes, incluso por parte de las naciones más civilizadas. Y este fue especialmente el caso porque los esclavos pertenecían en general a una raza diferente a la de sus amos».[27]

No obstante, Darwin no omite que nuestro sentido moral «se origina de los instintos sociales, es conducido en gran parte por la aprobación de nuestros semejantes, regido por la razón, el interés propio y, en los últimos tiempos, por profundos sentimientos religiosos, y confirmado por la instrucción y el hábito». Quizá por su apego religioso anglicano, Darwin acepta, citando el Evangelio de Lucas, que «Hacer el bien a los demás es la piedra fundamental de la moralidad: "tratad a los hombres como vosotros queréis ser tratados por ellos"».[28] Sin embargo, no deja de ver con preocupación que se propague, sin control natural, la especie humana «inferior» e incluso, con una visión a favor de la supremacía —convicción bastante afín a lo que más tarde se padeció durante el nazifascismo—, no acepta que aumente la población de los débiles de las clases civilizadas. Por ejemplo, sostiene:

> En los salvajes, los débiles de cuerpo y mente pronto son eliminados, y los que sobreviven representan por lo general un estado de salud vigoroso. En cambio, nosotros, los hombres civilizados, hacemos todo lo posible por frenar el proceso de eliminación; construimos asilos para los imbéciles, los tullidos y los enfermos; decretamos leyes para los necesitados, y nuestros médicos aplican toda su habilidad a salvar la vida de cada uno hasta el último momento. Hay razones para creer que la vacunación ha conservado la vida a miles de personas que, debido a una constitución débil, habían sucumbido anteriormente a la viruela. De esta manera, los miembros débiles de las sociedades civilizadas propagan su estirpe. Nadie que se haya dedicado a la cría de animales domésticos pondrá en duda que esto debe ser muy perjudicial a la raza humana. Es sorprendente con qué rapidez la falta de cuidado, o la atención mal dirigida, conduce a la degeneración de una raza doméstica; pero, excepto en el caso del propio hombre, es difícil encontrar alguien que sea tan ignorante que permita que sus peores animales se reproduzcan.[29]

Sin entrar en más detalle, Darwin también defiende la acumulación del capital porque, sin ella, las artes no podrían progresar ni se podrían extender en el mundo las razas civilizadas; de igual manera, defiende el trabajo intelectual porque de ello depende el progreso material y algo que ha sido reconocido por la mayoría de los científicos sociales: la buena comida y la exención de las penurias hace a los hombres más sanos, fuertes y creativos; no en vano, Engels, en su discurso de despedida frente a la tumba de Carlos Marx, reconoció que el filósofo judío alemán había demostrado que «así como Darwin descubrió la ley del desarrollo de la naturaleza orgánica, Marx descubrió la ley del desarrollo de la historia humana: el hecho, tan sencillo, pero oculto bajo la maleza ideológica, de que el hombre necesita, en primer lugar, comer, beber, tener un techo y vestirse antes de poder hacer política, ciencia, arte, religión, etcétera».[30]

En un repaso por demás superficial y tendencioso, Darwin sostiene: «La estructura corporal parece tomar poca influencia, excepto en la medida en que el vigor del cuerpo conduce al vigor de la mente».[31] El científico considera las facultades intelectuales de las personas y las sociedades como el principal signo de civilización y progreso; acepta el conocimiento elevado de los antiguos griegos que no se reprodujo lo suficiente por la pequeñez de su territorio, por la práctica de la esclavitud o debido a una sensualidad extrema; porque no sucumbieron sino hasta que estuvieron debilitados y corruptos hasta la médula.[32] Inclusive, sostiene con arrogancia y de manera contradictoria que los primeros civilizados de Europa de su tiempo debían poco o nada de su superioridad a los antiguos griegos, «aunque deben mucho a las obras escritas de aquel pueblo maravilloso».[33] En cuanto a la nación española, su decadencia la atribuye, entre otros factores, a la Santa Inquisición que seleccionó «con extremo cuidado a los hombres más libres y honrados con el fin de quemarlos o encarcelarlos. Solo en España algunos de los mejores hombres [los que dudaban y preguntaban, y sin duda no puede haber progreso] fueron eliminados durante tres siglos a un ritmo de mil por año»,[34] una cifra muy exagerada de acuerdo con los historiadores modernos. Obviamente, habla del éxito de los ingleses, que en su tiempo superaban en intelecto a otras naciones. Ni hablar del fenómeno de la colonización hacia Estados Unidos, que desde entonces era señalado por el relato anglosajón predominante como la construcción de un sucesor de Grecia y del Imperio romano.

Capítulo 3

EL RACISMO

Aun con todos sus asegunes, a Darwin le debemos mucho: gracias a él es demostrable científicamente que no existen las razas y que no hay caracteres únicos en grupos sociales. Los humanos comparten un mismo origen y la mezcla de caracteres hace imposible hablar de una raza única, y menos de una raza superior. Según la teoría de la evolución de Darwin, «todas las razas del hombre descienden de una única población primitiva, con independencia de si piensan que es adecuado designar las razas como especies distintas con el fin de expresar su cantidad de diferencia».[1] Darwin en su tiempo llegó a sostener:

> Aunque las razas humanas difieran en muchos aspectos, como el color, el pelo, la forma del cráneo, las proporciones del cuerpo, etc., si se toma en consideración toda su estructura se ve que se parecen mucho entre sí en multitud de puntos. Muchos de estos son de naturaleza tan poco importante o tan singular que resulta muy improbable que puedan haber sido adquiridos de manera independiente por especies o razas originalmente distintas. La misma observación se cumple con igual o mayor fuerza con respecto a los numerosos puntos de semejanza mental entre las razas más distintas del hombre.[2]

Esto aplica, según el naturalista inglés, para el caso del nivel mental de los aborígenes americanos, los negros y los europeos que, aparentemente, son distintos entre sí en este y otros rasgos. El antropólogo E. B. Tylor, contemporáneo de Darwin, también confirma la similitud entre «los hombres de todas las razas en gestos, disposiciones y costumbres. Ello se demuestra por el placer que todos ellos obtienen con el baile, la música simple, la actuación, pintar, tatuarse y adornarse de otras maneras; por su comprensión mutua del lenguaje de gestos, por la misma expresión de sus rasgos y por los mismos gritos inarticulados proferidos cuando están excitados por las mismas emociones».[3] Westropp y Nilsson, antropólogos de la época de Darwin, afirmaron que: «Las puntas de flecha de piedra, procedentes de las más distantes partes del mundo y manufacturadas en los periodos más remotos, son casi idénticas; y ello solo puede explicarse por el hecho de que las distintas razas poseen capacidades inventivas o mentales similares».[4]

Esto reafirma lo que naturalistas sostenían desde entonces: que el hombre desciende de un progenitor común con sus características casi iguales, con la consecuencia de que «todas las personas deben clasificarse bajo la misma especie. El mismo razonamiento puede aplicarse con gran fuerza a las razas del hombre».[5] En un pasaje particularmente definitorio, Darwin asegura que «la expansión del hombre a regiones ampliamente separadas por el mar precedió, sin duda, de cualquier cantidad importante de divergencia de caracteres en las diversas razas; pues, de otro modo, nos encontraríamos a veces la misma raza en distintos continentes, y este no es nunca el caso».[6]

No obstante, en ese entonces ni Darwin ni nadie pudo demostrar la vinculación del color de la piel o el pelo a condiciones naturales como el clima o la alimentación, o a factores particulares de vida. Tampoco se pudo demostrar que el color de la piel ayude a evitar ciertas enfermedades, sobre todo fiebres y epidemias tropicales. Darwin alcanza a poner algunos ejemplos, como el de la participación de soldados cercanos al Sudán que los franceses pidieron prestados al virrey de Egipto para la guerra contra México durante la invasión imperial de Maximiliano, los cuales, se demostró, pudieron resistir en nuestro país la fiebre amarilla como sucedía con otros africanos; sin embargo, nada fue suficiente para dar respuesta al enigma central que, de todas las diferencias raciales, como lo asegura el propio Darwin, «el color de la piel es la más conspicua y una de las más pronunciadas».[7]

Aquí sostengo que Darwin tenía la respuesta acerca del color de la piel, pero no quiso avanzar más; era mucho lo aportado y no había condiciones en una sociedad y un imperio colonizador, clasista y racista, para revelar todo el misterio. El racismo como ideología se originó en Europa. Además, Darwin, con todo y su innegable talento en esa materia, no ocultaba su desprecio por los pobres y los «inferiores». En su libro, por ejemplo, se lanza contra las mulatas por considerarlas libertinas; llama «bárbaros» a los afroamericanos de Brasil; y así por el estilo. Pero, aun cuando fue cauteloso al explicar el color de la piel entre «las razas humanas», tiempo después otros hombres y mujeres de ciencia traerían la respuesta.

Es pertinente recordar que el auge del racismo se expresa con mayor fuerza en el siglo XIX, precisamente en los tiempos de bonanza de los imperios del mundo, cuando despliegan aún más su poderío colonial, como en el caso de Inglaterra, que durante el largo periodo de la reina Victoria, de 1837 a 1901, se convirtió en la emperatriz de la India e invadió Egipto y parte de Asia: no había un continente sin presencia inglesa. En 1914, como herencia de la época victoriana, el Reino Unido de la Gran Bretaña, Irlanda y Escocia, se consideraba el mayor imperio de ultramar; baste decir que para ese año ya controlaba el 30% de la población del continente africano. De modo que no era fácil para cualquier investigador, aunque se tratara de Darwin, sostener que no había razas, ya que, en buena medida, el racismo y la barbarie, además del aparato de fuerza, justificaban el despojo de recursos naturales y la explotación de pueblos colonizados. Esta corriente a favor del racismo, relativamente tardía —pues ya el expansionismo colonial se había iniciado desde el siglo XV y XVI por todo el mundo, principalmente en América—, venía a respaldar la necesidad de fuerza de trabajo esclava de África ante el avance de la llamada Revolución Industrial.

En el caso de América, «la falta de brazos» por la sobreexplotación y las epidemias que diezmaron a la población indígena incrementó la trata de esclavos africanos como nunca. Se sabe que durante los siglos XVIII y XIX, los colonos en América comercializaron, vendieron y explotaron a muchos más esclavos africanos que en los siglos XVI y XVII, amparándose en creencias terribles como la que sostenía que las personas llamadas «negras» no tenían alma ni inteligencia, que eran similares a los animales, que eran mucho más fuertes que las otras «razas» y que solo estaban hechas para la actividad física. De igual forma se expresa el alemán Carl Peters al defender la colonización en África: «El negro ha sido hecho por el creador como un animal bruto y estúpido. Ha nacido como esclavo que necesita un déspota. Es mentiroso, ladrón, falso y traicionero. El negro de la costa es un bastardo vulgar, cobarde, falso, y lo más saliente de su carácter es una total indiferencia moral».[8] Es importante añadir un dato: de la llegada de Colón a América hasta mediados del siglo XIX, desembarcaron en los puertos de nuestro continente alrededor de 12 millones de esclavos africanos que fueron destinados a actividades económicas como la minería, las plantaciones y la ganadería.[9]

Es lamentable en todo sentido tener que admitir que la lucha contra el racismo no se convirtió en una verdadera causa popular y social sino a partir de la barbaridad que significó el exterminio de judíos por el nazifascismo. Por este hecho abominable es que se aplicó la ciencia —que, por lo general, no suele actuar en forma desinteresada ni neutral, ni camina con prisa— para demostrar el absurdo de las pretendidas superioridad o inferioridad biológica de los seres humanos. Después de Darwin y antes del Holocausto, los científicos se ocupaban «más en medir cráneos humanos y otros fósiles con el simplismo de que el tamaño de los huesos de la cabeza y la inteligencia estaban relacionados con el proceso evolutivo». En el fondo, como se advierte en un ensayo sobre el tema elaborado por estudiosos mexicanos y publicado por el Consejo Nacional para Prevenir la Discriminación (Conapred) en 2020, titulado *¿Existen las «razas humanas»?,* lo que estas concepciones sustentaban eran los prejuicios de los creativos europeos con respecto a su propia superioridad y dominación, los cuales buscaban legitimar con el supuesto método científico. Es decir, para justificar su comportamiento imperial y el dominio sobre regiones remotas, los europeos elaboraron teorías en las que el referente «natural» de la medición eran ellos mismos, razón por la cual todas las demás poblaciones eran calificadas como «deficientes», «atrasadas» o «primitivas».[10] En la actualidad, todos estos métodos de estudio carecen de validez científica. Pero en el periodo que va desde las publicaciones de Darwin hasta el Holocausto, en México, por ejemplo, se medía a la gente, como se observa en una imagen fotográfica de 1892 tomada en la Sierra Tarahumara, y en otra de principios del siglo XX en la cual, inclusive, aparece el director del Museo Nacional, Nicolás León, haciendo lo mismo —explorando y tomando la talla a una mujer—, todo con el propósito de encontrar en el tamaño del cuerpo un supuesto atraso evolutivo y cultural tal y como lo hacía Cesare Lombroso en Europa, cuando en 1876 escribió un texto buscando reconocer a los posibles criminales o «criminales natos» según las medidas de su cuerpo, la forma de su cráneo y las facciones de sus rostros. Esta teoría predominó en México durante el porfiriato y, como en otros contextos, se usó durante el exterminio de los yaquis para justificar la atrocidad que significó esa segunda conquista. La dictadura de entonces envió esqueletos de cuerpos de integrantes de la etnia para demostrar, con estudios craneométricos, que había en ellos una herencia de naturaleza violenta, aun cuando la realidad es que, sin ningún pudor, el régimen les había declarado la guerra para eliminar a 15 000 indígenas con el único propósito de arrebatarles sus tierras y sus aguas.

Pero continuando con el asunto de la inexistencia de las razas, es importante destacar que los descubrimientos más definitorios al respecto se presentan, como lo hemos dicho, luego del exterminio ejecutado por los nazifascistas durante la Segunda Guerra Mundial. El primer hallazgo aceptado por casi todos los científicos mediante la aplicación de la antropología biológica —o bioantropología— consistió en ratificar que:

> En nuestro cuerpo hay células llamadas melanocitos [que contienen pigmentos llamados melaninas] y son estas las que proporcionan el color a la piel. Todos los seres humanos tenemos más o menos la misma cantidad de dichos pigmentos, que se localizan entre las dos capas principales de la piel [la dermis y la epidermis]. Lo que hace que nuestro tono de piel sea distinto es la combinación de los mismos. La piel de nuestro cuerpo se ve afectada por el medio ambiente, en especial, por la luz solar. Según el lugar del mundo donde vive una persona y de su exposición a la luz del sol, los melanocitos se adaptan produciendo más o menos melaninas. Debido a que los primeros seres humanos se desarrollaron en África y estuvieron expuestos a una mayor intensidad de luz solar, sus pieles eran más oscuras. Conforme los grupos humanos se fueron moviendo por el mundo —hace miles de años— su cuerpo y su piel se adaptaron, cambiando y aclarándose conforme se alejaban del ecuador y se asentaban en regiones del mundo en las que la exposición a los rayos ultravioletas era menor.[11]

Aun cuando ya está explicado este punto que Darwin no pudo o no quiso abordar, volveré al mismo texto, donde, con otras palabras, se plantea lo mismo:

> Nuestros ancestros migraron hacia todos los rincones del mundo poblando diferentes territorios y fundado sociedades muy diversas; sus cuerpos se adaptaron al clima, al medio ambiente y a vivir con los recursos naturales disponibles, cambiando así no solo su color de piel sino también muchos de sus rasgos fisionómicos, como la complexión, la forma de la cara, los ojos, la nariz y la boca. A esta capacidad biológica las y los científicos le llaman plasticidad fenotípica. Por supuesto, estos rasgos se transmitieron hereditariamente para garantizar la continua adaptación de las nuevas generaciones al entorno, de manera que las personas que vivían en lugares similares comenzaron a parecerse más entre sí y a mostrar marcadas diferencias en su aspecto con grupos que habitaban otras regiones.[12]

Sobre el tema de la sangre pura o impura, la ciencia definió desde principios del siglo XX que solo existen cuatro tipos y que son comunes en todas las poblaciones del mundo. Como si se adelantara a lo que vendría, o presagiando dicha tendencia, un científico judío de Austria, el doctor Karl Landsteiner, descubrió y tipificó los grupos sanguíneos, por lo que en 1930 se le concedió el Premio Nobel de Fisiología o Medicina. Recuérdese que en 1920 se funda en Alemania el Partido Nacional Socialista

Obrero Alemán, más conocido como nazi, siendo su encargado de propaganda Adolfo Hitler, quien tres años después pasaría a ser el líder del partido y quien, en 1923, en la cárcel, escribió su famoso libro *Mi lucha,* en el cual, entre otras definiciones ideológicas y políticas, establece la necesidad de lograr un estado racista:

> Proponía que los seres humanos estamos divididos en razas, estando en la cúspide, como una «raza superior», la raza aria de la cual los alemanes eran sus principales representantes. Según su criterio, había razas inferiores, como los eslavos y negros, y grupos que se encontraban en las escalas inferiores de las categorías sociales, como los judíos. El nazismo identifica a los judíos como su «enemigo racial», la antítesis de la raza aria. La presencia de los judíos en Alemania significaba una amenaza a la pureza racial, por lo que buscaban eliminar a los judíos del país. Esta forma de entender el mundo fue inculcada a los alemanes a través de las escuelas cuando el nazismo llegó al poder, en 1933. El Estado adoctrina a la juventud en las «bondades» de los métodos racistas. Solo quienes son de raza aria tienen derecho a ser ciudadanos.[13]

Sin embargo, como le era consustancial, esta ideología servía también para justificar el colonialismo alemán, «liberando de razas inferiores» a los territorios donde existían seres humanos de raza aria pero también riquezas y recursos naturales; y, al mismo tiempo, ampliar su «espacio vital». Así lo explicaba el mismo Hitler: «La raza aria necesitaba espacio para desarrollar un destino. Luego de la Primera Guerra Mundial, los límites de Alemania habían sido reducidos, por lo que era necesario expandirse y conquistar los territorios en los que habitaban personas de raza aria. Así, se lograría equiparar la superioridad de la raza aria con su extensión territorial».[14]

No obstante, quien mejor argumenta sobre la falacia de la raza aria es la investigadora suiza Gertrude Duby, esposa del antropólogo danés Frans Blom, quienes trabajaron juntos desde que se conocieron en Ocosingo, Chiapas, siempre en defensa de los indígenas de la Selva Lacandona y de otras etnias y regiones. Gertrude, convertida en una activista contra el nazifascismo, escribió en 1946 un libro con apuntes autobiográficos titulado *¿Hay razas inferiores?,* en el cual sostiene que la sangre no dice nada, y argumenta:

> El mayor misticismo racial se ha hecho sobre la sangre, a pesar de que sabemos hoy que solamente existen cuatro grupos sanguíneos: O, A, B y AB. El tipo O puede mezclarse; estos se pueden mezclar con los otros tres, pero ninguno de estos se puede mezclar entre sí sin que produzcan aglutinación. Estos grupos existen en todas las razas y se puede hacer transfusión de sangre de un negro a un blanco y de un judío a un mongol, sin perjuicio; y no solamente esto, sino que se puede mezclar la sangre del hombre con la de los gorilas que pertenezcan al mismo grupo sanguíneo. El color de la piel no dice nada sobre la composición de la sangre. Un negro de Australia puede tener la misma sangre que un habitante de Berlín, un neoyorquino, la misma que la de un chino, un parisino, la misma que un chamula. La sangre humana no es el líquido místico de los teóricos fascistas. No

> es por la composición especial de la sangre, sino por el desarrollo del sistema nervioso central, por lo que el hombre se ha elevado en la escala del reino animal: Es la estructura, la cantidad, la diversidad y perdurabilidad de las neuronas cerebrales lo que expresa el desarrollo del ser humano.[15]

La antropóloga y fotógrafa suiza opina mucho y bien sobre el tema. Sostiene, como ya se ha expuesto, que el racismo como concepto y estigma surgió de las minorías europeas para tratar de justificar sus atrocidades y codicia, aun cuando paradójicamente se trate del continente con más mezclas de sangre, y añade: «Es completamente improbable que haya en alguna parte de Europa una región cualquiera habitada por un pueblo cuya sangre no haya sido mezclada, después de los tiempos neolíticos, con la de otra raza más o menos diferente»,[16] y afirma, de manera categórica, que resulta hasta cómico que «los principales expositores de la teoría de la superioridad de las razas puras sean habitantes de Europa, una de las partes del mundo más intensamente hibridadas».[17]

Asimismo, afirma que el 99% de nuestros genes son comunes a los del chimpancé. Gertrude Duby falleció en San Cristóbal de las Casas en 1993 a los 92 años, y no llegó a enterarse de los datos encontrados a partir de 2000 por el ya referido Proyecto Genoma Humano:

> Después de alrededor de medio siglo de trabajo de científicos de varios países, el proyecto genoma humano hizo un descubrimiento muy importante, pues logró descifrar la secuencia del código genético de la especie humana contenida en el ADN (ácido desoxirribonucleico). Uno de los hallazgos centrales de este proyecto fue que todos los seres humanos que hemos vivido, incluyendo a los 7700 millones que actualmente habitamos en la Tierra, somos idénticos en un 99.9% de nuestro ADN; es decir, que las diferencias genéticas entre nosotros residen solamente dentro del 0.1% de este ADN.[18]

Sin embargo, para consuelo de la señora inglesa preocupada porque no se supiera que venimos del mono, todavía hay miles de millones que no se han enterado, más una minoría de millones que, aun sabiéndolo, no está dispuesta a aceptarlo porque sigue siendo racista.

Capítulo 4

SALVAJES, BÁRBAROS Y ESCLAVOS

Aun cuando los estudiosos distinguen al bárbaro del salvaje, considerando a este último como parte de la mitología griega, en los dos casos la connotación de atraso y otros caracteres los define como iguales y el hecho más relevante estriba posiblemente en que su creación o invención surge del pensamiento europeo, pero con mucha mayor antigüedad, pues lo que ahora se conoce como variación bio cultural humana, antes «raza», es un concepto de hace apenas 250 años. Según el antropólogo Roger Bartra, la aparición del concepto de salvaje data de, cuando menos, el siglo V a. C., y se relaciona con seres humanos y semihumanos que forman parte de la mitología griega como los centauros, los sátiros, los silenos, los titanes, las amazonas, los gigantes, las ménades, los cíclopes y las ninfas, estas últimas «bellos seres femeninos que habitaban los bosques, los ríos y los campos [...] consideradas muchas veces bajo un signo noble y positivo, aunque en ocasiones podrían ser terribles y nefastas».[1] El mismo autor sostiene que para los antiguos griegos el salvaje no era el bárbaro, pues este era la antítesis del mundo civilizado; el bárbaro significaba atraso y por lo mismo sus pueblos no eran civilizados y los hombres no tenían acceso a la ciudad, donde se aprende a razonar y a forjar la moral. Sócrates sostenía que el fin último de la filosofía era la educación moral del hombre y Platón describía al salvaje como capaz de realizar sacrificios humanos, práctica que aparece en toda la mitología griega. Parte fundamental del llamado pensamiento salvaje fue la *Odisea,* gran obra literaria compuesta, según los expertos, en el siglo IX a. C., que se transmitía en el mundo helénico por la vía oral de generación en generación, hasta que tiempo después, con la aparición del alfabeto, este primer texto, que junto con la *Ilíada,* forman parte del excepcional inicio de la épica grecolatina, llega al lenguaje escrito en el siglo VIII a. C. La *Odisea* está llena de situaciones fantásticas y noveladas, relatos de caníbales y mitos, como cuando Ulises, casi al final de un desafiante viaje, pone cera en los oídos a sus acompañantes y les pide que lo amarren en el mástil de la embarcación para no escuchar, ser tentado ni sucumbir ante «el canto de las sirenas», siguiendo el consejo de la diosa Circe:

> Mas cuando distábamos tanto, cuanto se hace oír el que grita,
> yendo veloces, a ellas no les pasó inadvertida la rápida
> nave, moviéndose cerca, y altisonante entonaban su canto:
> «Ven acá en tu viaje, laudado Odiseo, gran gloria de aqueos,
> detén tu nave, a fin de que puedas oír nuestras voces.
> Pues nadie aún, pasó aquí de largo en su negro navío,

antes de oír de las bocas nuestras la voz melodiosa,
sino que él, tras recrearse, se va, y sabiendo más cosas.
Pues cierto, sabemos todo aquello que en Troya anchurosa,
por voluntad de los dioses sufrieron troyanos y argivos,
y sabemos cuanto sucede en la tierra que a muchos sustenta».
Así decían, su hermosa voz emitiendo, y mi corazón
deseaba oír, y a mis compañeros pedía me soltaran,
moviendo las cejas, mas ellos, curvándose al frente, remaban.
Y de inmediato, Perimedes y Euríloco alzándose,
me lazaban con lazos más numerosos, y más me implicaban.
Mas cuando ya las pasaron de largo, y entonces ya nada,
ni la voz ni el canto de las Sirenas oíamos,
mis compañeros queridos quitáronse al punto la cera
que empasté en sus orejas, y de los lazos a mí me soltaron.[2]

El mito del salvaje se alimenta también durante siglos de las hazañas de Alejandro Magno en los años 327-326 a. C., cuando lleva a cabo la expedición y conquista de las remotas tierras de las Indias, donde tiene que enfrentar no solo a poderosos ejércitos, sino también a seres extraños desnudos; mujeres con interminables deseos sexuales, árboles que hablan, o el odontirano «más grande que un elefante, con tres cuernos en la frente, que masacra a veinticuatro macedonios y pisotea a otros cincuenta y dos antes de que Alejandro consiga matarlo».[3]

Con el paso del tiempo, en la Roma de los primeros siglos d. C., además de extenderse la presencia de salvajes a otras regiones, inicia una simulación más estrecha entre estos y los bárbaros, cuyas atrocidades tienen que ver más con la vida pública, inclusive con los cultos religiosos. Bartra, apoyado en la *Historia Natural* de Plinio el Viejo, uno de los precursores de la etnografía, explica la combinación de hombres con rasgos animales:

> Se describen diversas clases de mujeres y hombres peludos; los *albanos,* con ojos de lechuza; los *cynocephali,* con cabeza de perro, que viven en las montañas de la India; los *artibatirae,* que caminan a gatas como las bestias; los hombres que tienen pezuñas de caballo, los *hippopode,* y que viven cerca del Báltico; las *gorgadas,* que son mujeres velludas que habitan las islas de ese nombre; los hombres con cuernos y seis brazos *Gegenees*».[4]

También se relata la existencia de los «gigantes y los cíclopes de la India; los *anthropophagi* de África y de Escitia; los *trogloditas* de Etiopía, que viven en cuevas y desconocen el lenguaje»[5] y muchas otras especies salvajes que perduraron en el imaginario colectivo y en las creencias populares hasta el siglo XV, a lo largo de toda la Edad Media.

Aun cuando conceptualmente se sigue llamando salvajismo, en la propia Roma se manifiestan actos irracionales estimulados por el vino y el placer. El historiador Tito Livio describe las bacanales en Roma de la siguiente manera: «Cuando el vino había inflamado los espíritus, y la noche y la mezcla de hombres con mujeres, jóvenes con viejos, había destrozado todo sentimiento de decoro, todas las variedades de la corrupción empezaban a practicarse pues cada uno tenía a mano el placer que respondía a las inclinaciones de su naturaleza».[6] Incluso por intolerancia religiosa o por actos de sectas criminales, a los primeros cristianos en la época de mayor persecución se les consideraba salvajes: «Durante el Imperio de Marco Aurelio, pueblo y autoridades vieron a las sectas cristianas como culpables de infanticidio, canibalismo e incesto».[7]

Según Bartra, con el paso del tiempo se fue creando en la mitología una especie de evolución del hombre salvaje, pues el prototipo del salvaje grecolatino y judeocristiano de la Antigüedad se convirtió en la Edad Media en un hombre peludo, «habitante imaginario de los bosques y personaje importante de la literatura, de las leyendas populares y del arte».[8] Aun cuando no está muy claro cómo se dio tal transición, Bartra encuentra el puente entre el salvaje antiguo y el medieval, recurriendo a la famosa leyenda de Merlín, el adivino que odiaba vivir en el bosque con las bestias y que, cuando entraba en razón y regresaba a la ciudad con su familia, adivinaba todo, incluida la infidelidad de su mujer y de la esposa del rey; sin embargo, su estado natural era la vida en el bosque, al grado que en la ciudad a veces lo mantenían encadenado. Sin embargo, cuando escapaba, «Merlín adentrándose en el bosque, vivía a manera de animal selvático, sufriendo el frío del agua hecha piedra, bajo la nieve, bajo la lluvia, bajo el despiadado soplo del viento. Y esto le agradaba más que gobernar sus ciudades y domeñar a sus feroces gentes».[9]

Esta obra del escritor, historiador y religioso Geoffrey de Monmouth sobre la vida de Merlín, escrita entre 1149 y 1151, d. C., se complementa, según Bartra, con la historia de Juan Crisóstomo, quien, en buena medida, retoma en el siglo XIII la mitología antigua sobre el salvaje. La leyenda de este famoso santo medieval se reproduce en varias versiones en toda Europa. La historia es parecida a un relato anterior de un hombre de Palestina: Juan, el penitente, quien, luego de muchos años de pureza y castidad, no resistió la tentación de hacer el amor con una doncella a la que luego asesinó, hecho que lo indujo a vivir en penitencia como salvaje hasta que Dios lo perdonó e incluso le concedió poderes santos. La leyenda de Juan Crisóstomo es más conocida y trata de:

> Un joven sacerdote decidido a escapar de la corrupción del mundo; con este fin se retiró al bosque, donde buscó refugio en una cueva para dedicarse a rigurosos ejercicios ascéticos. Durante mucho tiempo Juan vivió dedicado a la contemplación, alimentándose de hojas y hierbas, dejando que su vestido cayese roto en pedazos, raído por el tiempo. Un día llegó al bosque una joven y bella princesa (la hija del emperador, la hermana del rey de Sicilia o la hija del Conde de Barcelona, según las versiones). La hermosa muchacha fue transportada de alguna extraña y sobrenatural manera cerca de la cueva de Juan, sea por un viento poderosísimo o por el diablo disfrazado; en la versión alemana de 1471, publicada en Augsburgo, un grifo llevó a la princesa y al pastor volando ella se soltó, pero sus vestidos quedaron atrapados en las garras del ave. La joven atravesó

desnuda el bosque; llegó exhausta y llena de miedo a la morada del ermitaño. Le rogó a Juan que la alojase, pues le temía a las bestias del bosque; el sacerdote se resistió, sospechando que la mujer fuera una encarnación del diablo, pero al final cedió ante los ruegos de la doncella. La princesa se hospedó en la cueva o celda de Juan durante un tiempo, y al fin ambos se rindieron a sus deseos e hicieron el amor.

Según la *Meisterlied* bávaro del siglo XV, la princesa desflorada fue rechazada por el ermitaño, a pesar de que ella sentía una desbordada admiración —cercana a la pasión— por el famoso sacerdote de la «boca dorada», en quien veía al hombre más hermoso de la tierra.

El ermitaño que pecó con la joven princesa, para deshacerse de ella y por miedo a seguir pecando, la condujo a un precipicio y la lanzó al vacío con la intención de matarla. Presa de horribles remordimientos, se impuso la pena de vivir y de comer como una bestia, desnudo en la intemperie, caminando a cuatro patas como una alimaña, hasta encontrar de nuevo el favor de Dios. Con el tiempo le creció en la piel una tupida capa de pelo que le cubría todo el cuerpo. Pasando muchos años, un cazador atrapó al extraño hombre-bestia y se lo llevó al rey, ante el cual Juan confesó que había desflorado y matado a su hija desaparecida. El sacerdote salvaje condujo al cazador al lugar donde la había despeñado, para darle sepultura. Para su sorpresa encontraron milagrosamente viva a la princesa, tan bella como el día en que conoció al ermitaño [...] el hecho es que la penitencia de Juan, el vivir como hombre salvaje permitió la salvación milagrosa de la bella princesa. Juan fue perdonado por Dios y recobró la apariencia humana; como premio a su vida santa dedicada a expiar sus pecados, fue nombrado obispo y murió como un santo.[10]

La leyenda debe verse como parte del mito o la fantasía de la época, pues en la realidad el verdadero o primer Juan Crisóstomo, arzobispo de Constantinopla, vivió en el sigo IV d. C., y fue canonizado por su vinculación con los pobres y por haber sufrido un injusto destierro por parte del emperador Arcadio. Cabe agregar que la historia de Juan Crisóstomo es también conocida porque la utiliza Lutero en 1537 para burlarse del papa Pablo III y del comportamiento de los jerarcas de la Iglesia católica que, aceptando y promoviendo esas falacias y creencias diabólicas, no hacía más que socavar las verdades fundamentales del cristianismo. No obstante, tanto la leyenda de Juan Crisóstomo como la de Merlín reafirmaron la existencia del salvaje en el bosque que predominó durante el medievo europeo.

Ahora bien, ¿cómo eran los salvajes en la Edad Media? Bartra los analiza empezando por el cuerpo; luego, explica su espacio vital —fundamentalmente, su permanencia en el bosque—; posteriormente, indaga sobre su comportamiento sexual, la economía, el gobierno, la vida espiritual, su concepción del infierno y la muerte; y termina esta especie de etnografía del salvaje con la forma en que usaban la palabra o se comunicaban. En cuanto al cuerpo, como hemos venido relatando, «el salvaje medieval presentaba un tipo físico definidamente humano, con características raciales similares a las de la población europea».[11] Tanto los hombres como las mujeres están cubiertos con pelos —a excepción del rostro—; los hombres eran blancos y barbados y las mujeres poseían cabelleras largas, sin mostrar:

> Casi nunca algún rasgo [...] proveniente de poblaciones asiáticas o africanas: eran inconfundiblemente europeos. El espacio preferido del salvaje eran los bosques de ese continente o convivían con otros animales de la naturaleza reales o imaginarios (ciervos, unicornios, osos, centauros, lobos, dragones, serpientes y leones), siempre en lo más alejado de ciudades y aldeas. El salvaje estaba estrechamente vinculado al placer sexual. Sin embargo, en grabados del medioevo aparecen esposas e hijos en lugares paradisiacos del campo. En la época existía el temor de hombres y mujeres del rapto del salvaje para el desfogue de la pasión erótica, aun cuando en la mitología medieval abundasen relatos sobre el aplacamiento o la autolimitación de esos «apetitos bestiales».[12]

Coincido con Bartra en que hablar de economía del salvaje parece un contrasentido. Sin embargo, creo que implicaba trabajo conseguir raíces, hierbas y frutos, y dedicar tiempo a la caza de animales. La búsqueda del sustento alimenticio y la sobrevivencia conllevan una incipiente forma de economía, sin dejar de lado, como se afirma en el texto guía, que existió un largo tapiz de Basilea, tejido hacia 1460, que «muestra a mujeres y hombres salvajes dedicados a labores agrícolas en un cuadro de gran armonía rústica».[13] Si la idea de la economía en el mundo salvaje es difícil de concebir, más complicado resulta aún asimilar el funcionamiento de lo que denominamos «gobierno». Claro que todo es posible si, hasta la actualidad, en plena «civilización», un elemento básico de la política sigue siendo el uso de la fuerza. En ello, naturalmente, se sustentaba el gobierno salvaje. Es recurrente la imagen de un salvaje empuñando un garrote o macana. No obstante, Bartra insiste en diferenciar al salvaje del bárbaro y a este último no le concede ningún sometimiento o normas de gobierno, dejando incluso en el misterio la violencia utilizada para defenderse del hombre civilizado. Así lo explica:

> Los hombres salvajes no eran una alegoría de los bárbaros. La barbarie de los pueblos no cristianos se constituía en poderosas formaciones políticas que hacían la guerra para conquistar los territorios de la cristiandad [...] la guerra que hacían los bárbaros era la continuación de una política y un gobierno radicalmente hostiles a la nobleza cristiana europea. Aunque la idea de barbarie mantenía las connotaciones de brutalidad y ferocidad, se aplicaba principalmente a los infieles que rehusaban oír la palabra del dios cristiano o que jamás la habían escuchado. Reacios o ignorantes, estos bárbaros podían ser convertidos a la fe cristiana, pues eran descendientes de Adán al igual que los caballeros cruzados que los combatían. Pero la violencia guerrera de los hombres salvajes era radicalmente diferente, pues no emanaba de alguna forma infiel o perversa de la política y de la religión. Los salvajes carecían de toda forma de gobierno; la violencia salvaje no se ejercía en nombre de extrañas costumbres, dioses paganos o formas bárbaras de autoridad y de ley. ¿De dónde procedía, entonces, la violencia del hombre salvaje? ¿De qué poder emanaban su hostilidad y sus agresiones? Hay

que decir que la etnología moderna sigue tratando, hoy en día, de contestar estas preguntas tan típicamente medievales.[14]

Sin embargo, al salvaje no se le concede razón y se le considera carente de pensamiento. Por lo mismo, es un hombre supuestamente vacío: su interés no es socializar; por el contrario, es el prototipo del ermitaño. «El salvaje medieval era el más solitario de los hombres».[15] Un teólogo en el siglo XIV, Heinrich van Hesler, de los pocos clérigos que aborda el tema, los considera «forma humana; pero son tan toscos y han crecido tan salvajes que nunca han escuchado la palabra de Dios».[16] En cuanto a las concepciones del salvaje sobre el infierno y la muerte, es poco lo estudiado; solo queda como hipótesis que, aun si el salvaje es el demonio mismo, en el imaginario colectivo del medievo se trata de algo que escapa a la concepción cristiana de lo bueno y lo divino y, por lógica, si el salvaje no poseía ni alma ni razón, tampoco podía estar pensando en el infierno y la muerte. En el tema del lenguaje, el autor nos dice que «las palabras del hombre salvaje no tenían sentido, pero expresaban sentimientos».[17] Bartra aquí describe la diferencia entre el lenguaje de los bárbaros y las expresiones de los salvajes. Estos últimos se manifiestan con gestos, miradas y signos, mientras los bárbaros, de acuerdo con la noción helénica, eran «los que barbullaban o balbuceaban, y según Estrabón era una voz onomatopéyica que significaba "los que hablan bar-bar", los que hablan algo incomprensible para los griegos».[18] De hecho, «bereber» deriva de la palabra griega *bárbaro,* que era utilizada para denominar a todos aquellos que no hablaban griego y que, por tanto, eran considerados bárbaros. Los romanos y los bizantinos continuaron utilizando este término. Los invasores europeos que conquistaron América continuaron con la tradición grecorromana de considerar a los pueblos indígenas como bárbaros. También los ingleses y franceses adoptaron el término bereber. Los nacionalistas amazigh (del norte de África) reivindican el uso del término con el cual ellos se autodenominan. Amazigh significa «libre» o «noble»; el plural de amazigh es *imazighen.*

Pero el salvaje no solo era mitología, «formaba parte de hombres atrasados», vistos de esa manera en el mundo «civilizado» europeo; sus apariciones en enfrentamientos guerreros son quizá lo que más los identifica con los hombres de las sociedades avanzadas o de mayor reputación racional. Por ejemplo, existen datos de que en los ejércitos de «la primera Cruzada eran acompañados de una tropa caníbal de mendigos profesionales que iban descalzos y sin armas».[19] Pero causaban terror entre los adversarios islámicos «que temían más acabar en el estómago de los *thafurs* que ser atravesados por las lanzas de los caballeros».[20] También aquí importa dejar constancia de que la antropofagia no era desconocida en Europa. Tanto en Inglaterra como en Francia y Alemania, durante los siglos IX y X, «había bandas de asesinos vagabundos que en las zonas desoladas atacaban a los viajeros, cuya carne destazada era vendida después en los mercados».[21] También es célebre, aunque poco difundido, el pasaje en el cual se describe a Ricardo Corazón de León, rey de Inglaterra, comiendo «la cabeza hervida de un sarraceno [los cristianos del medioevo llamaban así indistintamente a los árabes y a los musulmanes en general], aderezada con azafrán y especies diversas, en presencia de los horrorizados embajadores de Saladino».[22]

Es notorio, en todo el análisis sobre el hombre salvaje, que poco a poco se va desentrañando su condición humana y la vinculación con el interés material, la avaricia y los asuntos personales o cívicos, ocultos en las leyendas vinculadas al amor que forman parte de la literatura hasta la época de Cervantes. Aun cuando *El Quijote* es una historia de fantasía realista en general, no omite describir un episodio excepcional y de gran significado por su vinculación con el feminismo de la actualidad. Me refiero al hecho adelantado o precursor de cuando una bellísima pastora, de nombre Marcela, es vista por un humilde pastor llamado Grisóstomo, quien cae cautivado y le ofrece amor eterno y delicadezas, pero ella, como lo ha hecho anteriormente con todos sus pretendientes, lo rechaza una y otra vez, hasta el punto de que el enamorado se suicida. En el entierro del infortunado, Marcela es injustamente responsabilizada por el triste desenlace, pero ella se defiende argumentando: «Yo nací libre y para poder vivir libre escogí la soledad de los campos, los árboles de estas montañas son mi compañía; las claras aguas de estos arroyos, mis espejos; con los árboles y con las aguas comunico mis pensamientos y hermosura. Fuego soy apartado y espada puesta lejos».[23]

Sin embargo, estos interesantísimos y sublimes relatos del hombre o la mujer salvaje viviendo en soledad en el bosque también se hacen acompañar de mensajes de discriminación, violencia o repudio a lo considerado como atraso o peligro. Como vimos, en las crónicas de las Cruzadas hay menciones a hombres salvajes o bárbaros; asimismo, Bartra, citando a otros autores, sostiene:

> En vista de que el siglo XII contempló una expansión enorme del espacio agrícola, el mito se encuentra enclavado en uno de los procesos económicos más importantes de la Edad Media. Es posible que, a semejanza de lo que ocurrió en Grecia, el hombre salvaje cazador se haya convertido durante la Edad Media en un símbolo señorial y aristocrático de las clases acomodadas que intentaban frenar la expansión de las tierras cultivadas, que invadía sus terrenos de caza, llevada a cabo por una población campesina cada vez más numerosa.[24]

Es importante recordar que el hombre hace los mitos y los recrea para sus semejantes. En el texto guía de este capítulo, prácticamente se llega a la misma conclusión que Darwin, quien acepta que venimos de los monos, que de ese ser semihumano o salvaje evolucionamos hasta llegar a alternar en el mundo civilizado. Si recordamos, en ese texto Darwin explica que «los antepasados del hombre fueron, sin duda, inferiores en intelecto, y probablemente en disposición social, a los más inferiores salvajes actuales, a más de la mitad del siglo XIX; pero es totalmente concebible que pudieron haber existido, o incluso prosperado, si hubieran progresado en intelecto, al tiempo que perdían gradualmente sus capacidades animales, como las de trepar a los árboles».[25]

Tanto Bartra como otros autores citados por él consideran que «el hombre salvaje medieval vive en un estado de incivilidad, desamor y desdicha y, por contraste, ha permitido que la silueta del hombre civilizado brille con intensidad. Diríase que el salvaje —inculto, malquerido, desgraciado— ha ido preparando al hombre occidental, a lo largo de mucho tiempo para recibir la modernidad».[26] Aun cuando este proceso civilizatorio busca situarse a la par del Renacimiento, en los siglos XV y XVI, como hemos constatado, la presencia del mito del hombre salvaje perdura en Europa, según afirmaciones de Darwin, hasta el siglo XIX y, para bien o para mal, pudo seguir teniendo vigencia en ese continente hasta el siglo XX y, sin duda, en países colonizados o semicolonizados. Sin embargo, a los europeos les importa mucho dejar constancia de que, a partir del Renacimiento, son comunes «un conjunto de reglas para controlar y ritualizar los flujos de entrada y salida del cuerpo humano, así como las posturas, ademanes, ruidos y gestos que debían acompañarlos [...] el hombre salvaje [...] era un ser completamente ajeno a la civilidad, incapaz de ocultar sus fluidos corporales, de canalizar sus instintos o de cubrir su desnudez con pudor».[27]

Sin embargo, aunque la llegada del Renacimiento en Europa produjo, indudablemente, cambios significativos en las artes y la ciencia, en otros órdenes o aspectos las cosas siguieron igual que en el medievo. Por ejemplo, en materia de saneamiento, la inmundicia y el mal olor prevalecieron en casi todas las ciudades europeas. Todavía en el siglo XVII la falta de sanidad e higiene era algo insoportable. La defecación al aire libre solía ser habitual y los pozos negros estaban saturados. Se continuaban arrojando las excretas a las calles o alcantarillas que, en esencia, eran zanjas abiertas que llevaban las aguas negras a los ríos.[28] Todo lo cual, dicho sea de paso, contrasta con el adelanto que había en esta materia en las ciudades mesoamericanas, pues el drenaje y los acueductos ya existían desde tiempos remotos. Por ejemplo, 1000 años a. C., la ciudad Olmeca de San Lorenzo, Veracruz, ya contaba con drenaje; lo mismo que Teotihuacán en el siglo V d. C; Palenque, Chiapas, en el siglo VI d. C.; Xochicalco, Morelos, en el VII d. C.; entre otras.

Para ubicar más el poco desarrollo de la Europa medieval con respecto a otras civilizaciones del mundo, no sobra transcribir una crónica que recoge, del siglo XII, el escritor Amín Maalouf, en la cual se lee lo siguiente:

> La opinión del emir sirio sobre los «bárbaros» sigue siendo prácticamente la misma cuando habla de sus conocimientos. En el siglo XII, los frany están muy atrasados en relación con los árabes en todos los campos científicos y técnicos. Pero es en medicina donde la diferencia es mayor entre el Oriente desarrollado y el Occidente primitivo. Usama observa la disparidad:
>
> «Un día —cuenta—, el gobernador franco de Muneitra, en el monte Líbano, escribió a su tío Sultan, emir de Shayzar, para rogarle que le enviara un médico para tratar algunos casos urgentes. Mi tío escogió a un médico cristiano de nuestra tierra llamado Thabet. Este solo se ausentó unos días y luego regresó entre nosotros. Todos sentíamos gran curiosidad por saber cómo había podido conseguir tan pronto la curación de los enfermos

y lo acosamos a preguntas. Thabet contestó: "Han traído a mi presencia a un caballero que tenía un absceso en la pierna y a una mujer que padecía de consunción. Le puse un emplasto al caballero; el tumor se abrió y mejoró. A la mujer le prescribí una dieta para refrescarle el temperamento. Pero llegó entonces un médico franco y dijo: '¡Este hombre no sabe tratarlos!'. Y, dirigiéndose al caballero, le preguntó: '¿Qué prefieres, vivir con una sola pierna o morir con las dos?'. Como el paciente contestó que prefería vivir con una sola pierna, el médico ordenó: 'Traedme un caballero con el hacha bien afilada'. Pronto vi llegar al caballero con el hacha. El médico franco colocó la pierna en un tajo de madera, diciéndole al que acababa de llegar: '¡Dale un buen hachazo para cortársela de un tajo!'. Ante mi vista, el hombre le asestó a la pierna un primer hachazo y, luego, como la pierna seguía unida, le dio un segundo tajo. La médula de la pierna salió fuera y el herido murió en el acto. En cuanto a la mujer el médico franco la examinó y dijo: 'Tiene un demonio en la cabeza que está enamorado de ella. ¡Cortadle el pelo!'. Se lo cortaron. La mujer volvió a empezar entonces a tomar las comidas de los francos con ajo y mostaza, lo que le agravó la consunción. 'Eso quiere decir que se le ha metido el demonio en la cabeza', afirmó el médico. Y, tomando una navaja barbera, le hizo una incisión en forma de cruz, dejó al descubierto el hueso de la cabeza y lo frotó con sal. La mujer murió en el acto. Entonces, yo pregunté: '¿Ya no me necesitáis?'. Me dijeron que no y regresé tras haber aprendido muchas cosas que ignoraba sobre la medicina de los frany"».[29]

No obstante, los europeos históricamente han buscado justificar conquistas, esclavitud y genocidios, esgrimiendo el salvajismo de los pueblos sometidos. En la construcción de este relato siempre han contado con una pléyade de intelectuales y científicos vinculados y dependientes de los regímenes de opresión. Quizá el de mayor utilidad en este aspecto fue, y sigue siendo, como paradoja, Charles Darwin: él se lanzaba fuerte contra los supuestos salvajes de la India, América y otras regiones del mundo; entre sus calumniados favoritos estaban, por cierto, los indígenas australianos, a quienes acusaba de infanticidio y a sus mujeres, de infertilidad por sus supuestos excesos sexuales. Por lo mismo, quisiera incluir en este apartado una reflexión que hace Claude Lévi-Strauss apoyando en múltiples estudios la sabiduría de los indígenas de ese país, todavía dependiente o vinculado a la monarquía inglesa:

> Pocas civilizaciones [...] como la australiana, parecen haber poseído el gusto de la erudición, de la reflexión intelectual, de lo que a veces parece ser un «dandysmo» intelectual, por más extraña, que pueda parecer la expresión cuando se la aplica a hombres, cuyo nivel de vida material es tan rudimentario. Pero no nos equivoquemos: estos salvajes, peludos y ventrudos, cuya apariencia física nos hace pensar a nosotros en los burócratas adiposos, o en los soldados de Napoleón, lo que hace todavía más incongruente su desnudez, estos adeptos meticulosos a prácticas que nos parecen corresponder a una perversidad infantil: manipulaciones y tocamientos de órgano genitales, torturas, empleo industrioso de su propia sangre y de su propias excreciones y secreciones (como nosotros

lo hacemos, más directamente, y sin preservarlo al humedecer, para pegar los timbres de correo, con saliva), fueron, en muchos respectos verdaderos Snobs.[30]

De modo que la pretendida contradicción entre salvajismo y civilización es más un asunto de interés político y económico, que una categoría de dimensión social o cultural. Por ello, me llamó mucho la atención una afirmación de Bartra asegurando que «las ideas que suponían una naturaleza bestial de los americanos fueron más un fantasma que una importante corriente del pensamiento».[31] También me causó extrañeza que este prestigiado y erudito antropólogo apoyara su afirmación en un texto de otra eminencia en la materia, el historiador Edmundo O'Gorman, titulado: «Sobre la naturaleza bestial del indio americano».[32] Sin embargo, por tratarse de una aseveración muy aventurada, busqué el texto de O'Gorman y, en efecto, me sorprendió que una década antes de su gran obra *La invención de América,* haya escrito, en 1941, el ensayo citado, cuyo contenido es un profundo y riguroso análisis de la polémica iniciada desde la llegada de los europeos al continente americano sobre la racionalidad o humanidad de los indígenas. El tema lo desarrolla de manera profunda y profesional, pero da la razón a quienes les conceden a los pueblos originarios un bajo nivel racional, aun cuando acepta que son hombres en vías de conseguir su felicidad siempre que evolucionen con urbanidad, cultura y religión.

Pero vamos por partes: este asunto no es fantasmal, como asegura Bartra, sino que amerita un riguroso análisis sobre la realidad, y precisamente este libro tiene como propósito desbrozar el camino para llegar a la verdad en torno al supuesto atraso que, hasta ahora, se continúa esgrimiendo para tratar de justificar los abusos cometidos en contra de la mayoría de los mexicanos, quienes, en contraste, somos dichosos y de inteligencia fecunda gracias a la herencia de antiguas y excepcionales culturas que nos han permitido resistir y continuar esclareciendo nuestras virtudes como sociedad y como nación en el mundo.

Como es sabido, desde la llegada de Colón al continente americano surgió la polémica sobre si los indios eran hombres libres y civilizados. Sin embargo, no parece que el asunto haya brotado de modo espontáneo; era una cuestión de fondo, tal como el mismo O'Gorman lo reconoce y explica:

> La polémica acerca de la verdadera naturaleza del indio americano no fue una discusión de puro interés teórico. Se encuentra tejida en el fondo de un complejo de cuestiones religiosas, políticas y económicas. En efecto, del concepto que se tuviera del indio, dependía todo el programa misionero de la evangelización americana y muy agudamente la urgente cuestión de la capacidad o incapacidad de los naturales para recibir los sacramentos de la iglesia.[33]

Pero igual o más importante resultaba encontrar en ello «el régimen jurídico a que quedarían sujetos los indios en sus personas y bienes, y lo más relevante a este respecto era sin duda, la justificación o, por el contrario el rechazo de la esclavitud».[34]

En este debate participaron los políticos, abogados, clérigos e intelectuales del más alto nivel de España en esa época. Ya Colón, en su primer viaje, había informado de manera ambigua: «Ni son perezosos ni rudos, sino de un grande y perspicaz ingenio [...] son amables y benignos [...] no encontré entre ellos, como se presumía, monstruo alguno, sino gente de mucho obsequio y benignidad»;[35] sin embargo, habla de que supo de caribes que «se alimentan de carne humana».[36] Fray Bartolomé de las Casas, conocido como defensor de los indios, fue de los primeros en protestar por el mal trato que recibían los nativos por parte de los colonos venidos de España a Santo Domingo y Cuba. En efecto, estos colonos, los de otras islas y del actual territorio mexicano, impulsaron la idea de que los indígenas no eran seres humanos, sino bestias. Inclusive, en 1536, el obispo de Tlaxcala fray Julián Garcés envía una carta al papa Paulo III, defendiendo a los indios y acusando a cristianos «cuya cudicia es tanta que, por poder hartar su sed, quieren porfiar que las *criaturas racionales hechas a imagen de Dios, son bestias y jumentos;* no a otro fin de que los que las tienen a cargo, no tengan cuidados de librarlas de las rabiosas manos de su codicia, sino que se las dejen usar en su servicio conforme a su antojo».[37]

El teórico más protagónico que no aceptaba la condición humana de los indios, o los consideraba seres inferiores, «fue el famoso "humanista" Juan Ginés de Sepúlveda», quien afirmaba que los indios eran «"bárbaros", amentes [dementes] o siervos por natura».[38] Diciéndose seguidor de Aristóteles, sostenía que los españoles podían imponerles un gobierno despótico por su condición natural de esclavos. Inclusive, en 1517, muy al inicio de la invasión europea, hubo un debate en Salamanca y se habló en contra de los indios. El fraile Juan de Quevedo, obispo del Darién, dijo: «Según la noticia que los de tierra donde vengo, tengo, y de las de las otras tierras, que viniendo camino vide, aquellas gentes son siervos a natura»,[39] es decir, solo aceptables como esclavos. Asimismo, en la Corte de España, en 1525, el presidente del Consejo de Indias, fray Tomás Ortiz, en una sesión para ese fin, informó con una retahíla de acusaciones sobre «las causas que le movían para defender que los indios fuesen esclavos».[40] Sobre los caribes, sostiene que:

> Comían carne humana, que era sométicos [sodomitas] más que generación alguna, y que ninguna justicia había entre ellos; que andaban desnudos y no tenían vergüenza; eran como asnos abobados, alocados y insensatos y que no temían en nada matarse, ni matar; ni guardaban verdad, sino era en su provecho; eran inconstantes; no sabían qué eran consejos; ingratísimos y amigos de novedades. Que se preciaban de borrachos... Eran bestiales en los vicios. Ninguna obediencia ni cortesía tenían mozos a viejos, ni hijos a padres; que no eran capaces de doctrina ni castigo. Eran traidores, crueles y vengativos; inimicísimos de religión y que nunca perdonaban. Eran haraganes, ladrones, mentirosos y de juicios bajos y opacados; no guardaban fe ni orden; ni guardaban lealtad maridos a mujeres, ni mujeres a maridos. Eran hechiceros, agoreros y nigrománticos. Que eran cobardes como liebres, sucios como puercos; comían piojos, arañas y gusanos crudos do quiera que los hallaban. No tenían arte, ni maña de hombre... cuanto más crecían, se hacían peores. Hasta diez

> o doce años, parecía que habían de salir con alguna crianza y virtud, y de allí adelante se volvían como brutos animales. Y en fin, que nunca crio Dios gente más cocida en vicios y bestialidades, sin mezcla de bondad o política, y que se juzgase para qué podían ser capaces hombres en tan malas mañas y artes.[41]

Aun cuando esta andanada de insultos va con dedicatoria a los caribes, esto mismo sostenían los colonos en otras partes del continente. En contraste, fray Bartolomé, como testigo presencial, escucha en 1511, en La Española, el célebre sermón del fraile Antón de Montesinos, el cual cuestiona a los españoles por sus crueldades y falta de cristiandad: «¿Estos (los indios) no son hombres? [preguntaba el predicador]. ¿No tienen ánimas racionales? ¿No sois obligados a amallos como a vosotros mismos? ¿Esto no entendéis, esto no sentís?».[42] El sermón produjo un efecto explosivo. Los colonos acordaron enviar a un franciscano, Fr. Alonso del Espinal, a la metrópoli a informar al rey; a su vez, los dominicos enviaron a Montesinos. El padre De las Casas refiere con detalle el curso y resultado de estas misiones que, a la postre, se resolvieron porque Montesinos convenció al franciscano de su error, y ambos trabajaron en la corte para mejorar la triste condición en que estaban los indios. En 1517, hubo una junta de trece maestros teólogos en el Convento de San Esteban de Salamanca, en la que se trató la cuestión de la capacidad de los indios para recibir la fe. La solución les fue favorable.[43]

En el fondo lo definitorio seguía siendo si se aplicaba la concepción aristotélica de que los esclavos eran inferiores por naturaleza y les correspondía servir como esclavos. Un abogado famoso de la época, Gregorio López, que llegó a ser miembro del Consejo de Indias, fue consultado por el rey para saber lo siguiente:

> Si los españoles podían servirse de los indios, a lo cual entre otras cosas contestó, apoyándose en la distinción que hace Aristóteles de gobierno real para los hombres libres y despótico o tiránico para los siervos, que este último tipo de gobierno era el que convenía en América y era justo, puesto que se aplica a «aquellos que naturalmente son siervos y bárbaros, que son aquellos que faltan en juicio y entendimiento, como son estos indios, que según todos dicen, son como animales que hablan». Añade que a los siervos por natura y a «los bárbaros y hombres silvestres que de todo les falta razón, le es provechoso servir a su señor sin ninguna merced ni galardón».[44]

En esencia, lo que Aristóteles sostiene en su libro *Política,* en el capítulo dedicado a la esclavitud, es que los hombres son unos naturalmente libres y otros naturalmente esclavos, y que unos nacen para mandar y otros, para obedecer. Textualmente plantea:

> Cuando uno es un inferior a sus semejantes, tanto como lo son el cuerpo respecto al alma y el bruto respecto al hombre, y tal es la condición de todos aquellos en quienes el empleo de las fuerzas corporales es el mejor y único partido que puede sacarse de su ser, se es esclavo por naturaleza. Estos hombres [...] no pueden hacer cosa mejor que someterse a

la autoridad de un señor; porque es esclavo por naturaleza el que puede entregarse a otro; y lo que precisamente le obliga a hacerse de otro es el no poder llegar a comprender la razón, sino cuando otro se la muestra, pero sin poseerla en sí mismo.[45]

Es increíble que bajo este sofisma, que en los tiempos de la Conquista ya tenía más de 18 siglos de existencia —y que persiste en nuestra época—, los hombres de «ciencia y conciencia» de entonces quisieran justificar la interesada y obsesiva necesidad de esclavizar a los pueblos colonizados de América; pero aun con ese pensamiento dominante, la Corona española no legalizó la esclavitud de los naturales, acaso porque calculó que una condición de sobreexplotación, aunada al despoblamiento causado por el despojo de tierras, las epidemias y los bruscos cambios nutricionales, podría provocar una catástrofe demográfica, lo que de todos modos acabó sucediendo. La esclavitud, si no *de jure,* fue implantada *de facto.* El resultado fue un periodo de tres siglos de decadencia durante la dominación colonial, prolongada en un largo lapso del México independiente.

Regresando a la polémica sobre la inferioridad de los indígenas esgrimida por colonos y varios intelectuales y caballeros de la monarquía, conviene dejar constancia de que, en 1537, por humanismo o por la evidencia de la reducción poblacional, el papa Paulo III expidió dos bulas importantísimas que buscaban, infructuosamente, diluir la apasionada e inhumana polémica. En la primera, el pontífice resume que Dios «hizo al hombre de tal condición que no solo fuese participante del bien, como las demás criaturas, sino que pudiese alcanzar y ver cara a cara el bien sumo inaccesible, [...] y como el hombre fue creado para la vida eterna, que únicamente mediante la fe puede lograrse, es necesario confesar que *el hombre es de tal condición y naturaleza que puede recibir la fe de Cristo,* y que quien quiera que tenga la naturaleza humana es hábil para recibir la misma fe».[46] Lo más importante de estos documentos apostólicos es lo expuesto en la segunda bula, destinada a prohibir la esclavitud, con esta reflexión:

> Algunos de sus satélites [del demonio], que deseosos de conocer su codicia, se atreven a andar diciendo que los indios occidentales o meridionales deben reducirse a nuestro servicio como brutos animales, poniendo por pretexto que son incapaces de la fe católica, y los reducen a esclavitud apretándolos con tantas aflicciones cuantas apenas usarían con los brutos animales de que se sirven. Por lo tanto, «teniendo en cuenta que aquellos, como verdaderos hombres que son, no solamente son capaces de la fe cristiana, sino que se acercan a ella con muchísimo deseo; [...] con autoridad apostólica por las presentes letras determinamos y declaramos, [...] que los dichos indios y todas las otras naciones que en lo futuro vendrán a conocimiento de los cristianos aun cuando estén fuera de la fe, no están sin embargo privados, ni hábiles para ser privados de su libertad ni del dominio de sus cosas... y no se les debe reducir a esclavos, etcétera».[47]

Con estas bulas ganaron el debate los defensores de los pueblos originarios, pero la polémica continuó y, algo peor, bajo la máxima de que «se acata, pero no se cumple»; con todo y esa ordenanza, y con la misma Ley de Indias que declara a los indígenas vasallos libres, la esclavitud, la sobreexplotación y el maltrato continuaron por siglos, justificados con los mismos alegatos. A partir de 1550, Sepúlveda insiste en que:

> Los indios americanos son bárbaros, lo que se prueba por sus vidas y costumbres depravadas. Esta barbarie consiste fundamentalmente en que carecen de razón y por lo tanto son incapaces para la vida, política y urbana [...] Su barbarie autoriza incluirlos dentro del tipo aristotélico de ciervos de natura. Todo esto justifica considerarlos, como si fueran bestias, parecidas, más bien a los animales que no a los hombres. Por tanto, no puede decirse que sean propiamente humanos.[48]

Fray Bartolomé de las Casas se opone a ese modo de pensar; a diferencia de Sepúlveda, quien nunca estuvo en América, sostiene, apoyado en su experiencia, que los indígenas son gente de razón, que tienen como base a la familia, y que viven en comunidades, barrios y grandes ciudades. En fin, de acuerdo con sus conocimientos de la vida social y cultural de los americanos, niega su barbarie e inferioridad. En este punto, O'Gorman, a mi juicio, comete el error o la imprudencia de sostener que:

> La argumentación de Las Casas no es doctrinalmente congruente, aunque por apasionada, muy persuasiva. En materia de prueba, el punto más vulnerable era la defensa contra la alegada barbarie de los indios. En realidad, no todos los hechos estaban a su favor. Ciertamente la organización política de los aztecas e incas servía admirablemente para defender la plena capacidad racional del indio americano. Pero de muchas partes y con frecuencia llegaban noticias de actos cometidos por los indios en que eran innegables, la crueldad y bestialidad con la que se comportaban. Además, no era fácil borrar la impresión del terrible espectáculo de los sacrificios humanos, que no solamente presenciaron los castellanos, sino que de hecho sufrieron algunos en sus personas. ¿Y qué decir de la antropofagia que siempre acompañaba los sacrificios? Ciertamente hoy le explicamos como un acto ritual, pero en aquella época debió parecer monstruosa y de la más calificada barbarie. También la sodomía, el pecado rotundo de usos medievales, era muy común y extendida costumbre entre los naturales del nuevo mundo, y no olvidemos que los hombres entonces estaban ayunos de las mestizadas teorías modernas de los estados intersexuales.[49]

Como vemos, O'Gorman plantea con transparencia el asunto esencial de considerar a los conquistados, como suele pasar en cualquier parte del mundo, como seres inferiores, llenos de vicios y maldades, lo cual justifica que, en aras de la civilización, se les pueda someter y colonizar. Esclarecer este asunto y desentrañar su vileza, como ya dijimos, es parte medular de este libro, lo cual iremos argumentando y demostrando poco a poco hasta llegar a la conclusión de que los sacrificios humanos y el canibalismo no existieron en el México prehispánico y que su invención correspondió más al fanatismo y a la perversa estrategia de justificar con ello la esclavitud y la crueldad en aras de la avaricia, y el despojo de bienes y riquezas a los pueblos originarios. Pero mejor dejemos este asunto por ahora, pues, como dije, lo seguiremos abordando dada su gran relevancia histórica y su perversa manipulación. Reafirmo para concluir este capítulo que las grandes civilizaciones mesoamericanas se elevaron con imaginación y talento, y que casi siempre optaron por la no violencia. La propaganda sobre los sacrificios humanos y el canibalismo fueron inventos del conquistador Hernán Cortés y sus huestes, propalados por la nobleza y el alto clero, leyendas elaboradas por frailes y burócratas, difundidas de manera ininterrumpida por cronistas y escritores de pensamiento racista y conservador. Con todo respeto —y en ello no incluyo a los pueblos de Europa, sino a sus élites—, fue allá, en ese continente, donde se practicaron exterminios masivos y los crímenes más crueles por la barbarie del fanatismo religioso, la supuesta superioridad racial, el colonialismo y la ambición enajenante por el poder y el dinero.

Capítulo 5

LAS ANTIGUAS CIVILIZACIONES AFROASIÁTICAS Y EUROPEAS

Al buen historiador Yuval Noah Harari le debemos el libro *Sapiens, de animales a dioses,* una extraordinaria guía para interpretar la evolución de la vida y el hombre con un enfoque fundado y pragmático. Esto último no debe entenderse de manera peyorativa, al contrario, es un importante atributo. Nos dice que el curso de la historia se divide en tres grandes etapas: la que inició con la revolución cognitiva del *homo sapiens,* la revolución agrícola que comenzó hace 12 000 años y la revolución científica, que se puso en marcha hace apenas 500 años. Para él, entre la primera y la segunda se encuentra la llamada Edad de Piedra, y casi al final de ella empezaron a producirse importantes avances en las manifestaciones espirituales y culturales de una humanidad que todavía no domesticaba los alimentos, como sucedió posteriormente con el trigo, el arroz, el maíz y otros cereales.

De ese tiempo, en vísperas del desarrollo de la agricultura, es que se han descubierto vestigios en los que aparecen figuras de hombres-animales como deidades religiosas. Tal es el caso de «una figurita de marfil de mamut de un hombre león (o de una "mujer leona"), en la cueva de Stadel en Alemania»,[1] que data de unos 32 000 años. Expone la foto en su libro y explica: «El cuerpo es humano, pero la cabeza es leonina»,[2] se trata de «uno de los primeros ejemplos indiscutibles de arte y probablemente de religión, así como de la capacidad de la mente humana de imaginar cosas que no existen realmente».[3] No obstante, este intelectual, actuando de manera responsable, explica que la espiritualidad arcaica no podría considerarse como una religión específica, sino que se trata de algo que se ha descrito en términos muy generales como la suma de muchas creencias. De lo que existe certidumbre es de dos hechos interconectados de gran importancia histórica y antropológica: el hallazgo sobre los restos de estructuras monumentales, con pilares de piedras decoradas de unos cinco metros de altura, columnas y edificios del antiguo santuario de Göbekli Tepe, al sudeste de Turquía, que data de 9500 años a. C., construida por cazadores y recolectores, y se sabe que, quizá por coincidencia, muy cerca de ahí y casi en el mismo tiempo (9500-8500 a. C.), también al sudeste de Turquía y en el oeste de Irán empezó el cultivo del trigo y la domesticación de las cabras.[4]

Sobre la importancia de las antiguas civilizaciones, es aceptado que los tres grandes centros del poder político y teológico de la Antigüedad corresponden a Egipto, Babilonia y Persia. Sobre su temporalidad o periodo de florecimiento o decadencia, compete a los especialistas ponerse de acuerdo, aun cuando está documentado, que toda la región afroasiática que contaba con la fertilidad del Nilo y la cuenca del Éufrates y del

Tigris, así como las zonas adyacentes, estaban bastante pobladas desde la Antigüedad. Yuval lo describe así:

> Hacia el año 8500 a. C., los mayores poblados del mundo eran aldeas como Jericó [en el valle del Río Jordán en Palestina], en la que vivían unos pocos cientos de individuos. Hacia 7000 a. C., la ciudad de Çatalhöyük, en Anatolia [península en la parte este de Turquía], contaba entre 5 000 y 10 000 habitantes, probablemente el mayor poblado del mundo de la época. Durante el quinto y cuarto milenio a. C., en el Creciente Fértil surgieron ciudades con decenas de miles de habitantes, y cada una de ellas dominaba sobre muchos pueblos de las inmediaciones. En 3100 a. C., todo el valle del Nilo inferior fue unificado en el primer reino egipcio. Sus faraones gobernaban sobre miles de kilómetros cuadrados y cientos de miles de personas. Hacia el año 2250 a. C., Sargón el Grande forjó el primer imperio, el acadio. Se jactaba de tener un millón de súbditos y un ejército permanente de cinco mil 400 soldados. Entre 1000 a. C., y 500 a. C., aparecieron los primeros grandes imperios en Oriente Próximo: el Asirio Tardío, el Babilonio y el Persa. Gobernaban a varios millones de súbditos y mandaban decenas de miles de soldados.[5]

En cuanto a la organización política de estos conglomerados, es evidente que primero había cierta autonomía en pequeñas comunidades o pueblos, y que luego surgieron las ciudades-Estado, los Estados nación y, posteriormente, los imperios. Casi es una constante en todas las culturas del mundo que comienzan con desarrollos incipientes, escalan a periodos de consolidación y grandeza para, finalmente, entrar en decadencia civilizatoria. Son muchos los factores que intervienen en estos procesos terminales de imperios y civilizaciones: la sobreexplotación de la naturaleza y de los hombres, las guerras y el fracaso de Estados que habían alcanzado ya una prosperidad material, cultural y social que, por alguna o varias causas mayores terminan en ruina en todos los aspectos. Sin embargo, la gente permanece, incluso viviendo en condiciones precarias o dispersa y desorientada, pues ya no depende de un poderoso gobierno y se aglutina fragmentariamente en pequeños señoríos para sobrevivir y salvarse, acompañada de sus creencias ancestrales. El abuso del poder causa la decadencia política, artística y del conocimiento, pero la cultura de los pueblos perdura.

Egipto

Egipto es para muchos, junto con las culturas que florecieron en Mesopotamia, la cuna de la civilización occidental, con un sistema político centralizado fuerte y beneficiado por la fertilidad que ofrecía el río Nilo. Los faraones pudieron construir grandes pirámides, sepulcros lujosos y arte con imaginación, belleza y refinamiento. De manera somera, podemos apuntar aquí tres etapas en el desarrollo de la civilización egipcia: primero se conformó el llamado Imperio antiguo a partir de la unificación de todos los pueblos y ciudades, que data de 3100 a. C., en los tiempos del faraón Narmer;

es a partir de entonces que inicia la construcción de las grandes pirámides; posteriormente (2050-1800 a. C.), cuando hay otro tiempo de esplendor artístico, que se hace acompañar de un auge económico; y por último, se identifica la Edad Dorada o Imperio Nuevo (1567-1085 a. C.), bajo el mandato de los faraones de la dinastía XVIII, con lo que inició el ocaso de esta civilización, cuyo poderío llegó a su decadencia definitiva en 343 a. C., cuando Egipto fue derrotado por los persas.

•••

Es en este último periodo, con la influencia de los egipcios, que surge el fenómeno de creación política más importante de la humanidad: el florecimiento de Atenas, la gran capital de la filosofía en la antigua Grecia. Aunque la cultura griega no era la más antigua —pues ya antes habían destacado las culturas del antiguo Egipto y las del Imperio persa; otras, en Asia, y algunas de las primeras grandes civilizaciones prehispánicas en América—, fue la que realmente inauguró la filosofía política. Los antiguos griegos fueron los teóricos más sensibles y los maestros más destacados en el arte del buen gobierno. No obstante, y paradójicamente, sus ideas políticas no tuvieron mucho éxito en la realidad, como ha quedado de manifiesto en el transcurso de la historia del mundo. Por ejemplo, un asunto de la Antigüedad que sigue sin resolverse del todo y que continúa siendo un gran desafío es cómo gobernar en una auténtica democracia manteniendo el equilibro entre ricos y pobres para lograr la justa medianía; cómo evitar la monstruosa desigualdad que ha prevalecido; cómo resolver el hecho de que pocos tengan mucho y muchos posean poco; y, finalmente, qué hacer para evitar que la insensibilidad materialista lleve irremediablemente a la frustración, la confrontación, la rebelión, el uso de la fuerza y, lamentablemente, a la tiranía.

Si revisamos someramente la historia de las ideas políticas en la Grecia clásica, encontraremos que su mejor época transcurre durante la vigencia en las ciudades-Estado, con una democracia que, sin embargo, excluía a las mujeres, a los esclavos y a los siervos. Por ello, este trabajo busca demostrar, entre otras peculiaridades, que en el México prehispánico no existía la esclavitud. Aun tomando en cuenta esto, podemos reconocer que en la Atenas de Pericles (siglo V a. C.) la organización del Estado y la construcción y aplicación de las leyes ya implicaban la representación de la ciudadanía en los asuntos públicos de manera admirable y democrática (de ahí el surgimiento de este término), un paradigma que marcó la referencia en el devenir de los diversos desarrollos de la teoría política en el mundo occidental eurocéntrico y de raíces grecolatinas.

Es precisamente a Pericles a quien se atribuye la destacada «Oración Fúnebre» pronunciada en honor de los soldados caídos en la guerra con Esparta.[6] El discurso está lleno de orgullo por Atenas, por la participación cívica de su pueblo y por la significación moral de la democracia. En tan reconocido texto se decía, exaltando la fama y la gloria de los atenienses:

> Cuanto más grande os pareciere vuestra patria, más debéis pensar en que hubo hombres magnánimos y osados que, conociendo y entendiendo lo bueno y teniendo vergüenza en lo malo, por su esfuerzo y virtud la ganaron y adquirieron. Y cuántas veces las cosas no sucedían como deseaban, no por eso quisieron defraudar a la ciudad de su virtud, antes le ofrecieron el mejor premio y tributo que podían pagar, cual fue sus cuerpos en común, y cobraron en particular por ellos gloria y honra eterna, que siempre será nueva y muy honrosa esta sepultura.[7]

Se trata de los mejores tiempos de la democracia. En la ciudad-Estado imperaba una vida caracterizada por sus fuertes vínculos cívicos. La democracia, como posteriormente la definiría Aristóteles, era un «modo de vida», no solo una estructura o un sistema político. El ciudadano participaba en las asambleas y en las decisiones con responsabilidad, entusiasmo y deleite. Nadie que perteneciera al universo de los ciudadanos era excluido por falta de rango o riqueza y todos los que gozaban de esa categoría podían votar y ser votados. Pericles se jactaba de haber logrado que:

> Cada uno de nosotros, de cualquier estado o condición que sea, si tiene algún conocimiento de virtud, tan obligado está a procurar el bien y honra de la ciudad como los otros, y no será nombrado para ningún cargo, ni honrado, ni atacado, por linaje o solar, sino tan solo por su virtud y bondad. Que por pobre y bajo que sea, con tal que pueda hacer bien y provecho a la República, no será excluido de los cargos y dignidades públicas.[8]

Sin embargo, como hemos dicho, este ideal convertido en realidad duró muy poco. Cronológicamente, este éxito se extiende hasta el tercer cuarto del siglo V a. C., y coincide con el fin de la época de Pericles y del último esplendor de la grandeza política griega. A partir de entonces, surgen las pugnas internas en las ciudades-Estado y se hacen más patentes las guerras entre ellas y contra otros pueblos, con lo que comienza la decadencia del mundo helénico. Paradójicamente, esta crisis aflora cuando está en su apogeo la gran aportación a la teoría política de los tres grandes filósofos inmortales: Sócrates, Platón y Aristóteles. Aunque los tres abordan el conflicto de fondo —la desigualdad—, ninguno de ellos logra encontrarle una solución aplicable y eficaz.

Podemos advertir que este proceso de degradación progresiva se hace evidente a partir de la condena a muerte —completamente injusta y fanática— impuesta a Sócrates en 399 a. C., 30 años después del fallecimiento de Pericles (429 a. C.). Otro indicador de la decadencia es que en la época del esplendor ateniense había más tolerancia religiosa. El mismo Cicerón cuestionaba la postura del sofista Protágoras de Abdera, conocido de Sócrates y amigo de Pericles, quien, junto con otros filósofos, había eliminado «desde sus cimientos cualquier creencia religiosa», pues sostenían que «unos hombres sabios, en beneficio del Estado, urdieron toda nuestra creencia acerca de los dioses inmortales, de manera que aquellos a quienes la razón no lograba conducir hacia el deber fuesen conducidos hasta él por obra de la religión».[9] No obstante, por ideas similares, Sócrates fue posteriormente enjuiciado y condenado —por

281 votos de los integrantes del tribunal a favor y 275 en contra— al envenenamiento con cicuta, porque en el fondo la clase o grupo dominante argumentaba: «Es preciso presentar en forma su acusación, como si apareciese escrita y con los juramentos recibidos. "Sócrates es un impío; por una curiosidad criminal quiere penetrar lo que pasa en los cielos y en la tierra, convierte en buena una mala causa, y enseña a los demás sus doctrinas"».[10] De modo que a los hombres de Estado y a los intelectuales, filósofos, sofistas y poetas, les molestaba que Sócrates los descubriera como farsantes porque en realidad no sabían nada: «El más sabio entre vosotros es aquel que reconoce como Sócrates que su sabiduría no es nada» y agregaba: «que solo Dios es el verdadero sabio».[11] De modo que las acusaciones eran intrigas, no se trataba de que el filósofo no reconociera a ningún dios del Estado, sino de la envidia que habían despertado sus reflexiones entre sus adversarios y el «odio... que hace víctimas a tantos hombres de bien y que hará perecer, en lo sucesivo, a muchos más; porque no hay que esperar que se satisfagan con el sacrificio solo de mi persona».[12]

Asimismo, Sócrates, en sus deliberaciones ante el tribunal que terminó condenándolo a muerte, acusado de tratar de introducir nuevos dioses y corromper la moral de la juventud, explica en su *Apología* —siempre en la versión platónica— su concepción acerca de la muerte, sea en definitiva o sin incluir el alma, lo cual, en ninguno de los casos, considera una desgracia. El texto es inigualable y resulta como un bálsamo aplicado para todas las situaciones, durante todos los tiempos y en cualquier lugar del mundo. Dice el maestro ateniense:

> Profundicemos un tanto la cuestión, para hacer ver que es una esperanza muy profunda la de que la muerte es un bien.
>
> Es preciso de dos cosas una: o la muerte es un absoluto anonadamiento y una privación de todo sentimiento o, como dice, es un tránsito del alma de un lugar a otro. Si es la privación de todo sentimiento, un dormir pacífico que no es turbado por ningún sueño ¿qué mayor ventaja puede presentar la muerte? Porque si alguno, después de haber pasado una noche muy tranquila sin ninguna inquietud, sin ninguna turbación, sin el menor sueño, la comparase con todos los demás días y con todas las demás noches de su vida y se le obligase a decir, en conciencia, cuántos días y noches, había pasado que fuesen más felices que aquella noche, estoy persuadido de que no solo un simple particular, sino el mismo gran rey, encontraría bien pocos y le sería muy fácil contarlos. Si la muerte es una cosa semejante, la llamo con razón o bien; porque entonces el tiempo, todo entero, no es más que una larga noche.
>
> Pero si la muerte es un tránsito de un lugar a otro y si, según se dice, allá abajo está el paradero de todos los que han vivido, ¿qué mayor bien se puede imaginar, jueces míos? Porque si al dejar los jueces prevaricadores de este mundo, se encuentra en los infiernos a los verdaderos jueces, que se dice que hacen allí la justicia, Minos, Radamanto, Eaco, Triptolemo y todos los demás semidioses que han sido justos durante su vida, ¿no es este el cambio más dichoso? ¿A qué precio no comprarías la felicidad de conversar con Orfeo, Museo, Hesíodo y Homero? Para mí, si es esto verdad, moriría gustoso, mil veces.[13]

Para cerrar con el tema, Sócrates agrega al final de la *Apología* una gran lección para nuestros hijos y un deleite espiritual:

> Solo una gracia tengo que pedirles. Cuando mis hijos sean mayores, os suplico los hostiguéis, los atormentéis como yo os he atormentado a vosotros, si veis que prefieren las riquezas a la virtud y que se creen algo cuando no son nada; no dejéis de sacarlos a la vergüenza si no se aplican a lo que deben aplicarse y creen ser lo que no son; porque así es como yo he obrado con vosotros. Si me concedéis esta gracia, lo mismo yo que mis hijos no podremos menos de alabar vuestra justicia. Pero ya es tiempo de que nos retiremos de aquí, yo para morir, vosotros para vivir. ¿Entre vosotros y yo, quien lleva la mejor parte? Esto es lo que nadie sabe, excepto Dios.[14]

El otro periodo de crisis durante la etapa de decadencia del poderío ateniense sucede durante la guerra del Peloponeso (431-404 a. C.), cuando Grecia se confrontó militarmente con Esparta, otra ciudad-Estado de Grecia, justo cuando Platón (427-347 a. C.) empieza a preocuparse por la falta de equilibrio entre riqueza y pobreza en las ciudades-Estado y la alianza entre ellas para enfrentar invasiones y defenderse mutuamente de los intereses extranjeros. La polis, la ciudad-Estado, había sido concebida como algo ideal, una utopía en donde podían armonizarse los intereses de todos mediante la razón, la virtud y las leyes. Sin embargo, no se pensaba en que la ambición por los bienes materiales dificulta o impide ese estado de justicia y no permite fácilmente los equilibrios esperados de la bondad de los hombres. Nada, como plantearon Platón y Aristóteles, podría hacerse con la razón, la suerte y la virtud ante la desigualdad entre ricos y pobres, pues había quedado de manifiesto que se trataba del problema de fondo en las ciudades-Estado y lo que las llevó al fracaso; era esa casi permanente lucha entre clases sociales, en particular entre quienes defendían la democracia y aquellos que deseaban como forma de gobierno la oligarquía, los mismos que se oponían a consolidar la idea y la práctica de que la ciudad era una comunidad cuyos miembros debían llevar una vida armónica en la cual se debía permitir tomar parte activa a tantos ciudadanos como fuera posible, sin discriminaciones, con relaciones no basadas en el rango o la riqueza, y en la que encontraran canalización espontánea y feliz las capacidades de todos y cada uno de sus miembros, un paradigma que se acercó a la realidad lo suficiente como para que Platón se refiriera a los tiempos en que este ideal se había conseguido en grado considerable. Sabine señala que, como en «ninguna otra comunidad humana»,[15] en Atenas solía escucharse «que en la democracia no se puede ni siquiera decir nada a un esclavo cuando le empuja a uno en la calle».[16] Sin embargo, ese tiempo, de los pocos racionalmente justos que ha vivido la humanidad, se agotó. Lamentablemente, esa obra se derrumbó por la codicia que se impuso y que sometió a la virtud.

Desde el fin de la Edad de Oro, cuyo final es prefigurado por el envenenamiento de Sócrates, en las ciudades griegas las luchas internas por el poder político y económico fueron degradando cada vez más la vida pública y quitándole mérito a la democracia, hasta terminar desapareciéndola en los hechos. Ese proceso duró, como ya hemos visto, más de dos siglos, y llegó a un extremo cuando, durante el año 146 a. C., Grecia cayó bajo el dominio del Imperio romano. El fracaso no de las ideas, sino de la política griega, debe ubicarse fundamentalmente en el terreno de lo económico: no era fácil vivir aislado en la polis, manteniendo la convicción de Aristóteles de que «el Estado debe ser una relación entre ciudadanos libres moralmente iguales, mantenida con arreglo a la ley y basada en el consentimiento, y la discusión más que en la fuerza»,[17] cuando todo lo que rodeaba a Atenas, y esa misma ciudad, se había contaminado por el afán de lucro y la búsqueda del poder por el poder. En la decadencia predominan los intereses de clase; los oligarcas de cualquier lugar estaban durante la guerra de lado de Macedonia. En los tratados de Macedonia y las ciudades de los Corintos, celebrados por Alejandro Magno, Macedonia y la liga tenían que garantizar al nuevo imperio la represión militar a «todo movimiento en pro de la abolición de las deudas, la redistribución de la tierra, la confiscación de la propiedad o la liberación de los esclavos».[18]

El ocaso de las ciudades-Estado y la democracia se expresa también en los cambios que se reflejan en el pensamiento político de Platón al final de su vida. George H. Sabine llega a decir que lo expuesto en su libro sobre las leyes, ya escrito en la ancianidad, es un signo inequívoco de su decrepitud, pues lo sostenido por el filósofo le parece «la cosa más lamentable producida por un genio».[19] A diferencia de su maestro Sócrates, Platón admite la sumisión ante los gobernantes y es, en buena medida, quien conceptualiza la religión como institución del Estado. En efecto, lo planteado en esa obra por Platón es un retroceso respecto a su pensamiento original. A diferencia de lo que sucedía en la Edad de Oro de Atenas, cuando las artes y la religión dependían de cada familia y estas prácticas eran celebraciones cívicas, la propuesta de Platón en su último libro *Las leyes* consiste en subordinar la actividad religiosa al Estado, tal vez buscando la moralidad para evitar la destrucción de la vida pública en las polis, pues probablemente el filósofo creía que la devoción y la fe podían fortalecer los valores de la república. Tómese en cuenta que los tres grandes filósofos, Sócrates, Platón y Aristóteles, compartían la convicción de que la virtud era conocimiento, que este podía enseñarse y transmitirse, y que la suerte dependía de nosotros mismos; algo parecido sostuvo Maquiavelo 18 siglos después, en el sentido de que la política era virtud y fortuna, entendida esta como suerte. Sin embargo, la simple idea de crear una institución religiosa dependiente del Estado se convirtió, por muchos siglos y en gran parte del mundo, en una importante justificación para la fusión de lo público con lo teológico, algo parecido al tramposo argumento que usaron los conquistadores para justificar su manipuladora y muy redituable explotación a partir de la idea aristotélica de que los siervos nacieron para ser esclavos, la cual les permitió cualquier clase de crueldades y abusos con los indígenas. El Estado teocrático sugerido por Platón implicaba que la religión tenía que estar sometida, «del mismo modo que la educación, a la regulación y vigilancia del Estado».[20] «Platón prohíbe toda clase de ejercicios privados y establece que los ritos solo pueden practicarse en templos públicos y por sacerdotes autorizados».[21] Además mantiene el sentimiento de que una religión privada «aparta a los hombres de la fidelidad del Estado»,[22] contradiciéndose con lo que había dicho anteriormente: que el Gobierno debe basarse en último término en la convicción y no en la fuerza, y que sus instituciones existen para convencer y no para coaccionar. Esta postura de la mejor época de la Grecia antigua resultaba adulterada por Platón, al afirmar que la «creencia religiosa está íntimamente relacionada con la conducta moral o, de modo más concreto, que ciertas formas de incredulidad tienen una tendencia a todas luces inmoral».[23] En consecuencia, el Estado debe contar con una ley contra la herejía y prohibir el ateísmo, del que distingue tres clases: «negación de la existencia de los dioses, negación de que estos se ocupen de la conducta humana y creencia en que es fácil, aplacarles la ira que les producen los pecados cometidos».[24] La pena que propone a los ateos va desde la cárcel hasta la muerte, postulado que no solo es expresión de deshonestidad intelectual, sino también una traición abominable a Sócrates, su maestro y colega.

Sabine cree que las propuestas de Platón «se apartan mucho de la práctica griega y dan a *Las leyes* la lamentable preeminencia de ser la primera defensa razonada de la persecución religiosa».[25] Por si fuese poco, Platón sugiere la creación de una institución que denomina Consejo Nocturno, integrado por civiles y religiosos, para controlar y dirigir esa represión y otras actividades jurídicas del Estado. Aunque tanto este Consejo Nocturno como el delito de herejía se aprobaron en la Atenas decadente, nada de esto quita la gran aportación a la teoría política de estos filósofos y su gran legado a la humanidad: la democracia verdadera, utópica, pero ideal de vida y de gobierno, referente para cualquier autoridad que busque que en todo momento prevalezca la justicia sobre el poder. Además, no podemos olvidar que, aun con la última postura expuesta por Platón, Grecia fue la primera en empezar a distinguir política de religión al separar el mito de la filosofía y la ciencia. El retroceso, como suele suceder, es producto de la descomposición del antiguo sistema político griego que degeneró por discordias internas, guerras, pérdida de virtudes y codicia.

Al margen de las influencias positivas y negativas de la Grecia clásica en el pensamiento político y, en particular, en la relación Iglesia-Estado, debe señalarse que en otras regiones del mundo se constituyeron también civilizaciones, Estados e imperios, y que en todos ellos la religión mantuvo un sitio destacado. La cultura griega es única en sus contribuciones a la filosofía, la política y las ciencias sociales en general; no obstante, es relativamente reciente en la historia de la humanidad. Se afirma que Grecia «era una civilización periférica a Egipto»[26] y mucho más reciente que el gran desarrollo cultural de Mesopotamia.

Babilonia

Precisamente, entre los imperios más afamados del mundo destaca el asentado en Babilonia, el cual llegó a dominar la mayor parte de la región fértil de Mesopotamia, situada entre los ríos Éufrates y Tigris, en la porción central del actual Irak y parte de lo que actualmente es Siria e Irán. Desde tiempos antiguos, a la orilla del río Éufrates, se construyó una gran ciudad amurallada, llena de templos y palacios, que ha sido para algunos la ciudad de la belleza, de los jardines colgantes, del arte de los ladrillos vidriados y del refinamiento cerámico nunca antes visto; para otros, la Puerta de Ishtar; en el otro extremo, «la gran ramera», la ciudad de la lujuria, la maldad, el caos (según Cervantes en *El Quijote)* y, de acuerdo con el Génesis bíblico, el lugar de la construcción escalonada (zigurat) que llegaría a los cielos, popularmente conocida como «Torre de Babel». Para la religión judaica es símbolo de destierro y opresión, y para el cristianismo en el Nuevo Testamento, el lugar al que se refiere el libro del *Apocalipsis.* Sin embargo, la historia de esta gran ciudad también es mágica por su grandeza política, cultural y religiosa, sustentada en la veneración a sus dioses y en el poderío de sus gobernantes.

Además, la fama de Babilonia está relacionada con el *Código de Hammurabi,* un conjunto de leyes escritas en cuneiforme sobre una estela de basalto y considerado como el primer reglamento, norma o constitución legal de carácter penal y civil de la humanidad. Según la leyenda, este rey recibió de los dioses Anu, Enlil y Marduk, la encomienda de elaborar un código «para que la justicia prevaleciera en la tierra, para abolir a los inicuos y a los malos, para impedir que los fuertes oprimieran a los débiles».[27]

El monumento data de 1776 a. C., cuando Hammurabi gobernaba a la que era, en ese entonces, la ciudad más poblada del mundo, con más de un millón de súbditos. La estela de basalto está rematada por un relieve del propio Hammurabi en el momento en que recibe las leyes de manos del dios Shamash. Está escrito en primera persona y constituye una autoexaltación del monarca, el cual habría sido elegido por los dioses para asegurar el bienestar y la armonía entre la gente.

El historiador Yuval Noah Harari menciona 10 de los 300 castigos penales incluidos en el código:

> 196. Si un hombre superior deja tuerto a otro hombre superior, lo dejarán tuerto.
> 197. Si le rompe el hueso a otro hombre superior, que le rompan el hueso.
> 198. Si deja tuerto a un plebeyo o le rompe un hueso a un plebeyo, pagará 60 siclos de plata.
> 199. Si deja tuerto al esclavo de un hombre superior o le rompe un hueso al esclavo de un hombre superior, pagará la mitad del valor del esclavo (en plata).
>
> [...]
>
> 209. Si un hombre superior golpea a una mujer de clase superior y así le provoca que aborte su feto, pagará 10 siclos de plata por su feto.
> 210. Si esa mujer muere, que maten a la hija del hombre.
> 211. Si es a la hija de un plebeyo a quien le causa a golpes la pérdida del feto, pagará 5 siclos de plata.

212. Si esa mujer muere, pagará 30 siclos de plata.

213. Si golpea a la esclava de un hombre superior y le provoca así el aborto de su feto, pagará 2 siclos de plata.

214. Si esa esclava muere, pagará 20 siclos de plata.[28]

Según el Código, «las personas se dividen en dos géneros y tres clases: personas superiores, plebeyos y esclavos. Los miembros de cada género y clase tienen valores diferentes. La vida de una plebeya vale 30 siclos de plata, mientras que el ojo de un plebeyo vale 60 ciclos en plata».[29] Al final del Código, resume: «Estas son las justas decisiones de Hammurabi; el hábil rey, ha establecido, y por las que ha dirigido la tierra a lo largo de la ruta de la verdad y del camino correcto de la vida».[30]

Ciertamente, el *Código de Hammurabi* es la más temprana expresión escrita de derecho penal, civil, familiar, comercial, de la propiedad y de la sucesión; formula por primera vez el principio de presunción de inocencia y fundamenta las sanciones legales en la llamada ley del talión, que es una forma de justicia retributiva en la que se establecen castigos idénticos al delito, lo que de alguna forma impone un límite a la venganza desmedida. La más famosa formulación de este principio es la expresión bíblica «Ojo por ojo, diente por diente, mano por mano, pie por pie» (Éxodo 21:24).

Un tanto contrariado, Harari se pregunta cómo es posible que los pueblos sean manipulados por creencias a todas luces irracionales e injustas, y cuestiona, sorprendido: «¿Cómo pueden los mitos sustentar imperios enteros?».[31]

Con justicia, el historiador critica la premisa fundamental del *Código de Hammurabi:* «Si todos los súbditos del rey aceptaban su posición en la jerarquía y actuaban en consecuencia, el millón de habitantes del imperio podría cooperar de manera efectiva. Entonces su sociedad podría producir alimentos suficientes para sus miembros, distribuirlos eficientemente, protegerse contra sus enemigos y expandir su territorio con el fin de adquirir más riqueza y mayor seguridad».[32]

El historiador acierta: ¿cómo es posible que el Estado se valga de la religión y de los dioses para imponer un código inhumano e injusto que legitima la opresión? Peor aún, ¿cómo hay quienes lo acatan y lo cumplen sin protestar? La historia de este rey es una prueba palpable de cómo la manipulación religiosa puede fortalecer el poder del Estado o del imperio; no obstante, debe tomarse en cuenta que el éxito de Hammurabi como gobernante se debió, en buena medida, a dedicar tiempo y recursos a la construcción de templos y a la religión, y así mezclar lo cívico con lo teológico, bajo el mito, aplicado desde la Antigüedad, de que el poder de los soberanos emanaba de los dioses o de las deidades.

Los griegos fueron prácticamente los únicos que separaron la política del culto religioso, pero esa fusión incluso continúa vigente en muchos países de la actualidad. Sin embargo, no debe hacerse a un lado el ideal, utópico si se quiere, de vivir en una auténtica democracia. La religión es, sin duda, una fuerza muy poderosa, capaz de imponer y mantener gobiernos buenos o malos, justos o tiránicos; pero han existido ideologías laicas y otros medios de control y manipulación del pensamiento de grandes grupos de población que también imponen, quitan o vetan a gobernantes de acuerdo con los intereses que convienen a los potentados o detentadores del poder económico o político: ¿No hay acaso nuevos imperios que deciden sobre quién sí o quién no debe gobernar otro país? ¿No han sido designados presidentes de países supuestamente autónomos soberanos por decisiones tomadas en el extranjero? ¿Acaso, en el auge de los medios de información convencionales —es decir, la prensa escrita, la radio y la televisión— no se llegó mediante la publicidad a hacer famosos, de la noche a la mañana, a personajes políticamente insustanciales para luego llevarlos a la silla presidencial y ponerlos al servicio de los grandes intereses económicos, tanto nacionales como extranjeros? Pero aun con todo lo que pueda acreditarse de cierto, como lo es, dirían los abogados, de que la religión es en buena medida el gran sostén de los Estados-nación y de las hegemonías dominantes en el mundo, nunca debe olvidarse que, por muy fuerte que sea una religión, siempre ha estado subordinada a un poder político.

Al gran filósofo italiano Antonio Gramsci se le atribuye la frase: «El Estado es una ideología y un aparato de fuerza». Si aceptamos esta genial definición, podríamos agregar que la connotación de ideología es muy amplia, que no solo cae en la esfera de la religión y que, en el transcurrir del tiempo, el poder del más fuerte ha venido sobreponiéndose hasta producir un evidente desequilibrio entre el consentimiento y la imposición. Atrás ha quedado la máxima atribuida a Talleyrand, obispo y político que le recordaba a Napoleón Bonaparte, que dice lo siguiente: «Se pueden hacer muchas cosas con las bayonetas, menos sentarse en ellas».[33] En los tiempos actuales, las potencias políticas más fuertes del mundo fincan su poderío en las armas. China, Rusia y Estados Unidos son Estados formalmente laicos, y donde menos creyentes de alguna religión existen, proporcionalmente hablando y en comparación con otros países. La República Popular China es incluso un Estado ateo, aun cuando, sin ser mayoría, existen millones de creyentes en el budismo y en otras religiones tradicionales; en Estados Unidos no hay una Iglesia oficial, si bien el nombre de Dios aparece en su himno y en todas sus monedas, y los jefes de Estado juran el cargo sobre un ejemplar de la Biblia. Existe libertad religiosa, pero el porcentaje de no creyentes ha aumentado de forma constante desde principios de la década de 1990. En 1972, solo el 5% de los estadounidenses se identificaba como «sin afiliación religiosa». En 2007, el porcentaje se incrementó al 16%, y en 2022 llegó al 30 por ciento.[34]

En síntesis, no es ya la religión el principal factor de adhesión de las personas a un régimen político; hay otros medios, ideologías y, sobre todo, el uso del dinero y la imposición por la fuerza. A veces se reprueba de manera hipócrita la propaganda y se habla de libertad de prensa, pero, en los hechos, para defender una oligarquía basta con manejar a los medios de información que se han convertido en instrumentos de manipulación y en defensores de multimillonarios y afamadas corporaciones. Por algo los hombres más ricos poseen los medios más influyentes en los países del mundo, trátese de la prensa, la radio, la televisión o las nuevas plataformas de entretenimiento o información surgidas con el reciente auge del Internet y las llamadas redes sociales.

El otro asunto que trata el extraordinario libro de Yuval Noah Harari y que también considero polémico es su señalamiento —muy bien documentado, por cierto— de que el desarrollo de la creación de la agricultura, aproximadamente en el siglo XII a. C., inició la decadencia en el mundo. Suena exagerado, pero él lo describe textualmente así:

> Los cazadores-recolectores conocían los secretos de la naturaleza mucho antes de la revolución agrícola, puesto que su supervivencia dependía de un conocimiento cabal de los animales que cazaban y de las plantas que recolectaban. En lugar de anunciar una nueva era de vida fácil, la revolución agrícola dejó a los agricultores con una vida verdaderamente más difícil y menos satisfactoria que la de los cazadores-recolectores. Los cazadores-recolectores pasaban el tiempo de maneras más estimulantes y variadas, tenían menos peligro de padecer hambre y enfermedades. Ciertamente, la revolución agrícola amplió la suma total de alimento a disposición de la humanidad, pero el alimento adicional no se tradujo en una dieta mejor o con más ratos de ocio, sino en explosiones demográficas y élites consentidas. El agricultor medio trabajaba más duro que el cazador-recolector medio y a cambio obtenía una dieta peor. La revolución agrícola fue el mayor fraude de la historia.[35]

Y a la pregunta de quién fue el responsable, Yuval se responde: «Ni reyes, ni sacerdotes, ni mercaderes. Los culpables fueron un puñado de especies de plantas, en las que se encuentran el trigo, el arroz y las patatas. Fueron las plantas las que domesticaron al *Homo sapiens,* y no al revés».[36]

Es cierto que el desarrollo de la agricultura produjo incremento demográfico, concentración de la población en centros urbanos, destrucción de la naturaleza y, a la postre, daños a la salud por el uso de fertilizantes, hormonas, agroquímicos, transgénicos, grasas, azúcares, aditivos y otras sustancias; por si fuera poco, el desarrollo de la agricultura no solo significó producir alimentos, sino también mantener élites que dejan a millones de campesinos en situación de mera subsistencia y, en muchos casos, de pobreza extrema, como productores y jornaleros que ni siquiera pueden contar con sus alimentos para todo un año. Es decir, aún tiene plena vigencia esa cruda demanda de «que coman los que nos dan de comer». Pero ni de eso, que es muy cierto, ni tampoco de las creencias de la gente, se puede culpar a la agricultura y a la religión, sino al poder y a esa gran desgracia que ha sido la monstruosa desigualdad económica social en la historia de la humanidad. Si esta inequidad no existiera, o si al menos no alcanzara extremos aberrantes, lo que se produce alcanzaría para alimentar bien a todos los seres humanos. Los hombres son trabajadores y buenos por naturaleza; el problema es la profunda desigualdad que siempre ha existido y que se ha querido justificar con la profecía antigua o el consuelo conservador de que «mientras haya mundo tendremos un número muy reducido de afortunados, en contraposición con la inmensa mayoría que luchará en vano por alcanzar los favores de la fortuna». Es decir, no solo se ha evitado combatir la desigualdad, sino incluso la esperanza de que el Estado cumpla con su responsabilidad social y procure la igualdad y el derecho a la justicia para no aceptar la condena de que quienes nacen pobres tengan que morir pobres. Evolución y modernidad, sí, pero forjada desde abajo y para todos.

El 9 de noviembre de 2021 hablé ante el Consejo de Seguridad de la ONU en un foro sobre exclusión, desigualdad y conflicto, en el cual expuse que sería hipócrita ignorar que el principal problema del planeta es la corrupción en todas sus dimensiones: la política, la moral, la económica, la legal, la fiscal y la financiera. Sería insensato, dije, omitir que la corrupción es la causa principal de la desigualdad, de la pobreza, de la confrontación, de la violencia, de la migración y de graves conflictos sociales. Estamos en decadencia porque nunca antes en la historia del mundo se había acumulado tanta riqueza en tan pocas manos mediante el influyentismo y a costa del sufrimiento de otras personas, privatizando lo que es de todos o lo que no debe tener dueño, adulterando leyes para legalizar lo inmoral y desvirtuando valores sociales para hacer que lo abominable parezca negocio aceptable. Con base en estas consideraciones, presenté una propuesta concreta para, de ser aceptada por la ONU, ir al fondo de los problemas en los países pobres, cuyos asuntos, de una u otra forma, atañen a toda la humanidad. Textualmente, expuse:

> Es necesario que el más relevante organismo de la comunidad internacional despierte de su letargo y salga de la rutina, del formalismo; que se reforme y que denuncie y combata la corrupción en el mundo; que luche contra la desigualdad y el malestar social que cunde en el planeta, con más decisión y profundidad, con más protagonismo y liderazgo. Nunca en la historia de esta organización se ha hecho algo realmente sustancial en beneficio de los pobres, pero nunca es tarde para hacer justicia. Hoy es tiempo de actuar contra la migración, atendiendo las causas y no solo las consecuencias. A tono con esta idea, en los próximos días la representación de México propondrá a la Asamblea General de las Naciones Unidas un Plan Mundial de Fraternidad y Bienestar. El objetivo es garantizar el derecho a una vida digna a 750 millones de personas que sobreviven con menos de dos dólares diarios. La propuesta de México para establecer el Estado Mundial de Fraternidad y Bienestar, se puede financiar con un fondo procedente de al menos tres fuentes: el cobro de una contribución voluntaria anual del 4% de sus fortunas a las mil personas más ricas del planeta. Una aportación similar por parte de las mil corporaciones privadas más importantes por su valor en el mercado mundial y una cooperación del 0.2% del PIB de cada uno de los países integrantes del Grupo de los Veinte. De cumplirse esta meta de ingresos, el fondo podría disponer anualmente de alrededor de un billón de dólares. Propuse designar un día en el informe anual de la ONU, para otorgar «reconocimientos o certificados» de solidaridad a personas, corporaciones y gobiernos que destaquen por su vocación humanitaria, ayudando a financiar el Plan Mundial de Fraternidad y Bienestar. Los recursos de este fondo deben llegar a los beneficiarios de manera directa, sin intermediación alguna, porque cuando se entregan fondos, supuestamente para ayudar a los pobres a organizaciones no gubernamentales de la sociedad civil, o a otro tipo de organizaciones, no quiero generalizar, pero en muchos casos ese dinero se queda en aparatos políticos burocráticos, en pagar oficinas de lujo, en mantener asesores, o se desvía y termina por no llegar a los

beneficiarios. Por eso, repito, los recursos de este fondo deben llegar a los beneficiarios de manera directa, sin intermediación alguna, mediante una tarjeta o un monedero electrónico personalizado. El Banco Mundial y el Fondo Monetario Internacional podrían colaborar en la creación de la estructura requerida y, desde el año próximo, hacer un censo de los más pobres de la tierra y una vez definida la población objetivo, en cada país, comenzar a dispersar los recursos para el otorgamiento de pensiones a adultos mayores, a niñas y niños con discapacidad; becas a estudiantes; pagos a sembradores y a jóvenes que trabajen como aprendices en actividades productivas, así como hacer llegar recursos para vacunas y medicamentos. No creo, lo digo con sinceridad, que alguno de los miembros permanentes de este Consejo de Seguridad se oponga a nuestra propuesta, pues esta no se refiere a armas nucleares o invasiones militares, ni poner en riesgo la seguridad de ningún Estado; por el contrario, busca construir estabilidad y paz por medio de la solidaridad, con quienes más necesitan de nuestro apoyo; estoy seguro que todas, y todos, ricos y pobres, donantes y beneficiarios, vamos a estar más tranquilos con nuestra conciencia, y viviremos con mayor fortaleza moral.

Aquí recuerdo lo que sostenía Adam Smith: «Por más egoísta que quiera suponerse al hombre, evidentemente, hay algunos elementos en su naturaleza que lo hace interesarse en la suerte de los otros, de tal modo que la felicidad de estos le es necesaria, aunque de ello nada obtenga, a no ser el placer de presenciarla». En otras palabras, «solo siendo buenos, podemos ser dichosos».[37]

¡Nadie rechazó la propuesta! Solo se archivó, pero «ahí queda eso».

Persia

En la llamada «elipse afroasiática» floreció, con un elevado desarrollo político, económico y artístico, la cultura persa, asentada en lo que hoy conocemos como Irán y otros países cercanos en los que predomina la religión musulmana.

El Imperio persa se impuso desde el siglo VI a. C. Se afirma que fue el primer imperio como tal que se erigió en el mundo. Su dominio se extendía desde el mar Mediterráneo hasta la India y desde Egipto hasta Asia menor. En una de esas tantas transformaciones que van de la grandeza al colapso, características de todos los imperios, en 531 a. C., se fortaleció el importante y largo reinado de Ciro, bien recordado por conquistar Babilonia y liberar a 40 000 judíos presos. Este relato aparece en el Antiguo Testamento, en el libro de Ezra, según el cual Dios influyó en el espíritu de Ciro para demostrar simpatía hacia «el pueblo elegido». Se dice que «Ciro adoptó el aspecto positivo de las leyes y religiones de los pueblos conquistados en beneficio de su propio imperio, y al permitir a los pueblos sometidos el libre ejercicio de sus propias creencias religiosas, se granjeó la reputación de soberano tolerante».[38]

También se cuestiona a Ciro y a quien lo sucedió, Darío, por ser reyes muy extravagantes, por sus lujos y por sus mansiones, pues vivían en distintos lugares, de acuerdo con el clima: en el verano, a 1 500 metros sobre el nivel del mar, habitaban en Ecbátana, donde construyeron un palacio rodeado por siete murallas de diferentes colores, y dos de las interiores, de oro y plata; Darío pasaba las temporadas de frío en su mansión cercana al desierto, la cual contaba con impresionantes jardines «originalmente designados por la antigua palabra persa *paradis,* cuyo significado equivale a recinto tapiado, necesario para un jardín situado en una tierra de fuertes vientos, y donde se acumulaban las arenas del desierto. Tal es el origen de la palabra "paraíso". Los jardines persas resultaban un auténtico edén para el viajero que llegaba de las polvorientas llanuras».[39] En cuanto a su religión, al principio adoraban al Sol y practicaban como religión el mitraísmo; posteriormente, el culto a Zorastro, en el que el fuego era adorado como símbolo de poder y pureza; hasta el advenimiento del islam, que actualmente predomina en la región y que es la segunda religión con más creyentes en el mundo después del cristianismo: se estima que la practican 1 500 millones de personas. Su dios único y todopoderoso es Alá, su libro sagrado es el Corán y su profeta reconocido y respetado es Mahoma, quien fundó el islam durante los siglos VI y VII d. C. Se sabe que nació en Arabia el 26 de abril del año 570 y que murió el 8 de junio de 632; es decir, vivió 62 años. Al igual que otros grandes religiosos como Abraham, Moisés y Jesucristo, es considerado como un mensajero enviado por Dios; más precisamente, como el último de estos, según el islam. La historia de Persia, hoy Irán, y su capital Persépolis, está llena de conocimientos sobre el ejercicio del poder, las guerras, las aportaciones científicas y culturales, y las grandes leyendas. A los dos emperadores, Ciro y Darío, se les respetaba no solo por la efectividad de sus ejércitos, sino por la aceptación o el consenso con respecto a su forma de gobierno: «las leyes de los medos y los persas fueron respetadas en todos sus territorios».[40] En el año 520 a. C., Darío mandó grabar, sobre una piedra ubicada en un risco de cerca de 100 metros de altura en Bisotún, cerca de Kermanshah, Irán, un texto breve, pero famoso, que todavía puede leerse en su lengua original: «Yo soy Darío, el rey, el rey de Reyes, el rey de Persia, el gran rey de las provincias… desde la Antigüedad, los de nuestra raza han sido Reyes».[41] No deja de ser un autoelogio y, sobre todo, un escrito de mucha arrogancia, pero, al mismo tiempo, es una reafirmación de la fortaleza espiritual de su pueblo y del esplendor civilizatorio, ese orgullo invaluable que se ha venido perdiendo sobre todo en países colonizados o sometidos, donde el clasismo, el racismo o la discriminación han opacado las virtudes de la gente y han hecho olvidar que somos herederos de culturas de grandeza y gloria.

En sus mejores tiempos, los persas fueron de los primeros en acuñar monedas de oro. Su economía estaba sustentada en la agricultura, el comercio y la fabricación de tapices, tapetes y cerámica. Como es sabido, fueron destacados matemáticos, sabían medir con exactitud los cuerpos celestes y perfeccionaron el calendario; como navegantes, fueron de los primeros en reconocer las costas de África, y su capacidad científica los llevó a crear las *Tablas astronómicas* que constituyen la base de las utilizadas en la navegación moderna. El científico, matemático y astrónomo a quien se le atribuyeron parte de estos inventos tenía, además, una sensibilidad artística notable que lo ubica como un extraordinario poeta: se llamaba Omar Khayyam y se supone que murió en 1123. Uno de sus exquisitos libros, *El Rubáiyát,* conformado por breves poemas de cuatro versos, aborda la transitoriedad del hombre y de los bienes en la tierra, así como del poder que puede volver al barro:

> Entonces uno dijo: «No fue vano el intento de amasar mi sustancia con la más vil materia: "El que, sutil, me diera la forma que hoy ostento, podría en tierra informe tornarme en un momento"».[42]

En cuestión científica, cultural y social, los persas —tanto en sus tiempos preislámicos como en los islámicos— destacaron por sus conocimientos y creatividad; la arquitectura es bellísima, así como la decoración de sus palacios o mezquitas, y los finos tejidos de las alfombras. En la tradición cristiana los tres Reyes Magos que llegaron a ver al Niño Jesús viajaron a Belén desde el oriente, precisamente desde Persia. En el terreno de lo social se sabe que los gobernantes de esta civilización le dieron un lugar especial a la medicina: los persas construyeron los primeros hospitales del mundo, el más famoso de los cuales, edificado en Jundanhapur, en el sudoeste de Irán, fue concluido en el año 272 d. C., es decir, hace 1753 años. Y, por último, cómo olvidar que en Persia, en la Edad de Oro del islam, se recopiló el libro de cuentos más entrañable y de fina prosa, muchos de la tradición oral de Siria, Bagdad y otros pueblos, conocido como *Las mil y una noches.* Recuerdo que hace relativamente poco, un joven periodista colombiano le preguntó a su paisano, Gabriel García Márquez, qué libros clásicos consideraba imprescindibles para la formación de un escritor o de cualquier lector y Gabo, con la sencillez que lo caracterizaba, sacó una pluma y una hoja y le respondió: «Mira, vamos a hacer la lista ahora mismo», e incluyó los maravillosos relatos de medio Oriente contenidos en la recopilación mencionada.

La India

Por su importancia cultural, describiremos cómo fue el desarrollo de la India, ese país que ahora es el segundo más poblado del mundo, lleno de bellezas naturales; con mucha historia de luchas por el poder, la dominación y la justicia; y, desde luego, asiento de una gran civilización en el mundo asiático. Como en los ríos Nilo, Éufrates y Tigris, así en las riberas del Indo comenzó la creación de centros de población que pronto alcanzaron sorprendentes niveles demográficos. Aun cuando la civilización hindú inicia desde el 2500-1900 a. C., ha sido una de las regiones con más invasiones, guerras y anarquía en el mundo. No es casual que allí, precisamente para enfrentar el colonialismo británico, haya surgido, a finales del siglo XIX, un líder político-espiritual como Mahatma Gandhi, cuya doctrina y práctica de lucha consiste, precisamente, en la «no violencia».

Se dice que la primera civilización se desarrolló por la migración proveniente de Persia, en la época de Ciro y Darío, alrededor del año 2100 a. C., en el actual Pakistán; se conformó un imperio sustentado en la producción generada en importantes centros de población, como Harappa y Mohenjo-Daro, que más tarde fueron abandonados a causa de perjudiciales inundaciones producidas por el desbordamiento del río Indo. Hacia el 2100 a. C., aparece la deidad que con el transcurrir del tiempo sería conocida como Shiva, una de las principales divinidades de la India. Más tarde, esos valles del Indo fueron invadidos por una etnia conformada por hombres blancos con ojos azules provenientes de Irán que impusieron a la población originaria un sistema de castas a partir del color de la piel y algunos otros criterios de posición social y jerarquía religiosa. Este nuevo imperio se extendió hacia las orillas del río Ganges y se apoyó en grupos sacerdotales que predicaban la creencia de que los dioses habían ordenado la división de la sociedad en castas: «División esta mucho más rígida que el sistema occidental de clases, pues mientras en este un individuo bien dotado o afortunado podía pasar a formar parte de otra clase más elevada, solo la muerte podía liberar a un hindú de pertenecer a la casta en que había nacido. El trabajo que un hombre realizaba, la mujer con quien se casaba, incluso la gente con quien se le permitía comer, todo dependía de su casta».[43] La afirmación de que en el mundo occidental mejorar en lo material evita la discriminación no es del todo cierta, pues independientemente del elevado sitio económico que pueda alcanzar una persona, el problema del color de la piel o su origen étnico ha sido utilizado como un factor de eterna inferioridad.

Es indiscutible que el sistema de castas en la India era algo despiadado; sin embargo, hoy en día es mucho lo que se ha avanzado en materia de combate a la desigualdad que se produjo por siglos en esa gran nación. Además, no podemos olvidar que el ejemplo de la vida cultural, ordenada y justa en la India viene de un hombre que, por sus obras, se convirtió en un dios: Gautama Buda, el hijo de una familia acomodada del actual Nepal, en los límites con China, nacido en el año 560 a. C. Aunque no hay consenso sobre el año exacto en que decidió dedicar su existencia al ascetismo moderado para crear sus interesantes enseñanzas que terminaron convirtiéndose en una de las principales religiones del mundo, tanto estas como sus revelaciones en sermones eran todo un himno al humanismo y al amor al prójimo. Todo lo predicado giraba alrededor de la rectitud en la creencia, en el pensamiento, en la palabra y en la acción: el código budista no otorgaba poder a sacerdotes ni estipulaba costosos sacrificios a los dioses; no tenía sentido buscar sus favores de esa manera, pues todo dependía de la conducta moral del individuo: «No había discriminación en razón de castas o clases, ocupación o riqueza. El budismo atraía, por tanto, a la masa de castas inferiores y a las clases comerciantes de nuevo cuño, cuyas crecientes riquezas no estaban de acuerdo con el status que la sociedad les concedía».[44] De forma semejante a lo que ocurrió con el cristianismo, en las primeras etapas del budismo su doctrina se limitó a una pequeña zona del norte de la India; no obstante, dos siglos después de su muerte, en el 480 a. C., durante el reinado de Ashoka, de la dinastía Maurya, sucedió algo inesperado: este emperador emprendió la conquista del estado de Orissa, en la costa oriental de la India, y la invasión triunfó, pero a costa de producir una gran tragedia. Según sus propias palabras, «murieron cien mil hombres, fueron deportados otros cien mil y varias veces ese número de hombres encontraron la muerte».[45] Semejante crueldad produjo en el emperador un insoportable cargo de conciencia y lo llevó a tomar la decisión de corregir el rumbo con un gran viraje, adoptando el budismo como principio moral para ejercer el poder sin violencia y gobernar con justicia.

Lo primero que hizo fue reorganizar al Estado para impartir y practicar el humanismo, así como renunciar a la guerra como medio de conquista y dominación. Las concepciones de Ashoka sobre el recto proceder del emperador y de los súbditos fueron grabadas en las columnas y rocas de todo el ámbito del imperio. Un edicto prohibió el sacrificio de animales y otro reguló la excavación de pozos y la dispensa de cuidados médicos tanto a las personas como a los animales. Un tercero fijó normas sobre la moral personal, pregonando, entre otras cosas, que «la obediencia al padre y a la madre» constituía un mérito. Otras disposiciones ordenaron un nuevo nivel de justicia para todos, equivalente en realidad a una especie de declaración de derechos humanos. Surgió también un nuevo concepto de las responsabilidades de la realeza: «Todos los hombres [reza una inscripción] son mis hijos».[46] Aun cuando el budismo se consideró por algún tiempo como la religión preferida por el Estado de la India y llegó a penetrar en la conciencia de la mayoría de las personas en ese tiempo, desde la muerte de Ashoka varios monarcas que lo sucedieron fueron optando de nuevo por el hinduismo, mientras el budismo perdía creyentes e influencia. No obstante, en la época dominada por el budismo, el desarrollo económico y comercial se mantuvo en auge, algo que se advierte en las exquisitas obras escultóricas, y en la construcción y decoración de templos con estilos arquitectónicos que perduraron aún en épocas posteriores al esplendor budista. Sin embargo, no fue posible conseguir la estabilidad política. Las invasiones, las luchas internas y la anarquía resurgieron, y resultó imposible consolidar los reinos para gobernar con prosperidad y hacer florecer la creatividad artística de esa virtuosa sociedad.

Es importante destacar que, aun con un sistema politeísta en el cual se veneraba como dioses principales a Brahma, Vishnú y el antiguo Shiva, el hinduismo centraba su creencia en la idea de que «los actos cometidos en la vida actual determinan el nivel en que un hombre se reencarnará en la vida futura [...] naturalmente, las buenas acciones producen las mejores modificaciones en el propio destino, y la buena acción es la que se lleva a cabo observando la ley sagrada».[47]

Tras la muerte de Alejandro Magno, surgieron en la India nuevos grupos que luchaban para asumir y detentar el poder. Los más fuertes, que llegaron a crear un nuevo imperio, fueron los integrantes de la familia Gupta, quienes gobernaron gran parte del norte de la India durante casi un siglo, desde el año 319 hasta el 415 d. C. Su metrópoli o centro principal de mando estaba situado en Magadha, el mismo lugar desde donde había reinado Ashoka, el budista; en contraste, los reyes de la familia

Gupta, aun cuando fueron tolerantes con todas las religiones, en lo personal practicaban el hinduismo. La estabilidad alcanzada en este periodo permitió de nuevo el auge económico y comercial de la India y, como siempre, se mostró el esplendor cultural y artístico de ese creativo pueblo.

Es importante señalar que:

> Durante el periodo Gupta los estudios astronómicos experimentaron un gran avance. Anyabhata, astrónomo del siglo v, sostenía la convicción de que la tierra era una esfera en rotación sobre un eje. Por esta época, los navegantes occidentales no se atrevían a adentrarse mucho en el mar por temor a precipitarse en el vacío al tocar el confín del mundo. Anyabhata propuso también que la Tierra se movía en torno al Sol, idea que sus contemporáneos acogieron con escepticismo. De igual modo, calculó con gran precisión la duración del año solar, sirviéndose del sistema indio de las nueve cifras y el cero, sucesión numérica que después pasaría, a través de los árabes, a Europa, en donde este sistema numérico recibiría el nombre de «arábigo».[48]

Pero como es la constante en las civilizaciones, luego del esplendor viene la sombra, de modo que la época de oro de los Gupta desembocó en una decadencia en todos los órdenes: económico, social y político, y cultural. Las luchas internas por el poder volvieron a entrar en escena, las religiones se degradaron, los sacerdotes y monjes se corrompieron, y en ese ambiente se llegó a considerar a Buda como un dios, algo que él nunca había aceptado, menos si, según los hombres del poder cívico y religioso, se trataba de la novena reencarnación del dios Vishnú.[49]

La India fue invadida por los musulmanes a partir del siglo VIII d. C.; aun así, sus religiones tradicionales mantuvieron gran influencia en regiones del sur de Asia; así lo evidencia la construcción en Camboya del complejo religioso de Angkor Wat en el siglo XII d. C., una joya de la arquitectura universal con cinco torres erguidas hacia el cielo, dedicada a Shiva, Vishnú y a la figura budista de Lokeshvara, que en sus distintas advocaciones es tanto masculina como femenina, símbolo de compasión y benevolencia, deidad de la fuerza materna (Guanyin) y conciencia de los seres necesitados (Avalokiteshvara) que, con sus mil brazos —cada uno con un ojo en la palma de la mano— percibe a los desvalidos del mundo. Significativamente, Lokeshvara se ha convertido en un punto de encuentro entre el budismo y los practicantes de otras religiones, pues su esencia de empatía y compasión marca un punto compartido por muchos cultos.

También en el sur de la India se impuso el reino de Vijayanagara, el cual gozaba de cierta autonomía, sobrevivió con éxito y dejó como legado arquitectónico «los pabellones de las mil columnas».[50] Es singular que, al tiempo que se consolidaba el dominio musulmán, también crecía el hinduismo, sobre todo a partir de la llegada de la dinastía mongólica de los Akbar. La élite en la India estaba conforme con pagar tributo a los musulmanes siempre que estos no influyeran en la vida cotidiana, un deseo que no necesariamente se cumplía, como lo prueba el hecho de que la otra joya de la arquitectura antigua de la India, el Taj Mahal fue, posiblemente, un diseño de dos arquitectos persas, y con todo el estilo musulmán. Este magnífico templo es un mausoleo construido «por el emperador mongol Shah Jahan (1628-1658) dedicado a la memoria de su esposa Mumtaz Mahal»,[51] quien murió a los 39 años al dar a luz al décimo cuarto de sus hijos. Veinte mil hombres trabajaron durante 18 años en este monumento que se concluyó en 1648 d. C. Imaginemos las condiciones en que laboraron estos obreros de la construcción, cuando prevalecía un régimen de castas que, originalmente, se dividía en cuatro niveles o clases sociales: «La más alta, la de los brahmanes, estaba constituida por sacerdotes y hombres de letras; la segunda, la de los chatrias, por gobernantes y soldados; la tercera, la de los vaisias, por pastores y posteriormente por comerciantes, y la cuarta, la de los sudrás, por los siervos de las otras tres clases».[52] Fuera de las cuatro castas existía un número de personas cuyas ocupaciones se calificaban como impuras, y el solo tratarlas se consideraba contaminador; serían conocidas con el nombre de «intocables», «parias» o «dalits».[53]

Dicho sea de paso, la ignominia del sistema de castas es tal que el tratado religioso del siglo III a. C., *Bhagavad-guita* niega a los parias, las mujeres y los extranjeros la posibilidad de alcanzar la iluminación, que es la máxima aspiración espiritual. Aunque abolida legalmente, la discriminación persiste en pleno siglo XXI: la gran mayoría de los dalit siguen expuestos a sobreexplotación, violencias de toda clase y carencia de condiciones mínimas de salud, educación, vivienda, empleo y participación política. Reforzada por el colonialismo inglés, la discriminación por castas también está presente de facto en comunidades de inmigrantes indios en países como Gran Bretaña, Guyana, Canadá y Estados Unidos.

El rey que mandó a construir el Taj Mahal hizo inscribir en letras de oro la siguiente leyenda, que ordenó poner en las paredes de mármol en el palacio en Delhi:

> Si sobre la tierra existe un
> paraíso,
> es este, es este, es este.

Luego del dominio de la dinastía Mongola, la India fue invadida por los ingleses, quienes se apoderaron tanto de vidas como de riquezas por más de dos siglos. En la literatura occidental, sobre todo en la inglesa, se hace constante referencia a los vicios y a las atrocidades en esa nación asiática. Hasta Darwin señala las matanzas de niños indeseables, la quema de viudas y otros horrores, algo parecido al discurso sobre el mito o leyenda negra de los sacrificios humanos y el canibalismo de los aztecas, urdido para tratar de justificar las grandes injusticias cometidas por los colonizadores. Baste un ejemplo:

> Los ingleses conquistaron Bengala, la provincia más rica de la India en 1764. Los nuevos gobernantes no estaban interesados en nada que no fuera enriquecerse. Adoptaron una política económica desastrosa que unos pocos años más tarde condujo al estallido de la

> Gran Hambruna de Bengala, que empezó en 1769, alcanzó niveles catastróficos en 1770 y duró hasta 1773. Unos diez millones de bengalíes, un tercio de la población de la provincia, murió por esta calamidad.[54]

A principios del siglo xx, la lucha contra el imperio inglés fue encabezada por una figura mística y profundamente humana: Mahatma Gandhi (1869-1948). Este abogado, especialista en ética política, recuperó las tradiciones budistas del ascetismo moderado y de la no violencia, y las convirtió en eficaz estrategia de lucha para evadir el acoso y avanzar en el propósito de descolonizar a la India. La vida de Gandhi es heroica: comienza en Sudáfrica, donde vive 21 años; allí reafirma sus principios contra la discriminación y, en ese tiempo, lee el libro *El reino de Dios está en vosotros,* del escritor ruso León Tolstói; desde entonces comenzó una importante relación espiritual que, según Gandhi, lo marcaría para toda su vida, tanto la privada como la pública. Gandhi mismo expresó sobre el libro: «Me abrumó, me marcó para siempre». Esta indiscutible influencia recíproca se reafirmó durante 1908, a partir de que Tolstói, al responder a Tarak Nath Das, revolucionario indio, escribió la *Carta a un hindú: el sometimiento de la India: su causa y cura.* El contenido de este documento es magistral y de mucha profundidad espiritual: es la explicación más convincente sobre la bondad natural de los seres humanos y el daño que causa a esta relación innata la mezcla de los poderes político, económico y religioso. Explicaba el novelista:

> Para hacer mis pensamientos claros debo volver en el tiempo. No sabemos, no puedo, y me atrevo a decir que no necesito saber cómo vivieron los hombres hace millones de años o incluso hace diez mil años, pero si sabemos positivamente que, desde que tenemos conocimiento de la humanidad, siempre han vivido en grupos especiales de familias, tribus y naciones en las que la mayoría, con la convicción de que se debía ser así, sometida y voluntariamente inclinada a la regla de una o más personas, es decir, a una minoría muy pequeña. A pesar de toda clase de circunstancias y personalidades, estas relaciones se manifestaron ante los diversos pueblos de cuyo origen tenemos algún conocimiento. Y cuanto más atrás vayamos, tanto más necesario era este arreglo, tanto para los gobernantes como para los gobernados, para que la gente pudiera vivir pacíficamente junta.
>
> Así que estaba en todas partes. Pero aunque esta forma externa de vida existiera durante siglos y siga existiendo, muy temprano, miles de años antes de nuestra época, en medio de esta vida basada en la coerción, un mismo pensamiento surgió constantemente entre diferentes naciones, a saber, que en cada individuo un elemento espiritual se manifestaba que da vida a todo que existe, y que este elemento espiritual se esfuerza por unirse con todo de una naturaleza semejante a sí mismo, y alcanza este objetivo a través de amor. Este pensamiento apareció en las más diversas formas en diferentes momentos y lugares, con completitud y claridad diferentes. Encontró expresión en el brahmanismo, el judaísmo, el mazdeismo (las enseñanzas de zoroastro), en el budismo, el taoísmo, el confucionismo y en los escritos de los sabios, griegos y romanos, así como en el cristianismo y el mahoetismo. El mero hecho de que este pensamiento haya surgido entre diferentes

> naciones y en momentos diferentes indica que es inherente a la naturaleza humana y contiene la verdad. Pero esta verdad se dio a conocer a las personas que consideraban que una comunidad solo podía mantenerse unida si algunos de ellos contenían a otros, por lo que parecía irreconciliable con el orden existente de la sociedad.
>
> Además, el principio solo se expresó de forma fragmentaria y tan oscura que, aunque la gente admitiera una verdad teórica, no podrían aceptarla como guía para su conducta. También, entonces, la difusión de la verdad es en una sociedad basada en la coerción, siempre se veía obstaculizada de la misma manera, sintiendo que el reconocimiento de esta verdad se socavaría su posición, pervertían conscientemente, a veces inconscientemente, las explicaciones y adiciones ajenas a ella, y también se oponían a ella por la violencia abierta.
>
> Así, la verdad, que la vida debe estar dirigida por el elemento espiritual que en su base, que se manifiesta como amor y que es tan natural para el hombre, esta verdad, para reforzar un camino a la conciencia del hombre, tuvo que luchar, no solamente contra la oscuridad con que se expresaba y las distorsiones internas, intencionales e involuntarias que la rodeaban, sino también contra la violencia deliberada que, mediante persecuciones y castigos, procuraba obligar a los hombres, aceptar las leyes religiosas, autorizadas por los gobernantes y en conflicto con la verdad...[55]

Además de esta esencia mística-filosófica, Tolstói decía que solamente a través del principio del amor los indios podrían ganar su independencia del Gobierno inglés, y argumentaba que «La opresión de una mayoría por una minoría, y la desmoralización que inevitablemente resulta de ella, es un fenómeno que siempre me ha ocupado y lo ha hecho muy especialmente en este último tiempo. Trataré de explicarle lo que pienso acerca de este tema en general, y en particular, sobre la causa de la cual han surgido y continúan surgiendo los males espantosos que escribió en su carta, y en el periódico hindú que me ha enviado».[56]

La razón del asombroso hecho de que la mayoría de los obreros se sometan a un puñado de ociosos que controlan su trabajo y sus propias vidas es siempre y en todas partes igual, tanto si los opresores como los oprimidos pertenecen a la misma cultura o si, como en el país del que hablamos y en otros lugares, los opresores son de una nación diferente. Este fenómeno parece particularmente extraño en la India, porque allí más de 200 millones de personas dotadas, tanto física como mentalmente, se encuentran en poder de un pequeño grupo que les es ajeno en el pensamiento e inconmensurablemente inferior en espiritualidad.

Con esta argumentación bastó para que Gandhi se interesara mucho en el pensamiento de Tolstói, quien terminaría por reforzar su vocación budista y su voluntad de luchar por la independencia de la India bajo los postulados de la no cooperación, la desobediencia civil pacífica y la no violencia. Hay, cuando menos, una carta de Tolstói a Gandhi, datada en 1910, que es también muy aleccionadora; en uno de sus párrafos afirma que:

> El amor o, en otros términos, la aspiración de las almas a la comunión humana y a la solidaridad representa la ley superior y única de la vida, y eso cada uno lo sabe y lo siente en lo profundo de su corazón [nosotros lo vemos muy claramente en el niño]; lo sabe todo el tiempo en que permanece fuera del engaño, de la trama de la mentira, del pensamiento del mundo. Esta ley ha sido promulgada por todos los sabios de la humanidad: indios, chinos, hebreos, griegos y romanos. Ella ha sido, yo creo, expresada lo más claramente por Cristo, que ha dicho en términos exactos que esta Ley contiene toda la Ley y todos los profetas. Pero hay más: previendo las deformaciones que amenazan dicha ley, ha denunciado expresamente el peligro de que sea desnaturalizada por las gentes cuya vida está entregada a los intereses materiales. Tal peligro radica en que creen autorizados a defender sus intereses por la violencia, o según su expresión, a devolver golpe por golpe, a recuperar por la fuerza lo que ha sido arrebatado por la fuerza, etc. Él sabía [como toda persona razonable] que el empleo de la violencia es incompatible con el amor, que es la más elevada ley de la vida.[57]

Con esta doctrina, Gandhi logró la independencia de la India tras muchos años de lucha y represión por parte del poderío inglés. Muchos murieron por esta causa y, una vez que esta triunfó, más de 100 000 indios salieron de las prisiones. El mismo Gandhi, que encabezó movimientos pacíficos, marchas y largos ayunos, fue aprehendido varias veces, y en una de ellas permaneció dos años en la cárcel. Al inicio de su movimiento, en Sudáfrica —que, como la India, era colonia del Imperio británico—, Gandhi fue insultado por un grupo de blancos que le gritaron en la calle al identificarlo: «parásito», «semibárbaro», «cáncer», «culiescuálido», «hombre amarillo» y otros epítetos.

Es también famoso el manifiesto de Gandhi en la India, fechado en el 2 de marzo de 1930, en contra del virrey inglés por el oneroso impuesto a la sal. En ese texto denuncia que el Gobierno británico se ha convertido en una maldición, que «ha empobrecido a millones […] mediante un sistema de explotación progresiva y mediante una administración militar y civil ruinosamente costosa […] nos ha reducido políticamente a la servidumbre».[58] Denuncia que el virrey inglés recibía un salario 5 000 veces superior al ingreso promedio en la India.[59]

Winston Churchill era uno de los políticos más abiertamente contrarios a Gandhi. El malestar que le producía llegó varias veces hasta el insulto. En una ocasión, en 1931, en un discurso en plena negociación para alcanzar un acuerdo pacífico de independencia de la India, exclamó que era «alarmante y también nauseabundo ver al señor Gandhi, un abogado sedicioso del Middle Temple, ahora haciéndose pasar por un faquir de un tipo bien conocido de oriente, subiendo semidesnudo las escaleras del palacio virreinal […] para parlamentar en términos de igualdad con el representante del rey-emperador».[60] Churchill, el estadista más famoso de Inglaterra hasta la actualidad, llegó a decir a su gabinete: «Gandhi no debería ser liberado por la simple amenaza del ayuno… Nos desharíamos de un hombre malo y de un enemigo del imperio si muriera».[61] Al paso del tiempo, su desprecio a Gandhi lo condujo a llamarlo dictador, un «Mussolini hindú».

Al final, los británicos tuvieron que ceder ante la justa demanda de liberar a la India del colonialismo, hecho que se convirtió en realidad en 1947. Sin embargo, los ingleses apoyaron la propuesta del movimiento musulmán de dividir a la India en dos: una parte se constituyó en Pakistán para la religión musulmana, y la otra, para la religión hindú, lo cual no solo fragmento al subcontinente, sino que produjo una guerra religiosa que costó la vida de miles de hindúes y musulmanes. En esas circunstancias, Gandhi, partidario de procurar la unidad interreligiosa y mantener la de los antiguos territorios indios, buscó siempre convencer a los dirigentes de ambas religiones, pero fue imposible: una tarde de 1948, un fanático hindú, con la falsa idea de que Gandhi estaba dándole más apoyo a los musulmanes, le disparó tres balazos en el pecho. Así fue asesinado uno de los grandes dirigentes políticos y espirituales de la historia del mundo. El primer ministro y su compañero de lucha, Jawaharlal Nehru, en un mensaje de radio, transmitió en estos términos la triste noticia:

> Amigos, camaradas, la luz se ha apagado en nuestras vidas y hay oscuridad para todas partes, y no sé muy bien qué decirles ni cómo decírselos, Bapu, como lo llamábamos, el padre de la nación, ya no está. Tal vez me equivoque al decirlo; sin embargo, no lo volveremos a ver como lo hemos visto durante todos estos años, no correremos a pedirle consejo ni buscaremos consuelo en él, y eso es un golpe terrible, no solo para mí, sino para millones y millones de personas en este país.[62]

•••

China: antigua visión imperial

Hay quienes coinciden en que, antes del florecimiento de otras civilizaciones, el poder centralizado y fuerte del Imperio chino permitió la creación de mucha sabiduría, misticismo y asombroso esplendor artístico. Coincido con antropólogos, historiadores, estudiosos de otras disciplinas y escritores como Yuval Noah Harari, en que, desde la Antigüedad, en China, al igual que en otras regiones del mundo, el desarrollo cultural o civilizatorio dependía de la fortaleza política del Estado, con el añadido de que, mientras más se prolongaba en el tiempo esa hegemonía sin rupturas internas, la centralización del poder permitía crear mayores obras magnas. Quizás el ejemplo más ilustrativo es el tiempo, los recursos y la continuidad que fueron necesarios para construir y reconstruir, hace más de 2500, años, la Gran Muralla, cuya longitud era de 21 200 kilómetros, con una base o terraplén de piedra de cinco a ocho metros de ancho y paredes hasta de 14 metros de altura, en una zona montañosa y que requirió a millones de trabajadores durante siglos de edificación. La construcción de esta gran obra es producto, sin duda, de la obediencia del pueblo chino a sus autoridades, fruto de una remota creencia en el respeto al poder divino del emperador, pues según la teoría de Confucio, el poder de los gobernantes dimanaba de un «mandato del cielo».

Con su prosa magistral, el gran Franz Kafka escribió en 1917 un breve texto sobre la Muralla china. Primero explica por qué se construyó por tramos; luego, el impacto social que representaba para los pueblos la participación en esa colosal obra y el talante pacifista de la sociedad china, así como el enigma sobre si realmente este extenso muro se levantó para proteger al imperio o para aglutinar al pueblo ante cualquier amenaza real o ficticia en contra del Estado centralizado y fuerte. Para no transcribir todo el cuento de Kafka (aunque vaya que vale la pena leerlo completo), escogí solo algunos fragmentos:

> El extremo norte de la Muralla china ya está concluido. Dos secciones convergieron allí, del sureste y del suroeste. Ese sistema de construcción parcial fue aplicado también en menor escala por los dos grandes ejércitos de trabajadores, el oriental y el occidental. Este era el procedimiento: se formaban grupos de unos veinte trabajadores, que tenían a su cargo una extensión cercana a los quinientos metros, mientras otros grupos edificaban un trozo de muralla de longitud igual que se encontraba con el primero. Una vez producida la unión, no se seguía la construcción a partir de los mil metros edificados: los dos grupos de obreros eran destinados a otras regiones donde se repetía la operación. Naturalmente que con ese procedimiento quedaron grandes espacios abiertos que tardaron muchísimo en cerrarse: algunos lo fueron años después de proclamarse oficialmente que la Muralla estaba concluida. Se afirma que hay espacios vacíos que nunca se edificaron; aseveración, sin embargo, que es tal vez una de las tantas leyendas a que dio origen la Muralla y que ningún hombre puede verificar con sus ojos, dada la magnitud de la obra.
>
> Se pensaría de antemano que hubiese sido mejor en todo sentido construir la Muralla seguidamente o, por lo menos, seguidamente dentro de las dos secciones principales.
>
> Pero con los subalternos, hombres espiritualmente superiores a sus tareas aparentemente triviales, era preciso proceder de otro modo: imposible tenerlos durante meses o tal vez durante años acumulando piedra sobre piedra en una montaña desierta, a centenares de millas de su hogar; la futilidad de un trabajo, que excedía el término natural de la vida de un hombre, los hubiera incapacitado para la obra. Por eso fue elegido el sistema de construcción parcial. Quinientos metros solían completarse en cinco años; al cabo de ese tiempo los capataces quedaban exhaustos y habían perdido la confianza en sí mismos, en la Muralla y en el mundo. Entonces, en plena exaltación de las fiestas que celebraban los mil metros ejecutados, los destinaban muy lejos. En la travesía divisaban aquí y allá trozos de Muralla concluidos, pasaban por altas jefaturas donde les entregaban premios honoríficos, escuchaban el júbilo de los nuevos ejércitos laboriosos que llegaban de los confines del país, veían bosques talados para apuntalar la Muralla, veían las montañas hechas canteras y escuchaban los himnos de los fieles en los santuarios rogando por la feliz culminación de la empresa. Todo eso aplacaba su impaciencia. La vida tranquila de sus hogares, donde acostumbraban descansar un tiempo, los fortalecía; el respeto que infundían, la credulidad piadosa con que eran recibidas sus palabras, la fe de los humildes ciudadanos en la pronta conclusión de la obra, todo eso retemplaba las fibras de su alma. Como niños eternamente esperanzados decían adiós a sus hogares; el

anhelo de volver al trabajo colectivo era irresistible. Emprendían viaje antes de lo necesario; media aldea los acompañaba un largo trecho. En todos los caminos había grupos, arcos de triunfo, banderas; no habían visto jamás que grande, rica, amable y hermosa era su patria. Cada compatriota era un hermano para el que levantaban una muralla protectora y que les agradecería toda su vida, con todo lo que tenía y lo que era. ¡Unidad! ¡Unidad! Hombro contra hombro, una cadena de hermanos, una sangre no ya encerrada en la mezquina circulación del cuerpo, sino circulando con dulzura y sin embargo regresando sin fin a través de la China infinita.

[...]

¿De quiénes iba a resguardarnos la Gran Muralla? De los pueblos del Norte. Yo vengo del Sureste de China. Ningún pueblo del Norte nos amenaza. Leemos las historias antiguas, y las crueldades que esos pueblos cometen siguiendo sus instintos nos hacen suspirar bajo nuestros pacíficos árboles. En las auténticas figuras de los pintores vemos esos rostros crueles, esas fauces abiertas, esas mandíbulas ceñidas de dientes puntiagudos, esos ojitos entornados que parecen buscar carne débil para el brillo de sus dientes. Cuando los niños se portan mal les mostramos esas figuras y ellos se refugian en nuestros brazos. Pero eso es todo lo que sabemos de esos hombres del Norte. Nunca los hemos visto y si permanecemos en nuestra aldea no los veremos nunca, aunque resolvieran precipitarse sobre nosotros al galope tendido de sus caballos salvajes... demasiado vasta es la tierra y no los dejaría acercarse... su carrera se estrellaría en el vacío.

Entonces ¿por qué razón abandonamos nuestros hogares, el río y los puentes, la madre y el padre, la mujer deshecha en lágrimas, los niños sin amparo, y fuimos a la ciudad lejana a estudiar y nuestros pensamientos aún más lejos, hasta la Muralla que está en el Norte? ¿Por qué? La Dirección lo sabe. Nuestros jefes nos conocen bien.

Agitados por ansiedades gigantescas, lo saben todo acerca de nosotros, conocen nuestros pequeños quehaceres, nos ven reunidos en humildes cabañas y aprueban o desaprueban el rezo que el padre de familia eleva en las tardes rodeado por los suyos. Si me fuera permitido otro juicio sobre la Dirección, diría que es muy antigua y que no ha sido congregada de golpe, como los grandes mandarines que se reúnen movidos por un sueño y ya esa misma tarde sacan de sus camas al pueblo redoblando tambores y lo arrean a una iluminación en honor de un dios que ayer ha favorecido a sus Señorías y que mañana, apenas apagados los faroles, será relegado a un oscuro rincón. Prefiero sospechar que la Dirección no es menos antigua que el mundo y asimismo que la decisión de hacer la Muralla.

¡Inconscientes pueblos del Norte que imaginaban ser el motivo! ¡Venerable, inconsciente Emperador que imaginó haberlo decretado! Los constructores de la Muralla conocemos la verdad y callamos.

[...]

No he hallado en mis peregrinajes una pureza de costumbres como la de mi aldea. Pero es una vida, con todo, que no sabe de leyes contemporáneas, y solo reconoce las exhortaciones y los avisos que vienen de tiempos remotos.

A nuestro mundo llegó entonces la noticia de la construcción de la muralla. Lo hizo con retraso, unos treinta años después de su proclamación. Era una tarde de verano. Yo, de unos diez años, me hallaba con mi padre a la orilla del río. Por la trascendencia de esa hora, comentada muchas veces, recuerdo todavía los detalles más nimios. Me tenía de la mano —lo hacía con placer, hasta en su vejez avanzada— y deslizaba la otra por la pipa, larga y muy fina, como si fuese una flauta. Su gran barba movediza y armada avanzaba en el espacio; saboreando la pipa, miraba a lo alto por encima del río. Su trenza, objeto de la veneración de los niños, caía hacia abajo y susurraba suavemente sobre la seda bordada en oro del traje de fiesta. Entonces se detuvo una barca ante nosotros; el barquero, con un gesto, indicó a mi padre de que bajara por el talud; él mismo ascendió también. Se encontraron en el medio; el barquero susurró algo en secreto al oído de mi padre; para acercársele más lo abrazó.

No comprendí lo que decían, solo vi que mi padre no parecía creer la noticia, que el barquero trataba de reforzar su veracidad, que mi padre aún no podía creerla, que el barquero, con el apasionamiento que lo caracteriza, casi se desgarró sus ropas en el pecho para probar lo que decía, que mi padre se tornó más silencioso y que el barquero saltó ruidosamente a la barca, alejándose. Mi padre, pensativo, se volvió hacia mí, golpeó la pipa, la metió en el cinturón y me acarició la mejilla. Era lo que más me gustaba, me hacía feliz, y así llegamos a casa. El arroz ya humeaba sobre la mesa, había algunos huéspedes y se vertía vino en las copas. Sin prestar atención a ello, mi padre, desde el umbral, comenzó a contar lo que había oído. No recuerdo exactamente las palabras, pero sí el sentido, debido a lo extraordinario de las circunstancias, aun para un niño, me penetró tan profundamente, que todavía hoy me atrevo a dar la versión oral.

Y lo hago porque es muy demostrativo de las ideas del pueblo. Mi padre dijo esto aproximadamente: «Un barquero desconocido —conozco a todos los que habitualmente pasan por aquí, pero este era desconocido— me contó que se piensa construir una gran muralla para proteger al emperador; a menudo pueblos no creyentes se reúnen ante el palacio imperial, entre ellos también demonios, y disparan sus negras flechas contra el emperador».[63]

Este largo proceso constructivo, insisto, va de la mano con la permanencia en el poder de más de una dinastía; se calcula que para edificar esta fortificación participaron cinco dinastías imperiales. Es, pues, la estabilidad política, obtenida por la abundancia de recursos humanos y naturales, con la creencia en un dios o varios y el aparato de fuerza o ejércitos, y sin sobreexplotación de la fuerza de trabajo, lo que permite el esplendor artístico y cultural de los imperios; pero, aun cuando han existido dinastías o gobiernos prolongados, siempre se trata de ciclos cortos o largos que inician con el agrupamiento de comunidades, la construcción de una estructura de mando civil y teológica, su expansión territorial, el periodo de auge o esplendor y, finalmente, la decadencia y el ocaso, que pueden originarse —como hemos visto— por malos gobiernos, confrontaciones internas, esclavitud, opresión excesiva, escasez de recursos naturales, sequías, pérdida de fertilidad de los suelos, inundaciones, disminución de la población por hambrunas y epidemias, así como la manera en que todos estos factores interactúan con los cambios de mentalidades y provocan modificaciones, reacomodos o rupturas. Sin embargo, a partir de cero, vuelve a iniciar el ciclo en busca del renacimiento, con una nueva política de unificación, centralización del poder y renovada creencia en dioses o mitos para solidificar una religión y una ideología.

Aun cuando, repito, este ciclo hacia las civilizaciones aparece en todos los pueblos y continentes, es en América y en China en donde resulta más marcado, posiblemente por una menor frecuencia de confrontaciones internas y guerras y, por lo mismo, mayores periodos de estabilidad que permitieron procesos más rápidos de desarrollo o recuperación del esplendor científico, cultural y artístico. Como lo señala con acierto Harari:

> En el pensamiento político chino, así como en la memoria histórica china, los periodos imperiales se consideraban épocas doradas de orden y justicia. En contraposición con la moderna idea occidental de que un mundo justo está compuesto por estados-nación separados, en China los periodos de fragmentación política se consideraban épocas oscuras de caos e injusticia. Esta percepción ha tenido implicaciones de gran alcance para la historia china. Cada vez que un imperio se desplomaba, la teoría política dominante estimulaba a los poderes correspondientes a no conformarse con mezquinos principados independientes, sino a intentar la reunificación. Tarde o temprano, tales intentos siempre tenían éxito.[64]

Aquí conviene reiterar que el derrumbe de un poder centralizado fuerte, el cual daba lugar a una gran civilización, afectaba fundamentalmente su estructura de dirección o élite política, pues, aun cuando desaparecía el mando supremo, pronto se constituían, de manera dispersa y atomizada, principados o cacicazgos, réplicas en pequeña escala de los grandes imperios, incluidas las prácticas religiosas. En otras palabras, la decadencia se expresaba en la pérdida del desarrollo científico, económico, comercial, político y militar, pero no en lo sociocultural, ni en lo moral, como sucedió con Roma, porque, incluso con la población menguada por epidemias y sobreexplotación, o viviendo en zonas de refugio agrestes y aisladas, se preserva la organización comunitaria y la vida espiritual. Esto explica, en parte, el porqué del resurgimiento en los nuevos ciclos de las siguientes civilizaciones: siempre queda una reserva de valores culturales, morales y espirituales. Tengamos presente que si los japoneses pudieron renacer vertiginosamente después de la fatal destrucción de su país causada por la Segunda Guerra Mundial —rematada con los estragos causados por las armas nucleares en Hiroshima y Nagasaki—, ello fue porque su sólida tradición cultural se mantuvo inalterable, los protegió y los acompañó hacia el futuro.

Regresando a la enigmática y gran civilización china, debemos recordar que empezó a fundarse desde el año 3000 a. C., cuando se inició la colonización de la ribera del río Amarillo, el Huáng Né, equivalente a la fertilidad del Nilo en Egipto, al gran valle del Éufrates y el Tigris en Mesopotamia o al río Indo para la conformación de la India. Pero, a diferencia de egipcios, mesopotámicos e indios, la civilización china tuvo una orientación autárquica, buscó aislarse de los pueblos «bárbaros» cercanos (de allí la necesidad de amurallarse) y se guio por un afán centralizador. La orgullosa cultura china se veía a sí misma como el ombligo del mundo y buscaba la perfección, tanto para sus individuos como para su comunidad, con el conocimiento y la autosuficiencia en lo propio; para decirlo en términos actuales, los antiguos chinos pensaban que la mejor política exterior era la interior. Felizmente, el mundo recibió de China cuatro grandes inventos: el papel, la imprenta, la pólvora y la brújula. Su admirable continuidad política le permitió consolidar su desarrollo en varios campos de la vida pública.

Las raíces de la civilización china vienen de lo más profundo y elevado, tanto del conocimiento de la tierra como del cielo. A partir del año 10000 a. C., a las orillas del río Amarillo, se presentaron los primeros asentamientos y se iniciaron las actividades agrícolas. Así como en el mediano y cercano Oriente se domesticó el trigo y en América, el maíz, en China sucedió lo mismo con el arroz, que sigue siendo el sustento principal en la alimentación de su pueblo. El cultivo de este cereal data del 7000 a. C.; solo le aventajan en el tiempo el trigo y, posiblemente, el maíz. Además, los chinos son los precursores en la producción de seda, pues el gusano que la genera empezó a cultivarse hace 4000 años. También son pioneros en el trabajo de esculpir el jade, piedra preciosa de excelencia que llegó a ser muy utilizada para el uso doméstico y como materia prima para elaborar piezas de gran belleza artística.

Hay estudiosos que estiman la apertura al mundo de la gran civilización china durante la dinastía Shang, la primera de la que se tienen registros históricos, por el año 1600 a. C. En ese tiempo se empieza a conocer no solo la existencia de comunidades rurales intensamente pobladas, sino también ciudades especializadas en artes y oficios. Como hemos dicho, en China el poder permaneció por mucho tiempo en unas pocas dinastías. Se sabe que, al ser derrotado el imperio de Shang en el año 1100 a. C., surgió, a las orillas de un afluente del río Amarillo, la dinastía Zhou, la cual conservó el poder durante ocho siglos, en un periodo que abarca —para ponerlo en perspectiva— desde un siglo antes de la fundación de Tenochtitlan, incluyendo los tres siglos de dominación colonial española, hasta el México actual. Pues bien, en este largo e inédito dominio de una sola dinastía se produjo una estabilidad que llevó a identificar esta era como la Edad de Oro en la historia de la civilización china; destaca, entre otros de sus frutos, el resurgimiento de la filosofía acompañada de estudios sobre «el significado de la vida y de cómo vivirla mejor».[65] De todos los filósofos de entonces, los más destacado son, sin duda, Kung-Fu-Tzu, Confucio, que vivió de 551 a 497 a. C., y su alumno y divulgador Meng Ke o Mencio, de 390 a 305 a. C. Tanto Confucio como Mencio promovieron la concepción de un gobierno humanista que no se apoyara en el imperio de la fuerza y «fundaron la inveterada tradición china de que un gobernante y sus colaboradores debían considerarse como "padre y madre" del pueblo confiado a sus cuidados».[66] Confucio era partidario de que en el servicio público prevaleciera la capacidad de los funcionarios y no su dinero o abolengo. La otra filosofía que surgió en China fue el taoísmo, «el camino», la búsqueda de la naturaleza abandonando el orden social, material y los postulados de autoridad, cuya referencia fundamental se registra en el *Tao Te King,* de Lao Tzu.

Como es recurrente en la historia de las civilizaciones, las religiones siempre caminan de la mano de los imperios y, por lo mismo, corren su misma suerte; el esplendor y la decadencia de unas y otras van aparejados. Esto mismo sucedió con el confucianismo, que se benefició desde el inicio con el próspero gobierno de la dinastía Han. Este imperio se distinguió fundamentalmente por su vocación filosófica y religiosa. Se afirma que hasta tiempos muy recientes, por el prestigio que adquirió este periodo en cuanto al refinamiento intelectual, algunos sectores de la población china seguían considerándose como los «hombres de Han». Como es fácil imaginar, en ese tiempo Confucio se convirtió en una especie de santo Patrón, reverenciado por las clases cultas. Sin embargo, esta dinastía no pudo mantenerse mucho tiempo en el poder y China entró en un periodo de confrontaciones, anarquía y decadencia que se extendió por cuatro siglos hasta que volvió a resurgir con mucha fuerza, en el 618 d. C., con la llegada de la dinastía de los Tang, la cual representó, por su duración y progreso, la segunda Época de Oro en la antigua China.

Aquí abro un paréntesis para reconocer que este país asiático es de los más cuidadosos en lo referente a recopilar y conservar documentos, materiales y obras para mantener viva su memoria histórica. El periodo de la dinastía de los Tang duró casi tres siglos y medio. En ella existió, como en la Antigüedad en Jericó y Mesopotamia, una ciudad amurallada, Xi'an, con grandes calzadas, acaso las más populosas del mundo en aquel entonces (siglo VII d. C.), cuando albergaba a más de un millón de habitantes; era, además, un importante centro comercial y religioso donde convivían en armonía las tres principales doctrinas de esa gran región de Asia: el confucionismo, el taoísmo y el budismo, así como muchísimas otras religiones tradicionales; tuvo lugar allí un gran esplendor de la poesía lírica, y la pintura y la imprenta recibieron un fuerte impulso. De hecho, allí vio la luz el libro impreso más antiguo del mundo que aún se conserva: *Sutra del diamante* o *Escrituras de Jingang,* que data de 868 d. C. Hablamos, pues, de una época de grandeza por el misticismo y la espiritualidad, en la que todo gira en torno al predominio de la moral, el amor a la naturaleza, la meditación, el ayuno, el interés por los pobres, los placeres de la amistad, la piedad, y la esperanza en la reencarnación y en una mejor vida futura. Esta era de prosperidad material y virtuosa se manifiesta también al extinguirse la dinastía Tang, con la llegada al poder de los emperadores de los Song. Estos se asentaron en el año 960 d. C., en Kaifeng, una ciudad a la orilla del río Amarillo y de otros afluentes de caudales locales. La fertilidad de sus tierras por inundaciones frecuentes les permitió una buena producción agrícola y empezó a desarrollarse la industria a partir del carbón y el hierro. No obstante, la ciudad y gran parte de China fueron invadidas por mongoles que establecieron su poderío en Pekín, y duraron en el poder cerca de 250 años. En este periodo, la dinastía de los Sung trasladó su Corte a Hangzhou, al sur de China, y prosiguió la construcción de la muralla que había iniciado siglos antes. Finalmente terminó por cumplirse, varios siglos después, el augurio de que China corría el riesgo de ser invadida por pueblos «bárbaros del norte», aunque sigo creyendo que la construcción de la Muralla tuvo que ver más con conservar la hegemonía ante la población dominada por las consecutivas dinastías imperiales que con fines defensivos ante amenazas externas. Algo parecido ocurre con el muro en la frontera de Estados Unidos con México: han abusado tanto los estadounidenses del pretexto del «peligro» que suponen los migrantes que los políticos, sobre todo en tiempos de comicios, aprovechan el tema como parte de la propaganda electoral. Una vez concluida la campaña, el presidente que llega al poder construye, como manda o profesión de fe, un tramo adicional. Esto viene sucediendo desde el presidente Clinton: todos los mandatarios del país vecino, con excepción del presidente Joseph Biden, han hecho lo mismo, aun cuando en 26 años solo se han bardeado 1 123 de los 3 180 kilómetros de la frontera común. Pero lo más interesante es lo inútil que resulta tal emprendimiento, pues la migración hacia Estados Unidos no se ve realmente alterada por un muro. Sin embargo, los gobiernos de Washington no han querido entender que la solución al fenómeno migratorio, como en todo el mundo, se atiende evitando que, por falta de oportunidades de empleo y bienestar, o por violencia, la gente se vea obligada a dejar a sus familiares y sus pueblos. Obviamente, resolver esas causas profundas implicaría no solo destinar una pequeña cantidad de lo mucho que Estados Unidos gasta en armamento a esa noble, humana y eficaz tarea, sino que choca y contradice su mentalidad conservadora y prepotente según la cual los problemas originados por circunstancias socioeconómicas pueden y deben resolverse con el uso de la fuerza. En una ocasión, cuando yo era presidente, hablé por teléfono con el presidente Trump —con quien siempre mantuve una relación cordial, de cooperación y respeto a nuestras soberanías— para pedirle, en plena pandemia, que se buscara reducir el cobro de las comisiones que pagan los paisanos migrantes que envían dinero en apoyo a sus familiares en México. Todavía no terminaba de plantearlo, cuando empezó a exclamar con vehemencia su negativa. La traductora alcanzó a decirme que, por el contrario, quería aumentar el cobro por las remesas para financiar el muro: esa es de las pocas cosas buenas de no entender inglés, pues el tiempo de la traducción le permite a uno pequeños, pero importantes, momentos para la reflexión. De todas maneras, me dije a mí mismo: «¡Híjole!». Pero de pronto recordé que el general Luis Cresencio Sandoval González, entonces secretario de Defensa, me había informado con detalle, hasta con video, el reciente descubrimiento de siete túneles para cruzar la frontera; el último de ellos iniciaba en Tijuana, pasaba debajo de la aduana estadounidense y llegaba casi a San Diego, California. Eso me sirvió para contestarle al presidente Trump que el muro servía para publicidad o propaganda política electoral, pero no para detener la llegada de migrantes. Incluso le ofrecí enviar los videos, cosa que hice días después. Luego de mi cuidadosa respuesta, sobrevino un silencio que se rompió con una carcajada de ese hombre duro, pero no atontado. Lo importante es que no volvimos a tratar, ni en público ni en privado, lo del famoso muro.

Retomando la historia de la antigua China, es importante destacar que, aun con la invasión mongola, la gran extensión territorial de ese enorme país permitió la coexistencia de los dos imperios: el nativo y el foráneo. La dinastía Sung fue obligada a establecer su centro de poder en la ciudad de Hangzhou. Allí se encuentra el bello lago occidental que admiró el propio Marco Polo, originario de Venecia: «viajar por el lago ofrece un descanso y deleite mayor que ninguna otra experiencia sobre la tierra».[67] El gobierno de los emperadores Sung convirtió a su nueva ciudad-Estado en una de las metrópolis más famosas por su belleza y buen gusto. En 1275 tenía más de un millón de habitantes y concurrían a ella comerciantes de varias partes del planeta: «entre los productos más preciados destaca la fina cerámica y la porcelana, que se vendía en el lejano oriente para llegar más tarde a ser muy codiciada en Europa».[68]

Aunque el Imperio mongol no aportó mucho al desarrollo económico, comercial y artístico durante sus reinados, tampoco fue tan destructivo como suele pensarse. Es precisamente en un gobierno de «estos bárbaros» que trabajó Marco Polo, el célebre navegante que viajó por Asia durante los siete años que vivió en China. El libro escrito o dictado a un italiano de Pisa, conocido como Rustichello, titulado *Los viajes de Marco Polo* o *Libro de las maravillas,* causó sensación y curiosidad en Europa; incluso, se asegura que Cristóbal Colón poseía uno y que había subrayado las partes que más le interesaban. En el libro, Marco Polo sostiene que los chinos eran todo menos guerreros y que «su mayor placer estaba en la mujer y nada más que en la mujer».[69] La derrota de los mongoles por parte de los Ming, en 1368, dio origen a una nueva dinastía china que impulsó a plenitud el comercio de ultramar. El periodo Ming fue, en sus principios, testigo de la creación del que llegó a ser el primer poder naval en los mares de Asia: flotas enteras navegaban hasta las Indias Orientales, sur de la India, golfo Arábigo, mar Rojo y costa de África hasta Kenia.[70] En 1421, el emperador Yung-Lo de esa dinastía trasladó la capital de Hankin a Pekín, antigua sede del poder mongol. A partir de entonces se construyeron o reconstruyeron edificios y se crearon obras de arte de mucha valía; la urbanización de la ciudad fue diseñada como un tablero de ajedrez; en el centro existe el Palacio Imperial; también se conserva el «altar del cielo», construido con mármol. «Hacia el noroeste de la capital se encuentran las tumbas de los 13 emperadores Ming que reinaron en Pekín, cada uno de los cuales posee un propio y enorme terraplén funerario en el recinto de un amplio complejo circundado de murallas. En 1958 se excavó una de estas tumbas hallándose que las enormes bóvedas de piedra contenían inapreciables tesoros de oro, jade, seda y porcelana».[71] Después del fin de esta dinastía, el esplendor cultural de China continúo, pero las luchas internas empezaron a estancar el desarrollo en todos los campos; mientras tanto, Europa se ocupó, durante el siglo XIX, de expandir sus dominios en Asia, África y América, y se desarrolló la Revolución Industrial, China entró en un periodo de decadencia por mantener una política volcada solo a atender sus necesidades y demandas internas. Durante siglos, los chinos mantuvieron con orgullo su grandeza cultural. Nada podían ni debían copiar de «los diablos del océano», en clara referencia a los europeos; «se consideraban autosuficientes tanto en sus ideales como en sus riquezas y bienes materiales. Estimaban la filosofía confucionista como el sistema de verdad universal».[72] En el siglo XIX su comercio era fundamentalmente con países de la región: Japón, Corea y otros de la costa del Pacífico.

En una ocasión, en un discurso improvisado que pronuncié el 5 de mayo de 2024, expresé que México había sido invadido por España, Francia y Estados Unidos, y que nuestra historia nos había enseñado que la soberanía de los pueblos es un derecho sagrado, al cual George Washington se refirió al señalar que: «Las naciones no deben aprovecharse del infortunio de otros pueblos». De igual manera, exclamé que México es un país independiente y que no acepta ser colonia de Francia, Rusia, China o Estados Unidos.

El joven embajador chino me envió un mensaje aclarándome que ellos no eran colonialistas. Le contesté que ojalá y así siguieran; en buena medida, le asistía la razón, porque una de las causas del rezago de China en el siglo XIX, y en casi todo el siglo XX, fue su actitud respetuosa con la soberanía de otros pueblos. Sus dinastías imperiales actuaban internamente y no se engrandecieron con invasiones o «conquistas». Pero a China no dejaron de afectarle la invasión de los mongoles, sus propias rebeliones internas, la revolución de 1911 y, sobre todo, la permanente confrontación bélica con Japón, extendida hasta la Segunda Guerra Mundial y concluida luego de la rendición de Tokio, el 10 de agosto de 1945, ante el predominio militar de los países aliados y tras dos bombas atómicas lanzadas por Estados Unidos sobre Hiroshima y Nagasaki. Es decir, Estados Unidos, la Unión Soviética, el Imperio británico y Francia salvaron a China y le permitieron recuperar antiguos territorios invadidos por el expansionismo japonés. Es doloroso recordar que, durante esa conflagración planetaria, murieron en estos dos países asiáticos unos 20 millones de personas, la mayoría civiles. El ejército de China perdió un millón de soldados y, aunque a la postre derrotó a Japón, el triunfo tuvo un costo elevadísimo, porque casi todo el territorio chino quedó arrasado por la larga y violenta contienda.

El resurgimiento de China, como ya lo planteé antes en relación con Japón, se debe en muy buena medida a que su desarrollo es inherente a los valores de su pueblo y a su fortaleza cultural; asimismo, es a partir de esos factores que debe explicarse la gran transformación de China en las últimas décadas, durante las cuales dejó de ser una economía cerrada y se convirtió en la fábrica del mundo, al grado que ahora los chinos son los dragones de los océanos. Sus barcos surcan todos los mares y sus mercancías llegan a todos los puertos y mercados del mundo.

Aquí recuerdo que, cuando había cierta resistencia en sectores del Gobierno y de las empresas de Estados Unidos por la renovación del tratado comercial con México y Canadá, fui de los primeros en argumentar en la Casa Blanca, en julio de 2020, y en presencia del presidente Donald Trump, que debíamos ser realistas y aceptar que ya para ese año China dominaba el 12.2% del mercado de exportaciones y servicios a nivel mundial, que Estados Unidos solo tenía una participación de 9.5% y que ese desnivel venía de apenas 30 años, pues en 1990 la participación de China era del 1.3% y la de Estados Unidos, del 12.4%. Imaginemos, sostuve, que si esa tendencia de las últimas tres décadas se mantuviera —y no hay nada legal o legítimo que pueda impedirlo—, en otros 30 años, para el 2050, China tendría el dominio del 64.8% del mercado mundial y Estados Unidos, entre el 4 y el 10%, una desproporción que al segundo país le resultaría inaceptable en el terreno económico y que mantendría viva la tentación de apostar por la supresión de la disparidad con el uso de la fuerza, lo que nos pondría en peligro a todos. Lograr el equilibrio en lo económico y comercial, y no en la hegemonía mundial de ningún país, es lo más responsable y lo más conveniente para mantener la paz en pro de la humanidad y de sus generaciones futuras.

Capítulo 6

JUDÍOS, ROMANOS Y CRISTIANOS

El judaísmo

Esta vertiente de la historia universal es la más estudiada, conocida, difundida y controvertida. Es resultado de un largo, complejo y violento proceso que se ha traducido, para bien o para mal, en el hecho de que, en la actualidad, aunque con notoria decadencia, lo occidental aún predomina en el mundo y su principal sistema ético-religioso, el cristianismo en todas sus expresiones es la religión más practicada del planeta: sumadas todas sus variantes, tiene unos 2 400 millones de fieles, entre los cuales el mayor grupo lo constituyen los católicos, unos 1 300 millones. En otras palabras, el 31% de la población mundial cree en las palabras y en la obra de Jesús de Nazaret, a quien considera el hijo de Dios.

Los orígenes de esta religión se remontan a las épocas de los antiguos babilónicos, persas y egipcios, y la principal fuente del cristianismo es la Biblia, una recopilación de textos surgidos, en buena medida, de creencias, relatos y enseñanzas que se transmitían originalmente de manera oral, de generación en generación. El cristianismo fue en sus orígenes una escisión de la tradición hebrea, de allí que la vertiente civilizatoria sustentada en él se conozca como judeocristiana. La religión judía tiene como sus principales libros sagrados la Torá, los Nevi'im y los Ketuvim, los cuales, con algunos agregados, son lo que en la Biblia cristiana se denomina Antiguo Testamento, en tanto que el Nuevo Testamento se compone, en lo principal, de testimonios de los primeros cristianos. Para los hebreos, la Torá (llamada Pentateuco por los cristianos y Al-Tawrat por drusos y musulmanes) es, en su parte principal, un texto dictado por Dios al profeta Moisés: contiene una narración que va desde la creación del mundo, se extiende hasta la muerte del propio Moisés y contiene aspectos legales y éticos que incluyen los Diez Mandamientos, los cuales, con extensas variaciones, constituyen el código moral básico de las llamadas religiones abrahámicas: judaísmo, cristianismo, islam, drusismo y samaritanismo, principalmente. En la versión católica moderna, tales mandamientos pueden sintetizarse así: amar a Dios sobre todas las cosas; no tomar el nombre de Dios en vano; santificar las fiestas; honrar al padre y a la madre; no matar; no cometer actos impuros; no robar; no dar falsos testimonios ni mentir; no consentir pensamientos ni deseos impuros; y no envidiar lo ajeno. Aunque existen algunas diferencias con respecto a algunos de los mandamientos que se sustituyen por otros, y se polemiza sobre su orden o varía su interpretación, en lo esencial estos preceptos —que, según el Éxodo, fueron escritos «por el dedo mismo de Dios»— son una referencia moral básica en lo que se refiere al trato al prójimo, tanto por creyentes como por no creyentes.

La Biblia, que está compuesta por el Éxodo, el Deuteronomio y muchas historias en varios libros, es una de las obras de mayor relevancia en la literatura universal. Capítulos atrás conté la anécdota del joven escritor colombiano que le pidió a su paisano Gabriel García Márquez que le recomendara los libros que uno debe leer cuando menos una vez en la vida; el Gabo tomó una pluma y escribió el nombre de 15 títulos. El primero era la Biblia. Guiados por este documento, podemos afirmar que en el libro Génesis, escrito al parecer con historias hasta del siglo IV a. C., destaca por su diversidad y narrativa excepcional. Inicia el Génesis:

> En el principio creó Dios los cielos y la tierra. Y la tierra estaba desordenada y vacía, y las tinieblas estaban sobre la faz del abismo, y el espíritu de Dios se movía sobre la faz de las aguas. Y dijo Dios: sea la luz; y fue la luz [...] Y llamó Dios a la luz día, y a las tinieblas llamó Noche. Y fue la tarde y la mañana un día [...] Dijo también Dios: Júntense las aguas que están debajo de los cielos en un lugar y descúbrase lo seco [...] Y llamó Dios a lo seco Tierra, y a la reunión de las aguas llamó Marès [...] Después dijo Dios: Produzca la tierra hierba verde, hierba que dé semilla; árbol de fruto que dé fruto según su género, que su semilla esté en él, sobre la tierra. Y fue así [...] E hizo Dios las dos grandes lumbreras; la lumbrera mayor para que señorease en el día, y la lumbrera menor para que señorease en la noche; hizo también las estrellas. [...] Dijo Dios: Produzcan las aguas seres vivientes, y aves que vuelen sobre la tierra, en la abierta expansión de los cielos [...] Luego dijo Dios: Produzca la tierra seres vivientes según su género, bestias y serpientes y animales de la tierra según su especie. Y fue así [...] Entonces dijo Dios: Hagamos al hombre a nuestra imagen, conforme a nuestra semejanza; y señoree en los peces del mar, en las aves de los cielos, en las bestias, en toda la tierra, y en todo animal que se arrastra sobre la tierra. Y creó Dios al hombre a su imagen, a imagen de Dios lo creó; varón y hembra los creó [...] Fueron, pues, acabados los cielos y la tierra, y todo el ejército de ellos. Y acabó Dios en el día séptimo la obra que hizo.[1]

Posteriormente vienen los relatos del hombre en el Huerto del Edén. En ese paraíso a la orilla de un gran río con cuatro brazos o vertientes, no faltaban alimentos y todo era belleza; allí Dios puso al hombre que había formado: Adán, con la advertencia de que podía comer de todo, excepto lo producido en el árbol de la ciencia del bien y del mal. Dios también llegó a la conclusión de que el hombre necesitaba de una acompañante y, cuando Adán dormía, Dios tomó una de sus costillas e hizo una mujer: Eva. Sin embargo, la serpiente representante del mal tentó a los dos a desobedecer a Dios y comieron del árbol prohibido con el engaño de que se llenarían de sabiduría y serían como Dios, es decir, sabrían sobre el bien y el mal. Por ello Dios los castigó expulsándolos del huerto del Edén, no sin antes advertirles que comerían pan con el sudor de su rostro y hasta que volvieran a la tierra, «porque de ella fuiste tomado; pues polvo eres, y al polvo volverás».[2]

Luego, el Génesis consigna toda la descendencia de Adán y Eva, así como la presencia, siglos después, de Abraham, «el patriarca exaltado», que es el primero en pactar con Dios sobre la tierra prometida y quien inicia el primer éxodo con su familia hacia Canaán. En la Biblia se señala textualmente: «Tomó, pues, Abram a Saraí, su mujer, y a Lot hijo de su hermano, y todos sus bienes que habían ganado y las personas que habían adquirido en Harán, y salieron para ir a la tierra de Canaán; y a tierra de Canaán llegaron».[3] Antes, Dios ya había pactado con Noé detener el diluvio a cambio de ciertos sacrificios, pero es con Abraham que toca el tema —tan controversial hasta la actualidad— de la entrega de la tierra a sus descendientes «desde el río de Egipto al gran Éufrates». Dios tenía entonces mucha comunicación con Abraham, quien para entonces contaba con 99 años de edad; le pedía algún sacrificio y, al final, se destaca la frase «y acabó de hablar con él, y subió Dios de estar con Abraham». Es importante también subrayar que, en una de esas apariciones, Dios le propone que cambie de nombre, junto con su mujer; que él se llame Abraham («padre de multitudes») y ella, Sara; «y te daré a ti y a tu descendencia después de ti, la tierra en que morarán, toda la tierra de Canaán en heredad perpetua; y seré el Dios de ellos». Y reitera: «Este es mi pacto, que guardaréis entre mí y vosotros y tu descendencia después de ti». Y agrega, ordenando: «Será circuncidado todo varón de entre vosotros… pues la carne de vuestro prepucio… será señal del pacto entre mí y vosotros». Y Abraham en todo cumplió; incluso, es alegre el relato de cuando Abraham le dice a Dios: «Busca que no me han dado prole, y de aquí que será mi heredero un esclavo nacido en mi casa». En respuesta «vino la palabra de Él… diciendo: no te heredará este, sino un hijo tuyo será el que te heredará». Debe recordarse que Sara era estéril y Abraham, un hombre viejo; por eso Abraham se postró sobre su rostro, y se rio, y dijo en su corazón: «¿Hombre de cien años ha de nacer hijo? ¿y Sara, ya de 90 años, ha de concebir?» y Dios respondió: «Ciertamente, Sara, tu mujer te dará a luz un hijo, y llamarán su nombre Isaac». Y nació Isaac, con quien Dios puso a prueba la fidelidad de Abraham; se trata de algo muy fuerte, que venía desde la desobediencia de Adán; se planteó en el pacto con Noe, luego durante el éxodo de Moisés y en tiempos posteriores se repite de alguna forma en el Libro de Job, en el que se narra la actitud de un fiel creyente que no reniega de las terribles desgracias padecidas por la decisión o la indiferencia de Dios. La Biblia cuenta que Dios ordenó a Abraham que sacrificara a Isaac, su único y amado hijo, en una hoguera en lo alto de una montaña; Abraham se dispuso a obedecer, construyó el altar del sacrificio rodeado de leña y, cuando tomó el cuchillo e iba a estirar su mano para degollar al niño, un ángel de Dios le habló y le dijo: «No extiendas tu mano sobre el muchacho, ni le hagas nada; porque ya conozco que temes a Dios, por cuanto no me rehusaste tu hijo, tu único». En vez de Isaac, Abraham sacrificó un carnero que apareció casualmente; la respuesta de Dios fue contundente: «Te bendeciré y multiplicaré tu descendencia como las estrellas del cielo y como la arena que está a la orilla del mar, y tu descendencia poseerá las puertas de sus enemigos. En tu cimiento serán benditas todas las naciones de la tierra por cuanto obedeciste a mi voz». Aquí conviene averiguar, hasta donde se pueda, cuál es la tierra natal de Abraham, pues todo hace suponer que es originario de Mesopotamia; se infiere que de allí sale en su éxodo hacia Canaán; y es a Babilonia donde manda a sus criados a buscar a Rebeca, la nieta de su hermano Nacor, para casarla con Isaac; porque al criado más viejo, al que le confió dicha misión, le confiesa que no tomará para Isaac ninguna mujer de las hijas de los cananeos, «entre los cuales yo habito; sino que irás a mi tierra y a mi parentela, y tomarás mujer para mi hijo Isaac».[4]

La búsqueda de Rebeca y el encuentro con Isaac es uno de tantos pasajes bellísimos de la Biblia, bien escrito, e impregnado de costumbres y escenas mágicas; es como un guion para una película amorosa a la que solo habría que agregarle un principio y un final. Aquí muestro una selección de frases que lo sintetizan con claridad:

> Y el criado tomó diez camellos de los camellos de su señor, y se fue, tomando toda clase de regalos escogidos de su señor; y puesto en camino, llegó a Mesopotamia, la ciudad de Nacor, e hizo arrodillar los camellos fuera de la ciudad, junto a un pozo de agua, a la hora de la tarde, la hora en que salen las doncellas por agua.
>
> Y dijo: Dios de mi señor Abraham, dame, te ruego, el tener hoy buen encuentro, y haz misericordia con mi señor Abraham.
>
> He aquí yo estoy junto a la fuente de agua, y las hijas de los varones de esta ciudad salen por agua.
>
> Sea, pues, que la doncella a quien yo dijere: baja tu cántaro, te ruego, para que yo beba, y ella respondiere: bebe, y también daré de beber a tus camellos; que sea ésta la que tú has destinado para tu siervo Issac; y en esto conoceré que habrás hecho misericordia con mi señor.
>
> Y aconteció que antes que él acabase de hablar, he aquí Rebeca, que había nacido a Betuel, hijo de Milca, mujer de Nacor, hermano de Abraham, la cual salía con cántaro sobre su hombro.
>
> Y la doncella era de aspecto muy hermoso, virgen, a la que varón no había conocido; la cual descendió a la fuente, y llenó un cántaro, y se volvía. Entonces el criado corrió hacia ella, y dijo: te ruego que me des a beber un poco de agua de tu cántaro.
>
> Ella respondió: bebe, señor mío; y se dio prisa a bajar su cántaro sobre su mano, y le dio de beber.
>
> Y cuando acabó de darle de beber, dijo: también para tus camellos sacaré agua, hasta que acaben de beber.
>
> Y se dio prisa, y vació su cántaro en la pila, y corrió otra vez al pozo para sacar agua, y sacó para todos sus camellos.
>
> Y el hombre estaba maravillado de ella, callando, para saber si Dios había prosperado su viaje, o no.
>
> Y cuando los camellos acabaron de beber, le dio el hombre un pendiente de oro que pesaba medio siclo, y dos brazaletes que pesaban diez.
>
> Y dijo: ¿De quién eres hija? Te ruego que me digas: ¿hay en casa de tu padre lugar donde posemos?
>
> Y ella respondió: soy hija de Betuel, hijo de Milca, el cual ella dio luz a Nacor.

Y añadió: también hay en nuestra casa paja y mucho forraje y lugar para posar.

El hombre entonces se inclinó y adoró a Dios.

Y dijo: Bendito sea Dios de mi amo Abraham, que no apartó de mi amo su misericordia y su verdad, guiándome Dios en el camino a casa de los hermanos de mi amo.

Y la doncella corrió, e hizo saber en casa de su madre estas cosas.

Y Rebeca tenía un hermano que se llama Labán, el cual corrió afuera hacia el hombre, a la fuente.

Y cuando vio el pendiente y los brazaletes en las manos de su hermana, que decía: así me habló aquel hombre, vino a él; y he aquí que estaba con los camellos junto a la fuente. Y le dijo: ven, bendito de Dios, ¿por qué están fuera? He preparado la casa y el lugar para los camellos.

Entonces el hombre vino a casa, y Labán desató los camellos, y les dio paja y forraje y a agua para lavar los pies de él, y los pies de los hombres que con él venía.

Y le pusieron delante que comer; más él dijo: no comeré hasta que haya dicho mi mensaje. Y él le dijo: habla.

Entonces dijo: yo soy criado de Abraham.

Y Dios ha bendecido mucho a mi amo, y él se ha engrandecido; y le ha dado ovejas y vacas, plata y oro, siervos y siervas, camellos y asnos.

Y Sara, mujer de mi amo, dio a luz en su vejez a un hijo de mi señor, quien le ha dado a él todo cuanto tiene.

Y mi amo me hizo jurar, diciendo: no tomarás para mi hijo mujer de las hijas de los cananeos, en cuya tierra habito; sino que irás a la casa de mi padre y a mi parentela, y tomarás mujer para mi hijo.

Y yo dije: quizás la mujer no querrá seguirme.

Entonces él me respondió: Dios, en cuya presencia ha andado, enviará su ángel conmigo, y prosperará tu camino; y tomarás para mi hijo mujer de mi familia y de la casa de mi padre.

Entonces serás libre de mi juramento, cuando hayas llegado a mi familia; y si no te la dieren, serás libre de mi juramento.

Llegué, pues, hoy a la fuente, y dije: Dios de mi señor Abraham, si tú prosperas ahora mi camino por el cual ando.

He aquí yo estoy junto a la fuente de agua; sea, pues, que la doncella que saliere por agua, a la cual dijere: dame de beber, te ruego, un poco de agua de cántaro, y ella me respondiere: Bebe tú, y también para tus camellos sacaré agua; sea esta la mujer que destinó Dios para el hijo de mi señor.

Antes que acabare de hablar en mi corazón, he aquí Rebeca, que salía con su cántaro sobre su hombro; y descendió a la fuente, y sacó agua; y le dije: te ruego que me des de beber.

Y bajó prontamente su cántaro de encima de sí, y dijo: bebe, y también a tus camellos daré de beber. Y bebí, y dio también de beber a mis camellos. Entonces le pregunté, y dije: ¿De quién eres hija? Y ella respondió: hija de Betuel hijo de Nacor, que le dio a luz Milca. Entonces le puse un pendiente en su nariz, y brazaletes en sus brazos;

Y me incliné y adoré… y bendije a Dios de mi señor Abraham, que me había guiado por camino de verdad para tomar la hija del hermano de mi señor para su hijo.

Ahora, pues, si vosotros hacéis misericordia y verdad con mi señor, declarádmelo; y si no, declarádmelo; y me iré a la diestra o a la siniestra.

Entonces Labán y Betuel respondieron y dijeron: De Dios ha salido esto; no podemos hablarte malo ni bueno.

He ahí Rebeca delante de ti; tómala y vete, y sea mujer del hijo de su señor, como lo ha dicho Dios.

Cuando el criado de Abraham oyó sus palabras, se inclinó en tierra ante Dios.

Y sacó el criado alhajas de plata y alhajas de oro, y vestidos, y dio a Rebeca; también dio cosas preciosas a su hermano y a su madre.

Y comieron y bebieron él y los varones que venían con él, y durmieron; y levantándose de mañana, dijo: enviadme a mi señor:

Entonces respondieron su hermano y su madre: espere la doncella con nosotros a lo menos diez días, y después irá. Y él les dijo: No me detengáis, ya que Dios ha prosperado mi camino; despachadme para que me vaya a mi señor.

Ellos respondieron entonces: Llamemos a la doncella y preguntémosle.

Y llamaron a Rebeca, y le dijeron: ¿irás tú con este varón? Y ella respondió: sí, iré.

Entonces dejaron ir a Rebeca su hermana, y a su nodriza, y al criado de Abraham y a sus hombres.

Y bendijeron a Rebeca, y le dijeron: hermana nuestra, sé madre de millones de millones. Y posean tus descendientes las puertas de sus enemigos.

Entonces se levantó Rebeca y sus doncellas, y montaron en los camellos, y siguieron al hombre; y el criado tomó a Rebeca, y se fue.

Y venía Isaac del pozo del Viviente-que-me-ve; porque él habitaba en el Neguev.

Y había salido Isaac a meditar al campo, a la hora de la tarde; y alzando sus ojos miró, y he aquí los camellos que venían.

Rebeca también alzó sus ojos, y vio a Isaac, y descendió del camello; porque había preguntado al criado: ¿Quién es este varón que viene por el campo hacia nosotros? Y el criado había respondido: Este es mi señor. Ella entonces tomó velo, y se cubrió.

Entonces el criado contó a Isaac todo lo que había hecho.

Y la trajo Isaac a la tienda de su madre Sara, y tomó a Rebeca por mujer, y la amó; y se consoló Isaac después de la muerte de su madre.[5]

Así, la Biblia está llena de fantásticos pasajes e historias. Los expertos todavía no acaban de ponerse de acuerdo con respecto a las ubicaciones de las antiguas ciudades, sus nombres y sitios exactos, pero no cabe duda que los hebreos se originaron en la región del Medio Oriente en la que florecieron las antiguas civilizaciones como las que enaltecieron Mesopotamia, Persia y Egipto, aun cuando los hebreos solo lograron establecerse y dominar una parte de lo que hoy es Israel, y por relativamente poco tiempo: cuando reinaron Saúl, David y Salomón, cuya época significó reunificar pueblos y establecerse en ciudades, con una metrópoli destacada como Jerusalén; hasta la llegada del Imperio romano, entre 336 y 63 a. C.

Aun con poco tiempo en su conformación como Estado, florecieron las artes; así ocurrió en Jericó —habitada desde tiempos neolíticos precerámicos, hace 11 000 años— y en Jerusalén, en donde, según la tradición, arquitectos sirios y fenicios construyeron el templo por órdenes del rey judío Salomón allá por el año 950 a. C. No hay pueblo más fielmente creyente que los hebreos, y esa es su principal aportación en el desarrollo de la humanidad: su religión fue la primera realmente monoteísta. Rendir culto a un solo Dios los distingue hasta la actualidad, con sus más cercanos continuadores, los cristianos, por más que en sus vertientes católica y ortodoxa se venera también a otras deidades y santos, cuyo origen remoto proviene de distintas regiones y culturas. Los judíos siempre han luchado por la libertad, y fundamentalmente por la libertad religiosa, sustentada en la creencia en un solo Dios, incluso cuando han vivido en regiones, como Grecia, en donde se veneraba a una multitud de deidades de la tierra, el cielo y los mares.

Según el relato bíblico, Moisés inicia el éxodo no solo porque el faraón de Egipto sojuzga a los judíos, sino por la necesidad de mantener su religión monoteísta. Egipto, en contraste, era como la cuna de los dioses. Ahí, pese a los esfuerzos de algunos faraones para agruparlos y formar familias de dioses, el pueblo egipcio nunca dejó sus cultos a divinidades locales. Esto explica por qué fracasó la política a favor del monoteísmo aplicada por Amenofis IV, quien trasladó la Corte de Tebas a una nueva ciudad, a la orilla del río Nilo, nombrada Akhenatón en honor al nombre original del faraón mencionado, al mismo tiempo que se desconocía la tradicional adoración a muchos dioses, haciendo a un lado al poderoso dios Amón, reemplazándolos a todos «por una única deidad, Atón, el disco solar».[6] Pero su reforma no fue aceptada por el pueblo, ya que, después de este faraón, la sede del poder egipcio regresó a Tebas, donde «se restableció el culto de Amón y otros antiguos dioses, y los sacerdotes trataron de borrar toda inscripción referente al "dios-sol" Atón».[7] En este contexto fue muy difícil aceptar la creencia en un solo dios como lo conciben hasta la actualidad los hebreos; no obstante, se sabe que estos, durante varios siglos, progresaron en Egipto:

> Hasta que una nueva dinastía egipcia, con una política xenófoba, los redujo a la esclavitud. La cohesión de los judíos como unidad nacional parece dimanar de sus sufrimientos en Egipto, de su éxodo subsiguiente a través del desierto, para volver a su tierra, y de su posterior esclavización en Babilonia. Su fe en un solo Dios, del que se consideraban «pueblo elegido», era lo único que habría de mantenerlos unidos.[8]

Esas constantes luchas por la tierra y sus creencias explican también lo ya esbozado en este libro anteriormente: cómo los judíos esclavizados en Babilonia durante el siglo V a. C., fueron liberados por el rey Ciro de Persia, antecesor del rey de reyes Darío, quien conquistó Babilonia y liberó a 40 000 judíos que estaban en calidad de prisioneros, a los cuales les «permitió volver a Jerusalén, donde les ayudó a reconstruir el Templo de Salomón; el libro de Ezra, del Antiguo Testamento, se abre con el relato de cómo Dios conmovió el espíritu de Ciro para que demostrara buena disposición hacia el pueblo elegido».[9]

Es admirable, pues, el recto proceder de las comunidades judías que durante tanto tiempo han venido respetando y acatando conforme las enseñanzas de la Torá y el *Talmud,* incluso con los enormes sacrificios que ello les implicó y que culminaron con la infamia del exterminio nazi. En sus orígenes, los antiguos semitas —que, según historiadores, hacen derivar su nombre de Sem, el primogénito de Noé— formaban parte de un conjunto de tribus con nombres diversos, probablemente oriundos de Arabia. Hacia el año 3000 a. C., muchas de estas se habían desplazado hacia el norte, por las fértiles tierras de Mesopotamia y el este de Siria. Los semitas estaban también divididos en clases sociales y había familias ricas que poseían esclavos, como se expresa en la Biblia —y lo vimos en el caso de Abraham—, pero siempre predominó un sentimiento de justicia. Por ejemplo, en las ofrendas a Dios, el rico debía aportar más que el pobre, y la lucha de Moisés y su éxodo contra el faraón fueron también una revuelta contra la esclavitud. En los primeros libros de la Torá hay muchas referencias al trato especial que debían recibir los débiles y oprimidos, por ejemplo, en cuanto al tributo que debían ofrecer a Dios (Yahvé o Jehová): «Cuando sus recursos no alcancen para una res menor, (el creyente) presentará [...] como sacrificio de reparación por su pecado dos tórtolas o dos pichones, presentará como ofrenda suya por haber pecado, una décima de medida de flor de harina...»[10] (Levítico). Además, hay disposiciones de protección a los desfavorecidos: «Si prestas dinero a uno de mi pueblo, al pobre que habita contigo, no serás con él un usurero, no le exigirás interés»[11] (Éxodo). También se dice: «No oprimirás a tu prójimo, ni lo despojarás. No retendrás el salario del jornalero hasta el día siguiente»[12] (Levítico) y, entre muchas otras prescripciones sociales y morales, se lee: «No endurecerás tu corazón ni cerrarás tu mano a tu hermano pobre, sino que le abrirás tu mano y le prestarás lo que necesite para remediar su indigencia [...] No explotarás al jornalero humilde y pobre, ya sea uno de tus hermanos o un forastero que resida en tus ciudades»[13] (Deuteronomio).

De modo que hablamos de una doctrina casi perfecta, escrita por Dios y, sin embargo, sus seguidores no han podido vivir con el respeto que se merecen, ni en reconciliación con otras culturas y en santa paz. Es cierto que en casi todas las religiones algunos creyentes incumplen con los mandamientos o las recomendaciones de profetas o dioses, pero en el caso de los judíos es histórica —y muchas veces, inexplicable— la animadversión hacia ellos, de modo que valdría la pena preguntarnos cuál o cuáles podrían ser las posibles causas de esa discriminación. Me atrevo a decir que un motivo podría encontrarse en el hecho de que, por defender su religión, han caído a veces en una conducta cerrada o sectaria, al extremo de no mezclarse con otras culturas o etnias. La historia habla de que:

> Tras su éxodo desde Egipto, los hebreos, llegaron a Canaán hacia 1200 a. C. [Canaán era la «Tierra Prometida» de los hebreos] y sus doce tribus se establecieron en la región conocida

> como Palestina. Con el paso de los siglos, las distinciones entre las otras tribus semíticas desaparecieron gracias al intercambio de matrimonios y a los contactos comerciales. Solo los hebreos, con una distinta religión, se mantuvieron separados de sus vecinos.[14]

Otra hipótesis vinculada con esto mismo es que lo expresado en la Biblia sobre la ayuda mutua se aplica fundamentalmente al interior de la comunidad judía; en palabras del historiador Yuval Noah Harari: «El judaísmo [...] a lo largo de la mayor parte de su existencia no ha sido una religión misionera».[15] También puede estar el rechazo relacionado con el comercio, los negocios, el dinero y la búsqueda del bien material; asimismo, los israelitas han venido cargando la culpa de la crucifixión de Cristo; su negativa a aceptarlo como hijo de Dios; y, últimamente, el querer aplicar la ley del talión, el ojo por ojo, y la máxima según la cual: «El que a hierro mata a hierro muere». Pero, desde luego, el menosprecio llevado al extremo en el nazifascismo y la discriminación a los judíos son, bajo cualquier circunstancia, crueles e inhumanos: nadie de ninguna cultura, religión o modo de pensar que sea, debe perder su libertad para vivir sometido por la fuerza de tiranos, como también es irracional pretender enfrentar el mal con el mal. Todos debemos contribuir a no ceder ante el odio, porque como expresó Sócrates antes de morir envenenado, esa «envidia [...] hace víctimas a tantos hombres de bien y [...] hará perecer, en lo sucesivo, a muchos más; porque no hay que esperar que se satisfagan con el sacrificio solo de mi persona».[16]

El tema es sumamente interesante, triste y legendario. Recuerdo que uno de los grandes escritores rusos, Nikolái Gógol, de la talla de Fiódor Dostoievski o de León Tolstói, escribió un cuento histórico: «Tarás Bulba», que transcurre en el siglo XVI y narra la lucha entre cosacos-ucranianos contra polacos. Tarás Bulba tiene dos hijos jóvenes, Andriy y Ostap, con quienes decide reemprender su vida de rebelde o gavillero, como era la costumbre de su gente: en grupo iban de campamento en campamento, con la organización militar en la Sich de Zaporiyia que combinaba la lucha armada con la música, la danza y el vino, cometiendo algunos excesos «por la santa causa, la fe y la fraternidad»; cuando alguno de los suyos caía herido de muerte en el campo de batalla, decía agonizante: «Adiós, señores hermanos camaradas, que el suelo ruso ortodoxo permanezca en pie hasta el fin de los siglos, y que se le tribute un honor eterno».[17] Gógol narra que Andriy, el hijo mayor de Tarás, se enamora de una bella joven de la nobleza polaca y esto lo induce a cambiar de partido y a enfrentar militarmente a su padre, a su hermano y a los cosacos, por lo que Tarás lo mata en el campo de batalla. En relación con este hecho, en la novela se dice que: «El padre ama a sus hijos, la madre ama a su hijo, y este ama a su padre y a su madre, pero, ¿qué significa eso, hermanos? También las fieras aman a sus hijos. Pero emparentar por el alma y no por la sangre, he ahí lo que solo es dado al poder del hombre».[18] También se describe la justificación de Andriy ante su determinación de optar por su bella mujer: «¿Qué me importan mis amigos, mi patria y mi padre? [...] Yo no tengo a nadie, a nadie, a nadie [...] ¿Quién me ha dicho que Ucrania es mi patria? ¿Quién me la ha dado por patria? La patria es lo que nuestra alma desea y adora, lo que amamos más que todo;

mi patria eres tú; y la patria no la abandonaré»,[19] y en la escena cuando Tarás está a punto de ajusticiar a su hijo: «El semblante del joven se cubrió de mortal palidez; sus labios se movían pronunciado un nombre; pero este nombre no era el de su patria, ni el de su madre, ni el de su hermano: era el nombre de la linda polaca».[20]

El hijo menor, Ostap, es fiel al padre y a la causa hasta que es tomado prisionero, torturado y, finalmente, asesinado en Varsovia, junto a otros cosacos. Pero lo que deseo destacar es respecto a otro de los protagonistas principales de esta narración histórica de Gógol: un judío llamado Yankel, que Gógol, también ortodoxo como Tarás Bulba, muestra para caracterizar cómo se percibía entonces el proceder de los judíos, lo cual se advierte deleznable, pero probablemente apegado al llamado imaginario colectivo de la época que no solo Gógol recrea en su relato a principios del siglo XIX, sino que venía de tiempo atrás y se propagó a varias partes del mundo hasta convertirse en estigma, leyenda o realidad.

Veamos algunos fragmentos de la novela en relación con este asunto. Miremos esta noticia que llega de Ucrania hasta un campamento cosaco a la orilla de un río, y lo que provoca:

> —Sucede que las Santas Iglesias ya no nos pertenecen.
>
> —¡Cómo qué no nos pertenecen!
>
> —Han sido dadas en arrendamiento a los judíos y, si no se paga por adelantado, es imposible decir misa.
>
> […]
>
> —¡Primeramente, colguemos a todos los judíos —exclamaron algunas voces— para que no puedan hacer guardapiés a sus mujeres con las casullas de los sacerdotes! ¡Que no puedan hacer señales en las hostias! ¡Ahoguemos a toda esa canalla en el Dnieper!
>
> Al oír estas palabras, toda la multitud se precipitó hacia el arrabal con la intención de exterminar a los judíos.[21]

Y están tirando a todos los judíos al río. Uno de los principales, angustiado, se acerca a Tarás y le pide clemencia, invocando la amistad que había tenido con su finado hermano, y el cosaco le salva la vida:

> —¡Magnífico y serenísimo señor, he conocido a su hermano, el difunto Doroch! Era un valiente guerrero, la flor de la caballería. Yo le presté ochocientos cequíes para comprar su libertad a los turcos.
>
> —¿Tú has conocido a mi hermano? —dijo Tarás.
>
> —Le he conocido, ante Dios. Era un señor muy generoso.
>
> —Y ¿cómo te llamas?
>
> —Yankel
>
> —Bien —dijo Tarás.

Después de un instante de reflexión, dijo a los cosacos:

—Siempre será tiempo de ahorcar al judío, dénmelo por hoy.[22]

Sin embargo, Tarás no deja de expresar su desprecio hacia Yankel, nunca lo considera su amigo. Luego de liberarlo expresa lo que siente sobre los judíos, algo que repetirá una y otra vez; por ejemplo, antes de salir los cosacos del campamento para enfrentar a los polacos, Tarás ve a Yankel vendiendo en una tienda «pedernal, tornillos, pólvora y toda clase de útiles para la guerra, hasta pan y khalatchis»,[23] e incluso, cuando lo interroga, Yankel le confiesa que «entre los carros del ejército, hay uno que me pertenece. Llevo toda clase de provisiones buenas para los cosacos, y por el camino, se las venderé a un precio tan barato, como nunca ningún judío las haya vendido, ante Dios».[24] Tarás solo se encoge de hombros, «viendo hasta dónde llegaba el poder de la naturaleza judía».[25] Este mismo proceder se reitera en toda la novela, en la que el judío Yankel aparece no solo como tenaz, materialista, demagogo, avaro, corruptor e intrigante, sino como hasta sucio y chismoso.

Es Yankel el que le informa a Tarás de la traición de su hijo:

—¿Has visto a Andriy? —dijo Bulba. ¡Y bien! ¿Qué? ¿Cómo? ¿En dónde le has visto?

—¿En una hoya, en una cárcel, atado, encadenado?[26]

—¿Quién se hubiera atrevido a atar al señor Andriy? En este momento es uno de los más distinguidos caballeros; casi no le hubiera conocido. Lleva brazaletes de oro, cinturón de oro, todo es oro en su persona; brilla, como cuando en la primavera el sol reluce sobre la hierba. Y *el vaivoda* [gobernador o comandante militar] *le ha dado* su mejor caballo, ¡un caballo que vale doscientos ducados!

Bulba quedó estupefacto.

—¿Y por qué viste una armadura que no le pertenece?

—Porque es mejor que la suya; por eso se la ha puesto. Y ahora recorre las filas, y otros recorren las filas, y él enseña, como si fuese el más rico de las caballeros polacos.

—¿Quién le obliga a hacer todo eso?

—No digo que se le haya obligado. ¿Ignora el señor Tarás que se ha pasado al otro partido por su propia voluntad?

—¿Quién se ha pasado?

—El señor Andriy.

—¿A dónde se ha pasado?

—Al otro partido; ahora es de los suyos.

—¡Mientes, oreja de marrano!

—¿Cómo es posible que yo mienta? ¿Soy tan tonto para mentir exponiendo mi propia cabeza? ¿Ignoro acaso que un judío es ahorcado como un perro, si se atreve a mentir delante de un caballero?

—¿Es decir que, según tú, ha vendido su patria y su religión?

—Yo no he dicho que haya vendido nada, sino que se ha pasado al otro partido.

—Mientes, judío del diablo; esto no se ha visto nunca en tierra cristiana. Mientes, perro.

—Que la hierba crezca en el umbral de la puerta de mi casa, si he faltado a la verdad; que todo el mundo escupa en la tumba de mi padre, de mi madre, de mi suegro, de mi abuelo y del padre de mi madre, si yo miento. Si el señor lo desea, voy a decirle por qué se ha pasado.

—¿Por qué?

—¡*El vaivoda tiene una hija tan hermosa, santo* Dios, tan hermosa![27]

[…]

—¿Y tú mismo le has visto?

—Como lo veo a usted ahora […] Me ha reconocido al instante, al acercarme me ha dicho…

—¿Qué es lo que te ha dicho?

—Me ha dicho […] «Yankel, di a mi padre, a mi hermano, a los cosacos, a los zaporogos, que mi padre no es ya mi padre, que mi hermano no es ya mi hermano, que mis camaradas no son ya mis camaradas, y que quiero batirme contra ellos, contra todos ellos».[28]

—¡Mientes, judas! —exclamó Tarás fuera de sí—. Mientes, perro. Tú has crucificado a Cristo, hombre maldito de Dios; yo te mataré, Satanás. Vete, si no quieres quedar muerto enseguida.

Al decir esto, Tarás sacó su sable. Yankel, espantado, echó a correr con toda la velocidad de sus secas y largas piernas, y corrió largo tiempo, sin volver la cabeza, a través de los carros de los cosacos y después a campo traviesa, a pesar de que Tarás no le perseguía, reflexionando que era indigno de él abandonarse a su cólera contra el desventurado judío.[29]

Sin embargo, en el relato posterior de la novela vuelve a aparecer Yankel, pues en esa misma batalla, donde Andriy es sacrificado, los cosacos son rotundamente derrotados, Ostap es tomado preso y el mismo Tarás, inconsciente y muy herido, es llevado por sus camaradas a un lugar lejano y seguro para curarlo. Además del tratamiento que recibe en el camino por parte de sus compañeros, al llegar a su refugio es atendido por una doctora judía, que con su «habilidad en el arte de curar […] le hizo tomar diversos remedios […], al cabo de un mes y medio [Tarás] abandonó el lecho».[30]

Es la única persona externa a su cultura y religión a la que posiblemente le agradece. Sin embargo, Tarás, además de sus heridas del cuerpo que poco a poco se le van cicatrizando, no logra reponerse de los males del alma. Su pensamiento se fija en la suerte de su hijo Ostap. Por ello, vuelve a montar y se prepara con todo lo necesario para ir en su búsqueda. Ocho días después de salir de su escondite, se encuentra en la antigua ciudad de Oumana, en casa de Yankel, a quien le pide que lo lleve a Varsovia para ver si allí halla a Ostap.

—Escucha, Yankel —dijo Tarás al judío, que se impuso el deber de saludarle y que se dirigió prudentemente a cerrar la puerta, a fin de no ser visto de nadie—. Te he salvado la vida: los cosacos te hubieran despedazado como a un perro. A tu vez préstame ahora un servicio.

El semblante del judío sombreóse ligeramente.

—¿Qué servicio?

[…]

—Condúceme a Varsovia […] No repliques. Condúceme a Varsovia. Suceda lo que suceda, quiero verle todavía una vez más, volver a hablarle.

—¿A quién?

—A él, a Ostap, a mi hijo.

—¿Es que su señoría no ha oído que ya…?

—Lo sé todo, todo; han ofrecido dos mil ducados por mi cabeza. Los imbéciles, saben lo que vale. Yo te daré cinco mil, yo. Toma ahora, estos dos mil que te entrego, y lo restante te lo daré cuando vuelva.

El judío tomó enseguida una toalla y envolvió con ella los ducados.

—¡Ah! ¡Qué hermosa moneda! ¡Ah! ¡Qué buena moneda! —exclamó, dando vueltas a un ducado entre sus dedos y probándole con los dientes. Pienso que al hombre a quien su señoría ha quitado esos hermosos ducados no habrá vivido una hora más en este mundo, sino que se habrá ido derechito al río para ahogarse en él, después de haber dejado de poseer tan excelentes ducados.

—No hubiera rogado que me acompañases, y tal vez no equivocara el camino de Varsovia; pero puedo ser reconocido y preso por esos malditos polacos, pues no estoy acostumbrado a fingir. Pero ustedes los judíos han sido creados para eso. Engañarían ustedes al diablo en persona, pues conocen las picardías. Por eso he venido a encontrarte. Por otra parte, nada hubiera hecho solo en Varsovia. Vámonos, engancha pronto los caballos a la carreta […].[31]

Tarás lo apura proponiéndole que le esconda en un tonel, pero Yankel le refuta, con el argumento de que pensarían que es aguardiente:

—¿Ignora su señoría que el buen Dios ha creado el aguardiente para que todos puedan probarlo? La gente de allá abajo son todos muy glotones y borrachos; cualquier hidalguillo es capaz de correr veinte leguas para alcanzar el tonel, agujerarlo, y cuando vea que no sale nada, dirá en seguida. Un judío no conducirá un tonel vacío, de seguro hay algo dentro. ¡Que se agarre el judío y que se quite al judío todo su dinero y que se le meta a la cárcel! Eso dirán, porque cuanto hay de malo recae siempre sobre el judío; porque todo el mundo trata al judío como a un perro; porque dicen que un judío no es un hombre.[32]

Luego de estas duras palabras de Yankel, el judío propone llevar oculto a Tarás en la carreta, debajo de un montón de piedras y ladrillos, pues nadie sospecharía por estarse viendo una época de auge en la construcción. Además, Tarás, ya repuesto de las heridas, y con la pasión que le provoca el volver a ver a su hijo, parece haber recobrado su fuerza de antaño. Y así llegan sin novedad a Varsovia, directo al pobre y apartado barrio judío. Ahí, en una casa modesta, se reúnen tres judíos más y Tarás les pide pensar en la libertad de su hijo, como fuese, y a cambio de una mayor recompensa:

> —Escuchen, judíos —les dijo, y su acento atestiguaba la exaltación de su alma—, todo lo pueden ustedes en el mundo, un objeto perdido en el fondo del mar lo encontrarían; dice un proverbio que un judío se robará a sí mismo, por poco que lo desee. ¡Liberten a mi Ostap, proporciónenle la ocasión de escaparse de las manos del diablo! He prometido doce mil ducados a ese hombre; añadiré doce más, todos mis vasos preciosos, todo el oro que tengo enterrado, mi casa, mis últimos vestidos; todo lo venderé haciendo además un contrato por el que me obligaré a partir con ustedes todo cuanto pueda adquirir en la guerra durante mi vida.[33]

Los judíos continúan deliberando, llega uno que todos consideran experto, de nombre Mardoqueo, y Yankel se dirige al impaciente Tarás:

> —¡Oh, mi querido señor! [...] Ahora es completamente imposible. ¡Dios lo ve! ¡Es imposible! [...] Ahí está Mardoqueo que no me desmentirá. Él ha hecho lo que ningún hombre es capaz de hacer; pero Dios no ha querido ayudarnos. Hay en la ciudad tres mil hombres de tropa, y mañana se les lleva al suplicio.
>
> [...]
>
> —Y si su señoría quiere una entrevista, es necesario ir mañana de madrugada antes que el sol asome por el Oriente [...] he dado cincuenta ducados a cada centinela y al *leventar* (soldado principal).
>
> —Está bien. Condúceme cerca de él —dijo secretamente Tarás y su alma recobró toda firmeza.[34]

Muy temprano, Yankel y Tarás llegan a la prisión y entran a la sala de recepción y el pasillo, pero no pueden ver a los presos porque, aún con el disfraz de Bulba de Conde extranjero alemán, uno de los vigilantes lo nota sospechoso, pues Yankel, en su intento por convencerlo, sostiene que los cosacos eran perros, y no hombres. «Y es tal su religión que nadie hace el menor caso a ella».[35] Tarás no sabe fingir y comete la imprudencia de responderle a Yankel: «¡Mientes, hijo de Satanás! [...] ¡el perro eres tú! ¿Cómo te atreves a decir que no se hace caso de nuestra religión? De tu religión herética es de la que no se hace caso».[36] El guardia llega a la conclusión de que Tarás es como uno de los cosacos allí encerrados y, a cambio de no delatarlos, extorsiona a

Yankel con 100 ducados: «Marchemos —dijo de repente [Bulba]... Vamos a la plaza pública. Quiero ver cómo le atormentan».[37]

La historia que sigue es muy fuerte y triste, pero de una belleza literaria inigualable:

> No era difícil encontrar la plaza en donde debía tener lugar el suplicio, pues el pueblo afluía a ella de todas partes. En aquel siglo de costumbres toscas, aquel era un espectáculo de los más atractivos, no solamente para el populacho, sino para las clases elevadas. Multitud de viejas devotas, un sinnúmero de tímidas jóvenes, que soñaban en seguida toda la noche cadáveres ensangrentados, y que despertaban gritando como puede hacerlo un húsar ebrio, aprovechaban aquella ocasión para poder satisfacer su cruel curiosidad. «¡Ah! ¡Qué horrible tormento!», gritaban algunas de ellas con terror febril, cerrando los ojos y volviendo el rostro, y sin embargo no abandonaban su puesto. Había hombres que, con la boca abierta y las manos tendidas convulsivamente, hubieran querido encaramarse por encima de las cabezas de los otros para ver mejor.
>
> [...]
>
> También figuraba entre los espectadores un halcón, suspendido al balcón en una jaula dorada; con el pico vuelto de través y la pata levantada, contemplaba atentamente al pueblo. Pero la multitud se conmovió de repente, y por todos los ámbitos de la plaza se oyó el grito de: «¡Véanlos, allí vienen, son los cosacos!». Estos marchaban con la cabeza descubierta, con sus largas trenzas colgando, habiendo todos dejado crecer sus barbas. Adelantaban sin temor y sin tristeza, con cierta altanera tranquilidad. Sus vestidos, de preciosas telas, a fuerza de usarlos, estaban hechos jirones; no miraban ni saludaban al pueblo. Delante de todos marchaba Ostap.
>
> ¿Qué experimentó el viejo Tarás a la vista de su hijo? ¿Qué pasó entonces en su corazón?... Contemplábale entre la multitud sin perder uno solo de sus movimientos.
>
> [...]
>
> El verdugo arrancó los harapos que cubrían a Ostap; metiéronle los pies y las manos en una máquina hecha expresamente para este uso, y... No turbaremos el alma del lector con el cuadro de tormentos infernales cuya sola idea haría erizar los cabellos. Era el fruto de tiempos groseros y bárbaros, cuando aún llevaba el hombre una vida sangrienta, consagrada a las hazañas de la guerra, y que había endurecido completamente su alma desprovista de toda idea humanitaria. En vano algunos hombres aislados formaban una excepción en su siglo, mostrándose adversarios de esas bárbaras costumbres; en vano el rey y varios caballeros de inteligencia y de corazón hacían presente que semejante crueldad en los castigos solo servía para inflamar la venganza de la nación cosaca: el rey, con todo su poder, y. las prudentes opiniones de hombres sensatos eran impotentes contra [el] desorden, contra la voluntad audaz de los magnates polacos, que, por una falta in-

> concebible de previsión y por una vanidad pueril, habían convertido su asamblea en una sátira del Gobierno.
>
> Ostap sufría los tormentos y las torturas con un valor gigantesco. Ni un grito, ni una queja exhalaba ni aun cuando los verdugos empezaron a romperle los huesos de los pies y de las manos, cuando el terrible ruido que se hacía al descoyuntarlos se dejó oír de los más apartados espectadores, y las jóvenes volvieron los ojos con horror; nada que se asemejase a un gemido salió de su boca; su semblante no demostró la menor emoción. Tarás permanecía entre la multitud, con la cabeza inclinada, y levantando de cuando en cuando los ojos con orgullo, decía solamente en tono de aprobación:
>
> —¡Bien, hijo, bien!...
>
> Pero cuando se hubo acercado a las últimas torturas y a la muerte, su fuerza de alma pareció abandonarle. [...]
>
> —¡Padre! ¿En dónde estás? ¿Oyes todo eso?
>
> —¡Sí, oigo!
>
> Esta palabra resonó en medio del silencio universal, y todo un millón de almas se estremecieron a la vez. Un pelotón de guardias de caballería se lanzó para examinar escrupulosamente los grupos del pueblo. Yankel se volvió pálido como un difunto, y cuando los soldados se hubieron alejado un poco, volvióse con terror para mirar a Bulba, pero Bulba no estaba a su lado. Había desaparecido sin dejar rastro alguno.[38]

Muchos hebreos buenos e ilustres han emprendido desde hace mucho tiempo —sobre todo, luego del Holocausto— una importante campaña de información que es indispensable para contrarrestar la animadversión hacia la comunidad judía mundial. Esto sigue siendo un tema prioritario porque, en vez de alcanzarse acuerdos de reconciliación y paz, continúa la guerra, y una de las partes, con razón o sin ella, es Israel, que no debería, como ninguna nación o Gobierno, pasar de víctima a victimario. No hay nada que lo justifique; la violencia es indeseable en cualquier situación, pero más cuando está de por medio la vida de miles de inocentes y se corre el riesgo de conflagración humanitaria mundial. Tengo amigos en la comunidad judía y sé de sus buenos sentimientos, como también sé de otros beligerantes y autoritarios que todo piensan resolverlo con la fuerza; a estos últimos hay que persuadirlos de que lo material no es lo importante, que en cualquier circunstancia «Dios proveerá» y que solo siendo buenos podemos ser felices.

•••

Expongamos ahora los razonamientos y la defensa del judaísmo acudiendo a dos personalidades que han escrito sobre el tema: empecemos con George H. Sabine, quien en su libro *Historia de la teoría política* dedica un apartado al «mito racial», y concluyamos con el gran escritor austriaco Stefan Zweig.

El libro de Sabine es un clásico para el estudio de las ideas políticas a tal punto que se viene reimprimiendo y actualizando desde 1937. Este sociólogo y profesor de

Filosofía estadounidense fallecido en 1961 nos explica, con mucha claridad, cómo fue que Hitler y sus asesores, en su autoritario proyecto de convertir a Alemania en una potencia mundial bajo la máxima de un pueblo, un imperio y un líder, recurre a la criminal locura de justificar sus ambiciones de poder con la aplicación de la pseudoteoría de la superioridad de la raza aria. Sabine recrea la historia del surgimiento del nazismo como ideología de la siguiente manera:

> La palabra «raza», utilizada sin un sentido biológico preciso, falsa pretensión de descender de una supuesta raza aria superior, había sido utilizada para fomentar el orgullo nacional de franceses y norteamericanos, no solo de los alemanes. Puede afirmarse, probablemente, que se originó con el francés Gobineau, a mediados del siglo XIX, quien la utilizó, sin embargo, no en apoyo del nacionalismo sino de la aristocracia contra la democracia. A fines del siglo, un inglés germanizado, Houston Stewart Chamberlain, y su padre político, Richard Wagner, popularizaron el mito ario en Alemania y convirtieron al germanismo en una pretensión de superioridad nacional. En el periodo que siguió a la Primera Guerra Mundial sirvió para curar las heridas de la humillación nacional. Esta literatura racista, aunque apoyaba movimientos muy diversos en numerosos países, era en general antiliberal, imperialista y antisemita. El antisemitismo había vociferado en Alemania desde los tiempos de Martin Lutero; las acusaciones que el nacionalsocialismo dirigió contra los judíos —que tanto el capitalismo como el marxismo son judíos y que existe una conspiración judía por obtener el poder mundial— habían prevalecido durante muchas décadas. La idea nacionalsocialista del *Volk* en un sentido racial capitalizó, pues, muchos dogmas familiares respaldados por violentos prejuicios y la inclinación que tienen todas las naciones a creer en su propia superioridad.[39]

Asimismo, el filósofo estadounidense expone en un párrafo los ejemplos vagos y ficticios que utilizan los hitlerianos para sostener la gran mentira de que fue por la raza aria que florecieron las antiguas civilizaciones del mundo. En efecto, el pseudointelectual fascista Alfred Rosenberg suponía que:

> Esta raza se había extendido desde algún punto de dispersión en el Norte, había emigrado a Egipto, India, Persia, Grecia y Roma y se había convertido en creadora de todas esas antiguas civilizaciones. Todas las culturas antiguas declinaron porque los arios se mezclaron con razas inferiores. Las ramas teutónicas de la raza aria, dedicadas a una lucha secular contra el «caos racial» en que acabó Roma, han producido todo lo que tiene un valor moral o cultural en los Estados modernos europeos. Toda la ciencia y todo el arte, toda la filosofía y todas las grandes instituciones políticas, han sido creadas por arios. En contraste con ellos, está la antiraza parasitaria, los judíos, que han creado los venenos raciales modernos, el marxismo y la democracia, el capitalismo y las finanzas, el intelectualismo estéril, los ideales afeminados del amor y la humildad.[40]

Sabine también desmintió lo que es, a todas luces, un dogma que, lamentablemente, llegó a imponerse, valiéndose de prejuicios y de la propaganda política: «Ningún biólogo ni antropólogo, en general, no comprometido de antemano con la teoría, se convenció jamás de la existencia de criterios biológicos de superioridad racial ni de que los caracteres raciales se relacionen con la cultura y estos postulados han sido refutados un sinnúmero de veces. Desgraciadamente, la refutación científica es casi impotente contra una teoría que depende de la voluntad de creer».[41]

En el texto de Sabine se explican los tres terribles e inhumanos efectos prácticos de la supuesta superioridad racial:

> En primer lugar, condujo a una política general de estímulo al incremento de la población, particularmente de los elementos supuestamente arios, subsidiando a los matrimonios y las familias grandes, aunque la necesidad de expansión territorial era sostenida al mismo tiempo, sobre la base de que Alemania ya estaba superpoblada. La política acabó en el fomento virtual de las relaciones sexuales irregulares y la ilegitimidad. En segundo lugar, la teoría racial produjo la legislación sobre la eugenesia en 1933. Aparentemente, estaba destinada a impedir la trasmisión de enfermedades hereditarias, pero, en la práctica representó una política general de esterilización o exterminio de los defectuosos físicos o mentales. Parece ser que esta política se llevó a cabo con un bárbaro rigor. En tercer lugar y más característicamente, la teoría racial produjo la legislación antijudía de 1935 y 1938. Esta legislación también tendía a incrementar o mantener la pureza de raza. Fueron proscritos los matrimonios entre alemanes y personas con la cuarta parte (o más) de ascendencia judía; se expropiaron las propiedades de los judíos, se les excluyó de las profesiones y los negocios y se les redujo a un status civil inferior, como «súbditos del Estado» más que como ciudadanos. Estas medidas culminaron en una política de exterminación total, que Hitler predijo en 1939 como el resultado de una nueva guerra, y en la sujeción de los judíos no exterminados al trabajo forzado.[42]

Por último, Sabine termina explicando cómo la cuestión de la superioridad racial no solo buscaba cohesionar al pueblo alemán para afianzar en lo interno el poder de Hitler, sino también la siempre presente intención de invadir territorios y hacer valer la opresión y el colonialismo económico: «La teoría política racial se ligaba así con el segundo elemento de la ideología nacionalsocialista, la idea de la "tierra", suplemento natural de la idea de la "sangre"».[43]

Finalmente, llama la atención la opinión de Stefan Zweig porque se trata de un gran escritor, quizá uno de los mejores prosistas judíos de todos los tiempos, comparado por su claridad en los asuntos sociales con Ryszard Kapuściński y con Eduardo Galeano en el periodismo, o con nuestro gran novelista Fernando del Paso; entre muchos otros gigantes de la literatura. La importancia de la opinión de Zweig es por demás justificada: a él le tocó padecer dos guerras mundiales, escribió espléndidas obras y, finalmente perseguido y decepcionado por lo que, supuso, significaría el triunfo de Hitler, se vio obligado a huir con Lotte, su compañera y esposa, al Brasil, donde se refugiaron en Petrópolis. En esta ciudad, lamentablemente decidieron suicidarse juntos el 22 de febrero de 1942, al perder toda esperanza frente a los acontecimientos que estaban cimbrando a la humanidad.

Zweig comienza su último libro autobiográfico, *El mundo de ayer*, contando sobre la vida en Viena de su acomodada familia. Su padre era un próspero empresario y su madre, heredera de banqueros del sur de Italia. De acuerdo con su propia experiencia, contradice la opinión generalizada que existía sobre la avaricia de los judíos:

> En opinión generalmente aceptada, la verdadera y típica finalidad de la vida de un judío consiste en hacerse rico. Nada más falso. Para él, llegar a ser rico significa solo un escalón, un medio para lograr el auténtico objetivo, pero nunca es un fin en sí mismo. El deseo propiamente dicho del judío, su ideal inmanente, es ascender al mundo del espíritu, a un estrato cultural superior. Ya en el judaísmo ortodoxo oriental, donde tanto las debilidades de toda la raza como sus méritos se dibujan nítidos e intensos, encuentra esa aspiración de la voluntad a lo espiritual por encima de lo meramente material su expresión plástica: el hombre piadoso, el erudito de la Biblia, está mil veces mejor visto por la comunidad que el rico; incluso el más acaudalado preferirá entregar a su hija en matrimonio a un intelectual pobre de solemnidad que a un comerciante. Esta preferencia por el mundo del espíritu es homogénea en todos los estamentos; incluso el quincallero más pobre que arrastra sus bártulos a través del viento y la tempestad procurará dar estudios al menos a un hijo a costa de grandes sacrificios, y toda la familia considerará como un título honroso tener en su seno a alguien que goce de reconocimiento en el mundo intelectual: un profesor, un erudito, un músico; como si sus méritos los ennobleciesen a todos. Algo del judío trata de huir de lo moralmente dudoso, de lo adverso, mezquino y poco intelectual, inherente a todo comercio, a toda actividad puramente mercantil, y aspira a ascender a la esfera más pura, no materialista, del espíritu, como si quisiera, en términos wagnerianos, redimirse a sí mismo, y a toda la raza, de la maldición del dinero. He ahí por qué el afán de riqueza del judaísmo se agota en una familia al cabo de dos o a lo sumo tres generaciones, y precisamente las dinastías más poderosas encuentran a sus hijos mal predispuestos a hacerse cargo de los bancos, las fábricas, los negocios ampliados y prósperos de sus padres. No se debe a una casualidad el que un lord Rothschild llegase a ser ornitólogo, un Warbug, historiador del arte, un Cassirer, filósofo, y un Sassoon, poeta; todos obedecieron al mismo impulso inconsciente de liberarse de lo que un judaísmo estrecho de miras había limitado al mero y frío ganar dinero, y quizás en eso se manifiesta incluso el anhelo secreto de diluirse en la esfera humana común, huyendo de la puramente judía hacia el mundo del espíritu.
>
> «Buena» familia significa, pues, algo más que un elemento puramente social que ella misma se otorga con este calificativo; significa un judaísmo que se ha liberado o empieza a liberarse de todos los defectos, las mezquindades y pequeñeces que el gueto le había impuesto, a fuerza de adaptarse a otra cultura y, si era posible, a una cultura universal. El hecho de que esa huida al mundo del espíritu a través de una plétora desproporcionada de profesiones intelectuales se tornara después nefasta para el judaísmo, como antes su

> limitación a los quehaceres materiales, constituye sin duda una de las paradojas eternas del destino judío.[44]

A lo largo de su importante y prolífica carrera como escritor, Stefan Zweig conoció, en distintas ciudades de Europa, a célebres personajes de la literatura, la música, las artes y la ciencia, como el poeta Rainer María Rilke, el músico Richard Strauss, el escritor Máximo Gorki, el escultor Augusto Rodin, el pintor Salvador Dalí y el médico austriaco Sigmund Freud. Con este último personaje, nada menos que el creador de la nueva ciencia del psicoanálisis, sostuvo varias pláticas y, cuando Hitler inició la persecución abierta contra los judíos en Austria, Zweig recordó la advertencia de Freud acerca de que: «Veía en nuestra cultura y en nuestra civilización tan solo una capa muy fina que en cualquier momento podía ser perforada por las fuerzas destructoras del infierno»[45]. Freud no albergaba ninguna esperanza de que se pudiera enfrentar el nazifascismo. Así lo escribe Zweig:

> En aquellas horas con Freud a menudo hablamos del mundo de Hitler y de la guerra. Como persona estaba profundamente conmovido, pero como pensador no le sorprendía en absoluto aquel escalofriante estallido de bestialidad. Siempre lo habían tachado de pesimista, decía, porque negaba la supremacía de la cultura sobre los instintos; ahora se podía ver horriblemente confirmada —y en verdad no estaba nada orgulloso de ello— su opinión de que la barbarie, el elemental instinto de destrucción, era inextirpable del alma humana. Quizás, en siglos venideros, se encontraría un modo, al menos en la vida común de los pueblos, de reprimir tales instintos; en la vida cotidiana, sin embargo, subsistían en la naturaleza humana más íntima como fuerzas inextirpables y quizá necesarias. Le preocupaba más, en sus últimos días, el problema del judaísmo y su tragedia actual; para este caso el científico no poseía ninguna fórmula y su espíritu lúcido, ninguna respuesta. Recientemente había publicado su estudio sobre Moisés, en el que lo presentaba como a un no-judío, sino como egipcio, y con esta afirmación, científicamente difícil de justificar, hirió tanto a los judíos creyentes como a los judíos con conciencia nacional. Ahora lamentaba la publicación de ese libro en la hora más funesta para el judaísmo, «ahora que todo se les quita, yo les quito a su mejor hombre».[46]

La terrible embestida hitleriana y la toma violenta de Viena el 13 de marzo de 1938, todo ello acentuado por problemas personales como la quema de sus libros en las plazas públicas y, sobre todo, la humillación en los últimos días de vida de su anciana madre por ser judía, llevaron a Stefan Zweig a un estado de depresión fatal, lastimoso y notorio; antes de dejar Europa en 1939, escribió en su libro un fragmento lleno de sentimiento y reproche:

> Pero lo más trágico de esta tragedia judía del siglo era que quienes la padecían no encontraban en ella sentido ni culpa. Todos los desterrados de los tiempos medievales, sus patriarcas y antepasados, sabían como mínimo por qué sufrían: por su fe y por su ley.

Poseían todavía como talismán del espíritu lo que los de hoy día han perdido hace tiempo: la confianza absoluta en su Dios. Vivían y sufrían con la orgullosa ilusión de haber sido escogidos por el Creador del mundo y de los hombres para un destino y una misión especiales, y la palabra promisoria de la Biblia era para ellos mandamiento y ley. Cuando se los lanzaba a la hoguera, apretaban contra su pecho las Sagradas Escrituras y, gracias a este fuego interior, no sentían tanto el ardor de las llamas asesinas. Cuando se les perseguía por todos los países, siempre les quedaba una última patria, la de Dios, de la que no les podía expulsar ningún poder terrenal, ningún emperador, rey o inquisidor. Mientras la religión los mantenía unidos, eran una comunidad y, por consiguiente, una fuerza; cuando se les expulsaba y perseguía, expiaban la culpa de haberse separado conscientemente de los demás pueblos de la Tierra a causa de su religión y sus costumbres. Los judíos del siglo, en cambio, habían dejado de ser una comunidad desde hacía tiempo. No tenían una fe común, consideraban su judaísmo más una carga que un orgullo y no tenían conciencia de ninguna misión. Vivían alejados de los mandamientos de sus libros antaño sagrados y ya no querían hablar su antigua lengua común. Con todo su afán, cada vez más impaciente, aspiraban a incorporarse e integrarse en los pueblos que los rodeaban, disolverse en la colectividad, solo para tener paz y no tener que sufrir persecuciones, descansar de su eterna huida. Y, así, los unos ya no comprendían a los otros, refundidos con los demás pueblos: desde hacia tiempo eran más franceses, alemanes, ingleses o rusos que judíos. Hasta hoy, cuando se les amontona y se les barre de las calles como inmundicia (los directores de banco expulsados de sus palacios berlineses, los servidores de las sinagogas excluidos de las comunidades ortodoxas, los catedráticos de filosofía de París y los cocheros rumanos, los lavadores de cadáveres y los premios Nobel, los cantantes de concierto y las plañideras, los escritores y los destiladores, los hacendados y los desheredados, los grandes y los pequeños, los devotos y los ilustrados, los usureros y los sabios, los sionistas y los asimilados, los askenazis y los sefarditas, los justos y los pecadores y, tras ellos, la atónita multitud de los que creían haber escapado hace tiempo de la maldición, los bautizados y los mezclados), hasta hoy, digo, por primera vez durante siglos, no se ha obligado a los judíos a volver a ser una comunidad que no sentían como suya desde tiempos inmemoriales, la comunidad del éxodo que desde Egipto se repite una y otra vez. Pero ¿por qué este destino les estaba reservado a ellos y solo a ellos? ¿Cuál era la causa, el sentido y la finalidad de esta absurda persecución? Se les expulsaba de sus tierras y no se les daba ninguna otra. Se les decía: no queremos que habitéis entre nosotros, pero no se les decía dónde tenían que vivir. Se les achacaba la culpa y se les negaban los medios para expiada. Y se miraban los unos a los otros con ojos ardientes en el momento de la huida y se preguntaban: ¿Por qué yo? ¿Por qué tú? ¿Por qué yo y tú, a quien no conozco, cuya lengua no comprendo, cuya manera de pensar no entiendo, a quien nada me ata? ¿Por qué todos nosotros? Y nadie sabía la respuesta. Ni siquiera Freud, la cabeza más clara de la época, con quien yo hablaba a menudo aquellos días, veía una solución o un sentido a tal absurdo. Pero quizás el sentido último del judaísmo sea el de repetir una y otra vez, a través de su existencia misteriosamente perdurable, la eterna pregunta de Job a Dios, para que no sea totalmente olvidada en la Tierra.[47]

El Imperio romano

Cuando Stefan Zweig se pregunta el porqué del sufrimiento judío, y él mismo argumenta que el talento de su comunidad podría irse convirtiendo en un equivalente al afán por lo material, lo cual, paradójicamente, puede representar un motivo de desdicha, le asiste en buena medida la razón, pues la sola idea de imaginar y pretender ser mejores en todo —en la cultura, en la ciencia y hasta en la guerra— sin reparar en los dolores de nuestros semejantes, suele conducir a cualquier persona o sociedad a un afán de superioridad dramático, ostentoso, que puede llegar a ser terrible para el resto de los seres humanos. En vez de la autolimitación y de la búsqueda del bienestar colectivo, se apuesta por el individualismo, por la superación sin escrúpulos morales y por solo favorecer el interés de las élites. Por desgracia, existe una resistencia infundada a comprender que el poder es humildad y, al igual que la ciencia, solo tiene sentido y se convierte en virtud cuando se pone al servicio de los demás, en especial de los más desposeídos o necesitados. Esta insensibilidad al no cultivar y practicar el humanismo que todos llevamos en nuestro interior, es lo que, casi siempre, ha conducido al fracaso a las grandes civilizaciones. Ese desapego de la bondad es lo que perdió a Roma y es la mala influencia que aún persiste en algunos Estados de Occidente que continúan imitando los ejemplos de imposición, dominio, opresión y vicios de ese otrora arrogante y decadente imperio. En la antigua Roma el poderío militar prevaleció sobre la civilización con dimensión cultural y humanista. Baste preguntarnos cuántos siglos tardaron en aparecer Maquiavelo, Miguel Ángel o Copérnico para reponer el talento de Cicerón, Adriano o Marco Aurelio. En ese largo periodo de dominio del Imperio romano de Occidente y de Oriente, de un total de 175 emperadores, Maquiavelo solo reconoce como buenos gobernantes a cinco que actuaron con buen juicio, sumando su eficaz desempeño menos de 100 años, aun cuando yo incluiría por lo menos a uno más, Constantino. Sin embargo, se trata de 15 siglos de poca eficacia política y mucha violencia, y eso solo limitándonos a la llegada del Renacimiento. En efecto, Europa se caracterizó por ser el escenario de confrontaciones internas, guerras religiosas, fanatismo, inquisición, corrupción y salvajismo, y se constituyó en la principal plataforma para descubrir e invadir territorios ajenos e implantar el colonialismo en el mundo. No obstante, en medio de ese tormentoso caos, obviamente, hubo tiempos luminosos y trascendentes que vale la pena resaltar.

Pienso que podríamos dividir el auge de Occidente en dos partes: lo sucedido desde la llegada de Alejandro al poder, en el año 336 a. C., hasta la caída de la república y la proclamación de Augusto, en el año 27 a. C., como primer emperador romano. Propongo que la otra etapa se extienda desde ese momento hasta el fin del reinado de Constantino I, quien muere el 22 de mayo del 337 d. C., comenzando así la época en que se oficializa el cristianismo como religión de Estado para, finalmente, tratar lo sucedido durante los más de diez siglos de unión entre el poder civil y el clerical, hasta la extinción del antiguo Imperio romano de Occidente en el siglo v, durante el mandato de Augústulo, y la muy posterior caída de Constantinopla, con lo que finalizó el de Oriente, en 1453 d. C.

Pues bien, ante la división y la decadente situación de Grecia, en particular por el fracaso en Atenas de ese gran invento llamado «democracia» y el debilitamiento de la hegemonía militar de los espartanos, renace hacia el año 355 a. C., en la región montañosa de esa misma república, la antigua Macedonia, habitada por gente ruda y más proclive a la guerra que a las actividades intelectuales. Allí, el jefe militar de mayor rango y prestigio era Filipo II, cuya sensibilidad política quedó de manifiesto en el año 343 a. C., cuando contrató por cinco años a su paisano Aristóteles como maestro de su hijo Alejandro, quien a la postre se convertiría en su famoso heredero. Filipo fue asesinado y Alejandro vengó a su padre y asumió el mando de lo que, en poco tiempo, se convertiría en un gran imperio. En el terreno de las conquistas militares, Alejandro Magno o el Grande es posiblemente el más destacado de todos los caudillos del mundo. Venció a Darío III de la dinastía de Darío, conocido como el Rey de Reyes, jefe máximo de Persia, según la historia:

> Tras unificar Grecia, Alejandro pasó a Asia con 35 000 hombres en el año 334 a. C., y avanzó contra el Imperio persa. En el año 333 venció al rey Darío en Iso, se apoderó de Tiro y sometió a Egipto. En el 331 regresó para acabar con la principal resistencia persa en Gaugamela. Babilonia y Susa fueron tomadas y Persépolis, la antigua capital, saqueada. Alejandro se dirigió entonces hacia las provincias orientales de Persia para someterlas en una ardua campaña que duró tres años. Se internó luego profundamente en la India con la intención de demostrar que era el borde del mundo, bañado por un océano que lo circundaba en su totalidad. Pero aquí sus ejércitos, tal vez temerosos de acercarse tanto al confín del mundo, se negaron a seguir adelante. Alejandro hubo de regresar. Atravesó los abruptos territorios de Beluchistán e Irán, y en el año 323 a. C., llegó a Babilonia, donde murió cuando aún no había cumplido 33 años.[48]

A la par de su vocación guerrera y de haber logrado edificar en once años un imperio que incluía a Grecia, Egipto, Mesopotamia y Persia hasta los límites con la India, Alejandro se distinguió también por ser generoso, noble y respetuoso de las religiones de otros pueblos: nunca humilló a sus enemigos tomados prisioneros o rendidos. Existe la anécdota de que, en pleno poderío, buscó en Corinto al filósofo Diógenes, quien no le rendía pleitesía, y que «lo encontró echado al sol, y al ver Diógenes que se acercaba una gran masa de gente, se incorporó un poco y miró a la cara a Alejandro. Tras saludarse, Alejandro preguntó a Diógenes si necesitaba algo: «Una cosa bien pequeña —contestó— apártate un poco, que me estás quitando el sol».[49] Se cuenta que Alejandro quedó tan impresionado ante esta respuesta y admirado por la altivez, el desprecio y la independencia de espíritu de este hombre, que le dijo a sus acompañantes que merodeaban riéndose y haciendo burlas: «Pues yo, de no ser Alejandro, de buen grado me gustaría ser Diógenes».[50]

Entre otras de sus grandes obras, Alejandro construyó la bella ciudad de Alejandría, fundó una gran biblioteca y un museo, y promovió las artes y las ciencias. En su tiempo, el matemático Euclides desarrolló por primera vez un sistema geométrico; el astrónomo Aristarco de Samos dio a conocer que era el Sol, y no la Tierra, el centro del Universo; también en Alejandría, Eratóstenes calculó, con los elementales instrumentos de que disponía, la circunferencia de la tierra con solo un 10% de margen de error. Además, con Alejandro, Grecia volvió a colocarse culturalmente como la metrópoli del mundo, su lengua se expandió en una amplia región y su influencia civilizatoria impregnó a la naciente Roma. Resulta ramplón y de mal gusto el oportunismo de los políticos romanos que fingían venerar a Alejandro cuando quizá solo algunos alcanzaron su estatura como estadistas. Según la leyenda, Julio César lloró frente a la estatua de Alejandro y fue a visitar su tumba en Egipto.[51] Lo mismo hizo Octavio, el primer emperador romano cuando, al llegar ahí, le ofrecieron visitar el panteón de los faraones y contestó que Alejandro «era el único líder que merecía su visita».[52] «Pompeyo robó la capa de Alejandro, de 260 años de antigüedad, y se la puso como símbolo de grandeza».[53] Calígula, «el emperador desequilibrado, robó la coraza de Alejandro de su tumba para uso personal».[54]

Hay en estas historias dos hechos demostrables: uno, la paradoja de que mientras se le tributaba respeto en lo formal a Alejandro, en el año 29 a. C., cuando Egipto cayó en manos del Imperio romano, su tumba fue saqueada y se profanó su cuerpo; y el otro, en contraposición, es que, con su merecida fama, Alejandro le regresó a Grecia su virtud y su gloria. Después de él, la mayoría de los políticos, líderes y emperadores, con honrosas excepciones, fueron figuras menores. Al término de este primer periodo histórico, nadie ni nada representó algo nuevo o transformador y todo fue autoritarismo, injusticias y destrucción. Con la muerte de Alejandro vuelven las guerras internas y la anarquía. No hay desarrollo en la economía, el comercio, las artes o la ciencia. Quizá lo más relevante sea que, poco antes del inicio del primer imperio, en los tiempos de la dictadura de Julio César, se fortalece el Estado bélico, surgen las famosas legiones, se expanden las fronteras de Roma y se combate la rebelión de esclavos, encabezadas por Espartaco.

A la muerte de Alejandro y finalizada la época helenística, aún establecida formalmente la república, comienza la dictadura de Julio César, un integrante de una familia patricia —es decir, de la romana— que nació en el año 100 a. C., y que desde su juventud se desempeñó como militar, legislador y cónsul en ciudades o provincias. Su habilidad más destacada fue la milicia: participó como jefe de un ejército en el sometimiento de los pueblos celtas y luego sus conquistas se extendieron a los territorios ahora conocidos como Francia, España, Bélgica, Holanda y parte de Alemania y de Gran Bretaña. Como aseguran los historiadores, a partir de entonces el Mediterráneo empezó a convertirse en «un lago de Roma», el *Mare Nostrum.* Su tempestuosa actuación y sus triunfos pronto lo convirtieron en un caudillo que no hacía mucho caso a las leyes y disposiciones del Senado y de otras autoridades civiles; ello le granjeó la enemistad de otros militares y políticos que lo empezaron a enfrentar con insidias, descalificaciones e incluso en combate. Sus principales rivales eran el senador conservador Catón el Joven, Cayo Casio Longino y, posteriormente, sus amigos Pompeyo y Marco Junio Bruto —de quien se dice que era su hijo putativo—, o hasta el famoso abogado y escritor Cicerón, quien se oponía a la disolución de la república y al dominio de la tiranía. No extraña que una de sus más célebres frases sea: «El hombre está acabado cuando hace del placer, y no del deber, un principal objetivo». De todas formas, se desató la guerra civil y los ejércitos de Julio César y de Pompeyo se enfrentaron en un amplio territorio que comprendía España, África del Norte, Grecia y Asia menor. Las tropas de Pompeyo fueron derrotadas en definitiva en Farsalia, en Grecia Oriental, y él huyo a Egipto, donde fue traicionado y apuñalado. Con este asesinato, César se erige en dictador de Roma. Durante su mandato ejerció poder absoluto; el Senado quedó de adorno y él controló el presupuesto, decidió sobre los nombramientos de cónsules y magistrados, actuó en los hechos como un monarca y la república se convirtió en una farsa, una formalidad. Al final, sus enemigos, que no adversarios, 60 famosos políticos, el 15 de marzo, en los llamados *Idus* de Marzo del año 44 a. C., en el pleno recinto oficial del Senado, llevaron a cabo su brutal y cobarde asesinato. Cuentan que recibió muchas puñaladas porque desde la primera, ya en el suelo, le cayeron encima para rematarlo más de 30 jurisconsultos, tribunos y líderes opositores de la facción del finado Pompeyo. El horrendo crimen de Julio César oscureció su justificación, la cual consistía en defender la república ante la tiranía. Es cierto que Julio César se adueñó del poder sin respetar nada ni a nadie, pero en el fondo estaban las ambiciones de los cargos, las posiciones, las prebendas y, en resumen, los privilegios consustanciales a ese poder que, sin ideales ni principios, obnubila, enferma, enloquece y vuelve a los hombres ambiciosos, y prestos a la vulgaridad y dispuestos al magnicidio.

Como es de suponerse, las venganzas en la lucha por el poder continuaron sin tregua ni reconciliación. Pasado el asesinato de Julio César sin pena ni gloria, vinieron el ajusticiamiento de los ejecutores y la pelea por la silla, que pronto se convertiría en trono, entre Marco Antonio y César Augusto, a quien Julio César había nombrado en su testamento como heredero universal y quien, a la postre, sería investido como primer emperador de Roma. De modo que la conspiración no pudo detener el afán de imponer la monarquía y hacer a un lado la simulada República.

En ese ambiente de ambiciones enfermizas de poder, Cicerón, uno de los fieles defensores de la cosa pública, la *res publica,* también fue cruelmente asesinado. Llevaba poco tiempo retirado en su finca por no coincidir con las intenciones dictatoriales de Julio César; pero, cuando se enteró del magnicidio, se atrevió a justificarlo y regresó de nuevo a la política; por ese motivo, Marco Antonio mandó a eliminarlo, para luego exhibir su cabeza en la plaza pública romana, un año más tarde del linchamiento de Julio César. En su extraordinario libro *Momentos estelares de la humanidad,* Stefan Zweig dedica su primer capítulo a contar el triste —pero sublime— final de Cicerón. Leamos algunos fragmentos:

Cuando un hombre sagaz, pero no particularmente valiente, se encuentra con otro más fuerte que él, lo más prudente que puede hacer es hacerse a un lado y esperar, sin sonrojarse, a que el camino quede libre. Marco Tulio Cicerón, que fue en su tiempo el principal humanista del reino de Roma, maestro de oratoria y defensor del derecho, consagró durante treinta años sus energías al servicio de la ley y al mantenimiento de la República; sus discursos están cincelados en los anales de la historia y sus obras literarias forman un constituyente esencial en la lengua latina. En Catilina combatió la anarquía; en Verres denunció la corrupción; en los victoriosos generales percibió la amenaza de la dictadura y, al atacarlos, se acarreó su enemistad; su tratado De República fue largo tiempo considerado como la descripción mejor y más ética de la forma ideal del Estado. Pero ahora debía encontrarse con un hombre más fuerte que él. Julio César, a cuya elevación él (contando con más años y más renombre) contribuyó al principio confidencialmente, había utilizado, de la noche a la mañana, las legiones gálicas para conquistar el dominio supremo en Italia. Poseyendo César el mando absoluto de las fuerzas militares, le bastó simplemente alargar su mano para asir la corona regia que Marco Antonio le ofreció ante el populacho reunido. En vano se había opuesto Cicerón a la asunción por César del poder autocrático cuando César despreció la ley cruzando el Rubicón. Infructuosamente trató de lanzar contra el agresor a los últimos campeones de la libertad. Como siempre, las cohortes demostraron ser más fuertes que las palabras. César, un intelectual no menos que hombre de acción, triunfó en toda la línea; y si hubiera sido tan vengativo como lo son la mayoría de los dictadores, pudo, después de su éxito abrumador, haber aplastado fácilmente a este obstinado defensor de la ley, o al menos haberlo condenado al destierro. Pero la magnanimidad de César en esta ocasión fue aún más notable de lo que habían sido sus victorias. Habiendo tomado lo mejor de su adversario, se contentó con un reproche gentil, perdonando la vida a Cicerón, aunque aconsejándole al mismo tiempo que se retirara del escenario político. En adelante, Cicerón debía contentarse, como cualquier otro, con el papel de observador mudo y sumiso de los negocios de Estado.

¿Qué podría ser mejor para un hombre de inteligencia sobresaliente que la exclusión de la vida pública, política? De este modo el pensador, el artista es excluido de una esfera que solo puede ser dominada por la brutalidad o por el artificio, y es devuelto a su propia inviolabilidad e indestructibilidad. Para un hombre de estudio toda forma de exilio se convierte en un acicate para la concentración interna, y para Cicerón esta desventura llegó en el momento más propicio. El gran dialéctico se estaba aproximando al recodo de su vida, y hasta ahora, en medio de temporales y esfuerzos, había tenido poca oportunidad para la contemplación creadora. ¿Cuántas contrariedades, cuántos conflictos tenía este hombre que ahora, a los sesenta años, se veía obligado a permanecer en el ambiente restringido de su época? Selecto en tenacidad, versatilidad y fuerza espiritual, él, un *novus homo,* había ocupado, uno tras otro, todos los puestos y honores públicos que, usualmente, estaban fuera del alcance de los de nacimiento humilde y eran celosamente reservados para su propio disfrute por la camarilla aristocrática. Había alcanzado las más elevadas cumbres de la aprobación popular y había sido sumergido en las más hondas profundidades de la desaprobación popular. Después de haber derrotado la conspiración de Catilina fue subido en triunfo a las gradas del Capitolio, fue enguirnaldarlo por el pueblo, y fue distinguido por el Senado con el codiciado título de *pater patriae*. Por otra parte, se vio obligado a huir de noche, cuando fue desterrado por el mismo Senado y perseguido por el mismo populacho. No existía ningún cargo importante que no hubiera podido ocupar, ninguna dignidad que este infatigable publicista no hubiera alcanzado.

Ahora, al fin, cuando el golpe de Estado de César alejó a Cicerón de los asuntos públicos, le fue posible a este atender con fruto aquellos negocios privados que son, después de todo, las cosas más absorbedoras del mundo; y sin quejarse dejó el Foro, el Senado y el Imperio a la dictadura de Julio César.

La aversión a la política comenzó a dominar al estadista que había sido expulsado de aquélla. Se resignó con su suerte. Que otros trataran de salvaguardar los derechos de un pueblo que estaba más interesado en las luchas gladiatorias y otras diversiones similares que en la libertad; en adelante, él se cuidaría más de buscar, encontrar, y cultivar su libertad interna, propia.

De este modo ocurrió que Marco Tulio Cicerón miró por primera vez reflexivamente en su fuero interno, resuelto a mostrar al mundo para que había trabajado y para que había vivido [...] Se retiró de Roma, la ruidosa metrópoli, estableciéndose en Tusculum (conocida hoy por Frascati), donde podía gozar de las más bellas perspectivas de Italia. Las colinas boscosas de tintes suaves flotaban gentilmente hacia abajo en la Campania, y los arroyos susurraban música argentina que no podía perturbar la tranquilidad dominante en ese lugar remoto... La mañana estaba dedicada al trabajo. Un esclavo ilustrado y dócil estaba pronto a escribir cuando el dueño decidía dictar; las comidas pasaban agradablemente en compañía de Tulia, la hija a quien tanto amaba; y las lecciones que daba a su hijo eran una fuente de variedad diaria, un estímulo perpetuo. Además, aunque sexagenario, se inclinó a condescender con la más dulce locura de la vejez, tomando una esposa joven —más joven que su propia hija—. El artista que había en él le despertó el deseo de gozar de la belleza no solo en mármol o en versos, sino también en su forma más sensual y más seductora.

De esta manera, Marco Tulio Cicerón, como cosmopolita, humanista y filósofo, pasó en el retiro un verano delicioso, un otoño creador y un invierno italiano, esperando pasar el resto de su vida alejado de intrusiones seculares o políticas. Apenas echaba una ojeada a los informes noticiosos diarios y a las cartas de Roma, manteniéndose indiferente al juego que no necesitaba ya más de él como jugador.

Entonces, un mediodía de un día de marzo del año 44 a. C., entró impetuosamente en la casa un mensajero jadeante y cubierto de polvo. Apenas hubo conseguido boquear su noticia de que Julio Cesar, el dictador, había sido asesinado en el Foro, cuando cayó inanimado sobre el piso.

[...]

Aquel mismo día Marco Tulio Cicerón abandonó su biblioteca, sus escritos y el ocio santificado del artista. Con apresuramiento febril se dirigió a Roma para defender los derechos de la República como verdadera heredera de César, para defenderla simultáneamente contra los asesinos de César y de aquellos que tratarían de vengar el asesinato.

[...]

Cicerón encontró a Roma una ciudad confundida, espantada y perpleja.

En medio de esta consternación general, Cicerón fue el único hombre que demostró firmeza de voluntad.

[...]

Erguido sobre las losas húmedas aún con la sangre del dictador asesinado, frente al Senado reunido, dio la bienvenida a la remoción de César como una victoria del ideal republicano. «¡Oh, pueblo mío —exclamó—, has encontrado la libertad una vez más! Bruto y Casio han realizado la más grande de las hazañas, no solo en favor de Roma, sino en favor del mundo entero».

[...]

Después de este primer impulso comenzó Cicerón a darse cuenta de la situación con alarmante claridad. Observando a los conspiradores, a los que el día antes había exaltado como héroes, vio que no eran más que débiles criaturas, al punto de huir de la sombra de su propia hazaña. Vio al común del pueblo y percibió que estaba ahora lejos de ser el viejo *populus Romanus,* los héroes que él había soñado; que era solo la plebe degenerada que no pensaba más que en provecho y placeres, pan y circo. Un día adularían a Bruto y a Casio, los asesinos de César; al siguiente aplaudirían a Antonio, cuando este los convocara para tomar venganza; y el tercero, glorificarían a Dolabella por haber destruido las estatuas de César, En esta ciudad depravada, llego el a comprender, no existía una sola alma que estuviera llena de devoción incondicional a la idea de libertad. La sangre de César había sido derramada en vano, el asesinato había sido inútil, porque todos rivalizaban uno con otro, intrigaban y discutían en la esperanza de obtener la mayor herencia, la mayor cantidad de la riqueza del hombre muerto, el control de sus legiones, el manejo de su poder. No deseaban promover la única causa que era sagrada, la causa de Roma; cada cual buscaba su propia ventaja y su propia ganancia.

[...]

En diciembre, el hombre de cabellos grises avanzó una vez más en el Foro y rogó a los romanos que se mostraran dignos de sus antecesores. Lanzó catorce «Filípicas» contra Antonio el usurpador, que había rehusado obedecer al Senado y al pueblo —aunque Cicerón no pedía menos que darse cuenta de lo peligroso que era para un hombre desarmado atacar a un dictador que había ya preparado sus legiones hasta el punto de estar listas para avanzar y matar a su menor indicación. El que espera demostración de coraje de los demás podrá solo conseguirlo ofreciéndoles un ejemplo valeroso. Cicerón sabía bastante bien que ahora, como en los pasados tiempos viejos en este mismo Foro, no estaba luchando únicamente con palabras, sino que debía aventurar su vida en defensa de sus convicciones. Declaró resueltamente desde la tribuna: «Ya en la juventud defendí a la República, no la abandonaré ahora que soy viejo. Daré contento mi vida si con ello puedo devolver la libertad a esta ciudad. Mi único deseo sería que mi muerte devolviera la libertad al pueblo de Roma. ¿Qué mayor favor que este podrían concederme los dioses inmortales?». No ha quedado tiempo, expresó en términos precisos, para negociar con Antonio. Era indispensable apoyar a Octavio, quien, aunque pariente cercano de César y heredero de César, representaba la causa de la República.

El Senado y el populacho reunido escucharon estas Filípicas con asombro.

Muchos, acaso, previeron que esta sería la última vez, en espacio de siglos, en que podrían ser pronunciadas estas palabras en la plaza pública. Pronto en este lugar público el pueblo se inclinaría silencioso ante las estatuas de mármol de los emperadores, porque al no haber libertad de palabra, todo lo que sería tolerado en el reino de los Césares sería el susurro de los aduladores y cazadores de puestos.

Mientras que el solitario idealista estaba en el Foro predicando el autosacrificio, los inescrupulosos dueños de las legiones estaban ya entrando en el pacto más perverso de la historia de Roma.

Puesto que ninguno de los tres líderes de los ejércitos, ni Octavio ni Antonio ni Lépido, se sentía bastante fuerte para amordazar sin ayuda a la República de Roma, los enemigos llegaron a una inteligencia para hacer una división secreta de la herencia de Julio César. Un día después, en vez de un César grande, Roma tuvo tres Césares pequeños.

Se produjo un cambio de trascendencia en la historia universal cuando los tres generales, en vez de obedecer al Senado y respetar las leyes de Roma, se unieron para formar un triunvirato y dividir, con tanta facilidad como si fuera botín de guerra fácilmente ganado, un poderoso imperio que se extendía sobre una parte considerable de tres continentes.

Ahora llegaba el tercer problema. Quien desea fundar una dictadura debe, ante todo, para salvaguardar su gobierno, silenciar a los perpetuos opositores a la tiranía —los independientes (demasiado pocos en número), los defensores permanentes de esa inextinguible utopía, la libertad espiritual. Antonio propuso encabezar la lista con el nombre de Marco Tulio Cicerón. Cicerón era el más peligroso de todos los de su clase, porque tenía energía mental y anhelo de independencia. Se le marcó, pues, para morir.

Desde el momento en que Cicerón supo que se habían reconciliado los tres que hasta ahora habían sido opositores uno a otro, comprendió que estaba perdido.

Cicerón presentó su cabeza gris a los asesinos, diciendo con dignidad: «He sabido siempre ser mortal» *non ignoravi me mortalem genuisse.* Pero los asesinos no querían filosofía; querían el premio prometido. No hubo demora. Con un poderoso golpe, el centurión puso fin a la vida del hombre desarmado.

A la tragedia siguió una sátira sangrienta.

[...]

> la cabeza y las manos de la víctima fueran clavadas en la tribuna desde la cual Cicerón había pedido al pueblo romano que se alzara contra Antonio y en defensa de la libertad de Roma.
>
> El populacho asistió al espectáculo al siguiente día. En medio del Foro, sobre la tribuna, estaba expuesta la cabeza del último campeón de la libertad Un gran clavo herrumbroso perforó la frente que había originado miles de grandes pensamientos; pálidos y contraídos, cerrados, estaban los labios que habían emitido más dulcemente que ningún otro las resonantes palabras del idioma latino; cerrados estaban los párpados para ocultar los ojos que por espacio de sesenta años habían velado a la República; impotentes estaban las manos que habían escrito las más bellas epístolas de la época. Pero ninguna de las acusaciones que el famoso orador había lanzado desde esta tribuna contra la brutalidad, contra la furia del despotismo, contra el desorden, podría denunciar de manera tan convincente la eterna sinrazón de la fuerza como lo hacía ahora la cabeza austera y silenciosa del asesinado. El terrible espectáculo de su cruel martirio tuvo poder más elocuente sobre las masas intimidadas que los más famosos discursos pronunciados por él desde este profanado Foro. Lo que se pretendió que fuera una humillación vergonzosa se convirtió en su última y más grande victoria.[55]

La aportación intelectual de Cicerón es de lo más fecundo de la historia de la literatura mundial y su heroico ejemplo como pensador y hombre público constituye un prodigio aleccionador para el ejercicio de la política: el problema de Roma era la ausencia de justicia y de amor al prójimo, como había sucedido en la Antigüedad y seguiría sucediendo en muchos otros contextos, con pocas y bellas excepciones.

Ello queda de manifiesto una vez más cuando Augusto se impone militarmente a Lépido y Marco Antonio, tras de lo cual se erige como primer emperador de Roma. Aunque no disuelve al Senado, lo usa solo para justificar su nuevo e inventado cargo de príncipe. El inicio de esta etapa se prolonga durante dos siglos, hasta el reinado de Marco Aurelio (161-180 d. C.), y es paradójicamente conocido por la historiografía oficial como el periodo de la *Pax Romana,* que trascendió como concepto hasta el punto de que se empleaba en el México de la dictadura porfirista; pero en realidad, en la mayoría de los casos, esa quietud o inmovilismo no ha sido fruto de la justicia sino del autoritarismo, y bien podría llamarse la paz del calabozo o de los sepulcros. En el pensamiento conservador, la *Pax Romana* se atribuye a la estabilidad interior del imperio, a su expansión territorial y al auge de la economía y del comercio; omite, desde luego, el costo que significaba mantener las 30 legiones militares —financiadas fundamentalmente por los más ricos de Roma y movilizadas a lo largo y ancho del *Mare Nostrum* con la fuerza de trabajo de los galeotes esclavizados— y un Estado autoritario impuesto mediante la opresión y la crueldad, como lo menciona Stefan Zweig en su relato sobre Cicerón cuando explica que durante la dictadura de César, al ocupar la ciudad, había ordenado «cortar las manos de dos mil prisioneros».[56] En ese entonces en Roma había tres clases sociales bien diferenciadas: los patricios, integrada por ricos, aristócratas y políticos que tenían entre otros privilegios el de «celebrar los importantísimos rituales religiosos»;[57] debajo de ellos estaban los plebeyos; y en la base de la pirámide, los esclavos y prisioneros de guerra empleados en las minas, las labores agrícolas y domésticas, y en talleres e industrias, aunque también los hubo que ejercieron como administradores, maestros y médicos. Esta clase social, más que las otras, según especialistas «fue aumentando a lo largo del devenir histórico de Roma»[58] y desempeñó un muy importante papel en la economía. Como galeotes (remeros) en las naves de comercio y de guerra, los esclavos resultaron fundamentales para la expansión del Imperio por todos los litorales del Mediterráneo.

No sobra exponer que, cuando la dictadura aún estaba disfrazaba de república, entre los años 73 y 71 a. C., se produjo la gran rebelión de esclavos conducida por Espartaco, el esclavo y gladiador tracio. Esta guerra de tres años tuvo lugar prácticamente en toda la península Italiana: el ejército de Espartaco reunió a 120 000 esclavos que obtuvieron muchos triunfos a pesar del poderío militar romano y de sus famosas legiones. Los sublevados estuvieron a punto de cruzar el emblemático río Rubicón para tomar Roma; sin embargo, las pugnas internas entre sus filas los debilitaron y, finalmente, fueron vencidos, y los prisioneros, tratados con crueldad extrema. Esta historia también se selló con mucha sangre de esclavos y soldados caídos, muertos o masacrados en los campos de batalla; además, los romanos hicieron, en el combate final, 6 000 prisioneros que fueron crucificados, como era costumbre, a lo largo del tramo de la vía Apia, entre Capua y Roma.[59] Es tan fuerte y apasionante esta historia de Espartaco, que se convirtió en leyenda. Luego de la última derrota militar de su ejército de esclavos y pobres libres, algunos dicen que huyó hacia el norte de Italia para atravesar los Alpes, pero nadie supo si fue aprehendido ni se encontró su cuerpo. Sin embargo, ha pasado el tiempo y nunca se olvida su heroica gesta por la libertad y la justicia. El gran literato estadounidense Howard Fast escribió en 1951 una memorable novela sobre Espartaco y la presenta con una precisa y entrañable dedicatoria:

> Dedico este libro a mi hija, Rachel, y a mi hijo, Jonathan. Es la historia de hombres y mujeres valientes que vivieron hace mucho tiempo y cuyos nombres jamás han sido olvidados. Los héroes de esta historia anhelaron libertad y dignidad humana, y vivieron con nobleza y en el bien. La he escrito para que la lean —mis hijos y los otros— y puedan extraer de ella fortaleza para su futuro y luchar contra la opresión y el mal, para que el sueño de Espartaco se convierta en realidad en nuestros tiempos.[60]

El cristianismo

Resulta indispensable consignar que, durante el mandato de Augusto, primer emperador romano, se produce uno de los acontecimientos más destacados de carácter espiritual y de índole social para la historia de la humanidad: el nacimiento, la vida y la obra de Jesucristo, el apóstol y, para muchos, el hijo de Dios. En mi opinión, se trata del hombre más consecuente, humano y defensor de la justicia del que se haya sabido en el mundo. Espero que esta definición no se malinterprete o se mezcle con el papel de las iglesias que, con todo y sus grandes aportaciones a la humanidad, en algunos tiempos han sucumbido y se han convertido en servidoras del despotismo y en aduladoras del poder. El cristianismo es la doctrina del amor sin dobleces. Su creador fue, como lo señala el crítico literario ruso Vissarión Belinski, el primero «en divulgar a la gente la enseñanza de la libertad, la igualdad y la hermandad, y con el martirio grabó y afirmó la verdad de su enseñanza».[61] La historia es en sí misma sencilla, aleccionadora, mágica, real y mística. La vida y obra de Jesús se narra principalmente en el Nuevo Testamento y en otros libros profanos y religiosos. A mí me gusta la historia que cuenta la gente y me guío por la novela escrita sobre este importantísimo asunto por el padre jesuita Carlos María de Heredia, según la cual, los papás de Jesús vivían humildemente en una comunidad llamada Nazaret. Se llamaban José y María. Él era un hombre entrado en años, vivían en castidad y formaban una linda pareja. De pronto, María resultó embarazada y su esposo, que confiaba en ella, aceptó que se trataba de un milagro. Emprendieron un viaje y en el pueblo de Belén, situado en la actual Cisjordania, buscaban albergue en el mesón, pero no encontraron sitio, de modo que se decidieron a pernoctar en un pesebre y allí nació Jesús. Al mismo tiempo, unos pastores, en una noche fría de diciembre, se hallaron iluminados por una deslumbrante luz y apareció un ángel que les dijo: «No teman, pues les traigo una buena nueva en bien de ustedes y de todo el pueblo. Hoy ha nacido el Salvador esperado, que es el Cristo señor», y así muchos vieron en el establo al niño cuidado por su madre. Como se sabe, de acuerdo con la creencia de los hebreos de entonces, se esperaba el advenimiento de un Mesías. Pobres y ricos, habitantes del campo o de los pueblos —de Palestina y de otras regiones de Asia y África, así como los judíos de la llamada diáspora, dispersos por el mundo—. Todos estaban interesados en la noticia sobre la llegada del salvador de Israel, porque ya antes había anunciado el profeta Daniel que eso sucedería por ese tiempo. De modo que, cuando nació Jesús, también llegaron del lejano Oriente, de Persia, hoy Irán, tres Reyes Magos, guiados por una estrella, con la firme convicción de que había nacido «el Rey de los Judíos». Y cuando creían ya estar cerca de su destino, después de un largo viaje, fueron a preguntarle al Rey Herodes, representante del Imperio romano, en Jerusalén, acerca de dónde había nacido Jesús. Herodes reunió a sacerdotes y a otras personas, y todos informaron que el mesías había nacido en Belén de Judá. Los tres magos persas fueron a visitar al niño y le llevaron regalos, pero Herodes no aceptó lo acontecido y, para evitar que alguien le quitara su poder, mandó a sus soldados a matar niños recién nacidos o hasta de dos años en Belén y otros pueblos cercanos; sin embargo, ese mismo día, bien temprano, de madrugada, María, con Jesús en sus brazos, salió montada en un burro jalado por José para salvar al niño. Pasó el tiempo y se dejó de hablar de Jesús y de sus padres; sin embargo, continuaba la espera del prometido mesías: habían llegado profetas impostores, falsos. Pero muy pronto empezó a correr la noticia de la presencia de Juan el Bautista. Se trataba de un nazareno, hijo del sacerdote Zacarías y de Isabel, prima de María, madre de Jesús; de modo que Juan y Jesús eran primos segundos. Juan era un hombre alto y fuerte, a la vez que lúcido e inteligente. Había optado por vivir en cuevas y a las orillas del río Jordán, donde oficiaba el bautismo de penitencia y exhortaba al pueblo a preparar el camino del redentor de Israel. Poco a poco se fue conociendo que Juan bajaba al río al mediodía y que en sus aguas bautizaba a los creyentes desnudos; cuentan que se subía a una enorme piedra para predicar ante mucha gente de todo tipo: los nuevos iniciados, e incluso los curiosos y grupos de escépticos o incrédulos, como fariseos o saduceos.

Debe decirse que en la antigua Palestina había varias etnias y distintas concepciones religiosas y políticas: los saduceos eran escépticos, no creían en la inmortalidad del alma ni en la resurrección de los cuerpos y estaban aliados a los romanos; los fariseos sí practicaban la religión de manera ortodoxa, estaban en contra de los romanos y eran nacionalistas; ambos grupos tenían gran influencia en el pueblo por las prácticas religiosas, aunque en Israel había, desde entonces, marcadas clases sociales: ricos muy ricos y pobres muy pobres; de ahí que la motivación religiosa estaba siendo desplazada por el afán de lucro. Aun cuando la idea de que un salvador vendría a redimir de la opresión a los israelitas se mantenía viva desde siempre, unos esperaban un rey poderosísimo en lo militar para expulsar a los extranjeros; otros, a uno como Salomón —no solo con sabiduría, sino con mucha riqueza—, pues existía el criterio de que «el dinero lo puede todo»; y algunos pocos, como Juan el Bautista y sus discípulos, anhelaban el arribo de la justicia. Las ideas de Juan en el terreno hipotético eran las mismas de Jesús y se originaban en la tradición oral que prevalecía incluso desde antes de la escritura de los textos bíblicos. Sobre este tema, el filósofo Enrique Dussel, entrañable y añorado, decía:

> En el mito egipcio de la resurrección, Osiris (que es el dios de la resurrección en el templo de Mahat, con más de cuatro mil años de antigüedad) pregunta al muerto en el momento del juicio final (mito también egipcio semita) qué ha hecho de justo, de bueno, de gratuito en su vida para merecer la resurrección de su corporalidad, de la «carne» (en la que consiste todo el ser humano y no solo el cuerpo), y el muerto responde: «Di de comer al hambriento, de beber al sediento, de vestir al desnudo, y una barca al peregrino» (una barca porque el río Nilo era el centro de la vida de los egipcios). Osiris lo resucita personalmente, en su individualidad, viendo que ha obrado bien. Como podrá comprenderse los preceptos éticos son todos referidos a la corporalidad, a la carnalidad. De la misma manera el rey Hammurabi, bondadoso y justo babilónico y por ello semita, elaboró el famoso código disponiendo: «Que el fuerte no oprima al pobre, para hacer justicia al huérfano y a la viuda», y esto hace más de 3600 años. Son exigencias éticas ligadas a la vida humana y no a un alma abstracta [...] Es interesante que estas cuatro exigencias («dar de comer al hambriento ...) serán retomadas por el fundador del cristianismo (en el evangelio de *Mateo*, 25) y, ¿quién diría, para espanto de cristianos conservadores y marxistas ortodoxos, que el mismo F. Engels en el prólogo de *El origen de la familia [la propiedad privada y el*

> *Estado]*, indica que los cuatro satisfactores de las necesidades fundamentales de la vida humana son el comer, el beber, el vestir y el morar en un hogar donde hospedarse. No son exigencias morales del alma, sino obligaciones éticas de la corporalidad viviente humana [...].[62]

En una ocasión, en la piedra de la orilla del río, Juan exclamó: «Haced penitencia porque está cerca el reino de los cielos, tal como está escrito en el libro del profeta Isaías: se oirá la voz de uno que clama en el desierto, todo el valle será terraplenado; así los caminos torcidos serán enderezados, y los escabrosos igualados, y verán todos los hombres al salvador enviado de Dios».[63] En respuesta, muchos fueron ordenadamente entrando en el remanso o playón del río y desnudos, confesaban: «Hemos pecado, hemos procedido inicuamente, hemos hecho cosas impías [...] pero nos arrepentiremos de todo corazón y con toda el alma y hacemos oración a ti, ¡oh, Señor!, mirando hacia la tierra que diste a nuestros padres, hacia la ciudad que tú elegiste y hacia el templo santo que hemos edificado en tu nombre».[64] Entonces Juan, salpicándolos de agua del Jordán, les decía: «Yo en verdad os bautizo con agua, a fin de exitaros a la penitencia; pero está por venir otro más poderoso que yo, al cual no soy digno de desatar la correa de un calzado; él os bautizará con el espíritu santo y con el fuego de la caridad»,[65] en lo que enfatizaba Juan y en tono de reproche interrogaba a los incrédulos con fuertes gritos: «¿Por qué dudas, oh, Israel, y murmuran diciendo que el señor tu Dios no conoce la triste situación en que te hallas y no cuida de hacerte justicia? ¿Por ventura ignoras tú, o no has oído que Dios es el señor eterno que creó la extensión de la tierra sin cansancio ni fatiga? ¿Que él robustece al débil y le da mucha fuerza y vigor?».[66]

Y así fue que, poco a poco, se empezó a saber de la existencia de Jesús Cristo: primero de un joven milagroso curando a enfermos, multiplicando panes y peces y convirtiendo el agua en vino; posteriormente, bautizándose con Juan en el Jordán; luego, recorriendo los pueblos con trascendentes mensajes que se transmitieron desde los primeros cristianos de generación en generación y que todavía se recuerdan y se mantienen vigentes: A Jesús se le atribuyen, cuando menos, las siguientes frases:

> Porque donde dos o tres congregados en mi nombre, allí estoy yo en medio de ellos. (1)
>
> El que de vosotros esté sin pecado sea el primero en arrojar la piedra contra ella. (2)
>
> Bienaventurados los que lloran, porque ellos recibirán consolación. (3)
>
> Padre, perdónales, porque no saben lo que hacen. (4)
>
> De cierto os digo, que si no os volvéis y os hacéis como niños, no entrareis en el reino de los cielos. (5)
>
> Este mandamiento nuevo os doy que os améis los unos a otros como yo he amado. (6)
>
> Dejen a los niños vengan a mí, y no se lo impidan, porque el reino de los cielos es de quienes son como ellos. (7)
>
> El Hijo del Hombre no vino para ser servido, sino para servir y para dar su vida en rescate por muchos. (8)

> Bienaventurados los que tienen hambre y sed de justicia, porque ellos serán saciados. (9)
>
> No solo de pan vive el hombre, sino de toda palabra que sale de la boca de Dios. (10)
>
> Si alguno te golpea en una mejilla, preséntale la otra. Si alguien te quita la capa, deja que se lleve también la túnica. A todo el que te pida, dale; y a quien se lleve lo que es tuyo, no le pidas que te lo devuelva. (11)
>
> Es más fácil que un camello pase por el ojo de una aguja, que un rico entre en el reino de los cielos. (12)[67]

Y desde luego Mateo en su evangelio, escrito en el siglo I de la era cristiana, agrupando las frases o creando un documento nuevo, reconstruye y expone la obra social y espiritual más aleccionadora del pensamiento de Jesús, en el texto conocido como el *Sermón de la montaña.* Es esta guía moral y profundamente humana en la que se lee:

> Al ver Jesús a las multitudes, subió al monte; se sentó y se le acercaron sus discípulos; y abriendo su boca les enseñaba diciendo: «Bienaventurados los pobres, porque suyo es el reino de los cielos». «Bienaventurados los que lloran, porque serán consolados». «Bienaventurados los mansos, porque heredarán la tierra». «Bienaventurados los que tienen hambre y sed de justicia, porque quedarán saciados». «Bienaventurados los misericordiosos, porque alcanzarán misericordia». «Bienaventurados los limpios de corazón, porque verán a Dios». «Bienaventurados los pacíficos, porque serán llamados hijos de Dios». «Bienaventurados los que padecen persecución por causa de la justicia, porque suyo es el reino de los cielos». «Bienaventurados cuando os injurien, os persigan y, mintiendo digan contra vosotros todo tipo de maldad por mi causa. Alegraos y regocijaos, porque vuestra recompensa será grande en el cielo: de la misma manera persiguieron a los profetas de antes de vosotros».[68]

Estas bienaventuranzas han sido sometidas a un intenso escrutinio de creyentes y no creyentes y también, desde luego, al interior de la Iglesia católica, pero su esencia no da mucho margen de interpretar a modo. Tolstói dice al respecto:

> En el sermón de la montaña, como en muchos otros pasajes, Jesús representa a sus discípulos, aquellos que observan la regla de no resistir al mal, como personas que ofrecen la otra mejilla, que renuncian a sus mantos, que son perseguidos, maltratados y necesitados. En todas partes Jesús dice que quien no toma su cruz, quien no renuncia a las ventajas mundanas, quien no está dispuesto a soportar todas las consecuencias del mandamiento «no resistáis al mal», no puede ser discípulo.[69]

Y añade:

> Jesús dice a sus discípulos: «Escoged ser pobres; soportadlo todo sin ofrecer resistencia al mal, aunque con ello atraigáis sobre vosotros persecución, sufrimientos y muerte». Dis-

> puesto a sufrir la muerte antes que resistir al mal, reprendió exhortando a sus seguidores a no resistir y a permanecer siempre fieles a su doctrina. Los primeros discípulos observaron esta regla y pasaron su vida en la miseria y la persecución sin volver mal por mal.
>
> Parece, pues, que Jesús quiso decir exactamente lo que dijo. Podemos declarar que la práctica de semejante regla era muy difícil; podemos negar que quien la siga encontrará la felicidad; podemos decir con los incrédulos que Jesús era un soñador, un idealista que proponía máximas impracticables; pero es imposible no admitir que expresó de manera verosímil y precisa lo que quería decir; es decir, que según su doctrina el hombre no debe resistir al mal y, en consecuencia, que quien adopta su doctrina no resistirá al mal. Sin embargo, ni los creyentes ni los incrédulos admitirán esta interpretación simple y clara de las palabras de Jesús.[70]

Como es obvio, el predicar esta doctrina y hacer curaciones y milagros como la multiplicación de los panes y los peces —para dar de comer en Betsaida a la multitud de fieles y menesterosos que lo seguían para simplemente escucharlo—, fue provocando entre los fariseos, saduceos, zelotes y herodianos el odio más desquiciado y el despertar de ruines maldades. El tetrarca Herodes Antipas, quien ya había mandado a degollar a Juan el Bautista, temía de Jesús y se interrogaba: «¿Quién será este de quien tales cosas oigo? Y ando buscando la manera de verle».[71] El peligro que Jesús representaba para los partidos dominantes de Jerusalén era que sus ideas no compaginaban con las prácticas de dominación prevalecientes, cuyos propósitos estaban más vinculados al poder, al dinero y a la hipocresía que a la fe, la justicia y la verdad; en consecuencia, no podían permitir ninguna doctrina o forma de gobierno vinculada en exclusiva con el pueblo y con preferencia hacia los pobres; de ahí que, ante la insistencia de sus contemporáneos sobre una definición, finalmente Jesús haya respondido con la famosa frase: «Mi reino no es de este mundo».[72] En efecto, Jesús terminó por confirmar la desconfianza de sus opositores. Dice el jesuita Carlos María de Heredia en su novela:

> Si Jesús se hubiera puesto del lado de los saduceos, estos hubieran tratado de hacerlo rey —ya que odian a Herodes—; pero un rey amigo de Roma, a la cual temen. Si se hubiera puesto del lado de los herodianos, estos habrían procurado que, unido a su rey, hubiera formado con él un dunvirato formidable, y todo el pueblo seguiría.
>
> Si, finalmente, se hubiera puesto del lado de los fariseos, estos también lo hubieran aceptado por rey en contra de Roma, añadiendo las fuerzas de los zelotes. Pero habiéndose puesto Jesús del lado del pueblo, lo único que ven venir irremediablemente los tres partidos es su próxima ruina si no detienen al innovador.[73]

Esto es lo más cercano a lo sucedido: los poderosos de la época terminaron por acusar a Jesús de sedicioso y alborotador del pueblo. Su aprehensión y crucifixión al estilo romano fue consentida por ellos, pero fraguada tanto por la élite sacerdotal de los saduceos y de los más ricos fariseos. En el evangelio de Mateo se sostiene que, luego de sacrificado Jesús, al otro día, el que sigue a la preparación, los sumos sacerdotes y los fariseos se reunieron con Poncio Pilato y dijeron:

> Señor, recordamos que ese impostor dijo cuando aún vivía: «Después de tres días resucitaré». Ordena, pues, que el sepulcro sea custodiado hasta el tercer día, no sea que vengan sus discípulos, lo roben y digan a la gente: «Ha resucitado de entre los muertos, y sea el último fraude peor que el primero». Pilato les dijo: «Tenéis una guardia; id y aseguradlo lo mejor que podáis». Ellos fueron y aseguraron el sepulcro sellando la puerta y poniendo guardia.[74]

Sin embargo, el cuerpo de Cristo desapareció y así iniciaba la que se convertiría en la más popular y extendida creencia; pero ni las curaciones ni los milagros ni la tortura y su doloroso martirio, ni el misterio de la resurrección eclipsan la brillantez y el carácter profundamente humano de su bella doctrina. En efecto, Cristo es amor. A pesar de que ya lo mencionamos cuando abordamos la lucha pacifista de Gandhi, no sobra citar lo que decía magistralmente Tolstói sobre el cristianismo: «A diferencia de la fraternidad positivista, comunista y socialista, para la concepción cristiana del mundo el amor no es una necesidad, ni se concentra en nada, sino que es un rasgo esencial del alma humana. El hombre ama no porque le sea ventajoso amar a este o aquellos, sino porque el amor es la esencia de su alma, porque no puede no amar».[75] Y sin embargo, yo agregaría a tan certera definición que, aun cuando el amor es innato al ser humano, necesita ser cultivado, ejercitado y exaltado como forma de vida, para evitar que sea opacado por la ambición que se produce en sociedades dominadas por el lucro y la opulencia. El cristianismo no solo es creer y rezar; hay que predicar con el ejemplo. No confiar solo en la oficialidad y el ritual, porque hasta el mismo Satanás finge ser creyente. Además, si solo existiera de manera incipiente en la intimidad del ser humano ese llamado «instinto bestial», podría ser despertado y alentado por la ambición a lo superfluo, efímero o banal, pero deslumbrante y tentador como el demonio. Por eso mismo, como decía el poeta José Martí, es importante no solo buscar en la vida el bienestar material sino también, y sobre todo, el bienestar del alma. En mi opinión, todos los seres humanos nacemos buenos y los vicios del egoísmo y la práctica de triunfar a toda costa sin escrúpulos morales de ninguna índole se adquieren por las circunstancias que enfrentamos en el transcurrir de nuestra vida. Creo en el humanismo cristiano argumentado por Tolstói, según el cual el amor existe de manera innata entre nosotros y, aun con el acuerdo de subordinación a las reglas sociales impuestas por cualquier autoridad o grupo dominante, que suelen resultar desventajosas para las mayorías, de todas maneras sigue existiendo, en el fondo de nuestras almas, ese sentimiento de fraternidad hacia nuestros seres queridos y semejantes. Incluso, es posible que los sistemas políticos y la opresión social impuestos e impulsados por la codicia de minorías, opaquen esos sentimientos y predominen en alguna clase, y hasta en sectores mayoritarios, los afanes de lucro y codicia; más aún, puede transitoriamente la búsqueda de lo material situarse por encima de la bondad, pero el espíritu del bien no desaparece y siempre se mantendrá latente para cuando las circunstancias lo demanden.

Contrario a este parecer, y con otro enfoque, se ha sostenido de manera extremista, superficial y manipulada la idea aristotélica de que nacemos siervos por naturaleza por nuestra falta de entendimiento, y que solo adquiriendo la virtud transmitida por amos y señores podríamos llegar a obtener la condición de hombres libres. A esta concepción, utilizada por siglos para oprimir y esclavizar a indígenas de América y de otros continentes, había que agregar otra más refinada, inteligente y bien argumentada, aunque también cuestionable, acerca de que solo debe prevalecer lo racional y soslayarse lo espiritual o lo místico, pues los seres humanos, como lo sostenía Freud, ya lo repasamos en las aportaciones de Stefan Zweig sobre la imposición de la brutalidad del fascismo hitleriano, con la idea o criterio de que los malos instintos que subsisten en la naturaleza humana son «como fuerzas inextirpables», muy difíciles de enfrentar aun con el desarrollo de virtudes y la civilización; en otras palabras, se niega «la supremacía de la cultura sobre los instintos»; concepción que respeto, pero no comparto. Insisto, la bondad del ser humano no permite el predominio de los malos instintos; aun cuando el autoritarismo y la ambición por lo material puedan imponerse de manera transitoria, siempre serán contrarios a la naturaleza misma de los seres humanos.

Mi opinión es que, aun si existiera esa pequeña porción de maldad en nuestra condición humana, nunca sería superior y menos insuperable ante la bondad innata que se cultiva con la virtud y las circunstancias de nuestro entorno familiar y social, máxime si se busca vivir en una sociedad cada vez más justa y fraterna, donde no pueda alimentarse la avaricia por encima de los sentimientos humanitarios. Quizá la fórmula sea preservar todo lo bueno que nos ha dado Dios, o la naturaleza. Organizarnos como lo recomendó Jean-Jacques Rousseau mediante su *Contrato social,* pero agregando o reforzando no solo el criterio del bienestar material o el de alcanzar los satisfactores básicos para la supervivencia, sino también incorporando preceptos relacionados con nuestras culturas y aplicando las sencillas lecciones o cláusulas de que el mal solo puede enfrentarse haciendo el bien, que no debemos dar la espalda a los dolores de la humanidad y que solo siendo buenos podremos ser felices.

Tanto el cristianismo como el judaísmo padecieron de represión durante la primera época del Imperio romano y, de una u otra manera, lograron resistir para perdurar. En el caso del cristianismo, luego de la condena a muerte para Jesús, tanto judíos como romanos continuaron aliándose para combatir a los apóstoles y fieles a la doctrina del Nazareno. En el Nuevo Testamento se asegura en varios párrafos que el Sanedrín, tribunal judío que había juzgado a Jesús, violando sus propias normas, también decidió perseguir y encarcelar a muchos cristianos. A esa directiva se le atribuyó la lapidación de Esteban, uno de los primeros mártires del catolicismo, pues tanto para los judíos como para los romanos la doctrina cristiana resultaba subversiva: por un lado, postulaba la redención de los pobres, y por el otro, hablaba de crear un nuevo reino, un nuevo poder, aquí en la Tierra. Aun cuando se ha llegado a sostener que al principio fue mayor la represión de los judíos hacia los cristianos, lo cierto es que, con algunas excepciones, los emperadores siempre vieron a los cristianos como sediciosos y aferrados a la idea de que había llegado el Mesías, el Salvador, el verdadero Rey de Reyes. Téngase en cuenta que los primeros cristianos habían sostenido con profunda convicción que Jesús era el único señor de señores y el único hijo verdadero de Dios, y se negaban a rendirle culto a los emperadores romanos que en ese tiempo pretendían ser tratados como deidades; por ello, los hombres del poder, independientemente de la falta de respeto a las personas y a sus normas religiosas, veían como un desacato contra el imperio la actitud de los seguidores del ideal cristiano, y esto era el origen de las más crueles represiones. Insisto: las ideas de justicia de la doctrina cristiana chocaban con el carácter autoritario del régimen esclavista romano y se convertían en una amenaza al orden social establecido tanto por autoridades como por las clases privilegiadas de la época.

La historia registra que en los tres primeros siglos de la era cristiana diez emperadores se dedicaron a reprimir a los seguidores de la doctrina de Jesús. Nerón encabeza la lista, pero también aparecen Domiciano, Trajano, Marco Aurelio, Septimio Severo, Maximiano, Decio, Valeriano, Aureliano y Diocleciano, todos los cuales acusaron a los primeros cristianos de diversos delitos. Como se aprecia en la obra de Tertuliano, en *Apología contra los gentiles,* escrita en el año 200, los acusaban con inventos o cosas fantasmagóricas; decían, por ejemplo:

> Que en la nocturna congregación sacrificamos y nos comemos un niño. Que en la sangre del niño degollado mojamos el pan y empapado en la sangre comemos un pedazo de cada uno. Que unos perros que están atados a los candeleros los derriban forcejeando para alcanzar el pan que les arrojamos bañado en sangre del niño. Que en las tinieblas que ocasiona el forcejeo de los perros, alcahuetes de la torpeza, nos mezclamos impíamente con las hermanas o las madres. De estos delitos pregona por la voz clamorosa popular y aunque a tiempo que la fama las imputa, hasta hoy no ha tratado el Senado de averiguarlos.[76]

La persecución de este tiempo contra los cristianos fue severa e incluía toda suerte de atropellos, desde cárcel hasta asesinatos masivos. Nerón (64-68) los culpó del incendio de Roma y los reprimió con crueldad; Domiciano (81-96) mandó a crucificar a Simeón, obispo de Jerusalén, y decretó que «ningún cristiano, una vez traído ante un tribunal, quede exento de castigo sin que renuncie a su religión».[77] Trajano (109-111), más benévolo, solo pide que se retracten y digan que «adoran a nuestros dioses, de lo contrario se les debe ejecutar».[78] Marco Aurelio (161-180) condenó a muerte al filósofo Justino, quien fue martirizado y decapitado en Roma. Septimio Severo (202-210), según consigna el teólogo y filósofo Clemente de Alejandría, ordenó que muchos mártires fueran quemados, confinados o decapitados en las plazas, y en el año 202 promulgó una ley contra el cristianismo y el judaísmo. Maximino (235) persiguió fundamentalmente a los jefes del cristianismo y desterró a jerarcas como

Ponciano e Hipólito a la isla de Cerdeña. Decio (249-251) tuvo entre sus mártires al papa Fabián y a Santa Ágata; también mandó torturar a Orígenes, el famoso erudito, asceta y teólogo, quien murió posteriormente por esa causa. Muchos cristianos fueron sacrificados por no aceptar la regla impuesta por Decio de que todo ciudadano debía ofrecer un sacrificio para gloria del emperador bajo la vigilancia de un oficial romano, por lo cual obtendría un certificado que le brindaba impunidad. En el reinado de Valeriano (256-259) todos los clérigos cristianos tenían que ofrecer sacrificios a los dioses romanos; de no hacerlo, en una primera instancia eran primero desterrados y, si reincidían, se les condenaba a muerte. Entre las víctimas de este emperador se encuentra San Cipriano, obispo de Cartago, y Sixto II, obispo de Roma. Aureliano (270-275) aunque no fue represor contra los cristianos, quiso fortalecer como dios único al Sol, con la idea que después retomó Constantino el Grande, según la cual «un dios, un imperio». A Diocleciano (303-313) se le conoce como uno de los más terribles perseguidores; se propuso reafirmar el culto imperial por encima de todo y arrasó ciudades cristianas enteras; a su tiempo se le identifica como la era de los mártires y entre los más célebres se reconoce a Sebastián, Pancracio e Inés.

La represión a los antiguos cristianos, como hemos visto, tenía como propósito de fondo la subordinación incondicional a los dioses-emperadores romanos, pero también era motivada por una preocupación: el cristianismo resultaba muy atractivo para la mayoría de los pueblos; se trataba inicialmente de una religión que revindicaba a los humildes y desposeídos, y a los que padecían injusticias como los pobres y, en especial, a la muchedumbre de esclavos; en suma, a quienes integraban las bases sociales de un imperio decadente, por lo cual esta doctrina de fe y esperanza se pudo extender rápidamente y resistir todo tipo de prohibiciones y castigos de los representantes del poder económico y político, quienes, finalmente, no pudieron detener su marcha y su gloria. De modo que, cuando Constantino el Grande decidió convertir al cristianismo en la religión oficial del Imperio romano, no estaba actuando solo como simpatizante de una religión, sino también como político que buscaba congraciarse ante muchos y fortalecer, con esa doctrina, el poder del Estado.

•••

Antes de entrar al inicio de la época del nuevo imperio, con sede en Constantinopla, y con el cristianismo como religión oficial, es pertinente narrar la suerte que corrió la alianza entre judíos y romanos luego de la crucifixión de Jesús y de la persecución de sus fieles que, según mi punto de vista, resulta otro episodio clave en la preservación de la religión judía. Todos los historiadores coinciden en que el acuerdo original de que la élite hebrea gobernara Jerusalén con una relativa autonomía, ocupada de los asuntos públicos y religiosos a cambio de cobrar y transferir los impuestos a los romanos, perduró, con eventuales crisis, hasta los años del 66 al 70 d. C., cuando se produjo la rebelión de los Zelotes y otros contrarios a la opresión del Imperio, lo que desató una terrible guerra en la que los romanos resultaron victoriosos, tomaron la ciudad de Jerusalén, la arrasaron y la destruyeron. Un especialista del tema, el profesor W. D. Davies, hace una observación muy fina sobre este episodio y advierte cómo, en las vísperas de la guerra, un rabino o pastor visionario tomó la iniciativa de fundar en las afueras de Jerusalén, en Jamnia, una escuela para mantener viva la religión judía. Escribe:

> Con la matanza durante la guerra y con el posterior sometimiento a esclavitud parecía llegado el fin del judaísmo y de la nación judía. ¿Qué hizo sobrevivir al judaísmo hasta el punto de que, todavía en nuestros días, constituya una fuerza llena de vitalidad? El factor principal fue la obra de un hombre llamado R. Yojanán ben Zakkai, quien, inmediatamente antes de la caída de Jerusalén, obtuvo permiso para fundar una escuela en Yamnia, pequeña localidad de la periferia. Ya antes de la terminación de la guerra había procurado reunir en torno suyo a un buen número de maestros judíos a fin de conservar la tradición del judaísmo. Se dice que, gracias a una hábil maniobra, logró engañar a Roma y, mediante la fundación de lo que parecía una simple escuela en Yamnia, salvar el judaísmo. A raíz de la caída de Jerusalén, los principales rabinos del judaísmo se reunieron en Yamnia y prosiguieron su tarea de estudiar la ley.[79]

El maestro Davies explica la estrategia que siguieron los rabinos de Yamnia para lograr su propósito de, ante todo, salvar la doctrina:

> Hubo que hacer frente a dos peligros: las divisiones internas de los judíos y las presiones externas procedentes del paganismo, del gnosticismo y del cristianismo. En primer lugar, los rabinos de Yamnia hubieron de estrechar sus propias filas, excluyendo del mismo judaísmo toda corriente de disidencia. Zanjaron las viejas diferencias existentes entre dos escuelas rivales, la de Hillel y la de Shammai. Se estableció un calendario común para todos los judíos a fin de fijar una observancia uniforme de las fiestas; se procuró configurar una liturgia común para la sinagoga; se fijó el canon del Antiguo Testamento; se dio una mayor importancia al rabinato y, lo que es más, se comenzó a fijar la tradición de la ley judía; también la Misná, código del derecho judío, empezó a tomar forma. Así, después del año 70, después de lo que parecía una ruina total, el judaísmo rabínico, gracias al esfuerzo de los rabinos de Yamnia, surgió imponente de las cenizas de la guerra como una formidable fuerza unificada.[80]

La profundidad de este relato radica en que lo más importante no es lo material ni las victorias militares, sino las culturas y las doctrinas que salvan y hacen perdurar los ideales y las esperanzas de los pueblos. Ya hemos visto cómo Japón resurgió después de sufrir el bombardeo atómico; cómo China, con millones de muertos en la guerra contra Japón y otras potencias, ha salido adelante por su mística. Así el cristianismo, el judaísmo, y otras religiones y creencias. También, como veremos adelante, esas enseñanzas de las antiguas civilizaciones que hemos heredado los mexicanos son las que nos han ayudado a enfrentar crisis y calamidades de toda índole, así como a mantener en alto nuestro orgullo y dignidad.

En el caso que nos ocupa, es importante también destacar que, luego de esta guerra, que se saldó con una más de las varias destrucciones que sufrió Jerusalén, vendría la embestida que ordenó Adriano (117-138), a quien Maquiavelo incluye entre los cinco mejores gobernantes de Roma durante los tres primeros siglos. Sin embargo, la decisión de crear una nueva ciudad en Jerusalén con templos de otras religiones, cancelar la circuncisión y el respeto al sábado, entre otras medidas impositivas, llevó a que el jefe del Sanedrin, el rabí Akiva, convenciera a otros miembros de esa institución para que nombraran como líder de la rebelión contra el imperio a Simón bar Kojba, quien organizó un ejército rebelde para enfrentar a las legiones romanas. En los primeros enfrentamientos, los israelitas triunfaron e instauraron un Estado soberano; no obstante, el poderío militar imperial terminó imponiéndose luego de dos años de una intensa y sangrienta guerra conocida como «la guerra del exterminio». Se dice que esta derrota fue tan terrible para los hebreos que con ella «desapareció cualquier posibilidad de un renacimiento semita como expresión política, religiosa o cultural, una situación que se perpetuaría hasta el surgimiento del sionismo en el siglo XIX».[81] Esto resulta, cuando menos, discutible, pues, si bien es cierto que a finales del siglo XIX se reagrupó el sionismo político moderno ante la convocatoria de Theodor Herzl, durante todos los siglos transcurridos a lo largo del intervalo de un suceso a otro siempre hubo actos de protesta y represión a favor o en contra de las comunidades judías, las cuales mantuvieron vigentes su ley y su religión.

•••

Regresando al dominio de los emperadores romanos y del cristianismo como religión de Estado, es indudable que Constantino tuvo la habilidad de establecer el monoteísmo cuando en todas las civilizaciones antiguas había predominado la creencia en varios dioses. Además, la historia registra que este jerarca había gobernado consiguiendo estabilidad y progreso. Es difícil encontrar a un emperador como Constantino, aun cuando con su muerte, al término de su mandato, comienza una decadencia que se prolongará por 12 siglos hasta el fin de la Edad Media y el inicio del periodo conocido como Renacimiento; la etapa posterior a él no fue más que sojuzgamiento de pueblos, opresión y guerras de las nuevas potencias, tanto por sus invasiones coloniales como por sus luchas internas por el poder económico y político.

Considero de interés hacer un repaso breve de lo bueno que hicieron los emperadores de Roma, empezando por los cinco escogidos por Maquiavelo, e incluyendo a Constantino, para luego justificar por qué se trató de un largo periodo decadente en la historia del Viejo Continente, y mucho menos creativo que las antiguas civilizaciones como la china, la hindú, la persa, la egipcia y la griega.

Para Maquiavelo, los cinco emperadores buenos son Nerva, Trajano, Adriano, Antonino Pío y Marco Aurelio. De Nerva (96-98) se dice que, aunque gobernó poco, reconcilió a los romanos, particularmente, al ejército, al senado y al pueblo, los plebeyos. Ello se considera importante porque le tocó asumir el mando luego de una conspiración palaciega y del asesinato del emperador Domiciano. Asimismo, se le recuerda por haber adoptado como sucesor al popular Trajano, quien, a la muerte de Nerva, reinó durante casi 20 años, del 98 hasta el 117. Trajano era originario de Bética, en la actual Andalucía, España, y se le reconoce por haber usado al mismo tiempo la espada y la filantropía. Durante su reinado se propuso expandir el dominio territorial de Roma y logró su propósito, invadiendo y anexando regiones en Dacia, Arabia Pétrea, Partia y Susa, del actual Irán. En su gobierno hubo paz, no fue corrupto y realizó varias obras públicas como caminos, edificios, acueductos y mercados, además de que eliminó la costumbre del abrazo de los pies o el besamanos. En su vida personal, solo un historiador de la época, Dion Casio, señala que, aun cuando estaba casado, no tuvo hijos, y le gustaban el vino y los jóvenes: «Sé, por supuesto, que se dedicaba a los chicos y al vino, pero si él cometió o soportó algún acto abyecto o infame como resultado de esto, habría incurrido en censura, en cambio, bebió todo el vino que quiso, pero permanecía sobrio, y en relación con los chicos no hirió a nadie».[82]

Téngase presente, también, que en las antiguas civilizaciones y en esa época no existían los prejuicios sexuales de la llamada moralidad religiosa medieval. Además, en el terreno de lo público, Trajano, al igual que su sucesor Adriano, era abiertamente homosexual. En el caso de Trajano, lo más cuestionable fue que permitió los sacrificios de esclavos y animales en los espectáculos del circo. Por ejemplo, después de sus triunfos militares en Dacia y Arabia, celebró en el Coliseo romano una gran fiesta en la que se combinaron carreras de cuadrigas, lucha con animales y de gladiadores. Entonces se dijo que este espectáculo sangriento había dejado 11 000 muertos, en su mayoría esclavos y criminales, por no mencionar a los miles de bestias feroces muertas junto con ellos, y «atrajo a un total de cinco millones de espectadores». Pero si esto es sin duda reprobable y bárbaro, existe a su favor —o en abono a su gestión— que protegió con una ley a los pequeños propietarios acechados por latifundistas, defendió a los campesinos y entregó alimentos al pueblo, con «un programa de bienestar que ayudaba a niños huérfanos y pobres por todo el imperio». Además de comida, el programa contemplaba la educación subvencionada.[83]

Tras su muerte, Trajano fue sucedido por Adriano (117-138), quien gobernó Roma por 21 años y es considerado el tercero de los cinco emperadores buenos; en los hechos, es, de todos, el mayor promotor del arte y la cultura. Él mismo era un intelectual consumado. Su mejor biografía es la escrita por la genial Marguerite Yourcenar: *Memorias de Adriano.* Es una novela histórica imprescindible con enseñanzas para los menesteres en la política y de la vida misma, escrita en forma de una extensa e imaginaria carta que el personaje principal le escribe a Marco Aurelio, quien sería su sucesor, como una manera de prepararlo para el cargo; en realidad, es un tratado de buena literatura. Algunos lectores han dedicado tiempo solo a escoger las frases más destacadas de esta obra y bien vale la pena transcribir algunas:

1. Los escritores mienten, aun los más sinceros.
2. [...] Nada es más lento que el verdadero nacimiento de un hombre.
3. Todo ser que haya vivido aventura humana, vive en mí.
4. Vuelvo a pensar en ti y te vuelvo a olvidar.
5. Mis primeras patrias fueron los libros y, en menor grado, las escuelas.
6. Casi todo lo que los hombres han dicho de mejor lo han dicho en griego.
7. La inteligencia serena, la perfecta honradez de Jenofonte le servían desde entonces de modelo.
8. La victoria y la derrota se mezclarán, confundidas, rayos diferentes de la misma luz solar.
9. Cuerpo, compañero, juntos nos moriremos. No puedo no querer la sombra que tenemos, no apresar con ella el resplandor de un verso.
10. He llegado a la edad en que la vida, para cualquier hombre, es una derrota aceptada.
11. Lo esencial es que el hombre que llega al poder haya probado luego que merecía ejercerlo.
12. El verdadero lugar de nacimiento es aquel donde por primera vez nos miramos con una mirada inteligente.
13. Un hombre que lee, que piensa o que calcula, pertenece a la especie y no al sexo; en sus mejores momentos llega a escapar a lo humano.
14. No sabía que el dolor contiene extraños laberintos por los cuales no había terminado de andar.
15. De cada arte practicado en un tiempo, extraigo un conocimiento que me resarce en parte de los placeres perdidos.
16. Pocos hombres aman durante mucho tiempo los viajes, esa ruptura perpetua de los hábitos, esa continua conmoción de todos los prejuicios.
17. Dudo de que toda la filosofía en este mundo consiga suprimir la esclavitud; a lo sumo le cambiarán el nombre.
18. La posibilidad de quitarse la máscara en todas las ocasiones es una de las raras ventajas que reconozco de la vejez.
19. Había olvidado que ciertos seres modifican los límites del destino, cambian la historia.
20. No desprecio a los hombres. Si así fuera no tendría ningún derecho, ninguna razón para tratar de gobernarlos.
21. ¿Por qué su espíritu, aun en sus mejores días, solo posee una parte de los poderes asimiladores de un cuerpo?
22. Una parte de cada vida, y aun de cada vida insignificante, transcurre en buscar las razones de ser, los puntos de partida, las fuentes.
23. Nuestro gran error es intentar obtener de cada uno en particular las virtudes que no tiene, y desdeñar el cultivo de las que posee.
24. No es indispensable que el bebedor abdique a su razón pero el amante que conserva la suya no obedece del todo a su dios.
25. [...] olvidaba que en todo combate entre el fanatismo y el sentido común, pocas veces logra este último imponerse.

26. El deseo de detallar exactamente las riquezas que nos aportan cada nuevo amor, de verlo cambiar, envejecer quizá, no se concilia con la multiplicidad de las conquistas.
27. Los seres humanos confiesan sus peores debilidades cuando se asombran de que un amo del mundo no sea de una estúpida indolencia, presunción o crueldad.
28. [Sobre el amor] De todos nuestros juegos, es el único que amenaza transformar el alma, y el único donde el jugador se abandona por fuerza al delirio del cuerpo.
29. Quería el poder. Lo quería para imponer mis planes, ensayar más remedios, restaurar la paz. Sobre todo lo quería para ser yo mismo antes de morir.
30. Cada uno de nosotros posee más virtudes de lo que cree, pero solo el éxito las pone de relieve, quizá porque entonces se espera que dejemos de manifestarlas.
31. La moral es una convención privada; la decencia, una cuestión pública; toda licencia demasiado visible me ha hecho siempre el efecto de una ostentación de mala ley.
32. [...] Suelo pensar en la hermosa inscripción que Plotina había hecho grabar en el umbral de la biblioteca creada para sus afanes en pleno foro de Trajano: Hospital del alma.
33. Fundar bibliotecas equivalía a construir graneros públicos, amasar reservas para un invierno del espíritu que, a juzgar por ciertas señales y a pesar mío, veo venir.
34. Mi caballo reemplazaba las mil nociones vinculadas al título, la función y el nombre, que complican la amistad humana, por el único conocimiento de mi peso exacto de hombre.
35. No amaba menos, sino al contrario. Pero el peso del amor, como el de un brazo tiernamente posado sobre un pecho, se hacía cada vez más difícil de soportar.
36. Por mi parte creo que aquel espíritu inculto era de los que se dejan atrapar por sus propias mentiras, y que el fanatismo corría en él parejo con la astucia.
37. Trajano había llegado a ese momento de la vida, variable para cada hombre, en el que ser humano se abandona a su demonio o a su genio, siguiendo una ley misteriosa que le ordena destruirse o trascenderse.
38. La palabra escrita me enseñó a escuchar la voz humana, un poco como las grandes actitudes inmóviles de las estatuas que enseñaron a apreciar los gestos. En cambio, y posteriormente, la vida me aclaró los libros.
39. Una buena voluntad admirable se concentró en torno a mí; la reducida tropa que mandaba tenía en su estrecha cohesión una forma suprema de virtud, la única que soportó todavía: su firme determinación de ser útil.
40. Esta mañana pensé por primera vez en mi cuerpo, ese compañero fiel, ese amigo más seguro y mejor conocido que mi alma, no es más que un monstruo solapado que acabará de devorar a su amo.
41. La renuncia a montar a caballo es un sacrificio aún más penoso: una fiesta no para de ser un adversario, pero el caballo era un amigo. Si hubiera podido elegir mi condición, habría elegido la de centauro.
42. Cada hombre está eternamente obligado, en el curso de su breve vida, a elegir entre la esperanza infatigable y la prudente falta de esperanza, entre las delicias del caos y las de

la estabilidad, entre el Titán y el Olímpico. A elegir entre ellas, o a acordarlas alguna vez entre sí.

43. La abstinencia o el exceso comprometen al hombre solo; pero salvo en el caso de Diógenes, cuyas limitaciones y cuya razonable aceptación de lo peor se advierten por sí mismas, todo movimiento sensual nos pone en presencia del otro, nos implica en las exigencias y las servidumbres de la elección.
44. Entreveía la posibilidad de helenizar a los bárbaros, de atizar a Roma, de imponer poco a poco al mundo la única cultura que ha sabido separarse un día de lo monstruoso, de lo informe, de lo inmóvil, que ha inventado una definición del método, una teoría de la política y de la belleza.
45. Había gobernado un mundo infinitamente más vasto que aquel donde viviera el ateniense; había mantenido la paz en él, aparejándolo como a un bello navío para un viaje que durará siglos; había luchado lo mejor posible para favorecer el sentido de lo divino en el hombre, sin sacrificar lo humano. Mi felicidad era una retribución.
46. Soy capaz de imaginar formas de servidumbre peores que las nuestras, por más insidiosas, sea que se logre transformar a los hombres en máquinas estúpidas y satisfechas, creídas de su libertad en pleno sometimiento, sea que, suprimiendo los ocios y los placeres humanos, se fomente en ellos un gusto por el trabajo tan violento como la pasión de la guerra entre las razas bárbaras.
47. Me repetía que era vano esperar para Atenas y para Roma esa eternidad que no ha sido acordada a los hombres sí a las cosas, y que los más sabios de entre nosotros niegan incluso a los dioses.
48. Esas formas sapientes y complicadas de la vida, esas civilizaciones satisfechas de sus refinamientos del arte y la felicidad, esa libertad espiritual que se informa y que juzga, dependen de probabilidades tan innumerables como raras, de condiciones casi imposibles de reunir y cuya duración no cabe esperar.
49. Esos sabios libres del mundo antiguo pensaban como nosotros en términos de física o de fisiología universal: consideraban posible el fin del hombre y la muerte del mundo. Plutarco y Marco Aurelio no ignoraban que los dioses y las civilizaciones pasan y mueren. No somos los únicos que miramos cara a cara un inexorable porvenir ante nosotros.[84]

Tras leer las frases que Yourcenar pone en voz de Adriano, no cabe duda de que se trataba de un emperador filósofo cuya convicción era equilibrar el pensamiento y la acción. Es entendible el por qué Adriano no opta por mayores conquistas y guerras, a excepción de la judía, y de la famosa obra de construir una muralla de manera preventiva para proteger a Britania de posibles ataques de bárbaros, obra que en la práctica resultó inservible, como suele suceder con estos muros que, al paso del tiempo, quedan abandonados o no logran impedir la entrada a nadie. Adriano era, en términos generales, pacifista, y aunque no abolió la esclavitud, siguiendo el mal consejo de Aristóteles —quien tanto ayudó a justificar las tiranías por siglos—, sí evitó el abuso a los siervos y condenó la tortura. Sus cenizas fueron depositadas en un mausoleo construido en su honor, en Roma, a la orilla del río Tíber, edificio que, al paso del tiempo, se convirtió en una fortaleza cristiana conocida como el Castillo de Sant'Angelo. Adriano duró mucho tiempo enfermo. La conseja popular afirma que escribió su propio epitafio a manera de epigrama, en su lecho de muerte, y Marguerite Yourcenar lo parafrasea en prosa de la siguiente manera, cerrando con broche de oro su novela:

> Mínima alma mía, tierna y flotante, huésped y compañera de mi cuerpo, descenderás a esos parajes pálidos, rígidos y desnudos, donde habrás de renunciar a los juegos de antaño.

Para rematarlo con otro pensamiento del estoico emperador:

> Todavía un instante miremos juntos las riberas familiares, los objetos que sin duda no volveremos a ver... tratemos de entrar en la muerte con los ojos abiertos.[85]

El cuarto de los cinco emperadores buenos, según Maquiavelo, fue Antonino Pío, quien sustituyó a Adriano y gobernó del 11 de julio de 138 hasta su muerte, el 7 de marzo de 161. Su mandato duró 23 años. En todo este tiempo no hubo guerras y en el territorio del imperio prevaleció la estabilidad política. Roma prosperó en lo económico y comercial. Es poco lo que se sabe de su gobierno, fundamentalmente conocido por haber alcanzado la paz durante un largo periodo. Es importante añadir que, durante su reinado, Pío no salió de Roma, cosa nunca antes vista. También es conveniente señalar que en la calificación sobre el buen gobierno de los emperadores influía mucho su durabilidad en el trono, pues era signo de estabilidad política y paz social. Esto impactaba porque, a lo largo de varios siglos, prevalecieron la violencia y la anarquía, a tal grado que, al inicio de la monarquía simulada, Roma tuvo, en un solo año —el 69 d. C.—, cuatro emperadores. En contraste, cuatro de los cinco reconocidos como buenos emperadores —Trujano, Adriano, Antonino Pío y Marco Aurelio— gobernaron, en promedio, 20 años cada uno.

El último de la también conocida Edad de Oro del Imperio romano fue Marco Aurelio, quien reinó desde la muerte de Pío hasta la suya, o sea, del 8 de marzo de 161 al 17 de marzo de 180. Marco Aurelio también era filósofo y humanista. Como Adriano, evitó abusos hacia los esclavos; era filósofo estoico y autor de una obra que alcanzó prestigio porque la escribió, según John Stuart Mill, «de manera exquisita y con infinita ternura».[86] En efecto, Marco Aurelio supo repartir su tiempo entre filosofar y gobernar. Su obra *Meditaciones,* que abarca doce libros, es, como se ha dicho, una especie de nuevo *Sermón de la montaña,* aunque añadiría que de corte básicamente laico. También por su pensamiento estoico interesó a muchos, como el propio Mill. Este filósofo inglés del siglo XIX, al igual que su precursor, Adam Smith —ambos, padres de la teoría económica moderna, con su liberalismo utilitario—sabían, por su excepcional inteligencia, que su modelo fundado «solo en la acumulación de capital» resultaba trivial e injusto si no se hacía acompañar de un ideal moral y humanista: a esto obedeció el libro de Adam Smith, *La teoría de los sentimientos morales,* y la insistencia de Mill en afirmar que «la felicidad es el único fin de la acción humana».[87] Incluso llegó a mostrar «una generosa indignación moral contra las injusticias en una sociedad capitalista que, como él decía, distribuía el producto del trabajo casi en proporción inversa al trabajo realizado».[88]

Por esta razón, Mill admiró la obra de Marco Aurelio, que es en realidad un tratado filosófico de inteligentes máximas, consejos e ideas que se mantienen vigentes hasta nuestros días. De cientos de ellas escogí solo 20, las más breves, aun cuando casi todas son aleccionadoras:

1. El haberme detenido a pensar cómo es la envidia, la astucia y la hipocresía propia del tirano, y que, en general, los que entre nosotros son llamados «eupátridas»,[89] son en cierto modo, incapaces de afecto.
2. No te asocies a las opiniones que los insolentes juzgan verdaderas, sino que debes examinar las cosas en sí mismas y por lo que son en realidad.
3. La mejor forma de vengarte de los que te injurian es que no los imites.
4. Si alguien pudiese convencerme y hacer patente que no pienso ni obro rectamente, con agrado cambiaría de conducta. Busco la verdad que no ha dañado nunca a ninguno; que es dañarse, por el contrario, obstinarse en su error y en su ignorancia.
5. Ajústate a aquellas cosas a las que te ha ligado la suerte; ama a los hombres (y mujeres) que la suerte te dio por compañeros, pero desde el fondo de tu corazón.
6. Lo que no es útil a la colmena, no lo es tampoco a la abeja.
7. Haga o diga el otro lo que le cuadre, conviene a mi ser hombre de bien.
8. Recógete dentro de ti mismo. La mente que te dirige es tal por naturaleza, que se basta a sí misma cuando practica la justicia y, con ello, conserva su calma.
9. Es cosa regia hacer mercedes, recibiendo en pago calumnias.
10. Cuando hubieren hecho un favor y otro lo hubiere reconocido, ¿qué otra tercera satisfacción buscas todavía, como hacen los necios?, ¿la de pasar como bienhechor o ser pagado con una recompensa?
11. Recibir con orgullo, desprenderse sin apego.
12. El que peca, peca contra sí mismo; el que comete una injusticia, contra sí la comete, y a sí mismo se daña.
13. Siempre que otro te vitupere, odie, o profieran palabas semejantes, penetra en sus pobres almas, adéntrate en ellas y observa qué clase de gente son. Verás que no debes angustiarte por lo que esos piensen de ti. Sin embargo, hay que ser benevolentes con ellos, porque son, por naturaleza, tus amigos. E incluso los dioses les dan ayuda total, por medio de sueños, oráculos, para que, a pesar de todo, consigan aquellas cosas que motivan en ellos desavenencias.
14. No sigas discutiendo ya acerca de qué tipo de cualidades debe reunir el hombre bueno, sino trata de serlo.

15. ¿He realizado algo útil a la comunidad? En consecuencia, me he beneficiado. Salga siempre a tu encuentro y ten a mano esta máxima, y nunca la abandones.
16. Recordar constantemente a cualquiera de los antiguos que haya practicado la virtud.
17. Acostúmbrate a todo, incluso a cuantas cosas no te merecen confianza, porque también la mano izquierda para las demás acciones, debido a su falta de costumbre, es inútil, y, sin embargo, sostiene con más poder el peso que la derecha, pues a este menester está habituada.
18. ¡Cuidado! No te conviertas en un césar, no te tiñas siquiera, porque suele ocurrir. Mantente, por tanto, sencillo, bueno, puro, respetable, sin arrogancia, amigo de lo justo, piadoso, benévolo, afable, firme en el cumplimiento del deber. Lucha por conservarte tal cual la filosofía ha querido hacerte. Respeta a los dioses, ayuda a salvar a los hombres. Breve es la vida. El único fruto de la vida terrenal es una piadosa disposición y actos útiles a la comunidad.
19. ¿Se teme el cambio? ¿Y qué puede producirse sin cambio? ¿Existe algo más querido y familiar a la naturaleza del conjunto universal? ¿Podrías tú mismo lavarte con agua caliente si la leña no se transformara? ¿Podrías nutrirte, si no se transformaran los alimentos? Y otra cosa cualquiera entre las útiles, ¿podría cumplirse sin transformación? ¿No te das cuenta, pues, de que tu propia transformación es algo similar e igualmente necesaria a la naturaleza del conjunto universal?
20. Si tuvieras simultáneamente una madrastra y una madre, atendería a aquélla, pero con todo, las visitas a tu madre serían continuas. Eso tienes tú ahora: el palacio y la filosofía. Así pues, retorna a menudo a ella y en ella reposa; gracias a esta, las cosas de allí te parecen soportables y tú eres soportable entre ellos.[90]

Este último punto resume la vida del emperador Marco Aurelio: la filosofía y el palacio. Es indiscutible que, en pensamiento, superó con creces la prueba, así lo acredita su obra; y en cuanto a la acción política, su gobierno fue bastante agitado. En lo militar tuvo que enfrentar invasiones al territorio romano por parte del Imperio persa; lo mismo sucedió con las constantes invasiones de los pueblos germánicos en la frontera norte del imperio, sobre todo con ataques a la Galia y a lo largo del Danubio. No obstante, le ayudó mucho la lealtad que siempre le dispensó, en los hechos, el otro heredero al trono, Lucio Vero, quien, a diferencia del filósofo Marco Aurelio, era un hombre de armas, motivo por el cual los partes de guerra siempre favorecieron a Roma. Los historiadores destacan de este periodo el padecimiento de una pandemia de «viruela» o «sarampión» que solo en la ciudad de Roma causó la muerte de 2000 personas diariamente y que se extendió por todo el imperio desde el año 165 al 180 d. C. Se estima que perecieron millones de personas y, entre otros, perdió la vida el propio Lucio Vero; también al paso del tiempo, Marco Aurelio enfermó de viruela y falleció en compañía de su hijo y sucesor, Cómodo, el 17 de marzo de 180 en la ciudad de Vindobona, hoy conocida como Viena.

Con su muerte termina una época de estabilidad y buenos gobiernos, dirigidos por hombres inteligentes y eficaces. Y no es sino más de un siglo después, con la llegada de Constantino como emperador, que vuelve a hacerse historia, sobre todo por su trascendente decisión de convertir al cristianismo en religión de Estado.

Este hecho ha sido cuestionado desde sus orígenes y tanto cristianos como no creyentes lo consideran un acto de traición que trasgredió principios políticos de libertad religiosa, fortaleció el monoteísmo e incluso contradijo el lineamiento de Jesús: «A Dios lo que es de Dios y al César lo que es del César». Además, a esta controvertida decisión tomada por la élite del poder político y clerical se achaca, no sin razón, que el cristianismo haya sido utilizado en muchos casos para proteger grandes injusticias —incluyendo crímenes masivos y genocidios—, imponer el colonialismo y defender intereses de monarcas, tiranos, oligarcas y hasta de pseudodemócratas. Sin embargo, la adopción de una religión extranjera como lo era el cristianismo le permitió al imperio contar con una doctrina de la que carecía por creación propia y agrupar el contenido de ideas, leyes y prácticas expuestas de manera inconexa y elitista durante siglos de dominio. En sentido estricto, el Imperio romano se sostenía con la espada y el circo, y la incorporación del cristianismo le otorgaba al Estado un elemento de atracción de primer orden. No era poca cosa entonces y, hasta la actualidad —distorsiones aparte—, pertenecer a una religión que simboliza el humanismo en un mundo donde lamentablemente, siempre han sido mayoría los pobres y esclavos, se siente esperanzador. ¡Cómo no iban a tener aceptación las palabras de Jesús acerca de que el pueblo tiene hambre y sed de justicia y será saciado! Que de los pobres será el reino de los cielos, o que es más fácil que pase un camello por el ojo de una aguja a que un rico entre al reino de los cielos. Se trata de la doctrina social más popular que haya existido sobre la faz de la tierra. Desde esta perspectiva, la decisión fue políticamente correcta: es posible que, de no haberla tomado, el imperio habría colapsado y se habría desintegrado mucho antes. Asimismo, aunque el justo y excepcional pensamiento de Jesús y su enseñanza mayor de morir crucificado por sus ideales nunca hubiesen desaparecido, el cristianismo no habría logrado la influencia y el número de creyentes que mantiene hasta hoy. De modo que la trascendente decisión de Constantino alimentó y nutrió mutuamente al imperio y a la Iglesia. Ahora bien, ¿en qué consistió esta nueva postura o gran viraje? Constantino, una vez que apaciguó las confrontaciones internas y deshizo los poderes regionales, fundó lo que se conoce como Imperio unificado, el cual prevaleció desde el 313 d. C. hasta su muerte, el 22 de mayo de 337. En este periodo, el 30 de abril de 311 se promulgó un edicto que permitía la práctica de la religión cristiana; luego, un año después, al entrar Constantino triunfante a Roma, él y su tropa portaban un crismón (anagrama del nombre de Cristo) en sus escudos y cascos. En 313, Constantino fue mucho más allá de la mera tolerancia religiosa y ordenó ciertos privilegios para los clérigos cristianos y terminó por expedir, en 315, un decreto en el que instruyó:

> Tu excelencia entenderá que también a los otros ciudadanos les ha sido concedida la facultad de observar libre y abiertamente la religión que hayan escogido como es propio de la paz de nuestra época. Nos ha impulsado obrar así el deseo de no aparecer como responsables de mermar en nada ninguna clase de culto ni de religión. Y, además, por lo que se refiere a los cristianos, hemos decidido que les sean devueltos los locales en donde antes solían reunirse y acerca de lo cual te fueron anteriormente enviadas instrucciones concretas, ya sean propiedad de nuestro fisco o hayan sido comprados por particulares, y que los cristianos no tengan que pagar por ello ningún dinero de ninguna clase de indemnización...[91]

Aun cuando, formalmente, Constantino garantizaba la libertad religiosa, en los hechos sostenía que «el paganismo era una superstición superficial», merecedora de desprecio, mientras consideraba al cristianismo como la «muy santa ley divina».[92] Además, mandó construir un gran número de iglesias, incluida la antigua basílica de San Pedro, en el Vaticano, en Roma. Un historiador, Paul Veyne, asegura que «Constantino no puso el altar al servicio del trono, sino un trono al servicio del altar; él consideró los asuntos y los avances de la Iglesia como una misión esencial del Estado».[93]

Así, con Constantino termina la persecución de los cristianos y la Iglesia católica obtiene recursos y prestigio. Un escritor antes ya citado, Yuval Noah Harari, uno de los críticos del monoteísmo religioso de Estado, explica así lo sucedido:

> En los 300 años transcurridos entre la crucifixión de Cristo y la conversión del emperador Constantino, los empleadores romanos politeístas iniciaron solo cuatro persecuciones generales de cristianos. Los administradores y gobernadores locales incitaron a la violencia anticristiana por su cuenta. Pero aun así, si sumamos todas las víctimas de todas estas persecuciones, resulta que en esos tres siglos los politeístas romanos mataron a no más que unos pocos miles de cristianos.[94]

Por el contrario, a lo largo de los siguientes 1 500 años, los cristianos masacraron a millones de correligionarios para defender interpretaciones ligeramente distintas de la religión del amor y la compasión.

Las guerras religiosas entre católicos y protestantes que asolaron a Europa en los siglos XVI y XVII son especialmente notables. Todos los implicados aceptaban la divinidad de Cristo y su evangelio de compasión y amor. Sin embargo, no estaban de acuerdo acerca de la naturaleza de dicho amor. Los protestantes creían que el amor divino es tan grande que Dios se hizo carne y permitió que se le torturara y crucificara, con lo que redimió el pecado original y abrió las puertas del Cielo a todos los que le profesaban fe. Los católicos sostenían que la fe, aunque esencial, no era suficiente. Para entrar en el Cielo, los creyentes tenían que participar en los rituales de la Iglesia y hacer buenas obras. Los protestantes se negaron a aceptarlo, aduciendo que esta compensación empequeñecía la grandeza y el amor de Dios. Quien piense que entrar en el Cielo depende de sus propias buenas obras magnifica su propia importancia e implica que el sufrimiento de Jesucristo en la cruz y el amor de Dios por la humanidad no bastan.

Estas disputas teológicas se volvieron tan violentas que, durante los siglos XVI y XVII, los católicos y los protestantes se mataron unos a otros por cientos de miles. El 23 de agosto de 1572 los católicos franceses, que señalaban la importancia de las buenas obras, atacaron a comunidades de protestantes franceses, que destacaban el amor de Dios por la humanidad. En este ataque, la Matanza del Día de San Bartolomé, entre 5 000 y 10 000 protestantes fueron asesinados en menos de 24 horas. Cuando al papa de Roma le llegaron las noticias de Francia, quedó tan embargado por la alegría que organizó plegarias festivas para celebrar la ocasión y encargó a Giorgio Vasari que decorara una de las salas del Vaticano con un fresco de la matanza (en la actualidad, el acceso a la sala está vedado a los visitantes).[95] Durante esas 24 horas murieron más cristianos a manos de otros cristianos que a manos del Imperio romano politeísta a lo largo de toda su existencia.[96]

A estas guerras religiosas violentas, vergonzosas y obviamente contrarias a las enseñanzas de Cristo, habría que agregar el establecimiento del Santo Oficio, el cual, a decir de Darwin, tuvo entre sus víctimas a las mejores personas, porque quien duda, como Sócrates, o defiende su ideal, como Giordano Bruno, son seres excepcionales. Sobre las Cruzadas, las guerras de religión y la Inquisición hay mucha bibliografía, y nunca está de más revisarla para jamás permitir su repetición.

Las Cruzadas, guerras de carácter religioso, se ubican desde el siglo XI al XV, y autorizadas por los papas y llevadas a cabo por monarcas, señores feudales y fieles a la Iglesia católica. El antecedente está vinculado a la defensa del territorio del Imperio bizantino, con sede en Constantinopla, frente al avance de los otomanos, quienes, en el transcurso del tiempo, se habían convertido al islam. Sin embargo, en España, desde finales del siglo XV, se había iniciado la guerra y expulsión de musulmanes y judíos, todo lo cual se suscita al mismo tiempo que la monarquía Ibérica y el alto al clero emprenden la invasión y el sometimiento de los pueblos americanos. De modo que los enfrentamientos originales se presentan entre cristianos y musulmanes; sin embargo, como lo explicó en la cita anterior Yuval, las guerras religiosas también se siguen presentando en los siglos XVI y XVII entre católicos y protestantes. De igual forma, en la Europa de ese tiempo los judíos empezaron a sufrir de los primeros pogromos (linchamientos). Asimismo, por esa época comenzó la represión de la comunidad judía en la Rusia Zarista. Téngase presente que desde Iván III (1440-1505), casado con una sobrina de Constantino XI, último emperador bizantino, Moscú se autodesignó como «La Tercera Roma» y se hizo cargo del magisterio del mundo ortodoxo y de la protección de los Estados Cristianos del Este.[97] Aquí abro un paréntesis para señalar que el pueblo de Rusia es quizás el más cristiano que haya existido; su iglesia ortodoxa era fiel a su doctrina, y desde Constantino fue —y posiblemente siga siendo— un bastión religioso. En otras palabras, aun con el laicismo oficial, y a pesar del carácter antirreligioso del régimen soviético, el pueblo ruso no deja de creer en Dios.

Pero ni la caída del Imperio romano de Occidente, el 4 de septiembre de 476, ni el colapso del Imperio romano de Oriente, en 1453, y con la invasión definitiva de otomanos musulmanes a la Constantinopla cristiana, hoy Estambul, tuvieron como única causa las confrontaciones religiosas y los crímenes de la Inquisición, sino que también predominaron los abusos mediante la fuerza, el colonialismo, la codicia y la corrupción de monarcas, clérigos y oligarcas de casi todas las naciones europeas y afroasiáticas que mantenían bajo su influencia esos omnímodos centros de poder. Son varios los ejemplos de la decadencia en esos tiempos. Hay una novela titulada *Los Borgia,* de Mario Puzo, el también autor de *El Padrino,* que describe cómo era la vida de esta familia de la monarquía y de la Iglesia europea en pleno Renacimiento. Transcribo aquí fragmentos, buscando cierta secuencia para contar con un resumen de su contenido, y enfatizo las frases sobre cómo el poder ejercido sin principios ni ideales es simple parafernalia y maldad:

> El sol estival calentaba las calles empedradas de Roma mientras el cardenal Rodrigo Borgia caminaba hacia el palacio donde lo esperaban sus hijos, César, Juan y Lucrecia, carne de su carne, sangre de su sangre. Aquel día, el vicecanciller del Papa, el segundo hombre más poderoso de la Iglesia, se sentía especialmente afortunado.
>
> Al llegar al palacio donde vivía Vannozza Cattanei, la madre de sus hijos, el cardenal se sorprendió a sí mismo silbando alegremente.
>
> Como miembro de la Iglesia, le estaba prohibido contraer matrimonio, pero, como hombre de Dios que era, tenía la seguridad de comprender los deseos del Señor. ¿Pues acaso no creó el Padre Celestial a Eva para completar a Adán en el jardín del Edén? ¿No era lógico deducir entonces que, en este valle de lágrimas, en este mundo plagado de infelicidad, un hombre necesitaba también del consuelo de una mujer?
>
> [...]
>
> Retirada en las colinas de los Apeninos, a un día de camino de Roma, la hacienda conocida como «Lago de Plata» estaba formada por un magnífico bosque de cedros y pinos y un pequeño lago de aguas cristalinas.
>
> [...]
>
> Rodrigo Borgia, tras recibir las tierras como obsequio de su tío, el papa Calixto III, había ordenado construir el palacete al que gustaba acudir con su familia huyendo del asfixiante calor del verano romano; no había ningún lugar en el mundo donde el cardenal se sintiera más feliz.
>
> [...]

Ahora que se había convertido en el papa Alejandro VI, Rodrigo Borgia sabía que lo primero que debía hacer era devolver el orden a las calles de Roma.

[...]

El primer asesino fue capturado y ahorcado tras un juicio sumarísimo. También fue ahorcado su hermano y su casa fue saqueada e incendiada, de tal manera que su familia quedó sin techo, lo que sin duda era la mayor humillación posible para un ciudadano romano.

El orden se restableció en pocas semanas y los ciudadanos de Roma se sintieron satisfechos de tener un Papa tan sabio. Ahora, la elección del cónclave también era la del pueblo de Roma.

[...]

El Papa dispuso que se celebraran grandes festejos para recibir a Giovanni Sforza, el futuro esposo de Lucrecia. Alejandro sabía que el Moro, el tío de Giovanni, lo vería como un gesto de respeto que demostraría la buena voluntad de Roma en su alianza con Milán.

[...]

—¿Recibirás a el hombre que va a ser mi esposo? —le dijo a César—. No puedo confiar en nadie más que en ti.

—¿Qué importancia puede tener eso, Crecia? —preguntó él—. Ya estás prometida al duque y nada de lo que yo pueda decirte cambiará eso.

[...]

—Hermano mío, ¿resulta tan difícil para ti como lo es para mí? —preguntó—. No puedo soportar la idea de compartir mi lecho con otro hombre que no seas tú. Lloraré y me cubriré los ojos y, aunque no pueda evitar que me posea, le negaré mis besos. Te juro que lo haré, hermano mío.

César respiró profundamente.

—Espero que no sea un mal hombre, tanto por tu bien como por el mío —dijo—. Pues, si lo es, tendré que matarlo antes de que tenga la oportunidad de tocarte.

Lucrecia se rio.

[...]

—He sabido que Ferrante de Nápoles ha enviado un emisario al rey Fernando de España comunicándole su descontento con Su Santidad —dijo Duarte—. Os acusa de haber incurrido en graves pecados carnales, causando una gran vergüenza a la Iglesia.

—Sin duda, le han llegado noticias de los esponsales de mi hermana con Giovanni Sforza —intervino César con convicción—. Desconfiará de nosotros por nuestra alianza con Milán.

Alejandro asintió.

—Y tiene razones para hacerlo. Pero dime, amigo mío, ¿cuál ha sido la respuesta del buen rey Fernando? —le preguntó el papa a Duarte.

—No desea intervenir —dijo el consejero del Papa—. Al menos, por ahora.

El Papa sonrió.

—Fernando es un hombre de honor. No ha olvidado que fui yo quien le concedió la dispensa que le permitió desposar a su prima Isabel de Castilla.

Esa dispensa había unido los territorios de Castilla y Aragón, fortaleciendo el poder de España.

[...]

Las palabras del Santo Padre sumieron a César en una especie de encantamiento. Hasta que la mención de una nueva cruzada rompió el hechizo. Los papas y los reyes siempre se habían valido de las Cruzadas para robarle el dinero a sus súbditos; las Cruzadas tan solo eran otra posible fuente de ingresos para los poderosos. Y, además, una fuente de ingresos que pertenecía al pasado. El islam se había vuelto demasiado poderoso; incluso amenazaba las fronteras de la propia Europa.

[...]

El cardenal César Borgia nunca había perdido la esperanza de que su padre recapacitara sobre el papel que había reservado para él en los asuntos de la familia. Después de todo era él, y no Juan, quien estaba al lado del Papa todos los días ayudándolo con los asuntos de Estado. Él conocía la situación de las diferentes ciudades-Estado mejor que nadie, su padre le había reiterado que su futuro estaba en el seno de la Iglesia, César nunca había perdido la esperanza de que algún día el sumo pontífice reconsiderase su decisión.

[...]

No cabía ninguna duda; era Juan Borgia, el hijo del papa Alejandro. El cuerpo de Juan fue transportado en barca hasta el castillo de Sant'Angelo. Al ver el cadáver de su hijo más querido, el sumo pontífice se dejó caer de rodillas y clamó desconsoladamente al cielo; sus lamentos se pudieron oír en todo el Vaticano.

[...]

En Florencia, Nicolás Maquiavelo acababa de regresar de Roma, adonde había viajado por encargo de la Signoria para investigar el asesinato del hijo del papa.

[…]

—En Roma se dice que fue César Borgia quien mató a su hermano Juan, pero yo no creo que fuera así, Puede que hasta el propio Papa lo crea, pero yo no. Desde luego, César tenía motivos para dar muerte a su hermano, pues todos sabemos que la relación entre ambos era, como mínimo, tensa. Se dice que ambos hermanos estuvieron a punto de enfrentarse en un duelo la noche en que Juan fue asesinado. Y, aun así, yo sigo manteniendo que César es inocente.

[…]

Varias horas después, cuando César regresó a la posada, ya caída la noche, Savonarola seguía arengando a los ciudadanos de Florencia.

—Alejandro Borgia adora a los dioses paganos de Egipto. Vive rodeado de placeres mientras vosotros, los verdaderos fieles, soportáis todo tipo de penurias. La Iglesia de Roma sube los impuestos todos los años para llenar sus arcas. ¡No podéis permitir que os traten como si fuerais bestias de carga!

[…]

—¿Es tan peligroso el falso profeta como dicen?

[…]

—Nunca me ha complacido someter a tortura a un hombre para obligarlo a confesar sus pecados, y menos aún cuando ese hombre ha servido fielmente a la Iglesia. Pero mucho me temo que no nos queda otra alternativa —dijo volviéndose hacia Duarte—. Encárgate de resolver esta cuestión con la mayor presteza, pues debemos devolver el orden a las calles de Florencia antes de que sea demasiado tarde.

[…]

Saluti volvió a hacer la misma pregunta:

—Giorlamo Savonarola, ¿confiesas haber cometido herejía y haber ofendido al Señor?

Todo había acabado.

Savonarola había confesado su culpa y, con ello, había dado fin a su tormento. Al día siguiente, nadie en Florencia alzó su voz en defensa del fraile, cuando el cuerpo desmembrado del «martillo de Dios» fue quemado en la hoguera dispuesta a tal efecto en la misma plaza de San Marcos, que había sido testigo de sus heréticas prédicas contra la Iglesia de Roma.

[…]

—Estamos aquí reunidos para decidir cuál debe ser mi futuro. Antes que nada, vuestras eminencias deben saber que nunca ha sido mi deseo vivir una vida dedicada a la Iglesia, sino que fue el deseo de mi padre, Su Santidad, Alejandro VI, quien, con las mejores intenciones y movido por su sincero aprecio hacia mí, tomó la decisión. No fue mi elección y nunca será mi vocación.

Sorprendidos por la franqueza de César, los cardenales se movieron nerviosamente en sus asientos.

—Mi deseo es liderear los ejércitos pontificios y, si es necesario, entregar mi vida por la mayor gloria de Roma y de la Iglesia. Además, también quiero formar una familia. Ése es mi más sincero deseo, ésa es mi verdadera vocación. Y por ello solicito humildemente quedar liberado de mis votos y que aceptéis mi renuncia al púrpura cardenalicio.

[…]

En Francia, César ya llevaba varios meses en la corte del rey Luis cuando este lo mandó llamar a su presencia.

—Tengo buenas noticias para vos —dijo—. Todo está dispuesto para vuestros esponsales con Charlotte d'Albret, la hermana del rey de Navarra. Es una joven hermosa e inteligente. Solo falta que deis vuestro consentimiento.

Feliz, César escribió inmediatamente a su padre, pidiendo permiso para desposar a la princesa navarra.

Después de celebrar la santa misa, Alejandro se postró ante la imagen de la Virgen y pidió su intercesión, pues, durante los treinta y cinco años que llevaba sirviendo a la Iglesia, nunca se había enfrentado a una decisión tan difícil como la que debía tomar después de recibir la carta de su hijo.

La alianza con España siempre había sido la base de su poder.

Además, desde que era el sumo pontífice, siempre había sabido equilibrar las fuerzas de España y de Francia, conservando el apoyo de ambos reinos para la Iglesia de Roma.

Pero ahora que su hijo Juan había muerto, su viuda, María Enríquez, había convencido a los reyes Isabel y Fernando de que César Borgia era el asesino de su esposo. De ahí que ninguna familia de las casas de Castilla ni de Aragón estuviera dispuesta a desposar a una de sus hijas con el hijo del Papa.[98]

[…]

César fue recibido en Roma como un verdadero héroe. El gran desfile que se celebró en su honor fue el más sobrecogedor que se recordaba en la ciudad. Todos los miembros del ejército de César iban vestidos de un negro riguroso. Incluso los carros habían sido cubiertos con lienzos negros y el buey de los Borgia había sido bordado sobre un estandarte con el fondo negro. Al frente de sus hombres, cabalgando con su armadura negra sobre un semental azabache, César parecía un príncipe de las tinieblas. A su lado, cuatro cardenales con vestidura púrpura ofrecían un contraste estremecedor.

Al llegar al Vaticano, César se arrodilló ante el sumo pontífice, le besó el anillo y le ofreció las llaves de las plazas que había conquistado.

Con el rostro encendido por el orgullo, Alejandro levantó a su hijo del suelo en un caluroso abrazo. El gentío aclamó a los Borgia con júbilo.[99]

[...]

Filofila escribía los versos más ultrajantes de Roma. Bajo el mecenazgo secreto del cardenal Orsini, quien le pagaba generosamente, la pluma de Filofila era capaz de atribuir los crímenes más groseros a los hombres más santos, aunque cuando más disfrutaba era cuando atacaba a hombres de infame comportamiento, siempre, claro está, que pertenecieran a la más alta jerarquía. Y su pluma tampoco temblaba cuando se trataba de vilipendiar a ciudades enteras.

Florencia, sin ir más lejos, era una ramera de grandes senos, una ciudad llena de hombres ricos y grandes artistas, pero sin recios guerreros. Los florentinos eran avaros prestamistas, cómplices de los turcos y experimentados sodomitas. Además, con la virtud de una prostituta, Florencia flirteaba con las potencias extranjeras en vez de emparejarse con sus ciudades hermanas.

Venecia, por supuesto, era la ciudad de los secretos, la sigilosa e implacable ciudad de los dux, quienes no dudaban en comerciar con la sangre de sus ciudadanos para enriquecerse. Venecia era la mezquina ciudad en la que un hombre podía perder la vida por decirle a un extranjero el precio de la seda en Extremo Oriente. Venecia era una gran serpiente, siempre al acecho de cualquier negocio lucrativo, una ciudad sin artistas ni artesanos, sin grandes libros, sin bibliotecas, una ciudad ciega a la luz de la verdad, una ciudad experta en traiciones.

Nápoles era la ciudad de la sífilis. Milán, siempre experta en calumnias, se había vendido al rey francés.

Pero el blanco predilecto de Filofila era la familia Borgia. Componía versos de exquisita elocuencia sobre las orgías que se celebraban en el Vaticano y sobre los asesinatos cometidos por los hermanos Borgia.

[...]

Le sorprendió la altura y la corpulencia de César.

—Maestro, he venido ayudaros con vuestras rimas —dijo César con exagerada cortesía—. Aunque, pensándolo bien, aquí hay demasiada gente para trabajar. Será mejor que me acompañéis a un lugar más tranquilo.

Filofila correspondió a las palabras de César con una respetuosa inclinación de cabeza.[100]

[...]

Al día siguiente, alguien arrojó un gran fardo empapado de sangre por encima de los muros del Palacio Orsini. El soldado de la guardia que lo abrió, no pudo contener una arcada. Dentro estaba el cuerpo mutilado de Filofila; sus genitales, su lengua, sus dedos, su nariz y sus orejas estaban envueltos cuidadosamente en distintos versos del poeta.

En Roma, nunca más volvió a saberse de Filofila; se rumoreaba que había viajado a Alemania por problemas de salud.[101]

[...]

—Te ruego que me perdones, hijo mío —dijo, apretando la mano de César—, pues he sido injusto contigo.

César sintió por su padre una mezcla de compasión y recelo.

—¿Por qué decís eso? —preguntó, mirando al sumo pontífice con una ternura que casi hizo llorar a Alejandro.

—Siempre te hablé del peligro del poder —dijo el Santo Padre, esforzándose por llenar sus pulmones de aire—, pero nunca te expliqué por qué. Te advertí del peligro, pero nunca te expliqué lo que ocurriría si no lo empleabas al servicio del amor.

—No os comprendo, padre —dijo César. De repente, Alejandro se sintió joven y lleno de fuerza, como cuando todavía era cardenal y se sentaba junto a sus hijos para hablarles sobre la vida.

—Si no amas algo, el poder se convierte en una aberración y, lo que es más importante todavía, en una amenaza, pues el poder es peligroso y puede ponerse en contra de uno en el momento menos esperado.

Alejandro vio a César dirigir los ejércitos pontificios y lo vio venciendo grandes batallas y vio la sangre derramada, las masacres y la devastación de los vencidos.

Hasta que oyó la voz de su hijo que lo llamaba desde algún lejano lugar.

—¿Acaso no es el poder una virtud? —preguntaba César—. ¿Acaso no ayuda a salvar las almas de los hombres?

—Hijo mío —murmuró Alejandro, despertando de su ensueño—, el poder en sí mismo no posee ningún valor. No es más que el ejercicio fútil de la voluntad de un hombre sobre la de otro. El poder por sí solo no es un ejercicio de virtud.

César apretó la mano de su padre.

—Ahora debéis descansar, padre. No os conviene hablar.

Alejandro sonrió y, aunque a sus ojos era una sonrisa radiante, César solo vio una pequeña mueca en su rostro.

—Sin amor, el poder convierte a los hombres en animales —dijo el Santo Padre, esforzándose por llenar sus pulmones de aire—. Sin amor, el poder nos aleja de nuestra parte divina, nos aleja de los ángeles.[102]

[...]

Ahora, lo más importante era elegir al nuevo vicario de Cristo y la presencia de tropas armadas en Roma podría influir en la decisión de los miembros del cónclave; incluso las tropas de los Orsini y los Colonna tuvieron que abandonar la ciudad.

El Sacro Colegio Cardenalicio sin duda era un poderoso enemigo. César envió mensajeros solicitando el apoyo de los reyes de Francia y de España, pero, tras la muerte de Alejandro, todo había cambiado; ambas monarquías le negaron su apoyo, pues no deseaban tomar partido en las disputas internas de Italia; preferían aguardar acontecimientos.

Duarte visitaba a César a diario para transmitirle las condiciones del acuerdo que ofrecían los enemigos de los Borgia.[103]

[...]

Y, en esta ocasión, tras los primeros recuentos, resultó evidente que ni D'Amboise ni Della Rovere conseguirían los votos suficientes. Hicieron falta otras dos votaciones para que la fumata por fin se tornara blanca. Ante la sorpresa de todos, el nuevo sumo pontífice era el cardenal Francesco Piccolomini. Aunque no fuera su candidato, César recibió la noticia con satisfacción.

Piccolomini tomó el nombre de Pío III. Aunque no siempre hubiera apoyado las decisiones de Alejandro, el nuevo vicario de Cristo era un hombre benévolo y bondadoso. César sabía que trataría a los Borgia de forma justa y que los protegería de sus enemigos; al menos mientras esa protección no fuese en contra de los intereses de la Santa Iglesia de Roma.

[...]

—Tengo malas noticias —dijo el consejero—. Pío III ha muerto. Tan solo había llevado la tiara pontificia durante veintiséis días.

El futuro volvía a tornarse oscuro para los Borgia. Tras la muerte de Pío III, la posibilidad de contar con la protección del sumo pontífice, o incluso con su imparcialidad, se tornó cada vez más remota. Conscientes de ello, los Orsini no tardaron en unirse a los Colonna para atacar a César.

César reunió a sus tropas más leales y se hizo fuerte en el castillo de Sant'Angelo.

Esta vez, nada podría detener al cardenal Della Rovere. La fecha en la que volvería a reunirse el cónclave se acercaba y las apuestas volvían a señalarlo como claro favorito. Incluso César daba por supuesta su elección. De ahí que reuniera a todas sus tropas y se preparase para hacer frente al nuevo sumo pontífice.

Y así fue como César se reunió con Giuliano della Rovere y, sirviéndose de su influencia sobre los cardenales españoles y franceses y de la expugnabilidad del castillo de Sant'Angelo, consiguió llegar a un acuerdo con el cardenal.

César apoyaría su elección como sumo pontífice a cambio de mantener sus territorios y sus fortalezas en la Romaña. Además, César conservaría sus privilegios como gonfaloniero y capitán general de los ejércitos pontificios.

[...]

César se puso en contacto con su amigo Maquiavelo, buscando el apoyo de Florencia.

César y Maquiavelo se reunieron en los jardines de Belvedere una fresca mañana de invierno.

[...]

—Una vez que haya consolidado mi dominio sobre la Romaña, todo volverá a ser como antes —continuó diciendo César—. Sí, es cierto que el papa Julio siempre ha estado enfrentado a los Borgia, pero ahora todo ha cambiado. Me ha prometido su apoyo y ha hecho pública su promesa ante el pueblo de Roma y ante sus representantes. Yo sigo siendo el gonfaloniero. Incluso hemos hablado de una alianza matrimonial para estrechar la unión entre nuestras familias y es posible que mi hija Luisa pronto se despose con su sobrino Francesco. Hoy empieza un nuevo día, Maquiavelo. ¡Un nuevo día!

Maquiavelo se preguntó qué habría sido del brillante soldado que había conocido, de aquel tenaz guerrero al que había llegado a admirar.

Pero por mucho que se considerara amigo de César, tratándose de una cuestión oficial, Maquiavelo solo le era fiel a Florencia.

Aquella tarde, espoleó a su caballo sin piedad, pues debía llegar a Florencia antes de que fuera demasiado tarde. Y, esta vez, al presentar su informe, Maquiavelo se dirigió a los miembros de la Signoria de forma muy distinta de como lo había hecho en anteriores ocasiones.

Entró en la sala con un aspecto más descuidado de lo habitual y se dirigió a los miembros de la Signoria sin hacer gala de su habitual vehemencia. Su semblante era grave. Por mucho que le desagradara lo que iba a decir, tenía que hacerlo.

—Señorías, sería una locura brindarle nuestro apoyo a César Borgia —empezó diciendo—. Sí, ya sé que el papa Julio II ha anunciado públicamente que las conquistas de César serán las conquistas de la Iglesia de Roma. Ya sé que César Borgia es el gonfaloniero. Y, aun así, estoy convencido de que el sumo pontífice no mantendrá su palabra. Julio II siempre ha odiado a los Borgia y traicionará a César.

»En cuanto al propio César Borgia, debo decir que he advertido un cambio preocupante en su comportamiento. Ya no es el mismo hombre. Antes, nadie podía saber lo que estaba pensando. Ahora me ha hecho saber expresamente sus planes, jactándose abiertamente de unos objetivos que nunca lograra.

»Florencia no debe ser enterrada con él.

[...]

Pero César todavía tenía una carta que jugar. A las órdenes del avezado capitán Fernández de Córdoba, las tropas españolas acababan de derrotar a los ejércitos franceses, obligándolos a abandonar Nápoles. Ahora que los españoles eran los únicos dueños de

Nápoles, César esperaba obtener el apoyo de Fernando e Isabel, pues los Reyes Católicos siempre habían favorecido a los Borgia.

César le dijo a Fernández de Córdoba que, con el apoyo de los monarcas españoles, sus hombres podrían resistir en sus fortalezas de la Romaña el tiempo necesario para formar un nuevo ejército y obligar al sumo pontífice a respetar las condiciones del acuerdo que había roto.

El Gran Capitán accedió a presentar su causa ante sus soberanos.

[...]

Tres semanas después, César seguía sin tener noticias de los monarcas españoles. Cada vez estaba más impaciente; hasta que ya no se sintió capaz de seguir esperando. Tenía que hacer algo.

Ese día, cabalgó por las colinas que se elevaban junto a la costa hasta llegar al campamento de las tropas españolas. Una vez allí, fue conducido a la tienda de mando.

Gonzalo Fernández de Córdoba estaba sentado estudiando el gran mapa que había extendido sobre una mesa. Al ver entrar a César, se levantó de su asiento y lo recibió con un caluroso abrazo.

[...]

—Todavía no he recibido ninguna noticia —dijo el capitán—, pero mañana se espera la llegada de un galeón procedente de Valencia. Con un poco de suerte, ese galeón nos traerá la respuesta de sus majestades.

[...]

—Como bien sabéis, no es una decisión fácil —dijo el capitán—. Hay mucho en juego. No debéis olvidar que, de ponerse de vuestro lado, España se enemistaría con el sumo pontífice y, como muy bien sabéis, Julio II es un hombre implacable y vengativo.

—Sin duda estáis en lo cierto —dijo César—. Pero Fernando e Isabel siempre tuvieron el apoyo de mi difunto padre. No olvidéis que fue él quien les otorgó la dispensa que hizo posible sus esponsales; incluso fue el padrino de su primer hijo. Y, como sabéis, yo siempre he apoyado a vuestros monarcas...

[...]

Al día siguiente, cuando el sol empezaba a ocultarse tras el horizonte, César caminó hacia el norte por la playa hasta encontrar el faro. Cuando estaba a punto de llegar, Fernández de Córdoba salió a su encuentro.

—¿Qué noticias hay? —gritó César, incapaz de contener su impaciencia.

El capitán español se llevó un dedo a los labios, pidiéndole silencio.

—No debéis hablar tan alto —dijo cuando César llegó a su altura—. Entremos en el faro; toda precaución es poca.

César entró primero. En cuanto traspasó el umbral, cuatro hombres lo sujetaron. Unos segundos después, había sido desarmado y tenía las manos y las piernas atadas con pesadas cuerdas.

—Nunca pensé que fuerais un traidor, Gonzalo —dijo César. El capitán español encendió una vela y César vio a los doce soldados armados que lo acompañaban.

—No es un acto de traición —dijo el capitán—. Me limito a obedecer las órdenes de mis soberanos. Aunque en el pasado vuestra familia haya sido aliada de España, mis soberanos no han olvidado vuestra alianza con Francia. Además, el poder de los Borgia pertenece al pasado los considera su enemigo.

—¡No puede ser! —exclamó César—. ¿Acaso han olvidado que la sangre que corre por mis venas es española?

—Al contrario, amigo mío —dijo Fernández de Córdoba—. Mis soberanos os consideran súbdito suyo y por eso me han ordenado que seáis trasladado a España. Allí seréis acogido… en una prisión valenciana. Lo lamento, amigo mío, pero conocéis la devoción que sienten los Reyes Católicos por la Santa Iglesia de Roma. Para ellos, los deseos del Santo Padre son la expresión de la voluntad divina. —El capitán guardó silencio durante unos segundos—. También debéis saber que María Enríquez, la viuda de vuestro hermano Juan, os ha acusado formalmente de ser el autor del asesinato de su esposo. Y no olvidéis que María es prima del rey Fernando.

La indignación de César era tal que le impedía pronunciar palabra alguna.

Entonces, el capitán español dio una orden a sus hombres y, a pesar de la desesperada resistencia de César, cuatro de los soldados lo arrastraron afuera del faro y lo ataron a lomos de una mula. Minutos después, César se encontraba en el campamento español.

A la mañana siguiente, tras pasar la noche atado de pies y manos, César fue amordazado. Después, los soldados lo envolvieron en un sudario, lo introdujeron en un ataúd de madera, subieron el ataúd a un carro y lo llevaron hasta el puerto, donde fue embarcado en un galeón español con rumbo a Valencia.

[…]

Una vez más, César fue arrojado como un fardo sobre el lomo de una mula y, así, recorrió las calles empedradas del puerto hasta llegar a la imponente fortaleza que hacía las veces de prisión.

Fue encerrado en una diminuta celda en lo más alto de la fortaleza, donde, en presencia de cuatro soldados armados, por fin fue liberado de sus ataduras.

Mientras se frotaba las doloridas muñecas, César miró a su alrededor. Tan solo había un colchón lleno de manchas sobre el suelo, pronto saldría de ahí […] a César no le cabía la menor duda de que pronto le darían muerte.

Pero pasaron los días, y después las semanas, y César permanecía sentado en el suelo de su celda, intentando mantener la cordura a base de contar; contaba las cucarachas de la pared, contaba las manchas del techo, contaba las veces que se abría todos los días la diminuta ranura que había en la puerta de su celda. Una vez a la semana, se le permitía salir al patio de la fortaleza para respirar aire puro durante una hora y los domingos llevaban a su celda una palangana llena de agua turbia para que se aseara.

[…]

Un día, pasada la medianoche, César vio cómo la puerta de su celda se abría lentamente. Pero en vez de un guardia, quien entró fue Duarte Brandao. Llevaba una cuerda enrollada alrededor del brazo.

—¡Duarte! —exclamó César—. ¿Qué hacéis aquí? —Rescataros, amigo mío —contestó Duarte—. Pero debéis daros prisa. No tenemos mucho tiempo.

—¿Y los guardias? —preguntó César, cuyo corazón latía frenéticamente.

—Han recibido un generoso soborno —dijo Duarte mientras desenrollaba la cuerda.

—¿No pretenderéis que descendamos por esa cuerda? —preguntó César, frunciendo el ceño—. Es demasiado corta.

—Desde luego —dijo Duarte, sonriendo—. Solo la colgaré para proporcionarle una coartada a los guardias —continuó diciendo mientras fijaba la cuerda a la argolla de hierro que había en la pared y descolgaba el otro extremo por la ventana.

[…]

—Nunca os olvidaré, Duarte —dijo César—. Tened buen viaje y que Dios os conceda una brisa favorable.

Y, sin más, saltó sobre su montura y cabalgó hacia el norte antes de que Duarte pudiera ver las lágrimas que afloraban en sus ojos.

[…]

César se mantuvo siempre alerta ante la posibilidad de que alguna patrulla de la milicia española pudiera volver a prenderlo, César evitó todas las poblaciones, cabalgando de noche y durmiendo de día, al amparo de los bosques. Hasta que, finalmente, sucio y exhausto, llegó a Navarra tras atravesar media península Ibérica.

Tal como le había dicho Duarte, su cuñado, el rey de Navarra, esperaba su llegada. Así, al llegar a palacio, César fue conducido inmediatamente a una amplia estancia cuyos ventanales daban al río. Tras bañarse y vestirse con ropas limpias, fue conducido a los aposentos reales.

Allí, el rey Juan de Navarra, un hombre de gran corpulencia con la tez bronceada y la barba perfectamente recortada, lo recibió con un efusivo abrazo.

—Hermano mío —dijo el monarca navarro—, cuánto me alegro de verte. Me siento como si ya os conociera. Mi hermana Charlotte me ha hablado tantas veces de vos. Por supuesto, sois bienvenido.

[…]

César se sintió sinceramente agradecido hacia aquel hombre que, sin haberlo visto nunca, acababa de salvarle la vida. Estaba en deuda con él, sobre todo después de haber dejado a Charlotte sola en Francia durante tantos años. Algún día esperaba poder corresponder a su generosidad, pues César Borgia siempre pagaba sus deudas.

[…]

Varios días después, mientras cenaba con el rey, César advirtió que algo contrariaba a su anfitrión.

—¿Qué es lo que os preocupa, hermano mío? —preguntó.

El rey Juan tardó algunos segundos en responder.

—El conde Luis de Beaumont lleva meses causándome problemas —dijo finalmente, incapaz de contener su ira por más tiempo—. Sus hombres roban el ganado y el grano a mis súbditos, y los dejan sin sustento. Fingiendo servir a la Iglesia en una causa supuestamente santa, intenta sobornar a mis capitanes con tierras y oro para que me traicionen. Pero esta vez el conde se ha superado a sí mismo.

»No hace muchas horas que sus soldados se han apoderado de una población y, tras torturar a todos los hombres y violar a las mujeres, han prendido fuego a toda la aldea. Ya no se trata de un incidente aislado. Beaumont pretende apoderarse de parte de mis territorios. Y su estrategia es el terror.

»Pretende aterrorizar a los aldeanos para que me abandonen y acaben rindiéndole pleitesía para poder conservar sus hogares y sus vidas.

Una vez más, la traición emergía como un dragón desde las profundidades. César, que conocía la traición mejor que nadie, temió por Juan.

De repente, el rey golpeó la mesa con ambos puños, y derramó el vino de su copa.

—iLo detendré! —exclamó—. Como rey de Navarra debo proteger a mis súbditos. El pueblo no debe vivir atemorizado. Mañana mismo conduciré mis tropas hasta Viana y tomaré su castillo.

Debes someter al conde de Beaumont, pero no debéis ser vos quien lideré las tropas, pues el enemigo sin duda opondrá una resistencia feroz y vos sois demasiado valioso para el reino como para arriesgar vuestra vida. Nunca podré saldar mi deuda con vos, pues me ayudasteis cuando todos los demás me dieron la espalda, pero ahora permitid que sea yo quien cabalgue al frente de vuestros hombres, pues he liderado muchos ejércitos y os aseguro que saldremos victoriosos.

[…]

La sangre de César volvía a hervir con el ardor del guerrero. Pero esta vez era más que eso, pues no se trataba de una batalla más. Ahora luchaba por un rey que había sido generoso con él, por un rey que se había convertido en su amigo, en su hermano.

Si todo marchaba como estaba previsto, esa misma noche le comunicaría personalmente al rey de Navarra, su amigo y benefactor, que el enemigo había sido derrotado.

Y, entonces, César oyó ese grito que tantas otras veces había oído.

—¡Una brecha! ¡Una brecha! —exclamaron los soldados.

El muro había cedido, y había dejado espacio más que suficiente para que la caballería pudiera acceder a la plaza.

—¡A la carga! —gritó César al tiempo que bajaba la visera de su yelmo. Un segundo después, galopaba hacia la brecha abierta en la muralla.

Pero algo iba mal. No escuchaba el retumbar de los cascos galopando a su espalda.

[…]

Y, entonces, César lo comprendió todo. Aquellos miserables se habían vendido al enemigo. La caballería de Navarra había traicionado a su rey.

Pero César nunca traicionaría a su amigo, a su salvador.

[…]

Pero el enemigo era demasiado numeroso. Sintió cómo el filo de una lanza se clavaba en su costado y, de repente, todos los soldados se abalanzaron sobre él, atravesándolo una y otra vez con sus espadas. Sangraba por numerosas heridas. Cada vez estaba más débil. Y entonces oyó la voz del destino, reconfortándolo: «Vivir para las armas y morir por ellas». Mientras caía desplomado al suelo, su mente le trajo la imagen de Lucrecia. Y entonces todo pensamiento cesó, César Borgia había muerto.

[…]

César Borgia, cardenal, duque y gonfaloniero, fue honrado con unos fastuosos funerales en Roma. El papa Julio II ofició personalmente la misa por su alma. Tras la ceremonia, las cenizas de César fueron enterradas bajo un colosal monumento en la iglesia de Santa María la Mayor. En Roma se decía que el sumo pontífice no se atrevía a perderlo de vista ni tan siquiera después de muerto.

Pero Lucrecia Borgia le pidió a don Michelotto que robase las cenizas de su hermano. Don Michelotto, que había conservado la vida milagrosamente, guardó las cenizas en una urna de oro y cabalgó toda la noche para entregárselas a Lucrecia.

Al día siguiente, Lucrecia partió de Ferrara al frente de un cortejo de trescientos nobles y soldados.

Cuando el cortejo finalmente llegó a «Lago de Plata», antes de levantar las tiendas junto a la orilla, los hombres de Lucrecia expulsaron a los penitentes que buscaban limpiar sus almas de pecado en las aguas del lago.

[…]

Ahora, sentada en su tienda dorada, junto a la orilla del lago, Lucrecia sintió cómo las aguas plateadas la envolvían con una paz como nunca había conocido. Su padre y su hermano habían muerto y, con su muerte, también se había sellado su destino. Tendría más hijos, ayudaría a gobernar Ferrara y, por encima de todo, sería justa y piadosa durante el resto de sus días.

Nunca podría igualar las gestas de su padre ni de su hermano, pero eso no importaba, pues ella sería lo que ellos nunca fueron: una persona misericordiosa. Recordó con tristeza cómo César había ordenado asesinar al poeta Filofila por dirigir sus versos contra los Borgia, acusándolos de mantener relaciones incestuosas y de envenenar a sus enemigos. Qué poco parecía importar eso ahora.

Por eso había llevado las cenizas de César a «Lago de Plata», como si pensara que, incluso después de muerto, necesitase del poder de aquellas aguas milagrosas para eludir la tentación del pecado. o puede que fuera ella misma quien deseara limpiarse de los únicos pecados de los que había sido culpable, aunque ya nunca más lo sería, pues, ahora, por fin encontraría la redención.[104]

•••

De un ambiente similar al narrado en la novela de Puzo sobre los Borgia, surgió el proyecto del descubrimiento o invasión de América. Nada extraño debía parecernos una empresa cuya misión principal era ocupar nuevas tierras y conseguir riquezas mediante el poderío militar, la opresión y la esclavitud de los pueblos. Sin embargo, como ha sucedido con frecuencia en otros lugares y momentos, esta invasión o conquista se hizo acompañar de una justificación religiosa o civilizatoria, lo cual, en el caso del continente americano, y de México en particular, resultó de lo más truculento y manipulador, como quizá nunca había sucedido en la historia de la humanidad. Aquí, en América, no solo se impusieron la espada, la cruz y el látigo, sino también una ideología racista y discriminatoria que nos llevó, por mucho tiempo, a avergonzarnos de nuestro origen e identidad, al grado de negar el pasado glorioso de las culturas que florecieron con la misma creatividad y fortaleza espiritual que las surgidas en las orillas del río Nilo, el Éufrates, el Tigris, el Indo o el Amarillo. Es decir, los olmecas, los mayas, los incas, los teotihuacanos, los toltecas o los mexicas alcanzaron un nivel de desarrollo análogo o parecido al que se obtuvo en Egipto, Mesopotamia, Persia, Angora o China y, en cuanto a democracia, humanismo y espiritualidad, si no es mayor lo nuestro, tampoco es menor a lo alcanzado por las culturas grecorromanas. El reconocido antropólogo francés Jacques Soustelle sin pretender caer en las odiosas comparaciones, pero ante la obnubilación de muchos, se vio obligado a recordar lo evidente: que antes de la llegada de Colón «el sol ya había salido en América» y agregaba que preguntando a un observador imaginario que:

Abarcará en una sola mirada las dos orillas del Atlántico, ¿dónde habría visto surgir la luz y dónde espesarse las tinieblas? Entre 600 y 800 [en solo tres siglos después de la era

> cristiana], por ejemplo, ¿cuál era el centro cultural más brillante? ¿Era nuestro pobre Occidente, agotado por invasiones bárbaras y ocupado en rumiar débilmente los últimos restos de la gran fiesta antigua, o el rico y luminoso México, cubierto de parte a parte por una capa de piedras esculpidas, de Teotihuacán a Monte Albán y de Palenque a Copán? La balanza de la civilización se inclinaba entonces hacia la tierra de Quetzalcóatl.[105]

No obstante, insisto, con toda la perversidad posible, los soldados, clérigos, escritores y empleados de la monarquía española crearon toda una leyenda negra acerca de la supuesta barbarie que encontraron al invadirnos, incluidos sacrificios humanos que nadie vio y que no se sostienen con ninguna prueba documental auténtica, sino con fantasías y mentiras e, incluso, con testimonios obtenidos mediante sometimiento y tortura. Ha sido tan intenso y envolvente este ninguneo al México profundo que hasta los mismos estudiosos de la historia y de materias afines, conscientes o no, se han encargado de transmitir, de manera vergonzosa, esta malvada calumnia que ha penetrado hasta en el arte, como se advierte en los murales del gran pintor Diego Rivera, quien magistralmente dibuja la gran Tenochtitlan desde el mercado de Tlatelolco, donde se venden alimentos, textiles y aparece entre las mercancías un brazo humano. Cabe mencionar que ni en el relato de Cortés de su visita al mercado y de su detallado recuento de todo lo ofrecido aparece que vendieran carne humana. Seguramente Diego puso ese «detalle» o fragmento, sin advertir que estaba fortaleciendo la falsa y perversa leyenda del canibalismo.

Claro está que no es una tarea fácil enfrentar la calumnia sostenida por siglos que hasta ha implicado trasladar actos de barbarie de otras partes del mundo y atribuirlos a los pueblos originarios de América. Por eso, entre otras razones, escribo este libro, para destejer esas calumnias o, hablando en «castilla», para enderezar entuertos, lo cual, al mismo tiempo, lo considero fundamental e indispensable. Sin embargo, estoy consciente de que es algo necesario pero complejo; a veces parece un cuento de nunca acabar, pues, parafraseando a Soustelle, cuando no es una cosa es otra la achacada a los aztecas, quienes eran presentados como demonios tanto por conquistadores como por misioneros. Cortés escribió que en su religión no tenían «dioses sino cosas malas que se llaman diablos». El fraile Sahagún era de la misma idea al decir que se trataba de «diablos»; Francisco Cervantes de Salazar, rector de la Real y Pontificia Universidad de México, sostuvo en 1560 que: «Lucifer había fundado la religión mexicana con el fin de llevarse con él a los indios a lo más profundo del Infierno para toda la eternidad, y que el principal demonio adorado en México era "Uitzilopochtli"». En fin, como señala Soustelle, se trata de «dioses vencidos» y los «dioses de los vencidos son demonios de los vencedores».[106]

Pero demos por concluida esta primera parte del libro —que, lamentablemente, trató más sobre guerras, salvajismos, dinero, imperios y traiciones—, para comenzar con la segunda parte, que inicia con la llegada del *Homo Sapiens* (el hombre sabio) al continente americano, algo que ocurrió entre 20 000 y 40 000 años atrás y que dio origen a lo que después harían grupos humanos que, gracias a la agricultura —especialmente, al cultivo del maíz— pasaron de ser cazadores, recolectores y pescadores que vivían en cuevas a constructores de viviendas y de grandes ciudades en varias regiones del continente. En esa migración masiva, primates surgidos en África y procedentes de Asia, acostumbrados a climas no muy fríos, aprovecharon un proceso de enfriamiento que congeló el agua y convirtió el estrecho de Bering en un largo puente que atravesaron para internarse a lo largo de todo el continente y llegar por mesetas, valles y montañas hasta el Cono Sur; se quedaban a vivir en los sitios más propicios por clima y alimentos. Esta fantástica invasión es de las cosas que realmente vale la pena estudiar en la vida y no tuvo nada que ver con las violentas incursiones de quienes habrían de llegar miles de años después, sedientos de oro, sangre y conquista. El poblamiento de América no se llevó a cabo para conquistar territorios poseídos por otros y a nadie se le impuso una creencia; no fue una empresa concebida por la avaricia. Era, simplemente, la humanidad expresándose con lo que mejor sabe hacer, que es caminar y construir, desde chozas hasta grandes ciudades. Y en el camino desarrolló conocimiento, espiritualidad y civilización.

II

GRANDEZA INDÍGENA

Capítulo 7

LA ÚNICA INVASIÓN BIENAVENTURADA DE AMÉRICA

El sublime peregrinar del *Homo sapiens,* desde el norte hasta el sur del continente americano hace por lo menos 16 000 años, tuvo que haberse realizado por las planicies costeras del océano Pacífico. Esta idea no solo se apoya en hallazgos arqueológicos, sino también en el hecho de que la costa occidental del continente ofrece la ruta más corta desde Bering hasta la Tierra del Fuego. Descender por el litoral atlántico implica atravesar en perpendicular un tramo largo, de clima extremo y con el terreno sinuoso de las sierras madres o centrales del continente; por ejemplo, recorrer la línea divisoria de Alaska con Canadá desde la costa del Pacífico hacia el Ártico significa enfrentar bajas temperaturas, pasar por montes altos y viajar 2 475 kilómetros; lo mismo sucede más abajo de Tijuana a Matamoros, a lo largo de la frontera actual entre México y Estados Unidos: son 3 185 kilómetros. Desde los tiempos de Carlos V había interés por buscar el paso terrestre más corto entre ambos océanos. A comienzos del siglo XIX, el barón de Humboldt analizó nueve franjas de las que tres eran, para el sabio naturalista alemán, las más recomendables por angostas: Panamá, el Istmo de Tehuantepec y Nicaragua, en ese orden. De modo que aquellos migrantes primigenios seguramente optaron por hacer el histórico viaje de norte a sur por los valles y las costas del Pacífico. En cuanto a los hallazgos arqueológicos, los más antiguos encontrados hasta ahora lo fueron, en su mayoría, en zonas más cercanas al Pacífico, con excepción precisamente de las regiones con los pasos más estrechos de un océano a otro como es el caso de las penínsulas de Baja California Sur y Yucatán, y en la región de los grandes ríos y la selva Centroamericana. Esta legendaria ruta también se puede definir tomando en consideración que es mayor la presencia de las civilizaciones indígenas en el noroeste que en el noreste del país, como lo demuestran las culturas que, hasta la fecha, existen y se distribuyen en estas regiones: Mulegé, Paquimé, isla del Tiburón, Trincheras, la ribera de los ríos Yaqui, Mayo y Fuerte o los pueblos originarios de Durango, Nayarit, Zacatecas, Jalisco, Colima y Michoacán.

Sobre si los primeros pobladores de América fueron *Homo sapiens,* existe un consenso entre historiadores, biólogos y paleontólogos, en que ese es el origen del hombre antiguo de este continente, cuya cuna o nacimiento se ubica en las sabanas de África. Los cráneos, huesos y otros restos o piezas recolectados así lo indican, y con la ciencia se ha podido reconstruir nuestra genealogía. En cuanto a las evidencias y los fósiles encontrados en América y su antigüedad, existe una serie de estudios que informan del tiempo que datan, de dónde son los hallazgos, quién o quiénes los descubrieron y qué institución académica o científica avala los resultados.

Para tener el contexto de lo encontrado en el mundo desde hace 70 000 años, cuando se sostiene que comenzó el predominio del *Homo sapiens,* empecemos por describir los hallazgos que se vinculan al arte y a la religión; es decir, iniciemos con las pinturas rupestres. En primer lugar, destacan las pinturas de Altamira en cuevas de Cantabria en España, las cuales poseen una antigüedad de 35 000 años; se caracterizan por el realismo con el que se dibujan diferentes animales (ciervos, caballos, cabras, bisontes) y por los grabados de figuras abstractas. Es célebre que Pablo Picasso, al finalizar una visita a la cueva, dijo: «Después de Altamira, todo parece decadente».

La cueva de Chauvet, en Ardèche, Francia —llamada «de los sueños olvidados»— también es de una importancia histórica fundamental; según varios estudios, data del 26000 al 32000 a. C., se caracteriza por estar bien conservada y cuenta con dibujos de 13 especies diferentes de animales, algunos ya extintos; también se miran caballos, bisontes, renos, leones, panteras, osos, búhos y hienas; no hay representación de seres humanos completos.

Algo excepcional es la cueva submarina en la costa de Marsella, también en Francia, donde un buceador profesional llamado Henri Cosquer —de ahí el nombre de este hallazgo artístico: Cueva de Cosquer o Grotto Cosquer— descubrió un túnel que conduce a paredes donde se pintaron, hace 27000 años a. C., unas manos con caballos, bisontes y animales marinos como focas, calamares y otras extrañas figuras que podrían ser peces. Es más, en octubre de 2014, antropólogos de Indonesia y Australia dieron a conocer pinturas de una cueva en una región tropical de ese país, consideradas como las más antiguas del mundo, pues datan hasta de 40000 años a. C.

No obstante, desde mi perspectiva, lo más sublime y bello de este arte antiguo son las figuras humanas de las pinturas rupestres de Zimbabue, África. En suma, en la época en que las cavernas albergaban centros artísticos y espirituales, los *Homo sapiens* demostraron con anticipación su fina creatividad y laboriosidad cultural.

Sobre piezas arqueológicas del 70000 a. C., a la fecha, destaca en el mundo por su mayor antigüedad, independientemente de cráneos, huesos u otros restos del *Homo sapiens*, la famosa escultura encontrada en la cueva de Stadel, Alemania, con un origen de 40000 años, la cual representa a un cuerpo humano erguido, con cara de león o leona, y consumada con gran belleza artística.[1] Deben considerarse, además, los vestigios de las aldeas o ciudades consideradas como las más antiguas del mundo, como Göbekli Tepe, en Turquía, que existió por el año 9500 a. C.; Jericó, en Palestina, cuyos primeros cimientos datan de hace 9 000 años; y Uruk, en el actual territorio de Irak, que existió en el 4000 a. C., con una población de 80 000 habitantes y en esa época era reconocida como la ciudad más poblada del mundo.[2]

En nuestra América se infiere que los *Homo sapiens* recién llegados poco a poco se fueron adaptando a las distintas regiones del continente. Es un hecho que muchos decidieron quedarse a lo largo de la ruta; la mayoría, como se demostró con el tiempo, optó más por Mesoamérica y los Andes. Aun cuando ha sido poca la investigación en materia de arqueología y paleontología en comparación con lo hecho en otros continentes, hay importantes estudios sobre hallazgos que nos dan una idea de cómo se fueron asentando las familias y los grupos, y cómo crearon sus comunidades, pueblos y centros de poder civil y religioso; desde luego, todo ello a partir de la adaptación al clima y la disponibilidad de alimentos, en la que desempeñó un papel fundamental la domesticación del maíz, el frijol, la calabaza, la papa, las plantas y hierbas medicinales, los animales de patio y otros satisfactores básicos para la supervivencia.

Empecemos por los cráneos, huesos y otros restos encontrados en los distintos sitios de México, para luego describir hallazgos de antiguas armas de caza, herramientas, utensilios del hogar, restos de fauna antigua y pinturas rupestres. Hasta ahora, el que se considera el cráneo más antiguo corresponde a un hombre enterrado en Chimalhuacán, Estado de México, hace 10 500 años. Sigue uno encontrado en los años sesenta del siglo pasado, cuando se construyó la primera línea del Metro en la capital que, se estima, data de 10 000 años. Luego hay otro cráneo masculino hallado en Tlapacoya, también en el Valle de México, que data de 7900 a. C.; otro más en Tecolote, Hidalgo, tiene unos 7 950 años; uno más desenterrado en Texcal, Puebla, tiene una antigüedad de entre 4 500 y 7 000 años. En 2020, hace muy poco, durante la construcción del nuevo Aeropuerto Internacional Felipe Ángeles (AIFA) en Santa Lucía, Estado de México, se encontró una gran cantidad de material paleontológico, como ya vimos en este libro, pero además los trabajos de exploración del equipo multidisciplinario del Instituto Nacional de Antropología e Historia (INAH) descubrieron un esqueleto casi completo de un personaje que bautizaron como «Yotzin», con «cráneo semicompleto, cuyas características morfológicas y antropométricas, presumiblemente, corresponden a un individuo de finales del Pleistoceno e inicios del Holoceno, hace 10 000 años antes del presente».[3] Aunque es evidente que casi todos estos descubrimientos se centran en el Valle de México, también se han hallado cráneos, huesos y otros restos de personas antiguas en varias regiones del país; por ejemplo, en 2006, en la cueva Puyil, ubicada en Puxcatán en Tacotalpa, Tabasco, el arqueólogo del INAH, Luis Alberto Martos, y las doctoras María Teresa Navarro-Romero y María de Lourdes Muñoz, adscritas al Departamento de Genética y Biología Molecular del Centro de Investigación y Estudios Avanzados (Cinvestat) del Instituto Politécnico Nacional (IPN), encontraron, entre otras piezas, artefactos y restos humanos, en especial siete cráneos, de los cuales, cuando menos tres «se ubican como prehistóricos. Asimismo, las investigaciones apuntaban a que tales individuos compartieron rasgos genéticos con poblaciones de Guatemala, Cuba, Perú, Bolivia y Siboney, Brasil»,[4] con el añadido de que los datos obtenidos «remiten a periodos históricos más remotos que la civilización olmeca y suponen corrientes migratorias de hombres tempranos en el continente americano; es decir, se estaría revelando información sobre los primeros pobladores de América».[5]

Ahora bien, tanto en el caso de cráneos y otras piezas prehistóricas encontradas en México, existen diferencias entre especialistas porque, mientras un grupo sostiene que la ocupación de los *Homo sapiens* en nuestro territorio se presentó hace unos 16 000 años, la otra afirma que esta fue muy anterior. En el caso de los cráneos, la revista *Arqueología Mexicana* de noviembre-diciembre de 2001 le otorga al de Chimalhuacán una antigüedad de 33 000 años. Asimismo, durante una excavación en un antiguo manantial ubicado en un rancho del municipio del Cedral, en San Luis Potosí, se encontraron un estilete de hueso y un raspador de piedra con una antigüedad similar. De igual manera, en un posible hogar en Tlapacoya, Estado de México, se hallaron artefactos de hace 22 000 años. Es tan distinta esta apreciación de otras exploraciones que, como se afirma en la revista referida, «el aspecto más relevante de estas localidades es que la evidencia encontrada en ellos apoya la idea de que el poblamiento de América ocurrió en fecha anterior a la postulada para la cultura Clovis».[6] Ahora bien, ¿qué representa la cultura Clovis y por qué hay quienes hablan de que la llegada de los *Homo sapiens* a nuestro continente es muy anterior a 16 000 años? La cultura Clovis lleva el nombre de una localidad de Nuevo México en la cual se han encontrado vestigios de los que supuestamente fueron los primeros *Homo sapiens* que habrían pasado por el estrecho de Bering hace unos 13 500 años. En 1949, los arqueólogos estadounidenses descubrieron en ese sitio cuatro excavaciones con piezas, cuya datación por medio de carbono 14 arrojó una antigüedad de entre 11 500 y 13 000 años; es decir, sería una época tardía según otros expertos. Con esa misma metodología se siguieron registrando hallazgos en Texas, Arizona, California y en un sitio conocido como «El fin del mundo» en Sonora, así como en otros lugares de México.

Independientemente de este diferendo entre especialistas, lo cierto es que a la llegada de los *Homo sapiens* comenzó una etapa de trabajo, socialización y desarrollo racional y místico del hombre americano, acorde con los bienes naturales a su alcance y con su imaginación y talento. Además del factor humanístico como algo inherente al hombre americano, su otra innata gran virtud, como en otras latitudes, es su vocación por el arte. Esto es lo que se aprecia en la pintura rupestre de América, que parece adelantarse con belleza a otros hechos o testimonios antiguos, pero posteriores. Casi en todos los países de América Latina hay pinturas rupestres. Los especialistas recomiendan cuatro sitios: el Parque Nacional Sierra de Capibara, Piauí, Brasil; el Parque Nacional Aniana Vargas, en República Dominicana; el Parque Provincial Cueva de las Manos, en Santa Cruz, Argentina; y la Sierra de San Francisco, en Baja California Sur, México. En el primer sitio —un territorio de alrededor de 130 000 hectáreas— existen 912 sitios arqueológicos y 657 tienen pinturas rupestres color rojo intenso. En la Dominicana hay arte rupestre de hace más de 30 000 años; se calcula que en ese país existen 455 cuevas, cuya peculiaridad es el predominio de los colores negros —y, de manera excepcional, el blanco— en sus pinturas; la única de ellas que ha sido estudiada es conocida como Berna, se encuentra en San Rafael del Yuma, provincia de la Altagracia, y se cree que fue habitada hace 3 800 años. Por otro lado, la Cueva de las Manos, en la Patagonia argentina, es la más famosa del continente; se trata de una cueva artística y religiosa; el mural de las manos es espléndido y data de 9 350 años. Por último, puedo asegurar que es un deleite y un gran placer visitar las cuevas de las pinturas rupestres de la Sierra de San Francisco en Mulegé, Baja California Sur; son quizá las de más difícil acceso, pero inigualablemente bellas, sobre todo, según mi gusto, la conocida como La Pintada, una cueva en medio de un cañón de la

Sierra de San Francisco por donde corre el arroyo San Pablo; en el gran mural están representadas figuras humanas y animales de la región como el borrego cimarrón, venados, ballenas, liebres, reptiles, peces y aves.

La población de *Homo sapiens* que invadió de manera apacible el continente americano fue migrando de norte a sur y poco a poco, al paso de muchos años, fue asentándose en cuevas, pequeñas comunidades y pueblos; primero, por necesidad básica, los sitios de descanso, convivencia y misticismo tuvieron que estar, en un principio, cerca de manantiales o de ríos y arroyos de agua dulce, así como en lugares de abundante fauna para la caza y la pesca, y de clima y vegetación favorables.

En cuanto al agua, en el caso de la cueva La Pintada, en el semidesierto de Baja California Sur, su ubicación coincide con un oasis; lo mismo puede decirse de casi todos los pueblos y centros importantes de las grandes civilizaciones americanas que, como sucedió en las antiguas civilizaciones de África, Asia y Europa, se fundaron en barrancos y vegas de grandes ríos, arroyos y lagunas interiores o costeras del continente. Los principales y primeros centros de población y desarrollo artístico, cultural y religiosos de la cultura olmeca se ubicaron en una isla del actual municipio de Texistepec en el sur de Veracruz y en otro sitio en las riberas de las zonas bajas del río Tonalá, en La Venta, Tabasco; asimismo, Tula, en Hidalgo, la gran capital de la civilización tolteca, se ubica en un valle irrigado por el río del mismo nombre de esa antigua ciudad; también Teotihuacán, que se localiza a poca distancia del sistema lagunario del Valle de México, a 15 kilómetros del Lago de Texcoco y muy cerca de la zona lacustre donde se ubican pueblos antiguos, de la misma forma, Tenochtitlan se fundó en un islote. En la costa del Golfo, las poblaciones se asentaron a la orilla de los ríos de la región de las Huastecas que desembocan en el golfo de México: Tajín, centro ceremonial totonaco, está ubicado entre las cuencas de los ríos Cazones y Tecolutla, a unos 50 kilómetros del mar; muchos pueblos nómadas se asentaron a la orilla del río Pánuco; Monte Albán, capital de la gran civilización zapoteca, se construyó en las estribaciones de la sierra que rodean los Valles Centrales de la ciudad de Oaxaca, regados por el río Atoyac, con la construcción de presas de agua para la agricultura y el uso doméstico.

En las riveras del Usumacinta, el Mono Sagrado, el cauce más grande de México, se fundaron grandes ciudades mayas, tanto del lado de Guatemala como de México: Palenque se erigió a la orilla de arroyos de la Sierra de Chiapas, y uno de ellos, el Otolum, se desvió mediante la construcción de un canal artificial para abastecer de agua a la ciudad. En los ríos del norte, como el Concho, el Yaqui, el Mayo, el Fuerte, el Nazas, el Mezquital, el Santiago y muchos otros, se fueron fundando, en todo el país desde la prehistoria, pequeños sitios que primero eran los asentamientos rústicos para cazadores o pescadores itinerantes y luego, con la domesticación del maíz y otros productos agrícolas, así como con la adaptación al clima y a la naturaleza, devinieron centros permanentes de población. En el caso de la selva tropical mesoamericana, la península de Yucatán y el Caribe, es demostrable que muchos pueblos se volvieron sedentarios por la disponibilidad de agua, pesca y caza y, posteriormente, agrícolas gracias al maíz, el frijol, la calabaza, el cacao y animales de patio, sobre todo aves domesticadas con el tiempo.

Pero antes de eso ¿qué hacían las familias nómadas, cazadoras y recolectoras?, ¿cómo se alimentaban?, ¿cuáles eran los animales más comunes en su dieta?, ¿qué se sabe sobre su ingesta de vegetales y de carne de animales del monte, del bosque y del agua? Es poco lo investigado al respecto, pero se puede deducir, de acuerdo con las plantas, las frutas y los animales más antiguos, en qué consistía la comida de los primeros *Homo sapiens* de México y el continente. Sudamérica podría ocupar el primer sitio en cuanto a verduras o plantas como el ñame, la batata, la yuca, la calabaza, el tomate, el frijol, la jícama, el cacahuate, la papa, la papaya, el chile, la guanábana, el aguacate, el cacao, la vainilla, el maguey, el nopal, el maíz, el achiote, el huauzontle, la chaya, el chipilín, el acuyo u hoja santa, y muchas más plantas domésticas y comestibles. Los estudios más recientes indican que, cuando los primeros *Homo sapiens* llegaron al continente, se encontraron con animales de grandes dimensiones como mamuts, perezosos, armadillos y otros; varias de estas especies fueron desapareciendo tanto por cambios climáticos como por falta de alimentación, control biológico y, lamentablemente, también por la caza que efectuaron los seres humanos. Un estudio de la biodiversidad mexicana afirma que: «Durante al menos cuatro milenios muchos de estos gigantes fueron víctimas fáciles de las lanzas de nuestros antepasados, expertos cazadores que aprovecharon la inexperiencia de esos colosos con nuestra especie; una criatura relativamente pequeña y por ello poco amenazadora pero que sin embargo tenía mucho tiempo de ser el animal más peligroso de la tierra».[7]

Hace muy poco, en el Valle de México se registraron dos descubrimientos de restos de mamuts y otras especies gigantes que no solo indican su existencia desde hace 10 000 años, sino también la posible demostración de que fueron cazados con trampas y flechas, y descuartizados con cuchillos de piedra, para ser devorados por seres humanos. En el municipio de Tultepec, muy cerca de la Ciudad de México, el investigador del INAH, Luis Córdoba Barradas, coordinador de un grupo de especialistas, descubrió un cementerio de restos de, cuando menos, 14 mamuts, los cuales vivieron desde hace 13 000 a 15 000 años. El estudio de campo demostró la existencia de trampas construidas de manera lineal, lo cual implicó la excavación y remoción de alrededor de 400 metros cúbicos de tierra para hacer esos pozos utilizados en la cacería de estos animales gigantes; asimismo, se rescataron herramientas de piedra que, se supone, eran utilizadas para el destace en el aliñado de los mamuts.[8] Aquí es conveniente abrir un paréntesis para reflexionar un poco sobre las habilidades adquiridas durante siglos por los cazadores nómadas, así como su conocimiento de la naturaleza; en especial, del comportamiento de los animales más grandes o feroces. Así como sucedía con la caza de los mamuts, que probablemente implicaba la participación y el trabajo de muchas personas, los indígenas del norte del continente cazaban al águila principalmente con propósitos rituales. Según Claude Lévi-Strauss, reconocido antropólogo, filósofo y etnólogo francés, los *siux,* indígenas de Dakota del Norte, cazaban a estas aves ocultándose en cuevas o fosas que excavaban y cubrían con ramas, con la práctica de atraer al águila con «un cebo [posiblemente un conejo] colocado encima y cuando el ave se posa para agarrarlo, el cazador la atrapa con sus manos desnudas».[9] Es más fuerte aún conocer cómo los indígenas mayas de las zonas bajas de Tabasco cazaban lagartos y cocodrilos; lo ilustra un relato situado en una ranchería llamada San Pedro, en el municipio de Jonuta, a la orilla de arroyos y lagunas bañadas por el río Usumacinta, y escrito por el explorador y fotógrafo francés Désiré Charnay, quien viajó a esta región del sureste en 1860 para visitar Palenque y otros sitios arqueológicos mesoamericanos; la historia comienza con una plática de Charnay con un lugareño respetado en esos pueblos, quien vivía de la caza o captura de lagartos, tortugas y tigres o jaguares; en el caso de las dos primeras especies, comían y vendían sus carnes, así como las pieles de cocodrilos y jaguares; en ese entonces eran negocio porque su comercio no estaba prohibido y tenían gran demanda en el país, en Estados Unidos y en Europa; en la conversación, cuando don Juan le cuenta al visitante o huésped sobre cómo es la lucha cuerpo a cuerpo del pescador para vencer al lagarto, el fotógrafo lo duda y dice que «le encantaría verlo con sus propios ojos» y, de inmediato, don Juan grita:

> —¡Cirilo!
>
> Al tercer llamado de don Juan, un hombretón, negro, flaco y nervudo como un tigre, salió a su encuentro con el sombrero en la mano.
>
> —¿En qué puedo servirlo, don Juan?
>
> —Este señor quiere verte coger un *lagarto*, y no parece creer en tus habilidades.
>
> —Ah, eso no es difícil —repuso tranquilamente el indio—, y por darle gusto, don Juan…
>
> —Una piastra para ti, muchacho, de modo que trata de lucirte.
>
> Cirilo pidió cinco minutos para prepararse, y dijo que se reuniría con nosotros en la orilla de un riachuelo angosto y lento, en la selva, del otro lado del pueblo; en cuanto a nosotros, debimos tomar una piragua y pedir que nos llevaran hasta allá.
>
> Cuando llegamos, Cirilo estaba sobre el ribazo esperándonos; iba desnudo y tenía en la mano un fuerte puñal, cuya hoja, de ocho pulgadas de largo, parecía un enorme clavo, de base cuadrada. Ya había echado a los alrededores una hojeada de buen conocedor. A los veinte pasos, nos hizo señal de que nos detuviéramos y, adelantándose a nosotros con precaución, nos señaló un punto de la orilla lleno de macizos de altas hierbas; no había dado más de diez pasos cuando dos caimanes de cola corta se hundieron en el río como dos mastodontes.
>
> En menos tiempo del que se necesita para escribirlo, Cirilo se precipitó con el puñal entre los dientes, se sumergió y no volvió a aparecer. Nos dirigimos a toda prisa hacia el lugar del combate, la situación me parecía palpitante; yo escudriñaba la ribera, solo un remolino indicaba el sitio donde el indio había desaparecido; pasaron algunos segundos, largos como un siglo; el agua se agitó de nuevo, como removida por una hélice, y la cola del monstruo azotó la superficie con un golpe terrible; luego el cuerpo apareció, en rápida evolución; Cirilo, cubierto de fango, estaba adherido al vientre del caimán. Desaparecieron otra vez, dejando un largo rastro de sangre.

—¡Bravo, Cirilo! —exclamó don Juan—, en cuanto a mí, ya no respiraba con la helada de terror, testigo de esa espantosa lucha, que lamentaba haber provocado.

Mientras tanto, el río se agitaba por los esfuerzos de los dos luchadores y el agua ascendía a la superficie en torbellinos de limo; pasaron todavía unos segundos y Cirilo reapareció, pero solo, cubierto de fango, sofocado a medias.

Un grito de alegría se escapó de mi garganta como un grito de liberación; Cirilo nadaba hacia nosotros, yo le tendí la mano para ayudarlo, pero él saltó por sí mismo a la barca, donde se quedó un momento sin hablar.

—Este c… me cortó el dedo —dijo, al tiempo que nos mostraba la primea falange de su índice mutilado.

En el momento en que Cirilo había abrasado al monstruo cuerpo a cuerpo, su dedo había quedado enganchado en las fauces del animal.

—Pero me lo pagó —dijo—, y vamos a verlo ahora mismo. Además, si no sube, pues es probable que esté hundido en el fango, voy a ir a buscarlo.

Don Juan me hizo un guiño y me incliné; aquel indio me pareció grande como César.

En cuanto a él estaba quitándose el fango que lo cubría y se preparaba en realidad a sumergirse otra vez; lo detuve:

—¡Allí lo tienen! —exclamó don Juan, señalando una superficie, blanquecina que flotaba del otro lado del riachuelo. Era el caimán, vientre al aire, abierto el pecho por cuatro puñaladas.

Lo remolcamos hasta el pueblo; medía catorce pies y tres pulgadas: le di a Cirilo dos piestras en vez de una, y le compre por veinte francos su puñal, que todavía conservo.

—Puede usted observar —me dijo mi huésped— que nuestros indios son los únicos que ejecutan la hazaña que acaba de ver; es por así decirlo, un don particular, pues podría usted recorrer todos los pueblos de los alrededores sin encontrar un pescador de *lagartos* con la mano. Lo que hay de más singular en este asunto es que el propio caimán no se deja coger, el instinto lo hace huir del indio de San Pedro mientras que, en cualquier otro caso, se arrojaría sobre el indio para devorarlo.[10]

Dos añadidos y una reflexión sobre esta tremenda realidad: primero, que no es cualquier cosa enfrentar a un lagarto; quienes viven en el trópico saben, hasta nuestros días, que en el agua el reptil puede nadar más rápido que un jaguar y eliminarlo. Cualquier felino, pescado o ave le teme. Otro hecho que debe tomarse en cuenta es que la práctica de cazar o «manear» lagartos la aprendieron los habitantes de las tierras bajas desde que vivieron como nómadas, o, si acaso, en las primeras fases del sedentarismo. Forma parte de los conocimientos adquiridos durante siglos de convivencia con la naturaleza. Se trata de lo relacionado con el saber que se obtiene mediante la observación, la práctica y la destreza; podría encajar, sobre todo, cuando se trata de la supervivencia, en la llamada por Lévi-Strauss como «La ciencia de lo concreto», aquello de que «la vida es experiencia, cargada de significación exacta y precisa»[11] o que «cada una de estas técnicas supone siglos de observación activa y metódica, de hipótesis atrevidas y controladas, para rechazarlas o para comprobarlas por intermedio de experiencias incansablemente repetidas».[12]

Cerrando el paréntesis, recordemos lo dicho en un capítulo anterior sobre que, durante la construcción del AIFA, se encontró un gran yacimiento de animales prehistóricos: se trata de restos de «707 mamuts colombianos; 248 camellos, 72 caballos, 15 perezosos terrestres, dos gliptodontes, dos tigres dientes de sable y un bisonte. Otros grupos registrados son pecarís, cánidos, peces anfibios, reptiles y aves, lo que nos da una idea clara de la rica diversidad de especies que habitaban en la orilla del lago de Xaltocan a finales del Pleistoceno Tardío».[13] Es importante subrayar que, aun cuando la cuenca del Valle de México es el sitio con más fósiles encontrados de mamuts, la presencia de estos se registra desde el suroeste de Canadá hasta Costa Rica, incluyendo, en nuestro paso, a Baja California, a Oaxaca y otros sitios, con excepción de la península de Yucatán. También es pertinente aclarar, como lo sugieren los expertos del INAH Agustín Ortiz, Joaquín Arroyo y Rubén Manzanilla, que:

> La evidencia de la relación humano-mamut tuvo lugar durante la última glaciación del Pleistoceno, cuando los cazadores persiguieron a la megafauna desde el sur de Estados Unidos hacia el Centro de México. Esta asociación incluye restos humanos, lítica, hogares, posibles campamentos, hueso modificado y uso de los recursos faunísticos como alimento. Sin embargo, estas evidencias son difíciles de encontrar tanto en la Cuenca de México como en otras partes del país. Se conocen más de 270 localidades de mamuts en México (*Mammuthus columbi),* pero solo en diecisiete de ellas se han reportado evidencias de una asociación humano-mamut. Pocos sitios presentan hueso de mamut modificado y entre ellos destacan santa Isabel Iztapa, Valsequillo, Villa de Guadalupe, Tocuila, Santa Ana Tlacotenco y Tultepec. Sin embargo, aún falta definir el papel del ser humano, ya sea como cazador o carroñero para comprender su evolución social.[14]

Es posible que, desde la prehistoria, predominara en el norte del continente la dieta a base de carne de monte y pescado, mientras que de Mesoamérica hacia el sur se consumiera lo mismo, pero con muchos otros animales nativos de tierras bajas, y con más vegetales. En el norte seguramente se comía más el bisonte, el oso, el venado, el borrego cimarrón, la ballena, el cocodrilo, las focas, la tortuga caguama, mucha variedad de peces y mariscos, y otros alimentos, —por cierto, con alto contenido de nutrientes—, lo cual se manifiesta hasta la actualidad en el tamaño de hombres y mujeres de los pueblos originarios. Como vimos en el texto sobre las pinturas de la Sierra de San Francisco en Baja California Sur, se ha venido transmitiendo de generación en generación que los artistas que hicieron esas obras eran gigantes, gente muy grande; los seris, los mayos y los yaquis actuales suelen ser de estatura elevada.

En cuanto a los nómadas que llegaron hasta Centroamérica y el sur del continente, tuvieron mayores posibilidades de supervivencia por enfrentar climas más benignos; con mayor existencia de agua dulce; sin desiertos; con suelos húmedos, bosques y selvas tropicales; así como con una impresionante variedad de alimentos procedentes de la flora y la fauna. No es casual que el mayor crecimiento poblacional, desde la llegada del *Homo sapiens* al continente americano hasta el siglo XIX, se haya registrado en la Costa del Pacífico y, en especial, en Mesoamérica y el sur del continente, pues en esta franja de clima templado y húmedo, era más fácil obtener alimentos y menos difícil recolectar, cazar y pescar; existían animales gigantes de la Antigüedad, como lo muestran los fósiles de la megafauna, pero también animales que sobrevivieron y otros seres vivos que evolucionaron con el transcurrir del tiempo y que se convirtieron en nuevas especies. Es difícil divisar ballenas en las costas y en los ríos de Mesoamérica, pero hay manatíes, que los navegantes españoles invasores confundieron con sirenas. Según los biólogos, México es el quinto país del mundo con mayor biodiversidad global; el segundo en reptiles; el cuarto en mamíferos; el quinto en plantas; el séptimo en peces; el noveno en anfibios y el onceavo en aves. De igual forma, en Mesoamérica y el sur del continente la flora es de lo más variada y extravagante. De esta región del mundo son nativos el cacao, el maíz, la calabaza, el tomate, diversas variedades de frijol y de chiles, el maguey, el izote, el aguacate, el chicuilote, el nopal, la biznaga y la vainilla; frutas como tunas, guanábana, chirimoya, mamey, zapote, chicozapote, guayaba, tejocote, nanche, capulín, jícama, guamuchic, cuahuxinicuile, papaya, xoconostle, chía y pitahaya; y se cuenta con una gran cantidad de hierbas comestibles y medicinales. En fin, es un prodigio la naturaleza de México.

Por si queda alguna duda, reflexionemos sobre el tema de la domesticación del maíz; esta planta bendita se da en todas partes y con cualquier clima: en las costas, en los valles, en la sierra, en el frío o en el calor. Pienso que por eso no costó mucho convertir lo que parecía mal monte en granos que se siembran para hacer la milpa y producir el maíz, materia prima para la masa de la imprescindible tortilla y de, cuando menos, 600 complementos de comidas y bebidas mexicanas. Es acertada la consigna que dice: «Sin maíz, no hay país». Como todo mundo acepta, esta planta, equivalente al trigo nativo de la región de Medio Oriente, o al arroz del continente asiático, es orgullosamente originaria de México. Por lo mismo, le concedemos parte de razón a quienes reniegan de que se abandonaron la recolección y la caza por la siembra de alimentos agrícolas, pues sostienen que estas plantas fueron las que «domesticaron al *Homo sapiens*, y no al revés»,[15] y digo esto aceptando lo evidente: la gran adaptación del maíz a cualquier clima, tipo de terreno, altitud o ambiente natural, con el agregado de la sencillez que se requiere para cultivarlo y cosecharlo, y la posibilidad de guardarlo hasta por un año sin que se eche a perder ni en mazorca ni en grano. Con todo lo anterior incluido, el ser humano, Dios, la naturaleza o los dioses, nos dieron este alimento que, además de producirse en las cantidades que el campesino necesita, es nutritivo y completamente sano. Según estudios, el trigo pasó de ser silvestre a tener uso alimentario hace 9 500 años; el arroz tiene una temporalidad de 9 000 años; y el maíz, según los últimos hallazgos, se empezó a cultivar en Mesomérica hace 10 000 años. Es obvio que en ninguna otra parte del mundo existía este grano; tan es así que, cuando llegaron los invasores europeos, los indígenas mayas chontales de Centla, Tabasco, les ofrecieron, en plan de amistad pescado y otros alimentos, entre ellos, gruesas de maíz; los cronistas españoles las llamaron «pan de maíz» cuando, en realidad, se trataba de ricas tortillas. Según investigadores de la Comisión Nacional para el Conocimiento y Uso de la Biodiversidad, «México es el centro de origen del maíz. Aquí se concentra, muy probablemente, la mayor diversidad de maíz del mundo y aquí han evolucionado y viven sus parientes silvestres, los teocintles, y otros conjuntos de gramíneas relacionadas, especies del género *Tripsacum* (maicillos)».[16] En buena medida, la domesticación del maíz y, en términos amplios, el cultivo de la milpa tradicional que incluye la siembra del frijol, la calabaza y, en ocasiones, el chile, fue el factor principal para el crecimiento poblacional y la creación de los primeros hogares y comunidades en Mesoamérica; algo parecido a lo que sucedió en los Andes con el origen de la papa, la cual se convirtió en el alimento principal de la gran cultura Inca.

La cultura madre

Es muy probable que, al mismo tiempo que la aparición de la milpa, hayan surgido los primeros cacaotales, lo que permitió contar con la semilla o el grano de cacao, que es el complemento en la alimentación a base de maíz más antiguo y cercano. El cacao es un energético de gran potencia; su mezcla con el maíz en la elaboración del pozol o chorote ha sido fundamental para dar fortaleza nutricional a los campesinos del sur de México y de Centroamérica. Está demostrado que una persona puede mantenerse por varios días solo con pozol. Esta bebida fresca y fuerte es, sin duda, el distintivo de Tabasco, el estado más tropical de México. El poeta Carlos Pellicer sintetiza lo anterior de manera breve y bella: «Yo que de Tabasco vengo, con nudos de sangre maya, donde el cacao molido, dio nuevo sentido al agua».[17] Tania Ortiz Galicia, investigadora de la Facultad de Filosofía y Letras de la UNAM, cita en un artículo a un conquistador anónimo, según el cual, «esta bebida es el más sano y más sustancioso alimento de cuantos se conocen en el mundo, pues el que bebe una taza de ella, aunque haga una jornada, puede pasarse todo el día sin tomar otra cosa; y siendo frío por su naturaleza, es mejor en tiempo caliente que frío»:[18] Trato el tema del cacao porque, según todos los especialistas en antropología y disciplinas afines, la cultura olmeca es la más antigua, la primera que floreció en toda América, y esta cultura madre surgió, en buena medida, gracias a la milpa y al cacao. Tanto en su zona nuclear como en la de mayor influencia, existe un ambiente natural propicio para la reproducción del cacao. Se trata de terrenos húmedos, fértiles, a la orilla de ríos, arroyos y lagunas.

Con respecto a la aparición de las primeras comunidades o pueblos en América, todo parece indicar que los asentamientos de carácter cívico, artístico y religioso con mayor rango urbano se ubicaron en San Lorenzo, Veracruz y en La Venta, Tabasco, ambos sitios pertenecientes a la cultura olmeca. Se trata de una pequeña región bañada por ríos, de clima húmedo, con pocas zonas altas, y de planicies cercanas a las costas y al Istmo de Tehuantepec, que es la franja o el paso más angosto del territorio del país entre el Pacífico y el Atlántico. Algunos estudiosos dicen que primero se fundó

San Lorenzo y después La Venta, aun cuando sabemos que se crearon, casi al mismo tiempo, otros asentamientos en el área de Tres Zapotes y Laguna de los Cerros, también en Veracruz; los dos primeros han sido los más explorados o resultaron con mayor desarrollo. San Lorenzo, como ya lo expresamos, está ubicado en una isla de afluentes del río Coatzacoalcos, en el actual municipio de Texistepec. Al parecer esta fue la principal metrópoli olmeca; la cuna de la cultura madre, la civilización más antigua de América. En San Lorenzo, de acuerdo con estudios de campo, realizados en el transcurso de dos años consecutivos, por un equipo de arqueólogos encabezado por el estadounidense Michael D. Coe, se registran actividades productivas, sociales y artísticas desde el año 1200 al 900 a. C.; es decir, hace más de 3000 años en promedio.

La finada Beatriz de la Fuente, experta en arte prehispánico, escribió entre 1966 y 1968:

> Por vez primera, un sitio olmeca fue científicamente estudiado con un enfoque multidisciplinario que permitía evaluar la cultura que se desarrolló en el área del Río Chiquito, en las ciudades de San Lorenzo, Tenochtitlan y Potrero Nuevo. Entre los resultados más importantes de las exploraciones y del material que se investigó, se encuentra la serie de fechas proporcionadas por el sistema de radiocarbono, que sitúan la fase olmeca de San Lorenzo entre 1200 y 900 a. C. Se estableció asimismo una secuencia arqueológica, y se definieron los rasgos que caracterizan cada una de las fases de esa secuencia. Durante las temporadas de trabajo arqueológico bajo la dirección de Coe, se descubrieron veinte esculturas monumentales y salieron a luz datos tales como la mutilación intencional de los monumentos y el entierro ritual de los mismos. Las esculturas que habían sido talladas por gente olmeca durante la fase que Coe designa San Lorenzo, o inmediatamente antes, fueron destruidas parcial o totalmente por el mismo pueblo en un lapso no mayor de tres siglos. El autor supone una revolución en contra de la dinastía que estaba en el poder. San Lorenzo era el centro de un «Estado coercitivo»; así, Coe explica el control de una gran población que tenía una religión estatal centrada en el culto de un dios jaguar de la lluvia; que elaboró un sistema de desagües, evidente manifestación de conocimientos de ingeniería hidráulica, y que acarreó toneladas de piedra para labrar los monumentos y de relleno para construir la plataforma artificial donde descansaba el centro ceremonial. Todo eso se pudo realizar exclusivamente, dice, bajo un gobierno dictatorial. El problema del origen de la civilización, que tanto había preocupado a los estudiosos y al mismo Coe, es enfocado ahora por el arqueólogo norteamericano desde un diferente punto de vista: se trata de una de las civilizaciones prístinas, que súbitamente, de una forma de vida sedentaria y agrícola, pasa a la civilización. Logra, de repente, un nivel de integración en el ámbito de las ideas y de las instituciones, y se constituye en organización estatal a cargo de «autoridades despóticas, que demandan un reconocimiento público de ellos mismos y de sus antepasados bajo la forma de grandes imágenes como símbolos de su poder».[19]

En el caso de La Venta, en Huimanguillo, Tabasco, se advierte un mayor desarrollo en todos los órdenes. A diferencia de San Lorenzo, el trazo urbano es más estilizado y definido, y destaca en ello la construcción de una pirámide escalonada, símbolo que, como otros legados de la cultura madre, distinguirá posteriormente a la arquitectura mesoamericana. En 1955, con la aplicación de radiocarbono, se descubrió que La Venta existió como centro cultural desde el año 1160 al 560 a. C., de ahí que se piense que su fundación data del mismo tiempo que San Lorenzo o de un poco después. Incluso se ha llegado a afirmar que es el lugar de mayor jerarquía de los olmecas, una vez que se presentó la decadencia en el área de San Lorenzo.

Es importante reiterar que el amplio territorio en que se ubican estos grandes complejos olmecas, incluyendo Tres Zapotes, en la zona limítrofe entre Tabasco, Veracruz y Oaxaca, aun cuando se encuentra en zonas bajas y selvas tropicales costeras, es un paraíso de biodiversidad. Los antiguos pobladores de esta región vivían del maíz, la yuca, la calabaza, el frijol y el cacao, así como de la variada fauna de especies terrestres y acuáticas, algunas muy adaptadas a ese medio como lagartos, venados, tapires, tepezcuintles, armadillos, conejos, patos, pavos, pijijes, iguanas, tortugas de distintas especies, manatíes e innumerables animales de monte, además de peces y mariscos. También es importante destacar que en la zona donde se fundaron San Lorenzo y La Venta, existía una impresionante selva tropical con majestuosos árboles como el cedro, la caoba, el hule, la ceiba, y maderas finas resistentes que, junto al guano, el jahuacte, el tatuán y el mangle, se usaban para la construcción de viviendas, cayucos, herramientas, utensilios y otros bienes. Asimismo, en estos sitios había chapopoteras de donde se obtenía petróleo, el cual empleaban con fines medicinales; como combustible de antorchas; como material de construcción; para calafatear cayucos, muros y pisos; para cubrir cerámica; y para sellar y reparar piezas de madera.

Por tratarse de un periodo muy antiguo y apenas estudiado en la arqueología, es poco conocida la organización social, política y religiosa de los creadores de la cultura olmeca. Sin duda, se trató de una sociedad bien estratificada, dividida cuando menos en dos clases sociales, y con una dirección política y, posiblemente, clerical. Aun cuando es bastante general y poco lo investigado, su organización social debe haberse constituido, como sucedió posteriormente en otras civilizaciones prehispánicas, mediante un sistema de entrega de tributo, tanto en especie como en trabajo, a la clase gobernante, ya fuera por convencimiento ideológico, religioso y cívico o a través de medidas coercitivas impuestas a la población mayoritaria subordinada o sometida. Es indudable que tanto San Lorenzo como La Venta fueron ciudades-Estado, aunque sin proyección imperial. También se infiere que ambos centros fueron capaces de garantizar la supervivencia de miles de personas que mantenían sus mitos y creencias, que deseaban vivir en armonía y que pudieron mantener largos periodos de paz y estabilidad política que los proyectaron hacia el eminente grado de desarrollo artístico y cultural alcanzado.

Asimismo, todo apunta a que los frutos de la tierra y los alimentos del agua en la zona, como hemos venido señalando, resultaron nutritivos y abundantes; como también es probable que el tributo pagado en especie por los campesinos, ya fuera maíz, cacao, pescado, textiles o cualquier otra mercancía, no solo permitía mantener a la clase gobernante, incluidos sacerdotes y escultores, sino que los excedentes alcanzaban para intercambiar esos bienes con otros de regiones apartadas, sobre todo, la materia prima para la creación de su monumental, exquisito y bello arte. Imaginemos la organización social que se necesitaba para ir —como siglos después lo haría Miguel Ángel, quien viajaba a Carrara para seleccionar los bloques de mármol para sus esculturas— hasta la Sierra de los Tuxtlas y cortar los grandes bloques de basalto de hasta 40 toneladas para trasladarlos, por tierra y agua, hacia San Lorenzo, a más de 100 kilómetros, en balsas, ya fuera desde la costa por el cauce del río Coatzacoalcos o entrando por la desembocadura al mar del río Tonalá, hasta cerca de La Venta, lo que implica recorrer aproximadamente 200 kilómetros, varios días en el mar, los ríos y los arroyos del interior, y muchos hombres y muchas mujeres. Debe tenerse presente que esta gran civilización no adquiere ese rango por su antigüedad, monumentalidad, misticismo, organización sociopolítica, ni por ningún otro mérito de carácter arquitectónico, productivo o científico, sino, fundamentalmente, por la excepcional calidad de sus artistas. La obra escultórica de los olmecas es magistral y de las mejores del mundo. En ello pensaba el maestro Alfonso Caso, destacadísimo arqueólogo, historiador y antropólogo mexicano, quien, en su ponencia en la mesa redonda dedicada al estudio de las civilizaciones olmeca y maya, y que se celebró en 1942 en Tuxtla Gutiérrez, Chiapas, sostuvo que la cultura olmeca «era sin duda madre de otras culturas como la maya, la teotihuacana, la zapoteca, la de El Tajín y otras».[20] En ese evento, Miguel Covarrubias, también destacado antropólogo mexicano, reafirmó lo dicho por el maestro Caso y agregó tres afirmaciones básicas: en primer término, consideró que esta civilización había empezado a originarse «en la costa o en los valles de las laderas de Oaxaca y Guerrero... alcanzando su desarrollo máximo alrededor de Tres Zapotes y La Venta, y siguiendo hacia Chiapas y Guatemala».[21] Destacó además algo excepcional del arte olmeca, en el cual las piezas van de lo monumental a la hermosa pequeñez; son desde cabezas colosales hasta personajes minúsculos finamente esculpidos —como los de la ofrenda cuatro de La Venta— y, por lo mismo, la materia prima exige una gran variedad de materiales: de la piedra más grande y dura existente a la belleza inigualable del jade. Las piezas olmecas se apropiaron del verde y del jaguar. En sus palabras, Covarrubias describe cómo son las pequeñas esculturas en piedras semipreciosas y las de talla monumental; en específico, aclara que «para las piezas de tamaño menor se utilizaron jades de colores distintos y otras piedras preciosas como la serpentina, la esteatita y la venturina, y para las esculturas monumentales, el basalto fue el material preferido».[22] Asimismo, remata con una afirmación categórica: «Las esculturas de estas gentes "se pueden contar sin duda entre las obras maestras del arte universal"».[23]

Sobre los estilos y la iconografía del arte olmeca, considero pertinente citar algunos fragmentos de la señora Beatriz de la Fuente, por su alto nivel académico y profesional. Para ella, en el estilo escultórico destacan los siguientes rasgos fundamentales:

La marcada preferencia por el volumen, o sea la imagen tridimensional; la masa que por su *pesantez* se mira sólidamente arraigada; la *monumentalidad* que expresa anhelo de grandeza; las *estructuras de formas geométricas* que manifiestan un orden en la concepción del mundo, el ritmo interno de la *forma cerrada;* el predominio de *superficies redondeadas* que cubren el áspero rigor del geometrismo, y la equilibrada *armonía* de las formas. Tales caracteres son absolutamente aplicables a lo que se puede llamar la clásica escultura olmeca, aquella que es más pura y que expresa mejor la creatividad de la cultura que la produjo.[24]

A la escultura monumental se le confió la preservación de tales imágenes y conceptos primordiales. Evidentes formas híbridas y matizadas tienen un núcleo del que rara vez se apartan: el aspecto sagrado de lo humano.[25]

Las *Cabezas Colosales* representan un mismo tipo racial; con todo, como lo hemos visto ya, en cada una de ellas son distintos el cuidado y la propiedad en la expresión, los rasgos son sutilmente diferentes y varían los diseños y los símbolos en los tocados y en los pendientes que todas llevan. Las diferencias de expresión que apuntan en algo al carácter del modelo, señalan la individualidad del retrato.

Recuérdese nuevamente que se han hecho varias hipótesis respecto a lo que las cabezas representan; la mayoría de las opiniones se afanan por identificar a los retratados: si se trata de individuos de raza negra, o si son guerreros; hay quienes sugieren que son jugadores de pelota y testimonio de los sacrificios por decapitación, retratos de jefes, monumentos conmemorativos o mandatarios que han muerto, e inclusive que son dioses de la vegetación. Se las ha considera también, cosa con la cual coincido, retratos ideales, y, más recientemente, imágenes de reyes de la dinastía de los jaguares. Creo que las *Cabezas Colosales* son retratos alegóricos en que la imagen del representado se asocia con la imagen de un concepto, el cual atribuye a su vez, al sujeto del retrato, las cualidades que le son inherentes. Es evidente la importancia que tuvo dentro del mundo mesoamericano la representación dinástica, la calidad ilustre que justificaba la aristocracia. Lícito es suponer que los olmecas retrataran, por las mismas razones, a sus jefes supremos. Quizá sean los retratos de una dinastía, o bien pudiera ser que las *Cabezas Colosales* sean retratos de personas de una secta o de una clase particular, lo cual no las excluye de la posibilidad de representar a la vez el poder político o religioso. Pero, a pesar de que no dudo de que tengan carácter social, creo, sin embargo, que son algo mucho más profundo que simples retratos. Así es sorprendente, pero no casual, que todas muestren los ojos estrábicos; los ejes virtuales de la visión, en lugar de ser paralelos, se unen en un punto fijo. Tal condición, al igual que otras que he señalado de los olmecas, pervive en culturas más tardías; es así como se muestra en las figuras mayas cuando se las representa de frente. En las creencias y las prácticas de otras culturas, distantes en el tiempo y en el espacio de los olmecas, esto indica meditación y profunda concentración, las cuales son el medio y la disciplina física y espiritual para obtener, con la comprensión del orden del universo, la verdadera libertad. Ahora bien, la presencia de *Cabezas Colosales* en las ciudades olmecas me induce a pensar en ellas como símbolos culturales con un significado intrínseco, con un contenido por comunicar, más profundo y universal que el que se desprende de la mera apariencia exterior. Es la cabeza el recipiente que aloja las capacidades superiores del hombre, los poderes creadores, el centro de la vida espiritual. En ella reside lo que se considera inmutable y eterno: la capacidad de comulgar con lo sobrenatural. Su forma misma, la esfera, es símbolo del cosmos, la totalidad de lo conocido. Pero, sobre todo, en la cabeza se manifiesta la naturaleza divina del hombre.[26]

Además de esta espléndida descripción de la doctora De la Fuente, conviene insistir más en el estudio sobre la cultura olmeca elaborado por el insigne antropólogo estadounidense Michael Coe, quien además, como se ha dicho, encabezó, cerca de dos años, un trabajo de campo en San Lorenzo con un grupo de expertos. Sus opiniones más relevantes las resumimos en los siguientes fragmentos:

> Uno de los principales objetivos de la prehistoria es la reconstrucción de las culturas y civilizaciones del pasado, no solo de sus modos de vida, sino también de su sociedad, política, pensamiento y religión. El arqueólogo no puede esperar que los fragmentos de una civilización formen una imagen coherente si solo sigue una línea de evidencia y avanza a toda velocidad sin un conocimiento general de la antropología de las civilizaciones.
>
> La ecología humana, la relación polifacética entre los grupos humanos y su entorno, ha sido uno de los aspectos más fructíferos de la prehistoria. Una forma evidente de estudiar la ecología antigua es observar a los pueblos actuales que viven en la misma zona que la población anterior, siempre que, por supuesto, el medio ambiente no haya cambiado de forma radical y que la población moderna viva más o menos al mismo nivel económico.
>
> [...]
>
> Nuestros agricultores locales practicaban el «cultivo rotativo» o de tala y quema, como muchos de los pueblos tropicales del mundo. Se selecciona una parcela de bosque o arbusto y se tala con hacha y machete durante la estación seca. Justo antes de las fuertes lluvias de finales de mayo o principios de junio, se quema y grandes columnas de humo oscurecen el cielo. Tras el primer aguacero, se plantan las semillas de maíz en agujeros hechos entre las cenizas con un simple palo de cavar. Tras una o varias cosechas, la parcela, llamada milpa, término utilizado en gran parte de Mesoamérica, se abandona y se deja que vuelva a ser matorral; es decir, se deja en barbecho y recupera su fertilidad perdida poco a poco. La agricultura de rotación, debido a que exige una gran superficie de barbecho, es considerada por muchos estudiosos como una base insuficiente para el desarrollo de las altas culturas, en comparación con los tipos de cultivo más intensivos y en ocasiones irrigados que se utilizan en regiones más templadas o secas. Sin embargo, lo cierto es que sustentó la gran civilización maya de la etapa clásica y es probable que también proporcionara la base de subsistencia de los olmecas. La pregunta que hay que hacerse es: ¿cómo ocurrió?
>
> La agricultura local en la zona de San Lorenzo Tenochtitlan no es sencilla. Es mucho más compleja y productiva de lo que podría pensarse a primera vista. Una vez al año, durante la temporada de lluvias, de mayo a noviembre, los ríos suben crecidos debido a fuertes tormentas que se acompañan de relámpagos salvajes. Las tierras situadas por debajo de

la cota de aproximadamente 21 metros se inundan y enormes masas de agua, cargadas de peces, cubren las sabanas bajas. El resultado es que los suelos altamente ácidos de la sabana son tan arcillosos y pobres en nutrientes que no pueden cultivarse en ninguna época del año. Por encima de la marca de pleamar, en la zona más montañosa, los suelos son buenos y pueden cultivarse durante todo el año, con dos cosechas principales. Sin embargo, al igual que las sabanas, las tierras más fértiles son el regalo de las inundaciones; se trata de los muelles naturales a lo largo de los ríos, que se cubren con una profunda capa de limo después de que las aguas se retiran. Aunque solo se puede cultivar en la estación seca, el maíz tiene un rendimiento fantástico, de hasta 1 450 kg por cerca de media hectárea, frente a los 810 kg de las tierras más montañosas.

La persona afortunada que tiene acceso a las tierras de los muelles solo necesita cultivar tres cuartas partes de media hectárea durante una parte del año para mantenerse a sí mismo y a su familia, mientras que el agricultor de las «tierras altas», al que se le niegan estas tierras, tiene que trabajar por lo menos media hectárea para mantenerse durante todo el año. No es de extrañar, pues, que mientras las tierras altas de la zona pertenecen a un ejido, las tierras ribereñas están todas en manos de privados.

[…]

Con todos estos datos a nuestro alcance, podríamos hacer una estimación de la capacidad de carga humana de la zona. Si restamos la parte de la zona inutilizable desde una perspectiva agrícola y consideramos el periodo medio de barbecho de ocho a diez años, el tope de población debió de ser de unas 5 000 personas.

El noventa por ciento de lo que comen los pobladores modernos es maíz, sobre todo preparado en forma de tortillas. La pesca, la caza y la recolección de tortugas son complementos importantes de esta dieta aburrida, y se realizan con la minuciosidad característica de la gente que busca comida más que placer. Todos los fines de semana, decenas de cazadores cabalgan hacia San Lorenzo con sus perros y regresan a Tenochtitlan por la tarde con venados de cola blanca, corzuela parda (un diminuto y delicioso ciervo de los bosques tropicales) y pecarí de collar, tres criaturas que también aparecían en la cocina de los antiguos olmecas.

Se pesca todo el año, aunque los tipos de peces y las formas de capturarlos cambian de una estación a otra. Los pequeños estanques y lagunas que quedan en las sabanas por los antiguos meandros del sistema fluvial rebosan de peces; en otros tiempos, se utilizaba un veneno extraído de una enredadera del bosque para matarlos masivamente. En junio y julio, cuando empiezan las grandes inundaciones, se pueden ver enormes sábalos y pejelagartos nadando por las sabanas, perseguidos por los lugareños que, en canoas, blanden arpones y lanzas con púas.

Hacia el final de la temporada de lluvias, cuando los ríos aún están crecidos y turbios, el objetivo principal es el robalo, un pez de mirada aguda que debe pescarse de noche desde las canoas, ya que puede ver venir la red durante el día. El robalo, que puede ser de gran tamaño, es el pez favorito para comer en los alrededores de San Lorenzo Tenochtitlan.

También lo fue en el pasado, ya que la doctora Elizabeth Wing, de la Universidad de Florida, identificó muchas de sus espinas en restos olmecas de la zona de San Lorenzo.

Entonces, ¿qué significaron nuestros estudios de los patrones de subsistencia de los habitantes nativos para la reconstrucción de la sociedad y la política olmecas? Al parecer, la zona de apoyo de los centros olmecas debió ser mucho mayor que los 77.7 kilómetros cuadrados que tomamos como base para San Lorenzo. Hay información adicional sobre La Venta que se relaciona con el tema. La isla de La Venta, por ejemplo, en condiciones nativas solo pudo albergar entre 45 y 50 hogares, incluso si toda su tierra estuviera disponible para la agricultura, lo que con toda seguridad no ocurría. Se calculó que una extensión de tierra alejada de los pantanos que rodeaban la isla podría albergar una población máxima de 16 000 habitantes, aunque esta cifra resultó demasiado elevada, ya que no se tomó en cuenta la superficie exacta de suelos pobres o inutilizables.

La mano de obra necesaria para mantener las actividades de cada centro olmeca, muchas de las cuales nos parecen un derroche excesivo, debió de ser francamente enorme. Consideremos el tamaño y el peso de los monumentos de San Lorenzo y La Venta. Se necesitaron 17 hombres para levantar y transportar el Monumento 17 —de media tonelada— de San Lorenzo a solo 3 kilómetros de la escuela de Tenochtitlan. ¿Cuántos se habrían requerido para arrastrar el Monumento 14 —de 40 toneladas— desde su lugar de extracción en las montañas de Tuxtla hasta una balsa en un arroyo navegable, y de ahí por vías fluviales hasta la base de la meseta de San Lorenzo, y de ahí hasta la superficie del sitio? Mi suposición es que al menos 2 000 hombres sanos habrían participado en la operación, lo que representa la mano de obra efectiva de una población de 8 000 a 10 000 personas. En la actualidad se conocen 60 de estos monumentos en San Lorenzo Tenochtitlan (y es probable que queden más por descubrir), que es casi el mismo número que en La Venta, y más de 20 en Laguna de los Cerros, por mencionar solo los centros olmecas más importantes.

Añádase a esto a los varios miles de toneladas de bloques de serpentina importados encontrados en La Venta, las columnas de basalto del mismo sitio y las 30 toneladas de piedras de drenaje de San Lorenzo. Consideremos también el trabajo que supuso construir los 7 metros y medio por encima de la meseta de San Lorenzo y sus crestas, con cientos de miles de toneladas de relleno artificial, y el centro ceremonial de La Venta, con su selección exclusiva de arcillas. La única conclusión posible es que el poder político de cada centro se ejercía a muchas decenas de kilómetros de él, y que la fuerza y la autoridad de los olmecas se sentía incluso mucho más allá del propio corazón de la región. Hace tres mil años, era imposible que hubiera suficientes hombres sanos en la zona para llevar a cabo todo el trabajo físico requerido para hacer todo esto.

A menudo se ha afirmado que la civilización olmeca debió de ser una teocracia, definida como un gobierno dirigido por sacerdotes, que se basaba en la analogía de los supuestos mayas teocráticos. Sin embargo, esta analogía no funciona, ya que ahora podemos interpretar la parte histórica de algunas inscripciones del Clásico maya, las cuales nos hablan de un liderazgo secular, y no religioso, con el poder en manos de un linaje o dinastía hereditaria. Esto concuerda con lo que sabemos de todas las demás sociedades

> mesoamericanas de las que tenemos pruebas. En ellas, el sacerdocio, aunque importante, ocupaba un lugar secundario respecto a los gobernantes civiles.
>
> El testimonio de la arqueología es que los olmecas también estaban gobernados por grandes señores civiles, miembros de linajes reales. Una prueba de ello son los llamados altares, que muestran una figura sentada con las piernas cruzadas en un nicho. En ellos solo hay dos temas: una persona, un hombre adulto en todos los casos, que sostiene en sus brazos a una cría de hombre-jaguar, o bien agarra una cuerda que está conectada a dos cautivos atados a los lados. Se trata, con toda seguridad, de los mismos temas de linaje o descendencia y conquista personal que se han identificado en los monumentos mayas y su finalidad es glorificar al gobernante ante sus súbditos. Las Cabezas Colosales son un ejemplo de ello: enormes esculturas que representan, de forma muy patente, a dinastías de guerreros fuertes y no a sacerdotes.
>
> Si aceptamos todo esto como probable, entonces debió existir un imperio olmeca (tesis propuesta también por Alfonso Caso). Podría tratarse del primero de cuatro imperios que dominaron gran parte de México durante quince siglos: el olmeca, el teotihuacano, el tolteca y el azteca. En los imperios posteriores fue característico gobernar no solo desde una, sino desde dos y a veces desde tres capitales. En el caso de los olmecas, estas podrían haber sido San Lorenzo, La Venta y Laguna de los Cerros, en donde una y después la otra ascendían sobre las demás.[27]

A estos párrafos es necesario añadir algunas reflexiones. Para empezar, considero que la hipótesis de que los olmecas fueron un imperio, no tiene sustento; en Mesoamérica, ni los teotihuacanos lo fueron. Si acaso se podría conceptualizar de esa manera a la cultura mexica por su poder centralizado y fuerte en Tenochtitlan, sus características bélicas y sus prácticas de invadir amplios territorios para someter pueblos, pero este no es el caso de los olmecas. Es posible que Coe no considerara lo suficiente que el territorio dominado por las ciudades-Estado de San Lorenzo y La Venta fuese mayor a la llamada «zona nuclear», con mucha más población que la estimada por él, y en una de las regiones más fértiles y biológicamente diversas del planeta; y algo muy importante, no considerado en el estudio de este extraordinario especialista, es que —como él mismo lo planteó después— en dichos sitios se cultivaba (como sigue haciéndose) el cacao, alimento fundamental para la dieta campesina que por sus características nutricionales y por no producirse en otras latitudes llegó a convertirse en moneda para el intercambio o trueque comercial con otros pueblos. En los últimos tiempos, en mayo de 2011, los investigadores Ann Cyphers, Terry G. Powis, Nilesh W. Gaikwad, Louis Grivetti, Kong Cheong y Elvia Hernández Guevara dieron a conocer que, al analizar residuos de vasijas de San Lorenzo, se encontró teobromina, componente químico característico del cacao, grano que tiene una:

> Composición química única, con más de 500 compuestos diferentes, incluidos los miembros de la familia de las metilxantinas (principalmente teobromina), con una menor

concentración de cafeína. *Theobroma cacao* es la única planta de Mesoamérica que contiene teobromina como la principal metilxantina (Hurst *et al.*, 2002). Por lo tanto, la teobromina es el único marcador para detectar la presencia de cacao en los artefactos precolombinos.[28]

Este hallazgo, en síntesis, demuestra que se consumía cacao en San Lorenzo entre 1800 y 1000 a. C.

Pero sigamos aprendiendo del intenso y comprometido trabajo de Michael D. Coe —tanto en campo en San Lorenzo como en visitas periódicas a La Venta y al estudio de gabinete— y de todo lo relacionado con este apasionante tema de la creación de la cultura madre en América:

> Una vez más fue Stirling [Matthew W. Stirling, arqueólogo estadounidense, considerado con razón por Coe como el precursor de la investigación sobre la cultura olmeca], quien descubrió el complejo de San Lorenzo Tenochtitlan en 1945, tras haber escuchado rumores en Coatzacoalcos de que se había encontrado algunas grandes piedras talladas río arriba en esa zona. En la primavera del año siguiente, Stirling, acompañado por su esposa, Marion Illing, y Philipp Drucker, descubrió quince de los mejores monumentos olmecas de basalto jamás vistos, entre ellos cinco de las Cabezas Colosales más grandes y bellas conocidas hasta la fecha.
>
> [...]
>
> Como es natural, me inquietaban las muestras de carbón de la temporada de 1966, que había entregado al doctor Minze Stuiver, físico de origen holandés que dirigía el Laboratorio de Radiocarbono de Yale, cuando llegaron los resultados, resultaron muy gratificantes: la cultura de San Lorenzo, y por tanto la civilización olmeca de la zona, databa de 1200-900 a. C., es decir, varios siglos antes incluso que la civilización olmeca. Era varios siglos más antigua que La Venta.
>
> [...]
>
> Stirling hizo algunas conjeturas de notable acierto en su carrera arqueológica y solo se equivocó en una: en su artículo de 1955 sobre San Lorenzo Tenochtitlan, supuso que gran parte de las grandes piedras talladas que encontró en el borde de las laderas o en el fondo de los barrancos profundos de San Lorenzo habrían sido empujadas hasta allí por un pueblo invasor. El misterio de lo que ocurrió con los monumentos y de por qué Stirling los encontró como los encontró nos brindó algunos de los momentos más emocionantes de nuestros descubrimientos.
>
> [...]

La «recompensa» arqueológica llegó en marzo de 1967. Teníamos conocimiento de una estela de piedra erguida que sobresalía por encima de la ladera sur de nuestra cresta del Grupo D, en el lado oeste del sitio. De hecho, Stirling escribió sobre ella en sus notas de campo de 1946. Una corazonada me llevó a intentar excavar esta losa poco distinguida, el Monumento 23, para ver si podía relacionarla con capas culturales y también, quizá, encontrar ofrendas en su base. Nunca encontré ninguna ofrenda, pero esto es de poca importancia comparado con lo que se encontró. El 2 de marzo empezó gris y con llovizna, típico de lo que comenzamos a llamar «tiempo olmeca». Dispuse un corte rectangular e hice que un obrero empezara a excavar, removiendo los depósitos según la estratigrafía «natural», es decir, siguiendo las diferencias de color, textura, etcétera.

Los depósitos resultaron tener pocos tiestos, y empecé a preguntarme si la cresta en sí no sería en su mayor parte estéril, una formación natural (aún teníamos que trazar un mapa de esta zona); estaba muy equivocado. Como había poco espacio para Pedro Camaño, el obrero a quien había encomendado esta tarea, dispusimos otra plaza (Corte 2) al norte, para acercarnos a la estela por el lateral. Esto ha sido lo más afortunado que he hecho en mi vida, como consta en mi diario del 8 de marzo:

> El acontecimiento principal de este día fue el descubrimiento de Monumento 34, una magnífica figura arrodillada de tamaño natural encontrada en el corte 2… Está justo al norte de la estela, mirando al este… La figura no tiene brazos: en su lugar hay dos discos de trinquete, perforados, que debían de sostener brazos móviles de piedra: ¡la figura articulada más grande que se conoce! La pierna derecha está metida bajo el cuerpo.[29]

Era el momento de reflexionar un poco. Aquí estaba el Monumento 34, sin cabeza y, por lo tanto, destruido a propósito, pero colocado sobre un suelo de grava roja y cubierto con un relleno especial que contenía una gran cantidad de piedra caliza y fragmentos de roca bentonítica traídos en cestas cargadas desde los barrancos más profundos, un acontecimiento que sabemos que tuvo lugar a finales de la fase San Lorenzo. La estela había sido colocada en el mismo suelo e igualmente tapada. Supuse que habría más monumentos colocados de forma similar, en línea directa hacia el norte.

Resultó que tenía razón. En el mes siguiente encontramos, en esta línea imaginaria, el Monumento 38, un fragmento roto de un gran altar; el Monumento 37, una figura agazapada y sin cabeza de un jaguar gigante que había sido equipado con colmillos casi de morsa; el Monumento 40, una piedra de canal suelta; Monumento 41, una enorme columna de cuatro lados con una brutal figura en bajorrelieve de una deidad olmeca; y el diminuto Monumento 43, tal vez el «monumento» olmeca más diminuto jamás encontrado, que representa una fantástica criatura de ocho patas, probablemente una araña. En lugar de ojos, tiene el símbolo de cinco puntos conocido por ser el signo mesoamericano del jade.

Más al oeste, en la misma cresta del Grupo D, me habían mostrado otra estela similar al Monumento 23, aunque mucho más rota. Las excavaciones cuidadosas mostraron que también estaba vinculada a los depósitos de la fase San Lorenzo.

Una de las caras estaba tallada en relieve con una criatura gruñona y de perfil, parecida en cierto modo al antiguo hombre-jaguar olmeca, o Dios de la Lluvia, pero que yo creo —por la evidencia del cuerpo semejante al de un dragón y las bandas cruzadas en los ojos— que era el gran dios conocido como la Serpiente Emplumada. Con nuestra experiencia de la línea norte-sur hacia el este, empecé a abrir zanjas lejos de esta estela (Monumento 30). Como era de esperar, empezaron a aparecer más monumentos enterrados en una línea que iba hacia el oeste a lo largo del borde de la cresta. El último en aparecer fue una magnífica escultura de un personaje con capa que sostiene en sus manos la cabeza del mortal *fer-de-lance*. Todavía tan común en la zona y probable objeto de admiración para los olmecas. Detrás de la cabeza de la serpiente aparecen unas alas estilizadas, lo que sugiere que se trata de otra representación de la Serpiente Emplumada. Lamentablemente, el tiempo se había agotado para la temporada de 1967; los nubarrones de las lluvias que se avecinaban ya estaban sobre nosotros, así que no pudimos determinar hasta dónde llegaba la línea hacia el oeste.

Esta serie de descubrimientos monumentales arrojó una luz por completo nueva sobre San Lorenzo. Concluimos de nuestro trabajo que las piedras recuperadas por Stirling de los barrancos no fueron empujadas allí, sino que habían caído en su interior por las fuerzas destructivas de varios milenios de erosión en las crestas superiores: que todos los monumentos de San Lorenzo fueron enterrados cuidadosamente en un piso especial en la cima de las crestas en otro lugar del sitio, y luego cubiertos con un relleno seleccionado de forma específica: y que todo esto ocurrió cerca del final de la fase de San Lorenzo, la pregunta natural es ¿quién lo hizo y por qué? El hecho de que los mismos tipos de cerámica y figurillas típicos de la fase San Lorenzo siguieran fabricándose durante un tiempo después nos llevó a pensar que algún tipo de revuelta interna olmeca tuvo lugar alrededor del año 900 a. C., en San Lorenzo, ya que no hay pruebas de una invasión exterior.

La cantidad de odio y furia contenida representada por este enorme acto de destrucción debe haber sido en verdad impresionante. Estos monumentos son grandes y el basalto es una piedra dura. Donde era posible, se arrancaban las cabezas de los cuerpos, los «altares» se hacían añicos y se abrían extrañas depresiones con hoyos y ranuras en las cabezas colosales. No hay indicios de que se utilizaran cuñas o la técnica del fuego y el agua para romper las piedras más grandes. Yo sospecho que construían enormes trípodes sobre los monumentos, izaban otros monumentos sobre estos y los dejaban caer desde grandes alturas. ¿Por qué se hacía esto? Porque los monumentos olmecas debían de representar a la clase de líderes que sujetaban con tanta firmeza a la población tributaria, a la que obligaban a realizar increíbles esfuerzos de mano de obra. Estas piedras debieron de ser los símbolos de todo aquello que los mantuvo sometidos, y destruyeron estos símbolos con fervor: Sin embargo, después de este acto, los olmecas seguramente también temían su poder, ya que, al enterrarlas con tanto cuidado, eliminaron los objetos odiados de su vista sin incurrir en su ira póstuma.

[...]

También considero que el fin de esta elevada cultura en San Lorenzo se debió a una violenta revuelta interna. A partir del 900 a. C., cuando San Lorenzo regresó de nuevo a la selva, la antorcha de la civilización olmeca debió de pasar a La Venta, la capital isleña en los pantanos de Tonalá, a 80 kilómetros de distancia.[30]

[...]

Una última característica de las civilizaciones prístinas, incluida la olmeca, es su extraordinaria vitalidad. Es como si los artistas arquitectos, artesanos y el pueblo en general no tuvieran idea de sus propias limitaciones. La cantidad de obras realizadas por los olmecas por ejemplo, asombra a la imaginación. De forma similar, las enormes pirámides de Egipto se erigieron al principio de la civilización del Nilo, no después. Sin embargo, es el poder y la emoción de sus estilos artísticos lo que más impresiona al observador moderno. No existe nada en el arte peruano de una belleza tan extraordinaria como la de los relieves de chavín, nada en el arte chino como los bronces Shang, ni tampoco nada en el arte mesoamericano tan grandioso como lo olmeca. La inspiración era pura creatividad, pues mucho de lo que hacían no se había hecho nunca, al menos entre los pueblos con los que estaban en comunicación. Una vez establecido el patrón, las culturas posteriores solo podían embellecerlo y elaborarlo. Si no hubiera sido por las incursiones periódicas de pueblos nuevos y bárbaros en las antiguas regiones civilizadas (así ocurrió no solo en Europa y Asia, sino muchas veces en Mesoamérica), estos patrones pronto se habrían agotado.

Nuestra deuda con pueblos como los olmecas es profunda. Países como el México actual se nutren de una rica herencia prehispánica que tiene su origen en la civilización olmeca, de la misma manera que los estadounidenses somos herederos de un legado europeo-mediterráneo que se remonta a los sumerios, egipcios, griegos y etruscos. Tal vez seamos cautivos de la historia, sin embargo, también somos sus hijos. La primera civilización de América forma parte del patrimonio de todos nosotros, y nos habla a través del abismo de los siglos con su mensaje de creatividad y logros humanos.[31]

De este extraordinario análisis destaca el último párrafo, en el que se sintetiza el principal motivo por el cual escribo este libro: es imprescindible conocer y recrear nuestro pasado. En el caso de los mexicanos, debemos sentirnos orgullosos del gran legado cultural que heredamos no solo de las élites del poder civil, religioso o científico, sino del mismo pueblo que, aun en los momentos de decadencia política y económica, o padeciendo cualquier otra calamidad, ha sabido cuidar el legado de sus ancestros, resistir y no dejarse llevar por la simple modernidad que pocas veces se manifiesta desde abajo y para todos. No es exagerado decir que nuestras culturas nos han salvado. Puede haber un colapso civilizatorio, como sucedió con los olmecas y, más tarde, con los mayas y los teotihuacanos, pero la cultura, la ciencia de lo concreto, como se ha dado en llamar a la sabiduría popular, no desaparece, como tampoco lo hace el pueblo mismo. México es una potencia cultural en el mundo porque sus pueblos originarios prefirieron emigrar a zonas de refugio, agrestes, montañosas, desérticas o pantanosas cuando los colonizadores les arrebataron sus tierras fértiles en las riberas de los ríos y los valles; así encontraron la manera de mantener su libertad, su vida comunitaria y sus creencias, y es de esa valiosa reserva que el país se ha nutrido y alimentado, y por eso nunca dejará de existir con su grandeza y su gloria.

A manera de conclusión sobre esta esplendida civilización, conviene agregar que, además de su inigualable calidad artística, nos heredó, con el trabajo, la imaginación y el talento de su gente, las bases para el desarrollo de las posteriores e importantes culturas de la América prehispánica. Bien lo dice Paul Westheim, especialista en el arte mesoamericano: la cultura olmeca «fue una cultura madre, en cuyo mundo imaginativo se gestó y formó en gran parte, el pensamiento esencial de las altas culturas posteriores».[32]

Además del legado tangible de los olmecas —es decir, de su excelente arte—, debe valorarse el deseo manifiesto de colocar la presencia humana por encima de todas las cosas; las esculturas dedicadas a sus semejantes, sin importar la clase social o el rango político; el buen ejemplo de gobierno evidenciado por los largos periodos de estabilidad sin confrontaciones internas o externas; el surgimiento de los centros de población, cívicos y ceremoniales; la traza urbana con pirámide y expansión para el juego de pelota; las cabezas colosales, las pequeñas y bellas figurillas de jade, los tronos o altares, las estelas, las tumbas o entierros, las finas y espléndidas ofrendas y la simbología. Mi maestro Rodolfo Lara Lagunas recomienda añadir que los olmecas nos dejaron «aportaciones intelectuales de alto nivel: los dos calendarios, la escritura, el sistema numérico, la cuenta larga y la invención del cero».[33] Miguel Covarrubias también señala que los olmecas fueron quienes «introdujeron el culto a las deidades de la lluvia, del cielo y de la tierra»[34] ya que, según este estudioso, «los dioses jaguares estaban relacionados con los espíritus de la lluvia, y anteceden a los otros dioses jaguares como Tláloc, Tepeyollotli y Tezcatlipoca; en fin, que este pueblo inventó la astrología y una forma primitiva de calendario».[35]

Los mayas

Antes de ocuparnos de cómo pudo haberse dado la transición entre la cultura olmeca y la maya, vale la pena conocer, aunque sea de manera resumida, la ubicación en el territorio, en el tiempo y el gran aporte civilizatorio de la segunda, todo ello expuesto por un gran especialista como lo fue el arqueólogo Alberto Ruz Lhuillier, quien, además de guiarnos con esta síntesis, nos contará en su momento sobre su gran hallazgo, pues él descubrió que en el Templo de las Inscripciones de Palenque, Chiapas, construido para tal fin, se encontraba en su interior y hasta el fondo, una cripta que habían sellado hacía más de 1 000 años, en la cual había un sarcófago tapado con una lápida de piedra esculpida donde se encontraba enterrado el que quizás fue el político más poderoso no solo de la civilización maya, sino de otras culturas de América y del mundo.

El maestro Ruz escribió durante los años 1954 y 1955 algunos textos para conferencias, de los cuales rescato los siguientes fragmentos:

> Sobre una extensión de 325 000 kilómetros cuadrados, actualmente ocupados en gran parte por la selva o llanuras semiáridas, un pueblo alcanzó hace doce siglos el mayor grado de civilización que haya conocido la América precolombina. Los mayas lograron poblar con mayor densidad que ahora los territorios que corresponden a los estados mexicanos de Yucatán, Campeche, Quintana Roo, Tabasco y parte de Chiapas, además de Guatemala, Belice y parte de Honduras y El Salvador.[36]
>
> [...]
>
> A la luz de nuestros conocimientos actuales, basados principalmente sobre los resultados de la investigación arqueológica más reciente, la historia de los mayas puede dividirse en los siguientes periodos:
>
> I. — Formativo o Preclásico: desde quizá un milenio a. n. e., hasta el siglo IV d. C.
> II. — Clásico: del siglo IV al X d. C., dividido en una fase temprana y otra tardía.
> III. — Tolteca: del siglo X hasta mediados del XIII d. C.
> IV. — Decadente: desde mediados del siglo XIII hasta la conquista española.[37]

Antes de entrar de lleno al análisis de cómo se fueron presentando estos procesos históricos en el tiempo y el espacio, es indispensable explicar, con la información disponible, el cómo se inicia el periodo Preclásico o formativo maya y qué influencia pudo obtener de la cultura olmeca o madre, la cual, por un lado, estaba en su fase de mayor esplendor, mientras que, por el otro, se hallaba a punto de iniciar su decadencia política.

Al respecto, pienso que el eslabón más cercano a la cultura olmeca se encuentra en el Preclásico maya y lo ubico en los actuales límites de México con Guatemala. Por eso decidí continuar con la historia de las grandes civilizaciones prehispánicas describiendo la grandeza de los pueblos mayas porque, entre otras consideraciones no solo de índole geográfica o de la posible influencia cultural, es muy probable que, después de los olmecas, fueran los mayas los que, desde periodos similares o inmediatamente posteriores, lograran crear los primeros complejos urbanos de carácter político, artístico y espiritual en todo el continente americano.

Lo sorprendente de esta continuidad —o eslabonamiento cultural— estriba en que no solo se verifica antes del periodo Clásico, del florecimiento de Palenque, Toniná, Yaxchilán, Piedras Negras, Tikal, Copán, el Caracol, Uxmal, Edzná o Chichén Itzá, sino que probablemente se consumó en las zonas bajas de la cuenca donde están ubicados los complejos arqueológicos de Calakmul, en Campeche, México y El Mirador en El Petén, Guatemala. La actual línea divisoria entre los dos países no existía y toda la región pertenecía al territorio mesoamericano o, si se quiere, a la importante nación maya. En este punto es necesario destacar que la unión o continuidad cultural entre olmecas y mayas se presenta de manera muy peculiar porque transita de las tierras bajas tropicales de Veracruz y Tabasco a las del Petén y Campeche. Concebí esta idea por mis conocimientos sobre la región, sus pueblos y naturaleza; sin embargo, tal hipótesis ya se había escrito antes, aunque yo todavía no lo sabía. Me explico: Richard D. Hansen, arqueólogo estadounidense que desde hace años se dedica a estudiar el sitio de El Mirador, escribió lo siguiente en un amplio volumen sobre la Cuenca Mirador-Calakmul: «El hecho de que el principal drenaje hidrológico en el norte de El Petén está orientado hacia el sistema del río Candelaria, puede explicar por qué esta región tiene un desarrollo cultural similar al de golfo de México (área olmeca), lo cual pudo haber fomentado un mayor contacto o conocimiento cultural con esta área».[38]

Pero lo verdaderamente extraordinario es que en esta Cuenca Mirador-Calakmul, se crearon, antes que en ninguna otra parte de la nación maya, las primeras ciudades de grandes edificaciones. Se trata posiblemente de las segundas concentraciones urbanas después de San Lorenzo y La Venta. También es posible que hablemos de las pirámides o los templos más elevados construidos hasta entonces. El desarrollo temprano de esta zona la convierte en la cuna de donde nace un proceso que, diez siglos después, se manifestará en todo su esplendor en varias ciudades-Estado de la civilización maya.

La historia de este desarrollo cultural la cuenta el propio arqueólogo Hansen en unos cuantos párrafos que entresacamos de su estudio, donde dice:

> Los primeros asentamientos en el Sistema de la Cuenca Mirador-Calakmul tuvieron lugar alrededor del año 2600 a. C., pero la ocupación sedentaria más notable se inició del 1000 al 800 a. C., evidenciada a través de un desarrollo temprano en sitios tales como Nakbe, El Mirador, La Isla, Xulnal, Wakna y El Pesquero, durante el Periodo Preclásico Medio. Hasta la fecha, la mayor concentración de datos y materiales de área correspondientes a esta época provienen del sitio Nakbe, pero mediante la creciente exploración y las excavaciones, se han identificado otros centros tempranos en la cuenca, tales como Xulnal y Wakna.
>
> El poder económico de este periodo se manifiesta en la importación de bienes exóticos desde inicios del Periodo Preclásico Medio (ca. 1000 a 600 a. C.). Se han encontrado artefactos malacológicos (concha), obsidiana, jade, basalto, granito, piedras exóticas y coral, cuyo hallazgo demuestra contactos regionales de larga distancia durante esa época (Hansen 2005).
>
> Durante el Periodo Preclásico Medio en Nakbe, Xulnal, El Mirador, Wakna, La Ceibita, y Yaxnocah (Campeche) se construyeron pirámides de hasta 24 metros de altura, además de grandes plataformas, residencias, monumentos de piedra, etc. Lo que sugiere la existencia de una sociedad compleja o quizás, al menos, la de un cacicazgo complejo.
>
> [...]

Durante el Preclásico Tardío, en la parte norte de El Petén y el sur de Campeche, México, se entreteje uno de los acontecimientos más notables de Mesoamérica: el desarrollo de la Cuenca Mirador-Calakmul. Este periodo destaca por el énfasis, sin precedente, en la arquitectura monumental (Hansen 1998, 2001, 2004). En sitios como El Mirador, Nakbe, Tintal, Wakna, La Ceibita, Xulnal y varios sitios sin identificar al extremo este de la cuenca, se construyeron grandes estructuras piramidales que llegaron a medir desde 40 hasta 72 metros de altura. Esta característica se extiende a sitios como Calakmul, Yaxnocah y Balakbal (en México) ubicados en el extremo norte de este mismo sistema. En estas antiguas ciudades se construyeron, o modificaron, plataformas que requerían millones de metros cúbicos de relleno de construcción, lo cual indica un significativo e inigualado control de recursos económicos y mano de obra por parte de una élite administrativa.

El periodo Preclásico Tardío también se caracterizó por una notable homogeneidad en la cerámica (esfera Chicanel) que se producía en todas las Tierras Bajas, con acabados y formas que se extendieron aún incluso a las vasijas de uso doméstico incluyendo vasos, cuencos, vasijas para cocina, hasta quemadores de incienso, cántaros, ollas y palanganas cerámicas. Algunos vasos fueron tallados en las mismas formas en jade o alabastro. Esto sugiere una uniformidad de ideas nunca igualada en las sociedades mayas posteriores. Este conformismo cultural en toda el área maya puede reflejar una estandarización económica y política que parece haber prevalecido en las Tierras Bajas mayas de la época.

[…]

Las áreas cívico-ceremoniales también contaban con arte arquitectónico, que consistía principalmente de mascarones hechos de estuco modelado y paneles que flanqueaban las escaleras principales de los edificios. Las muestras de alto y bajo relieve aparecieron hacia finales del Periodo Preclásico Medio. La escultura arquitectónica surgió como una expresión de autoridad y poder materializado en grandes mascarones que representaban deidades, acompañados de paneles de estuco con imágenes de perfiles, orejeras y otros elementos iconográficos del Preclásico Tardío. El estuco de los enormes mascarones y paneles fue cuidadosamente preparado, modelado y pintado […].

Para el Preclásico Tardío los sitios de la Cuenca Mirador-Calakmul y otros a lo largo de las Tierras Bajas alcanzaron su máxima densidad, tanto poblacional como de construcciones públicas residenciales. El fuerte incremento en el uso de terrazas agrícolas y en el traslado de sedimentos de los pantanos (lodo orgánico) a las huertas urbanas dio como consecuencia una intensificación de la agricultura y proporcionó el impulso económico para la formación y consolidación de una sociedad altamente estratificada. También se construyeron represas para controlar la erosión del suelo y para crear los sistemas de contención de agua. De acuerdo con los estudios fitológicos realizados por Steven Bozarth (Universidad de Kansas), en los huertos mencionados se cultivó el maíz, calabaza, algodón, chilacayote, palmeras y una gran variedad de árboles frutales […].

El gran auge agrícola aseguró la existencia de recursos para una creciente fuerza laboral, la importación de productos exóticos, el probable establecimiento de fuerza militar

> y los grandes programas arquitectónicos: plazas, sistemas hidráulicos, calzadas, plataformas y templos piramidales. El crecimiento de la agricultura garantizó la base económica para la clase gobernante, como se demuestra en las tumbas reales del Preclásico Tardío en Wakna, San Bartolo y Tikal.
>
> [...]
>
> La investigación en la Cuenca Mirador-Calakmul ha demostrado que hacia el final del periodo Preclásico Tardío, se produjo una demanda exorbitante de trabajo y un creciente costo de las construcciones debido al uso exagerado de madera, estuco, piedra, *sascab*, morteros y material de relleno para la construcción que dio como resultado lo que podría denominarse como «consumo conspicuo» [...]. El uso excesivo de la piedra caliza y la madera verde para producir la cal, el uso sin precedentes de la cal viva, así como fachadas hechas con bloques megalíticos en la arquitectura monumental, revelan lo que parece haber sido una mentalidad descuidada de riqueza y poder. La descomunal cantidad de madera requerida para quemar la piedra caliza y convertirla químicamente en cal viva para su uso como cemento, causó gran deforestación en toda la zona [...]. Tal deforestación masiva dio lugar a la erosión de las arcillas de origen natural de las tierras más elevadas hacia los civales, enterrando las ricas capas orgánicas y fomentando la reducción de la capacidad agrícola por falta de acceso a estas tierras fértiles, necesarias para renovar las terrazas agrícolas. La sedimentación de arcilla sobre los suelos orgánicos de los pantanos generó una tensión social adicional. Tensiones ambientales adicionales, como la sequía, de la que hay algunas evidencias, también pudo haber contribuido a la dramática disminución de las poblaciones y la degradación del asentamiento. Hacia el final del Periodo Preclásico Tardío es evidente la desaparición demográfica resultante en la mayoría de los sitios investigados en la zona de El Mirador.
>
> [...]
>
> Para el Periodo Clásico Tardío, entre los años 600 d. C., y 800 d. C., en la Cuenca Mirador-Calakmul, se desarrolló una ocupación modesta en medio de las ruinas de los grandes centros del Preclásico que se encontraban abandonados, pero la mayor parte de estos nunca recobró la dimensión y liderazgo de antes. Otras ciudades como Calakmul, Uxul, Balakbal y Naachtun se convirtieron en los sitios dominantes de la cuenca. A pesar de esto, las poblaciones de las ciudades posteriores, como Dzinbanche y Calakmul, conservaron la memoria social y política de los más antiguos centros Kaan (serpiente) que se encontraban más hacia el sur. Subsecuentemente, Calakmul surgió como un súper Estado con gran poder político y militar y sus gobernantes agregaron el título de Kaan a sus nombres propios y a los registros históricos tallados en los monumentos.[39]

Esta interesante historia sobre el origen de la civilización maya va aparejada a un asunto fundamental: la importancia de cuidar la naturaleza y aceptar que de ello depende, en mucho, la posibilidad futura de bienestar y desarrollo de la humanidad. Aunque la sobreexplotación de los recursos naturales y el incremento demográfico no han sido las únicas causas de la decadencia de las civilizaciones —pues también han influido en ello las epidemias, la peste de la corrupción, los malos gobiernos, la desigualdad, la opresión, las guerras y otras calamidades—, es indudable que, sin recursos naturales suficientes para la supervivencia de los pueblos, la estabilidad política y la paz social siempre estarán en riesgo, es tanto como caminar en la cuerda floja o pender de un hilo muy delgado.

La forma en que se sobreexplotaron los recursos naturales en la Cuenca Mirador-Calakmul, es una dura y dolorosa lección porque, además del colapso cultural que implicó, llevó siglos recuperar la selva y fue imposible regresar al estado original en el que empezaron los primeros asentamientos humanos, cuando existían tierras fértiles, arroyos, lagunas, pantanos, selva con árboles de mayor altura y, probablemente, fauna terrestre y anfibia que se extinguió. Baste decir que, aun con el abandono temprano de la zona y, tras permanecer siglos deshabitada, todavía escasea el agua hasta para el consumo doméstico, posiblemente porque con la deforestación inicial no solo se redujo la cantidad de lluvias, sino que también se fueron contaminando los mantos acuíferos con grandes cantidades de yeso. Apenas han resistido, aunque muy reducidas, algunas zonas bajas o aguadas como testimonios de aquellos tiempos de mayor humedad y fertilidad en el territorio. En el mismo estudio publicado por Richard D. Hansen y Edgar Suyuc L., otros especialistas en hidrología, suelos, flora y fauna coinciden en que «Se puede sugerir que, con base en los datos actuales, los akalchés o bajos que se inundan durante la temporada de lluvias fueron originalmente lagunas en el pasado. Luego, a través de un proceso ecológico evolutivo, acelerado por el impacto humano, se transforman en las malezas y las comunidades de bosques bajos actuales».[40] Asimismo, apuntan de manera categórica: «La intensa intervención humana manifestada durante los periodos Preclásicos tuvo graves repercusiones en la biodiversidad, ocasionando la degradación de los sistemas forestales y lagunas. Es evidente que la diversidad biológica cambió cuando los mayas abandonaron las zonas que ocuparon durante el Preclásico».[41]

En suma, la sobreexplotación de la naturaleza ocasionó el abandono de estas ciudades iniciales de la gran civilización maya; algo parecido pudo haberse presentado en otros sitios de América y el mundo. Por ejemplo, esta deforestación por sobrepoblación o intensa explotación de recursos en selvas tropicales se relaciona con lo sucedido en tiempos parecidos o anteriores en San Lorenzo y La Venta, donde floreció con todo su esplendor la cultura madre: esa región de tierras bajas también fue sobreexplotada y se acabó la selva tropical que originalmente existía, incluyendo parte de la fauna tanto terrestre como acuática, sin que esto implicara necesariamente la causa de su decadencia cultural, la cual pudo deberse a otros factores. Sin embargo, la zona núcleo de la cultura olmeca, como se le denomina, sí padeció de fuertes presiones demográficas, que incluso tardaron en ser críticas porque los recursos naturales eran abundantes: los suelos no son tan frágiles ni poseen tan poca agua y humedad como los de la Cuenca Mirador-Calakmul, y también es notorio que, sobre todo en La Venta, hubo un buen gobierno, algo que siempre influye, para bien o para mal. El otro ejemplo de devastación de la selva fue el que se presentó en Tabasco, Chiapas y Guatemala durante el Porfiriato con la intensa e irracional explotación de la caoba, pues desde finales del siglo XIX y principios del XX esta práctica se extendió por toda una vasta zona de las cuencas de los grandes ríos —sobre todo en los márgenes del Usumacinta, el cual separa a México de Guatemala— con las llamadas monterías o campamentos de corte de estos enormes árboles de caoba —considerada la reina de las maderas— a los que convertían en trozas, las cuales eran arrastradas con bueyes y tiradas al río para ser conducidas por bogas, remeros o balseros hasta los puertos del Golfo, Coatzacoalcos, Barra de Santa Ana o Frontera, para ser trasladados en barcos a Nueva York o Europa, donde los ebanistas utilizaban su finura para hacer muebles, escritorios, puertas, ventanas y otras piezas de gran lujo. Pues bien, luego de este auge o fiebre de la caoba, que significó esclavizar a trabajadores con el sistema de enganche o endeudamiento amañado con base en las tiendas de raya, los poderosos dueños de estas explotaciones arrasaron con la Selva Lacandona y con otros sitios, al grado de que la única vez en la historia en que México estuvo a punto de declararle la guerra a otro país fue en esa ocasión por un conflicto de límites con Guatemala, cuyo fondo era el ambicioso negocio del corte y la comercialización de la caoba. Luego de que se destruyó este ambiente natural con la tala de árboles grandes, ha pasado el tiempo y nada ha vuelto a ser igual: el bosque tropical sigue colado y se ha convertido en acahuales, aun cuando se trata de tierras pródigas y de la cuenca con más agua en todo México.

En épocas más recientes, paralelo a que se talaban estos árboles, se desarrolló la explotación del chicle; en su momento, y antes de la actual goma artificial, los chicleros encaramados en los árboles de chicozapote, explotados al igual que en las monterías y cuidándose de no enfermar de paludismo, o de no ser mordidos por la venenosa nauyaca o picados por la dañina mosca chiclera, extraían de la corteza de ese árbol la resina utilizada para hacer la bolita de mascar, la cual se puso de moda durante las primeras décadas del siglo XX, primero en Estados Unidos y luego, en casi todo el mundo. Los chicleros fueron los primeros en descubrir las «ruinas» de importantes y muy antiguas ciudades mayas. Ellos bautizaron con su habla a templos y edificios, como el llamado tigre (jaguar), el león (puma) y la danta (tapir), los micos (el mono), la chicharra (cigarras) y otros.

Pero aun con la crisis ecológica propiciada por el desarrollo precipitado y la falta de mesura, es muy probable que en esta zona, y desde muy temprano, se diera la transición de la vida nómada a la sedentaria, con la construcción arquitectónica y el arte singular que, tiempo después, en el periodo Clásico, caracterizaría a la gran civilización maya. Es algo parecido a lo que sucedió con el proceso de desarrollo, esplendor y colapso en San Lorenzo. Puede cuestionarse, con razón, la imprudencia de construir, en una zona frágil y con poco tiempo, un enorme complejo cívico y cultural de aproximadamente 32 kilómetros cuadrados, con más de mil edificaciones mayores; pero es inobjetable que estos sitios podrían ubicarse entre las primeras ciudades-Estado del hemisferio occidental. En otras palabras, no es exagerado, como afirma el arqueólogo Hansen, que esta cuenca de tierras bajas de Campeche y El Petén guatemalteco, sea en realidad la «cuna de la civilización maya». En El Mirador existen edificaciones como el conjunto «la danta», fechado en el periodo Preclásico Tardío; es decir, del 300 a. C., al 150 d. C.; cuya pirámide (basamento) principal mide 72 metros de altura. Lo mismo puede decirse de la acrópolis central de El Mirador, también del Preclásico, y con una plataforma elevada de 8 a 10 metros de altura por 400 metros por cada lado en promedio, un friso de estuco con personajes nadando y donde hay un gran número de mascarones, estelas y una importante red de calzadas o caminos de piedra para la comunicación de todo el tejido urbanístico de la zona.

También es obligado hacer una semblanza de la importante zona arqueológica recién descubierta con tecnología de exploración moderna, como el sistema LiDAR, y no podemos dejar de lado el trabajo profesional de un grupo de expertos tanto de universidades mexicanas como de extranjeras. Me refiero al gran hallazgo de la magna plataforma conocida como «Aguada Fénix», ubicada en la zona baja que baña el río San Pedro en Balancán, Tabasco, y en línea recta a 30 kilómetros del sitio conocido como El Tigre, del periodo Clásico, a 15 kilómetros de la zona arqueológica de Moral Reforma del mismo periodo y, lo más interesante, a, cuando mucho, 160 kilómetros de la Cuenca Mirador-Calakmul. Este hallazgo es toda una revelación para formular o desechar hipótesis sobre la influencia de la cultura olmeca en la maya, y algo también apasionante para los investigadores: conocer, a ciencia cierta, qué región puede considerarse como la cuna de esta civilización; es decir, en qué lugar se llevó a cabo la transición del nomadismo practicado por milenios a la vida sedentaria. Por lo pronto, conozcamos la información básica que nos ofrece el equipo de tan trascendente trabajo:

> Aguada Fénix es un sitio con patrón UFM [Usumacinta Formativo Medio] que destaca por la presencia de una meseta artificial o gran plataforma rectangular de 1413 metros (N-S) por 399 metros (E-O), con una altura entre 10-15 metros y una orientación de 11° al este del norte geográfico. Sobre la meseta desplantan veinte plataformas bajas distribuidas a lo largo de los costados este y oeste, diez de cada lado. Al centro se ubica un Grupo E. Alineados con la estructura oriental del Grupo E, a unos 170 metros al norte y sur, se encuentran dos pequeñas plataformas. A su vez, el eje este-oeste se enfatiza mediante la estructura occidental del Grupo E, el centro de su plataforma oriental y una serie de montículos ubicados a diferentes distancias sobre esta línea imaginaria. De los extremos norte y sur de la meseta se extienden dos rampas, cada una conectando con una calzada. Otras cinco calzadas se adosan al costado oeste de la plataforma y se entreveran con depresiones que corresponden a reservorios o aguadas, lo que crea una retícula. Estas aguadas pudieron haber sido utilizadas como bancos de material para la construcción de la gran plataforma. Alrededor de la meseta se encuentran diversos grupos rectangulares y

UFM menores, mientras que al oriente se localiza una zona de humedales. Más de cinco grupos arquitectónicos se han identificado al suroeste de la plataforma, posiblemente con funciones habitacionales.

Las excavaciones y fechas de radiocarbono revelan una secuencia de ocupación que va de finales del Preclásico Temprano al Clásico Tardío / Terminal, con un periodo de abandono a lo largo del Preclásico Medio Tardío (700-400 a. C.). Las ocupaciones del Preclásico Tardío/Terminal (400 a. C.-250 d. C.) y Clásico Tardío / Terminal (600-800 d. C.) no representan esfuerzos constructivos mayores, lo cual contrasta con la intensa actividad del Preclásico Medio Temprano (1000-700 a. C.).

[…]

La gran plataforma se construyó en varias etapas y alcanzó su altura máxima alrededor del 800 a. C., con un volumen constructivo de entre 3 200 000-4 300 000 metros cuadrados y una inversión laboral de 10 000 000-13 000 000 días-persona.[42]

Aunque coincido con las hipótesis generales y felicito a los investigadores por las excavaciones, el uso del emisor láser (LiDAR) para el levantamiento de imágenes del terreno y las pruebas de carbono-14 que garantizan la exactitud de la antigüedad de los materiales extraídos, pienso que la organización y la participación de tanta gente en la construcción de una obra de esas dimensiones requería de una estructura de poder, aun cuando fuese incipiente de pequeños señoríos o cacicazgos, y no está a discusión que un distintivo de las sociedades prehispánicas mesoamericanas fue y sigue siendo el trabajo comunitario o tequio. Pero eso no se manifiesta de manera espontánea, sino que es una práctica que inició desde antes del sedentarismo y que se fue volviendo costumbre, pero siempre dirigida y no solo de manera horizontal o espontánea. En suma, los que hicieron las excepcionales plataformas, los monumentos y las calzadas formaban parte de una organización social en proceso de consolidarse como otras ciudades mayas —idealmente, Palenque, Yaxchilán, Piedras Negras, Tikal o Calakmul—.

Por cierto, regreso a esta bella ciudad-Estado que siempre fue un pueblo en vilo por la rivalidad con Tikal pero que, al igual que otras ciudades, supo administrar los tiempos para aprovechar la paz y dedicarse al desarrollo y a la creación artística. Calakmul se encuentra en el estado de Campeche y se sitúa a 40 kilómetros y al norte de El Mirador, casi a la misma distancia de la línea fronteriza entre México y Guatemala, y a solo 100 kilómetros de Tikal, la otra gran ciudad-Estado con la que, algunas veces, mantuvo políticas de buena vecindad y otras, de competencia y hostilidad. Calakmul es algo verdaderamente excepcional y bello, un paraíso terrenal; sus edificios son majestuosos y tan altos que empequeñecen a las copas de los árboles de esa gran reserva ecológica; no obstante, al mismo tiempo su arquitectura monumental es eclipsada por su arte, en particular, por sus mascarones de estuco y, sobre todo, su mural de un mercado maya, pintado con gran maestría y en el cual, con excepcional realismo, aparecen personajes, sobre todo mujeres, vendiendo y comprando con sus ropas de la época. Es lo más bello que uno puede contemplar. Por ejemplo, hay una imagen de una mujer que se aprecia de un mayor nivel socioeconómico —tal vez una comerciante—, ataviada con un vestido transparente en colores azul y rojo, y ayudando a otra a colocarse en la cabeza un cántaro, cuya escena es, en sí misma, una obra de arte. La antropóloga Adriana Velázquez Morlet, responsable del INAH en Campeche, considera que Calakmul, como hemos visto, es de las primeras ciudades mayas, pero su auge se manifiesta a partir del gobierno de la Dinastía Kaanu'l. Cuenta que, antes de ellos, Calakmul ya:

> Era una ciudad enorme, con su traza definida y la mayor parte de sus edificios construidos; el nuevo linaje gobernante revitalizó y amplió los edificios de la Gran Plaza y creó espacios residenciales y administrativos para la élite, en los que se hizo énfasis en su riqueza y poder. Muestra de ello son las excepcionales pinturas murales descubiertas por Ramón Carrasco en 2004[43] en un conjunto al norte del complejo urbano, hoy conocido como Chiiknahb, uno de los nombres de Calakmul en la época prehispánica; se trata de un conjunto de habitaciones —algunas abovedadas y otras con techos de palma— presididas por un basamento de planta cuadrada con escalinatas en sus cuatro lados; este edificio tuvo varias etapas constructivas, la cuarta de las cuales, denominada Sub 1-4, conservaba pinturas murales bien preservadas en sus tres niveles. La riqueza de las imágenes que muestra este edificio no tiene igual en el arte maya; se observan numerosos personajes —muchos de ellos mujeres— ofreciendo y consumiendo alimentos, y objetos que al parecer son de uso cotidiano: tamales, atoles, sal, tabaco, utensilios de cerámica, ornamentos y otros bienes que hacen pensar que se trata de un mercado o un lugar de intercambios.[44] Las personas que aparecen en las escenas de la pirámide tienen la apariencia de haber pertenecido a diferentes niveles sociales, desde una mujer elegantemente vestida con un hermoso atavío semitransparente que deja ver la forma de su cuerpo, hasta otros hombres y mujeres con indumentarias sencillas, como una anciana desdentada que intenta cargar con dificultad una pesada olla.[45]
>
> El valor principal de las pinturas del conjunto Chiiknahb radica en que es prácticamente el único testimonio de la vida cotidiana en el Clásico Tardío maya, distinto de las suntuosas escenas de gobernantes que celebran sus conquistas militares o evocan a sus antepasados y a seres sobrenaturales protectores; también son una importante evidencia de los alimentos y productos que consumía la gente común, en un día cualquiera del siglo VIII, cuando Calakmul probablemente era la ciudad más poblada, rica y poderosa de todo el mundo maya.[46]

Sería una grave omisión no señalar que en el área o cuna donde nace la civilización maya se construyó la otra gran ciudad-Estado conocida como Tikal, en El Petén guatemalteco, la vecina más distante y hostil de Calakmul pese a estar a tan solo 100 km caminando hacia el sur en esa imponente selva tropical. Un destacado etnólogo, Jacques Soustelle, que estudió tanto la cultura olmeca como la maya, nos dejó dos interesantes libros de esas investigaciones, publicados por el Fondo de Cultura Económica. En ellos explica por qué los mayas decidieron establecer sus más importantes ciudades en la inhóspita y recóndita selva tropical de Mesoamérica y no en las regiones de mejor clima tanto del centro como del norte del país. Su respuesta es bastante lógica, aun cuando pueda resultar incomprensible para algunos. Para empezar, él insinúa —y yo comparto su punto de vista— que, desde tiempos inmemoriales, los antiguos mayas habitaron como nómadas las tierras tropicales del sureste. No emigraron de ninguna otra parte, sino que se quedaron por donde viven desde que llegaron hasta nuestros tiempos. Ni siquiera son descendientes de los olmecas. Esto no quiere decir que no hayan aprovechado la influencia de la cultura madre, pero ni los olmecas son mayas, como sostuvieron antropólogos y arqueólogos por algún tiempo, ni los mayas son olmecas. Esta diferenciación se resolvió para bien gracias a las primeras aplicaciones del eficaz y novedoso método del carbono-14 desde 1955.

En su obra ya citada, Michael D. Coe, nos informa que: «A finales de los años cuarenta, el químico estadounidense Willard Libby descubrió el método del radiocarbono, por el cual recibió el Premio Nobel de 1960. Desde entonces, la datación radiactiva ha revolucionado la técnica de la arqueología y la comprensión de la prehistoria».[47] Pues bien, regresando a las tierras bajas de la Cuenca Mirador-Calakmul, casi en los límites de México con Guatemala y en la selva de El Petén de este país, el etnólogo Jacques Soustelle nos expone lo siguiente sobre el origen de la civilización maya:

> ¿Habrá entonces que considerar una paradoja, tal vez inexplicable, que la civilización maya haya nacido y prosperado en esa región central que nos parece, a los occidentales, tan poco acogedora? ¿O bien somos víctimas de un error de óptica debido a un conocimiento insuficiente de la realidad o, más sencillamente, a nuestro etnocentrismo, a nuestra proclividad a evaluar las condiciones de existencia de un pueblo en función de lo que a nosotros nos parece necesario o deseable?
>
> No es dudoso que los mayas se hayan adaptado perfectamente al clima cálido y húmedo de El Petén. Lo que en cambio despierta más interrogantes es la importancia de los recursos alimenticios que les ofrecía su territorio. ¿Cómo pudo El Petén, tal como lo conocemos, suministrar año tras año y siglo tras siglo, durante al menos los seiscientos años del periodo Clásico, el alimento indispensable a la población de centros importantes y numerosos como Tikal, Uaxactún, Yaxhá, Nakum, etcétera?
>
> Se observará de paso que podríamos plantearnos la misma pregunta a propósito de los olmecas. En La Venta y San Lorenzo fue necesaria una población considerable para llevar a feliz término los inmensos trabajos y ejecutar las esculturas monumentales que distinguen a esos dos sitios. ¿De qué vivía esa población? La jungla de Veracruz y de Tabasco se asemeja al medio natural de la civilización maya. ¿Es casualidad que la civilización olmeca y la de El Petén nacieran una y otra en ese medio?
>
> Si se hace a un lado el prejuicio casi instintivo de los habitantes de los países templados contra la Tierra Caliente, se da uno cuenta de que, si bien exige un esfuerzo sostenido de desmonte, el medio selvático tropical aporta al hombre recursos considerables y variados, mucho más ricos que los de las mesetas semidesérticas del centro de México.

> A las plantas cultivables, que no son únicamente el maíz y los tubérculos, se agregan numerosas plantas silvestres, la caza (de venado, tapir, pecarí y aves diversas), los peces y las tortugas. Aun en la actualidad, un simple lacandón, maya de la cuenca del Usumacinta, dispone de alimentos más diversos y más abundantes que el indio de las Tierras Altas.[48]

No es inútil reiterar que en la selva tropical hay muchos más recursos naturales que en ninguna otra parte de México y del continente. Esa región de Mesoamérica es otro paraíso terrenal, ya que en ella había, más que ahora, tierras fértiles, agua, árboles enormes y el lugar ideal para la milpa y para el cultivo de tubérculos y de ese alimento estimulante, milagroso y aportador de fuerza que es el cacao; era también una tierra de primera para la siembra de frutales y de plantas medicinales, así como para la domesticación y la caza y pesca de animales de monte, tortugas, lagartos y de un sinfín de especies nativas, todo lo cual podía permitir la creación de esas refinadas civilizaciones. Es como si tratáramos de explicar el porqué de la creación de las grandes culturas como Egipto o Mesopotamia sin las bondades de los ríos Nilo, Éufrates y Tigris. Las civilizaciones olmeca y maya son culturas del agua, tanto de los pantanos, las lagunas interiores y costeras y los grandes ríos, los cuales conducen el 60% de toda el agua del país. Es una región bordeada de montañas, flora y fauna de lo más diversa a nivel mundial, y con la especificidad de que en ella se dan el maíz y el cacao; este último en particular no se puede cultivar en cualquier clima. En consecuencia, el progreso de estas civilizaciones, su conocimiento científico, su arte, su misticismo, su religión y su realismo mágico, no podían haberse expresado con tanto esplendor sin una naturaleza tan generosa como para satisfacer la supervivencia de mucha población trabajadora y de innegable imaginación y talento.

Con respecto a la influencia olmeca en la civilización maya, Jacques Soustelle nos dice:

> Es sorprendente notar la rareza o la inexistencia de rastros olmecas en el centro del territorio maya y en Yucatán. Cierto es que en arqueología no hay prueba negativa: quedan por excavar espacios inmensos, de suerte que siempre es posible que algún día aparezcan nuevos elementos. Todas las conclusiones solo pueden ser provisionales. Lo cierto es que, según el estado actual de nuestros conocimientos, no se ha descubierto ni en El Petén ni en Yucatán nada que pueda calificarse de olmeca.[49]

Sobre esto último, es importante destacar que en la pieza colosal olmeca del museo de La Venta, conocida como Trono que, se estima, fue construida entre el año 700 y el 400 a. C., aparece un gobernante sentado saliendo de la cueva o del inframundo, en cuyas manos sostiene un cabo grueso que va hasta los costados de la piedra de basalto, donde están esculpidos personajes con rostro maya en calidad de cautivos, sin duda del periodo temprano o Preclásico de esta otra civilización. Téngase en cuenta que la imagen de gobernantes en tronos y sujetando a cautivos se reproduce en varias lápidas mayas, cuyo símbolo es el más fiel reflejo de quienes encarnaban y detentaban el poder de manera legítima, autoritaria o por mandato divino. Asimismo, tengo algo más que aportar: hace relativamente poco, en junio de 2025, en una visita a la zona arqueológica de Pomoná en Tenosique, Tabasco —donde buscaba una escultura de un personaje con rasgos no mayas que pudiera ayudarme a probar la hipótesis de que hubo incursiones guerreras del centro del país vinculadas al colapso de las ciudades mayas de las orillas del río Usumacinta como Piedras Negras, Yaxchilán e, inclusive, Palenque, como lo explicaré más adelante—, me encontré por suerte, en el museo de sitio de aquella zona, dos majestuosas piezas evidentemente olmecas, llevadas allí por los trabajadores y directivos del INAH-Tabasco, pero rescatadas o aportadas voluntariamente apenas en 2022 y, esto es lo más sorprendente, extraídas de un poblado conocido como El Palmar, ubicado a poca distancia del río San Pedro, en los límites de los municipios de Tenosique y Balancán, Tabasco, muy cerca de la frontera con Guatemala. Estas bellísimas esculturas son como copias en piedra caliza —no basalto— de las colosales cabezas olmecas. Aun cuando, como sostiene Jacques Soustelle, todavía no se ha explorado lo suficiente en el amplio territorio maya, este hallazgo es, hasta ahora, una de las más contundentes evidencias de la amplia zona de dominio de la cultura madre, así como de su indudable influencia en la naciente y portentosa civilización maya. El lugar donde fueron encontradas las piezas olmecas, relieves de 700 kg cada uno, se ubica a 328 kilómetros en línea recta del importante centro cívico y ceremonial de La Venta, Tabasco, pero inmerso en el corazón del área del Preclásico y Clásico maya: a 125 kilómetros de los complejos arqueológicos de El Mirador, a 150 kilómetros de Tikal y a 42 kilómetros de Piedras Negras, en Guatemala; a 76 kilómetros de El Tigre y a 148 kilómetros de Calakmul, en Campeche; a 44 kilómetros de la recién descubierta Aguada Fénix; a 47 kilómetros de Moral Reforma, a 42 kilómetros de Pomoná y a 102 kilómetros de Palenque, estos tres últimos situados en Tabasco y Chiapas. ¿Serán estas piezas un indicador o pequeña muestra, no solo del vasto territorio de la cultura madre, sino del eslabón que seguramente existió entre olmecas y mayas?

Independientemente de esta prueba arqueológica, no cabe duda de que la influencia olmeca esté presente en los mayas tanto en la construcción de ciudades como en la arquitectura de pirámides, centros ceremoniales o «conjunto de santuarios y de monumentos, que predominó primero en la civilización olmeca y luego en todo Mesoamérica».[50] Además, existe evidencia —como lo vimos en el análisis de la construcción temprana del complejo de El Mirador y Calakmul— de que, aparejadas a estas intensas actividades arquitectónicas, se empezaron a poner en práctica o se perfeccionaron la astronomía, la aritmética, la escritura jeroglífica y el calendario. Esto último significó una de las más importantes herencias de los olmecas a los mayas, quienes la refinaron todavía más para volverlo aún más exacto. Para imaginar la importancia de esta transmisión de conocimientos que llegan a convertirse en ciencia pura o de lo concreto, considero oportuno traer a colación lo que sostuvo Michael Coe sobre la domesticación del maíz y el paso a la vida sedentaria: «3 000 años antes de la construcción de las pirámides egipcias, a algún indígena de Tehuacán (Puebla) se le ocurrió plantar estas semillas en la tierra, para luego volver a recolectar una cosecha».[51] Este hecho histórico lo expone también con la siguiente analogía: «Las glorias de la astronomía maya, las maravillas del sistema vial inca y la majestuosidad de las pirámides de Teotihuacán no son nada en comparación con el logro de los pueblos de la fase Coxcatlán, que hicieron el descubrimiento más importante jamás alcanzado por los indígenas americanos. Gracias a esta planta se creó y se alimentó la civilización nativa del nuevo mundo».[52]

Sin embargo, con todo y lo indispensable y sublime del maíz, también resulta un aporte excepcional en el terreno de lo concreto y de la ciencia en general la invención del cero, la definición de la «cuenta larga» para la elaboración del calendario y la escritura jeroglífica maya. Esto es lo que más se expresa durante el periodo Clásico en ciudades de la región fundacional maya como Tikal, donde, por ejemplo, en una estela se informa que el año 292 d. C., es la fecha más antigua que se conoce de este periodo. En relación con esta bella ciudad de El Petén guatemalteco, Jacques Soustelle nos comenta que:

> Entre 292 y 869, Tikal domina la zona maya central: casi seiscientos años de una actividad de construcción monumental que llegó a su apogeo en los siglos VII y VIII.
>
> El centro de la ciudad está constituido por un extraordinario conjunto que se extiende en 16 kilómetros cuadrados. Se cuentan allí más de 3 000 edificios distintos: templos y pirámides, palacios, residencias pequeñas y medianas, juegos de pelota, temazcales o baños de vapor; en torno a aquellos monumentos, en las terrazas y las plazas, se yerguen más de doscientas estelas generalmente vinculadas a altares. Se cuentan por centenares las ofrendas de objetos preciosos —cerámicas, jades— enterradas en escondites. Los arqueólogos han encontrado allí más de cien mil objetos, vasijas, utensilios, joyas, y alrededor de un millón de piezas de alfarería. Las construcciones visibles, que en su mayoría datan del periodo Clásico Tardío (550 a 900 d. C.), recubren edificios y plataformas de los cuales algunos proceden del Clásico Temprano (siglos III-VI) y otros de un periodo «Formativo» Preclásico cuyos vestigios más antiguos se remontan al año 600 a. n. e.
>
> [...]
>
> Construido en un terreno accidentado, alrededor de depósitos naturales que le suministran el agua, el centro de Tikal debía de presentar un aspecto a la vez grandioso e irregular, con amplias perspectivas que terminaban en monumentos de dimensiones colosales, y también con zonas arboladas y floridas. No se conformaba al modelo de ciudad en tablero como Teotihuacán, pero nadie puede negar que nos encontramos aquí en presencia de una verdadera ciudad, pues los edificios pequeños constituían sin lugar a dudas unidades de habitación. Más de cien casas fueron objeto de excavaciones: se trataba efectivamente de residencias.
>
> Algunas estaban techadas con bóvedas de piedras saledizas, otras debieron de estar cubiertas con techo de hierba o de hojas. Se observó en ellas la presencia de pequeños

santuarios, de altares familiares. Todo ello lleva a admitir que había allí una población permanente del orden de los 50 000 habitantes.[53]

Aun cuando se insiste en la confrontación entre Calakmul y Tikal —así como en la presencia de los teotihuacanos en la zona de El Petén desde el periodo Clásico—, en realidad es difícil aventurar una hipótesis sobre un predominio político-militar entre estos centros, y solo podemos afirmar que se trataba de ciudades-Estado o, cuando mucho, de confederaciones o alianzas de Estados independientes. No hay evidencia de que dominara un poder centralizado fuerte con características de imperio. Por otro lado, sí puede asegurarse la presencia teotihuacana en el Preclásico o inicios del Clásico en el complejo arquitectónico El Tigre, en la Cuenca Mirador-Calakmul, donde se constató la estancia de guerreros teotihuacanos y se produjo, cuando menos, una batalla. En el sitio, los arqueólogos rescataron «cientos de puntas de obsidiana de las Tierras Altas de México y cientos de puntas de pedernal de las Tierras Bajas».[54] Lo mismo se advierte en estelas de estilo teotihuacano en Tikal, Copan y Quiriguá. Es decir, la influencia cultural teotihuacana en El Petén y, destacadamente, en Tikal, es una realidad. El maestro Jacques Soustelle lo cuenta de manera detallada y clara:

> En la medida en que podemos reconstituirla mediante el estudio de las inscripciones y de los vestigios arqueológicos, la historia de Tikal revela que en los siglos IV y V se ejerció una marcada influencia teotihuacana en la capital de El Petén y que existieron estrechos lazos entre esta última y la metrópoli religiosa de las Tierras Altas.
>
> Parece probable que, cuando menos en un principio, esa influencia y esas relaciones hayan tenido como intermediario a la Guatemala meridional: Kaminaljuyú se había constituido en verdadero satélite de Teotihuacán, y la región de Escuintla abunda en vasijas, figurillas, objetos de toda especie en el estilo más puro de la ciudad mexicana.
>
> Desde el Preclásico Tardío, a partir del año 50 a. n. e., las sepulturas de la Acrópolis del Norte de Tikal son ricas en ofrendas y están decoradas con pinturas murales del estilo de Kaminaljuyú. La élite de aquella época venía del sur o tomaba de allí sus gustos artísticos.
>
> La obsidiana verde exportada de Teotihuacán hace su aparición en Tikal, junto con las hermosas vasijas de cerámica revestidas de estuco y pintadas al fresco o decoradas con tableros incisos: la tumba 22 y la tumba 10, donde fueron enterrados dos soberanos en 378 y 425 respectivamente, contenían numerosos objetos de estilo teotihuacano.
>
> Característica de toda el área de influencia teotihuacana es la representación de Tláloc, dios de la lluvia, con su máscara de grandes ojos redondos («anteojeras») y su boca de caninos curvos.
>
> Ese rostro tan fácilmente reconocible figura en varias estelas (núms. 18, 31, 32) y en vasijas de barro pintadas. Por lo demás, en la misma época Teotihuacán importaba cerámica policroma maya del tipo «Tzakol» fabricada en Tikal y en Uaxactún.
>
> […]

> Pero a partir del siglo v, los rastros de influencia teotihuacana se atenúan y desaparecen. Se diría que, tras absorber todos los ricos elementos culturales aportados por la gran metrópoli mexicana, Tikal los ha asimilado y se adentra en lo sucesivo por la vía de la elaboración de su cultura original.[55]

Esto último es muy importante porque, si algo tuvo la civilización maya, sobre todo en el periodo Clásico o de florecimiento, fue su originalidad, en especial en lo relativo a la arquitectura y al arte en todas sus manifestaciones. Por ejemplo, cerca de la majestuosa ciudad de Tikal, impresiona el estilo escultórico refinado y grandioso de Copán, así como la constelación de creatividad que se advierte en El Petén guatemalteco, en Honduras y en Belice, donde ningún sitio puede calificarse a la ligera como secundario. Por ejemplo, Quiriguá, en Guatemala (con su tortuga sagrada y su estela de 10 metros de altura que pesa 65 toneladas); o más hacia el golfo de Honduras, donde existen extraordinarias zonas arqueológicas como Pusilhá y Lubaantun; o el Caracol, en el hermano país de Belice.

Antes de despedirnos de El Petén, solo recordemos que cerca de Tikal, a 50 km, está el bello lago de Petén Itzá, y que en el centro de esa pequeña isla se ubicaba la ciudad de Noj Petén o Tayasal, que fue la última población maya en ser sometida por los españoles en 1697, es decir, casi 200 años después de la invasión de los europeos a Mesoamérica. Los itzaes de Nojpetén resistieron de todo. Pasó por allí Cortés de camino a Honduras y no se sometieron; tampoco los convencieron los misioneros que los visitaban para instarlos a dejar su religión, ni aceptaban las misiones de indígenas cristianizados, o de autoridades del gobierno colonial de Yucatán. Finalmente el gobernador de este estado, Martín de Urzúa y Arizmendi, con barcos artillados y guerreros mayas aliados, y en compañía de frailes franciscanos, tomó por asalto la isla y, tras una sangrienta batalla en la que murieron muchos indígenas, «los itzas supervivientes trataron de llegar a tierra firme nadando, pero muchos se ahogaron»,[56] los invasores se apoderaron de la ciudad, destruyeron sus templos y la rebautizaron con el nombre de nuestra Señora de los Remedios y San Pablo. Ahora se le conoce como Flores y, con todo y los pesares, sigue siendo una belleza. Sin duda, tenía razón el antropólogo estadounidense Michael Coe acerca de que eran tan impresionantes las maravillas de las grandes civilizaciones mesoamericanas que hasta «los aguerridos conquistadores españoles quedaron asombrados ante el tamaño y el esplendor de los imperios que ellos mismos reducían a ruinas».[57]

No hay nada más cercano a lo perfecto en la civilización maya que Palenque. Se trata de la ciudad con mayor refinamiento en cuanto a lo arquitectónico, cultural, científico y hasta político. La ciudad es imponente y bella, y sus obras hidráulicas son excepcionales: desviar un arroyo, embovedarlo y pasarlo por en medio de la urbe para abastecer de agua a sus habitantes, es visión e ingenio. En lo constructivo, en pocos sitios se advierte mejor la técnica y la exquisitez del arco falso: el ir haciendo los techos en los corredores de edificios solo colocando en perfecto equilibrio las losas y sin ninguna otra estructura de apoyo, y con tanto refinamiento como el que está en la parte de atrás del Palacio, de formas redondas, es signo de gran elegancia. Por su parte, las esculturas de estuco que adornan los edificios, aun cuando muchas fueron arrancadas o se han deteriorado por el tiempo, reflejan la exquisita sensibilidad de quienes crearon esas inigualables obras de arte. Es además aceptado por los expertos que el manejo de la escritura maya se consagra en Palenque, al grado de que descifrando glifos han llegado a nombrar Pakal al gobernante que estaba enterrado en la tumba del Templo de las Inscripciones. Lo mismo puede decirse sobre el calendario, el perfeccionamiento en el uso del cero y los indudables conocimientos astronómicos, y algo más sobre este «Joyal de América», como lo describió el Che cuando visitó Palenque, en 1955, antes de embarcarse en el *Granma* para ir a hacer, con Fidel y otros combatientes, la revolución en Cuba. Nada podría haberse consumado en Palenque sin la armonía que lograron los gobernantes con su pueblo y la manera en que, sin sobreexplotación de los seres humanos ni de la naturaleza y sin esclavitud ni uso de la fuerza, lograron justicia y paz por mucho tiempo, lo cual les permitió alcanzar un fecundo, sublime y elevado desarrollo en todos los órdenes de la vida pública, al grado de ofrecer tributo con trabajo por décadas para glorificar a uno de sus gobernantes al construirle un mausoleo majestuoso, fino y de buen gusto, gesta que posiblemente solo los egipcios podrían igualar.

El maestro de maestros de la antropología y la arqueología mayas, Alberto Ruz Lhuillier, trabajó varios años en Palenque, apoyado por un equipo de especialistas para explorar, rescatar y descubrir, entre otras obras de arquitectura, escultura y arte, la majestuosa tumba del Templo de las Inscripciones. Por eso, nadie mejor que él podría guiarnos y hacernos un resumen de este histórico acontecimiento, cuyo momento estelar se consuma en 1952:

> Uno de los templos más imponentes de Palenque, por sus dimensiones y por su situación, es el llamado Templo de las Inscripciones o de las Leyes. Se destaca en forma espectacular sobre el fondo de la selva, adosado a un cerro, con los ocho cuerpos escalonados de su pirámide y su angosta y empinada escalera que conduce a la plataforma superior a más de 20 metros sobre el nivel de la plaza. Su nombre se debe a la existencia de grandes tableros esculpidos que contienen una de las más largas inscripciones jeroglíficas de los mayas (620 jeroglíficos) en la que se descifraron numerosas fechas que registran la sucesión de los «katunes» (periodo de 20 años) durante cerca de doscientos años. La voz popular transformó en «leyes» el contenido de esa inscripción. Inicié la exploración de este templo en 1949 con el propósito de tratar de localizar debajo del templo visible algún otro más antiguo, como es frecuente encontrar en los edificios del antiguo México. El templo descansa sobre un basamento que lo sitúa a más de 23 metros de altura; comprende un pórtico con cinco entradas y en la crujía posterior un cuarto central y dos laterales. Al escogerlo para la búsqueda de una posible estructura interior, no solamente tuve en cuenta sus dimensiones y la importancia de sus bajorrelieves, sino también el hecho de no haber sido nunca explorado y que su piso, en lugar de ser un simple aplanado de estuco como en los demás edificios, se componía de grandes losas bien talladas y ajustadas, lo que garantizaba más o

menos su inviolabilidad. En el cuarto central una de esas losas llamaba la atención por presentar una doble fila de perforaciones, cada una de estas provista de un tapón de piedra. Al investigar la posible función de la lápida, observé que los muros del templo se prolongaban debajo del piso, prueba evidente de que alguna construcción existía más abajo. En efecto, al excavar se encontró a poca profundidad una piedra que servía de cierre a una bóveda, y más abajo un peldaño, luego otro, y otros más: habíamos descubierto una escalera interior cuya tapa era precisamente la lápida perforada que formaba parte del piso.

Esta escalera tenía sus muros y bóveda perfectamente conservados, pero se encontraba totalmente rellena de gruesas piedras y tierra, material intencionalmente colocado para obstruirla. Necesitamos cuatro temporadas de trabajo, a razón de dos meses y medio cada una, para vaciarla, en una labor monótona que la falta de aire hizo penosa durante largo tiempo. Después de un tramo de 45 peldaños se llega a un descanso que da vuelta en forma de «U», al que sigue otro tramo de veintiún escalones que conduce a un corredor cuyo nivel es más o menos el de la plaza, es decir, unos 22 metros debajo del piso del templo. Al principio de la escalera encontramos una ofrenda (dos orejeras de jade); otra ofrenda más importante apareció al final de la escalera, en una caja de mampostería adosada a un muro que cerraba el corredor. Esta última ofrenda comprendía platos de barro, cuentas y orejeras de jade, conchas llenas de pintura roja y una hermosa perla de 13 mm de largo.

Detrás del muro seguía un macizo también hecho con piedras y cal, muy resistente, que tuvimos que demoler. Finalmente nos encontramos al término del corredor con una gran losa triangular colocada verticalmente para cerrar una entrada. Al pie de la losa, en un sepulcro rudimentario, yacían los huesos muy mezclados y destruidos de probablemente seis jóvenes, entre los cuales por lo menos una mujer. La frente deformada artificialmente y las huellas de incrustaciones dentarias sugieren que se trataba de gente noble y no de esclavos. Ninguna ofrenda acompañaba los restos humanos, pero su presencia a la entrada de un local sellado anunciaba algo de suma importancia. El 15 de junio de 1952 hicimos girar la losa y pudimos penetrar en el misterioso recinto que veníamos buscando con tanto afán desde 1949.

El instante en que pasé el umbral fue naturalmente de una emoción indescriptible. Me encontraba en una espaciosa cripta que parecía tallada en el hielo porque sus muros estaban cubiertos de una brillante capa calcárea y numerosas estalactitas colgaban de la bóveda como cortinas, mientras que gruesas estalagmitas evocaban enormes cirios. Estas formaciones calcáreas se debían a la filtración del agua de las lluvias a través de la pirámide durante más de 1 000 años. La cripta mide cerca de 9 metros de largo por 4 de ancho, y su bóveda se alza hasta cerca de 7 metros de altura, reforzada por enormes vigas de piedra pulida negra con vetas amarillas, que parecen de madera. La cámara se construyó en forma tan perfecta que los siglos no afectaron en lo más mínimo su estabilidad, a pesar de que también sostiene el peso de la pirámide y del templo. Las piedras de los muros y de la bóveda fueron talladas y ajustadas con el mayor cuidado, por lo que ninguna se ha movido de su sitio original. Para la mejor distribución de la carga que sostiene, la bóveda se completa con dos secciones de bóveda transversales que forman especies de cruceros.

[...]

Lo más sorprendente de la cripta es indudablemente el enorme monumento que ocupa la mayor parte de su espacio. Lo primero que se ve es una lápida horizontal que mide 3.80 metros por 2.20 metros y que está esculpida en sus lados y en su cara superior. La lápida descansaba sobre un bloque monolítico de unos 3 metros de largo por 2.10 metros de ancho, y cuyo espesor es de 1.10 metros, bloque cuyos lados también están esculpidos. Finalmente, el conjunto estaba sostenido por seis soportes monolíticos, de los cuales cuatro esculpidos. El peso aproximado de este monumento es de unas veinte toneladas. Era evidente que la cripta y la escalera interior que la une con el templo habían sido construidas precisamente para encerrar dicho monumento. Nuestra primera impresión fue que podía tratarse de un altar ceremonial, conservado en ese lugar secreto, lejos de la mirada del público, por alguna razón del culto. Dijimos entonces que a reserva de que la continuación de la exploración no suministrara nuevos datos, la cripta debía ser el santuario más sagrado de los palencanos.

[...]

Después del instante en que descubrí la cripta, este en que comprobé que el supuesto basamento del hipotético altar tenía una cavidad fue otro instante de enorme emoción. Podría tratarse de una gigantesca caja de ofrenda, pero el tamaño y la forma del monumento, así como la presencia de pintura roja, anunciaban otra cosa. Este color está asociado en la cosmogonía maya y azteca con el este y además aparece casi siempre en las tumbas, sobre los muros, objetos de la ofrenda funeraria, o sobre los restos humanos. El este es la región en donde cada día vuelve a nacer el sol después de su muerte diaria en el oeste; el este es en consecuencia lugar de resurrección, y el rojo que lo simboliza ponía en las tumbas un presagio de inmortalidad. Era pues indispensable ahora levantar la lápida sin pensar más en dificultades y peligros. Por medio de gatos de camión colocados debajo de las esquinas de la lápida encima de los troncos de árbol, levantamos esta. La introducción de los troncos en la cripta, su debida colocación y la delicada maniobra de alzar la lápida duraron veinticuatro horas consecutivas que pasé sin salir de la cripta, de las seis de la mañana del 27 de noviembre de 1952 hasta la misma hora del día 28.

En cuanto la lápida empezó a ascender, pudo apreciarse que existía debajo, tallada en el enorme bloque que la sostenía, una extraña cavidad. Esta era de forma oblonga y curvilínea, con salientes circulares laterales en uno de sus extremos, recordando a la letra «omega» mayúscula, pero cerrada en la base. Una losa muy pulida la sellaba, exactamente adaptada a su forma; dicha losa tiene cuatro perforaciones que cierran tapones de piedra. Desde que hubo suficiente espacio me deslicé debajo de la lápida, levanté uno de los tapones, proyectando por otro la luz de una linterna eléctrica. A pocos cm brotó a mi vista una calavera humana cubierta de piezas de jade.

Pasando unas cuerdas por los agujeros retiramos la losa en una maniobra parecida a la que realizaron los sacerdotes para colocarla. El receptáculo mortuorio apareció con su impresionante contenido, rodeado de un vivo color bermellón, ya que las paredes y el fondo de la cavidad que sirve de ataúd están cubiertas con cinabrio. El esqueleto yacía en forma normal, brazos y piernas extendidos, cara hacia arriba y los pies ligeramente abiertos. El estado de los huesos era deleznable debido a la humedad, pero ocupaban su lugar normal. Pudo determinarse que se trataba de un hombre de 40 a 50 años, de alta estatura (el esqueleto medía 1.73 metros), robusto y bien proporcionado, sin lesiones patológicas aparentes. El estado de destrucción en que se encontró el cráneo impidió que se pudiera precisar si estuvo o no deformado artificialmente como era costumbre entre los mayas de la nobleza y el sacerdocio; no presentaba las mutilaciones dentarias que también eran usuales entre los señores.

Sobre el fondo rojo del ataúd y de los huesos que el cinabrio cubría, el verde brillante del jade resaltaba. El personaje había sido enterrado con todas sus joyas de jade; en la boca llevaba una hermosa cuenta como moneda para adquirir alimentos en el otro mundo. Sobre la frente tenía una diadema hecha con pequeños discos de la que probablemente colgaba una plaquita tallada en forma del dios murciélago; pequeños tubos servían para dividir la cabellera en mechones separados. En ambos lados de la cabeza yacían orejeras compuestas de varias piezas.

Alrededor del cuello se veían varias filas de cuentas multiformes y sobre las costillas un ancho pectoral de cuentas tubulares. En cada brazo recogimos una pulsera de doscientas cuentitas, y en cada dedo de ambas manos un grueso anillo también de jade. En la mano derecha sujetaba una gruesa cuenta de forma cúbica y en la izquierda una esférica. Otras cuentas estaban cerca de los pies, así como una magnifica figurilla de jade, probable divinidad solar. Otra figurilla estuvo cosida sobre el taparrabo.

Al encontrar estas joyas in situ se pudieron reconstruir algunas de ellas. Comparando los diferentes elementos de las orejeras con la representación de tales adornos en los bajorrelieves, se comprendió la forma en que dichos elementos se combinaban para semejar un conjunto floral al que servía de contrapeso una perla gigantesca, o más bien una magnífica imitación obtenida mediante la ingeniosa unión de dos fragmentos de madreperla. El pectoral de cuentas tubulares pudo ser reconstruido: se compone de nueve filas concéntricas con 21 cuentas en cada una. En el momento de ser enterrado el personaje, llevaba puesta una máscara formada por un mosaico de jade. Es probable que durante la inhumación, la máscara se deshiciera por frágil, ya que los fragmentos estaban adheridos sobre una ligera capa de estuco aplicada sobre la cara. Encontramos algunos fragmentos adheridos sobre la cara y el resto casi todo formado al lado izquierdo de la cabeza. Con las fotografías y los dibujos que se hicieron durante la exploración, se pudo reconstruir la máscara que debe reproducir más o menos fielmente los rasgos del personaje.

Volviendo al enorme sepulcro, hablaremos ahora de sus bajorrelieves. La lápida de 8 metros cuadrados que lo cubre está esculpida, como ya dijimos, en sus cuatro lados y en su cara superior. En los lados figura una inscripción jeroglífica en la que desciframos trece fechas abreviadas imposibles de situar con exactitud en el calendario maya, pero que probablemente corresponden a mediados del siglo VII de nuestra era. La escena representada sobre la lápida contiene elementos que conocemos de otros relieves y de los códices mayas. Abajo aparece un mascarón que se caracteriza por sus rasgos que evocan a la muerte: mandíbula y nariz descarnada, colmillos y grandes ojos. Es la representación convencional, parecida entre los mayas, los toltecas y los aztecas, del monstruo de la tierra. La deidad de la tierra era para esos pueblos un monstruoso animal —especie de lagarto— que se alimentaba de los seres, ya que todos al morir regresan a la tierra.

Encima del mascarón del monstruo de la tierra se encuentra sentado un hombre joven, enjoyado, en una actitud de descanso como si estuviese echándose o cayéndose hacia atrás. Su cuerpo reposa directamente sobre varios objetos, de los cuales dos son símbolos asociados a la muerte (la concha y un signo parecido a nuestro «por ciento»), mientras que los otros dos, al contrario, evocan la germinación y la vida (el grano del maíz y una flor o quizá mazorca también del maíz). Si se tratara de una tumba del Renacimiento europeo, diríamos que la figura allí esculpida representa al personaje enterrado, pero en un arte impregnado de esencia religiosa es más factible que se trate de un símbolo, quizá el Hombre en general, es decir, la Humanidad, o quizá también el dios del maíz, ya que es frecuente su representación bajo el aspecto de un hombre joven.

Encima de la figura humana se alza un motivo cruciforme idéntico al del famoso tablero del Templo de la Cruz. En algunas otras representaciones mayas este elemento semeja un árbol, el árbol de la vida, pero en otras es sin duda la estilización de una planta de maíz, como lo comprueba el tablero de la Cruz Foliada con sus largas hojas de maíz. Sobre los brazos de la cruz ondula una serpiente de dos cabezas, de cuyas fauces brota un pequeño ser con máscara del dios de la lluvia. La serpiente está asociada en la mitología maya al cielo y más precisamente a la lluvia; las nubes se deslizan silenciosamente como serpientes, y el rayo es una serpiente de fuego. En la parte superior de la cruz hay un pájaro quetzal, ave sagrada símbolo del cielo, cuyas largas plumas servían para los tocados de los señores; aquí lleva la máscara del dios de la lluvia, y debajo de él se ven signos que simbolizan al agua, así como dos escudos que deben representar la cara convencional del sol.

[...]

El descubrimiento de la Tumba Real en el Templo de las Inscripciones causó sensación por varios motivos: singular ubicación debajo de la pirámide, comunicación con el templo, notables dimensiones, solidez y perfecto acabado de la construcción, extraordinarios relieves de estuco, colosal sepulcro cubierto de relieves simbólicos y cronológicos de magnífica factura y enorme importancia, entierro de un personaje de alto rango con todas sus joyas. Este hallazgo demostraba que la pirámide americana no era forzosa y exclusivamente un basamento macizo para sostener al templo, como se consideraba hasta entonces, en oposición a la pirámide egipcia. Revelaba también una similitud de actitud psicológica hacia la muerte, entre el faraón y el «halach-uinic» palencano, y un paralelismo cultural ya que la construcción de tales monumentos implicaba tanto para los egipcios como para los mayas un fantástico derroche de esfuerzos colectivos para beneficio de un ser privilegiado, lo que a su vez significaba una estructura económica desarrollada, un cuerpo social diferenciado y jerarquizado, un poder político centralizado en una teocracia que regía en forma absoluta

> lo temporal y lo espiritual. También significaba un serio adelanto en la técnica de la construcción, en las artes, particularmente la escultura, y en las ciencias astronómicas y matemáticas. Reflejaba además creencias religiosas bastante afines, en las que reinaba una poderosa fe en la esencia divina del rey-sacerdote y en su poder de interceder cerca de los dioses en beneficio de la humanidad, principalmente para asegurar la perpetuación de los hombres mediante su propia inmortalidad.[58]

Antes de conocer lo sucedido durante esa época en otras ciudades mayas cercanas y seguramente influenciadas por Palenque, considero importante enfatizar las características de la ofrenda y otras piezas que se encontraron en el sarcófago del importante personaje conocido como Pakal. En casi toda la ornamentaria predomina el jade, esta piedra preciosa que tenía el más alto valor material y espiritual en Mesoamérica. A diferencia de las antiguas civilizaciones de Occidente y de Medio Oriente, tanto en América como en China el jade se apreciaba más que el oro, y era símbolo de suprema excelencia. Por eso, mientras las máscaras de los faraones están hechas con oro, metal precioso para los egipcios, Pakal va al inframundo o «al más allá» con una máscara de jade que cubre su mítico rostro. Ruz, desde los años 50 del siglo pasado, sostenía que:

El jade era para los pueblos mesoamericanos no solo la piedra preciosa por excelencia, sino lo precioso por antonomasia. En el lenguaje familiar, «mi jade» era el término de cariño más dulce y más apreciado. Con el jade procedente de las montañas de Oaxaca, Chiapas y Guatemala, los joyeros fabricaban adornos variadísimos, cuentas para collares y pulseras, orejeras, narigueras, diademas, anillos, figurillas y también magníficos mosaicos a veces formando máscaras de rasgos realistas.[59]

Palenque, sin llegar a ser el centro de un imperio, era el espejo de cómo debían verse las otras ciudades mayas de su época. Su majestuosidad no tenía comparación, su vinculación con la naturaleza era perfecta y su misticismo formaba parte del ambiente. Palenque se halla en el centro de una región de legendarias ciudades que se ubican en las cuencas de los ríos Grijalva y Usumacinta, en las tierras bajas de la selva tropical, la Sierra de Chiapas y la planicie costera de Tabasco; aun cuando todo este amplio territorio estuvo poblado durante el periodo del florecimiento de la cultura maya del siglo IV al VII, los sitios más importantes y cercanos a Palenque son Toniná, Bonampak, Yaxchilán, Piedras Negras, El Tigre, la recién descubierta Aguada Fénix del Preclásico, el Tortuguero y Comalcalco. En la cabecera municipal de Ocosingo, muy cerca de Palenque, los mayas de la Sierra de Chiapas edificaron la antigua ciudad de Toniná. Bajando hacia la Selva Lacandona, en las planicies que bañan el río Usumacinta, están, más o menos, a poca distancia una de otra, Bonampak, Yaxchilán y Piedras Negras. Bonampak, situada cerca de la orilla del río Usumacinta, es única por sus excepcionales murales, que son espléndidas obras de arte. La visité por primera vez junto con Yaxchilán en 1973; las recorrí en *jeep,* por brechas madereras, a pie y en lancha. Los murales de Bonampak son espléndidas obras de arte. Los pintores de dichos murales demostraron su destreza en el manejo de la anatomía, el movimiento y el color; asimismo, sus escenas están llenas de asombrosos dibujos realistas y místicos. En todo destacan la vestimenta, las capas, los tocados y los collares de los personajes principales, los cuales aparecen como si posaran para la posteridad: todos los murales dejan la impresión de que los personajes entran en escena para ser retratados: sus sirvientes o mozos los protegen del sol con sombrillas, los guerreros están cuidadosamente vestidos y sus tocados exhiben imágenes de jaguar, y tanto los músicos como los instrumentos dan la impresión de que se trata de una gran fiesta; es como una elegante celebración en plena selva tropical; lo único que impacta o desentona no en lo artístico, sino en lo social, es que se presentan escenas de una batalla en la cual, de manera ostentosa, se imponen los principales de Bonampak: personajes civiles o religiosos, algunos con unas capas blancas y, desde luego, los guerreros que someten y exhiben prisioneros casi desnudos, heridos e incluso uno decapitado.

Tres escenas predominan en los murales de Bonampak: la fiesta o celebración, la presencia de una élite gobernante distinguida; y la batalla con guerreros que someten a una población indefensa, que torturan y matan a un personaje y que le cortan la cabeza a otro. Esta última escena les ha servido a algunos para asegurar que los mayas eran bélicos en vez de pacíficos y que, además, y esto es lo más descabellado —sobre todo si se considera que esto ocurre en el periodo Clásico—, que el propósito habría sido tomar prisioneros para llevar a cabo los bárbaros sacrificios humanos, sofisma o mentira que se ha difundido de manera interesada desde el inicio de la invasión europea y que persiste hasta la actualidad para tratar de justificar las atrocidades cometidas por colonizadores y oligarcas contra los pueblos originarios oprimidos. Además, lo subversivo de estas pinturas estriba en que se trata de una singular expresión del arte en plena selva tropical, lo cual es, en sí mismo, un desmentido a quienes piensan que la creación solo puede surgir en los altiplanos y en lugares de clima frío. Sylvanus G. Morley, uno de los mayistas más reconocidos, junto con Thompson y Ruz, expresa algo contundente: «Algunas de las figuras en los murales de Bonampak están hechas con un naturalismo que el arte europeo occidental no alcanzó sino varios siglos más tarde».[60]

Las pinturas de Bonampak cuentan con amplios tableros de glifos, edificios que pertenecen al Clásico Tardío, bóvedas con arco falso, fachadas con dinteles y decoraciones de estuco. En la plaza hay estelas, y piedras labradas con proporción y refinamiento.

De Bonampak pasamos a Yaxchilán, que, en línea recta, está a 20 km. Adelantemos que la supuesta batalla de los murales no pudo ser entre los palencanos porque se trata más bien de una imagen de humillación a campesinos mayas pobres y desarmados, o tal vez de un mensaje de advertencia o amenaza a la población sometida al pago de tributo en trabajo y especie en beneficio de la élite política; la otra razón es que la minoría de galanes y galanas principales, jefes, sacerdotes o guerreros de los murales, podrían ser los gobernantes de Yaxchilán, pues se sostiene que Bonampak era un sitio cívico ceremonial dependiente de esa gran metrópoli. Esta hipótesis puede apegarse a la realidad, pues Yaxchilán era una gran ciudad-Estado, quizás a la altura de Palenque y Calakmul en el periodo Clásico. Esto no solo se advierte en la majestuosidad de la ciudad, su arte y sus bellísimas estelas, sino por su misma ubicación, la cual, desde su etapa inicial, se pensó y fue planeada para que se le asegurara con los «muros de agua» del Usumacinta, ya que prácticamente está en una isla con una estrecha entrada (garganta) por tierra, de modo que Yaxchilán está rodeada de ese caudaloso río que ahora es la frontera entre México y Guatemala. Aquí conviene destacar que Yaxchilán era tan importante y, supuestamente, bélica que, sin información suficiente, se habla de que durante una época se enfrentó a Palenque. Lo más seguro es que se trataba de las ciudades más poderosas en toda la cuenca del Usumacinta. Recordemos dos datos: la antigua Palenque se construyó en una meseta natural rodeada por una sierra escarpada y al frente, hacia el norte, existe un acantilado profundo que la protege y permite, desde lo alto, contemplar el inicio de la gran planicie de Chiapas, Tabasco y Campeche. Y como ya vimos, Yaxchilán está construida en una especie de península del Usumacinta, con una superficie de 800 hectáreas, pero con solo una entrada por tierra de 700 metros. El otro hecho es que existió relación en el periodo Clásico de Yaxchilán con El Caracol, Belice; Calakmul, Campeche; y Tikal y sus vecinos de Piedras Negras en Guatemala. Esta última se encuentra ubicada al margen derecho del Usumacinta, a solo 40 kilómetros de Yaxchilán, río abajo, por esa gran vía de comunicación para el transporte en cayucos, en los límites de dos países, que fue también una ciudad importantísima en su época, y sus escultores dejaron para el porvenir exquisitas obras de arte: estelas y tronos de singular belleza que son como lecciones de historia para interpretar cómo fue la vida de esta gran civilización que floreció hace, cuando menos, 1 500 años. Ruz tiene una frase verdaderamente genial sobre la historia de los mayas: «Para el México de hoy, los vestigios del pasado no son simples temas arqueológicos sino también motivo de orgullo nacional, de inspiración artística, de estímulo y también de esperanza en un futuro digno de los gloriosos tiempos desaparecidos».[61]

Cómo se desarrolló la civilización maya en la península de Yucatán es también fascinante desde su origen hasta nuestros tiempos. Es muy probable que la península se empezara a poblar desde el periodo Preclásico pero que su auge se produjera en el Clásico, y todo indica que sus momentos de mayor desarrollo cultural ocurrieron en el Posclásico; es decir, a la península fueron migrando personas, campesinos de lo que hoy es Belice, Guatemala, Chiapas y Tabasco, y como sabemos, en los siglos inmediatamente anteriores a la invasión europea se presentó el fenómeno de la incursión política, militar y cultural de los toltecas y los mexicas del centro de México. El estilo arquitectónico más antiguo se encuentra en la zona del sur de Campeche, Calakmul, El Tigre, Edzná y Jaina, en la costa del golfo de México; la zona arqueológica con centro en Uxmal, conocida como Puuc, el Caribe o Costa Oriental, que incluye Kohunlich, Dzinbanché, Cobá y el puerto de Tulum; y en el área central de la península sobresalen Ek Balam y la más visitada de todas las ciudades arqueológicas del continente americano, Chichen Itzá.

Lo primero que puede demostrarse por la datación de los sitios de la península es que pocos adquirieron durante el periodo Clásico el esplendor de Copán, Quiriguá,

Tikal, Calakmul, Piedras Negras, Yaxchilán o Palenque. Lo otro que puede aventurarse, es que, independientemente de la etnia —itzaes, chenes, putunes, cocones o cualquier otra—, la mayor influencia cultural hacia la península se hizo acompañar, antes de la llegada de los toltecas y del dominio mexica, de las migraciones de finales del periodo Clásico provenientes de regiones del sur y del oeste de la península de Yucatán. Asimismo, aun cuando es evidente la influencia cultural y la colonización de las culturas del centro de México, se puede decir que, desde muy temprano, en casi toda la península se fue creando un mismo estilo de vida en lo productivo, social y espiritual que ha prevalecido por siglos y que bien puede reconocerse y llevar el distintivo de «maya yucateco».

Según las fechas de mayor auge cultural de las ciudades mayas en la península, como ya dijimos, las más antiguas son Calakmul del año 2000 a. C., al 250 a. C., y del 250 a. C., al 900 d. C., del Clásico; El Tigre, del 600 al 300 a. C., en el Preclásico; Edzná, del año 400 a. C., hasta el 1000 d. C.; la principal pirámide de Uxmal, la del Adivino, se comenzó a edificar en el siglo VI y el último nivel data del siglo X; Kohunlich, del 500 a. C., hasta el 600 d. C.; Dzibanché, del 200 a. C., hasta el 800 d. C.; Cobá del 200 hasta el 600 d. C.; Tulum, aunque se han encontrado inscripciones del año 564, la mayor parte de sus edificios fueron construidos entre 1200 y 1450 d. C.; Ek Balam tiene un fechamiento en sus bellos edificios del año 770 a 840; y, por último, está el caso de Chichén Itzá que, siendo más reciente que Ek Balam, pues la desplazó como capital de esa estratégica región de la gran civilización maya, goza de mayor fama y prestigio. Un antropólogo, Erik Velásquez García, apoyado en estudios de desciframiento de jeroglíficos, asegura:

> El último gobernante conocido de Ek Balam aparece representado en la estela 1 de su propia ciudad hacia 849. Su nombre era Ju'n Pik To'k, y todavía es mencionado en la Banda Jeroglífica de la Casa Colorada y en el Dintel de Halakal de Chichén Itzá, aparentemente ocupando una posición superior a la de los nobles locales hacia 870. Luego de esta última fecha desaparece toda mención a cualquier señor de Ek Balam. Por ello, en 2007, Nikolai Grube y Ruth J. Krochock sugirieron que hacia 874 Chichén Itzá pudo haber sustituido a Ek Balam como centro hegemónico de su región.[62]

La historia de Chichén Itzá es bastante controvertida. El prestigiado antropólogo e investigador de campo Román Piña Chan escribió un libro sobre esta ciudad en el cual contradice a quienes consideran que hubo influencia tolteca en ella y cuestiona también a Eric Thompson, quien en 1970 afirmó que los itzaes eran mayas-chontales o putunes:

> Que controlaban las rutas comerciales alrededor de la península de Yucatán; que un grupo de ellos ocupó Cozumel y de allí pasaron a la costa oriental de Yucatán, alcanzando Chichén Itzá hacia el año 918 de la era cristiana; y que un segundo grupo de putunes-itzaes,

> mezclados con gente tolteca de habla náhuatl, llegaron a Chichén alrededor de 987 d. C., introduciendo el culto a Kukulcán o Quetzalcóatl que prevalecía en Tula, Hidalgo.[63]

Con el paso del tiempo, los análisis de carbono-14 y una mayor investigación documental fueron demostrando la presencia tolteca e inclusive el predominio azteca en la península de Yucatán antes de que llegaran los españoles. Sin embargo, en lo relativo al origen de los primeros pobladores de esa región, no hay duda de que fueron mayas de diversas etnias y muy pocos del centro de México. Como lo hemos subrayado, lo importante es que, aun con esa mezcla de culturas, ha prevalecido por siglos el típico estilo yucateco.

El maestro Piña Chan sostenía, y lo fundamentaba en sus investigaciones arqueológicas y trabajo de campo, que «Chichén Itzá influyó a Tula»,[64] y no al revés. Se ha demostrado que el auge de Chichén Itzá fue relativamente breve y que se suscitó entre 800 y 1 100, así como también que hubo dos etapas constructivas: las auténticamente mayas y las de esta cultura con influencia tolteca. La primera etapa tiene como límite el año 928 y se caracteriza por el predominio teocrático, con manifestaciones artísticas completamente mayas:

> Como estilos arquitectónicos Chenes y Puuc, el uso de la escritura jeroglífica, de la bóveda falsa, corbelada o saledia y la fabricación de cerámica pizarra. A esta época pertenecen los edificios ubicados al sur de la Gran Plaza, como la Casa Colorada, el complejo de las Monjas, el Akab Dzib y los templos de los Tres y Cuatro Dinteles. Luego del año mencionado, comienza el segundo periodo, en el que el estilo artístico de la ciudad adquirió características nuevas, producto de una serie de influencias que se gestaron en la costa del golfo de México y del Pacífico de Guatemala, Xochicalco y la ribera del río Usumacinta. Dicho nuevo estilo tuvo una orientación militarista, estuvo asociado con el culto al dios Kukulcán, con esculturas de Chac Mool, con la edificación de columnatas.[65]

El autor se apoya en Thompson, que aprecia eso en dos etapas de la arquitectura de Chichén Itzá, explicando que:

> La pirámide conocida como el Castillo Interior carece de ornamentación asociada con la Serpiente Emplumada, situación que contrasta con la del Castillo Exterior, que de acuerdo con las investigaciones arqueológicas recientes fue construido con posterioridad al año 890. Ello refuerza la sospecha de que el fenómeno cultural de los itzaes en Chichén Itzá —si de verdad estos se asociaban con Kukulcán (K'uk'ul Kaan) o con los distintos funcionarios que llevaron ese nombre— es más reciente de lo que se ha pensado.[66]

Jacques Soustelle también explica esta amalgama cultural entre mayas y toltecas de la siguiente manera:

> Chichen Itzá es mucho más tolteca o mexicana que maya, con sus columnatas, sus fachadas y sus atlantes, pero con una finura y una complejidad en la elaboración, de las que puede concluirse que los planos y los diseños fueron mexicanos, pero que los constructores y los escultores fueron mayas. Así, en comparación con la metrópoli, la ciudad filial brilla con una luz más viva y Tula es la que parece «provinciana».[67]

De todas formas, el maestro Piña Chan sostiene que los protagonistas de la cultura maya de la península y, en especial, de Chichén Itzá, fueron los itzaes, quienes penetraron en Yucatán por 968-987 d. C. Además, mantiene la hipótesis de que, una vez concluida la obra cultural en Chichén Itzá y en otros sitios, los itzaes influidos por la sabiduría originaria de Xochicalco, la costa del golfo de México, la del pacífico de Guatemala y de las antiguas ciudades de la cuenca del río Usumacinta, aceptaron como guía espiritual a Quetzalcóatl y, posteriormente, emigraron a Tula para transmitir los elementos arquitectónicos y escultóricos del más refinado nivel artístico; es decir, Piña Chan acepta la participación de varias culturas para establecer el estilo maya-tolteca en la península, pero también sostiene que, pasado el tiempo, lo creado en Chichén Itzá se aplicó en Tula, pues hubo una migración, por ese entonces, de la península al centro de México. Apoyado en las crónicas del obispo Landa y del fraile Torquemada, asegura que Tula estaba tan poblado y había tanta diversidad étnica que, tras concluir la obra de decorar con estilo itzae el edificio principal de esta antigua ciudad de Hidalgo, continuaron su peregrinar hasta Cholula y «traían consigo una persona muy principal por caudillo, que los gobernaba, al cual llaman Quetzalcóatl (que después los cholultecas adoraron por dios)».[68]

Aun con diferencias y matices, es claro que el periodo Preclásico de Yucatán se caracteriza por un auge bastante efímero que se sitúa hacia finales del siglo X y principios del XI; en cuyo intervalo coexisten con relativa armonía varias etnias, predominando la cultura original, pero con mayor intervencionismo político y militar tolteca. Es al fin de este periodo cuando se acentúa la decadencia de la gran civilización maya que había comenzado con anterioridad. Según Florescano, el desplome de los estados mayas del periodo Clásico se produjo entre los años 800 y 900 y apunta que en la región del Usumacinta, Palenque, Piedras Negras y Yaxchilán dejaron de esculpir estelas entre 795 y 810. La última fecha de «Calakmul [es de] 810; Naranjo, 820; Copán, 822; Caracol, 849; Tikal, 869; Uaxactún y Seibal, 889. Toniná registra la estela más tardía en el año 909»;[69] y agrega algo que trataremos después: «como es natural, el derrumbe de los Estados y el abatimiento del antiguo esplendor suscitaron diversas interpretaciones, desde las más fantasiosas hasta las fundadas en el análisis de las causas que intervinieron en el catastrófico declive de la época dorada de la civilización maya».[70]

Antes de profundizar en esta importante cuestión, conviene dilucidar acerca de la violencia y, en especial, sobre las prácticas de los sacrificios humanos. Como es notorio, podemos afirmar que la grandiosidad de la civilización maya se obtuvo con muy poca violencia o uso de la fuerza. Hablamos de un periodo similar o mayor al tiempo en que predominó el Imperio romano y, desde luego, la represión y las guerras fueron significativamente más intensas y crueles en esa vasta región del mundo que en la nación maya. Esto, sin duda, fue el factor principal que permitió la consolidación de la exquisita y, a la vez, majestuosa civilización maya. Sin embargo, no pocos estudiosos tanto nacionales como extranjeros casi en todas las épocas han tratado de empañar esta realidad con versiones que van desde que se trata de una obra consumada por extraterrestres hasta la acusación, sin fundamentos, de que hubo prácticas de dominación criminal y barbarie, tales como el canibalismo y los sacrificios humanos. Todo ello, como hemos venido repitiendo, no solo por ignorancia, sino más bien para justificar el colonialismo y la opresión de que fueron víctimas los pueblos originarios descendientes de esa y otras culturas y civilizaciones del continente americano.

El tema de los sacrificios humanos en la civilización maya lo sitúan en el periodo de menos desarrollo cultural, a partir de la llegada de los migrantes xochicalcas, toltecas y mexicas a la península de Yucatán, y en las vísperas de la Conquista o invasión española; inclusive se acusa de que en los primeros tiempos de la colonización se practicaban esos y otros ritos endemoniados. Hasta los antropólogos más serios como Alberto Ruz no dejan de abordar el tema con ese enfoque, si bien él lo expone con mayor prudencia:

> La intromisión de grupos étnicos extraños a la población maya, la preponderancia de la casta militar, la rivalidad por la hegemonía política entre los núcleos invasores, la introducción de mercenarios mexicanos y el incremento de los sacrificios humanos tuvieron como consecuencia una época de desórdenes, intrigas y cruentas luchas, con una decadencia cultural que condujo a la destrucción o abandono de los grandes centros ceremoniales. Durante este periodo las influencias toltecas fueron parcialmente absorbidas en Yucatán por el medio nativo, pero el impulso creador se había apagado. A la llegada de los españoles la cultura maya, muerta desde hacía siglos en las provincias centrales y profundamente alterada por patrones y conceptos nahuas en las meridionales, estaba moribunda en Yucatán, en donde los numerosos cacicazgos enemigos entre sí no pudieron oponer a los conquistadores sino focos aislados de resistencia bélica. Sin embargo, la conquista total del país maya no se realizó sino siglo y medio más tarde, con la toma de Tayasal en El Petén guatemalteco, refugio de los itzaes.[71]

Si bien es indudable que después del esplendor llegó el ocaso de la civilización maya, los actos de violencia y barbarie fueron realmente insignificantes. En más de 2000 años, desde el surgimiento de la civilización olmeca hasta la invasión europea, son pocos los registros arqueológicos, las imágenes o las escrituras en códices que demuestren que los antiguos pueblos americanos se caracterizaron por ser partidarios de la violencia, el canibalismo o los sacrificios humanos. Es obvio que estos señalamientos tomaron mucha fuerza desde el inicio mismo de la invasión española. Por ejemplo, en el caso de la civilización maya, no existe ninguna evidencia de canibalismo o antropofagia, y en cuanto a sacrificios humanos, en toda la región maya tampoco se trató de algo relevante. Con todos sus asegunes —o como dicen los abogados, «aceptando sin conceder»—, dos antropólogos serios, en dos épocas distintas, hacen una cuantificación de estos hechos y los resultados no son tan siniestros como quisieran los racistas o conservadores colonialistas.

El antropólogo estadounidense Sylvanus Griswold Morley, en su libro *La civilización maya* (1946), asegura:

> De las ocho representaciones de sacrificios humanos que se conocen en el territorio maya, cuatro aparecen en Chichén Itzá: dos en frescos del Templo de los Jaguares; una en un fresco del Templo de los Guerreros, y la cuarta en un disco de oro del Pozo de los Sacrificios; otras dos figuran en los manuscritos jeroglíficos: el *Códice de Dresde* y el *Códice Tro-Cortesiano*, ambos también procedentes de la Época Posclásica. Las otras dos son las [...] encontradas en Piedras Negras y que datan de la Época Clásica. En vista de la prueba directa anterior, tanto documental como arqueológica, no puede haber duda de que el carácter sanguinario de la religión maya que encontraron los españoles a principios del siglo XVI, era debido principalmente a la influencia mexicana y fue introducida en Yucatán por los invasores mexicanos en el siglo X.[72]

Morley, aun subrayando o excluyendo a los mayas, no deja de caer en la trampa de los colonizadores, monarcas y eclesiásticos, con sus respectivas cortes de funcionarios, frailes, filósofos, abogados, escritores y propagandistas, sobre «el carácter sanguinario» de las culturas prehispánicas, pero en especial respecto a los aztecas, los recientemente vencidos y satanizados. Morley cita con inocencia o fervor partidista al mismísimo cronista oficial de las Indias en la corte española, un señor al que solo menciona por su apellido Herrera, quien «no deja duda sobre este punto cuando declara terminantemente que: "el número de la gente sacrificada era mucho; y esta costumbre fue introducida en Yucatán por los mexicanos"».[73] Morley, como muchos investigadores de buena fe, seguramente nunca imaginó que toda esa propaganda sobre la violencia de los pueblos originarios tenía el propósito de negar el esplendor de las civilizaciones mesoamericanas y, como lo he venido repitiendo (y lo seguiré sosteniendo con pruebas y argumentos), el objetivo era justificar para imponer el supuesto aporte civilizatorio europeo, el verdadero acto de barbarie que significó y que sigue representando la invasión de territorios ajenos por la fuerza, la esclavitud de sus pueblos, el saqueo de sus riquezas, y la destrucción de sus creencias y culturas con el fin de dominar como tiranos. Por ejemplo, durante siglos ha sido impensable, poco creíble e incuestionable el hecho de que la Conquista o invasión española fue, además de lo dicho, un operativo de élite en el cual no solo se usó el aparato de fuerza de la monarquía, sino, más aún, y de manera perversa, la religiosidad, como ahora se diría, por razones de Estado. De la mano de la conquista militar se impuso la espiritual con misioneros franciscanos, dominicos y de otras órdenes religiosas, para llevar a la práctica una especie de cruzada de lo más violenta e inmoral que podemos pensar. Baste recordar que, solo en Yucatán, el inquisidor obispo de ese estado, el fraile franciscano Diego de Landa, organizó un denominado *auto de fe* llevado a cabo en el pueblo de Maní en 1562, donde ordenó colgar y atormentar a «miles de indios, quemados un centenar, y destruidos 5 000 ídolos, 13 altares, 197 vasos y 27 rollos de signos jeroglíficos».[74]

También sobre el tema del invento de los sacrificios humanos en la civilización maya, el antropólogo Jacques Soustelle, en una investigación más reciente que la de Morley, asegura que esta práctica, junto con la idolatría, llegó a la región maya desde el centro de México, en el periodo Posclásico, porque sostiene que es raro encontrar vestigios de estos ritos en la época de auge de la cultura maya:

> A decir verdad, no existen sino dos figuraciones de sacrificios humanos, una y otra en Piedras Negras (estelas 11 y 12, fechadas respectivamente en los años 731 y 795); aunque esas representaciones sean mucho más simbólicas que realistas, es claro que parecen vincularse con el modo propiamente mesoamericano de dar muerte a las víctimas, es decir, arrancándoles el corazón. No es dudoso que, en Palenque, en el corredor que, bajo el Templo de las Inscripciones, conduce a la entrada de la cripta funeraria se hayan inmolado víctimas humanas. En el templo II de Tikal se han encontrado algunos *graffiti;* uno de ellos representa a un hombre de pie, atado a una especie de cuadro de madera, y traspasado por una jabalina. Lo cual se puede interpretar como una escena de sacrificio; pero ni siquiera es evidente. Por lo demás, aquella manera de matar no se encuentra en ninguna otra parte del territorio maya durante la época clásica y los *graffiti* de Tikal posiblemente sean obra de ocupantes temporales y recientes.
>
> El fresco del «juicio de los prisioneros» de Bonampak no tiene nada de religioso. Allí no se trata de ningún sacrificio humano ante divinidades, sino de represalias contra enemigos vencidos. Todo conduce entonces a pensar que el sacrificio humano no era uno de los rasgos esenciales de la religión clásica. Dado que la escultura de las grandes ciudades representa profusamente escenas ceremoniales, es evidente que los sacrificios de esa naturaleza aparecerían figurados en gran número en las estelas, los altares, los dinteles y los tableros si aquella práctica hubiese estado en verdad difundida.[75]

A reserva de continuar con el tema cuando nos ocupemos del ejercicio del poder en la gran Tenochtitlan y de la guerra militar, espiritual y sucia de los invasores, por ahora, es importante subrayar o reiterar que el gran desarrollo productivo, cultural y científico en la nación maya durante el periodo Clásico es circunstancial al prolongado tiempo de, cuando menos, seis siglos de paz social, estabilidad política y buen gobierno. En Europa, en ese mismo periodo del siglo IV al X, y tras el colapso y la desintegración del Imperio romano de Occidente; es decir, en las edades medias, cuando se crearon y funcionaron los llamados «reinos independientes» en Alemania, Italia, Francia, Inglaterra y España, el distintivo eran los abusos de poder, la esclavitud, las guerras por diferencias internas o invasiones, la violencia religiosa y las cruzadas contra musulmanes y judíos, así como el estancamiento económico, constructivo, artístico y científico; en resumen, la decadencia.

Por ello es importante preguntarnos e indagar cómo fue que los antiguos mayas, durante todo este periodo (de casi seis siglos), pudieron alcanzar un nivel cultural que los colocó entre las más elevadas civilizaciones del mundo. Pienso, sin duda, que un elemento muy importante fue la abundancia existente de recursos naturales en aquellos sitios donde se fundaron los principales centros de poder civil y religioso, además de la gran diversidad biológica de las selvas tropicales de Mesoamérica, entre otros elementos que los ayudaron a desarrollarse como, por ejemplo, la disponibilidad de agua; en la actualidad, a pesar de la deforestación, llueve más en las ciudades donde floreció la civilización maya (Chiapas, Tabasco, Campeche, Quintana Roo, Yucatán) que en las otras 27 entidades federativas del país; es decir, la lluvia que cae en los estados mencionados del sureste equivale al 30% de toda la precipitación anual de México.

Otro factor importante para conseguir la paz por mucho tiempo fue el manejo comunal de la tierra, la ausencia de esclavitud y las garantías de libertad para el pueblo. En esta cuestión, como lo seguiremos tratando en otros apartados de este libro, no hay evidencias de que hubiera existido la propiedad privada de la tierra, práctica agraria introducida con la invasión extranjera española; tampoco, como hemos dicho, había esclavitud, igualmente traída de Europa; y todo el sistema político, civil y religioso se sostenía mediante la obligación de los campesinos y artesanos de pagar tributo en especie o trabajo a la clase gobernante (principales, sacerdotes, guerreros, artistas y funcionarios). De manera general, aun cuando trataremos de irlo especificando cada vez más, se puede demostrar que el campesino sembraba su milpa en un monte o acahual,[76] pescaba, cazaba y elaboraba sus artesanías para, luego de cubrir sus necesidades, pagar en especie parte del excedente a manera de tributo a sus gobernantes, quienes de eso vivían y, con sus comerciantes, vendían e intercambiaban productos con otros pueblos. Asimismo, se organizaba el tributo en trabajo o tequio, como se le conoce hasta la actualidad, para la construcción de obras públicas y de carácter religioso en las ciudades. La comunidad maya siempre fue autosuficiente y muy pocas cosas las adquiría mediante el trueque en los mercados que existían. Según Alberto Ruz, la clase campesina era la que sostenía a todo el aparato de Estado y a la élite dominante:

> La gran masa de la población se componía de «macehuales», según la denominación mexicana, casi todos campesinos y que constituía la única clase productora. Las tierras eran de propiedad comunal y las labores se realizaban en gran parte colectivamente. El campesino debía por supuesto no solo trabajar para su propio sostenimiento y el de su familia, sino para el de los nobles y sacerdotes. Además, en el tiempo muerto que quedaba entre la cosecha de un año y las labores preparativas del siguiente, debía colaborar en la construcción de los grandes centros ceremoniales, extraer piedras de las canteras, tallarlas, transportarlas; edificar las pirámides, los templos, palacios, juegos de pelota, terrazas, calzadas y demás monumentos. Aparte de su trabajo, entregaba también a los señores tributos en especies, productos de lo que cultivaba, pescaba, cazaba o fabricaba.[77]

Un elemento importantísimo para concretar la alianza entre el pueblo y el Gobierno era la libertad religiosa, la fe en los dioses, sobre todo de aquellos que se encargaban de la subsistencia y de la vida: el maíz, la fertilidad, el agua, el sol y la luna, principalmente, aunque había otros saberes, mitos y creencias que expresaban y recreaban autoridades, sacerdotes y sabios por igual. Sin embargo, tanto en el conocimiento como en la religión predominaban la ciencia y el misticismo de lo concreto. Morley sostiene una hipótesis muy cercana a la realidad:

> La religión maya sufrió un último cambio cuando a mediados del siglo XVI los españoles impusieron por la fuerza la religión cristiana en lugar de las antiguas creencias y prácticas idolátricas. Sin embargo, lo poco que ha sobrevivido de aquella antigua fe, no es la doctrina de la clase sacerdotal ni el culto esotérico, sino el culto de los dioses sencillos de la naturaleza, los Chaces, o dioses de la lluvia y la fertilidad. Las creencias domésticas de todos los días de la gente del pueblo han sobrevivido a los dioses más caracterizados de la invención sacerdotal.
>
> Este hecho no debe sorprendernos. Los dioses más complicados, creaciones del sacerdocio profesional, fueron olvidados tan pronto como desaparecieron de este mundo los sacerdotes que les habían dado el ser y mantenido su culto. Y fue precisamente sobre el sacerdocio donde se hizo sentir con mayor fuerza el peso destructor de la conquista española. El dios cristiano era un dios celoso, y sus ministros resolvieron que los sacerdotes indígenas debían abandonar sus antiguas creencias o ser exterminados. Con ellos se hundieron la vieja religión esotérica, la ciencia y la filosofía, mientras que la fe sencilla del pueblo ordinario, mucho más difundida, ha sobrevivido en parte hasta nuestros días.
>
> Los restos que se salvaron, como los encontramos actualmente, son una mezcla abigarrada de los santos católicos y las deidades paganas. En Yucatán el Arcángel Gabriel y otros santos cristianos se convirtieron en los Pauahtunes de la antigua mitología maya, los guardianes de los cuatro puntos cardinales. El Arcángel Miguel dirige a los Chaces, los viejos dioses de la lluvia. En Belice es San Vicente el patrono de la lluvia y San José el espíritu protector de los maizales.[78]

El otro elemento importante para mantener la paz, con justicia y libertad, que permitió la estabilidad política necesaria para el desarrollo civilizatorio, es la ausencia de autoritarismo en los gobiernos de los mayas. Como ya dijimos, no hay pruebas de que existieran gobernantes tiranos, y es notorio que únicamente en los murales de Bonampak se escenifique una batalla y ello, más con carácter alegórico o, cuando mucho, como mecanismo de intimidación para propios y extraños. Sin embargo, la paz, conseguida por siglos, jugó un rol determinante en la creación y el esplendor de la civilización maya. Regresando a Morley, él sostiene que:

> El gran bastón no parece haber sido usado frecuentemente por los gobernantes mayas. La ausencia casi absoluta de guerras y, las muchas pruebas que se tienen del amplio comercio de objetos religiosos y de lujo, probablemente de un gobierno con tendencias represivas. Este estilo de gobierno, extraordinario e informal, que transcurría tranquilamente, debe haber sido posible, gracias a un pueblo plácido y bien ajustado, que tenía en general un

buen concepto de lo que es el comportamiento decoroso. Permítaseme citar a Lord Moulton, para no dejar con lo anterior una impresión de tímido conformismo: «La medida de civilización es el grado de obediencia del hombre a lo que no puede exigirse». De acuerdo con este criterio, los mayas deben haber sido un pueblo muy civilizado.[79]

En cuanto a la estructuración del poder, considero que, esencialmente, había dos clases sociales con estratos o niveles: una sostenida en su trabajo especializado (administrativo, religioso, científico o artístico) por otra mayoritariamente campesina. Coincido con el maestro Enrique Florescano de que en el periodo Clásico se trataba de ciudades-Estado o, como también lo sostiene Eric S. Thompson, confederaciones o alianzas de Estados, con un centro de poder administrativo y religioso preponderante: Palenque, Toniná, Comalcalco, Piedras Negras, Tikal, Calakmul, El Caracol, Quiriguá, Copán y en el Posclásico, Becán, Edzná, Uxmal, Chichén Itzá, Ek Balam, Cobá, Ichkabal, Tulum y otras. En el análisis que hace Morley sobre el poder y las clases sociales en la nación maya, aun cuando es muy interesante su información, sus fuentes más influenciadas de las crónicas de misioneros e historiadores colonialistas lo llevan a insistir en los sacrificios humanos y en la práctica de la esclavitud durante la época prehispánica. Inclusive, llega al absurdo dc citar a un «autor antiguo de Nicaragua», asegurando que: «un esclavo vale ciento, é mas é menos [almendras de cacao], según es la pieza o la voluntad de los contrayentes. Si esto es verdad, el precio de las almendras de cacao debe haber sido excesivamente alto en la época antigua, o el precio de los esclavos relativamente muy bajo».[80]

Tratemos ahora un tema verdaderamente complejo y enigmático que todavía no ha sido esclarecido de manera convincente. Me refiero al colapso político, tajante, padecido en casi todo el mundo maya entre los siglos IX y X d. C. En primer término, es necesario señalar que hablamos de una ruptura del fuerte poder centralizado de las ciudades-Estado, del fin de un periodo de esplendor civilizatorio, y de un estancamiento o decadencia, mas no de la desaparición de la población y de su cultura. La gente continuó viviendo en la misma región; pocos emigraron, pero los que lo hicieron actuaron como lo hacen nuestros hermanos migrantes de la actualidad: se llevaron su cultura a cuesta, se fueron en cuerpo y alma. Sobre este tema tengo algunos argumentos, pero primero conozcamos la opinión del maestro Alberto Ruz:

> Una pregunta que no puede dejar de surgir en relación con la cultura maya es: ¿cómo pudo acabarse en forma tan repentina? Varias respuestas han sido esbozadas: cambios climatológicos, catástrofes telúricas, epidemias y plagas, agotamiento intelectual y decadencia social, crisis económica y desorganización política, invasiones extranjeras y trastornos sociales. La hipótesis de los cambios climatológicos que hubieran hecho del área maya una región excesivamente húmeda, al grado de que la selva creciera demasiado rápidamente e impidiera toda labor agrícola, ha sido abandonada desde hace tiempo puesto que ninguna huella de posibles cambios importantes en el clima ha sido observada. En cuanto a posibles terremotos, si bien es cierto que ocurren con frecuencia en Guatemala y Chiapas, por otra parte grandes zonas del país maya, como son las tierras bajas de El Petén, el litoral

atlántico y la península yucateca, quedan absolutamente fuera de la región afectada por los sismos.

Las plagas agrícolas y las epidemias pueden y deben haber ocurrido, pero no está probado que el paludismo y la fiebre amarilla, que se dijo pudieron haber determinado las migraciones en masa y la desaparición de grandes núcleos de población, existieran en América antes de la Conquista, siendo por el contrario probable que fueron importados por los españoles. El agotamiento intelectual es un hecho que se refleja en las manifestaciones artísticas de los últimos tiempos del periodo Clásico, pero no en un grado suficiente como para explicar el repentino derrumbe de la cultura maya; es evidente indicio de una incipiente decadencia pero no puede tomarse como causa y sobre todo como causa decisiva.

Morley propuso como causa fundamental el colapso agrícola, debido a la técnica de cultivo que por los repetidos desmontes y quemas de extensiones cada vez mayores, hubiera transformado los bosques primitivos en sabanas impropias para la agricultura. Sin embargo, no debe olvidarse que hay en el área maya muchas regiones cuyo suelo feraz está constantemente fertilizado por inundaciones, y otras en que la precipitación pluvial es tan abundante que al poco tiempo de quedar abandonado un terreno después de varios años de cultivo intensivo, es de nuevo el bosque alto el que vuelve a surgir sin que se produzcan sabanas.

Como lo recalcó Thompson, se ha confundido erróneamente la cesación de inscripciones y de construcciones con el abandono de un sitio, como si la vida se hubiera vuelto en este de repente insostenible. En realidad, sabemos por los vestigios que encontramos en la exploración de los centros arqueológicos que la ocupación proseguía, aunque las actividades culturales se habían detenido. Se sabe también por los cronistas y por el viaje de Cortés a las Hibueras, que en el siglo XVI numerosos centros de población existían en el área maya, algunos densamente poblados, aunque su cultura no sería más que un pálido reflejo de la época clásica. Debe por lo tanto tratarse de explicar las posibles causas del ocaso propiamente cultural y no la desaparición del pueblo maya que nunca ocurrió.

Es probable que la concomitancia de causas internas —económicas, políticas y sociales— y externas —presión o invasión de grupos extranjeros—, haya determinado el colapso cultural. Es evidente que existía una contradicción orgánica insoluble entre las posibilidades limitadas de una técnica agrícola atrasada y el desarrollo creciente de la población. Esta contradicción iba agravándose con el peso cada vez mayor de las clases no productivas sobre el campesinaje. El incremento en la construcción de centros ceremoniales, la mayor complejidad del ritual, el aumento del número de sacerdotes y guerreros, hacían más y más difícil que la producción agrícola bastara para toda la población. El pueblo trabajador debió resistir durante generaciones la creciente opresión, puesto que la fe en los dioses y la obediencia a sus representantes tenían hondas raíces en la mentalidad indígena, pero es probable que la presión llegó a tal grado que se produjo la rebeldía campesina en contra de la teocracia, una especie de *jacquerie* como en la Francia del siglo XIV, o como dice Thompson de *squarsons*, como ocurrió en Inglaterra durante el siglo XVIII. Es probable también que estos acontecimientos coincidieran con una mayor presión externa,

> ya que la época en que parece paralizarse la cultura maya es la misma que marcan migraciones de pueblos del altiplano mexicano, los cuales sufrían también trastornos internos y estaban empujados hacia el sur por las de tribus aún bárbaras procedentes del norte. Esas migraciones produjeron una desarticulación de los grupos ubicados en su camino y una verdadera reacción en cadena que debió contribuir a que se encendiera la chispa de la rebeldía campesina.
>
> Por supuesto que es difícil saber la verdad en vista de que ninguna fuente histórica pudo captarla y que solo nos esforzamos en deducirla de vestigios arqueológicos, de acontecimientos más tardíos que ofrecen paralelismos en la historia del norte de Yucatán, y de una elemental comparación con los sucesos de la historia universal. Pero es evidente, como dijo Armillas, que «las probabilidades de que culturas de este tipo (nosotros agregaremos la maya en particular) —enormes superestructuras sobre fundamentos tecnológico-económicos insuficientes— sobrevivan a crisis socioeconómicas graves, parecen ser muy pocas». En los casos en que como en el centro de México otras civilizaciones menos elaboradas, estratificadas y especializadas que la maya resolvieron sus crisis mediante la fusión (impuesta por cierto) con pueblos nuevos y vigorosos, invasores semibárbaros carentes de organización definitiva y con posibilidades de asimilar otra cultura inyectándole sangre e impulsos nuevos, en tales casos nacieron nuevas sociedades que lograron desarrollar culturas peculiares como la tolteca y la azteca.
>
> Pero al rebelarse contra la minoría teocrática que lo oprimía, el pueblo maya destruyó el núcleo rector de su cultura, sin que otros pueblos trajeran nuevos impulsos y patrones diferentes para la elaboración de otra cultura, salvo en el norte de Yucatán y en los altos de Guatemala en donde la llegada de los toltecas prolongó la vida cultural renovándola, como ya lo hemos dicho. Los grandes centros ceremoniales de las provincias centrales dejaron casi bruscamente de registrar inscripciones (fin del siglo IX), interrumpieron su actividad constructiva y su creación artística, pero la población siguió viviendo durante siglos en las ruinas de los templos, volviendo a un ritual sencillo, doméstico, como en los tiempos remotos de la época formativa, y como se observa aún entre los lacandones de la selva chiapaneca. Al faltar sus dirigentes, aun su actividad fundamental, el cultivo, fue menguando y limitándose a lo estrictamente indispensable. La selva no tardó en apoderarse de nuevo de los centros ceremoniales y de las milpas, acorralando al hombre. A la llegada del hombre blanco, en una enorme extensión que habían ocupado los mayas, solo vagaba el fantasma de la cultura más brillante que había conocido la América prehispánica.[81]

La interpretación del maestro Ruz es lúcida, objetiva y muy cercana a lo que posiblemente sucedió. Es un hecho que fueron las presiones internas y las invasiones de grupos del centro del país las que produjeron el derrumbe o la desarticulación del poder en las antiguas ciudades mayas. Solo quiero agregar que, para mí, pesó más el factor externo en las causas del colapso; es decir, la inestabilidad provocada por las invasiones de fuera del área maya —fundamentalmente del centro del país— que las luchas al interior de los territorios de las ciudades o los conflictos de unas contra otras, lo cual, si bien pudo haber sucedido y debilitado la organización sociopolítica, no fue lo decisivo o determinante. Y empiezo, por ello, argumentando que una rebelión interna podía haberse originado por la exigencia de mayor tributo en especie y trabajo para el sostenimiento de las clases gobernantes, cada vez más numerosas, demandantes de privilegios y con mayores consumos de recursos destinados para la defensa. Esto pudo haberse dado e influido; por ejemplo, en nuestro tiempo, los conservadores neoliberales dogmáticos nunca van a aceptar, como está demostrado en México y el mundo, que un sistema o modelo económico oligárquico, sustentado en la prosperidad de pocos y el sometimiento de muchos, solo podrá funcionar de manera transitoria y, por lo general, siempre conduce a revoluciones e inestabilidad política. Pero esto lo sabían los gobernantes mayas, pues actuaron con justicia, sin esclavitud y, por ello, lograron la paz indispensable para crear una gran civilización. Sí había una sociedad clasista, pero con elevados niveles de justicia y libertad. En cuanto a las presiones que pudieron haber existido por el aumento de la población y la mayor demanda de suelo agrícola y recursos naturales, el mismo Morley asegura que, durante el auge de la civilización maya, «nunca se cultivó más de una quinta parte de las tierras» disponibles. Por ello, estimo que el desmantelamiento del Estado centralizado fuerte tuvo que ver, en buena medida, con la poca resistencia ante las sorpresivas, inesperadas y constantes embestidas de las fuerzas guerreras del centro del país. Téngase presente que los mayas no eran bélicos. Morley sostiene que no hay, en el periodo Clásico, ningún vestigio, dibujo o lápida donde aparezca un arco con flecha. Su pacifismo explica el porqué de su escasa respuesta ante la invasión de grupos ajenos a su territorio. Da la impresión de que hicieron algo parecido a lo de los olmecas en San Lorenzo, que enterraron sus estatuas y objetos valiosos para preservarlos en el tiempo o para no volver a saber nada de ellos. No hay vestigios de mucha confrontación entre ciudades mayas, pero sí de incursiones y defensa contra extranjeros. No debe olvidarse que, desde el fin del Preclásico e inicio del Clásico, la presencia teotihuacana en Tikal y en la cuenca de las zonas bajas de Calakmul y El Mirador es una realidad. Como ya vimos en la pirámide del Tigre, en El Mirador, los arqueólogos han encontrado cientos de puntas de flechas de obsidiana teotihuacana. En toda esa región, y en el pacífico mexicano y guatemalteco, la influencia comercial y militar teotihuacana es evidente y, al mismo tiempo, cuando esa gran urbe colapsa en el año 650 por invasión de grupos guerreros, su lugar lo ocupa Xochicalco, que poco después desaparece, y el dominio tolteca se concentra fundamentalmente en Tula.

Es muy probable que estas incursiones bélicas hayan detonado el colapso de las ciudades mayas del periodo Clásico. Téngase presente que hay datos arqueológicos como el mal llamado «tablero de los esclavos» de Palenque, o la estela de los cautivos de Piedras Negras, de 795, así como una escultura atípica de un alto mandatario de Pomona en Tenosique, casi a la orilla del Usumacinta, en la cual el personaje no tiene fisionomía maya; por otro lado, y paradójicamente, en Xochicalco, Morelos, en el principal edificio dedicado a Quetzalcóatl, aparece empotrado un bajo relieve de un personaje eminentemente maya. Sobre este tema, Jacques Soustelle describe la estela aludida de Piedras Negras y también los tipos físicos de los cautivos tanto en esa pieza como en la de Palenque. En el caso de la primera, sostiene que:

> Refleja las actividades guerreras de un *halach uinic* representado en lo más alto del monolito, mientras que a sus pies se amontonan unos cautivos. Toda la escena está concebida muy hábilmente a modo de transmitir el sentimiento del poder y de la autoridad del jefe, que planea, por decirlo así, en una actitud casi desenvuelta, por encima de la masa de los prisioneros. En el cuerpo de estos últimos están grabados unos glifos que sin lugar a dudas indican su origen. Contrariamente a los que se observan en las representaciones marciales de Yaxchilán y de Bonampak, los cautivos no tienen un tipo físico maya. Su nariz es recta o ligeramente cóncava, su cráneo no está deformado. A decir verdad, presentan un aspecto muy similar al de los cautivos sobre los cuales está sentado el gran señor del Tablero de los Esclavos de Palenque. Es posible que indígenas no mayas, provenientes de la costa del Golfo, sea a través de la planicie que domina Palenque, sea por el Usumacinta, hayan sido vencidos y capturados por los mayas. Aun cuando los temas guerreros son relativamente poco numerosos en Piedras negras, no se les puede dejar de lado: más que El Petén, el valle del Usumacinta da la impresión de haber sido una zona en que el aumento del militarismo se produjo junto con el más grande refinamiento de las artes plásticas.[82]

De manera que la aceptada llegada de toltecas a la península de Yucatán debe verse como posterior a estos primeros impactos de penetración en las grandes ciudades del periodo Clásico: Palenque, Yaxchilán, Piedras Negras, Tikal, Calakmul y, más tarde, Toniná. No se trata de batallas o guerras, sino de actos de desestabilización que, poco a poco, fueron debilitando a las ciudades-Estado creándoles mayores necesidades de recursos para la defensa, para ocuparlos en el manejo de ejércitos a los que ellos no estaban acostumbrados, pues no pasaban de tener fuerzas del orden de carácter voluntario, como los tupiles o topiles, que todavía prestan servicio de vigilancia y seguridad en las comunidades indígenas. Es probable que la opción fuera destinar más recursos y prepararse para iniciar una nueva etapa con el distintivo militarista. Algo inédito, nunca concebido ni practicado. Y considero que este nuevo desafío es el que no quisieron enfrentar ni las autoridades ni el pueblo maya. En vez de la violencia, optaron por el retiro, pues, además de su pacifismo, estaba por comenzar la pérdida de vitalidad que caracteriza la caída de todos los procesos civilizatorios. Hablando de las actividades de mayor nivel cultural —en particular, del misticismo—, Morley expone la hipótesis de que:

> Las ceremonias pueden haber llegado a ser demasiado costosas y la manutención de la jerarquía religiosa demasiado onerosa en proporción a las compensaciones ofrecidas por la religión. Puede haber surgido entonces una nueva filosofía de la vida que proporcionó nuevos valores y nuevas metas o, tal vez, la gente decidió que la vida seguiría su curso sin importarles más la intervención sacerdotal ante los dioses, pensando que con sus propias

plegarias y ofrendas, presentadas directamente, asegurarían las lluvias y el crecimiento de la cosecha.[83]

De modo que para Morley, esta pérdida de fe en ceremonias, muchos dioses y la complejidad religiosa produjeron un cansancio que menguó la mística necesaria para defender una causa, un territorio y un gobierno, así como el necesario orgullo para engrandecer artística y culturalmente un Estado o nación. Morley también recalca que: «Este malestar social, no importa cuál haya sido su origen, seguramente se presentó también en los centros del área del norte, debilitando la sociedad a tal grado que poco tiempo después pudo ser conquistada fácilmente por un reducido número de invasores toltecas».[84] Pero este debilitamiento material y espiritual no se presentó de manera paulatina ni fue un proceso de degradación progresivo, sino más bien repentino y definitorio. En un abrir y cerrar de ojos, y casi al mismo tiempo, empieza la decadencia en todas las ciudades mayas del periodo Clásico. Una tras otra van dejando de crear estelas y esculturas, hasta abandonar por completo las grandes metrópolis de poder civil y religioso. Estos centros empiezan a ser sustituidos por pequeños cacicazgos dispersos por toda la otrora nación maya, conservando lo elemental de la organización social comunitaria y las más indispensables y sencillas formas culturales y religiosas.

En fin, las incursiones guerreras, el desánimo religioso y el cansancio derivado de siglos de invención científica, artística y cultural, va menguando y dejando atrás el entusiasmo, la imaginación y el talento. Todo ello surgió de repente, como si hubiera caído un rayo que fulminó todas las estructuras del poder civil y religioso de las ciudades-Estado del periodo Clásico maya. A diferencia de lo sucedido más tarde en la península de Yucatán, los invasores del centro del país en esa etapa inicial no tenían forma ni capacidad para tomar el mando dejado por los gobernantes del periodo Clásico maya. Era muy grande el desafío. Por eso ni siquiera se cumplió la premisa política de que «nunca hay vacíos de poder porque los vacíos de poder siempre se llenan». Aquí no fue así: la majestuosa ciudad antigua de Palenque y otras más pasaron del esplendor a permanecer durante siglos en medio de la selva, visitadas con poca frecuencia por los descendientes de sus creadores, por madereros y chicleros que ayudaron a descubrirlas de nuevo, y por los exploradores ilustrados de México, Europa y Estados Unidos; hablamos de un periodo de abandono que va del siglo IX al XIX, es decir, mil años de soledad. Deseo terminar este apartado dejándole el espacio a Morley, a manera de homenaje a él y a muchos otros que han aportado, con hechos, a la revalorización de la gran civilización maya. Morley sostiene que:

> El refinamiento estético del arte y de la arquitectura maya, la exactitud de su sistema astronómico, lo complicado de su sistema calendárico, la habilidad y elaboración de sus sistemas matemático y de escritura, no han sido superados por ninguna otra cultura en el Nuevo Mundo y han sido igualados por muy pocas en el Viejo Mundo. Los mayas pueden muy bien emerger hacia una comparación desapasionada, entre las grandes culturas del mundo.[85]

Los zapotecas y el estado pluricultural de Oaxaca

Buenos vecinos de los olmecas, los zapotecas de Oaxaca, seguramente, al igual que con otras culturas antiguas, se apoyaron e influyeron mutuamente. Con solo ver el mapa se advierte que los tres principales sitios de la cultura madre —Laguna de Cerros, San Lorenzo y La Venta— limitan con la gran región mixe-zapoteca, mazateca y chinanteca de Oaxaca, que abarca, además, los actuales estados de Veracruz, Puebla y Guerrero. Ese es el territorio que llegó a dominar la cultura zapoteca en el periodo Clásico; es solo menor en extensión al de la nación maya en todo Mesoamérica. Téngase en cuenta que Oaxaca, en la actualidad, posee 93 952 kilómetros cuadrados y ocupa el quinto lugar en extensión territorial entre las 32 entidades federativas de la república mexicana. El estado de Oaxaca está dividido en ocho regiones: el Istmo, la cuenca del río Papaloapan, la sierra norte o Sierra Juárez, la Sierra Sur, la costa del Pacífico, la región de la cañada, la mixteca y los Valles Centrales. Oaxaca es el estado más pluricultural de México: en él conviven, desde la Antigüedad, 15 etnias con igual número de lenguas y alrededor de 176 variantes. Por ejemplo, es distinto el zapoteco que se habla en el Istmo o en la Sierra Norte del de la Sierra Sur y el de los Valles Centrales. Si nos vamos a referir básicamente a la cultura zapoteca, es porque ella se desarrolló más desde los orígenes de los primeros pueblos de Oaxaca y constituyó, a partir de finales del Preclásico Tardío —del 500 al 300 a. C.—, el importante asentamiento de Monte Albán que, posteriormente, en el Clásico —del 250 al 750 d. C.—, se convirtió en la ciudad-Estado más importante, con dominio en un vasto territorio de esta república indígena.

El florecimiento civilizatorio de Oaxaca, como en otros casos, dependió mucho de sus abundantes recursos naturales. Puede uno imaginar la gran diversidad de flora y fauna del Istmo por la selva tropical de Los Chimalapas, el mar, los numerosos ríos y arroyos, los extensos bosques de sus sierras, las grandes lagunas costeras del Pacífico, toda la fertilidad de las planicies bañadas por el río Papaloapan, los Valles Centrales y algo que no tenían ni los olmecas ni los mayas en demasía: las piedras preciosas, la arcilla y el oro, gracias a lo cual tanto los zapotecos como los mixtecos destacaron en el arte de la cerámica y en la orfebrería; es decir, en la fabricación de finas y bellas joyas.

La mejor explicación sobre cómo se fueron asentando los pobladores en las distintas regiones de Oaxaca, desde el periodo Preclásico hasta la creación de Monte Albán, su auge y decadencia, la encontré en el estudio del historiador Alfredo López Austin y el arqueólogo Leonardo López Luján, a quienes seguiremos en su profesional relato para, posteriormente, abordar las características de la arquitectura de Monte Albán y los tesoros de sus tumbas, así como tratar algo de suma importancia: el ejercicio de la democracia en los pueblos antiguos de Oaxaca, solo comparable en el mundo a lo practicado durante el esplendor de Atenas en Grecia.

López Austin y López Luján hacen una excepcional síntesis de la historia de la cultura zapoteca y, en general, de Oaxaca, desde el inicio del sedentarismo hasta el abandono de los zapotecos y mixtecos de Monte Albán:

Gracias a los trabajos sistemáticos del equipo dirigido por Kent V. Flannery y Joyce Marcus, sabemos que durante el Preclásico tuvo lugar en el valle de Oaxaca una transformación firme y continuada de las sociedades aldeanas igualitarias hacia las urbanas jerárquicas. En efecto, los vestigios arqueológicos exhumados permiten reconstruir la vida en el valle desde estadios precerámicos hasta el surgimiento de la ciudad de Monte Albán.

Los límites del Preclásico Temprano en el valle de Oaxaca se fijan en 1900 y 1150 a. C. Comprende las fases Espiridión y Tierras Largas. En la primera fase se fabricó una cerámica burda y sin decoración que tiene ciertas semejanzas con la alfarería Purrón de Tehuacán. Hacia 1400 a. C., en el valle de Etla había ya cinco caseríos distribuidos en torno a la pequeña aldea de San José Mogote, la cual tendría unos 150 habitantes y una extensión de más de siete hectáreas. El centro de esta aldea estaba ocupado por un edificio público estucado y con un altar interior. Alrededor de esta construcción se levantaban casas de bajareque provistas de hornos y de pozos troncocónicos que servían para almacenar granos.

A partir de 1150 y hasta 500 a. C., se desarrolla el Preclásico Medio, dividido en las fases San José, Guadalupe y Rosario. Esta época tendrá como signos un sorprendente aumento de población, la multiplicación de los asentamientos en el valle y el desarrollo de la diferenciación social. En los primeros tres siglos del Preclásico Medio, San José Mogote llega a 700 habitantes, repartidos en cuatro barrios residenciales. Hay para ese entonces viviendas que se distinguen por sus mayores dimensiones, por su construcción de piedra y adobe y por sus entierros con ricas ofrendas. La presencia de cerámica y esculturas de piedra verde procedentes del Golfo, de alfarería de Morelos y Guatemala, y de productos costeros como espinas de mantarraya, dientes de tiburón y trompetas de caracol, nos hablan de un intenso contacto con sus contemporáneos mesoamericanos, principalmente con los olmecas de San Lorenzo. A cambio de estos productos, los habitantes de San José Mogote exportaban cerámica, hachas de piedra y, sobre todo, espejos de magnetita e ilmenita que han aparecido en sitios de Morelos y en la llamada zona metropolitana olmeca. Estos minerales de hierro, encontrados en pequeños trozos en los arroyos del ramal de Etla, servían para fabricar piezas reflejantes que se usaban como pendientes o que se incrustaban en madera y concha.

A partir del siglo IX a. C., se inició una disminución paulatina de los intercambios oaxaqueños con el área nuclear olmeca. De acuerdo con Marcus Winter, Oaxaca sufre un proceso de regionalización perceptible en la creciente variedad cerámica. En este tiempo la Mixteca Baja adquiere fuertes vínculos con el valle de Puebla-Tlaxcala; la Chinantla con la zona del Golfo, y el Istmo de Tehuantepec con los olmecas, el Soconusco y los Altos de Guatemala.

En ese mismo siglo, hicieron su aparición en el valle de Oaxaca técnicas de riego —como la canalización y el terraceado en Hierve el Agua— que incrementaron la producción agrícola. El aumento de las cosechas fue paralelo a la multiplicación de las aldeas. Algunos investigadores han dividido los asentamientos en tres niveles de complejidad: San José Mogote ocupa la cúspide de esta pirámide, en tanto que el centro rival de Huitzo se halla en la segunda categoría. Ya casi al final del Preclásico Medio, San José Mogote alcanza su máximo esplendor. Su población se calcula para aquel entonces en 1400 habitantes.

Este centro, del cual dependían 20 aldeas, contaba con varios edificios públicos sobre plataformas de mampostería. En el Preclásico Tardío (500 a. C.-250 d. C.), San José Mogote perdió la preeminencia que había conservado durante siglos. Su lugar fue ocupado por un nuevo centro de poder, Monte Albán, al cual San José Mogote quedaría subordinado.

[...]

Monte Albán alcanzó el rango de ciudad en el Preclásico Tardío. Desde entonces tuvieron que transcurrir varios siglos para que el urbanismo se implantara plenamente en casi toda Oaxaca. A lo largo y ancho de esta área se propagaron las capitales que concentraban grandes poblaciones claramente estratificadas. Se trata en su mayoría de asentamientos inusualmente nucleados en cuyo corazón se levantan templos, palacios, juegos de pelota y otros edificios de proporciones ciclópeas, así como monumentos pétreos con inscripciones que nos revelan el uso de una escritura bien desarrollada. Eran verdaderas ciudades que centralizaban el poder político y religioso de vastos territorios ocupados por sitios jerarquizados en varios niveles, según su importancia.

Este periodo de urbanismo generalizado y máximo esplendor del área puede enmarcarse a grandes rasgos entre 250 y 800/900 d. C., es decir, durante la totalidad del Clásico mesoamericano. Las zonas oaxaqueñas mejor conocidas arqueológicamente son la Mixteca Alta (fase Las Flores) y el valle de Oaxaca (fases Monte Albán IlIA y IIIB-IV). Contamos también con numerosos datos que nos dan luz sobre ciudades en otras zonas del área. Por ejemplo, han sido detectados y estudiados importantes desarrollos clásicos en sitios como Cerro de las Minas y Tequixtepec en la Mixteca Baja (fase —uiñé); Huauhtla y Elo-xochitlán en la sierra Mazateca; río Viejo y río Grande en la costa; San Juan Luvina y Ayotzintepec en la Chinantla; Quiotepec en la Cañada, y La Ladrillera en el Istmo.

Los valles intermontanos de la Mixteca Alta vivieron un impresionante incremento en el número y el tamaño de los asentamientos. Uno de los casos más contundentes de este fenómeno aconteció en el valle de Nochixtlán, donde han sido registrados solo 35 sitios pertenecientes al Preclásico contra 113 del Clásico. A diferencia de lo que sucedía al mismo tiempo en el valle de Oaxaca, en la Mixteca Alta nunca existió una capital hegemónica. En su lugar surgieron muchos centros urbanos relativamente pequeños, de nivel semejante y que, con toda seguridad, competían entre sí por el dominio de la zona. Esto explicaría en parte por qué fueron seleccionados lugares elevados para el emplazamiento de muchos de los asentamientos.

En uno de estos valles intermontanos, el de Nochixtlán, los estudios sobre el patrón de asentamiento han descubierto una gran variedad en lo que toca a la forma, ubicación, función y tamaño de los sitios clásicos mixtecos. En cuanto a esta última característica, existe toda una gradación: los más pequeños oscilan entre 100 y 500 metros; les siguen los que, como Topiltepec, ocupan entre 500 y 700 metros; luego los que alcanzan un kilómetro cuadrado, como Cerro Jazmín, y, por último, se llega a la famosa Yucuñudahui, de 2 kilómetros cuadrados. Esta fue la sucesora de Yucuita —la capital preclásica del valle— y se erigió en una de las principales ciudades de la Mixteca Alta. Yucuñudahui fue construida sobre una gran eminencia a aproximadamente 400 metros sobre el nivel del valle. Cuenta con una compleja planificación urbana en la que sus principales plazas, palacios y edificios religiosos se distribuyen a lo largo de un patrón lineal en forma de L. Son dignos de mención su juego de pelota, sus esculturas talladas en bajorrelieve y la Tumba 1, sepulcro similar a los de Monte Albán, que estaba compuesto por una antecámara cruciforme y una cámara cuadrada de 3.5 metros por lado.

Como es bien sabido, el escenario máximo del urbanismo en el área fue el valle de Oaxaca, cuna zapoteca de una de las ciudades más imponentes de Mesoamérica. A partir de 250 d. C., a los caseríos, las aldeas y los pueblos que durante el Preclásico habían ocupado los tres ramales del valle, se sumaron varios centros que pudieran equipararse a las capitales clásicas de la Mixteca. Entre ellos se encuentran Loma de la Montura, Huijazoo, Zaachila, Jalieza, Macuilxóchitl, Lambityeco, Yagul y Mitla, sitios cuya población ha sido estimada entre 500 y 3 000 habitantes, y que pertenecen al segundo o al tercer nivel dentro de la jerarquía regional. Obviamente, los cerca de mil sitios de distinta jerarquía que se encontraban en el valle estaban subordinados al poder indiscutible de Monte Albán. Como mencionamos, esta ciudad había logrado el dominio de la región desde el Preclásico Tardío, cuando se impuso a San José Mogote.

Monte Albán, desde lo alto de un cerro ubicado justo en la intersección de los tres ramales —Etla, Tlacolula y Zimatlán—, dominaba una fértil comarca agrícola, rica también en fuentes de abastecimiento de agua, cal, arcilla propia para la alfarería, sal y pedernal. Durante su máxima expansión, en la fase IIIB, la ciudad se extendía sobre unos 6.5 kilómetros cuadrados, ocupando los cerros Monte Albán, Atzompa, El Gallo y Monte Albán Chico. Según cálculos conservadores, tendría en ese entonces entre 15 000 y 30 000 habitantes. A diferencia de otras ciudades mesoamericanas, Monte Albán careció de grandes avenidas y caminos que organizaran el espacio urbano. En cambio, el orden del asentamiento lo daban la Gran Plaza y Atzompa, los dos distritos ceremoniales y administrativos de la urbe, en torno a los cuales se distribuían las terrazas habitacionales.

Para Kent V. Flannery, las mejores pruebas de la supremacía política, económica y religiosa de Monte Albán en el valle de Oaxaca son la riqueza y la monumentalidad de sus templos y palacios. La Gran Plaza, construida a 400 metros sobre el nivel del valle, era el centro neurálgico de la ciudad. Este amplio espacio de 270 x 125 metros había sido nivelado y estucado desde la fase Monte Albán l; pero la mayor parte de los edificios que se admiran en la actualidad datan de la fase IIIB. En la Gran Plaza se escenificaban las principales ceremonias cívicas y religiosas del valle, durante las cuales podían congregarse allí cerca de 15 000 personas. El conjunto arquitectónico está integrado por numerosos edificios de piedra, estucados y pintados. Sus fachadas están decoradas con taludes y tableros del típico estilo zapoteco conocido como «doble escapulario», esto es, el que utiliza molduras horizontales superpuestas y rematadas hacia abajo en franjas verticales.

La Gran Plaza tiene como límite meridional la Plataforma Sur. Esta es la estructura piramidal de mayores proporciones del sitio y base de un templo de primera importancia; el edificio en conjunto supera los 25 metros de altura. En el extremo oriental se localizan el Juego de Pelota principal, los templos II, P, Q. además de dos grandes palacios. En el extremo contrario se levantan los conjuntos templo-patio-altar denominados Sistema IV y Sistema M, así como el palacio conocido como Edificio L. El límite septentrional de la plaza está cerrado por la Plataforma Norte, imponente elevación de acceso restringido que cuenta con un pórtico y un patio hundido. Por su configuración, la Plataforma Norte parece haber sido el lugar idóneo para la residencia del gobernante supremo de Monte Albán. Finalmente, en el área central de la Plaza se encuentran el extraño Edificio J —ya mencionado en el capítulo relativo al Preclásico— y los edificios G, H e I, complejo templario que ejemplifica las típicas capillas zapotecas compuestas por dos cuartos.

De acuerdo con Richard E. Blanton, la ciudad de Monte Albán estaba dividida en 15 grandes barrios, quizá correspondientes a un número igual de linajes o de grupos incorporados con actividades económicas propias. En el núcleo de cada barrio se conservan en la actualidad conjuntos de dos a cuatro montículos organizados en torno a patios. Por sus características específicas no resulta descabellado proponer que originalmente algunos de estos espacios estuvieran consagrados al culto del numen protector del barrio, y que otros fueran las lujosas residencias de las familias de mayor jerarquía. En torno a estos interesantes conjuntos, hoy día en ruinas, se distribuyen las terrazas habitacionales donde moraba el grueso de la población. Hasta la fecha se han contabilizado más de 2 000 terrazas de clara función residencial; las más pequeñas pueden medir únicamente 10 metros de largo por cinco de ancho, en tanto que las más grandes alcanzan 300 metros de longitud y alrededor de 100 metros de anchura.

Si bien es cierto que el tamaño y la calidad de las casas variaban enormemente en relación con la prosperidad de sus residentes, todas las construcciones seguían el mismo modelo básico: un conjunto de habitaciones independientes con comunicación hacia patios rectangulares. Se estima que entre 96 y 98% de los habitantes de Monte Albán vivían en casas pequeñas o medianas, cuyos espacios techados y al aire libre ocupaban 312 metros en promedio. Las más chicas solían tener muros de carrizo o de bajareque, y sus entierros eran en fosas simples o delimitadas con lajas. En cambio, las moradas medianas eran más sólidas, ya que sus muros fueron construidos con adobes. Además, contaban con varias fosas de lajas y, por lo regular, una tumba cuyos acabados y ofrendas nos indican que las familias que allí vivían eran de mayor jerarquía.

La población restante (entre 2 y 4%) estaba alojada en las 57 residencias de grandes proporciones localizadas en la ciudad. Es factible que estas casas, con muros de piedra y pisos de estuco, fueran exclusivas de la nobleza hereditaria. A partir de la superficie promedio (2 473 metros cuadrados entre espacios techados y abiertos) y de los múltiples cuartos de que disponía cada una de dichas viviendas, se ha propuesto que en ellas moraban familias extensas acompañadas de una nutrida servidumbre.

Es precisamente en este último tipo de residencias donde Alfonso Caso e Ignacio Bernal descubrieron las tumbas más espectaculares del sitio. Son especialmente famosas la 103, la 104 y la 105, halladas en las terrazas que están al norte de la Gran Plaza. Se trata muy probablemente de tumbas reales, pues sus muros interiores están ocupados por composiciones pictóricas con imágenes de dioses y antepasados del linaje, y del glifo llamado «Fauces del Cielo». De acuerdo con Joyce Marcus, este glifo fue empleado en periodos posteriores para denotar la descendencia nobiliaria.

[...]

Una de las relaciones más ricas de los teotihuacanos con sociedades ubicadas más allá del Altiplano Central fueron las que entablaron con Monte Albán. Todo hace afirmar que estas fueron no solo muy intensas, sino de carácter pacífico. Se circunscribieron, seguramente, a los ámbitos del intercambio comercial y de la diplomacia, a los que pudieran agregarse los enlaces matrimoniales de carácter político entre zapotecos y teotihuacanos. El prolongado vínculo entre ambas metrópolis se expresa de manera muy diversa. En Teotihuacán existió cuando menos un barrio de población zapoteca. Sus habitantes, a pesar de haberse integrado muy bien a la vida de esta urbe, conservaron, a partir de 300 d. C., y durante generaciones, su cultura ancestral. Si bien es cierto que este conjunto residencial era de estilo teotihuacano y que sus habitantes utilizaban objetos de esta tradición, reprodujeron costumbres funerarias, vajillas e inscripciones típicas de Monte Albán.[86]

En 1931, el maestro Alfonso Caso inició la gran labor de explorar las tumbas de Monte Albán; a ello dedicó 17 temporadas, en compañía de su esposa María Lombardo de Caso, así como de sus ayudantes Martín Bazán, Juan Valenzuela y Eulalia Guzmán; el primero, encargado de las zonas arqueológicas de Oaxaca; y los dos últimos, alumno y alumna de arqueología en la Universidad Nacional. El maestro Alfonso Caso conocía de antemano la importancia de su misión, pues desde hacía mucho se hablaba de los tesoros de las tumbas de Monte Albán. Desde los primeros tiempos de la colonización española, la monarquía empezó a entregar concesiones para que particulares pudieran buscar enterramientos en que «hubiese tesoros, joyas de oro, perlas y pedrería», como la *cédula real* otorgada con este fin al mismísimo presidente del Consejo de Indias, de apellidos García Manríquez, el 7 de mayo de 1530.[87] Incluso Bernal Díaz del Castillo, historiador y soldado de Hernán Cortés, narra que el capitán Diego Figueroa, amigo del tesorero Alfonso de Estrada, fue enviado junto con 100 hombres a someter a los indígenas en resistencia de Oaxaca, pero en ese viaje se peleó con otro capitán llamado Alfonso de Herrera y, en un duelo, Figueroa perdió un brazo; es decir, quedó manco, y en vez de entrar a las sierras donde había zapotecos y mixes, decidió quedarse en el valle de Oaxaca para buscar tumbas. Ahí «acordó andarse a desterrar sepulturas».[88] Aun cuando en su nueva actividad fue exitoso, dado que consiguió juntar un buen botín en oro y decidió abandonar la conquista para marcharse a España, finalmente tuvo mala suerte, pues el barco en el que escapaba se hundió frente a las costas de Veracruz y «Figueroa perdió no solo el botín sino la vida».[89]

Con suficientes datos, el maestro Caso también sabía que lo tributado en oro, jade y turquesa de los pueblos de Oaxaca a los mexicas o aztecas era cuantioso y de mucho valor. De Oaxaca se tributaba a Tenochtitlan oro y jade de Coixtlahuaca, Texupa, Tamazulápam, Yaucuitlán, Tepuzculula, Nochiztlan, Xaltepec, Tamazola, Mictlan

—ahora Mitla—, Coaxomulco y Cuicatlán. Oro solamente de Coyolapan, Etla, Cuauxilatitlan, Guaxaca (Oaxaca), Camotlan, Teocuitatlan, Cuauhtzontepec, Octlan, Teticpac, Tlacochahuaya, Macuilxochitl, Tlachquiauhco, Achiotla y Zapotlan. Del límite entre Veracruz y Oaxaca, y del sur, se enviaba a los mexicas como tributo jade y turquesa de Tuxtepec, Xayaco, Otatitlan, Cozamaloapan, Mixtlan, Michapan, Ayotzintepec, Michtlan, Teotitlan, Xicaltepec, Ojitlán, Tzinacanoztoc, Tototepec, Chinantlan, Ayotzintepec, Cuezcomatitlan, Puctlan, Teteutlan, Ixmatlallan, Yaotlan, Tozitlan y Tlacotalpan.[90]

Con estos antecedentes, y conocedor de las diferencias históricas entre zapotecos y mixtecos por Monte Albán, y hasta enterado de la leyenda de la princesa Donají, el sabio Caso comenzó su complejo, pero apasionante trabajo, explorando primero los imponentes edificios ubicados en la plataforma norte de la antigua ciudad, donde, como lo expresó López Austin, vivían las principales autoridades civiles y religiosas del estado zapoteco. Durante los primeros días del año 1932 —exactamente, el 9 de enero—, los arqueólogos y los trabajadores encontraron la tumba número 7, en cuyo interior había una gran cantidad de objetos de oro y otros materiales preciosos que, como el maestro Caso señaló, «unen a su valor intrínseco el mérito de su exquisito trabajo».[91] El hallazgo de esta tumba, que en ese entonces era la más importante descubierta en Mesoamérica, se produjo de la siguiente y sorprendente manera:

> El día 6 de enero de 1932 empezamos la exploración del montículo de la Tumba 7, guiándonos, como en la de las otras tumbas, por los restos de las superestructuras, que aparecían en la superficie al hacer la limpia preliminar del escombro y la vegetación.
>
> [...]
>
> Al retirar unas piedras aparecieron: un caracol marino, al que se había recortado la punta para formarle embocadura y convertirlo así en una trompeta; 36 cuentas de jade de dos colores diferentes, y tres orejeras del mismo material; pero no había restos humanos junto a estos objetos.
>
> Como era un sábado, día en que se pagaba a los trabajadores, había dejado al licenciado Valenzuela al frente de la exploración, para bajar a Oaxaca a recoger los fondos. Cuando subía acompañado de mi esposa, al llegar a donde estaba Valenzuela me dijo la palabra zapoteca ¡guelaguetza!, que significa «ofrenda» o «regalo», y me colgó el collar de jade y me mostró la trompeta de caracol.
>
> [...]
>
> A las cuatro de la tarde, del día 9 de enero pudimos levantar una de las piedras que formaban la bóveda de la segunda cámara de la tumba, y por la estrecha abertura que quedó, usando una lámpara eléctrica, pude observar un cráneo humano y junto a él dos vasos, uno

> de los cuales me llamó poderosamente la atención, pues parecía barro negro extraordinariamente pulido. Era la copa de cristal de roca. que se veía negra por la tierra que contenía.
>
> Quitamos entonces la otra piedra, que formaba ángulo con la primera y que dejó una abertura suficiente para poder penetrar. Sin embargo, la abertura era tan estrecha que creía no poder bajar, y rogué entonces a Juan Valenzuela que descendiera a la tumba. Alumbrándose con la linterna eléctrica bajó Valenzuela y no pudo contener sus exclamaciones de asombro ante la riqueza de lo que veía. Esto me determinó, a pesar de las dificultades, a descender también por el estrecho agujero, ante las regocijadas exclamaciones de los peones.
>
> [...]
>
> Al salir de la tumba estábamos absolutamente convencidos de la enorme riqueza material, artística y científica que habíamos descubierto, y pensé que no recordaba ni tenía noticia de que se hubiera descubierto en América un tesoro de esta naturaleza.
>
> [...]
>
> La Tumba 7, por su arquitectura, no se distingue de las otras descubiertas en Monte Albán. Aunque es más amplia que la mayoría de las encontradas no es la mayor, pues la superan la 4 y la 12; es una tumba normal, dentro de la arquitectura funeraria de Monte Albán. Por eso podemos concluir que fue construida por los zapotecos y que la utilizaron para enterrar a un personaje zapoteco.[92]

La ofrenda al personaje de la tumba número 7 es sorprendente. Se trata de esculturas a los dioses, vasijas, caracoles, huesos de animales labrados con buen gusto, cráneos decorados con mosaicos de turquesa y cuentas de distintas piedras adornando el piso junto a los cráneos; bellísimas joyas de oro, plata y cobre; máscaras, pectorales, pendientes, discos, anillos, falsas uñas de oro, mangos de abanico, cascabeles, broches, diademas, plumas de oro, orejeras, pinzas, recipientes, brazaletes, láminas de oro; y muchos objetos de jade como narigueras, flautas, conchas de tortuga, anillos, discos, hachas y orejeras de cristal de roca; así como copas, orejeras, cuentas, collares de turquesa y huesos con incrustaciones de turquesa, y navajas y orejeras de obsidiana; vasijas, ollas, copas y vasos de tecali; objetos de ámbar azabache o collares de perlas; piezas como ojos, dientes, anillos y collares de concha, caracol y coral. En fin, el catálogo de las joyas encontradas en la Tumba 7 de Monte Albán incluye 337 objetos de oro, plata, cobre, jade, obsidiana, turquesa, y de otras piedras preciosas, huesos labrados y materiales diversos.

Solo a partir de los 121 objetos de oro encontrados en la Tumba 7, don Alfonso Caso escribe una reflexión que vale la pena transcribir:

> Es un hecho bien sabido que cuando los españoles pisaron por primera vez las playas mexicanas y más tarde al recibir los presentes que el pusilánime Moctezuma les enviaba,

quedaron maravillados de la gran riqueza que contenía la tierra, no menos que de la habilidad de los orfebres.

Saville primero y más tarde García Granados y Aguilar Piedra nos han dado una relación de las informaciones e inventarios de las joyas de otro y otros materiales que desde los viajes de Hernández de Córdoba y Grijalva se obtuvieron por rescate desde Yucatán y Campeche hasta San Juan de Ulúa, por toda la costa del Golfo. Tanto Saville como Aguilar publican *in extenso* estos inventarios.

También publican ambos autores los inventarios de los presentes que envió Motecuhzoma a Cortés y los que después envió Cortés a Carlos V y a Juana con Portocarrero y Montejo que iban como procuradores de la Villa Rica de la Veracruz; aunque este documento durante mucho tiempo solo se conoció por menciones indirectas, fue publicado en 1938 tomado de su original que se conserva en el Archivo General de Indias. También estos autores publican otros documentos que se habían tomado de sus originales, mencionando envíos de joyas de oro y otras preseas a magnates y dignatarios, iglesias y conventos de España.

Como tendremos ocasión de hacer notar en su oportunidad, varias de estas joyas, descritas en los inventarios mencionados, tienen gran semejanza con las que encontramos en la Tumba 7, y con las que se reproducen en el *Códice Kingsborough.*

Al llegar estas joyas a Europa fueron vistas por humanistas y pintores en la corte del Emperador, como Pedro Mártir de Anglería y Alberto Durero.

Dice el primero:

> Si alguna vez el ingenio humano mereció premio en el ejercicio de estas artes ninguna de sus obras se hizo más acreedora al primer lugar con tanta justicia. No me admiro en verdad del oro y de las piedras; lo que me causa estupor es la habilidad y el esfuerzo con que la obra aventaja a la materia. Infinitas figuras y rostros he contemplado, que no puedo describir: paréceme no haber visto jamás cosa alguna que por su hermosura pueda atraer tanto las miradas humanas.

El segundo dice:

> También vi las cosas que fueron traídas al rey desde el nuevo país del oro: un sol enteramente de oro, de seis pies de ancho. y asimismo una luna, enteramente de plata, igualmente hecha… Tan preciosos eran todos estos objetos, que fueron estimados en cien mil florines. Pero en cuanto a mí, en todos los días de mi vida, no he visto aquellas. Porque vi entre ellas maravillosas obras de arte y quedé estupefacto ante el ingenio tan sutil de los hombres de esas tierras lejanas. Realmente no puedo decir bastante acerca de las cosas que estaban ante mis ojos.

Pero no solo el humanista italiano y el pintor alemán afirmaron la gran calidad artística de las joyas de oro, los elogios fueron unánimes entre los conquistadores y cronistas, que eran contemporáneos de los grandes artistas del Renacimiento y acostumbrados a ver en Italia o en los altares y tesoros de sus templos las maravillas de la orfebrería europea.

Por esas informaciones, arqueólogos e historiadores estaban convencidos del alto valor artístico y de las técnicas tan refinadas que mostraba el trabajo que ejecutaban con los metales preciosos los antiguos mexicanos.

Algunas joyas de oro y otras, muy pocas, de plata, se conocían y guardaban celosamente en los museos como muestra de este arte suntuoso, pero eran raras, pues la mayor parte de las que se apoderaron los conquistadores fueron inmediatamente fundidas y las que remitieron a Europa, corrieron, casi todas, la misma suerte. Saville, que hace un inventario de todos los conocidos, antes del descubrimiento de la Tumba 7, solo menciona 32. «Lo que hicieron los bárbaros, lo fundieron los *barberini*».

No nos detendremos a mencionar aquí las noticias históricas que se conservan de estas joyas, ni haremos la descripción de las otras que existen en museos y colecciones particulares. Ambas noticias han sido publicadas ya en el pequeño, pero excelente libro de Saville. Con el descubrimiento de la Tumba 7 en donde encontramos 121 objetos de oro, formados por centenares de piezas, se cuadruplicó el número de las conocidas y podemos tener ya idea de la enorme riqueza que deslumbró a los conquistadores, y afirmar que sus relaciones, que a veces se nos antojaban exageradas, son exactas, si no es que inferiores a la realidad.

Considérese que la Tumba 7 no es más que la sepultura de unos señores o sacerdotes mixtecos, incomparablemente inferiores en poderío y riqueza a los reyes o *tlacatecutlis* mexicanos, y se tendrá entonces una idea de lo que debió ser el tesoro real de *Tenochtitlan*, en donde se concentraban los tributos de tantos pueblos y a donde los comerciantes o pochteca traían las piedras y plumas finas, las perlas y conchas de colores, las pieles, las resinas olorosas y los adornos de metales preciosos, con los que se engalanaban los reyes, los guerreros y los sacerdotes, y que servían también para decorar los ídolos de los dioses y los aposentos de los templos.

Grandes tesoros, de un valor artístico supremo, debieron ir al crisol, y lo descubierto nos hace sentir todavía más profundamente lo perdido: pero tenemos ahora una prueba de que la orfebrería indígena puede compararse y en algunos puntos superar, a las más exquisitas creaciones de los orfebres del mundo.[93]

El relato de don Alfonso es elocuente y preciso, aunque me permito apuntar que sí, quizás Moctezuma haya sido pusilánime, pero nunca debemos omitir ni olvidar que Hernán Cortés fue uno de los políticos más siniestros y farsantes en la historia del mundo; comparados con él, otros tiranos palidecen o pueden considerarse de segunda. Por otro lado, es muy didáctico lo de los *barberini*, pues ayuda a aclarar quiénes eran realmente los bárbaros en los tiempos de la invasión europea. Los *barberini* eran una familia italiana del siglo XVII vinculada a la élite romana, conocida por saquear obras de arte de la Antigüedad para fundar museos y actuar como mecenas, lo cual dio origen a la famosa expresión: «Aquello que no hicieron los bárbaros, lo hicieron los *barberinis*».[94]

Es importante apuntar que la cultura zapoteca, aun cuando fue más antigua en cuanto a su organización sociopolítica, vivió sus mejores momentos antes de la caída de los teotihuacanos en el año 650 d. C. A partir de entonces es más notoria la pérdida de hegemonía o dominio en todo el territorio de Oaxaca, y más allá. Pienso que ahí se iniciaron —o se acentuaron— las diferencias e, incluso, las confrontaciones con el pueblo mixteco. La alianza entre teotihuacanos y zapotecas fue evidente, como se ha visto, y la relación fue de cooperación y comercio, no de subordinación, por parte de los oaxaqueños frente a la gran metrópoli del periodo Clásico Temprano del Valle de México. El barrio oaxaqueño en Teotihuacán se fundó cuando los zapotecas ejercían pleno poder desde Monte Albán. Todo esto cambió con el colapso teotihuácano, pues, al parecer, los zapotecas optaron por la política interior, mientras que los mixtecos se relacionaron más con las culturas emergentes en el Valle de México, como Tepeaca, Cholula, Tlaxcala, Xochicalco y Tula, entre otras ciudades del centro del país. De este criterio es la reflexión del maestro Caso, la cual confirma que:

> La relación indudable de los pueblos mixtecos con las culturas que florecían en el Altiplano, ya desde la época tolteca, y que nos ha permitido establecer la cultura Mixteca-Puebla, nos indica que esta nación indígena se sentía mucho más ligada con sus vecinos del norte, que eran los nahuas y popolocas de Puebla, Tlaxcala y el Valle de México, que con los zapotecos, con los que colindaban por el sur y el occidente y que parecían extrañamente ajenos a cualquier influencia que llegara desde el centro de México, con posterioridad a la decadencia de la gran Metrópoli teotihuacana.[95]

De manera que el Estado centralizado fuerte de Monte Albán, gobernado por la élite zapoteca, mantuvo su hegemonía en todo el territorio de Oaxaca y parte de Veracruz, Guerrero y Puebla hasta el colapso teotihuacano, y a partir de entonces empieza su debilitamiento, en buena medida, porque se intensifican las diferencias con sus propios paisanos mixtecos:

> En efecto, [dice el arqueólogo Caso], los zapotecos y los mixtecos, aunque vecinos, fueron enemigos constantes, y que las confrontaciones se prolongaron hasta la época de la llegada de los invasores europeos y que, luego del colapso de Teotihuacán, en 650, los mixtecos estuvieron [...] a punto de conquistar completamente el valle, lo que explica el establecimiento en él y la permanencia de pueblos de mixtecos hasta nuestros días, de los cuales son ejemplos muy claros Xoxocotlan y Cuilapan.[96]

Agregaría dos datos sobre estas diferencias: primero, que precisamente la Tumba 7 de Monte Albán fue ocupada para enterrar a un dignatario zapoteca y, pasado el tiempo, fue reutilizada para sepultar a otros personajes que posiblemente eran mixtecos porque los estudios arrojaron que toda la ofrenda de oro, plata, cobre y piedras preciosas resultó ser de esa cultura; la otra evidencia puede ser la propia leyenda de la princesa Donají que, contada de distinta manera, felizmente conduce a buscar la unidad entre los dos extraordinarios pueblos y sus excepcionales culturas. Hay quienes dicen que la princesa Donají era hija del principal zapoteca Cosijoeza, cuando el centro del poder de este pueblo estaba en Zaachila y los mixtecos mantenían a Monte Albán bajo su dominio. En una batalla que terminan ganando los mixtecos, es herido y detenido su príncipe Nucano, quien conoce a Donají en esas condiciones y terminan enamorados. Luego, la princesa es llevada a Monte Albán como prenda para obligar a los zapotecos a cumplir sus compromisos. Sin embargo, estos deciden ir a rescatar a la princesa y un guerrero mixteco la sacrifica, lo cual da pie a que, cuando Nucano llega al poder, gobierna con amor a los zapotecas en recuerdo de Donají y, cuando muere, decide que lo entierren junto a la princesa en su sepulcro de Cuilapam.

Todo apunta a que, una vez que se fortaleció el incipiente imperio mexica, las confrontaciones interculturales en Oaxaca aminoraron, y no era para menos, pues, entre 1440 y 1469, en los tiempos de Moctezuma Ilhuicamina y su asesor Tlacaélel, cuando el ejército de la Triple Alianza —integrado por guerreros de Tenochtitlan, Texcoco y Tacuba— conquistó Oaxaca, las cosas cambiaron significativamente porque todos los pueblos de las distintas culturas fueron sometidos y convertidos en tributarios de Tenochtitlan. Esta dominación tardó alrededor de 80 años para dar paso a otra, la iniciada con la invasión española, que duraría 300 años. Es importante señalar que, como parte de la estrategia para continuar aglutinando y sumando a los pueblos antes sometidos a los mexicas, las autoridades de la monarquía tanto de aquí como de España concedían, en algunas partes, la abolición de tributos, como fue el caso de Oaxaca, que convirtieron en ciudad en 1532 con el nombre de Villa de Antequera, y le otorgaron la concesión a sus habitantes de no tributar durante un periodo de 30 años, de conformidad con una cédula real expedida por el rey Carlos V desde Medina del Campo, España. Vale aclarar que en una visita de Cortés a su país, tres años antes de concederse el título de ciudad a la Villa de Antequera, la misma monarquía le había entregado el marquesado de Oaxaca, que comprendía todas las tierras de los Valles Centrales, más otras extensiones de ese estado y de otros, como Morelos, Veracruz, Michoacán, Estado de México y Ciudad de México.

•••

De todas formas, los pueblos de Oaxaca supieron, como pocos en el país, defender sus tierras comunales, y a eso se debe en buena medida que también hayan conservado sus tradiciones y costumbres comunitarias de manera ejemplar, al grado que, en la actualidad, el pueblo de Oaxaca, con sus distintas etnias, es de los pueblos con más cultura en el mundo. La arqueóloga y antropóloga estadounidense Joyce Marcus, quien desde hace muchos años se ha dedicado a estudiar Monte Albán y la cultura zapoteca, en uno de sus recientes libros —cuya primera impresión estuvo a cargo del Fondo de Cultura Económica en 2008—, expresa en un párrafo, de manera muy profunda y afectuosa, lo siguiente:

> Me complace informar que los zapotecos no solo sobrevivieron la conquista española y las enfermedades europeas de la época colonial, sino que también están prosperando. De hecho, durante las últimas seis décadas del siglo xx su población aumentó en forma espectacular. El censo de 1940 registró 94 000 hablantes de zapoteco; para 1950, el número aumentó drásticamente a 215 000, y para 1990, casi se volvió a duplicar a 400 000. No solo está aumentando el número de hablantes de zapoteco, también el de los hablantes de muchas otras lenguas indígenas en el estado de Oaxaca. La lejanía de los pueblos montañosos no es el único factor que ha permitido la supervivencia del lenguaje, la cosmología, la cultura y la visión del mundo zapoteca. También es el resultado de un intenso orgullo y un sentimiento de independencia, de un deseo de no rendirse ante culturas extranjeras y de mantener su propia identidad, la integridad de su comunidad, la endogamia de sus pueblos y la propiedad grupal de la tierra.[97]

Esto último, la propiedad o posesión de la tierra, también lo trata el gran maestro y antropólogo experimentado Salomón Nahmad, quien en 1965 escribió una monografía sobre la cultura mixe de Oaxaca, y miren lo que expone:

> Sin haber sido conquistados por los españoles durante casi toda la época colonial y habiéndose mantenido reservados y aislados del mundo exterior, los mixes pudieron conservar el sistema particular de posesión comunal de la tierra, herencia de las formas de tenencia prehispánica. Estamos de acuerdo con Beals, quien considera que los actuales pueblos no eran en el pasado sino pequeñas rancherías, en las cuales vivían generalmente familias emparentadas todas entre sí y poseedoras de la tierra en forma familiar y posiblemente organizadas en clanes.
>
> Las 122 localidades que integran el grupo mixe, tienen dividido el territorio en 122 grandes fracciones, que dan forma física a la comunidad. El territorio determina así la configuración geográfica de cada localidad y esto a su vez determina, en ciertos aspectos, el etnocentrismo y etnolocalismo de cada localidad por pequeña que esta sea.
>
> La cohesión de la comunidad está basada en la propiedad de la tierra y por este motivo la tierra pertenece a la comunidad o, por decirlo de otra manera, a los miembros nativos de la localidad, quienes tienen esa tierra para trabajarla y obtener el fruto de ella. Solamente podrá ser explotada por el miembro de esa localidad y nunca podrá ser vendida a un miembro ajeno a ella.
>
> De esto se deduce que la tierra es comunal, y el propietario de la parcela es el que la trabaja, la desmonta y la limpia. El abandono de dicho terreno por varios años da oportunidad a otras personas para trabajarlas.
>
> Los bosques, montes y pastizales son propiedad comunal y todos tienen derecho de poseer de ellos los productos necesarios, tales como la madera, o el pasto para sus animales.[98]

También en este trabajo de campo, Salomón Nahmad narra cómo eran las ceremonias o las ofrendas para agradecer a las divinidades antiguas o cristianas por la lluvia, la tierra, el trueno y las cosechas, ritos de los cuales se valieron los colonizadores para crear los mitos y echar a andar la propaganda manipuladora de los sacrificios humanos y el canibalismo:

> Ya que la fuente de todo bien para los mixes, procede de la agricultura, estos incluyen en sus patrones culturales un conjunto de ceremonias destinadas a solicitar de los agentes sobrenaturales protección y ayuda en sus trabajos agrícolas así como la obtención de buenas cosechas. Por otra parte, al obtener los beneficios requeridos de la cosecha, los agradecen por medio de otras ceremonias.
>
> Todas las comunidades practican estas ceremonias mágico-religiosas, y algunas presentan asociaciones muy cercanas con los cultos cristianos, pero la mayor parte son ritos que han persistido desde la época prehispánica. Se rinde culto a la diosa de la lluvia, a la tierra, al trueno, a los cerros, etc.
>
> En Ayutla, para pedir la llegada de las lluvias, organizan una misa de rogación, y si estas llegan a ser abundantes, una acción de gracias.
>
> En la cima del *Cerro de la Cruz* hay un pequeño manantial de agua con dos piedras en el centro al cual suben el día tres de mayo a pedir buenas lluvias.
>
> En *Tontontepec* los indígenas suben hasta el Cerro del Obispo para hacer sus peticiones de buen tiempo a los dioses, antes de empezar las siembras, y llevan, con tal motivo, aves de corral para ser sacrificadas. En los terrenos de labor preparan después una comida a base de caldo que toma toda la familia.
>
> En Zacatepec pasa lo mismo: Antes de iniciar la siembra van a la iglesia en donde depositan tres mazorcas de maíz en el altar de San Isidro, además de frijol, café y calabazas para los otros santos. Después se encaminan a la milpa y sacrifican allí aves y preparan tamales y caldo e ingieren una gran cantidad de tepache y mezcal. Estas ceremonias se repiten cuando el maíz está jiloteando y cuando se realiza la pizca. En la cosecha del café también se celebran ceremonias. Estos rituales son individuales y no colectivos.
>
> En Cacalotepec rezan oraciones especiales para la lluvia, los truenos y los rayos, y sacrifican también guajolotes y gallinas.
>
> En Alotepec llevan a un *principal* para adorar a la tierra.
>
> En Mixistlán tienen el culto al dios del maíz que llaman *Mock Jayajp* (el que cultiva el maíz). Es de rigor el culto a la milpa en el que hacen ofrendas al dios de la lluvia *Tuh Peck* (veneración a la lluvia). En estas ceremonias sacrifican aves, beben grandes cantidades de tepache y mezcal, toman los primeros elotes de la cosecha y los hierven para hacer tamales. En estas ceremonias se requiere de un rezador o de un *abogado*. Es precisamente en esta ocasión cuando llevan flores, frutas, y aguacates a los santos cristianos.
>
> Durante la cosecha traen a la milpa sus alimentos y lo que sobra de ellos es raptado por el más viejo de la familia, que imita a la zorra para que los demás le correteen. Esto se hace con el fin de que la zorra y otros animales no lleguen a causar daños a la milpa.
>
> En el tiempo de la siembra las plumas del guajolote sacrificado son enterradas siguiendo la línea de los surcos. En el lugar en que fue sacrificado el animal se dejan las

mejores plumas para que, llegado el tiempo de la cosecha, puedan celebrarse en el mismo sitio las ceremonias referentes a la misma.

El *abogado* informante de este lugar nos manifestó lo siguiente: «primero están nuestros dioses y después los de la iglesia» y quien no cumple con las ceremonias establecidas tendrá problemas y su cosecha será mala.[99]

Otra práctica de carácter prehispánico que todavía está vigente en la mayoría de las comunidades de Oaxaca es la ayuda mutua, mano gózona, «reciprocidad postergada» y el tequio, aunque este último no es un apoyo entre familiares, amigos o vecinos de un mismo pueblo, sino el trabajo voluntario que los integrantes de la comunidad aportan en acciones y obras de beneficio colectivo. Uno de los profesionales de las ciencias sociales, Miguel Alberto Bartolomé, citando al antropólogo Julio de la Fuente, estudioso del pueblo zapoteco de Yalalag, y al investigador oaxaqueño Jacobo Montes, nos comparte esta reflexión:

> Uno de los pilares de la organización social de los *bene ya'a* es el sistema de cooperación recíproca en la que no interviene el dinero, conocido como *gwzon* o gozona. Se trata del intercambio de ayuda entre familiares, amigos y vecinos. La ayuda solicitada y recibida en trabajo o bienes es retribuida al donante en forma estrictamente equilibrada, aunque no se llevan registro, en un tiempo próximo o diferido, según sus necesidades; de tal manera que la gozona opera como un sistema de préstamo y ahorro. Existen varios tipos de gozona que refuerzan y establecen alianzas interfamiliares en la comunidad y entre comunidades vecinas. Sin embargo, desde 1950, la agrícola y la de música va cediendo lugar a las relaciones monetarias. Otra de las instituciones fundamentales es el tequio —*llin lhawe* (trabajo principal)—, que todo comunero debe proporcionar al pueblo para obras de beneficio público.[100]

La arqueóloga Joyce Marcus, ya citada, opina:

> Una herencia del pasado es una forma de ayuda mutua entre las familias zapotecas, una institución que los antropólogos llaman «reciprocidad postergada». Cuando tenía que construir una casa nueva, cosechar una milpa extensa o llevar a cabo una boda o funeral con comida y bebida abundantes, una familia zapoteca podía pedir a otra que contribuyera. Se entendía que en algún futuro, la segunda familia podía pedirle a la primera que contribuyera en un momento similar de necesidad. Esta reciprocidad postergada se denominaba *gula gueza* (contribuir), en el siglo XVI. Actualmente, en el dialecto zapoteco de Teotitlan del Valle se denomina *xel gez*; en el dialecto de Mitla es *gaehl gehtz*. Los hablantes de español lo pronuncian *guelaguetza* y su significado original a menudo se malinterpreta. Dado que los episodios de ayuda mutua a menudo iban seguidos de bebida y bailes rituales, los hispanohablantes actuales del valle de Oaxaca suelen pensar que la *guelaguetza* se refiere a una danza folklórica o incluso a una fiesta.[101]

Ahora bien, otra joya heredada de las antiguas culturas de Oaxaca es la democracia comunitaria que se practica en 418 municipios de usos y costumbres de los 570 que integran el estado. Aunque ya lo he contado, no me cansaré de repetir la inolvidable experiencia que significó, en 2009, visitar todos los municipios de Oaxaca y sus ocho históricas, bellas, entrañables y místicas regiones. Empiezo así: Contrario a la mala costumbre de hablar de la cultura siempre al final, en este caso, definitivamente no es posible. Si la realidad nacional no se entiende a cabalidad sin tomar en cuenta la idiosincrasia de los pueblos, menos podría comprenderse lo que sucede en Oaxaca sin partir de su gran riqueza cultural. El de Oaxaca es uno de los pueblos más cultos del mundo. En esta porción del territorio nacional se conservan valores, costumbres, tradiciones comunitarias, lenguas y organización social, heredadas de la gran civilización mesoamericana. La pregunta obligada es por qué en Oaxaca, más que en otras partes del país, se han podido preservar tan vivas las culturas originarias. Aunque la respuesta amerita un amplio estudio antropológico y, desde luego, ese no es mi propósito, sí puedo plantear algunas hipótesis sobre los factores que hicieron posible esta continuidad a través de los siglos.

Debe considerarse que, al momento de la invasión europea, los pueblos de Oaxaca mantenían un alto grado de desarrollo; que la colonización fue menos brutal que en otras regiones del país, entre otras cosas, por la poca relevancia que tuvo ahí la minería, la cual implicaba una mayor sobreexplotación del indígena en los lugares donde abundaban los metales preciosos. También pudo haber ayudado el que, en vez de la esclavitud, se impusiera el sistema de encomienda, que significaba pagar una renta o tributo al conquistador, pero sin que la comunidad perdiera el dominio sobre las tierras. Tal vez pudieron haber influido otras causas, como el hecho de que la evangelización estuvo a cargo, fundamentalmente, de los dominicos, más respetuosos de los derechos indígenas. Y es muy probable que haya sido decisiva la resistencia de los pueblos ante la dominación colonial. Lo que sí sabemos es que en Oaxaca, como en ningún otro estado del país, los pueblos han mantenido, desde hace 500 años, la posesión de las tierras. A diferencia de otros lugares, no predominaron las haciendas con peones acasillados. Pese a los cambios que se registraron después de la Independencia, la Reforma y la Revolución, en la práctica no se modificó la estructura agraria. Como consecuencia, actualmente es el estado con más propiedad social. De las 9 400 000 hectáreas de su territorio, el 62% es de tierras comunales, el 23% de ejidos y solo el 15% de propiedad privada. De modo que, a pesar de la dominación, primero de la Corona española, y después del Estado mexicano, la posesión de la tierra a lo largo de la historia ha sido un factor decisivo en la conservación de la cultura de los pueblos. El control del territorio no solo ha permitido la subsistencia, sino también sostener una relación de armonía con la naturaleza, mantener la medicina tradicional y conservar ceremonias, mitos y leyendas. Hay que tener en cuenta que los indígenas no conciben la tierra como una mercancía: es mucho más que eso, es la vida misma y el centro del universo. Hoy, a pesar del proceso de aculturación o desindigenización impulsado por la ideología y el racismo dominantes, existen 16 grupos étnicos: zapotecos, mixtecos, huaves, mixes, chinantecos, cuicatecos, amuzgos, chatinos, chochos, ixcatecos, mazatecos, chontales, nahuas, triquis, zoques y popolocas, además de los fraternos y alegres afromexicanos de la región de la Costa. En total, hay cerca de 2 000 000 indígenas, los cuales representan el 60% de la población del estado. Cada pueblo tiene características culturales particulares y expresiones lingüísticas diferentes. Por ejemplo, los zapotecos viven en la Sierra Norte, la Sierra Sur, los Valles Centrales y el Istmo de Tehuantepec, con diferencias culturales muy acentuadas. En la misma Sierra Sur es diferente el zapoteco que hablan los pueblos de Ozolotepec que el utilizado en la zona de los Loxichas. En general, se practica el trabajo colectivo y funciona el gobierno comunitario. En casi todos los pueblos la gente coopera y aporta tequio en beneficio de la comunidad. Todos aceptan participar en jornadas de trabajo para la construcción y el mantenimiento de caminos, la edificación de escuelas, la reparación de templos y la reforestación de los bosques, entre otras actividades. En este mundo prácticamente no existe la noción del salario. Prevalece la ayuda mutua (la gozona) y todo se retribuye sin dinero de por medio. Incluso, todavía en algunas partes, el mercado se realiza a través del trueque.

En cuanto al gobierno de los pueblos, el órgano de decisión más importante es la Asamblea Comunitaria. Ahí se elige a las autoridades, las cuales duran en su encargo entre uno y tres años. Los funcionarios no cobran. Hay un auténtico servicio civil de carrera. Se empieza desde joven como topil o policía; luego se va ascendiendo a teniente, comandante, mayor de vara, regidor (de educación, de obra pública, de hacienda); hasta llegar a alcalde, síndico y presidente municipal. Al concluir sus cargos pasan a ser caracterizados, a formar parte del Consejo de Ancianos o Tatamandones. Todos los miembros de un pueblo tienen el deber de servir a la comunidad. Si son elegidos para cargos administrativos o como mayordomos en fiestas patronales, se les llama y tienen que cumplir, no importa que trabajen en el extranjero o en otra parte de la república.

La aceptación de estas normas es lo que les permite mantenerse como miembros de la comunidad y, al mismo tiempo, significa la posibilidad de la realización personal. La participación voluntaria es posible porque existe la convicción de que lo más importante es la convivencia colectiva. No domina el individualismo; la persona no vale por lo que tiene o por los bienes materiales que acumule, sino por el prestigio que logra después de probar su vocación de servicio, su rectitud y su amor por los semejantes. La autoridad, en el sentido amplio, se adquiere cuando una persona ha desempeñado todos los cargos del escalafón hasta llegar al más alto: es entonces cuando ingresa al grupo de los principales y obtiene el mayor grado de respeto o reconocimiento.

Es tan profundo y satisfactorio vivir de esta manera que un inmigrante hace todo lo posible por regresar periódicamente a su comunidad y no hay oaxaqueño que no mantenga la ilusión de volver, algún día, a su pueblo. A la fiesta religiosa llegan de distintas regiones del país y del extranjero para reafirmar su identidad en un ambiente de auténtica fraternidad.

Aunque en todas partes se mantiene un gran orgullo por la cultura y la historia, recuerdo en particular lo que me expresaron mixes de Totontepec acerca de que gracias a sus valores y a su organización comunal nunca se había registrado ningún asesinato; o la manera tan solemne con que los chjnantecos de San Pedro Yólox me explicaron su sistema de gobierno; o la importancia que tiene para los mixtecos de Santiago Nuyoo el reconocimiento oficial a José Remigio Sarabia, el Indio de Nuyoó, a quien un párroco le quitó su mujer y se la llevó a Huajuapan; al salir a buscarla, se enroló en las filas independentistas, cobrándose la afrenta y prestando el servicio de ir por José María Morelos y Pavón a Chilapa, Guerrero, para que les ayudara a romper el sitio realista y pudieran liberar a Huajuapan.

La portentosa cultura de los pueblos de Oaxaca está llena de valores. Existe una profunda vocación por el trabajo, y hay creatividad, bondad y respeto hacia las mujeres, los ancianos y los niños. Algo que no se sabe es que los pueblos de Oaxaca son de los más limpios de México. En todos lados, hasta en los caminos, hay recipientes, cubetas, costales, cajas o bolsas amarradas a palos para depositar la basura. Hay letreros para no contaminar los ríos y arroyos con detergentes o fertilizantes químicos. Además, es un pueblo con mucha conciencia ecológica: el cuidado de los bosques es un ejemplo palpable y aleccionador. En conclusión, en Oaxaca hay una gran reserva moral y cultural para la regeneración del país. Así como en las comunidades se conservan semillas orgánicas y variedades de maíz que forman parte de la gran riqueza genética de México, allí también existe un modo de vida alejado de la ambición, la codicia y el odio. Por ello, estoy convencido de que es posible enfrentar cualquier decadencia tomando en cuenta los valores del México profundo; es decir, con una modernidad forjada desde abajo y para todos.

Teotihuacanos

La cultura teotihuacana es de las más estudiadas de Mesoamérica, quizá equiparable a las investigaciones realizadas en torno a la nación maya y, obviamente, a las relacionadas con los mexicas o aztecas. Para muchos, Teotihuacán fue, en sus mejores tiempos, un imperio. Yo difiero de ese punto de vista, pero sí creo que se trató de la primera gran metrópoli del centro de México. Además, es lo más parecido a una ciudad cosmopolita y diversa por su cúmulo de actividades o funciones no solo como capital política y religiosa de un amplio territorio, similar a San Lorenzo, La Venta, Palenque, Yaxchilán, Tikal, Calakmul, Monte Albán y otras que florecieron en el periodo Clásico, sino por ser una gran urbe económica en la que había fábricas y talleres, además del centro comercial más importante de Mesoamérica en ese tiempo, al grado que, se calcula, para el año 600 vivían 85 000 habitantes en Teotihuacán. El arqueólogo Rene Millon sostiene que, en comparación con otras ciudades, ocupaba el sexto lugar en el mundo en cuanto a número de habitantes.

La fundación de Teotihuacán se explica por la presencia de mucha gente que vivía alrededor de los lagos y de las planicies del centro del país desde antes del sedentarismo. Recordemos que desde la llegada de los *Homo sapiens* al continente hasta la creación de los primeros pueblos, ciudades y civilizaciones, transcurrieron miles de años y que, durante este amplísimo periodo, los primeros pobladores de América tuvieron suficiente tiempo para escoger en dónde asentarse, considerando, entre otros factores, la disponibilidad de recursos naturales para la supervivencia, el agua, la fertilidad del suelo, los montes, la abundancia de animales de caza o pesca, el clima y la belleza de los sitios. En donde terminó construyéndose Teotihuacán, había existido durante mucho tiempo población nómada, como lo muestran los vestigios paleontológicos encontrados en la región. Es quizá una de las áreas de América con más hallazgos antiguos en el continente americano. Como ya vimos, pero conviene reiterarlo, en el Valle de México es donde más restos humanos y de animales se han rescatado de los periodos del Pleistoceno y el Holoceno. En Chimalhuacán, a 40 kilómetros de Teotihuacán, se encontró un cráneo que data de 35 000 años, el más antiguo descubierto en México; incluso hace poco, durante la construcción del AIFA, en Santa Lucía, Estado de México, los arqueólogos del INAH hallaron a Yotzin, un hombre de entre 25 y 30 años con cráneo completo, cuya antigüedad se remonta a finales del Pleistoceno e inicios del Holoceno, es decir, hace 10 000 años aproximadamente, y a una distancia de 20 kilómetros en línea recta a Teotihuacán; y, por último, en Tlapacoya, Estado de México, a 50 kilómetros de Teotihuacán, se encontraron restos de un antiguo hogar y una navaja de obsidiana con una antigüedad de entre 20 000 y 22 000 años a. C.

Ya mencionamos en este libro los hallazgos del panteón de fauna paleontológica encontrado en Santa Lucía y los alrededores de esqueletos de 14 mamuts de Tultepec que datan de hace 15 000 años, a 20 y 30 kilómetros de Teotihuacán. Todo ello indica que los fundadores de la conocida Ciudad de los Dioses eran familias que ya conocían la región del Valle de México de tiempo atrás, donde se inició la organización de la gente para las actividades de recolección, caza, pesca y elaboración de utensilios para el hogar y herramientas de piedra, fundamentalmente, para destazar animales pequeños, medianos y grandes.

El poblamiento del valle incluye, desde luego, a la actual Ciudad de México, en donde también se han encontrado cráneos de hace 12 000 años, y no es casual que, desde sus orígenes, el único sitio arqueológico que le competía en población a Teotihuacán era Cuicuilco que, antes de que hiciera erupción el volcán Xitle, entre el 650 y el 300 a. C., mantenía una población de 1 000 a 5 000 personas, cuando toda «la cuenca tenía 80 000 habitantes».[102] Sin embargo, esto duró poco porque Cuicuilco desapareció incluso antes de la erupción del volcán, según sostienen algunos; así, Teotihuacán se convierte en la ciudad-Estado más importante en el centro del país y su influencia se extiende hasta otras regiones, incluido el Pacífico y El Petén guatemalteco. Según el maestro López Austin, «entre el 100 a. C., y el 150 d. C., casi 80 000 personas residían en esta capital, [entre] el 80 al 90% del total de [los habitantes de] la Cuenca».[103]

Ahora bien, ¿cómo se explica esta explosión demográfica y el gigantismo urbano tan peculiar? Por primera vez, cuando menos en América, se conoce la existencia de un Estado en cuyo territorio hay más población urbana que rural. Pienso que primero tendríamos que analizar con más detalle este proceso, para luego tratar de comprenderlo. Adelanto la hipótesis de que esto fue lo que terminó por arruinar, tiempo después, a tan majestuosa ciudad. Así como un factor determinante en la decadencia civilizatoria de los mayas pudo ser el agotamiento de su sistema económico de subsistencia agraria que mantenía a la población, en particular a la élite política, religiosa y científica. También creo que la crisis en Teotihuacán tiene como elemento detonador la incapacidad de su sistema productivo urbano, sustentado en la fabricación de armas, artesanías y otros bienes que dejaron de tener demanda en el mercado interno y en las distintas regiones donde se comercializaban, con lo que se perdió la capacidad de acumular excedente o ingresos necesarios para sostener a tanta población, aun cuando también, como el caso de las ciudades mayas, pudieron ser determinantes las invasiones externas y la violencia que, como veremos más adelante, se registró con furia y de manera dramática en Teotihuacán, destruyendo lo material y haciendo añicos lo antes considerado sagrado. No es la decadencia traducida en abandono como sucedió en el periodo Clásico maya, sino el afán de arrasar hasta con el legado cultural o civilizatorio.

Desde luego, en todos los casos, siempre hay que poner en el centro de estos desafíos la capacidad, la honestidad y el amor al pueblo de los gobernantes, lo cual puede extender el periodo civilizatorio o precipitar su decadencia; ello, sin dejar de tener en cuenta que se trata de ciclos de esplendor y sombra, repetidos por los siglos de los siglos, pues, como dice el refrán: «agosto y septiembre no duran para siempre». En otras palabras, el florecimiento de los procesos civilizatorios se prolonga en el tiempo, pero no suele ser eterno. Agrego: con buenos gobiernos, los ciclos duran más, pero lo esencial es que ese mayor tiempo de vitalidad creativa se consiga con justicia y sin el uso de medidas coercitivas o de fuerza. Pretender que se extienda un proceso civilizatorio mediante la opresión y la violencia en vez de prolongarlo, lo limita y agota súbitamente, porque está demostrado que el autoritarismo y la desigualdad extrema llevan a revoluciones e inestabilidad que inhiben transitoriamente el impulso para la creación transformadora. Por falta de justicia, el Imperio romano, a pesar del uso de sus legiones, ni mantuvo una paz duradera ni garantizó el progreso; fue mucho más exitosa la política de los gobernantes de las ciudades mayas, quienes, con el mismo tiempo de dominación, alcanzaron con mucha menor violencia, mayor desarrollo y creatividad en los terrenos de la cultura, el arte y la ciencia. Claro está que sobre el proceso civilizatorio de los olmecas, mayas, zapotecas y teotihuacanos, se conoce poco en el mundo, mientras que los romanos gozan de fama y hasta los meses del calendario actual llevan los nombres de sus dioses o emperadores.

Pero cerremos el paréntesis y leamos una síntesis del crecimiento de la ciudad y de la población de Teotihuacán hecha por el arqueólogo Rene Millon. Según este especialista que trabajó en campo muchos años, Teotihuacán empezó a fundarse con dos asentamientos que llegaron a concentrar unos 5 000 habitantes durante la fase llamada Patlachique, que ubica cerca del año 100 a. C. Asimismo, estimó que siglo y medio después, la dimensión del asentamiento había crecido a 17 kilómetros cuadrados con una población de 30 000 habitantes, y afirma lo siguiente, de acuerdo con su visión y cronología general:

> Tenemos datos que sugieren que la Pirámide del Sol fue construida en su mayor parte durante esta época y posiblemente pasó lo mismo con los edificios interiores de la Pirámide de la Luna y el Templo de Quetzalcóatl en la Ciudadela. Además, el patrón de asentamiento en esta fase sugiere que no solamente existió la Calle de los Muertos, sino también la Avenida Este. La Avenida Este iba desde la Ciudadela hasta la Hacienda Metepec (más de 3 km) en tiempos posteriores. Durante esta época está claro que Teotihuacán llegó a ser el centro más importante de todo el Valle de México, si no del Altiplano Central. O sea, durante el primer siglo d. C. Teotihuacán creció tan rápidamente que llegó a una posición predominante no solamente en el valle de Teotihuacán sino por lo menos en todo el Valle de México.
>
> Durante la fase Miccaotli o Teotihuacán II (150-200 d. C.), Teotihuacán llegó a su extensión máxima, de acuerdo con nuestros datos. Parece ser que abarcaba una extensión de 22.5 kilómetros cuadrados. No creemos que la densidad de población fuera tan grande como en tiempos posteriores y por eso sugerimos que en esta fase llegó a tener la ciudad alrededor de 45 000 habitantes. Parece que fue en esta época cuando se empezó a construir la Avenida Oeste. Existe por lo tanto la posibilidad de que la división de Teotihuacán en enormes cuadrantes (parecidos a los cuadrantes de Tenochtitlan) puedan datar desde esta época, o sea alrededor de 200 d. C. Como parece ser que el Templo de Quetzalcóatl con sus soberbias esculturas fue construido en esta época, existe la posibilidad de que se construyera en el punto cero de los ejes de la nueva ciudad y que los teotihuacanos tuvieran la idea que pertenecía este templo a toda la ciudad y no solamente a uno de sus cuadrantes. Podemos suponer que las pirámides de la Luna y del Sol no fueron solamente lugares sagrados para los teotihuacanos, sino que lo fueron de una extensión mucho más grande. O sea que es posible decir que las pirámides sí pertenecieron al mundo civilizado del Altiplano Central, pero que el Templo de Quetzalcóatl pudo haber sido considerado como un símbolo de la unidad de los mismos teotihuacanos, a pesar de la división de la ciudad en cuatro partes.
>
> Empezando con la fase Tlamimilolpa o Teotihuacán IIA y IIA-III (250-450 d. C.), vemos que la ciudad abarcaba una extensión cada vez más restringida, aunque parece que la población siguió aumentando hasta la mitad de la época de Xolalpan o Teotihuacán III (450-550 d. C.). La máxima extensión de la ciudad en esta fase parece haber sido de 22 kilómetros cuadrados, ligeramente menor que la de la fase Miccaotli. Una extensión que tenía la ciudad en el cuadrante suroeste durante la fase Miccaotli ya no siguió conectada con la zona urbana en la fase Tlamimilolpa. Existían otras pequeñas diferencias, incluyendo unas extensiones muy locales que marcan pequeños ensanches de la fase Tlamimilolpa que no existían en la fase Miccaotli. Los datos de que disponemos sugieren

que durante esta fase el crecimiento de población fue rápido y por primera vez llegó la ciudad a una situación de apiñamiento.

[...]

Nuestros cálculos sobre la densidad de población durante la fase Xolalpan (ca. 450 d. C.-650 d. C.), fueron hechos a base de las zonas residenciales que existen en la parte occidental. Calculamos que la densidad máxima en esta zona era de 8 000 habitantes por kilómetros cuadrados. Llegamos a este cálculo contando los edificios en una extensión de 500 metros cuadrados y después calculando el número de personas que pensamos vivieron en estos edificios residenciales o semirresidenciales. Después, pasamos fuera del centro de la ciudad, donde la densidad no era tan grande, haciendo otros cálculos. A esta añadimos un cálculo para el corazón de la ciudad. Así llegamos a un cálculo muy provisional de 85 000 habitantes para la ciudad en su apogeo.

Durante la fase Metepec o Teotihuacán IV (650-750 d. C.), nuestros datos sugieren una disminución tanto en extensión como en población. La disminución que se ve en el lado sur fue compensada en parte por una extensión en la porción oriental. En total, la extensión durante esta época parece haber sido alrededor de 20 kilómetros cuadrados, ligeramente menor que la extensión durante la fase Xolalpan.

Después de la caída de la ciudad hubo un corto periodo que nosotros llamamos la fase Oxtotícpac (Proto-Coyotlatelco). Parece tan corto el periodo que nosotros proponemos que duró 50 años, o sea alrededor de 750 d. C., a 800 d. C. Ya estamos hablando de una ciudad muerta, con pocos habitantes agrupados en pequeños centros. La extensión de estas agrupaciones no llega a un kilómetro cuadrado. Es muy difícil calcular el número de habitantes en este periodo. Claro que si todavía ocupaban edificios que existían en la ciudad, y si trataban de vivir en grupos densos, posiblemente la población pudiera haber llegado a un máximo de 5 000 habitantes. Pero parece más probable que el número de habitantes fuera alrededor de 2 000.[104]

Este mismo antropólogo y arqueólogo, precursor de los estudios teotihuacanos, nos ofrece en su texto una visión muy interesante de los barrios urbanos de Teotihuacán, con un sistema constructivo bastante innovador que implicó la elaboración de cientos de unidades habitacionales, como se supo posteriormente. Así lo explica:

Los arquitectos teotihuacanos desarrollaron un tipo de vivienda muy bien adaptada a la vida urbana, un tipo parecido a la casa tipo atrio del Viejo Mundo. Me estoy refiriendo a la costumbre teotihuacana de construir cuartos alrededor de patios. Los departamentos en los edificios residenciales de Teotihuacán consisten de cuartos, pórticos y pasillos colocados alrededor de una serie de patios, los cuales estaban retirados de las calles. Los edificios residenciales teotihuacanos deben haber presentado un aspecto de lugares vedados con sus altos muros exteriores, siempre sin ventanas, en un marco de angostas calles. Edificios así construidos podrán haber hecho posible tener una vida más privada que en

> cualquier otro tipo de construcción en una ciudad apiñada. El patio con su drenaje admite luz y sol y le permite a uno estar afuera al mismo tiempo que estar solo o con su familia. No podemos decir si este tipo de construcción, tan típico de los edificios teotihuacanos, fuera inventado por arquitectos teotihuacanos. Pero lo que sí podemos decir es que este era el tipo de construcción regular de la antigua ciudad. En Teotihuacán se explotó más este tipo de construcción que en cualquier otro centro que conocemos de México, con la posible excepción de la capital de los aztecas.[105]

El arqueólogo Eduardo Matos Moctezuma cita a este autor cuando trata el tema de la destrucción de la ciudad con un enfoque urbanista y peculiar:

> El centro no fue simplemente consumido por un fuego extenso. Los templos y los edificios públicos no fueron simplemente destruidos, sino desmantelados, quemados, reducidos a escombros una y otra vez en ambos lados de la avenida por más de una milla. Yo he llamado a esta destrucción «Carthaginian» y tenía estas características. Esto es porque aquellos que empezaron este proceso quisieron estar seguros de que ningún poder o ninguna fuerza del estado teotihuacano volviese a renacer de esas ruinas. Porque la religión y el Estado estuvieron fusionados, el Estado no podía haber sido destruido sin destruir sus templos, y la destrucción de sus templos significaba la demolición ritual de cada uno de ellos dentro de un proceso de destrucción violenta. Esto fue lo que les sucedió a todos los templos de la Ciudadela, a los templos de la calle de los Muertos, a los templos situados en la periferia de la ciudad. Surgió un proceso de destrucción ritual y de desacralización sin precedente en Mesoamérica hasta que el corazón de la ciudad estuvo en ruinas ardientes, hasta que la mayoría de sus templos fueron destruidos y quemados (Millon, 1993).[106]

Independientemente de las causas que pudieron haber llevado a la destrucción del centro del poder civil y religioso teotihuacano, es importante insistir en la complejidad que representaba mantener la paz social, en condiciones inéditas, de una ciudad tan poblada y dependiente en lo fundamental de su producción urbana y del comercio. Es cierto que en la zona de influencia o núcleo central de la ciudad-Estado de Teotihuacán el área rural contaba con abundantes recursos: tierras fértiles para la producción agrícola; ríos y lagos importantísimos como los de Texcoco, Zumpango, Xaltocan, Xochimilco y Chalco; animales de monte, peces y aves; y el maíz completamente domesticado, lo mismo que las hortalizas y las aves de corral. De la misma manera, a los teotihuacanos se les acredita el posible origen de la tecnología chinampera, que luego floreció con gran éxito en Tláhuac y Xochimilco. Sin embargo, todo ello fue suficiente para las fases iniciales de la ciudad, pero no así tras el crecimiento desmesurado de su población. Tampoco alcanzó a garantizar la subsistencia necesaria, la naciente industria local de armas, los textiles y las artesanías de todo tipo: domésticas, ornamentales y rituales de gran calidad, todo ello, destinado al intercambio comercial con los pueblos más lejanos de Mesoamérica. Es importante detenernos a imaginar cómo transcurría la actividad en talleres y comercios en Teotihuacán. Todo era manejo de moldes, hornos, tejidos, alfarería y fabricación de lanzas con punta de obsidiana, hachas y cuchillos, así como el gran movimiento de obreros, maestros y comerciantes en las distintas plazas, tianguis o mercados de la Ciudad.

López Austin y López Luján apuntan que:

> A su potencial agrícola se sumaba el recurso mineral más importante en la economía de la época: la obsidiana. Con ella los teotihuacanos elaboraron toda suerte de utensilios que llegaban a los confines de Mesoamérica. Del cerro Olivares, en las proximidades de Otumba, procedía la obsidiana gris veteada; en tanto que la verde era extraída de un pequeño volcán al oeste de Tulancingo y de las excepcionalmente ricas minas de la Sierra de las Navajas, cerca de Pachuca. También podían obtenerse en la región una arcilla de excelente calidad para la alfarería, el basalto, el tezontle, la pizarra, la andesita y la arenisca.
>
> [...]
>
> A pesar del increíble volumen de la producción de alimentos, Teotihuacán debió su auge económico a su carácter de ciudad artesanal. Como dijimos, esta urbe dependía en buena medida de la exportación de manufacturas, y en primer término las de obsidiana. Distribuidos en prácticamente toda la ciudad, se han encontrado numerosos talleres especializados, entre ellos los de navajas prismáticas y los de cuchillos y puntas de proyectil. Aparte de este vidrio volcánico, los teotihuacanos trabajaban otros minerales, como el basalto, la andesita, la arenisca, la pizarra y el pedernal. Con ellos elaboraban toda suerte de instrumentos, tales como raspadores, raederas, puntas, metates, molcajetes, alisadores, machacadores, goznes de puertas y lajas de revestimiento. Los teotihuacanos también son célebres por sus trabajos de piedra pulida, en especial las máscaras elaboradas con piedras verdes.
>
> La alfarería no era menos importante. Las arcillas procedían de varias minas del propio valle y, debido a su origen volcánico, daban tras su cocción colores negros, cremas rosáceos, grisáceos o cafés, característicos de la cerámica de Teotihuacán. También en este campo había especialización. La producción de algunos alfares estaba dedicada a vajillas para el consumo doméstico. Un ejemplo interesante es el taller encontrado en Tlajinga, donde se manufacturaban, en hornos excavados en el tepetate, cazuelas y ánforas del tipo denominado Anaranjado San Martín. En cambio, de otros alfares procedían objetos rituales, como los incensarios tipo teatro, elaborados a un costado de la Ciudadela. La cerámica teotihuacana era rica en formas y decoración. La masificación de la producción hizo que, además de las técnicas de moldeado sin torno, se generalizara el uso de moldes. Proliferaron así las figurillas humanas con grandes cabezas planas, rapadas total o parcialmente, o con grandes tocados. También se fabricaron recipientes cuyas particulares formas llevarían el estilo teotihuacano a toda Mesoamérica; entre ellas se encuentran los célebres cajetes de cuerpo cilíndrico, con paredes sumamente delgadas y patas en forma de «almena». En muchas ocasiones los recipientes cerámicos eran decorados con una compleja simbología geométrica acompañada de formas naturalistas.[107]

Todo este inmejorable desarrollo urbano, pionero de la industria y el comercio en América, no pudo mantenerse de manera indefinida. Insisto en que los procesos civilizatorios duran por la creatividad, el trabajo de sus pueblos y el buen gobierno. Como sucedió antes con los olmecas, los mayas y los zapotecas, así pasó con los teotihuacanos. Sin embargo, no dejan de ser ciclos que resultan difíciles de alargar por condiciones estructurales, llámense economías de subsistencia o, como sostenía Pedro Armillas García, inteligente antropólogo y arqueólogo español, citado por Alberto Ruz, al tratar el tema del colapso de la civilización maya: «Las probabilidades de que culturas de este tipo de enormes super estructuras sobre fundamentos tecnológico-económicos insuficientes sobrevivan a crisis socioeconómicas graves, parecen ser muy pocas».[108] Sin embargo, e independientemente de lo que produzca la decadencia y detone la ruptura civilizatoria, no desaparecen la cultura ni los pueblos, y puede suceder que de la influencia de antiguas civilizaciones surjan otras sociedades, como aconteció que, de la inspiración y enseñanza teotihuacana, se alimentaron y nutrieron, en buena medida, importantes culturas posteriores y el incipiente y único imperio mexicano, el azteca o mexica.

El colapso de Teotihuacán también debe servir para insistir en que, a pesar de la importancia que tiene mantener el poder con lo ideológico o religioso, nada evita el derrumbe cuando hay crisis económica, opresión, pobreza o mal gobierno. Lo místico también es importantísimo y sublime, pero una cosa son las estructuras religiosas opulentas y lo complejos que pueden ser los rituales dedicados a tantas divinidades, y otra muy distinta las más puras creencias del pueblo, apegadas a sus necesidades vitales o más cercanas a su fe. Por lo general, cuando hay una crisis en las estructuras de poder y desaparecen los intermediarios entre el pueblo y los dioses, la gente continúa creyendo, prometiendo y ofreciendo lo que puede a su dios o deidades entrañables. Por ejemplo, con todo lo importante que fue el mito del sacrificio en el fuego para la creación del Sol y de la Luna en Teotihuacán, como se asegura con respecto a las prácticas religiosas de entonces, es muy probable que los teotihuacanos hayan olvidado a estos dioses, como seguramente ocurrió con otras deidades menos cercanas a la vida cotidiana, lo que evidentemente no sucedió de la misma manera con la veneración al dios del maíz o al del agua, como en cualquier otra cultura mesoamericana. La única divinidad mexicana antigua que escapa de este razonamiento es Tonantzin, la más celebrada y reconocida por todas las culturas o pueblos originarios, la virgen de Guadalupe, de la que hablaremos más adelante.

Sobre la concepción de Teotihuacán como imperio sostengo que, aun con su expansión hacia el norte y, sobre todo, hasta Centroamérica, su dominio territorial y político fue limitado. Podría ser más acertado sostener que los teotihuacanos fueron destacados comerciantes. Desde luego, sus mercaderes se hacían acompañar por guerreros y hay algunas batallas en las que, al parecer, participaron en las tierras bajas de El Petén guatemalteco, pero esto es de los pocos casos conocidos y, obviamente, teniendo como prueba solo las piezas arqueológicas, como las puntas de flecha con origen teotihuacano encontradas en la pirámide de El Tigre, en la zona de las tierras bajas de la Cuenca Mirador-Calakmul. Podría parecer extraño y paradójico, pero en realidad los teotihuacanos no pueden ser considerados como violentos o bélicos. En su ciudad no hay, como lo han reconocido arqueólogos, muchos motivos guerreros, escenas de batallas, cautivos o sacrificios en sus esculturas, murales o cualquier otra forma de iconografía, en este caso, imágenes sobre violencia. Parece paradójico, como decía, que una ciudad-Estado dedicada a fabricar armas no las produjera para crear poderosos ejércitos y conquistar territorios y pueblos, sino para venderlas a otros gobiernos, algo que habla bien de los teotihuacanos, quienes más bien optaron por lo místico, la creatividad y el trabajo en vez de tomar el camino que siguieron sus descendientes, con tan malos resultados para sus generaciones y las del porvenir.

Cacaxtla, Xochicalco y Tula

La destrucción de Teotihuacán, provocada por rebeliones internas o invasiones militares de otros pueblos, trajo consigo la ausencia de un poder fuerte y prestigioso en el centro del país. Eso condujo a la creación de otros Estados que, aunque de menor rango, buscaron ocupar los espacios y el vacío dejado por la majestuosa Ciudad de los Dioses. Las características principales de este periodo conocido como Epiclásico fueron la inestabilidad y la violencia, las cuales aparecen desde el derrumbe de Teotihuacán, en 650 d. C., hasta la llegada de los invasores europeos con la subsecuente imposición del colonialismo.

Por ello es indispensable conocer cómo fueron en lo general la supervivencia y el desempeño de, cuando menos, tres de las ciudades del centro de México que buscaban mantener el legado de Teotihuacán o imitar su grandeza. Me refiero a Cacaxtla, Xochicalco y Tula. Como ya dijimos, en todo este periodo Epiclásico, aun cuando hubo importantísimas expresiones culturales y artísticas, siempre la violencia y la inestabilidad política impidieron que esas manifestaciones perduraran y se convirtieran en mayores aportes civilizatorios. El caso de Cacaxtla es uno de ellos. Esta ciudad se ubica en el valle de Puebla-Tlaxcala, con una amplia extensión para la actividad agrícola, en el camino del Altiplano Central hacia Oaxaca, Veracruz, Tabasco, la península de Yucatán y Centroamérica. Se encuentra, además, a 85 kilómetros de Teotihuacán, por lo que pudo suplir, en mucho, la actividad manufacturera y comercial de esa gran urbe. Sin embargo, las confrontaciones bélicas, en vez de consolidarla como un centro económico de mayores dimensiones, convirtieron a Cacaxtla, por necesidad o por vocación, en una ciudad guerrera. Baste ver sus murales de bellas pinturas. El principal se ubica en los taludes que flanquean el acceso más importante a la plaza central, y lleva por nombre «La batalla»; a diferencia del de Bonampak, que más bien parece escenografía, este refleja un ambiente realmente bélico, con muchos guerreros, armas, indumentaria militar, muertos y heridos. Según los arqueólogos, estas verdaderas joyas de arte se elaboraron durante el apogeo de la ciudad, el cual data, en promedio, del 600 al 850 d. C.; es decir, se confirma que, tras la destrucción de Teotihuacán, floreció Cacaxtla, al sur de Tlaxcala. Con el añadido de que esta nueva ciudad se construyó como si se tratara de una fortaleza rodeada de cerros y fosos. En la descripción del sitio que aparece en el Tomo I, dedicado a los murales de Cacaxtla del Instituto de Investigaciones Estéticas de la UNAM, se lee:

> El cerro de Cacaxtla es una eminencia natural alargada, con dirección norte-sur, sobre la que se extienden las construcciones de mayor tamaño del sitio. Fue modificado por medio de nueve plataformas escalonadas que miden 500 metros de ancho, 300 metros de largo y 100 metros de alto. [...] Al sur se ubica la parte más baja, donde se emplaza La Mesita, una explanada sin construcciones visibles pero modificada artificialmente; hacia el norte se disponen varias plataformas hasta alcanzar la Plaza de las Tres Pirámides abierta por el lado oeste. Entre La Mesita y la Plaza de las Tres Pirámides se localizan 5 fosos que fueron excavados en terreno natural, con sentido este-oeste; algunos de ellos destruyeron pisos y estructuras de etapas anteriores. Los fosos miden 70 metros de largo, 10 metros de ancho y 4 metros de profundidad en promedio. Además, existe uno que ciñe a las plataformas por el norte y noroeste. Estos convierten a Cacaxtla en una importante área fortificada.[109]

Debido a la violencia, Cacaxtla solo mantuvo su auge alrededor de dos siglos; por ello, algunos arqueólogos la empezaron a considerar pronto como ciudad en abandono. Termino esta reflexión argumentando que la influencia, en todo sentido, de Teotihuacán hacia Tlaxcala, es una evidente realidad. Los tlaxcaltecas aprendieron la lección de lo sucedido a los teotihuacanos y se enseñaron a ser buenos guerreros, como lo demostraron más tarde. De los tiempos de mayor actividad económica de Teotihuacán extrajeron o reafirmaron su vocación por el trabajo agrícola y artesanal, y el comercio, que los distingue hasta nuestros días. Una de las veces que recorrí los 60 municipios de ese estado, sostuve que los tlaxcaltecas siempre se han parecido, por su laboriosidad, a los pobladores de China: hombres, mujeres y niños trabajan desde muy temprano y hasta que anochece en pequeñas parcelas, donde siembran maíz, frijol y hortalizas; pero, además, en los solares o patios tienen borregos, chivos o vacas; y dentro de la casa, el telar, con lo que se conforma la economía campesina familiar más integrada del país.

Xochicalco

Similar a Cacaxtla en cuanto a su belleza, la ciudad de Xochicalco, en Morelos, se urbanizó de manera ordenada y vivió su mejor época a partir de la destrucción de Teotihuacán en 650. Empezó su decadencia precisamente cuando llegaba a la plenitud de su desarrollo la gran metrópoli de Tula, en el actual estado de Hidalgo. Por lo mismo, a Xochicalco se le ubica igual que a Cacaxtla, en el periodo Epiclásico. Su arquitectura está bien diseñada: es como una fortaleza militar, con terrazas de niveles, protección natural de cerros, y construcción de murallas y fosos, como en Cacaxtla. Tiene un distintivo místico: es una ciudad dedicada a Quetzalcóatl y, como Teotihuacán, se caracteriza por su actividad comercial. Su ubicación la convierte en un centro económico estratégico que cubre territorios de los actuales estados de Morelos, México, Puebla, Guerrero y Michoacán. Aunque también en Cacaxtla hay elementos artísticos mayas, en Xochicalco son tan evidentes que en la escultura principal, dedicada a Quetzalcóatl, aparece, en una parte central y empotrada, la figura de un personaje principal de la civilización maya. Esto quiere decir que los pobladores de Xochicalco continuaron con la tradición comercial y de devoción por Quetzalcóatl de los teotihuacanos; pero, como los de Cacaxtla, imprimieron a sus actividades una mayor inclinación hacia lo bélico. Hay algo también excepcional de los antiguos pobladores de Xochicalco: el conocimiento preciso del movimiento de los astros. Es posible que se trate de la influencia teotihuacana o maya, expresada hasta la actualidad por su gran exactitud en cuanto a los movimientos del Sol, o eventos como los solsticios y los equinoccios, relacionados con la ciencia y la religión.

Claudia I. Alvarado León, maestra y doctora en Estudios Mesoamericanos por la UNAM y especialista en el análisis de este importante sitio, formula una muy interesante semblanza de esta urbe:

> Aproximadamente hacia 670 d. C., se erigió la ciudad de Xochicalco como centro rector de un vasto territorio que ocupa el poniente del actual estado de Morelos. Para aquel momento, el debilitamiento de Teotihuacán daba las pautas para la instauración de un nuevo orden sociopolítico en Mesoamérica, lo que se manifestaba en movimientos poblacionales, distintos patrones de asentamiento, cambios en las rutas comerciales y conformación de instituciones de carácter militar, entre otros.
>
> Si bien el declive teotihuacano debió tener grandes implicaciones en la región de Xochicalco, aún no queda claro cuáles fueron los procesos sociales que condujeron al establecimiento de la ciudad. Lo que es cierto es que, antes de 670 d. C., el cerro homónimo nunca había sido ocupado.

> La fundación de Xochicalco sobre la elevación de aproximadamente 120 metros de altura implicó una planeación estratégica y una gran fuerza de trabajo. El diseño urbano no solo tuvo como prioridad la organización espacial de los edificios de índole política, religiosa y administrativa de acuerdo con la jerarquización del orden social, sino también las obras de infraestructura necesarias para el buen funcionamiento de una ciudad, por ejemplo, vías de comunicación, desagües, áreas de captación de agua, etc. Las características inherentes del terreno exigieron soluciones arquitectónicas y urbanas particulares, como su transformación por medio de cortes y rellenos para la conformación de áreas en las que se erigieran las plazas, los templos, los palacios, las tres canchas de juegos de pelota y las áreas habitacionales.

Si bien la ubicación de una ciudad sobre un cerro no se antoja práctica, esta es una de las características que distingue a aquellos asentamientos que surgieron a partir del ocaso teotihuacano. En el caso de Xochicalco, la elevación no funcionó únicamente como delimitante de la ciudad, sino que también le proveyó de ventajas estratégicas para su defensa. En este sentido, el asentamiento destaca por la presencia de un sistema que fortaleció la defensa natural con muros de contención de 5 metros de altura en las partes más vulnerables a un ataque; una serie de fosos que circundan esas mismas áreas y que, en la parte sur, tuvieron más de 3 metros de profundidad; accesos controlados en puntos estratégicos; edificios que funcionaron como puestos de guardia para regular la circulación al interior de la ciudad —bastiones—, y vías de comunicación restringidas.

En cuanto al ordenamiento de los diferentes tipos de edificios, se ha establecido una jerarquía que es muestra fehaciente de la organización social de Xochicalco, en la parte más baja del asentamiento, Loma Sur, se han identificado áreas habitacionales en donde residieron familias que se dedicaban a la producción de objetos de obsidiana, material que provenía en su mayoría de yacimientos localizados en Ucareo, Michoacán, y Zacualtipan, Hidalgo.

En la parte intermedia de la elevación se localiza la Plaza de la Estela de los Dos Glifos, lugar con el mayor número de edificios de tipo templo, entre los que se encuentra la Gran Pirámide. Este edificio, dedicado a la deidad de las tormentas, destaca por su monumentalidad al ser la segunda estructura con el mayor volumen de la ciudad (cerca de 8200 metros cúbicos). La trascendencia visual de la pirámide desde el exterior y el interior del asentamiento, la accesibilidad a este entorno y la amplitud de la plaza han llevado a considerarla el punto de encuentro para la celebración de actividades de carácter público y ritual.

En el nivel más elevado se encuentra la Plaza Principal, en la que se localizan los edificios más importantes y emblemáticos de Xochicalco. En primera instancia se reconoce a la Pirámide de las Serpientes Emplumadas, célebre monumento que ha atraído la mirada de propios y extraños por la magnificencia de sus muros esculpidos, en el que destacan las ocho serpientes de cuerpos emplumados. Asimismo, la Pirámide de las Estelas ocupa un lugar trascendental en la ciudad por el hallazgo de tres estelas sin precedentes en el Centro de México. Y, por último, está la Acrópolis, un complejo palaciego multifuncional que fue sede del poder político de la ciudad.

Como resultado de los trabajos realizados por Norberto González y Silvia Garza a lo largo de cuatro décadas, se han podido definir momentos clave en los procesos de desarrollo de Xochicalco. Aquí destacaré solamente dos. El primero tiene que ver con un posible cambio en la organización política alrededor de 900 d. C., cambio que se manifiesta por la presencia de un gobierno encabezado por dos dirigentes. Tradicionalmente, esa fecha es la que se utiliza para dar término al periodo Epiclásico y, por consiguiente, para establecer el momento del declive de la ciudad. Por el contrario, junto con González y Garza hemos planteado que, derivado de la presión social, ambiental y la escasez de recursos básicos, el sistema político se reestructuró para mantener su hegemonía. Esta transformación repercutió en la modificación de los entornos, como la construcción de la Pirámide Gemela, junto a la Pirámide de las Serpientes Emplumadas y siguiendo su mismo diseño, orientación y dimensión; cambios arquitectónicos en la Acrópolis, como la construcción de un segundo piso; y la presencia de las tres estelas referidas con un texto que, aunque pendiente de descifrar, alude a la legitimidad del poder político y religioso de la clase hegemónica.

El segundo punto a destacar tiene que ver precisamente con la fecha atribuida al abandono de Xochicalco que, de acuerdo con los datos obtenidos, se establece alrededor de 1065 d. C. Por lo mismo, no es de extrañar el hallazgo de materiales cerámicos diagnósticos de ciudades emblemáticas del Posclásico Temprano, como la cerámica Alicia Calado, de Tula, y la matlatzinca, de Teotenango.

Fue así que, alrededor de aquel año, la ciudad sufrió las consecuencias de una revuelta que se gestó en el centro del poder y que trajo consigo el saqueo, la destrucción y el incendio de aquellos entornos, monumentos y símbolos propios de la clase hegemónica. Para ese entonces, la ciudad fue completamente abandonada y, salvo un par de construcciones efímeras y modestas del Posclásico Tardío, no existe evidencia de que Xochicalco haya vuelto a ser ocupada.[110]

Una reiterada lección en toda la historia de las culturas mesoamericanas, y posiblemente de dimensión mundial, es que las ideologías, la religión, los mitos y la propaganda funcionan para gobernar pueblos, siempre que se garantice la subsistencia de las clases dominadas. Cuando esto no se alcanza por el mal gobierno o la extravagancia de los dignatarios —sean civiles o religiosos—, ni el militarismo puede detener la rebelión de los oprimidos, y prueba de eso fueron Xochicalco, Tula, y más tarde, Tenochtitlan. Los pueblos no se levantan en armas por cambios en la religión o por mitos o presagios; ni siquiera por rivalidades políticas con otros pueblos; sino por la sobreexplotación y el sometimiento que padecen por parte de las élites y de sus gobernantes. Como hemos venido reiterando, luego de un colapso, es la cúpula del poder la que se rompe y desaparece: tlatoanis, sacerdotes, comerciantes y jefes guerreros. La gente del pueblo solo se repliega, busca conseguir su sustento y sigue creyendo en los dioses más cercanos a su realidad y a sus íntimos sentimientos; los grandes dioses o deidades de la religión de Estado no son imprescindibles.

Xochicalco, como ya vimos, se construyó pensando en fortificarla para dominar por la fuerza; sin embargo, en relativamente poco tiempo fue arrasada y destruida por las exigencias a sus pueblos tributarios. También aquí aprovecho para adelantar que no comparto la visión impuesta desde la invasión europea, sobre todo por el adoctrinamiento de misioneros a las órdenes de los monarcas españoles y de sus representantes o virreyes, así como por estudiosos de las distintas disciplinas de las ciencias sociales respecto a que existían los sacrificios humanos porque de ello se alimentaban los dioses, ni considero cierto que los pueblos mesoamericanos creyeran que su porvenir dependiera de reverenciar a sus deidades con tales sacrificios. Tampoco creo que fuera tan malo Huitzilopochtli, el llamado dios de la guerra, ni peor que el «dios bueno» Quetzalcóatl, quien, en la versión oficializada por los misioneros, supuestamente se oponía a los sacrificios humanos. Creo, desde luego, que pudieron existir humanos que fueron deificados con esos nombres por medio de mitos, y convertidos en leyendas. Sin embargo, los castigos, las represalias y, en su caso, los asesinatos de enemigos, no eran por solicitud o culpa de ellos, sino por decisión de gobernantes terrenales que deseaban ser temidos y aceptados mediante el terror.

En otras palabras, los mitos no provienen de divinidades, sino de gobernantes civiles y autoridades religiosas tanto de las culturas prehispánicas como de colonizadores, quienes no dudaron en emplearlos para justificar su predominio político. Por ejemplo, la historia contada por supuestos informantes del fraile Bernardino de Sahagún acerca del sol y de la luna en Teotihuacán es, además de leyenda, una encubierta justificación para usar los sacrificios humanos como medida de intimidación y muerte de opositores internos o de otros pueblos. En este caso, el maestro León-Portilla lo expresa claro y de manera categórica en su introducción al relato; el mensaje es: «Si por el sacrificio se restauraron el sol y la vida, tan solo por medio de parecidos ofrecimientos de sangre podrá conservarse cuanto existe».[111]

En cuanto al mito de Quetzalcóatl, es obvio que era el dios predilecto no solo de los toltecas, sino también de los cronistas y misioneros católicos españoles, pues para ellos se trató de un buen gobernante que se oponía a los sacrificios humanos, los cuales, según su concepción, eran realizados fundamentalmente por los mexicas y recomendados por su malévola deidad Huitzilopochtli. Para Sahagún, Quetzalcóatl era un sacerdote contrario a los sacrificios humanos e incluso el obispo Diego de Landa de Yucatán, con fama bien ganada de inquisidor, hablaba bien de Quetzalcóatl, al que en la península de Yucatán se le conoció como Kukulkán. Según el prelado, «dicen que fue bien dispuesto y que no tenía mujer ni hijos [...] el cual estuvo en Chichén Itzá y fundó Mayapán; o de Tutul Xiu, que conquistó Uxmal e introdujo el culto del dios».[112]

Pero también Piña Chan menciona que en el *Popol Vuh,* libro sagrado de los mayas, se habla de Quetzalcóatl, conocido como Gucumatz, quien, según este texto, «verdaderamente era un rey prodigioso. Siete días subía al cielo y siete días caminaba para descender a Xibalbá (mundo de los muertos); siete días se convertía en culebra y verdaderamente se volvía serpiente; siete días se convertía en águila; siete días se convertía en tigre [...] y este fue el principio de la grandeza del Quiché, cuando el rey Gucumatz dio muestras de su poder».[113]

En estos casos, el mismo maestro Piña Chan tiene una buena reflexión que, considero, debe aplicar para todos los interesados en conocer lo que realmente sucedió en la época prehispánica, y explica:

> El *Popol Vuh,* el Memorial de Sololá, el *Título de los Señores de Totonicapán,* la Leyenda de los Soles, en los *Anales de Cuauhtitlan,* los *Chilam Balames* de Maní y Chumayel, el *Códice Florentino,* Sahagún, etcétera, son fuentes primarias para el conocimiento de la historia antigua de Mesoamérica, expuestas en un estilo literario propio, pero en las que

> se mezcla lo verdadero con lo falso, lo real con lo imaginario, lo racional con lo pasional, lo general con lo ocasional, lo histórico con lo mitológico. Por ello deben ser analizadas críticamente, a efecto de encontrar lo que es comprensible o real y lo que es aprehensible o emocional, lo verdadero y lo imaginario, ya que en el lenguaje —poético o particular de cada una de ellas— las palabras son como símbolos y las frases como signos que se combinan para expresar una realidad no carente de historicidad.[114]

Finalmente, considero que es obvio el carácter político y militar de los mensajes de Huitzilopochtli. No dudo que se haya transformado, con el tiempo, de gobernante en deidad, al igual que su rival Quetzalcóatl; pero, cuando se empieza a saber de él, aparece como un líder guerrero fuerte, de vocación autoritaria y con afanes de dominación expansionista. Posteriormente, ese ejemplo lo continúan la mayoría de los tlatoanis que lo suceden y veneran. Esto se inicia cuando, hacia el año de 1428, los mexicas derrotan a sus aliados de Azcapotzalco, los convierten en sus tributarios, llevan a cabo la alianza con Texcoco y Tacuba, y reforman sus procedimientos internos con la misión de someter a todos los pueblos de Mesoamérica, como destino manifiesto, para elevar prácticamente como único dios a Huitzilopochtli, quien les ha enseñado que: «La guerra es el camino para mantener la vida del sol y lograr el engrandecimiento del pueblo mexica»,[115] pero, también a través de los gobernantes y sacerdotes, les envía el mensaje de darle preferencia en las funciones más importantes del Estado:

> Él tendrá a su cargo el trabajo de la guerra,
> su mando en la guerra,
> en la conquista de gentes,
> por todas partes,
> en las poblaciones [*ahuacan, tepehuacan*],
> allí servirá, se hará su macehualli,
> allí donde llegarán
> quienes sean vuestros hijos,
> vuestros nietos, vuestros bisnietos,
> vuestros hermanos menores,
> vuestras barbas, cejas, uñas [descendencia],
> vuestras espigas pequeñas de maíz,
> todos vuestros descendientes...[116]

Luego de reflexionar sobre la razón de ser de los mitos, volvamos al análisis de cómo fue la vida pública en Tula durante los 312 años en que existieron los toltecas; para ello nos apoyaremos en Jorge R. Acosta, el arqueólogo que trabajó 10 temporadas en excavaciones, análisis e interpretación, desde 1940 hasta 1954, y a quien le daremos el espacio para conocer cómo era la arquitectura de esta antigua ciudad, sus esculturas, la pintura, la cerámica, la escritura, el arte, las deidades, sus gobernantes y las causas de su destrucción a mediados del siglo XII; todo ello, con el apoyo imprescindible de

Enrique Florescano, quien tiene una concepción crítica, reflexiva e interesante de lo sucedido en Tula. Sea como lo sugiere Piña Chan, que Tula fue construida con la participación de arquitectos y maestros mayas después de haber construido Chichén Itzá, o como lo sostienen otros arqueólogos, que los toltecas hicieron Chichén Itzá cuando incursionaron hacia la península, lo cierto es que Tula fue, en su tiempo, una ciudad majestuosa. El arqueólogo Acosta confiesa que Tula era muy difícil de reconstruir por tratarse «de una ciudad arrasada por un gran incendio».[117] Sin embargo, con el trabajo de campo fue posible reconfigurar edificios y recuperar valiosas piezas escultóricas y artísticas. En la pirámide posiblemente dedicada a Quetzalcóatl fueron colocados los cuatro famosos atlantes, que miden más de 4.5 metros de altura y están elaborados con basalto, así como otros esbeltos pilares «magistralmente esculpidos en bajo relieves y que representan guerreros alternando con escudos de armas».[118] En cuanto a las esculturas de una de las fachadas de la pirámide de Quetzalcóatl, donde aparecen ocelotes, coyotes y águilas, hay una de estas que es de las preferidas en toda la bibliografía antropológica, pues se trata del tema de la devoración de corazones, el cual se repite como literatura en todos lados: es un águila que tiene en la boca algo que podría ser un pájaro, un conejo o cualquier otro animal, pero que a alguien le pareció que estaba comiendo un corazón, el cual, baste decir, está elaborado con barro color café claro y posee diversidad en la decoración y un buen número de objetos.

Acosta vincula su análisis con Xochicalco y afirma «que la arquitectura en Tula es una mezcla de varios estilos y tiene mucho más en común con Xochicalco que con otros lugares, tanto en la manera de representar los signos como también que ambos utilizaban dos diferentes sistemas numéricos».[119] Luego el arqueólogo cuenta sobre el arte tolteca que:

> Al explorar los altares de las salas ceremoniales, aparecieron varias ofrendas dentro de recipientes de piedra. Entre los objetos hallados, se encuentran dos placas de jade color verde magistralmente talladas. Cada una de ellas, muestra una figura humana que ha sido interpretada como un sacerdote, en vista de que no porta armas.
>
> La técnica utilizada en el tallado de estas piedras es poco común. Es una variación del bajorrelieve, en el que el fondo ha sido rebajado, para que la figura quede realzada. Esta técnica, cuando se aplica al tallado en madera o en barro se llama «champlevé».
>
> Cuando apareció la primera placa en 1950, había quienes sostenían, sin ningún fundamento, que se trataba de un objeto importado. Ya con el hallazgo de la segunda placa, semejante en forma y trabajada con la misma técnica, queda mostrado de que son irrefutablemente piezas locales. Esto se refuerza debido a que la figura de la segunda placa es parecida a una escultura procedente de Tula que actualmente se encuentra en el Museo Nacional de Antropología.
>
> Otros tipos de objetos que también estuvieron en boga durante la ocupación tolteca, son las vasijas de alabastro [...][120]

Es lógico pensar que la iconografía está dedicada a Quetzalcóatl, el dios titular de Tula y de otras ciudades durante ese periodo. Acosta también menciona que el tiempo de mayor auge de Tula se expresó a mediados del siglo IX y que sucumbió tres siglos después, pues, según sus datos, la ciudad existió durante 312 años:

> Bajo el dominio del gran sacerdote y rey Ce Acatl Topiltzin Quetzalcóatl y sucesores, Tula llegó a ser la más alta exponente de la cultura en el Centro de México y se edificó una ciudad de una belleza incomparable, que fue el modelo para Chichén Itzá y la gran Tenochtitlan.
>
> El dios principal fue Quetzalcóatl y su supremacía duró hasta la destrucción de la ciudad. Hubo un marcado predominio de las castas militares y los poderosos ejércitos toltecas conquistaron grandes extensiones territoriales para formar un imperio cuyas fronteras fueron superadas solo por el de Moctezuma.
>
> Ya a mediados del siglo XII, el dominio tolteca llegó a su fin. Las causas que lo ocasionaron fueron múltiples. Una de ellas, posiblemente fue la lejanía de sus fronteras, que eran difíciles de defender con los soldados mercenarios de que disponía el Imperio. Otra fue el debilitamiento general causado por las sequías, que produjeron el hambre y el descontento del pueblo. Además de lo anterior, se debe tomar en cuenta, que tuvo lugar una desastrosa lucha interna, producida por las exigencias, cada vez más tiránicas de Huemac, último rey de Tula.
>
> Bajo estas situaciones difíciles, se comprenderá que era imposible que los toltecas pudieran enfrentarse con éxito a las defensas del Imperio. Llegó el momento en que se desmoronó la resistencia y Tula cayó en poder de los invasores.
>
> Aunque Tula fue arrasada por el fuego y huyeron sus habitantes, no por eso murió su cultura. Esta siguió floreciendo en las ciudades periféricas, en las que se refugiaron algunos grupos de toltecas. Estos con el tiempo, se mezclaron con los recién llegados y formaron lo que se ha llamado la «Cultura Azteca» que no es más que la continuación de Tula a través de Tenochtitlan.[121]

No obstante, Enrique Florescano, aunque coincide en buena medida con Acosta, tiene otra versión, sobre todo del papel de Quetzalcóatl en Tula. Según este inolvidable historiador, Sahagún fue engañado por sus informantes indígenas al exaltar la benevolencia de Quetzalcóatl, cuando asegura que los toltecas «Adoraban a un solo señor que tenían por dios, al cual llamaban Quetzalcóatl [...] y así lo que les mandaba lo hacían [...] y les solía decir muchas veces que había un solo señor y dios, que se decía Quetzalcóatl y que no quería más que culebras y mariposas que le ofreciesen y diesen en sus sacrificios».[122]

Como se advierte, este texto es uno de los primeros en transmitir una imagen del gobernante completamente distinta a la tradición mesoamericana, pues el jefe de hombres, el caudillo militar, se ha transmutado en dios de una religión que rechazaba los sacrificios humanos. Ahí, Sahagún ofrece esta descripción deslumbrante de la residencia del sacerdote Quetzalcóatl en Tula:

> Había también un templo que era de su sacerdote llamado Quetzalcóatl, mucho más pulido y precioso que las casas suyas. El cual tenía cuatro aposentos: el uno estaba hacia el oriente, y era de oro, y llamábanle aposento o casa dorada, porque en lugar del encalado tenía oro en planchas, y muy sotilmente enclavado; y el otro aposento estaba hacia el poniente, y a este le llamaban aposento de esmeraldas y de turquesas, porque por dentro tenía pedrería fina de toda suerte de piedras, todo puesto y juntado en lugar de encalado como obra de mosaico, que era de grande admiración. Y el otro aposento estaba hacia el mediodía que llamaban sur, el cual era de diversas conchas mariscas y en lugar del encalado tenía plata, y las conchas de que estaban hechas las paredes estaban tan sotilmente puestas que no parecía la juntura de ellas. Y el cuarto aposento estaba hacia el norte y ese aposento era de pedrería colorada y jaspes y conchas, muy adornado.[123]

Para Florescano, Tula vive dos etapas: la del gobierno de Quetzalcóatl, según él, igual de militarista que el de Teotihuacán y otras ciudades-Estado, y que concluye con la huida o desaparición de Quetzalcóatl para convertirse en deidad; y la etapa posterior, que inicia a partir de entonces y concluye con el derrocamiento de Huémac, el último gobernante de Tula durante la destrucción de la ciudad. Así lo expone:

> La caída de Topiltzin Quetzalcóatl es el primer acontecimiento y ocurre antes de la destrucción de Tula. Apoyan esta interpretación los testimonios que afirman que Topiltzin es el fundador y primer gobernante del reino de Tula. (*Códice Chimalpopoca).* Unas fuentes dicen que en Tula primero gobernó Topiltzin Quetzalcóatl y más tarde Huémac, quien lo sucedió en el cargo. La «Relación de la genealogía y linaje de los señores que han señoreado esta tierra de la Nueva España» afirma que «muerto el Tolpici o ido de Tula», pasado cierto tiempo, «fue elegido uno del linaje del dicho Tolpici», llamado Huémac.
>
> [...]
>
> Los episodios que integran el llamado «Ciclo de Huémac» están presentados en forma de presagios del derrumbe de la capital tolteca, como se lee en los capítulos V a XII del Libro tercero de Sahagún. Las premoniciones que inician con el episodio que narra la incontinencia sexual de la hija de Huémac, quien al caer enferma de amor por un huaxteco obliga al padre a aceptar al extraño como yerno. Siguen luego otros episodios funestos, entre ellos el asesinato de numerosos toltecas por el demonio Titlacahuan, la aparición en el mercado de un gigante que siembra la muerte en la ciudad, el baile frenético provocado por Titlacahuan, que concluye con la muerte de los participantes; más adelante se relata el incendio del monte Zacatepec seguido por el anuncio del fin del poderío tolteca; a continuación se describe la sucesión terrible de años de sequía, plagas y hambrunas, y una matazón de toltecas provocada por una anciana que los atraía con el olor del maíz tostado.
>
> [...]

La comparación de los episodios que relatan la caída de Topiltzin Quetzalcóatl con los que describen la destrucción de Tula muestra que el tema, los actores y el desenlace de la narración son diferentes. En la saga de Topiltzin Quetzalcóatl el tema es la tragedia que convierte el venerado sacerdote en un paria; su actor principal es el mismo Topiltzin y el desenlace es la trágica salida de Tula. En cambio, en el «Ciclo de Huémac» el tema central son los presagios que anuncian la destrucción de Tula; sus actores son Huémac y el poderoso demonio Titlacahuan, y el desenlace es el ineluctable derrumbe de Tula y la diáspora tolteca.

[...]

Otro misterio que oscurecía la saga de Topiltzin Quetzalcóatl tiene que ver con las causas que motivaron el abandono y la destrucción de Tula. La tesis que atribuía la caída del reino a un conflicto religioso entre los seguidores de Topiltzin Quetzalcóatl y los perversos partidarios de Tezcatlipoca se fundó en las crónicas de los frailes españoles que identificaron a Topiltzin Quetzalcóatl con un sacerdote contrario a los sacrificios humanos o con un apóstol cristiano. Esta interpretación ha sido superada por los datos que muestran que Tula fue el teatro de un conflicto político entre el bando de los llamados tolteca-chichimeca —el grupo más poderoso de esa ciudad, de ascendencia norteña, que habla náhuatl y que posee destrezas guerreras—, y el grupo nonoalca, integrado por una élite de sacerdotes, pintores, cantores y artesanos. Según estas fuentes los nonoalcas también hablaban náhuatl, de modo que tanto ellos como los tolteca-chichimeca eran grupos culturalmente formados en la tradición de Tolla-Teotihuacán.

Una fuente clave, la *Historia tolteca-chichimeca*, informa que el conflicto entre ambos grupos se intensificó cuando Huémac ascendió al poder en Tula. Huémac era un jefe tolteca-chichimeca, quien, apenas subió al trono, impuso a los nonoalcas tantos tributos y humillaciones que estos optaron por rebelarse. Al parecer, otros líderes y jefes del linaje tolteca-chichimeca se aliaron con los nonoalcas para, juntos atacar a Huémac, quien murió flechado en la cueva de Cincalco. Sin embargo, a pesar de esta victoria, los nonoalca ya no quisieron radicar en Tula e iniciaron la diáspora que los llevó a territorios de los actuales estados de Puebla, Tlaxcala y Oaxaca. Los toltecas-chichimecas permanecieron en Tula unos años más, pero luego también se sumaron a la desbandada general y abandonaron la ciudad.

La Historia *tolteca-chichimeca* describe el enfrentamiento entre los tolteca-chichimecas y los nonoalcas y relata la deserción de Tula por ambos grupos, pero en estos relatos el sembrador de la cizaña es Huémac, a quien se reconoce como señor de Tula. Es decir, en esta fuente no aparece el personaje Ce Ácatl Topiltzin Quetzalcóatl como jefe, actor o testigo de la destrucción de Tula, lo cual corrobora que Huémac, como hemos dicho antes, fue el último o uno de los últimos gobernantes de la capital fundada por Topiltzin Quetzalcóatl. Con todo, ni esta ni otras fuentes proporcionan datos fidedignos sobre los conflictos que determinaron la destrucción final de Tula.[124]

Para concluir este apartado, quisiera destacar un pequeño párrafo del maestro Florescano en el cual, como cosa extraña en los estudios antropológicos y de otras disciplinas de las ciencias sociales, se cuestiona la falta de imparcialidad de las fuentes documentales y cómo en este caso se convierte a dioses en demonios o a demonios en dioses. De modo que es profundamente meritorio que el maestro Florescano sostenga:

> Otro avance de la crítica historiográfica y del análisis filológico permitió descubrir que el Topiltzin Quetzalcóatl contrario a los sacrificios humanos y modelo del sacerdocio fue una compleja fabricación atribuible a los frailes españoles, a los indígenas nobles cristianizados por ellos en el turbulento tiempo de la conquista y los primeros años de la imposición del dominio español, que trastocó los antiguos valores mesoamericanos y abrió paso a las concepciones religiosas e históricas europeas.[125]

En fin. Como he venido diciendo, los frailes y cronistas que llegaron desde el inicio de la llamada Conquista no solo callaron sobre los abusos y las atrocidades cometidas por los españoles contra los indígenas, sino que además inventaron historias para cumplir con la consigna del imperio colonizador que reafirma su misión «civilizatoria» contraria a la barbarie que, supuestamente, existía en Mesoamérica, donde lo común eran las guerras, la violencia y, de manera especial por su carácter evidentemente propagandístico, la práctica de los sacrificios humanos y el canibalismo. Ya veremos cuándo fue que realmente empezó a correr la sangre por la avaricia y la muerte sin fin en nuestra suave patria.

•••

El incipiente Imperio mexica

Aun con sus diferencias o matices, los estudiosos aceptan lo del peregrinar de los aztecas, posteriormente autodenominados mexicas, desde la partida de la mítica isla de Aztlán, cuando enfrentaron todo tipo de adversidades en el largo camino, pero siempre con la eficaz guía de Huitzilopochtli, hasta llegar al sitio preciso donde, según el mito, debía fundarse su nación en medio de un gran lago: Tenochtitlan.

En efecto, el trayecto llevó muchos años y no fueron precisamente bien recibidos o vistos con agrado por los pueblos que encontraron durante la travesía. Los cronistas aseguran que pasaron por Tula y luego por Ecatepec, donde se presentan los sucesos sobre el mito de Huitzilopochtli, quien defiende a su madre, Coatlicue, decapita a su hermana y sacrifica a «los 400 surianos» opositores que pretendían desobedecerle y buscaban quedarse en ese lugar para no continuar al sitio elegido por él. Según Sahagún, «en la mitología mexica el episodio de Coatepec simboliza el nacimiento del dios protector de ese pueblo y la encarnación de la fuerza abocada a destruir a sus enemigos».[126]

Posteriormente, según se sabe, los mexicas se detienen por poco tiempo en Tenayuca, «pasan por Azcapotzalco y arriban hacia 1296 a Chapultepec, el cerro del Chapulín, donde padecen la hostilidad de los pueblos ahí asentados».[127]

Es importante la reflexión de Florescano, apegada a las crónicas, sobre cómo, durante un largo proceso de nomadismo como pueblo errante, los mexicas van formando la cultura que los llevaría a fundar un Estado poderoso para, en un periodo de menos de un siglo, transformarse en un incipiente pero extendido imperio. El historiador nos dice:

> Esclavos, tributarios y brazos dispuestos para la guerra, tal fue por décadas el destino del pueblo de Huitzilopochtli, bajo la tutela de Colhuacan y el poderío tepaneca. Durante muchos años los mexicas padecieron la condición de pueblo oprimido, pero al mismo tiempo se insertaron en el centro de una efervescencia política y social que entonces impulsó a la gran transformación del Valle de México. Colhuacan, el señorío que los acogió en calidad de tributarios y hombres puestos para la guerra, era el mayor centro cultural de la región, la capital que en los siglos IX y X concentró el legado teotihuacano y la cuna de Ce Ácatl Topiltzin Quetzalcóatl, el legendario tlatoani formado en la tradición tolteca que unió ese antiguo legado con el de los pueblos norteños (chichimecas y otomíes) y fundó Tula, el reino que por más de un siglo impuso su dominio en la región central y meridional de Mesoamérica. Por este pasado prestigioso, y por el poder militar y estratégico de Colhuacan en el área de los lagos, la relación de los mexicas con los colhuas jugó un papel decisivo en el desarrollo del pueblo de Huitzilopochtli.
>
> Como se ha visto, en el transcurso de su migración los cazadores mexicas adquirieron destrezas guerreras. Esa travesía, su estancia en Colhuacan y su relación con Azcapotzalco, la mayor fuerza militar de la región, cambiaron radicalmente su fisonomía primitiva y los transformaron en expertos en el oficio de la guerra y en ávidos aprendices de las innumerables formas de tejer alianzas y manejar el arte de la intriga política. Los códices y las crónicas que relatan su periplo migratorio, a pesar de ser documentos posteriores a los sucesos que narran, dan cuenta de la profunda transformación social, política y cultural que experimentaron los migrantes. En estos textos se advierte que los mexicas inician su largo recorrido como cazadores chichimecas y lo terminan como pueblo organizado según el modelo tolteca de los antiguos teotihuacanos. En los 274 años que dura su peregrinación aprenden el náhuatl, cambian los atavíos agrestes por ropas de algodón y sus ritos, dioses, ciudades e instituciones adoptan el canon tolteca.[128]

Sin embargo, como el mismo Florescano lo sostiene:

> En 1325 o 1345, cuando ocurrió la fundación histórica, Tenochtitlan era un poblado pequeño, sin renombre. Sus primeros *Tlatoque*, Acamapichtli (1375-1395), Huitzilíhuitl (1396-1417) y Chimalpopoca (1417-1426) estuvieron supeditados al poder de los señores de Azcapotzalco y carecieron de relieve. Solo hasta más tarde, tras la derrota

> a los tepanecas de 1428, la fundación de Tenochtitlan adquirió el simbolismo de término de la prolongada marcha del pueblo escogido, el significado de territorio predestinado y el fulgor de signo premonitorio de la grandeza futura.[129]

En efecto, la etapa que marca la transformación de ciudad-Estado a incipiente, pero a la vez poderoso imperio, comienza cuando se construye la Triple Alianza; es decir, cuando los mexicas se alían con Texcoco y Tacuba. Este acuerdo no solo les permite someter a Azcapotzalco y convertirlo en tributario, sino que, además, es cuando se sienten predestinados porque ellos, según Huitzilopochtli, tienen por misión someter a todos los pueblos de la tierra: «Hacer ver que los *pipiltin* son los genuinos servidores de los dioses y ejecutores de sus designios. Persuadir a todos, *pipiltin* y *macehualtin,* de que, al someter a todos los pueblos del *Cemanáhuac,* mundo, se está realizando el *tonalli* de Huitzilopochtli y el de todos los mexicas, aquí en *Tlaltícpac,* la tierra y en *Topan, Mictlán,* "en lo que nos sobrepasa, en la región de los muertos", en el más allá».[130]

Se habla incluso de que, luego del sometimiento de Azcapotzalco y la llegada al poder del duro Itzcóatl, se comenzó una reforma que consistió, fundamentalmente, en optar por la guerra y cambiar la manera de elegir al tlatoani o jefe supremo para facilitar la imposición de familiares y altos mandos militares. Asimismo, se definieron las reglas del reparto de lo obtenido en conquistas con sus aliados para implementar, mediante el tributo y el comercio, una especie de economía de Estado; pero, sobre todo, fincar este nuevo modelo en la aplicación de la fuerza, como lo han hecho otras tiranías desde que el mundo es mundo. No obstante, reitero que, como está demostrado, ese modo autoritario de gobierno basado en la opresión, aun con la ideología más refinada y con la mayor utilización del aparato coercitivo, no tarda mucho en derrumbarse y desaparecer. La dictadura perfecta solo puede existir de manera transitoria; pero, más temprano que tarde, acaba aborrecida y en ruinas.

Esta reforma en la política de los mexicas los llevó, en menos de un siglo, a demostrar su poderío, y comenzó, como hemos visto, en 1428, y llegó a su fin un triste y lamentable martes, el 13 de agosto de 1521. Para esta época se cuenta con mayor información, aunque no deja de tener el sesgo de los interesados de ambos lados, fundamentalmente de los conquistadores, frailes y cronistas españoles que jalaron agua para su molino. Según los estudiosos del tema, antes de la reforma para centralizar el poder y militarizarlo, la elección del tlatoani recaía en un consejo de notables en lugar de la llegada al cargo por herencia. Sin embargo:

> Contra esa tradición trabajaron las reformas introducidas por Itzcóatl. Su principal objetivo fue reducir la participación del calpulli y promover el ascenso de los parientes allegados al tlatoani y de los jefes militares en la trama política del Estado. Junto al Consejo Supremo, Itzcóatl y Tlacaélel crearon otros consejos, cuyos puestos de mayor jerarquía fueron ocupados por familiares de los tlatoque y por capitanes de la guerra.[131]

Cuando se trataba del ascenso de un nuevo tlatoani, había un ceremonial especial, tanto civil como religioso y militar. Con apego a lo descrito en las crónicas, Florescano lo interpreta de esta manera:

> Al finalizar la ceremonia de selección el elegido era llevado por los reyes de Texcoco y Tacuba al pie del Templo Mayor, caminando en silencio, «y llegados al patio y puesto el señor ante las gradas del templo, subíanlo de brazo dos caballeros de la ciudad, e iba desnudo con solo los paños de la puridad como ellos los usaban». Llegados arriba hacían su acatamiento al ídolo [...] Lo primero que el gran sacerdote hacía era teñir de negro todo el cuerpo del señor con tinta muy negra, y tenía hecho un hisopo con ramas de edro y de sauce y de hojas de caña, y puesto el señor de rodillas rociábalo cuatro veces con agua saludándolo con breves palabras, y luego le vestían una manta pintada de cabezas y huesos de muertos, y encima de la cabeza le ponían dos mantas, la una negra y la otra azul de la misma pintura. Sigue a este momento una fase de retraimiento en la que prevalece la oración y la penitencia. Sahagún informa que después de incensar a Huitzilopochtli el tlatoani electo descendía con lentitud las escaleras del Templo Mayor sostenido por sus acompañantes, y juntos entraban a «una casa donde habían de hacer la penitencia cuatro días, que se llamaba *tlacochcalco* o *tlacatecco,* que estaba dentro del patio de Huitzilopochtli. Ahí estaban cuatro días sin salir del patio, y ayunaban todos los cuatro días que no comían sino una vez al mediodía. Y todos los días iban a incensar y ofrecer sangre al medio día y a la media noche, delante de la estatua de Huitzilopochtli».[132]

En la parte cívica, no deja de ser ese protocolo o ceremonial muy parecido al continuado hasta los tiempos del México independiente: los discursos de los representantes de los otros dos poderes, el señor de Texcoco y el de Tacuba, las palabras de caciques o señores invitados de otras comarcas para reiterar lealtad, la entrega de regalos, el baile y la fiesta popular. En la crónica de Sahagún aparece el fragmento de un supuesto discurso del tlatoani, cuya retórica y demagogia es tan evidente que bien vale la pena transcribirlo:

> ¡Oh, señor humanísimo, regidor y gobernador invisible y impalpable, criador y sabidor de todas las cosas y pensamientos, adornador de las ánimas! ¿Qué diré más, pobre de mí? ¿Qué modo tendré en gobernar y regir esta vuestra república? ¿Cómo tengo de llevar esta carga del regimiento de la gente popular [?] Con brevedad y súpitamente somos nombrados para las dignidades.
>
> Pero ignoro el camino por donde tengo que ir [...]
>
> ¡Señor nuestro humanísimo! En vuestras manos me pongo totalmente porque yo no tengo posibilidad para regirme ni gobernarme, porque soy ciego y soy tiniebla [...] Tened por bien, señor, de me dar un poquito de lumbre, aunque no sea más de cuanto echa de sí una luciérnaga que anda de noche, para ir en este sueño y en esta vida.[133]

Aun cuando es casi un hecho que los frailes y cronistas tenían la consigna de exhibir la barbaridad y la crueldad de los supuestos sacrificios humanos y el canibalismo, estas ceremonias, según ellos, siempre terminaban con un espectáculo de terror que, de haber sido cierto, más que como ritual habría que verlo como un acto de reafirmación sin matiz del ejercicio del poder impío y como una advertencia para los rebeldes o insumisos. Por ejemplo, un escritor extranjero, Richard Fuller Burghart, citado por Florescano, sostiene, seguramente con información de un fraile o cronista oficial:

> Después de concluidos los quatro días de bayles y comidas venían Los señores al sacrificio, ademados todos con sus vestiduras [...] conforme a la fiesta que era, y sacaron a los presos [...] y estando todos presentes, la multitud de señores y grandes, juntamente (con] los enemigos de México [ocultos] entre las celosías de rosas que les tenían hechas, sobre la piedra del sol los sacrificaron a todos [...]; lo cual concluido, otro día se despidieron los reyes y señores y todos los grandes de las provincias para irse a sus tierras.[134]

Esto mismo se repite en muchos otros relatos. Tal es el caso de cuando Moctezuma Ilhuicamina decide construir un nuevo templo para Huitzilopochtli, y la crónica registra que:

> Este rey *Montecusuma* el primero, después de aver puesto en tanto orden su reyno, viéndose en tanta prosperidad determinó edificar un templo sumptuosíssimo para su dios *Utzilopuchtli,* y así hizo convocar a todo su imperio y proponiéndoles su intento [a los señores] trago el templo, repartiendo a todas las provincias lo que avyan de hazer. Acudieron todos con mucha brevedad y abundancia de oficiales y materiales, de suerte que en breve tiempo fue hecho, y [...] certifican que hazía echar en la mezcla que juntaba las piedras muchas joias y piedras preciosas y en la estrena dél hizo la gran fiesta y aun mayor que la de su coronación donde sacrificó gran número de cautivos [...] dotando asimismo el templo de grandes riquezas.[135]

Pero el que sí se voló la barda en cuanto a mentir en estos relatos fue el fraile Diego Durán en su *Historia de las Indias,* porque, según él, otro tlatoani, Ahuízotl, que gobernó al imperio de 1486 a 1502:

> Llevó a cabo otro remozamiento espectacular del Templo Mayor, que culminó con la inauguración más celebrada de este monumento, así por el número de personas que concurrieron a ella como por su esplendor y la cifra inverosímil de sacrificados (80 000), cuya sangre, dicen las crónicas, corrió interminable desde la piedra de sacrificios y del templo hasta invadir las calles y patios de la ciudad. Narra el cronista que los reinos, ciudades y pueblos sometidos al poder mexica acudieron con sus tributos de oro, joyas, aderezos y plumas, piedras, todo de mucho valor y precio, y mucho en cantidad [...] tantas y de tanta riqueza, que no tenían número ni quento; cacao, chile, pepitas, fruta de todo

> género, aves, [animales de] caças, que era cosa de admiración, todo hecho y ordenado de industria para manifestar su grandeza y señorío a sus enemigos y huéspedes y gente forastera [que habían asistido al festejo...] para que con ello no solamente mostrasen la grandeza y suntuosidad de México, pero también para que soleniçasen la gran fiesta de la renovación y fin del templo.[136]

Sin embargo, es indudable que el poderío político y económico de los gobernantes de Tenochtitlan se fincó en hacer la guerra para someter pueblos y convertirlos en tributarios; es decir, para extraerles su trabajo, producción y riquezas. Al aparato militar dedicaron mucha atención los tlatoanis Itzcóatl y su sucesor, Moctezuma Ilhuicamina. Este último era aconsejado por un medio hermano llamado Tlacaélel, quien ocupaba un cargo conocido como el Cihuacóatl y venía participando de tiempo atrás con otros tlatoanis, pero, a pesar de su astucia y posibilidad, nunca aceptó ser el gobernante principal. A él se le atribuye la reforma para la construcción del Estado bélico e imperialista. Era una especie de poder detrás del trono o, si se desea, un Fouché de la época del emperador Napoleón o un Rasputín de los tiempos de los zares de Rusia. El maestro León-Portilla hace la siguiente semblanza de este personaje:

> Muchos años vivió Tlacaélel y mucho fue ciertamente lo que hizo en su calidad de *Cihuacóatl* o consejero supremo de varios gobernantes del México antiguo. Tal vez por ser una especie de hombre fuerte, algo así como un «jefe máximo», más de uno entre los mismos mexicas, tuvo probablemente interés en tratar de hacer que se olvidara a esta figura en verdad importante en el escenario político de los tiempos prehispánicos.
>
> A Tlacaélel, al igual que su tío Itzcóatl y al sabio Nezahualcóyotl hay que atribuir, si se da fe a las crónicas indígenas, la victoria de los mexicas sobre sus antiguos dominadores de Azcapotzalco hacia el año de 1428. Cuando los mexicas, y con ellos los tetzcocanos obtuvieron al fin su independencia plena, fue precisamente el momento en que el antiguo guerrero Tlacaélel se transformó en estadista y reformador. El Códice Ramírez indica claramente que Itzcóatl y sus sucesores, Motecuhzoma Ilhuicamina y Axayácatl, «no hacían más que lo que Tlacaélel les aconsejaba».[137]

El gran historiador Enrique Semo, escudriñando sobre Tlacaélel, y con el apoyo del notable investigador norteamericano Friederich Katz, llega a la siguiente conclusión:

> El cambio más importante en la estructura social de los mexicas durante el primer siglo de su existencia fue el ascenso y consolidación del poder de la casta militar cuya ideología se volvió dominante «¿No es la guerra y la victoria la verdadera profesión de un mexicano, y no es deseable obtener la victoria contra miles de peligros, en lugar de sentarse en casa como una mujer y trabajar? —decía Tlacaélel—, la eminencia gris de Moctezuma I, que era un partidario implacable de la guerra e ideólogo del imperialismo tenochca».[138]

Acerca de la forma en que estaba estructurado el poder en la época imperial del Estado mexica, Enrique Florescano destaca el papel del ejército, desde la formación de sus integrantes, los reconocimientos y la mecánica de los ascensos:

> El sostén del ejército mexica era el calpolli, el piso territorial sobre el que se asentó el edificio del Estado. Los 20 calpolli de Tenochtitlan proporcionaban los reclutas que integraban el cuerpo del ejército. Cuando en el seno del calpolli nacía un niño varón, a los cuatro días se le daban los símbolos de la profesión del padre. Y cuando acontecía que este había sido guerrero, el niño recibía un escudo y flechas. Si los padres decidían que su hijo ingresara más tarde en el ejército, cuando cumplía 20 días lo llevaban a presentar a las autoridades del telpochcalli, la institución donde se educaban los hijos de los macehuales. Cada calpolli de la ciudad tenía su telpochcalli, la escuela donde entre los 15 y los 20 años los jóvenes aprendían los rudimentos del arte de la guerra, guiados por las autoridades del telpochcalli y la experiencia de antiguos miembros del ejército.
>
> El telpochcalli era el centro socializador de los macehuales, quienes constituían la mayoría de la población. Ahí conocían los jóvenes la disciplina de vivir en común (limpieza, arreglo y mantenimiento del colegio, participación en los ejercicios y juegos colectivos, aprendizaje de los cantos, danzas, ritos y ceremonias en honor a los dioses). En esa institución adquirían «las costumbres para que sean hombres valientes y para que sirvan a los dioses», es decir, los principios morales e identitarios que los transformaban en guerreros al servicio del Estado mexica. A la edad de 15 años los jóvenes solían iniciar el entrenamiento militar y hacer sus primeras incursiones en el campo de batalla, como ayudantes de los guerreros experimentados.
>
> [...]
>
> En las filas del ejército el rango se adquiría por las hazañas realizadas en el campo de batalla, tanto en el caso de los nobles como en el de los macehuales. La organización militar, como la mayoría de las actividades del reino, estaba sujeta a las exigencias de la competitividad y el mérito. Una escalera puntual de pruebas, capacidades y hazañas marcaba los pasos que debían transitarse para ascender en la carrera de las armas. Para adquirir el rango de instructor de los jóvenes guerreros en el telpochcalli había que capturar un enemigo en el campo de batalla.
>
> Cuando el joven guerrero hacía su primer prisionero recibía el título de tlamani (capturador) y era presentado al tlatoani.
>
> Quien capturaba dos prisioneros era galardonado con nuevos uniformes y armas, y ganaba el derecho de ser recibido por el huey tlatoani, quien lo proveía de insignias que señalaban su ascenso. El guerrero que lograba la hazaña de capturar cuatro prisioneros se hacía merecedor de importantes insignias, como portar el traje de guerra ocelotótec y recibir de manos del tlatoani el título de tequihuah, equivalente a guerrero distinguido. Además, cada año, en la fiesta de Tlacaxipehualiztli, se hacía solemne entrega de premios a los guerreros que habían capturado enemigos y conquistado pueblos y territorios. El

> galardón más alto otorgado a los guerreros sobresalientes era pertenecer a las órdenes militares que los cronistas designan con los nombres de «Caballeros Águila» (cuacuauhtin) y «Caballeros Jaguar» (ocelomeh), también llamados cuauhtlocélotl, «guerreros águila-jaguar». Las órdenes otontin (otomies) y cuaubchiqueh (tonsurados) eran las órdenes militares más altas. Tenían residencia propia y sus miembros se distinguían por vestidos, insignias, armas y títulos que solo ellos podían usar. Así, cada ascenso en la experiencia militar era celebrado con ceremonias cuidadosamente preparadas para señalar, con pompa y esplendor, los méritos que se debían a los guerreros por su aportación a la seguridad y engrandecimiento del reino.
>
> La exigente selección del personal que ingresaba en las filas del ejército, las rigurosas pruebas a que eran sometidos sus miembros para ocupar los puestos más altos, la experiencia que adquirían como estrategas de la defensa y las campañas conquistadoras, y su continua capacitación en las negociaciones con los reinos próximos y las provincias enemigas, convirtieron al ejército en la maquinaria política y administrativa más eficiente del Estado mexica y de la Triple Alianza. La importancia estratégica del ejército explica que las más altas autoridades provinieran de los mandos superiores de esa institución.
>
> El huey tlatoani era el comandante supremo del ejército, y al igual que los miembros del Consejo Supremo y del Consejo de Guerra, había ocupado antes la cúspide de los mandos del ejército y pertenecía a las órdenes militares más distinguidas. El segundo en el Gobierno, desde tiempos de Izcóatl, era el cihuacóatl, quien tenía a su cargo convocar a los electores que habrían de designar al nuevo tlatoani y representar a este en su ausencia, tanto en las funciones políticas y militares como en las religiosas. Casi todas las crónicas coinciden en señalar a Tlacaélel como el cihuacóatl por excelencia, el genio político detrás del trono.[139]

Como se observa en la narrativa de Florescano, en la práctica militar mexica no hay nada sobre los cautivos que, según la leyenda, una vez sacrificados, eran entregados a sus captores para practicar el canibalismo. Este es un mito inventado por los colonizadores y recreado, lamentablemente, por los frailes y cronistas de la Corona española. Más adelante veremos cómo en el sitio a Tenochtitlan, la gente deambulaba muerta de hambre, pero nadie se comía a nadie. Tiene razón el historiador Pedro Salmerón Sanginés al abrir un paréntesis en su libro *La batalla por Tenochtitlan* para preguntar: «Si los indígenas mesoamericanos, o los mexicas en particular, eran antropófagos, ¿cómo es que morían de hambre los sitiados de Tlatelolco?».[140]

Pero, haciendo a un lado el mito o la ideología dominante, y reconstruyendo la realidad de los hechos, es indudable el carácter militarista del Estado mexica, pues existía un acuerdo con sus aliados para conquistar pueblos en toda Mesoamérica y el norte del país. En su estrategia de expansión, los gobernantes de la Triple Alianza establecieron una serie de reglas que inicialmente se cumplieron al pie de la letra. Sin embargo, con el tiempo, el poderío militar mexica fue inclinando la balanza de su lado y seguramente esto contribuyó a la ruptura que se presentó de manera fatal para el Gobierno indígena y providencial para los conquistadores. Originalmente, cada uno de los tres estados tenía definidos sus dominios y los pueblos sujetos o tributarios para cada uno. Según la profesional y detallada investigación sobre el imperio y la Triple Alianza, elaborada por Pedro Carrasco y citada por Florescano como texto básico:

> Las tres capitales [...] tenían cada una su propia dinastía, que procedía de las que reinaban desde antes en sus mismos dominios.
>
> En Tenochtitlan reinaba la dinastía de antecedentes colhuas fundada por Acamapichtli. En Tezcoco el linaje real descendía del caudillo Xólotl, y en Tlacopan gobernaba un miembro de la dinastía tepaneca». Cada uno de estos reinos tenía bajo su dominio una serie de ciudades políticamente organizadas en un altépetl o Estado territorial, y un número mayor de pueblos de campesinos. A la cabeza de los reinos y altepeme estaba el tlatoani, y debajo de este una estructura social jerárquica cuya principal división separaba a los nobles (*pipiltin*) de la mayoría de los macehuales, los trabajadores y campesinos.[141]

Otro acuerdo entre los integrantes de la alianza era la forma de actuar política y militarmente con la conquista de pueblos tributarios. Si un miembro de la alianza actuaba solo con sus guerreros y sometía a un pueblo de alguna comarca, «a él correspondía recoger el tributo y nombrar a su Calpixqui». Si era como sucedió, como está documentado hasta el año 1502, con la participación de un ejército integrado por los miembros de la Triple Alianza, el botín de guerra y el tributo eran administrados centralmente por un aparato creado para tal fin, con representación en todas las regiones y una burocracia que funcionaba desde Tenochtitlan. En ese caso, el contingente del ejército de la Triple Alianza se integraba por guerreros reclutados en el núcleo central del imperio; es decir, el Valle de México:

> Para sustentar esta afirmación, Carrasco muestra que las campañas conquistadoras iniciadas por Motecuhzoma Ilhuicamina (1440-1469), Axayácatl (1469-1481), Tízoc (1481-1486) y Ahuítzotl (1486-1502), documentadas en las crónicas de fray Diego Durán y Fernando Alvarado Tezozómoc, fueron comandadas por los ejércitos de los tres reinos y sustentadas con los recursos aportados por esos territorios. Así, en las guerras emprendidas por el primer Motecuhzoma contra Tepeyacac, la Huaxteca y Coaixtlahuacan, los contingentes, las armas y los apoyos logísticos provinieron de los reyes de Texcoco y Tlacopan y de los señores de Chalco, Xochimilco, Coyoacan, Cuitláhuac, Colhuacan y Mízquic. Asimismo Axayácatl, en su campaña contra Michoacán, «convocó a los reyes de Tetzcoco y Tlacopan y a los señores de las chinampas, de Chalco y de Tierra Caliente», y otro tanto hizo Tízoc en su campaña contra Metztitlan. En esta y otras iniciativas conquistadoras los contingentes provenían de la «zona nuclear», que comprende los tres grupos de reinos cada uno bajo el rey de una de las tres capitales del Imperio.
>
> Más tarde, la conquista de nuevos territorios tuvo que ser apoyada por el envío de colonos que los poblaran y por guarniciones que les dieran protección. Así, cuando los ejércitos de la Triple Alianza conquistaron Huaxyacac (Oaxaca), las crónicas relatan que Ilhuacamina y Tlacaélel decidieron que Tenochtitlan enviara 600 vecinos casados

a colonizar esa región, y que Nezahualcóyotl aportara 60 vecinos y otros tantos el rey de Tlacopan. Mediante este procedimiento, «mexicanos, tetzcocanos, tepanecas y xochimilcas» se asentaron en esta región, distribuidos en barrios. Más tarde, la estrategia de Ilhuicamina y Tlacaélel fue aplicada en otras regiones, de tal manera que los conquistadores al poco tiempo se tornaron colonizadores, así fuera en escala reducida.[142]

Es lógico pensar que cuando inició la imposición de esta prepotente estrategia guerrera, la expansión del imperio alcanzó hasta los más alejados confines de lo que actualmente es México y Centroamérica. Baste señalar que hasta el 10 de mayo de 2021 existían 2 469 municipios en el país; de ellos, 1 189 mantenían su nombre (topónimo) náhuatl, es decir, el 48.16%; mientras 113, el maya (el 4.58%); 89, el zapoteco (3.60%); 60, el mixteco (2.43%); 24, el chichimeco (0.97%); 20, el tarrasco (0.81%); 18, el ópata (0.73%); 17, el purépecha (0.69%); 16, el huasteco (0.65%); 13, el tarahumara (0.53%); nueve, el otomí (0.36%); siete, el tzotzil (0.28%); siete, el mazateco (0.28%); cinco, el tzetzal (0.20%), cuatro, el zoque (0.16%); tres, el mixe (0.12%); tres, el pinia (0.12%); tres, el yaqui (0.12%); y tres, el totonaca (0.12%); y en dos municipios aparecen tres: el cochinés, el mayo y el cahitán; además, 17 municipios llevan nombres de las lenguas cuicateca, mapeme, guanacevi, rarámuri o caxcan, alaquines, acaxes, pimas, altos, julimes, apache, cahita-Tarasco, guaymas, janos, guazapanis, tehuano-náhuatl, chínipas, y hayeri (cora). Del resto de municipios de México, 753 llevan nombre castellano o español, el 30.50%; en 62 municipios se desconoce el origen del nombre, la lengua o nacionalidad, el 2.51%; 10 son municipios con nombre árabe, el 0.41%; seis vascos, el 0.24%; cinco de origen latino; y 2 municipios: uno portugués y otro africano.[143]

Lo más interesante sobre los nombres de los municipios de México es el predominio de la lengua náhuatl, la cual, aun cuando se hablaba en Teotihuacán, sin duda se debe a que su presencia está relacionada con los 100 años anteriores a la Conquista, cuando se extendió el incipiente imperio mexica. Reitero: es obvio que la lengua náhuatl ya existía y era importante desde antes de la llegada de los mexicas al Valle de México, pero hay datos que ayudan a entender mejor el predominio de la lengua náhuatl en la mayoría de los municipios de México. Por ejemplo, existen municipios que pertenecen a las culturas zapoteca, mixe, chontal u otras desde siempre; sin embargo, tienen nombres de origen náhuatl, aun cuando la gente de esos pueblos sigue identificándolos con el nombre original: Juchitán es náhuatl, pero los zapotecos lo identifican como *Guidxi Guié'* o *Guidxiguie'* («lugar de las flores») o *Xhavizende* («a los pies de San Vicente»); Nacajuca es náhuatl, pero los mayas chontales lo conocen como *Yokot'an* («pueblo que habla la lengua verdadera»). Además de esa imposición de nombres náhuatl que está vinculada a un dominio político (aunque en los pueblos se siga hablando la lengua materna original), también es notorio cómo se repiten los nombres náhuatl por todo el territorio. Por ejemplo, hay más de un Tlacotepec, Jalpa, Tabasco, Tuxpan o Jalisco, aunque el otro se escriba con «x»; Mazatlán, Guatemala y Nicaragua son nombres de origen náhuatl y en El Salvador hay una antigua población mexicana. Todo ello no indica la antigüedad de la cultura mexica que, como sabemos, es posterior a la olmeca, maya, zapoteca o teotihuacana, sino que, a diferencia de estas antiguas civilizaciones, los mexicas fueron los únicos que se caracterizaron por sus procedimientos imperiales, aunque haya sido por menos de un siglo. Téngase presente que las dinastías oficialmente reconocidas del imperio chino —Liang, Tang, Jin, Han y Zhou— dominaron en total 1714 años, o sea, más de 17 siglos. No obstante, insistimos, pueden ser muy eficaces tanto el gobierno como la ideología, pero la opresión solo puede mantenerse con el uso de la fuerza y, aun así, de manera transitoria: no hay tiranías eternas, o como se dice coloquialmente, «No hay mal que dure 100 años ni pueblo que lo resista». De todos modos, es sorprendente el extenso dominio y el auge que llegaron a alcanzar, mediante el poder centralizado y bélico, los gobernantes de la Triple Alianza. El investigador Pedro Carrasco, citado por Florescano, afirma:

> Los reinos de la Triple Alianza desarrollaron estrategias puntuales para hacerse de las provincias tributarias requeridas por su economía, y crearon un personal especializado para administrarlas. Cuando los tres acordaban emprender una acción conjunta contra una provincia, los mexicas enviaban una primera embajada, solicitando su adhesión política y económica. Si el señor aceptaba el dominio de la Triple Alianza «era perdonado y admitido por amigo del Imperio». Si por el contrario rechazaba la petición, se enviaba una segunda embajada por parte del reino de Texcoco. Si el requerimiento era aceptado, «quedaban los de su provincia obligados a dar un reconocimiento a las tres cabezas en cada un año, aunque moderado, y el señor perdonado con todos los nobles y admitido en la gracia y amistad de las tres cabezas [del Imperio]». Pero si el señor no aceptaba, entonces los embajadores de Tlacopan amenazaban con la guerra. En caso de rendición, solo el señor era castigado y la provincia «quedaba sujeta a dar algún más tributo y reconocimiento que en el segundo apercibimiento, y esto había de ser de las rentas pertenecientes al señor». Por último, cuando el apercibimiento era desoído por tercera vez, marchaban los ejércitos de las tres capitales sobre la provincia y tras la conquista repartían las tierras y tributos entre las tres ciudades de la alianza.[144]

También se ha llegado a sostener que era tanto el poderío militar mexica que, ante cualquier insinuación o a la menor demanda de los tlatoanis, los señores o caciques de otros pueblos se apresuraban a someterse, sin alegato alguno; en otras palabras: antes de que los jefes guerreros o sus emisarios abrieran la boca, ya les estaban dando la razón. Además, esto se hacía acompañar del ofrecimiento de que, si los gobernantes de otras culturas aceptaban las reglas, podían mantenerse en calidad de empleados o representantes de la metrópoli de poder. El oidor Alonso de Zorita, en su texto, *Breve y sumaria relación de los señores de la Nueva España,* lo cuenta así:

> Los reyes mexicanos y sus aliados los de Texcoco y Tacuba, en todas las provincias que conquistaban y ganaban de nuevo dejaban a los señores naturales de ellas en sus señoríos, así a los supremos, como a los inferiores, y a todo el común dejaban sus tierras y haciendas, y los dejaban en sus usos y costumbres y manera de gobierno; y para sí señalaban

> algunas tierras, según era lo que ganaban, en que todo el común les labraban y hacían sementeras, conforme a lo que en cada parte se daba, y aquello era lo que se les había de dar por tributo y en reconocimiento de vasallaje [...] Esto era general en todas las provincias que tenían sujetas, y se quedaban tan señores como antes, con todo su señorío y gobernación de él y con la jurisdicción civil y criminal.[145]

Lo esencial en esta estrategia, como suele suceder en cualquier imperio, era extorsionar para obtener tributos con la amenaza o aplicación de la fuerza. Así se engrandeció el imperio mexica. El tributo fluía a raudales y de todas partes llegaban alimentos; mantas; tejidos; pieles de venado, tigre o lagarto; vestidos; esteras; sandalias; cinturones; guantes; armas para la cacería y la guerra; obsidiana; jade; piedras preciosas; joyería de oro y plata; el preciado cacao; y mucho más, porque todo ello, se decía «era parte del destino de los señores, nadie pueda adueñarse de ello, acercarse a eso».[146]

Esto último me recordó a algo que expresó Porfirio Díaz en un informe, en 1904, para tratar de justificar la guerra contra los yaquis y los mayas con el propósito de quitarles sus tierras. Decía ese dictador cuando les arrebató las tierras de la península de Yucatán a los mayas y se creó el territorio federal del actual estado de Quintana Roo: «Espaciosa zona del suelo mexicano, conquistada palmo a palmo a las tribus rebeldes que de ella se habían adueñado [será entregada a la] "benéfica influencia de los capitales"».[147]

La extracción de tributos por la imposición de la fuerza de la Triple Alianza fue realmente impresionante, excesivo, extravagante y opresivo. Es indudable que eso fue lo que precipitó la decadencia y el derrumbe del Imperio mexica. En eso se parecían los tlatoanis y Cortés: asustaban a sus contrarios con sacrificios, caballos relinchando o cañonazos, pero tanto a uno como a los otros, lo que más les importaba era el tributo o el oro. El «cacique gordo» de Cempoala, de la cultura totonaca, decidió apoyar a Cortés apenas este desembarcó en las costas de Veracruz en 1519, no por haberse espantado de que podría ser «sacrificado» en Tenochtitlan, sino por el compromiso que hizo Cortés no solo de quitarles el tributo, sino de ordenar, de inmediato, el apresamiento en esa región de 20 recaudadores de este oneroso impuesto que le servían a Moctezuma; con lo cual sumó a sus fuerzas a los primeros 8 000 hombres nativos cuando apenas contaba con 400 soldados invasores. Esa fue, a final de cuentas su estrategia principal: invitar a todos los inconformes a que se rebelaran por la extorsión y el pago de tributo impuesto por los tlatoanis de la Triple Alianza. Lo recibido en tributo en Tenochtitlan era muchísimo. En el *Códice Mendocino,* citado por don Alfonso Caso, en la parte donde se menciona el valor del tesoro de la Tumba 7 de Monte Albán, se señala también que solo de Guerrero, Oaxaca, Veracruz y Chiapas, tributaban a Tenochtitlan oro, jade, cobre, turquesa y ámbar, por parte de 93 pueblos de distintas culturas.[148] Se calcula que en la época de Moctezuma, el Imperio mexica mantenía como tributarios a 371 pueblos[149] y solo el inventario de los presentes enviados por Cortés a Carlos V es considerado como un gran tesoro, sobre todo por la delicadeza de las obras en joyas de oro, como ya vimos en el apartado de la Tumba 7 de Monte Albán, con las opiniones del escritor italiano Pedro Mártir de Anglería y el pintor alemán Alberto Durero. Baste por lo pronto, para exponer la ambición por el oro de los invasores, con citar un fragmento del libro *De animales a dioses,* de Yuval Noah Harari, con el dato del historiador oficial de Cortés, Francisco López de Gómara, pues dice que, precisamente, en 1519:

> Hernán Cortés y sus conquistadores invadieron México, que hasta entonces había sido un mundo humano aislado. Los aztecas, como son conocidas por la posteridad las gentes que allí vivían, pronto se dieron cuenta de que los extranjeros demostraban un interés extraordinario por cierto metal amarillo. En realidad, parecía que los extranjeros nunca dejaban de hablar de él. A los nativos no les era desconocido el oro: era bello y fácil de trabajar, de manera que lo utilizaban para hacer joyas y estatuas, y en ocasiones empleaban polvo de oro como un medio de trueque. Pero cuando un azteca quería comprar algo, por lo general pagaba mediante semillas de cacao o rollos de tela. Por esta razón, la obsesión de los españoles por el oro les parecía inexplicable. ¿Dónde residía el poder de un metal que no podía ser comido, bebido o tejido, y que era demasiado blando para utilizarlo para producir herramientas o armas? Cuando los nativos preguntaron a Cortés por qué los españoles tenían tal pasión por el oro, el conquistador contestó: «Tenemos yo y mis compañeros mal de corazón, enfermedad que sana con ello».[150]

Aun con las evidentes divisiones e inconformidades manifestadas en vísperas de la conquista española, el comercio con Mesoamérica y la región norte del continente estaba en su apogeo. Los mexicas comerciaban con todos los pueblos del golfo de México, las costas del Pacífico, Centroamérica y los enclaves del norte del continente; hablamos de un imperio de millones de habitantes. Enrique Semo ha realizado un estudio muy profesional para calcular, utilizando varias fuentes, la población que existía en América hacia 1491; es decir, antes del mal llamado descubrimiento y las conquistas o invasiones. Este dato es de suma importancia y, por evidentes cuestiones de carácter ideológico, no se ha divulgado, pues se trata de la prueba más contundente de que la colonización, durante los tres siglos de dominación española, en vez de hacer crecer a la población, la redujo considerablemente en todo este periodo. Las dos únicas causas principales fueron la sobreexplotación de la población indígena y el no poder detener, ni con la ciencia y su afamada modernidad civilizatoria, las epidemias, las cuales resultaron ser el arma más mortífera de los conquistadores.

Población indígena de América[151] Estimada en el momento del contacto europeo		
	Población estimada	*Porcentaje de población americana*
Norteamérica	4 400 000	7.7
México	21 400 000	37.3
Centroamérica	5 650 000	9.9
Caribe	5 850 000	10.2
Andes	11 500 000	20.1
Tierras bajas de Sudamérica	8 500 000	14.8
Total	57 300 000	100.0

Con una población de este tamaño es cosa de imaginar cómo se movían los comerciantes desde el centro de México hacia todos los rumbos de Mesoamérica y el norte del continente. Como hemos visto aquí en la estructura de poder, en cuyo primer plano estaban los militares, seguidos por los sacerdotes, también figuraba por su importancia estratégica el gremio de los comerciantes. Afirma Florescano que: «La circulación de bienes suntuarios entre regiones alejadas fue un fenómeno común en Mesoamérica desde tiempos remotos. Pero el impulso del militarismo tenochca unió ahora a economías y regiones de recursos variados bajo redes comerciales protegidas por las armas del Imperio y la seguridad del transporte».[152]

Asimismo, Semo distingue la importancia de los comerciantes a largas distancias —quienes hacían acuerdos de élites y siempre trasladaban artículos de lujo— del pequeño comercio ejercido por campesinos y artesanos en grandes tianguis o mercados públicos locales. Michael D. Coe afirma que el comercio era, junto con el ejército, el otro pilar del imperio, «y los mercados diarios de la capital azteca eran más extensos que cualquier otro conocido por los españoles en el Viejo Mundo».[153]

A diferencia de lo que muchos opinan, sostengo que en Mesoamérica, durante la época prehispánica, no hubo, ni siquiera en la etapa de dominación imperial mexica, propiedad privada, ni esclavitud o trabajo asalariado, y tampoco se puede hablar de la existencia de una oligarquía: la tierra era comunal y existía la obligación de pagar tributo al poder tanto en especie como en trabajo, pero, cumpliendo con estas exigencias o deberes, se podía vivir en libertad; la tierra mayoritariamente estaba en manos de campesinos y no de las élites ni de los más influyentes, que eran los tlatoanis, los sacerdotes y, sobre todo, los militares. Pudo haber recompensa a los altos mandos de la milicia con porciones de terrenos entregados en usufructo, como sucedió cuando el ejército mexica derrotó a los de Azcapotzalco, pero la tierra seguía siendo del Estado. Tampoco los comerciantes actuaban por su cuenta ni podían enriquecerse fácilmente, aunque sí recibían una pequeña parte del tributo que concentraban como todas las riquezas del imperio, el tlatoani y sus allegados. Desde luego que había clases sociales, estratos y rangos; pero los poderes económico, político, militar y religioso estaban completamente centralizados y concentrados en el Estado imperial.

Con todo lo malo de un régimen opresor que se impone por la fuerza, debe reconocerse que el Imperio mexica pudo, como suele suceder por breve tiempo, demostrar su capacidad de gobierno eficaz y creativo: dejaron de manifiesto que eran buenos agricultores, y las chinampas son una prueba de ello, se destacaron en el manejo del agua, perfeccionaron el conocimiento científico alcanzado por las antiguas civilizaciones mesoamericanas, y avanzaron en las actividades manufactureras y artesanales, la cultura, la educación, la salud, la construcción de la más bella ciudad del mundo en esos tiempos, y algo esencial —intangible, como se dice ahora—: le permitieron a su pueblo conservar sus más íntimos y fraternos valores morales y espirituales.

Con esto último quiero cerrar este capítulo, reiterando que una cosa son las élites de poder económico, político, militar o religioso y otra la forma de pensar y de ser del pueblo raso. Por lo mismo, no puede confundirse el derrumbe de una estructura de poder dominante con la vida y los sentimientos de la gente, ni suponer que la destrucción de la primera significa la desaparición de la cultura de la segunda. Es cierto que el colapso de una civilización daña a todos, pero los de abajo con sus culturas de antaño siempre se las ingenian para salir adelante. Es en la base de la pirámide social donde siempre se guarda el tesoro, la gran reserva de valores morales, espirituales y culturales que termina por salvar a los pueblos. Una de las grandes hazañas de los antiguos mexicanos consiste en haber conservado y trasmitido ese legado de principios de generación en generación, mismo que se mantiene hasta la actualidad, y digo que fue excepcional porque, aquí, a diferencia de otros países, no se optó o no pudieron los colonizadores exterminar a la población nativa y desaparecer sus culturas para implantar la «modernidad» y una vida del todo nueva. Por ejemplo, aquí los indígenas, cuando fueron repartidos a los llamados encomenderos españoles —quienes sustituyeron a los caciques mexicas en la recaudación del tributo en especie o trabajo—, prefirieron huir de sus comunidades, enmontarse y resignarse a que fueran invadidas sus fértiles tierras en los valles, pero conservar su libertad y sus creencias trasladándose a vivir en zonas de refugio, ubicadas en las sierras más agrestes, el desierto, las islas o los pantanos, y fue gracias a ello y a que las epidemias no pudieron acabar con todos, que se puso a salvo la herencia civilizatoria, la ciencia de lo concreto, la sabiduría popular, que nos ha permitido enfrentar adversidades y siempre mantener encendida la llama de la esperanza, que es una fuerza muy poderosa para enfrentar el porvenir. Hago toda esta reflexión para invitarlos a leer una especie de cartilla moral o código de ética que usaban los pueblos indígenas desde antes de la Conquista para dar consejos a familiares, sobre todo hijos y nietos; es decir, recomendaciones para hacer de la vida una línea recta y actuar con dignidad desde el nacimiento hasta la muerte. El libro se conoce como *Huehuehtlahtolli* y sus lecciones fueron traducidas del náhuatl al castellano por dos frailes: fray Andrés de Olmos, que los recogió de códices hacia 1535, y fray Juan Baptista, que las publicó en 1600, ambos franciscanos, quienes sabían de la importancia de estos documentos por sus consejos y amonestaciones, y por considerar que eran instrumentos eficaces para la evangelización cristiana. De manera honesta, los dos frailes hablan de algunas modificaciones para sustituir a todas la deidades indígenas por imágenes religiosas católicas, con el añadido de que su impresión se realizó pasado el tiempo más intenso y rudo de la evangelización y, desde luego, su publicación fue supervisada con las licencias de rigor, autorizadas por una comisión de autoridades civiles y de la orden religiosa; sin embargo, se trata de un documento muy útil para entender los valores y la sabiduría popular indígena, avalado por el maestro Miguel León-Portilla y por el actual traductor, el maestro Librado Silva Galeana, originario de Santa Ana Tlacotenco, Milpa Alta, así como de otros conocedores y especialistas de la cultura mexica y de la lengua náhuatl. Los 122 puntos de las conocidas «antiguas palabras» o discursos de los ancianos, llevan el título: «Exhortación con que el padre así habla, así instruye a su hijo para que bien, rectamente viva».[154] Lo pueden obtener en librerías o consultarlo en bibliotecas y ojalá nos ayude a comprender mejor a los estigmatizados mexicas que, independientemente de sus élites, no eran los desalmados que nos pintan tendenciosamente desde la invasión europea, sino gente creativa y llena de buenos sentimientos.

A ninguna civilización en América —y posiblemente, en el mundo— se le ha calumniado tanto como a la azteca o mexica. Ya vimos que los colonialistas, desde lo más alto del gobierno monárquico y clerical, sus burócratas y religiosos, cronistas, historiadores, arqueólogos, antropólogos, filósofos y de otras disciplinas de la ciencia social, inclusive indígenas ladinizados, se han esmerado en tratar a los integrantes de esta cultura como bárbaros, violentos, sodomitas y proclives a los sacrificios humanos y al canibalismo. Es cierto que no eran santos, pero tampoco demonios. Esto último es parte de la guerra sucia que inventaron quienes llevaron a cabo la Conquista militar y espiritual para imponer, mediante la crueldad, el imperio de la codicia. Termino este capítulo refrendando mi admiración por Enrique Florescano y recordando también a Jacques Soustelle, originario de Francia, quien, como unos cuantos más —no muchos—, se sacudió pronto el eurocentrismo y llegó a reconocer las virtudes de los vilipendiados mexicas con estas generosas palabras: «De tarde en tarde, en lo infinito del tiempo y en medio de la enorme indiferencia del mundo, algunos hombres reunidos en sociedad dan origen a algo que los sobrepasa: a una civilización. Son los creadores de culturas. Y los indios del Anáhuac, al pie de sus volcanes, a orillas de sus lagunas, pueden ser contados entre esos hombres».[155]

Capítulo 8

LA INVASIÓN DE LOS BÁRBAROS

La Conquista, el encuentro entre dos mundos, la invención de América o como se le llame, bien puede definirse como la ocupación de un territorio ajeno con el uso de la fuerza, sin razón o derecho alguno. Eso que también se conoce como colonialismo fue lo que hicieron los monarcas españoles y la Iglesia católica al apoderarse de grandes extensiones del continente americano, sometiendo a los pueblos originarios de estas tierras mediante las armas y la esclavitud, con la transmisión de enfermedades y epidemias, y la justificación mentirosa del beneficio de la civilización, supuestamente en nombre de Dios. Sobre esto último es importante recordar que en su nombre se han cometido grandes y graves atrocidades en la historia de la humanidad. José Saramago, Premio Nobel de Literatura lo formuló así en una ocasión, agregándole algo todavía más fuerte y cierto: «En nombre de Dios se han cometido toda clase de atrocidades y en esa cadena de crímenes contra la humanidad sobresalen dos eslabones por su crueldad: las Cruzadas y la Inquisición, en las que se cometieron toda clase de abusos inenarrables en el nombre de Dios».[1] Lo mismo podría decirse de los crímenes perpetrados durante la conquista de América que, según los hechos, se llevó a cabo con la espada y la cruz y abundan los testimonios sobre el uso de lo religioso o sacro para justificar masacres y asesinatos contra grupos sociales o supuestos enemigos políticos. Galeano decía que:

> España adquiría realidad como nación alzando espadas cuyas empuñaduras dibujaban el signo de la cruz. La reina Isabel se hizo madrina de la Santa Inquisición. La hazaña del descubrimiento de América no podría explicarse sin la tradición militar de guerra de cruzadas que imperaba en la Castilla medieval, y la Iglesia no se hizo rogar para dar carácter sagrado a la conquista de las tierras incógnitas del otro lado del mar. El papa Alejandro VI, que era valenciano, convirtió a la reina Isabel en dueña y señora del Nuevo Mundo. La expansión del reino de Castilla ampliaba el reino de Dios sobre la tierra.[2]

Ese era el hábito más arraigado en los reinos de Europa, como lo vimos cuando nos apoyamos en Mario Puzo para analizar el comportamiento de los Borgia. La Conquista se incubó en ese ambiente. En esos tiempos en Europa, casi todo era a la fuerza, nada por la razón y el derecho. A partir de la caída del Imperio romano de Occidente, Europa fue escenario de permanentes guerras internas y, en el caso de España, siglos antes de la Conquista, ni siquiera había un poder centralizado fuerte con características de nación, pues existía el incipiente imperio de los visigodos, pero no alcanzaba a integrar a todos los pueblos de la península y, por lo mismo, también algunos eran víctimas de conquistas e imposiciones religiosas. Esta historia de alrededor de mil años la resume el maestro Enrique Semo de manera breve, sencilla y veraz:

> La formación de la península ibérica difiere mucho de los otros grandes países de Europa: Francia, Holanda, Alemania e Inglaterra, con los que tuvo que medirse frecuentemente. Durante la decadencia del Imperio romano, diversos pueblos «bárbaros» de origen germánico invadieron la península: en el siglo v, suevos alanos y vándalos. En los años 507 a 624, los visigodos impusieron un dominio político superficial que tomó el nombre de reino visigodo y no fue sino hasta 589 cuando adoptaron la religión cristiana. Durante esos años, los restos del Imperio romano se fusionaron desigualmente con las sociedades originarias y las invasiones germánicas. 100 años después, en 711, llegaron los árabes. 20 000 guerreros musulmanes desembarcaron en la península y, después de una serie de batallas y pactos, someten a los reinos visigodos, les imponen tributo y dominan a parte de la población cristiana en casi todo el territorio de la península. A su llegada no existía nada parecido a una nación hispanocristiana y tampoco se había constituido el sistema feudal. Los judíos, portadores de una religión y una cultura propias, presentes desde la época romana, jugaron un papel importante como intermediarios entre árabes y cristianos.
>
> La fulminante conquista musulmana fue facilitada por los conflictos internos de la sociedad visigoda. Para los siglos ix y x la población musulmana había conocido un impresionante crecimiento. Solo la ciudad de Córdoba tenía cerca de 100 000 habitantes y, según el censo de Alhakén II, había además 80 ciudades muy pobladas y trescientas de mediana población. También había una vasta red de alquerías (aldeas). La mayor parte de la población hispanocristiana no huyó ante el avance musulmán; lo cierto es que solo se retiraron hacia el norte los nobles y los altos cargos eclesiásticos. De los que se quedaron en Al-Ándalus se formaron dos grupos: los que se convirtieron al islamismo formaron en el sur y al este la mayoría de la población y fueron llamados «nuevos musulmanes» (*musalima*). La frecuencia de los matrimonios mixtos hizo nacer una nueva clase que recibió el nombre de *muwalladun* (muladíes, es decir, adoptados) y muy pronto esa denominación englobó a todos los cristianos convertidos al islam. Una minoría estuvo constituida por los que no se convirtieron, los cuales recibieron el nombre de *mozárabes*. La presencia árabe duró en España más que la colonia española en América y la mayoría de los cristianos conocieron directamente su dominio durante uno o varios siglos en condiciones muy diferentes a las que sufrieron los indígenas americanos bajo los españoles.
>
> [...]
>
> La noción de España encontrada profusamente en escritos y usada desde tiempos medievales, no tenía un sentido político definido, como era el caso de las palabras Alemania o Italia para los pueblos de esas regiones. Los gobernantes utilizaban la palabra España, pero debido a su imprecisión nunca la ponían en sus títulos formales, y se llamaban a sí

> mismos rey o reina de Castilla, León, Aragón, Sicilia. La unión entre esas entidades fue siempre precaria.
>
> Así, 1492 es un año prodigioso en la historia de España. El 1 de enero, después de 10 años de campañas militares emprendidas por la reina Isabel I de Castilla y Fernando II, rey de Aragón, el rey Boabdil claudicó y abrió las puertas de la Granada musulmana sitiada a los cristianos en la noche de un domingo. Así caía el último reino musulmán en la península ibérica, y su territorio y su población se integraban a la Corona de Castilla.
>
> [...]
>
> La caída de Granada consolidaba firmemente el dominio cristiano sobre la Hispania, aumentaba el prestigio de la unidad entre el reino de Castilla y el de Aragón y permitía, así, pensar a España más concretamente como unidad cultural, política y militar.[3]

Esto último fue definitivo para lograr la llamada reconquista o restauración de los antiguos reinos cristianos visigodos. Pero este triunfo animó a los monarcas a endurecer la política contra los considerados no cristianos, expulsar a los judíos y lanzarse a la aventura de conquistar nuevos territorios, como sucedió en ese mismo 1492, financiando la invasión de lo que resultó ser un nuevo continente: América. La prepotencia de los monarcas españoles había comenzado un poco antes de 1492, con la persecución de los «cristianos nuevos» —que era como se nombraba despectivamente a los judíos conversos que practicaban en secreto su religión original— y demás integrantes de la comunidad judía, Semo, apoyado en varios autores, afirma que:

> En 1478, el papa Sixto IV expidió una bula que preveía el nombramiento de dos o tres sacerdotes de más de 40 años de edad como inquisidores; a la Corona de España se le concedían poderes para su nombramiento y destitución. Durante dos años no se dieron pasos para poner en práctica la bula porque Fernando e Isabel creían prudente un periodo de tolerancia, probablemente debido a que el número de conversos que ocupaban puestos destacados en la corte era grande. No fue sino hasta el 27 de septiembre de 1480 cuando fueron despachados nombramientos de inquisidores a dos dominicos. El nuevo organismo fue claramente establecido como resultado de la agitación contra los cristianos nuevos.
>
> Esta política gozaba del evidente apoyo de los cristianos viejos y los fanáticos de la religión. Después de sus nombramientos, los inquisidores fueron enviados a trabajar a Sevilla, donde comenzaron a operar. El primer resultado fue un éxodo de conversos de las ciudades andaluzas, y las herejías sacadas a luz en esa ciudad pronto justificaron la introducción de otros tribunales por todo el país. En 1482 se nombraron siete inquisidores más, todos ellos frailes dominicos, entre ellos el conocido Tomás de Torquemada y se establecieron tribunales en Córdoba, Ciudad Real y Jaén. 10 años después, el reino de Castilla contaba con tribunales de la Inquisición en las principales ciudades del sur.

> Las primeras actividades fueron dirigidas contra los conversos, que se alarmaron y se prepararon para la emigración en masa. Los catalanes se negaron a reconocer la nueva institución dirigida por Torquemada y exigieron su propia inquisición. Otras ciudades siguieron su ejemplo, lo que prolongó el proceso de generalización de las persecuciones. Pero la Inquisición fue al fin sólidamente establecida en todas las partes de España unos 10 años antes de la expulsión de los judíos (1492). Durante esos años, conversos y judíos sufrieron codo a codo persecuciones aparentemente religiosas, que eran más bien raciales y económicas. Al mismo tiempo que los conversos eran quemados o salían al exilio, sus colegas judíos iban siendo expulsados diócesis tras diócesis al sur de España. El periodo de 1480 a 1492 constituyó un conflicto racial y de clases sin paralelo en la historia de España.[4]

Semo, añade:

> El 31 de marzo [de 1492], cuando todavía no secaba la tinta de las Capitulaciones a Colón, Isabel y Fernando firmaban el decreto de expulsión de los judíos en el cual se les daba la orden de convertirse o abandonar definitivamente España. Pese a las amenazas y las exhortaciones, muchos de ellos permanecieron fieles a su fe. Más de 170 000 personas (algunos autores llegan a sostener que eran 400 000), dejando atrás todas sus pertenencias, iniciaron un éxodo que dio lugar a múltiples abusos. En el verano de 1492, los judíos salieron de la tierra que fue su hogar por muchas generaciones. Muchos murieron en el camino, otros llegaron a los puertos en que se embarcaron hacia el Imperio otomano o Portugal.[5]

En este ambiente de intolerancia y represión, que llevó al Quijote a autodefinirse poco más tarde como «cristiano viejo» se fraguó el trato con Colón para conquistar tierras, almas y, sobre todo, apoderarse de oro y joyas preciosas. Semo dice:

> El 17 de abril, después de muchos ires y venires, las negociaciones entre la Corona y Cristóbal Colón concluyeron y se firmaron las Capitulaciones de Santa Fe, en las cuales se daba pleno apoyo a la expedición del navegante. El 3 de agosto del mismo año, en pleno verano, *La Niña, La Pinta y La Santa María* zarparon de Puerto de Palos y el sueño se hizo realidad. El 12 de octubre llegaron a la isla de San Salvador, avanzada del Nuevo Mundo, fecha gloriosa para los europeos y letal para los amerindios.[6]

La Corona española se convirtió, con la conquista de América, en el imperio más poderoso de Europa; sin embargo, su auge fue relativamente efímero, si tomamos en cuenta el tiempo de dominación de estos poderes absolutos en la Antigüedad. En este caso podríamos dividir el predominio español en América durante trescientos años en dos etapas: una de bonanza, que concluye a mediados del siglo XVII, y otra de decadencia, que inicia desde entonces y termina con la Independencia, a finales del siglo XVIII y principios del XIX, de las más importantes naciones que habían sido colonias de la Monarquía ibérica.

Varias son las causas señaladas por los estudios dedicados a la debacle del poderío del Imperio español: el ostentoso derroche de la monarquía, la corrupción favorecida por la difícil comunicación entre la península y el resto del territorio donde el sol nunca se ocultaba por completo, el atraso de la mentalidad feudal que entorpecía el ascenso de la burguesía y el desarrollo de un nuevo modelo económico, la expulsión de árabes y judíos buenos para el negocio y el comercio, la falta de producción agrícola provocada por la concentración de la Tierra en manos de una nobleza y un alto clero rentistas e improductivos, así como el mal hábito heredado del Imperio romano y de los reinos medievales de pretender que todo se resolviera con la espada y el uso de la fuerza. Por eso se impusieron durante la conquista de América, por el talante belicista de sus soldados y mercenarios y la mayor letalidad de sus armas; sin dejar de considerar las contradicciones internas como la división que existía entre las culturas y los pueblos mesoamericanos y otros factores que ya hemos analizado —y lo seguiremos haciendo en adelante en este libro—. Sin embargo, esa misma vocación por la violencia, acompañada de la codicia, fue lo que terminó por arruinar un imperio que no solo contaba con el dominio y el saqueo de oro y plata de América, sino con la gran herencia recibida en reinos de monarcas extranjeros, familiares de Carlos V. Enrique Semo, siempre citando a los especialistas en estas cuestiones, lo explica así:

> La mayor parte del extenso imperio en Europa no fue resultado de conquistas españolas, sino de la herencia dinástica de Carlos V. De su madre, la reina Juana de Castilla y su abuelo Fernando de Aragón, el joven príncipe heredó Castilla, Aragón, Navarra, Cerdeña, Sicilia y el reino de Nápoles en Italia. El Roussillon y las colonias españolas en África y el Nuevo Mundo; de su padre, Felipe «El Hermoso», había heredado también grandes territorios en el norte y este de Francia, los Países Bajos y Luxemburgo. Fue también por herencia de su abuelo, Maximiliano I, gobernante de los dominios Habsburgo de Austria y Bohemia, y emperador del Sacro Imperio Romano de Alemania. A la muerte de Maximiliano, en 1519, Carlos le sucedió en ambas posiciones, y así, por vía dinástica, se transformó en monarca del mayor conglomerado de reinos en Europa desde Carlomagno. Los únicos que fueron objeto de conquista fueron las colonias en África, las Islas Canarias y las de América. [...] Felipe II [sucesor de Carlos V] llegó a unir bajo su cetro toda la península y los dos mayores imperios marítimos del mundo. 1580 es el verdadero punto culminante de este emporio.[7]

Pero, aunque resulte increíble de aceptar, todo este emporio se derrumbó en relativamente poco tiempo, insisto, por el excesivo uso de las armas. Adelanto recordando aquí las expresiones de Hernán Cortés de cuando, sin ninguna guerra declarada por el pueblo de Cholula, Puebla, y solo para hacer sentir su poderío, mandó atacar a miles de indígenas que estaban en una actitud pacífica y le escribió a Carlos V sobre esta matanza, usando este lenguaje: «Dímosles tal mano, que en pocas horas, murieron más de 3 000 hombres».[8] O esta otra, también, de una carta de relación de Cortés a Carlos V, en referencia a la masacre de Yecapixtla, Morelos: «Fue tanta la matanza de ellos a manos de los nuestros [...] que un río que cercaba casi aquel pueblo por más de una hora fue teñido en sangre, y les estorbó de beber por entonces, porque como hacía mucha calor tenían necesidad de ello».[9]

Así eran los conquistadores, por lo general: gente movida por la ambición, temerarios y de malos instintos. Aunque tampoco eran demonios, como a ellos les gustaba llamar a los nativos; lo diabólico era en realidad la codicia que los enloquecía y que vuelve malo a cualquiera sin importar origen, cultura o tierra natal. Si recreamos quiénes eran estos conquistadores y colonizadores, la mayoría era gente del pueblo, pues ni siquiera se trataba de militares de la nobleza; había algunos emigrantes hidalgos que tampoco pertenecían a la élite porque solo contaban con el «privilegio» del título. Sin embargo, la mayoría eran soldados voluntarios o mercenarios que habían participado en la llamada reconquista contra los árabes o en las Cruzadas contra los moros y judíos, y muchos de ellos se habían quedado sin sus bienes. Con todas las leyendas de riqueza de oro en los pueblos mesoamericanos, se morían de ganas por participar en esas alucinantes aventuras. Se trató de la primera fiebre del oro en el mundo. De ahí que llegaran muchos a los puertos ibéricos para embarcarse hacía América. Semo sostiene:

> Los españoles fueron imponiendo su dominio a través de pequeños grupos de aventureros a los que más tarde la Corona intentaba poner bajo su control. Se trataba de típicas huestes feudales que realizaban acciones particulares y que estaban en constante riña unas con otras. Aparte de los beneficios para la Corona, los «conquistadores» y luego los colonos se transformaron en clase dominante, cambiaron el régimen social y político y causaron una mortandad impresionante en la población local a través de la sobreexplotación y las epidemias traídas del Viejo Mundo.[10]

Otro factor que se convertiría en un arma de doble filo para los españoles fue precisamente su gran vocación y capacidad guerrera, posiblemente heredada de la belicosidad romana, y recreada en tantas confrontaciones internas de reinos, las Cruzadas y la llamada Reconquista.

Semo afirma que:

> Durante la crisis de los siglos XIV y XV, la aristocracia y la Iglesia consideraban que la guerra era algo natural y en muchos casos deseable. La doctrina eclesiástica de la *guerra justa* —vale decir, que era legítimo combatir bajo la autoridad de un cuerpo superior legalmente constituido por una causa justa— era generalmente aceptada, y los frecuentes tratados y acuerdos que se establecían y rescindían daban pretextos sin fin para reanudar las hostilidades. De hecho, no se iniciaba campaña alguna sin obtener la bendición del clero local o incluso del papa. De tal manera que Commins, perspicaz servidor de la Corona francesa, podía escribir que Dios lo había planeado todo de manera que cada potencia europea tuviera un enemigo situado a su lado. «Así, el reino de Francia le ha abjudicado Inglaterra

como oponente; a los ingleses, los escoceses; al reino español, Portugal». Era la ideología de un sistema en que la clase dominante no veía la fuente de la riqueza y el poder en la economía, sino en la guerra.[11]

De modo que, cuando se lleva a cabo la invasión española en América, y durante la primera época de dominio colonial, al mismo tiempo que los reinos están más unidos, sobre todo, en la época de Carlos V, España llega a ser la potencia militar más importante de Europa. Desde la guerra contra Italia, el afamado capitán español Gonzalo Fernández de Córdoba, afín a los Reyes Católicos, comenzó con la preparación de nuevas estrategias de combate y dio inicio a la introducción de sofisticadas y mortíferas armas. Este capitán, según Semo:

> Hizo de la infantería española aquel ejército formidable del que decían los franceses, después de haber luchado contra él, que «no habían combatido con hombres sino con diablos». Veremos el uso profuso de sus principios en las tropas de los conquistadores en América, que en nada se parecían a las primitivas huestes medievales. Si bien no constituían un ejército regular, usaban todos los avances de las formaciones en que habían participado o que habían visto actuar.
>
> Algunos conquistadores habían luchado en Italia junto a Fernández de Córdoba —Pizarro entre ellos— y muchos caudillos conquistadores conocían las prácticas militares en uso. En América predominó definitivamente la infantería; sus armas principales fueron las espadas de acero, además de la espada para una sola mano; también se utilizó una de 5.5 pies [1.7 metros] de largo, versión a dos manos; las picas, que, en el caso de los jinetes, llegaban a 4 y a 5 metros; las alabardas, los puñales de diferente tipo, rodelas, celadas, armaduras completas o parciales; las ballestas que pesaban unos 5.5 kilogramos y disparaban flechas cortas con cabezas metálicas a una distancia de más de 320 metros comparados con los 180 metros de alcance de los arqueros indígenas que disparaban flechas con cabezas líticas o de madera tostada. Las ballestas tenían la ventaja de su gran alcance y poder y exigían una menor destreza en el arquero. [...] Los arcabuces median de 1 metros a 1.5 metros de largo y pesaban de 8 a 9 kilogramos; usaban balas de 47 a 140 gramos y disparaban a una distancia de 137 metros. Aun cuando la operación de recarga era prolongada, a veces Cortés hacía que una segunda fila se encargara exclusivamente de ella. Para superar su lentitud, los españoles usaban arcos y flechas en las filas posteriores, que creaban barreras eficaces de dardos. Complemento fundamental eran los cañones: falconetes y lombardas. Las armaduras parciales y los morriones eran eficaces frente a todas las armas indígenas, por eso las heridas que recibían los españoles eran, sobre todo, en las extremidades y las partes cercanas a la cara. Los cañones eran de dos tipos: los falconetes, de 1 o 1.5 metros de largo, pesaban unos 225 kilogramos. Disparaban proyectiles de 2 a 5 kilogramos con exactitud, a una distancia de 140 metros, pero su alcance podía llegar hasta los 2000 metros y podían disparar con bastante rapidez. También estaban las bombardas, de cañón corto y gran calibre, y las culebrinas, que solo lanzaban pelotas de hierro de 8 kilos. Las

> pelotas o balas eran generalmente de piedra, el capitán de artillería de las fuerzas de Cortés desde el desembarco en Yucatán era Francisco de Orozco, veterano de Italia.[12]

Sí, era notoria la superioridad militar de los conquistadores, quienes enfrentaron a la muy escasa resistencia indígena. Ya fuera por este poderío —de pocos hombres pero de mucho fuego—; por las estrategias militares y políticas perversas de Cortés, así como sus viles emboscadas y matanzas; por la crisis del Imperio mexica y la adhesión de todos sus opositores tributarios a las huestes españolas; por el carácter auténticamente espiritual y pacifista de los indígenas; o quizá por otras causas o una conjunción de las aquí expuestas, pero es un hecho que la conquista de los pueblos mesoamericanos fue de pocas batallas y más escaramuzas, traiciones, asesinatos y masacres, como lo demostraremos más adelante.

En cuanto a la debacle del Imperio español, la mayoría de los autores lo relacionan con los enormes gastos destinados a las confrontaciones bélicas. Los reyes optaron por la guerra como política en lo externo y en la misma Europa nunca dejaron de participar en enfrentamientos militares entre reinos, lo cual los llevó a destinar las grandes riquezas extraídas de América para esos fines, hasta que, como hemos dicho, en un siglo y medio pasaron de ser una poderosa metrópoli a «una provincia del imperio universal». Según los estudiosos citados por Semo y él mismo, durante su época de auge, la Corona destinó más recursos a la guerra que al desarrollo durante su época de auge:

> Castilla estuvo envuelta en compromisos guerreros que se llevaban la mayor parte de su presupuesto. Al final del reino de Carlos V, en 1556, 68% del ingreso castellano fue dedicado a este fin. Para 1565, la figura había llegado a 84%, y para finales del reino de Felipe II, en 1598 el total de la deuda era ocho veces la del ingreso anual. El costo del imperio ya era claramente ruinoso: en 1634, bajo Olivares, la política exterior llegó a 93% del gasto. Felipe Ruiz Martín concluyó que la guerra había impedido la evolución positiva de España absorbiendo recursos que debían haber sido usados para incrementar la producción.[13]

En esta decadencia no solo influyó el maleficio de la guerra, sino también la concentración de la riqueza de España en manos de la nobleza y del alto clero. Estamos hablando de una élite atrasada, acaparadora y corrupta, no de la mayoría del pueblo español. Aun cuando existía una estratificación social variada y compleja —empleados públicos, eclesiásticos, comerciantes, hidalgos, artesanos, marineros, vasallos, tributarios, ejidatarios, pastores, campesinos, y gente de muchas otras ocupaciones—,como ya lo expresamos, «pese a todas sus particularidades, la sociedad española era rígidamente estamental y sus clases dominantes eran la nobleza y el alto clero».[14] Por lo demás, en la época de mayor saqueo de oro y plata de América, la mayoría de la población española vivía en la pobreza: «Los viajeros que visitaban a España en los siglos XVI y XVII se referían a la evidente humildad y pobreza de la población rural».[15]

Posiblemente el mayor error de esta élite fue que no quiso o no supo insertarse en el mercantilismo que, como prólogo del capitalismo, había empezado a manifestarse en Europa. En España no solo era el alto clero el principal latifundista, sino que, como pasaría posteriormente en México, se trataba de bienes conocidos como «de manos muertas». El clero rentaba la tierra y recibía un pago, pero aquellas vastas propiedades, por lo general, permanecían ociosas; no se beneficiaban los campesinos y tampoco se ponían al mercado; es decir, no se podían vender, y no se pagaban impuestos por poseerlas. Pero, así como este caso, hay otros, incluso de mayor relevancia, en los que se demuestra la escasa visión de los gobernantes para mantener por más tiempo a España como una potencia económica en el mundo. Un dato:

> El 2 o 3% de los españoles situados en la cúspide de la jerarquía social poseían 97 o 98% del suelo ibérico [...] Casi todo el sur de Cataluña pertenecía [...] a tres señores, el arzobispo de Tarragona, la orden de San Juan de Jerusalén y la poderosa casa nobiliaria de los Prades-Cardona [...] las inmensas planicies de La Mancha se repartían prácticamente entre las órdenes de Santiago y Calatrava y el arzobispo de Toledo.[16]

Aún, así, era tanto lo extraído de América, que «durante más de un siglo la Corona española fue la potencia dominante de Europa».[17] Pero no más tiempo. Eduardo Galeano, el gran intelectual de nuestra América, dice en su libro *Las venas abiertas de América Latina* que España tenía la vaca pero otros tomaban la leche:

> Entre 1503 y 1660, llegaron al puerto de Sevilla 185 000 kilogramos de oro y 16 millones de kilogramos de plata. La plata transportada a España en poco más de un siglo y medio, excedía tres veces el total de las reservas europeas. Y estas cifras, cortas, no incluyen el contrabando. Los metales arrebatados a los nuevos dominios coloniales estimularon el desarrollo económico europeo y hasta puede decirse que lo hicieron posible. Ni siquiera los efectos de la conquista de los tesoros persas que Alejandro Magno volcó sobre el mundo helénico podrían compararse con la magnitud de esta formidable contribución de América al progreso ajeno. No al de España, por cierto, aunque a España pertenecían las fuentes de la plata americana. Como se decía en el siglo XVII, «España es como la boca que recibe los alimentos, los mastica, los tritura, para enviarlos enseguida a los demás órganos, y no retiene de ellos por su parte, más que un gusto fugitivo o las partículas que por casualidad se agarran a sus dientes». Los españoles tenían la vaca, pero eran otros quienes bebían la leche. Los acreedores del reino, en su mayoría extranjeros, vaciaban sistemáticamente las arcas de la Casa de Contratación de Sevilla, destinadas a guardar bajo tres llaves, y en tres manos distintas, los tesoros de América. La Corona estaba hipotecada. Cedía por adelantado casi todos los cargamentos de plata a los banqueros alemanes, genoveses, flamencos y españoles. También los impuestos recaudados dentro de España corrían, en gran medida, esta suerte: en 1543, un 65% del total de las rentas reales se destinaba al pago de las anualidades de los títulos de deuda. Solo en mínima medida la plata americana se incorporaba a la economía española; aunque quedara formalmente registrada en

> Sevilla, iba a parar a manos de los Függer, poderosos banqueros que habían adelantado al Papa los fondos necesarios para terminar la catedral de San Pedro, y de otros grandes prestamistas de la época, al estilo de los Welser, los Shetz o los Grimaldi. [...] Un memorial francés de fines del siglo XVII nos permite saber que España solo dominaba, por entonces, el 5% del comercio con «sus» posesiones coloniales de más allá del océano, pese al espejismo jurídico del monopolio: cerca de una tercera parte del total estaba en manos de holandeses y flamencos, una cuarta parte pertenecía a los franceses, los genoveses controlaban más del 20%, los ingleses el 10 y los alemanes algo menos. América era un negocio europeo [...] Carlos V extenuaba el tesoro de América en sus guerras religiosas. La dinastía de los Habsburgo no se agotó con su muerte; España habría de padecer el reinado de los Austria durante casi dos siglos. El gran adalid de la Contrarreforma fue su hijo Felipe II. Desde su gigantesco palacio-monasterio de El Escorial, en las faldas del Guadarrama, Felipe II puso en funcionamiento, a escala universal, la terrible maquinaria de la Inquisición, y abatió sus ejércitos sobre los centros de la herejía. El calvinismo había hecho presa de Holanda, Inglaterra y Francia, y los turcos encarnaban el peligro del retorno de la religión de Alá. El salvacionismo costaba caro: los pocos objetos de oro y plata, maravillas del arte americano, que no llegaban ya fundidos desde México y el Perú, eran rápidamente arrancados de la Casa de Contratación de Sevilla y arrojados a las bocas de los hornos. Ardían también los herejes o los sospechosos de herejía, achicharrados por las llamas purificadoras de la Inquisición.[18]

Es asombroso, pero en nada ayudó al pueblo pobre español todo ese mar de oro y plata emanado de América. Por el contrario, no solo fueron cada vez más olvidados, sino que han tenido que llevar a cuesta la vergüenza de haber nacido en un país dominado por una élite de explotadores desalmados y corruptos. Y también fueron en vano tanto sufrimiento, muerte y sangre derramada en América, pues ni la Conquista ni la colonización significaron progreso o civilización; por el contrario, conllevaron tres siglos de oprobio y decadencia. Es muchísimo más el daño que causó la invasión extranjera que los pocos beneficios de su lamentable legado. Todo ello lo iré argumentando y ojalá se entienda que no es por animadversión, sino por el sincero deseo de poner las cosas lo más claras posibles, pues es evidente que a lo largo de la historia solo ha prevalecido la visión de los que se han creído los dueños de la verdad y del mundo.

Desde que hicieron el trato con Colón, los Reyes Católicos sabían que el descubrimiento de nuevas tierras les permitirían adjudicárselas y extraer riquezas, hubiera o no derecho; bastaba con la mala costumbre de apropiarse de lo ajeno, con dueño o sin él, declarándolas realengas. Inclusive, en el convenio conocido como las Capitulaciones de Santa Fe del 17 de abril de 1492, Colón sería compensado con títulos como almirante, virrey y gobernador, así como con un diezmo de las mercaderías «que hallase, ganase y hubiese en los lugares conquistados, a cambio de que los reyes obtengan de la expedición tierras, perlas, piedras preciosas, oro, plata y especias».[19]

Cabe subrayar que en ninguna parte de este documento o anexos se hace referencia a motivos religiosos o evangelizadores; es un convenio eminentemente económico y colonizador. Con este fundamento de dudosa legalidad, realizó Cristóbal Colón los famosos cuatro viajes de Europa al continente americano, aunque él murió en 1506, creyendo que se trataba de las Indias, pues su proyecto original era navegar por el Atlántico hacia el oeste para abrir una ruta marítima que, ante la amenaza del Imperio otomano, comunicara la península ibérica con las costas del extremo oriente. El llamado «descubrimiento del nuevo continente» fue todo un acontecimiento en Europa. A Colón se le concedió el título de virrey y gobernador de las Indias, tomando posesión, en nombre de los reyes, de las islas del Caribe, principalmente de Santo Domingo, actual República Dominicana.

Aun cuando no trató a los indígenas como salvajes y asentó que no le constaba la práctica por ellos de los sacrificios humanos y el canibalismo, sus adversarios sí lo acusaron de actuar de manera desalmada y a sus atrocidades atribuyen la tremenda disminución de la población nativa. Aunque con objetividad, y sin negar la sobreexplotación y los crímenes, desde entonces, el principal factor de la catástrofe demográfica estuvo estrechamente relacionado con las enfermedades traídas por los europeos, sobre todo, la terrible epidemia de viruela.

En los últimos tiempos, tanto Colón como otros descubridores, conquistadores, colonizadores o como se les quiera llamar, han pasado de ser héroes a villanos, sin tomarse en cuenta que, aun siendo casi todos ellos caudillos invasores, al fin y al cabo siempre fueron súbditos de emperadores o de gobernantes malvados, a los cuales, históricamente, se ha buscado exonerar o absolver. En el caso que nos ocupa, por ejemplo, nadie enjuicia a un rey, a un papa, y ni siquiera a un virrey o arzobispo, por sus excesos y errores, que en política son como crímenes. Pero sí se acusó e iniciaron procesos legales contra Colón y Cortés que, si bien no eran blancas palomas, terminaron como chivos expiatorios y murieron enjuiciados como «conquistadores conquistados».

El colonialismo se fundaba en el poder absoluto del monarca para ocupar tierras y riquezas, y someter a pueblos mediante la fuerza, con el fin de recibir beneficios de esos bienes, ya fuera de manera directa o cobrando impuestos a particulares —el famoso «quinto real»— y a quienes habían invertido o participado en conquistas o empresas de esa naturaleza. Debe tenerse en cuenta que, de acuerdo con la doctrina católica, todo lo que existía en el mundo era de Dios y su representante en la Tierra, el papa podía repartir, por mandato divino, los bienes y las riquezas que en ella existían. Con este sustento teológico, una vez que se descubre América:

> Para afirmar la soberanía castellana sobre los territorios recién hallados por Colón, Isabel y Fernando solicitaron ayuda al Papa Alejandro VI [Rodrigo Borgia] que había sido elegido en agosto de 1492 y con el que tenían una larga relación de favores mutuos. El papa emitió cuatro bulas, conocidas como bulas Alejandrinas, fechadas entre mayo y septiembre de 1493: la primera Inter caetera, la segunda Inter caetera, la tercera *Eximiae devotionis* y la cuarta y última *Dudum siquidem*. En ellas estableció que las tierrras descubiertas y conquistadas en América pertenecerían a la Corona de Castilla.[20]

No obstante, esta forma de repartirse el nuevo continente causó la inconformidad del monarca de Portugal, el rey Juan II, lo que llevó a una negociación que, en esencia, significó el trazo de una línea imaginaria de 370 leguas al oeste de las islas de Cabo Verde, y todo lo abarcado en esa porción sería de dominio portugués, incluyendo Brasil y otras pequeñas colonias; más allá, y hacia el norte del continente, los dueños serían los reyes españoles. Todo esto se acordó entre los monarcas de ambos reinos, en el Tratado de Tordesillas, firmado el 7 de junio de 1494. Veamos uno de los párrafos que definen las jurisdicciones:

> É que todo lo que hasta aquí se ha fallado é descobierto, é de aquí adelante se hallare, é descobriere por el dicho señor de Portugal, é por sus navios, asy islas como tierra firme, desde la dicha raya, é línea dada en la forma susodicha, yendo por la dicha parte del Levante dentro de la dicha raya á la parte del Levante, ó del norte, ó del sul della, tanto que no sea atravesando la dicha raya, que esto sea, é finque, é pertenezca al dicho señor rey de Portugal é á sus subcesores, para siempre jamas, é que todo lo otro, asy islas, como tierra firme, halladas y por hallar, descubiertas y por descobrir, que son ó fueren halladas por los dichos señores rey é reyna de Castilla, é de Aragón, etc., é por sus navios desde la dicha raya dada en la forma susodicha, yendo por la dicha parte del poniente, después de pasada la dicha raya hacia el poniente, ó el norte, ó el Sul della, que todo sea, é finque, é pertenezca á los dichos señores rey é reyna de Castilla, de León, etc., é á sus subcesores para siempre jamas.[21]

En este tenor, y con fundamento en bulas papales, en los tiempos de la conquista de América se usaba, como formalismo para la ocupación de territorios ajenos por la buena o por la mala, un texto que se leía a los indígenas para emplazarlos a que decidieran si se allanaban o si los sometían por la fuerza. Pedro Salmerón menciona que este documento era leído a veces para cumplir con las formas antes de una embestida por parte de los conquistadores contra la población indígena. El famoso requerimiento, redactado por un tal:

> Juan López de Palacios Rubios en 1513, debía ser leído a todos los indígenas antes de ser atacados, para que así no quedara duda de que existía «causa justa», y dice así:
>
> De parte del rey, don Fernando, y de su hija, doña Juana, reina de Castilla y León, domadores de pueblos bárbaros, nosotros sus siervos, os notificamos y os hacemos saber, como mejor podemos, que Dios nuestro Señor, uno y eterno, creó el cielo y la tierra [...]
>
> Y así para justificar que al papa de Roma Dios le dio «todo el mundo por su reino y jurisdicción», y [u]no de los Pontífices pasados que en lugar de este sucedió en aquella dignidad y silla que he dicho, como señor del mundo hizo donación de estas islas y tierra firme del mar Océano a los dichos rey y reina y sucesores en estos reinos, con todo lo que en ella hay, según se contiene en ciertas escrituras que sobre ello pasaron, según se ha dicho, que podréis ver si quisieseis.

Y por lo tanto, «Sus majestades son reyes y señores de estas islas y tierra firme» y sus habitantes, sus «súbditos y vasallos». En consecuencia, debían «deliberar sobre ello el tiempo que fuese justo» y reconocer a la Iglesia y a los monarcas.

Y si así no lo hicieseis o en ello maliciosamente pusieseis dilación, os certifico que con la ayuda de Dios nosotros entraremos poderosamente contra vosotros, y os haremos guerra por todas las partes y maneras que pudiéramos, y os sujetaremos al yugo y obediencia de la Iglesia y de sus majestades, y tomaremos vuestras personas y de vuestras mujeres e hijos y los haremos esclavos.

Es decir, los indígenas tenían la culpa de todo lo que les pasara si no se sometían.[22]

Al principio de la invasión española, la Corona otorgó concesiones, marquesados y encomiendas a los particulares interesados en hacer fortuna en las nuevas tierras adjudicadas, pero poco a poco los fue metiendo en cintura hasta centralizar lo más posible el poder desde la metrópoli. Aunque la obra de Cortés era muy reconocida, el poder en la llamada Nueva España se concentró desde un principio en un virrey enviado desde la metrópoli. Por cierto, una de las ofensas más notorias al pueblo de nuestro continente es que en los tres siglos de dominación colonial ningún rey o pontífice se dignó a visitarnos nunca, periodo al que se puede agregar casi dos siglos más del México independiente, pues no fue sino hasta 1978 que nos visitó por primera vez un rey de España y en 1979, un papa de la iglesia católica romana.

Otra característica del conquistador es que actúa como empresario. Venía por la ganancia fácil y rápida pero también invertía lo poco que traía desde Europa o lo que había conseguido en Santo Domingo o en Cuba, donde se preparó la invasión a Mesoamérica. En este caso, lo más importante era contar con hombres, caballos, armas y embarcaciones. En la isla de Cuba, recién bautizada como la Fernandina, comenzaron los preparativos y desde allí salieron las tres expediciones hacia las costas del Caribe y del golfo de México, y luego hacia la gran Tenochtitlan. En Cuba gobernaba Diego Velázquez y las dos primeras incursiones tenían el propósito de «cazar» indígenas para llevarlos a Cuba como esclavos y, al mismo tiempo, explorar la tierra de la península de Yucatán y más adentro por la costa, para luego entrar con todo en busca del codiciado oro y consumar la llamada conquista. El mismo Cortés explica, en parte, cómo se prepararon estas incursiones; por ello, la principal fuente de información de este capítulo serán sus famosas *Cartas de relación,* enviadas a los reyes de España, misivas muy puntuales y directas que lo pintan, a él y a sus huestes, de cuerpo entero; es decir, casi no hace falta recurrir a otros autores para conocer lo que verdaderamente ocurrió y combatir, con argumentos, la falacia que, hasta la actualidad, manejan los insensatos conservadores de que la Conquista nos liberó de la esclavitud y del atraso cuando fue todo lo contrario: se trató de una afrenta que dio lugar a un auténtico retroceso que, si con el tiempo pudo ser remontado, fue gracias a las portentosas culturas del México antiguo, esas que los soldados de la Corona quisieron destruir de raíz, sin conseguirlo. Por ellas seguimos siendo un país y un pueblo con grandeza y gloria. Amigas y amigos lectores, aquí es pertinente advertirles que las largas citas de las cartas de Cortés al rey pueden resultarles cansadas, aunque son buenos testimonios para darle veracidad a mis argumentos y postulados. También existe la opción de omitirlas y solo recurrir al análisis que realizo sobre estos hechos y acontecimientos históricos.

Aunque la crónica de Cortés abarca desde la primera expedición encabezada por Francisco Fernández de Córdoba, la escribe cuando él ya está en Veracruz, poco tiempo después; es decir, se trata de la primera carta de relación fechada el 10 de julio de 1519. En ella, como en una posterior del 30 de octubre de 1520, es más que notoria la insidia y las expresiones vulgares en contra de Diego Velázquez, a quien para entonces ya había traicionado, como siempre fue su proceder, cuando estaba de por medio la conservación del poder. Pero, además de intrigante, nuestro personaje tenía otras «virtudes»: era mentiroso, hipócrita, lambiscón, perverso y más sanguinario que ladrón. Le interesaba mandar, que no precisamente el dinero, aunque, finalmente, lo tuvo en demasía. Veamos cómo cuenta la primera aventura de Hernández de Córdoba:

> Muy Altos y muy poderosos, excelentísimos príncipes, muy católicos y muy grandes; reyes y señores:
>
> […]
>
> Puede haber dos años poco más o menos, muy esclarecidos príncipes, que en la ciudad de Santiago, que es en la isla Fernandina donde nosotros hemos sido vecinos en los pueblos de ella, se juntaron tres vecinos de la dicha isla, el uno de los cuales se dice Francisco Fernández de Córdoba, el otro Lope Ochoa de Caicedo, y el otro Cristóbal Morante, y como es costumbre en estas islas que en nombre de vuestras majestades están pobladas de españoles, de ir por indios a las islas que no están pobladas de españoles para servir de ellos, envían los susodichos, dos navíos y un bergantín para que de las dichas islas trajesen indios a la dicha isla Fernandina para servir de ellos, y creemos, porque aún no lo sabemos de cierto, que el dicho Diego Velázquez, teniente de almirante tenía la cuarta parte de la dicha armada. Y el uno de los dichos armadores fue por capitán de la armada, llamado Francisco Fernández de Córdoba, y llevó por piloto a un Antón de Alaminos, vecinos de la Villa de Palos. Y a este Antón de Alaminos trajimos nosotros ahora también por piloto, y lo enviamos a vuestras reales altezas para que de él vuestras majestades puedan ser informados.
>
> Y siguiendo en viaje fueron a dar a la dicha tierra intitulada de Yucatán, a la punta de ella, que estará 60 o 70 leguas de la dicha isla Fernandina de esta tierra de la Rica Villa de la Vera Cruz, donde nosotros en nombre de vuestras reales altezas estamos, en la cual saltó en un pueblo que se dice Campeche, donde al señor de él pusieron por nombre Lázaro, y allí le dieron dos mazorcas con una tela de oro por cama, y otras cosillas de oro. Y porque los naturales de la dicha tierra no los consintieron estar en el pueblo y tierra, se partieron de allá y se fue la costa abajo hasta 10 leguas, donde tornó a saltar en tierra junto a otro pueblo que se llama Nochopobón y el señor de El Champotón; y allí fueron bien

> recibidos de los naturales de la tierra, mas no los consintieron entrar en su pueblo y aquella noche durmieron los españoles fuera de las naos en tierra; y viendo esto los naturales de aquella tierra, pelearon otro día en la mañana con ellos, en tal manera que murieron 26 españoles y fueron heridos todos los otros. Finalmente, viendo el capitán Francisco Fernández de Córdoba esto, escapó con los que le quedaron a acogerse a las naos.
>
> Viendo pues el dicho capitán cómo le habían muerto más de la cuarta parte de su gente y que todos los que le quedaban estaban heridos, y que él mismo tenía 30 y tantas heridas y que estaba casi muerto que pensaría escaparse, se volvió con los dichos navíos y gente a la isla Fernandina donde hicieron saber al dicho Diego Velázquez cómo habían hallado una tierra muy rica de oro, porque a todos los naturales de ella los habían visto traer puesto adellos en las narices, adellos en las orejas y en otras partes, y que en la dicha tierra había edificios de cal y canto y mucha cantidad de otras cosas que de la dicha tierra publicaron, de mucha administración y riquezas, y dijéronle que si él podía enviar navíos a rescatar oro, que había mucha cantidad de ello.[23]

Esta expedición realmente fue desastrosa para los conquistadores. La batalla de Champotón, Campeche, conocida por los cronistas oficiales y oficiosos como la batalla de la Bahía de la Mala Pelea —algo parecido a la derrota de la Noche Triste—, fue una de las pocas victorias de los pueblos indígenas ante el poderío militar de los conquistadores. Es cierto que eran pocos los españoles: cien hombres sin caballos, pero con suficiente armamento. Bernal Díaz del Castillo, que formaba parte de los invasores, cuenta que llegaron un día antes y tomaron el agua dulce que necesitaban, pero los mayas les pidieron que se fueran y ellos decidieron quedarse y pasar la noche allí en la orilla de la playa, afuera de los navíos, lo cual llevó a los indígenas a sospechar que la intención de los conquistadores era entrar al pueblo. Así que, en asamblea, esa misma noche acordaron enfrentarlos por la mañana del día siguiente:

> Ya de día claro vimos venir por la costa muchos más indios guerreros, con sus banderas tendidas, y penachos y atambores, y se juntaron con los primeros que habían venido la noche antes; y luego hicieron sus escuadrones y nos cercaron por todas partes, y nos dan tales rociadas de flechas y varas, y piedras tiradas con hondas, que hirieron sobre 80 de nuestros soldados, y se juntaron con nosotros pie con pie, unos con lanzas y otros flechando, y con espadas de navajas, que parece que son de hechura de dos manos, de arte que nos traían a mal andar, puesto que les dábamos muy buena prisa de estocadas y cuchilladas, y las escopetas y ballestas que no paraban, unas tirando y otras armando. Ya que se apartaron algo de nosotros, desde que sentían las grandes cuchilladas y estocadas que les dábamos, no era lejos, y esto fue por flecharnos y tirar a terrero a su salvo. Y cuando estábamos en esta batalla y los indios se apellidaban, decían: *Al calachuni, calachuni,* que en su lengua quiere decir que arremetiesen al capitán y le matasen; y le dieron 10 flechazos, y a mí me dieron tres, y uno de ellos fue bien peligroso, en el costado izquierdo, que me pasó lo hueco, y a todos nuestros soldados dieron grandes lanzadas, y a dos llevaron vivos, que se decía el uno Alonso Boto y otro era un portugués viejo.[24]

El mismísimo Bernal lamenta la derrota, pero dice que, cuando regresaron a Cuba, a pesar de la tristeza, los hispanos de la isla se alegraron porque llevaban algunas prendas de oro acopiadas en Campeche y la noticia de que habían descubierto una tierra rica en joyas y piedras preciosas. Tanto el triste final de Hernández de Córdoba como la noticia del oro que sirvió de bálsamo para aliviar los pesares, todo lo cuenta Bernal de esta forma:

> Ya escribimos a Diego Velázquez, gobernador, muy en posta, haciéndole saber que habíamos descubierto tierra de grandes poblaciones y casas de cal y canto, y las gentes naturales de ellas traían vestidos de ropa de algodón y cubiertas sus vergüenzas y tenían oro y labranzas de maizales, y otras cosas que no me acuerdo. Y nuestro capitán, Francisco Hernández, se fue desde allí por tierra a una villa que se decía Santispiritus, donde era vecino y donde tenía sus indios, y como iba mal herido, murió de allí a 10 días. Y todos los más soldados nos fuimos cada uno por su parte, por la isla adelante. Y en la Habana se murieron tres soldados de las heridas, y nuestros navíos fueron al puerto de Santiago, donde estaba el gobernador, y después que hubieron desembarcado los dos indios que hubimos en la Punta de Cotoche, que se decía Melchorejo y Julianillo, y sacaron el arquilla con las diademas y anadejos y pescadillo y otras pecezuelas de oro, y también muchos ídolos, sublimábanlo de arte, que en todas las islas, así de Santo Domingo y en Jamaica y aun en Castilla hubo gran fama de ello, y decían que otras tierras en el mundo no se habían descubierto mejores. Y como vieron los ídolos de barro y de tantas maneras de figuras, decían que eran de los gentiles. Otros decían que eran de los judíos que desterró Tito y Vespasiano de Jerusalén, y que los echó por la mar adelante en ciertos navíos que habían aportado en aquella tierra. Y como en aquel tiempo no era descubierto el Perú ni se descubrió de ahí a 20 años, tenía[se] en mucho. Pues otra cosa preguntaba Diego Velázquez a aquellos indios: que si había minas de oro en su tierra, y por señas a todo le dan a entender que sí. Y les mostraron oro en polvo, y decían que había mucho en su tierra, y no le dijeron verdad, porque claro está que en la Punta de Cotoche, ni en todo Yucatán, no hay minas de oro ni de plata.[25]

Con más interés en el oro que en las llamadas «expediciones de rescate», que iban desde la «caza» de esclavos, pasando por la venta de mercancías de origen español, hasta el hecho de dejar constancia de que ellos habían descubierto nuevas tierras y recibirían recompensas, se organizó desde Cuba la segunda incursión hacia la península de Yucatán y toda la costa del golfo de México hasta el río Pánuco en Veracruz. Esta expedición, también promovida por el gobernador Diego Velázquez, la comandó su sobrino Juan de Grijalva, quien tenía buena reputación entre los españoles de La Fernandina. Se integró con 160 hombres, entre los que destacaba Francisco de Montejo, quien, un año después, en 1519, se volvería famoso por ser nombrado, en Veracruz, procurador de México a instancias de Cortés; y luego, tanto Montejo como su hijo y sobrino fueron «pacificadores», alcaldes mayores, gobernadores y capitanes generales en Tabasco, toda la península de Yucatán, parte de Guatemala, Honduras y el Salvador. Pero dejemos la crónica como lo prometimos: a Cortés, según su carta de relación, enviada desde Veracruz a la reina Juana y a su hijo, el rey Carlos; aunque podríamos resumir el contenido de esta misiva señalando que es pura politiquería y «grilla» en contra de Diego Velázquez, transcribir algunos párrafos puede ayudar a comprender la atmósfera tan cargada de ambiciones que prevalecía, y cómo se fue elaborando la cadena de imposiciones y terror que caracterizó a la llamada conquista de México.

Cortés asegura que Diego Velázquez:

> Movido más a codicia que a otro celo, despachó luego a un su procurador a la isla Española con cierta relación que hizo a los reverendos padres de San Jerónimo, que en ella residían por gobernadores de estas Indias, para que en nombre de vuestras majestades le diesen licencia, por los poderes que de vuestras altezas tenían, para que pudiese enviar a bojar la dicha tierra, diciéndoles que en ello haría gran servicio a vuestras majestades, con tal que le diesen licencia para que rescatase con los naturales de ella, oro y perlas y piedras preciosas y otras cosas, lo cual todo fuese suyo pagando el quinto a vuestras majestades, lo cual por los dichos reverendos padres gobernadores Jerónimos le fue concedido, así porque hizo relación que él había descubierto la dicha tierra a su costa, como por saber el secreto de ella y proveer como al servicio de vuestras reales altezas conviniese.
>
> [...]
>
> En este medio tiempo como le vino la licencia que en nombre de vuestras majestades le dieron los reverendos padres gobernadores de la orden de San Jerónimo, dióse prisa en armar tres navíos y un bergantín, porque si vuestras majestades no fuesen servidos de le conceder lo que con Gonzalo de Guzmán les había enviado a pedir lo hubiese ya enviado con la licencia de los dichos padres Jerónimos; y armados, envió por capitán de ellos a un deudo suyo que se dice Juan de Grijalba y con él a 160 de los vecinos de la dicha isla, entre los cuales venimos algunos de nosotros por capitanes, por servir a vuestras reales altezas. Y no solo venimos y vinieron los de la dicha armada aventurando nuestras personas, más aún casi todos los bastimentos de la dicha armada pusieron y pusimos de nuestras casas, así en lo cual gastamos y gastaron asaz parte de sus haciendas. Y fue por piloto de la dicha armada el dicho Antón de Alaminos, que primero había descubierto la dicha tierra cuando fue con Francisco Fernández de Córdoba.
>
> Y para hacer este viaje tomaron susodicha derrota, que antes que a la dicha tierra viniesen descubrieron una isla pequeña que bajaba hasta 30 leguas que está por la parte del sur de la dicha tierra, la cual es llamada Cozumel, y llegaron en la dicha isla a un pueblo que pusieron por nombre San Juan de Porta Latina y a la dicha isla llamaron Santa Cruz.
>
> [...]
>
> Desde allá se volvieron por la dicha costa por donde habían ido hasta doblar la punta de la dicha tierra, y por la parte del norte de ella navegaron hasta llegar al dicho puerto

Campeche, que el señor de él se llama Lázaro, donde había llegado el dicho Francisco Fernández de Córdoba para hacer su rescate que por el dicho Diego Velázquez le era mandado, como por la mucha necesidad que tenían de tomar agua. Y luego que los vieron venir los naturales de la tierra se pusieron en manera de batalla fuera de su pueblo para los defender la entrada, y el capitán los llamó con una lengua e intérprete que llevaba y vinieron ciertos indios a los cuales hizo entender que él no venía sino a rescatar con ellos de lo que tuvieran y a tomar aguaje, y así se fue con ellos hasta un jagüey de agua que estaba junto a su pueblo y allí comenzó a tomar su agua y a les decir con el dicho faraute que les dieran oro y que les darían de las preseas que llevaban. Y los indios, desde que aquello vieron, como no tenían oro que le dar dijéronle que se fuesen, y él les rogó les dejasen tomar su agua y que luego se irían, y con todo eso no se pudo de ellos defender sin que otro día de mañana a hora de misa los indios no comenzasen a pelear con ellos, con sus arcos y flechas y lanzas y rodelas por manera que mataron a un español e hirieron al dicho capitán Grijalba y a otros muchos, y aquella tarde se embarcaron en las carabelas con su gente sin entrar en el pueblo de los dichos indios y sin saber cosa de que a vuestras reales majestades verdadera relación se pudiese hacer.

Y de allí se fueron por la dicha costa. Así llegaron a un río al cual pusieron por nombre el río de Grijalba, y surgió en él casi a hora de vísperas; y otro día de mañana se pusieron de la una y de la otra parte del río gran número de indios y gente de guerra, con sus arcos y flechas y lanzas y rodelas para defender la entrada en su tierra, y según pareció a algunas personas creían contar 5 000 indios. Como el capitán esto vio, no salto a tierra nadie de los navíos, sino desde los navíos les habló con las lenguas y farautes que traía, rogándoles que se llegasen más cerca para que les pudiese decir la causa de su venida; y entraron 20 indios en una canoa y vinieron muy recatados y acercáronse a los navíos, y el capitán Grijalba les dijo y dio a entender por aquel intérprete que llevaba, cómo él no venía sino a rescatar, y que quería ser amigo de ellos, y que le trajesen oro de lo que tenían y que él les daría de las preseas que llevaba. Así lo hicieron el día siguiente, trayéndole ciertas joyas de oro sotiles, y el dicho capitán les dio de su rescate lo que le pareció y ellos se volvieron a su pueblo. Y el dicho capitán estuvo allá aquel día, y otro día siguiente se hizo a la vela y sin saber más secreto alguno de aquella tierra, y bajaron hasta llegar a una bahía, a la cual pusieron por nombre la bahía de San Juan, y allí saltó el capitán en tierra con cierta gente, en unos arenales despoblados.

Y como los naturales de la tierra habían visto que aquellos navíos venían por la costa, acudieron allí, con los cuales él habló con sus intérpretes y sacó una mesa en que puso ciertas preseas, haciéndoles entender cómo venían a rescatar y a ser sus amigos; y como esto vieron y entendieron los indios comenzaron a traer piezas de ropa y algunas joyas de oro, las cuales rescataron con el dicho capitán, y desde allí despachó y envió el dicho capitán Grijalba a Diego Velázquez la una de las dichas carabelas con todo lo que hasta entonces habían rescatado; y partida la dicha carabela para la isla Fernandina a donde estaba Diego Velázquez, se fue el dicho capitán Grijalba por la costa abajo con los navíos que le quedaron y anduvo por ella hasta 45 leguas sin saltar en tierra ni ver cosa alguna, excepto aquello que desde la mar se parecía, y desde allí se comenzó a volver para la isla

> Fernandina, y nunca más vio cosa alguna de aquella tierra que de contar fuese, por lo cual vuestras reales altezas pueden creer que todas las relaciones que de esta tierra se les han hecho no han podido ser ciertas, pues no supieron los secretos de ella más de lo que por sus voluntades han querido escribir.

En realidad, esta expedición fue bastante pacífica y, según Cortés, solo se registró una escaramuza. No se sabe cuántos indígenas murieron, como no se tiene el mismo dato de la batalla de Champotón, pero se sabe que en esta incursión perdió la vida un español y que a Juan de Grijalva «y a otros muchos» los hirieron. Este hecho se presentó en el puerto de Campeche, pero no se repitió en Tabasco ni Veracruz. Nótese también cómo, para cualquier internación en busca de nuevas tierras, se debía contar no solo con la autorización de Velázquez, sino también con la de los «reverendos padres gobernadores jerónimos»; así vemos cómo siempre estuvo presente el poder eclesiástico. La expedición de Juan de Grijalva reafirmó el conocimiento sobre la gran riqueza que existía en el centro del Imperio mexica. Por ello es interesante transcribir algunos datos sobre cómo, desde el regreso de Juan de Grijalva a Cuba, luego de dos ensayos en 1517 y 1518, ya existía en La Fernardina el proyecto de iniciar para 1519 la llamada conquista de México. En efecto, Bernal Díaz del Castillo, uno de los protagonistas principales de esta historia, cuenta lo siguiente:

> Después que llegó a Cuba el capitán Juan de Grijalva, ya por mí memorado, y visto el gobernador Diego Velázquez que eran las tierras ricas, ordenó de enviar una buena armada, muy mayor que las de antes; y para ello tenía ya a punto 10 navíos en el puerto de Santiago de Cuba, donde Diego Velázquez residía: las cuatro de ellos eran en los que volvimos con Juan de Grijalva, porque luego les hizo dar carena, y los otros seis recogieron de toda la isla y los hizo proveer de bastimento, que era pan cazabe y tocinos, porque en aquella sazón no había en la isla de Cuba ganado vacuno ni carneros, porque era nuevamente poblada. Y este bastimento no era más que para hasta llegar a la Habana, porque allí habíamos de hacer todo el matalotaje, como lo hicimos. Y dejemos de hablar en esto y diré las diferencias que hubo para elegir capitán.
>
> Para ir aquel viaje hubo muchos debates y contrariedades, porque ciertos hidalgos decían que viniese por capitán un Vasco Porcallo, pariente del conde de Feria, y temióse Diego Velázquez que se le alzaría con la armada, porque era atrevido; otros decían que viniese un Agustín Bermúdez o un Antonio Velázquez Borrego, o un Bernardino Velázquez, parientes del gobernador, y todos los más soldados que allí nos hallamos decíamos que volviese Juan de Grijalva, pues era buen capitán y no había falta en su persona y en saber mandar. Andando las cosas y conciertos de esta manera que aquí he dicho, dos grandes privados de Diego Velázquez, que se decían Andrés de Duero, secretario del mismo gobernador, y un Amador de Lares, contador de su majestad, hicieron secretamente compañía con un hidalgo que se decía Hernando Cortés, natural de Medellín, que tenía indios de encomienda en aquella isla, y poco tiempo había que se había casado con una señora que se decía doña Catalina Suárez, apodada La Marcayda. Esta señora fue hermana de un

> Juan Suárez, que después que se ganó la Nueva España fue vecino de México, y a lo que yo entendí y otras personas decían, se casó con ella por amores, y esto de este casamiento muy largo lo decían otras personas que lo vieron, y por esta causa no tocaré más en esta tecla, y volveré a decir acerca de la compañía. Y fue de esta manera: que concertasen estos privados de Diego Velázquez que le hiciesen dar a Hernando Cortés la capitanía general de toda la armada, y que partirían entre todos tres la ganancia del oro y plata y joyas de la parte que le cupiese a Cortés, porque secretamente Diego Velázquez enviaba a rescatar y no a poblar, según después pareció por las instrucciones que de ello dio, y aunque publicaba y pregonó que enviaba a poblar. Pues hecho este concierto, tienen tales modos Duero y el contador con Diego Velázquez y le dicen tan buenas y melosas palabras, loando mucho a Cortés, que es persona en quien cabe el cargo para ser capitán, porque además de ser muy esforzado, sabrá mandar y ser temido, y que le sería muy fiel en todo lo que le encomendase así en lo de la armada como en lo demás, y además de esto era su ahijado, y fue su padrino cuando Cortés se veló con la doña Catalina Suárez; por manera que le persuadieron y convocaron a ello, y luego se eligió por capitán general, y el secretario Andrés de Duero hizo las provisiones, como suele decir el refrán, de muy buena tinta, y como Cortés las quiso, muy bastantes.[26]

Aun cuando los padrinos políticos de Cortés no se equivocaron cuando dijeron que «sabrá mandar y ser temido», sí fallaron consciente o inconscientemente en siquiera pensar que le sería leal a Diego Velázquez. Dice Bernal que un loquito de Santiago, en la isla de Cuba, apenas se supo lo del nombramiento de Cortés, empezó a pregonar de manera muy chistosa que este iba a traicionar a Velázquez:

> Ya publicada su elección, a unas personas les placía y a otras les pesaba. Y un domingo, yendo a misa Diego Velázquez, como era gobernador íbanle acompañando los más nobles vecinos que había en aquella villa, y llevaba a Hernando Cortés a su lado derecho por honrarle. E iba delante de Diego Velázquez un truhán que se decía Cervantes el Loco, haciendo gestos y chocarrerías, y decía: «A la gala, a la gala de mi amo Diego. ¡Oh, Diego; oh, Diego! ¡Qué capitán has elegido, que es de Medellín de Extremadura, capitán de gran ventura, mas temo, Diego, no se te alce con la armada, porque todos le juzgan por muy varón en sus cosas!». Y decía otras locuras, que todas iban inclinadas a malicia, y porque lo iba diciendo de aquella manera le dio de pescozazos Andrés de Duero que iba allí junto a Diego Velázquez, y le dijo: «Calla, borracho loco, no seas más bellaco, que bien entendido tenemos que esas malicias, so color de gracias, no salen de ti». Y todavía el loco iba diciendo, por más «pescozazos» que le dieron: «¡Viva, viva la gala de mi amo Diego y del su venturoso capitán y juro a tal mi amo Diego que por no verte llorar el mal recaudo que ahora has hecho, yo me quiero ir con él a aquellas ricas tierras!».
>
> Túvose por cierto que le dieron los Velázquez, pariente del gobernador, ciertos pesos de oro a aquel chocarrero porque dijese aquellas malicias, so color de gracias y todo salió verdad como lo dijo. Dicen que los locos algunas veces aciertan en lo que dicen.[27]

El caso es que todavía no salía de las costas de Cuba la expedición de Cortés y ya Velázquez, desesperado, quería detenerla; incluso ordenó a sus leales de La Habana que no dejaran «pasar aquella armada, y que luego prendiesen a Cortés y se le enviasen preso a buen recaudo a Santiago de Cuba».[28] Sin embargo, ya Cortés tenía todo preparado y en vez de zarpar desde La Habana, lo hizo por la Villa de Trinidad.

Pero, como lo prometimos, sigamos apoyándonos en lo que dijo Cortés en sus famosas *Cartas de relación,* aun cuando separemos el resto del texto que nos ocupa en dos partes: de Cuba a Veracruz, y todo lo acontecido en esta recién bautizada Villa Rica, incluido el trato con el «cacique de Cenpoal».

Sobre la primera parte, según Bernal, salieron de Cuba el 10 de febrero, pasaron a Cozumel, y se embarcaron de nuevo el 4 de marzo y llegaron a la desembocadura del río Grijalva en Centla, Tabasco, el 12 de marzo de 1519. En la carta de relación del 10 de julio de 1519, Cortés narra esta travesía y la batalla de Centla de la siguiente manera:

> Hecha y ordenada la dicha armada, nombró en nombre de vuestras majestades, el dicho Diego Velázquez al dicho Fernando Cortés por capitán de ella para que veniese a esta tierra a rescatar y hacer lo que Grijalba no había hecho, y todo el concierto de la dicha armada se hizo a voluntad del dicho Diego Velázquez, aunque no puso ni gastó él más de la tercia parte de ella, según vuestras reales altezas podrán mandar ver por las instrucciones y poder que el dicho Fernando Cortés recibió de Diego Velázquez en nombre de vuestras majestades, las cuales enviamos ahora con estos nuestros procuradores a vuestras altezas. Y sepan vuestras majestades que la mayor parte de la dicha tercia parte que el dicho Diego Velázquez gastó en hacer la dicha armada fue en emplear sus dineros en vinos y en ropas y en otras cosas de poco valor para nos lo vender acá en mucha más cantidad de lo que a él le costó, por manera que podemos decir que entre nosotros los españoles, vasallos de vuestras reales altezas, hace Diego Velázquez su rescate y granjea sus dineros cobrándolos muy bien.
>
> Acabada de hacer la dicha armada, se partió de la dicha isla Fernandina el dicho capitán de vuestras reales altezas, Fernando Cortés, para seguir su viaje con 10 carabelas y 400 hombres de guerra, entre los cuales vinieron muchos caballeros e hidalgos y 16 de caballo. Y prosiguiendo el viaje, a la primera tierra que llegaron fue a la isla Cozumel, que ahora se dice de Santa Cruz, como arriba hemos dicho, en el puerto de San Juan de Porta Latina; saltando en tierra se halló el pueblo que allí hay, despoblado sin gente, como si nunca hubiera sido habitado de persona alguna. Y deseando el dicho capitán Fernando Cortés saber cuál era la causa de estar despoblado. aquel lugar, hizo salir a la gente de los navíos, y aposentáronse en aquel pueblo; y estando allí con su gente, supo de tres indios que se tomaron en una canoa en la mar, que se pasaban a la isla de Yucatán, que los caciques de aquella isla, visto cómo los españoles habían aportado allí, habían dejado los pueblos, y con todos sus indios se habían ido a los montes por temor de los españoles, por no saber con qué intención y voluntad venían con aquellas naos.

Y envió dos capitanes con hasta 100 hombres, y mandóles que el uno fuese a la una punta de la dicha isla, y el otro a la otra, y que hablasen a los caciques que topasen, y les dijesen cómo él los estaba esperando en aquel pueblo y puerto de San Juan de Porta Latina para les hablar de parte de vuestras majestades, y que les rogasen y atrajesen como mejor pudiesen para que quisiesen venir al dicho puerto de San Juan, y que no les hiciesen mal alguno en sus personas ni casas ni haciendas, porque no se alterasen ni alejasen más de lo que estaban. Y fueron los dichos dos capitanes como el capitán Fernando Cortés los mandó; y volviendo de allí a cuatro días dijeron que todos los pueblos que habían topado estaban vacíos, y trajeron consigo hasta 10 o 12 personas que pudieron haber, entre los cuales venía un indio principal al que le habló el dicho capitán Fernando Cortés de parte de vuestras altezas con la lengua e intérprete que traía, y le dijo que fueran a llamar a los otros caciques porque él no se había de partir en ninguna manera de esa dicha isla sin los ver y hablar; y dijo que así lo haría, y así se partió con su carta para los otros caciques, y de allí a dos días vino con él el principal y le dijo que era señor de la isla y que venía a ver qué era lo que quería.

El capitán le habló con el intérprete, y le dijo que él no quería ni venía a les hacer mal alguno, sino a les decir que viniesen al conocimiento de nuestra santa fe, y que supieran que teníamos por señores a los mayores príncipes del mundo, y que estos obedecían a un mayor príncipe de él, y que lo que el dicho capitán Fernando Cortés les dijo que quería de ellos, no era otra cosa sino que los caciques e indios de aquella isla obedecieran también a vuestras altezas, y que haciéndolo así, serían muy favorecidos, y que haciendo esto no habría quien los enojase. Y el dicho cacique respondió que era contento de lo hacer así, y envió luego a llamar a todos los principales de la dicha isla, los cuales vinieron, y venidos holgaron mucho de todo lo que el dicho capitán Fernando Cortés había hablado a aquel cacique, señor de la isla. Y así los mandó volver y volvieron muy contentos, y en tanta manera se aseguraron que de allí a pocos días estaban los pueblos tan llenos de gente y tan poblados como antes, y andaban entre nosotros todos aquellos indios con tan poco temor, como si mucho tiempo hubieran tenido conversación con nosotros.

En este medio tiempo supo el capitán que unos españoles estaban siete años había cautivos en el Yucatán, en poder de ciertos caciques, los cuales se habían perdido en una carabela que dio al través en los bajo de Jamaica, la cual venía de Tierra Firme, y que ellos se escaparon en una barca de aquella carabela saliendo a aquella tierra, y desde entonces los tenían allí cautivos y presos los indios; y también traía aviso de ello el dicho capitán Fernando Cortés, cuando partió de la dicha isla Fernandina para saber de estos españoles y como aquí supo nuevas de ellos y la tierra donde estaban, le pareció que haría mucho servicio a Dios y a vuestra majestad en trabajar que saliesen de la prisión y cautiverio en que estaban, y luego quisiera ir con toda la flota con su persona a los redemir, si no fuera porque los pilotos le dijeron que en ninguna manera lo hiciese, porque sería causa que la flota y gente que en ella iba se perdiese, a causa de ser la costa muy brava como lo es, y no haber en ella puerto ni parte donde pudiese surgir con los dichos navíos; y por esto lo dejó y proveyó luego con enviar con ciertos indios en una canoa, los cuales le habían dicho que sabían quién era el cacique con quien los dichos españoles estaban, y les escribió como si él dejaba de ir en persona con su armada para los librar, no era sino por ser mala y brava la costa para surgir, pero que les rogaba que trabajasen de se soltar e huir en algunas canoas, y que ellos los esperarían allí en la isla de Santa Cruz.

[...]

Y visto que no venían los españoles cautivos ni los indios que a buscarlos habían ido, acordaron de se volver a donde el dicho capitán Fernando Cortés los estaba aguardando en la isla de Santa Cruz, y llegados a la isla, como el capitán supo el mal recado que traían, recibió mucha pena, y luego otro día propuso de embarcarse con toda determinación de ir y llegar a aquella tierra, aunque toda la flota se perdiese, y también por se certificar si era verdad lo que el capitán Juan de Grijalba había enviado a decir a la isla Fernandina, diciendo que era burla que nunca a aquella costa habían llegado ni se habían perdido aquellos españoles que se decían estar cautivos.

Y estando con este propósito el capitán, embarcando ya toda la gente, que no faltaba de se embarcar salvo su persona con otros 20 españoles que con él estaban en tierra, y haciéndoles el tiempo muy bueno y conforme a su propósito para salir del puerto, se levantó a deshora un viento contrario con unos aguaceros muy contrarios para salir, en tanta manera que los pilotos dijeron al capitán que no se embarcaran porque el tiempo era muy contrario para salir del puerto, y visto esto, el capitán mandó desembarcar toda la otra gente de la armada, y a otro día a mediodía vieron venir una canoa a la vela hacia la dicha isla. Y llegada donde nosotros estábamos, vimos cómo venía en ella uno de los españoles cautivos que se llama Gerónimo de Aguilar, el cual nos contó la manera como se había perdido y el tiempo que había que estaba en aquel cautiverio, que es como arriba vuestras reales altezas hemos hecho relación. Y túvose entre nosotros aquella contrariedad de tiempo que sucedió de improviso, como es verdad, por muy gran misterio y milagro de Dios, por donde se cree que ninguna cosa se comienza que en servicio de vuestras majestades sea que pueda suceder sino en bien. De este Gerónimo de Aguilar fuimos informados que los otros españoles que con él se perdieron en aquella carabela que dio al través, estaban muy derramados por la tierra, la cual nos dijo que era muy grande y que era imposible poderlos recoger sin estar y gastar mucho tiempo en ello.

[...]

Sepan vuestras majestades que como el capitán reprendiese a los caciques de la dicha isla diciéndoles que no viviesen más en la secta y gentilidad que tenían, pidieron que les diese ley en que viviesen de allí adelante, y el dicho capitán los informó lo mejor que él supo en la fe católica, y les dejó una cruz de palo puesta en una casa alta, y una imagen de nuestra señora la Virgen María, y les dio a entender muy cumplidamente lo que debían hacer para ser buenos cristianos; y ellos mostráronle que recibían todo de muy buena voluntad, y así quedaron muy alegres y contentos.

Partidos de esta isla, fuimos a Yucatán, y por la banda del norte corrimos la tierra adelante hasta llegar al río grande que se dice de Grijalba, que es, según a vuestras reales altezas hicimos relación, adonde llegó el capitán Juan de Grijalba, pariente de Diego Velázquez. Es tan baja la entrada de aquel río, que ningún navío de los grandes pudo en él entrar; mas como el dicho capitán Fernando Cortés está tan inclinado al servicio de vuestra majestad y tenga voluntad de les hacer verdadera relación de lo que en la tierra hay, propuso de no pasar más adelante hasta saber el secreto de aquel río y pueblos que en la ribera de él están, por la gran fama que de riqueza se decía que tenían, y así sacó toda la gente de su armada en los bergantines pequeños y en las barcas, y subimos por el dicho río arriba hasta llegar a ver la tierra y pueblos de ella; y como llegásemos al primero pueblo hallamos la gente de los indios de él puesta a la orilla del agua, y el dicho capitán les habló con la lengua y faraute que llevábamos y con el dicho Jerónimo de Aguilar que había, como dicho es de suso, estado cautivo en Yucatán, qué entendía muy bien y hablaba la lengua de aquella tierra, y les hizo entender como él no venía a les hacer mal ni daño alguno, sino a les hablar de parte de vuestras majestades y que para esto les rogaba que nos dejasen y hubiesen por bien que saltásemos en tierra, porque no teníamos donde dormir aquella noche sino en la mar en aquellos bergantines y barcas en las cuales no cabíamos aun de pies, porque para volver a nuestros navíos era muy tarde porque quedaban en alta mar. Oído esto por los indios, respondiéronle que hablase desde allí lo que quisiese, y que no tratase de saltar él ni su gente en tierra si no que le defenderían la entrada. Y luego en diciendo esto comenzáronse a poner en orden para nos tirar flechas, amenazándonos y diciendo que nos fuésemos de allí; y por ser este día muy tarde que casi era ya que se queria poner el sol, acordó el capitán que nos fuésemos a unos arenales que estaban enfrente de aquel pueblo, y allí saltamos en tierra y dormimos aquella noche.

Otro día de mañana luego siguiente vinieron a nosotros ciertos indios en una canoa, y trajeron ciertas gallinas y un poco de maíz que habría para comer [...] y dijéronnos que tomásemos aquellos y que nos fuésemos de su tierra; y el capitán les habló con los intérpretes que teníamos, y les dio a entender que en ninguna manera él se había de partir de aquella tierra hasta saber el secreto de ella para poder escribir a vuestra majestad verdadera relación de ella, y que les tornaba a rogar que no recibiesen pena de ello ni le defendiesen la entrada en el dicho pueblo, pues que eran vasallos de vuestras reales altezas; y todavía respondieron diciendo que no tratásemos de entrar en el dicho pueblo sino que nos fuésemos de su tierra, y así se fueron.

Después de idos, determinó el dicho capitán de ir allá, y mandó a un capitán de los que en su compañía estaban que se fuese con 200 hombres por un camino, que aquella noche que en tierra estuvimos se halló que iba a aquel pueblo; y el dicho capitán Fernando Cortés se embarcó con hasta 80 hombres en las barcas y bergantines, y se fue a poner frontero del pueblo para saltar en tierra si le dejasen; y como llegó halló los indios puestos de guerra armados con sus arcos y flechas y lanzas y rodelas, diciéndonos que nos fuésemos de su tierra, si no queríamos guerra que comenzásemos luego, porque ellos eran hombres para defender su pueblo. Y después de les haber requerido el dicho capitán tres veces, y pedídolo por testimonio al escribano de vuestras reales altezas que consigo llevaba, diciéndoles que no quería guerra, viendo que la determinada voluntad de los dichos indios era resistirle que no saltase en tierra, y que comenzaban a flechar contra nosotros, mandó soltar los tiros de artillería que llevaba, y que arremetiésemos a ellos, y soltados los tiros, al saltar, que la gente saltó en tierra, nos hirieron a algunos, pero finalmente con la prisa que les dimos y con la gente que por las espaldas les dió, de la nuestra que por el camino había ido, huyeron y dejaron al pueblo, y así lo tomamos y nos aposentamos en la parte de él que más fuerte nos pareció.

Y a otro día siguiente, vinieron a hora de vísperas dos indios de parte de los caciques y trajeron ciertas joyas de oro muy delgadas y de poco valor, y dijeron al capitán que ellos le traían aquello por que se fuese y les dejase su tierra como antes solían estar, y que no les hiciese mal ni daño; y el dicho capitán les respondió diciendo: que a lo que pedían de no les hacer mal ni daño que él era contento, y a lo de dejarles la tierra dijo que supiesen que de allí adelante habían de tener por señores a los mayores príncipes del mundo, y que habían de ser sus vasallos y les habían de servir, y que haciendo esto vuestras majestades les harían muchas mercedes, y los favorecerían y ampararían y defenderían de sus enemigos. Y ellos respondieron que eran contentos de lo hacer así, pero todavía le requerían que les dejase su tierra, y así quedamos todos amigos. Concertada esta amistad, les dijo el capitán que la gente española que allí estábamos con él no teníamos qué comer, ni lo habíamos sacado de las naos, que les rogaba que el tiempo que allí en tierra estuviésemos nos trajesen de comer; y ellos respondieron que otro día traerían y así se fueron y tardaron aquel día y otro que no vinieron con ninguna comida, y de esta causa estábamos todo con mucha necesidad de mantenimientos, y al tercer día pidieron algunos españoles licencia al capitán para ir por las estancias de al derredor a buscar de comer; y como el capitán viese que los indios no venían como habían quedado, envió cuatro capitanes con más de 200 hombres a buscar a la redonda del pueblo si hallarían algo de comer, y andándolo buscando toparon con muchos indios y comenzaron luego a flecharlos en tal manera que hirieron a 20 españoles, y si no fuera hecho de presto saber el capitán para que los socorriese, como los socorrió, créese que mataran más de la mitad de los cristianos; y así nos venimos y retrajimos todos a nuestro real, y fueron curados los heridos, y descansaron los que habían peleado. Y viendo el capitán cuan mal los indios lo habían hecho, que en lugar de nos traer de comer, como habían quedado, nos flechaban y hacían guerra, mandó sacar 10 caballos y yeguas de los que en las naos llevaban, y apercebir toda la gente, porque tenía pensamiento que aquellos indios con el favor que el día pasado habían tomado, vendrían a dar sobre nosotros al real con pensamiento de hacer daño; y estando así todos bien apercebidos, envió otro día ciertos capitanes con 300 hombres adonde el día pasado habían habido la batalla, a saber si estaban allí los dichos indios o qué había sido de ellos. Y dende a poco envió otros dos capitanes con la retaguardia con otros 100 hombres y el dicho capitán Fernando Cortés se fue con los 10 de a caballo encubiertamente por un lado.

Yendo, pues, en esta orden, los delanteros toparon gran multitud de indios de guerra que venían todos a dar sobre nosotros en el real, y si por caso aquel día no les hubiéramos salido a recibirlos al camino, pudiera ser que nos pusieran en harto trabajo. Y como el capitán de la artillería que iba delante, hiciese ciertos requerimientos por ante escribano a los dichos indios de guerra que topó, dándoles a entender por los farautes y lenguas que allí iban con nosotros, que no queríamos guerra sino paz y amor con ellos, no se curaron de responder con palabras sino con flechas muy espesas que comenzaron a tirar; y estando así peleando los delanteros con los indios llegaron los dos capitanes de la retaguardia, y habiendo dos horas que estaban peleando todos con los indios, llegó el capitán Fernando Cortés con los de a caballo por la una parte del monte por donde los indios comenzaron a cercar a los españoles a la redonda, y allí anduvo peleando con los dichos indios una hora, y tanta era la multitud de indios, que ni los que estaban peleando con la gente de a pie de los españoles veían a los de a caballo, ni sabían a qué parte andaban, ni los mismos de a caballo entrando y saliendo en los indios se veían unos a otros; mas de que los españoles sintieron a los de a caballo, arremetieron de golpe a ellos y luego fueron los suso dichos indios puestos en huida y siguiendo media legua el alcance visto por el capitán cómo los indios iban huyendo y que no había más que hacer, y que su gente estaba muy cansada, mandó que todos se recogiesen a unas casas de unas estancias que allí había, y después de recogidos se hallaron heridos 20 hombres, de los cuales ninguno murió, ni de los que hirieron el día pasado.

Y así recogidos y curados los heridos nos volvimos al real, y trajimos con nosotros dos indios que allí se tomaron, los cuales el dicho capitán mandó soltar, y envió con ellos sus cartas a los caciques, diciéndoles que si quisiesen venir adonde él estaba, que les perdonaría el yerro que habían hecho y que serían sus amigos. Y este mismo día en la tarde vinieron dos indios que parecían principales, y dijeron que a ellos les pesaba mucho de lo pasado, y que aquellos caciques les rogaban que les perdonasen, y que no les hiciese más daño de lo pasado, y que no les matase más gente de la muerta, que fueron hasta 220 hombres los muertos, y que lo pasado fuese pasado, y que dende adelante ellos querían ser vasallos de aquellos príncipes que les decían, y que por tales se daban y tenían, y que quedaban y se obligaban de servirles cada vez en nombre de vuestra majestad algo les mandasen; y así se asentaron y quedaron hechas las paces. Y preguntó el capitán a los dichos indios por el intérprete que tenía, que qué gente era la que en la batalla se había hallado, y respondiéronle que de ocho provincias se habían juntado los que allí habían venido, y que según la cuenta y copia que ellos tenían, serían por todos 40 000 hombres, y que hasta aquel número sabían ellos muy bien contar. Crean vuestras reales altezas por cierto que esta batalla fue vencida más por voluntad de Dios que por nuestras fuerzas, porque para 40 000 hombres de guerra poca defensa fuera 400 que éramos nosotros.

Después de quedar todos muy amigos, nos dieron en cuatro o cinco días que allí estuvimos hasta 140 pesos de oro entre todas piezas, y tan delgadas y tenidas de ellos en tanto, que bien parece su tierra muy pobre de oro, porque de muy cierto se pensó que aquello poco que tenían era traído de otras partes por rescate. La tierra es muy buena y muy abundosa de comida, así de maíz como de fruta, pescado y otras cosas que ellos comen. Está asentado este pueblo en la ribera del susodicho río por donde entramos, en un llano en el cual hay muchas estancias y labranzas de las que ellos usan y tienen. Reprendióseles el mal que hacían en adorar ídolos y dioses que ellos tienen, y hízoseles

> entender cómo habían de venir en conocimiento de nuestra santa fe, y quedóles una cruz de madera grande puesta en alto, y quedaron muy contentos, y dijeron que la tendrían en mucha veneración y la adorarían, quedando los dichos indios de esta manera por nuestros amigos y por vasallos de vuestras reales altezas.[29]

En este texto se nota la hipocresía y, sobre todo, la perversidad de Cortés. Empieza mintiéndole a los de Cozumel diciendo que no quería ni venía a hacerles ningún mal y luego demuestra un falso apego a la cristiandad, cosa que cuidará siempre por estar de por medio el poder eclesiástico, el cual podía aportarle el reconocimiento y la legitimidad que siempre había anhelado. En el caso de la búsqueda de los dos náufragos españoles, aun cuando era algo recomendado por Diego Velázquez, según Fernández de Oviedo, nunca lo menciona, y solo él se apropia la hazaña de encontrar a Gerónimo de Aguilar, quien habría de resultarle fundamental como intérprete, pues había aprendido el maya y más tarde, con Malinche, que dominaba esa lengua y el náhuatl, hicieron un enorme servicio a Cortés y a sus huestes. Además de la traducción, otra cosa que ayudó mucho a Cortés fue la definición de su estrategia militar y política a partir de la valiosísima información trasmitida por Malinche sobre la vida, las creencias y el ejercicio del poder entre los pueblos originarios, en particular sobre el dominio mexica. Si bien hay muchas opiniones y leyendas sobre el otro náufrago, llamado Gonzalo Guerrero, Bernal sostiene que, aunque fue invitado a sumarse a la expedición, decidió quedarse con los mayas. Bernal incluso afirma que, cuando Cortés le preguntó sobre Guerrero a Gerónimo de Aguilar, este le informó:

> Que estaba casado y tenía tres hijos, y que tenía labrada la cara y horadadas las orejas y el bezo de abajo, y que era hombre de la mar, de Palos, y que los indios le tienen por esforzado; y que había poco más de un año que cuando vinieron a la punta de Cotoche un capitán con tres navíos (parece ser fueron cuando vinimos los de Francisco Hernández de Córdoba) que él fue inventor que nos diesen la guerra que nos dieron, y que vino él allí juntamente con un cacique de un gran pueblo, según he ya dicho en lo de Francisco Hernández de Córdoba. Y después que Cortés lo oyó, dijo: «En verdad que le querría haber a las manos porque jamás será bueno».[30]

Es evidente que los invasores eran belicosos: les gustaba guerrear, como lo demuestra el intento de ir por la revancha en Champotón, donde seguramente los estaban esperando. Sin embargo, el plan de Cortés era otro; tenía información y había decidido mostrar su poderío militar en Centla, donde todo apunta a que no tuvo lugar una batalla, sino una masacre con premeditación, alevosía y ventaja. Tan fue así que, según sus *Cartas de relación,* en dos ocasiones los indígenas de otros pueblos le habían hecho referencia de su triunfo en Tabasco, es decir, con los mayas chontales asesinados, Cortés mandó el mensaje de que sería implacable y que llevaba no solo caballos, sino cañones para provocar espanto y muerte. Téngase en cuenta que las expediciones de Hernández de Córdoba y la de Juan de Grijalva fueron más exploratorias, una con cien hombres y la otra con 160, pero la encabezada por Cortés se componía de quinientos españoles, 12 navíos, 16 caballos, armas y soldados muy experimentados. Pues bien, el poderío de esta armada se aplicó de manera estruendosa en Tabasco. Allí, como él mismo lo asegura en la crónica, fueron dos arremetidas contra los chontales; la primera, sin avisar, con doscientos soldados por un camino y ochenta embarcados para «saltar» a tierra, con «tiros de artillería» que obligaron a los indígenas a abandonar su pueblo; y la segunda, al día siguiente, después de que los nativos le llevaron «ciertas joyas de oro muy delgadas» y le ofrecieron regresar con comida, pero como se tardaron, «envió cuatro capitanes con más de 200 hombres a buscar a la redonda del pueblo sí hallarían algo de comer», tras lo cual muchos indígenas empezaron a flecharlos, por lo que «mandó sacar 10 caballos y yeguas», más 360 hombres de vanguardia y cien de retaguardia, «y como el capitán de la artillería que iba adelante» sintió que querían guerra, pues comenzó la matanza hasta perseguir a los indígenas por más de media legua (2 kilómetros); así, por la tarde llegaron algunos principales a pedirle perdón, «y que no les hiciese más daño de lo pasado».[31]

Informando y recreando la hazaña de haber enfrentado a 40 000 indígenas, Cortés, que mentía como respiraba, reconoció que había asesinado a 220, mientras que de su tropa solo habían resultado algunos heridos, sin ningún muerto. Además de la exageración de los 40 000 combatientes que no los había ni en todo Tabasco (pues en ese entonces la población de ese estado se calculaba en 135 000 habitantes, incluyendo mujeres, niños y ancianos, además de los jóvenes o adultos en condiciones de guerrear). Sin embargo, la pregunta más interesante sería: ¿fue batalla o matanza la de Centla? Yo sostengo lo segundo. Luego de este espectáculo de terror, los españoles terminaron de extorsionar a los chontales con prendas de oro y les fueron entregadas veinte mujeres, entre ellas, Malinche, con quien Cortés tendría a su hijo Martín. Finalmente se ofició misa, los invasores se santiguaron y partieron de la recién bautizada Santa María de la Victoria.

Según Bernal, los conquistadores hicieron el viaje de la desembocadura del río Grijalva a Veracruz en la Semana Santa, pues embarcaron en la tarde del domingo de Ramos: «y otro día por la mañana nos hicimos a la vela, y con buen viaje navegamos y fuimos la vía de San Juan de Ulúa y siempre muy juntos a la tierra».[32] Y llegaron el jueves de esa misma semana; es decir, hicieron en cuatro días la travesía. La estancia en Veracruz es muy importante, pues allí Cortés, con el apoyo de sus huestes, se autonombra como Justicia Mayor y Capitán Real de Armas; comenzando por antes constituir el Ayuntamiento, el Cabildo de la Villa Rica de Veracruz, así como designar dos procuradores, quienes fueron enviados a España para entregar a los reyes una larga lista de regalos, principalmente oro y otras joyas, con la intención de independizarse de Diego Velázquez y que él, Cortés, fuera reconocido y legitimado como el gobernante o representante supremo en las nuevas tierras conquistadas. Además, en su carta que nos sirve de guía hay asuntos que ponen de manifiesto su verdadera estrategia: por ejemplo, la invención de los sacrificios humanos para vincularse con el alto clero, mostrar su fe cristiana y justificar la campaña evangelizadora; los primeros tratos con autoridades indígenas opuestas al imperio de Moctezuma y otros asuntos que ameritan dividir la transcripción del resto de la carta en, cuando menos, dos apartados: la autoproclamación y la relación de obsequios enviados a España por un lado, y el tema de los sacrificios por el otro.

A los lectores mexicanos, la primera parte les hará recordar las prácticas antidemocráticas que, hasta hace poco, prevalecían en nuestro país. También podrán observar cómo en esta primera carta, todo se expresa en plural, pues aparentemente el narrador no es Cortés, sino sus huestes; «las bases», como se diría en el argot politiquero:

> El dicho capitán Fernando Cortés se partió de allí prosiguiendo su viaje, y llegamos al puerto y bahía que se dice San Juan, que es adonde el susodicho capitán Juan de Grijalba hizo el rescate de que arriba a vuestra majestad estrecha relación se hace. Luego que allí llegamos, los indios naturales de la tierra vinieron a saber qué carabelas eran aquellas que habían venido, y porque el día que llegamos era muy tarde de casi noche, estúvose quedo el capitán en las carabelas y mandó que nadie saltase a tierra; y otro día de mañana saltó a tierra el dicho capitán con mucha parte de la gente de su armada, y halló allí dos principales de los indios, a los cuales dio ciertas preseas de vestir de su persona, y les habló con los intérpretes y lenguas que llevábamos, dándoles a entender como él venía a estas partes por mandado de vuestras reales altezas a les hablar y decir lo que habían de hacer que a su servicio convenía, y que para esto les rogaba que luego fuesen a su pueblo, y que llamasen al dicho cacique o caciques que allí hubiesen para que les viniese a hablar; y porque viniesen seguros les dio para los caciques dos camisas, cintas de oro y dos jubones, uno de raso y otro de terciopelo, y sendas gorras de grana y sendos pares de zaragüelles, y así se fueron con estas joyas a los dichos caciques.
>
> Y otro día siguiente, poco antes de mediodía, vino un cacique con ellos de aquel pueblo, al cual el dicho capitán habló, y le hizo entender con los farautes que no venía a les hacer mal ni daño alguno, sino a les hacer saber cómo habían de ser vasallos de vuestras majestades y le habían de servir y dar lo que en su tierra tuviesen, como todos los que son, así lo hacen; y respondió que él era muy contento de lo ser y obedecer, y que le placía de le servir y tener por señores a tan altos príncipes, como el capitán le había hecho entender que eran vuestras reales altezas. Y luego el capitán le dijo que pues tan buena voluntad mostraba a su rey y señor, que él vería las mercedes que vuestras majestades dende en adelante le harían. Diciéndole esto, le hizo vestir una camisa de Holanda, un sayón de terciopelo, y una cinta de oro, con lo cual el dicho cacique fue muy contento y alegre, diciendo al capitán que él se quería ir a su tierra y que lo esperásemos allí, y que otro día volvería y traería de lo que tuviese por que más enteramente conociésemos la voluntad que del servicio de vuestras reales altezas tiene, y así se despidió y se fue. Y a otro día adelante vino el dicho cacique como había quedado, e hizo tender una manta blanca delante del capitán, y ofrecióle ciertas preciosas joyas de oro, poniéndolas sobre la manta, de las cuales, y de otras que después se hubieron y hacemos particular relación a vuestras majestades en un memorial que nuestros procuradores llevan.

Después de se haber despedido de nosotros el dicho cacique, y vuelto a su casa en mucha conformidad, como en esta armada venimos personas nobles, caballeros hijosdalgo, celosos del servicio de Nuestro Señor y de vuestras reales altezas, y deseosos de ensalzar su corona real, de acrecentar sus señoríos y de aumentar sus rentas, nos juntamos y platicamos con el dicho capitán Fernando Cortés diciendo que esta tierra era buena, y que según la muestra de oro que aquel cacique había traído, se creía que debía de ser muy rica, y que según las muestras que el dicho cacique había dado, era de creer que él y todos sus indios nos tenían muy buena voluntad; por tanto, que nos parecía que nos convenía al servicio de vuestras majestades que en tal tierra se hiciese lo que Diego Velázquez, había mandado hacer al dicho capitán Fernando Cortés, y que era rescatar todo el oro que pudiese, y rescatado, volverse con todo ello a la isla Fernandina para gozar solamente de ello el dicho Diego Velázquez y el dicho capitán, y que lo mejor que a todos nos parecía era que en nombre de vuestras reales altezas se poblase y fundase allí un pueblo en que hubiese justicia, para que en esta tierra tuviesen señorío, como en sus reinos y señoríos lo tienen, porque siendo esta tierra poblada de españoles, demás de acrecentar los reinos y señoríos de vuestras majestades y sus rentas, nos podrían hacer mercedes a nosotros y a los pobladores que de más allá viniesen adelante.

Y acordando esto nos juntamos todos, y acordes de un ánimo y voluntad, hicimos un requerimiento al dicho capitán en el cual dijimos: que pues él veía cuanto al servicio de Dios Nuestro Señor y al de vuestras majestades convenía que esta tierra estuviese poblada, dándole las causas de que arriba a vuestras altezas se ha hecho relación, y le requerimos que luego cesase de hacer rescates de la manera que los venía a hacer, porque sería destruir la tierra en mucha manera, y vuestras majestades serían en ello muy deservidos, y que así mismo lo pedíamos y requeríamos que luego nombrase para aquella villa que se había por nosotros de hacer y fundar, alcaldes y regidores en nombre de vuestras reales altezas, con ciertas protestaciones en forma que contra él protestásemos si así no lo hiciese.

Y hecho este requerimiento al dicho capitán, dijo que al día siguiente nos respondería; y viendo pues el dicho capitán cómo convenía al servicio de nuestras reales altezas lo que le pedíamos, luego otro día nos respondió diciendo que su voluntad estaba más inclinada al servicio de vuestras majestades que a otra cosa alguna, y que no mirando al interese que a él se le siguiera si prosiguiera en el rescate que traía presupuesto de rehacer, ni los grandes gastos que de su hacienda había hecho en aquella armada juntamente con el dicho Diego Velázquez, antes posponiéndolo todo, le placía y era contento de hacer lo que por nosotros le era pedido, pues que tanto convenía al servicio de vuestras reales altezas. Y luego comenzó con gran diligencia a poblar y a fundar una villa, a la cual puso por nombre la Rica Villa de la Veracruz y nombrónos a los que la presente suscribimos, por alcaldes y regidores de la dicha villa, y en nombre de vuestras reales altezas recibió de nosotros el juramento y solemnidad que en tal caso se acostumbra y suele hacer.

[…]

Pareciéndonos, pues, muy excelentísimos príncipes, que para la pacificación y concordia dentre nosotros y para nos gobernar bien, convenía poner una persona para su real servicio que estuviese en nombre de vuestras majestades en al dicha villa y en estas partes por justicia mayor y capitán y cabeza a quién todos acatásemos hasta hacer relación de ello a vuestras reales altezas para que en ello proveyese lo que más servido fuesen, y visto que a ninguna persona se podría dar mejor en dicho cargo que al dicho Fernando Cortés, porque demás de ser persona tal cual para ello conviene, tiene muy gran celo y deseo del servicio de vuestras majestades, y asimismo por la mucha experiencia que de estas partes e islas tiene, a causa de los oficios reales y cargos que en ellas de vuestras reales altezas ha tenido, de los cuales ha siempre dado buena cuenta, y por haber gastado todo cuanto tenía por venir como vino con esta armada en servicio de vuestras majestades, y por haber tenido en poco, como hemos hecho relación, todo lo que podía ganar e interese que se le podía seguir, si rescatara como tenía concertado, le proveímos en nombre de vuestras reales altezas de justicia y alcalde mayor, del cual recibimos el juramento que en tal caso se requiere, y hecho como convenía al Real servicio de vuestras majestades, lo recibimos en su real nombre en nuestro ayuntamiento y cabildo por justicia mayor y capitán de vuestras reales armas, y así está y estará hasta tanto que vuestras majestades provean lo que más a su servicio convenga. Hemos querido hacer de todo esto relación a vuestras reales altezas, por que sepan lo que acá se ha hecho y el estado y manera en que quedamos.

Después de hecho lo susodicho, estando todos ayuntados en nuestro cabildo; acordamos de escribir a nuestras majestades y les enviar todo el oro y plata y joyas que en esta tierra habemos habido, de más y allende de la quinta parte que de sus rentas y derechos reales les pertenece, y que con todo ello, por se lo primero, sin quedar ocas alguna en nuestro poder, sirviésemos a vuestras reales altezas mostrando en esto la mucha voluntad que a su servicio tenemos, como hasta aquí lo habemos hecho con nuestras personas y hacienda; y acordado por nosotros esto elegimos por nuestros procuradores a Alonso Fernández Portocarrero y a Francisco de Montejo, los cuales enviamos a vuestra majestad con todo ello, y para que de nuestra parte besen sus reales manos, y en nuestro nombre y de esta villa y concejo supliquen a vuestras reales altezas nos hagan merced de algunas cosas cumplideras al servicio de Dios y de vuestras majestades y al bien público y común de la dicha villa, según más largamente llevan por las instrucciones que les dimos.

A los cuales humildemente suplicamos a vuestras majestades con todo el acatamiento que debemos, reciban y den sus reales manos para que de nuestra parte las besen, y todas las mercedes que en nombre de este concejo y nuestro pidieren y suplicaren las concedan, porque demás de hacer vuestra majestad servicio a Nuestro Señor en ello, esta villa y concejo recibiremos muy señalada merced, como de cada día esperamos que vuestras reales altezas nos han de hacer.[33]

Luego de erigirse, sin fundamento legal alguno, en autoridades, Cortés y sus huestes arremeten de nuevo contra el malvado Diego Velázquez, a quien acusan de desleal y corrupto ante los monarcas españoles:

> Con estos nuestros procuradores que a vuestras reales altezas enviamos, entre otras cosas que en nuestra instrucción llevan, es una, que de nuestra parte supliquen a vuestras majestades que en ninguna manera den ni hagan merced en estas partes a Diego Velázquez, teniente de almirante en la isla Fernandina, de adelantamiento ni gobernación perpetua, ni de otra manera, ni de cargos de justicia, y si alguna se tuviere hecha la manden revocar, porque no conviene al servicio de su corona real que el dicho Diego Velázquez ni otra persona alguna tenga señorío ni merced otra alguna perpetua, ni de otra manera, salvo por cuanto fuere la voluntad de vuestras majestades en esta tierra de vuestras reales altezas por ser como es a lo que ahora alcanzamos y a lo que se espera muy rica; y aun allende de no convenir al servicio de vuestras majestades que el dicho Diego Velázquez sea proveído de oficio alguno, esperamos si lo fuese que los vasallos de vuestras reales altezas que en esta tierra hemos comenzado a poblar y vivimos, seríamos muy maltratados por él, porque creemos que lo que ahora se ha hecho en servicio de vuestras majestades, en les enviar este servicio de oro y plata y joyas que les enviamos, que en esta tierra hemos podido haber, no era su voluntad que así se hiciera según ha parecido claramente por cuatro criados suyos que acá pasaron, los cuales desque vieron la voluntad que teníamos de lo enviar todo como lo enviamos a vuestras reales altezas, publicaron y dijeron que fuera mejor enviarlo a Diego Velázquez, y otras cosas que hablaron, perturbando que no se llevase a vuestras majestades, por lo cual los mandamos prender y quedan presos para se hacer de ellos justicia.
>
> […]
>
> Y siendo a todos los vecinos y moradores de esta Villa de la Veracruz notorio lo susodicho, se juntaron con el procurador de este Concejo y nos pidieron y requirieron por su requerimiento firmado e sus nombres, que en su nombre de todos suplicásemos a vuestras majestades que no proveyesen de los dichos cargos ni de alguno de ellos al dicho Diego Velázquez, antes le mandasen tomar residencia y le quitasen el cargo que en la isla Fernandina tiene, pues que lo susodicho, tomándole residencia se sabría que es verdad y muy notorio. Por lo cual a vuestra majestad suplicamos manden dar un pesquisidor para que haga la pesquisa de todo esto de que hemos hecho relación a vuestras reales altezas, así para la isla de Cuba como para otras partes, porque le entendemos probar coas por donde vuestras majestades vean si es justicia ni conciencia que él tenga cargos reales en estas partes ni en las otras donde al presente reside.[34]

Luego dedica unos fragmentos de la carta y una especie de anexo a lo que les envían a la reina Juana y a su hijo Carlos en oro, joyas y textiles, sin dejar de subrayar que no es solo el quinto real, sino todo lo «rescatado»:

> Hanos asimismo pedido el procurador y vecinos y moradores de esta villa, en el dicho pedimento, que en su nombre supliquemos a vuestra majestad que provean y manden dar su cédula y provisión real para Fernando Cortés, capitán y justicia mayor de vuestras

reales altezas, para que él nos tenga en justicia y gobernación, hasta tanto que esta tierra esté conquistada y pacífica, y por el tiempo que más a vuestra majestad pareciere y fuere servido, por conocer su tal persona que conviene para ello; el cual pedimiento y requerimiento enviamos con estos nuestros procuradores a vuestra majestad, y humildemente suplicamos a vuestras reales altezas que así en esto como en todas las otras mercedes en nombre de este Concejo y villas les fueron suplicadas por parte de los dichos procuradores, nos las hagan y manden conceder y que nos tengan por sus muy leales vasallos como lo hemos sido y seremos siempre.

Y el oro y plata y joyas y rodelas y ropa que a vuestras reales altezas enviamos con los procuradores, demás del quinto que a vuestra majestad pertenece, de que suplica Fernando Cortés en este Concejo les hacen servicio, va en esta memoria firmada de los dichos procuradores, como por ella vuestras reales altezas podrán ver. De la Rica Villa de la Veracruz, a 10 de julio de 1519 años.[35]

Finalmente, viene todo lo relacionado con los «moriscos», las «mezquitas», los «ídolos», las «gentes bárbaras», los sacrificios de «niñas y niños» y el «todos son sodomitas». Esto es lo que informan Cortés y sus acompañantes al respecto:

La gente de esta tierra que habita desde la isla de Cozumel y punta de Yucatán hasta donde nosotros estamos es una gente de mediana estatura, de cuerpos y gestos bien proporcionada, excepto que en cada provincia se diferencian ellos mismos los gestos, unos horadándose las orejas y poniéndose en ellas muy grandes y feas cosas, y otros horadándose las ternillas de las narices hasta la boca y poniéndose en ellas unas ruedas de piedras muy grandes que parecen espejos, y otros se horadan los bezos de la parte de abajo hasta los dientes, y cuelgan de ellos unas grandes ruedas de piedra o de oro tan pesadas que les hacen traer los bezos caídos y parecen muy disformes. Y los vestidos que traen es como de almaizales muy pintados; y los hombres traen tapadas sus vergüenzas, y encima del cuerpo unas mantas muy delgadas y pintadas a manera de alquiceles moriscos; y las mujeres y de la gente común traen unas mantas muy pintadas desde la cintura hasta los pies, y otras que les cubren las tetas, y todo lo demás traen descubierto. Y las mujeres principales andan vestidas de unas muy delgadas camisas de algodón muy grandes, labradas y hechas a manera de roquetes.

Los mantenimientos que tienen es maíz y algunos ajís como los de las otras islas, y patata yuca, así como la que comen en la isla de Cuba, y cómenla asada porque no hacen pan de ella, y tienen sus pesquerías y cazas, y crían muchas gallinas como las de Tierra Firme, que son tan grandes como pavos.

Hay algunos pueblos grandes y bien concertados. Las casas en las partes que alcanzan piedra son de cal y canto, y los aposentos de ellas pequeños y bajos, muy amoriscados; y en las partes adonde no alcanzan piedra, hácenlas de adobes y eneálanlos por encima, y las coberturas de encima son de paja. Hay casas de algunos principales muy frescas y de muchos aposentos, porque nosotros habemos visto casas de cinco patios dentro de una sola casa, y sus aposentos muy aconcertados, cada principal servido que ha de ser por sí.

Tienen dentro sus pozos y albercas de agua, y aposentos para esclavos y gentes de servicio, que tienen mucha. Y cada uno de estos principales tienen a la entrada de sus casas, fuera de ella, un patio muy grande, y algunos dos y tres y cuatro muy altos, con sus gradas para subir a ellos, y son muy bien hechos, y con estos tienen sus mezquitas y adoratorios, y andenes todo a la redonda muy ancho, y allí tienen sus ídolos que adoran, de ellos de piedra y de ellos de barro y de ellos de palo, a los cuales honran y sirven de tanta manera y con tantas ceremonias que en mucho papel no se podría hacer de todo ello a vuestras reales altezas entera y particular relación.

Estas casas y mezquitas donde los tienen, son las mayores y mejores y más bien obradas y que en los pueblos hay, y tiénenlas muy ataviadas con plumajes y paños muy labrados y con toda manera de gentileza, y todos los días antes que obra alguna comienzan, queman en las dichas mezquitas incienso y algunas veces sacrifican sus mismas personas, cortándose unos las lenguas y otros las orejas, y otros acuchillándose el cuerpo con unas navajas. Toda la sangre que de ellos corre la ofrecen a aquellos ídolos, echándola por todas las partes de aquellas mezquitas, y otras veces echándola hacia el cielo y haciendo otras muchas maneras de ceremonias, por manera que ninguna obra comienzan sin que primero hagan allí sacrificio. Y tienen otra cosas horrible y abominable y digna de ser punida que hasta hoy no habíamos visto en ninguna parte, y es que todas las veces que alguna cosa quieren pedir a sus ídolos para que más aceptasen su petición, toman muchas niñas y niños y aun hombre y mujeres de mayor edad, y en presencia de aquellos ídolos los abren vivos por los pechos y les sacan el corazón y las entrañas, y queman las dichas entrañas y corazones delante de los ídolos, y ofreciéndoles en sacrifico aquel humo. Esto habemos visto algunos de nosotros, y los que lo han visto dicen que es la más cruda y espantosa cosa de ver que jamás han visto.

Hacen esto estos indios tan frecuentemente y tan a menudo, que según somos informados, y en parte habemos visto por experiencia en lo poco que ha que en esta tierra estamos, no hay año en que no maten y sacrifiquen 50 ánimas en cada mezquita. Esto se usa y tienen por costumbre desde la isla de Cozumel hasta esta tierra donde estamos poblados. Y tengan vuestras majestades por muy cierto que según la cantidad de la tierra nos parece ser grande, y las muchas mezquitas que tienen, no hay año que, en lo que hasta ahora hemos descubierto y visto, no maten y sacrifiquen de esta manera 3 000 o 4 000 ánimas. Vean vuestras reales majestades si deben evitar tan gran mal y daño, y cierto sería Dios Nuestro Señor muy servido, si por mano de vuestras reales altezas estas gentes fuesen introducidas e instruidas en nuestra muy santa fe católica y conmutada la devoción, fe y esperanza que en estos sus ídolos tienen, en la divina potencia de Dios; porque es cierto que si con tanta fe y fervor y diligencia a Dios sirviesen, ellos harían muchos milagros. Es de creer que no sin causa Dios Nuestro Señor ha sido servido que se descubriesen estas partes en nombre de vuestras reales altezas para que tan gran fruto y merecimiento de Dios alcanzasen vuestras majestades, mandando informar y siendo por su mano traídas a la fe estas gentes bárbaras, que según lo que de ellas hemos conocido, creemos que habiendo lenguas y personas que les hiciesen entender la verdad de la fe y el error en que están, muchos de ellos y aun todos, se apartarían muy brevemente de aquella errónea secta que tienen, y vendrían al verdadero conocimiento, porque viven más política y razonablemente que ninguna de las gentes que hasta hoy en estas partes se ha visto.

Querer decir a vuestra majestad todas las particularidades de esta tierra y gente de ella, podría ser que en algo errase la relación, porque muchas de ellas no se han visto más de por informaciones de los naturales de ella, y por esto no nos entremetemos a decir más de aquello que por muy cierto y verdadero a vuestras reales altezas podrán mandar tener de ello. Podrán vuestras majestades si fueren servidos hacer por cosa verdadera relación a nuestro muy Santo Padre para que en la conversión de esta gente se ponga diligencia y buena orden, pues que de ello se espera sacar tan gran fruto, y también para que Su Santidad haya por bien y permita que los malos y rebeldes, siendo primero amonestados, puedan ser punidos y castigados como enemigos de nuestra santa fe católica, y será ocasión de castigo y espanto a los que fueren rebeldes en venir en conocimiento de la verdad, y evitarse han tan grandes males y daños como son los que en servicio del demonio hacen. Porque aun allende de lo que arriba hemos hecho relación a vuestras majestades de los niños y hombres y mujeres que matan y ofrecen en sus sacrificios, hemos sabido y sido informados de cierto que todos son sodomitas y usan aquel abominable pecado. En todo suplicamos a vuestras majestades manden proveer como vieren qué más conviene al servicio de Dios y de vuestras reales altezas, y cómo los que aquí en su servicio estamos, seamos favorecidos y aprovechados.[36]

Como ya vimos en esta primera carta a la realeza española, Cortés se muestra con claridad como un hombre de poder sin escrúpulos de ninguna índole, guiado por una suerte de maquiavelismo vulgar y despiadado. Sin embargo, ese era el ambiente político de la época y tales eran las circunstancias que prevalecían.

El fin justificaba los medios: valía más ser temido que ser amado. Pero aun hablando de aquellos tiempos, modos y circunstancias, el daño causado por estos caudillos de la ambición a los mexicanos y a otros pueblos fue y sigue siendo muy severo. Por ejemplo, en la carta de Cortés, habla de sacrificios humanos de niñas y niños que nunca vio, pero no le importa el desprestigio que causa, miente sin recato alguno, como lo hicieron por consigna otros conquistadores, autoridades coloniales, clérigos e inclusive intelectuales reputados como «humanistas». Es obvio que detrás de toda esta campaña de calumnias estaba el propósito de destruir culturas, religiones e incluso exterminar a la población indígena con la bandera y la excusa civilizatoria para tratar de justificar el enfermizo apego al poder y al dinero. Más adelante vamos a presentar argumentos para probar que en el México prehispánico no hubo sacrificios humanos ni canibalismo, y que todo ello fue tramado por Cortés desde su travesía de Cuba a Veracruz, pasando por Cozumel y Centla, calumnia que fue divulgando y repitiendo hasta convertirla en su principal instrumento de propaganda o guerra sucia contra los pueblos originarios.

•••

La segunda carta de Cortés al emperador es enviada desde la Villa Segura de la frontera (Tepeaca, Puebla) el 30 de octubre de 1520, y como es muy extensa —porque en ella informa de cómo se interna desde las costas de Veracruz hasta el Valle de México, incluida su llegada, estancia y precipitada huida de Tenochtitlan—, vamos a dividirla para su análisis y reflexión en cuatro partes: la primera, de Veracruz a Cholula; la segunda, de esa ciudad a Tenochtitlan; la tercera, la batalla de la Noche Triste; y la cuarta, el repliegue hacia Tlaxcala y Puebla para preparar la toma definitiva de la capital del Imperio mexica.

Así informa Cortés a Carlos V del viaje hacia el centro del país:

Muy alto y poderoso y muy católico príncipe, invictísimo emperador y señor nuestro:

En una nao que de esta Nueva España de vuestra sacra majestad despaché a 16 de julio del año de 519, envié a vuestra Alteza muy larga y particular relación de las cosas hasta aquella sazón, después que yo a ella vine, en ella sucedidas. La cual relación llevaron Alonso Hernández Portocarrero y Francisco de Montejo, procuradores de la Rica Villa de la Vera Cruz, que yo en nombre de vuestra alteza fundé. Y después acá, por no haber oportunidad, así por falta de navíos y estar yo ocupado en la conquista y pacificación de esta tierra, como por no haber sabido de la dicha nao y procuradores, no he tornado a relatar a vuestra majestad lo que después se ha hecho; de que Dios sabe la pena que he tenido. Porque he deseado que vuestra alteza supiese las cosas de esta tierra, que son tantas y tales que, como ya en la otra relación escribí, se puede intitular de nuevo emperador de ella, y con título y no menos mérito que el de Alemaña, que por la gracia de Dios vuestra sacra majestad posee. Y porque querer de todas las cosas de estas partes y nuevos reinos de vuestra alteza decir todas las particularidades y cosas que en ellas hay y decir se debían, sería casi proceder a infinito.

[...]

En la otra relación, muy excelentísimo Príncipe, dije a vuestra majestad las ciudades y villas que hasta entonces a su real servicio se habían ofrecido y yo a él tenía sujetas y conquistadas. Y dije así mismo que tenía noticia de un gran señor que se llamaba Mutezuma, que los naturales de esta tierra me habían dicho que en ella había, que estaba, según ellos señalaban las jornadas, hasta 90 o 100 leguas de la costa y puerto donde yo desembarqué. Y que confiado en la grandeza de Dios y con esfuerzo del real nombre de vuestra alteza, pensara irle a ver a doquiera que estuviese, y aun me acuerdo que me ofrecí, en cuanto a la demanda de este señor, a mucho más de lo a mí posible, porque certifiqué a vuestra alteza que lo habría, preso o muerto, o súbdito a la corona real de vuestra majestad.

Y con este propósito y demanda me partí de la ciudad de Cempoal, que yo intitule Sevilla, a 16 de agosto, con 15 de caballo y 300 peones lo mejor aderezados de guerra que yo pude y el tiempo dio a ello lugar, y dejé en la Villa de la Vera Cruz 150 hombres con dos de caballo, haciendo una fortaleza que ya tengo casi acabada; y dejé toda aquella provincia de Cempoal y toda la sierra comarcana a la villa, que serán hasta 50 000 hombres de guerra 50 villas y fortalezas, muy seguros y pacíficos y por ciertos y leales vasallos de vuestra majestad, como hasta ahora lo han estado y están, porque ellos eran súbditos de aquel señor Mutezuma, y según fui informado lo eran por fuerza y de poco tiempo acá. Y como por mí tuvieron noticias de vuestra alteza y de su muy grande y real poder, dijeron que querían ser vasallos de vuestra majestad y mis amigos, y que me rogaban que los defendiese de aquel grande señor que los tenía por fuerza y tiranía, y que les tomaba sus hijos para los matar y sacrificar a sus ídolos. Y me dijeron otras muchas quejas de él, y con esto han estado y están muy ciertos y leales en el servicio de vuestra alteza y creo lo estarán siempre por ser libres de la tiranía de aquel, y porque de mí han sido siempre bien tratados y favorecidos. Y para más seguridad de los que en la villa quedaban, traje conmigo algunas personas principales de ellos con alguna gente, que no poco provechosos me fueron en mi camino.

[...]

Yo fui, muy poderoso Señor, por la tierra y señorío de Cempoal, tres jornadas donde de todos los naturales fui muy bien recibido y hospedado; y a la cuarta jornada entré en una provincia que se llama Sienchimalen, en que hay en ella una villa muy fuerte y puesta en recio lugar, porque está en una ladera de una sierra muy agra, y para la entrada no hay sino un paso de escalera, que es imposible pasar sino gente de pie, y aun con harta dificultad si los naturales quieren defender el paso. En lo llano hay muchas aldeas y alquerías de a 500 y a 300 y 200 vecinos labradores, que serán por todos hasta 5 000 o 6 000 hombres de guerra, y esto es del señorío de aquel Mutezuma. Y aquí me recibieron muy bien y me dieron muy cumplidamente los bastimentos necesarios para mi camino, y me dijeron que bien sabían que yo iba a ver a Mutezuma su señor, y que fuese cierto que él era mi amigo y les había enviado a mandar que en todo caso me hiciesen muy buen acogimiento, porque en ello les servirían; y yo les satisfice a su buen comedimiento diciendo que vuestra majestad tenía noticia de él y me había mandado que le viese, y que yo no iba a más de verle. Así pasé un puerto que está al fin de esta provincia, al que pusimos de nombre el puerto de Nombre de Dios, por ser el primero que en estas tierras habíamos pasado, el cual es tan agro y alto que no lo hay en España otro tan dificultoso de pasar, el cual pasé seguramente y sin contradicción alguna; y a la bajada del dicho puerto están otras alquerías de una villa y fortaleza que se dice Ceyxnacan, que así mismo era del dicho Mutezuma, que no menos que de los de Sienchimalen fuimos bien recibidos y nos dijeron de la voluntad de Mutezuma lo que los otros nos habían dicho, y yo así mismo los satisfice.

Después de haber andado dos leguas por la población sin saber de ella, llegué a un asiento algo más llano, donde pareció estar el señor de aquel valle, que tenía las mejores y más bien labradas casas que hasta entonces en esta tierra habíamos visto, porque eran todas de cantería labradas y muy nuevas, y había en ellas muchas y muy grandes y hermosas salas y muchos aposentos muy bien obrados. Este valle y población se llama Caltanmí. Del señor y gente fui muy bien recibido y aposentado.

Después de haberle hablado de parte de vuestra majestad y le haber dicho la causa de mi venida a estas partes, le pregunté si él era vasallo de Mutezuma o si era de otra parcialidad alguna, el cual, casi admirado de lo que le preguntaba, me respondió diciendo que quién no era vasallo de Mutezuma, queriendo decir que allí era señor del mundo. Yo le torné aquí a decir y replicar el gran poder de vuestra majestad, y otros muy muchos y muy mayores señores, que no Mutezuma, eran vasallos de vuestra alteza, y aun que no lo tenían en pequeña merced, y que así lo había de ser Mutezuma y todos los naturales de estas tierras, y que así lo requería a él que lo fuese, porque siéndolo, sería muy honrado y favorecido, y por el contrario, no queriendo obedecer, sería punido. Y para que tuviese por bien de le mandar recibir a su real servicio, que le rogaba que me diese algún oro que yo enviase a vuestra majestad, y él me respondió que oro, que él lo tenía, pero que no me lo quería dar si Mutezuma no se lo mandase, y que mandándolo él, que el oro y su persona y cuanto tuviese daría. Por no escandalizarle ni dar algún desmán a mi propósito y camino, disimulé con él lo mejor que pude y le dije que muy presto le enviaría a mandar Mutezuma que diese el oro y lo demás que tuviese.

Los cuales dichos mensajeros en todo el tiempo que estuve en el dicho valle, que fueron por todos ocho días, no vinieron; y yo pregunté a aquellos principales de Cempoal que iban conmigo, que cómo no venían los dichos mensajeros, y me dijeron que debía de ser lejos y que no podrían venir tan aína Y yo, viendo que se dilataba su venida y que aquellos principales de Cempoal me certificaban tanto la amistad y seguridad de los de esta provincia, me partí para allá. Y a la salida del dicho valle hallé una gran cerca de piedra seca, tan alta como estado y medio, que atravesaba todo el valle de la una sierra a la otra, y tan ancha como 20 pies, y por toda ella un pretil de pie y medio de ancho para pelear desde encima y no más de una entrada, tan ancha como 10 pasos; y en esta entrada doblada la una cerca sobre la otra a manera de rebellín, tan estrecho como 40 pasos, de manera que la entrada fuese a vueltas y no a derechas. Preguntada la causa de aquella cerca, me dijeron que la tenían porque eran fronteros de aquella provincia de Tascalteca, que eran enemigos de Mutezuma y tenían siempre guerra con ellos. Los naturales de este valle me rogaron que pues que iba a ver a Mutezuma su señor, que no pasase por la tierra de estos sus enemigos porque por ventura serian malos y me harían algún daño, que ellos me llevarían siempre por tierra del dicho Mutezuma sin salir de ella, y que en ella sería siempre bien recibido. Y los de Cempoal me decían que no lo hiciese, sino que fuese por allí; que lo que aquellos me decían era por me apartar de la amistad de aquella provincia, y que eran malos y traidores todos los de Mutezuma y que me llevarían a meter donde no pudiese salir. Y porque yo de los de Cempoal tenía más concepto que de los otros, tomé su consejo, que fue seguir el camino de Tascalteca, llevando mi gente al mejor recaudo que yo podía, y yo con hasta seis de caballo iba adelante bien media legua y más no con pensamiento de lo que después se me ofreció, pero por descubrir la tierra, para que si algo hubiese, yo lo supiese y tuviese lugar de concertar y apercibir la gente.

Y después de haber andado cuatro leguas, encumbrando un cerro, dos de caballo que iban delante de mí, vieron ciertos indios con sus plumajes que acostumbran traer en las guerras, y con sus espadas y rodelas, los cuales indios como vieron los de caballo, comenzaron a huir. A la sazón llegaba yo e hice que los llamasen y que viniesen y no hubiesen miedo; y fui más hacia donde estaban, que serían hasta 15 indios, y ellos se juntaron y comenzaron a tirar cuchilladas y a dar voces a la otra su gente que estaba en un valle, y pelearon con nosotros de tal manera que nos mataron dos caballos e hirieron otros tres y a dos de caballo. Y en esto salió la otra gente, que serían hasta 4000 o 5000 indios, y ya se habían llegado conmigo hasta ocho de caballo sin los otros muertos, y peleamos con ellos haciendo algunas arremetidas hasta esperar los españoles que con uno de caballo habían enviado a decir que anduviesen. Y en las vueltas les hicimos algún daño en que mataríamos 50 o 60 de ellos sin que daño alguno recibiésemos, puesto que peleaban con mucho denuedo y ánimo; pero como todos éramos de caballo, arremetíamos a nuestro salvo y salimos así mismo.

Y desque supieron que los nuestros se acercaban, se retrajeron, porque eran pocos, y nos dejaron el campo. Y después de se haber ido vinieron ciertos mensajeros que dijeron ser de los señores de la dicha provincia, y con ellos dos de los mensajeros que yo había enviado, los cuales dijeron que los dichos señores no sabían nada de lo que aquellos habían hecho, que eran comunidades y sin su licencia lo habían hecho y que a ellos les pesaba y que me pagarían los caballos que me habían muerto y que querían ser mis amigos, y que fuese en hora buena, que sería de ellos bien recibido. Yo les respondí que lo agradecía, y que los tenía por amigos, y que yo iría como ellos decían. Aquella noche me fue forzado dormir en un arroyo, una legua adelante donde esto acaeció, así por ser tarde como porque la gente venía cansada.

Allí estuve al mejor recaudo que pude con mis velas y escuchas, así de caballo como de pie, hasta que fue el día, que me partí llevando mi delantera y recuaje bien concertadas, y mis corredores delante. Y llegando a un pueblo pequeñuelo, ya que salía el sol, vinieron los otros dos mensajeros llorando, diciendo que los habían atado para los matar y que ellos se habían escapado aquella noche. Y no dos tiros de piedra de ellos asomó mucha cantidad de indios muy armados y con muy gran grita, y comenzaron a pelear con nosotros tirándonos muchas varas y flechas, y yo les comencé a hacer mis requerimientos en forma, con las lenguas que conmigo llevaba, por ante escribano. Y cuando más me paraba a los amonestar y requerir con la paz, tanto más prisa nos daban, ofendiéndonos cuanto ellos podían; y viendo que no aprovechaban requerimientos ni protestaciones, comenzamos a nos defender como podíamos, y así nos llevaron peleando hasta nos meter entre más de 100000 hombres de pelea que por todas partes nos tenían cercados, y peleamos con ellos, y ellos con nosotros, todo el día hasta una hora antes de puesto el sol, que se retrajeron, en que con media docena de tiros de fuego y con cinco o seis escopetas y 40 ballesteros y con los 13 de caballo que me quedaron, les hice mucho daño sin recibir de ellos ninguno, más del trabajo y cansancio del pelear y la hambre. Bien pareció que Dios fue el que por nosotros peleó, pues entre tanta multitud de gente y tan animosa y diestra en el pelear, y con tantos géneros de armas para nos ofender, salimos tan libres.

Aquella noche me hice fuerte en una torrecilla de sus ídolos, que estaba en un cerrito, y luego, siendo de día, dejé en el real 200 hombres y toda la artillería. Y por ser yo el que acometía salí a ellos con los de caballos y 100 peones y 400 indios de los que traje de

Cempoal, y trescientos de Iztamestitan. Y antes que hubiese lugar de se juntar, les quemé cinco o seis lugares pequeños de hasta 100 vecinos, y traje cerca de 400 personas, entre hombres y mujeres, presos, y me recogí al real peleando con ellos sin que daño ninguno me hiciesen. Otro día en amaneciendo, dan sobre nuestro real más de 149 000 hombres que cubrían toda la tierra, tan determinadamente, que algunos de ellos entraron dentro en él y anduvieron a cuchilladas con los españoles; y salimos a ellos, y quiso Nuestro Señor en tal manera ayudarnos, que en obra de cuatro horas habíamos hecho lugar para que en nuestro real no nos ofendiesen puesto que todavía hacían algunas arremetidas. Y así estuvimos peleando hasta que fue tarde, que se retrajeron.

Otro día torné a salir por otra parte antes que fuese de día, sin ser sentido de ellos, con los de caballo y 100 peones y los indios mis amigos, y les quemé más de 10 pueblos, en que hubo pueblo de ellos de más de 3 000 casas, y allí pelearon conmigo los del pueblo, que otra gente no debía de estar allí. Y como traíamos la bandera de la cruz, y pugnábamos por nuestra fe y por servicio de vuestra sacra majestad en su muy real ventura, nos dió Dios tanta victoria que les matamos mucha gente, sin que los nuestros recibiesen daño. Y más poco más de mediodía, ya que fuerza de la gente se juntaba de todas partes, estábamos en nuestro real con la victoria habida.

Otro día siguiente vinieron mensajeros de los señores diciendo que ellos querían ser vasallos de vuestra alteza y mis amigos, y que me rogaban les perdonase el yerro pasado. Yo les respondí que ellos habían hecho mal, pero que yo era contento de ser su amigo y perdonarles lo que habían hecho. Otro día siguiente vinieron hasta 50 indios que, según pareció, eran hombres de quien se hacía caso entre ellos, diciendo que nos venían a traer de comer, y comienzan a mirar las entradas y salidas del real y algunas chozuelas donde estábamos aposentados. Y los de Cempoal vinieron a mí y dijéronme que mirase que aquellos eran malos y que venían a espiar y mirar cómo nos podrían dañar, y que tuviese por cierto que no venían a otra cosa. Yo hice tomar uno de ellos disimuladamente, que los otros no lo vieron, y apartéme con él y con las lenguas y amedrentéle para que me dijese la verdad, el cual confesó que Sintengal, que es el capitán general de esta provincia, estaba detrás de unos cerros que estaban fronteros del real, con mucha cantidad de gente para dar aquella noche sobre nosotros, porque decían que ya se habían probado de día con nosotros, que no les aprovechaba nada, y que querían probar de noche porque los suyos no temiesen los caballos ni los tiros ni las espadas, y que los habían enviado a ellos para que viesen nuestro real y las partes por donde nos podían entrar, y cómo nos podrían quemar aquellas chozas de paja. Luego hice tomar otro de los dichos indios y le pregunté asimismo y confesó lo que el otro por las mismas palabras. Y de estos tomé cinco o seis, que todos confirmaron en sus dichos. Y visto, los mandé tomar a todos 50 y cortarles las manos, y los envié que dijesen a su señor que de noche y de día y cada cuando él viniese, verían quién éramos.

Y después de estar algo descansados, salí una noche después de rondada la guarda de la prima, con 100 peones y con los indios nuestros amigos, y con los de caballo. Y a una legua del real se me cayeron cinco de los caballos y yeguas que llevaba, que en ninguna manera los pude pasar adelante e hícelos volver. Y aunque todos los de mi compañía decían que me tornase porque era mala señal, todavía seguí mi camino considerando que Dios es sobre natura, y antes que amaneciese di sobre dos pueblos, en que maté mucha gente y no quise quemar las casas por no ser sentido con los fuegos de las otras poblaciones que estaban muy juntas. Y ya que amanecía di en otro pueblo tan grande, que se ha hallado en él, por visitación que yo hice hacer, más de 20 000 casas. Y como los tomé de sobresalto, salían desarmados, y las mujeres y niños desnudos por las calles, y comencé a hacerles algún daño; y viendo que no tenían resistencia vinieron a mí ciertos principales del dicho pueblo a rogarme que no les hiciésemos más mal porque ellos querían ser vasallos de vuestra alteza y mis amigos; y que bien veían que ellos tenían la culpa en no me haber querido servir, pero que de allí adelante yo vería cómo ellos harían lo que yo en nombre de vuestra majestad les mandase y que serían muy verdaderos vasallos suyos. Y luego vinieron conmigo más de 4 000 de ellos de paz, y me sacaron fuera a una fuente, muy bien de comer, y así los dejé pacíficos y volví a nuestro real donde hallé la gente que en él había dejado harto atemorizada creyendo que se me hubiera ofrecido algún peligro, por lo que la noche antes habían visto en volver los caballos y yeguas.

[...]

Otro día siguiente, a hora de las 10:00, vino a mí Sicutengal, el capitán general de esta provincia, con hasta 50 personas principales de ella, y me rogó de su parte y de la de Magiscasin, que es la más principal persona de toda la provincia, y de otros muchos señores de ella, que yo les quisiese admitir al real servicio de vuestra alteza y a mi amistad, y les perdonase los yerros pasados, porque ellos no nos conocían ni sabían quién éramos, y que ya habían probado todas sus fuerzas, así de día como de noche, para se excusar a ser súbditos ni sujetos a nadie, porque en ningún tiempo esta provincia lo había sido ni tenían ni habían tenido cierto señor; antes habían venido exentos, y por sí, de inmemorial tiempo acá, y que siempre se habían defendido contra el gran poder de Mutezuma y de su padre y abuelos, que toda la tierra tenían sojuzgada y a ellos jamás habían podido traer a sujeción, teniéndolos como los tenían cercados por todas partes sin tener lugar para por ninguna de su tierra poder salir; y que no comían sal porque no la había en su tierra ni se la dejaban salir a comprar a otras partes, ni vestían ropas de algodón porque en su tierra por la frialdad no se criaba, y otras muchas cosas de que carecían por estar así encerrados.

Y que todo lo sufrían y habían por bueno por ser exentos y no sujetos a nadie, y que conmigo que quisieran hacer lo mismo; y para ello, como ya decían, habían probado sus fuerzas, y que veían claro que ni ellas ni las mañas que habían podido tener les aprovechaban, que querían antes ser vasallos de vuestra alteza que no morir y ser destruidas sus casas y mujeres e hijos. Yo les satisfice diciendo que conociesen cómo ellos tenían la culpa del daño que habían recibido, y que yo me venía a su tierra creyendo que venía a tierra de mis amigos, porque los de Cempoal así me lo habían certificado que lo eran y querían ser, y que yo les había enviado mis mensajeros delante para les hacer saber cómo venía y la voluntad que de su amistad traía y que sin me responder, veniendo yo seguro, me habían salido a saltear en el camino y me habían muerto dos caballos y herido otros. Y de más de esto, después de haber peleado conmigo, me enviaron sus mensajeros diciendo que aquello que se había hecho había sido sin su licencia y consentimiento, y que ciertas comunidades se habían movido a ello sin les dar parte; pero que ellos se lo habían reprendido y que querían mi amistad. Y yo creyendo ser así les había dicho que me placía y me vendría otro día seguramente en sus casas como en casas de amigos, y que así mismo me habían salido al camino y peleado conmigo todo el día hasta que la noche sobrevino, no obstante que por mí habían sido requeridos con la paz. Y trájeles a la memoria todo lo demás que contra mí habían hecho, y otras muchas cosas que por no dar a vuestra alteza importunidad dejo. Finalmente, que ellos quedaron y se ofrecieron por súbditos y vasallos de vuestra majestad y para su real servicio, y ofrecieron sus personas y haciendas, y así lo hicieron y han hecho hasta hoy y creo lo harán para siempre por lo que adelante vuestra majestad verá.

Y así estuve sin salir de aquel aposento y real que allí tenía seis o siete días, porque no me osaba fiar de ellos puesto que me rogaban que me viniese a una ciudad grande que tenían donde todos los señores de su provincia residían y residen, hasta tanto que todos los señores me vinieron a rogar que me fuese a la ciudad, porque allí sería mejor recibido y proveído de las cosas necesarias, que no en el campo, y porque ellos tenían vergüenza en que yo estuviese tan mal aposentado, pues me tenían por su amigo y ellos y yo éramos vasallos de vuestra alteza; y por su ruego me vine a la ciudad que está seis leguas del aposento y real que yo tenía.

La cual ciudad es tan grande y de tanta admiración que aunque mucho de lo que de ella podría decir dejé, lo poco que diré creo que es casi increíble, porque es muy mayor que Granada y muy más fuerte y de tan buenos edificios y de muy mucha más gente que Granada tenía al tiempo que se ganó, y muy mejor abastecida de las cosas de la tierra, que es de pan y de aves y caza y pescado de ríos y de otras legumbres y cosas que ellos comen muy buenas. Hay en esta ciudad un mercado en que casi cotidianamente todos los días hay en él de 30 000 ánimas arriba, vendiendo y comprando, sin otros muchos mercadillos que hay por la ciudad en partes. En este mercado hay todas cuantas cosas, así de mantenimiento como de vestido y calzado, que ellos tratan y puede haber. Hay joyerías de oro y plata y piedras y de otras joyas de plumaje, tan bien concertado como puede ser en todas las plazas y mercados del mundo. Hay mucha loza de muchas maneras y muy buena y tal como la mejor de España. Venden mucha leña y carbón y hierbas de comer y medicinales. Hay casas donde lavan las cabezas como barberos y las rapan; hay baños. Finalmente, que entre ellos hay toda manera de buena orden y policía, y es gente de toda razón y concierto, y tal que lo mejor de África no se le iguala.

[…]

Estando, muy católico señor, en aquel real que tenía en el campo cuando en la guerra de esta provincia estaba, vinieron a mi seis señores muy principales vasallos de Mutezuma, con hasta 200 hombres para su servicio, y me dijeron que venían de parte del dicho Mutezuma a me decir cómo él quería ser vasallo de vuestra alteza y mi amigo, y que viese yo qué era lo que quería que él diese por vuestra alteza en cada un año de tributo, así de oro como de plata y piedras y esclavos y ropa de algodón y otras cosas de las que él tenía, y que todo lo daría con tanto que yo no fuese a su tierra, y que lo hacía porque era muy estéril y falta de todos mantenimientos, y que le pesaría de que yo padeciese necesidad, y los que conmigo venían; y con ellos me envió hasta 1 000 pesos de oro y otras tantas piezas de ropa de algodón de la que ellos visten. Y estuvieron conmigo en mucha parte de la guerra hasta el fin de ella, que vieron bien lo que los españoles podían, y las paces que con los de esta provincia se hicieron, y el ofrecimiento que al servicio de vuestra sacra majestad los señores y toda la tierra hicieron, de que según pareció y ellos mostraban, no hubieron mucho placer, porque trabajaron muchas vías y formas de me revolver con ellos, diciendo cómo no era cierto lo que me decían, ni verdadera la amistad que afirmaban, y que lo hacían por mi asegurar para hacer a su salvo alguna traición. Los de esta provincia, por consiguiente, me decían y avisaban muchas veces que no me fiase de aquellos vasallos de Mutezuma porque eran traidores y sus cosas siempre las hacían a traición y con mañas, y con estas habían sojuzgado toda la tierra, y que me avisaban de ello como verdaderos amigos y como personas que los conocían de mucho tiempo acá. Vista la discordia y desconformidad de los unos y de los otros, no hube poco placer, porque me pareció hacer mucho a mi propósito, y que podría tener manera de más aína sojuzgar los, y que se dijese aquel común decir *de monte,* etc., y aun acordéme de una autoridad evangélica que dice: *Omne regnum in se ipsum divisum desolabitur;* y con los unos y con los otros maneaba y a cada uno en secreto le agradecía el aviso que me daba, y le daba crédito de más amistad que al otro.

Después de haber estado en esta ciudad 20 días y más, me dijeron aquellos señores mensajeros de Mutezuma que siempre estuvieron conmigo, que me fuese a una ciudad que está a seis leguas de esta de Tascaltecal, que se dice Churultecal, porque los naturales de ella eran amigos de Mutezuma su señor, y que allí sabríamos la voluntad del dicho Mutezuma, si era que yo fuese a su tierra, y que algunos de ellos irían a hablar con él y a decirle lo que yo les había dicho, y me volverían con la respuesta; y aunque sabían que allí estaban algunos mensajeros suyos para me hablar, yo les dije que me iría y que me partiría para un día cierto, que les señalase. Y sabido por los de esta provincia de Tascaltecal lo que aquellos habían concertado conmigo, y cómo yo había aceptado de me ir con ellos a aquella ciudad, vinieron a mí con mucha pena los señores y me dijeron que en ninguna manera fuese porque me tenían ordenada cierta traición para me matar en aquella ciudad a mí y a los de mi compañía, y que para ello había enviado Mutezuma de su tierra, porque alguna parte de ella confina con esta ciudad, 50 000 hombres, y que los tenía en guarnición a dos leguas de la dicha ciudad, según señalaron, y que tenían cerrado el camino real por do solían ir, y hecho otro nuevo de muchos hoyos y palos agudos hincados y encubiertos para que los caballos cayesen y se mancasen, y que tenían muchas de las calles tapiadas y por las azoteas de las casas muchas piedras para que después que entrásemos en la ciudad tomarnos seguramente y aprovecharse de nosotros a su voluntad, y que si yo quería ver cómo era verdad lo que ellos me decían, que mirase cómo los señores de aquella ciudad nunca habían venido a me ver ni hablar estando tan cerca de esta, pues habían venido los de Guasincango, que estaban más lejos que ellos; y que los enviase a llamar y vería cómo no querían venir. Yo les agradecí su aviso y les rogué que me diesen ellos personas que de mi parte los fuesen a llamar, y así me los dieron, y yo les envié a rogar que viniesen a verme porque les quería hablar ciertas cosas de parte de vuestra alteza, y decirles la causa de mi venida a esta tierra.

[...]

Y otro día vinieron algunos de los señores de la dicha ciudad, o casi todos, y me dijeron que si ellos no habían venido antes, la causa era porque los de esta provincia eran su enemigos y que no osaban entrar por su tierra porque no pensaban venir seguros, y que bien creían que me habían dicho algunas cosas de ellos; que no les diese crédito porqué las decían como enemigos y no porque pasara así, y que me fuese a su ciudad y que allí conocería ser falsedad lo que estos me decían y verdad lo que ellos me certificaban, que desde entonces se daban y ofrecían por vasallos de vuestra sacra majestad, y que lo serían para siempre, y servían y contribuían en todas las cosas, que de parte de vuestra alteza se les mandase; y así lo asentó un escribano, por las lenguas que yo tenía. Y todavía determiné de me ir con ellos, así por no mostrar flaqueza, como porque desde allí pensaba hacer mis negocios con Mutezuma, porque confina con su tierra, como ya he dicho, y allí usaban venir, y los de allí ir allá, porque en el camino no tenían requesta alguna.

Y como los de Tascaltecal vieron mi determinación, pesóles mucho, y dijéronme muchas veces que lo erraba. Pero, que pues ellos se habían dado por vasallos de vuestra sacra majestad, y mis amigos, que querían ir conmigo a ayudarme en todo lo que se ofreciese. Y puesto que yo se lo defendiese y rogué que no fuesen porque no había necesidad, todavía me siguieron hasta 100 000 hombres muy bien aderezados de guerra y llegaron conmigo hasta dos leguas de la ciudad; y desde allí, por mucha importunidad mía, se volvieron, aunque todavía quedaron en mi compañía hasta 5 o 6 000 de ellos. Dormí en un arroyo que allí estaba a las dos leguas, por despedir la gente porque no hiciesen algún escándalo en la ciudad, y también porque era ya tarde y no quise entrar en la ciudad sobre tarde. Otro día de mañana salieron de la ciudad a me recebir al camino, con muchas trompetas y atabales y muchas personas de las que ellos tienen por religiosas en sus mezquitas, vestidas de las vestiduras que usan, y cantando a su manera como lo hacen en las dichas mezquitas. Y con esta solemnidad nos llevaron hasta entrar en la ciudad, y nos metieron en un aposento muy bueno a donde toda la gente de mi compañía se aposentó a mi placer. Allí nos trajeron de comer, aunque no cumplidamente; y en el camino topamos muchas señales de las que los naturales de esta provincia nos habían dicho, porque hallamos el camino real cerrado y hecho otro, y algunos hoyos, aunque no muchos, y algunas calles de la ciudad tapiadas y muchas piedras en todas las azoteas. Con esto nos hicieron estar más sobre aviso y a mayor recaudo.

Allí hallé ciertos mensajeros de Mutezuma que venían a hablar con los que conmigo estaban, y a mí no me dijeron cosa alguna más de que venían a saber de aquellos lo que conmigo habían hecho y concertado, o para lo ir a decir a su señor; y así se fueron después de los haber hablado ellos, y aun el uno de los que antes conmigo estaban, que era el más principal. En tres días que allí estuve, proveyeron muy mal y cada día peor, y muy pocas veces me venían a ver ni hablar los señores y personas principales de la ciudad. Y estando algo perplejo en esto, a la lengua que yo tengo, que es una india de esta tierra, que hube en Potonchán, que es el río grande que ya en la primera relación a vuestra majestad hice memoria, le dijo otra natural de esta ciudad cómo muy cerquita de allí estaba mucha gente de Mutezuma junta, y que los de la ciudad tenían fuera sus mujeres e hijos y toda su ropa, y que había de dar sobre nosotros para nos matar a todos, y si ella se quería salvar que se fuese con ella, que ella la guarecería; la cual lo dijo a aquel Gerónimo de Aguilar, lengua que yo hube en Yucatán de que así mismo a vuestra alteza hube escrito, y me lo hizo saber. Y yo tuve uno de los naturales de la dicha ciudad que por allí andaba y le aparté secretamente que nadie lo vió y le interrogué y confirmó con lo que la india y los naturales de Tascaltecal me habían dicho.

Y así por esto como por las señales que para ello veía, acordé de prevenir antes de ser prevenido, e hice llamar a algunos de los señores de la ciudad diciendo que les quería hablar, y metilos en una sala, y en tanto hice que la gente de los nuestros estuviese apercibida, y que en soltando una escopeta diesen en mucha cantidad de indios que había junto al aposento y muchos dentro en él. Así se hizo, que después que tuve los señores dentro en aquella sala, dejélos atando, y cabalgué, e hice soltar la escopeta y dímosles tal mano, que en pocas horas murieron más de 3 000 hombres. Y porque vuestra majestad vea cuán apercibidos estaban, antes que yo saliese de nuestro aposento tenían todas las calles tomadas y toda la gente a punto, aunque como los tomamos de sobresalto fueron buenos de desbaratar, mayormente que les faltaban los caudillos porque los tenía ya presos; e hice poner fuego a algunas torres y casas fuertes donde se defendían y nos ofendían, y así anduve por la ciudad peleando, dejando a buen recaudo el aposento, que era muy fuerte, bien cinco horas, hasta que eché toda la gente fuera de la ciudad por muchas partes de ella, porque me ayudaban bien 5 000 indios de Tascaltecal y otros 400 de Cempoal.

Vuelto al aposento, hablé con aquellos señores que tenía presos y les pregunté qué era la causa que me querían matar a traición, y me respondieron que el los no tenían la culpa porque los de Culúa que son los vasallos de Mutezuma, los habían puesto en ello, y que el dicho Mutezuma tenía allí en tal parte, que, según después pareció, sería legua y media, 50 000 hombres en guarnición para lo hacer, pero que ya conocían cómo habían sido engañados, que soltase uno o dos de ellos y que harían recoger la gente de la ciudad y tornar a ella todas las mujeres y niños y ropa que tenían fuera; y que me rogaban que aquel yerro les perdonase, que ellos me certificaban que de allí adelante nadie les engañaría y serían muy ciertos y leales vasallos de vuestra alteza y mis amigos. Después de les haber hablado muchas cosas acerca de su yerro, solté dos de ellos, y otro día siguiente estaba toda la ciudad poblada y llena de mujeres y niños muy seguros, como si cosa alguna de lo pasado no hubiera acaecido; y luego solté todos los otros señores que tenía presos, con que me prometieron de servir a vuestra majestad muy lealmente, y en obra de 15 o 20 días que allí estuve quedó la ciudad y tierra tan pacífica y tan poblada que parecía que nadie faltaba de ella, en sus mercados y tratos por la ciudad como antes lo solían tener, e

> hice que los de esta ciudad de Churultecal y los de Tascaltecal fuesen amigos, porque lo solían ser antes, y muy poco tiempo había que Mutezuma con dádivas los había seducido a su amistad y hechos enemigos de estos otros.[37]

Con lo expresado por Cortés en este fragmento que nos corresponde analizar de esta carta, queda la impresión de que Moctezuma o era un hombre bueno —por no decir «pusilánime»—, o de plano muy inexperto y poca cosa para enfrentar al capitán tenebroso que encabezaba a los conquistadores. Pienso en las dos posibilidades, primero porque, si él hubiese actuado de manera precavida o maliciosa, no le habría dado licencia a Cortés para que se internara sin ser molestado y pasara por tantos pueblos bajo su dominio en los cuales nunca le hicieron frente; por el contrario, se había dado la instrucción de que fuera bien recibido. En la carta hay dos expresiones muy ilustrativas sobre la lealtad que le profesan los principales de las provincias a Moctezuma: una, cuando Cortés le pide oro a un cacique y este le contesta que cuenta con ese metal pero que solo se lo entregaría por órdenes del tlatoani, y la otra, que no tiene desperdicio, es cuando el conquistador le pregunta «si él era vasallo de Mutezuma o si era de otra parcialidad alguna, el cual, casi admirado de lo que le preguntaba, me respondió diciendo que quién no era vasallo de Mutezuma, queriendo decir que allí era señor del mundo».[38] De modo que Moctezuma pudo haber enfrentado a Cortés desde su llegada a Veracruz y obligarlo a embarcarse de regreso, con lo cual, entre otras cosas, habría evitado que se involucrara en los asuntos internos e intrigara a sus anchas con unos y otros. ¿Por qué no lo hizo? Pienso que, aunque pudo haber influido en él la antigua creencia de la salida hacia el mar de Quetzalcóatl y su posible regreso, lo determinante en su mansedumbre o extraño proceder está relacionado con su extrema inexperiencia política. Además, Moctezuma estaba enfrentando a un consumado perverso, capaz de traicionar y exterminar gente sin ningún escrúpulo o remordimiento. Es casi seguro que Cortés ofreció a Moctezuma consideraciones y respeto. Inclusive, por lo mismo, los tlaxcaltecas dudaron en pactar con él, pues parecía buena la relación entre el conquistador y el tlatoani mexica. Pienso que en el texto se reafirma, entre otras cosas, su vandalismo, al referirse a que enfrenta a «miles» en varias «batallas»: en una a 100 000 y en otra a 149 000, solo perdiendo dos caballos y a ningún español, mientras asesinaba a mansalva a muchos, cortaba manos, quemaba pueblos y mandaba mensajes de terror; es el caso del «negocio» destinado a Moctezuma desde Cholula, cuando convierte otra matanza de 3 000 personas en «batalla» porque la gente que masacró estaba indefensa, pero podían traicionarlo y «acordé prevenir antes de ser prevenido».[39] Y todo ese horror sin dejar de repetir «Tenemos a Dios de nuestra parte», o que «Bien pareció que Dios fue el que por nosotros peleó». Concluyo este breve análisis con la frase en latín que escribe para exponer que le daba mucho placer el pleito o la división entre los pueblos indígenas, ya que así conseguía mejor su propósito de «sojuzgarlos»: *Omne regum in se impulsum divisum desolabitur,* lo cual se traduce como: «Todo reino dividido contra sí mismo será devastado».

Consumada la trágica ocupación de Cholula, Cortés decide lanzarse a la conquista de la gran Tenochtitlan. Lo hace sin contratiempos y sin enfrentar a las tropas mexicas porque Moctezuma sigue manteniendo una postura que, como ya dijimos, es una mezcla o amalgama entre fatalidad e inocencia política. Algo, por cierto, completamente opuesto a la manera de pensar y de ser de Cortés y sus huestes, hombres de espada, desalmados y movidos por la ambición a lo material. Aunque invocaran y mencionaran a Dios para todo, su verdadera deidad, como lo diría tres siglos después el cura Hidalgo, era el dinero. Esta parte de la carta que se transcribe a continuación narra lo sucedido desde la salida de los conquistadores de Cholula hasta la llegada a Tenochtitlan, la estancia de Cortés en la capital del decadente imperio, el gran saqueo de oro y plata y otras joyas, la aprehensión y el cobarde asesinato de Moctezuma, y el silencio cómplice acerca de la matanza en el Templo Mayor, todo lo cual obliga a los mexicas a enfrentarlos. Este texto, por ser muy largo y repetitivo, lo vamos a resumir sin omitir lo esencial, porque no hay ninguna otra fuente, como ya lo expresamos, más cercana a lo sucedido que estas *Cartas de relación.* Lamentablemente, uno solo puede apoyarse en la conocida *Visión de los vencidos* y en otros textos indígenas, o códices nahuas, casi todos impresos e intervenidos en fechas posteriores —sobre todo durante la evangelización católica—, y que no dejan de ser doctrinarios, parciales y poco objetivos. Además, la historia de Bernal, aunque protagonizada por él, fue escrita y concluida mucho tiempo después, en 1568; y existen casos de cronistas como el de Francisco López de Gómara, quien elaboró la *Historia general de las Indias* a partir de pláticas con Cortés en España, de 1540 a 1547, sin haber pisado tierras de México ni haber atravesado el Atlántico; más aún, prevalece mucha bibliografía de frailes e historiadores oficiales, oficiosos y otros especialistas que, de manera tendenciosa, escribieron sobre la vida y las costumbres de los pueblos originarios y fueron tenaces divulgadores de la propaganda en contra de las civilizaciones, culturas y religiones nativas y de la invención de las leyendas de los sacrificios humanos y el canibalismo. De modo que, aun con sus mentiras, fantasías y parcialidad, lo dicho en las cartas de Cortés puede estar más cerca de la verdad, sobre todo porque el pensamiento conservador de la época, como suele suceder hasta la fecha, es bastante claridoso, cínico o desvergonzado. Sigamos leyendo a Cortés:

> Aquel día que de la ciudad de Churultecal me partí, fui cuatro leguas a unas aldeas de la ciudad de Guasucingo, donde de los naturales fui muy bien recibido y me dieron algunas esclavas y ropas y ciertas piecezuelas de oro, que de todo fue bien poco, porque estos no lo tienen a causa de ser de la liga y parcialidad de los de Tascaltecal y por tenerlos como el dicho Mutezuma los tiene, cercados con su tierra, en tal manera que con ningunas provincias tiene contratación más de en su tierra, y a esta causa viven muy pobremente. Otro día siguiente subí al puerto por entre las dos sierras que he dicho, y a la bajada de él, ya que la tierra del dicho Mutezuma descubríamos, por una provincia de ella que se dice Chalco, dos leguas antes que llegásemos a las poblaciones hallé un muy buen aposento nuevamente hecho, tal y tan grande que muy cumplidamente todos los de mi compañía y yo nos

aposentamos en él, aunque llevaba conmigo más de 4 000 indios de los naturales de estas provincias de Tascaltecal y Guasucingo y Churultecal y Cempoal, y para todos muy cumplidamente de comer, y en todas las posadas muy grandes fuegos y mucha leña, porque hacía muy gran frío a causa de estar cercado de las dos sierras, y ellas con mucha nieve.

Aquí me vinieron a hablar ciertas personas que parecían principales, entre los cuales venía uno que me dijeron que era hermano de Mutezuma, y me trajeron hasta 3 000 pesos de oro, y de parte de él me dijeron que él me enviaba aquello y me rogaba que me volviese y no curase de ir a su ciudad, porque era tierra muy pobre de comida y que para ir allá había muy mal camino y que estaba toda en agua y que no podía entrar allá sino en canoas, y otros muchos inconvenientes que para la ida me pusieron. Y que viese todo lo que quería, que Mutezuma su señor, me lo mandaría dar; y que así mismo concertarían de me dar en cada un año *certum quid*, el cual me llevarían hasta la mar o donde yo quisiese. Yo los recibí muy bien, y les di algunas cosas de las de nuestra España, de las que ellos tenían en mucho, en especial, al que decían que era hermano de Mutezuma; y a su embajador le respondí que si en mi mano fuera volverme que yo lo hiciese por hacer placer a Mutezuma; pero que yo había venido en esta tierra por mandado de vuestra majestad, y de la principal cosa que de ella me mandó le hiciese relación, fue del dicho Mutezuma y de aquella su gran ciudad, de la cual y de él había mucho tiempo que vuestra alteza tenía noticia, y que le dijesen de mi parte que le rogaba que mi ida a le ver tuviese por bien, porque de ella a su persona ni tierra ningún daño, antes pro, se le había de seguir, y que después que yo le viese, si fuese su voluntad todavía de no me tener en su compañía, que yo me volvería, y que mejor haríamos entre él y mi, orden en la manera que en el servicio de vuestra alteza él había de tener, que por terceras personas, puesto que ellos eran tales a quien todo crédito se debía de dar. Y con esta respuesta se volvieron.

[...]

Y luego siendo de día, me partí a un pueblo que está dos leguas de allí, que se dice Amecameca que es de la provincia de Chalco, que tendrá en la población principal con las aldeas que hay a dos leguas de él más de 20 000 vecinos, y en el dicho pueblo nos aposentaron en unas muy buenas casas del señor del lugar, y muchas personas que parecían principales me vinieron allí a hablar diciéndome que Mutezuma su señor los había enviado para que me esperasen allí y me hiciesen proveer de todas las cosas necesarias. El señor de esa provincia y pueblo me dió hasta 40 esclavas y 3 000 castellanos, y dos días que allí estuve nos proveyó muy cumplidamente de todo lo necesario para nuestra comida. Y otro día, yendo conmigo aquellos principales que de parte de Mutezuma me dijeron que me esperaban allí, me partí y fui a dormir cuatro leguas de allí a un pueblo pequeño que está junto a una gran laguna y casi la mitad de él sobre el agua de ella, y por la parte de la tierra tiene una sierra muy áspera de piedras y peñas donde nos aposentaron muy bien.

[...]

Y otro día por la mañana, ya que me quería partir de aquel pueblo, llegaron hasta 10 o 12 señores muy principales, según después supe, y entre ellos un gran señor mancebo, de hasta 25 años, a quien todos mostraban tener mucho acatamiento, y tanto, que después de bajado de unas andas en que venía, todos los otros le venían limpiando las piedras y pajas del suelo delante de él; y llegados a donde yo estaba me dijeron que venían de parte de Mutezuma su señor, y que los enviaba para que se fuesen conmigo y que me rogaba que le perdonase porque no salía en su persona a me ver y recibir y que la causa era estar mal dispuesto, pero que ya su ciudad estaba cerca, y que pues yo todavía determinaba de ir a ella, que allá nos veríamos y conocería de él la voluntad que al servicio de vuestra alteza tenía, pero que todavía me rogaba que si fuese posible no fuese allá porque padecería mucho trabajo y necesidad, y que él tenía mucha vergüenza de no me poder allá proveer como él deseaba, y en esto ahincaron y porfiaron mucho aquellos señores, y tanto, que no les quedaba sino decir que me defenderían el camino si todavía porfiase ir. Yo les respondí y satisfice y aplaqué con las mejores palabras que pude, haciéndoles entender que de mi ida no les podía venir daño sino mucho provecho; y así se despidieron después de les haber dado algunas cosas de las que yo traía. Y yo me partí luego tras ellos muy acompañado de muchas personas que parecían de mucha cuenta como después pareció serlo; y todavía seguía el camino por la costa de aquella gran laguna, y a una legua del aposento donde paré vi dentro en ella, casi dos tiros de ballesta, una ciudad pequeña que podría ser hasta de 1 000 o 2 000 vecinos, toda armada sobre el agua, sin haber para ella ninguna entrada y muy torreada, según lo que de fuera parecía, y otra legua adelante entramos por una calzada tan ancha como una lanza jineta, por la laguna adentro, de dos tercios de legua, y por ella fuimos a dar en una ciudad la más hermosa, aunque pequeña, que hasta entonces habíamos visto, así de muy bien labradas casas y torres como de la buena orden que en el fundamento había por ser armada toda sobre agua; y en esta ciudad, que será hasta de 2 000 vecinos, nos recibieron muy bien y nos dieron bien de comer y allí me vinieron a hablar el señor y los principales de ella y me rogaron que me quedase allí a dormir, y aquellas personas que conmigo iban de Mutezuma me dijeron que no parase, sino que me fuese a otra ciudad que está tres leguas de allí, que se dice Iztapalapa, que es de un hermano del dicho Mutezuma, y así lo hice.

Y a la salida de la ciudad donde comimos, cuyo nombre al presente no me ocurre a la memoria, es por otra calzada que tendrá una legua grande hasta llegar a la tierra firme; y llegado a esta ciudad de Iztapalapa, me salió a recibir algo fuera de ella el señor y otro de una gran ciudad que está cerca de ella que será obra de tres leguas, que se llama Caluanalcán, y otros muchos señores que allí me estaban esperando, y me dieron hasta 3 000 o 4 000 castellanos y algunas esclavas y ropa, y me hicieron muy buen acogimiento. Tendrá esta ciudad de Iztapalapa 12 000 o 15 000 vecinos, la cual está en la costa de una laguna salada, grande, la mitad dentro del agua y la otra mitad en la tierra firme. Tiene el señor de ella unas casas nuevas que aún no están acabadas, que son tan buenas como las mejores de España, digo de grandes y bien labradas, así de obra de cantería como de carpintería y suelos y cumplimientos para todo género de servicios de casa excepto mazonerías y otras cosas ricas que en España usan en las casas, que acá no las tienen. Tiene muchos cuartos altos y bajos, jardines muy frescos de muchos árboles y rosas olorosas; así mismo albercas de agua dulce muy bien labradas, con sus escaleras hasta lo hondo. Tiene una muy grande huerta junto a la casa, y sobre ella un mirador de muy hermosos corredores y salas, y dentro de la huerta una muy grande alberca de agua dulce, muy cuadrada, y las paredes de ella de gentil cantería, y alrededor de ella un andén de muy buen suelo ladrillado, tan ancho que pueden ir por él cuatro paseándose; y tiene de cuadra 400 pasos, que son en torno 1 600; de la otra parte del andén hacia la pared de la huerta va todo labrado de cañas con unas vergas, y detrás de ellas todo de arboledas y hierbas olorosas, y dentro de la alberca hay mucho pescado y muchas aves, así como lavancos y zarzetas y otros géneros de aves de agua, tantas que muchas veces casi cubren el agua.

Otro día después que a esta ciudad llegué me partí, y a media legua andada, entré por una calzada que va por medio de esta dicha laguna, dos leguas hasta llegar a la gran ciudad de Temixtitan que está fundada en medio de la dicha laguna, la cual calzada es tan ancha como dos lanzas, y muy bien obrada que pueden ir por toda ella ocho de caballo a la par, y en estas dos leguas de la una parte y de la otra de la dicha calzada están tres ciudades y la una de ellas que se dice Misicalcingo, está fundada la mayor parte de ella dentro de la dicha laguna, y las otras dos, que se llaman la una Niciaca y la otra Huchilohuchico, están en la costa de ella, y muchas casas de ellas dentro en el agua. La primera ciudad de estas tendrá hasta 3 000 vecinos, y la segunda más de 6 000 y la tercera otros 4 000 o 5 000 vecinos, y en todas muy buenos edificios de casas y torres, en especial las casas de los señores y personas principales, y las de sus mezquitas y oratorios donde ellos tienen sus ídolos. En estas ciudades hay mucho trato de sal, que hacen del agua de la dicha laguna, y de la superficie que está en la tierra que baña la laguna, la cual cuecen en cierta manera y hacen panes de ella dicha sal, que venden para los naturales y para fuera de la comarca. Y así seguí la dicha calzada, y a media legua antes de llegar al cuerpo de la ciudad de Temixtitan, a la entrada de otra calzada que viene a dar de la tierra firme a esta otra, está un muy fuerte baluarte con dos torres cercado de muro de dos estados, con su pretil almenado por toda la cerca que toma con ambas calzadas y no tiene más de dos puertas, una por donde entran y otra por donde salen.

Aquí me salieron a ver y hablar hasta 1 000 hombres principales, ciudadanos de la dicha ciudad, todos vestidos de una manera de hábito y, según su costumbre, bien rico; y llegados a me hablar cada uno por sí, hacía en llegando ante mí una ceremonia que entre ellos se usa mucho, que ponía cada uno la mano en tierra y la besaba, y así estuve esperando casi una hora hasta que cada uno hiciese su ceremonia.

Y ya junto a la ciudad está una puente de madera de 10 pasos de anchura y por allí esta abierta la calzada porque tenga lugar el agua de entrar y salir, porque crece y mengua, y también por fortaleza de la ciudad porque quitan y ponen algunas vigas muy luengas y anchas de que la dicha puente está hecha, todas las veces que quieren; y de estas hay muchas por toda la ciudad como adelante en la relación que de las cosas de ella haré vuestra alteza verá. Pasada esta puente, nos salió a recibir aquel señor Mutezuma con hasta 200 señores, todos descalzos y vestidos de otra librea o manera de ropa asimismo bien rica a su uso, y más que la de los otros, y venían en dos procesiones muy arrimados a las paredes de la calle, que es muy ancha y muy hermosa y derecha, que de un cabo se parece el otro y tiene dos tercios de legua, y de la una parte y de la otra muy buenas y grandes casas, así de aposentamientos como de mezquitas, y el dicho Mutezuma venía por medio de la calle con dos señores, el uno a la mano derecha y el otro a la izquierda, de los cuales el uno era aquel señor grande que dije que me había salido a hablar en las andas y el otro era su hermano del dicho Mutezuma, señor de aquella ciudad de Iztapalapa de donde yo aquel día había partido, todos tres vestidos de una manera, excepto el Mutezuma que iba calzado, y los otros dos señores descalzos; cada uno lo llevaba de su brazo, y como nos juntamos, yo me apeé y le fui a abrazar solo, y aquellos dos señores que con él iban, me detuvieron con las manos para que no le tocase, y ellos y él hicieron asimismo ceremonia de besar la tierra, y hecha, mandó a aquel su hermano que venía con el que se quedase conmigo y me llevase por el brazo, y el con el otro se iba adelante de mí poquito trecho.

Y después de me haber él hablado, vinieron asimismo a me hablar todos los otros señores que iban en las dos procesiones, en orden uno en pos de otro, y luego se tornaban a su procesión; y al tiempo que yo llegué a hablar al dicho Mutezuma, quitéme un collar que llevaba de margaritas y diamantes de vidrio y se lo eché al cuello; y después de haber andado la calle adelante, vino un servidor suyo con dos collares de camarones envueltos en un paño, que eran hechos de huesos de caracoles colorados, que ellos tienen en mucho, y de cada collar colgaban ocho camarones de oro de mucha perfección, tan largos casi como un geme, y como se los trajeron se volvió a mí y me los echó al cuello., Y tornó a seguir por la calle en la forma ya dicha hasta llegar a una muy grande y hermosa casa que él tenía para nos aposentar, bien aderezada. Y allí me tomó de la mano y me llevó a una gran sala que estaba frontera del patio por donde entramos, y allí me hizo sentar en un estrado muy rico que para él lo tenía mandado hacer, y me dijo que le esperase allí, y él se fue.

Y dende a poco rato, ya que toda la gente de mi compañía estaba aposentada, volvió con muchas y diversas joyas de oro y plata, y plumajes, y con hasta 5 000 o 6 000 piezas de ropa de algodón, muy ricas y de diversas maneras tejidas y labradas, y después de me las haber dado, se sentó en otro estrado que luego le hicieron allí junto con el otro donde yo estaba; y sentado, propuso en esta manera: «Muchos días ha que por nuestras escripturas tenemos de nuestros antepasados noticia que yo ni todos los que en esta tierra habitamos no somos naturales de ella sino extranjeros, y venidos a ella de partes muy extrañas; y tenemos asimismo que a estas partes trajo nuestra generación un señor cuyos vasallos todos eran, el cual se volvió a su naturaleza, y después tornó a venir dende en mucho tiempo, y tanto, que ya estaban casados los que habían quedado con las mujeres naturales de la tierra y tenían mucha generación y hechos pueblos donde vivían, y queriéndolos llevar consigo, no quisieron ir ni menos recibirle por señor, y así se volvió; y siempre hemos tenido que los que de él descendiesen habían de venir a sojuzgar esta tierra y a nosotros como a sus vasallos; y según de la parte que vos decís que venís, que es a do sale el sol y las cosas que decís de ese gran señor o rey que acá os envió, creemos y tenemos por cierto, él sea nuestro señor natural, en especial que nos decís que él ha muchos días que tenía noticia de nosotros; y por tanto, vos sed cierto que os obedeceremos y tendremos por señor en lugar de ese gran señor que vos decís, y que en ello no habrá falta ni engaño alguno, y bien podéis en toda la tierra, digo que en la que yo en mi señorío poseo, mandar a vuestra voluntad, porque será obedecido y hecho; y todo lo que nosotros tenemos es para lo que vos de ello quisiéredes disponer. Y pues estáis en vuestra naturaleza y en vuestra casa, holgad y descansad del trabajo del camino y guerras que habéis tenido, que muy bien sé todos los que se vos han ofrecido de Puntunchán acá, y bien sé que los de Cempoal y de Tascaltecal os han dicho muchos males de mí. No creáis más de lo que por vuestros ojos veredes, en especial de aquellos que son mis enemigos, y algunos de ellos eran mis vasallos, y hánseme rebelado con vuestra venida, y por se favorecer con vos lo dicen; los cuales sé que también os han dicho que yo tenía las casas con las paredes de oro. y que las esteras de mis estrados y otras cosas de mi servicio eran asimismo de oro, y que yo era y me hacía dios y otras muchas cosas. Las casas ya las véis que son de piedra y cal y tierra»; y entonces alzó las vestiduras y me mostró el cuerpo diciendo: «A mí veísme aquí que soy de carne y hueso como vos y como cada uno, y que soy mortal y palpable», asiéndose él con sus manos de los brazos y del cuerpo: «Ved cómo os han mentido; verdad es que tengo algunas cosas de oro que me han quedado de mis abuelos: todo lo que yo tuviere tenéis cada vez que vos lo quisiéredes; yo me voy a otras casas donde vivo: aquí seréis proveído de todas las cosas necesarias para vos y para vuestra gente. Y no recibáis pena alguna, pues estáis en vuestra casa y naturaleza». Yo le respondí a todo lo que me dijo, satisfaciendo a aquello que me pareció que convenía, en especial en hacerle creer que vuestra majestad era a quien ellos esperaban; y con esto se despidió; e ido, fuimos muy bien proveídos de muchas gallinas y pan y frutas y otras cosas necesarias, especialmente para el servicio del aposento, y de esta manera estuve seis días, muy bien proveído de todo lo necesario, y visitado de muchos de aquellos señores.

[…]

Hablé un día al dicho Mutezuma, y le dije que vuestra alteza tenía necesidad de oro para ciertas obras que mandaba hacer, y que le rogaba que enviase algunas personas de los suyos, y que yo enviaría asimismo algunos españoles por las tierras y casas de aquellos señores que allí se habían ofrecido, a les rogar que de lo que ellos tenían sirviesen a vuestra majestad con alguna parte, porque demás de la necesidad que vuestra alteza tenía, parecería que ellos comenzaban a servir y vuestra alteza tendría más concepto de las voluntades que a su servicio mostraban, y que él asimismo me diese de lo que tenía, porque lo quería enviar, como el oro y como las otras cosas que había enviado a vuestra majestad con los pasajeros. Y luego mandó que le diese los españoles que quería enviar, y de dos en dos, y de cinco en cinco, los repartió para muchas provincias y ciudades, cuyos nombres, por se haber perdido las escrituras, no me acuerdo, porque son muchos y diversos, más de que algunas de ellas están a 80 y a 100 leguas de la dicha gran ciudad de Temixtitan; y con ellos envió de los suyos y les mandó que fuesen a los señores de aquellas provincias y ciudades y les dijese cómo yo mandaba que cada uno de ellos diese cierta medida de oro que les dio. Y así se hizo que todos aquellos señores a que él envió dieron muy cumplidamente lo que se les pidió, así en joyas como en tejuelos y hojas de oro y plata. Y otras cosas de las que ellos tenían, que fundido todo lo que era para fundir, cupo a vuestra majestad del quinto, 32 400 y tantos pesos de oro, sin todas las joyas de oro y plata, y plumajes y piedras y otras muchas cosas de valor que para vuestra sacra majestad yo asigné y aparté, que podrían valer 100 000 ducados y más suma; las cuales demás de su valor eran tales y tan maravillosas que consideradas por su novedad y extrañeza, no tenían precio ni es de creer que alguno de todos los príncipes del mundo de quien se tiene noticia las pudiese tener tales y de tal calidad. Y no le parezca a vuestra majestad fabuloso lo que digo, pues es verdad que todas las cosas criadas así en la tierra como en la mar, de que el dicho Mutezuma pudiese tener conocimiento, tenían contrahechas muy al natural, así de oro como de plata, como de pedrería y de plumas, en tanta perfección que casi ellas mismas parecían: de las cuales todas me dio para vuestra alteza mucha parte, sin otras que yo le di figuradas, y él las mandó hacer de oro, así como imágenes, crucifijos, medallas, joyeles y collares, y otras muchas cosas de las nuestras, que les hice contrahacer. Cupieron asimismo a vuestra alteza del quinto de la plata que se hubo, 100 y tantos marcos, los cuales hice labrar a los naturales, de platos grandes y pequeños y escudillas y tazas y cucharas, y lo labraron tan perfecto como se lo podíamos dar a entender.

Demás de esto, me dio el dicho Mutezuma mucha ropa de la suya, que era tal, que considerada ser toda de algodón y sin seda, en todo el mundo no se podía hacer ni tejer otra tal ni de tantas ni tan diversos y naturales colores ni labores; en que había ropas de hombres y de mujeres muy maravillosas, y había paramentos para camas, que hechos de seda no se podían comparar; y había otros paños como de tapicería que podían servir en salas y en iglesias; había colchas y cobertores de camas, así de pluma como de algodón, de diversos colores asimismo muy maravillosos, y otras muchas cosas que por ser tantas y tales no las sé significar a vuestra majestad. También me dio una docena de cerbatanas de las con que él tiraba, que tampoco no sabré decir a vuestra alteza su perfección, porque eran todas pintadas de muy excelentes pinturas y perfectos matices, en que había figuradas muchas maneras de avecicas y animales y árboles y flores y otras diversas cosas, y tenían los brocales y puntería tan grandes como un geme de oro, y en el medio otro tanto muy labrado. Dióme para con ellas un carniel de red de oro para los bodoques, que también me dijo que me había de dar de oro, y dióme unas turquesas de oro y otras muchas cosas, cuyo número es casi infinito.

[...]

En lo del servicio de Mutezuma y de las cosas de admiración que tenía por grandeza y estado, hay tanto que escribir que certifico a vuestra alteza que yo no sé por do comenzar, que pueda acabar de decir alguna parte de ellas; porque, como ya he dicho, ¿qué más grandeza puede ser tan al natural lo de oro y plata, que no hay platero en el mundo que mejor lo hiciese, y lo de las piedras que no baste juicio comprender con qué instrumentos se hiciese tan perfecto, y lo de pluma, que ni de cera ni en ningún bordado se podría hacer tan maravillosamente? El señorío de tierras que este Mutezuma tenía no se ha podido alcanzar cuánto era, porque a ninguna parte, 200 leguas de un cabo y de otro de aquella su gran ciudad, enviaba sus mensajeros, que no fuese cumplido su mandado, aunque había algunas provincias en medio de estas tierras con quien él tenía guerra. Pero por lo que se alcanzó, y yo de él pude comprender, era su señorío tanto casi como España, porque hasta 60 leguas de esta parte de Putunchán, que es el río de Grijalva, envió mensajeros a que se diesen por vasallos de vuestra majestad los naturales de una ciudad que se dice Cumatán, que había desde la gran ciudad a ella 220 leguas; porque las 150 yo he hecho andar y ver a los españoles. Todos los más de los señores de estas tierras y provincias, en especial los comarcanos, residían, como ya he dicho, mucho tiempo del año en aquella gran ciudad, y todos o los más tenían sus hijos primogénitos en el servicio del dicho Mutezuma.

[...]

En esta gran ciudad estuve proveyendo las cosas que parecía que convenía al servicio de vuestra sacra majestad, y pacificando y atrayendo a él muchas provincias y tierras pobladas de muchas y muy grandes ciudades y villas y fortalezas, y descubriendo minas, y sabiendo e inquiriendo muchos secretos de las tierras del señorío de este Mutezuma como de otras que con él confinaban y él tenía noticia; que son tantas y tan maravillosas, que son casi increíbles, y todo con tanta voluntad y contentamiento del dicho Mutezuma y de todos los naturales de las dichas tierras, como si de ab initio hubieran conocido a vuestra sacra majestad por su rey y señor natural, y no con menos voluntad hacían todas las cosas que en su real nombre les mandaba.

[...]

Y sabido esto, acordé de enviar un religioso que yo traje en mi compañía, con una carta mía y otra de alcaldes y regidores de la Villa de la Vera Cruz, que estaban conmigo en la dicha ciudad. Las cuales iban dirigidas al capitán y gente que a aquel puerto había llegado, haciéndole saber muy por extenso lo que en esta tierra me había sucedido y cómo tenía muchas ciudades y villas y fortalezas ganadas y conquistadas y pacíficas y sujetas al real servicio de vuestra majestad, y preso, al señor principal de todas estas partes; y cómo estaba en aquella gran ciudad y la cualidad de ella, y el oro y joyas que para vuestra alteza tenía. Y cómo había enviado relación de esta tierra a vuestra majestad; y que les pedía por merced me hiciesen saber quién eran y si eran vasallos naturales de los reinos y señoríos de vuestra alteza, me escribiesen si venían a esta tierra por su real mandado, o a poblar y estar en ella, o si pasaban adelante o habían de volver atrás, o si traían alguna necesidad, que yo les haría proveer de todo lo que a mí posible fuese; y que si eran de fuera de los reinos de vuestra alteza, asimismo me hiciesen saber si traían alguna necesidad, porque también lo remediaría pudiendo. Donde no, le requería de parte de vuestra majestad que luego se fuesen de sus tierras y no saltasen en ellas, con apercibimiento que si así no lo hiciesen, iría contra ellos con todo el poder que yo tuviese, así de españoles como de naturales de la tierra, y los prendería y mataría como extranjeros que se querían entremeter en los reinos y señoríos de mi rey y señor.

[...]

Y como yo vi el gran daño que se comenzaba a revolver, y cómo la tierra se levantaba a causa del dicho Narváez, parecióme que con ir yo donde él estaba se apaciguaría mucho, porque viéndome los indios presente, no se osarían a levantar, y también porque pensaba dar orden con el dicho Narváez, cómo tan gran mal como se comenzaba, cesase. Y así me partí aquel mismo día; dejando la fortaleza muy bien bastecida de maíz y de agua y 500 hombres dentro en ella y algunos tiros de pólvora. Y con la otra gente que allí tenía, que serían hasta 70 hombres, seguí mi camino con algunas personas principales de los del dicho Mutezuma. Al cual yo, antes que me partiese, hice muchos razonamientos, diciéndole que mirase que él era vasallo de vuestra majestad, y que ahora había de recibir mercedes de vuestra majestad por los servicios que le había hecho. Y que aquellos españoles le dejaba encomendados con todo aquel oro y joyas que él me había dado y mandado dar para vuestra alteza; porque yo iba a aquella gente que allí había venido, a saber qué gente era, porque hasta entonces no lo había sabido, y creía que debía ser alguna mala gente y no vasallos de vuestra alteza. Y él me prometió de los hacer proveer de todo lo necesario, y guardar mucho todo lo que allí le dejaba puesto para vuestra majestad, y que aquellos suyos que iban conmigo me llevarían por camino que no saliese de su tierra y me harían proveer en él de todo lo que hubiese menester, y que me rogaba, si aquella fuese gente mala, que se lo hiciese saber, porque luego proveería de mucha gente de guerra para que fuese à pelear con ellos y echarlos fuera de la tierra. Lo cual todo yo le agradecí y certifiqué que por ello vuestra alteza le mandaría hacer muchas mercedes. Y le di muchas joyas y ropas a él y a un hijo suyo y a muchos señores que estaban con él a la sazón.

[...]

Y el día que el dicho alguacil mayor y yo con la gente llegamos a la ciudad de Cempoal, donde el dicho Narváez y gente estaba aposentada, luego que supo de nuestra ida, salió al campo con 80 de caballo y 500 peones, sin los demás que dejó en su aposento, que era la mezquita mayor de aquella ciudad, asaz fuerte, y llegó casi una legua de donde yo estaba; y como lo que de mi ida sabía era por lengua de los indios, y no me halló, creyó que le burlaban y volvióse a su aposento teniendo apercibida toda su gente, y puso dos espías casi a una legua de la dicha ciudad. Y como yo deseaba evitar todo escándalo, parecióme que sería el menos yo ir de noche, sin ser sentido si fuese posible, e ir derecho al aposento del dicho Narváez, que yo y todos los de mi compañía sabíamos muy bien, y prenderlo. Porque preso él, creí que no hubiera escándalo, porque los demás querían obedecer a la justicia, en especial que los demás de ellos venían por fuerza, que el dicho Diego Velázquez les hizo, y por temor que no les quitase los indios que en la isla Fernandina tenían.

Y así fue que el día de Pascua de Espíritu Santo, poco más de medianoche, yo di en el dicho aposento, y antes topé las dichas espías, que el dicho Narváez tenía puestas, y las que yo delante llevaba prendieron a la una de ellas, y la otra se escapó, de quien me informé de la manera que estaban; y porque la espía que se había escapado no llegase antes que yo y diese mandado de mi venida, me di la mayor prisa que pude, aunque no pude tanta que la dicha espía no llegase primero casi media hora. Cuando llegué al dicho Narváez, ya todos los de su compañía estaban armados y ensillados sus caballos y muy a punto, y llevaba cada cuarto 200 hombres. Y llegamos tan sin ruido, que cuando fuimos sentidos y ellos tocaron al arma, entraba yo por el patio de su aposento, en el cual estaba toda la gente aposentada y junta y tenían tomadas tres o cuatro torres que en él había, y todos los demás aposentos fuertes. Y en la una de las dichas torres, donde el dicho Narváez estaba aposentado, tenía a la escalera de ella hasta 19 tiros de fusilería, y dimos tanta prisa a subir la dicha torre, que no tuvieron lugar de poner fuego más de a un tiro, el cual quiso Dios que no salió ni hizo daño ninguno. Así se subió la torre hasta donde el dicho Narváez tenía su cama, donde él y hasta 50 hombres que con él estaban pelearon con el dicho alguacil mayor y con los que con él subieron, y puesto que muchas veces le requirieron que se diese a prisión por vuestra alteza, nunca quisieron, hasta que se les puso fuego y con él se dieron. Y en tanto que el dicho alguacil mayor prendía al dicho Narváez, yo con los que conmigo quedaron defendía la subida de la torre a la demás gente que en su socorro venía, e hice tomar toda la artillería y me fortalecí con ella. Por manera que sin muertes de hombres, más de dos que un tiro mató, en una hora eran presos todos los que se habían de prender, y tomadas las armas a todos los demás, y ellos prometido ser obedientes a la justicia de vuestra majestad, diciendo que hasta allí habían sido engañados, porque les habían dicho que traían provisiones de vuestra alteza, y que yo estaba alzado con la tierra y que era traidor a vuestra majestad, y les habían hecho entender otras muchas cosas.

[...]

Y despaché un mensajero a la ciudad de Temixtitan, y con él hice saber a los españoles que allí había dejado, lo que me había sucedido. El cual dicho mensajero volvió de ahí a 12 días, y me trajo cartas del alcalde que allí había quedado, en que me hacía saber cómo los indios les habían combatido la fortaleza por todas partes de ella, y puéstoles fuego por muchas partes hecho ciertas minas, y que se habían visto en mucho trabajo y peligro, y todavía los mataran si el dicho Mutezuma no mandara cesar la guerra; y que aún los tenían cercados, puesto que no los combatían, sin dejar salir ninguno de ellos dos pasos fuera de la fortaleza.

Y con ellos a la mayor prisa que pude me partí para la dicha ciudad, y en todo el camino nunca me salió a recibir ninguna persona del dicho Mutezuma como antes lo solían hacer, y toda la tierra estaba alborotada y casi despoblada; de que concebí mala sospecha, creyendo que los españoles que en la dicha ciudad habían quedado eran muertos, y que toda la gente de la tierra estaba junta esperándome en algún paso o parte donde ellos se pudiesen aprovechar mejor de mí.

Y otro día después de misa enviaba un mensajero a la Villa de la Vera Cruz, por les dar buenas nuevas de cómo los cristianos eran vivos Y yo había entrado en la ciudad, y estaba segura. El cual mensajero volvió dende a media hora todo descalabrado y herido, dando voces que todos los indios de la ciudad venían de guerra, y que tenían todas las puentes alzadas; y junto tras él da sobre nosotros tanta multitud de gente por todas partes, que ni las calles ni azoteas se parecían con la gente; la cual venía con los mayores alaridos y grita más espantable que en el mundo se puede pensar; y eran tantas las piedras que nos echaban con hondas dentro de la fortaleza, que no parecía sino que el cielo las llovía, y las flechas y tiraderas eran tantas, que todas las paredes y patios estaban llenos, que casi no podíamos andar con ellas. Y yo salí fuera a ellos por dos o tres partes, y pelearon con nosotros muy reciamente, aunque por la una parte un capitán salió con 200 hombres, y antes que se pudiese recoger le mataron cuatro, e hirieron a él y a muchos de los otros; y por la parte que yo andaba, me hirieron a mí y a muchos de los españoles. Y nosotros matamos pocos de ellos, porque se nos acogían de la otra parte de las puentes, y de las azoteas y terrados nos hacían daño con piedras, de las cuales azoteas ganamos algunas y quemamos. Pero eran tantas y tan fuertes, y de tanta gente pobladas, y tan bastecidas de piedras y otros géneros de armas, que no bastábamos para las tomar todas, ni defender, que ellos no nos ofendiesen a su placer.

En la fortaleza daban tan recio combate, que por muchas partes nos pusieron fuego, y por la una se quemó mucha parte de ella, sin lo poder remediar, hasta que la atajamos cortando las paredes y derrocando un pedazo, que mató el fuego. Y si no fuera por la mucha guarda que allí puse de escopeteros y ballesteros y otros tiros de pólvora, nos entraran a escala vista sin los poder resistir. Así estuvimos peleando todo aquel día, hasta que fue la noche bien cerrada, y aún en ella no nos dejaron sin grita y rebato hasta el día. Aquella noche hice reparar los portillos de aquello quemado, y todo lo demás que me pareció que en la fortaleza había flaco; y concerté las estancias y gente que en ellas había de estar, y la que otro día habíamos de salir a pelear fuera, e hice curar los heridos, que eran más de 80.

Y luego que fue de día, ya la gente de los enemigos nos comenzaba a combatir muy más reciamente que el día pasado, porque estaba tanta cantidad de ellos, que los artilleros no tenían necesidad de puntería, sino asestar en los escuadrones de los indios. Y puesto que la artillería hacia mucho daño, porque jugaban 13 arcabuces, sin las escopetas y ballestas, hacían tan poca mella que ni se parecía que no lo sentían, porque por donde llevaba el tiro 10 o 12 hombres se cerraba luego de gente, que no parecía que hacía daño ninguno. Y dejado en la fortaleza el recaudo que convenía y se podía dejar, yo torné a salir y les gané algunas de las puentes y quemé algunas casas, y matamos muchos en ellas que las defendían, y eran tantos, que aunque más daño se hiciera hacíamos muy poquita mella, y a nosotros convenía pelear todo el día y ellos peleaban por horas, que se remudaban y aún les sobraba gente.

También hirieron aquel día otros 50 o 60 españoles, aunque no murió ninguno, y peleamos hasta que fue de noche, que de cansados nos retrajimos a la fortaleza. Y viendo el gran daño que los enemigos nos hacían, y cómo nos herían y mataban a su salvo, y que puesto que nosotros hacíamos daño en ellos, por ser tantos no se parecía, toda aquella noche y otro día gastamos en hacer tres ingenios de madera y cada uno llevaba 20 hombres, los cuales iban dentro porque con las piedras que nos tiraban desde las azoteas no los pudiesen ofender, porque iban los ingenios cubiertos de tablas, y los que iban dentro eran ballesteros y escopeteros, y los demás llevaban picos y azadones y varas de hierro para

> horadarles las casas y derrocar las albarradas que tenían hechas en las calles. Y en tanto que estos artificios se hacían, no cesaba el combate de los contrarios, en tanta manera, que como salíamos fuera de la fortaleza se querían ellos entrar dentro, a los cuales resistimos con harto trabajo
>
> Y el dicho Mutezuma, que todavía estaba preso, y un hijo suyo, con otros muchos señores que al principio se habían tomado, dijo que le sacasen a las azoteas de la fortaleza y que él hablaría a los capitanes de aquella gente y les harían que cesase la guerra. Y yo le hice sacar, y en llegando a un pretil que salía fuera de la fortaleza, queriendo hablar a la gente que por allí combatía, le dieron una pedrada los suyos en la cabeza, tan grande, que de allí a tres días murió; y yo le hice sacar así muerto a dos indios que estaban presos, y a cuestas lo llevaron a la gente, y no sé lo que de él hicieron, salvo que no por eso cesó la guerra, y muy más recia y muy cruda de cada día.[40]

Como hemos visto, no hay nada que muestre a un Moctezuma tirano; por el contrario, confía excesivamente en Cortés, lo deja llegar a Tenochtitlan y, aun si fuese cierto que trató de convencerlo de que no avanzara, a cambio le ofrece una recompensa. Todo su proceder ante los conquistadores está impregnado de ingenuidad y nobleza: su explicación de cómo la llegada de los españoles era una especie de castigo por el error de sus antepasados al despreciar a su divinidad, que era el antiguo señor de la tierra; el acatamiento de autosometerse; la disposición de recaudar para el rey, Cortés y su «compañía» una gran riqueza en oro, plata y joyas valiosas, incluyendo parte de su herencia, además de aceptar la ofensa de Cortés a sus ídolos, el hecho de defenderlo hasta el final y terminar asesinado por traidor a su gente o por confiar en ingratos y malvados. En cambio, Cortés reafirma su vocación de poder, sin escrúpulos morales de ninguna índole, y no disimula su ambición por el dinero, porque aclara en la carta que enviará al rey el quinto real, o sea, 32 400 y tantos pesos de oro; es decir, el 20% del botín, porque el resto es para él y sus huestes. Sin embargo, él le enviara una cantidad adicional «que para vuestra sacra majestad yo asigné y aporté».[41] Aquí quiero señalar que, hablando de este botín, Bernal dice:

> Lo primero, se sacó el real quinto y luego Cortés dijo que le sacasen a él otro quinto como a su majestad, pues se lo prometimos en el Arenal cuando le alzamos por capitán general y justicia mayor, como ya lo he dicho en el capítulo que de ello habla. Luego tras esto dijo que había hecho cierta costa en la isla de Cuba, que gastó en la armada, que lo sacasen del montón; y demás de esto, que se apartase del mismo montón la costa que había hecho Diego Velázquez en los navíos que dimos al través, pues todos fuimos en ello; y tras esto, que para los procuradores que fueron a Castilla, y demás de esto, para los que quedaban en la Villa Rica, que eran 70 vecinos, y para el caballo que se le murió y para la yegua de Juan Sedeño que mataron los de Tlaxcala de una cuchillada; pues para el fraile de la Merced y el clérigo Juan Díaz, y los capitanes, y los que traían caballos dobladas partes, y escopeteros y ballesteros por el consiguiente, y otras sacaliñas, de manera que quedaba muy poco de parte, y por ser tan poco, muchos soldados hubo que no lo quisieron

> recibir, y con todo se quedaba Cortés, pues en aquel tiempo no podíamos hacer otra cosa sino callar, porque demandar justicia sobre ello era por demás.[42]

Peor aún es lo que omite Cortés en su carta al rey Carlos V: el gravísimo hecho de la matanza en el Templo Mayor. Según las crónicas, durante los días en que supuestamente estaba en camino a Cempoala para enfrentar a Pánfilo de Narváez, se llevó a cabo una celebración religiosa conocida como la gran fiesta del mes Tóxcatl en honor de Huitzilopochtli, y estando reunidos, en completo estado de indefensión, fieles y autoridades civiles y religiosas mexicas, se ordenó que entraran las huestes españolas y sus aliados indígenas a matarlos. Hasta uno de los frailes más fanáticos del mal concebido y aplicado cristianismo, Diego Durán, tuvo que narrar, con apego a la verdad y realismo, los infames hechos:

> Don Pedro de Alvarado mandó poner á las cuatro puertas del patio 40 soldados, 10 á cada puerta, para que por allí ninguno se les fuese, y mandó a otros 10 que se fuesen hacia los que tocaban el tambor, donde les pareció que andaba la gente más ilustre [...] y que en llegando matasen al que tañía el tambor y luego tras él á todos los circunstantes; lo cual los predicadores del evangelio de Jesucristo, ó por mejor decir discípulos de iniquidad, sin ninguna tardanza hicieron, entrando entre aquellos desventurados, desnudos en cueros con solamente una manta de algodón á las carnes, sin tener en las manos sino rosas y plumas con que bailaban, los metieron a todos á cuchillo; lo cual como vieron los demás, acudiendo a las puertas para huir eran muertos por los que guardaban las puertas; de suerte que queriéndose meter y esconder por los aposentos, huyendo de aquellos ministros del demonio, no pudiéndose esconder de ellos fueron todos muertos, quedando el patio lleno de la sangre de aquellos desventurados y de tripas y cabezas cortadas, manos y pies y otros con las entrañas de fuera, á cuchilladas y estocadas, que era el mayor dolor y compasión que se pudo pensar; especialmente con los dolorosos gemidos y lamentaciones que allí en aquel patio se oían [...] a los montes hacían resonar y á las piedras hacían quebrantar de dolor y lástima, viendo 8000 o 10000 señores en quien consistía la nobleza de México, muertos y hechos pedazos en el patio del templo, sin aber hecho ni cometido cosa que lo mereciese, sino era abelles dado sus bienes y haciendas y de comer y beber todo lo que les era necesario, con tanta abundancia como queda referido.[43]

La mayoría de los historiadores o cronistas coinciden en que Cortés no decidió sobre esta masacre. Yo tengo mis dudas; pero, aun aceptando sin conceder, debe tenerse presente que, desde antes de salir de Cuba, Cortés mantenía a Pedro de Alvarado como su mano derecha, al grado que él venía como jefe de un navío, y fue a quien confió la custodia de Moctezuma y del ejército invasor, mientras él viajaba hacía Cempoala para enfrentar a Pánfilo Narváez. La otra infamia de la que tampoco excluyo a Cortés, dado que en este caso él estaba en el lugar de los hechos, es el cobarde asesinato de Moctezuma y de otros dirigentes indígenas. Durante mucho tiempo se sostuvo la versión de Cortés que, por cierto, en su carta se reduce a lo que ya transcribimos, pero repetiremos:

> Y yo le hice sacar, y en llegando a un pretil que salía fuera de la fortaleza, queriendo hablar a la gente que por allí combatía, le dieron una pedrada los suyos en la cabeza, tan grande, que de allí a tres días murió; y yo le hice sacar así muerto a los indios que estaban presos, y a cuestas lo llevaron a la gente, y no sé lo que de él hicieron, salvo que no por eso cesó la guerra, y muy más recia y muy cruda de cada día.[44]

La otra versión, contada de diferente manera, es la siguiente:

> Moctezuma, viendo la determinación de sus vasallos, se puso en una parte alta, y reprendiéndolos; los cuales le trataron mal de palabras llamándole de cobarde, y enemigo de su patria, y aun amenazándole con las armas, en donde dicen que uno de ellos le tiró una pedrada de lo cual murió; aunque dicen sus vasallos que los mismos españoles lo mataron, y por las partes bajas le metieron la espada.[45]

Pedro Salmerón cita al historiador náhuatl Domingo Francisco Chimalpahin Cauhtlehuanitzin (1579-1660), quien afirma que: «En [la fiesta de] Tecuilhuitontli los españoles mataron a Motecuczomatzin, lo estrangularon antes de huir de noche. Mataron asimismo a Cacamatzin, tlatohuani de Tezcoco, y al tlocochcát Itzcuahtzin, teuclato de Tlatelolco; a los tres los estrangularon los españoles».[46] La versión de la espada introducida por abajo es algo ruin, manejado por conservadores haciendo eco en el infundio de que Moctezuma era un emperador de «costumbres sodomitas» y que merecía ese trato, algo parecido a lo que sostenía Cortés sobre los mayas. El asesinato de Moctezuma nos hace recordar no solo la infamia posterior cometida contra Cuauhtémoc, sino otra llevada a cabo 13 años después por órdenes del conquistador del territorio inca, Francisco Pizarro, quien tomó prisionero al jefe supremo Atahualpa en Perú; supuestamente lo hizo su amigo, le sacó toda la información que necesitaba sobre las riquezas de los Andes y lo engañó con el trato de que si ordenaba llenar dos veces de oro y plata la habitación que tenía por cárcel, lo dejaría en libertad. Atahualpa cumplió con la condición, pues sus súbditos, para salvar su vida, reunieron en tres meses, procedentes de todos los pueblos, 84 toneladas de oro y 164 de plata; sin embargo, la noche del 26 de julio de 1533, una vez reunido el pago convenido, Pizarro acusó al inca de supuestos delitos como sublevación, poligamia y adoración de falsos ídolos, y ordenó que lo asesinaran.[47]

La matanza del Templo Mayor originó la rebelión popular en Tenochtitlan contra los conquistadores, pero, aun cuando ni Cortés ni los cronistas le dan importancia, también debió enardecer más a los mexicas el asesinato de Moctezuma. Es cierto que la ofensa a las creencias de los pueblos es mucho más provocadora que las hechas a los gobernantes y, sin duda, el agravio del Templo Mayor produjo más coraje y deseos de venganza contra los españoles; no obstante, el asesinato del tlatoani, con toda la tradición de poder y mando, y aceptando su notoria mansedumbre, debió haber reafirmado más la decisión de los principales guerreros mexicas de luchar hasta vencer o morir. El mismo Cortés lo da a entender al final del fragmento anterior citado, en el cual solo habla de refilón del asesinato de Moctezuma, pero alcanza a decir: «Que no por eso cesó la guerra», sino al contrario, se manifestó: «Más recia y muy cruda de cada día».[48]

En efecto, los españoles se salvaron de milagro, y pienso que les ayudó mucho el hecho de que la batalla de la Noche Triste, o de la victoria mexica, fue un acto espontáneo de desagravio, carente de la dirección necesaria y en un ambiente de desolación y traiciones de anteriores aliados o pueblos tributarios. Veamos cómo lo cuenta Cortés:

> Y este día llamaron por aquella parte por donde habían herido al dicho Mutezuma, diciendo que me allegase yo allí, que me querían hablar ciertos capitanes, y así lo hice, y pasamos entre ellos y mí muchas razones, rogándoles que no peleasen conmigo pues ninguna razón para ello tenían, y que mirasen las buenas obras que de mí habían recibido y cómo habían sido muy bien tratados de mí. La respuesta suya era que me fuese y que les dejase la tierra y que luego dejarían la guerra, y que de otra manera, que creyese que habían de morir todos o dar fin con nosotros. Lo cual, según pareció, hacían porque yo me saliese de la fortaleza para me tomar a su placer al salir de la ciudad entre los puentes.
>
> [...]
>
> Y así quedaron aquella noche con victoria y ganadas las dichas cuatro puentes; y yo dejé en las otras cuatro buen recaudo y fui a la fortaleza e hice hacer una puente de madera que llevaban 40 hombres; y viendo el gran peligro en que estábamos y el mucho daño que los indios cada día nos hacían, y temiendo que también deshiciesen aquella calzada como las otras, y deshecha era forzado morir todos, y porque de todos los de mi compañía fui requerido muchas veces que me saliese, y porque todos o los más estaban heridos y tan mal que no podían pelear, acordé de lo hacer aquella noche, y tomé todo el oro y joyas de vuestra majestad que se podían sacar y púselo en una sala y allí lo entregué con ciertos líos a los oficiales de vuestra alteza, que yo en su real nombre tenía señalados, y a los alcaldes y regidores y a toda la gente que allí estaba, les rogué y requerí que me ayudasen a lo sacar y salvar, y di una yegua mía para ello, en la cual se cargó tanta parte cuanta yo podía llevar: y señalé ciertos españoles, así criados míos como de los otros, que viniesen con el dicho oro y yegua, y lo demás los dichos oficiales y alcaldes y regidores y yo lo dimos y repartimos por los españoles para que lo sacasen.
>
> Desamparada la fortaleza, con mucha riqueza así de vuestra alteza como de los españoles y mía, me salí lo más secreto que yo pude, sacando conmigo un hijo y dos hijas del dicho Mutezuma y a Cacamacín, señor de Aculuacán; y al otro su hermano que yo había puesto en su lugar y, a otros señores de provincias y ciudades que allí tenía presos. Y llegando a las puentes que los indios tenían quitadas, a la primera de ellas se echó la puente

que yo traía hecha, con poco trabajo, porque no hubo quien la resistiese, excepto ciertas velas que en ella estaban, las cuales apellidaban tan recio que antes de llegar a la segunda estaba infinita gente de los contrarios sobre nosotros, combatiéndonos por todas partes, así desde el agua como de la tierra; y yo pasé presto con cinco de caballo y 100 peones, con los cuales pasé a nado todas las puentes y las gané hasta la tierra firme. Y dejando aquella gente a la delantera, torné a la rezaga donde hallé que peleaban reciamente, y que era sin comparación el daño que los nuestros recibían, así los españoles, como los indios de Tascaltecal que con nosotros estaban, y así a todos los mataron, y muchas naturales de los españoles; y asimismo habían muerto muchos españoles y caballos y perdido todo el oro y joyas y ropa y otras muchas cosas que sacábamos, y toda la artillería.

Recogidos los que estaban vivos, echélos adelante, y yo con tres o cuatro de caballo y hasta 20 peones que osaron quedar conmigo, me fui en la rezaga peleando con los indios hasta llegar a una ciudad que se dice Tacuba, que está fuera de la calzada, de que Dios sabe cuanto trabajo y peligro recibí; porque todas las veces que volvía sobre los contrarios salía lleno de flechas y viras y apedreado, porque como era agua de la una parte y de otra, herían a su salvo sin temor. A los que salían a tierra, luego volvíamos sobre ellos y saltaban al agua, así que recibían muy poco daño si no eran algunos que con los muchos se tropezaban unos con otros y caían y aquellos morían. Y con este trabajo y fatiga llevé toda la gente hasta la dicha ciudad de Tacuba, sin me matar ni herir ningún español ni indio, sino fue uno de los de caballo que iba conmigo en la rezaga; y no menos peleaban así en la delantera como por los lados, aunque la mayor fuerza era en las espaldas por do venía la gente de la gran ciudad.

Y llegado a la dicha ciudad de Tacuba hallé toda la gente remolinada en una plaza, que no sabían dónde ir, a los cuales yo di prisa que se saliesen al campo antes que se recreciese más gente en la dicha ciudad y tomasen las azoteas, porque nos harían de ellas mucho daño y los que llevaban la delantera dijeron que no sabían por dónde habían de salir, y yo los hice quedar en la rezaga y tomé la delantera hasta los sacar fuera de la dicha ciudad, y esperé en unas labranzas; y cuando llegó la rezaga supe que habían recibido algún daño, y que habían muerto algunos españoles e indios, y que se quedaba por el camino mucho oro perdido, lo cual los indios cogían; y allí estuve hasta que pasó toda la gente peleando con los indios, en tal manera, que los detuve para que los peones tomasen un cerro donde estaba una torre y aposento fuerte, el cual tomaron sin recibir algún daño porque no me partí de allí ni dejé pasar los contrarios hasta haber tomado ellos el cerro, en que Dios sabe el trabajo y fatiga que allí se recibió, porque ya no había caballo, de 24 que nos habían quedado, que pudiese correr, ni caballero que pudiese alzar el brazo, ni peón sano que pudiese menearse. Llegados al dicho aposento nos fortalecimos en él, y allí nos cercaron y estuvimos cercados hasta noche, sin nos dejar descansar una hora. En este desbarato se halló por copia, que murieron 150 españoles y 45 yeguas y caballos, y más de 2000 indios que servían a los españoles, entre los cuales mataron al hijo e hijas de Mutezuma, y a todos los otros señores que traíamos presos.

Y aquella noche, a medianoche, creyendo no ser sentidos, salimos del dicho aposento muy calladamente, dejando en él hechos muchos fuegos, sin saber camino ninguno ni para dónde íbamos, más de que un indio de los de Tascaltecal nos guiaba diciendo que él nos sacaría a su tierra si el camino no nos impedían. Y muy cerca estaban guardas que nos sintieron y muy presto apellidaron muchas poblaciones que había a la redonda, de las cuales se recogió mucha gente y nos fueron siguiendo hasta el día, que ya que amanecía, cinco de caballo que iban delante por corredores, dieron en unos escuadrones de gente que estaban en el camino y mataron algunos de ellos, los cuales fueron desbaratados creyendo que iba más gente de caballo y de pie.

[...]

Y viendo que de cada día sobrevenía más gente y más recia, y nosotros íbamos enflaqueciendo, hice aquella noche que los heridos y dolientes, que llevábamos a las ancas de los caballos y a cuestas, hiciesen muletas y otras maneras de ayudas como se pudiesen sostener y andar, porque los caballos y españoles sanos estuviesen libres para pelear. Y pareció que el Espíritu Santo me alumbró con este aviso, según lo que a otro día siguiente sucedió; que habiendo partido en la mañana de este aposento y siendo apartados legua y media de él, yendo por mi camino, salieron al encuentro mucha cantidad de indios, y tanta, que por la delantera, lados ni rezaga, ninguna cosa de los campos que se podían ver, había de ellos vacía. Los cuales pelearon con nosotros tan fuertemente por todas partes, que casi no nos conocíamos unos a otros, tan revueltos y juntos andaban con nosotros, y cierto creíamos ser aquel el último de nuestros días, según el mucho poder de los indios y la poca resistencia que en nosotros hallaban, por ir, como íbamos, muy cansados y casi todos heridos y desmayados de hambre. Pero quiso Nuestro Señor mostrar su gran poder y misericordia con nosotros, que, con toda nuestra flaqueza, quebrantamos su gran orgullo y soberbia, en que murieron muchos de ellos y muchas personas muy principales y señaladas; porque eran tantos, que los unos a los otros se estorbaban que no podían pelear ni huir. Y con este trabajo fuimos mucha parte del día, hasta que quiso Dios que murió una persona tan principal de ellos, que con su muerte cesó toda aquella guerra.

Así fuimos algo más descansados, aunque todavía mordiéndonos, hasta una casa pequeña que estaba en el llano, adonde por aquella noche nos aposentamos; y en el campo y ya desde allí se parecían ciertas sierras de la provincia de Tascaltecal, de que no poca alegría allegó a nuestro corazón, porque ya conocíamos la tierra y sabíamos por dónde habíamos de ir, aunque no estábamos muy satisfechos de hallar los naturales de la dicha provincia seguros y por nuestros amigos, porque creíamos que viéndonos ir tan desbaratados quisieran ellos dar fin a nuestras vidas, por cobrar la libertad que antes tenían. El cual pensamiento y sospecha nos puso en tanta aflicción cuanta traíamos viniendo peleando con los de Culúa.

El día siguiente, siendo ya claro, comenzamos a andar por un camino muy llano que iba derecho a la dicha provincia de Tascaltecal, por el cual nos siguió muy poca gente de los contrarios, aunque había muy cerca de él muchas gentes y grandes poblaciones, puesto que de algunos cerrillos y en la rezaga, aunque lejos, todavía nos gritaban. Y así salimos este día, que fue domingo a 8 de julio, de toda la tierra de Culúa, y llegamos a tierra de la dicha provincia de Tascaltecal, a un pueblo de ella que se dice Gualipán de hasta 3000 o 4000 vecinos, donde de los naturales de él fuimos muy bien recibidos, y reparados en algo de la gran hambre y cansancio que traíamos, aunque muchas de las provisiones que nos daban eran por nuestros dineros, y aunque no querían otro sino de oro y éramos forzados dárselo por la mucha necesidad en que nos veíamos. En este pueblo estuve tres días, donde me vinieron a ver y hablar Magiscacin y Singutecal y todos los señores de la dicha provincia y algunos de la de Guasucingo, los cuales mostraron mucha pena por lo que nos había acaecido y trabajaron de me consolar diciéndome que muchas veces ellos me habían dicho que los de Culúa eran traidores, y que me guardase de ellos, y que no lo había querido creer; pero que pues yo había escapado vivo, que me alegrase, que ellos me ayudarían hasta morir para satisfacerme del daño que aquellos me habían hecho, porque, demás de les obligar a ello ser vasallos de vuestra alteza, se dolían de muchos hijos y hermanos que en mi compañía les habían muerto y de otras muchas injurias que los tiempos pasados de ellos habían recibido. Y que tuviese por cierto que me serían muy ciertos y verdaderos amigos hasta la muerte; y que pues yo venía herido, y todos los demás de mi compañía estaban muy trabajados, que nos fuésemos a la ciudad, que está cuatro leguas de este pueblo, y que allí descansaríamos y nos curarían y repararían de nuestros trabajos y cansancio. Yo se lo agradecí y acepté su ruego, y les di algunas pocas cosas de joyas que se habían escapado, de que fueron muy contentos. Y me fui con ellos a la dicha ciudad, donde asimismo hallamos buen recibimiento; y Magiscacin me trajo una cama de madera encasada, con alguna ropa de la que ellos tienen, en que durmiese, porque ninguna trajimos; y a todos hizo reparar de lo que él tuvo y pudo.

[…]

Y habiendo estado en esta provincia 20 días, aunque ni yo estaba muy sano de mis heridas, y los de mi compañía todavía bien flacos, salí de ella para otra que se dice Tepeaca, que era de la liga y consorcio de los de Culúa, nuestros enemigos; de donde estaba informado que habían muerto 10 o 12 españoles que venían de la Vera Cruz a la gran ciudad, porque por allí es el camino. La cual provincia de Tepeaca confina y parte términos con la de Tascaltecal y Churultecal, porque es muy gran provincia. Y en entrando por tierra de la dicha provincia, salió mucha gente de los naturales de ella a pelear con nosotros, y pelearon y nos defendieron la entrada cuanto a ellos fue posible, poniéndose en los pasos fuertes y peligrosos. Y por no dar cuenta de todas las particularidades que nos acaecieron en esta guerra, que sería prolijidad, no diré sino que, después de hechos los requerimientos para que viniesen a obedecer los mandamientos que de parte de vuestra majestad se les hacían acerca de la paz, no los quisieron cumplir, y les hicimos la guerra, y pelearon muchas veces con nosotros, y con la ayuda de Dios y de la real ventura de vuestra alteza siempre los desbaratamos, y matamos muchos, sin que en toda la dicha guerra me matasen ni hiriesen ni un español. Y aunque, como he dicho, esta dicha provincia es muy grande, en obra de 20 días hube pacíficas muchas villas y poblaciones a ella sujetas, y los señores y principales de ellas han venido a se ofrecer y dar por vasallos de vuestra majestad, y demás de esto, he echado de todas ellas muchos de los de Culúa que habían venido de esta dicha provincia a favorecer a los naturales de ella para nos hacer guerra, y aun estorbarles que por fuerza ni por grado no fuesen nuestros amigos. Por manera que hasta ahora he tenido en qué entender en esta guerra, y aun todavía no es acabada, porque me quedan algunas villas y poblaciones que pacificar, las cuales, con ayuda de Nuestro Señor, presto estarán, como estas otras, sujetas al real dominio de vuestra majestad.

En cierta parte de esta provincia, que es donde mataron aquellos 10 españoles, porque los naturales de allí siempre, estuvieron muy de guerra y muy rebeldes, y por fuerza de armas se tomaron, hice ciertos esclavos, de que se dio el quinto a los oficiales de vuestra majestad; porque, demás de haber muerto a los dichos españoles y rebeládose contra el servicio de vuestra alteza, comen todos carne humana, por cuya notoriedad no envío a vuestra majestad probanza de ello. Y también me movió a hacer los dichos esclavos por poner algún espanto a los de Culía, y porque también hay tanta gente, que si no se hiciese grande el castigo y cruel en ellos, nunca se enmendarían jamás. En esta guerra. nos anduvimos con ayuda de los naturales de la provincia de Tascaltecal y Churultecal y Guasucingo, donde han bien confirmado la amistad con nosotros, y tenemos mucho concepto que servirán siempre como leales vasallos de vuestra alteza.

[…]

Yo envío a la isla Española cuatro navíos para que luego vuelvan cargados de caballos y gente para nuestro socorro; y asimismo envío a comprar otros cuatro para que, desde la dicha isla Española y ciudad de Santo Domingo, traigan caballos y armas y ballestas y pólvora, porque esto es lo que en estas partes es más necesario; porque peones y rodeleros aprovechan muy poco solos, por ser tanta cantidad de gente y tener tan fuertes y grandes ciudades y fortalezas, y escribo al licenciado Rodrigo de Figueroa, y a los oficiales de vuestra alteza que residen en la dicha isla, que den para ello todo el favor y ayuda que ser pudiere, porque así conviene mucho al servicio de vuestra alteza y a la seguridad de nuestras personas; porque viniendo esta ayuda y socorro, pienso volver sobre aquella gran ciudad y su tierra, y creo, como ya a vuestra majestad he dicho, que en muy breve tornará al estado en que antes yo la tenía, y se restaurarán las pérdidas pasadas. En tanto, yo quedo haciendo 12 bergantines para entrar por la laguna, y estáse labrando ya la tablazón y piezas de ellos, porque así se han de llevar por tierra, porque en llegando, luego se liguen y acaben en breve tiempo; y asimismo se hace clavazón para ellos, y está aparejada pez y estopa, y velas y remos, y las otras cosas para ello necesarias. Y certifico a vuestra majestad que hasta conseguir este fin no pienso tener descanso ni cesar para ello todas las formas y maneras a mí posibles, posponiendo para ello todo el trabajo y peligro y costa que se me puede ofrecer.

En un capítulo antes de estos he dicho cómo había sabido que por muerte de Mutezuma habían alzado por señor a su hermano, que se dice Cuetravacin, el cual aparejaba muchos géneros de armas y se fortalecía en la gran ciudad y en otras ciudades cerca de la laguna. Y ahora de poco acá he asimismo sabido que el dicho Cuetravacin ha enviado sus

> mensajeros por todas las tierras y provincias y ciudades sujetas a aquel señorío, a decir y certificar a sus vasallos que él les hace gracia por un año de todos los tributos y servicios que son obligados a le hacer, y que no le den ni le paguen cosa alguna, con tanto que por todas las maneras que pudiesen hiciesen muy cruel guerra a todos los cristianos hasta los matar o echar de toda la tierra; y que asimismo la hiciesen a todos los naturales que fuesen nuestros amigos y aliados; y aunque tengo esperanza en Nuestro Señor que en ninguna cosa saldrán con su intención y propósito, hállome en muy extrema necesidad para socorrer y ayudar a los indios nuestros amigos, porque cada día vienen de muchas ciudades y villas y poblaciones a pedir socorro contra los indios de Culúa, sus enemigos y nuestros, que les hacen cuanta guerra pueden, a causa de tener nuestra amistad y alianza, y yo no puedo socorrer a todas partes, como querría. Pero, como digo, placerá a Nuestro Señor, suplir a nuestras pocas fuerzas, y enviará presto el socorro, así el suyo como el que yo envío a pedir a la Española.[49]

Los últimos párrafos de esta carta reafirman lo que hemos venido sosteniendo sobre cómo, a pesar de la expulsión de Tenochtitlan de los invasores, era tan débil el Gobierno mexica que, mientras Cortés continuara existiendo y se mantuviese con sus pocos soldados en cualquier lugar de Mesoamérica, era prácticamente inevitable el derrumbe del otrora afamado Imperio azteca. La inconformidad que generó este omnímodo poder a lo largo de casi un siglo de dominación y de cobros forzados de tributos por la fuerza, había llevado a los súbditos a la obediencia por temor, pero también a la indiferencia. Se rebelaron contra los españoles y los expulsaron de Tenochtitlan porque la matanza del Templo Mayor fue una barbaridad y también, como dijimos, por la vileza del asesinato de Moctezuma; pero en el fondo, las relaciones de lealtad entre los pueblos indígenas y los gobernantes estaban rotas. Por eso no le costó mucho trabajo a Cortés volver a reunir a tanta gente en poco tiempo. En la carta analizada informa al rey que toma Tepeaca y, desde allí, reestablece y amplía la alianza con los de Tlaxcala, Huejotzingo, Huaquechula e Izúcar y, aunque exagera, escribe que en este último lugar llegó a reunir a 120 000 personas afines a su lucha y que cada día se sumaban más pueblos a la alianza contra la élite del poder mexica; hasta que, como veremos, los defensores de la gran Tenochtitlan terminaron siendo una minoría. En este texto Cortés vuelve a revelarse como un hombre siniestro, sin escrúpulos, sentimientos, ideales o principios, y movido fundamentalmente por la ambición de dinero y de poder. En la carta se advierte cómo desconfía hasta de sus fieles aliados tlaxcaltecas, sin tener el más mínimo respeto a la dignidad de nadie. Asimismo, se ufana de esclavizar para espantar a los indígenas porque: «Si no se hiciese grande castigo y cruel en ellos, nunca se enmendarían jamás».[50] Como es notorio, y lo veremos con mayor claridad más adelante, su verdadero credo no era la estrategia política o el convencimiento, sino el sometimiento del indígena por el terror y la fuerza. Encarnaba la consigna bélica de la época en España: «Viva quien vence». Además, en las páginas finales de la carta vuelve a mentir y a mostrar su desprecio hacia los indígenas al decirle a Carlos V desde Tepeaca: «Comen todos carne humana, por cuya notoriedad no envío a vuestra majestad probanza de ello».[51] Su confesor e historiador predilecto, Francisco López de Gómara, es aún más vulgar al tratar este asunto, pues afirma que Cortés había tomado represalias contra los del valle de Tepeaca «por putos, por idólatras, y porque eran muchos, y porque, si así no los trataba, luego se rebelaban».[52] Pero el canalla de Cortés tenía el mérito del arrojo, porque nunca pensó en renunciar a su empresa a pesar de la tremenda derrota y de la huida de Tenochtitlan; al poco tiempo ya estaba pensando en «volver contra los enemigos» para recuperar lo perdido, la «yegua cargada de oro»; es decir, no se resignaba a perder el tesoro de joyas y piedras preciosas, y eso lo llevaba a exclamar: «Siempre a los osados ayuda la fortuna». Como buen ambicioso movido por la codicia, de inmediato mandó barcos a Santo Domingo por gente, armas y caballos, ordenó la construcción de 12 bergantines para entrar por la laguna a Tenochtitlan y reunió a miles de aliados indígenas para el cerco y la toma de la ciudad. También le ayudó la suerte: aunque para los indígenas significó una desgracia, entró a Tenochtitlan la mortífera viruela acompañada por los conquistadores. Pedro Salmerón, en su libro ya citado, ofrece el dato siguiente de un soldado español:

> Vino una pestilencia de sarampión, y vínoles tan recia y tan cruel, que creo murió más de la cuarta parte de la gente de indios que había en toda la tierra, lo cual mucho nos ayudó para hacer la guerra y fue causa que mucho más prestó para que se acabase, porque como he dicho, en esta pestilencia murió gran cantidad de hombres y gente de guerra y muchos señores y capitanes y valientes hombres, con los cuales habíamos de pelear y tenerlos por enemigos; y milagrosamente Nuestro Señor los mató y nos los quitó delante.
>
> El soldado confundió sarampión con viruela, que fue la epidemia que causó, en ese entonces, muchas muertes, entre otras la de Cuitláhuac, quien había tomado el mando luego del asesinato de Moctezuma y fue después sustituido por Cuauhtémoc. En las otras dos referencias a la viruela, el soldado español Francisco Aguilar señala que en el cerco a Tenochtitlan «había… hambre y también viruela, todo lo cual —dice— fue causa de que [los mexicas] aflojasen en la guerra y no peleasen tanto». Y el mismo cronista da gracias a Dios porque «estando los cristianos harto fatigados de la guerra[a los mexicas les envió viruela] y entre los indios vino una grande pestilencia».[53]

Termino con el comentario sobre esta carta reiterando que, en efecto, como decía Maquiavelo, la política es virtud y fortuna. Cortés tuvo suerte: por ejemplo, como ya lo expresamos, una de las debilidades de los mexicas en la guerra contra los invasores fue la falta de dirección o mando; primero, por la incapacidad de Moctezuma para enfrentar al marrullero de Cortés; luego, por el vacío que dejó su asesinato; y, finalmente, cuando se nombró a Cuitláhuac, que era listo y de más aplomo, como lo demuestra al decidir abolir el sistema tributario para que propios y opositores indígenas se unieran en la lucha contra los invasores españoles, lo mató la viruela en el momento más inoportuno. Desde luego, pronto fue sustituido por Cuauhtémoc, a quien López Velarde le declamaba: «Joven abuelo: escúchame loarte, único héroe a la altura del arte».[54] Pero ya era tarde, y la política también es tiempo.

•••

La tercera carta de relación de Cortés fue escrita en Coyoacán el 15 de mayo de 1522. Es bastante larga, pero muy interesante, de modo que entresacaremos los asuntos de mayor relevancia para los fines de esta exposición. La propuesta es dividirla en tres partes para hacer las reflexiones indispensables: primero iniciaremos con la crónica de los hechos contados por Cortés acerca de los preparativos para la toma de la ciudad; continuaremos con el inicio del cerco, la larga batalla y la rendición de Cuauhtémoc; y tercero, el comienzo del dominio invasor. Leamos cómo Cortés le cuenta al rey de España el viaje hacia Texcoco y las acciones que lleva a cabo antes de tomar Tenochtitlan:

> Muy poderoso Señor, mediado el mes de diciembre del dicho año [1520], me partí de la Villa de Segura la Frontera, que es en la provincia de Tepeaca, y dejé en ella un capitán con 60 hombres, porque los naturales de allí me lo rogaron mucho, y envié toda la gente de pie a la ciudad de Tascaltecal, adonde se hacían los bergantines, que está de Tepeaca nueve o 10 leguas, y yo con 20 de caballo me fui aquel día a dormir a la ciudad de Cholula, porque los naturales de allí deseaban mi venida; porque a causa de la enfermedad de las viruelas, que también comprendió a los de estas tierras como a los de las islas, eran muertos muchos señores de allí, y querían que por mi mano y con su parecer y el mío se pusiesen otros en su lugar. Y llegados allí, fuimos de ellos muy bien recibidos; y después de haber dado conclusión a su voluntad en este negocio que he dicho, y haberles dado a entender cómo mi camino era para ir a entrar de guerra por las provincias de México y Temixtitan, les rogué que, pues eran vasallos de vuestra majestad, y ellos, como tales, habían de conservar su amistad con nosotros, y nosotros con ellos, hasta la muerte, que les rogaba que para el tiempo que yo hubiese de hacer la guerra me ayudasen con gente, y que a los españoles que yo enviase a su tierra y fuesen y viniesen por ella les hiciesen el tratamiento que como amigos eran obligados.
>
> Y después de habérmelo prometido así, y haber estado dos o tres días en su ciudad, me partí para la de Tascaltecal, que está a seis leguas; y llegado a ella, hallé juntos a todos los españoles y los de la ciudad, y hubieron mucho placer con mi venida. Y otro día, todos los señores de esta ciudad y provincia me vinieron a hablar y me decir cómo Magiscacin, que era el principal señor de todos ellos, había fallecido de aquella enfermedad de las viruelas, y bien sabían que por ser tan mi amigo me pesaría mucho; pero que allí quedaba un hijo suyo de hasta 12 o 13 años, y que a aquel pertenecía el señorío del padre, que me rogaban que a él, como a heredero, se lo diese, y yo en nombre de vuestra majestad lo hice así, y todos ellos quedaron muy contentos.
>
> Cuando a esta ciudad llegué, hallé que los maestros y carpinteros de los bergantines se daban mucha prisa en hacer la ligazón y tablazón para ellos, y que tenían hecha razonable obra; y luego proveí de enviar a la Villa de la Vera Cruz por todo el fierro y clavazón que hubiese, y velas y jarcia, y otras cosas necesarias para ellos; y proveí, porque no había pez, la hiciesen ciertos españoles en una sierra cerca de allí; por manera que todo el recaudo

que fuese necesario para los dichos bergantines estuviese aparejado, para que después que, placiendo a Dios, yo estuviese en las provincias de México y de Temixtitan, pudiese enviar por ellos desde allá, que serían 10 o 12 leguas hasta la dicha ciudad de Tascaltecal; y en 15 días que en ella estuve no entendí en otra cosa salvo en dar prisa a los maestros y en aderezar armas para dar orden en nuestro camino.

[...]

Y otro día, que fueron 28 de diciembre, día de los Inocentes, me partí con toda la gente puesta en orden, y fuimos a dormir a seis leguas de Tascaltecal, en una población que se dice Texmoluca, que es de la provincia de Guajocingo, los naturales de la cual han siempre tenido y tienen con nosotros la misma amistad y alianza que los naturales de Tascaltecal; y allí reposamos aquella noche.

[...]

Y con esta determinación íbamos todos tan alegres como si fuéramos a cosa de mucho placer. Y como ya los enemigos nos sintieron, comenzaron de improviso a hacer muchas y grandes ahumadas por toda la tierra; y yo torné a rogar y encomendar mucho a los españoles que hiciesen como siempre habían hecho y como se esperaba de sus personas, y que nadie no se desmandase, y que fuese con mucho concierto y orden por su camino. Ya los indios comenzaban a darnos grita de unas estancias y poblaciones pequeñas, apellidando a toda la tierra, para que se juntase gente y nos ofendiesen en unas puentes y malos pasos que por allí había. Pero nosotros nos dimos tanta prisa, que sin que tuviesen lugar de se juntar, ya estábamos abajo en todo lo llano. Yendo así, pusiéronse adelante en el camino ciertos escuadrones de indios, y yo mandé a 15 de caballo que rompiesen por ellos, y así fueron alanceando en ellos y mataron algunos, sin recibir ningún daño. Y comenzamos a seguir nuestro camino por la ciudad de Tesuico, que es una de las mayores y más hermosas que hay en todas estas partes. Y como la gente de pie venía algo cansada y se hacía tarde, dormimos en una población que se dice Coatepeque, que es sujeta a esta ciudad de Tesuico y está de ella tres leguas, y hallámosla despoblada. Aquella noche tuvimos pensamiento que, como esta ciudad y su provincia, que se dice Aculuacan, es muy grande y de tanta gente, que se puede bien creer que había en ella a la sazón más de 150 000 hombres, que quisieran dar sobre nosotros; y yo con 10 de caballo comencé la vela y ronda de la prima, e hice que toda la gente estuviese muy apercibida.

[...]

Después de haber estado en esta ciudad de Tesuico siete u ocho días sin guerra ni reencuentro alguno, fortaleciendo nuestro aposento y dando orden en otras cosas necesarias para nuestra defensión y ofensa de los enemigos, y viendo que ellos no venían contra mí, salí de la dicha ciudad con 200 españoles, en los cuales había 10 y ocho de caballo, y 30 ballesteros y 10 escopeteros, y con 3 000 o 4 000 indios nuestros amigos, y fui por la costa de la laguna hasta una ciudad que se dice Iztapalapa, que está por el agua dos leguas de la gran ciudad de Temixtitan y seis de esta de Tesuico, la cual dicha ciudad será de hasta 10 000 vecinos, y la mitad de ella, y aun las dos tercias partes, puestas en el agua; y el señor de ella, que era hermano de Mutezuma, a quien los indios después de su muerte habían alzado por señor, había sido el principal que nos había hecho la guerra y echado fuera de la. ciudad. Y así por esto como porque había sabido que estaban de muy mal propósito los de esta ciudad de Iztapalapa, determiné de ir a ellos. Y como fui sentido de la gente de ella bien dos leguas antes que llegase, luego parecieron en el campo algunos indios de guerra, y otros por la laguna en sus canoas; y así, fuimos todas aquellas dos leguas revueltos peleando, así con los de la tierra como con los que salían del agua, hasta que llegamos a la dicha ciudad. Y antes, casi dos tercios de legua, abrían una calzada, como presa, que está entre la laguna dulce y la salada, según que por la figura de la ciudad de Temixtitan, que yo envié a vuestra majestad, se podrá haber visto. Y abierta la dicha calzada o presa, comenzó con mucho ímpetu a salir agua de la laguna salada y correr hacia la dulce, aunque están las lagunas desviadas la una de la otra más de media legua, y no mirando en aquel engaño, con la codicia de la victoria que llevábamos, pasamos muy bien, y seguimos nuestro alcance hasta entrar dentro, revueltos con los enemigos, en la dicha ciudad.

Como estaban ya sobre el aviso, todas las casas de la tierra firme estaban despobladas, y toda la gente y despojo de ellas metidos en las casas de la laguna, y allí se recogieron los que iban huyendo, y pelearon con nosotros muy reciamente; pero quiso Nuestro Señor dar tanto esfuerzo a los suyos, que les entramos hasta los meter por el agua, a las veces a los pechos, y otras nadando, y les tomamos muchas casas de las que estaban en el agua, y murieron de ellos más de 6 000 ánimas, entre hombres, mujeres y niños, porque los indios nuestros amigos, vista la victoria que Dios nos daba, no entendían en otra cosa sino en matar a diestro y a siniestro. Y porque sobrevino la noche, recogí la gente y puse fuego a algunas de aquellas casas; y estándolas quemando, pareció que Nuestro Señor me inspiró y trajo a la memoria la calzada o presa que había visto rota en el camino, y representóseme el gran daño que era; y a más andar, con mi gente junta, me torné a salir de la ciudad, ya noche bien obscura. Cuando llegué a aquella agua, que serían casi las nueve de la noche, había tanta y corría con tanto ímpetu, que la pasamos a volapié, y se ahogaron algunos indios de nuestros amigos, y se perdió todo el despojo que en la ciudad se había tomado; y certifico a vuestra majestad que si aquella noche no pasáramos el agua o aguardáramos tres horas más, que ninguno de nosotros escapara, porque quedábamos cercados de agua, sin tener paso por parte ninguna. Y cuando amaneció, vimos cómo el agua de la una laguna estaba en el paso de la otra, y no corría más, y toda la laguna salada estaba llena de canoas con gente de guerra, creyendo de nos tomar allí. Aquel día me volví a Tesuico, peleando algunos ratos con los que salían de la mar, aunque poco daño les podíamos hacer, porque se acogían luego a las canoas; y llegando a la ciudad de Tesuico, hallé la gente que había dejado muy segura y sin haber habido reencuentro alguno, y hubieron mucho placer con nuestra venida y victoria. Y otro día que llegamos falleció un español que vino herido, y aun fue el primero que en campo de los indios me han muerto hasta ahora.

Otro día siguiente vinieron a esta ciudad ciertos mensajeros de la ciudad de Otumba y otras cuatro ciudades que están junto a ella, las cuales están a cuatro y a cinco y a seis leguas de Tesuico, y dijéronme que me rogaban les perdonase la culpa, si alguna tenían, por la guerra pasada que me se había hecho; porque allí en Otumba fue donde se juntó todo el poder de México y Temixtitan cuando salíamos desbaratados de ella, creyendo que nos acabaran. Bien veían estos de Otumba que no se podían relevar de culpa, aunque se excusaban con decir que habían sido mandados; y para me inclinar más a benevolencia, dijéronme que los señores de Temixtitan les habían enviado mensajeros a les decir que fuesen de su parcialidad y que no hiciesen ninguna amistad con nosotros, si no, que vendrían sobre ellos y los destruirían, y que ellos querían ser antes vasallos de vuestra majestad y hacer lo que yo les mandase. [...] y de ahí adelante siempre han sido y son leales y obedientes al servicio de vuestra majestad.

[...]

Después que toda esta gente de guerra de Tascaltecal hubo reposado en Tesuico tres o cuatro días, que cierto era para la manera de acá muy lucida gente, hice apercibir 25 de caballo, y 300 peones, y 50 ballesteros y escopeteros, y seis tiros pequeños de campo, y sin decir a persona alguna dónde íbamos, salí de esta ciudad a las nueve del día. Y conmigo salieron los capitanes ya dichos, con más de 30 000 hombres, por sus escuadrones muy bien ordenados, según la manera de ellos. Y a cuatro leguas de esta ciudad, ya que era tarde, encontramos un escuadrón de gente de guerra de los enemigos, y los de caballo rompimos por ellos y desbaratámoslos. Y los de Tascaltecal, como son muy ligeros, siguieron nos, y matamos muchos de los contrarios, y aquella noche dormimos en el campo muy sobre aviso. Y otro día de mañana seguimos nuestro camino, y yo no había dicho aún adónde era mi intención de ir; lo cual hacía porque me recelaba de algunos de los de Tesuico que iban con nosotros, que no diesen aviso de lo que yo quería hacer a los de México y Temixtitan, porque aún no tenía ninguna seguridad de ellos.

Y llegamos a una población que se dice Xaltoca, que está asentada en medio de la laguna, y alrededor de ella hallamos muchas y grandes acequias llenas de agua y hacían la dicha población muy fuerte, porque los de caballo no podían entrar a ella, y los contrarios daban muchas gritas, tirándonos muchas varas y flechas; y los peones, aunque con trabajo, entráronlos dentro, y echáronlos fuera, y quemaron mucha parte del pueblo. Y aquella noche nos fuimos a dormir una legua de allí; y en amaneciendo tomamos nuestro camino, y en él hallamos los enemigos, y de lejos comenzaron a gritar, como lo suelen hacer en la guerra, que cierto es cosa espantosa oírlos, y nosotros comenzamos a seguirlos; y siguiéndolos, llegamos a una grande y hermosa ciudad que se dice Goatitan, y hallámosla despoblada, y aquella noche nos aposentamos en ella.

Otro día siguiente pasamos adelante, y llegamos a otra ciudad que se dice Tenainca, en la cual no hallamos resistencia alguna, y sin nos detener pasamos a otra que se dice Acapuzalco, que todas están alrededor de la laguna, y tampoco nos detuvimos en ella, porque deseaba mucho llegar a otra ciudad que estaba allí cerca, que se dice Tacuba, que está muy cerca de Temixtitan: Y ya que estábamos junto a ella, hallamos también alrededor muchas acequias de agua y los enemigos muy a punto; y como los vimos, nosotros y nuestros amigos arremetimos a ellos, y entrámosles la ciudad, y matando en ellos, los echamos fuera de ella; y como era ya tarde, aquella noche no hicimos más de nos aposentar en una casa, que era tan grande, que cupimos todos bien a placer en ella; y en amaneciendo, los indios nuestros amigos comenzaron a saquear y quemar toda la ciudad, salvo el aposento donde estábamos, y pusieron tanta diligencia, que aun de él se quemó un cuarto; y esto se hizo porque cuando salimos la otra vez desbaratados de Temixtitan, pasando por esta ciudad, los naturales de ella, juntamente con los de Temixtitan, nos hicieron muy cruel guerra y nos mataron muchos españoles.

En seis días que estuvimos en esta ciudad de Tacuba ninguno hubo en que no tuviésemos muchos reencuentros y escaramuzas con los enemigos. Y los capitanes de la gente de Tascaltecal y los suyos hacían muchos desafíos con los de Temixtitan, y peleaban los unos con los otros muy hermosamente, y pasaban entre ellos muchas razones, amenazándose los unos con los otros, y diciéndose muchas injurias, que sin duda era cosa para ver, y en todo este tiempo siempre morían muchos de los enemigos, sin peligrar ninguno de los nuestros, porque muchas veces les entrábamos por las calzadas y puentes de la ciudad, aunque como tenían tantas defensas, nos resistían fuertemente. Y muchas veces fingían que nos daban lugar para que entrásemos dentro, diciéndonos: «Entrad, entrad a holgaros»; y otras veces nos decían: «¿Pensáis que hay ahora otro Mutezuma, para que haga todo lo que vosotros quisiéredes?». Y estando en estas pláticas yo me llegué una vez cerca de una puente que tenían quitada, y estando ellos de la otra parte, hice señal a los nuestros que estuviesen quedos; y ellos también, como vieron que yo les quería hablar, hicieron callar a su gente, y díjeles que por qué eran locos y querían ser destruidos. Y si había allí entre ellos algún señor principal de los de la ciudad, que se llegase allí, porque le quería hablar.

Y ellos me respondieron que toda aquella multitud de gente de guerra que por allí veía, que todos eran señores; por tanto, que dijese lo que quería. Y como yo no respondí cosa alguna, comenzáronme a deshonrar; y no sé quién de los nuestros díjoles que se morían de hambre y que no les habíamos de dejar salir de allí a buscar de comer. Y respondieron que ellos no tenían necesidad, y cuando la tuviesen, que de nosotros y de los de Tascaltecal comerían. Y uno de ellos tomó unas tortas de pan de maíz y arrojólas hacia nosotros diciendo: «Tomad y comed, si tenéis hambre, que nosotros ninguna tenemos». Y comenzaron luego a gritar y pelear con nosotros.

Y como mi venida a esta ciudad de Tacuba había sido principalmente para hacer plática con los de Temixtitan y saber qué voluntad tenían, y mi estada allí no aprovechaba ninguna cosa, a cabo de los seis días acordé de me volver a Tesuico para dar prisa en ligar y acabar los bergantines, para por la tierra y por la agua ponerles cerco; y el día que partimos, venimos a dormir a la ciudad de Goatitan, de que arriba se ha hecho mención, y los enemigos no hacían sino seguirnos; y los de caballo, de cuando en cuando revolvíamos sobre ellos, y así, nos quedaban algunos entre las manos. Y otro día comenzamos a caminar; y como los contrarios veían que nos veníamos, creían que de temor lo hacíamos, y juntóse gran número de ellos, y comenzaron nos de seguir.

Y como yo vi esto, mandé a la gente de pie que se fuesen adelante y que no se detuviesen, y que en la rezaga de ellos fuesen cinco de caballo, y yo me quedé con 20, y mandé a seis de caballo que se pusiesen en una cierta parte en celada, y otros seis en otra, y otros cinco en otra, y yo con otros tres en otra; y que como los enemigos pasasen, pensando que todos íbamos juntos adelante, en oyéndome el apellido del Señor Santiago saliesen y les diesen por las espaldas. Y como fue tiempo salimos, y comenzamos a lancear en ellos, y duró el alcance cerca de dos leguas, todas llanas como la palma, que fue muy hermosa cosa; y así murieron muchos de ellos a nuestras manos y de los indios nuestros amigos, y se quedaron, y nunca más nos siguieron, y nosotros nos volvimos y alcanzamos a la gente. Aquella noche dormimos en una gentil población, que se dice Aculman, que está dos leguas de la ciudad de Tesuico para donde otro día nos partimos, y a mediodía entramos en ella y fuimos muy bien recibidos del alguacil mayor, que yo había dejado por capitán, y de toda la gente, y holgaron mucho con nuestra venida, porque desde el día que de allí habíamos partido, nunca habían sabido de nosotros y de lo que nos había sucedido, y estaban con muy grandísimo deseo de lo saber. Y otro día que hubimos llegado, los señores y capitanes de la gente de Tascaltecal me pidieron licencia, y se partieron para su tierra muy contentos y con algún despojo de los enemigos.

Dos días después de entrados a esta ciudad de Tesuico, llegaron a mí ciertos indios mensajeros de los señores de Calco, y dijéronme cómo les habían mandado que me hiciesen saber de su parte que los de México y Temixtitan iban sobre ellos a los destruir, y que me rogaban les enviase socorro, como otras veces me lo habían pedido. Y yo proveí luego de enviar con Gonzalo de Sandoval 20 de caballo y 300 peones; al cual encargué mucho que se diese prisa, y llegado, trabajase de dar todo el favor y ayuda que fuese posible a aquellos vasallos de vuestra majestad y nuestros amigos; y llegado a Calco, halló mucha gente junta, así de aquella provincia como de las de Guajocinco y Guacachula, que estaban esperando; y dado orden en lo que se había de hacer, partiéronse y tomaron su camino para una población que se dice Guastepeque, donde estaba la gente de Culúa en guarnición, y de donde hacían daño a los de Calco. Y a un pueblo que estaba en el camino salió mucha gente de los contrarios; y como nuestros amigos eran muchos y tenían en ventaja a los españoles y a los de caballo, todos juntos rompieron por ellos, y desampararon el campo; y matando en ellos, siguieron a los enemigos, y en aquel pueblo que está antes de Guastepeque reposaron aquella noche, y otro día se partieron; y ya que llegaban junto a la dicha población de Guastepeque, los de Culúa comenzaron de pelear con los españoles; pero en poco rato los desbarataron, y matando en ellos los echaron fuera del pueblo, y los de caballo se apearon para dar de comer a sus caballos y aposentarse. Y estando así descuidados de lo que sucedió, llegan los enemigos hasta la plaza del aposento, apellidando y gritando muy fieramente, echando muchas piedras y varas y flechas, y los españoles dieron alarma; y ellos y nuestros amigos, dándose mucha prisa, salieron a ellos y echáronlos fuera otra vez, y siguieron el alcance más de una legua, y mataron muchos de los contrarios, y volviéronse aquella noche bien cansados a Guastepeque, adonde estuvieron reposando dos días.

En este tiempo el alguacil mayor supo cómo en un pueblo más adelante, que se dice Acapichtla, había mucha gente de guerra de los enemigos, y determinó de ir allá a ver si se darían de paz y a les requerir con ella, y este pueblo era muy fuerte y puesto en una altura, y donde no pudiesen ser ofendidos de los de caballo; y como llegaron los españoles, los del pueblo, sin esperar a cosa alguna, comenzaron a pelear con ellos, y desde lo alto echar muchas piedras; y aunque iba mucha gente de nuestros amigos con el dicho alguacil mayor, viendo la fortaleza de la villa, no osaban acometer ni llegar a los contrarios. Como esto vio el dicho alguacil mayor y los españoles, determinaron de morir o subirles por fuerza a lo alto del pueblo, y con el apellido de Señor Santiago comenzaron a subir; y plugo a Nuestro Señor darles tanto esfuerzo, que aunque era mucha la ofensa y resistencia que se les hacía, les entraron, aunque hubo muchos heridos. Y como los indios nuestros amigos los siguieron y los enemigos se vieron de vencida, fue tanta la matanza de ellos a manos de los nuestros, y de ellos despeñados de lo alto, que todos los que allí se hallaron afirman que un río que cercaba casi aquel pueblo por más de una hora fue teñido en sangre, y les estorbó de beber por entonces, porque como hacía mucha calor tenían necesidad de ello. Y dado conclusión a esto, dejando al fin estas dos poblaciones de paz, aunque bien castigadas, por haberla al principio negado, el dicho alguacil mayor se volvió con toda la gente a Tesuico; y crea vuestra católica majestad que esta fue una bien señalada victoria, y donde los españoles mostraron bien singularmente su esfuerzo.

[…]

Y a las 10:00 del día llegamos a Guastepeque, de que arriba he hecho mención, y en la casa de una huerta del señor de allí nos aposentamos todos, la cual huerta es la mayor y más hermosa y fresca que nunca se vio, porque tiene dos leguas de circuito, y por medio de ella va una muy gentil ribera de agua, y de trecho a trecho, cantidad de dos tiros de ballesta; hay aposentamientos y jardines muy frescos, e infinitos árboles de diversas frutas, y muchas hierbas y flores olorosas, que cierto es cosa de admiración ver la gentileza y grandeza de toda esta huerta. Y aquel día reposamos en ella, donde los naturales nos hicieron el placer y servicio que pudieron. Y otro día nos partimos, y a las ocho horas del día llegamos a una buena población que se dice Yautepeque, en la cual estaban esperándonos mucha gente de guerra de los enemigos. Y como llegamos pareció que quisieron hacernos alguna señal de paz, o por el temor que tuvieron o por nos engañar. Pero luego en continente, sin más acuerdo, comenzaron a huir, desamparando su pueblo, y yo no curé de detenerme en él, y con los 30 de caballo dimos tras ellos bien dos leguas, hasta los encerrar en otro pueblo que se dice Gilutepeque, donde alanceamos y matamos muchos. Y en este pueblo hallamos la gente muy descuidada, porque llegamos primero que sus espías, y murieron algunos, y tomáronse muchas mujeres y muchachos, y todos los demás huyeron; y yo estuve dos días en este pueblo, creyendo que el señor de él se viniera a dar por vasallo de vuestra majestad, y como nunca vino, cuando partí hice poner fuego al pueblo; y antes que de él saliese, vinieron ciertas personas del pueblo antes, que se dice Yautepeque, y rogáronme que los perdonase, y que ellos se querían dar por vasallos de vuestra majestad. Yo los recibí de buena voluntad, porque en ellos se había hecho ya buen castigo.

Aquel día que me partí, a las nueve del día llegué a vista de un pueblo muy fuerte, que se llama Coadnabaced, y dentro de él había mucha gente de guerra [...] Y ya nuestra gente de pie estaba dentro en el pueblo y le comenzaban a quemar, y los enemigos todos a le desamparar; y así, huyendo se acogieron a la sierra, aunque murieron muchos de ellos, y los de caballo siguieron y mataron muchos. Y después que hallamos por dónde entrar al pueblo, que sería mediodía, aposentámonos en las casas de una huerta, porque lo hallamos ya casi todo quemado. Y ya bien tarde el señor y algunos otros principales, viendo que en cosa tan fuerte como su pueblo no se habían podido defender, temiendo que allá en la sierra los habíamos de ir a matar, acordaron de se venir a ofrecer por vasallos de vuestra majestad, y yo los recibí por tales, y prometiéronme de ahí adelante ser siempre nuestros amigos. Estos indios y los otros que venían a se dar por vasallos de vuestra majestad, después de los haber quemado y destruido sus casas y haciendas, nos dijeron que la causa porque venían tarde a nuestra amistad era porque pensaban que satisfacían sus culpas en consentir primero hacerles daño, creyendo que hecho no teníamos después tanto enojo de ellos.

[...]

Y en amaneciendo tomamos nuestro camino y llegamos a vista de una gentil ciudad que se dice Suchimilco, que está edificada en la laguna dulce, y como los naturales de ella estaban avisados de nuestra venida, tenían hechas muchas albarradas y acequias y alzadas las puentes de todas las entradas de la ciudad, la cual está de Temixtitan tres o cuatro leguas, y estaba dentro mucha y muy lucida gente y muy determinados de se defender o morir. Llegados, y recogida toda la gente y puesta en mucha orden y concierto, yo me apeé de mi caballo y seguí con ciertos peones hacia una albarrada que tenían hecha, y detrás estaba infinita gente de guerra; y como comenzamos a combatir el albarrada y los ballesteros y escopeteros les hacían daño, desampaáronla, y los españoles se echaron al agua y pasaron adelante por donde hallaron tierra firme. Y en media hora que peleamos con ellos les ganamos la principal parte de la ciudad; y retraídos los contrarios por las calles del agua y en sus canoas, pelearon hasta la noche. Y unos movían paces, y otros por eso no dejaban de pelear; y moviéronlas tantas veces sin ponerlo por obra, que caímos en la cuenta, porque ellos lo hacían para dos efectos: el uno, para alzar sus haciendas en tanto que nos detenían con la paz; el otro, por dilatar tiempo en tanto que les venía socorro de México y Temixtitan.

[...]

Otro día, como todos los naturales de la provincia de México y Temixtitan sabían ya que estábamos en Suchimilco, acordaron de venir con gran poder por el agua y por la tierra a nos cercar, porque creían que no podíamos ya escapar de sus manos, y yo me subí a una torre de sus ídolos para ver cómo venía la gente y por dónde nos podían acometer, para proveer en ello lo que nos conviniese. Y ya que en todo había dado orden, llega por el agua una muy grande flota de canoas, que creo que pasaban de 2 000, en ellas venían más de 12 000 hombres de guerra, y por la tierra llegaba tanta multitud de gente, que todos los campos cubrían. [...] Por manera que en poco espacio murieron más de 500 de los enemigos, y todos los otros se salvaron y huyéronse a las sierras. [...] Y de presto arremetimos a ellos, y como de la una parte y de la otra de la calzada era todo agua, lanzáronse en ella, y así los desbaratamos; y recogida la gente, volvimos a la ciudad bien cansados, y mandéla quemar toda, excepto aquello donde estábamos aposentados. Y así estuvimos en esta ciudad tres días, que en ninguno de ellos dejamos de pelear; y al cabo, dejándola toda quemada y asolada, nos partimos, y cierto era mucho para ver, porque tenía muchas casas y torres de sus ídolos de cal y canto, y por no me alargar, dejo de particularizar otras cosas bien notables de esta ciudad.

El día que me partí me salí fuera a una plaza que está en la tierra firme junto a esta ciudad, que es donde los naturales hacen sus mercados; y estaba dando orden cómo 10 de caballo fuesen en la delantera, y otros 10 en medio de la gente de pie, y yo con otros 10 en la rezaga. Y los de Suchimilco, como vieron que nos comenzábamos a ir, creyendo que de temor suyo era, llegan por nuestras espaldas con mucha grita, y los 10 de caballo y yo volvimos a ellos, y seguímoslos hasta meterlos en el agua; en tal manera, que no curaron más de nosotros; y así, nos volvimos nuestro camino. Y a las 10 del día llegamos a la ciudad de Cuyoacán, que está de Suchimilco dos leguas, y de las ciudades de Temixtitan, y Culuacan, y Uchilubuzco, e Ixtapalapa, y Cuitaguaca y Mizqueque, que todas están en el agua, la más lejos de estas está una legua y media; y hallámosla despoblada, y aposentámonos en la casa del señor, y aquí estuvimos el día que llegamos y otro. Y porque en siendo acabados los bergantines había de poner cerco a Temixtitan, quise primero ver la disposición de esta ciudad y las entradas y salidas, y por dónde los españoles podían ofender o ser ofendidos.

Y otro día que llegué, tomé cinco de caballo y 200 peones, y fuíme hasta la laguna, que estaba muy cerca, por una calzada que entra a la ciudad de Temixtitan, y vimos tanto número de canoas por el agua, y en ellas gente de guerra que era infinito; y llegamos a una albarrada que tenían hecha en la calzada, y los peones comenzáronla a combatir; y aunque fue muy recia y hubo mucha resistencia e hirieron 10 españoles, al fin se la ganaron, y mataron muchos de los enemigos, aunque los ballesteros y escopeteros quedaron sin pólvora y sin saetas. Desde allí vimos cómo iba la calzada derecha por el agua, hasta dar en Temixtitan, bien legua y media, y ella y la otra que va a dar a Iztapalapa llenas de gente sin cuento; y como yo hube considerado bien lo que convenía verse, porque aquí en esta ciudad había de estar una guarnición de gente de pie y de caballo, hice recoger los nuestros; y así, nos volvimos, quemando las casas y torres de sus ídolos. Y otro día nos partimos de esta ciudad a la de Tacuba, que está dos leguas, y llegamos a las nueve del día, alanceando por unas partes y por otras, porque los enemigos salían de la laguna por dar en los indios que nos traían el fardaje, y hallábanse burlados; y así, nos dejaron ir en paz. Y porque, como he dicho, mi intención principal había sido procurar de dar vuelta a todas las lagunas, por calar y saber mejor la tierra, y también por socorrer aquellos nuestros amigos, no curé de pararme en Tacuba. Y como los de Temixtitan, que está allí muy cerca, que casi se extiende la ciudad tanto que llega cerca de la tierra firme de Tacuba, como vieron que pasábamos adelante, cobraron mucho esfuerzo, y con gran denuedo acometieron a dar en medio de nuestro fardaje; y como los de caballo veníamos bien repartidos y todo por allí era llano, aprovechábamos bien de los contrarios, sin recibir los nuestros ningún peligro; y como corríamos a unas partes y a otras, y como unos mancebos, criados míos, me seguían algunas veces, aquella vez dos de ellos no lo hicieron, y halláronse en parte donde los enemigos los llevaron, donde creemos que les darían muy cruel muerte, como acostumbraban; de que sabe Dios el sentimiento que hube, así por ser cristianos, como porque eran valientes hombres y le habían servido muy bien en esta guerra a vuestra majestad.

Y salidos de esta ciudad, comenzamos a seguir nuestro camino por entre otras poblaciones cerca de allí, y alcanzamos a la gente, y allí supe entonces cómo los indios habían llevado aquellos mancebos, y por vengar su muerte y porque los enemigos nos seguían con el mayor orgullo del mundo, yo con 20 de caballo me puse detrás de unas casas en celada, y como los indios veían a los otros 10 con toda la gente y fardaje ir adelante, no hacían sino seguirlos por un camino adelante, que era muy ancho y muy llano, no se temiendo de cosa ninguna. Y como vimos pasar ya algunos, yo apellidé en nombre el apóstol Santiago, y dimos en ellos muy reciamente. Y antes que se nos metiesen en las acequias que había, habíamos muerto de ellos más de 100 principales y muy lucidos, y no curaron de más nos seguir. Este día fuimos a dormir dos leguas adelante a la ciudad de Coatinchan, bien cansados y mojados, porque había llovido mucho aquella tarde, y hallámosla despoblada; y otro día comenzamos de caminar, alanceando de cuando en cuando a algunos indios que nos salían a gritar, y fuimos a dormir a una población que se dice Gilotepeque, y hallámosla despoblada. Y otro día llegamos a las 12:00 horas del día a una ciudad que se dice Aculman, que es del señorío de la ciudad de Tesuico, adonde fuimos aquella noche a dormir, y fuimos de los españoles bien recibidos, y se holgaron con nuestra venida como de la salvación, porque después que yo me había partido de ellos, no habían sabido de mí hasta aquel día que llegamos, y habían tenido muchos rebatos en la ciudad. Los naturales de ella les decían cada día que los de México y Temixtitan habían de venir sobre ellos, en tanto que yo por allí andaba; y así se concluyó, con la ayuda de Dios, esta jornada, y fue muy gran cosa, y en que vuestra majestad recibió mucho servicio por muchas causas, que adelante se dirán.

[...]

Después de haber dado vueltas a las lagunas, en que tomamos muchos avisos para poner el cerco a Temixtitan por la tierra y por el agua, yo estuve en Tesuico, forneciéndome lo mejor que pude de gente y de armas, y dando prisa en que se acabasen los bergantines y una zanja que se hacía para los llevar por ella hasta la laguna, la cual zanja se comenzó

> a hacer luego que la ligazón y tablazón de los bergantines se trajeron en una acequia de agua, que iba por cabe los aposentamientos hasta dar en la laguna. Y desde donde los bergantines se ligaron y la zanja se comenzó a hacer hay bien media legua hasta la laguna, y en esta obra anduvieron 50 días más de 8 000 personas cada día, de los naturales de la provincia de Aculuacan y Tesuico, porque la zanja tenía más de dos estados de hondura y otros tantos de anchura, e iba toda chapada y estacada, por manera que el agua que por ella iba la pusieron en el peso de la laguna; de forma que las fustas se podían llevar sin peligro y sin trabajo hasta el agua, que cierto que fue obra grandísima y mucho para ver.
>
> [...]
>
> Otro día siguiente hice mensajeros a las provincias de Tascaltecal, Guajucingo y Chururtecal a les hacer saber cómo los bergantines eran acabados, y que yo y toda la gente estábamos apercibidos y de camino para ir a cercar la gran ciudad de Temixtitan. Por tanto, que les rogaba, pues que ya por mí estaban avisados y tenían su gente apercibida, que con toda la más y bien armada que pudiesen, se partiesen y viniesen allí a Tesuico, donde yo los esperaría 10 días; y que en ninguna manera excediesen de esto, porque sería gran desvío para lo que estaba concertado. Y como llegaron los mensajeros y los naturales de aquellas provincias estaban apercibidos y con mucho deseo de se ver con los de Culúa, los de Guajucingo y Chururtecal se vinieron a Calco, porque yo se lo había así mandado, porque junto por allí había de entrar a poner el cerco. Y los capitanes de Tascaltecal, con toda su gente, bien lucida y muy armada, llegaron a Tesuico cinco o seis días antes de Pascua de Espíritu Santo, que fue el tiempo que yo les asigné, y como aquel día supe que venían cerca, salílos a recibir con mucho placer; y ellos venían tan alegres y bien ordenados que no podía ser mejor. Y según la cuenta que los capitanes nos dieron, pasaban de 50 000 hombres de guerra, los cuales fueron por nosotros muy bien recibidos y aposentados.[55]

Como vimos, la estrategia de Cortés siguió siendo la misma: apoyarse en sus aliados indígenas y mandar a los insumisos mensajes de prepotencia y terror mediante represiones y matanzas. Por otro lado, ya hemos dicho que le ayudaba mucho la cada vez más evidente ruptura de la antigua y poderosa Triple Alianza entre Tenochtitlan, Tacuba y Texcoco. Tan es así que es a este último pueblo al que se dirigió desde que salió de Tlaxcala, y es allí donde permaneció más tiempo para preparar el bloqueo a la ciudad. Además de los tlaxcaltecas, se sumaron a sus filas los de Chalco, Otumba y otros pueblos con los que decidió emprender una campaña de reconocimiento por todas las localidades de la orilla de las lagunas, aunque se trató de una primera embestida que incluso se extendió hasta pueblos de Morelos. En Iztapalapa lanzó una primera incursión y dice al respecto que «murieron de ellos más de 6 000 almas, entre hombres, mujeres y niños»[56], tratando de excusarse de sus matanzas con el cuento que «los indios nuestros amigos, vista la victoria que Dios nos daba, no entendían en otra cosa sino en matar a diestro y a siniestro».[57] Para Cortés, los bárbaros eran los indígenas; aunque fueran sus aliados, desconfiaba de ellos y no reparaba en acusarlos de desalmados y de comer carne humana. En la carta no deja de repetir que «siempre morían muchos de los enemigos»[58] o «rompimos por ellos y desbaratámoslos»;[59] o cuando los invasores agreden a los de Tacuba, lo celebra exclamando: «Fue muy hermosa cosa; y así murieron muchos de ellos a nuestras manos».[60] Es obvio que los defensores de Cortés de ese entonces y de ahora podrán alegar que se trataba de una guerra, pero es de cínicos y embusteros repetir una y otra vez que sus matanzas se hacían en nombre de Dios o con su ayuda al tiempo que se le echa la culpa a los indígenas aliados por las barbaridades que el conquistador ordenó o los llamados demagógicos a la rendición para que tuvieran derecho a ser perdonados, porque de lo contrario se tendría licencia para exterminar y destruir. Durante el asalto a Xochimilco «murieron más de 500 de los enemigos»[61] y «volvimos a la ciudad bien cansados y mandéla quemar toda, excepto aquello donde estábamos aposentados».[62] La gira para explorar cómo montaría el cerco a Tenochtitlan le llevó a Cortés cerca de cuatro meses. En ese tiempo, en las orillas del lago de Texcoco, fueron armadas y botadas las 12 embarcaciones o bergantines que, según él, serían tan efectivos para su lucha como los caballos.

También para entonces habían llegado a Texcoco soldados españoles, caballos y armas desde el puerto de Veracruz, con lo cual sumaban, el 28 de abril de 1521, 86 jinetes y caballos, 118 ballesteros y escopeteros, «y 700 y tantos peones de espada y rodela, y tres tiros gruesos de hierro, y 15 tiros pequeños de bronce, y 10 quintales de pólvora».[63] Además, ese día llegaron de Tlaxcala y otros pueblos más «de 50 000 hombres de guerra, los cuales fueron por nosotros muy bien recibidos y aposentados».[64]

Lo siguiente en este relato es un horror; se trata de uno de los episodios más terribles y abominables, en todo sentido, en la historia de la humanidad: 75 días de hambre, epidemia mortífera, traiciones, barbarie, destrucción y muerte, todo por la ambición sin límite del poder y el dinero.

Respiremos profundo y leamos lo que sostiene Cortés:

> El segundo día de Pascua mandé salir a toda la gente de pie y de caballo a la plaza de esta ciudad de Tesuico, para la ordenar y dar a los capitanes la que habían de llevar para tres guarniciones de gente, que se habían de poner en tres ciudades que están en torno de Temixtitan. Y de la una guarnición hice capitán a Pedro de Alvarado, y dile 30 de caballo, y 18 ballesteros y escopeteros, y 150 peones de espada y rodela, y más de 25 000 hombres de guerra de los de Tascaltecal, y estos habían de asentar su real en la ciudad de Tacuba.
>
> De la otra guarnición hice capitán a Cristóbal de Olid, al cual di 33 de caballo, y 18 ballesteros y escopeteros, y 160 peones de espada y rodela, y más de 20 000 hombres de guerra de nuestros amigos, y estos habían de asentar su real en la ciudad de Cuyoacán.
>
> De la otra tercera guarnición hice capitán a Gonzalo de Sandoval, alguacil mayor, y dile 24 de caballo, y cuatro escopeteros y 13 ballesteros, y 150 peones de espada y rodela; los 50 de ellos, mancebos escogidos, que yo traía en mi compañía, y toda la gente de Guajucingo y Chururtecal y Calco, que había más de 30 000 hombres; y estos habían de ir por la ciudad de Iztapalapa a destruirla, y pasar adelante por una calzada de la

laguna, con favor y espaldas de los bergantines, y juntarse con la guarnición de Cuyoacán, para que después que yo entrase con los bergantines por la laguna el dicho alguacil mayor asentase su real donde le pareciese que convenía.

Para los 13 bergantines con que yo había de entrar por la laguna, dejé 300 hombres; todos los más, gente de la mar y bien diestra; de manera que en cada bergantín iban 25 españoles, y cada fusta llevaba su capitán y veedor y seis ballesteros y escopeteros.

Dada la orden susodicha, los dos capitanes que habían de estar con la gente en las ciudades de Tacuba y Cuyoacán, después de haber recibido las instrucciones de lo que habían de hacer, se partieron de Tesuico a 10 días del mes de mayo, y fueron a dormir dos leguas y media de allí, a una población buena que se dice Aculman. Y aquel día supe cómo entre los capitanes había habido cierta diferencia sobre el aposentamiento, y proveí luego esta noche para lo remediar y poner en paz; y yo envié una persona para ello, que los reprehendió y apaciguó. Y otro día de mañana se partieron de allí, y fueron a dormir a otra población que se dice Gilotepeque, la cual hallaron despoblada, porque era ya tierra de los enemigos. Y otro día siguiente siguieron su camino en su ordenanza, y fueron a dormir a una ciudad que se dice Guatitlan, de que antes de esto he hecho relación a vuestra majestad, la cual asimismo hallaron despoblada; y aquel día pasaron por otras dos ciudades y poblaciones, que tampoco hallaron gente en ellas. A hora de vísperas entraron en Tacuba, que también estaba despoblada, y aposentáronse en las casas del señor de allí, que son muy hermosas y grandes; y aunque era ya tarde, los naturales de Tascaltecal dieron una vista por la entrada de dos calzadas de la ciudad de Temixtitan, y pelearon dos o tres horas valientemente con los de la ciudad; y como la noche los despartió, volviéronse sin ningún peligro a Tacuba.

Otro día de mañana los dos capitanes acordaron, como yo les había mandado, de ir a quitar el agua dulce que por caños entraba a la ciudad de Temixtitan; y el uno de ellos, con 20 de caballo y ciertos ballesteros y escopeteros, fue al nacimiento de la fuente, que estaba un cuarto de legua de allí, y cortó y quebró los caños, que eran de madera y de cal y canto, y peleó reciamente con los de la ciudad, que se lo defendían por la mar y por la tierra; y al fin los desbarató, y dio conclusión a lo que iba, que era quitarles el agua dulce que entraba a la ciudad, que fue muy grande ardid. [...] Otro día después de la fiesta de Corpus-Christi, viernes, al cuarto del alba hice salir de Tesuico a Gonzalo de Sandoval, alguacil mayor, con su gente, y que se fuese derecho a la ciudad de Iztapalapa, que estaba de alli seis leguas pequeñas, y a poco más de mediodía llegaron a ella y comenzaron a quemarla y a pelear con la gente de ella; y como vieron el gran poder que el alguacil mayor llevaba, porque iban con él más de 35 000 o 40 000 hombres nuestros amigos, acogiéronse al agua en sus canoas; y el alguacil mayor, con toda la gente que llevaba, se aposentó en aquella ciudad, y estuvo en ella aquel día, esperando lo que yo le había de mandar y me sucedía.

Como hube despachado al alguacil mayor, luego me metí en los bergantines, y nos hicimos a la vela y al remo; y al tiempo que el alguacil mayor combatía y quemaba la ciudad de Iztapalapa, llegamos a vista de un cerro grande y fuerte que está cerca de la dicha ciudad, y todo en el agua, y estaba muy fuerte, y había mucha gente en él, así de los pueblos de alrededor de la laguna como de Temixtitan, porque ya ellos sabían que el primer reencuentro había de ser con los de Iztapalapa, y estaban allí para defensa suya y para nos ofender, si pudiesen. Y como vieron llegar la flota, comenzaron a apellidar y hacer grandes ahumadas por que todas las ciudades de las lagunas lo supiesen y estuviesen apercibidas. Y aunque mi motivo era ir a combatir la parte de la ciudad de Iztapalapa que está en el agua, revolvimos sobre aquel cerro o peñol, y salté en él con 150 hombres, aunque era muy agro y alto; con mucha dificultad le comenzamos a subir, y por fuerza les ganamos las albarradas que en alto tenían hechas para su defensa. Y entrámoslos de tal manera, que ninguno de ellos se escapó, excepto las mujeres y niños; y en este combate me hirieron 25 españoles, pero fue muy hermosa victoria.

Como los de Iztapalapa habían hecho ahumadas desde unas torres de ídolos que estaban en un cerro muy alto junto a su ciudad, los de Temixtitan y de las otras ciudades que están en el agua, conocieron que yo entraba ya por la laguna con los bergantines; y de improviso juntóse tan grande flota de canoas para nos venir a acometer y a tentar qué cosa eran los bergantines; y a lo que pudimos juzgar pasaban de 500 canoas. Y como yo vi que traían su derrota derecha a nosotros, yo, y la gente que habíamos saltado en aquel cerro grande, nos embarcamos a mucha prisa, y mandé a los capitanes de los bergantines que en ninguna manera se moviesen, porque los de las canoas se determinasen a nos acometer y creyesen que nosotros, de temor, no osábamos salir a ellos; y así comenzaron con mucho ímpetu de encaminar su flota hacia nosotros. Pero a obra de dos tiros de ballesta repaŕaronse y estuvieron quedos; y como yo deseaba mucho que el primer reencuentro que con ellos hubiésemos fuese de mucha victoria y se hiciese de manera que ellos cobrasen mucho temor de los bergantines, porque la llave de toda la guerra estaba en ellos, y donde ellos podían recibir más daño, y aun nosotros también, era por el agua, plugo a Nuestro Señor que, estándonos mirando los unos a los otros, vino un viento de la tierra muy favorable para embestir con ellos, y luego mandé a los capitanes que rompiesen por la flota de las canoas y siguiesen tras ellos hasta los encerrar en la ciudad de Temixtitan. Y como el viento era muy bueno; aunque ellos huían cuanto podían, embestimos por medio de ellos, y quebramos infinitas canoas, y matamos y ahogamos muchos de los enemigos, que era la cosa del mundo más para ver. Y en este alcance los seguimos bien tres leguas grandes, hasta los encerrar en las casas de la ciudad; y así, plugo a Nuestro Señor de nos dar mayor y mejor victoria que nosotros habíamos pedido y deseado.

[...]

Otro día siguiente, el alguacil mayor, con la gente que tenía en Iztapalapa, así españoles como nuestros amigos, se partió para Cuyoacán, y desde allí hasta la tierra firme viene una calzada que dura obra de legua y media. Y como el alguacil mayor comenzó a caminar, a obra de un cuarto de legua llegó a una ciudad pequeña, que también está en el agua, y por muchas partes de ella se puede andar a caballo, y los naturales de allí comenzaron a pelear con él, y él los desbarató y mató muchos y les destruyó y quemó toda la ciudad. Y porque yo había sabido que los indios habían roto mucho de la calzada y la gente no podía pasar bien, enviéle dos bergantines para que los ayudasen a pasar, de los cuales hicieron puente por donde los peones pasaron. Y después que hubieron pasado, se fueron a aposentar a Cuyoacán, y el alguacil mayor, con 10 de caballo, tomó el camino de la calzada donde teníamos nuestro real, y cuando llegó hallónos peleando; y él y los que venían con él se apearon y comenzaron a pelear con los de la calzada, con quien nosotros andábamos revueltos. Y como el dicho alguacil mayor comenzó a pelear, los contrarios le atravesaron un pie con una vara; y aunque a él y a otros algunos nos hirieron aquel día, con los tiros gruesos y con las ballestas y escopetas hicimos mucho daño en ellos; en tal manera, que ni los de las canoas ni los de la calzada no osaban llegarse tanto a nosotros y mostraban más temor y menos orgullo que solían. Y de esta manera estuvimos seis días, en que cada día teníamos combate con ellos; y los bergantines iban quemando alrededor de la ciudad todas las casas que podían, y descubrieron canal por donde podían entrar alrededor, y por los arrabales de la ciudad, y llegar a lo grueso de ella, que fue cosa muy provechosa e hizo cesar la venida de las canoas, que ya no osaba asomar ninguna con un cuarto de legua a nuestro real.

[…]

Como los de la ciudad vieron su determinación puesta en obra, y vieron mucha multitud de nuestros amigos, y aunque de ellos sin nosotros no tenían ningún temor, vuelven las espaldas, y los españoles y nuestros amigos dan en pos de ellos hasta los encerrar en el circuito de sus ídolos, el cual es cercado de cal y canto; y como en la otra relación se habrá visto, tiene tan gran circuito como una villa de 400 vecinos, y este fue luego desamparado de ellos, y los españoles y nuestros amigos se lo ganaron y estuvieron en él, y en las torres, un buen rato. Y como los de la ciudad vieron que no había gente de caballo, volvieron sobre los españoles, y por fuerza los echaron de las torres y de todo el patio y circuito, en que se vieron en muy grande aprieto y peligro; y como iban más que retrayéndose, hicieron rostro debajo de los portales del patio. Y como los enemigos los aquejaban tan reciamente, los desampararon y se retrajeron a la plaza, y de allí los echaron por fuerza hasta los meter por la calle adelante; en tal manera, que el tiro que allí estaba lo desampararon. Los españoles, como no podían sufrir la fuerza de los enemigos, se retrajeron con mucho peligro; el cual de hecho recibieran, sino que plugo a Dios que en aquel punto llegaron tres de caballo, y entran por la plaza adelante; y como los enemigos los vieron, creyeron que eran más, y comienzan a huir, y mataron algunos de ellos y ganáronles el patio y circuito que arriba dije. Y en la torre más principal y alta de él, que tiene 100 y tantas gradas hasta llegar a lo alto, hiciéronse fuertes allí 10 o 12 indios principales de los de la ciudad, y cuatro o cinco españoles subiéronsela por fuerza; y aunque ellos se defendían bien, se la ganaron y los mataron a todos.

[…]

En este comedio, don Hernando, señor de la ciudad de Tesuico y provincia de Aculuacan, de que arriba he hecho relación a vuestra majestad, procuraba de atraer a todos los naturales de su ciudad y provincia, especialmente los principales, a nuestra amistad, porque aún no estaban tan confirmados en ella como después lo estuvieron. Y cada día venían al dicho don Hernando muchos señores y hermanos suyos, con determinación de ser en nuestro favor y pelear con los de México y Temixtitan; y como don Hernando era muchacho, y tenía mucho amor a los españoles y conocía la merced que en nombre de vuestra majestad se le había hecho en darle tan gran señorío, habiendo otros que le precedían en el derecho de él, trabajaba cuanto le era posible como todos sus vasallos viniesen a pelear con los de la ciudad y ponerse en los peligros y trabajos que nosotros; y habló con sus hermanos, que eran seis o siete, todos mancebos bien dispuestos, y díjoles que les rogaba que con toda la gente de su señorío viniesen a me ayudar. Y a uno de ellos, que se llama Istlisuchil, que es de edad de 23 o 24 años, muy esforzado, amado y temido de todos, envióle por capitán y llegó al real de la calzada con más de 30 000 hombres de guerra, muy bien aderezados a su manera, y a los otros dos reales irían otros 20 000. Y yo los recibí alegremente, agradeciéndoles su voluntad y obra.

Bien podrá vuestra cesárea majestad considerar si era buen socorro y buena amistad la de don Hernando, y lo que sentirían los de Temixtitan en ver venir contra ellos a los que ellos tenían por vasallos y por amigos, y por parientes y hermanos, y aun padres e hijos.

Desde a dos días el combate de la ciudad se dio, como arriba he dicho; y venida ya esta gente en nuestro socorro, los naturales de la ciudad de Suchimilco, que está en el agua, y ciertos pueblos de Utumíes, que es gente serrana y de más copia que los de Suchimilco, y eran esclavos del señor de Temixtitan, se vinieron a ofrecer y dar por vasallos de vuestra majestad, rogándome que les perdonase la tardanza; y yo los recibí muy bien y holgué mucho con su venida, porque si algún daño podían recibir los de Cuyoacán era de aquellos.

[…]

Otro día por la mañana, después de haber oído misa, e informados los capitanes de lo que habían de hacer, yo salí de nuestro real con 15 o 20 de caballo y 300 españoles, y con todos nuestros que era infinita gente, e yendo por la calzada adelante, a tres tiros de ballesta del real, estaban ya los enemigos esperándonos con muchos alaridos; y como en los tres días antes no se les había dado combate, habían deshecho cuanto habíamos cegado del agua, y teníanlo muy más fuerte y peligroso de ganar que de antes; y los bergantines llegaron por la una parte y por la otra de la calzada; y como con ellos se podía llegar muy bien cerca de los enemigos, con los tiros y escopetas y ballestas hacíanles mucho daño. Y conociéndolo saltan en tierra y ganan el albarrada y puente, y comenzamos a pasar de la otra parte y dar en pos de los enemigos, los cuales luego se fortalecían en las otras puentes y albarradas que tenían hechas; las cuales, aunque con más trabajo y peligro que la otra vez, les ganamos, y los echamos de toda la calle y de la plaza de los aposentamientos grandes de la ciudad. De allí mandé que no pasasen los españoles, porque yo, con la gente de nuestros amigos, andaba cegando con piedra y adobes toda el agua, que era tanto de hacer que, aunque para ello ayudaban más de 10 000 indios, cuando se acabó de aderezar era ya hora de vísperas; y en todo este tiempo siempre los españoles y nuestros amigos andaban peleando y escaramuzando con los de la ciudad y echándoles celadas, en que murieron muchos de ellos. Y yo con los de caballo anduve un rato por la ciudad, y alanceábamos por las calles do no había agua los que alcanzábamos, de manera que los teníamos retraídos y no osaban llegar a lo firme.

Viendo que estos de la ciudad estaban rebeldes y mostraban tanta determinación de morir o defenderse, colegí de ellos dos cosas: la una, que habíamos de haber poca o ninguna de la riqueza que nos habían tomado: y la otra, que daban ocasión y nos forzaban a que totalmente los destruyésemos. Y de esta postrera tenía más sentimiento y me pesaba en el alma, y pensaba qué forma tenía para los atemorizar de manera que viniesen en conocimiento de su yerro y del daño que podían recibir de nosotros, y no hacía sino quemarles y derrocarles las torres de sus ídolos y sus casas. Y porque lo sintiesen más, este día hice poner fuego a estas casas grandes de la plaza, donde la otra vez que nos echaron de la ciudad los españoles y yo estábamos aposentados, que eran tan grandes, que un príncipe con más de seiscientas personas de su casa y servicio se podían aposentar en ellas; y otras que estaban junto a ellas, que aunque algo menores eran muy más frescas y gentiles, y tenía en ellas Mutezuma todos los linajes de aves que en estas partes había; y aunque a mí me pesó mucho de ello, porque a ellos les pesaba mucho más, determiné de las quemar, de que los enemigos mostraron harto pesar y también los otros sus aliados de las ciudades de la laguna, porque estos ni otros nunca pensaron que nuestra fuerza bastara a les entrar tanto en la ciudad; y esto les puso harto desmayo.

Puesto fuego a estas casas, porque ya era tarde recogí la gente para nos volver a nuestro real; y como los de la ciudad veían que nos retraímos, cargaban infinitos de ellos, y venían con mucho ímpetu dándonos en la retroguardia. Y como toda la calle estaba buena para correr, los de caballo volvíamos sobre ellos y alanceábamos de cada vuelta muchos de ellos, y por eso no dejaban de nos venir dando grita a las espaldas. Este día sintieron y mostraron mucho desmayo, especialmente viendo entrar por su ciudad, quemándola y destruyéndola, y peleando con ellos los de Tesuico y Calco y Suchimilco y los otumíes, y nombrándose cada uno de dónde era; y por otra parte, los de Tascaltecal, que ellos y los otros les mostraban los de su ciudad hechos pedazos, diciéndoles que los habían de cenar aquella noche y almorzar otro día, como de hecho lo hacían. Así nos venimos a nuestro real a descansar, porque aquel día habíamos trabajado mucho, y los siete bergantines que yo tenía entraron aquel día por las calles del agua de la ciudad, y quemaron mucha parte de ella. Los capitanes de los otros reales y los seis bergantines pelearon muy bien aquel día, y de lo que les acaeció me pudiera muy bien alargar, y por evitar prolijidad lo dejo, mas de que con victoria se retrajeron a sus reales sin recibir peligro ninguno.

[...]

En todo este tiempo los naturales de Iztapalapa, y Oichilobuzco, y Mexicacingo, y Culuacán, y Mizquique, y Cuitaguaca, que, como he hecho relación, están en la laguna dulce, nunca habían querido venir de paz, ni tampoco en todo este tiempo habíamos recibido ningún daño de ellos; y como los de Calco eran muy leales vasallos de vuestra majestad y veían que nosotros teníamos bien que hacer con los de la gran ciudad, juntáronse con otras poblaciones que están alrededor de las lagunas y hacían todo el daño que podían a aquellos del agua; y ellos, viendo de cómo cada día habíamos victoria contra los de Temixtitan, y por el daño que recibían y podían recibir de nuestros amigos, acordaron de venir, y llegaron a nuestro real, y rogáronme que les perdonase lo pasado y que mandase a los de Calco y a los otros sus vecinos que no les hiciesen más daño. Y yo les dije que me placía y que no tenía enojo de ellos, salvo de los de la ciudad; y que para que creyesen que su amistad era verdadera, que les rogaba que, porque mi determinación era de no levantar el real hasta tomar por paz o por guerra a los de la ciudad, y ellos tenían muchas canoas para me ayudar, que hiciesen apercibir todas las que pudiesen con toda la más gente de guerra que en sus poblaciones había, para que por el agua viniesen en nuestra ayuda de allí adelante. Y también les rogaba que, porque los españoles tenían pocas y ruines chozas y era tiempo de muchas aguas, que hiciesen en el real todas las más casas que pudiesen, y que trajesen canoas para traer adobes y madera de las casas de la ciudad que estaban más cercanas al real. Y ellos dijeron que las canoas y gente de guerra estaban apercibidos para cada día; y en el hacer de las casas sirvieron tan bien, que de una parte y de la otra de las dos torres de la calzada donde yo estaba aposentado, hicieron tantas, que desde la primera casa hasta la postrera habría más de tres o cuatro tiros de ballesta. Y vea vuestra majestad qué tan ancha puede ser la calzada que va por lo más hondo de la laguna, que de la una parte y de la otra iban estas casas y quedaba en medio hecha calle, que muy a placer a pie y a caballo íbamos y veníamos por ella; y había a la continua en el real, con españoles e indios que le servían, más de 2 000 personas, porque toda la otra gente de guerra nuestros amigos se aposentaban en Cuyoacán, que está legua y media del real, y también estos de estas poblaciones nos proveían de algunos mantenimientos, de que teníamos harta necesidad, especialmente de pescado y de cerezas, que hay tantas que pueden abastecer, en cinco o seis meses del año que duran, a doblada gente de la que en esta tierra hay.

Como dos o tres días arreo habíamos entrado por la parte de nuestro real en la ciudad, sin otros tres o cuatro que habíamos entrado, y siempre habíamos victoria contra los enemigos, y con los tiros y ballestas y escopetas matábamos infinitos, pensábamos que de cada hora se movieran a nos acometer con la paz, la cual deseábamos como a la salvación; y ninguna cosa nos aprovechaba para los atraer a este propósito, y por los poner en más necesidad y ver si los podía constreñir de venir a la paz, propuse de entrar cada día en la ciudad y combatirles con la gente que llevaba por tres o cuatro partes, e hice venir toda la gente de aquellas ciudades del agua en sus canoas, y aquel día por la mañana había en nuestro real más de 100 000 hombres nuestros amigos. Y mandé que los cuatro bergantines, con la mitad de canoas, que serían hasta 1 500, fuesen por la una parte; y que los tres, con otras tantas, que fuesen por otra y corriesen toda la más de la ciudad en torno, y quemasen e hiciesen todo el más daño que pudiesen. Yo entré por la calle principal adelante, y hallámosla toda desembarazada hasta las casas grandes de la plaza, que ninguna de las puentes estaba abierta, y pasé adelante a la calle que va a salir a Tacuba en que había otras seis o siete puentes. De allí proveí que un capitán entrase por otra calle con 60 o 70 hombres, y seis de caballo fuesen a las espaldas para los asegurar; y con ellos iban más de 10 000 o 12 000 indios nuestros amigos; y mandé a otro capitán que por otra calle hiciese lo mismo; y yo, con la gente que me quedaba, seguí por la calle de Tacuba adelante, y ganamos tres puentes, las cuales se cegaron, y dejamos para otro día las otras porque era tarde y se pudiesen mejor ganar, porque yo deseaba mucho que toda aquella calle se ganase, porque la gente del real de Pedro de Alvarado se comunicase con la nuestra y pasasen del un real al otro, y los bergantines hiciesen lo mismo. Y este día fue de mucha victoria, así por el agua como por la tierra, y húbose algún despojo de los de la ciudad En los reales del alguacil mayor y Pedro de Alvarado se hubo también mucha victoria.

Otro día siguiente volví a entrar en la ciudad por la orden que el día pasado, y diónos Dios tanta victoria, que por las partes donde yo entraba con la gente no parecía que había ninguna resistencia; y los enemigos se retraían tan reciamente, que parecía que les teníamos ganado las tres cuartas partes de la ciudad, y también por el real de Pedro de Alvarado les daban mucha prisa, y sin duda el día pasado y aqueste yo tenía por cierto que vinieran de paz, de la cual yo siempre, con victoria y sin ella, hacía todas las muestras que podía. Y nunca por eso en ellos hallábamos alguna señal de paz; y aquel día nos volvimos al real con mucho placer, aunque no nos dejaba de pesar en el alma, por ver tan determinados de morir a los de la ciudad.

[…]

Dada la orden ya dicha, otro día, después de haber oído misa, salieron de nuestro real los siete bergantines con más de 3 000 canoas de nuestros amigos; y yo con 25 de caballo y con la gente que tenía y los 70 hombres del real de Tacuba seguimos nuestro camino, y entramos en la ciudad, a la cual llegados, yo repartí la gente de esta manera: había tres calles, desde lo que teníamos ganado, que iban a dar al mercado, al cual los indios llaman Tianguizco, y a todo aquel sitio donde está llámanle Tlaltelulco; y la una de estas tres calles era la principal, que iba a dicho mercado; y por ella dije al tesorero y contador de vuestra majestad que entrasen con 70 hombres y con más de 15 000 o 20 000 amigos nuestros, y que en la retroguardia llevasen siete u ocho de caballo, y como fuesen ganando las puentes y albarradas las fuesen cegando, y llevaban una docena de hombres con sus azadones y más nuestros amigos, que eran los que hacía al caso para el cegar de las puentes. Las otras dos calles van desde la calle de Tacuba a dar al mercado, y son más angostas, y de más calzadas y puentes y calles de agua. Y por la más ancha de ellas mandé a dos capitanes que entrasen con 80 hombres y más de 10 000 indios nuestros amigos, y al principio de aquella calle de Tacuba dejé dos tiros gruesos con ocho de caballo en guarda de ellos. Y yo con otros ocho de caballo y con obra de 100 peones, en que había más de 25 ballesteros y escopeteros, y con infinito número de nuestros amigos, seguí mi camino para entrar por la otra calle angosta todo lo más que pudiese. Y a la boca de ella hice detener a los de caballo y mandéles que en ninguna manera pasasen de allí ni viniesen tras mí si no se lo enviase a mandar primero; y yo me apeé, y llegamos a una albarrada que, tenían del cabo de una puente, y con un tiro pequeño de campo y con los ballesteros y escopeteros se la ganamos, y pasamos adelante por una calzada que tenían rota por dos o tres partes. Y demás de estos tres combates que dábamos a los de la ciudad, era tanta la gente de nuestros amigos que por las azoteas y por otras partes les entraban, que no parecía que había cosa que nos pudiese ofender. Y como les ganamos aquellas dos puentes y albarradas, y la calzada los españoles, nuestros amigos siguieron por la calle adelante sin se les amparar cosa ninguna; y yo me quedé con obra de 20 españoles en una isleta que allí se hacía, porque veía que ciertos amigos nuestros andaban envueltos con los enemigos, y algunas veces los retraían hasta los echar al agua, y con nuestro favor revolvían sobre ellos.

Y demás de esto, guardábamos que por ciertas traviesas de calles los de la ciudad no saliesen a tomar las espaldas a los españoles que habían seguido la calle adelante; los cuales en esta sazón me enviaron a decir que habían ganado mucho y que no estaban muy lejos de la plaza del mercado; que en todo caso querían pasar adelante, porque ya oían el combate que el alguacil mayor y Pedro de Alvarado daban por su estancia. Yo les envié a decir que en ninguna manera diesen paso adelante sin que primero las puentes quedasen muy bien ciegas; de manera que si tuviesen necesidad de se retraer, el agua no les hiciese estorbo ni embarazo alguno, pues sabían que en todo aquello estaba el peligro; y ellos me tornaron a decir que todo lo que habían ganado estaba bien reparado; que fuese allá y lo vería si era así. Y yo, con recelo que no se desmandasen y dejasen ruin recaudo en el cegar de las puentes, fui allá, y hallé que habían pasado una quebrada de la calle que era de 10 o 12 pasos de ancho, y el agua que por ella pasaba era de hondura de más de dos estados, y al tiempo que la pasaron habían echado en ella madera y cañas de carrizo, y como pasaban pocos a pocos y con tiento, no se había hundido la madera y cañas; y ellos con el placer de la victoria iban tan embebecidos que pensaban que quedaba muy fijo. Y al punto que yo llegué a aquella puente de agua cuitada vi que los españoles y muchos de nuestros amigos venían puestos en muy gran huida, y los enemigos como perros dando en ellos; y como yo vi tan gran desmán, comencé a dar voces *tener, tener;* y ya que yo estaba junto al agua, halléla toda llena de españoles e indios, y de manera que no parecía que en ella hubiesen echado una paja; y los enemigos cargaron tanto, que matando en los españoles, se echaban al agua tras ellos; y ya por la calle del agua venían canoas de los enemigos y tomaban vivos los españoles. Y como el negocio fue tan de súbito, y vi que mataban la gente, determiné de quedarme, allí y morir peleando; y en lo que más aprovechábamos yo y los otros que allí estaban conmigo, era en dar las manos a algunos tristes españoles que se ahogaban, para que saliesen afuera; y los unos salían heridos, y los otros medio ahogados, y otros sin armas, y enviábalos que se fuesen adelante; y ya en esto cargaba tanta gente de los enemigos, que a mí y a otros 12 o 15 que conmigo estaban nos tenían por todas partes cercados. Y como yo estaba muy metido en socorrer a los que se ahogaban, no miraba ni me acordaba del daño que podía recibir; y ya me venían a asir ciertos indios de los enemigos, y me llevaran, si no fuera por un capitán de 50 hombres, que yo traía siempre conmigo, y por un mancebo de su compañía, el cual, después de Dios, me dio la vida; y por dármela cómo valiente hombre, perdió allí la suya. En este comedio, los españoles que salían desbaratados íbanse por aquella calzada delante, y como era pequeña y angosta e igual a la agua, que los perros la habían hecho así de industria, e iban por ella también desbaratados muchos de los nuestros amigos, iba el camino tan embarazado y tardaban tanto en andar, que los enemigos tenían lugar de llegar por el agua de la una parte y de la otra, y tomar y matar cuantos querían. Y aquel capitán que estaba conmigo, que se dice Antonio de Quiñones, díjome: «Vamos de aquí y salvemos vuestra persona, pues sabéis que sin ella ninguno de nosotros puede escapar»; y no podía acabar conmigo que me fuese de allí. Y como esto vio, asióme de los brazos para que diésemos la vuelta, y aunque yo holgara más con la muerte que con la vida, por importunación de aquel capitán y de otros compañeros que allí estaban, nos comenzamos a retraer peleando con nuestras espadas y rodelas con los enemigos, que venían hiriendo en nosotros. Y en esto llega un criado mío a caballo, e hizo algún poquito de lugar; pero luego desde una azotea baja le dieron una lanzada por la garganta, que le hicieron dar la vuelta; y estando en este tan gran conflicto, esperando que la gente pasase por aquella calzadilla a ponerse en salvo, y nosotros deteniendo los enemigos, llegó un mozo mío con un caballo para que cabalgase, porque era tanto el lodo que había en la calzadilla de los que entraban y salían por el agua que no había persona que se pudiese tener, mayormente con los empellones que los unos a otros se daban para salvarse. Y yo cabalgué, pero no para pelear, porque allí era imposible poderlo hacer a caballo; porque si pudiera ser, antes de la calzadilla, en una isleta, se habían hallado los ocho de caballo que yo había dejado, y no habían podido hacer menos de se volver por ella; y aun la vuelta era tan peligrosa, que dos yeguas en que iban dos criados míos cayeron de aquella calzadilla en el agua, y la una mataron los indios, y la otra salvaron unos peones; y otro mancebo criado mío, que se decía Cristóbal de Guzmán, cabalgó en un caballo que allí en la isleta le dieron para me lo llevar, en que me pudiese salvar, y a él y al caballo antes que a mí llegase mataron los enemigos; la muerte del cual puso a todo el real en tanta tristeza, que hasta hoy está reciente el dolor de los que lo conocían.

Y ya con todos nuestros trabajos, plugo a Dios que los que quedamos salimos a la calle de Tacuba, que era muy ancha, y recogida la gente, yo con nueve de caballo me quedé en la retroguarda; y los enemigos venían con tanta victoria y orgullo, que no parecía sino que ninguno habían de dejar a vida; y retrayéndome lo mejor que pude, envié a decir al tesorero y al contador que se retrajesen a la plaza con mucho concierto; lo mismo envié a decir a los otros dos capitanes que habían entrado por la calle que iba al mercado; y los unos y los otros habían peleado valientemente y ganado muchas albarradas y puentes, que, habían muy bien cegado, lo cual fue causa de no recibir daño al retraer. Y antes que el tesorero y contador se retrajesen, ya los de la ciudad, por encima de una albarrada donde peleaban, les habían echado dos o tres cabezas de cristianos, aunque no supieron por entonces si eran de los del real de Pedro de Alvarado o del nuestro. Y recogidos todos a la plaza, cargaba por todas partes tanta gente de los enemigos sobre nosotros, que teníamos bien qué hacer en los desviar, y por lugares y partes donde antes de este desbarato no osaron esperar a tres de caballo y a 10 peones; e incontinente, en una torre alta de sus ídolos, que estaba allí junto a la plaza, pusieron muchos perfumes y sahumerios de unas gomas que hay en esta tierra, que parece mucho a ánime, lo cual ellos ofrecen a sus ídolos en señal de victoria; y aunque quisiéramos mucho estorbárselo, no se pudo hacer, porque ya la gente a más andar se iban hacia el real. En este desbarato mataron los contrarios 35 o 40 españoles, y más de 1 000 indios nuestros amigos, e hirieron más de 20 cristianos, y yo salí herido en una pierna: perdióse el tiro pequeño de campo que habíamos llevado, y muchas /ballestas y escopetas y armas. Los de la ciudad, luego que hubieron la victoria, por hacer desmayar al alguacil mayor y Pedro de Alvarado todos los españoles vivos y muertos que tomaron los llevaron a Tlatelulco, que es el mercado, y en unas torres altas que allí estaban, desnudos los sacrificaron y abrieron por los pechos, y les sacaron los corazones para ofrecer a los ídolos; lo cual los españoles del real de Pedro de Alvarado pudieron ver bien de donde peleaban, y en los cuerpos desnudos y blancos que vieron sacrificar conocieron que eran cristianos; y aunque por ello hubieron gran tristeza y desmayo, se retrajeron a su real, habiendo peleado aquel día muy bien y ganado casi hasta el dicho mercado; el cual aquel día se acabara de ganar si Dios, por nuestros pecados, no permitiera tan gran desmán.

[...]

En esta sazón, ya los que habíamos salido heridos del desbarato estábamos buenos; y a la Villa Rica había aportado un navío de Juan Ponce de León, que habían desbaratado en la tierra o isla Florida, y los de la villa enviáronme cierta pólvora y ballestas, de que teníamos muy extrema necesidad; y ya, gracias a Dios, por aquí a la redonda no teníamos tierra que no fuese en nuestro favor; y yo, viendo cómo estos de la ciudad estaban tan rebeldes y con la mayor muestra y determinación de morir que nunca generación tuvo, no sabía qué medio tener con ellos para quitarnos a nosotros de tantos peligros y trabajos, y a ellos y a su ciudad no los acabar de destruir, porque era la más hermosa cosa del mundo; y no nos aprovechaba decirles que no habíamos de levantar los reales, ni los bergantines habían de cesar de les dar guerra por el agua, ni que habíamos destruido a los de Matalcingo y Malinalco, y que no tenían en toda la tierra quien los pudiese socorrer, ni tenían de dónde haber maíz, ni carne, ni frutas, ni agua ni otra cosa de mantenimiento. Y cuanto más de estas cosas les decíamos, menos muestra veíamos en ellos de flaqueza; mas antes en el pelear y en todos sus ardides los hallábamos con más ánimo que nunca. Y yo, viendo que el negocio pasaba de esta manera, y que había ya más de 45 días que estábamos en el cerco, acordé de tomar un medio para nuestra seguridad y para poder más estrechar a los enemigos, y fue que como fuésemos ganando por las calles de la ciudad, que fuesen derrocando todas las casas de ellas del un cabo y del otro, por manera que no fuésemos un paso adelante sin lo dejar todo asolado, y lo que era agua hacerlo tierra firme, aunque hubiese toda la dilación que se pudiese seguir. Para esto yo llamé a todos los señores y principales nuestros amigos, y díjeles lo que tenía acordado; por tanto, que hiciesen venir mucha gente de sus labradores, y trajesen sus cosas, que son unos palos que se aprovechan tanto como los cavadores en España de azada; y ellos me respondieron que así lo harían de muy buena voluntad, y que era muy buen acuerdo; y holgaron mucho con esto, porque les pareció que era manera para que la ciudad se asolase, lo cual todos ellos deseaban más que cosa del mundo.

[...]

Otro día de mañana tornamos a entrar en la ciudad, y como ya nuestros amigos veían la buena orden que llevábamos para la destrucción de ella, era tanta la multitud que cada día venían, que no tenían cuento. Y aquel día acabamos de ganar toda la calle de Tacuba y de adobar los malos pasos de ella, en tal manera que los del real de Pedro de Alvarado se podían comunicar con nosotros por la ciudad, y por la calle principal, que iba al mercado, se ganaron otras dos puentes y se cegó muy bien el agua, y quemamos las casas del señor de la ciudad, que era mancebo de edad de 18 años, que se decía Guatimucín, que era el segundo señor después de la muerte de Mutezuma; y en estas casas tenían los indios mucha fortaleza, porque eran muy grandes y fuertes y cercadas de agua. También se ganaron otras dos puentes de otras calles que van cerca de esta del mercado, y se cegaron muchos pasos; de manera que de cuatro partes de la ciudad las tres estaban ya por nosotros, y los indios no hacían sino retraerse hacia la más fuerte, que era a las casas que estaban más metidas en el agua.

Otro día siguiente, que fue día del apóstol Santiago, entramos en la ciudad por la orden que antes, y seguimos por la calle grande, que iba a dar al mercado, y ganámosles una calle muy ancha de agua, en que ellos pensaban que tenían mucha seguridad; y aunque se tardó gran rato y fue peligrosa de ganar, y en todo este día no se pudo, como era muy ancha, de acabar de cegar, por manera que los de caballo pudiesen pasar de la otra parte. Y como estábamos todos a pie y los indios veían que los de caballo no habían pasado, vinieron de refresco sobre nosotros muchos de ellos muy lucidos; y como les hicimos rostro y teníamos muchos ballesteros, dieron la vuelta a sus albarradas y fuerzas que tenían, aunque fueron hartos asaetados. Y demás de esto todos los españoles de pie llevaban sus picas, las cuales yo había mandado hacer después que me desbarataron, que fue cosa muy provechosa. Aquel día, por los lados de la una parte y de la otra de aquella calle principal, no se entendió sino en quemar y allanar casas, que era lástima cierto de lo ver; pero como no nos convenía hacer otra cosa, éramos forzado seguir aquella orden. Los de la ciudad, como veían tanto estrago, por esforzarse decían a nuestros amigos que no hiciesen sino quemar y destruir, que ellos se las harían tornar a hacer de nuevo, porque si ellos eran vencedores, ya ellos sabían que había de ser así, y si no, que las habían de hacer para nosotros; y de esto postrero plugo a Dios que salieron verdaderos, aunque ellos son los que las tornan a hacer.

Otro día luego de mañana entramos en la ciudad por la orden acostumbrada, y llegados a la calle de agua que habíamos cegado el día antes, hallámosla de la manera que la habíamos dejado; y pasamos adelante dos tiros de ballesta, y ganamos dos acequias grandes de agua que tenían rotas en lo sano de la misma calle, y llegamos a una torre pequeña de sus ídolos, y en ella hallamos ciertas cabezas de los cristianos que nos habían muerto, que nos pusieron harta lástima. Y desde aquella torre iba a la calle derecha, que era la misma adonde estábamos, a dar a la calzada del real de Sandoval, y a la mano izquierda iba otra calle a dar al mercado, en la cual ya no había agua ninguna, excepto una que nos defendían, y aquel día no pasamos de allí, pero peleamos mucho con los indios. Y como Dios Nuestro Señor cada día nos daba victoria, ellos siempre llevaban lo peor; y aquel día, ya que era tarde, nos volvimos al real.

Otro día siguiente, estando aderezando para tornar a entrar en la ciudad, a las nueve horas del día vimos de nuestro real salir humo de dos torres muy altas que estaban en el Tlatelulco o mercado de la ciudad, que no podíamos pensar qué fuese, y como parecía que era más que de sahumerios que acostumbraban los indios a hacer a sus ídolos, barruntamos que la gente de Pedro de Alvarado había llegado allí, y aunque así era la verdad no lo podíamos creer. Y cierto, aquel día Pedro de Alvarado y su gente lo hicieron valientemente, porque teníamos muchas puentes y albarradas de ganar, y siempre acudían a las defender toda la más parte de la ciudad. Pero como él vio que por nuestra instancia íbamos estrechando a los enemigos, trabajó todo lo posible por entrarles al mercado, porque allí tenían toda su fuerza: pero no pudo más de llegar a vista de él y ganarles aquellas torres y otras muchas que están junto al mismo mercado, que es tanto casi como el circuito de las muchas torres de la ciudad; y los de caballo se vieron en harto trabajo y les fue forzado retraerse, y al retraer les hirieron tres caballos; y así, se volvieron Pedro de Alvarado y su gente a su real, y nosotros no quisimos ganar aquel día una puente y calle de agua que quedaba nomás para llegar al mercado, salvo allanar y cegar todos los malos pasos; y al retraernos apretaron reciamente, aunque fue a su costa.

Otro día entramos luego por la mañana en la ciudad, y como no había por ganar hasta llegar al mercado sino una traviesa de agua con su albarrada, que estaba junto a la torrecilla que he dicho, comenzámosla a combatir, y un alférez y otros dos o tres españoles echáronse al agua, y los de la ciudad desampararon luego el paso, y comenzóse a cegar y a aderezar para que pudiésemos pasar con los caballos; y estándose aderezando llegó Pedro de Alvarado por la misma calle con cuatro de caballo, que fue sin comparación el placer que hubo la gente de su real y del nuestro, porque era camino para dar muy breve conclusión a la guerra. Y Pedro de Alvarado dejaba recaudo de gente en las espaldas y lados, así para conservar lo ganado como para su defensa; y como luego se aderezó el paso, yo con algunos de caballo me fui a ver el mercado, y mandé a la gente de nuestro real que no pasasen adelante de aquel paso. Y después que anduvimos un rato paseándonos por la plaza, mirando los portales de ella, los cuales por las azoteas estaban llenos de enemigos, y como la plaza era muy grande y veían por ella andar los de caballo, no osaban llegar; y yo subí en aquella torre grande que está junto al mercado, y en ella también y en otras hallamos ofrecidas ante sus ídolos las cabezas de los cristianos que nos habían muerto, y de los indios de Tascaltecal nuestros amigos, entre quien siempre ha habido muy antigua y cruel enemistad.

[…]

Otro día bien de mañana aquellos principales vinieron a nuestro real, y dijéronme que me fuese a la plaza del mercado de la ciudad, porque su señor me quería ir a hablar allí; y yo, creyendo que fuera así, cabalgué y tomamos nuestro camino, y estúvele esperando donde quedaba concertado más de tres o cuatro horas, y nunca quiso venir ni parecer ante mí. Y como yo vi la burla, y que era ya tarde, y que ni los otros mensajeros ni el señor venían, envié a llamar a los indios nuestros amigos, que habían quedado a la entrada de la ciudad, casi una legua de donde estábamos, a los cuales yo había mandado que no pasasen de allí, porque los de la ciudad me habían pedido que para hablar en las paces no estuviese ninguno de ellos dentro; y ellos no se tardaron, ni tampoco los del real de Pedro de Alvarado. Y como llegaron, comenzamos a combatir unas albarradas y calles de agua que tenían, que ya no les quedaba otra mayor, fuerza; y entrámosles, así nosotros como nuestros amigos, todo lo que quisimos.

Y al tiempo que yo salí del real había proveído que Gonzalo de Sandoval entrase con los bergantines por la otra parte de las casas en que los indios estaban fuertes, por manera que los tuviésemos cercados, y que no los combatiese hasta que viese que nosotros combatíamos; por manera que, por estar así cercados y apretados, no tenían paso por dónde andar sino por encima de los muertos y por las azoteas que les quedaban; y a esta causa ni tenían ni hallaban flechas ni varas ni piedras con que nos ofender; y andaban con nosotros nuestros amigos a espada y rodela, y era tanta la mortandad que en ellos se hizo por la mar y por la tierra, que aquel día se mataron y prendieron más de 40 000 ánimas; y era tanta la grita y lloro de los niños y mujeres, que no había persona a quien no quebrantase el corazón, y ya nosotros teníamos más que hacer en estorbar a nuestros amigos que no matasen ni hiciesen tanta crueldad que no en pelear con los indios; la cual crueldad nunca en generación tan recia se vio, ni tan fuera de toda orden de naturaleza como en los naturales de estas partes. Nuestros amigos hubieron este día muy gran despojo, el cual en ninguna manera les podíamos resistir, porque nosotros éramos obra de 900 españoles y ellos más de 150 000 hombres, y ningún recaudo ni diligencia bastaba para los estorbar que no robasen, aunque de nuestra parte se hacía todo lo posible. Y una de las cosas porque los días antes yo rehusaba de no venir en tanta rotura con los de la ciudad, era porque tomándolos por fuerza habían de echar lo que tuviesen en el agua, y ya que no lo hiciesen, nuestros amigos habrían de robar todo lo más que hallasen; y a esta causa temía que se habría para vuestra majestad poca parte de la mucha riqueza que en esta ciudad había, y según la que yo antes para vuestra alteza tenía; y porque ya era tarde, y no podíamos sufrir el mal olor de los muertos que había de muchos días por aquellas calles, que era la cosa del mundo más pestilencial, nos fuimos a nuestros reales.

Y desde a poco volvió con ellos uno de los más principales de todos aquellos, que se llamaba Ciguacoacín, y era el capitán y gobernador de todos ellos, y por su consejo se seguían todas las cosas de la guerra; y yo le mostré buena voluntad porque se asegurase y no tuviese temor; y al fin me dijo que en ninguna manera el señor vendría ante mí, y antes quería por allá morir, y que a él pesaba mucho de esto; que hiciese yo lo que quisiese. Y como vi en esto su determinación, yo le dije que se volviese a los suyos y que el y ellos se aparejasen, porque los quería combatir y acabar de matar; y así; se fue, Y como en estos conciertos se pasaron más de cinco horas y los de la ciudad estaban todos encima de los muertos, y otros en el agua, y otro andaban nadando, y otros ahogándose en aquel lago donde estaban las canoas, que era grande, era tanta la pena que tenían, que no bastaba juicio a pensar cómo lo podían sufrir; y no hacían sino salirse infinito número de hombres y mujeres y niños hacia nosotros. Y por darse prisa al salir, unos a otros se echaban al agua, y se ahogaban entre aquella multitud de muertos; que, según pareció, del agua salada que bebían, y de la hambre y mal olor, había dado tanta mortandad en ellos, que murieron más de 50 000 ánimas. Los cuerpos de las cuales, porque nosotros no alcanzásemos su necesidad, ni los echaban al agua, porque los bergantines no topasen con ellos, ni los echaban fuera de su conversación, porque nosotros por la ciudad no lo viésemos; y así por aquellas calles en que estaban, hallábamos los montones de los muertos, que no había persona que en otra cosa pudiese poner los pies; y como la gente de la ciudad se salía a nosotros, yo había proveído que por todas las calles estuviesen españoles para estorbar que nuestros amigos no matasen a aquellos tristes que salían, que eran sin cuento. Y también dije a todos los capitanes de nuestros amigos que en ninguna manera consintiesen matar a los que salían; y no se pudo tanto estorbar, como eran tantos, que aquel día no mataron y sacrificaron más de 15 000 animas: y en esto todavía los principales y gente de guerra de la ciudad, se estaban arrinconados y en algunas azoteas y casas y en el agua, donde ni les aprovechaba disimulación ni otra cosa porque no viésemos su perdición y su flaqueza muy a la clara. Viendo que se venía la tarde y que no se querían dar, hice asentar los dos tiros gruesos hacia ellos, para ver si se darían, porque más daño recibieran en dar licencia a nuestros amigos que les entraran que no de los tiros, los cuales hicieron algún daño. Y como tampoco esto aprovechaba, mandé soltar la escopeta, y en soltándola, luego fue tomado aquel rincón que tenían y echados al agua los que en él estaban; otros que quedaban sin pelear se rindieron.

Y los bergantines entraron de golpe por aquel lago y rompieron por medio de la flota de canoas, y la gente de guerra que en ellas estaba ya no osaban pelear. Y plugo a Dios que un capitán de un bergantín, que se dice Garci Holguín, llegó en pos de una canoa en la cual le pareció que iba gente de manera; y como levaba dos o tres ballesteros en la proa del bergantin e iban encarando en los de la canoa, hiciéronle señal que estaba allí el señor, que no tirasen, y saltaron de presto, y prendiéronle a él y a aquel Guatimucin, y a aquel señor de Tacuba, y a otros principales que con él estaban; y luego el dicho capitán Garci Holguín me trajo allí a la azotea donde estaba, que era junto al lago, al señor de la ciudad y a los otros principales presos; el cual, como le hice sentar, no mostrándole riguridad ninguna, llegóse a mí y díjome en su lengua que ya él había hecho todo lo que de su parte era obligado para defenderse a sí y a los suyos hasta venir en aquel estado, que ahora hiciese de él lo que yo quisiese; y puso la mano en un puñal que yo tenía, diciéndome que le diese de puñaladas y le matase. Y yo le animé y le dije que no tuviese temor ninguno; y así, preso este señor, luego en ese punto cesó la guerra, a la cual plugo a Dios Nuestro Señor dar conclusión martes, día de San Hipólito, que fueron 13 de agosto de 1521 años.

De manera que desde el día que se puso cerco a la ciudad, que fue a 30 de mayo del dicho año, hasta que se ganó, pasaron 75 días, en los cuales vuestra majestad verá los

> trabajos, peligros y desventuras que estos sus vasallos padecieron, en los cuales mostraron tanto sus personas, que las obras dan buen testimonio de ello.
>
> Y en todos aquellos 75 días del cerco ninguno se pasó que no se tuviese combate con los de la ciudad, poco o mucho. Aquel día de la prisión de Guatimucín y toma de la ciudad, después de haber recogido el despojo que se pudo haber, nos fuimos al real dando gracias a nuestro Señor por tan señalada merced y tan deseada victoria como nos había dado.[65]

Para el triunfo de Cortés y sus huestes en la batalla por Tenochtitlan mucho contó el factor gente; es decir, el número de combatientes que los conquistadores lograron reunir hasta dejar solos y en minoría a los defensores de la ciudad. Atrás había quedado lo que según Cortés, pensaban los guerreros indígenas en el tiempo de la derrota de la Noche Triste o de la victoria mexica. Como eran muchos más, con un español que mataran, perdiendo ellos 25 000, siendo los mexicas tantos y los invasores tan pocos, terminarían por vencerlos. Sin embargo, la situación había cambiado; los españoles sumaron a la postre más aliados indígenas hasta llegar a ser superiores en número a los guerreros de la resistencia mexica. Primero, Cortés inició el cerco con más de 100 000 hombres; luego, en pleno combate en Tenochtitlan, se le adhirieron 50 000 indígenas de Texcoco; y al final, todos los pueblos de la orilla de las lagunas. Hay un pasaje durísimo en el cual están enfrentados en la ciudad y en eso llegan los de Texcoco a reforzar a los españoles y les ayudan a triunfar. Sobre esto, Cortés le comenta al rey: «Bien podrá vuestra cesárea majestad considerar si era buen socorro y buena amistad la de don Hernando [el tlatoani de Texcoco aliado a los españoles], y lo que sentirían los de Temixtitan en ver venir contra ellos a los que ellos tenían por vasallos y por amigos, y por parientes y hermanos, y aun padres e hijos».[66]

El otro elemento decisivo en la imposición española fue la crueldad, pues desde que se inició el cerco, lo primero que hicieron fue romper el acueducto para dejar sin agua a los sitiados. Aunado a esto, utilizaron miles de canoas que les prestaron los indígenas aliados de los pueblos de la orilla de la laguna, con lo cual impidieron la entrada de alimentos; asimismo, avanzaron arrasando y quemando por donde pasaban, sin considerar realmente, como demagógicamente sostenía Cortés, que estaban destruyendo la ciudad que «era la más hermosa cosa del mundo». No obstante, hubo un tiempo en esta larga batalla que la resistencia mexica estuvo a punto de repetir la derrota de la Noche Triste; dicho momento se produjo cuando los españoles intentaron tomar el mercado de Tlatelolco, lo cual les llevó más de veinte días de sangrientos combates, en uno de los cuales fueron derrotados y tuvieron que partir en retirada, con muchos riesgos de que hasta Cortés perdiera la vida. En este combate hubo españoles e indígenas aliados muertos, y es en esta ocasión que Cortés habla de que a los españoles que los guerreros mexicas agarraron vivos los sacrificaron en unos templos del mercado de Tlatelolco, asegurando algo que parece increíble por la prontitud: «En una torre alta de sus ídolos, que allí junto a la plaza, pusieron muchos perfumes y sahumerios de unas gomas que hay en esta tierra que parece mucho a ánime, lo cual ellos ofrecen a sus ídolos en señal de victoria».[67] Para luego apoyar su dicho en que «los españoles del real de Pedro de Alvarado pudieron ver bien de donde peleaban», que «en unas torres altas que allí estaban, desnudos los sacrificaron y abrieron por los pechos, y les sacaron los corazones para ofrecer a los ídolos [...] y en los cuerpos desnudos y blancos que vieron sacrificar conocieron que eran cristianos».[68]

Bernal Díaz del Castillo le copia esta versión a Cortés:

> Pues ya que estábamos retraídos cerca de nuestros aposentos, pasado ya una grande abra donde había mucha agua y no nos podían alcanzar las flechas y vara y piedra, y estando Sandoval y Francisco de Lugo y Andrés de Tapia con Pedro de Alvarado, contando a cada uno lo que le había acaecido y lo que Cortés mandaba, tornó a sonar el tambor muy doloroso del Uichilobos, y otros muchos caracoles y cornetas, y otros como trompetas, y todo el sonido de ellos espantable, y mirábamos al alto cu en donde los tañían, vimos que llevaban por fuerza las gradas arriba a nuestros compañeros que habían tomado en la derrota que dieron a Cortés, que los llevaban a sacrificar; y desde que ya los tuvieron arriba en una placeta que se hacía en el adoratorio donde estaban sus malditos ídolos, vimos que a muchos de ellos les ponían plumajes en las cabezas y con unos como aventadores les hacían bailar delante del Uichilobos, y después que habían bailado, luego les ponían de espalda encima de unas piedras, algo delgadas, que tenían hechas para sacrificar, y con unos navajones de pedernal les aserraban por los pechos y les sacaban los corazones bullendo y se los ofrecían a los ídolos que allí presentes tenían, y los cuerpos dábanles con los pies por las gradas abajo; y estaban aguardando abajo otros indios carniceros, que les cortaban brazos y pies, y las caras desollaban, y las adoraban después como cuero de guantes, y con sus barbas las guardaban para hacer fiestas con ellas cuando hacían borracheras, y se comían la carne con chilmote, y de esta manera sacrificaron a todos los demás, y les comieron las piernas y brazos, y los corazones y sangre ofrecían a sus ídolos, como dicho tengo, y los cuerpos, que eran las barrigas y tripas echaban a los tigres, leones y sierpes y culebras que tenían en la casa de las alimañas, como dicho tengo en el capítulo que atrás de ello he platicado.[69]

Bernal no pudo ver nada de esto, pues estaba en Tlacopan (Tacuba), a siete kilómetros de la plaza principal de Tenochtitlan, y su versión tan detallada la termina de escribir en 1568, alrededor de 47 años después de los supuestos hechos. Además, reitera el absurdo de que, en pleno combate, los mexicas iniciaron un ritual que implicaba preparar con plumajes a los que iban a ser sacrificados y ponerlos a danzar, para luego sacarles el corazón y exhibirlo todavía «bullendo».

Quise repetir este relato porque se trata de la supuesta prueba original que, desde entonces, se ha difundido sobre los sacrificios humanos —no solo de indígenas, sino también de españoles— para tratar de justificar la barbarie colonizadora. Por ello insisto en que resulta inverosímil aceptar la versión de que, en pleno y cerrado combate, los mexicas, en vez de ejecutar a los españoles cautivos de inmediato, hubiesen dejado de pelear y se dieran el tiempo de preparar el solemne ritual y extraerles el corazón, todo «lo cual los españoles del real de Pedro de Alvarado pudieron ver bien de dónde peleaban». También es una reverenda mentira lo que sostiene Cortés acerca de que indígenas aliados a ellos se comieron los restos de quinientos mexicas muertos en un enfrentamiento. Este cuento del canibalismo es igual que el de los sacrificios: pura propaganda tendenciosa y perversa. Bastaría con reiterar que si los indígenas hubieran practicado la antropofagia, no habrían muerto de hambre en el terrible cerco a Tenochtitlan, donde miles no tenían que comer. Lo cierto es que Cortés, dañino en todo, es el precursor de estas calumnias que luego se repitieron y repitieron hasta convertirse en verdad aceptada. En el texto que estamos analizando vemos cómo trata de perros a los indígenas, lo mismo que Bernal Díaz del Castillo y, más tarde, hasta los misioneros cristianos emprenderán una cruzada contra sus creencias a partir de lo sostenido por Cortés, y destruirán sus templos, los tratarán como bárbaros y los tendrán por la misma encarnación del demonio. Cortés en esta carta le dice al rey que se subía en el Templo Mayor o posiblemente al destinado a Huitzilopochtli porque los indios «me conocían y sabía que les pesaba mucho de verme subido en la torre». Era todo un provocador, un hombre verdaderamente perverso. Lamentablemente, en estas historias pocas veces triunfan los buenos. Este desalmado, sus huestes y aliados vencieron en la batalla de Tenochtitlan porque, además de imponerse militarmente, les ayudaron el hambre y la viruela, de la cual Cortés no hace referencia en su carta para no menguar su egolatría ni quitarle brillo a su ruin victoria. Sin dejar de pronunciar el nombre de Dios, continúa informando al rey que, aun agonizantes los vencidos, ellos seguían matando gente. Este conquistador criminal narra que, tres días antes de la rendición:

> Estando nosotros en celada, nos hicieron señal que saliésemos y dimos sobre infinita gente; pero como eran de aquellos más miserables y que salían a buscar de comer, los más venían desarmados y eran mujeres y muchachos; e hicimos tanto daño en ellos por todo lo que se podía andar de la ciudad, que presos y muertos pasaron de más de ochocientas personas, y los bergantines tomaron también mucha gente y canoas que andaban pescando, e hicieron en ellas mucho estrago.[70]

Asimismo, es abominable cómo describe de manera hipócrita esta otra matanza en un barrio de la ciudad: «Y fue tan grande la mortandad que se hizo en nuestros enemigos, que muertos y presos pasaron de 12 000 ánimas, con los cuales usaban de tanta crueldad nuestros amigos que por ninguna vía a ninguno daban la vida, aunque más reprendidos y castigados de nosotros eran».[71] O estos otros fragmentos de la carta de quien iba a misa todas las mañanas: «Era tanta mortandad que en ellos se hizo por la mar y por la tierra, que aquel día se mataron y prendieron más de 40 000 ánimas».[72] Todavía en la víspera de la rendición, informaba al rey Carlos V: «Y por darse prisa al salir, unos a otros se echaban al agua, y se ahogaban entre aquella multitud de muertos; que, según pareció, del agua salada que bebían, y de la hambre y mal olor, había dado tanta mortandad en ellos, que murieron más de 50 000 ánimas».[73]

El final ya lo leímos: Cuauhtémoc se rinde; el joven tlatoani de 18 años, según calculó Cortés, le pide que «le diese de puñaladas y le matare».[74] Sin embargo, él se había comprometido a respetarle la vida, algo que tampoco cumplió. Así se consumó, el 13 de agosto de 1521, la tremenda y lamentable victoria de los invasores en Tenochtitlan. Como diría el poeta tabasqueño Carlos Pellicer: «Fecha funeral». Luego de la terrible derrota militar, vendría para los pueblos indígenas una profunda crisis social, moral y espiritual que estuvo a punto de convertirse en un exterminio definitivo. Primero perdieron por completo su libertad. Muchos habían luchado junto a los españoles para quitarse el grillete mexica, pero en vez de eso, ellos mismos, con absoluta inocencia, ayudaron a que les impusieran un yugo mucho más opresivo. La idea dominante durante mucho tiempo, y hasta nuestros días, de que Moctezuma era un tirano puede ser cierta, pero los hechos narrados por el mismo Cortés reflejan que sus opositores se sumaron a los invasores por sentirse libres y no por vivir como esclavos. Es demostrable también que los pueblos sometidos al dominio mexica tenían que pagar tributo o impuestos al poder central, pero la versión de que eran devorados por sus opresores es más bien una típica inventiva de cualquier colonizador, una vulgaridad nunca comprobada. No debe descartarse, sin embargo, que en otros tiempos la hegemonía mexica se haya impuesto mediante la fuerza en todo Mesoamérica, aunque a la llegada de los españoles era evidente la decadencia del poderío de Moctezuma y de sus aliados. De haber existido un poder centralizado fuerte o una tiranía militar, no habría sido posible que Cortés llegara con apenas cuatrocientos soldados españoles la primera vez a Tenochtitlan, luego de enfrentar dos o tres batallas, desde la península de Yucatán hasta el Valle de México.

Consigno aquí un fragmento de un discurso de mi maestro Carlos Pellicer, leído en Huixquilucan, Estado de México, el 16 de septiembre de 1930, al conmemorarse un aniversario más de nuestra Independencia:

> Los malos gobiernos precipitan a los pueblos a la esclavitud. Hace 400 años los mexicanos perdieron su libertad por culpa del mal gobierno del rey Motecuhzoma. Este Monarca impuso por la fuerza contribuciones injustísimas a los pueblos que formaban el gran Imperio azteca, y los pueblos así oprimidos lo odiaron a muerte y juraron venganza. Cuando los españoles llegaron a nuestras tierras encontraron fácil la invasión y la conquista ofreciendo a los indios oprimidos su apoyo y ayuda para acabar con Motecuhzoma y su tiranía. Sabemos de sobra con cuanta perfidia obraron aquellos infames aventureros. Y los pueblos esclavizados por el tirano se entregaron a los españoles, solo para saciar su odio contra Motecuhzoma y vengarse de su gobierno despótico. Así por culpa de un mal gobierno, perdieron los mexicanos, hace 400 años, su libertad, y cayeron en la horrible esclavitud de la que los sacó después de tres siglos, el sacrificio generoso del cura Hidalgo y de sus compañeros.[75]

Además del sometimiento esclavizante, agravado con la llegada de la mortal viruela, se produjo una desmoralización y un complejo de culpa que tardó en superarse y, por si fuese poco, después de la conquista militar, se padeció también de las terribles campañas contra las creencias y la religión indígena. Sin embargo, la innata vocación libertaria de los pueblos originarios superó el oprobio y la destrucción y, como veremos más adelante, se produjo el milagro de la resurrección que terminó por salvar a México y a su indomable y creativo pueblo.

Pero dejemos que Cortés termine de relatar los hechos en su tercera carta al rey Carlos V, fechada el 15 de mayo de 1522, informándole, nueve meses después de la batalla de Tenochtitlan, sobre cómo siguió pacificando y sometiendo, y del inicio de su resistencia ante el envío de autoridades de la realeza para desplazarlo, lo cual implicaba hacerlo a un lado después de su «abnegada y loable» proeza:

> Allí en el real estuve tres o cuatro días, dando orden en muchas cosas que convenían, y después nos venimos a la ciudad de Cuyoacán, donde hasta ahora he estado entendiendo en la buena orden, gobernación y pacificación de estas partes.
>
> Recogido el oro y otras cosas, con parecer de los oficiales de vuestra majestad se hizo fundición de ello, y montó lo que se fundió más de 130 000 castellanos, de que se dio el quinto al tesorero de vuestra majestad, sin el quinto de otros derechos que a vuestra majestad pertenecieron de esclavos y otras cosas, según más largo se verá por la relación de todo lo que a vuestra majestad perteneció, que irá firmado de nuestros nombres. Y el oro que restó se repartió en mí y en los españoles, según la manera y servicio y calidad de cada uno; demás del dicho oro se hubieron ciertas piezas y joyas de oro, y de las mejores de ellas se dio el quinto al dicho tesorero de vuestra majestad.
>
> Entre el despojo que se hubo en la dicha ciudad hubimos muchas rodelas de oro y penachos y plumajes, y cosas tan maravillosas que por escrito no se pueden significar ni se pueden comprender si no son vistas; y por ser tales, parecióme que no se debían quintar ni dividir, sino que de todas ellas se hiciese servicio a vuestra majestad, para la cual yo hice juntar todos los españoles, y les rogué que tuviesen por bien que aquellas cosas se enviasen a vuestra majestad, y que de la parte que a ellos venía y a mí sirviésemos a vuestra majestad; y ellos holgaron de lo hacer de muy buena voluntad, y con tal, ellos y yo enviamos el dicho servicio a vuestra majestad con los procuradores que los consejos de esta Nueva España envían.
>
> Como la ciudad de Temixtitan era tan principal y nombrada por todas estas partes, parece que vino a noticia de un señor de una muy gran provincia que está 70 leguas de Temixtitan, que se dice Mechuacán, cómo la habíamos destruido y asolado, y considerando la grandeza y fortaleza de la dicha ciudad, al señor de aquella provincia le pareció que, pues que aquella no se nos había defendido, que no habría cosa que se nos amparase; y por temor o por lo que a él le plugo, envióme ciertos mensajeros, y de su parte me dijeron por los intérpretes de su lengua que su señor, y que, si yo tuviese por bien, él y los suyos lo querían también ser y tener mucha amistad con nosotros. Y yo le respondí que era verdad que todos éramos vasallos de aquel gran señor, que era vuestra majestad, y que a todos los que no lo quisiesen ser les habíamos de hacer guerra, y que su señor y ellos lo habían hecho muy bien. Y como yo de poco acá tenía alguna noticia de la mar del Sur, informéme también de ellos si por su tierra podía ir allá; y ellos me respondieron que sí; y roguéles que, porque pudiese informar a vuestra majestad de la dicha mar y de

su provincia, llevasen consigo dos españoles que les daría; y ellos dijeron que les placía de muy buena voluntad, pero que para pasar al mar había de ser por tierra de un gran señor con quien ellos tenían guerra, y que a esta causa no podían por ahora llegar a la mar. Estos mensajeros de Mechuacán estuvieron aquí conmigo tres o cuatro días, y delante de ellos hice escaramuzar los de caballo, para que allá lo contasen; y habiéndoles dado ciertas joyas, a ellos y a los dos españoles despaché para la dicha provincia de Mechuacán.

[...]

En la otra relación, muy católico Señor, hice saber a vuestra majestad cómo al tiempo que los indios me desbarataron y echaron la primera vez fuera de la ciudad de Temixtitan, se habían rebelado contra el servicio de vuestra majestad todas las provincias sujetas a la ciudad y nos habían hecho la guerra, y por esta relación podrá vuestra majestad mandar ver cómo habemos reducido a su real servicio todas las más tierras y provincias que estaban rebeladas; y porque ciertas provincias que están de la costa de la mar del Norte a 10 y 15 y a 30 leguas, desde que la dicha ciudad de Temixtitan se había alzado ellas estaban rebeladas, y los naturales de ellas habían muerto a traición y sobre seguro más de 100 españoles, y yo, hasta haber dado conclusión en esta guerra de la ciudad, no había tenido posibilidad para enviar sobre ellos; acabados de despachar aquellos españoles que vinieron de descubrir la mar del Sur, determiné de enviar a Gonzalo de Sandoval, alguacil mayor, con 35 de caballo y 200 españoles y gente de nuestros amigos, y con algunos principales y naturales de Temixtitan, a aquellas provincias, que se dicen Tatactetelco y Tustepeque y Guatuxco y Aulicaba; y dádole instrucción de la orden que había de tener en esta jornada, se comenzó a aderezar para la hacer.

En esta sazón, el teniente que yo había dejado en la villa de Segura de la Frontera, que es en la provincia de Tepeaca, vino a esta ciudad de Cuyoacán e hízome saber cómo los naturales de aquella provincia y de otras a ella comarcanas, vasallos de vuestra majestad recibían daño de los naturales de una provincia que se dice Guaxacaque, que les hacían guerra porque eran nuestros amigos, y que demás de ser necesario poner remedio a esto, era muy bien asegurar aquella provincia de Guaxacaque, porque estaba en camino de la mar del Sur, y en pacificándose sería cosa muy provechosa, así para lo dicho como para otros efectos de que adelante haré relación a vuestra majestad; y el dicho teniente me dijo que estaba muy particularmente informado de aquella provincia, y que con poca gente la podría sojuzgar; porque estando yo en el real sobre Temixtitan él había ido a ella porque los de Tepeaca le ahincaban que fuese a hacer guerra a los naturales de ella; pero como no había llevado más de 20 o 30 españoles, le habían hecho volver, aunque no tan despacio como él quisiera. Y yo, vista su relación, dile 12 de caballo y 80 españoles, y el dicho alguacil mayor y teniente se partieron con su gente de esta ciudad de Cuyoacán a 30 de octubre del año de 521. Y llegados a la provincia de Tepeaca, hicieron allí sus alardes, y cada uno se partió a su conquista; y el alguacil mayor, después de 25 días me escribió cómo había llegado a la provincia de Guatuxco, y que aunque llevaba harto recelo que se había de ver en aprieto con los enemigos porque era gente muy diestra en la guerra y tenía muchas fuerzas en su tierra, que había placido a nuestro Señor que habían salido de paz; y que aunque no había llegado a las otras provincias, que tenía por muy cierto que todos los naturales de ellas se le vendrían á dar por vasallos de vuestra majestad; y después de 15 días hube cartas suyas, por las cuales me hizo saber cómo había pasado más adelante y que toda aquella tierra estaba ya de paz y que le parecía que para la tener asegura era bien poblar en lo más a propósito de ella, como mucho antes lo habíamos puesto en plática, y que viese lo que cerca de ello debía hacer. Yo le escribí agradeciéndole mucho lo que había trabajado en aquella su jornada en servicio de vuestra majestad, y le hice saber que me parecía muy bien lo que decía acerca del poblar; y enviéle a decir que hiciese una villa de españoles en la provincia de Tuxtepeque y que le pusiese nombre Medellín; y enviéle su nombramiento de alcaldes y regidores y otros oficiales; a los cuales todos encargué mirasen todo lo que conviniese al servicio de vuestra majestad y al buen tratamiento de los naturales.

El teniente de la villa de Segura de la Frontera se partió con su gente a la provincia de Guaxaca, con mucha gente de guerra de aquella comarca, nuestros amigos; y aunque los naturales de la dicha provincia se pusieron en resistirle y peleó dos o tres veces con ellos muy reciamente, al fin se dieron de paz, sin recibir ningún daño; y de todo me escribió particularmente, y me informó cómo la tierra era muy buena y rica de minas, y me envió una muy singular muestra de oro de ellas, que también envío a vuestra majestad, y él se quedó en la dicha provincia para hacer de allí lo que le enviase a mandar.

Habiendo dado orden en el despacho de estas dos conquistas, y sabiendo el buen suceso de ellas, y viendo cómo yo tenía ya pobladas tres villas de españoles y que conmigo estaban copia de ellos en esta ciudad de Cuyoacán, habiendo platicado en qué parte haríamos otra población alrededor de las lagunas, porque de esta había más necesidad para la seguridad y sosiego de todas estas partes; y asimismo viendo que la ciudad de Temixtitan, que era cosa tan nombrada y de que tanto caso y memoria siempre se ha hecho, parecíonos que en ella era bien poblar, porque estaba toda destruida; y yo repartí los solares a los que se asentaron por vecinos, e hízose nombramiento de alcaldes y regidores en nombre de vuestra majestad, según en sus reinos se acostumbra; y entre tanto que las casas se hacen, acordamos de estar y residir en esta ciudad de Cuyoacán, donde al presente estamos. De cuatro o cinco meses acá, que la dicha ciudad de Temixtitan se va reparando, está muy hermosa, y crea vuestra majestad que cada día se irá ennobleciendo en tal manera, que como antes fue principal y señora de todas estas provincias, que lo será también de aquí adelante; y se hace y hará de tal manera que los españoles estén muy fuertes y seguros y muy señores de los naturales, de manera que de ellos en ninguna forma puedan ser ofendidos.

En este comedio, el señor de la provincia de Tecoantepeque, que es junto a la mar del Sur, y por donde la descubrieron los dos españoles, me envió ciertos principales y con ellos se envió a ofrecer por vasallo de vuestra majestad, y me envió un presente de ciertas joyas y piezas de oro y plumajes, lo cual todo se entregó al tesorero de vuestra majestad, y yo les agradecí a aquellos mensajeros lo que de parte de su señor me dijeron, y les di ciertas cosas que le llevasen, y se volvieron muy alegres.

Asimismo vinieron a esta sazón los dos españoles que habían ido a la provincia de Mechuacán, por donde los mensajeros que el señor de allí me había enviado me habían dicho que también por aquella parte se podía ir a la mar del Sur, salvo que había de ser por tierra de un señor que era su enemigo; y con los dos españoles vino un hermano del señor de Mechuacán, y con él otros principales y servidores, que pasaban de 1 000 personas, a los cuales yo recibí mostrándoles mucho amor; y de parte del señor de la dicha provincia, que se dice Calcucín, me dieron para vuestra majestad un presente de rodelas de plata, que pesaron tantos marcos, y otras cosas muchas, que se entregaron al tesorero de vuestra majestad; y porque viesen nuestra manera y lo contasen allá a su señor, hice salir a todos los de caballo a una plaza, y delante de ellos corrieron y escaramuzaron; y la gente de pie salió en ordenanza y los escopeteros soltaron las escopetas, y con el artillería hice tirar a una torre, y quedaron todos muy espantados de ver lo que en ella se hizo y de ver correr los caballos; e hícelos llevar a ver la destrucción y asolamiento de la ciudad de Temixtitan, que de la ver, y de ver fuerza y fortaleza, por estar en el agua, quedaron muy más espantados. Y a cabo de cuatro a cinco días, dándoles muchas cosas para su señor de las que ellos tienen en estima, y para ellos, se partieron muy alegres y contentos.

Antes de ahora he hecho relación a vuestra majestad del río de Pánuco, que es la costa abajo de la villa de la Vera Cruz, 50 o 60 leguas; al cual los navíos de Francisco de Garay habían ido dos o tres veces, y aun recibido harto daño de los naturales del dicho río, por la poca manera que se habían dado los capitanes que allí había enviado en la contratación que habían querido tener con los indios. Y después yo, viendo que en toda la costa de la mar del Norte hay falta de puertos, y ninguno hay tal como aquel del río, y también porque aquellos naturales de él habían de antes venido a mí a se ofrecer por vasallos de vuestra majestad, y ahora han hecho y hacen guerra a los vasallos de vuestra majestad, nuestros amigos; tenía acordado de enviar allá un capitán con cierta gente y pacificar toda aquella provincia. Y si fuese tierra tal para poblar, hacer allí en el río una villa, porque todo lo de aquella comarca se aseguraría; y aunque éramos pocos, y derramados en tres o cuatro partes, y tenía por esta causa alguna contradicción para no sacar más gente de aquí; empero, así por socorrer a nuestros amigos, como por que después que se había ganado la ciudad de Temixtitan habían venido navíos y habían traído alguna gente y caballos, hice aderezar 25 de caballo y 150 peones, y un capitán con ellos, para que fuesen al dicho río.

Y estando despachando a este capitán me escribieron de la Villa de la Vera Cruz cómo allí al puerto de ella había llegado un navío, y que en él venía Cristóbal de Tapia, veedor de las fundiciones de la isla Española, del cual otro día siguiente recibí una carta por la cual me hacía saber que su venida a esta tierra era para tener la gobernación de ella por mandado de vuestra majestad, y que de ello traía sus provisiones reales, de las cuales en ninguna parte quería hacer presentación hasta que nos viésemos, lo cual quisiera que fuera luego; pero que como traía las bestias fatigadas de la mar, no se había metido en camino; y que me rogaba que diésemos orden cómo nos viésemos, o él viniendo acá, o yo yendo allá a la costa de la mar.

> Luego conocí su intención y que era maldad y rodeo para verme fuera de esta provincia, porque como alguno de los principales de ella habían sabido que los días antes yo estaba de partida y vieron que me estaba quedo, habían buscado esta otra manera; y yo disimulé con ellos, y después prendí algunos que lo habían ordenado. De manera que la venida del dicho Tapia y no tener experiencia de la tierra y gente de ella, causó harto bullicio, y su estada hiciera mucho daño si Dios no lo hubiera remediado. Más servicio hubiera hecho a vuestra majestad estando en la isla Española, dejar su venida y consultarla primero a vuestra majestad, y hacerle saber el estado en que estaban las cosas de estas partes, pues lo había sabido de los navíos que yo había enviado a la dicha isla por socorro, y sabía claramente haberse remediado el escándalo que se esperaba haber con la venida de la armada de Pánfilo de Narváez; aquel que principalmente por los gobernadores y Consejo real de vuestra majestad había sido proveído; mayormente que por el almirante y jueces y oficiales de vuestra majestad que residen en la dicha isla Española, el dicho Tapia había sido requerido muchas veces que no curase de venir a estas partes sin que primero vuestra majestad fuese informado de todo lo que en ellas ha sucedido, y para ello le sobreseyeron su venida so ciertas penas; el cual, con formas que con ellos tuvo, mirando más su particular interés que a lo que al servicio de vuestra majestad convenía, trabajó que se le alzase el sobreseimiento de su venida. He hecho relación de todo ello a vuestra majestad porque cuando el dicho Tapia se partió, los procuradores y yo no la hicimos porque él no fuera buen portador de nuestras cartas; y también porque vuestra majestad vea y crea que en no recibir al dicho Tapia vuestra majestad fue muy servido, según que más largamente se probará cada y cuando fuese necesario.[76]

Como vimos, la parte final de esa tercera relación es para informar a Carlos V que, luego del triunfo en Tenochtitlan, se llevó a cabo un «despojo [...] en dicha ciudad»,[77] cuyo botín se repartió en tres partes. El quinto real —el 20% del monto total y algo más— para Carlos V, lo correspondiente a Cortés y el resto para los soldados españoles, según el mérito. También se informa que, luego de la batalla de Tenochtitlan, llegaron a someterse autoridades de Michoacán y que mandó a pacificar Oaxaca y a «descubrir» el mar del Sur. Estaba asentado en Coyoacán, mientras se reconstruía la ciudad, en la cual entregaba solares a nuevos pobladores y organizaba demostraciones de fuerza para los visitantes —candidatos a vasallos— con sus llamados «alardes»: «Poner a correr a los caballos, soltar cañonazos, también los amenazaba con hacerles "guerra" y los llevaba a "ver la destrucción y arrollamiento de la ciudad de Temixtitan"».[78] Pero el principio del fin de Cortés comienza, como se lee en la carta, cuando le envían desde Santo Domingo a Cristóbal de Tapia con el nombramiento autorizado por Carlos V de gobernador y capitán de la Nueva España del mar Océano, como él mismo había bautizado el territorio conquistado, y en el cual era, por autodesignación, «capitán y justicia mayor». Aun cuando no quiso recibir al enviado del rey y lo regresó a La Española, desde entonces el mensaje era bastante claro: «Serás recompensado, posiblemente perdonado por tus excesos, pero vete haciendo a la idea que no mandarás ni gobernarás».

La cuarta carta-relación —del 15 de octubre de 1524, enviada al rey desde Tenochtitlan— se centra en la continuidad de la «pacificación» de más pueblos y territorios mediante el método o lectura de cartilla de sometimiento o guerra y en la gran dicha que le causa el haber recibido, por fin, una cédula real en la cual se le reconoce como gobernador, capitán general y justicia mayor de la Nueva España. Veamos:

Muy alto, muy poderoso y excelentísimo príncipe; muy católico, invictísimo emperador, rey y señor:

En la relación que envié a vuestra majestad con Juan de Ribera, de las cosas que en estas partes me habían sucedido después de la segunda que de ellas a vuestra alteza envié, dije como por apaciguar y reducir al real servicio de vuestra majestad las provincias de Guatusco, Tustepeque y Guaxaca y las otras a ellas comarcanas que son en la mar del Norte, que desde el alzamiento de esta ciudad estaban rebeladas, había enviado al alguacil mayor con cierta gente, y lo que en su camino les había pasado, y cómo le habían mandado que poblase en las dichas provincias y que pusiese nombre al pueblo la villa de Medellín; resta que vuestra alteza sepa cómo se pobló la dicha villa, y se apaciguó toda aquella tierra y provincias.

Luego, como todo aquello se pacificó, le envié más gente, y le mandé que fuese la costa arriba hasta la provincia de Guazacualco, que está de adonde se pobló esta dicha villa cincuenta leguas, y de esta ciudad ciento y veinte; porque cuando yo en esta ciudad estaba, siendo vivo Mutezuma, señor de ella, como siempre trabajé de saber todos los más secretos de estas partes que me fue posible, para hacer de ellos entera relación a vuestra majestad, había enviado a Diego de Ordaz, que en esta corte de vuestra majestad reside, y los señores y naturales de la dicha provincia le habían recibido de muy buena voluntad, y se habían ofrecido por vasallos y súbditos de vuestra alteza, y tenía noticia cómo en un muy grande río que por la dicha provincia pasa y sale a la mar, había muy buen puerto para navíos, porque el dicho Ordaz y los que con él fueron lo habían rondado, y la tierra era muy aparejada para poblar en ella; y por la falta que en esta costa hay de puertos, deseaba hallar alguno que fuese bueno y poblar en él.

[...]

Después, estando yo en la provincia de Pánuco, los naturales de estas partes echaron fama que yo me iba a Castilla, que causó harto alboroto; y una de estas dos provincias, que se dice Tututepeque, se tornó a rebelar, y bajó de su tierra el señor con mucha gente, y quemó más de veinte pueblos de los de nuestros amigos, y mató y prendió mucha gente de ellos; y por esto, viniéndome yo de camino de aquella provincia de Pánuco, los tomé a conquistar. Y aunque a la entrada mataron alguna gente de nuestros amigos que quedaba rezagada, y por las sierras reventaron diez o doce caballos, por el aspereza de ellas, se conquistó toda la provincia, y fue preso el señor y un hermano suyo muchacho, y otro capitán general suyo que tenía la una frontera de la tierra; y el cual dicho señor y su capitán fueron luego a horcados, y todos los que se prendieron en la guerra hechos esclavos, que serán hasta doscientas personas; los cuales se herraron y vendieron en almonedas, y pagado el quinto que de ello perteneció a vuestra majestad, lo demás se repartió entre los que se hallaron en la guerra; aunque no hubo para pagar el tercio de los caballos que murieron, porque, por ser la tierra pobre, no se hubo otro despojo. La demás gente que en la dicha provincia quedó, vino de paz y lo está, y por señor de ella aquel muchacho hermano del señor que murió; aunque al presente no sirve ni aprovecha de nada, por ser, como es, la tierra pobre, como dije, mas de tener seguridad de ella que no nos alborote los que sirven; y aun para más seguridad, he puesto en ella algunos naturales de los de esta tierra.

[...]

En los capítulos antes de este, excelentísimo príncipe, dije cómo viniendo de camino, después de haber pacificado la provincia de Pánuco, se conquistó la provincia de Tututepeque, que estaba rebelada, y todo lo que en ella se hizo; porque tenía nueva que una provincia que está cerca de la mar del Sur, que se llama Impilcingo, que es de la cualidad de esta de Tututepeque en fortaleza de sierras y aspereza de la tierra, y de gente no menos belicosa, los naturales de ella hacían mucho daño en los vasallos de vuestra cesárea majestad que confinan con su tierra, y de ellos se me habían venido a quejar y pedir socorro, aunque la gente que conmigo venía no estaba muy descansada, porque hay de una mar a otra doscientas leguas por aquel camino. Junté luego veinte y cinco de caballo y setenta u ochenta peones, y con un capitán los mandé ir a la dicha provincia; y en la instrucción que llevaba le mandé que trabajase de los atraer al real servicio de vuestra alteza por bien, y si no quisiesen, les hiciese la guerra; el cual fue y hubo con ellos ciertos reencuentros, y por ser la tierra tan áspera no pudo dejarla del todo conquistada; y porque yo le mandé en la dicha su instrucción que hecho aquello que se fuese a la ciudad de Zacatula, y con la gente que llevaba, Y con la que más de allí pudiese sacar, fuese a la provincia de Colimán, donde en los capítulos pasados dije que habían desbaratado aquel capitán y gente que iba de la provincia de Mechuacán para la dicha ciudad, y que trabajase de los atraer por bien, y si no, les conquistase.

Él se fue, y de la gente que llevaba y de la que allá tomó juntó cincuenta de caballo y ciento cincuenta peones, y se fue a la dicha provincia, que está de la ciudad de Zacatula, costa del mar del Sur abajo, sesenta leguas, y por el camino pacificó algunos pueblos que no estaban pacíficos, y llegó a la dicha provincia; y en la parte que al otro capitán habían desbaratado halló mucha gente de guerra que le estaba esperan-do, creyendo haberse con él como con el otro, y así rompieron los unos y los otros; y plugo a Nuestro Señor que la victoria fue por los nuestros, sin morir ninguno de ellos, aunque a muchos y a los caballos hirieron; y los enemigos pagaron bien el daño que habían hecho. Y fue tan bueno este castigo, que sin más guerra se dio luego toda la tierra de paz, y no solamente esta provincia, mas aun otras muchas cercanas a ella vinieron a se ofrecer por vasallos de vuestra cesárea majestad, que fueron Alimán, Colimonte y Ceguatán; y de allí me escribió todo lo que le había sucedido, y le envié a mandar que buscase un asiento que fuese bueno y en él se fundase una villa, y que le pusiese nombre Colimán, como la dicha provincia, y le envié nombramiento de alcaldes y regidores para ella.

Y le mandé que hiciese la visitación de los pueblos y gentes de aquellas provincias y me la trajese con toda la más relación y secretos de la tierra que pudiese saber; el cual vino y la trajo, y cierta muestra de perlas que halló; y yo repartí en nombre de vuestra majestad los pueblos de aquellas provincias a los vecinos que allá quedaron, que fueron veinte y cinco de caballo y ciento y veinte peones. Y entre la relación que de aquellas provincias hizo, trajo nueva de un muy buen puerto que en aquella costa se había hallado, de que holgué mucho, porque hay pocos; y asimismo me trajo relación de los señores de la provincia de Ciguatán, que se afirman mucho haber una isla toda poblada de mujeres, sin varón ninguno, y que en ciertos tiempos van de la tierra firme hombres, con los cuales han acceso, y las que quedan preñadas, si paren mujeres las guardan, y si hombres los echan de su compañía; y que esta isla está diez jornadas de esta provincia, y que muchos de ellos han ido allá y la han visto. Dícenme asimismo que es muy rica de perlas y oro; yo trabajaré, en teniendo aparejo, de saber la verdad y hacer de ello larga relación a vuestra majestad.

Viniendo de la provincia de Pánuco, en una ciudad que se dice Tuzapan, llegaron dos hombres españoles que yo había enviado con algunas personas de los naturales de la ciudad de Temixtitan y con otros de la provincia de Soconusco, que es en la mar del Sur la costa arriba, hacia donde Pedrarias Dávila, gobernador de vuestra alteza, doscientas leguas de esta gran ciudad de Temixtitan, a unas ciudades de que muchos días había que yo tengo noticia, que se llaman Uclacán y Guatemala, y están de esta provincia de Soconusco otras sesenta leguas, con los cuales dichos españoles vinieron hasta cien personas de los naturales de aquellas ciudades, por mandado de los señores de ellas, ofreciéndose por vasallos y súbditos de vuestra cesárea majestad, y yo los recibí en su real nombre y les certifiqué que queriendo ellos y haciendo lo que allí ofrecían, serían de mí y de los de mi compañía, en el real nombre de vuestra alteza, muy bien tratados y favorecidos, y les di, así a ellos como para que llevasen a sus señores, algunas cosas de las que yo tenía, y ellos en algo estiman, y torné a enviar con ellos otros dos españoles para que los proveyesen de las cosas necesarias por los caminos.

[...]

Tiene vuestra sacra majestad por la parte del Norte más de cuatrocientas leguas de tierra pacífica y sujeta a su real servicio, sin haber cosa en medio, y por la mar del Sur más de quinientas leguas; y todo, de la una mar a la otra, que sirve sin ninguna contradicción, excepto dos provincias que están entre la provincia de Teguantepeque y la de Chinanta y Guaxaca, y la de Guazacualco en medio de todas cuatro; que se llama la gente de la una los zapotecas y la otra los mixes. Las cuales, por ser tan ásperas que aun a pie no se pueden andar, puesto que he enviado dos veces gente a las conquistar y no lo han podido hacer porque tienen muy recias fuerzas y áspera tierra, y buenas armas, que pelean con lanzas de a veinte y cinco y treinta palmos; y muy gruesas y bien hechas, y las puntas de ellas de pedernales; y con esto se han defendido, y muerto algunos de los españoles que allá han ido. Y han hecho y hacen mucho daño en los vecinos que son vasallos de vuestra majestad, salteándolos de noche y quemándoles los pueblos y matando muchos de ellos; tanto, que han hecho que muchos de los pueblos cercanos a ellos se han alzado y confederado con ellos.

Y porque no llegue a más, aunque ahora no tenía sobra de gente, por haber salido a tantas partes, junté ciento y cincuenta hombres de pie, porque de caballo no pueden aprovechar, todos los más ballesteros y escopeteros, y cuatro tiros de artillería con la munición necesaria; los ballesteros y escopeteros proveídos con mucho almacén; y con ellos, por capitán, Rodrigo Rangel, alcalde de esta ciudad, que ahora ha un año había ido otra vez con gente sobre ellos, y por ser en tiempo de muchas aguas no pudo hacer cosa ninguna, y se volvió con haber estado allá dos meses. El cual dicho capitán y gente se partieron de esta ciudad a 5 de febrero de este año presente; creo, siendo Dios servido, que por llevar buen aderezo y por ir en buen tiempo, y porque lleva mucha gente de guerra diestra, de los naturales de esta ciudad y sus comarcas, que darán fin a aquella demanda; de que no poco servicio redundará a la imperial corona de vuestra alteza, porque no solo ellos no sirven, mas aun hacen mucho daño a los que tienen buena voluntad; y la tierra es muy rica de minas de oro: estando estos pacíficos, dicen aquellos vecinos que lo irán a sacar allá, y estos, por haber sido tan rebeldes, habiendo sido tantas veces requeridos, y una vez ofreciéndose por vasallos de vuestra alteza, y haber muerto españoles y haber hecho tantos daños, los pronunciar por esclavos; y mandé que los que a vida se pudiesen tomar los herrasen del hierro de vuestra alteza, y sacada la parte que a vuestra majestad pertenece, se repartiesen por aquellos que los fueron a conquistar. Bien puede, muy excelentísimo señor, tener vuestra real excelencia por muy cierto, que la menor de estas entradas que se van a hacer, me cuesta de mi casa más de cinco mil pesos de oro, y que las dos de Pedro de Alvarado y Cristóbal de Olid me cuestan más de cincuenta en dineros, sin otros gastos de mis haciendas que no se cuentan ni asientan por memoria. Pero como sea todo para el servicio de vuestra cesárea majestad, si mi persona juntamente con ello se gastase, lo tendría por mayor merced; y ninguna vez se ofrecerá en que en tal caso yo la pueda poner que no la ponga.

[…]

Después que Dios Nuestro Señor fue servido que esta gran ciudad de Temixtitan se ganase, parecióme por el presente no ser bien residir en ella, por muchos inconvenientes que había, y paséme con toda la gente a un pueblo que se dice Cuyoacán, que está en la costa de esta laguna, de que ya tengo hecha mención. Porque como siempre deseé que esta ciudad se reedificase, por la grandeza y maravilloso asiento de ella, trabajé de recoger todos los naturales, que por muchas partes estaban ausentados desde la guerra, y aunque siempre he tenido y tengo al señor de ella preso, hice a un capitán general que en la guerra tenía, y yo conocía del tiempo de Mutezuma, que tomase cargo de la tornar a poblar, y para que más autoridad su persona tuviese, tornéle a dar el mismo cargo que en tiempo del señor tenía, que es Ciguacoatl, que quiere tanto decir como lugarteniente del señor.

A otras personas principales, que yo también asimismo de antes conocía, les encargué otros cargos de gobernación de esta ciudad, que entre ellos se solían hacer; y a este Ciguacoatl y a los demás les di señorío de tierras y gente, en que se mantuviesen, aunque no tanto como ellos tenían, ni que pudiesen ofender con ellos en algún tiempo; y he trabajado siempre de honrarlos y favorecerlos y ellos lo han trabajado y hecho también, que hay hoy en la ciudad poblados hasta treinta mil vecinos, y se tiene en ella la orden que solía en sus mercados y contrataciones.

Y heles dado tantas libertades y exenciones, que de cada día se puebla en mucha cantidad, porque viven muy a su placer, que los oficiales de artes mecánicas, que hay muchos, viven por sus jornales, entre los españoles: así como carpinteros, albañiles, canteros, plateros y otros oficios; y los mercaderes tienen muy seguramente sus mercaderías, y las venden; y las otras gentes viven de ellos de pescadores, que es gran trato en esta ciudad, y otros de agricultura, porque hay ya muchos de ellos que tienen sus huertas, y siembran en ellas toda la hortaliza de España de que acá se ha podido haber simiente, y certifico a vuestra cesárea majestad que si plantas y semillas de las de España tuviesen y vuestra alteza fuese servido de nos mandar proveer de ellas, como en la otra relación lo envié a suplicar, según los naturales de estas partes son amigos de cultivar las tierras y de traer arboledas, que en poco espacio de tiempo hubiese acá mucha abundancia, de que no poco servicio pienso yo que redundaría a la imperial corona de vuestra alteza, porque sería causa de perpetuarse estas partes y de tener en ellas vuestra sacra majestad más rentas y mayor señorío que en lo que ahora en el nombre de Dios Nuestro Señor vuestra alteza posee. Para esto puede vuestra alteza ser cierto que en mí no habrá falta, y que lo trabajaré por mi parte cuanto las fuerzas y poder me bastare.

Puse luego por obra, como esta ciudad se ganó, de hacer en ella una fuerza en el agua, a una parte de esta ciudad en que pudiese tener los bergantines seguros, y desde ella ofender a toda la ciudad si en algo se pudiese, y estuviese en mi mano la salida y entrada cada vez que yo quisiese, e hízose. Está hecha tal, que aunque yo he visto algunas casas de atarazanas y fuerzas, no la he visto que la iguale; y muchos que han visto otras más, afirman lo que yo; y la manera que tiene esta casa es que a la parte de la laguna tiene dos torres muy fuertes con sus troneras en las partes necesarias; y la una de estas torres sale fuera del lienzo hacia la una parte con troneras, que barre todo él un lienzo, y la otra a la otra parte de la misma manera; y desde estas dos torres va un cuerpo de casa de tres naves, donde están los bergantines, y tienen la puerta para salir y entrar entre estas dos torres hacia el agua; y todo este cuerpo tiene asimismo sus troneras, y al cabo de este dicho cuerpo, hacia la ciudad, está otra muy gran torre, y de muchos aposentos bajos y altos, con sus defensas y ofensas para la ciudad. Y porque la enviaré figurada a vuestra sacra majestad como mejor se entienda, no diré más particularidades de ella sino que es tal que con tenerla es en nuestra mano la paz y la guerra cuando la quisiéremos, teniendo en ella los navíos y artillería que ahora hay.

Hecha esta casa, porque me pareció que ya tenía seguridad para cumplir lo que deseaba, que era poblar dentro en esta ciudad, me pasé a ella con toda la gente de mi compañía, y se repartieron los solares por los vecinos, y a cada uno de los que fueron conquistadores, en nombre de vuestra real alteza, yo di un solar, por lo que en ella había trabajado, demás del que se les ha de dar como a vecinos, que han de servir, según orden de estas partes, y hanse dado tanta prisa en hacer las casas de los vecinos, que hay mucha cantidad de ellas hechas, y otras que llevan ya buenos principios; y porque hay mucho aparejo de piedra, cal y madera, y de mucho ladrillo, que los naturales labran, que hacen todos tan buenas y grandes casas, que puede creer vuestra sacra majestad que de hoy en cinco años será la más noble y populosa ciudad que haya en lo poblado del mundo, y de mejores edificios.

Es la población donde los españoles poblamos, distinta de la de los naturales, porque nos parte un brazo de agua, aunque en todas las calles que por ella atraviesan hay puentes de madera, por donde se contrata de la una parte a la otra. Hay dos grandes mercados de los naturales de la tierra, el uno en la parte que ellos habitan y el otro entre los españoles, en estos hay todas las cosas de bastimentos que en la tierra se pueden hallar, porque de toda ella lo vienen a vender; y en esto no hay falta de lo que antes solía en el tiempo de su prosperidad. Verdad es que joyas de oro, ni plata, ni plumajes, ni cosa rica, no hay nada como solía; aunque algunas piececillas de oro y plata salen, pero no como antes.

[...]

Los oficiales que vuestra majestad mandó venir para entender en sus reales rentas y hacienda son llegados, y han comenzado a tomar las cuentas a los que antes tenían este cargo, que yo en nombre de vuestra alteza para ello había señalado; y porque los dichos oficiales harán relación a vuestra majestad del recado que en todo hasta aquí ha habido, no me detendré en dar de ello particular cuenta a vuestra majestad, mas de remitirme a la que ellos enviarán; que creo será tal que por ella vuestra alteza conozca la solicitud y vigilancia que yo he siempre tenido en lo que toca a su real servicio; y que aunque la ocupación de las guerras, pacificación de esta tierra, haya sido tanta cuanta el suceso manifiesta, que no por eso me he olvidado de tener especial cuidado de guardar y allegar todo lo que ha sido posible de lo que a Vuestra majestad ha pertenecido y yo he podido aplicar. Y porque, por la carta-cuenta que los dichos oficiales a vuestra cesárea majestad envían, parece, y verá vuestra alteza, que yo he gastado de sus reales rentas en las cosas que para la pacificación de estas partes y ensanchamiento de los señoríos que en ellas vuestra cesárea majestad tiene, sesenta y dos mil y tantos pesos de oro, es bien que vuestra alteza sepa que no se pudo hacer otra cosa, porque cuando yo comencé a gastar de ello fue después de no me haber a mí quedado qué gastar, y aun de estar empeñado en más de treinta mil pesos de oro, que tomé prestados de algunas personas; y como no se pudiese hacer otra cosa, ni en el real servicio de vuestra alteza se pudiese cumplir lo necesario y mi deseo, fue forzado gastarlo; y no creo que ha sido tan poco el fruto que de ello redunda y redundará que no sea más de mil por ciento de ganancia. Y porque los oficiales de vuestra majestad, puesto que les consta que de haberlo yo gastado ha sido muy servido, no lo reciben en cuenta, porque dicen que para ello no traen comisión ni poder, suplico a vuestra majestad mande que, pareciendo ello haber sido bien gastado, se me reciba y se me paguen otros cincuenta y tantos mil pesos de oro que yo he gastado de mi hacienda y que he tomado prestado de mis amigos. Porque si esto no se me pagase yo no podría cumplir con los que me lo han prestado y quedaría en mucha necesidad, y no tengo yo pensamiento que vuestra católica majestad lo permita, sino que antes, demás de pagárseme, me ha de mandar hacer muchas y grandes mercedes; porque, demás de ser vuestra alteza tan católico y cristianísimo príncipe, mis servicios por su parte no lo desmerecen, y el fruto que han hecho da de ello testimonio.

De los dichos oficiales y de otras personas que en su compañía vinieron, y por algunas cartas que de esos reinos me han escrito, he sabido que las cosas que yo a vuestra cesárea majestad envié con Antonio de Quiñones y Alonso de Ávila, que fueron por procuradores de esta Nueva España, no llegaron ante su real presencia, porque fueron tomados de los franceses, a causa del mal recado que los de la casa de la contratación de Sevilla enviaron para que los acompañase desde la isla de los Azores. Y aunque por ser todas las cosas que iban tan ricas y extrañas que deseaba yo mucho que vuestra majestad las viera, porque demás del servicio que con ellas vuestra alteza recibía, mis servicios fueran más manifiestos, me ha pesado mucho; mas también he holgado que las llevasen, porque a vuestra majestad harán poca falta, y yo trabajaré de enviar otras muy más ricas y extrañas, según tengo nuevas de algunas provincias que ahora he enviado a conquistar y de otras que enviará muy presto teniendo gente para ello. Y los franceses y los otros príncipes a quien aquellas cosas fueren notorias conocerán por ellas la razón que tienen de se sujetar a la imperial corona de vuestra cesárea majestad, pues demás de los muchos y grandes reinos y señoríos que en esas partes vuestra alteza tiene, de estas tan diversas y apartadas, yo, el menor de sus vasallos, tantos y tales servicios le puedo hacer.

Y para principio de mi ofrecimiento, envío ahora con Diego de Soto, criado mío, ciertas cosillas que entonces quedaron por desecho y por no dignas de acompañar a las otras, y algunas que después acá yo he hecho, que aunque, como digo, quedaron por desechas, tienen algún parecer. Con ellas envío asimismo una culebrina de plata, que entró en la fundición de ella veinte y cuatro quintales y dos arrobas, aunque creo entró en la fundición algo de oro, porque se hizo dos veces, y aunque me fue asaz costosa, porque, demás de lo que me costó el metal, que fueron veinte y cuatro mil y quinientos pesos de oro, a razón de a cinco pesos de oro el marco, con las otras costas de fundidores y grabadores y de los llevar hasta el puerto, me costó más de otros tres mil pesos de oro; pero por ser una cosa tan rica y tan de ver, y digna de ir ante tan alto y excelentísimo príncipe, me puse a lo trabajar y gastar. Suplico a vuestra cesárea majestad reciba mi pequeño servicio, teniéndole en tanto cuanto la grandeza de mi voluntad para le hacer mayor, si pudiera merecer, porque aunque estaba adeudado, como a vuestra alteza arriba digo, me quise adeudar en más, deseando que vuestra majestad conozca el deseo que de servir tengo; porque he sido tan mal dichoso, que hasta ahora he tenido tantas contradicciones ante vuestra alteza que no han dado lugar a que este mi deseo se manifestase.

Asimismo envío a vuestra sacra majestad sesenta mil pesos de oro, de lo que ha pertenecido a sus reales rentas, como vuestra alteza verá por la cuenta que de ello los oficiales y yo enviamos; y hemos tenido atrevimiento a enviar tanta suma junta, así por la necesidad que acá se nos representa que vuestra majestad debe tener con las guerras y otras cosas, como porque vuestra majestad no tenga en mucho la pérdida de lo pasado. Y después de esto se enviará cada vez que yo pudiere; y crea vuestra sacra majestad que, según las cosas van enhiladas y por estas partes se ensanchan los reinos y señoríos de vuestra alteza, que tendrá en ellas más seguras rentas y sin costa que en ninguno de todos sus reinos y señoríos, si no se nos ofrecen algunos embarazos de los que hasta ahora aquí se nos han ofrecido. Digo esto, porque habrá dos días que Gonzalo de Salazar, factor de vuestra alteza, llegó al puerto de San Juan de esta Nueva España, del cual he sabido que en la isla de Cuba, por donde pasó, le dijeron que Diego Velázquez, teniente de almirante en ella, había tenido formas con el capitán Cristóbal de Olid, que yo envié a poblar las Hibueras en nombre de vuestra majestad, y que se habían concertado que se alzaría con la tierra por el dicho Diego Velázquez, aunque, por ser el caso tan feo y tan en deservicio de vuestra majestad, yo no lo puedo creer, aunque por otra parte lo creo, conociendo las mañas que el dicho Diego Velázquez siempre ha querido tener para me dañar y estorbar que no sirva; porque cuando otra cosa no puede hacer, trabaja que no pase gente en estas partes; y como manda aquella isla, prende a los que van de acá que por allí pasan; y les hace muchas opresiones, y tómales mucho de lo que llevan, y después hace probanzas con ellos porque los dé libres, y por verse libres de él hacen y dicen todo lo que quiere. Yo me informaré de la verdad, y si hallo ser así, pienso enviar por el dicho Diego Velázquez y prenderle, y preso, enviarle a vuestra majestad; porque cortando la raíz de todos males, que es este hombre, todas las otras ramas se secarán y yo podré más libremente efectuar mis servicios comenzados y los que pienso comenzar.

[...]

Invictísimo César, Dios Nuestro Señor la imperial persona de vuestra majestad guarde, y; con acrecentamiento de muy mayores reinos y señoríos, por muy largos tiempos en su santo servicio prospere y conserve. con todo lo demás que por vuestra alteza se desea. De la gran ciudad de Temixtitan de esta Nueva España, 15 días del mes de octubre de 1524 años. De vuestra sacra majestad muy humilde siervo y vasallo, que los reales pies y manos de vuestra majestad besa.

Hernando Cortés[79]

El mismo día en que Cortés data esta carta-relación, le envía otra al rey Carlos V, a la cual le llama «particular» o «reservada», que también vale la pena transcribir, pues en ella confiesa cosas muy interesantes:

Por un capítulo, muy católico señor, de los de la instrucción que vuestra excelencia me mandó enviar, me manda que se dé lugar a que los españoles que en estas partes residen tengan libremente contratación y comercio con los naturales de ellas, porque mediante este trato y familiaridad más aína serán convertidos a nuestra santa fe. Y muy notorio en esto y en todas las otras cosas que vuestra majestad acerca de este caso manda, se manifiesta el católico y santo propósito de vuestra alteza; mas como las cosas juzgadas y proveídas por ausencia, no puedan llevar conveniente expedición, por no poder comprender todas las particularidades del caso, hay en esto muy gran dificultad: por donde no se efectuó el real mandado de vuestra majestad hasta le ser consultado y humildemente a vuestra excelencia suplicado. Esto y lo que demás de esta calidad se hiciere, no me sea imputado a desobediencia, sino a mucha fidelidad y deseo de servir, como en la verdad lo es; porque de cada cosa semejante yo daré a vuestra celsitud descargo y cuenta de las causas que a ello me movieron, de donde resultará conocerse de mí tener a ello el propósito y deseo que arriba digo. Y porque de cada cosa particulares descargos son necesarios para que mejor se comprenda y entienda, llevaré esta orden.

Cuanto a lo en este capítulo contenido digo, muy poderoso señor, que la contratación y comercio de los españoles con los naturales de estas partes sería sin comparación dañosa: porque dándose lugar a que libremente la hubiese, los naturales recibirían muy conocido daño, y se les harían muchos robos, fuerzas y otras vejaciones; porque con estar prohibido y castigarse con mucha reguridad que ningún español salga de los pueblos que están en nombre de vuestra majestad poblados, para ir a los de los indios ni a otra parte alguna sin especial licencia y mandado, se hacen tantos males que aunque en otra cosa yo y las justicias que tengo puestas no nos ocupásemos, no se podría acabar de evitar, por ser la tierra, como es, tan larga; y si todos los españoles que en estas partes están y a ellas vienen fuesen frailes, o su principal intención fuese la conversión de estas gentes, bien creo yo que su conversación con ellas sería muy provechosa: mas como esto sea al revés, al revés ha de ser el efecto que obrare; porque es notorio que la más de la gente española que acá pasa, son de baja manera, fuertes y viciosos, de diversos vicios y pecados: y si a estos tales se les diese libre licencia de se andar por los pueblos de los indios, antes por nuestros pecados se convertirían ellos a sus vicios que los atraerían a virtud, y sería mucho inconveniente para su conversión; porque oyendo los sermones de los religiosos y personas que en esto entienden, que por ellos les prohíben los vicios, y aconsejan el uso de las virtudes, y viendo las obras de estos que en su conversación anduviesen ser contrarias a lo que de nuestra santa fe se les predica, seria tenerlo por cosa de burla, y creer que las palabras que los religiosos y personas buenas que en esto entienden, les dijesen eran por causa de su interés y no a efecto de la salvación de sus almas; y demás de esto haciéndoles agravios, seria causa que no pudiéndolos sufrir se rebelasen; y como ya más diestros de nuestras cosas podrían buscar muchos géneros de armas contra las nuestras para se defender, y ofender, que tienen para esto asaz habilidad: y como sean gentes sinnúmero, y nosotros en su comparación meaja, muy brevemente nos acabarían.

Y aun para esto habría más aparejo, porque con la codicia de robarlos los españoles se desparramarían por muchas partes, y haciéndoles los dichos daños los tomarían uno a uno, y sin ningún riesgo de ellos los matarían uno a uno, y aun sin que se supiese, como ha acaecido que lo han hecho a muchos que se han desmandado a se ir sin licencia por las pueblos de ellos, que nunca más han parecido, y aun a otros delincuentes que por temor de la justicia se han ausentado por los pueblos de los indios, y ellos la han ejecutado: y aun fingeseme, y creo que no ni yerro, que sería otro mayor daño, que por los muchos insultos y abominaciones que se harían, andando esta gente suelta, Dios Nuestro Señor permitiría en todos un gran castigo, y cesaría la más santa y alta obra que desde la conversión de los apóstoles acá jamás se ha comenzado: la cual, bendito Nuestro Señor, va en tales términos que si hubiese tantos obreros cuantos son necesarios por tan gran multitud de mies, muy en breve tengo esperanza que se plantaría en esta tierra otra nueva iglesia, de que siendo vuestra excelencia el fundador, no podría carecer de gran premio. Así que por estas causas y por otras muchas que podría decir, que por no dar importunidad a vuestra majestad dejo, no me parece que conviene en ninguna manera la dicha conversación y comercio.

Y por otro capítulo de la dicha instrucción, invictísimo César, me manda vuestra grandeza que no reparta, encomiende ni deposite por ninguna manera los naturales de estas partes en los españoles que en ellas residen, diciendo no se poder hacer en conciencia; y que para ello vuestra celsitud mandó juntar letrados teólogos, los cuales concluyeron que, pues Dios Nuestro Señor los había hecho libres, no se les podía quitar libertad, según que más largo está en el dicho capítulo: y esto no solamente no se cumplió, como vuestra majestad lo envió a mandar, por los inconvenientes que diré, mas aún lo he tenido y tengo tan secreto que a nadie se ha dado parte, excepto a los oficiales de vuestra majestad y a los procuradores de las ciudades y villas de esta Nueva España, con juramento que no lo manifestasen a sus pueblos ni a otra persona por el gran escándalo que en ello hubiera. Y las causas de se hacer así son: la primera, que en estas partes los españoles no tienen otros géneros de provechos, ni maneras de vivir ni sustentarse en ellas sino por el ayuda y forzado habían de desamparar la tierra los que en ella estuviesen, y con la nueva no vendrían otros, de que no poco daño se seguiría, así en lo que toca al servicio de Dios Nuestro Señor, cesando la conversión de estas gentes, como en disminución de las reales rentas de vuestra majestad, y perderse ya tan gran señorío como en ellas vuestra alteza tiene, y lo que más está aparejado de se tener, que es más que lo que hasta ahora se sabe del mundo.

Y lo otro: que la causa de no se repartir ni encomendar parece ser por la privación de libertad que a estos allá parece que se hace; y esta no solamente cesa; mas aun encomendándolos de la manera que yo los encomiendo, son sacados de cautiverio y puestos en libertad; porque sirviendo de la manera que ellos a sus señores antiguos servían, no solo eran cautivos, mas aun tenían incompatible sujeción; porque demás de les tomar todo cuanto tenían, sin les dejar sino aun pobremente para su sustentamiento, les tomaban sus hijos e hijas y parientes, y aun a ellos mismos para los sacrificar a sus ídolos; porque de estos sacrificios se hacían tantos y en tanta cantidad que es cosa horrible de lo oír; porque se ha averiguado que en sola la mezquita mayor de esta ciudad, en una sola fiesta de muchas que se hacían en cada año a sus ídolos, se mataban ocho mil ánimas en sacrificio de ellos; y esto todo cesa, sin otras muchas cosas que ellos dicen que les hacían, que son incomportables; y ha acaecido, y cada día acaece, que para espantar algunos pueblos a que sirvan bien a los cristianos a quien están depositados, se les dice que si no lo hacen bien que los volverán a sus señores antiguos; y esto temen más que otra ninguna amenaza ni castigo que se les puede hacer.

Y lo otro, porque la manera y orden que yo he dado en el servicio de estos indios a los españoles es tal, que por ella no se espera que vendrán en disminución ni consumimiento, como han hecho los de las islas que hasta ahora se han poblado en estas partes; porque como ha veinte y tantos años que yo en ellas resido, y tengo experiencia de los daños que se han hecho y de las causas de ellos, tengo mucha vigilancia en guardarme de aquel camino, y guiar las cosas por otro muy contrario, porque se me figura que me sería aun mayor culpa, conociendo aquellos yerros, seguirlos, que no a los que primero los usaron; y por esto yo no permito que saquen oro con ellos, aunque muchas veces se me ha requerido, y aun por algunos de los oficiales de vuestra majestad; porque conozco el gran daño que de ello vendrá, y que muy presto se consumirian y acabarían. Ni tampoco permito que los saquen fuera de sus casas a hacer labranzas, como lo hacían en las otras islas, sino que dentro en sus tierras les señalan cierta parte donde labran para los españoles que los tienen depositados, y de aquello se mantienen y no se les pide otra cosa; y esta antes me parece que es libertad y manera de multiplicar y conservarse, que no de disminución, y porque non in solo pane vivit homo.

Para que los españoles se sustenten y puedan sacar oro para sus necesidades, y las rentas de vuestra majestad no se disminuyan, antes se multipliquen, hay tal orden que con la merced que vuestra majestad fue servido que se hiciese a los pobladores de estas partes, de que pudiesen rescatar esclavos de los que los naturales tienen por tales, y con otros que sean de guerra, hay tanta copia de gente para sacar oro que, si herramientas hubiese, como las habrá presto, placiendo a Nuestro Señor, se sacaría más cantidad de oro en sola esta tierra, según las muchas minas que por muchas partes están descubiertas, que en todas las islas juntas y en otras tantas. Y de esta manera se harán dos cosas: la una, buena orden para conservación de los naturales; y la otra, provecho y sustentamiento de los españoles; y de estas dos resultará el servicio de Dios Nuestro Señor y acrecentamiento de las rentas de vuestra majestad, y a mí me parece, y así es, que para dar a estas cosas de arriba inmortalidad, y que duren cuanto el mundo durare, conviene mucho que vuestra majestad mande que los naturales de estas partes se den a los españoles que en ellas están y a ellas vinieren perpetuamente, habiendo respeto a las personas y servicios de cada uno, quedando a vuestra excelencia la suprema jurisdicción de todo; porque de esta manera cada uno los miraría como cosa propia y los cultivaría como heredad que habrá de suceder en sus descendientes, y aquel cuidado que solo ahora yo tengo, o ha de tener la persona que vuestra majestad fuere servido que gobierne estas partes, lo tendrían todos y cada uno en particular en lo que le tocase, y la diligencia que cada uno tiene en sacar de ellos todo lo que puede por todas las vías que alcanza que lo puede hacer, andando el tiempo que de ellos ha de gozar, se convertiría en especial cuidado de los sobrellevar, estando ciertos de la seguridad del uso y posesión de ellos.

Y junto con este capítulo, muy poderoso Señor, se sigue otro en la instrucción de vuestra majestad por el cual manda que a los naturales de estas partes se les haga entender el dominio que vuestra celsitud sobre ellos tiene, como supremo señor, y el servicio que ellos a vuestra excelencia son obligados, como súbditos y vasallos; y manda así mismo que en reconocimiento de esto se tenga forma con ellos como den y contribuyan a vuestra majestad *certum quid* en cada un año. Y porque en el dicho capítulo vuestra alteza me manda que esto lo comunique con sus oficiales, y aun con los religiosos que en estas partes estuvieren, lo hice; y creo que todos los oficiales, y aun algunos de los religiosos, escriben a vuestra majestad sobre ello; y porque ellos dirán su parecer en sus cartas, no me detendré yo en más de decir el mío, que es que de ninguna cosa que acá se pudiere mandar vuestra alteza podría recibir mayor deservicio que en ponerse esto en obra, y las causas de ello son las siguientes:

La una porque sería imposible poner a estas gentes en esta orden de contribución, porque, aunque *in agibilibus* tienen muy buena manera de entendimiento, carecen de otras muchas cosas que serían necesarias para este efecto, y por esto sería muy dificultosa.

La otra porque ya que se pusiesen o pudiesen traer a esta orden de contribución, todo lo que dieren no podrá ser cosa de que vuestra majestad fuese servido; porque oro ni plata no había de ser, porque alguno que tenían antiguamente en joyuelas, ya lo han dado y se es acabado, y lo que podrían dar es lo que ahora dan a los españoles que los tienen, así como maíz, que es el trigo de que acá nos mantenemos; algodón de que hacen las ropas de que ellos se visten; pulque, que es un vino que ellos beben; hacer las casas en que los españoles moran; criar algunos ganados. Pues vea vuestra celsitud qué es el fruto que de esto se podría sacar, pues aun para los que lo recogen no bastaría para mantenerse: y la experiencia de esto se ha mostrado muy a la clara en ciertos pueblos, que al principio, no sabiendo las cosas ni habiéndolas experimentado, quise señalar para vuestra majestad, que fueron, en esta provincia, a Tezcuco con su tierra: los puertos abajo a Cempoal, Layata y Tatactetelco con su tierra; en la provincia de Guaxaca, a Coatlan con su tierra; en la mar del Sur, a Cacatula con su tierra, y estuvieron en poder de Julián Alderete, tesorero de vuestra majestad, más de un año, sin que se hubiese de provecho cien castellanos; y como estaban sin administración, cuando acordé en ello, casi perdidos y destruidos vi todos estos pueblos, como cosa de nadie, de manera que me fue forzado, para que no se perdiesen los pueblos y el fruto de ellos, encomendarlos a españoles, y con esto se han reedificado, y vale más lo que ha pertenecido a vuestra majestad de sus quintos y derechos que tres veces lo que antes daban con ser todo de vuestra alteza; porque si algún provecho había, era de aquellos que entendían en ellos; así que de aquí adelante yo no pienso señalar ningún pueblo que se diga para vuestra majestad, pues todos son suyos, porque no conviene a su servicio ni a sus rentas.

Y la provincia de Tascaltecal está debajo de nombre de vuestra alteza, no por el provecho ni renta que de ella se ha de seguir, sino porque como vuestra majestad por las relaciones ha visto, aquellos han sido harta parte de haberse conquistado toda esta tierra, aunque primero ellos fueron conquistados con harto trabajo; y por esto, porque parezca que tienen alguna más libertad, no los repartí como los otros; y porque tengan también la sujeción que conviene tanto como los demás, están en la dicha provincia dos o tres hombres en guarda de ellos, que les hacen sembrar maizales para vuestra alteza, y aun criar algún ganado, y hacer una fortaleza; y para que se tenga tal orden que en las demás ciudades y villas, he hecho hacer allí un monasterio, y están allí tres frailes que los instruyen en las cosas de nuestra fe, y de esto tiene cargo el factor de vuestra alteza.

Y lo otro porque, como arriba he dicho, habiendo de contribuir de esto a vuestra majestad habían de dar nada a los españoles; pues sin ellos no se podrán sostener; pues no teniendo con qué sostenerse forzado habrán de dejar la tierra; pues dejándola habránse de perder, y perdiéndose vea vuestra alteza el servicio que Dios Nuestro Señor y vuestra majestad recibirían. Y ya que allá se quiera decir que para sostener la tierra vuestra alteza tendría en ella gente a sueldo, esto no se piense en ninguna manera, porque para sostener lo ganado sin se pensar en acrecentar más, ni se conquistar más tierra, serán menester a lo menos mil de caballo y cuatro mil peones; estos, ninguno de caballo se podría sufrir con que le diesen quinientos mil maravedís de prest, porque en un caballo se va más de la mitad, en especial ahora que los de la Española han defendido que nos pasen acá yeguas de ninguna isla por vendemos los caballos más caros; y lo demás no bastaría para herraje, ni para vestirse, según valen las cosas; de manera que con este partido les faltaría aun para comer; y eran para solo los de caballo menester quinientos cuentos. Pues los peones, aunque se les diese el precio que se les da al menor, que son doscientos pesos de oro; pues cuatro mil veces doscientos pesos son ochocientos mil pesos, así que vea vuestra majestad qué bastaría para pagar esta suma, cuanto más que con darles esto no se hallarían, y ya que se hallasen, no era menester otra pestilencia para destruir la tierra sino ellos, y demás de esto, y lo que sería peor, era forzado que había de cesar la conversión de los naturales; porque era menester con cada fraile que fuese a predicar a un pueblo, ir una guarnición; y esta con tres días que estuviese en el pueblo le dejaría asolado, y cierto en muy breve tiempo se acabaría la tierra.

Asimismo, muy cristianísimo príncipe, mándame vuestra grandeza por un capítulo de su instrucción, que en la elección de los alcaldes y regidores que se eligen en cada un año en todos los pueblos de esta Nueva España, se tenga tal orden que las ciudades y villas hagan su nombramiento o señalamiento de las personas que les parecen que lo deban ser, y así hecho lo traigan ante mí, y yo con los oficiales de vuestra majestad escojamos las personas que nos pareciere, y a aquellas se den los oficios y cargos. Y porque después que vino la dicha instrucción no se ha ofrecido elección alguna, por no haber llegado el tiempo en que se suelen elegir, que es el primero día de enero de cada un año, no se ha hecho cosa ninguna cerca de ello; y como en todas las cosas que yo hiciere o pensare hacer, cuando alguna duda tuviere, no las haré sin consultar a vuestra majestad sobre ello, para que más conforme a su real voluntad y servicio se haga, me pareció que en esta que era de mucha importancia debía tener la misma orden, y así digo, muy católico señor, que no conviene a su real servicio ni a la buena orden de la gobernación de estas partes que las tales elecciones se hagan por otra persona sino. por el gobernador que vuestra majestad en ellas tuviere, por muchos inconvenientes y escándalos que se podrían seguir.

Y el uno es que viniendo los nombramientos de las villas hechos, sucedería que cada uno de los regidores o personas que hubieren de hacer el tal nombramiento, lo encaminaría más a personas amigos y parientes suyos por el provecho e interés de ellos, que no a personas que mejor mirasen al bien de la república, y habiéndose de señalar de aquellos que ellos nombraren, no podría el gobernador, aunque otra esta sintiese, poner personas provechosas al bien de la república; y por esta misma causa no conviene que los oficiales en ella entiendan, porque es notorio que han de tener el mismo respeto y fin; y el gobernador, como cualquiera orden y concierto que haya en los regimientos redunda en honra suya, y si por el contrario en infamia, es notorio que tendrá más especial cuidado de lo que conviene, pues es todo a su cargo, que no aquellos que no les compite más de aquel interés; y aun es otra cosa que se me figura de más inconveniente, que como el gobernador represente su real persona y jurisdicción, dando aquella mano a los pueblos y a otras personas parecería derogar su preeminencia real, y aun por tiempo la extendería a más, haciéndolo uso y costumbre. Así que por estos inconvenientes y otros muchos que se podrán seguir, yo pienso tener en esto la orden que hasta aquí he tenido, hasta que vuestra majestad otra cosa me envíe a mandar, porque me parece a su real servicio, y que haciéndose de otra manera seria grandísimo daño; y así suplico a vuestra excelencia lo mande mirar y enviarme a mandar aquello de que vuestra alteza más se sirva.

Los oficiales que vuestra majestad mando venir a estas partes para entender en su hacienda son llegados, y yo los recibí, y les he hecho y hago aquel tratamiento y buena compañía que me parece que debo como a criados de vuestra majestad y como a personas que han de acudir a su servicio, y se han tomado las cuentas a las personas que hasta aquella sazón habían tenido cargo de cobrar las rentas de vuestra alteza; y porque de esto y del recaudo que en todo se halló ellos escribirán a vuestra majestad y se verá por la carta-cuenta que envían, no tengo que decir más de remitirme a lo que ellos dijeren, sino que por la dicha carta-cuenta parece haber yo gastado de las rentas de vuestra majestad sesenta y dos mil y tantos pesos de oro en la conquista y pacificación de estas partes, demás de haber yo gastado todo cuanto tenía, que sen mas de otros cien mil pesos de oro, sin contar que estoy empeñado en más de otros treinta mil pesos, que ahora me han emprestado para enviar a esos reinos, para me proveer de cosas necesarias y otros gastos de mi casa. Y los dichos oficiales, puesto que les constó todos los dichos gastos ser así, no me los recibieron en cuenta, porque dijeron que no traían para ello poder ni facultad; y aunque yo no les debiera dar la cuenta, pues que decían que no traían poder para me dar finiquito, se la quise dar, porque, como sea a todos tan notorio lo que yo he gastado y el fruto que de ello ha sucedido, y el daño que se hubiera hecho en no gastarse, y como yo tenga a vuestra majestad por tan cristianísimo, y tenga cierto que antes me ha de mandar hacer muchas mercedes que no permitir que me sea tomado lo mío, pues tanto ha sido servido de haberlo yo gastado; y no solo ello, sino mi persona se haya empleado en su real servicio, no he recibido pena con la dilación que estos oficiales me han puesto. A vuestra alteza suplico mande que los dichos sesenta y tantos mil pesos de oro se me reciban en cuenta, y lo que más pareciere haber yo gastado se me pague, pues ellos y mi persona y la de mis deudos y amigos está ofrecida a su real servicio, y es un depósito que vuestra majestad tiene muy cierto para todas las veces que de ello se quisiere servir y se ofreciere en que yo lo pueda gastar.

Y por la mala costumbre que en la isla Española se ha tenido de haberse entremetido los jueces y oficiales que en ella residen en la gobernación, de donde ha resultado que no solamente a ella, mas aún a todas las otras y a Tierra-Firme ha destruido, y en tal manera que ya se hubiera acabado si no hubiera sido por el remedio que de esta tierra les ha ido, querrían estos oficiales que ahora vuestra majestad ha enviado, tener aquí la misma mano, y hanlo procurado algunas veces, si yo para ello les hubiera dado lugar. Y como yo, como arriba a vuestra majestad he dicho, haya tanto tiempo que estoy en estas partes, y tenga noticia de todas las causas de los daños que en ella ha habido, no querría que a mí me acaeciese de tal manera, pues me sería más culpa y sería digno de mucha punición y castigo; y no he permitido ni pienso permitir que ellos se entremetan en otra cosa fuera de lo que tocare a sus oficios por el grande inconveniente que de ello se podría seguir, como se manifiesta por lo que se ha hecho y cada día se hace en la Española.

No sé si de esto estarán algo descontentos, pero en la verdad ellos no tienen razón, porque en lo que toca y atañe a sus oficios, ellos han hallado y hallan en mí tanto aparejo y favor cuanto han querido recibir, y en el tratamiento y aprovechamiento de sus personas asimismo han hallado todo lo que han querido y se ha podido hacer con ellos; porque en la verdad demás de ser criados de vuestra majestad y estar acá en su servicio, sus personas de todos son tan honradas y hasta ahora ellos hacen también lo que a sus oficios conviene, que merecen de mi todo buen tratamiento y aprovechamiento, y que vuestra majestad les haga mercedes por la buena voluntad que de ellos he conocido a su real servicio; y porque de esto ellos no estén resabiados, ni me tengan algún odio, pensando que yo les quito alguna preeminencia de sus oficios, porque en la verdad yo deseo toda el amistad y conformidad con ellos, suplico a vuestra majestad les envíe a mandar la orden que en esto han de tener, y que no se entrometan en otras cosas fuera de sus oficios, y para más descargo me haga vuestra alteza merced de me enviar su provisión real para ello, porque, aunque la que tengo basta, es para más satisfacerlos y para que crean que no se les quita nada, antes por cierto en todas las cosas que me parece que debo comunicar las comunico y comunicaré con ellos, como a personas que tengo creído que me darán en todo lo que ellos alcanzaren el parecer que más al real servicio de vuestra majestad convenga: y esto suplico a vuestra majestad mande proveer con mucha brevedad, porque conviene mucho a su real servicio: y si todavía a vuestra alteza le pareciere que conviene a su servicio que ellos entiendan o sean parte en algo de lo que toca a la gobernación, a vuestra alteza suplico me haga merced de se la dejar a ellos toda, y ponga otra persona de quien vuestra alteza más se sirva, porque conozco que siendo así y gobernándose esta tierra por diversidad de pareceres, como tas otras islas, parará en lo que las otras han parado. Y nunca Dios quiera que, pues Él fue servido de hacerme a mí medio para ganar estas tierras, que yo sea fin de perderlas, y en pago de mis servicios y de lo que más haré, queriendo vuestra majestad servirse de mí, yo me contento y me doy por muy pagado de que vuestra majestad los reciba por tales, y en esta tierra o en otra parte donde vuestra alteza más sea servido, me haga merced de alguna cosa donde sustente mi persona conforme a la manera que yo he tenido y tenga: y que no responda la merced a mis servicios, sino a la voluntad con que se hicieron y a vuestra majestad que es hacedor de ellas.

En la relación que envío a vuestra majestad de las cosas de estas partes hay un capítulo en que hago saber a vuestra alteza cómo yo envié a un Cristóbal de Olid, vecino de esta ciudad de Tenuxtitan, que paso conmigo a estas partes, con cierta armada para que fuese a poblar el cabo o punta de Higueras, por la noticia que en la dicha relación digo que tenía de aquella tierra; después le torné a enviar a un primo mío, que se dice Francisco de las Casas, con otros cuatro navíos, gente y artillería, y hanme escrito desde la isla de Cuba adonde fue a abastecerse, y un criado mío le había de dar los bastimentos que hubiese menester, que allí se había confederado el tal Cristóbal de Olid con Diego Velázquez, y que iba con voluntad de no me obedecer, antes de le entregar la tierra al dicho Diego Velázquez y juntarse con él contra mí; y en la verdad Dios sabe el alteración que yo de esto sentí, porque demás de haber gastado más de cuarenta mil pesos de oro en la negociación, paréceme que si es verdad, es un gran deservicio de vuestra alteza y se hace muy gran daño, así en la dilación que habrá en poblarse aquellas partes y en los daños que los naturales de ellas recibirán, porque no se tendrá la orden que conviene, y por el impedimento que habrá en el servicio que estaba muy notorio que de allí vuestra majestad recibiera. como por el mal sonido que traerá en todas partes, y por la mala voluntad que pondrá así en mi, como en otras personas de estas partes que tienen voluntad de gastar parte de sus haciendas en descubrir y buscar tierras muevas para vuestra majestad; porque como no lo puedan hacer todos con sus personas, y hayan por fuerza de enviar terceros, creerán o tendrán temor que les ha de acaecer así: y aun otra cosa me pena mas, que los que saben poco de la negociación pasada entre Diego Velázquez y mí, dirán que es pena pecati; y pluguiera a Dios que ello así fuera, porque no pudiera yo tener queja ninguna; mas es al revés, que en lo otro ni en esto puedo quedar sin ella, porque ni el otro dijo verdad en decir que mi venida no había sido a mi costa, ni estotro la dirá, si dijere que en ella puso cosa alguna. Y teniendo pena de todas estas cosas, yo me determiné a ir por tierra hasta adonde está o puede estar el dicho Cristóbal de Olid para saber la verdad del caso, y si así fuese, castigarle conforme a justicia; porque para ir, según soy informado, hay por tierra muy buen camino, y desde donde yo tengo poblado, que es desde Atlatian o Guatemal, donde Pedro de Alvarado fundó aquella villa de que en la relación hago mención a vuestra majestad, hay poca distancia, y en muy breve tiempo pensaba ser con él; y así lo comencé a poner por obra y comencé a dejar recaudo en esta ciudad y en todas las otras partes que convenía ponerse, y apercibí a todas las personas principales de los naturales de esta tierra para los llevar conmigo para que quedase más seguro. Y platicado en ello con los oficiales de vuestra majestad les pareció que no lo debía hacer por algunos inconvenientes que para ello dieron, y puesto que todos o los más cesaban por las causas que yo les di, parecióme que, pues ya lo habían contradicho, que jamás lo aprobarían, y puesto que del saneamiento de mi intención yo estuviese satisfecho, porque no pueden los hombres comprender todo lo que puede suceder, en especial en largo camino, temí que la menor cosita de contrariedad que me acaeciese la empinarían de manera que se aprobase su consejo y reprobase mi determinación, y por esto, y porque aun de la verdad yo no estoy aún muy certificado, mudé el propósito, porque de cualquier manera que sea, yo espero nuevas de aquí a dos meses, y según fueren así proveeré lo que me pareciere que más convenga al servicio de vuestra majestad.

A vuestra alteza suplico humildemente que si por parte de Diego Velázquez o del dicho Cristóbal de Olid o de otra cualquier persona alguna relación fuere a vuestra alteza, mande saber la verdad antes que ninguna cosa provea, porque conozca que así en esto, como en lo pasado, nunca he discrepado de ella; ni nunca Dios quiera que yo a vuestra majestad diga mentira en ningún tiempo ni por ningún interés; y sabida esta verdad vuestra majestad, como de cosa suya proveerá lo que más convenga a su servicio, porque de aquello recibiré yo más señalada merced.

Y por una provisión de vuestra majestad vi la cantidad que vuestra alteza tuvo por bien de me hacer merced, así por mi salario como para el de otras gentes que yo tengo necesidad de tener siempre en mi compañía, así para guarda y amparo de la tierra como para salud de los españoles; y porque así lo uno como lo otro trajo tan baja estimación que no se podría sufrir, suplico a vuestra majestad lo mande ver y proveer, como más su real servicio sea, porque en lo que toca a mi salario manda vuestra alteza por su provisión que se me den trescientos. y tantos mil maravedís, y que estos no se me paguen desde más tiempo que desde el día de la data de la dicha provisión; y cuanto a la suma de los dichos trescientos y tantos mil maravedís, si a cada uno de los oficiales que ahora vinieron se les dieron a quinientos y diez mil maravedís; no sé yo quién tasó que no merecía yo cuatro tantos que cada uno, pues tengo doscientas veces más costa que todos juntos. Pues también no sé a qué causa se me dejó de pagar desde el día que yo entré en la tierra, y a lo menos la poblé en nombre de vuestra majestad, porque certifico a vuestra majestad que desde entonces hasta hoy no se ha gastado ni perdido tiempo en vano, ni aun creo se gastará de aquí a veinte años, según lo que hay en que entender. Así que suplico a vuestra majestad lo mande ver, y no permita que yo en esto reciba agravio, y porque mis procuradores lo pedirán ante vuestra majestad más largo, a ellos me refiero.

Invictísimo César: Dios Nuestro Señor la imperial persona de vuestra majestad guarde y con acrecentamiento de muy mayores reinos y señoríos por muy largos tiempos en su santo servicio prospere y conserve, con todo lo demás que por vuestra alteza se desea. De la gran ciudad de Tenuxtitan de esta Nueva España, a 15 del mes de octubre de M. D. XXIV años. De vuestra sacra católica majestad muy humilde siervo y vasallo que los reales pies de vuestra alteza beso.

Hernando Cortés[80]

Para esos tiempos, los planteamientos de Cortés en su cuarta carta de relación y con la misiva reservada eran bastante obvios. Lo más interesante, como ya vimos, es la manera en que empieza a definirse el régimen de opresión colonial, incluida la delimitación del mando supremo y de los márgenes de maniobra para las autoridades civiles y eclesiásticas de la Nueva España, bajo la máxima concebida según la cual las leyes y las órdenes del rey y del papa se acatan, pero no se cumplen. Una política que, como otras, se introdujo a México desde entonces y duró más que una vida.

En esta carta de relación, Cortés informa de la pacificación, por las buenas o por las malas, de la mayor parte de Oaxaca, con la excepción de la sierra zapoteca, el istmo y la región de los mixes; también había sometido parte de Michoacán, Colima, la cuenca del Pánuco, Guerrero, Chiapas, el Soconusco y Guatemala. En fin, escribe que han conquistado y:

> Tiene vuestra sacra majestad por la parte del Norte más de cuatrocientas leguas [1 600 kilómetros] de tierras pacíficas y sujetas a su real servicio, sin haber cosa en medio, y por mar del Sur más de quinientas leguas [2 000 kilómetros], y todo, de una mar a la otra, que sirve sin ninguna contradicción, excepto dos provincias que están entre la provincia de Teguantepeque y la de Chinanta y Guaxaca, y la de Guazacualco en medio de todas cuatro, que se llama la gente de la una los zapotecas y la otra los mixes.[81]

Pero todo lo demás marcha tan bien que Cortés avisa a Carlos V que se prepare para «ser monarca del mundo».[82] Demagogia aparte, la realidad es que todo este avance se iba logrando con la práctica del terror. A quienes resistían se les castigaba con crueldad; por ejemplo, en la misma carta de relación Cortés consigna que —en la pacificación del Pánuco— mató, ahorcó, quemó y tomó como esclavos a cientos de indígenas. Inclusive llega a decir que «por ser la tierra pobre, no se hubo otro despojo».[83] Lo mismo recomendó para reprimir a los zapotecas y mixes, porque en esa región «la tierra es muy rica de minas de oro», y tomó la decisión de considerar a los indígenas esclavos: «Y mandé que los que a vida se pudiesen tomar los herrasen del hierro de vuestra alteza, y sacada la parte que a vuestra magestad pertenece, se repartiesen por aquellos que los fueron a conquistar».[84] En definitiva, Cortés se pinta solo. Por eso decidí utilizarlo como fuente principal de este capítulo, a fin de dar a conocer lo que él mismo pensaba y hacía. Sus seguidores de antes y de ahora no han querido informarse de la vileza del personaje, dado que las oligarquías y sus intelectuales han omitido deliberadamente esta historia malvada, o bien, el conservadurismo los mantiene por entero obnubilados. No es una exageración si recordamos que el retrógrado de Lucas Alamán, en el siglo XIX, pedía que se nombrara a Cortés «padre de la patria». Sí, a ese que afirmaba que los indígenas eran desleales, rebeldes, alzados, bulliciosos, caníbales, despiadados, perros, bárbaros y que se les debía someter mediante el terror y la fuerza.

Tanto en la cuarta carta de relación como en la reservada, el tema central, la novedad, es el nombramiento o cédula real reconociendo a Cortés como gobernador y capitán general de la Nueva España. Aun cuando este cargo sería eventual y transitorio, en su momento le significó un gran respaldo; se trataba, ni más ni menos, del reconocimiento y la tan ansiada legitimidad que, cuando no se logra en lo interno con legalidad, justicia y democracia, suele buscarse afuera, en los centros de poder hegemónicos. Esto se ha aplicado en varios países de distintas latitudes y también en México, donde se ha repetido en numerosas ocasiones hasta tiempos recientes. De igual forma, aunque el lenguaje de la época era de por sí en extremo servil para dirigirse a la autoridad formal, tanta era la satisfacción del conquistador que superó en mucho lo acostumbrado. Ya no era escribir: «Vuestra majestad», casi en cada renglón o «le beso las manos y los pies», sino «cien mil veces los reales pies de vuestra cesárea magestad beso».[85] Sin embargo, ya todo pertenecía a la esfera de los intereses políticos. El rey y sus consejeros habían decidido apoyar a Cortés en el pleito que mantenía con Diego Velázquez y con el bando que lo apoyaba en Santo Domingo y España; sin embargo, no se trataba de un respaldo definitivo ni incondicional; tan es así que, al mismo tiempo que le entregaban el reconocimiento, le abrían un juicio de residencia en el que debía demostrar su inocencia frente a varias y graves acusaciones en su contra. El pleito entre Diego Velázquez y Cortés, así como sus inmediatas y posteriores consecuencias, son muy bien descritos por José Luis Martínez, sin duda el más riguroso de los biógrafos de Cortés y el más acucioso recopilador de documentos históricos de la época. Don José Luis relata así los hechos:

> Hacia fines de mayo de 1523 recibió Cortés una de sus mayores satisfacciones y alcanzó su primer triunfo ante el emperador. Su pariente Francisco de las Casas y su primo Rodrigo de Paz le trajeron la real cédula, firmada en Valladolid el 15 de octubre de 1522, en que el rey reconocía ampliamente sus hazañas, justificaba su actuación y lo nombraba gobernador, capitán general y justicia mayor de la Nueva España. Los portadores de la buena nueva, antes de llegar a México, y con la mala intención de hacer pública la derrota, se habían detenido en Santiago de Baracoa, en Cuba, para notificar la disposición real a Diego Velázquez, con público pregón. Ante aquella proclamación el gobernador de Cuba, dice Bernal Díaz, «de pesar cayó malo, y de allí a pocos meses murió muy pobre y descontento» Rodríguez de Fonseca se retiró a su obispado y murió, dícese que de despecho, el 14 de marzo de 1524.
>
> Este era el desenlace de una contienda iniciada desde 1518 con la infidencia de Cortés hacia Velázquez al apropiarse la expedición que le confiara. Desde el principio, el mayor empeño de Cortés había sido el de justificar su actuación y dejar de ser traidor para convertirse en héroe reconocido y premiado por su rey. Los argumentos expuestos en la primera *Relación* o *Carta del cabildo,* del 10 de julio de 1519, fueron sin duda importantes, aunque sus cartas mayores fueron el éxito y la magnitud de su conquista, que eran una realidad y se concretaban en las crónicas que Cortés había enviado y en los tesoros que recibía el emperador.
>
> Diego Velázquez, el agraviado amo del infidente, ejerció su venganza con más ira que astucia. Como si Cortés se hubiese llevado consigo a todos los capitanes capaces, una y otra vez tuvo que recurrir a los ineficaces. Sabiendo sin duda que Cortés se encontraba en posesión pacífica de la capital del Imperio azteca, y atropellando imprudentemente la misión pacificadora del oidor Vázquez de Ayllón, envió la enorme expedición de Pánfilo de Narváez —cuyo costo debió arruinarlo—, que paró en derrota afrentosa y puso en grave peligro la conquista de México. La designación de Cristóbal de Tapia, hombre recto y apocado, como gobernador de Nueva España, no pasó de un intercambio de argumentos legales, tras de los cuales Tapia, optó por abandonar el campo. Con las acusaciones acumuladas contra Cortés, Velázquez promovió en Cuba una mal organizada Información, para remitir al Consejo de Indias, que no tuvo consecuencias inmediatas. Y aún, ya Cortés gobernador y capitán general, intentará su última venganza incitando la traición de Cristóbal de Olid, enviado a las Hibueras, con los trágicos resultados conocidos.
>
> Pero tras de Velázquez se encontraba un hombre poderoso en la política española, el obispo Juan Rodríguez de Fonseca (1451-1524), que fungía como presidente del Consejo de Indias en el periodo informal de este cuerpo. Este ministro de Indias sin título,

hombre capaz, sin escrúpulos y movido por sus pasiones, tuvo en sus manos cuantos asuntos se referían al Nuevo Mundo. Los descubridores, conquistadores y colonizadores de este primer periodo estaban divididos entre los que disfrutaron su amistad, como Hojeda, Ovando, Velázquez, Pedrarias, y Magallanes, y los que sufrieron su hostilidad, como Colón, su hijo Diego, Las Casas y Cortés. La afición del obispo por Velázquez no era desinteresada, pues según denunció Bernal Díaz, el gobernador de Cuba le dio en la isla pueblos de indios que le sacaban oro; y según López de Gómara, Rodríguez de Fonseca, «se apasionó por Diego Velázquez por casarle con doña Petronila de Fonseca, su sobrina». Su enemistad contra Cortés fue el principal obstáculo que impedía el reconocimiento real de su conquista.

De los procuradores que había enviado Cortés a Castilla desde 1519, había muerto el infortunado Alonso Hernández Portocarrero en la prisión en que lo puso el obispo Rodríguez de Fonseca. Quedaba aún Francisco de Montejo. A él se había unido, enviado por Cortés, Diego de Ordaz. Y se sumaban a sus gestiones en favor del conquistador, su padre, Martín Cortés, y su primo el licenciado Francisco Núñez. Favorecía y apoyaba al grupo el duque de Béjar. A principios de 1522, los procuradores cortesianos fueron a Vitoria a exponer sus agravios al cardenal Adriano de Utrecht, regente de Castilla desde 1520, por ausencia del emperador que se encontraba en Alemania. Adriano, ya elegido para entonces papa (sería Adriano VI) desde el 9 de enero, seguía atendiendo los negocios españoles y recibió a los procuradores. Coincidieron en su visita con la de «un gran señor alemán [...] que se decía mosior de Lasao», dice Bernal Díaz, que había venido a darle parabienes del pontificado de parte del emperador. El gran señor tenía noticia de Cortés y de las hazañas de sus soldados y abogó por su causa. Su Santidad «tomó también muy a pechos» las quejas de los procuradores y los animó a recusar al presidente del Consejo de Indias.

Bernal Díaz resume los argumentos esgrimidos en este documento de recusación —aún no descubierto—: obsequios-cohechos de Velázquez a Rodríguez de Fonseca; falso informe al rey de que el descubrimiento de Hernández de Córdoba, de tierras de Nueva España, lo hizo Velázquez; oro de rescate obtenido por Juan de Grijalva del cual se dio la mayor parte al obispo y nada al rey; que tomó todo el presente de oro que Cortés y sus soldados enviaron al rey con los procuradores Montejo y Hernández Portocarrero, y que las cartas enviadas al rey las ocultó y escribió otras diciendo que Velázquez enviaba aquel presente, del cual el obispo se quedó con la mitad; que puso preso al procurador Hernández Portocarrero quien murió en la cárcel; que dio órdenes a la Casa de la Contratación de Sevilla para que no diesen ninguna ayuda a Cortés; que proveía los oficios y cargos, sin consultar al rey, con «hombres soeces que no lo merecían, ni tenían habilidad ni saber para mandar, como fue al Cristóbal de Tapia»; que por casar a su sobrina con Diego Velázquez le prometió la gobernación de Nueva España; que aprobaba por buenas las falsas relaciones y procesos que le enviaban los procuradores de Velázquez, mientras que las de Cortes las «encubría y torcía y las condenaba por malas».

Este preciso resumen de Bernal Díaz, de los contundentes argumentos de la recusación de Rodríguez de Fonseca, puestos en debida forma, fueron entregados en Zaragoza al papa-regente Adriano el cual los aprobó y mandó [...] al obispo de Burgos que luego dejase el cargo de entender en las cosas y pleitos de Cortés, ni en entender en cosa ninguna de las Indias». El rey, ya vuelto a Castilla, «confirmó lo que el Sumo Pontífice mandó».

Los negocios cortesianos iban por buen camino pero aún faltaba trecho por recorrer. Por aquellos días se reunieron en Castilla varios agraviados por Cortés y amigos de Velázquez: Pánfilo de Narváez, Cristóbal de Tapia, Gonzalo de Umbría (al que le cortaron un pie o los dedos de un pie, en castigo porque se quería alzar con un navío) y «otro soldado que se decía Cárdenas» (probablemente Luis, el de las cartas contra Cortés), y junto con los procuradores de Velázquez que ya estaban en la Corte: «un Velázquez», Benito Martín y Manuel de Rojas, visitaron a Rodríguez de Fonseca en su retiro de Toro. El obispo los asesoró debidamente y les aconsejó que presentaran sus quejas contra Cortés directamente al emperador. Sus acusaciones fueron principalmente las siguientes: que Velázquez envió a descubrir y poblar la Nueva España tres veces, con grandes gastos, y que Cortés se alzó con la armada en que fue por capitán, de cuyos beneficios no le dio parte alguna; que envió Velázquez a Narváez con 1 400 soldados, 18 navíos, muchos caballos, y con cartas y provisiones firmadas por el presidente del Consejo de Indias para que Cortés le diese la gobernación, y que, en lugar de obedecerlo, lo desbarató y le quebró un ojo y prendió al mismo Narváez y a otros de sus capitanes; que de nuevo el obispo de Burgos proveyó a Cristóbal de Tapia para que fuera a tomar la gobernación de las nuevas tierras, y que Cortés no lo obedeció y lo hizo volver a embarcarse; que había demandado a los indios de Nueva España mucho oro en nombre del rey, y que lo encubría y tenía en su poder; que a pesar de sus soldados se había asignado quinto como rey; que mandó quemar los pies a Guatemuz y a otros caciques para que dieran oro; que había dado muerte a su mujer Catalina Xuárez Marcaida; que no repartió el oro del botín entre sus soldados y todo lo guardó para sí; que hizo palacios y casas fuertes que eran tan grandes como una gran aldea, y hacía servir en ellos a todas las ciudades cercanas a México y traer madera y piedras de tierras lejanas; que dio ponzoña a Francisco de Garay por tomarle sus gentes y armada, y «otras muchas quejas y acusaciones».

Estas acusaciones contra Cortés, tan graves o mayores que las de su propio bando, debieron escandalizar a Carlos V e irán a ser, años adelante, la base de las que se presentarán contra el conquistador en su juicio de residencia.

La resolución del emperador fue prudente ante cuestión tan enconada. Tenía, por una parte, los agravios contra Velázquez y Rodríguez de Fonseca, presentados ante el papa-regente Adriano y avalados por él; y por otra, había escuchado las duras acusaciones contra Cortés. Como ya Adriano iba a ocupar su papado, Carlos V constituyó una comisión especial, para que viese y determinase en la contienda, formada por personas de sus consejos y de su real cámara, presidida por el nuevo canciller del reino, el italiano Mercurino de Gattinara, y junto a él el señor de Lasao (¿La Chaux?) y el doctor Rocca, flamencos; Fernando de Vega, comendador mayor de Castilla; el doctor Lorenzo Galíndez de Carvajal y el licenciado Francisco de Vargas, tesorero general de Castilla. Estos señores se reunieron en la casa de Alonso de Argüello, donde posaba el gran canciller, y escucharon durante cinco días acusaciones y defensas de ambos grupos de procuradores, leyeron los

> procesos, y en fin dieron su sentencia que fue favorable a la causa de Hernán Cortés. Al mismo tiempo, mandaron poner silencio a Diego Velázquez en su disputa por la gobernación de Nueva España, dejándolo en libertad para reclamar a Cortés sus deudas —lo que nunca hizo ni él ni sus descendientes—; aconsejaron al rey que hiciese gobernador de Nueva España a Cortés, «loando y confirmando todo lo que había hecho en servicio de Dios y suyo», pero también mandaron tomar residencia a Cortés para que se ventilasen las acusaciones en su contra.
>
> Gattinara y los miembros de su comisión llevaron su sentencia y decisiones a Valladolid, donde se encontraba Carlos V, quien las aprobó y firmó las cédulas consecuentes.[86]

El contenido de dichas cédulas es tan decisivo para definir el trato a los indígenas y la forma de gobierno que Cortés prefirió no darlas a conocer; en la carta reservada se refirió a ellas para expresar su inconformidad con lo que le ordenan, lo que muestra aún más su ambición y prepotencia. En primer término, se niega a que se permita el libre comercio entre españoles e indígenas, argumentando, incluso, que son tan abusivos los españoles que buscarían robar a los indígenas, y ello sería pretexto para constantes rebeliones. Así se advierte su interés de controlar, como gran cacique, toda la actividad económica y el mercado de bienes y productos. Lo segundo es aún más perjudicial para el indígena, porque en vez de considerarlos vasallos libres a fin de no causarles la muerte por sobreexplotación, como se le recomienda en la cédula real, él pone en práctica el sistema de encomienda, entregando o repartiendo a españoles tierra e indígenas para trabajar como esclavos en beneficio de sus nuevos amos, alegando que eso era mejor que lo sucedido durante el dominio mexica, pues en él no solo eran tributarios, sino que además se les sacrificaba. Y vuelve a mentir, sosteniendo sin pruebas que: «Les tomaban sus hijos e hijas y parientes, y aun en ellos mismos para los sacrificar a sus ídolos [...] en solo la mezquita mayor de esta ciudad, en una sola fiesta [...] se mataban ocho mil almas».[87] Propone, además, que para no matarlos de tanto trabajo y hambre, solo laboraran en las tierras del encomendero y no en las minas, y que en esto último se usara a los esclavos y a los guerreros que tenían las autoridades indígenas, lo cual era falso, pues no había esclavos en la época prehispánica y los milicianos eran mayoritariamente civiles. Lo cierto es que lo impuesto por Cortés fue lo que prevaleció durante los tres siglos de colonización, y ello, junto con las epidemias, causó un terrible exterminio. Estamos, pues, ante una de las pruebas más contundentes del rotundo fracaso de su barbarie, que no civilización. El otro ordenamiento legal que tampoco obedeció Cortés fue el de considerar a los indígenas súbditos o vasallos con la obligación de pagar un tributo o impuesto directo al emperador, a lo cual respondió que era mejor que lo recibieran los encomenderos y que estos pagaran el quinto real, pues sería imposible establecer esta contribución: «Porque oro ni plata no había de ser, porque alguno que tenía antiguamente en joyuelas, ya lo han dado y se es acabado».[88] Por si algo faltara, tampoco está de acuerdo Cortés en una propuesta de las cédulas reales de que, en las ciudades y villas, nombren los ciudadanos a sus posibles autoridades. Prefiere que los «traigan ante mí, y yo con los oficiales de

Vuestra Magestad escojamos las personas que nos pareciese»,[89] pues entre otras cosas alega que es mejor que los nombre de manera directa el gobernador, quien representa a «su real persona y jurisdicción, porque dando aquella mano a los pueblos y a otras personas parecería derogar su preminencia real, y aun por tiempo la extendería a más, haciéndolo uso y costumbre».[90] En otras palabras, según él, esa decisión con el tiempo se convertiría en un mal hábito democrático. El resto del contenido de la carta anexa tiene que ver con sus intereses económicos, que defiende de los burócratas reales y, en especial, de los fiscales que llegaron a auditarlo y no quieren aceptarle alrededor de 200 000 pesos en oro que ha gastado en la conquista, motivo por el cual le pide al rey que se le reconozcan. Por último, le termina diciendo que es ofensivo lo que le asignaron de salario y lo que recibirán sus allegados.

José Luis Martínez explica en detalle el contenido de las cédulas reales, el incumplimiento de la mayoría de ellas y cómo ya Cortés había internalizado en la mente del rey y su corte, la mentira del canibalismo, fuese por ignorancia o por conveniencia. De igual forma, es de llamar la atención que, después de cuatro años de expediciones de Cuba a México, incluida la batalla por Tenochtitlan, el joven rey de España, Carlos V, no estuviese enterado de nada, como él mismo lo confirma en una de las mencionadas cédulas reales, cuando expresa que no había leído ninguna de las cartas de relación de Cortés. En fin, mejor repasemos el tema con el maestro historiador José Luis Martínez:

> De acuerdo con los usos legales de la época, Cortés recibió, firmados por Carlos V y redactados por sus competentes asesores, no uno sino cinco documentos. Los cuatro primeros son de la misma fecha y lugar: Valladolid, 15 de octubre de 1522. El último, con instrucciones sobre tratamiento de los indios, cuestiones de gobierno y recaudo de la real hacienda, ampliación de uno de los primeros, es del año siguiente: 26 de junio de 1523. Los cinco forman una unidad: la instauración del primer Gobierno de la Nueva España.
>
> El primero, el más importante para Cortés, es la cédula en que se le nombra gobernador, capitán general y justicia mayor de Nueva España. Los gobiernos político, militar y judicial se entregaban a una sola persona, todavía sin el contrapeso de las Audiencias judiciales que luego tendrán los virreyes. Junto a él, en este primer sistema unipersonal de gobierno, solo existían los oficiales reales, encargados exclusivamente de cuidar los intereses fiscales de la Corona. Cortés nombraba lugartenientes de su propia autoridad, alcaldes y regidores municipales y ejecutores de la justicia. Y por su propia decisión, él disponía de los indios y de la tierra.
>
> El segundo documento es el primer esbozo de instrucciones de Gobierno, centradas en la preocupación por el adoctrinamiento de los indios, y el anuncio de envío de los oficiales reales: tesorero, contador, factor y veedor. Al principio de esta carta, le dice el rey que, apenas llegado a Santander, el 16 de julio de 1522, dispuso que se prestara atención a los asuntos de «esas partes»; que «especialmente quise por mi real persona ver y entender vuestras *Relaciones* [lo que indica que antes no se había enterado de ellas] e las cosas de esa Nueva España, e de lo que en mi ausencia de estos reinos en ella ha pasa-

do»; que mandó oír a su procuradores, de Cortés, y a los del adelantado Diego Velázquez; que quedó enterado de las diferencias entre ambos y del gran perjuicio que ocasionó la intervención de Pánfilo de Narváez; que para bien de todos y que para que haga justicia en estas diferencias las confió a su gran canciller y a su Consejo de las Indias; que ordenó al adelantado Velázquez «que no arme ni envíe contra vos gente ni fuerza, ni haga otra violencia ni novedad alguna»; y que, «porque soy certificado de lo mucho que vos en este descubrimiento e conquista y en tornar a ganar la dicha ciudad e provincias habéis fecho e trabajado, de que me he tenido e tengo por muy servido, e tengo la voluntad que es razón para vos favorecer», lo ha provisto de los cargos de gobernador y capitán general de la Nueva España. Estas palabras del rey debieron ser las más gratas para Cortés, aunque sorprende en ellas que, como lo haría más tarde Francisco López de Gómara en su *Conquista de México,* solo se resalte la hazaña personal de Cortés y no haya una palabra para sus capitanes y soldados.

El tercer documento es el primer revés para el nuevo gobernador y capitán general: la asignación de sueldos que debían pagársele a él y a sus asistentes inmediatos (físico, cirujano, boticario, escuderos, peones y un alcalde mayor), a partir de la fecha de la orden. Con algún retraso, Cortés protestará airadamente por los 360 000 maravedís anuales (algo más de mil escudos) que se le asignaron «Si a cada uno de los oficiales que agora vinieron se les dieron a quinientos y diez mil maravedís, no sé yo quién tasó que no merecía yo cuatro tantos que cada uno, pues tengo yo doscientas veces más costa que todos juntos»,[91] escribió al rey al fin de su *Carta reservada,* del 15 de octubre de 1524.

Después de haber olvidado a los soldados de la conquista en el segundo documento, el cuarto, hecho a solicitud de los procuradores de Cortés, no los enaltece pero sí procura premiar los servicios, tanto de conquistadores como de pobladores, mediante concesiones fiscales (en minas, salinas y derechos de importación de bienes); concesión para rescatar esclavos que ya lo fueran de los indios, autorización para nuevos descubrimientos y asignación de auxilios para mancos, cojos y lisiados; y pide, en fin, que se sugieran a la Corona «en qué otras cosas Nos podemos hacer merced a los dichos pobladores».

El último de los documentos de este grupo es el de las instrucciones que se enviaron a Cortés sobre el tratamiento de los indios, cuestiones de Gobierno y recaudo de la real hacienda, y fue redactado posteriormente, el 26 de junio de 1523. Muestra un buen conocimiento de las cosas de Nueva España y cierta tendencia hacia las soluciones humanitarias y justicieras, en las que se transparentan las doctrinas de fray Bartolomé de las Casas, buenos propósitos que el peso de los intereses pronto echarán al olvido.

Empieza por insistir en la primacía que debe darse a la cristianización de los indios y propone al respecto dos ideas prácticas. La primera, que se comience por el adoctrinamiento de los *teúles* o señores principales, pues de esta manera los seguirán los indios sujetos a ellos. La segunda es la extirpación de la antropofagia y la solución propuesta es de lascasasiana ingenuidad: que para que los indios tengan carne que comer se multipliquen los ganados «y ellos excusen la dicha abominación». Lo cual ocurrió. Fuera o no para substituir la de sus prójimos, los indios se aficionaron mucho a la carne de puerco. Prosigue el punto más importante: considerada la triste experiencia de la isla Española, en donde la población vino en gran disminución por haberse dado los indios en encomienda, y atendida la resolución adoptada por personas de los Consejos del reino y «teólogos religiosos y personas de muchas letras y de buena y santa vida», «por ende, yo vos mando que en esa dicha tierra no hagáis ni consintáis hacer repartimiento, encomienda ni depósito de los indios della, sino que los dejéis vivir libremente como nuestros vasallos».

Continúan estas instrucciones señalándole otras provisiones tocantes a los indios y a cuestiones de urbanización y organización de los poblamientos, y en fin, le encarga la búsqueda del estrecho que comunique los océanos, así como la exploración de la región sur de la tierra, empresas en las que Cortés se aplicará con gran empeño.

En cambio, respecto al punto principal, que le prohibía los repartimientos y encomiendas, que Cortés ya había comenzado a hacer, no lo obedeció en absoluto y parece no haber dado a conocer a los oficiales estas Instrucciones, como se le ordenaba. En la Carta reservada a Carlos V, del 15 de octubre de 1524, expuso al rey con «franqueza que a veces toca en atrevimiento», en frase de García Icazbalceta, sus motivos para no cumplir la orden: las demandas y la necesidad de recompensar a sus soldados, la conveniencia estratégica de mantener a los indios controlados y su creencia de que las encomiendas liberarían a los pueblos de sus «señores antiguos». Y hacia el mismo año de 1524 Cortés expidió unas Ordenanzas para reglamentar y humanizar las encomiendas.

La Corona no insistió en el cumplimiento de esta orden y olvidando su prohibición comenzó a expedir cédulas de encomienda, tanto a antiguos conquistadores como a recién llegados, y la institución subsistió hasta el siglo XVIII.

Además de la reclamación por el salario discriminatorio y de los argumentos con que rechazó la prohibición de las encomiendas, esta *Carta reservada* de Cortés —que es la exposición más explícita que escribiera de sus ideas políticas, y de su soberbia al echar a un lado cualquier idea que no fuese la suya— contiene otros puntos en que también se opuso y se negó a aceptar las instrucciones de la Corona. La libre contratación y comercio de los españoles con los naturales, que se le ordenaba, no la autoriza porque sería causa de abusos y perjudicial para los indios; la orden para que los indios paguen un tributo, a fin de que sepan que son vasallos del emperador, no la cumple porque los indios no tienen ya oro sino solo los productos de la tierra con que se sustentan; y la orden para que los alcaldes y regidores de cada pueblo sean elegidos por los propios vecinos no la acata porque es conveniente que tales elecciones las sigan haciendo los gobernadores de cada provincia, para evitar que se favorezca a amigos y parientes de las antiguas autoridades. En suma, Cortés no cumple ninguna de las instrucciones reales y además trata de mostrar la imprudencia de ellas.

Asimismo, muestra su molestia por las trabas que le imponen los oficiales reales, y pide al emperador que los mantenga en sus propias funciones fiscales o les deje de una vez todo el gobierno. Y, respecto a la rebelión de Cristóbal de Olid, anuncia su resolución de ir a castigarlo, rechazando de paso, con argumentos poco claros, la imputación de que esta rebelión se asemeja a la que él hiciera años antes contra Velázquez.[92]

La quinta carta-relación que envía Cortés a Carlos V desde Tenochtitlan el 3 de septiembre de 1526 es un auténtico bodrio, un monumento a la estupidez y la infamia. Se trata de un relato largo, sumamente aburrido, sobre el periplo de Cortés al golfo de Honduras, conocido en la historiografía como el viaje a las Hibueras; por eso no transcribiremos todo el texto. Nadie puede, por cierto, acusarnos de parcialidad, porque si así lo desea tiene la oportunidad de obtener en cualquier biblioteca, en la librería Porrúa o en el Fondo de Cultura Económica las versiones completas de las *Cartas de relación.*

Aquí abro un paréntesis para contar una anécdota acerca de los pocos retratos o monumentos que existen en nuestro país dedicados a Cortés y de cómo un gran filósofo del exilio español, José Gaos, comenta acerca de la pintura grotesca, pero exacta, del conquistador hecha por Diego Rivera en los murales del Palacio Nacional. Define el hecho de manera excepcional, como si se tratara de una brevísima cátedra dirigida a los indefinidos que abundan; de lo contrario, pondrían en riesgo la comodidad que ofrece lo material, la cercanía al poder y hasta los famosos premios de la academia o los destinados a la intelectualidad. Dijo J. Gaos: «La historia debe ser escrita con ira y parcialidad».[93]

En la carta en cuestión, Cortés reafirma que es un hombre malo y audaz, pero nada inteligente y bastante mazorral. En primer término, es inexplicable cómo decide abandonar la Ciudad de México para ir a un viaje que le lleva casi dos años —del 12 de octubre de 1524 al 19 de junio de 1526—, pues cualquiera que fuese su verdadera intención, aquello era un sinsentido: ¿conquistar más territorio?, ¿ir a pelear con sus enemigos de Cuba y Santo Domingo por Centroamérica y algunas islas del Caribe?, ¿vengarse de Cristóbal de Olid?, ¿inventar el viaje para asesinar en el camino a Cuauhtémoc?, ¿conseguir oro?, ¿hacer campaña para informar del poder del rey y de un solo Dios? Nada, nada, justificaba realmente dicha ausencia, y mucho menos, desde luego, las infamias cometidas durante el camino. ¿A quién se le pudo ocurrir atravesar por tierra parte de Veracruz y todo Tabasco, de Coatzacoalcos a Tenosique en tiempos de lluvia? Era algo que nunca nadie había hecho en más de 2000 años, ni los olmecas —que fueron los primeros pobladores de esa región— ni los comerciantes mayas, teotihuacanos y mexicas; es algo que no hicieron después los «monteros» cortadores de madera del siglo XIX, ni los exploradores petroleros de mediados del siglo XX, llamados «perros de agua» por trabajar en tierras bajas. Tampoco a nadie nunca se le había ocurrido; solo a este despistado, que, sin información logística ni el conocimiento más elemental de que en ese tiempo —y durante siglos— el medio de transporte más utilizado eran el cayuco y las canoas para desplazarse de un lugar a otro y que, por ello, la mayoría de los pueblos se encontraba en las orillas o márgenes de los arroyos, lagunas, ríos o en las costas del mar.

Imaginemos cuánto se habría ahorrado de tiempo si hubiera utilizado la ruta del golfo de México, hasta el río Grijalva, para luego internarse por el Usumacinta que es navegable hasta Tenosique. Pero no, esta eminencia había invadido México, ayudado por la decadencia del Imperio mexica, aprovechándose de la inocencia y bondad de los pueblos indígenas y de la incapacidad e ingenuidad de Moctezuma y de otros gobernantes aliados y opositores que hicieron realidad la máxima de Maquiavelo, vigente en esos tiempos, según la cual: «Cuando invade un extranjero poderoso una comarca, lo ordinario es que se pongan de parte del invasor los estados menos fuertes, por envidia al que antes dominaba, y sin gastos ni esfuerzos el extranjero conserva la adhesión de estos pequeños estados que de buen grado forman un bloque con el conquistador».[94]

De modo que, una vez con poder, Cortés empieza a revelar su verdadera pequeñez y comienza a empantanarse, a meterse en lo que llama José Luis Martínez, el laberinto fluvial, a abrir un camino cruzando los más grandes y caudalosos ríos del país, infinidad de arroyos, lagunas, pantanos, y a penetrar en una cerrada selva tropical donde se pierde y, más por suerte o chiripa que por su brújula, se topa con un poblado que, como todos en el recorrido, encuentra deshabitado y quemado por los propios indígenas, que se horrorizaban al saber que llegarían los bárbaros conquistadores, por su bien ganada fama de violadores de mujeres, esclavistas, destructores de ídolos y saqueadores de sus escasos bienes, desde sus modestas alhajas hasta sus gallinas y maizales.

Otro aspecto a destacar es la infamia del ahorcamiento de Cuauhtémoc y del tlatoani de Tacuba. Hay un dicho popular, según el cual «todo malo es cobarde», y a lo mejor esto explica por qué Cortés tomó la decisión de asesinar al joven Cuauhtémoc y a otro de sus acompañantes, Tetlepanquétzal, señor de Tacuba. Como pudo haberlo advertido después de la batalla por Tenochtitlan, los mexicas no podían estar conformes, entre otros crímenes y latrocinios, con la aprehensión de Cuauhtémoc, y Cortés necesitaba deshacerse de este respetado líder de la dinastía de los antiguos tlatoanis para infundir más terror. Por eso, desde antes de partir a las Hibueras, tenía en mente llevarlo con él, como lo comentó en una carta anterior a Carlos V, ocultando su intención de matarlo durante el trayecto. Creo que ese miedo cobarde se acrecentó en Cortés cuando, al pasar por tantos pueblos en su viaje a las Hibueras constató la presencia y el respeto que aún inspiraba el devastado Imperio mexica hasta en comunidades de las distintas etnias mayas de México y Centroamérica. Sirva de ejemplo que los topónimos de los pueblos por donde pasaban se identificaban en lengua náhuatl (o nahua). Todo esto lo llevó a cometer esa gran traición e indeleble crimen con una burda e inaceptable excusa con la que pretendió justificar su infamia:

> Aquí en esta provincia acaeció un caso que es bien que nuestra majestad lo sepa, y es que un ciudadano honrado de esta ciudad de Tenuxtitan, que se llamaba Mexicalcingo, y después que es bautizado se llama Cristóbal, vino a mí muy secretamente una noche y me trajo cierta figura en un papel de lo de su tierra; y queriéndome dar a entender lo que significaba, me dijo que Guatemucin, señor que fue de esta ciudad de Tenuxtitan, a quien yo después que la gané he tenido preso, teniéndole por hombre bullicioso, y le llevé conmigo aquel camino con todos los demás señores que me pareció que eran parte para la seguridad y revuelta de estas partes, y díjome aquel Cristóbal que aquel Guatemucin y Guanacaxin, señor que fue de Tezcuco, y Tetepanquezal, señor que fue de Tacuba, y un Tacitecle, que a la sazón era en esta ciudad de México en la parte de Tatelulco, habían

hablado muchas veces y dado cuenta de ello a este Mexicalcingo, que, como dile, se llama ahora Cristóbal, diciendo cómo estaban desposeídos de sus tierras y señorío, y las mandaban los españoles, y que sería bien que buscasen algún remedio para que ellos las tomasen a señorear y poseer. Y que hablando en ello muchas veces en este camino, les había parecido que era buen remedio tener manera como me matasen a mí y a los que conmigo iban. Y que después, muertos nosotros, irían apellidando la gente de aquellas partes hasta matar a Cristóbal de Olid y la gente que con él estaba. Y enviar sus mensajeros a esta ciudad de Tenuxtitan para que matasen todos los españoles que en ella habían quedado, porque les parecía que lo podían hacer muy ligeramente, siendo así que todos los que quedaban aquí eran de los que habían venido nuevamente, y que no sabían las cosas de la guerra, y que acabado de hacer ellos lo que pensaban, irían apellidando y juntando consigo toda la tierra por todas las villas y lugares donde hubiese españoles, hasta los matar y acabar todos. Y que hecho esto, pondrían en todos los puertos de la mar recias guarniciones de gente para que ningún navío que viniese se les escapase, de manera que no pudiese volver nueva a Castilla; y que así serían señores como antes lo eran; y que tenían ya hecho repartimiento de las tierras entre sí, y que a este Mexicalcingo le hacían señor de cierta provincia.

Pues como yo fui tan largamente informado por aquel Cristóbal de la traición que contra mí y contra los españoles estaba urdida, di muchas gracias a Nuestro Señor por haberla así revelado, y luego en amaneciendo prendí a todos aquellos señores, y los puse apartados el uno del otro, y les fui a preguntar cómo pasaba el negocio, y a los unos decía que los otros me lo habían dicho, porque no sabían unos de otros, y a los otros que los otros; así que tuvieron todos de confesar la verdad que Guatemucin y Tetepanquezal habían movido aquella cosa, y que los otros era verdad que lo habían oído, pero que nunca habían consentido en ello; de esta manera fueron ahorcados estos dos, y a los otros solté, porque no parecía que tenían más culpa de haberles oído, aunque aquella bastaba para merecer la muerte; pero quedaron procesos abiertos para que cada vez que se vuelvan a ver puedan ser castigados; aunque creo que ellos quedan de tal manera espantados, porque nunca han sabido de quién lo supe, que no creo se tornarán a revolver, porque creen que lo supe por alguna arte, y así piensan que ninguna cosa se me puede esconder. Porque, como han visto que para acertar aquel camino muchas veces sacaba una carta de marear y una aguja, en especial cuando se acertó el camino de Cagoatezpan, han dicho a muchos españoles, que por allí lo saqué, y aun a mí me han dicho algunos de ellos, queriéndome hacer cierto que tienen buena voluntad, que para que conozca sus buenas intenciones, que me rogaban mucho mirase el espejo y la carta, y que allí vería cómo ellos me tenían buena voluntad, pues por allí sabía todas las otras cosas: yo también les hice entender que así era la verdad, y que en aquella aguja y carta de marear veía yo y sabía y se me descubrían todas las cosas.[95]

Sobre el lugar donde Cortés asesinó a Cuauhtémoc y a Tetlepanquétzal, el otro dirigente indígena, existe una antigua polémica. Se dice que fue en un poblado a la orilla del río Candelaria, llamado Itzamkanac, en la zona arqueológica El Tigre, en Campeche. Otros historiadores hablan del poblado de Canitzán, a la orilla del río

Usumacinta, en el municipio de Tenosique, Tabasco. El historiador Jorge Gurría Lacroix, quien, además de ser experto en la materia, era originario de la región, sostiene que la provincia mencionada por Cortés tenía como capital al pueblo de Itzamkanac, pero ubica la comunidad a la orilla del río Usumacinta, entre Tenosique o Zagoatezpan y el actual poblado de Multe.[96] También pudo tratarse de alguna comunidad de la ribera del río San Pedro, Balancán, Tabasco, de donde, en línea recta, se llega a La Palma y de allí se internan a caballo o en cayucos, ahora en lanchas, hasta cerca de Flores, Guatemala. Sobre los restos de Cuauhtémoc se sostiene que en sigilo fueron trasladados a Ixcateopan, Guerrero. Así lo sostuvo, hasta su muerte, la maestra Eulalia Guzmán. Y aunque también hay algunas dudas, la maestra Guzmán siempre trabajó en excavaciones de sitios arqueológicos e investigaciones de estas características, y a mí me da confianza porque fue una mujer excepcional, reconocida por intelectuales como Rosario Castellanos, Diego Rivera y Carlos Pellicer, entre otros. También debemos tomar en cuenta que, gracias a ella, se enalteció más la figura de Cuauhtémoc y no cayó en el olvido como algunos querían y aún quisieran.

Regresando a la quinta carta de Cortés, otra cosa que queda de manifiesto en ella es la infinita bondad de los pueblos indígenas: prefieren recibir los agravios o ausentarse ante la llegada de los españoles antes que enfrentarlos. En ningún pueblo por donde pasó Cortés le opusieron resistencia. Esa gente buena, inocente, es la más clara representación del estoicismo. Es como el mundo al revés: los autonombrados cristianos no lo eran, y los tachados de bárbaros e ignorantes, sí eran innatos cristianos. Las personas originarias de estas tierras soportaban la ofensa, ni siquiera con los dientes apretados y con silenciosa rabia, sino con esa serenidad escrupulosa que distingue a la gente humilde y de buen corazón.

En uno de los fragmentos anteriores de esta carta hay un diálogo en el cual Cortés le dice a unos indígenas que sus ídolos son el demonio, o algo por el estilo, y ellos le responden que esa creencia se las habían dejado «sus padres, y que aquella tenían y tendrían hasta que otra cosa supiesen».[97]

Una reflexión más es la orientada a descubrir la hipocresía de Cortés, quien va a las Hibueras y, en su lucha contra sus adversarios españoles de Cuba y de Santo Domingo, de la noche a la mañana se convierte en «enemigo» de la esclavitud, pues defiende a los indígenas que eran «cazados» o secuestrados de lo que ahora son Guatemala, Honduras, Belice y las islas del Caribe, por adelantados o capitanes enviados desde Cuba por su archienemigo Diego Velázquez y sus huestes. Hay en la quinta carta-relación varias referencias a estos hechos, pero solo transcribo dos:

> Aunque ellos no les habían hecho buenas obras, antes salteándolos les habían tomado ciertas mujeres y muchachos, las cuales aquel bachiller Moreno había herrado por esclavos y llevádolos en su navío; de que Dios sabe cuánto me pesó, porque conocí el gran daño que de allí se seguiría.
>
> Y en los navíos que envié a las islas lo escribí a aquellos jueces, y les envié muy larga probanza de todo lo que aquel bachiller en aquella villa había hecho y con ella una carta

> de justicia, requiriéndoles de parte de vuestra majestad me enviasen aquí aquel bachiller preso y a buen recaudo, y con él a todos los naturales de esta tierra que había llevado por esclavos, pues había sido hecho contra todo derecho, como verían por la probanza que de ello les enviaba. No sé lo que harán sobre ello, lo que me respondieren haré saber a vuestra majestad.[98]

La otra actitud hipócrita de Cortés se describe en otro fragmento donde acusa al gobernador de Cuba de mandar a tomar indígenas para esclavizarlos:

> Ya, muy católico señor, hice a vuestra majestad relación de ciertas isletas que están frontero de aquel puerto de Honduras, que llaman los Guanajos, que algunas de ellas están despobladas a causa de las armadas que han hecho de las islas, y llevado muchos naturales de ellas por esclavos, y en algunas de ellas había quedado alguna gente, y supe que de la isla de Cuba y de la de Jamaica, nuevamente habían armado para ir a ellas, para las acabar de asolar y destruir; y para remedio envié una carabela que buscase por las dichas islas el armada, y les requiriese de parte de vuestra majestad que no entrasen en ellas ni hiciesen daño a los naturales, porque yo pensaba apaciguarlos y traerlos al servicio de vuestra majestad; porque, por medio de algunos que se habían pasado a vivir a la tierra firme, yo tenía inteligencia con ellos. La cual dicha carabela topó en una de las dichas islas, que se dice Huitila, otra de la dicha armada, que era un capitán Rodrigo de Merlo, y el capitán de mi carabela le atrajo con la suya y con toda la gente que había tomado en aquellas islas, allí donde yo estaba. La cual dicha gente yo luego hice llevar a las islas donde los habían tomado, y no procedí contra el capitán porque mostró licencia para ello del gobernador de la isla de Cuba, por virtud de la que ellos tienen de los jueces que residen en la isla española; y así los envié sin que recibiesen otro daño más de tomarles la gente que habían tomado de las dichas islas, y el capitán y los más de los que venían en su compañía se quedaron por vecinos en aquellas villas, pareciéndoles bien la tierra.[99]

Como se puede ver en la misma carta, en esos días Cortés estaba haciendo lo mismo: repartiendo indígenas como esclavos a encomenderos españoles, sentenciando a muerte a los que se oponían y justificando que a su desleal amigo, Cristóbal de Olid, pasado al bando de Velázquez, le hubieran cortado la cabeza: «Y luego quedó toda la gente muy contenta viéndose en libertad».[100]

Esta especie de trastorno esquizofrénico se fue haciendo más evidente en Cortés, en la medida que iba sintiendo que perdía la confianza y el poder que le podía transferir Carlos V. Por ello se afectó mucho cuando regresó de su viaje debido a que por esos días arribó también a Veracruz el barco que trajo desde España a Luis Ponce, juez de residencia, a quien, por órdenes del rey, Cortés debía entregar «todas las varas», es decir, de gobernador, capitán general y justicia mayor de la Nueva España. A partir de entonces comienza el suplicio: su degradación política acompañada del juicio de residencia que se convierte en una espada de Damocles. En esta quinta carta de relación hace el recuento de sus servicios a Carlos V, incluido todo el dinero enviado a España, cosa que repetiría una y otra vez, aunque sus adversarios, tanto en la Nueva España como en la metrópoli, no lo bajaban de desalmado, mentiroso y ladrón; incluso llegan a decir que la yegua cargada de oro que se perdió en la Noche Triste era la de Cortés y no, como él sostuvo, la del quinto real que correspondía a Carlos V. En su defensa ante sus acusadores —jueces, burócratas y elevados personajes de la nobleza y el clero—, Cortés se exhibe una vez más como farsante. En dos fragmentos de dicha carta, Cortés explica y reprocha a Carlos V por su destitución y mal trato:

> Según lo que yo he sentido, muy católico príncipe, puesto que desde el principio que comencé a entender en esta negociación yo he tenido muchos, diversos y poderosos émulos y contrarios, no ha podido tanto su maldad y malicia, que la notoriedad de mi fidelidad y servicios no la hayan supeditado; y como ya desesperados de todo remedio, han buscado dos, por los cuales, según parece, han puesto alguna niebla o oscuridad ante los ojos de vuestra grandeza, por donde le han movido del católico y santo propósito que siempre de vuestra excelencia se ha conocido a me remunerar y pagar mis servicios. El uno es acusarme ante vuestra potencia de *crimine lesae majestatis,* diciendo que yo no había de obedecer sus reales mandamientos, y que yo no tengo esta tierra en su poderoso nombre, sino en tiránica e inefable forma, dando para ello algunas depravadas y diabólicas razones, juzgadas por falsas y no verdaderas conjeturas; los cuales, si las verdaderas obras miraran, y justos jueces fueran, muy a lo contrario lo debieran significar; porque hasta hoy no se ha vista ni se verá en cuanto yo viviere, que ante mí o a mi noticia haya venido carta u otro mandamiento de vuestra majestad, que no haya sido, es y sea obedecido y cumplido, sin faltar en él cosa alguna, y ahora se ha manifestado más clara y abiertamente su maldad de los que esto han querido decir; porque si así fuera, no me fuera yo seiscientas leguas de esta ciudad, por tierra inhabitada y caminos peligrosos y dejara la tierra a los oficiales de vuestra majestad, como de razón se había de creer ser las personas que habían de tener más celo al real servicio de vuestra alteza, aunque sus obras no correspondieron al crédito que yo de ellos tuve.
>
> El otro es, que han querido decir que yo tengo en esta tierra mucha parte, o la mayor, de los naturales de ella, de que me sirvo y aprovecho, de donde he habido mucho suma y cantidad de oro y plata, que tengo atesorado; y que he gastado de las rentas de vuestra majestad católica sesenta y tantos mil pesos de oro, sin haber necesidad de los gastar; y que no he enviado tanta suma de oro a vuestra excelencia cuanta de sus reales rentas se ha habido, y que lo detengo con formas y maneras exquisitas, cuyo efecto yo no puedo alcanzar. Pero bien creo que, pues lo han oído decir, que le habrán dado algún color, mas no puede ser tal, según lo que yo de mí confío, que muy pequeño toque no descubra lo falso; y cuanto a lo que dicen de tener yo mucha parte de la tierra, así lo confieso, y que ha cabido harta suma y cantidad de oro; pero digo que no ha sido tanta que haya bastado para que yo deje de ser pobre y estar adeudado en más de quinientos mil pesos de oro, sin tener un castellano de qué pagarlo. Porque si mucho ha habido, muy mucho más he gastado, y no en comprar mayorazgos ni otras rentas para mí, sino en dilatar por estas partes el señorío patrimonio real de vuestra alteza, conquistando y

ganando con ello y con poner mi persona a muchos trabajos, riesgos y peligros, muchos reinos y señoríos para vuestra excelencia. Los cuales no podrán encubrir ni agazapar los malos con sus serpentinas lenguas; que mirándose mis libros, se hallarán en ellos más de trecientos mil pesos de oro que se han gastado de mi casa y hacienda en estas conquistas; y acabado lo que yo tenía, gasté los sesenta mil pesos de oro de vuestra majestad, y no en comerlos yo, ni entraron en mi poder, sino darlos por mis libramientos para los gastos y expensas de esta conquista, y si aprovecharon o no, vean los casos que están muy manifiestos.

En lo que dicen de no enviar las rentas a vuestra majestad, muy manifiesto está ser la verdad en contrario, porque en este poco tiempo que yo estoy en esta tierra, pienso, y así es verdad, que de ella se ha enviado a vuestra majestad más servicio e intereses que de todas las islas y tierra firme que ha treinta y tantos años que están descubiertas y pobladas, las cuales costaron a los Católicos Reyes, vuestros abuelos, muchas expensas y gastos; lo que ha cesado en esta, y no solamente se ha enviado lo que a vuestra majestad de sus reales servicios ha pertenecido, mas aun de lo mío y de los que me han ayudado, sin lo que acá hemos gastado en su real servicio, hemos enviado alguna copia. Porque luego que envié la primera relación a vuestra majestad con Alonso Hernández Portocarrero y Francisco de Montejo, no solamente envié el quinto que a vuestra majestad perteneció de lo hasta entonces habido, mas aun todo cuanto se hubo, porque me pareció ser así justo, por ser las primicias, pues de todo lo que en esta ciudad se hubo, siendo vivo Mutezuma, señor de ella, del oro se dio el quinto a vuestra majestad, digo de lo que se fundió, que le pertenecieron treinta y tantos mil castellanos, y aunque las joyas también se habían de partir, y dar a la gente sus partes, ellos y yo holgamos que no se diesen, sino que todas se enviasen a vuestra majestad, que fueron en número de más de quinientos mil pesos de oro; aunque lo uno y lo otro se perdió, porque nos lo tomaron cuando nos echaron de esta ciudad, por el levantamiento que en ella hubo con la venida de Narváez a esta tierra; lo cual, aunque fue por mis pecados, no fue por mi negligencia.

Cuando después se conquistó y redujo al real servicio de vuestra alteza, no menos se hizo, que, sacado el quinto para vuestra majestad del oro que se fundió, yo hice que todas las joyas mis compañeros tuviera a bien que sin partir se quedasen para vuestra alteza, que no fueron de menos valor y precio que las que primero teníamos; y así, con mucha brevedad y recaudo las despaché todas, con treinta y tres mil pesos de oro en barras, y con ellos a Julián Alderete, que a la sazón era tesorero de vuestra majestad, y las tomaron los franceses. Tampoco fue mía la culpa, sino de aquellos que no proveyeron el armada que fue por ello a las islas de las Azores, como debieran para cosa de tanta importancia.

Al tiempo que yo me partí de esta ciudad para el golfo de las Hibueras, asimismo se enviaron a vuestra excelencia sesenta mil pesos de oro con Diego de Ocampo y Francisco de Montejo, y no se envió más aún por parecerme a mí, y aun a los oficiales de vuestra majestad católica, que con enviar tanto junto aún excedíamos y pervertíamos la orden que vuestra majestad tiene mandado dar en estas partes en el llevar del oro; pero atrevímonos por la necesidad que supimos que vuestra sacra majestad tenía; y con esto envié yo asimismo a vuestra grandeza con Diego de Soto, criado mío, todo cuanto yo tenía,

> sin me quedar un peso de oro, que fue un tiro de plata, que me costó la plata y hechura y otros gastos de él más de treinta y cinco mil pesos de oro. También ciertas joyas que yo tenía de oro y piedras, las cuales envié, no por su valor ni precio, aunque no era muy pequeño para mí, sino porque habían llevado los franceses las que primero envié, y pesóme en el ánima que vuestra majestad sacra no las hubiese visto, y para que viese la muestra, y por ello, como desecho, considerase lo que sería lo principal, envié aquello que yo tenía; así que, pues yo con tan limpio celo y voluntad quise servir a vuestra majestad católica con lo que yo tenía, no sé qué razón hay de creer que yo detuviese lo de vuestra alteza. También me han dicho los oficiales que en mi ausencia han enviado cierta cantidad de oro, por manera que nunca se ha cesado de enviar todas las veces que para ello ha habido oportunidad.[101]

Pero nada convencía a la Corte ni al rey; si estaban enterados, no parecían tenerle confianza a Cortés. Sí, le reconocían sus méritos con homenajes en España: la entrega de vasallos y tierras, el título de marqués del valle de Oaxaca, mercedes reales para fundar mayorazgos en Colima y en la Ciudad de México, la posesión de minas de oro en Taxco, Guerrero, y el nombramiento de capitán general de la Nueva España. Pero ni siquiera le permitían entrar a la Ciudad de México; se veía obligado a permanecer en Rinconada, Veracruz o en Tlaxcala. Es decir, sus adversarios en la Ciudad de México le aplicaban la misma máxima que él solía invocar: «Se acata, pero no se cumple». En fin, aunque se quejara con Carlos V, desde que lo destituyeron de gobernador, ninguna de las autoridades, incluido el primer virrey que llega a México, Antonio de Mendoza, le tenía la mínima consideración. Por el contrario, lo persiguieron hasta España, donde falleció el 2 de diciembre de 1547. Desde 1540 no podía volver a la Nueva España, pues seguía pendiente el juicio de residencia en su contra que, dicho sea de paso, para entonces ya sumaba 109 cargos, varios de ellos graves, además de calumnias.

En cuanto a su defensa, lo más lamentable y ridículo es que en vida enfrenta a sus adversarios con desparpajados argumentos y contradicciones. Por ejemplo, al rey le dice que está dispuesto a ir desde las costas del pacífico mexicano hasta las indias orientales y China, para no depender de la ruta dominada por Portugal y dejar de padecer por el «rescate» que hace de la «especiería» el rey de ese país. En lo interno le propone «apaciguar» a los «indómitos» tabasqueños, someter a los zapotecas que ocupan «la más rica tierra de minas que hay en esta Nueva España», así como poner «el yugo de vuestra magestad» a los «bárbaros» chichimecas del norte y de la provincia de Michoacán con la advertencia de que «si no quieren ser obedientes, les hagan la guerra y los tomen por esclavos, porque no hay cosa superflua en toda la tierra, ni que deje de servir ni reconocer a vuestra magestad y trayendo estos bárbaros por esclavos que son gente salvaje, será vuestra magestad servido, y los españoles aprovechados, porque sacaran oro en las minas, y aún en nuestra conversación podrá ser que algunos se salven».[102] En su evidente enajenación acrecentada por la pérdida del poder, escribe en sus posteriores misivas al rey (1530) que en la Nueva España se padece una tiranía del grupo que gobierna pues no hay «en ella contradicción les hiciese, para no obedecer, como hasta aquí no han obedecido ni cumplido, carta ni provisión de vuestra majestad, sino como absolutos señores de ella han robado, así a los naturales como a los nuevos pobladores, y destruídola en tanta manera, que certifico a vuestra majestad que si les durara, que en muy breve tiempo la pusieran en el término que a la Española y a las otras islas».[103]

Además, en forma abiertamente contradictoria, los acusa porque la sobreexplotación y la esclavitud de los indígenas han reducido la población a:

> Más de la mitad de la gente de los naturales, a causa de las vejaciones y malos tratamientos que han recibido, que ni han bastado para lo estorbar las ordenanzas que para defensa de esto vuestra majestad mandó hacer enviar, antes las han tenido suspensas sin cumplir ninguna de ellas; y ahora, después de yo venido, andan en darles limitación diciendo que no se puede sufrir, y para me enemistar, con los españoles dicen y publican que yo fui el que las hice y di a vuestra majestad el aviso de ellas; y ni tampoco ha bastado la protección que vuestra majestad mandó que tuviese el electo obispo de México, porque jamás han querido cumplir ni obedecer las provisiones que para esto trajo; antes porque el dicho electo ha trabajado de defender que no sean los naturales tan mal tratados, le han a él maltratado y ofendido, así en la persona, poniendo las manos en él, como en la fama, levantándole mil testimonios falsos, siendo como es uno de los buenos religiosos, y de buena doctrina y ejemplo que pueden ser, y como tal vuestra majestad le escogió para el cargo. Mas porque si el dicho electo lo tuviera, ellos no pudieran haber tenido, como tienen, cada cincuenta mil castellanos en un año, sin casi otros tantos que han gastado en pagar muchas deudas que trajeron, y enviar a esos reinos, coma han enviado, en cabeza de otros, mucha suma de oro y joyas, y gastar en banquetes y fiestas con mujeres y otras deshonestidades, que porque hay de esto muchos cronistas, y algunas de las crónicas han enviado a vuestra majestad y su Consejo, yo no me entrometo, y también porque no quiero ser relator de lo que no he visto.[104]

Este reconvertido defensor de los indígenas también se lanza a denunciar al presidente de la Primera Audiencia encargada de su juicio, Nuño de Guzmán —quien, dicho sea de paso, no era una blanca paloma—, por un hecho similar al crimen que Cortés había cometido contra Cuauhtémoc y Tetlepanquetzal, señor de Tacuba. Le narra al rey que, en la provincia de Michoacán, Nuño de Guzmán, actuando de facto como comandante general de la Nueva España: «Atormentó al señor de ella, y le sacó mucha suma de oro y plata; y porque no se supiese la cantidad, le mató diciendo que el dicho señor tenía cierta gente de guerra para pelear con él, que fue muy contraria de la verdad».[105]

En descargo de Cortés, debe reconocerse que la principal responsable de la gran tragedia y del exterminio de la población de América fue la Corona española, con todo y sus reyes, cortesanos, clérigos y funcionarios. Cortés no fue más que un peón: un simple soldado, un mercenario, un conquistador conquistado, enjuiciado por órdenes del rey y que terminó sus últimos días solo, desprestigiado y sin ningún reconocimiento; ni siquiera hubo para él un funeral de Estado. Los integrantes de la cúpula del poder civil y clerical fueron quienes tramaron la invasión, guardaron un silencio cómplice ante la barbarie y buscaron ocultar con la supuesta misión civilizatoria, invocando falsamente el nombre de Dios para justificar sus verdaderos motivos: el poder y el dinero.

•••

Por eso, para cerrar este capítulo, es pertinente abordar brevemente la lamentable actuación de la Iglesia católica durante la dolorosa y anticristiana Conquista. Primero tendríamos que distinguir bien entre lo que representan el clero —es decir, la Iglesia como institución—, el catolicismo y, en especial, la doctrina cristiana. Es un hecho que el alto clero nunca se ha separado del poder económico o político. Sí existen excepciones, una de las cuales, por fortuna, ocurrió en nuestra época: el comportamiento verdaderamente cristiano del papa Francisco.

Sin embargo, en nuestro país, durante la Conquista, la Independencia, la Reforma y la Revolución, el alto clero siempre dio la espalda a la justicia y al pueblo, y se dedicó a apuntalar a los opresores y oligarcas. El cura Hidalgo, Padre de nuestra Patria, a punto de ser excomulgado y fusilado, decía: «Abrid los ojos, americanos, no os dejéis seducir de nuestros enemigos: ellos no son católicos sino por política: su Dios es el dinero y las conminaciones solo tienen por objeto la opresión. ¿Creéis acaso que no puede ser verdadero católico el que no esté sujeto al déspota español?».[106]

Durante mucho tiempo, el catolicismo se ha convertido en un simple ritual, alejado de la doctrina de Jesús. La religión se fue acotando a un dogma que abandonó el mensaje del Nazareno sobre el amor al prójimo y justificó, en contra del Evangelio, hasta el uso de la fuerza para esclavizar y oprimir al pueblo. Los frailes del tiempo de la Conquista se formaron así; venían de la terrible historia de las Cruzadas, las persecuciones inquisitoriales y el fanatismo inculcado por la nobleza y el alto clero, lo que les impedía actuar como auténticos pastores cristianos. Es tanta la obediencia al poder clerical —y el miedo a optar por el pensamiento y la obra de Jesús— que ni siquiera con el impulso renovador del papa Francisco los sucesores del movimiento de la teología de la liberación, si es que aún existen, han hecho algo por el pueblo pobre. A veces, la sorpresa la dan algunos curas de abajo y uno o dos obispos sin ínfulas de «progres».

La evidencia más cercana a nosotros de ese divorcio entre la jerarquía eclesiástica y la doctrina cristiana fue, precisamente, lo ocurrido durante la invasión española en América, en especial por la forma en que la monarquía y el alto clero se confabularon para violar impune e irracionalmente los principios cristianos más esenciales. La actuación de la jerarquía clerical y de sus «misioneros» se orientó más a justificar los crímenes y el saqueo colonizador que a la evangelización, aquella vinculada con la justicia, la paz y el humanismo. Pero esto ni entonces ni ahora alcanza a comprenderse y se acepta del todo que existía una religión de Estado, en la que las bulas papales surgían siempre a petición del emperador o con el visto bueno de esta majestad. En la Nueva España, desde el principio, hubo algunas diferencias y enfrentamientos entre clérigos y burócratas, incluso entre arzobispos y virreyes, pero en Europa siempre imperó la buena relación entre reyes y prelados.

Por ello, aun cuando pueda resultar difícil de internalizar, desde mi humilde opinión, si bien Cortés fue el precursor del mito de los sacrificios humanos y del canibalismo, esta calumnia sirvió a los papas León X, Adriano VI y Clemente VII para cumplir la petición de los reyes y enviar a la Nueva España misioneros de casi todas las órdenes religiosas, para evangelizar e imponer el catolicismo. Primero llegaron los franciscanos, en 1524; luego, los dominicos en 1526, y en esta primera etapa, hacia 1533, los agustinos. Estos frailes, en su mayoría formados en los antiguos dogmas medievales, alumnos de la eficacia de la Inquisición, no vinieron a contemporizar en nada con las antiguas creencias indígenas, sino a destruirlas por completo, a tratar de arrancarlas de raíz, costara lo que costara. El maestro José Vasconcelos y, en el extremo opuesto, Lucas Alamán —y muchos otros— jamás dudaron de que esa fue la mejor estrategia: destruir la religión indígena, aunque esta no se relacionara con sacrificios humanos, sino con ofrendas a los dioses. La palabra *sacrificio* se convirtió en sinónimo de *demonio.* No importaba que el propio Motolinía hubiera escrito que los chichimecas —considerados los más «bárbaros»— no practicaban estos inventados mitos de «sacrificios de sangre», sino que ofrecían aves, mariposas, maíz y alimentos.[107] Sin embargo, el manual que usaron estos misioneros de las distintas órdenes fue elaborado por sacerdotes franciscanos, en especial del grupo que llegó en 1524, conocido como los Doce Apóstoles. Desde su llegada fueron recibidos por Cortés, y uno de ellos, el más inteligente y político, fray Toribio de Benavente —mejor conocido como Motolinía—, se convirtió en su gran consejero y le guardó lealtad hasta años después de la muerte del conquistador. Este fraile fue quien elaboró el texto base para exponer y divulgar la invención de Cortés sobre los sacrificios humanos, el canibalismo, la idolatría y el supuesto espíritu endemoniado de los pueblos indígenas.

En cuanto a la historia sobre el invento de los sacrificios humanos y del canibalismo indígena, mi opinión es que dicha patraña fue tramada por Cortés desde su primer viaje de Cuba a Veracruz, con estancia en Cozumel y en Centla, Tabasco. Fue en la isla de Cozumel, según sus propias palabras, donde comenzó a opinar sobre la creencia de los mayas en sus ídolos. Esto lo reforzó en su primera carta de relación enviada desde Veracruz, en ese mismo año de 1519, para informar a la reina Juana y a su hijo Carlos V, entre otras cosas, acerca de las malas prácticas de los indígenas, quienes, además de faltos de religión cristiana, veneraban a deidades del demonio y practicaban la sodomía. Posteriormente, como ya lo expusimos, en todas las cartas habla de los sacrificios humanos, el canibalismo y la idolatría, insistiendo en la necesidad de la evangelización católica. Estas ideas de la maldad innata de los indígenas no solo eran la mejor manera justificar el exterminio ante la resistencia de los pueblos originarios y el robo de las riquezas de las tierras conquistadas, sino que también permitían reforzar los dogmas o el fanatismo racista y religioso que predominaba en Europa y, particularmente, en España, donde persistían las creencias en mitos como el salvajismo y legendarias prácticas de sacrificios humanos vía crucifixión, quemas en hogueras, linchamientos y muertes en máquinas de tortura, incluidos los ahorcados, arrastrados, desmembrados, mutilados y decapitados. Con esa historia de atrocidades todavía muy vigente en esos tiempos es posible que Cortés haya ideado diseñar la propaganda y emprender una campaña de difamación contra los pueblos originarios de México. El doctor en Antropología Peter Hassler concluye en su tesis doctoral que no solo fueron inexistentes entre los aztecas los sacrificios humanos, sino que se trató de «engaños intencionales» a partir de las circunstancias prevalecientes en la España de esa época:

> Las numerosas mentiras sobre los asesinatos rituales entre los judíos en la Europa de los siglos XV y XVI ofrecieron aquí a los conquistadores un suelo ideal del cual nutrirse. El hecho que algún día el tan solo copiar un texto era signo de erudición y en especial la invención de la imprenta provocaron un efecto multiplicador, con el cual fueron diseminados no solo conocimientos sino también informaciones falsas, por medio de las cuales numerosos intérpretes de las culturas mesoamericanas hasta la fecha se han dejado engañar.[108]

En otra parte de su tesis sobre el mismo tema asegura que en el tiempo de la invasión extranjera en nuestra América prevalecieron en el imaginario colectivo de los europeos las prácticas antiguas y contemporáneas de sacrificios y canibalismo. Textualmente señala: «Desde la Antigüedad sirvieron las mentiras y las leyendas de muertes rituales para la denuncia de disidentes: los romanos les echaban en cara a los cristianos sacrificios humanos y los cristianos levantaron las mismas acusaciones contra las brujas y los judíos».[109] Y remata con una certera conclusión: «Hernán Cortés podía estar seguro que su mentira sobre asesinatos rituales contra los aztecas iba a caer sobre tierras fértiles en Europa: el éxito fue estremecedor».[110]

Para reafirmar cuánto predominaban en la Europa de entonces las creencias en los sacrificios y el canibalismo, no está de más recordar, como ya vimos, que el canibalismo está presente desde la *Odisea* hasta las Cruzadas cristianas, ejecutadas por el fanatismo religioso de las élites del poder español, francés, inglés y de otros feudos o reinos. Es un pensamiento y una acción sistemática que nada tuvieron que ver con la realidad mesoamericana anterior a la invasión española. De allí que a los invasores les resultara familiar extrapolar los fanatismos y crímenes de sus culturas para justificar, con fantasías perversas, su avaricia y su supuesta obra civilizadora, la cual, dicho sea de paso, era incipiente en comparación con la del resto del mundo y, sin duda, más atrasada que los auténticos logros científicos, culturales y sobre todo humanísticos que florecieron desde antes de la era cristiana en el territorio de nuestro país. El atraso en Europa en relación con otras civilizaciones del mundo puede advertirse en relatos del escritor Amin Maalouf, contenidos en su libro *Las cruzadas vistas por los árabes,* que abarca el periodo 1096-1291 y que bien pueden resumirse en dos siglos de barbarie del mundo occidental. En un fragmento, este autor confirma la práctica del canibalismo entre los franceses, que luego los españoles, perversamente, atribuirían a los indígenas americanos, al igual que otros procederes cuestionables del Viejo Mundo.

Amin transcribe, por ejemplo, crónicas como esta sobre la toma de Maarat por los cruzados franceses:

> Al alba llegan los frany: es una carnicería. Durante tres días pasaron a la gente a cuchillo, matando a más de cien mil personas y cogiendo muchos prisioneros. Está claro que las cifras de Ibn al-Atir son fantasiosas, pues la población de la ciudad en vísperas de su caída era probablemente inferior a diez mil habitantes. Pero el horror en este caso no reside tanto en el número de víctimas como en la suerte casi inconcebible que les estaba reservada.
>
> En Maarat, los nuestros cocían a paganos adultos en las cazuelas, ensartaban a los niños en espetones y se los comían asados. Esta confesión del cronista franco Raúl de Caen no la leerán los habitantes de las ciudades próximas a Maarat, pero se acordarán mientras vivan de lo que han visto y oído. Pues el recuerdo de estas atrocidades difundido por los poetas locales así como por la tradición oral, fijará en las mentes una imagen de los frany difícil de borrar. El cronista Usama Ibn Munqidh, nacido tres años antes de estos acontecimientos en la vecina ciudad de Shayzar, había de escribir un día:
>
>> Cuántos se han informado sobre los frany han visto en ellos a alimañas, que tienen la superioridad del valor y del ardor en el combate, pero ninguna otra, lo mismo que los animales tienen la superioridad de la fuerza y de la agresión.
>
> Un juicio claro y rotundo que resume perfectamente la impresión que causaron los frany al llegar a Siria: una mezcla de temor y de desprecio, muy comprensible, por parte de una nación árabe muy superior en cultura, pero que ha perdido toda su combatividad. Los turcos no olvidarán jamás el canibalismo de los occidentales. A lo largo de toda su literatura épica, describirán invariablemente a los frany como antropófagos.
>
> ¿Es injusta esta visión de los frany? ¿Se comieron los invasores occidentales a los habitantes de la ciudad mártir con el solo fin de sobrevivir? Así lo afirmarán sus jefes al año siguiente en una carta oficial al Papa: Un hambre terrible asaltó al ejército en Maarat y lo puso en la cruel necesidad de alimentarse de los cadáveres de los sarracernos. Pero tales afirmaciones parecen hechas a la ligera, pues los habitantes de la región de Maarat asisten, durante este siniestro invierno, a comportamientos que no se explican solo por el hambre. Ven, en efecto, bandas de frany fanatizados, los tafurs, que se diseminan por la campiña clamando a voz en cuello que quieren comer la carne de los sarracenos, y que se reúnen por la noche alrededor del fuego para devorar a sus presas. ¿Caníbales por necesidad? ¿Caníbales por fanatismo? Todo esto parece irreal y, sin embargo, los testimonios son abrumadores, tanto por los hechos que describen como por la atmósfera mórbida que trasciende de ellos. A este respecto, sigue siendo de un horror sin par una frase del

cronista franco Alberto de Aquisgrán, que participó personalmente en la batalla de Maarat: ¡A los nuestros no les repugnaba comerse no solo a los turcos y a los sarracenos que habían matado sino tampoco a los perros![111]

En este contexto, el perverso Cortés es el primero en América en tratar a profundidad el tema; ningún otro conquistador, soldado, fraile, cronista o historiador le gana en el tiempo. Además de las cinco cartas de relación, abordó la cuestión en las *Ordenanzas de un buen gobierno,* que promulgó el 20 de marzo de 1524, exhortando a los encomenderos españoles a lo siguiente:

> Tuvieren indios de repartimientos sean obligados a los quitar todos los ídolos que tuvieren, e amonestarlos de que allí adelante no los tengan; e de poner mucha diligencia en saber si los tienen, e así mismo en defenderles [reprenderles] que no maten gentes, para honra de los dichos ídolos, so pena que si alguna cosa desta se hallaren en los pueblos que así tuvieren encomendados, que parezca ser por falta del que los toviere, e que caiga e incurra por la primera vez en pena de medio marco de oro, aplicado como dicho es; e por la segunda, la pena doblada; y por la tercera, pierda los indios que tuviere, y que sea obligado a hacer en el tal pueblo de indios una casa de oración o iglesia, e tenga en ella imágenes y cruces donde recen, que sea según la facultad del tal pueblo.[112]

Esta ordenanza y otra más publicada en el mismo año y titulada *Ordenanzas de Hernán Cortés sobre la forma y manera en que los encomenderos pueden servirse de los naturales que les fueren depositados* no fueron más que actos para simular que cumplía con su cargo de capitán general y gobernador de la Nueva España; el tema de los sacrificios y del canibalismo era una vil excusa para aparentar civilidad y una supuesta devoción cristiana. El asunto era tan atractivo y causaba tanta curiosidad y morbo en España que uno de sus soldados, Bono de Quejo —quien lo había traicionado— testificó contra él en el juicio de residencia promovido por Diego de Velázquez. Declaró en Santiago de Cuba, del 28 de junio al 6 de julio de 1521, que Cortés permitía instalar en los pueblos tianguis donde se vendía carne humana, de la cual comían incluso los propios españoles. Según sus palabras:

> Que vido como donde quiera quel dicho Hernando Cortés llegaba, facía cerca de su real poner munchos tajones a manera de carnicería, e cortaban los dichos indios de Taxcaltecle munchos cuerpos de los indios que tomaban e mataban, e los vendían públicamente, e los comían los dichos indios asados o cocidos a pedazos, todo lo cual se facía delante del dicho Hernando Cortés, e este testigo lo vido e lo consentía, e dice este testigo, que oyó decir a Baltasar Bermúdez que había hallado comiendo a un español de la carne de los dichos indios.[113]

De igual manera, sostengo —con algunos elementos de prueba— que la campaña de desprestigio contra los pueblos indígenas sobre los sacrificios y el canibalismo inició y se intensificó con la llegada, en mayo de 1524, de los 12 frailes franciscanos conocidos como los Doce Apóstoles. No solo porque ellos comenzaron, a partir de 1525, la evangelización —que incluyó la destrucción de templos, ídolos, códices y piezas arqueológicas de las antiguas culturas indígenas—, sino también por su completa afinidad y subordinación a los planes de conquista militar y espiritual concebidos y realizados por Cortés. La simpatía de este hacia los franciscanos se manifiesta en cuanto los recibe en Tenochtitlan con gran emotividad y algarabía. Asimismo, téngase en cuenta que fueron los franciscanos quienes lo defendieron en el juicio de residencia que formalmente le iniciaron las cortes españolas ante las denuncias presentadas por Diego de Velázquez, gobernador de Cuba, y otros enemigos del conquistador. Se puede demostrar que, de todos los integrantes de esa orden religiosa, fray Toribio de Benavente, Motolinía, se convirtió en el más cercano amigo y confidente de Cortés. A este preparado sacerdote le pidió, poco tiempo después de conocerlo, estar pendiente de lo sucedido en el Gobierno de Tenochtitlan mientras él salía el 12 de octubre de 1524 hacia su viaje rumbo a las Hibueras, Honduras. En efecto, fueron Motolinía y otros franciscanos quienes mandaron a buscar a Cortés a principios de 1526, pues las autoridades españolas de la Ciudad de México se rebelaron e incluso habían saqueado la casa del conquistador. En esta trifulca, los franciscanos ayudaron a detener a los insubordinados y prepararon la llegada —o regreso— del gobernador en julio de 1526. Casi al mismo tiempo, como ya vimos, el rey Carlos V envió al licenciado Luis Ponce de León como juez de residencia para sustituir a Cortés en el cargo de capitán y gobernador; sin embargo, poco antes de cumplir un mes de su arribo a la ciudad, dicho juez cayó enfermo y murió. De ello se acusó a Cortés y este en su defensa fue apoyado por los franciscanos, durante el extenso juicio en su contra, según el gran historiador José Luis Martínez, se mantuvo durante 21 años y que las acusaciones «nunca llegaron a ser juzgadas, es decir, Cortés murió sin lograr, con [su principal] argumento de sus importantes servicios [prestados] a la Corona, que se declarara [el] desistimiento [o la nulidad] sobre las acusaciones en su contra».[114] Durante el litigio, Cortés consiguió que declararan como testigos de su inocencia tres frailes franciscanos, entre ellos Motolinía, quien sostuvo que, al llegar a Tenochtitlan, el juez Luis Ponce de León, con el apoyo del fraile dominico que lo acompañaba, Tomás Ortiz buscó a los franciscanos y les pidió que le transmitieran a Cortés el mensaje de que «Ponce de León no venía solamente a desposeer de sus cargos y a hacerle juicio de residencia, sino también a cortarle la cabeza».[115]

Aquí abro un paréntesis para comentar que otro gran amigo de Cortés, el soldado conquistador Andrés de Tapia, que supuestamente había contado 136 000 cráneos del *tzompantli* del Templo Mayor, también fue testigo en el juicio de residencia, pues varios denunciantes lo acusaban de que haber ofrecido una cena a Ponce de León por órdenes de Cortés y de haberle servido comida envenenada. Este personaje, Andrés de Tapia, como dijimos, se hizo famoso porque, según él, calculó en 136 000 el número de cráneos de un osario en el centro de Tenochtitlan;[116] sin embargo, en la investigación del INAH sobre dicho *tzompantli,* donde los arqueólogos han estado trabajando en las excavaciones más de diez años, solo se han encontrado —en la calle de Guatemala, a un costado de la catedral capitalina— 261 cráneos, de los cuales, 221 pertenecen a las supuestas ensartas y cuarenta fueron extraídos de una de las torres circulares mencionadas por Andrés de Tapia.[117] Además, nada indica que este panteón, como otros, esté necesariamente relacionado con los fantasiosos sacrificios humanos. Ni siquiera Cortés hace mención de dicho colgadero de cráneos, y el mismo Andrés de Tapia, en su *Relación de la conquista de México,* tampoco lo vincula con los sacrificios; sin embargo, Motolinía, que ni siquiera a testigo llega, sí dice que «las cabezas de los que sacrificaban» eran exhibidas y las calaveras «las ponían en unos palos que tenían levantados a un lado de los templos del demonio». Y todavía resulta más falsario Francisco López de Gómara, quien transcribe prácticamente lo dicho por Andrés de Tapia con el sesgo de los sacrificios; y de ahí *pal real*: hasta la actualidad, cronistas y «especialistas» sostienen sin mayor prueba esto que parece otra invención fantasmagórica. Sin embargo, interesa aclarar lo más posible cómo se maneja en las tres fuentes primarias citadas el asunto del *tzompantli* de Tenochtitlan. Primero, como lo hemos dicho, está la versión de Andrés de Tapia, testigo presencial, pues hay constancia de que fue soldado de Cortés y estuvo, a finales de 1519, en la primera estancia de los conquistadores en Tenochtitlan. Aun cuando en su texto no relaciona los cráneos con los sacrificios y es a todas luces una exageración el número de 136 000 calaveras, sin contar las que estaban de repuesto en las dos torres laterales, una cifra un poco más exagerada que los 300 000 achicharrados que, según Darwin, habrían sido sacrificados en tres siglos de Inquisición en España. Pero veamos lo que según Tapia vio y escribió entre 1540 y 1547:

> Estaban frontero de esta torre 60 o 70 vigas muy altas, hincadas, desviadas de la torre cuanto un tiro de ballesta, puestas sobre un teatro grande, hecho de cal y piedra, y por las gradas de él muchas cabezas de muertos pegadas con cal, y los dientes hacia afuera. Estaba de un cabo y de otro de estas vigas, dos torres hechas de cal y de cabezas de muerto, sin otra alguna piedra, y los dientes hacia afuera, en lo que se pudiera parecer; y las vigas apartes una de otra poco menos una vara de medir, y desde lo alto de ellas hasta abajo puestos palos cuán espesos cabían, y en cada palo cinco cabezas de muerto ensartadas por las sienes en el dicho palo: y quien esto escribe, y un Gonzalo de Umbría, contaron los palos que había, y multiplicando a cinco cabezas cada palo, de los que entre viga y viga estaban, como he dicho hallamos haber ciento treinta seis mil cabezas, sin las de las torres. Este patio tenía cuatro puertas; en cada puerta un aposento grande, alto, lleno de armas; las puertas estaban a levante y a poniente, y al norte y al sur.[118]

Motolinía, que obviamente no vio nada, pues llegó a Tenochtitlan en 1524, cuando la ciudad estaba completamente destruida, escribe de oídas, entre 1535 y 1543, copiando o plagiándose mutuamente las versiones de Andrés de Tapia, quien, al igual que Cortés, seguramente fue su amigo, pero, agregando los sacrificios, afirma:

> Las cabezas de los que sacrificaban, especial de los tomados de la guerra, desollábanlas, y si eran señores o principales personas, los así presos, desollábanlas con sus cabellos y secábanlas para las guardar; de estas había muchas al principio; y si no fuera porque tenían algunas barbas, nadie juzgara sino que eran rostros de niños de cinco o seis años, y causábanlo estar, como estaban, secas y curadas. Las calaveras ponían en unos palos que tenían levantados a un lado de los templos del demonio; de esta manera: levantaban quince o veinte palos más y menos de largo de cuatro o cinco brazas fuera de tierra y en tierra entraba más de una braza, que eran unas vigas rollizas apartadas unas de otras cuando [como] seis pies y todas puestas en hilera, y todas aquellas vigas llenas de agujeros; y también las cabezas horadadas por las sienes, y hacían unos sartales de ellas en otros palos delgados pequeños, y ponían los palos en los agujeros que estaban hechos en las vigas que dije, y así tenían de quinientas en quinientas, y de seiscientas en seiscientas y en algunas partes de mil en mil calaveras; y en cayéndose una de ellas ponían otras, porque valían muy barato; y en tener aquellos tendales muy llenos de aquellas cabezas mostraban ser grandes hombres de guerra y devotos sacrificadores a sus ídolos.[119]

La descripción de este supuesto *tzompantli* por Francisco López de Gómara es una muestra más de cómo la historia del México prehispánico y colonial se definió desde España y, en casos como este, se escribió desde allá; desde luego, con la versión de los conquistadores, los burócratas de la monarquía, los frailes y los cronistas de la bautizada Nueva España. Se afirmaba que Andrés de Tapia escribió su *Relación de la conquista de México* por encargo de Gómara, y lo mismo veremos más adelante respecto a la información proporcionada por Motolinía a este historiador y confesor de Cortés, quien, desde la península ibérica, escribe y publica en 1552 lo siguiente sobre el tema en cuestión:

> Fuera del templo, y enfrente de la puerta principal, aunque a más de un tiro largo de piedra, había un osario de cabezas de hombres presos en guerra y sacrificados a cuchillo, el cual era una especie de teatro; más largo que ancho, de cal y canto, con sus gradas, en donde estaban incrustadas entre piedra y piedra las calaveras con los dientes hacia fuera. A la cabeza y pie del teatro había dos torres hechas solamente de cal y cabezas con los dientes afuera, que, como no llevaban piedra ni otra materia, al menos que sí viese, estaban las paredes extrañas y vistosas. En lo alto del teatro había setenta o más vigas altas, apartadas unas de otras cuatro o cinco palmos, y llenas de palos cuanto cabían de alto abajo, dejando cierto espacio entre palo y palo. Estos palos hacían muchas aspas por las vigas y cada tercio de arpa o palo tenía cinco cabezas ensartadas por las sienes. Andrés de Tapia, que me lo dijo, y Gonzalo de Umbría, las contaron un día, y hallaron ciento treinta y seis mil calaveras en las vigas y gradas. Las de las torres no las pudieron contar, aunque tiene apariencia de humanidad por el recuerdo que pone de la muerte. También hay personas encargadas de que, al caerse una calavera, pongan otra en su lugar, y así nunca falte aquel número.[120]

Si no fuese un invento lo antes descrito, ¿por qué no pensar —aceptando sin conceder— que pudo tratarse de un panteón dedicado a gente distinguida de Tenochtitlan, como los que existen en la actualidad en los pueblos indígenas del país, donde en Día de Muertos, los familiares van al cementerio y limpian los cráneos y otras osamentas como parte de un ritual que incluye llevarles alimentos, bebidas, ropa y flores? Como también hemos insistido, aunque Cortés no lo trató, tampoco puede excluirse que formara parte de la propaganda negra de «las crueles costumbres del salvajismo americano».

Regresando a la declaración de Motolinía en defensa de Cortés, fechada el 16 de enero de 1535, además de otras cosas, se trata de una prueba inequívoca de la gran amistad que unía al franciscano con el conquistador. Es más, un poco antes de servirle de testigo a Cortés, cuando este viaja a España para defenderse, en 1528, deja escrito en un documento denominado «Encargos de Hernán Cortés a su mayordomo Francisco de Santa Cruz» que apoye los monasterios de Texcoco, Huejotzingo, Cuernavaca y Tlaxcala «e informaros heis del padre fray Toribio si tiene necesidad de alguna otra cosa e haréis en ello todo lo que él vos dijese».[121]

En este contexto se explica que a este fraile «buen conocedor del idioma, costumbres y pasado indígena le encomendó [el superior de la orden franciscana…], en 1536, que escribiera el relato de las antigüedades mexicanas y la historia de la conversión, lo que realizó Motolinía en los años siguientes».[122] Se afirma que, en 1541, presentó su obra con el título *Relación de ritos antiguos, idolatrías y sacrificios de los indios de esta Nueva España, y de la maravillosa conversión que Dios en ellos ha obrado.* Sin embargo, el más serio en estos temas, José Luis Martínez, sostiene que «entre 1535 y 1543 [Motolinía] redacta su gran obra, que hoy conocemos con los títulos de *Memoriales* e *Historia de Nueva España,* libros que se complementan mutuamente y que constituyen la primera obra importante acerca de *Las cosas de la Nueva España y de los naturales de ella,* como reza el subtítulo».[123]

Lo escrito por Motolinía es, a mi parecer, hecho por encargo, no solo del principal de la orden franciscana, sino del propio Cortés; es el primer texto que detalla los supuestos sacrificios humanos, la antropofagia y otros rituales antiguos, particularmente de los mexicas, y es esta obra la que copian desde entonces todos los cronistas e historiadores que tratan el tema. Todo ello sin que Motolinía presente pruebas contundentes o irrefutables, pues personalmente nunca vio un sacrificio ni fue testigo de un acto de canibalismo. Solo explica vagamente que entrevistó a indígenas ancianos y que la información la obtuvo de un libro o códice antiguo, sin presentar prueba alguna y sin que a la fecha haya aparecido dicho documento. El texto de Motolinía sobre los ritos de los antiguos mexicanos, copiado y repetido por todos, es la cartilla más antigua sobre la gran manipulación concebida por Cortés y motivo de fascinación de autoridades civiles, clericales y estudiosos hasta nuestro tiempo. En ello se pueden incluir casi todos los estudiosos de la materia. La mayoría son fieles defensores y creyentes de esos textos. Unos por dogmatismo, otros por colonialistas y algunos pocos más objetivos y honestos que se embarcaron con ese cuento por indefinidos acomodaticios, quienes no han tenido el valor de rectificar por miedo a perder sus prebendas y relativo prestigio. Entre estos últimos se encuentran quienes se fueron por la vía de justificar los sacrificios y otras barbaridades mediante la supuesta existencia de mitos y antiguas concepciones filosóficas o religiosas. En fin, el texto de Motolinía de 1541 fue la punta de lanza utilizada por Cortés para sus perversas conjeturas y colocarse como el caudillo enviado de Dios y de la monarquía para domar salvajes endemoniados e insurrectos. Por ejemplo, la *Historia de la conquista de México* de Francisco López de Gómara, publicada en 1552, que, como ya dijimos, se escribió desde España sin que el autor conociera América, se elaboró con información de las *Cartas de relación* de Cortés, de un texto titulado *Relación de la conquista de México,* del soldado Andrés de Tapia y de los apuntes de Motolinía. Incluso el historiador Jorge Gurría Lacroix afirma que «puede uno pensar que dada la influencia que Hernán Cortés ejercía sobre los franciscanos y aun sobre Motolinía, tuvieron oportunidad [se refiere a Cortés y a Gómara], de que le facilitaran el manuscrito [de Motolinía] y aun tenerlo en su casa [en España], lugar donde pudo haberlo consultado Gómara».[124] Asimismo, Gurría Lacroix sostiene que Gómara fue confesor de Cortés y que vivieron juntos en las casas del conquistador en Valladolid y Castilleja de la Cuesta desde 1540 hasta 1547, año en que falleció Cortés. De modo que Gómara escribió su historia no solo apoyándose en las *Cartas de relación* de Cortés y en los textos de Andrés de Tapia y de Motolinía, sino también a partir de posibles largas conversaciones entre el conquistador y su confesor y escribano. Gurría Lacroix considera que no hace falta gran imaginación para poder reconstruir una escena muy común en la residencia del extremeño. En ella estarían representados este y su confesor, los dos sentados cómodamente mas el primero en el calor de la charla se levantaba, alzaba la voz y gesticulaba, al emocionarse, al hacer el relato de los sucedidos más interesantes de la Conquista. Gómara estaba seguramente provisto de pluma y papel para ir tomando algunas notas. En otras ocasiones, Cortés le dictaba al pie de la letra, no pudo esto ser de otra manera, ya que en la obra del clérigo de Soria aparecen alocuciones del conquistador de distintas dimensiones, y, en algunos casos hasta entrecomilladas, lo que indica que este fue el procedimiento seguido.[125]

Motolinía mantuvo su devoción por Cortés incluso después de la muerte de su amigo, como se prueba cuando, en 1555, le escribe a Carlos V cuestionando con dureza a Bartolomé de las Casas y argumentando a favor de Cortés que, en el México prehispánico, «Dios nuestro señor era muy ofendido y los hombres padecían crudelísimas muertes, y el demonio, nuestro adversario era muy servido con las mayores idolatrías y homicidios más crueles que jamás fueron».[126] Toda esta postura política, rayando en complicidad, contrasta con otras expresiones manifestadas por Motolinía en relación con la bondad e inteligencia de los indígenas. El fraile se manejaba con una especie de doble moral: por un lado, se atreve a decirle al rey, en la misiva citada, que «se predique el santo evangelio por todas estas tierras, los que no quisieren oír de grado el santo evangelio de Jesucristo, sea por fuerza; que aquí tiene lugar aquel proverbio: más vale bueno por fuerza que malo por grado».[127] Y, por otro lado, repetía el refrán, según el cual: «El que con los indios es cruel, Dios lo será con él».

Ocho años después de fallecido Cortés, Motolinía todavía le dice al rey que «por este capitán nos abrió Dios la puerta para predicar su Santo Evangelio, y este puso a los indios que tuviesen reverencia a los santos sacramentos, y a los ministros de la Iglesia en acatamiento».[128] Asimismo, en esa misma carta lo exalta hasta elevarlo a rango de milagroso porque hizo llover cuando se sufría una gran sequía:

> Doquiera que llegaba, luego levantaba la cruz. Cosa fue maravillosa, el esfuerzo y ánimo y prudencia que Dios le dio en todas las cosas que en esta tierra aprendió, y muy de notar es la osadía y fuerzas que Dios le dio para destruir y derribar los ídolos principales de México, que eran unas estatuas de quince pies en alto. Y armado de mucho peso de armas, tomó una barra de hierro y se levantaba tan alto hasta llegar a dar en los ojos y en la cabeza de los ídolos. Y estando para derriballos, envióle a decir el gran señor de México Moteczuma que no se atreviese a tocar a sus dioses, porque a él y a todos los cristianos mataría luego. Entonces el capitán se volvió a sus compañeros con mucho espíritu y, medio llorando, les dijo: «Hermanos, de cuanto hacemos por nuestras vidas y intereses, agora muramos quí por la honra de Dios y porque los demonios no sean adorados». Y respondió a los mensajeros, que deseaba poner la vida, y que no cesaría de lo comenzado, y que viniesen luego. Y no siendo con el gobernador sino 130 cristianos y los indios eran sin número, así los atemorizó Dios y el ánimo que vieron en su capitán, que no se osaron menear. Destruidos los ídolos, puso allí la imagen de Nuestra Señora.
>
> En aquel tiempo faltaba el agua y secábanse los maizales, y trayendo los indios muchas cañas de maíz que se secaban, dijeron al capitán, que, si no llovía, que todos perecerían de hambre. Entonces el Marqués les dio confianza diciendo que ellos rogarían a Dios y Santa María para que les diese agua, y a sus compañeros rogó que todos se aparejasen y aquella noche se confesasen a Dios y le demandasen su misericordia y gracia. Y otro día salieron en procesión, y en la misa se comulgó el capitán, y como estuviese el cielo sereno, súbito vino tanta agua, que antes que allegasen a los aposentos, que no estaban muy lejos, ya iban todos hechos agua. Esto fue grande edificación y predicación a los indios, porque desde adelante llovió bien y fue muy buen año.[129]

Incluso lo defiende, revelando que cuando Carlos V mandó el fierro para marcar como animales a sus esclavos indígenas, él, Cortés, se opuso —lo que no es cierto, como ya hemos visto en el escrito del propio Cortés—. Pero leamos la versión de Motolinía:

> El hierro que se llama de rescate de V. M., vino a aquesta Nueva España el año 1524, mediado mayo. Luego que fue llegado a México, el capitán D. Hernando Cortés, que a la sazón gobernaba, ayuntó en San Francisco, con frailes, los letrados que había en la ciudad. E yo me hallé presente e vi que le pesó al gobernador por el yerro que venía, y lo contradijo, y desque más no pudo, limitó mucho la licencia que traía para herrar esclavos, y los que se hicieron fuera de las limitaciones, fue en su ausencia, porque se partió para las Higueras.[130]

Además, Motolinía fue el principal acusador de fray Bartolomé de las Casas. En la mencionada carta al rey, defiende a encomenderos, esclavistas y autoridades, de lo que considera injurias, pues:

> Y si el de las Casas quiere confesar verdad, a él quiero por testigo cuántas y cuán largas limosnas halló acá y con cuánta humildad soportaron su recia condición, y cómo muchas personas de calidad confiaron de él muchos e importantes negocios; y ofreciéndose guardar fidelidad, diéronle mucho interese, y apenas, en cosa alguna, guardó lo que prometió, de lo cual, entre otros muchos, se quejaba el siervo de Dios Fray Domingo de Betanzos en la carta ya dicha.
>
> Bastar debiera al de las Casas haber dado su voto y decir lo que sentía cerca del encomendar los indios a los españoles, y que le quedara por escripto, y que no lo imprimiera con tantas injurias, deshonras y vituperios. Sabido está qué pecado comete el que deshonra y disfama a uno; y más el que disfama a muchos; y mucho más el que disfama a una república y nasción. Si el de las Casas llamase [una vez] a los españoles y moradores de esta Nueva España, de tiranos y ladrones y robadores y homecidas y crueles salteadores, cien veces pasaría; pero llamárselo cien veces ciento, más de la poca caridad y menos piedad que en sus palabras y escripturas tiene —y demás de las injurias y agravios y afrentas que a todos hace—, por hablar en aquella escriptura con V. M. fuera mucha razón que se templara y hablara con alguna color de humildad.[131]

Eso sí, le recomienda al rey prohibir que los indígenas tengan y monten caballos:

> Y pues ya muchos indios usan caballos, no sería malo que V. M. mandase que se diese licencia para tener caballos sino a los principales señores, porque si se hacen los indios a los caballos, muchos se van haciendo jinetes y querránse igualar por tiempo a los españoles; y esta ventaja de los caballos y tiros de artillería es muy necesaria en esta tierra, porque da fuerza y ventaja a pocos contra muchos.[132]

Sin embargo, el mayor pecado social de Motolinía fue haber inventado y escrito el manual conocido como «sacrificios e idolatrías» por el tremendo daño causado, y que, todo parece indicar, fue hecho por encargo de Cortés con la anuencia del superior de su orden religiosa. Él mismo confiesa: «Tres o cuatro frailes hemos escrito de las antiguallas y costumbre que estos naturales tuvieron, e yo tengo lo que los otros escribieron, y porque a mí me costó más trabajo y más tiempo, nos maravilla que lo tenga mejor recopilado y entendido que otro».[133] En efecto, su bodrio sobre los sacrificios e idolatrías fue la fuente principal en la que abrevaron casi todos los frailes, cronistas, historiadores e incluso antropólogos y filósofos, hasta la actualidad. En palabras de Edmundo O'Gorman:

> Porque, para decirlo brevemente, la obra histórica de Motolinía no solo es fuente en que bebieron hasta la saciedad, nada menos que Las Casas, López de Gómara, Zorita, Mendieta,

> Torquemada, Vetancurt, Suárez de Peralta, Cervantes de Salazar, y tantos más de entonces y de después, sino testimonio insustituible en todo tiempo para quienes quieran conocer y revivir lo que fue la vida en la primera mitad de nuestro siglo XVI.[134]

Así pues, la mayor parte de lo escrito, sobre todo lo que busca justificar las barbaridades cometidas contra los indígenas equiparándolas con los endemoniados sacrificios humanos e idolatrías, no tiene sustento en prueba alguna. Nadie, ninguna persona, vio la extracción de un corazón; menos como sostiene Motolinía: «En una relación de ritus y antiguallas de esta tierra», que Ahuízotl, antecesor de Moctezuma, asesinó «en un solo templo y en un sacrificio, que duró tres o cuatro días, ochenta mil y cuatrocientos hombres, los cuales traían a sacrificar por cuatro calles en cuatro hileras hasta llegar delante de los ídolos al sacrificadero».[135] Como ya hemos visto, la mentira de Motolinía la repiten y exageran otros; el fraile Diego Durán habla igual de 80 000, cuando el jefe de ellos, Cortés, solo se había atrevido a estimar 8 000 en una de sus cartas de relación. Sin embargo, es conveniente que transcribamos algunos puntos de la extensa y manipuladora obra de Motolinía referidos a este tema, para advertir —sin ninguna interpretación de por medio— la gran mentira o patraña que sirvió para dar rienda suelta a una de las más atroces agresiones religiosas en la historia de la humanidad. Propongo que, en esta transcripción, vayamos comparando, al mismo tiempo, lo escrito y copiado del texto de Motolinía por Gómara y hasta, lamentablemente, por Bartolomé de las Casas —en tiempos obviamente distintos— sin dejar de tomar en cuenta que, como ya lo mencionó O'Gorman, son muchos los frailes, historiadores, antropólogos y filósofos que han repetido lo mismo, porque esa cantaleta acompañó la perversa campaña de la gran difamación. Empecemos por el texto original de Motolinía sobre «La fiesta llamada Panquezalisthi, y de los sacrificios y homicidios que en ella se hacían; y cómo sacaban los corazones y los ofrecían, y después comían los que sacrificaban».

> Tenían una piedra larga, de una brazada de largo, y casi palmo y medio de ancho, y un buen palmo de grueso o de esquina. La mitad de esta piedra estaba hincada en la tierra, arriba en lo alto encima de las gradas, delante del altar de los ídolos. En esta piedra tendían a los desventurados de espaldas para los sacrificar, y el pecho muy tenso, porque los tenían atados los pies y las manos, y el principal sacerdote de los ídolos o su lugarteniente, que eran los que más ordinariamente sacrificaban, y si algunas veces había tantos que sacrificar que estos se cansasen, entraban otros que estaban ya diestros en el sacrificio, y de presto con una piedra de pedernal con que sacan lumbre, de esta piedra hecho un navajón como hierro de lanza, no mucho agudo, porque como es piedra muy recia y salta, no se puede hacer muy aguda; esto digo porque muchos piensan que eran de aquellas navajas de piedra negra, que en esta tierra las hay, y sácanlas con el filo tan delgado como de una navaja, y tan dulcemente corta como navaja, sino que luego saltan mellas; con aquel cruel navajón, como el pecho estaba tan tenso, con mucha fuerza abrían al desventurado y de presto sacábanle el corazón, y el oficial de esta maldad daba con el corazón

> encima del umbral del altar de parte de fuera, y allí dejaba hecha una mancha de sangre; y caído el corazón, estaba un poco bullendo en la tierra, y luego poniánle en una escudilla delante del altar. Otras veces tomaban el corazón y levantábanle hacia el sol, y a las veces untaban los labios e los ídolos con la sangre. Los corazones, a las veces los comían los ministros viejos; otras los enterraban, y luego tomaban el cuerpo y echábanle por las gradas abajo a rodar; y allegado abajo, si era de los presos en guerra, el que lo prendió, con sus amigos y parientes llevábanlo, y aparejaban aquella carne humana con otras comidas, y otro día hacían fiesta y le comían; y el mismo que le prendió, si tenía con qué lo poder hacer, daba aquel día a los convidados, mantas; y si el sacrificado era esclavo no le echaban a rodar, sino abajábanle a brazos, y hacían la misma fiesta y convite que con el preso en guerra, aunque no tanto con el esclavo.[136]

Sobre este mismo cuento, veamos cómo Gómara publica en 1552 casi lo mismo:

> El último día del mes primero, que llaman tlacaxipeualiztli, matan en sacrificio cien esclavos, la mayoría cautivos de guerra, y se los comen. Se juntaba todo el pueblo en el templo. Los sacerdotes, después de haber hecho muchas ceremonias, ponían los sacrificados uno a uno, de espaldas sobre la piedra, y vivos los abrían por el pecho con un cuchillo de pedernal; arrojaban el corazón al pie del altar como por ofrenda, untaban los rostros al Vitcilopuchtli.[137]

Lamentablemente, Bartolomé de las Casas copia, en 1559, en su llamada *Apologética*, lo dicho por sus otroras adversarios:

> Demás destos y de otros sacrificios y cerimonias que hacían, sacrificaban hombres. La manera de sacrificarlos era esta: tenían enhiesta una piedra, e hincada, larga de una braza, de ancho palmo y medio, y un palmo de grueso; estaba, digo, hincada encima de las gradas del altar de los ídolos. En esta tendían de espalda a la persona que habían de sacrificar, de manera que quedaba el pecho muy teso, y teníanle atados los pies y manos. Entonces, uno de los sacerdotes y ministros principales de aquello, llamado tlamacazque o tlenamacaque, con una piedra de pedernal de hechura de un hierro de lanza jineta, como el pecho estaba muy teso, y con mucha fuerza y ligereza, como estaba ya muy experto en aquel oficio, abríalo fácilmente y sacábale el corazón y daba con él encima del umbral del altar, de partes de fuera, y allí dejaba hecha una mancha de sangre, y caía el corazón en tierra y poníanlo luego en una escudilla delante el altar. Algunas veces, los sacerdotes viejos comían estos corazones; otras, los enterraban. Hecho aquel sacrificio, daban con el cuerpo de las gradas abajo, y, si era de los presos en guerra, el que lo prendió, con sus parientes y amigos, llevábanlo y hacíanlo guisar y con otras comidas componían un regocijado banquete; y si el que hacía esta fiesta de su valentía era rico, daba en presente a los convidados mantas de algodón y otras joyas de las que tenía. Si el sacrificado era esclavo no habido por vencimiento en la guerra, sino por otra causa o manera, no lo echaban de las gradas

> abajo, sino desde el altar lo llevaban en brazos y celebraban el mismo convite, pero no con tanta solenidad y fiesta.[138]

En cuanto a los desollados y la inverosímil forma en que se ponían las pieles de los sacrificados para danzar, veamos lo que dice el inventor principal, es decir, Motolinía:

> En otro día de aquellos ya nombrados se sacrificaban muchos, aunque no tanto como en la [fiesta] ya dicha; y nadie piense que ninguno de los que sacrificaban matándoles y sacándoles el corazón, o cualquiera otra muerte, que no era de su propia voluntad, sino por fuerza, y sintiendo muy sentida la muerte y su espantoso dolor. Los otros sacrificios de sacarse sangre de las orejas o lengua, o de otras partes, estos eran voluntarios casi siempre. De aquellos que así sacrificaban, desollaban algunos, en unas parte dos o tres, en otras cuatro o cinco, en otras, diez, y en México, hasta doce o quince, y vestían aquellos cueros, que por las espaldas y encima de los hombros, dejaban abiertos, y vestido lo más justo que podían, como quien viste jubón y calzas, bailaban con aquel cruel y espantoso vestido; y como todos los sacrificados o eran esclavos o tomados en la guerra, en México para este día guardaban alguno de los presos en la guerra, que fuese señor o persona principal, y a aquel desollaban para vestir el cuero de él el gran señor de México, *Moteuczoma*, el cual con aquel cuero vestido bailaba con mucha gravedad, pensando que hacía gran servicio a el demonio que aquel día honraban; y esto iban muchos a ver como cosa de gran maravilla porque en los otros pueblos no se vestían los señores los cueros de los desollados, sino otros principales.[139]

Pero a Motolinía lo secunda Gómara, sosteniendo lo siguiente:

> Y luego desollaban quince o veinte de ellos, o menos, según era el pueblo y los sacrificados; se revestían los cueros tantos hombres honrados, así sangrientos como estaban; pues eran abiertos los cueros por las espaldas y hombros; se cosían los que viniesen justos, y después bailaban con todos los que querían. El Méjico se vestía el rey un cuero de estos, que fuese de cautivo principal, y regocijaba la fiesta bailando con los otros disfrazados. Toda la gente andaba tras él por verle tan fiero, o como ellos dicen, tan devoto.[140]

Y de igual forma, años después, Bartolomé afirma casi textualmente lo mismo:

> En otro día de aquellos meses, que se llamó Tlacaxipevaliztli, se sacrificaban algunos, aunque no tantos como en la fiesta precedente, y de aquellos sacrificados desollaban algunos; en unas partes dos o tres, en otras cinco o seis y en otras diez. En México dicen que doce y quince, como ciudad real. Quitados los cueros de sus proprios cuerpos, vestíanselos por ciertos agujeros que dejaban por las espaldas, muy justos, como si fueran calzas y jubón, y así vestidos bailaban todo el día, o a sus horas, con aquella tan hermosa divisa, y como todos los más sacrificados eran esclavos presos en la guerra, en México guardaban alguno que fuese principal señor para este día, el cual desollaban para que se vistiese Motenzuma,

> gran rey de la tierra, y con él bailaba con sus reales conveniencias, y esto iban a ver todo el pueblo por gran maravilla.[141]

Asimismo, Motolinía retoma lo dicho por Cortés en la primera carta-relación de 1519 en cuanto a los presuntos sacrificios de niños —que ni él ni nadie nunca vio—. El fraile engaña de esta manera:

> Cuando el maíz estaba a la rodilla, para un día repartían y echaban pecho, de que compraban cuatro niños esclavos de edad de cinco o seis años, y sacrificábanlos a Tláloc, dios del agua, poniéndolos en una cueva, y cerrábanla hasta otro año que hacían lo mismo. Este cruel sacrificio tuvo principio de un tiempo que estuvo cuatro años que no llovió y apenas quedó cosa verde en el campo, y por aplacar el demonio del agua, su dios *Tláloc,* y porque lloviese, le ofrecían aquellos cuatro niños.[142]

Pero también Gómara lo copia, asegurando desde España que:

> Cuando ya los panes estaban un palmo de altos, iban a un monte que para tal devoción tenían destinado, y sacrificaban un niño y una niña de tres años cada uno, en honor a Tlaloc, dios del agua, suplicándole devotamente por ella si les faltaba, o que no les faltase. Estos niños eran hijos de hombres libres y vecinos del pueblo; no les sacaban los corazones, sino que los degollaban. Los envolvían en mantas nuevas, y los enterraban en una caja de piedra.
>
> La fiesta de Tozoztli, cuando ya los maizales estaban crecidos hasta la rodilla, repartían cierto tributo entre los vecinos, con el que compraban cuatro esclavitos, niños de cinco hasta siete años y de otra nación. Los sacrificaban a Tlaloc para que lloviese a menudo; los encerraban en una cueva que para esto tenían hecha, y no la abrían hasta otro año. Tuvo principio el sacrificio de estos cuatro muchachos, de cuando no llovió en cuatro años, ni aun en cinco, según algunos cuentan; en cuyo tiempo se secaron los árboles y las fuentes, y se despobló mucha parte de esa tierra y se fueron a Nicaragua.[143]

Desgraciadamente, Bartolomé no se queda atrás y transcribe:

> En otro día de sus meses que llamaban Tozoztli, cuando ya los panes estaban hasta la rodilla de altor, hacían otra manera de sacrificio a este triste dios Tláluc que tan cara les vendía el agua. Echaban por el pueblo cierto pecho o derrama, recogiendo tanto haber que pudiesen comprar cuatro niños esclavos de edad de cinco a seis años. Estos comprados, poníanlos en una cueva y cerrábanla hasta otro año que hacían otro tanto, y desta manera se los sacrificaban.[144]

El fraile Motolinía trata, entre muchos otros temas, el relacionado con el sacrificio de la circuncisión, culpando a los sacerdotes o papas indígenas porque:

> Hacían una cosa de las extrañas y crueles del mundo; que cortaban y hendían el miembro de la generación entre cuero y carne y hacían tan grande abertura que pasaban por allí una soga tan gruesa como el brazo por la muñeca, y en largo según la devoción del penitente; unas eran de diez brazas, otras de quince y otras de veinte; y si alguno desmayaba de tan cruel desatino, decíanle que aquel poco ánimo era por haber pecado y allegado a mujer; porque estos que hacían esta locura y desatinado sacrificio eran mancebos por casar, y no era maravilla que desmayasen, pues se sabe que la circuncisión es el mayor dolor que puede ser en el mundo, si no, díganlo los hijos de Jacob.[145]

Lo mismo copia el sacerdote e historiador Gómara, aparentando asombro y horror de algo que posiblemente nunca sucedió, pero que les sirvió para sostener lo que al final tendenciosamente comenta; veamos:

> No dejaré de contar otro sacrificio de los moradores; aunque feo, por ser extrañísimo. Había muchos mancebos por casar de Teouacan, Teutitlan, Cuzcatlan y otras ciudades, que, o por devotos o por animosos ayunaban muchos días, y después se hendían con agudas navajas el miembro por entre cuero y carne cuanto podían, y por aquella abertura pasaban muchos bejucos, que son como sarmientos o mimbres, gruesos y largos, según la devoción del penitente; unos diez brazas, otros quince, y algunos veinte; los quemaban luego, ofreciendo el humo a los dioses. Si alguno desmayaba en aquel paso no le tenían por virgen ni por bueno, y quedaba infamado y por fementido.
>
> Tal cual veis era la religión mejicana. Nunca hubo, a lo que parece, gente más, ni aun tan idólatra como esta; tan matahombres, tan comehombres; no les faltaba para llegar a la cumbre de la crueldad sino beber sangre humana, y no se sabe que la bebiesen.[146]

Y de nuevo lamento que fray Bartolomé haya claudicado al final de su vida y copiado la fábula mencionada y algunas otras cosas más:

> Hacían en sí mismos un sacrificio horrendo y nunca otro jamás imaginado; cortaban y hendían su miembro genital entre cuero y carne, como el brazo, y de largo según a devoción y esfuerzo del penitente: algunas veces era de diez brazas; otras, de quince, y otras, de veinte; y si alguno desmayaba con la mucha sangre y con el horrible dolor, decían que procedía por haber tocado a mujer, porque los que aqueste sacrificio tan costoso y doloroso hacían eran todos mancebos por casar. No era maravilla que desmayasen, y aun que muriesen, pues por una sangría, que es una picadura de una lanceta muy sotil, muchos desmayan, y de la circuncisión, que mucho era menos que aquello, los hijos de Jacob mataron a los varones de la ciudad de Sichen y cuasi la asolaron por no poderse defender tantos de tan pocos, por el grandísimo dolor con que estaban por haberse poco antes circuncidado. Cuanto más estos que padecían seis veces doblado dolor y derramaban veinte veces más sangre.[147]

Por último, expongo el invento sobre la introducción de cientos de palos por la lengua, sin que nadie perdiera la vida ante este cruel sacrificio. Motolinía es el primero, como en las otras elucubraciones, en narrar acerca de la penitencia de los palos que se metían y sacaban por orificios de la lengua:

> Y dábanles muy bien de comer, y venían muchos carpinteros, que habían rezado y ayunado cinco días, y aderezaban y labraban aquellos palos, y acabados de aderezar fuera de los patios, dábanles de comer, e idos aquellos venían los maestros que sacaban las navajas, también ayunados y rezados, y sacaban muchas navajas con que habían de abrir las lenguas, y así como sacaban las navajas poníanlas sobre una manta limpia, y si alguna se quebraba a el sacar, decíanles que no habían ayunado bien. Nadie que no vea cómo se sacan estas navajas podrá bien entender cómo las sacan, y es de esta manera: primero sacaban una piedra de navajas, que son negras como azabache, y puesta tan larga como un palmo, o algo menos, hácenla rolliza y tan gruesa como la pantorrilla de la pierna, y ponen la piedra entre los pies y con un palo hacen fuerza a los cantos de la piedra, y a cada empujón que dan, salta una navajuela delgada con sus filos como de navaja; y sacaban de una piedra más de doscientas navajas, y a vueltas algunas lancetas para sangrar; y puestas las navajas en una manta limpia, perfumábanlas con su incienso, y cundo el sol se acababa de poner, todos los ministros allí juntos, cuatro de ellos cantaban [a] las navajas benditas; y luego aquel viejo tañendo con sus atabales; y ya que habían cantado un rato, callaban aquellos y los atabales, y los mismos, sin atabales, cantaban otro cantar muy triste, y procuraban devoción y lloraban; creo que era lo que luego habían de padecer. Acabado aquel segundo cantar estaban todos los ministros aparejados, y luego un maestro bien diestro como cirujano horadaba las lenguas de todos por medio, hecho un buen agujero con aquellas navajas benditas; y luego aquel viejo y más principal ministro sacaba por su lengua de aquella vez cuatrocientos y cinco palos, de aquellos que los carpinteros ayunados y con oraciones habían labrado; los otros ministros antiguos y de ánimo fuerte, sacaban otros cada cuatrocientos cinco palos, que algunos eran tan gruesos como el dedo pulgar de la mano, y otros algo más gruesos; otros había de tanto grueso como puede abrazar el dedo pulgar, y el que está par de él, puestos en redondo; otros más mozos sacaban doscientos, como quien no dice nada. Esto se hacía la noche que comenzaba el ayuno de la gran fiesta, que era ciento sesenta días antes de su pascua. Acabada aquella colación de haber pasado los palos, aquel viejo cantaba, que apenas podía menear la lengua: mas pensando que hacia gran servicio a dios esforzábase cuanto podía. Entonces ayunaban de un tiro ochenta días, y de veinte en veinte días sacaba cada uno por su lengua otros tantos palos, hasta que se cumplieran los ochenta días, en fin de los cuales tomaban un ramo pequeño y poníanle en el patio adonde todos le viesen, el cual era señal que todos habían de comenzar el ayuno; y luego llevaban todos los palos que habían sacado por las lenguas, así ensangrentados, y ofrecíanlos delante del ídolo, y hincaban diez o doce varas de cada cinco o seis brazas de manera que en el medio pudiesen poner los palos de su sacrificio; los cuales eran muchos por ser los ministros muchos. Los otros ochenta días que quedaban hasta la fiesta, ayunábanlos todos, así señores como todo el pueblo, hombres y mujeres; y en este

ayuno no comían ají, que es uno de su principal mantenimiento, y de que siempre usan a comer en toda esta tierra y en todas las islas. También dejaban de bañarse, que entre ellos es cosa muy usada; asimismo se abstenían de las propias mujeres; pero los que alcanzaban carne podíanla comer, especialmente los hombres.[148]

Lo mismo repite Gómara:

Comían todos muy bien y bebían no poco; pues aún el ayuno estaba por entrar. Llamaban luego a muchos carpinteros, que también hubiesen ayunado y rezado cinco días, para alisar y aguzar aquellos palos. Se iban los carpinteros después de haber hecho su oficio, y venían los navajeros, ayunos asimismo. Sacaban y afilaban muchas navajas y lancetas de azabache, y las ponían sobre mantas limpias y nuevas. Si alguna de ellas se rompía antes de que se acabase, vituperaban al maestro, diciendo que no había ayunado. Los sacerdotes perfumaban aquellas nuevas navajas, y las ponían al sol en las mimas mantas. Cantaban unos cantares regocijados al son de algunos atabalejos. Callaban los atabales, y cantaban otro cantar triste, y luego lloraban muy fuerte. Iban entonces todos, unos tras otros, como quien toma ceniza, a un sacerdote que estaba en la grada más alta; el cual horadaba, como hombre diestro en el oficio, la lengua de cada uno por medio de su navaja, que para eso hacían tantas. Se arrodillaban ante Camaxtle, y comenzaban a pasar palos por las lenguas. Cada uno pasaba según su estado, o tiempo que servía al ídolo; quien ciento, quien doscientos; pero el achcahutli y los viejos metían aquel día cada uno cuatrocientos cinco palos de los más gruesos por el agujero de las lenguas. Cuando acababan este sacrificio era más de medianoche. Cantaba luego el achcahutli, y respondían los otros farfullando; pues la sangre y el dolor no les dejaba libre la voz. Ayunaban veinte días, comiendo muy poquito, y hacían de manera que no se les cerrase el agujero de la lengua, porque a los veinte días, y a los cuarenta, y a los sesenta, y a los ochenta días, y montaban las varas, que solo el achcahutli ensangrentaba dos mil veinte. Al cabo de los ochenta días ponían un ramo en el patio, que todos lo viesen, para que todos ayunasen los otros ochenta días que quedaban hasta la Pascua.[149]

Y expresamos con mucha pena que Bartolomé también copia lo mismo:

Estaban todos los sacerdotes aparejados, y un maestro diestro y bien experimentado, con una navaja horadaba las lenguas de todos por medio, haciendo un buen agujero y grande. Luego, aquel viejo más principal metía y sacaba por su lengua en aquel día cuatrocientos y cinco de aquellos palos. Los otros viejos que eran de fuerte ánimo, trabajaban de meter y sacar otros tantos. Otros no tan viejos sacaban trecientas. Otros más mozos sacaban docientos, y es de creer que otros menos y otros más.

Estos palos que metían y sacaban por las lenguas, eran tan gordos como el dedo pulgar de la mano, y otros como el dedo pulgar del pie, y otros tanto gruesos cuanto los dos dedos de la mano pulgar, y el con que señalamos, podían abrazar. Este tormento padecían y era una preparación para la cuaresma en que entraban y hacíanlo la noche que

> comenzaban su ayuno. Esta cuaresma precedía a la gran Pascua que celebraban, llamada Teuxihuitl; creo que quiere decir del gran dios. Era esta cuaresma un poco de más días y de mayor penitencia que la sancta universal Iglesia a nosotros los cristianos obliga, porque duraba ciento y sesenta días.
>
> Después de hecho aquel cruel sacrificio de las lenguas en sí mismos, aquel más honrado sacerdote viejo comenzaba un canto o cantar que apenas hablar podía, en loa y honor de aquel gran dios en quien creía. Con el canto principiaba su ayuno de ochenta días, y de veinte en veinte sacaban cuatro veces otros tantos palos por las lenguas, hasta que fuesen los ochenta días complidos, en fin de los cuales ponían un ramo pequeño en medio del patio donde todos los vían, el cual era señal que todos habían de comenzar el ayuno del año del dios Maxtle, y este ayuno era otros ochenta días antes de la pascua, que con tan extraña devoción la esperaban y la rescebían. Entonces llevaban todos los palos que habían metido y sacado por las lenguas, ensangrentados, como ellos lo estaban, y ofrecíanlos ante el ídolo e hincaban diez o doce varales de a cinco y seis brazas de largo, de manera que pudiesen poner en medio los palos ensangrentados, que eran muchos.[150]

Como se puede deducir con la simple lectura de estos fragmentos sobre sacrificios e idolatrías, se trata de un tendencioso manual cuya veracidad no fue constatada ni siquiera por los invasores, y es tan evidente que se trató de un pasquín propagandístico que fue copiado, plagiado, casi de manera íntegra por otros frailes, historiadores y cronistas, y, como ya comentamos, de manera lamentable, por el mismo fray Bartolomé, quien al final de su vida, por temor o ciega obediencia a la jerarquía religiosa, copió textualmente lo mismo de Motolinía y se retractó de sus escritos iniciales sobre Mesoamérica, entre otros, de la *Brevísima relación de la destrucción de las Indias.* Es tan impactante esta claudicación en la etapa final de la vida de fray Bartolomé, que resulta imprescindible indagar qué pudo haberlo llevado a retractarse de lo que había dicho acerca de que los sacrificios no existían y que más bien correspondían al «lenguaje de los españoles y de los que escriben sus horribles hazañas, infamar todas estas inversas naciones para excusar las violencias, crueldades, robos y matanzas que les han hecho, y cada día y hoy les hacen». Esto lo reafirma todavía cuando publica su historia de López de Gómara en 1552, agregando que el cuento «de sacrificar hombres o comerlos, como dice Gómara, yo creo que no es verdad porque siempre oí que [en el] reino de Yucatán que ni hubo sacrificios de hombres, ni se supo qué cosa era comer carne humana, y decirlo Gómara, como ni lo vido ni lo oyó sino de boca de Cortés, su amo y que le daba de comer, tiene poca autoridad, como sea su favor y en excusa de sus maldades».[151]

En razón de lo anterior, insisto: es importante desentrañar cuál fue la causa que lleva a un auténtico defensor de la justicia a terminar, al final de su existencia, como vocero de los potentados y achichincles de aquí y de allá, haciéndoles con su prestigio adquirido, en décadas de lucha honesta, un enorme servicio a quienes defendían tan deleznable empresa: ¿Qué lo hizo cambiar tanto? ¿Se cansó de ser como era? ¿Vivía en el error y se arrepintió? ¿Sabría que dejar como herencia su *Antología,* con mentiras y exageraciones, sería de gran apoyo a racistas, estudiosos acomodaticios y militantes de la codicia y de la corrupción? ¿Tuvo miedo de morir en la pobreza y el descrédito en una sociedad fanatizada? ¿Acaso decidió voluntariamente ponerse del lado de los frailes que evangelizaban al mismo tiempo que combatían las llamadas idolatrías y quemaban personas, destruían códices, estelas, altares y templos prehispánicos? ¿O todo fue a causa de la fiel obediencia a su Santidad y su Majestad, representantes máximos del catolicismo al que él pertenecía? No sé ustedes, pero en mi opinión la lamentable claudicación final de Bartolomé —subrayo: al final de su vida, porque casi siempre fue congruente—, quizá haya estado influida por la propia formación sacerdotal, cuyo dogmatismo es tal que suele terminar por hacer a un lado la verdad y el amor como elemental creencia del cristianismo frente al predominio de la institucionalidad clerical. Es un asunto vinculado al sectarismo que también suele expresarse con regular frecuencia y no solo en lo religioso, sino también en lo político, lo intelectual y en otros campos de la vida pública y personal en los que casi siempre se antepone el interés por la concepción particular, grupal o gremial al interés general o colectivo.

Por mi parte resumo que la reseña de Motolinía es falsa y escrita por encargo de Cortés con el aval del superior de la misión Franciscana; es poco creíble que la información la obtuviera de los «libros antiguos», seguramente códices, pues, «había entre estos naturales cinco libros [...] de figuras y caracteres. El primero, habla de los años y tiempos. El segundo, de los días de fiestas que tenían todo el año. El tercero de los sueños, embaimientos y vanidades y agüeros en que crecían. El cuarto era el del bautismo y nombres que daban a los niños. El quinto de los ritos y ceremonias y agüeros que tenían en los matrimonios».[152] Asimismo, tampoco es suficiente decir que los indígenas de mayor edad sabían «contar y relatar todo lo que se les preguntaba, y de estos yo topé con uno, a mi ver harto hábil y de buena memoria».[153] Sirva de argumento en contra que cada vez está más demostrado que los códices auténticos fueron destruidos durante la Conquista o fueron resguardados por los pueblos; inclusive, los más famosos existentes tienen la característica de que fueron confeccionados, o durante la invasión, o en pleno dominio español, por indígenas evangelizados o colonizados. Además, no hay ninguna prueba de la existencia de los cinco libros o códices con esos temas a que hace referencia Motolinía; más bien se trata de una perversa invención para tratar de justificar la conquista militar y religiosa.

Sobre esta cuestión, fray Bartolomé de las Casas exclamaba:

> ¡Avergüéncense, pues, esos que se complacen en predicar el evangelio a mano armada! Los hombres quieren ser instruidos, no forzados. Ahora bien, de ninguna manera pueden los indios ser instruidos en poco tiempo en nuestra religión, ignorantes como son de nuestra lengua, lo mismo que nosotros lo somos de su lengua y su religión, hasta que dichos indios, que prudentemente se aferran a sus creencias, sean convencidos por la razón. Pues, como hemos dicho, no hay negocio para el hombre más importante y difícil que abandonar la religión que una vez abrazó.[154]

Sin embargo, lo que terminó por imponerse fue la estrategia de Cortés y los falsos testimonios elaborados por Motolinía y copiados por otros frailes, soldados, cronistas e historiadores oficiales de la época. Puede parecer extraño, pero el destacado fraile Bernardino de Sahagún, con fama de erudito, se atrevió a señalar que «los comerciantes [mexicas] engordaban hombres destinados al sacrificio a fin de que estuviesen más sabrosos cuando fueran injeridos».[155]

El mismo caso es el del fraile Diego Durán, quien llegó a sostener, en su *Historia de las Indias de la Nueva España e islas de la Tierra Firme* —escrita en 1587, un año antes de su fallecimiento en la Ciudad de México— que los aztecas eran parte de las diez tribus de Israel que Salmanasar cautivó y transmigró de Asiria. Textualmente sostuvo el fraile:

> Confirmo mi opinion y sospecha de que estos naturales sean de aquellas diez tribus de Israel, que Salmanasar, Rey de los Asirios, cautivó y trasmigró de Asiria en tiempo de Oseas, Rey de Israel, y en tiempo de Ezequías, Rey de Jerusalem, como se podrá ver en el cuarto *Libro de los Reyes, cap. 17*, donde dize que fué trasladado Israel de su tierra á los Asirios, hasta el dia de hoy etc., de los quales dize es tierra remota y apartada que nunca habia sido auitada. A la qual auia largo y prolijo camino de año y medio, donde agora se hallan estas gentes de todas las islas y tierra firme del mar Océano, hácia la parte de Ocidente.[156]

Asimismo, en esa misma historia, Durán reitera, copiando a Motolinía, que el sacrificio antes referido del Templo Mayor «duró cuatro días desde la mañana hasta la puesta del sol y que murieron en él, como dejo dicho, ochenta mil y cuatrocientos hombres, de diversas provincias y reinos».[157] Coincido con el editor de la obra de Peter Hassler de la colección Pachacuti, en que esta aseveración de Durán es realmente absurda y me sumo a la forma como se refuta:

> Un simple cálculo demuestra la mentira de lo escrito por este fraile: si se sacrifica personas durante 4 días seguidos a razón de 12 horas por día (desde la mañana hasta la puesta del sol tenemos un total de 48 horas de «actividad sacrificial», lo que significa un total de 2 880 minutos (48 horas x 60 minutos); los médicos forenses han calculado que para abrir el pecho y sacar el corazón de una persona en la actualidad (ayudado de instrumental quirúrgico) consumiría un mínimo de 3 minutos por cada víctima sacrificial, y se han sacrificado personas durante 2 880 minutos continuos entonces tenemos que solo podrían haberse sacrificado —como máximo— a 960 hombres!!! Esto basta para mostrar que este sectario cristiano solo propaga mentiras. [158]

Sobre este tema y el de los corazones «bullendo», le pedí la opinión a un amigo cardiólogo, Luis Enrique Berumen Domínguez, quien gentilmente elaboró un riguroso ensayo, apoyado en consultas a cirujanos del corazón y a otros especialistas, que por razones de espacio pondré íntegro en las notas finales,[159] aun cuando adelanto la siguiente y breve conclusión:

> Imposible, en los términos legendarios: arrancar corazones a víctimas vivas sin anestesia a ritmos de segundos, con corazones «palpitando» durante su presentación, y sostener esto durante horas o días. La cirugía cardiaca moderna, la fisiología y las guías de trauma muestran que tales descripciones contradicen lo que pueden hacer los cuerpos (y los equipos humanos) bajo esas condiciones. Por tanto, la narrativa de «extracciones masivas de corazones palpitantes» debe considerarse un constructo retórico posconquista más que un hecho técnicamente reproducible.

Pero, como es evidente, el criterio que se impuso fue destruir por completo la religión indígena para imponer la erigida en nombre de Cristo. Repitamos lo escrito por Gómara y seguramente compartido por Cortés: «Tal cual veis era la religión mejicana. Nunca hubo, a lo que parece, gente más, ni aun tan idólatra como esta; tan matahombres, tan comehombres; no les faltaba para llegar a la cumbre de la crueldad sino beber sangre humana, y no se sabe que la bebiesen».[160] En el fondo de este pensamiento completamente fanatizado e inquisidor prevalecía el profundo desprecio por las creencias de los pueblos indígenas y el afán de desterrarlas con urgencia. El historiador Robert Ricard, especialista en la materia, en su libro *La conquista espiritual de México,* afirma que el maestro José Vasconcelos —quien, dicho sea de paso, era un gran intelectual pero antiindigenista, extranjerizante y, con el paso del tiempo, un consumado conservador— avalaba, en consecuencia, lo llevado a cabo por los misioneros, pues creía que no había más medio de levantar la Iglesia en México que darle por pedestal las ruinas de las viejas religiones «paganas».[161] Este mismo historiador, bastante moderado y respetuoso de los frailes, explica lo sucedido de la siguiente manera:

> No cabe duda que los misioneros destruyeron muchas antigüedades indígenas. Ya en 1525 fray Martín de la Coruña destruyó en Tzintzuntzan, ciudad sagrada de Michoacán, todos los templos y todos los ídolos. En una carta del 27 de junio de 1529 declara que una de las mayores ocupaciones de sus discípulos era derrocar ídolos y arrasar templos, dirigidos por él mismo. El 31 de octubre de 1532 escribe aún que hace ya seis años trabaja, entre otras cosas, en la destrucción de los ídolos. En su famosa carta del 12 de junio de 1531, Zumárraga dice que se han destruido más de 500 templos y 20 000 ídolos. Análogas indicaciones hallamos en la carta que dirige fray Martín de Valencia a Carlos V, junto con otros religiosos, el 17 de noviembre de 1531. Quedan corroborados y completados todos estos testimonios por los textos nada sospechosos de los siguientes autores, escogidos entre los principales: Sahagún, Durán, Mendieta, Dávila Padilla y Burgoa: todos ellos hablan de la destrucción de manuscritos. Es innegable que los religiosos destruyeron muchos monumentos y esculturas. Como quiera que fuera, los templos estaban condenados a la destrucción segura: Eran al mismo tiempo fortalezas, y no convenía que subsistiesen

> en una tierra mal sujeta por un puñado de hombres. Los aztecas mismos habían dado el ejemplo: la señal de su triunfo era siempre el incendio del *Teocalli* principal del pueblo entrado por armas: así denotan invariablemente sus victorias en la escritura jeroglífica. Por otra parte, la forma peculiar de aquellos edificios impedía que fueran aplicados a otros usos [...]. Los *teocallis* eran realmente un estorbo. La gran pirámide y sus setenta y ocho edificios circundantes ocupaban un inmenso espacio de terreno en lo mejor de la capital, y era evidente que no podía permanecer allí.[162]

Tampoco fue la destrucción tan rápida, total e inconsiderada como algunos pretenden, hasta suponerla tarea imposible de un solo día. Comenzó el 1.º de enero de 1525, según Motolinía. El 30 de noviembre de 1537, los obispos de México le escribían a Carlos V que los templos no habían sido todos destruidos y pedían su licencia para mandar demolerlos, a fin de extirpar por completo la idolatría. Respondió el emperador:

> En cuanto a los cues o adoratorios, encarga S. M. que se derriben sin escándalo y con la prudencia que convenía, y que la piedra de ellos se tome para edificar iglesias y monasterios, que los ídolos se quemasen, y otros puntos concernientes a esto.
>
> Acusan a Zumárraga de haber quemado en gigantesca hoguera los archivos de Tezcoco. Pero esos archivos habían sido destruidos desde 1520, cuando los tlaxcaltecas entraron allí con Cortés y quemaron los palacios principales.[163] Los misioneros tuvieron gran empeño en la destrucción de ídolos y templos, pero se preocuparon poco por los manuscritos, al menos en los principios. Algunos habían desaparecido aun antes de llegar los españoles; otros fueron enterrados por sus mismos dueños para evitar que cayeran en manos de los recién venidos, o en alguna otra forma se ocultaron, con lo que vinieron a quedar prácticamente perdidos. Al sitiar Cortés a México tuvo que destruir casi toda la ciudad y muchos manuscritos tuvieron que perecer entonces. Todo lo cual no es negar que los misioneros destruyeran manuscritos; pero no lo hicieron ni con el sistema ni con la amplitud que se pretende. Bien pronto se dieron cuenta de que aquellos escritos valían y del grande interés que como documentos ofrecían, y aun llegó a suceder que aparecieran los que una vez se creyó haber perecido, y el *tonalamatl,* «que Sahagún deseaba ver destruido, no lo fue, sino que se conservó en el convento de San Francisco de México».[164] Debe tenerse presente todo esto si se quiere dar un fallo justo para los misioneros y juzgar sanamente las intenciones que los animaron y los actos que realizaron.[165]

Habrá que agregar el hecho de que al fraile Juan de Zumárraga, quien llegó a México el 9 de diciembre de 1528 para desempeñarse como el primer obispo de la Nueva España, se le atribuye haber dejado en ruinas la espléndida obra urbana del rey filósofo y poeta Nezahualcóyotl, a quien, según expertos en antropología e historia como Enrique Florescano y José Luis Martínez, le correspondió, como ingeniero hidráulico y urbanista, realizar el trazo del:

> Acueducto que llevó el agua de Chapultépec a Tenochtitlan y le asignan la construcción de la célebre «Albarrada de los indios», el dique de madera y mampostería que separó las aguas saladas del lago de las dulces, y aminoró las inundaciones que afectaban a la ciudad. No puede olvidarse que Nezahualcóyotl desciende de los chichimecas Techotlalatzin e Ixtlilxóchitl, los reyes del Acolhuacan que adoptaron en Texcoco la lengua y la cultura tolteca, una tradición que culmina con él, a quien Jacques Soustelle llama «el representante más típico y refinado de la cultura mexicana clásica».[166]

Sin embargo —como también lo haremos más adelante con Motolinía, porque nadie es demonio ni divinidad y la perfección solo se puede atribuir al creador o a la naturaleza—, debe tomarse en cuenta que Zumárraga fue el eclesiástico de mayor jerarquía que permitió en su inicio el mito de Tonantzin, la reconfirmación o milagro de la aparición de la virgen de Guadalupe, la imagen más respetada y el principal símbolo de unidad del pueblo de México. Agregaría que también de milagro, porque este hecho histórico-religioso de primer orden se hizo realidad por la resistencia y el empuje de los indígenas, y en contra de la voluntad de los frailes superiores, incluido Sahagún y otros. Y hablamos de casi lo único bueno, entre tanta desdicha, que nos aportaron los invasores europeos. Aunque tampoco fue fácil: Francisco de la Maza escribió un pequeño gran libro sobre el guadalupismo mexicano, del cual transcribo algunos párrafos:

> Todo fiel cristiano mexicano sabe que, de los días 9 a 12 de diciembre de 1531, se apareció la Virgen María al indio Juan Diego en el cerro del Tepeyac y le mandó dijese al obispo de México, don fray Juan de Zumárraga, que le erigiese un templo. Dudó el obispo y pidió una señal al indio mensajero, el cual, por orden de la Señora, cortó rosas y flores del lugar y las llevó al prelado, admirándose los dos de que, al abrir la capa en que las llevaba envueltas apareciese milagrosamente pintada una Imagen que hoy México venera con el nombre de Nuestra Señora de Guadalupe.
>
> Esta tradición sencilla, ingenua y hermosa, única en el mundo en su acto final, produjo y produce un intenso y apasionado culto en el pueblo mexicano, de tal manera que la Imagen llegó a ser, en un momento dado, la señal de la Patria.[167]

No obstante, repetimos, todos los franciscanos del siglo XVI negaron abiertamente el milagro guadalupano, porque, como sostiene Sahagún, en el Tepeyac los indígenas «tenían un templo dedicado a la madre de los dioses, que llamaban *Tonantzin,* que quiere decir nuestra madre; allí hacían sacrificios a honra de esta diosa y venían a ello de muy lejanas tierras». Pero, como dice Francisco de Maza, respecto al culto guadalupano «no era cosa de intelectuales, sino del pueblo».

Con el mismo enfoque de Motolinía, es el escrito más bello destinado al pueblo humilde y noble de nuestro país; así fue la vida de este cura político al que acusamos, con pruebas, de hacerle el trabajo sucio a Cortés, a la nobleza y al alto clero, satanizando a los indígenas. Por descuido o por milagro del mismo texto calumnioso surge una auténtica convicción que se resume en la siguiente oración de amor:

> Estos indios que en sí no tienen estorbo que les impida para ganar el cielo, de los muchos que los españoles tenemos y nos tienen sumidos, porque su vida se contenta con muy poco, y tan poco, que apenas tienen con qué se vestir ni alimentar. Su comida es muy paupérrima, y lo mismo es el vestido; para dormir, la mayor parte de ellos aún no alcanza una estera sana. No se desvelan en adquirir ni guardar riquezas, ni se matan por alcanzar estados ni dignidades. Con su pobre manta se acuestan, y en despertando están aparejados para servir a Dios, y si se quieren disciplinar, no tienen estorbo ni embarazo de vestirse y desnudarse. Son pacientes, sufridos sobre manera, mansos como ovejas; nunca me acuerdo haberlos visto guardar injuria; humildes, a todos obedientes, ya de necesidad, ya de voluntad, no saben sino servir y trabajar. Todos saben labrar una pared y hacer una casa, torcer un cordel, y todos los oficios que no requieren mucha arte. Es mucha la paciencia y sufrimiento que en las enfermedades tienen; sus colchones es la dura tierra, sin ropa ninguna; cuando mucho, tienen una estera rota, y por cabecera una piedra o un pedazo de madero, y muchos ninguna cabecera, sino la tierra desnuda. Sus casas son muy pequeñas, algunas cubiertas de un solo terrado, muy bajo, algunas de paja, otras como la celda de aquel santo abad Hilarión, que más parecen sepultura que no casa; las riquezas que en tales casas pueden caber, dan testimonio de sus tesoros. Están estos indios y moran en sus casillas, padres, hijos y nietos; comen y beben sin mucho ruido ni voces. Sin rencillas ni enemistades pasan su tiempo y vida, y salen a buscar el mantenimiento a la vida humana necesario, y no más.[168]

El otro caso muy sonado fue el comportamiento del también franciscano Diego de Landa, quien, con el atontamiento doctrinario eclesiástico —que no cristiano—, se convirtió en inquisidor en Yucatán y llevó a cabo la atrocidad conocida como «los autos de fe de Maní», en el año de 1562, en los cuales, según su propia versión, los jóvenes mayas fueron pervertidos por los sacerdotes [indígenas] que en su idolatría tenían y por los señores, y tornaron a idolatrar y hacer sacrificios no solo de sahumerios sino de sangre humana, sobre lo cual los frailes hicieron inquisición y pidieron la ayuda del alcalde mayor prendiendo a muchos y haciéndoles procesos; y se celebró un auto en que pusieron muchos en cadalsos encorozados, y azotados y trasquilados y algunos ensambenitados por algún tiempo; y otros, de tristeza, engañados por el demonio, se ahorcaron, y en común mostraron todos mucho arrepentimiento y voluntad de ser buenos cristianos.[169]

En ese acto de barbarie se cometió una crueldad aún mayor: no solo —como lo sostiene don Justo Sierra O'Reilly— en Maní se destruyeron «5 000 ídolos de diferentes formas y dimensiones, 13 grandes piedras utilizadas como altares, 22 piedras pequeñas labradas, 27 rollos con signos y jeroglíficos, toneladas de libros (códices) y 197 vasijas de todos los tamaños», sino que también se cometieron crímenes contra cientos de indígenas mayas. En ese entonces, el alcalde mayor de Yucatán, Diego Quijada se dedicó a levantar actas de 1561 a 1565, en las cuales hace constar que los mayas practicaban los sacrificios humanos, cuando el obispo fray Francisco de Toral aseguró que todos esos testimonios los habían arrancado con tortura: «Lo habían dicho de miedo de los tormentos y grandes vejaciones».[170] Es importante destacar que este fraile franciscano fue el primer obispo de la diócesis de Yucatán, pero fue destituido por haber hecho esta denuncia y ser acusado por De Landa de permitir que los mayas quemaran cruces y llevaran a cabo sacrificios humanos al interior de la iglesia, todo lo cual resultó absolutamente falso. Sin embargo, la jerarquía católica de España respaldó a De Landa y lo nombró obispo de Yucatán. La mejor crónica sobre estos hechos la encontramos en el informe de finales de 1564, que, por mandato del Real Consejo de Indias, llevó a cabo en visita a Yucatán, Sebastián Vázquez, escribano de Su Majestad, del cual transcribimos el siguiente fragmento:

> Que los que fueron colgados y atormentados de la manera que tengo referida por los dichos religiosos en partes y pueblos diferentes por que como tocado tengo se dividieron al dicho hefecto suman quatro mil e quinientos y quarenta y nueve personas, hombres y mugeres destos fueron ensanbenitados ochenta y quatro y demas de los que asi fueron colgados e atormentados fueron penitençiados y açotados y tresquilados y penados en penas pecunarias otras seys mill y trezientos y treinta personas porque como bian los tormentos y que a los que dezian y confesaban tener ydolos e ydolotrar los quitavan dellos, ellos propios por no ser atormentados de su voluntad vinieron a decir y confesar lo mesmo.
>
> Fueron desenterrados por mandato de dichos religiosos en diferentes partes que avia çinco y quatro e tres y dos años y vno y mas y menos tiempo que avian fallesçido y estaban enterrados en las yglesias y cimenterios de sus pueblos los cuerpos y huesos de ciento y catorce personas y todos fueron quemados y hechos polvos públicamente por su mandado demas de los quales al tiempo que andaban dando los dichos tormentos murieron cinco yndios de su muerte natural que no se avian colgado, los cuerpos de los quales no permitieron ser enterrados y los mandaron quemar públicamente y el vno que se arrastrase primero y asy se hefectuo.
>
> Iten, que a cabsa de los dichos tormentos y de las graves prisiones en que los tuvieron y de los malos tratamientos que se les hizieron por los dichos religiosos vinieron a morir ciento y cincuenta y siete indios según los testigos lo dizen y afirman consta de sus nombres y naturalezas.
>
> Iten, que a la dicha sazon por temor de no ser atormentados e algunos aviendolo sido de no tornarlo a ser se hallaron ahorcados en los montes y otras partes treze yndios e otro que estava ya ahorcado fue hallado antes que espirase y quitado y es biuo al presente.
>
> Iten, que por la misma razón se huyeron a la dicha sazon de sus naturalezas que no han parecido mas ni dellos se tiene noticia avnque han procurado buscarlos con toda ynstancia diez e ocho yndios de diferentes pueblos y algunos de ellos dexaron sus mugeres e hijos y tienen entendido que se debieron de ahorcar a si mesmo o dar otras muertes.

> Iten, consta asymismo que por muchos días quedaron gran cantidad de yndios muy lisiados mancos y enfermos y por curso de tiempo han venido a sanar eçepto treynta y dos que quedaron y estan mancos y con otras lisyones al presente.
>
> Iten, averigue que suman las penas pecunarias que los dichos religiosos llevaron a los dichos yndios que penitençiaron quatro mill y trezientos y quarenta pesos de oro comun en tostones y cacao demas de çiento y beyte y cinco mill almendras del dicho cacao que llevaron a las yndias sus mugeres diciendo que estaban escomulgados por aver tenido comunicaçion con sus maridos y por que las absolviesen les llebaron de pena a çincuenta e a quarenta y a treynta almendras de cacao a cada vna alguno del qual despues dieron a los yndios para las yglesias de los pueblos de donde heran naturales las indias a quien se avia llevado pero los tostones no saben dar razón que se hizieron ni en que se gastaron y destribuyeron, mas de que los yndios los entregaron a los dichos alguaziles españoles por mandado de los dichos religiosos demas de lo cual les tomaron muchos charchuytes y piedras coloradas y quentas canpanillas y caxcaveles de cobre que tenían del tiempo de su ynfedilidad diciendo que ya aquello lo avian ofreçido al demonio y hera pecado tenerlo en su poder.[171]

Como ya dijimos, De Landa fue absuelto, se quedó como obispo en Yucatán y, para tratar de tranquilizar su atribulada conciencia, escribió en 1566 un texto conocido como *Relación de las cosas de Yucatán,* en el cual, sin embargo, insistió en que la isla de Cozumel y el cenote sagrado de Chichén Itzá eran santuarios para ofrendas y sacrificios. Esto sirvió de pretexto a Edward H. Thompson, cónsul de Estados Unidos en Mérida y Progreso, para extraer del cenote o pozo sagrado de Chichén Itzá, entre 1904 y 1907, un valioso tesoro de piezas de jade, cascabeles de cobre y de bronce, cerámicas, figurillas, hachas de piedra, discos de oro cincelados e infinidad de piezas, esgrimiendo la gran mentira de que pretendía rescatar huesos de muchas doncellas o vírgenes que los mayas supuestamente sacrificaban tirándolas al Cenote Sagrado. Aun cuando adelantamos que el dragado del misterioso pozo de Chichén Itzá solo significó recuperar osamentas de cuarenta individuos de todas las edades y sexos, pero el cónsul y la pandilla de rufianes que desde Boston lo patrocinó consumaron impunemente un inmundo robo de la riqueza cultural de México.

•••

Por eso, concluyo este capítulo sosteniendo que, así como echaron a andar la perversa invención y propagandística campaña de los sacrificios humanos y del canibalismo, existe una historia real que, al contarla, ayuda a comprender cómo, en todos los tiempos, la ambición por lo material no separa en crear mitos y viles y fantasiosas mentiras con tal de saciar la adicción al dinero y a la riqueza. Me refiero al fantasmagórico cuento de los sacrificios de doncellas, vírgenes, que los «malvados mayas» arrojaban al Cenote Sagrado de Chichén Itzá, y a un personaje: Edward H. Thompson, cónsul de Estados Unidos en Mérida y Progreso, Yucatán, durante el porfiriato (1876-1911), quien decidió «caritativamente» rescatar sus cuerpos de ese pozo misterioso. Lamentablemente, no se encontraron sus restos, pero sí miles de joyas prehispánicas, cuyo valor mercantil ascendió, cuando menos, a un millón de pesos de ese entonces. Tengamos presente que la Revolución maderista de 1910-1911, que derrocó a la dictadura porfirista y que ha sido la más auditada del mundo, apenas costó setecientos cincuenta mil pesos.

Para este gran saqueo se creó una banda de traficantes de piezas arqueológicas en Boston, integrada por financieros e incluso académicos de la Universidad de Harvard, así como responsables de asociaciones y museos de esa poderosa nación. Thompson era su hombre en México y actuó como el operador principal o autor material, aun cuando siempre contó con el cobijo de los llamados *bostonianius,* entre quienes «destacaban Stephen Salisbury», presidente de la American Antiquarian Society; Charles P. Bowditch, un financiero apasionado por la escritura «maya», y Frederick W. Putnam, curador en jefe del Peabody Museum de la Harvard University.[172] La mayor parte de la información que utilizo en esta fascinante y lamentable historia proviene de investigaciones minuciosas de documentos y correspondencia, realizadas por Guillermo Palacios, prestigiado profesor de El Colegio de México, así como del expediente sobre este asunto resguardado en la Suprema Corte de Justicia de la Nación. Con estos y otros fundamentos puede asegurarse que dicha operación de saqueo consistió en hacer un gran negocio extrayendo el tesoro de piezas arqueológicas que yacía en el fondo del Cenote Sagrado de Chichén Itzá. En realidad, desde el principio, en toda la documentación analizada —fundamentalmente las cartas entre Thompson y sus patrocinadores— no se habla del rescate de las doncellas; el tema central es la extracción, la calidad de las joyas obtenidas y el envío, por el puerto Progreso, y sin ningún control aduanal, de piezas de oro y jade hacia el Peabody Museum de Harvard en Boston.

Esta sociedad delictiva llegó a reunir una buena cantidad de dinero para comprar la antigua Hacienda de Chichén Itzá, incluida la zona arqueológica y el Cenote Sagrado, adquirir una draga, financiar el pago de nómina de los trabajadores y mantener el suficiente *cash* para corromper a arqueólogos de Estados Unidos, agentes aduanales y funcionarios de aquí, de allá y de acullá. El caso del cónsul Thompson es gansteril y «pintoresco», pues antes de que el grupo que lo patrocinaba recurriera a las influencias de un senador de Estados Unidos para conseguirle el estratégico cargo de cónsul en la península de Yucatán, en su juventud empezó a destacar como apasionado de la arqueología, aunque en realidad se trataba de «un entusiasta anticuario». El antecedente más conocido se refiere a que en 1879 publicó un artículo sosteniendo que la civilización maya se había originado en la Atlántida. En forma semejante había pergeñado fray Diego Durán su fábula sobre la tribu judía extraviada en Mesoamérica.

A principios del siglo XIX, Alexander von Humboldt, por su parte, sospechaba de la creatividad de los pueblos originarios de México e insinuaba que no eran originarios de aquí, sino de Asia Central; o, como de plano se escucha en nuestros tiempos, que eran extraterrestres, o que el personaje de la lápida en la tumba de Pakal en Palenque es un astronauta que va conduciendo una nave espacial. Fantasías aparte, lo verosímil es que el saqueo del cenote de Chichén Itzá, según el mismo Thompson, se planeó desde 1892, tiempo en que «ya tenía bien estudiado y definido el proyecto de dragar el Cenote Sagrado de Chichén Itzá». Al año siguiente se trasladó desde Estados Unidos la draga, y en 1894 se comenzó con la extracción de piezas arqueológicas, todo ello, como es obvio, de manera delictiva, sin pedir autorización a las autoridades mexicanas y con premeditada clandestinidad. Sin embargo, nada tenía que temer Thompson, pues sobornó al responsable de la conservación del patrimonio arqueológico en Yucatán. Y mantenía muy buenas relaciones con el gobernador porfirista Olegario Molina, que había logrado reelegirse —como era común en el país en esa época— y luego pasó a ocupar nada menos que el Ministerio de Fomento en el Gobierno federal, dependencia encargada de ejecutar el despojo, por la buena o por la mala, de las tierras comunales de los pueblos indígenas para entregarlas a particulares o hacendados con la excusa perversa de que eran terrenos baldíos o nacionales. No solo Olegario Molina protegía a Thompson; también el maestro Justo Sierra, ministro de Instrucción Pública y Bellas Artes, que seguramente sabía del saqueo arqueológico, visitó Chichén Itzá y se hospedó, con todo y su numerosa comitiva, en la hacienda del cónsul estadounidense. De manera vulgar, Thompson se ufanó de que la estancia de Sierra le había costado mil dólares en moneda mexicana, «pero valió la pena multiplicado por más para mí y para los trabajos».[173]

El único opositor y denunciante del saqueo de Thompson y sus cómplices fue el arqueólogo austriaco-alemán Teoberto Maler, quien exploraba Yucatán desde tiempo atrás, pero poco pudo hacer ante la evidente tolerancia que imperaba en estos casos durante la dictadura porfirista. No obstante, a este arqueólogo se le debe, en lo específico, que Thompson no se llevara a Estados Unidos el Trono del Jaguar Rojo del castillo de Chichén Itzá, que, según la información disponible, en el archivo de la Suprema Corte de Justicia, ya lo tenía empaquetado. Pero es lógico que el rescate de esta emblemática pieza no compensa la gran cantidad de esculturas y joyas extraídas del cenote.

Conviene subrayar que, aun cuando este robo descarado al patrimonio cultural de México llevó mucho tiempo y duró, cuando menos, hasta 1910, los años de mayor extracción de piezas del cenote de Chichén Itzá se ubican entre 1904 y 1906, pues, a principios de 1907, los mismos saqueadores empiezan a sentirse satisfechos por haber concluido su nefasto proyecto. Como burla es que hasta ese entonces las autoridades del país se enteraran de la existencia de la draga y de que dicho artefacto había dañado las paredes del cenote, pero tampoco hicieron nada para exigir la reparación de los daños y recuperar este valioso tesoro del patrimonio nacional.

En una breve cronología de este saqueo, incluyendo el traslado de piezas de contrabando hacia Estados Unidos —con datos de Guillermo Palacios—, explico lo siguiente:

- Un joven arqueólogo, Alfred M. Tozzerfue corrompido, como muchos otros. Al principio tenía cierto pudor y se preocupaba por la ilegalidad del saqueo, pero al poco tiempo cambió de parecer. En una nota de su diario de abril de 1904 decía:

> Hoy hemos intentado encontrar palabras para expresar nuestra admiración por los hallazgos del cenote. Son sencillamente abrumadores. No puedo empezar a darle una idea de la magnitud, de la importancia tanto intrínseca como científica de la colección. Hay platos de oro, cuencos de oro, estatuillas de oro y campanas de oro, todas tan brillantes y pulida como el día en que se hicieron. Hay un cuenco de oro que pesa bastante más que una libra. Y en cuanto al jade, no tiene fin. Probablemente haya más piezas de esta piedra preciosa originadas en el cenote, de lo que tengan todos los museos del país en sus colecciones conjuntas [...] Es el hallazgo del siglo, nada como esto ha salido de México jamás antes.[174]

- A partir de junio de ese mismo año, 1904, los embarques al Peabody Museum se aceleraron, y varios baúles llenos de objetos fueron enviados por el cónsul, siempre cuidadoso de estar presente a la hora de pasar por la aduana y de subirlos a bordo de los vapores de la Ward Line.[175]
- En junio y julio de 1904 estaba en su apogeo la extracción de piezas arqueológicas del cenote. Para entonces, Thompson señalaba extasiado: «Hasta donde veo, ahora, el trabajo puede tomar tres o cuatro meses más, y resulta difícil predecir qué extraños hallazgos puedan resultar [de las extracciones]. Como van las cosas, no pasa una semana, difícilmente un día, sin que encontremos algo extraño o desconocido para mí, algo que me llena de un ávido deseo de continuar con los trabajos a toda costa».[176]
- El 1.º de marzo de 1905, en un informe de Thompson a sus socios en Boston se expresa la magnitud de su avaricia y confiesa: «Guardo el oro y los jades en una caja fuerte bajo mi cama, encadenada a esta. Nadie puede entrar a mi alcoba en momento alguno sin que suene una alarma».[177]
- En abril de 1905, Tozzer estaba por regresar a Chichén Itzá y Thompson, ya le tenía preparado un encargo para llevar al Peabody Museum: «Los especímenes [de oro] más valiosos y la mayor cantidad posible de los perfectos especímenes de jade».[178]
- El 12 de septiembre de 1906 se registra otro envío al Peabody Museum, compuesto, entre otras antigüedades, de «cuarenta piezas sueltas de discos de oro de diversos tamaños[,] dos máscaras de oro puro amartillado, la mayor parte de una gran máscara de oro de más de ocho pulgadas de diámetro [...] Un anillo de oro. Un ornamento tipo escarapela, también de oro puro [...] Un ídolo o amuleto, de oro macizo, de tres pulgadas. Cuatro campanas de oro [...], etcétera».[179]
- A finales de 1906 y principios de 1907, los saqueadores empiezan a informar que ha disminuido notablemente el número de nuevos hallazgos. El mismo Thompson asegura, en febrero de 1907: «Aparentemente, o hemos sacado todo

lo que había, o lo que queda está fuera de mi alcance, cuando menos por ahora».[180] Incluso, el 10 de julio de 1907, Thompson reconoce: «Durante algún tiempo ha producido solo cosas de poco interés, más allá del hecho interesante de que probablemente ahora ya hayamos obtenido todas las piezas interesantes que podíamos obtener y necesitar para el realce de nuestra colección».[181]

- Finalmente, en el mes de mayo de 1909, seis años después de iniciado el saqueo del Cenote Sagrado, con el uso de la tosca y destructiva draga y con el empleo de buzos griegos, Thompson da por concluida su deshonrosa misión con las siguientes palabras:

> He llevado a cabo la última de las hazañas que tanto he soñado con lograr. He caminado por el fondo y sobre los bancos de lodo de la base del cenote. He pasado la mayor parte de tres días en el lodo helado y las aguas más negras, a setenta pies por debajo de la superficie de aguas cálidas del Cenote Sagrado. Todo lo que esperaba hacer, o soñaba con lograr hacer, desde las proezas originales en el cenote, se han cumplido ahora, y ya solo me queda ver cuánto puedo sacar de ahí antes de que las circunstancias frenen mi trabajo.[182]

Esta historia tiene todavía algunos otros importantes episodios que describiré de manera resumida. Por ejemplo, casi al mismo tiempo que concluye el saqueo del cenote en 1910, Thompson es destituido como cónsul del Gobierno de Estados Unidos. En vísperas de la Revolución, Maler vuelve a denunciarlo en la Ciudad de México y se burla de la engañifa del supuesto «rescate» de solo «pedazos de hueso y de trastes de barro». Con el triunfo de la Revolución maderista todo queda en suspenso, aun cuando después, con el golpe militar que impone a Huerta en la Presidencia, Thompson le escribe a William J. Bryan, secretario de Estado del Gobierno estadounidense, poniéndose a sus órdenes por «si hubiera una intervención en México, armada o de otro tipo».[183] Quizá por eso o por su prepotencia de siempre, a finales de 1914 su hacienda «fue asaltada y saqueada por uno de los bandos ligados al torbellino revolucionario».[184] Pasó el tiempo, posiblemente esperando que se enfriara lo del saqueo y se pudieran vender y exhibir las piezas robadas en Estados Unidos y otros países del mundo. Es hasta 1923 que llama la atención un artículo de la periodista Alma Reed, corresponsal en Yucatán del periódico *The New York Times,* informando, tardíamente, sobre los trabajos de exploración del Cenote Sagrado con datos que el mismo Thompson le proporcionó en una entrevista.

No deja de ser lamentable que una periodista como Alma Reed cayera en el garlito de que exploraron el cenote para rescatar a las doncellas, cuando se trató de un vil saqueo, un señuelo que sería fácil de descubrir si se conociera el gran tráfico mundial de piezas arqueológicas y arte antiguo. Las colecciones privadas de Estados Unidos y Europa están hechas de piezas robadas de distintos países. Los mismos museos exhiben piezas arqueológicas, pinturas y hasta templos medievales completos de las distintas civilizaciones del mundo. Pero además, por sentido común, es increíble que, en plena época porfirista, en Yucatán —donde se padecía la más indignante e inhumana esclavitud por el auge del henequén y una guerra de exterminio contra los mayas—, un cónsul estadounidense apareciera como defensor de los derechos humanos de las jóvenes que con «devoción y placer inaudito» se ofrecían para el sacrificio. También es extraño que Alma Reed, que visitó Yucatán en la década de 1920 e inspiró la canción «Peregrina», haya caído en la trampa de narrar, en su entrevista a Thompson:

> En los días de gloria de Chichén Itzá y hasta la época de su declive bajo la opresión tolteca, en el cenote se sacrificó a los prisioneros de guerra y las vírgenes de una belleza sin tacha. Desde la primera infancia se criaba a las niñas teniendo como meta esta perfección física. Su formación espiritual consideraba como un ideal el martirio en nombre del bien público. En tiempos de calamidades nacionales, sequías o pestes, las víctimas elegidas se llevaban en una solemne procesión hasta la imponente escalinata de la gran pirámide. El siniestro golpeteo del tambor de muerte, la aguda flauta y la estridencia del silbato anunciaban su avance. Los sacerdotes, los dignatarios estatales y la masa piadosa aguardaban a las víctimas en el pequeño santuario ubicado en la orilla del cenote sagrado. A una señal en la ceremonia, diseñada para la deidad a la que se le acreditaba el poder en la emergencia correspondiente, los fieles devotos arrojaban al cenote sus más valiosos artículos de ornato personal y otros tesoros artísticos. En ese momento los sacerdotes vestidos de blanco arrojaban a los sacrificios humanos en la abierta fosa, ellas drogadas misericordiosamente con la sagrada ambrosía, balché. Pero más piadosa que la droga era la fuerte esperanza en el pecho de cada chica que la vida inmortal antes que la muerte yacía en el fondo del cenote. Y la multitud que miraba el agua verde pálido esperaba que al menos una de las víctimas volviera a la superficie como el augurio de un año favorable.[185]

En fin, toda una fábula para atraer turistas con poca imaginación y talento, como algunos lectores de *The New York Times*. Los antiguos mayas, los aztecas y los indígenas de otras culturas mesoamericanas ofrendaban alimentos, animales, flores y joyas a sus dioses, pero no sacrificaban a nadie, como se demuestra en este caso, en que no se encontraron doncellas, pero sí hubo hurto y se alimentó la leyenda de los sacrificios humanos en el Cenote Sagrado de Chichén Itzá.

Termino este asunto dando a conocer también que, de acuerdo con un expediente de la Procuraduría General de la República que se conserva en el archivo de la Suprema Corte de Justicia de la Nación, en 1926 la Secretaría de Educación Pública tuvo noticias de un libro publicado el mismo año en Estados Unidos: *La ciudad del pozo sagrado* de Theodore A. Willard, en el que se narra la exploración del Cenote Sagrado de Chichén Itzá realizada por Edward H. Thompson. Al conocer este relato, la SEP inició una denuncia por el «delito de robo de objetos arqueológicos», presentando varios capítulos del libro de Willard como pruebas.

Según el texto introductorio que aparece en dicho expediente:

> Edward Thompson tenía tres años viviendo en Estados Unidos cuando, en 1926, la Procuraduría General de la República inició la investigación para llevarlo a juicio. El caso penal inició en el juzgado primero de distrito de Yucatán, donde el juez formó un expediente que eventualmente llegó hasta la Suprema Corte. La procuraduría señaló que cuando Thompson extrajo las piezas ya existían leyes que protegían la propiedad de la nación sobre los monumentos prehispánicos, emitidas en los años 1896, 1897 y 1902. Incluso se señaló que la protección de las zonas arqueológicas provenía de una disposición del Rey Felipe II de 1575. Además, las leyes prohibían la exportación de antigüedades mexicanas desde 1827.
>
> Como prueba se incluyeron algunos capítulos del libro de Theodore A. Willard, mecanografiados en español. Una lista de objetos extraídos del cenote sagrado, con su respectivo avalúo, una denuncia hecha por Teobert Maler en 1909, ante la Secretaría de Instrucción Pública y Bellas Artes, encabezada por Justo Sierra, y un permiso que fue negado a Thompson para explorar el cenote en 1911, cuando ya no tenía un cargo diplomático.
>
> El proceso se prolongó durante casi una década, en la que Thompson escribió sus memorias, publicadas en Cambridge bajo el Título: El pueblo de la serpiente, vida y aventura entre los mayas.
>
> Las autoridades mexicanas solicitaron la colaboración de los museos extranjeros para identificar las piezas arqueológicas que les envió Thompson. También se recabaron testimonios y se inspeccionó el sitio de Chichén Itzá. El proceso penal se interrumpió de manera inesperada, sin llegar a la etapa de juicio, al recibirse la noticia de la muerte del ex cónsul en mayo de 1934, en su natal Massachusetts.
>
> Muchas de las piezas arqueológicas extraídas por Thompson terminaron en las colecciones de algunos museos como el museo Field de Chicago y el museo Peabody de la Universidad de Harvard. Otras piezas del cenote sagrado fueron devueltas a México en 1976, pero fueron robadas, junto con otras, del Museo Nacional de Antropología, en la nochebuena de 1985.[186]

Cuatro años más tarde se recuperaron, pero solo se trató de 121 de las 124 piezas de las distintas civilizaciones antiguas. A este hecho se le conoció como el «robo del siglo», cuyo caso correspondió resolver, con mucha publicidad en ese entonces, al conocido «fiscal de hierro», Javier Coello Trejo, bajo las órdenes de Carlos Salinas de Gortari.

Lo entregado o devuelto a México fue muy poco. Por ello considero conveniente anexar el avalúo con la relación de las más importantes joyas extraídas del cenote y su valor comercial estimado, aun cuando no se trata de un asunto mercantil, sino de las culturas y del patrimonio de la nación. En el expediente de la Procuraduría aparece este histórico documento del 19 de julio de 1926, suscrito por Luis Castillo Ledón, director del Museo Nacional de Historia y Etnología:

LISTA DE LOS OBJETOS MAS IMPORTANTES DE ORO Y JADE

ENCONTRADOS EN EL CENOTE SAGRADO.

Una vasija de oro puro, de doce pulgadas de diámetro, de fondo redondo y de una libra de peso.---------$	$ 150.00
Cuatro vasijas, copas o tazas, de tamaño más pequeño, sin labrar, pero de un material sólido y acabado artístico. Ninguna de las vasijas anteriores fué aplastada o deteriorada á $100.00 c/u.---"	400.00
Siete discos de oro, grabados en realce y de diez pulgadas de diámetro á $100.00 c/u.---------------"	700.00
Ocho discos de oro, grabados en realce, de ocho pulgadas de diámetro, á $100.00 c/u.---------------"	800.00
Diecisiete discos de oro, grabados en realce, de seis -- pulgadas de diámetro, á $100.00 c/u.---------"	1.700.00
Diez discos de oro, grabados en realce, tamaño pequeño - á $50.00 c/u.---------------------------"	500.00
Un hermoso penacho, banda frontal, o tiara, de ocho pulgadas de largo por cuatro de ancho de un bonito trabajo comprendiendo serpientes entrelazadas con tocados de plumas. Este magnífico objeto de oro es el mejor que se ha encontrado en la región maya.----------"	1.000.00
Once figuras de animales y reptiles, probablemente broches o adornos de semejantes, todos de oro - macizo y bien acabados. Ranas, figuras en -- forma de murciélagos y objetos en forma de - monos, casi todos fundidos, macizos y de oro puro. á $30.00 c/u.--------------------------	330.00
Catorce objetos pequeños en forma de candeleros, de oro puro á $30.00 c/u.-------------------------	420.00
Diez figuras de oro en forma humana o de mono, á $30.00 c/u.--"	300.00
Veinte argollas de oro, casi todas muy delgadas, pero de oro puro. á $10.00 c/u.---------------------"	200.00
Sesenta objetos de uso desconocido, pero de material de oro á $10.00 c/u.--------------------------"	600.00
A la hoja Núm. 2.---------------$	7.100.00

(7) (78)

-2-

De la hoja Núm. 1.----------$	7.100.00
Cien cascabeles de varios tamaños, todos los ejemplares de oro igualmente que los badajos. á $20.00 c/u.--"	2.000.00
Cuarenta objetos sin clasificación, de oro puro, o de oro mezclado con bronce; sandalias, discos, objetos en forma de regatón, piezas completas y fragmentos formando parte de los escudos y otros adornos á $20.00 c/u.---------------------------------"	800.00
Cuatro platillos o bandejas, de pulgada y media de diámetro, con perforaciones en el centro, á $20.00 c/u.	80.00
Una máscara de oro macizo de siete pulgadas de diámetro con los ojos cerrados, representando una persona dormida o muerta y teniendo sobre el párpado derecho de la misma figura en cruz semejante la llamada trompa de elefante.---------------------------"	3.000.00
Un "Hul-che" de oro (lanzadera o atl-atl) en forma de serpientes entrelazadas.--------------------------"	1.000.00
Siete placas o tabletas de jade, rotas y reparadas después, de tres por cuatro pulgadas, á $25.00 c/u.--"	175.00
Nueve placas de jade, de dos pulgadas por cuatro por 1/4 de grueso. Sin duda estas placas fueron rotas intencionalmente antes de ser arrojadas al cenote. á $15.00 c/u.-------------------------------------"	135.00
Ciento sesenta grandes cuentas de jade muy bien talladas y pendientes de gran tamaño, casi todos en perfecto estado á $100.00 c/u.-------------------"	16.000.00
Setenta objetos de jade representando aretes, adornos de nariz y de labio, desde dos pulgadas de diámetro hasta media pulgada y todos muy bien cortados y pulidos á $20.00 c/u.--------------------------------"	1.400.00
Catorce esferas de jade, de una pulgada y media de diámetro, todos muy bien pulidos y algunos de ellos muy bien esculpidos con figuras y otros dibujos a $30.00 c/u.---"	420.00
Una figurita pequeña de jade muy bien esculpida de cuatro pulgadas de ancho por cuatro de alto, representando una figura sentada del tipo palencano y con un bonito tocado. Es un ejemplar perfecto y se le puede considerar como el mejor de la región maya.--"	500.00
Muchos cientos de pequeñas cuentas de jade, de todos tamaños y formas, y todas pulidas, especialmente algunas, cuyo tallado es perfecto á $100.00 ciento.--"	700.00
A la hoja Núm. 3.----------------------------$	33.310.00

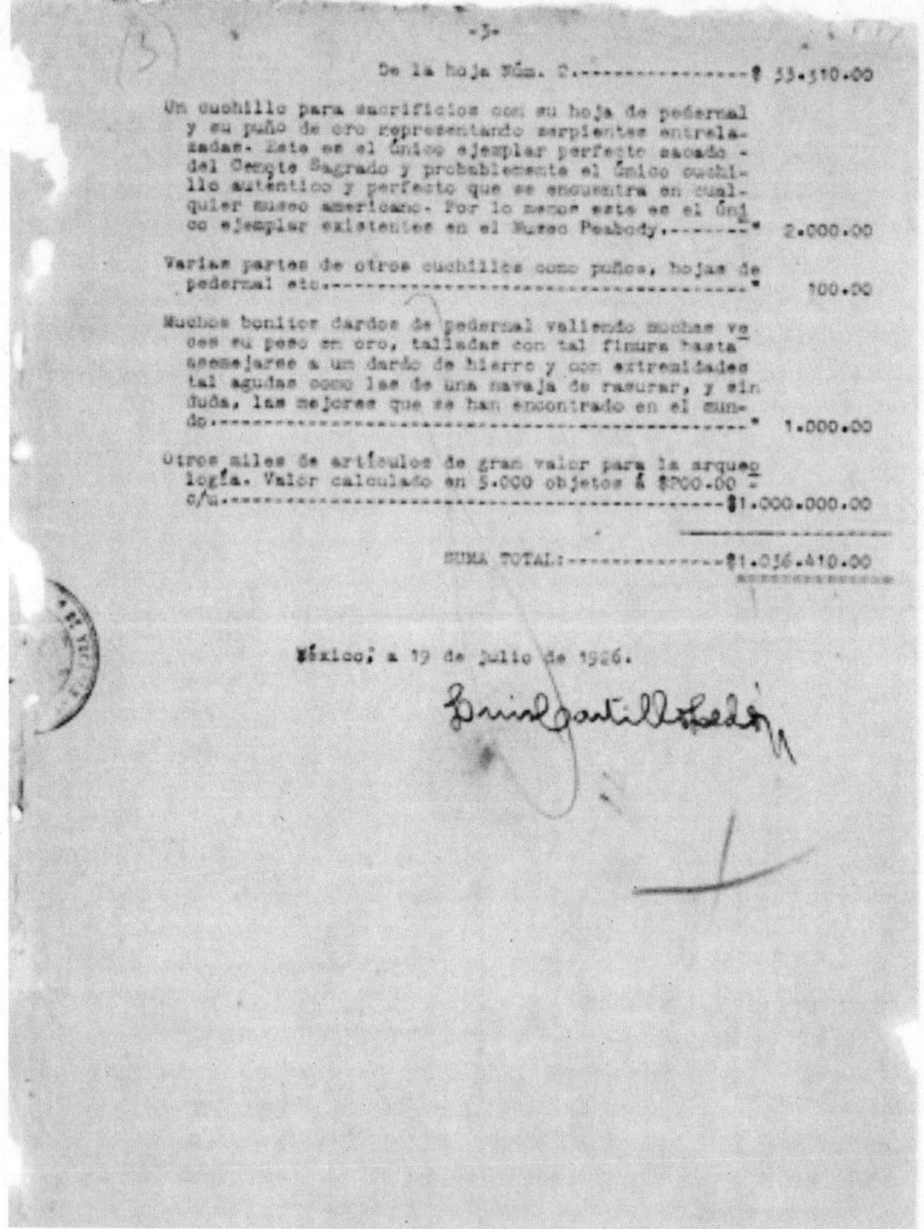

-3-

De la hoja Núm. 2.---------------- $ 33.310.00

Un cuchillo para sacrificios con su hoja de pedernal y su puño de oro representando serpientes entrelazadas. Este es el único ejemplar perfecto sacado del Cenote Sagrado y probablemente el único cuchillo auténtico y perfecto que se encuentra en cualquier museo americano. Por lo menos este es el único ejemplar existentes en el Museo Peabody.--------" 2.000.00

Varias partes de otros cuchillos como puños, hojas de pedernal etc.--------------------------------------" 100.00

Muchos bonitos dardos de pedernal valiendo muchas veces su peso en oro, tallados con tal finura hasta asemejarse a un dardo de hierro y con extremidades tal agudas como las de una navaja de rasurar, y sin duda, las mejores que se han encontrado en el mundo.---" 1.000.00

Otros miles de artículos de gran valor para la arqueología. Valor calculado en 5.000 objetos á $200.00 c/u.--$1.000.000.00

SUMA TOTAL:---------------$1.036.410.00

México, a 19 de julio de 1926.

Propongo a las autoridades que corresponde que se procure solicitar a la Universidad de Harvard y las fundaciones que poseen dicho tesoro que, por imperativo ético y por justicia, se devuelva a México sus piezas, las cuales podrían ser exhibidas en una sala especial del nuevo museo de Chichén Itzá, ubicado a unos metros del profanado, misterioso y bello Cenote Sagrado de esa majestuosa ciudad maya de la península de Yucatán.

•••

En su desesperación por tratar de evadir su responsabilidad ante tantas mentiras, la represión y el desprestigio a los mayas con los supuestos sacrificios humanos, el fraile inquisidor Diego de Landa termina por culpar de la barbarie cometida entre conquistadores y religiosos a los primeros, pues, aun cuando actuó de la mano con el adelantado Montejo, su hijo y su sobrino, los denuncia por los crímenes cometidos contra los pueblos indígenas:

> Que los indios recibían pesadamente el yugo de la servidumbre, mas los españoles tenían bien repartidos los pueblos que abrazaban la tierra, aunque no faltaba entre tos indios quien los alterase, sobre lo cual se hicieron castigos muy crueles que fueron a causa de que apocase la gente. Quemaron vivos a algunos principales de la provincia de Cupul y ahorcaron a otros.
>
> Hízose información contra los de Yobain, pueblo de los Cheles, y prendieron a la gente principal y, en cepos, la metieron en una casa a la que prendieron fuego abrasándola viva con la mayor inhumanidad del mundo, y dice este Diego de Landa que él vio un gran árbol cerca del pueblo en el cual un capitán ahorcó muchas mujeres indias de las ramas y de los pies de ellas a los niños, sus hijos. Y en este mismo pueblo y en otro que dicen Verey, a 2 leguas de él, ahorcaron a dos indias, una doncella y la otra recién casada, no por otra culpa sino porque eran muy hermosas y temían que se revolviera el real de los españoles sobre ellas y porque pensasen los indios que a los españoles no les importaban las mujeres; de estas dos hay mucha memoria entre indios y españoles por su gran hermosura y por la crueldad con que las mataron.
>
> Que se alteraron los indios de la provincia de Cochua y Chectemal y los españoles los apaciguaron de tal manera que, siendo esas dos provincias las más pobladas y llenas de gente, quedaron las más desventuradas de toda aquella tierra. Hicieron [en los indios] crueldades inauditas cortando narices, brazos y piernas, y a las mujeres los pechos y las echaban en lagunas hondas con calabazas atadas a los pies; daban estocadas a los niños porque no andaban tanto como las madres, y si los llevaban en colleras y enfermaban, o no andaban tanto como los otros, cortábanles las cabezas por no pararse a soltarlos. Y trajeron gran número de mujeres y hombres cautivos para su servicio con semejantes tratamientos. Se afirma que don Francisco de Montejo no hizo ninguna de estas crueldades ni se halló en ellas, antes bien le parecieron muy mal, pero que no pudo [evitarlas].
>
> Que los españoles se disculpaban con decir que siendo pocos no podían sujetar tanta gente sin meterles miedo con castigos terribles, y traen a ejemplo la historia de los hebreos y el paso a la tierra de promisión [en que se cometieron] grandes crueldades por mandato de Dios.[187]

La Conquista o invasión española fue, a todas luces, un capítulo de extrema crueldad y salvajismo. Sobre esto último, el maestro Roger Bartra escribe en su libro *El mito del salvaje* que le llamaba mucho la atención que, en el palacio de los Montejo, en Mérida, construido entre 1542 y 1549, exista en la fachada la escultura de dos salvajes europeos: hombres rudos, peludos, con macanas, muy a modo de la época y de cómo, en el imaginario colectivo de los pueblos de ese continente, se concebía a estos personajes de la mitología griega y medieval. Es probable que quienes decidieron construir esta representación quisieran transmitir el mensaje de que a ese tipo de salvajes se estaban enfrentando los conquistadores españoles en México. Nada más que, por descuido, inconsciencia o cinismo, justo junto a estos salvajes aparecen las figuras de dos Montejo, con su vestimenta militar, parados, aplastando con sus pies dos cabezas cortadas de rostros horrorizados de personajes que, si el escultor —seguramente español— no pudo esculpir bien sus caras, la lectura es que debían parecerse a la fisonomía del vencido y sometido pueblo maya.

Y mientras terminamos de definir si esta invasión puede equipararse a un exterminio o crimen de lesa humanidad, conviene recordar que, como se le llame, esta gran tragedia no dejó nada bueno, o casi nada. No contribuyó al desarrollo, ni mucho menos, al bienestar de los pueblos de América. Como se lee en el *Chilam Balam* de Chumayel, o libro de los sentimientos mayas: «Ellos [los extranjeros] enseñaron el miedo, llegaron para marchitar las flores. Para que su flor viviera ajaron y chaparon nuestras flores». Y, en fin, quizá sea aventurado afirmar que estábamos mejor antes de la invasión, pero sí es posible demostrar, como lo haremos en el próximo capítulo, que la Conquista y los tres siglos de dominación colonial, más que justicia y progreso, significaron desdicha y corrupción, estancamiento y retroceso.

Capítulo 9

COLONIALISMO DECADENTE

La mejor descripción sobre la creación y el funcionamiento del gobierno monárquico en la Nueva España la encontramos en el libro de Enrique Semo *La Conquista.* Aun cuando vamos a recurrir a otras fuentes y haremos las interpretaciones necesarias, en esta cuestión y en otras nos guiaremos por lo escrito y citado —de otros autores— por este excelente maestro, estudioso de inobjetable honestidad, no solo en lo intelectual, sino en todos los órdenes de su quehacer público. Enrique explica, como hemos visto, que todo el territorio conquistado pertenecía por derecho teológico y por la vía de los hechos a la realeza española; e invocando esa soberanía, Cortés constituye con sus huestes el cabildo de la Villa Rica de la Veracruz, y esa hechiza asamblea lo nombra capitán general y justicia mayor hasta que, pasados tres años, Carlos V, lo legitima y legaliza con una cédula real, en la cual lo nombra gobernador, capitán general y justicia mayor de la Nueva España, aunque durante todo el tiempo anterior, cuando actuó sin dicho reconocimiento, «Cortés nombraba lugartenientes de su propia autoridad, alcaldes y regidores municipales y ejecutores de la justicia, y por su propia decisión disponía de los indios y de la tierra».[1]

Pero veamos cómo lo explica Semo:

> Con la llegada de los españoles las instituciones e ideas políticas de los pueblos indígenas fueron sustituidas por las de la metrópoli. Los españoles elaboraron toda una teoría para justificar el nuevo poder. La conquista tuvo una organización política que trasciende la naciente sociedad colonial. A partir de entonces los pueblos originarios tuvieron que someterse a un poder que estaba en España, que no hablaba su idioma y ante cuyas autoridades superiores no tenían ninguna representación.
>
> Las instituciones que surgieron desde la llegada de Cortés eran de carácter español puro y siempre mantuvieron su composición, jerarquía y sistema legal estrictamente metropolitano. La Corona declaró varias veces que la soberanía le correspondía. Los conquistadores siempre obraron en su nombre, como delegados suyos y como tales, tomaron posesión de los países americanos. Como señal del nuevo vasallaje los amerindios debían dar tributo y servicio al soberano español y obedecerle a él, su lugarteniente y a las autoridades que nombrare para gobernarlos. Pero debido al papel importante que había tenido el papa y la Iglesia en la empresa colonial, el Estado en España tenía un carácter diferente al de las colonias. «El Estado indiano es un Estado misionero. En la Península, los reyes castellanos solo indirectamente tienen que ver con lo espiritual, que no es su esfera propia; mientras que en América tienen que ver con lo espiritual directamente». Por eso dice fray Juan Ramírez que «los reyes de España tienen mejor y más excelente imperio, sobre

los indios en las Indias que sobre los españoles en España, porque respecto de los indios son padres, maestros y predicadores evangélicos [...], encaminándolos a la vida eterna», al paso que «el mando y señorío que tienen en España sobre los españoles [...] es meramente temporal».[2] Es decir los súbditos amerindios no tienen el mismo carácter que el de los otros reinos europeos subordinados a la Corona. El poder de esta en América es mucho más amplio a la vez que patriarcal.

Empezaron a funcionar con el autoestablecimiento de un consejo municipal llamado cabildo o ayuntamiento en la Vera Cruz en 1519, en donde Cortés fue elegido como «gobernador y justicia mayor». El título le fue confirmado desde España por una real cédula del 15 de octubre de 1522 y el conquistador gobernó hasta 1524, manteniendo después el puesto de capitán general que habitualmente correspondía al virrey hasta su muerte. Luego, la Nueva España fue regida por gobernadores reales y tenientes hasta comienzos de 1529, cuando se reunió en la ciudad de México la primera Audiencia. El poder del Estado colonial se fue imponiendo paulatinamente. En el centro, después de la caída de Tenochtitlan el proceso fue relativamente rápido, pero en el norte y el sur su instauración fue mucho más lenta, disputada e imperfecta.

Al fin, Carlos I decidió transferir a la América Continental una institución largamente probada en Europa, desde el siglo XIV en Aragón, y después en Cerdeña, Sicilia y Nápoles. El Virreinato era una delegación de poder del rey muy amplia. Primero se aplicó al primogénito, la reina o un infante cuando el rey no estaba en el lugar. Después tomó forma legal en posesiones europeas fuera del territorio hispano. El virrey era el alter ego del rey, su representante y apoderado con plenos poderes.[3] Su presencia en la América continental debía elevar al máximo el nivel de dominio de la Corona en esa parte del mundo.

Con el nombramiento, en 1535, de Antonio de Mendoza como primer virrey de la Nueva España, los asuntos de gobierno local fueron manejados en última instancia por un virrey, mientras que la Audiencia fungía como tribunal supremo y cuerpo consultivo. El virrey representaba y gobernaba al Estado Habsburgo en la Nueva España por medio de prerrogativas reales, delegadas directamente por el monarca, o indirectamente a través del Consejo de Indias.[4] Como representante del rey, tenía nominalmente el poder absoluto, pero en la práctica era una pieza importante más no omnímoda, en el enorme aparato burocrático, ya que estaba rodeado por funcionarios importantes también designados por el monarca que, por lo mismo, tenían acceso directo a la Corona y a los consejeros de Indias. Además, el ejercicio de su poder en las colonias de América encontró dificultades muy especiales. El monarca y sus consejeros desconocían las condiciones y las distancias imponían límites a la información como a la efectividad de las decisiones del rey y su aplicación, de manera que el virrey estaba obligado a mediar entre la Corona y los intereses locales, bajo la mirada crítica de otros funcionarios.[5]

En una gran obra impresa por la editorial Porrúa en dos tomos y titulada *Los gobernantes de México,* excluyendo a Cortés y algunos oficiales reales del inicio de la invasión, Manuel Rivera Cambas dedica casi todo el primer volumen a describir las biografías y lo más sobresaliente de los 62 virreyes que gobernaron la Nueva España, desde el primero, nombrado en 1535, Antonio de Mendoza, hasta el último, en 1821, Juan O'Donojú. Estas 62 personalidades, de lo más diversas en sus maneras de pensar y en sus comportamientos, representaron durante casi tres siglos a 11 reyes y una reina, Mariana de Austria. En promedio, cada virrey gobernó cinco años y los emperadores un cuarto de siglo cada uno, sin contar los 16 años que transcurrieron desde la Conquista hasta el inicio del Virreinato, bajo el dominio de la reina Juana y de su hijo Carlos V. La pura numeralia hace evidente el predominio del poder de la metrópoli colonial y, contrario a lo que se piensa, fue permanente la inestabilidad que se padeció en este largo y casi perdido —por infructuoso y decadente— periodo de la historia de México. Es también necesario señalar que solamente dos repitieron en el cargo: Luis Velasco y Juan de Ortega, obispo de Michoacán. Cabe destacar esto último porque los virreyes no solo eran marqueses, condes o duques, sino también obispos, arzobispos e inquisidores, lo cual confirma el influyente poder del clero y, en alguna medida como veremos adelante, fue una de las causas de las confrontaciones e incluso de algunos actos de violencia suscitados por la rivalidad entre virreyes y arzobispos. Es decir, no funcionó del todo la estrategia de la Corte metropolitana de nombrar por virreyes a los arzobispos para atraer con ello «la benevolencia del clero para que unido este con el gobierno civil, fuera consolidada la autoridad real».[6] Pero, en términos generales, en el Virreinato terminaron acoplándose el trono y el altar.

El maestro Fernando Benítez narra de manera inigualable las características principales de lo que llama la «galería de virreyes». Inicia con una afirmación un tanto cuestionable, porque en realidad no se puede demostrar que los primeros fueran mejores que los últimos. Esto me recuerda a los simpatizantes de Porfirio Díaz —incluyendo a doctos—, quienes afirman que el caudillo se fue haciendo dictador poco a poco en el transcurrir de su largo mandato, o que pudo serlo, pero al final, cuando es demostrable que, desde que tomó el poder por la fuerza hasta su derrocamiento, fue, de principio a fin, un auténtico tirano. Tampoco se trató de una «dictablanda», sino de una dictadura. Pero el maestro Benítez no era porfirista; por el contrario, siempre fue un intelectual comprometido con las causas populares. Es, sin duda, quien más y mejor escribió para exaltar y defender a los indígenas de México, además de cronista espléndido. Veamos, pues, qué dice:

> Los virreyes del siglo XVI respondían a la grandeza de España, los últimos a su decadencia. Casi todos fueron nobles, militares de profesión, caballeros de Santiago o de Calatrava y no pocos arzobispos. Muchos compraron sus cargos y se hicieron de grandes fortunas, unos cuantos murieron pobres, algunos eran despóticos y obtusos, otros benévolos e inteligentes. Su poder era en apariencia absoluto pero en realidad formaban parte de una maquinaria que funcionaba de modo automático, con o sin ellos.
>
> Los museos de México y de Madrid conservan la galería de sus retratos. Escasos rostros finos o hermosos. Bizcos, caballunos, inexpresivos, orgullosos y tapiados, semejan un desfile de máscaras. Los del siglo XVI llevan boinas o altos bonetes cúbicos, negros

jubones y golas rizadas; los del XVII y la mitad del XVIII enormes pelucas a la moda francesa y casacas bordadas de oro, y los últimos, pelo largo, chupas y medias blancas al estilo de la Ilustración.

El virrey debía preocuparse, ante todo, de satisfacer las demandas de dinero que le exigía una metrópoli guerrera en perpetuo estado de bancarrota; como capitán general debía atender la seguridad de puertos, presidios, fortalezas y provincias, vigilar un copioso abasto de maíz, la salud de la casa de moneda, considerada como la perla de la corona, cuidarse mucho de suscitar los celos y suspicacias de la Audiencia, del Arzobispado y de las órdenes monásticas, prevenir las intromisiones de los visitadores y promover todavía las obras del desagüe y de la minería.

El primer conde de Revillagigedo, que gobernó de 1746 a 1755, sintetizó los quehaceres del virrey en la siguiente forma: ante todo, el gobierno político, civil y económico de la ciudad y de los demás partidos sujetos al Virreinato; el segundo, la superintendencia de la Real Hacienda y todo su ramo; el tercero, la capitanía general, sus expediciones y causas de su conocimiento; y el cuarto, el real patronato encargado de los problemas eclesiásticos.

No había en España una escuela de virreyes, por lo tanto todos desconocían, al llegar, el inmenso cúmulo de pequeños y grandes asuntos y conflictos que a diario se les presentarían. Los mandatarios que fueron hijos de virreyes, resultaron sin duda los mejores, según lo muestran el segundo Velasco, el segundo Gálvez y el segundo Revillagigedo.

Fuera del muy complicado engranaje administrativo y legal, es muy interesante conocer la idea que los virreyes se habían formado del nuevo reino y de sus vasallos. Para el primer conde de Revillagigedo, la población se dividía en nobles y en plebeyos. Los nobles se distinguen por su lealtad al monarca y hay que atenderlos con benignidad, empero se hace necesario oír a los contrarios para resolver los casos imparcialmente.

> La segunda clase, constituida en los vulgares, es un monstruo de tantas especies cuantas son diversas las castas, agregándose a su número el de muchos españoles vulgarizados con la pobreza y ociosidad, raíces de que dimanan las viles costumbres, ignorancia y vicios irremediables en lo general. Porque faltan aquí las tropas militares que en Europa ocupan tanta gente, falta también materia al ejercicio de otras artes, pues no hay fábricas, ni manufacturas de géneros que salgan para otros reinos, y las apreciables riquezas de la plata solo divierten en laborear las minas un corto número, como la grana, añil, vainillas, bálsamos y purga de Jalapa; materias en que se ejercitan solo indios de determinados parajes; y siendo todos estos frutos naturales y los únicos que de este se transportan a otros reinos, es también cierto que no solo no salen otros industriales, sino que los más de ellos vienen fabricados ya de España, y de su abundancia resulta en este reino mucha necesaria ociosidad. Por esta razón fuera muy temible el abultado cuerpo de este vulgo, si la dificultad de su unión no fuera prenda de seguridad, como lo es también su miedo a los ministros y soldados. Por cuya falta pudo sacar la cabeza en el tumulto del año de 1692, clamando contra el Gobierno por la escasez y la carestía del maíz; y aun todavía persevera este

> motivo, si no fuera para fomento de asonadas, al menos para murmuraciones de superiores, porque el vulgo ignorante piensa que el humano poder supla y remedie penurias del tiempo y la esterilidad, y siempre quiere baratura y abundancia de mantenimientos.

La embriaguez es el segundo vicio, después de la ociosidad. Sin embargo, este vicio, ya incontenible en el siglo XVI, producía buenas rentas a la Corona y el virrey no podía hacer otra cosa que frenar los abusos y vigilar sus excesos muy visibles en las fiestas y en los Paseos de Ixtacalco y de la Viga.

Sobre los indios, es decir sobre la mayoría de la población, Revillagigedo escribe a su sucesor el marqués de Las Amarillas:

> Los indios por su estulticia, abatimiento y miseria, son objetos de la real compasión, y favorecidos con muchas leyes que promueven su defensa, alivio y amparo, encargando los buenos tratamientos que se les deben hacer, su libertad, enseñanza y educación, en varios capítulos de la Recopilación, en cuyo cumplimiento deben poner los virreyes el mayor empeño; porque a más de la humildad y pobreza con que esta gente llama la atención, es tan necesaria en el reino, que sin ella, o se sentirían calamidades y escaseces, o se levantarían a insoportable precio los comestibles y otros frutos preciosos a la vida, pues son los indios los que benefician las sementeras, pastorean los ganados, talan los montes, trabajan las minas, levantan edificios, surten sus materiales, y finalmente, a excepción de ultramarinos, proveen las ciudades, villas y lugares, de los más de los víveres y muchos artefactos, a costa de su fatiga, y con tan cortos jornales, que se dejan inferir de la incomodidad de sus chozas, en la rusticidad de sus alimentos y en el poco abrigo y grosería de sus vestuarios.
>
> De tan humilde fortuna, bien se deja comprender la facilidad con que pueden ser oprimidos de alcaldes mayores, curas, hacenderos y obrajeros, reduciéndolos muchas veces a servicio involuntario, tratándolos con rigor y aprovechando el logro de sus fatigas, los unos en sus comercios y causas criminales, los otros en obvenciones, faenas y tareas. Por todo lo cual abundan en el Gobierno y Audiencia quejas y recursos continuos en que conviene observar la solidez de las pruebas, y constando así los agravios, proceder estrictamente al literal tenor de las leyes; no omitiendo el inquirir los excesivos derechos que en otros ocursos suelen expenderse, y las estafas de los que se introducen a la defensa de los indios.[7]

Agrego que los virreyes no solo eran nombrados desde Europa, sino que ninguno nació en la Nueva España; únicamente dos de ellos habían visto la luz en América, uno en Perú y otro en Cuba. Varios murieron en el cargo, y de más de uno se dijo que lo habían envenenado; en particular, hubo muchas conjeturas cuando un joven virrey, Bernardo de Gálvez, murió de repente en 1786. Tenía fama de independentista y era hijo de otro virrey famoso, el conde de Gálvez. También atentaron contra el virrey Francisco Fernández de la Cueva, duque de Alburquerque, en 1660, y contra Baltasar de Zúñiga, marqués de Valero, en 1718. El primero fue atacado cuando rezaba en la Catedral por una persona con traje de soldado llamado Manuel Ledezma y Robles, de Aranjuez, España, quien sacó su espada y dio un cintarazo al virrey mientras le expresaba que quería «matarlo y que no se diga misa».[8] Casi de inmediato lo sujetaron los guardias. En el otro caso, el agresor fue Nicolás Camacho, de San Juan del Río, México, quien, en la escalera del palacio se lanzó al virrey queriéndole sacar el espadín; también fue detenido rápidamente.[9] Al primero lo fusilaron y al otro lo enviaron al hospital para enfermos mentales de San Hipólito. En el caso del primero, la gente pedía lo mismo, pues todo indica que «Ledezma fue más demente que criminal y que la autoridad, más que justicia, ejerció venganza».[10] Sea como fuere, ninguno de los dos tenía realmente la intención de hacer daño y no se trataba de fanáticos religiosos o ideológicos, que esos sí son en realidad un verdadero peligro.

La principal contradicción que enfrentaron las autoridades coloniales fue la gran crisis que se produjo por diversas causas: la llamada «falta de brazos», ocasionada por las matanzas durante la Conquista, la sobreexplotación que produjo el repartimiento de indígenas entre los encomenderos españoles, la esclavitud permitida o encubierta y las terribles epidemias que causaron toda una catástrofe demográfica. La población de la Nueva España, como hemos visto, se diezmó desde el siglo XVI y no volvió a recuperarse durante todo el Virreinato. Con el análisis de varios autores, Enrique Semo concluye que la población indígena en el centro de Mesoamérica pasó de ocho millones en 1518 a 1 075 000 personas, en 1605; es decir, durante el siglo XVI la población indígena se redujo cerca del 90%. En efecto, se «diezmó». Esto se confirma con otro dato en *Crónicas del siglo XVI,* donde se afirma que a la llegada de los españoles, la población nativa de Tabasco alcanzaba los 135 000 habitantes, pero, al paso del tiempo, las cosas cambiaron drásticamente: la tierra se plagó de enfermedades y la población disminuyó con rapidez. Para 1575, Tabasco apenas tenía 8 500 habitantes. En solo medio siglo, la población se había reducido en un 93%. Aún más, el famoso juez e historiador Alonso de Zorita calculó que hacia 1568 «la población del centro de México era un tercio de la del momento de la Conquista».[11] Este ilustre estudioso español se pronunciaba por abolir el tributo y el diezmo a que estaban obligados los indígenas: «Sus ideas estaban basadas en que en el tiempo de la gentilidad si bien los indios daban tributo para el mantenimiento de su "república" y el servicio de sus templos, eximían de esa contribución a los huérfanos y a los que servían en el templo, además de que el tributo era menor al exigido por los españoles».[12] De igual forma insiste y recuerda que los tributos pagados por «los amerindios eran menores que los impuestos por los españoles y que como en el caso del diezmo, no se incluía a los huérfanos y a quienes trabajaban en los templos».[13]

De esta dimensión era el emplazamiento de los colonizadores, misioneros y autoridades de aquí y de la nobleza española. No tenían para dónde hacerse: debían optar entre hacer valer las Leyes de Indias, que prohibían la esclavitud, o aceptarlas en los hechos, como sucedió, con el tremendo costo de condenar a muerte a los pobladores indígenas que trabajaban para mantenerlos y saciar su sed de riqueza. Por eso, el maestro Semo se pregunta:

> ¿Cómo podemos llamar a lo que sucedió con la población mesoamericana en el primer siglo de la Conquista? No hubo en los conquistadores la intención de aniquilar a los pueblos originarios de América, sin embargo, en las islas del Caribe lo lograron. Pero sí hubo racismo y un profundo desprecio a la vida de los pueblos que se consideraban humanamente inferiores y contra los cuales se perpetraron acciones cuyos efectos fueron un exterminio masivo. Los conquistadores tardaron varios decenios en darse cuenta de que sus actos inspirados por la codicia y la crueldad, el desprecio por la vida humana, llevaban a la extinción de los indígenas de la tierra firme. En cambio, la Corona y algunos religiosos lo comprendieron mucho antes, pero poco pudieron hacer para impedir las mortíferas prácticas de los encomenderos esclavistas.[14]

Ya vimos cómo, desde la Conquista, el propio Cortés, en una carta privada, le expresa al rey su desacuerdo acerca de que no haya reparto de indígenas entre españoles ni encomiendas, pues los colonizadores no tendrían ningún provecho, «ni manera de vivir ni sustentarse» y terminarían por «desamparar la tierra [y] no vendrían otros, de que no poco daño se seguiría, así en lo que toca al servicio de Dios Nuestro Señor, cesando la conversión de estas gentes, como en disminución de las reales rentas de vuestra majestad, y perderse ya tan gran señorío como en ellas vuestra alteza tiene, y lo que más está aparejado de se tener, que es más que lo que hasta ahora se sabe del mundo».[15]

Debe advertirse que, ya para entonces, Cortés habría entregado como premio a sus soldados pequeñas partes del botín hurtado y les habría repartido encomiendas con indígenas tributarios, que en los hechos vivían en calidad de esclavos. Semo afirma que, a diferencia del Caribe, donde el exterminio de la población indígena fue absoluto, en la Nueva España, aun con la catástrofe humanitaria, la población indígena resistió. Agregaría que, por ese amor a la libertad y esa sublime abnegación —como veremos más adelante—, nos legaron una gran reserva de hábitos, costumbres y valores que nos han salvado en el curso de la historia, y que ha sido por ello que en la actualidad seguimos siendo una potencia cultural en el mundo. Enrique Semo lo esboza de la siguiente manera:

> En el Caribe, todos los componentes demográficos —supervivencia y reproducción, uniones y migraciones étnicas con los españoles— quedaron traumatizados por la feroz desestructuración de la sociedad nativa. El caso del centro de la Nueva España es diferente; la población se debilita catastróficamente, pero no desaparece; la economía se transforma, pero no se arruina; las instituciones nativas permanecen y los españoles las utilizan para introducir en ellas sus propias reformas. El conocimiento más preciso de las reducciones, encomiendas y repartimientos podría hacer comprender mejor las razones de sobrevivencia de los pueblos originarios de la Nueva España.[16]

El maestro Enrique Semo llega a la conclusión rigurosa de que «Si no se puede hablar de una política de genocidio, hoy podemos sostener con buenos fundamentos, la existencia abundante de prácticas genocidas».[17] En efecto, aun cuando no desaparecen ni la raíz ni el tronco civilizatorio de las culturas prehispánicas, gracias a la resistencia indígena, lamentablemente las épocas de la Conquista y la Colonia sí dejaron una sociedad lisiada, a la que ha llevado siglos rehabilitarla con el sencillo pero eficaz remedio de que solo el pueblo salva al pueblo. Y a partir de su fortaleza civilizatoria original, que, aun negada y agraviada por los opresores de siempre, ha podido sobrevivir, regenerarse y mostrar hasta la actualidad su grandeza y su gloria.

Cuando hablo de una sociedad lisiada, debe pensarse en la relación de daños causada por la invasión extranjera. Por ejemplo, el historiador José Luis Martínez narra que solo en la toma de Tenochtitlan:

> López de Gómara estimó las muertes de enemigos en cien mil y «no muchos aliados», aparte de los que murieron de hambre y pestilencia, cifra que repitieron Herrera y Torquemada. Fernández de Oviedo fue el primero en comparar la mortandad indígena en el sitio de México con la de la destrucción de Jerusalén, en la que según Flavio Josefo, perecieron 115 080 judíos, como lo testificó Annio, hijo de Eleazar; y consideró que la de Temistitan fue incontable y excedió a la de la ciudad santa.[18]

Agréguese que en la *Visión de los vencidos* se lee un finísimo texto introductorio de León-Portilla que a la letra dice:

> Los templos y palacios, el gran mercado, las escuelas, las casas, todo quedó en ruinas. No pocos sacerdotes, sabios, guerreros y otros muchos, los dioses mismos, perecieron o no se supo más de ellos. Los presagios funestos que Motecuhzoma y algunos otros dijeron haber contemplado, parecieron cumplirse. Podía pensarse que la nación mexica estaba herida de muerte. Pero, ¿es que acaso todo se perdió?

La relación más apegada a la realidad sobre la tragedia de la Conquista y los primeros tiempos de la Colonia, que marcarían el derrotero de las desdichas en estos tres siglos, la lleva a cabo, como profeta, Motolinía, hablando de las diez plagas con que hirió Dios y castigó esta tierra:

1. La viruela. Llegada a México en 1520 con la expedición de Pánfilo de Narváez (proveniente de Cuba), tuvo consecuencias mortíferas no precisadas, pero ciertamente devastadoras. Cuando la viruela comenzó a atacar a los indios, se desató una gran epidemia y peste por todo el país, de modo que en la mayoría de las provincias murió más de la mitad de la gente, y en otras algo menos. Once años después de la viruela, el sarampión: llegó un español enfermo de sarampión, y de él pasó a los indios.
2. La guerra, y los muchos que murieron en la conquista de esta Nueva España, y especialmente de la Ciudad de México.

3. Las hambrunas, que siguieron a la guerra, durante la cual no pudieron sembrar, unos por defender la tierra ayudando a los mexicanos, otros por estar a favor de los españoles, «y lo que sembraban los unos los otros lo cortaban y destruían, y no tenían qué comer. Fue una muy gran hambre luego que fue tomada la Ciudad de México».
4. Los *calpixques,* o estancieros (capataces), y los esclavos negros, que, luego que la tierra se repartió (entre los españoles], los conquistadores pusieron en sus propios repartimientos y pueblos... Oprimieron gravemente a la población, y fueron causa de privaciones, violencias y fugas. «[Los encomenderos] aunque la mayor parte ellos son labradores de España hanse señoriado y mandan a los señores principales naturales como si fuesen sus esclavos [...] son zánganos que comen la miel que labran las pobres abejas, que son los indios».
5. Los tributos excesivos, incluyendo oro acumulado durante muchos años que abundaba en los templos, en las sepulturas y en los ornamentos de los indígenas. Los indios «con el gran temor que cobraron a los españoles del tiempo de la guerra, daban cuanto tenían; más como los tributos eran tan continuos que apenas pagaban uno que se les obligaba a otro, para poder ellos cumplir vendían ellos a los hijos y las tierras».
6. Las minas de oro. Los esclavos indios que hasta hoy han muerto [en las minas] no se podrían contar; y el oro de estas tierras fue otro becerro adorado como Dios. La codicia del oro —esto es, de un enriquecimiento rápido— es un motivo de la catástrofe continuamente mencionada por los contemporáneos.
7. La construcción de la gran Ciudad de México. Era tanta la gente que trabajaba allí que apenas se pasaba por las calles y las vías; y mientras trabajaban, algunos chocaban contra las vigas, otros caían desde lo alto, otros quedaban sepultados bajo los edificios que demolían en un lugar para reconstruirlos en otro. Más aun: es costumbre de esa tierra, y no es la mejor del mundo, que sean los indios quienes levanten las edificaciones, y ellos se procuran los materiales a sus expensas, y pagan picapedreros y carpinteros, y si no se traen la comida ellos mismos, ayunan.
8. La reducción a esclavitud de los indios para mandarlos a las minas, marcados a fuego. Fue tanta la intensidad con que durante algunos años se reclamaron esclavos, que de todas partes llegaban a México como grandes rebaños de borregos, para ser marcados a fuego. Y no solo eran reducidos a esclavos aquellos que por su ley bárbara eran considerados como tales, sino que, por la presión que ejercían sobre los indios para que los aportaran como tributo, tantos en número cada ochenta días, acabados los esclavos entregaban a los hijos o a los macehuales, que son gente inferior como siervos de la gleba [...] y los entregaban después de atemorizarlos para que dijeran que eran esclavos [...] «Y el hierro que andaba bien barato dábales en aquellos rostros tantos letreros, de más del principal hierro del rey, que toda la cara traían escrita».
9. El servicio para abastecer a mineros y proveer las minas, situadas a menudo en zonas poco pobladas o casi desérticas, a las cuales iban los indios cargados de víveres recorriendo hasta sesenta o más leguas de distancia; y la comida que llevaban para ellos algunos la terminaban antes de llegar, otros en el camino de vuelta a casa; otros eran retenidos por los mineros para que les ayudaran a excavar; o los retenían para

construir casas o para tenerlos a su servicio, y cuando acababan la comida, morían en las minas o en la vuelta a casa [...] «Porque dineros no los tenían para comprarla ni había quien se la diese. Otros volvían tales que luego se morían; y el uso de esos esclavos que murieron en las minas fue tanto el hedor que causó pestilencia en especial en las minas de Oaxyecac».

10. Las divisiones y las facciones que dividían a la población española en México. Fue la plaga que puso aquella tierra en el mayor peligro de perderse. «Y aún más que en México, las guerras civiles devastaron durante veinte años Perú».[19]

Como es obvio, en una sociedad lisiada son más las calamidades que se padecen que los frutos que se recogen. En términos humanitarios, es inocultable que la Colonia fue un periodo decadente, pero también lo fue en cuanto a prosperidad material o científica. Como hemos visto, prevalecieron la opresión, el hambre, las epidemias y la pérdida de vidas. Los españoles eran tremendamente clasistas y racistas; era poca la producción de alimentos y otros bienes, se arraigó el dogmatismo religioso, al grado de que se importó de Europa y se aplicó la Inquisición. Se estableció la corrupción, fue escaso el avance educativo, imperó la insalubridad y, como lo afirmó Humboldt, al final de este aciago periodo había una monstruosa desigualdad en la estructura económica, política y social.

El virrey y primer conde de Revillagigedo, quien gobernó de 1746 a 1755, hablaba de dos clases sociales, los nobles y los plebeyos. Acerca de los primeros, la representación en cuanto a la posesión de la tierra y el peonaje tiene como antecedente a los encomenderos españoles que, como hemos visto, eran los más tenaces esclavistas. Su pensamiento y modo de ser los encarna, desde el principio de la Colonia, Martín Cortés, hijo del conquistador, que era dueño de millones de hectáreas y miles de esclavos, a quien incluso se le acusó de una conspiración organizada junto con sus hermanos y un grupo de criollos, encomenderos que se reunían y «hablaban de morir por sus haciendas y honras, de su determinación de hacer rey al marqués del Valle, pues tenía más derecho a la tierra que el rey de Castilla»,[20] aunque todo eso pudo consistir en chismes y habladurías. Según Fernando Benítez, «el problema central lo constituía la encomienda. La Corona intentó suprimirla varias veces —no cayeron en el vacío las denuncias de fray Bartolomé de las Casas—, es decir, había tratado de destruir la misma esencia del régimen colonial y siempre aplazaban su cumplimiento ante la agitación de los encomenderos y su amenaza de despoblar la tierra».[21]

Sin embargo, en el caso de la supuesta rebelión tramada por Martín Cortés, la Corona actuó con extrema dureza para poner un escarmiento a fin de que nadie se atreviera a proclamar la independencia de la Nueva España. Con excepcional prontitud encarcelaron a Martín Cortés y a sus dos hermanos, degollaron en la plaza principal a quienes consideraron líderes —los hermanos Alonso de Ávila y Gil González—, y sus cabezas fueron exhibidas públicamente. También detuvieron a varias familias de la élite novohispana. El cronista de entonces, Suárez de Peralta, escribe que ese 3 de agosto de 1566 «No se vio

> jamás día de tanta confusión y que mayor tristeza en general hubiese de todos, hombres y mujeres, como el que vieron cuando a aquellos dos caballeros los sacaron a ajusticiar; porque eran muy queridos y de los más principales y ricos, y que no hacían mal a nadie, sino antes daban y honraban a su patria».[22]

Este suceso definió por anticipado el histórico enfrentamiento —siempre encubierto, pero real— entre criollos y peninsulares. El día de la ejecución, en fecha dedicada a celebrar a Santo Domingo, un fraile de esa orden expresó a la multitud: «—Señores, encomienden a Dios a estos caballeros, que ellos dicen: mueren justamente. ¿No lo dice vuestra merced así —añadió volviéndose al condenado. Alonso afirmó débilmente».[23] Allí mismo, luego de que el verdugo decapitó al primero de los hermanos, Antonio Ruiz de Castañeda, un encomendero, «alzó la voz al cielo y arrancándose las barbas juró vengar aquellas muertes».[24] Pasado un tiempo, los hijos de Cortés, aunque presuntamente se les encontró culpables, fueron desterrados a España y, posteriormente, exonerados. No obstante, fue tan sonado el caso que, aun cuando ningún líder criollo se rebeló antes de 1810, para muchos estudiosos, incluido el maestro Agustín Yáñez, este es el antecedente más cercano al movimiento de independencia nacional. El maestro señala que «algunos piensan que un intento fundado en el deseo de conservar privilegios de conquista no puede tomarse como antecedente de la Independencia nacional; pero ¿cuáles fueron los móviles de la conjura de la profesa, siglos más tarde, y el interés que llevaban quienes patrocinaron la empresa de Iturbide? Hay en verdad una gran semejanza en ambas situaciones».[25]

La realidad es que los antiguos encomenderos se fueron convirtiendo en hacendados y así comenzó a transformarse la estructura agraria que predominó durante la época prehispánica, pues desde los orígenes de las primeras civilizaciones —olmeca, maya, zapoteca, teotihuacana, mexica, todas—, la tierra siempre fue predominantemente comunal.

De Europa se importó el concepto y la denominación de «propiedad privada». La hacienda, unidad distinta y antagónica a la comunidad indígena, se caracterizaba por el latifundio: la posesión de miles o millones de hectáreas que, por lo general, permanecían improductivas por «falta de brazos» o por estar orientadas básicamente al rentismo. Es el caso de las poseídas por el clero o las que producían para el consumo interno y muy poco para el mercado nacional o extranjero. Las actividades agrícolas más importantes de exportación siempre fueron de carácter extractivo, fundamentalmente el corte de madera, en especial el palo de tinte o de Campeche, que se utilizaba en Europa desde antes de la Revolución Industrial como colorante para textiles. Según vimos en el informe de Revillagigedo, a mediados del siglo XVIII, ningún producto agropecuario se producía en abundancia. Al contrario, la escasez de maíz era crónica y una amenaza permanente de conflictos. En lo estrictamente económico, la hacienda fue durante toda la Colonia una unidad de producción caracterizada por la improductividad y el estancamiento. Como veremos más adelante, en realidad la economía durante la Colonia giró alrededor de la explotación minera. El país llegó a ser importador de muchos bienes y exportador de oro y, sobre todo, de plata.

La vida en el medio rural durante la Colonia —y, en los hechos, casi un siglo más del México Independiente, hasta la Revolución mexicana iniciada en 1910—, se caracterizó por el antagonismo y la confrontación entre hacendados y comuneros. Los dueños de las haciendas, siempre al acecho, pretendían absorber a la comunidad mediante la expansión territorial y el enganche de sus miembros. A su vez, la comunidad resistía la presión defendiendo su tierra y mediante la protección derivada de sus instituciones de ayuda mutua, es decir, el trabajo colectivo y la solidaridad social. En este sentido, la tierra tenía para el indígena una doble función: era el principal medio de subsistencia y, a la vez, el elemento que permitía la autonomía en relación con el trabajo servil de la hacienda. Los indígenas preferían las penalidades y la pobreza de su vida de subsistencia antes que perder la libertad y someterse a la hacienda. Ellos pusieron en práctica la consigna de que es preferible una libertad peligrosa que una esclavitud tranquila. Esta actitud resultaba inexplicable para los hacendados, quienes, ante la imposibilidad de dominarlos por la fuerza, tachaban a los indígenas de flojos e indolentes. Pero el indígena no cambiaba por nada su libertad: prefería vivir en lo más agreste de las montañas, en la selva, en los pantanos o en las islas —en las llamadas zonas de refugio— que aceptar ser esclavo.

Pero si algo fue realmente productivo durante la Colonia, en cuanto a generación de riqueza y a la vez letal para los trabajadores esclavizados, fue la minería. Cinco años después de la caída de Tenochtitlan, el 9 de noviembre de 1526, por cédula real se concedió la libertad a cualquier persona que decidiera sacar oro y plata de las minas. Esta concesión se pregonó en la Ciudad de México el 22 de enero de 1527.[26] Por ello, Motolinía incluye la mortandad de indígenas en las minas entre dos de sus plagas, porque «los españoles encomenderos, luego comenzaron a buscar minas;[27] que los esclavos indios que hasta hoy en ellas han muerto no se podrían contar; y fue el oro de esta tierra como otro becerro por dios adorado,[28] porque desde Castilla le vienen a adorar pasando tantos trabajos y peligros; y ya que lo alcanzan, plegue a Nuestro Señor que no sea para su condenación».[29] También se refiere a la gran mortandad de indígenas en las minas de Oaxaca, donde él estuvo como fraile, asegurando que:

> Los esclavos que murieron en las minas que tanto el hedor, que causó pestilencia, en especial en las minas de Guaxaca, en las cuales media legua a la redonda y mucha parte del camino, apenas se podía pisar sino sobre hombres muertos o sobre huesos; y eran tantas las aves y cuervos que venían a comer sobre los cuerpos muertos, que hacían gran sombra al sol, por lo cual se despoblaron muchos pueblos, así del camino como de los de la comarca; otros indios huían a los montes, y dejaban sus casas y haciendas desamparadas.[30]

Enrique Semo presenta un mapa sobre la ubicación de las minas desde el siglo XVI, en 1587, donde aparece en operación una mina de plata en Santa Bárbara, Chihuahua. En 1558, plata en Sombrerete; en 1546, plata en Zacatecas; en 1592, plata y oro en

San Luis Potosí; en 1550, plata en Guanajuato; en 1552, plata en Zimapán y Pachuca; en 1543, plata y oro en Guadalajara; en 1534, plata en Tlalpujahua; en 1534, plata en Taxco; en 1530, oro en Colima, oro en Tehuantepec, plata en Sultepec y plata en Zumpango; y en ese mismo año se registra una mina de oro en Tegucigalpa, Honduras. Obviamente, esto apenas fue el inicio. Sin embargo, como ya vimos antes —también con datos de Semo—, en 1594 la plata y el oro constituyeron el 95.6% de las exportaciones de la Nueva España a los puertos de la metrópoli. Es importante repetir que toda la economía colonial dependió de la minería. En 1803, el valor total de las exportaciones ascendió a 33.8 millones de pesos, de los cuales el 79.5% provenía de metales preciosos. En un pie de página del libro de Semo se lee: «Si a esto agregamos los 3.7 millones que se exportaron a otras partes de América española en condición de situados, el porcentaje aumenta a un 86 por ciento».[31]

Además del profundo agravio en esclavitud y muerte que significó esta extracción de riqueza, los beneficios ni siquiera llegaron a la mayoría del pueblo español, y mucho menos al mexicano; fueron las élites de aquí y, sobre todo, las de allá, las que se llevaron y derrocharon esa enorme y mal habida fortuna. Es quizá esta desmedida ambición o avaricia, que por lo general se traduce en corrupción, una de las peores herencias que nos dejaron los invasores españoles. Sobre esta codicia enfermiza que alienta la deshonestidad, no hay pruebas de que haya existido en las antiguas civilizaciones mesoamericanas. La Conquista llegó por el hambre de oro y, como los males no vienen solos, se hizo acompañar por la corrupción. Además de la rivalidad entre criollos y peninsulares, durante casi toda la Colonia existió también la de los virreyes y los arzobispos. Estos pleitos no solo eran por detentar el poder, sino también por el oro y la plata. El Palacio Nacional se ha incendiado tres veces: una de manera accidental, en 1872, un mes después de la muerte de Juárez y muy cerca de donde fueron sus aposentos; las otras dos sucedieron durante la Colonia y fueron a causa de la corrupción. La primera se registró en un informe de 1628:

> Se afirma que el virrey, marqués de Gelves, Diego Carrillo de Mendoza, había sido despojado de su cargo, por procurar poner orden y evitar que se evadieran de la mina de Zacatecas 170 000 pesos en el perjuicio de la Hacienda Real. Este proceder lo enemistó con el arzobispo Juan Pérez de la Serna y con el presidente del Tribunal de la Audiencia de México, a quienes, además, se les acusaba de monopolizar la producción de maíz y trigo. El enfrentamiento escaló porque el virrey mandó a aprehender al obispo, los seguidores del jerarca eclesiástico se sublevaron y el zafarrancho terminó con un saldo de 70 muertos, el incendio de Palacio Nacional, y la excomunión y «expulsión» del virrey; finalmente, el arzobispo resultó exonerado y triunfante.[32]

La tercera toma y quema del Palacio se produjo en 1692, a causa del «descontento y amotinamiento de más de 10 000 personas en la Plaza Mayor, ya que se pensaba que la situación de hambruna se debía a las malas gestiones del virrey Gaspar de la Cerda y Mendoza, conde de Galve. En la plaza se escuchaba a gritos: "¡Muera el virrey! ¡Muera la Virreina! ¡Muera el Corregidor! ¡Mueran los españoles! ¡Muera el mal gobierno!" y varias personas de la rebelión comenzaron a entrar al Palacio para saquearlo y seguir prendiendo fuego al inmueble».[33] Fernando Benítez hace referencia a un fraude cometido por el virrey José de Iturrigaray, quien en la cabecera de su cama guardaba celosamente 7 383 onzas de oro y, en un baúl, otras monedas y joyas, además de cuatro escrituras a nombre de sus hijos por 100 000 pesos cada una, compuestas de capitales a crédito con cargo al Tribunal de Minería, más otra escritura de 12 000 y talegas de dinero que sumaban 36 110 pesos, producto de cohechos y desfalcos. Este tesoro —que solo incluía lo oculto en sus aposentos— fue descubierto cuando cayó como virrey, casi al iniciar el siglo XIX.[34]

Sin embargo, la causa principal del atraso durante la Colonia recae en los monarcas españoles. Es sabido que la mayoría de los virreyes eran corruptos, que venían a la Nueva España a buscar fortuna para regresar a vivir a la península colmados de privilegios, pero había cuando menos algunos que actuaban con rectitud y morían pobres. No era el caso de los 11 monarcas que gobernaron de manera absoluta durante los casi tres siglos de dominación colonial. En realidad, no hay ninguno que pueda distinguirse; todos actuaron con soberbia y de manera dogmática. Persiguieron a judíos, árabes y moros, y apoyaron los tribunales de la Inquisición. Jamás se compadecieron de su pueblo y menos de los ajenos: eran aficionados a las guerras, ostentosos, derrochadores e ineptos. Todo ello —y esto último en particular— los coloca entre los peores gobernantes en la historia de la humanidad. El escritor Manuel Rivera Cambas elabora una semblanza de cómo era la vida en la Corte en los tiempos en que muere el rey Carlos II, cuando la monarquía pasó de la familia de los Austrias a los Borbones y vendrían las mayores traiciones entre la nobleza:

> Cárlos II, hijo de Felipe IV y Mariana de Austria, recibió una educación de tal suerte fanática, que no salía del oratorio y de las iglesias, consideraba á los eclesiásticos, sobre todo á los jesuitas y frailes, como á dioses infalibles y con tal conducta llenó su alma de tantos escrúpulos que creía segura su condenación y se volvió tímido, visionario y enfermizo, apareciendo un ente miserable y digno de compasión; desprovisto de juicio propio fué juguete de los que le educaron para gobernar sin él. Ascendido al trono en su menor edad por la muerte de su padre, quedó tutoreado por Doña Mariana que gobernó asistida por un Consejo compuesto de los presidentes de Castilla y de Aragón, el arzobispo de Toledo, el inquisidor general, un grande de España y un consejero de Estado. Siempre las minoridades han sido una terrible calamidad para las naciones, por las intrigas palaciegas que ponen en juego para escalar el poder los que no lo tienen y abusar de él los que han llegado á las gradas del trono. La gobernadora se entregó completamente á la dirección del célebre jesuita P. Nithard, á quien consultaba todo y que llegó á ser árbitro de los destinos de España, y en tales condiciones creció Cárlos II. Los tiranizados españoles se acogieron á D. Juan de Austria, hijo bastardo de Felipe é ídolo del pueblo, y que pudo sacar al rey de la tutela del P. Nithard, de la reina madre y aun de la de D. Fernando

> Valenzuela, nuevo favorito de Doña Mariana, ascendido al poder desde page del duque del Infantado y que fue un tirano para el rey y la nación.
>
> Todos esos intrigantes cayeron al cumplir el rey los quince años, estando á su lado el enérgico D. Juan por cuyo consejo desterró á Toledo á la reina regente; pero muerto el consejero volvió el rey á caer bajo la tutela de su madre, siendo incapaz de hacer algo de por sí, pues pobre de talento y raquítico de cuerpo, era rey de nombre y gobernaba la reina madre con la camarilla de intrigantes que acabaron de trastornar á la nación y la prepararon un funesto porvenir con la escandalosa venta de empleos, la inmoralidad de la Corte y las impolíticas y disparatadas providencias; además, las cuatro guerras que en el reinado de Cárlos sostuvo España contra Francia, dejaron exhausto el erario, y relajóse la disciplina militar por los celos entre los generales y los cortesanos.[35]

La irresponsabilidad en el manejo de los asuntos de la Corte es de leyenda: pleitos de padres a hijos, de estos a padres, traiciones, poderes detrás del trono, autogolpes de Estado y completo desprecio por los pueblos de los países coloniales, al extremo de que por su imaginación nunca pasó la posibilidad de hacer un viaje al continente americano. La Nueva España siempre fue vista como botín y, en los hechos, solo le importaba a la metrópoli para extraerle riqueza, con el añadido de que en todo ese tiempo, además de las constantes guerras en Europa, que siempre demandaron más y más dinero, existió por lo mismo una fiebre de codicia en todos los países del Viejo Continente. Todo ello mientras los monarcas españoles, de manera irresponsable y temeraria, sin prepararse para la defensa con un buen ejército y una potente armada naval, declaraban la guerra o se la declaraban, con ventaja, Inglaterra, Francia, Italia, Portugal, Holanda, Rusia, y hasta Cataluña. No había tregua en eso de las hostilidades militares entre naciones y los mares, sobre todo el Atlántico— que desde siempre fue dominado por los ingleses. De manera eufemística se hablaba de piratería, cuando en realidad se trataba del predominio del más fuerte, en las costas, islas y puertos de toda América. Sin respeto alguno al territorio del reino de España, los piratas ingleses, apoyados por sus monarcas, se ocupaban de cortar el palo de tinte o de Campeche en las costas del golfo de México y Belice, para usar esta madera —que se reproduce de manera natural en las tierras bajas y en las lagunas costeras, como era el caso de la Laguna de Términos— en sus fábricas de textiles, antes de que con la Revolución Industrial surgieran los tintes artificiales. El corte de estos árboles llevaba a crear campamentos de taladores, por lo general esclavos que trabajaban invadiendo el territorio de la Nueva España bajo la protección de la marina inglesa. Esto mismo se extendió a todas las islas del Caribe. Jamaica fue de las primeras en convertirse en refugio de piratas, pero no había isla o puerto que estuviera exento de los asaltos de corsarios de todos los países de Europa —Inglaterra, Holanda, Francia, Suecia, Portugal, Dinamarca—. Todavía en el siglo XVIII empezaron los rusos a posesionarse del norte de California, en cuyos campamentos se dedicaban a sacrificar nutrias para comercializar sus pieles. En 1764, la emperatriz rusa envió tres navíos a poblar el norte de California para la caza de oso marino y la pesca de ballena, alegando que tenían derecho a poseer esa zona de América:

«Partiendo del supuesto que había sido poblada con habitantes de la Siberia».[36] Téngase en cuenta que, al paso del tiempo, el 30 de marzo de 1867, Estados Unidos compró Alaska al Imperio ruso en 7 200 000 dólares. Pero antes, en el tiempo de la Colonia, era prácticamente imposible la defensa del territorio de América entregado por bulas papales a la Corte española, en este caso la denominada bula menor Inter Caetera, expedida en 1493, en la cual se afirmaba que en América todas las tierras «halladas y por hallar» pertenecerían a los reyes de Castilla y Aragón.

Nada del endeble derecho internacional se respetó en ese tiempo. La piratería significó robo de madera, cacao, oro, plata y otros bienes de los pueblos de las costas de América, lo cual llevó a algunas capitales de provincia a mudarse tierra adentro, como el caso de Tabasco, donde por la piratería se cambió la capital a Tacotalpa, en la región de la sierra, por un periodo de 118 años, hasta que regresó en 1795 a San Juan Bautista de Villahermosa. El caso de los asaltos a Campeche por los piratas obligó a amurallar la ciudad, pero aun así se padecía a los corsarios; lo mismo sucedía en otras islas o villas, como Cuba, que fue invadida violentamente en dos ocasiones por los ingleses: una por Santiago y otra por La Habana. La misma suerte corrieron Santo Domingo, Jamaica, Roatán, Guayana, Belice, Maracaibo, Cartagena y Panamá y, en el Pacífico, Acapulco, San Blas y Filipinas. Esto último, durante mucho tiempo, impidió la llegada de la Nao de Filipinas y el comercio de algunas mercancías de Asia. Esta plaga de corsarios era promovida y tutelada, desde luego, por sus países y Gobiernos. Eran famosos los piratas Drake, el Mulato Lucifer, Guillermo Pare, Pie de Palo, Piet Hein, Dieguillo, Morgan, Lorencillo y otros. El caso de Morgan es una prueba irrefutable de cómo la piratería era una acción de los Gobiernos, pues este filibustero llegó a ser caballero del rey de la Gran Bretaña, condecoración que recibió del monarca aun cuando, a finales del siglo XVII, había saqueado Panamá. Asimismo, fungió por mucho tiempo como comandante general de Jamaica. El gran daño causado por los corsarios durante todo el Virreinato se puede resumir con la lamentable y desalmada toma que ejecutó Lorencillo del puerto de Veracruz. La historia es horrenda, pero resulta importante conocerla, aunque se la dejamos al historiador Cambas:

> El 21 de Mayo de 1683 se recibió en México la noticia de haber desembarcado en la Antigua los piratas mandados por Agramont conducidos por el mulato Lorencillo, quien por un homicidio habia huido de Veracruz á Jamaica: desde luego pasaron y se hicieron dueños de la ciudad el 17 del mismo mes, cayendo en su poder un gran caudal á causa de que se estaba esperando la flota que llegó de España por el mismo tiempo. El lúnes 17 de Mayo fué para aquella ciudad un dia aciago, aunque no lo indicaba así la serenidad de su cielo que fué bellísimo. En la Caleta se encontraban siete lanchas de pescadores de «pargo» pez muy apreciado en aquel puerto, y los dueños de ellas por ciertos disgustos no quisieron salir al mar. Por mandato superior y por costumbre debia explorar todos los dias una embarcacion seis leguas en contorno para reconocer las naves que llegaban y dar cuenta; pero no habiendo en esta vez barco que saliera no se cuidó de tal diligencia. En el citado dia aparecieron, á las tres de le tarde, dos navíos de alto bordo hácia barlovento

del puerto, causando mucha alegría en la poblacion que supuso era la flota que se esperaba desde principios de Mayo y fué notable que acostumbrando la lancha del castillo ir á reconocer á los buques que llegaban no saliera ese dia. Los dos navíos llegaron á la boca del canal y tomaron luego la vuelta afuera, no obstante que tenian viento favorable y suficiente tiempo para entrar al puerto; por esto muchos vecinos afirmaron que los buques eran enemigos, pero otros sostenian que no entraban en espera de la capitana de la flota, y despues de discutir cada quien se fué a dormir quietamente.

Al siguiente dia 18, á las cuatro de la mañana, oyéronse muchos escopetazos, silbidos de balas y multitud de voces gritando vivas al rey de Francia; la mayor parte de los vecinos apenas tuvieron tiempo para vestirse y atender al ruido que hacian los seiscientos hombres que desembarcaron y que mataban al que huia ó salia á los balcones, contándose entre los primeros muertos el capitan D. José de la Higuera, Fray Manuel del Rosario, agustino, Lenadro López, español, Juan de Vitola, mulato, D.Mateo Huidobro, sargento mayor, el capitan D. Jorge de Algara; los alféreces Diego Martin y Juan Francisco, haciendo el primero de ellos pedazos la bandera antes que entregarla; el sargento Pio, pardo libre, y el capitan Agustin Torres, tambien pardo libre y otros dos soldados mas. A la vez fueron abiertas á golpe de hacha todas las puertas que mostraban resistencia y llevadas á la plaza todas las familias á medio vestir, hasta que abierta la iglesia quedaron colocados ahí los prisioneros y las riquezas que extraian de las casas en monedas, alhajas y plata labrada, pues como se esperaba por esos dias la flota habia mucho dinero y mercancías con destino á España, con porcion de curiosidades, entre ellas aves bellísimas destinadas al rey; á las nueve del dia habia en la iglesia mas de seis mil prisioneros cuidando la puerta una compañía con bandera colorada. Los piratas abusaron de las mujeres sin que ninguna se libertara.

Los invasores iban mandados por tres famosos piratas que presentaron una armada de once embarcaciones y nueve piraguas con mas de mil hombres. El gefe de ellos para el mar se llamaba Nicolas Agramont, hacia de piloto Lorenzo Jácome (a) Lorencillo y para mandar las fuerzas de tierra el gefe Mr. Ramon. Traian consigo a varios prisioneros que Nicolás habia apresado en dos navíos que capturó por Febrero en Honduras; los prisioneros de Veracruz padecieron horriblemento por el hambre y la sed hasta que el vicario, conmovido y excitado por la multitud, se acercó á la puerta y pidió permiso para hablar al general; despues de algun altercado lo consiguió Y que se les diera agua y bizcocho aunque en tan escasa cantidad que se lo arrebataban. El 19 quiso el gefe de los piratas incendiar la iglesia con todos los que estaban dentro, trasportando barricas de pólvora y abocando piezas de artillería que eran de la plaza. Los clamores y el llanta de las mujeres, el espanto de los hombres, todos pidiendo á Dios perdon por sus pecados, y la muerte de dos individuos que quisieron huir por una ventana y la de otros dos que pretendieron escalar las paredes del cementerio matando uno de ellos á un francés con una daga, completaron el cuadro tristísimo en cuya presencia pasaron los vecinos del puerto dos dias, y entraban á cada momento los piratas blandiendo el sable sobre la multitud como si trataran de distraerse con el terror que inspiraban.

El juéves, tercer dia de la prision, fueron sacados de ella todos los negros y mulatos de ambos sexos, y pusieron á los unos á conducir el botin á los navíos y á las otrasen los corrales de palacio permitiendo á los muchachos conducir el agua á los presos, y como un francés halló en el altar mayor un platillo de plata fueron registrados minuciosamente todos los demas altares y la vírgen quedó despojada de la corona, extrajeron la cruz y los ciriales, fué hecho pedazos el sagrario de S. Sebastian y extraida la urna de plata que se usaba el Juéves Santo; avivada con esto la codicia fueron llamados á palacio los ricos y recibieron fuertes tormentos amenazándolos con la muerte que en efecto dieron á algunos; pero como nada se descubria, el gefe de los piratas dió órden de que fuera reunida toda la leña que se pudiera y puesta alrededor de la iglesia que queria quemar, dejando dentro á toda la gente; el cura solicitó que se le dejara exponer los peligros que corrian para que cada uno entregara lo que poseia, y que fueran respetadas las vidas, concedida que le fué la peticion subió al púlpito é invitó á los infelices presos á declarar dónde y cuánto habian escondido; pero tuvo que predicar segunda vez para que por amor de Dios entregasen lo que habian omitido, importando esta segunda exhibicion mas de seiscientos mil pesos, con lo cual se les concedió la vida, aunque comenzaron á tener temores de otra naturaleza por haber aparecido el viérnes porcion de gente á caballo en los médanos, de la que algunos repetidas las amenazas que varias mujeres murieron dentro de la iglesia á consecuencia de ellas, y fueron conducidos á la isla de Sacrificios los principales prisioneros.

Los piratas acabaron por arreglar el rescate en cuyo ajuste convinieron los que tenian fama de ricos pero que ya nada tenian que dar. Próximos á embarcarse el sábado, y viendo que los de afuera se aumentaban, hicieron sacar á prisa & todos los hombres de la iglesia y los ocuparon en acarrear harina, jamon, aceite, bizcocho, vino, zurrones de grana y otros efectos que habia en tiendas y bodegas. Lleváronse á muchos para los Hornos donde estaba el embarcadero y los trasportaron á la isla de Sacrificios donde los dejaron y tomándose algunas mujeres, las de mejor cara, se embarcaron en los navíos. Entretanto, nada sino amenazas hacian los vaqueros que estaban en los médanos, y salieron algunos individuos á buscar dinero consiguiendo ciento cincuenta mil pesos para que fueran puestos en libertad algunos presos que estaban en calidad de rehenes. Encontrando el gefe Lorencillo al que hacia de almirante, fué reprendido este por el mal trato que recibian los prisioneros, y se originó una riña entre ambos de que resultó herido el gefe Nicolás; despues tomaron los franceses como esclavos á muchos jóvenes. Bastante habian padecido las colonias españolas con las invasiones pero ninguna sufrió lo que Veracruz en esta vez.

El domingo 23 al medio dia estaban ya en la playa los ciento cincuenta mil pesos para salvar los rehenes que fueron conducidos á tierra y quedaron libres, siguiendo los demas aun presos en la isla y como apareció en el horizonte la flota á cargo de D. Diego Saldívar, se dieron prisa los piratas á embarcarse sin aguardar la carne que habian prevenido en la boca del rio de Medellin, sacando el ganado de la hacienda de D. Martin Sarmiento; en la noche se fueron á sus buques llevando aun varios prisioneros y al amanecer vieron los de la isla que los piratas se habian hecho a la vela; pero volviendo despues algunos de estos en una piragua quitaron á los aislados los pocos bastimentos que les habian mandado de tierra, hasta que un individuo pasó á la playa á nado, ayudado

> de unas botijas, y llegó á dar parte de lo que acaecia. Las embarcaciones de los piratas salian muy poco á poco pues iban sumamente cargadas, llevando mas de tres mil entro negros, negras, mulatas y muchachos. Parece que el total de los piratas fué compuesto de franceses, ingleses, pichilinguis, gallegos, vizcainos, andaluces, mulatos é indios; murieron mas de trescientas personas de susto, por huir á los campos ó ir á los Hornos. Ante tal suceso se renovaron las disposiciones para que la Armada de Barlovento convocara las flotas hasta la Habana y que se llevara adelante su organizacion poniéndola al mando de D. Andres Ochoa y Zárate.
>
> El virrey mandó tomar las armas en México á todos los vecinos que pudieran llevarlas y comisionó á los oidores Delgado y Solís para que condujeran las tropas á Veracruz; la caballería marchó á las órdenes de Urrutia de Vergara y la infantería en número de dos mil hombres, bajo el mando del conde de Santiago, nombrado para esta expedicion maestre de Campo; pero todo fué inútil porque los corsarios se retiraron con anticipacion de Veracruz yendo á asolar las costas de Yucatan; el virrey salió para aquel puerto el 17 de Julio y con parecer del asesor condenó á la pena capital al gobernador de la plaza; pero habiendo este apelado fué enviado á España en la flota; regresó el virrey á México el 11 de Setiembre y durante todo el tiempo de su gobierno fueron contínuos los amagos de desembarco de piratas, tanto en las costas del golfo como en las del mar del Sur. El monto total de las pérdidas sufridas en Veracruz se ha calculado en mas de siete millones de pesos y redujo á muchos de los habitantes de Nueva-España ó la miseria. El inesperado golpe dado por los corsarios causó tan profundo espanto entre los comerciantes y las clases todas de la sociedad, que desde entonces quedó resuelto que los caudales destinados á la exportacion permanecieran en Jalapa y nadie creia seguros en el puerto sus intereses y su vida. Se le formó causa al general Astina que mandaba la Armada de Barlovento porque no apresó á los piratas.[37]

Acerca del castigo del comandante de la llamada Armada de Barlovento, no se trataba más que de una injusta maniobra política, porque dicha flota permanecía siempre inservible y, cuando algún barco llegaba a navegar, de nada servía ante la superioridad, en todos los sentidos, de las embarcaciones de la flota de piratas extranjeros. El predominio de los corsarios en los mares llegó a mantener aislada, en algunos periodos, a la Nueva España. Eran tan grandes la prepotencia de Inglaterra y la debilidad de España que, tanto en tiempos de paz como de guerra, la armada de aquel reino entraba y salía de cualquier puerto y navegaba sin restricción alguna por todos los mares del Atlántico. En una ocasión, fue tanta su osadía que, en alianza con Holanda, asaltó, en 1702, el puerto de Vigo, donde se había refugiado una flota que venía de la Nueva España custodiada por barcos franceses, y transportó al exvirrey conde de Moctezuma. Entre dinero y mercancías se perdieron o robaron alrededor de 50 millones de pesos. Según lo escrito por el historiador Cambas, citando a su vez al marqués de San Felipe, en sus comentarios sobre la guerra de España, relata:

> Ya habia la armada enemiga alcanzado la noticia que estaba en Vigo la flota, y á 22 de Octubre, con viento favorable, llegó á aquella costa: desembarcó cuatro mil hombres, y

> plantando baterías contra las torres del puerto las ocupó con poco trabajo desamparadas de los que las presidiaban, siendo imposible defenderlas ni ser su fábrica capaz de resistir la batería. Como era favorable el viento, dos naves á un tiempo á velas llenas, armada de los acostumbrados picos la proa, rompieron con facilidad la cadena. Entraron al puerto las que seguian, despreciando los cañonazos de los baluartes de la ciudad, que no sin fruto incesantemente disparaban. Disputaron la entrada con valor diez navíos de guerra franceses (los demas se habian vuelto á sus puertos) y se trabó una batalla cruel con tanto teson de una y otra parte, que mezclados los leños, casi era inútil el cañon: peleábase con fuegos de inhumano artificio, ollas, camisas y bolas de betun ardiente. Deseaban los franceses venir al aborde, porque estaban mas bien guarnecidos de gente de guerra; pero los ingleses cometieron toda la lid al fuego, y siendo en número superiores, no podian diez naves defenderse de tanta multitud de leños enemigos que suplian siempre los maltratados. Las de la flota procuraron internarse mas en la ria por si podian tener socorro de tierra, y echar á ella los fardos de las mercaderías; pero los ingleses habian ocupado la orilla, y á fusilazos embarazaban a los españoles sus faenas, permaneciendo á pecho descubierto contra la artillería de estas naves, que se defendian valerosamente. Las que estaban mas protegidas de la ciudad y mas vecinas á ella, desembarcaron tumultuariamente algunas mercaderías, con poco logro; porque mal guardadas en la confusion, el mismo paisano llamado á defenderlas las robaba. No se puede describir dia mas cruel, ni mas lastimoso, por el innumerable género de muertes que padecieron aquellos infelices, ceñidos de inevitables peligros en espacio tan estrecho. Los que siguieron las naves de la flota hasta lo mas bajo de la ria (vencidos ya los franceses que hacian frente,) pretendian apagar el incendio por la ambicion de la presa, porque D. Manuel de Velasco, á quien no desamparó el valor sino la fortuna, mandó quemarlas: esto mismo hicieron los franceses, echándose al mar la gente que salvarse pudo. Los enemigos ya no cuidaban sino de apagar las llamas, aunque veian que la mayor parte de las mercaderías se habian echado al mar. Muchos perecieron buscando en el centro del fuego las riquezas: estos y los que murieron en la batalla fueron ochocientos ingleses y holandeses; quinientos quedaron heridos, y una nave de tres puentes inglesa incendiada; pero tomaron trece naves de españoles y franceses, entre ellas siete de guerra y seis de mercadería, aunque muy maltratadas y medio quemadas algunas: las demás las echaron á pique, ó las entregaron á la llama en el ardor del combate. Murieron en él dos mil españoles y franceses y pocos dejaron de estar heridos.[38]

No solo se asaltaba a barcos con mercancía y dinero, también a pasajeros, y la misma suerte corrieron dos de los virreyes que venían a tomar posesión de sus cargos durante la guerra contra Inglaterra. La armada de ese imperio tenía sitiados todos los puertos de América. Primero buscaron atrapar en altamar al virrey Pedro de Castro y Figueroa, quien, perseguido por un navío de la Gran Bretaña, ya cerca de la costa:

> Se arrojó a una balandra ligera de Puerto Rico que lo escoltaba, sin poder tomar ni aun su ropa y papeles, y en tal estado llegó á Veracruz el 30 de junio de 1740; posteriormente,

> 60 años después, el virrey Félix Berenguer de Marquina, si fue hecho prisionero por los ingleses cerca de Cabo Catoche y conducido hacia Jamaica, en donde se le permitió pasar á México, en la goleta Kingston presentándose el 29 de marzo de 1800 en la Villa de Guadalupe para recibir con las solemnidades acostumbradas el bastón de mando.[39]

Aun cuando para entonces prevalecía la censura y no se hablaba de estas cosas ni en las gacetas o periódicos oficiales u oficiosos, el chisme era lo más socorrido, y las cosas llegaban a saberse hasta antes de que sucedieran. Baste decir que la crítica a los virreyes corría de boca en boca, y los pasquines circulaban cotidianamente. Por ejemplo, en el primer caso del virrey Pedro de Castro y Figueroa, asaltado en Puerto Rico, se decía que no había durado mucho en el cargo —apenas un año— y que incluso había muerto el 22 de agosto de 1741, a raíz del «disgusto que le causó una represión que le hizo Felipe V, porque al escapar de los ingleses, cuando saltó del navío al esquife, había librado á un perrillo faldero y dejó perder los pliegos é instrucciones que llevaba».[40] Claro que se trataba de un invento; pero, de haber sido cierto, ¿ahora ganaría el defensor de la institucionalidad o el de salvador del perrito? Imaginemos la polémica actual en redes sociales sobre el asunto y cómo se trataría al drástico rey y al desdichado virrey en nuestro tiempo. Otro asunto así de controvertido fue la decisión del otro virrey, apresado por los ingleses, quien al llegar al Gobierno prohibió las corridas de toros; se burlaban de él por haber declarado, mediante «decreto que era nula una función de toros habida en su ausencia».[41] Pero también los pasquines hacían reír. Tal fue el caso de cómo recibieron al virrey Francisco Xavier Venegas, que traía fama de hombre fuerte, «desconfiado, sanguinario y cruel», y largas patillas, en medio de los imparables rumores de la irrupción del movimiento de Independencia, que finalmente se produjo en la madrugada del 16 de septiembre de 1810 con el grito del cura Hidalgo, en Dolores, Guanajuato, en favor de la libertad y la justicia.

Pues bien, hasta su habitación le llegó al virrey el versito: «De patillas, botas y pantalón, / hechura de Napoleón». Acompañado de: «Tu cara no es de excelencia / ni tu traje de virrey / Dios ponga tiento en tus manos / no destruyas nuestra ley».

En el mismo lugar donde apareció ese texto mandó colocar el virrey el siguiente pasquín:

> Mi cara no es de excelencia
> ni mi traje de virrey
> pero represento al rey
> y obtengo su real potencia.
> Esta sencilla advertencia
> os hago, por lo que importe
> la ley ha de ser el norte
> que dirija mis acciones.
> ¡Cuidado con las traiciones
> que se han hecho en esta Corte![42]

Regresando al tema de los filibusteros comunes y a las potencias que así se fortalecían, debe saberse que, luego de cada acuerdo de paz, España tenía que entregar o dinero o parte de su territorio en América. Baste ver cómo se fueron quedando con islas o con grandes extensiones de tierra firme Inglaterra, Francia, Holanda y Rusia; después de su independencia, en 1776, aparece en escena, en plan expansionista, Estados Unidos de América. Para entonces estaba claro que era imposible que una metrópoli atrasada, con un gobierno lleno de dogmas, corrupto e ineficiente, como el de las monarquías españolas, pudiera defender sus posesiones, que solo por el derecho divino les correspondían. Para entonces ya estaba expuesta la doctrina —también religiosa— del Destino Manifiesto y empezaba a ensayarse la famosa doctrina Monroe de «América para los americanos», que terminaría por imponerse a partir de mediados del siglo XIX. Recuérdese que la independencia de Estados Unidos de Inglaterra fue bastante rápida. El conflicto armado duró ocho años y, aunque hubo enfrentamientos que lamentablemente costaron vidas, desde que pactaron la paz en París, en 1781, decidieron actuar juntos, sin celos ni rencores. Se trataba de la lucha de colonos ingleses que habían llegado a poblar territorios que pertenecían formalmente a la Corte española, grandes extensiones ocupadas por los indígenas, sus dueños originarios, a quienes buscaron marginar y luego exterminar tanto las autoridades inglesas como las estadounidenses.

El incipiente plan de los virreyes, por órdenes de la Corona ibérica, consistió en enviar al norte un número mínimo de soldados para establecer presidios, así como colonos para poblar. También se contó con el apoyo de los frailes misioneros, quienes fundaron Loreto, San Diego y San Francisco y, durante el periodo colonial, se enviaron habitantes originarios de Tlaxcala a Nuevo León, Coahuila, Texas y Florida. Sin embargo, poco podía hacerse para tratar de conservar el territorio perteneciente a la Nueva España, que era ambicionado por ingleses, rusos, franceses y, más tarde, por los propios colonos y autoridades estadounidenses. Como era costumbre, luego de la firma de un tratado de paz por una de tantas guerras entre Inglaterra y España, esta le cede, en 1783, la parte oriental de la Florida; la Corona inglesa tenía desde 1779 control sobre Luisiana y Carolina. Asimismo, durante 1795 se firmó un tratado de límites entre la Nueva España y Estados Unidos que, ante la amenaza latente de intervención armada de este naciente país, obligó a la monarquía española a aceptar que la frontera:

> Comenzaba en el rio Misisipí, en la parte mas septentrional del grado treinta y uno al norte del Ecuador; desde allí seguía en derechura al Este hasta el medio del rio Apalachicola, continuaba por la mitad de ese rio hasta su unión con el Fliut, en derechura al nacimiento del rio Santa María, bajando por medio del rio hasta el oceano Atlántico; se había de nombrar una comisión para que fijara esos límites, levantara planos y formara diarios que se reputarian como parte del tratado y como si estuvieran en él insertos. Tambien se convino en que el límite occidental de los Estados-Unidos, que los separaba de la colonia española de la Luisiana, estaba en medio del canal del rio Misisipí, desde el límite septentrional hasta acabar el grado treinta y uno, quedando la navegación del

> rio libre para los súbditos y ciudadanos de ambas naciones, que habían de impedir los ataques de los indios y no hacer nuevos tratados con ellos; ambas naciones se prestarian ayuda para la navegación y comercio y se decía la manera de proceder en los casos de guerra; señalábanse las mercancías de contrabando; se establecieron las patentes de mar para el caso de guerra de una de las partes contratantes; los cónsules habían de gozar los privilegios de la nacion mas favorecida, y se nombraba una comisión para que decidiera sobre las presas hechas por españoles ó norte-americanos durante la última guerra con Francia, debiendo reunirse en Filadelfia. Se permitió á los ciudadanos Estados-Unidos depositar por tres años efectos y mercancías en Nueva-Orleans y extraerlos sin pagar mas derechos que un precio justo por almacenaje, pudiendo prorogar el tiempo el rey de España ó permitir sobre el Misisipí un igual establecimiento.[43]

Sin embargo, este documento firmado entre España y Estados Unidos, en octubre de 1795, por Manuel Godoy, llamado Príncipe de la Paz, por España, y D. Thomas Pinckney, representante de Estados Unidos, no fue reconocido por este último país. Sobre el importantísimo tema de los límites fronterizos y el interés tradicionalmente avieso de Estados Unidos por extender su territorio a expensas del nuestro, el famoso político francés Talleyrand, no sin una buena dosis de malicia, advertía al representante de España en París que Estados Unidos, «por afección de sangre y por sus intereses», en la guerra de España con Inglaterra, había comenzado a inclinarse de parte de esta última. En efecto, por entonces, el ministro Talleyrand dio la voz de alarma, expresando al embajador español en París los temores que abrigaba por la conducta de Estados Unidos, en cuyo Congreso el oro y las intrigas del ministro Pitt habían ganado muchos adeptos «que trabajaban porque no se le impidiera á Inglaterra arrojarse sobre la Florida y Louisiana españolas y apoderarse en seguida del comercio español en las islas y Nueva-España»,[44] y algo había de esa advertencia, pues, al poco tiempo:

> A principios de 1805 se presentó en la Corte española D. Jayme Monroe como ministro plenipotenciario de los Estados-Unidos de América, y juntamente con el ministro de los mismos Estados M. Pinckney, manifestó diferentes pretensiones de su gobierno, reducidas sustancialmente á cuatro: primera, que el rey español indemnizara á los Estados Unidos de los daños y perjuicios que durante la guerra con Inglaterra habían inferido los vasallos y empleados españoles á varios ciudadanos norte-americanos, contra el derecho de gentes y tratado existente entre los dos gobiernos; segunda, que indemnizara igualmente el rey español por los perjuicios que los tribunales y corsarios franceses habían irrogado á los buques americanos en las costas y puertos de España, cuyos perjuicios hacían ascender á varios millones de pesos; tercera, que se les indomnizara también por los perjuicios que suponían haberles provenido, con motivo de la orden por la cual el intendente de Nueva -Orleans suspendió á los norte-americanos, en 1802, el goce de puerto de depósito que los permitió tener en dicha ciudad el tratado de 1795, y la cuarta, que los límites orientales de la Luisiana se debían establecer en Rio Perdido y los occidentales en Rio Bravo, y que para obtener de los Estados-Unidos el consentimiento de

que se establecieran dichos límites algo mas al Este, habia de convenir el rey en vender la Florida orienta á los Estados Unidos, pues por lo relativo á la occidental, creían que les correspondia ya como parte de la Luisiana.

De las cuatro pretensiones solamente la primera consideró fundada la corte española, y las demas como el colmo de la injusticia y de exorbitantes pretensiones, hijas de la ambicion de los norte-americanos que se querían aprovechar de las circunstancias de la guerra con Inglaterra que les favorecia. La segunda pretensión era inicua porque los franceses, por un tratado celebrado en 1800, habían satisfecho los perjuicios que sus corsarios y tribunales originaron durante la guerra, lo que hizo saber á España el Gobierno francés repetidas veces, por lo cual era patente la injusticia de los norte-americanos á pretender el pago de lo que habian hecho los franceses. Era igualmente absurda la pretension de querer indemnizacion por haber sido suspenso el derecho de depósito en Nueva-Orleans, pues fué por el mismo tratado limitado á tres años y solamente por la tolerancia del rey de España continuó por algun tiempo mas, y todo lo que podian exigir los norte-americanos era que se les hubiera señalado otro punto de depósito en las orillas del Misisipí. Habia también injusticia en pretender que en cuanto á los límites de la Luisiana se comprendiera la Florida occidental dentro de ellos, cuando era evidente que España no recibió esa provincia de la Francia al entregarle esta la Luisiana, sino que muchos años despues la obtuvo por medio de sus tropas consquistándola de la Inglaterra y que no fué cedida á la Francia en el tratado de 1800 segun la misma Francia lo manifestó á los Estados-Unidos, á quienes de ninguna manera les entaegó la citada provincia al cederles la Luisiana; no era menos injusta la pretensión del Gobierno americano en querer fijar en el Rio Bravo los límites occidentales de la Luisiana, incluyendo dentro de ellos la provincia de Tejas y una gran parte de las internas de Nueva-España.

Ante tales pretensiones propuso Godoy á los ministros anglo-americanos que fueran tratadas una por una separadamente y empleó en ello cuatro meses de una discusión larga y prolija, manifestando claramente los derechos y justicia de España en casi todos los puntos. Sin embargo, los ministros americanos insistieron cambiando solamente la forma de sus pretensiones siempre solicitando que España cediera las dos Floridas y satisfaciera los perjuicios causados por españoles á norte-americanos durante la última guerra, y que se fijaran los límites en el rio Colorado entre la Luisiana y las posesiones españolas, abandonando la pretension sobre perjuicios ocasionados por los franceses y por la supresión del depósito en Nueva-Orleans, todo lo cual hacian aparecer como una transacción de cambio ó permuta, rechazada por España, en cuanto á que los Estados-Unidos carecían de aptitud para ceder lo que ofrecían y se abrogaban derechos que no tenian, pues el límite de la Luisiana con las poblaciones españolas era una línea que desembocando en el golfo mexicano entre los rios Caricut y Armenta, pasaba entre los Adaes y Natchitoches hasta encontrar el rio Rojo, y como desde ese punto hácia el Norte eran dudosos los límites, Cárlos IV propuso referirlos á la prudente investigación de comisarios de límites por ambas partes, para lo cual nombró por su parte al marqués de Casa Calvo y al ingeniero D José Martinez. La contestación del ministro Monroe fue pedir sus pasaportes para retirarse á Lóndres, donde residia de ministro plenipotenciario

> de su nacion, exponiendo que le era sensible hubieran sido desechadas las proposiciones de su gobierno y que considerando concluida su misión daría cuenta de todo á los Estados-Unidos. Tales fueron las negociaciones que obligaron á Iturrigaray á disponer la defensa de las provincias internas y de los puntos que podian ser atacados por los anglo-americanos, quedando en una situación política muy difícil los intereses españoles.
>
> Los norte-americanos fueron desde luego á las vías de hecho, mandaron quinientos hombres al fuerte Adams y ciento treinta al fuerte Stodart; por eso cada dia era mas urgente determinar los límites de las Floridas y provincias internas, y tener en las fronteras fuerzas en el mejor estado posible para evitar que los norte-americanos se aprovecharan del estado de debilidad de los puestos españoles y cometieran las violencias que al fin ejercieron, asunto que también fué encomendado al capitán general de las dos Floridas.[45]

En este ambiente cargado de amenazas y agresiones externas, y con una debilidad lastimosa en todos los órdenes, al Gobierno español le fue imposible conservar la integridad del territorio de la Nueva España. El 22 de febrero de 1819 se ratificó el tratado por el cual las Cortes autorizaban al rey la cesión de las Floridas a Estados Unidos. Tampoco se pudo detener en ese tiempo a la compañía ruso-estadounidense que se apoderó de Alaska, «siendo tal la debilidad del Gobierno colonial que no consiguió alistar quinientos hombres y dos buques, que era lo que necesitaba para el efecto, habiendo tan solo en San Blas [Nayarit] uno inservible».[46]

Termino este apartado del libro recordando que, pasando el tiempo, James Monroe llegó a ser el quinto presidente de Estados Unidos, de 1817 a 1825, y que en cuyo gobierno proclamó la doctrina que más tarde llevaría su apellido, según la cual se pretendió dejar de manifiesto que América sería para los americanos, lo que implicaba definir con alevosía su espacio vital. El texto que legó el presidente Monroe, el 2 de diciembre de 1823, aseguran algunos que lo elaboró su secretario de Estado, John Q. Adams. Sin embargo, hay quienes sostienen que, en octubre de ese año, «Jefferson, progenitor de la declaración de Independencia y convertido para entonces en una especie de oráculo, dio respuesta por carta a una consulta que sobre la materia le hiciera el presidente James Monroe, último de la dinastía de Virginia». En un párrafo significativo, Jefferson dice: «Nuestra primera y fundamental máxima debería ser la de jamás mezclarnos en los embrollos de Europa. La segunda, nunca permitir que Europa se inmiscuya en los asuntos de este lado del Atlántico».

Si en la metrópoli colonial las cosas estaban del carajo, no hace falta imaginar mucho cuánto sufrimiento se padecía en los pueblos de la Nueva España. La Conquista, iniciada con opresión y odio, se prolongó tres siglos más y, como es imaginable, las principales víctimas fueron los indígenas de las distintas etnias y culturas. Para ellos no hubo ninguna mejora. Por el contrario, todo se agravó. Perdieron su libertad, sus tierras, sus creencias y tuvieron que soportar hambre, pestes, desprecio, marginación y exterminio. Ya vimos cómo desde antes de la aprobación de las *Leyes de Indias,* se les consideró como vasallos libres, pero, al amparo de la máxima de que las leyes se acatan pero no se cumplen, o que se respetan en la forma pero se violan en el fondo, siempre se les trató como esclavos. Durante tres siglos fueron obligados a pagos de tributo en especie y a trabajar para sus encomenderos y las autoridades coloniales. Téngase en cuenta que, de los ingresos de la Real Hacienda, luego del cobro de impuestos a la minería, el segundo ramo lo constituía lo obtenido por la recaudación de tributos. Según el historiador Cambas, en 1747 —a más de dos siglos de la Conquista—, esta extorsión funcionaba de la siguiente manera:

> La recaudacion de los tributos se hacia con estremada variedad: en México eran arrendados por el administrador general á los justicias indios que se dividían en dos parcialidades, una de los Tenochas que llamaban de S. Juan y otra de Tlaltelolco, llamada de Santiago, con sus gobernadores y demás oficiales de policía á manera de los españoles, teniendo esta setenta y nueva pueblos y barrios, y se extendia por el Oriente hácia el Norte, compuesta de cinco mil novecientas familias; la otra, situada del Poniente al Sur, contaba setenta y dos pueblos y barrios con dos mil quinientas familias. En las demás provincias eran recaudados los tributos por medio de los ciento treinta y nueve alcaldes mayores que los gobernaban y que antes de tomar sus empleos daban fianzas por la suma en que estaban tasados los tributos de su jurisdicción; las provincias situadas en los confines y que tenían presidios quedaron exentas del tributo; este se cobraba según el empadronamiento que se hacia poniendo los indios de dos de dos y á este binario se le llamaba tributario entero y se les cobraba cada cuatro meses seis reales que hacían diez y ocho al año, repartidos de esta manera: ocho por el tributo, cuatro por el tostón ó servicio real, cuatro y medio por media fanega de maíz con que debian acudir al granero del rey; medio real para el hospital real en donde se curaban los indios enfermos, otro medio para los gastos de sus pleitos, y finalmente medio para las fábricas de las catedrales aunque de este estaban algunos exceptuados; pasaba el valor del tributo de seiscientos cincuenta mil pesos al año.[47]

Esta explotación se hizo acompañar, desde el principio de la Conquista, con el avance de la colonización hacia el norte en busca de las codiciadas minas de oro y plata. Desde el primer virrey, Antonio de Mendoza, quien demostró que podía más el lucro que la vida, pues, cuando quiso quitar los tributos personales y evitarles a los indígenas el trabajo duro y lesivo en las minas, se tuvo que dar marcha atrás «ante la resistencia que le oponían muchos españoles con poderosas influencias en la Corte»,[48] y todo quedó en buenas intenciones y bellas palabras, como aquellas que empleó para contestar a quienes advertían de los daños causados a la Hacienda Pública con sus medidas: «Más importaba la libertad de los indios que todas las minas del mundo, y que las rentas que percibía la Corona no eran de naturaleza tal que por ellas se habían de atropellar las leyes divinas y humanas».[49] Hago un paréntesis para subrayar que, poco más adelante, en 1557, con el segundo virrey, un minero de nombre Bartolomé Medina descubrió que podían obtenerse mejores resultados de la plata por amalgamación con azogue, lo cual evitaba la pérdida del 30% del preciado mineral. Aun cuando las minas de cinabrio, de donde se obtenía el azogue o mercurio, estaban en España y Perú, y fue en su tiempo rentable importarlo para producir más plata, que era el principal venero de la Real Hacienda y la mayor fuente de sufrimiento para los indígenas y los esclavos negros. La invasión de las regiones mineras del norte costó muchas vidas y se llevó a cabo, al igual que la Conquista, con la espada, la cruz y el látigo, con presidios y misiones. Así surgieron los minerales de Chihuahua, Durango, Zacatecas, Coahuila, Sonora, Sinaloa, Nayarit, Jalisco, San Luis Potosí, Querétaro, Hidalgo, Guerrero y hasta los más remotos de Santa Fe y California. Las guerras más cruentas se hicieron contra los denominados chichimecas, que supuestamente eran los más bárbaros, cuando en realidad se descubrió que, antes de la invasión de sus territorios, vivían de la agricultura y, por la defensa de sus tierras y de su libertad, se volvieron de nuevo nómadas.

En los tiempos del segundo virrey, de 1549 a 1564, se fundan San Miguel de Allende, San Felipe Ixtlahuaca, Chichimetla (Durango), la villa Nombre de Dios, con sus ricas minas. Al finalizar el desdichado siglo XVI, se logró firmar la paz con los pueblos de la nación chichimeca, cuyo acontecimiento lo cuenta así el historiador Cambas:

> Continuando la belicosa nacion de los chichimecas sus hostilidades contra los españoles, que no habían podido reducirlos á pesar de los esfuerzos empleados para ello, seguían con las armas y ocupaban una grande estension en las cercanías de Zacatecas, al Poniente de la cual se hallaban esparcidos, poniendo á cada momento en grandes conflictos á los habitantes de aquellos lugares ya muy poblados por la riqueza y abundancia de sus minas. Por allí ningún viajero se encontraba seguro, no obstantes la multitud de presidios y esforzadas guarniciones destinada á cuidar las fronteras: los chichimecas arrostraban con todas las dificultades sin ceder jamás un palmo, ni se pudo conseguir que se sometieran, sin embargo de que Villa-Manrique casi al fin de su gobierno trató de reducirlos al órden, ofreciéndoles estar y pasar por las condiciones que propusieran. Despues de pasado el tiempo que había pedido el jefe de ellos llamado Caldera, para oir el parecer de los ancianos y de toda la nacion, llegó á México una embajada de chichimecas en 1591, imponiendo por condición precisa para someterse, que los españoles suministraran anualmente la carne necesaria para el abasto de su nacion.[50]

De la misma manera se fundó San Luis de la Paz, en Guanajuato, en cuyo acuerdo intervinieron misioneros franciscanos. El nuevo siglo XVII se inaugura con una gran represión en Topia, a causa de que mineros españoles querían explotar sin piedad, en las minas, a indígenas de esa región de la sierra de Durango. Durante las primeras décadas del siglo XVII, tanto el auge de la minería como la «falta de brazos» llevaron a la Corte a ordenar un nuevo repartimiento de indígenas para ir a trabajar a las minas. Se acordó sacar de cada pueblo, cuando menos, la séptima parte de los vecinos, procurando que, aun cuando ganaran menos, debía asegurarse de que se les pagara; todo ello mientras se introducían esclavos negros, «teniendo presente que se debía atender mas á la conservación de los indios que á la producción de oro y plata, esto no se hacía por un sentimiento humanitario sino de conveniencia, pues si aquellos no se conservaban cesarían la agricultura y la minería».[51]

Contra la aparición de las minas, en 1613 se rebelaron 5 000 indígenas tehuecos en Sinaloa, a quienes se les unieron mayos, tecayaquis, cominaris, yaquimis, chinipas y otros muchos que fueron brutalmente reprimidos. El capitán Diego Martínez de Hurdaide, encargado de sofocar el alzamiento, «hizo ahorcar á varios para intimidar á los demás que poco á poco fueron sometiéndose».[52] Sin embargo, en 1624 se sublevaron por la misma causa indígenas de Chihuahua, Durango, Nayarit y Sonora; es decir, de los pueblos tepehuaneros, así como de Guanaceví, Topia, San Ignacio, Culiacán y Papasquiaro. Más tarde, a mediados del siglo XVII, hubo otra rebelión en los límites de Chihuahua con Durango, en la que fueron reprimidos 2 000 indígenas y 150 terminaron ahorcados «para tener á raya á los sublevados se resolvió construir el presidió de Cerro-Gordo sobre el camino del Parral á México».[53]

En 1650 se sublevaron los tarahumaras, quienes, unidos con los conchos y otras etnias, «asesinaron a los misioneros franciscanos, un jesuita y á los soldados que guardaban los presidios de aquella provincia»,[54] lo mismo que sucedía en Mapimí, Mazapil y Saltillo. De igual forma hubo sublevación en Santa Fe, Nuevo México, en Sinaloa y Sonora, de los pimas, seris y ópatas. En Coahuila y Texas se oponían los apaches, pero lamentablemente resultaba muy costosa, en pérdida de vidas, la resistencia indígena, que finalmente terminaba por ser avasallada y tan solo servía de pretexto para usar más la fuerza y hacer más sufrida e infeliz la existencia de los dueños originarios de las tierras. La represión fue cada vez más cruel: ya no eran solo azotes o ahorcamientos de líderes como escarmiento, sino acciones de exterminio.

Así, con el uso de la fuerza, se abrió paso la actividad minera, aun cuando en varias ocasiones la extracción de esta riqueza se produjo mediante acuerdos, sobre todo con la intermediación de los frailes, a quienes se les pagaba con ese propósito, aunque no todos lo hacían por ello, sino con la sincera convicción de evitar la violencia y acordar la paz. En esa desquiciada fiebre por el oro y la plata, unos más que otros, pero muchos padecieron en esos tiempos funestos; incluso hubo varios religiosos que perdieron la vida.

La mayor culpa la tenían los de arriba, los de la cúpula del poder colonial, donde prevalecía la irresponsabilidad y estaban ausentes las más elementales prudencia y sensibilidad. Por ejemplo, a mediados del siglo XVIII, el presidente de la Audiencia de Guadalajara se dirigió a la Corte porque no podía remediar el mal de los tributos que ascendían a 5 000 pesos, y solicitaba fueran abolidos, ofreciendo aportar la mitad de su sueldo. Argumentaba que los indígenas vivían muy angustiados, que había disminuido su asistencia a las minas, e informaba que «Tenían treinta y tres pueblos de encomiendas de los ciento ochenta y cuatro que se componía la provincia que contaba con dos mil seiscientos cincuenta indios tributarios; además de los servicios personales en obrajes, gravábanlos con pesadas tareas; pero el rey no quiso quitar aquellos tributos». El virrey solo le otorgó facultad para aminorar los tributos «en caso de que siguieran muriendo por ello los indios».[55] En toda la Colonia las vejaciones a la población indígena fueron crueles y terroríficas. Baste con relatar cómo, en 1662, al «descubrirse» que existían refugiados en la sierra de Nayarit —muchos indígenas que decidieron migrar cuando les quitaron los valles de la costa del Pacífico—, empezó el acoso a las 12000 familias que habitaban en mesetas y en la sierra de Nayarit, a sabiendas de que nada había que temer por ello, pues, como todos los indígenas de México, los coras, huicholes, tepehuanes o mexicaneros eran y siguen siendo gente buena. En palabras del historiador Cambas, se trataba de personas «dóciles, reverentes y fáciles de gobernar»;[56] sin embargo, la avaricia, la intolerancia religiosa y el odio racial no daban tregua a nada ni a nadie. A partir de que se supo de la existencia de los indígenas de la sierra, comenzó lo que se llamó la conquista de Nayarit. Soldados y sacerdotes se internaron para someter por las buenas o por las malas a los más antiguos nayaritas. Podríamos resumir la vergonzosa y espeluznante conquista de Nayarit en dos fragmentos del historiador que, aun siendo largos, dan una idea bastante clara de cómo era el pensamiento dominante de la época y del porqué todavía existen polvos de aquellos lodos. El primer episodio mezcla minerales, idolatría e Inquisición; el segundo, ocurrido en 1722, es una calca de lo manejado por Cortés y los frailes inquisidores, como De Landa en Yucatán. Veamos el primero:

> También pasó á México por influjo de uno de los individuos de la familia Flores Alatorre, el cacique del Nayarit, provincia que distaba de México ciento ochenta leguas situadas al Noroeste de Zacatecas. La venida de dicho indígena fue con el pretexto de pedir al virey misioneros y reconocer al rey de España como señor de su provincia, pero en realidad su objeto era obtener permiso del marqués de Valero para que su nacion tomara sal en las costas del mar del Sur cercanas á sus tierras, pues los vecinos de estas por cierta hostilidad de los nayaritas no les permitían que se acercasen á las salinas, y como los de esta nacion no tenían otro tráfico que el de la sal que llevaban á vender á Zacatecas y á otros minerales, no podían resignarse á quedar privados de esa utilidad. El virey se aprovechó de tal circunstancia para estender su dominio pues sabia que dicha provincia era la madriguera de todos los foragidos de la Nueva-Galicia que estaban seguros de hallar un auxilio entre aquellos indios: por esto recibió muy bien al Tonatiuh, con tanta mas razón cuanto que todas las diligencias hasta entonces practicadas para sojuzgar al Nayarit habían sido infructuosas, habiendo fracasado cuatro expediciones hechas por orden de los virreyes ó por la Audiencia de Guadalajara, encargadas de la conquista, teniendo el mismo resultado las tentativas de varios eclesiásticos.
>
> La situación dificultosísima de aquella provincia situada en una cordillera que corre de Oriente á Poniente mas de treinta leguas y cerca de cuarenta y dos de Norte á Sur, cortada por precipicios y despeñaderos la hacia fácilmente defendible y con solo arrojar piedras podía ser derrotado un ejército bien ordenado. Aquella tierra abunda en minerales que casi siempre han ocultado los indígenas y en sus cañadas se producen frutos esquisitos como el añil. Entre ellos se habla la lengua Cora muy distinta de todas las que se conocen en las naciones vecinas. El marqués de Valero otorgó el comercio de la sal y encomendó los indios á los jesuitas para que los redujeran á la vida social; nombró por capitán de aquella provincia á D. Juan de la Torre, á quien dio orden de que juntar agente de guerra para formar presidio en ella. El ídolo que mas reverenciaban fue llevado á México y la Inquisicion hizo con él auto de fé.

> Hechos los preparativos para la jornada, no juzgando los españoles prudente fiarse de los indios, con tanta mas razón cuanto que el Tonatiuh se había escapado con su comitiva al llegar al Jerez, y se sabia que aquella nacion había desaprobado lo convenido entre el marqués de Valero y el cacique, y estaba resuelta á no permitir que los españoles entraran en su provincia, el capitán D. Juan de la Torre convocó á los pueblos y con un cuerpo regular de tropas bajó á Peyotan en donde asentó el Real, pero habiéndose disgustado por la tardanza el marqués de Valero, llamó á México á ese capitán y sustituyó en su lugar á D. Juan Flores de San Pedro, quien conforme á las instrucciones que llevaba propuso la paz á los indígenas, pero estos respondieron que lo esperaban en una llanura llamada la Mesa, ya porque estuviesen deseosos de conservar su libertad, ya instigados por los delincuentes refugiados en su provincia, con lo cual se perdió la esperanza de paz y hubo algunas escaramuzas siempre en daño de los indígenas; y designado el 17 de Enero de 1722 para dar el ataque dividió el comandante español su fuerza en dos partes poniendo una al cuidado del capitán Escobedo, á quien encargó asaltase la altura de la Mesa por el punto llamado el Cangrejo, hacia el Norte, mientras que él atacaría de frente por el Poniente, pero poca resistencia opusieron los indígenas que se desbandaron saltando por los precipicios, y quemados algunos templos dedicados al sol, formaron los soldados una enramada en que se dijo misa y fueron dadas gracias á Dios porque la provincia había sido ocupada sin derramamiento de sangre; pusiéronse ahí dos fuertes presidios para que no se revelara, y el capitán Flores fue ascendido á coronel en premio de sus esfuerzos.[57]

El segundo es un monumento a la ignorancia y al supuesto antifanatismo:

> Uno de los acontecimientos notables al comenzar la administración del marqués de Casa-Fuerte, fue la reducción definitiva del Nayarit por la fuerza de las armas poniéndole el nombre de Nuevo-Toledo, y habiendo derribado los adoratorios de los ídolos fue conducido á México uno y entregado á la Inquisicion para darlo al fuego en auto de fé. Llevó á efecto la conquista D. Juan Flores de San Pedro, sin embargo de la resistencia que le hicieron los indios en un país fragoso y lleno de asperezas, habiendo lugares como la mesa donde tuvieron que llevar los soldados el arma en una mano y asirse de las ramas con la otra; terminada la conquista se fundaron nueve pueblos poniéndoles misioneros. El provisor de indios hizo un auto de fé en la plazuela de San Diego, en México, donde se preparó una hoguera y acudió una considerable cantidad de curiosos: fue quemado el esqueleto de un indio de Nayarit que se dijo era el bisabuelo del cacique que fue á México en el gobierno anterior; los españoles hallaron dicho esqueleto en una cueva de aquella provincia, sentado en un sillon con un sable en la mano y adornado del manto real guarnecido de piedras falsas y con penacho de vistosas plumas y en la misma cueva se encontró un altar donde, se aseguraba, eran sacrificados los hombres.[58]

Pero aun con todos estos crímenes de lesa humanidad contra los indígenas, lo sucedido con la venta de esclavos negros traídos de África es igual de doloroso e indignante; ambas ignominias son abominables, pues en asuntos de injusticia no debe aceptarse el gradualismo ni hay cabida para el término medio. En esos tiempos era difícil aplicar y hacer efectiva la absolución papal a tan terribles atrocidades. Ni las misas ni las oraciones ni el agua bendita han podido borrar esas indelebles manchas que un buen cristiano podría perdonar, pero siempre está obligado a no olvidar ni a permitir que se repitan nunca, jamás. Al igual que en el caso de los indígenas, la Corona española y todos los Gobiernos que participaron en la trata de esclavos traídos del desdichado continente africano —que, paradójicamente, fue la cuna del *Homo sapiens*—, además de su barbarie, mostraron que la hipocresía ha sido el elemento central de la política conservadora en todos los tiempos. En la cuestión indígena ya hemos visto cómo se expedían cédulas reales, bulas y leyes en contra del maltrato y la sobreexplotación, pero las autoridades, de arriba abajo, nunca las aplicaron o se hicieron de la vista gorda. Lo mismo, y con mayor descaro, se procedía en el caso de los originarios de África o de las islas del Caribe. Tanto el tributo cobrado a los indígenas como la contrata para la venta de esclavos se convirtieron en malvados y jugosos negocios. En un recuento de hechos sobre la trata de esclavos durante el Virreinato podemos partir de lo siguiente: iniciando el siglo XVII empezaron a llegar a Veracruz, desde Angola, Congo y Guinea, alrededor de cuatrocientos esclavos por año.[59] Para 1609 se llevó a cabo la rebelión de los esclavos de origen africano, encabezada por el inmortal Yanga, en los alrededores de Córdoba, Veracruz. La historia la cuenta Cambas de la siguiente manera:

> Los esclavos eran tratados entonces dura y cruelmente, segun lo ecsigian las creencias y las costumbres de la época; huyendo de las manos de sus señores muchos de ellos se habian abrigado hacia tiempo en las quebradas montañas que corren del Cofre de Perote al pico de Orizaba en el territorio que hoy forma el estado de Veracruz, buscando libertad y amparo en la espesura de los bosques; el número de los prófugos fué creciendo poco á poco con los de otras razas que estaban mal con los españoles, y con aquellos que por sus delitos temian caer en manos de la justicia. A los esclavos allí reunidos se les daba el nombre de cimarrones. Formaron pueblecillos en el centro de la montaña para vivir y sembraron las semillas de los alimentos que mas necesitaban ó que pudieron procurarse, y de allí se desprendian, salian á los caminos públicos y sorprendiendo á los pasageros se apoderaban de lo que llevaban; al principio no se les hizo caso, pero tantas maldades ejecutaron y tanto aumentó el número de malhechores, que el virey Velasco resolvió mandar contra ellos la expedicion al mando de Pedro Gonzalez de Herrera, vecino de Puebla, de donde salió la fuerza el 26 de Enero; muchos vecinos de las haciendas y de las estancias cercanas á los lugares donde se abrigaban los cimarrones se juntaron á la fuerza en número de doscientos hombres entre españoles y gentes de las castas.
>
> […]
>
> Una partida de exploradores negros se encontró con los españoles […] y despues de una escaramuza escaparon aquellos con gran trabajo dejando las armas y los cabellos, y se

internaron en el bosque gritando: ¡españoles en la tierra, españoles! Aprovechándose Herrera de la confusion causada por la presencia de sus tropas, colocó su campo á la orilla de un rio y á vista del de los insurrectos, lo rodeó de una fuerte palizada, y habiendo reunido á todos los demas capitanes para conferenciar, se tomaron las disposiciones convenientes á fin de dar la batalla al dia siguiente. Sabiase que el Yanga era valeroso é inteligente, de buenos modales, de cuerpo alto y bien dispuesto; «que era Bran de nacion, y de quien se decia que si no lo cautivaran fuera rey en su tierra» había escapado treinta, años antes de la servidumbre, y desde entonces trabajó con el mayor empeño en reunir gente que solicitaba por todos los medios posibles, y en la época á que nos referimos ya era anciano, y por eso se reservaba solamente el gobierno civil de su colonia dejando el mando de las armas á un negro do Angola llamado Francisco de la Matosa, nombre del castellano que fué su dueño.

[...]

Recelando alguna emboscada avanzaron los blancos poco á poco, y en efecto, á corta distancia descubrió á los cimarrones un perro por sus alaridos, con lo cual se recataron los asaltantes; pero alentados por sus gefes se empeñaron resueltamente en el desfiladero, y apenas estuvieron debajo de la muralla cuando se dejaron ver los negros armando gritería, disparando sus flechas y arrojando piedras y troncos de árbol; pero faltándoles direccion y sangre fria para combatir, tenacidad y resolucion, y como gente sin disciplina, se embarazaban unos á otros y no se aprovecharon de su magnífica posicion. Con todo, como una piedra arrastró é Herrera hasta abajo y sus soldados lo creyeron muerto, tuvieron un momento de indecision; pero levantado D. Pedro con no poco trabajo, se puso en pié y les gritó: «Vivo estoy y sano, gracias al Señor ,¡valor, compañeros!». Llegando á ese tiempo la retaguardia se restableció el combate y avanzando de nuevo los soldados se apoderaron del parapeto, desde el cual hasta la poblacion de los alzados habia media legua llena de obstáculos; aunque ya perdido el primer parapeto lucharon los cimarrones flojamente, y perdieron las empalizadas una tras otra, penetrando al fin los españoles al real, que se componia de setenta ú ochenta casuchas con una iglesia; veíase el tronco de un árbol corpulento que servia para el vigilante, y en los campos de los alrededores habia plantíos de plátanos, árboles frutales, maiz, frijol, patatas, algodon, tabaco y otros, aunque solamente hacia nueve meses que se habian establecido alli. El Yanga habia permanecido en la iglesia con las mujeres durante el conflicto, implorando la proteccion de los santos; allí le habian llevado la noticia de la herida del capitan Herrera y del triunfo de los negros; poco despues le hicieron saber la derrota, pero aun confiaba en que las dificultades del camino detendrian á sus contrarios por tres dias, y al saber por los fugitivos la aprocsimacion de los españoles, emprendió la fuga abandonando los víveres y los intereses.

Los vencedores saquearon la poblacion hallando buena cantidad de ropa y do dinero, quemaron todas las chozas que no les sirvieron para acuartelarse y formaron su campamento y un hospital para curar á sus muchos heridos; y aunque Herrera puso una

> bandera blanca para atraerse á los cimarrones, estos, internándose en lo mas espeso del bosque, permanecieron rehacios, y les fué menester á los españoles salir en su busca, dejando una corta guarnicion en el pueblo. En el campamento se decia todas las mañanas misa que oian los soldados y luego una plática en consonancia á su profesion. Despues se retiraban permaneciendo los indios en la iglesia para rezar con el capellan la doctrina cristiana que les esplicaba; en la tarde rezaban todos el rosario y la letanía, los viérnes se añadia algun ejemplo apropósito para la reforma de las costumbres, terminando en una sangrienta disciplina. Despues de algunas escaramuzas en que los negros sacaron la peor parte, se convenció Yanga de la imposibilidad de defenderse y escribió al virey Velasco para conseguir una capitulacion, ofreciendo que él y sus principales compañeros entregarian á todos los esclavos fugitivos que estaban en su campamento, y que para impedir que aquella serranía sirviese de abrigo á los esclavos foragidos, se concediese á los libres un punto cerca, no al que habian quemado los españoles, donde pudieran establecerse con sus familias, comprometiéndose á no admitir entre ellos á ningun esclavo, y á buscarlos y recogerlos por aquellos montes para entregarlos á sus dueños por una corta paga, protestando que su intento no habia sido faltar á Dios ni al rey, de quien eran y seguian siendo muy fieles vasallos; pedian al virey les señalara un cura y alguno que hiciese el oficio de justicia para el gobierno político de la nueva poblacion. D. Luis de Velasco concedió todo en obvio de mayores males y de muchos gastos que se erogaban, y señaló para fundacion del pueblo un lugar cercano á la que hoy es ciudad de Córdova y lo sujetó al curato de la Punta, conociéndose el pueblo con el nombre de San Lorenzo de los Negros, que fué poblado por los cimarrones con sus familias viviendo pacíficamente.[60]

Otra supuesta rebelión de esclavos fue descubierta en la Ciudad de México el jueves Santo de 1612, donde se apresó a sus líderes y «en la Pascua, delante de un concurso inmenso que apenas cabía en la plaza, fueron ajusticiados en la misma horca los veintinueve negros y varias negras; los cuerpos despedazados quedaron clavados en escarpias por todos los caminos y las cabezas en el lugar del suplicio, hasta que fueron quitadas por el mal olor que despedían y por el temor de que produjeran una epidemia».[61] Sin duda se trató de una ejecución arbitraria, producto de simples rumores y con la intención de seguir atemorizando con la pérdida de vidas de gente indefensa, pobre e inocente. Por gestiones de vecinos del pueblo de San Antonio de Huatusco ante el virrey, en la loma de Huilango se fundó en 1618 la Villa de Córdoba, Veracruz, que tendría como propósito principal proteger a la población de los parajes de la zona y los caminos de las posibles rebeliones de los afroamericanos, como sucedió por segunda ocasión durante el Virreinato en 1735, cuando en Omealca y otros pueblos se rebelaron no solo etíopes y mulatos, sino también esclavos chinos. Según el historiador:

> Todos los negros huyeron á los montes, pero fueron entregándose poco á poco y sometidos á rigurosas prisiones: fueron ahorcados en Córdova José Perez y José Carpintero, declarados principales caudillos de la revolución, los demás quedaron sujetos á cruelísimas

> prisiones y terribles padecimientos; pero como algunos negros permanecieron en los montes, no dejaron de inquietar á las haciendas y obligar á los cordobeses á salir á nuevas expediciones, una de las cuales, mandada por D. Bernardo Segura Ceballos, estuvo perdida algún tiempo en las montañas. Tales fueron los acontecimientos mas notables acaecidos á la villa que fundó el marqués de Guadalcázar: nacida á causa de los negros, de ellos ha recibido sus progresos y sus desgracias.[62]

Téngase en cuenta que desde el siglo XVI empezó en Veracruz el cultivo de la caña de azúcar y las haciendas demandaban cada vez más mano de obra esclava. El antecedente más documentado de la venta de esclavos por autoridades de la Nueva España lo encontramos en los primeros meses de 1636, cuando el virrey ordena entregar en San Juan de Ulúa 103 «piezas» que habían llegado en diversos navíos, valuadas en 42 230 pesos.[63] Más tarde, en 1668, se anuncia la venta de «una negra esclava y sus tres hijos que pertenecieron á los bienes embargados á D. Alonso Alavés que el Rey mandó vender y que el contenido ingresara á las cajas reales».[64] En 1672 se da la noticia de que llegan cuatro buques con esclavos y resuelta la Corte a fomentar la esclavitud en la Nueva España, tanto por la percepción de los derechos que pagaban los contratistas como para proteger la labranza de los campos, dispuso que tan solo los comerciantes pudieran hacer dicho tráfico, que se le ofreció al consulado de acuerdo con el comercio de España, pues los navíos que traían a los esclavos conducían mercancías para hacer el contrabando; además, con tal disposición se consiguió que solamente los súbditos españoles hicieran la trata y que se alejaran los extranjeros que hasta entonces la habían monopolizado y con tal motivo cesó el asiento de los «Grillos», individuos genoveses; tal disposición contribuyó en gran manera á que no tuviese considerable desarrollo en Nueva España la esclavitud.[65]

En 1674 se denuncia que los esclavos traídos de Guinea padecían de la tiranía de sus amos.[66] También durante ese tiempo se informó que quinientos esclavos traficados por los Grillos y llevados a México se habían rebelado en Rinconada, Veracruz. Sin embargo, lo más inmoral es que España les quita este sucio negocio a los portugueses y, desde entonces, lo incorpora a su Real Hacienda. Veamos la reseña:

> Concluida la contrata sobre negros con la compañía que encabezaban los «Grillos», fue hecha una nueva con Antonio García, vecino de Madrid, por cuatro años, comprometiéndose á proveer en cada uno cuatro mil esclavos negros, distribuyéndolos en los puertos de Indias que le fueran señalados, pagando por cada «pieza» ciento doce pesos y medio, montando el total cada año á cuatrocientos cincuenta mil. Todo lo que producia este asiento era puesto en las cajas reales por cuenta separada para que pasara íntegro á España.[67]

La explotación de trabajadores del campo, las minas y la ciudad fue uno de los lamentables distintivos del Virreinato: ni en sueños se pensaba en cómo bajar los altos índices de mortalidad ocasionados por las epidemias, el hambre y la esclavitud. Por el contrario, crecía y crecía la trata de esclavos como nunca. Por ejemplo, según el historiador, en 1678 más de 15 000 indígenas de Yucatán vivían refugiados en las montañas para no ser vejados. Resultaban tan necesarios los esclavos que los colonos se valían de todos los medios para obtenerlos: «Así hubo una nueva contrata con el Consulado de Sevilla para que D. Juan Barroso pudiera sacar de la isla de Curazao cinco mil é introducirlos en los puertos permitidos, y fue revalidada la licencia á tres navíos que por su cuenta habían salido á hacer el tráfico bajo ciertas condiciones».[68]

Este inhumano comercio se hacía en toda América. Casi al finalizar el siglo XVII, fragatas holandesas o francesas dominaban las costas de Venezuela, intercambiando ropa y esclavos por cacao. En las Cortes españolas lo único que se autorizó fue «hacer más productiva la esclavitud en todas las Indias, tendiendo á evitar el contrabando de los negros».[69] Es decir, los hipócritas que asistían a misa, un día sí y el otro también, consideraban a estos seres humanos como una simple mercancía. La decadencia política y moral no solo se expresaba en la Nueva España, sino de manera aún más profunda, también en Europa. Por ejemplo, en 1701 y como parte de la alianza entre Felipe V con Francia, la Corte Española había permitido que en Veracruz operara una factoría francesa para la trata de esclavos con vigencia por diez años, «con la única "obligación" de "proveer" en América cierto número de esclavos africanos á precio moderado».[70] Pero diez años más tarde, cuando concluyó el contrato con Francia y estaban de nuevo restablecidas la relaciones de España con Inglaterra, ese mismo contrato «del comercio de negros esclavos» ampliado a treinta años, fue entregado por Felipe V a su homóloga inglesa la reina Ana.[71] Todavía en 1780, la empresa Aguirre y Aristegui mantenía la venta y el tráfico de esclavos como «privilegio exclusivo para introducir en Veracruz, la Habana, Cuba, Cartagena, Puerto-Bello, Honduras, Campeche, Cumaná, Santo Domingo, Puerto-Rico, Santa Marta, Trinidad y Panamá, pagando un derecho señalado que se llamó "de marca"»[72] Este «negocio indigno», continuó a pesar de las guerras y hasta vísperas de los movimientos de Independencia.

El historiador Cambas lamenta la persistencia de la esclavitud en plenos reacomodos en América:

> En medio del movimiento general tan solo una clase permanecia en la inacción moral regando el suelo ajeno con el sudor de su frente, sin vislumbrar ni una sola esperanza. Concluida con la Compañía del asiento de negros la próroga del tratado, el rey Cárlos concedió á sus súbditos de América, exceptuando á los comprendidos en las provincias de Rio de la Plata, Chile y el reino del Perú, el permiso de proveerse de esclavos de las colonias francesas, mientras duraba la guerra, bajo ciertas condiciones: debian ser españolas las embarcaciones destinadas al tráfico, se pagaba el seis por ciento por el dinero estraido para la compra y el cinco si para ello se sacaban frutos; también pagábase el mismo seis por el valor de los negros á su entrada por los puertos de América bajo la razón de doscientos pesos por pieza.[73]

En 1789, antes de irse a España, el virrey Manuel Antonio Flores publicó la Cédula Real «que concedía libertad á españoles y extranjeros para el comercio de negros en las islas de Cuba, Santo Domingo, Puerto-Rico y provincia de Caracas».[74] En ese entonces, también fueron autorizadas por las Cortes ciertas prerrogativas a los españoles que se dedicaran al comercio de esclavos, en las que «podian tener la mitad de la tripulación extranjera, quedando libres de derechos todo lo que se embarcara para ese tráfico y aun los buques de construcción extranjera que se compraran para el preciso objeto del comercio de África».[75]

Con todo ello, es comprensible que a principios del siglo XIX esclavos de las haciendas del Potrero y Ojo de Agua, en la jurisdicción de Córdoba, se sublevaran y, a costa de sus vidas, lucharan por la libertad. Era tan cruel la explotación de indígenas y esclavos afroamericanos que, tanto unos como otros, decidían refugiarse o fugarse para vivir en los montes y, en algunos tristísimos casos, llegaban a extremos de ahorcarse o suicidarse, como nos recuerda el historiador de aquellos desesperados por el sufrimiento que se arrojaban a «las calderas ó de otro modo se dieran la muerte por la impiedad de sus dueños».[76]

Estaba por finalizar la colonización española, luego de tres siglos de oprobios y retrocesos, cuando aún el pensamiento dominante no había cambiado en nada, como si el tiempo se hubiese detenido en todo ese largo periodo; América seguía siendo vista por sus opresores como tierra de conquista para extraer riquezas —oro y plata—, y se seguía considerando a la esclavitud como un fecundo manantial de recursos para el disfrute de la nobleza y de las cúpulas del poder económico y clerical de la metrópoli.

Si analizamos cómo se comportó la economía de la Nueva España durante el Virreinato, lo primero que vamos a constatar es que siempre —hasta en los momentos más críticos, sobre todo durante las guerras— la Nueva España no dejó de enviar dinero a la Real Hacienda. Casi todo lo que se extraía y recaudaba aquí era transportado a España y solo quedaban las migajas. Desde el principio lo más rentable fue la minería; no en balde se había ordenado al primer virrey fundar, en 1536, la Casa de Moneda y, aun con las guerras, la piratería y las dificultades de la navegación, al principio de la Conquista solo se hacían dos viajes por año a la metrópoli. Luego aumentaron a cuatro y, en 1765, se dispuso que cada mes saliera de La Coruña un navío con mercancías; y nunca faltaron buques de guerra que traían azogue para las minas y se llevaban los caudales de oro y plata, del rey y de los particulares que tenían licencia.[77] Puede calcularse que, en tres siglos, se trasladaron riquezas de metales preciosos y otros bienes que fueron a parar tanto a la Corte como a privados por alrededor de 3 000 millones de pesos, considerando que solo el valor del oro y la plata fue calculado por Humboldt, desde 1492 a 1803, en 2 028 millones de pesos, lo cual representó durante el Virreinato alrededor del 80% del total de las exportaciones de la Nueva España.[78]

Vale la pena analizar esa cifra. El barón de Humboldt dedica una parte de su estudio a calcular a cuánto ascendió el valor del oro y la plata extraídos de América y trasladados a España y Portugal. Primero estima que el «oro y la plata sacados de las minas de México y acuñados en México desde 1690 hasta 1803 alcanzó un valor de 1 353 452 020 pesos», pero esto corresponde solo a 113 años, sin considerar los procesos clandestinos y el contrabando. En su segunda estimación, el naturalista amplía el plazo de 1492 a 1803 —es decir, 311 años—, en el que le asigna a la Nueva España una aportación de 2 028 millones de pesos a todo el oro y la plata extraídos del nuevo continente. A esta última valoración habría que agregar los 18 años restantes hasta la Independencia de México, en 1821, lo cual representaría, utilizando la misma información de Humboldt, un promedio de 35 300 000 pesos por año, lo que haría un total solo en el periodo de 635 400 000 pesos, cuya cantidad original se elevaría a 2 663 400 000 pesos y si a ello se agrega cuando menos un 20% de la producción de exportación de alimentos, materias primas agroforestales y manufacturas —que es el monto aportado por México a España durante los tres siglos de dominación colonial—, la cifra supera los 3 000 millones de pesos, cantidad gigantesca para esos tiempos, máxime si se compara con el exiguo o tan poco dinero destinado a obras y bienestar en la llamada Nueva España.

Otro dato: la construcción de la Catedral de la Ciudad de México, sin duda la obra más importante realizada en la Nueva España durante el Virreinato, llevó doscientos años de construcción —sin incluir las bóvedas de Tolsá— y, en ese lapso, costó solo dos millones de pesos. Es decir, casi nada en comparación con lo que se enviaba a España. Además de lo hurtado al inicio de la Conquista por Cortés y sus huestes, desde los primeros años de la dominación colonial, con Carlos V, empezó el febril saqueo de dinero de la monarquía ibérica a la Nueva España. Demandaban desde oro y plata para financiar guerras, hasta maderas preciosas para sus palacios, aves bellísimas y plantas exóticas para sus arreglos florales y jardines.

Por ejemplo, apenas había sido reconocido Cortés como gobernador y capitán general de la Nueva España, cuando ya el 10 de diciembre de 1523 Carlos V le escribe desde Valladolid para pedirle dinero mediante una cédula real en la que le dice que, por «los grandes y continuos gastos que después de mi elección al Imperio romano», así como para financiar la guerra por la invasión de Navarra por el rey de Francia, le encarga consiga:

> Todo lo que vos fuese posible; por ende, yo vos ruego y encargo cuanto puedo que luego que esta recibáis deis orden como de que lo que así nos ha pertenecido, o perteneciese de nuestro Quinto y derechos, como de cualquier oro vuestro, o tomándolo de otras cualquier personas que lo tengan, tratéis de me enviar la más suma de oro que vos fuese posible, teniendo por mí cierto que en ello me haréis muy agradable servicio, como más largo de mi parte vos dirá el dicho Francisco de Montejo, que por esta mando a los nuestros oficiales de esa tierra que todo lo que así vos nos prestásedes y lo que tomáredes prestado de otras personas para nos lo enviar, lo paguen luego del primer oro, rentas y provechos nuestros, que a poder del nuestro tesorero viniere y nos perteneciere, sin que en ello haya falta, ni dilación alguna, porque mi voluntad es que así se cumpla. Yo. El Rey.[79]

Sobre algunas de las remesas registradas por el historiador Manuel Rivera Cambas —desde luego, no de todo lo enviado a España—, se puede hacer la siguiente síntesis:

En octubre de 1585, «habiendo aumentado las rentas reales con motivo de las disposiciones gubernativas del virrey Moya, hizo embarcar en Veracruz tres millones y trescientos mil ducados de plata acuñada, mas de mil marcos de oro en tejos y otros muchos productos de gran valor».[80]

En 1586, el virrey marqués de Villamanrique «no se olvidó de enviar recursos á España, haciendo salir de Veracruz una flota con mil ciento cincuenta y seis marcos de oro, mucha plata acuñada y otras varias preciosidades».[81]

En 1635:

> Como el Gobierno español necesitaba dinero y no podía hacer negocios por haber perdido completamente el crédito, se arrojó sobre dos millones y medio de pesos en oro y plata que procedían de Nueva España, pertenecientes á particulares, de los cuales fueron tomados los dos quintos, repartidos entre los interesados por partes proporcionales, de manera que al que tenía mil ducados se le dieron seiscientos en plata y oro y los cuatrocientos en vellón, pagándoseles el premio del trueque á como corría en Sevilla.[82]

En 1636: «Solicitó el rey un empréstito de las colonias que ascendió á nueve millones de pesos».[83]

Ese mismo año «salió flota de Veracruz, despachando para España y de los particulares; [de estos últimos] tomó el rey cuatrocientos mil ducados con el 8 por 100 y pagaderos á cualquier consignacion».[84]

En 1641, en plena guerra con Portugal y Cataluña, «dispuso el rey se vendiesen sobre las cajas reales de las Indias sesenta mil ducados de renta mas, sobre los ciento diez mil que había mandado vender, en cuya suma se incluyeron los treinta y siete mil asignados á las provincias de la Nueva-España».[85]

En la administración del virrey conde de Salvatierra (1642-1648) «fueron enviadas a España cuatro flotas con dinero y otros bienes; una de ellas, condujo cuatro millones y medio de pesos para la Corte».[86]

En 1660, de todos los ingresos en la Nueva España —que ascendían a 1 677 651 pesos— y correspondían a la Real Hacienda, las alcabalas o impuestos al comercio, tanto arrendadas como directas, sumaban 270 225 pesos; los tributos, 186 356 pesos, y los derechos de la plata que se enviaba, 214 172 pesos.[87]

El virrey Diego Osorio de Escobar y Llamas, que solo permaneció en el cargo cuatro meses, en ese corto tiempo envió a España «ochocientos veinte y un mil ochocientos treinta pesos registrados para la Real Hacienda».[88]

Un año después, en 1665:

> Á consecuencia de la muerte de Felipe IV, trajo aumento en los gastos de la casa real, y como el tesoro estaba exhausto, se impuso un préstamo voluntario y gracioso á los eclesiásticos y seglares comenzando por el virrey y la Audiencia, para que á su ejemplo contribuyeran los tribunales y comunidades; el virrey se interesó en que fuera el donativo lo mayor posible, enviando circulares á los gobernadores y corregidores para que cada uno en su jurisdicción

> trabajara por aumentar la cantidad que se reunía y desde luego ofreció 12 000 pesos para el donativo que solicitó la Corte, 8 000 el arzobispo; los oidores ofrecieron 100 pesos cada uno, reuniéndose con lo que dieron los eclesiásticos y particulares cerca de 100 000 pesos.[89]

En esos tiempos, 1665, zarparon barcos de Veracruz con plata y procuró «llevar también los 200 000 ducados con que la Nueva España contribuía para pagar la flota».[90] En 1669, el virrey de entonces «envió á España en la flota de D. José Centeno un millón cuatrocientos veintun mil seiscientos pesos».[91]

En 1679:

> Apurados por el Gobierno de España todos los medios de buscar recursos que se habían agotado en la guerra, y necesitando el rey dinero para celebrar su casamiento solicitó de las colonias un donativo voluntario dirigiéndose principalmente á los arzobispos y obispos. El donativo dió ciento tres mil novecientos pesos que fueron conducidos en 1679 en la flota que mandó D. Diego de Córdova Laso de la Vega suscribiéndose la Audiencia y tribunales, cajas reales, Alcaldes mayores y corregidores; el virey dió ocho mil pesos, de ellos cuatro mil como arzobispo de México.[92]

En 1716, «la Real Hacienda no podía cumplir todos los compromisos que reportaba, faltando cada año ochocientos mil pesos para cubrir los situados á presidios y misiones, vino y aceite de ministros ó curas, Armada de Barlovento y otros, además de un millón fijo para el rey».[93]

En 1721 llegaron «con felicidad á Cádiz los galeones que de Nueva España habían partido conduciendo en oro, plata y productos del país once millones de pesos».[94]

En 1744, por la guerra con Inglaterra, «el valor anual de las rentas de Nueva España era de tres millones trescientos ochenta y tres mil novecientos setenta y ocho pesos, y lo que necesitaba para sus compromisos ascendía á cinco millones ochocientos doce mil, por donde se ve que había una diferencia de cerca de dos y medio millones, cuya falta se cubría con productos de la Cruzada y algunos donativos y anticipaciones del comercio».[95] En ese mismo año se acuñaron «en la Casa de la Moneda ocho millones ciento doce mil pesos».[96]

En 1749, no obstante una gran helada que provocó la pérdida de maíz y una gran hambruna, «salió de Veracruz en la primavera de este año una flota de diez y nueve buques cargados con tres millones de pesos y con muchos de los productos del suelo feraz de la Nueva España».[97]

En 1752, el valor del producto del erario ascendía «a siete millones cuarenta y cuatro mil ochocientos ochenta pesos». Y al año siguiente se mandaron «á España en el navío Dragón, tres millones de pesos pertenecientes al comercio y dos a la Real Hacienda».[98]

En 1755 sale hacia España el virrey conde de Revillagigedo «dejando muy mejorado el estado de la Hacienda pública sin olvidarse de la suya propia, pues reunió un capital considerable».[99]

En 1756 los ingresos de la Real Hacienda sumaban «siete millones cuatrocientos cuarenta y un mil seiscientos cincuenta y cinco pesos, [...] cuyo venero principal era la minería, pues á proporción que prosperaba hacia levantar las almonedas de rentas reales ó bajarlas».[100]

El año de 1757 fue afortunado, pues en esa época el mineral de Bolaños (Jalisco) aportaba a la hacienda del rey medio millón de pesos y, en esa misma fecha, se descubrió en Nuevo León la mina llamada Voladora, de plata pura.[101]

Durante la Colonia los virreyes no solo mandaban dinero a la metrópoli, sino que tenían el compromiso de apoyar periódicamente a Cuba, Filipinas, Puerto Rico y otras islas y territorios de la Corona. Por ello, cuando los ingleses tomaron La Habana en 1762, se dedicaron en México a los preparativos de guerra con «doscientos cincuenta y cinco mil trescientos setenta y ocho pesos, y los situados de la Habana y demás islas de Barlovento importaron mas de dos millones».[102]

En 1760 «el navío Tridente trasladó al rey caudales por un millón de pesos».[103]

Eran tantos los gastos de guerra que en 1703 se celebró una reunión de cabildo porque Felipe V exigió al clero de la Nueva España una especie de diezmo, el cual ocasionó cierta confrontación entre autoridades civiles y religiosas que no pasó a mayores, en razón de que las mitras de Michoacán y Durango optaron por cooperar con un donativo voluntario, y otros siguieron el ejemplo a sabiendas de que sería un asueto de carácter transitorio.[104]

Con prepotencia e insensibilidad, en las Cortes pedían a la Nueva España dinero para todo; por ejemplo, en 1774, «con motivo de la boda, dieta, viaje y casamiento de la Infanta María Luisa [...] fueron pedidos dos millones á Nueva España».[105]

A finales de 1699 se celebró que la flota de la Nueva España había llegado a Cádiz con solo una embarcación menos —que fue asaltada por los franceses— y había conducido un enorme caudal, que solo de derecho había pagado en aquel puerto de la metrópoli «cuatrocientos doce mil pesos por el oro, plata y géneros que condujo».[106]

En 1733 los productos de la Real Hacienda alcanzaban la cantidad de «siete millones, ochocientos veintitres mil ciento ochenta y nueve pesos».[107]

En 1737, a pesar de la pandemia que causó miles de muertos en todo el país, se enviaron a España «24 millones de pesos en metálico y otros efectos».[108]

El 9 de julio de 1746 falleció el rey Felipe V. Rivera Cambas afirma que durante su mandato se convirtió en «incesante el pedido de caudales á la Nueva España, que debía mandar á la Metrópoli cien mil pesos en cada navío de registro y cincuenta mil en cada aviso y otras cantidades en los buques que se pudieran aprovechar, hasta llegar al millón que se destinó únicamente para mantener los ejércitos y armadas».[109]

En 1771 los ingresos de la Real Hacienda en la Nueva España eran de 7 591 917 pesos, y sus tres fuentes principales las constituían los diezmos de plata, con 1 459 972 pesos; las alcabalas que sumaban 873 346 pesos y muy cerca los llamados reales tributos pagados por la población indígena que ascendían a 824 548 pesos. Es importante saber que una buena cantidad de lo recaudado tenía como origen lo que inicialmente estaba prohibido o monopolizado, como el pulque, los naipes, los gallos, el aguardiente y el tabaco. En esto último se llegó al colmo de que su distribución y venta quedaron bajo el control del clero. En ese año los gastos o egresos llegaban a 7 623 223 pesos y alrededor de cinco millones —casi el 70%— se destinaban a gastos de guerra, pago de tropa y presidios internos. El Ejército lo conformaban 10 000 elementos de infantería y 6 000 de caballería.[110]

En noviembre de 1773 zarpó de Veracruz una flotilla de cinco barcos con 26 millones de pesos más regalos de cacao y alhajas de oro para la familia real.[111]

En 1773 el valor de mercancías enviadas a la metrópoli fue de 25 460 811 pesos; es decir, 1 820 836 pesos más.[112]

En 1783 el virrey Matías de Gálvez, aun cuando solo duró en el cargo un poco más de un año y murió, «envió a España un millón treinta mil pesos para satisfacer al Banco Nacional un préstamo que había hecho al Gobierno».[113]

En 1788, el virrey Manuel Antonio Flores envió a España 10 millones de pesos.[114]

Con la guerra de España contra Francia —originada por la defensa que Carlos IV hizo de Luis XVI, quien finalmente fue llevado a la guillotina—, las peticiones de dinero a la Nueva España aumentaron más que de costumbre: la Corte ordenó al virrey de Güemes conseguir un crédito de ocho millones de pesos, pero durante su mandato (de finales de 1789 a julio de 1794) este solo pudo mandar siete millones a la metrópoli.[115]

En 1796 el virrey Miguel de la Grúa Talamanca se comprometió con la Corte a enviar a España 15 millones, y comenzó mandando cuatro millones.[116] Cuando regresó a España, en mayo de 1798, este virrey llevaba consigo en el barco más de «cinco millones de pesos, tres del rey y dos de particulares, mucha parte del rapaz funcionario».[117]

En 1802 el virrey Marquina mandó a La Habana «seis millones de pesos, y diez y ocho para la península, de los que doce fueron por cuenta del rey».[118]

Dominada España por Francia en los tiempos de Napoleón, el virrey Iturrigaray —quien gobernó la Nueva España a partir de 1803 y fue derrocado en 1808— destinó a las islas del continente, por concepto de «situados» 10 500 000 pesos «además de haber sometido a la metrópoli diez y nueve millones y pagado más de once por libranzas, ascendiendo lo remitido [...] al total de cuarenta y un millones».[119]

Antes, acaso como parte de la cuenta anterior, el virrey había solicitado recursos a particulares y corporaciones para ayudar al Gobierno español, o indirectamente al francés, con 13 millones de pesos que remitió en las fragatas «Anfilite», «Sabina», «Rutina» y «Venganza», dejando preparados otros 4.5 millones para algún buque de guerra.[120]

Con el regreso de la nobleza española, el virrey Garibay «socorrió á la Habana, Puerto Rico y Floridas con un millón trescientos setenta y nueve mil quinientos setenta y nueve pesos, mandó a España cobre en barcos mercantes y cuatro millones de pesos en julio de 1809».[121]

El siguiente virrey, el arzobispo Lizana, quien apenas duró un poco más de un año en su desempeño, envió a la metrópoli a principios de 1810, «siete millones, además de dos mil doscientos cincuenta y seis quintales de cobre y doscientos uno de pólvora, con el producto de los donativos».[122] Es importante agregar que en ese entonces se instaló en los barrancos de Santa Fe la primera fábrica de pólvora, que luego se fue convirtiendo, a través de los siglos, en el complejo de elaboración de armamento más importante en la historia de México. Hasta hace poco, esa zona —incluido el manantial, la ermita y el pueblo de Santa Fe, fundado por Tata Vasco— se rescató y se incorporó como la cuarta sección del Bosque de Chapultepec.

Luego del Grito de Independencia en 1810 y de la guerra encabezada por Hidalgo y los insurgentes, el virrey Calleja informó que:

> Las entradas en todo el año de 1812 ascendieron á cinco millones ciento treinta y tres mil ochocientos ochenta y tres pesos, incluyendo mas de un millón que donaron varias corporaciones, un millón y seiscientos mil que dió la casa de Moneda, cien mil la renta del tabaco y la existencia del año anterior que ascendió á doscientos cuarenta y cinco mil. A las tropas se les debian mas de dos millones de pesos, estaban desnudas, desmontadas y con mucha falta de armas, y para darles un equipaje regular se necesitaba por lo menos un millon.[123]

Aun cuando, como hemos visto, se produjo mucha riqueza durante el Virreinato, ni la explotación de los indígenas y esclavos ni la extracción de oro y plata de las minas podían calmar el descomunal apetito de esa gran boa que fue siempre el gobierno monárquico. La minería es un ejemplo de que no tenían «llenadera». Cambas expone de esta manera el retroceso que ya se advertía desde antes de finalizar el siglo XVII:

> Inmensas riquezas pasaban por entonces de América á Europa; sumas incalculables se extraían anualmente de las colonias españolas para la Metrópoli, que ufana con el oro de ellas olvidaba que les debia retribuir la grandeza que la daban, y ya poco se ocupaba del adelanto de sus conquistas, teniendo que atender tan solo á su propia conservacion sin tratar de subvenir á muchas ecsijencias de las colonias. La población de México no aumentaba con la rapidez debida, á causa de los conventos, el celibato del clero secular, de los progresos del lujo y la indigencia de los indios, circunstancias que recién hecha la conquista se había tratado de corregir; pero que poco á poco se fueron desatendiendo por el gobierno de la Metrópoli, que á causa de la necesidad que tenia de dinero se ocupaba ya menos del bienestar de las colonias.[124]

En la Conquista hacia el norte, cuyo propósito era extraer oro y plata, las minas se agotaban pronto y los nuevos descubrimientos cada vez requerían más tiempo y costaban más hambre, sudor y muertes por la represión contra los indígenas y la explotación laboral. Con todo y esa indolencia, en 1664 ya había noventa reales de minas, de los cuales 46 eran de oro y el resto de plata. Pero un año después se quejaban en la Corte y se le recordaba al virrey que los envíos de plata «habían disminuido mucho». No obstante, una década después, en 1675, se descubren nuevas minas en Guanajuato y, como premio, se le dio el estatus de villa. Pero esta actividad arrastró siempre un sinfín de inconvenientes: era particularmente sensible a las guerras externas y al cierre de los puertos, que no permitían la llegada del indispensable azogue ni la salida de la plata; le afectaban las rebeliones internas por la ocupación de territorios de las comunidades indígenas, la falta de trabajadores y, más tarde, las huelgas por la sobreexplotación y la confiscación de los metales preciosos por parte de la realeza mediante la práctica de créditos forzosos, impuestos o diezmos, además de una larga lista de imprevistos.

A mediados del siglo XVIII cuenta Rivera Cambas:

> La situacion financiera de Nueva-España no era halagüeña porque habian sufrido quebrantos las minas. Las provincias de la Nueva-Vizcaya que en ese ramo tanto habían florecido, se hallaban en notable descenso; Chihuahua daba menos cada dia, casi nada Batopilas y Cosihuiriachi; Indé, que producia oro estaba peor; Cuencamé que daba plata y oro dejaba pocos productos á los que laboreaban, y el Parral, Buenaceví, Mapimí y otros reales estaban abandonados. En cuanto á las minas de Sonora y Sinaloa, todas ellas guardaban completa decadencia, así como el real de Sombrerete y Mazapil, Fresnillo y Zacatecas; San Luis Potosí, Asientos, Guanajuato, Pachuca, Real del Monte, Tlalpujahua, Tasco y otros de menos cuantía daban cortas porciones de plata. De aquí provenia el poco consumo de las mercancías y la paralizacion de los obrajes, trapiches y otras fábricas é insensiblemente se iban arruinando muchas haciendas de labor y de ganado; los arrieros se lamentaban de no tener ocupación y los aviadores de minas sufrían grandes quebrantos, siendo general la crisis que sufrió Nueva-España en la administración del conde de Revillagigedo, sin que fuera posible tampoco beneficiar los terreros por lo costoso que era el hacerlo, á causa del excesivo precio y grande carestía del azogue. Entonces pudo observarse que la minería era la principal industria de México.[125]

En la medida en que se hizo más evidente la crisis de las monarquías europeas, con la Revolución francesa y luego con la invasión napoleónica de España —además de la actitud sumisa y cobarde de Carlos IV y de su hijo Fernando VII, quienes no supieron estar a la altura de su leal y combativo pueblo—, la inconformidad social, económica y la inestabilidad política encontraron el terreno propicio en la Nueva España para el estallido de la revolución de independencia. Fue mucho el abuso de la metrópoli: todo era saqueo y no se producía ningún beneficio importante para la Nueva España. Por eso comenzaron las huelgas en las minas de Guanajuato y en los minerales del estado de Hidalgo y, desde luego, se intensificaron las rebeliones indígenas por todo el país. Es significativo a este respecto que el ejército de Hidalgo estuviera formado por peones, indígenas, gente pobre de las ciudades y trabajadores de las minas, como lo fue Juan José de los Reyes Martínez Amaro, mejor conocido como el Pípila, quien antes de integrarse a las filas insurgentes había sido barretero en una mina de Mellado, Guanajuato.

Los únicos que aguantaron hasta el final fueron los integrantes de las élites criollas, quienes, de una u otra forma, se habían beneficiado con la invasión y el dominio colonial: hacendados, mineros, comerciantes, burócratas, letrados y una buena parte del alto clero. La mayoría de los mexicanos no tenía nada que agradecer a los miembros de la nobleza que siempre habían mostrado desprecio por el progreso de México. Lo más atendido por el régimen colonial fue la labor religiosa, aunque esta se expresó sobre todo en el interés fanático por «cristianizar», destruyendo de manera autoritaria las creencias de la noble población nativa. En ese tiempo, el catolicismo practicaba una doctrina completamente opuesta al pensamiento y a la obra de Jesús. En vez de actuar como redentores de los pobres y humillados, los curas sirvieron de instrumento para aplicar una política anticristiana a favor de los opresores. Incluso hasta nuestros días puede comprobarse que, además de la Ciudad de México, el catolicismo se expandió fundamentalmente en las regiones mineras, aunque hubo misioneros como Tata Vasco, Bartolomé de las Casas, el padre Salvatierra, Picolo y Kino, y frailes como Junípero Serra, Francisco Palau, el obispo Antonio de San Miguel y el propio arzobispo Juan de Palafox, además de muchos mártires que perdieron la vida defendiendo a los indígenas o buscando la paz en las zonas mineras del norte. Sin embargo, había otros miembros de la jerarquía y del bajo clero completamente dogmatizados: les interesaba el dinero, eran malas personas y, en nombre de Dios, cometían actos crueles para servir con vileza al poder civil o clerical.

El rey de España mandó al inquisidor Pedro Moya de Contreras para establecer en México el llamado Tribunal de la Fe, que quedó formalmente fundado en 1571. Cambas dice:

> Probablemente la inquisición se fijó en el edificio que hasta hoy lleva su nombre, y que en su origen fue el primer convento de domínicos; lo que consta es la donación que estos religiosos hicieron de su casa antigua para el efecto. El brasero ó quemadero fue establecido entre San Diego y la Alameda: formábalo un espacio cuadrado con pared y terraplen donde se fijaban los palos á que eran atados los ajusticiados rodeándolos de leña; las cenizas se echaban á la acequia ó ciénega que estaba detrás de San Diego. Habia otro quemadero en San Lázaro, que servia para ejecuciones de justicia mandadas por otras autoridades y delitos. Para poner en ejecución las sentencias del tribunal, se instruia al público de las causas que se sentenciaban en el mas riguroso secreto, constituyendo eso los llamados autos de fé, celebrando el primero bajo la administración del virey Almanza en 1574, en la plaza del marques del Valle entre la puerta del perdón de la iglesia mayor y casas del dicho marques; y como en México fue aquel el primero que se veía hubo un gran concurso, tanto de los habitantes de la ciudad como de los de fuera: presentaron sesenta y tres penitenciados, de ellos veintiun luteranos reconciliados, cinco relajados por la misma herejía y entregados al brazo secular para ser quemados, y los demás por distintos delitos, siendo muy notable que en un país donde la gente era tan sencilla en sus creencias hubiera tanta causa en solo tres años. Otros tres autos de fé tuvieron verificativo hasta 1596, celebrándose uno el 8 de Diciembre de este año, en que el ayuntamiento dió cuatrocientos pesos para costear los tablados…[126]

Para entender mejor en qué consistía esa ignominia llamada Santa Inquisición, conviene leer algunos fragmentos en los que Fernando Benítez relata el horrendo juicio aplicado a la familia Carvajal, acusada de judaísmo:

> Una mañana, a través de un pequeño agujero que con la ayuda de unos huesos de carnero había practicado en la puerta de la celda, Luis pudo ver a su madre dirigirse a la sala del tormento acompañada del alcalde de la cárcel y del verdugo. Nada podía hacer en su ayuda. Durante largas horas permaneció de pie, junto a la puerta, oyendo sus gritos e imaginando, desgarrado, todos los pasos de un calvario afrentoso que él había padecido en su propia carne.
>
> Las cosas ocurrieron del mismo modo que el hijo las había imaginado. A las ocho de la mañana, el escribano daba principio a la lectura de la sentencia invocando el nombre de Cristo: «*Cristi Nomine Invocato*. Fallamos atentos los autos y méritos de ese proceso, indicios y sospechas que de él resultan contra la dicha Francisca Núñez de Carvajal que le debemos de condenar y condenamos a que sea puesta a cuestión de tormento ([...] tanto tiempo cuanto nuestra voluntad fuere [...])».
>
> —Ya he dicho —responde doña Francisca— que he creído derechamente en la ley de Moisés y esta es la verdad. Señores, doleos de mí y de los huérfanos de mis hijos, de quienes tengo más pena que de mi propia vida. Por amor de Dios que no me afrentéis.
>
> Ante la negativa, a las ocho y media se hizo entrar al verdugo —era parte de la rutina judicial— y se le dio orden de que la desnudara.
>
> —¡Mátenme! —grita herida la madre—. Denme garrote luego, pero no me desnuden ni afrenten aunque me den mil muertes. Miren que soy mujer y viuda honesta, con quien no se sufre hacer esto en el mundo; en especial donde hay tanta santidad. Ya he dicho que creía en la ley de Moisés y no en la de Jesucristo y no hay más que decir, ni sé de más que soy una desconsolada, triste viuda con hijos, que clamarán a Dios
>
> El verdugo y su ayudante le arrancaron el vestido mientras el escribano amonestaba:
>
> Por reverencia de Dios decid la verdad. Decid la verdad si no queréis veros en este trabajo y peligro.
>
> —Todo es maldad —clama la anciana—. ¡Todo es maldad! Vaya esto en remisión de mis pecados.
>
> Se le tendió a la fuerza en el potro atándosele cordeles a brazos y piernas, en tanto que el escribano salmodiaba:
>
> —Decid la verdad, decid la verdad.
>
> —Miren que he dicho la verdad y que quitan una madre a sus hijos. Nunca entendí que tal crueldad se usara con una pobre mujer. Encomiendo mi alma y ofrezco este martirio al que en el libro Espejo de Consolación he leído que adoraban los macabeos.
>
> Una vuelta dio el verdugo a la rueda y los cordeles penetraron en su carne. El grueso papel que registra la actuación recoge, a partir de entonces, con la fidelidad y precisión de un disco, los sonidos, que se escapan de su boca. Son eso, sonidos, solo la carne elemental y patética. Una pobre vieja que se retuerce y aúlla de dolor ante unos hombres dignamente sentados en sillones de terciopelo:

—¡Ay, ay! Tanta crueldad. Tanta. ¡Ay que me muero!.

A la segunda vuelta el escribano insistió:

—Decid la verdad, decid la verdad.

—Todo lo he confesado y no me quieren creer. ¡Me muero, me muero! ¡Denme muerte de una vez! ¡Ay que me descoyuntan y acaban la vida! ¡Dios mío, no puedo sufrir más, y si más sufriera lo dijera!

Decid la verdad, decid la verdad.

—Yo he dicho que creía y adoraba la ley de Moisés y no la de Jesucristo. Tened misericordia de mí que he dicho toda la verdad. Me muero, me muero. ¡Ay que me muero!

A la cuarta vuelta la mujer estaba destrozada.

—Decid la verdad, decid la verdad.

—Ya no puedo sufrir más. Ya se les acabó a sus hijos su triste madre.

—Decid la verdad, decid la verdad.

—Doleos, señores, de este martirio, por amor del Señor —ya el verdugo daba una quinta vuelta a la rueda—, porque me muero.

—Se os amonesta de nuevo a que digáis la verdad no dando lugar a que prosiga el tormento, con tanto riesgo de vuestra vida, que dándoos tanta parte que pasar y padecer con que excusaréis dolores y martirios. Por reverencia de Dios decid la verdad y doleos y compadeceos de vos misma.

La judaizante ha perdido su coherencia y delira:

—No tengo nada que decir, sino testimonios… y esos no quiera Dios que los diga, ni los he de decir, ni lo sé… Sea Él bendito, que aquí me tratan con tanta crueldad, nunca jamás oída con mujer.

—Decid la verdad, decid la verdad.

—No sé decir —exclama levantándose—, sino que triste nací del vientre de mi madre, y desdichada fue mi suerte y mi triste vejez.

El verdugo la volvió a tender inútilmente, porque se había agotado en el tormento. Desnuda, cubierta de sangre, vencida, se arrodilló en el suelo y sollozando hizo un relato de su vida en el que las fuerzas le alcanzaron para «ocultar algunas cosas que pudieran perjudicar a sus hijos».

Poco antes del mediodía, se suspendió la diligencia y se reanudó a las dos de la tarde. La perspectiva de un nuevo tormento y los dolores pasados habían destruido su naturaleza. La ternura de la madre, el amor a su religión, todo lo que había sido el centro de su vida, estaba deshecho. Abandonada, terminó por denunciar a sus hijos, por traicionar a su familia y a sí misma.

Luis escribió más tarde en su autobiografía: «Aquel día de mayor amargura y aflicción que todos los pasados, oí los dolorosísimos gemidos de mi querida madre cuando era atormentada sin tener otra defensa que encomendarla a Jehová».

[…]

Como era de esperarse, el fiscal de la Inquisición, Marcos de Bohórquez, acusó a Luis oficialmente el 10 de febrero de 1595 de haber reincidido en el judaísmo, lo cual significaba la hoguera por tratarse de un reconciliado.

En el curso del nuevo juicio, su exaltación mística era más acentuada. Se creía un predestinado y hablaba de su próximo martirio con entusiasmo. Había desaparecido el hombre acobardado del primer juicio, que se valía de todos los recursos con tal de verse libre, y esta vez parecía enfrentarse valientemente a sus jueces, defendiendo sus creencias con citas del Antiguo Testamento y «argumentos numerosos y oportunos». Manifestaba además una repugnancia extrema a decir falsedades y los cargos que él mismo se hacía sobrepasaban en mucho a las gravísimas acusaciones presentadas por el fiscal en su contra.

[...]

Una vez que se restableció el silencio, trepó a uno de los púlpitos laterales el encargado de leer la sentencia de los numerosos reos. Su voz monótona se escuchaba bajo el toldo que cubría el tablero principal como el revolar de un moscardón impertinente. El virrey don Gaspar de Zúñiga y Acevedo, conde de Monterrey, sentado en su silla de nogal era el único que disponía de dos cojines de terciopelo, uno puesto sobre la silla y otro para que reposara los pies, trataba de ahuyentar la somnolencia recorriendo con la mirada el suntuoso y variado espectáculo.

[...]

Fray Alonso, a pesar de que el caballo del relapso lo había pisado por segunda vez, llevado de un designio que solo después habría de ponerse en claro, sobreponiéndose al dolor, juzgó conveniente preguntarle

—Sabéis. Luis, ¿qué es Inquisición y Santo Oficio?

Responde Luis en latín:

—*Consilium impiorum, et cathedra pestilentiae.*

Se alborotaron los frailes. Luis entonces, dirigiéndose por primera vez al dominico, exclama:

—¿Hay mayor tormento en el mundo que estar un hombre maniatado, tan rodeado de perros rabiosos?

Arguyó el fraile de inmediato:

—Lo había dicho David con divina propiedad en la persona de Cristo, que se cumplió en su prendimiento y en las juntas y cabildos que contra él habían hecho los pontífices y fariseos, verdaderos perros crueles y poderosos que deseaban quitarle la vida. Debes tomar en Cristo ejemplo de paciencia y aficionarte a su divina bondad y santidad.

—A Cristo, padre mío —contesta el judío—, mucho le quiero y mucha afición le tengo, pero Cristo no es Dios.

La irreverente frase provocó una tempestad de indignación. Muchos espectadores, enfurecidos lograron romper la fila de alabarderos y acercándose al hereje le escupieron la cara. Hecha de nuevo la calma, en medio del gentío que se apretaba, del calor y del polvo, se inició entre Luis y fray Alonso, mitad en latín, mitad en español, una polémica teológica destinada a probar la divinidad de Cristo.

[...]

Fray Alonso no abandonaba a su converso. Lo llevó al garrote y cubriéndolo con su capa, juntos los rostros mojados en lágrimas, Luis inició su confesión:

—Por la señal de la santa cruz en que murió nuestro Señor Jesucristo... Yo, Luis de Carvajal, grandísimo pecador...

Fray Alonso, bañado en lágrimas, impotente, cayó de rodillas ante el resucitado y se despidió de él rogándole no lo olvidara en el cielo.

Luis, sujeto al garrote por una argolla de hierro puesta en el cuello, pronunció con voz entera las palabras de la reconciliación, hasta que el dominico, complacido de su esfuerzo, le ordenó detenerse. Ya con dos vueltas, tuvo fuerzas para solicitar un credo. Las manos se le resbalaban —el verdugo lo ahogó con gran trabajo debido a su torpeza— le detuvo el crucifijo en los dedos crispados. Ya había muerto su madre y su amigo Lucena.

A poco murió su hermana mayor y la anciana Paiba dejó caer su blanco pelo sobre el rostro torcido.

Al mismo tiempo que la llamarada de las piras hacía palidecer la luz de los hachones, en la plaza, el inquisidor mayor absolvía a los reconciliados. Se escuchó el solemne canto llano de la capilla de la catedral, y la procesión, con los reos que no fueron entregados al brazo secular, volvió al edificio de la Inquisición alumbrándose con millares de hachas y linternas y llevando las cruces, no enlutadas como en la mañana, sino vestidas de terciopelo carmesí y adornadas con flores.[127]

Continúo este relato de atrocidades apoyándome en Rivera Cambas. En enero de 1649 fueron sentenciados 107 reos y quemados 14. Uno de ellos, Tomás Treviño, fue acusado de hablar en lengua indígena en la cárcel, donde maldecía a la Inquisición, a los reyes, al papa y a quienes la habían fundado. Sobre ese «memorable» acto, el historiador narra lo siguiente:

A las tres entregaron el alguacil mayor y el secretario los reos al corregidor, recomendándosele por mera fórmula usase de piedad para con ellos. Inmediatamente se fue el corregidor á un tablado que se había puesto en la Diputacion, donde instaló su tribunal, y con consulta de asesor sentenció á doce de los relajados á la hoguera despues de habérseles dado garrote, y á Tomás Treviño de Sobremonte á ser quemado vivo por blasfemias y pertinacia.

Acto contínuo fueron conducidos los reos en bestias de albarda como entonces era costumbre, al brasero situado junto á S. Diego. Llegados al quemadero saliéles al encuentro el Señor de la Misericordia y despues del garrote se arrimó leña á las estátuas, huesos y cadáveres. Treviño fue quemado vivo tirándole piedras los muchachos y se dice que él

> mismo atraía hacia sí la leña con los pies; el suplicio duró hasta las siete de la noche siendo tanta la gente que lo presenció, que se cubrian con ella hasta las copas de los árboles de la alameda y se contaron 500 coches. El fuego duró hasta el dia siguiente reduciendo á cenizas los huesos y estátuas, cuyas cenizas fueron llevadas por el corregidor en carretones á la ciénega.[128]

En 1650, se volvió célebre la acusación que hizo pública el irlandés Guillén de Lampart contra los abusos cometidos por los integrantes del enorme y represivo aparato de los inquisidores, que en ese entonces constituía el único poder judicial existente. Ya estaba preso, acusado de «antropólogo judiciario con mala aplicación de sus estudios». Sin embargo, el reo se fugó en compañía de otro prisionero, Diego Pinto, y, de manera sorprendente, se dirigió:

> Á palacio a las tres de la mañana del día siguiente y dió á un soldado de la compañía de la guardia del virey un pliego ordinario dirigido á este, encargándole lo entregase á su dirección cuanto antes porque era de la Habana é importaba mucho; abierto por el virey encontró cuatro papeles que se le dirigían: en uno se referia la aparición del arzobispo Mañosca en la misma noche que murió y que fue uno de los principales actores de la prisión de Guillen y visitador de la Inquisicion; en el segundo denunciaba que los inquisidores le habían invitado para que se alzara con el reino, y en los otros dos hacia una relación acerca de su descendencia y estudios, oponiendo á los cargos que le hacia la Inquisicion, argumentos que fueron calificados de heréticos; trataba de ignorantes á los inquisidores contando pormenor la vida y costumbres de cada uno, los medios de que se valieron para adquirir las plazas, el miserable trato que daban á los presos, y demostraba que las haciendas secuestradas á mas de sesenta familias aprehendidas por el tribunal en los años anteriores, con pretexto de judaísmo, importaban mas de un millón de pesos que se repartieron los inquisidores, con cuyo dinero hacían tratos y contratos y terminaba diciendo que Dios le habia mandado que refiriese lo dicho y que dijera al virey que formara una junta de diferentes personas, en la que, con motivo de lo referido, se resolviese la prisión de los inquisidores y demas ministros del tribunal, se les confiscaran sus bienes y se procediera pronto al castigo que todos ellos merecian.[129]

Los prófugos fueron reaprehendidos, pero habían fijado pasquines por la ciudad con la denuncia contra la Inquisición, lo que dio otra dimensión al asunto, pues, «el tribunal se dirigió al virrey D. Juan Saenz de Mañosca pidiéndole fuesen recogidos los papeles esparcidos por Guillen, pero el virrey se rehusó a entregarlos todos alegando que algunos pertenecían á la autoridad civil, y que iba á mandarlos al rey».[130] Era tanto el poder de los inquisidores que el virrey, por miedo a ser acusado de censura y excomulgado, no tuvo más remedio que entregar los escritos de denuncia, aunque el asunto se convirtió en un sonado chisme.

Dice el historiador: «Después del famoso auto de 1649, habíanse celebrado: uno en Sto. Domingo en 1650 donde fueron sentenciados un esclavo y un español; otro en la misma iglesia en 1652 asistiendo el virrey y visitador bajo celosías, saliendo once reos masculinos por adivinos y usar amuletos para atraerse el amor del otro sexo, un bígamo y un testigo falso».[131] Asimismo, el celebrado el 19 de noviembre de 1659 fue más bien un desfile para festejar las buenas relaciones entre el virrey y los inquisidores. La demostración de fuerza se llevó a cabo «en la plaza principal con grande ostentación y concurrencia; el acompañamiento estuvo muy lucido pues pasaron de quinientas treinta las personas de á caballo; presentóse el virrey con lujo como era su costumbre, aunque aparentando modestia y circunspección; fue aquel el primer auto de fé presidido por un virrey y se ejecutó entonces la "concordia" acordada entre el poder civil y la Inquisición».[132]

La Inquisición era también el gran tribunal de la censura. A principios del siglo XVIII se le otorgó la facultad de visitar los navíos que arribaban a los puertos para impedir la introducción de libros «contrarios al candor de la fe». Los libros que se consideraban contrarios al catolicismo eran proscritos y se volvían motivo de persecución y castigo a sus poseedores. Se vivía en una sociedad formalmente cerrada, en una especie de claustro, lo cual por supuesto no evitaba el contrabando y la clandestina circulación de las ideas satanizadas o prohibidas. En otras palabras, había mucho temor a las ideas de la Ilustración y posteriormente, a las emanadas de la Revolución francesa, por lo que se consideraba indispensable detener su propagación e influencia, especialmente la de tres palabras que, juntas, resultaban muy pegajosas y subversivas: libertad, igualdad y fraternidad.

Cambas comenta: «Pretendiendo evitar el contagio de las colonias con las ideas de la Revolución francesa, se prohibió la entrada y circulacion á ellas de libros, papeles y noticias contrarias á la religion, la quietud pública y la subordinacion, poniendo el mayor cuidado en ello todas las autoridades que impedían hasta el curso á las cartas particulares en que se mantuviera correspondencia sobre asuntos relativos á la revolución».[133]

La absurda censura confirmaba no solo el atraso en el pensamiento de los gobiernos monárquicos, sino también la ignorancia y ridiculez de su actuación. Así como vimos la quema de restos humanos de supuestos idólatras en Nayarit —que recordaba a los sacerdotes mayas desenterrados por el fraile De Landa para arrojarlos a la hoguera en el auto de Maní tres siglos antes—, la Inquisición realizó en 1763 una campaña contra los indígenas de Cuernavaca, Yautepec, Tlaltizapán y otros pueblos de Morelos porque habían vuelto «á caer en la idolatría».[134] El investigador cuenta que:

> Llegó á tanto el mal que en Yautepec fue descubierto un conventículo de ciento sesenta indígenas idólatras que se amotinaron al ser sorprendidos, resultando muchos heridos y los restantes huyeron á las cercanías del volcán inmediato al pueblo de Amecameca, con el designio de hacerse fuertes cerca de una cueva á donde condujeron sus ídolos seguidos de la multitud; de las averiguaciones hechas resultó que estaba premeditada una rebelión en la cual iban á elegir jefe á Pascual Santa María, dueño de la casa destinada á la asamblea, y los conspiradores fueron castigados con la prisión; en el pueblo de Tlatizapan fueron

> denunciados también varios indios sospechosos del mismo delito; un comisario que pasó allí aprehendió veintitrés reos acusados de idolatría, adivinación y pacto, dos de ellos porque escribían y repartian libros llenos de blasfemias, supersticiones é invocaciones diabólicas escritos en idioma mexicano, de cuyos libros recogió la autoridad diez y ocho ejemplares; en cárceles quedaron diez y nueve presos y á los demás los remitió á sus casas el provisor de indios y se continuó la causa para formar auto de fé.[135]

Esto mismo pasaba en Villa Alta, en la región de la Sierra Norte de Oaxaca curas y jueces eclesiásticos procedían contra los supuestos culpables de idolatría, y a los indígenas sentenciados de manera arbitraria se les embargaban sus bienes. Uno de estos abusos lo sufrió el indígena Raymundo Manuel, a quien le confiscaron sus bienes:

> Faltando en ello no solamente á las leyes civiles sino á lo dispuesto en el tercer Concilio Mexicano; los indios conocidos por dogmatizadores habían de ser repartidos en conventos de religiosos para que fueran instruidos en la fé católica, quedando los bienes de ellos en depósito y en poder de los parientes mas cercanos con obligación de asistirlo.[136]

En ese ambiente de represión, negadas por completo la libertad religiosa y la expresión de las ideas, se registró un hecho injusto y bochornoso. El 9 de agosto de 1795 se celebró un auto de fe póstumo contra el doctor Esteban Morell, a quien habían encarcelado junto con Juan Laurent y otros, acusados «de haber vertido expresiones contra los reyes de Francia».[137] El médico Morell había introducido a México la vacuna contra la viruela; no obstante, el Tribunal de la Inquisición culpó a este profesor de Medicina «de herege formal, deista y materialista, suicida voluntario con visos de ateísta».[138]

En febrero de ese año, 1795, antes de ser quemado, el médico francés apareció ahorcado en su celda; nunca se supo si aquella fue su voluntad o si fue obra de los inquisidores. Este caso me recuerda lo sucedido en 1922, cuando, a petición del presidente Álvaro Obregón, el presidente de Estados Unidos concedió la libertad a Ricardo Flores Magón, quien encarnaba la congruencia: prefirió no claudicar a sus principios e ideales y luchar siempre por causas justas, a costa de pasar años encarcelado. En la madrugada del día en que saldría de prisión, «unas manos gigantescas a través de los barrotes de la celda lo tomaron por el cuello. Hubo una breve, salvaje lucha y Ricardo murió estrangulado».[139] Aunque la versión oficial sostuvo que la emoción de su libertad lo había exaltado y ello le provocó un infarto.[140]

En 1805, ante la inconformidad creciente por la opresión, los inquisidores pedían aumento de sueldo: ganaban en promedio 3 000 pesos anuales y había crecido tanto el «libertinaje» que sumaban mil los procesos de carácter clerical en curso.[141] Entre más crecían los rumores de insurrección independentista, más se insistía en detenerla mediante el fortalecimiento del llamado Tribunal de la Fe. El historiador narra que, en 1808, los inquisidores eran:

> D. Bernardo de Prado, D. Isidro Saenz de Alfaro, D. Manuel Flores y D. Javier de Mier y Villar, tres consultores togados, dos eclesiásticos, un alguacil mayor que lo era el conde de Regla y en su ausencia el marqués de la Colina; tenia el tribunal ocho secretarios en ejercicio y dos honorarios, un tesorero, un contador, un abogado del Real Fisco, un depositario de pruebas, cuyo destino ocupaba D. Manuel Urquiaga, y un alcalde de cárceles secretas, que lo era D. Angel Basilio de la Puerta; dos oficiales de secuestro, un nuncio, un procurador, un teniente de alcalde y un procurador del Real Fisco. Tal era la falange de individuos encargados de buscar y juzgar á los que opinaban por la independencia, sin que se les ocurriera que la persecución y el martirio vigorizan cualquiera causa que tenga menos justicia que la de independencia.[142]

Precisamente en 1808, Napoleón impuso a su hermano José como rey de España; Carlos IV abdicó la corona y el trono, y Fernando VII, su hijo, quedó cómodamente en la cárcel: dos almas anémicas mientras el pueblo español luchaba por rechazar a José Bonaparte. Ese vacío de poder se manifestó en la Nueva España, donde surgieron voces que argumentaban que era el momento oportuno para lograr la independencia y sacudirse tres siglos de opresión y tiranía. Cambas, al tratar este asunto —que pudo ser un momento estelar de nuestra historia—, enfrenta con buenos argumentos la acusación del padre del conservadurismo mexicano del siglo XIX, Lucas Alamán, quien sostenía que México había sido «poco generoso para con España al quererse separarse de ella cuando le pedía auxilios en su mayor apuro»,[143] a lo que Cambas pregunta:

> Si no es para los débiles momento oportuno de adquirir su libertad, aquel en que sus déspotas dueños están imposibilitados de usar sus fuerzas? ¡Ha habido un solo conquistador que espere á que sus contrarios se unan y fortifiquen? ¿¡y si no es así por qué pedir á los pueblos una generosidad que no se ha usado para con ellos y que seria perjudicial!?[144]

Otro motivo de reflexión y análisis sobre ese tiempo de indefinición de las élites, aquí y en la metrópoli, es que entonces el virrey Iturrigaray —oscilando entre la ambición de coronarse rey de la Nueva España y el miedo a definirse— intentó buscar una salida a la crisis, escuchando a todos los sectores sociales o fuerzas vivas: desde ilustres abogados hasta integrantes del clero, pasando por comerciantes, mineros, hacendados y representantes de otros gremios de la clase política. En una de esas reuniones en Palacio Nacional, el licenciado Francisco Primo de Verdad y Ramos, liberal y criollo, mencionó por primera vez en siglos el principio de soberanía popular: ante la ausencia del rey tras las abdicaciones, la soberanía regresaba al pueblo y, por lo tanto, debía formarse en la Nueva España un gobierno provisional que, sin desconocer a Fernando VII, gobernara en su nombre mientras se resolvía el conflicto. Hablar de soberanía popular fue tomado entonces —como todavía hoy en ciertos sectores— como un auténtico sacrilegio, lo cual llevó, como ya vimos, al derrocamiento del virrey. Uno de los primeros detenidos fue el propio Primo de Verdad, pues «la Inquisición declaró heréticas las especies vertidas en la junta sobre la soberanía del pueblo».[145] Lo encarcelaron en el palacio del arzobispo de México y se le mantuvo incomunicado hasta el 4 de octubre de 1808, «cuando es encontrado muerto en su celda»;[146] las versiones son varias: ahorcado, colgado de una viga o de un clavo en la pared de su celda, o envenenado, sin que las autoridades civiles y eclesiásticas ofrecieran mayor información. El historiador y abogado Carlos María de Bustamante narra que él participó con Primo de Verdad en esas reuniones y fue perseguido e interrogado por el oidor Miguel Antonio Bataller, quien le advirtió: «Mientras exista una mula tuerta manchega en España, ésta deberá dominar á los mexicanos».[147] Además, Bustamante asegura que a Primo de Verdad lo envenenaron. Con este antecedente se entiende el martirio al que fueron sometidos Hidalgo y Morelos: dos curas excomulgados, insultados, decapitados, escarmentados y humillados que, con el paso de la historia —y a mucha honra—, pasaron a ser los Padres de la Patria. Tan potente fue el Grito de Independencia de Hidalgo en 1810 que, al poco tiempo, se suprimió el tributo de siglos pagado por los indígenas, se proclamó la abolición de la esclavitud y se eliminó el Tribunal de la Inquisición. Claro está que, debido a los titubeos y el conservadurismo de la monarquía, pasado el tiempo más agitado se restablecieron esos indignantes oprobios, pero no por mucho tiempo; además, ya habían quedado sembrados los ideales de justicia que, aunque tardaron en convertirse en realidad, poco a poco se han ido fraguando.

Siempre he dicho y escrito que, aunque Hidalgo proclamó la abolición de la esclavitud, ese anhelo de justicia no se consumó plenamente sino hasta un siglo después, con la eliminación del peonaje en las haciendas. Las reformas liberales se consolidaron tras treinta años de cruentas luchas internas e invasiones extranjeras. En 1910, Francisco I. Madero convocó al pueblo a la revolución para derrocar la dictadura porfirista con el lema «Sufragio efectivo, no reelección». Aunque el régimen resultante de la lucha armada iniciada por Madero avanzó en la atención de demandas sociales, en 2012 todavía no podía hablarse de un hábito y una normalidad democráticos. Lo anterior no significa, desde luego, que las tres transformaciones históricas que nos precedieron hayan sido en vano. Por el contrario, son los momentos más fecundos de nuestra historia política. Es cierto que, pese a esas tres revoluciones impulsadas por la vanguardia del país, en muy pocas ocasiones ha sido posible cambiar las estructuras dominantes en beneficio del pueblo. Pero debe tomarse en cuenta que en esos tres momentos memorables surgieron ideas que forman parte del pensamiento progresista de México y que pueden verse, en conjunto, como una doctrina o ideario que prevalece y se retoma cada vez que se lucha por causas justas, por ejemplo, a pesar de que se logró la independencia política, los anhelos de justicia proclamados por Hidalgo y Morelos —como ya vimos— no se cumplieron, y a lo largo del siglo XIX se mantuvo prácticamente intacta la estructura económica y social del antiguo orden colonial. La esclavitud que imperaba en casi toda la república no fue abolida, en los hechos, sino hasta 1914, cuando los ejércitos campesinos encabezados por Villa y Zapata estaban a un paso de tomar el Palacio Nacional. Las ideas que se fraguan en los movimientos populares pueden entrar en periodos de hibernación —y lógicamente no comprometen a todos—, pero no desaparecen: se mantienen vivas en la memoria de muchos. De modo que el legado de los procesos de transformación no solo se limita a las reivindicaciones económicas, sociales y políticas: tiene que ver también con avances en el terreno de las ideas. El licenciado Primo de Verdad pagó con su vida el haber enarbolado en 1808 el principio de soberanía popular; en ese momento hizo santiguarse a los monarquistas y conservadores «Qué bello es», sin embargo, el legado de él y de otros que, con su sacrificio, enseñaron a las futuras generaciones que el único soberano en una república democrática es el pueblo.

La Independencia de México, como las de casi todos los países de la América colonial, era inevitable. La monarquía se desplomó sola. Además de su pésimo gobierno, nunca hubo interés por el progreso ni, mucho menos, por el bienestar de los habitantes de la Nueva España y de otras colonias. Por lo mismo, ni a los ricos criollos ni, mucho menos, a los pobres les interesaba continuar con un régimen de esas características. Nunca hubo, como ya vimos, un virrey nacido en la Nueva España, y casi todos vinieron a robar; uno incluso quiso vender el Castillo de Chapultepec en 60 000 pesos. La corrupción la propiciaban el rey y la Corte, y este mal se trasladaba en cascada a la Nueva España: los cargos se vendían al mejor postor. El título real de «grande de España» tenía precio, como lo tenían los cargos de alcalde mayor, regidor, coronel, contador de las Cajas Reales en las minas, receptor de rentas y hasta escribano. El historiador relata que, en 1687:

> Había en la Nueva-España noventa y una alcaldías mayores y corregimientos. Los corregidores y alcaldes mayores seguían incorregibles: el de Oaxaca remató la venta de carnes al vecino poderoso Manuel Fiayo, se entiende que mediante condiciones pecuniarias. Poco antes de dejar el gobierno el virey, remató el asiento de la pólvora y el del pulque por nueve años.[148]

En Nuevo León, por esos mismos tiempos, había pobreza debido a la corrupción de los gobernadores, que sacaban de 60 000 a 100 000 pesos, «siendo esto excesivo pues eran muy pocos las poblaciones y reducida la riqueza»;[149] por eso le pedían a la Corte que «no hubiese gobernadores sino capitanes á guerra, los cuales eran suficientes para conservar la seguridad y el orden en aquella provincia».[150] Morir endeudado con la Hacienda Pública se consideraba una ofensa, hasta el punto de que, quien incurría en ella, llevaba un grillete en el cadáver; así se iba a la tumba y la familia no podía quitárselo mientras no pagara. Desde luego, todo en la administración pública estaba privatizado mediante contratos y reparto de comisiones, desde el impuesto al pulque hasta el cobro de alcabalas, pasando por la concesión de la Plaza Mayor, que se alquilaba a comerciantes. Se llegaba al extremo de cobrar una cuota o «moche» al pregonero para que pudiera difundir su información.

Pero la sangría mayor era la de los envíos a España de un dinero que no se destinaba a obras públicas ni al bienestar del pueblo. Ya vimos que la obra más importante del Virreinato fue la construcción de la Catedral, y se calcula que solo se ejercieron dos millones de pesos en más de dos siglos de edificación —sin las cúpulas que colocó

Tolsá a principios del siglo XIX—, apenas equivalente a lo recaudado en tres años del tributo cobrado a los indígenas. Y no hablemos de nuevo de lo que significaba el traslado de valores en oro y plata a la metrópoli. Solo tengamos presente, como ya vimos, que cuando se casó la infanta María Luisa, hija del rey Carlos III, se enviaron para los festejos dos millones de pesos. En el Virreinato, más que obras públicas se hicieron iglesias y conventos, y eso, básicamente, en la Ciudad de México, en Puebla y en las ciudades mineras. En realidad, la capital no era la ciudad de los palacios, sino de los conventos. En 1700 ya existían 61 iglesias, más la Catedral, y era tanto lo obtenido por el cobro del diezmo que había pleitos entre misioneros y los integrantes del clero regular: unos y otros buscaban desesperados hacer su parroquia o convento, al grado de que llegó una Cédula Real, en 1644, en la cual el rey recomendaba al ayuntamiento «sobre que no diera mas licencias para fundaciones de conventos de monjas ó de frailes, y por la súplica que se le hizo de que impidiera á las religiones la nueva adquisición de bienes raíces, á causa de que en caso contrario llegarían á ser únicos dueños de las posesiones del virreinato».[151]

Como las obras públicas estaban en el olvido, las constantes inundaciones eran una calamidad. Se tiene registro de grandes inundaciones en la Ciudad de México en 1553, 1558, 1604, 1607, 1623, 1627, 1629 y 1645, y aunque en 1675 se terminaron —después de siglo y medio— el tajo de Nochistongo y el Canal del Desagüe, todavía en 1697, 1747 y 1772 se padecieron otras; el riesgo permanente fue mitigado simplemente mediante el desazolve de canales. Sobre este añejo problema había que agregar un dato y dos reflexiones: el primero consiste en informar que fue tan grande la inundación de 1629 y los estragos, «que según el arzobispo Francisco Manso y Zúñiga perecieron mas de 30 000 indígenas ahogados ó bajo las ruinas, y acaso muchísimos de necesidad, y apenas quedaron cuatrocientas de las veinte mil familias españolas ahí avecindadas, siendo tal suceso motivo para el aumento de Puebla de los Angeles, hacia donde muchas se dirigieron».[152] El historiador agrega que «La ciudad permaneció anegada hasta 1631, habiendo sido conducida á la Catedral en canoa la imágen de la virgen de Guadalupe».[153] Por estas constantes tragedias desde el principio del Virreinato se pensó en trasladar la ciudad a las lomas de Tacubaya, de modo que siempre que había una inundación salía el tema del proyecto de construir la ciudad en una parte alta; esta opción se empezó a manejar desde agosto de 1604, cuando se salieron «de madre las lagunas» y se inundó la ciudad, pero finalmente nada se hizo con el argumento de que los edificios del centro «valían ya mas de veinte millones que iban á quedar perdidos».[154]

Se argumentó asimismo que ya se había iniciado la construcción de la Catedral y que se llevaba invertido un millón de pesos. Sin embargo, cuando se volvió a plantear el proyecto por la gran inundación de 1629, los edificios de la ciudad ya valían «más de cincuenta millones de pesos, sin tener en cuenta lo mucho que se había gastado en albarradas, calzadas, presas y el costosísimo desagüe, y los arcos de cantería que formaron el acueducto de la ciudad».[155] De modo que todo quedó en proyecto; las cosas siguieron su curso lento y, poco a poco, la ciudad sobrevivió casi de milagro a sus grandes y graves problemas. Aquí conviene recordar que el problema de las anegaciones se agravó cuando se rompieron bordos, terraplenes, diques, puentes y calzadas para introducir los famosos bergantines mandados a construir por Cortés durante el sitio y la toma de Tenochtitlan: se destruyó el acueducto y la ciudad fue arrasada, quemada y demolida por completo. De esa planada inerte en que se convirtió Tenochtitlan —una de las ciudades más bellas del mundo, según sus mismos destructores— surgió la ciudad colonial, trazada a partir del reparto de solares para soldados conquistadores, con casas uniformes de tipo fortaleza, pensadas para la defensa ante la posibilidad de rebelión de los vencidos; obviamente, no se resolvieron los daños ocasionados a la infraestructura hidráulica. Por todas estas calamidades, la nueva ciudad fue un muladar durante casi todo el tiempo del Virreinato. A fines del siglo XVIII los cerdos y las vacas vagaban por las calles, solo se hallaban empedradas las calles centrales, no había alumbrado público e imperaba la indigencia. Cambas narra que cuando el virrey Revillagigedo vino a México, a finales de 1789:

> Las calles estaban sin atarjeas ni banquetas y los empedrados eran irregulares; depositábase en ellas la basura é inmundicias de las casas y las lluvias formaban asquerosos albañales de donde emanaban mefíticas y dañosas exhalaciones; la acequia que pasaba cerca de palacio era también el receptáculo de inmundicias estancadas en el agua represa; el mercado, que estaba frente á palacio, se componía de multitud de grandes y pequeños tejados y tenia un «común» en el centro; ahi se tiraban las vituallas podridas que servían por la noche de pasto á los cerdos y á las vacas que pacian libremente por la ciudad; bajo esos tejados dormían en las noches mezclados hombres y mujeres, y los vagos y los chicos encontraban ahi un asilo para dormir ó cometer crímenes. Los baños eran unas grandes galerías con temascales en los lados y bateas en el centro donde no habia la separación debida para los dos sexos. No habiendo alumbrado público era peligroso transitar á las nueve de la noche por las calles, á cuya hora ya habían retirado los dueños de las tiendas ó casas el farolillo que tenían obligación de colocar en sus puertas.[156]

El mismo historiador encontraba la explicación a tanto abandono e indolencia en «los continuos trastornos que sufrió la paz á consecuencia de los acontecimientos de Europa y a las grandes exigencias de dinero que demandaba la insaciable y avara Corte, lo cual impidió que ni en lo político ni lo moral pudiera adelantar la Nueva-España»»[157]

Una muestra de la avaricia y el egoísmo de la Corte española es el hecho de que, cuando una multitud destruyó el Palacio Virreinal en 1692, la Real Hacienda autorizó un préstamo de 96 163 pesos, pagadero a cinco años, para reconstruirlo; pero cuando se quemó el Palacio Real de Madrid, en 1734, su rehabilitación costó seis millones de pesos, y la Nueva España aportó, sin recibir nada a cambio, dos millones. Además, se enviaron 11 000 tablas de caoba —madera fina cortada de los majestuosos árboles de las selvas tropicales del sureste mexicano— para fabricar las puertas y ventanas del actual Palacio Real de Madrid.

Pero si la ciudad capital se mantuvo en el más completo abandono durante toda la Colonia, imaginemos cómo estaban el resto de los pueblos y villas de la Nueva España. Es casi cómico —aunque, desgraciadamente, real— que en una ocasión, con motivo de la guerra con Inglaterra, la monarquía española, deseosa de recursos, prohibió obras en la Nueva España que excedieran los mil pesos. En 1764, el virrey Joaquín Monserrat propuso construir un puente sobre el río La Antigua, en Veracruz, sin que la Corte se lo permitiera, «dando por razón el ministro Arriaga que no debía emprenderse tal obra cuando por dos siglos se había pasado la Nueva España sin ella».[158] Este absurdo reafirma lo que hemos venido sosteniendo: que a casi todos los imperios hegemónicos les importa un bledo el progreso y el bienestar de sus colonias. En nuestro caso, el estancamiento —y en algunos aspectos el retroceso— es evidente: la inversión en obras públicas, incluidas las clericales, fue mínima en comparación con la riqueza trasladada a la metrópoli española, al grado de poder enumerarse en un párrafo: la Catedral, la reconstrucción del Palacio en dos ocasiones, el desagüe, los caminos México-Acapulco y México-Veracruz por Jalapa; la construcción y reforzamiento de San Juan de Ulúa y el fuerte de San Carlos en Perote; las protecciones y murallas en puertos, presidios y templos de todas las órdenes del clero regular en Puebla, Tlaxcala, Zacatecas, Guanajuato, Morelia, Oaxaca y otros lugares; el paseo de la Alameda, el empedrado de las calles, los acueductos de Azcapotzalco, Chapultepec y Santa Fe; el alumbrado público en la Ciudad de México; hospitales, colegios —incluido el de Minería—, la estatua ecuestre de Carlos IV (El Caballito), la escuela de Bellas Artes y de San Carlos, la Universidad, el pago de la burocracia y, a partir de 1771, la manutención de un ejército de 16 000 elementos. Todo ello podría sumar, cuando mucho, 100 millones de pesos, es decir, apenas un 3% de los 3 000 millones fugados a Europa según los cálculos de Humboldt, ni siquiera un diezmo de lo sustraído. Debe tomarse en cuenta, además, que todas las obras públicas y religiosas se hicieron no solo con presupuesto, sino también con tributo, trabajo, diezmo o limosna de la población mayoritariamente indígena.

El desprecio de la metrópoli hacia la Nueva España se evidencia en dos hechos narrados por el historiador Cambas, quien asegura con toda razón que la monarquía no quería a la Nueva España «para ilustrarla y tratarla como hija, sino para explotarla pues llegó á decir un ministro de la guerra á quien se le reconvenía sobre los males que traía enviar á América tropas inmorales, que para América estaban buenas». Asimismo, un ministro de justicia había dicho en pleno consejo «que no convenían allí [en la Nueva España] establecimientos literarios, sino de agricultura para entregar á los americanos al arado y á la ignorancia».[159]

La descripción más benigna y moderada de los tres siglos de dominio colonial es la de estancamiento, y, como veremos, en materia de humanismo se retrocedió. En ciencia y tecnología, nada se descubrió que no fuera el uso del azogue o mercurio para amalgamar la plata y hacerla más rentable. Esta técnica para beneficiar la plata y el oro la inventó, en 1557, Bartolomé Medina, en el Real de Pachuca. El científico más destacado durante el Virreinato fue Carlos de Sigüenza y Góngora. El maestro Eli de

Gortari escribió una breve biografía sobre esta única estrella en la oscuridad del firmamento: «Quien nació en la ciudad de México el 15 de septiembre de 1645. En el transcurso de su fecunda actividad se destacó como astrónomo, matemático, geógrafo, físico, ingeniero, artillero, historiador, poeta y médico, llegando a ser una de las más grandes personalidades culturales del Nuevo Mundo —incluyendo las colonias inglesas y francesas— en el siglo XVII».[160] Sería una imperdonable omisión no destacar la excepcional presencia en la literatura de la gran escritora y poetisa sor Juana Inés de la Cruz, conocida como la Décima Musa. Precisamente, cuando falleció el 17 de abril de 1697, su amigo y admirador Carlos de Sigüenza y Góngora fue el encargado de pronunciar la oración fúnebre en su honor. Con frecuencia se considera un adelanto la temprana introducción de la imprenta, en 1536, sin recordar que es un antiguo invento chino, modernizado por el orfebre alemán Johannes Gutenberg en el siglo XV y trasladado de Europa a la Nueva España. No obstante, las imprentas establecidas en varias ciudades del país —había tres en la capital (1660) y al menos una en Puebla (1640), Oaxaca (1720), Guadalajara (1792) y Veracruz (1794)— contribuyeron mucho a la difusión del conocimiento y, en algunos casos, a la impresión de obras literarias realistas de carácter social, eficaces y subversivas para la época, como la gran novela de Joaquín Fernández de Lizardi *El periquillo sarniento,* publicada en 1816, cuyo autor firmaba con el seudónimo «El pensador mexicano». Lo mismo puede decirse de la Universidad de México, que, aun con su temprana fundación en 1553, estaba completamente controlada por el clero; las ciencias sociales y naturales se hallaban ausentes o reducidas al pensamiento escolástico medieval, es decir, a la subordinación de la razón a lo religioso. No obstante, los planes de estudio y los textos autorizados por la censura de la Inquisición y de las autoridades reconocidas ayudaron a despertar la conciencia de muchos estudiantes. Además, siempre —pero sobre todo a partir de la Revolución francesa— la circulación de libros prohibidos fue inevitable. Eli de Gortari sostiene que «en la Universidad de México se tuvieron que llegar a leer los modernos, aunque solo fuese para tratar de impugnarlos. Sin embargo, jamás se admitieron las nuevas ideas de una manera franca en los Colegios; y un profesor del Seminario Palafoxiano de Puebla, llamado Ignacio Bernal, que se atrevió a decir en una discusión pública que «las doctrinas de la física deben impugnarse con razones naturales o experimentos bien ejecutados o con demostraciones matemáticas, mas no con autoridades de Santo Tomás o de otros teólogos aunque sean santos», fue privado fulminantemente de su cátedra ese mismo día. En realidad, las ideas científicas modernas se introdujeron en México por otras vías y, en todo caso, los Colegios y la Universidad se empeñaron siempre en combatirlas con el mayor apasionamiento.[161]

Es importante reflexionar sobre dos cuestiones: el atraso educativo y el hecho de que, a lo largo de la historia de México —incluso en los momentos de mayor tiranía—, los opositores más osados al autoritarismo han sido, casi siempre, los estudiantes. Lo primero se relaciona con que, en 1639, en Veracruz, con la llegada de los jesuitas, se abrió una escuela con la novedad de impartir gramática, materia que solo se enseñaba en Puebla y México. Debe subrayarse, por otra parte, que en marzo de 1696 los estudiantes de la Universidad se manifestaron en el centro de la ciudad con el propósito de quemar la picota donde se exhibían los cuerpos de los sentenciados por la Inquisición; aunque el «motín de los estudiantes» fue reprimido, alcanzaron a quemar «el palo donde estaba la aldabilla en que eran ejecutados los sentenciados á la horca»,[162] y el virrey tuvo que ordenar que la ejecución de la pena de muerte se trasladara a otra parte de la ciudad, al tiempo que solicitó «al arzobispo, al previsor, rector de la universidad y prelados de las religiones, para que castigaran y consiguieran á los motinistas».[163]

La realidad es que la educación se hallaba en situación deplorable, no solo por ser eminentemente clerical, sino porque carecía de cobertura y de calidad. No hubo nunca educación pública y la primera biblioteca con ese carácter no comenzó a proyectarse sino hasta 1755. Casi a finales del siglo XVIII, «ninguna escuela gratuita de primeras letras existía ni en la capital ni en las provincias, y las otras estaban en gran parte al cuidado de frailes casi siempre ignorantes y crueles, las de niñas eran dirigidas por maestras que infundían creencias supersticiosas por medio de absurdas narraciones, y enseñaban tan solo escritura y lectura. El colegio de Minería, que apenas lo era de nombre, carecía de profesores, instrumentos y aparatos, y la Academia producía pequeños resultados de utilidad práctica».[164] Un dato: en 1762 solo había en la Nueva España dos ingenieros, «D Agustín Cámaras Altas y D. Pedro Ponce que estaba enfermo».[165] Agréguese que el Colegio de Minería se abrió en 1792, pero, como no había maestros, empezó a funcionar con 25 alumnos y se tuvo que solicitar profesores europeos para diversas cátedras.[166]

Para colmo, por razones políticas, pero utilizando como pretexto el pago completo del diezmo, en junio de 1767, fueron expulsados los jesuitas que independientemente de sus intereses materiales, conformaban la orden más ocupada en la educación, aunque fuese de carácter privado. El bando publicado por el virrey marqués de Croix para aplicar dicha medida es una joya en honor al autoritarismo: ordena, entre otras cosas, que nadie hable del tema en público o en secreto, pues «para lo venidero deben saberlos vasallos del gran monarca que ocupa el trono de España, que nacieron para callar, y obedecer, y no para discurrir, ni opinar en los altos asuntos del Gobierno».[167]

Para impartir clases se exigía el requisito racista de la limpieza de sangre. En 1805, los maestros o maestras debían cumplir con esa absurda y sectaria exigencia:

> Todas las escuelas pías que estaban dirigidas por religiosos, se quería que dependieran de la Audiencia y que hubiera un colegio para maestros. Para establecer entonces una escuela habia de preceder información de testigos y partidas parroquiales sobre el maestro, al parecer del procurador síndico general acerca de su limpieza de sangre, legitimidad, buena vida y costumbres irreprochables; examen y aprobación en doctrina cristiana por el ordinario diocesano, y en leer, escribir y contar por las cinco reglas, sino dando los veedores de la profesión con concurrencia de dos comisionados del Ayuntamiento, y aun así tan solo se expedia el título interino, confirmable á los dos años. A algunos de los preceptores ya establecidos al dar la disposicion, se les dispensó el requisito de información de limpieza de sangre, buena vida y costumbres.[168]

Es más, en 1818, en una actitud desafiante y retrógrada, al retomar el trono, Fernando VII determinó que la educación se entregara por completo al clero, además de restablecer la Inquisición y el tributo a la población indígena:

> Convino en que la educacion en la juventud es el medio mas adecuado para evitar el que desde los principios se aficione á los vicios con la ociosidad; pero pretestó que el gobierno carecía de recursos para dotar las escuelas y acudió á los conventos pidiéndoles suplieran esa falta, puesto que sus riquezas las tenían de los pueblos donde se hallaban establecidos, y pidió á la Santa Sede por medio del ministro plenipotenciario que las religiosas también establecierán planteles para niñas.[169]

Lo mismo sucedía con la atención a la salud del pueblo. La medicina preventiva prácticamente no existió en todo el Virreinato. Las epidemias diezmaban constantemente a la población y la vacuna contra la viruela no comenzó a emplearse en el mundo sino hasta finales del siglo XVIII. Tanto este virus como la peste, la temida *matlazáhuatl*, y otras enfermedades contagiosas causaban muchas muertes, enseñoreándose sobre la gente más pobre y mal alimentada. La prueba más dolorosa de los daños causados por estas epidemias fue la pérdida de población desde la Conquista hasta la Independencia —nunca se recuperó el número de habitantes de la época prehispánica, unos nueve millones; no se alcanzó de nuevo sino hacia 1870—. Pero la prolongada crisis de salud pública obedeció además a la esclavitud, el hambre, la frustración y la indolencia de los colonizadores: el demográfico es un signo inequívoco del retroceso que se padeció con la invasión extranjera. ¿Cómo ufanarse de que llegó la civilización si, con ella, los seres humanos fallecen de enfermedades curables o causas evitables, cuando supuestamente los invasores y colonizadores representaban a Gobiernos y sociedades «avanzadas y modernas»? ¿De qué civilización hablamos si, en trescientos años, los potentados y las élites —incluidos los científicos— no fueron capaces de elaborar y producir una vacuna para evitar el exterminio de millones de personas?

También, como lo expuso Enrique Semo, el filósofo Eli de Gortari —con varias fuentes— concluye que, en 1518, antes de la Conquista, la población era de nueve millones y, tres siglos después, en 1810, se contabilizaba en 6 122 354 habitantes. Es decir, en tres siglos había tres millones menos de personas: un rotundo fracaso humanitario y civilizatorio.[170] El sabio naturalista Alexander von Humboldt trata en varios capítulos esta cuestión en su obra titulada *Ensayo político sobre el reino de la Nueva España*, escrita a partir de un largo, intenso y minucioso viaje de estudio a nuestra América a principios del siglo XIX. De sus reflexiones transmitiremos al menos tres fragmentos: lo relacionado precisamente con las epidemias y el hambre, con el sistema de sobreexplotación y, por último, su opinión sobre la monstruosa desigualdad que imperaba en la Nueva España. Empecemos con su relato sobre las epidemias y el hambre:

> El P. Toribio, franciscano, mas conocido por su nombre megicano de Motolinia, asegura que las viruelas introducidas el año de 1520 por un negro esclavo de Narvaez, arrebató

la mitad de los habitantes de Mégico. Torquemada se extiende á decir que en las dos epidémias del Matlazahuatl, de 1545 y 1576, murieron en la 1.ª 800 000, y en la 2.ª dos millones de indios. Pero si se reflexiona la grande dificultad con que aun hoy se valua en la parte oriental de Europa el número de los que mueren de la peste, se puede dudar con razon de que en el siglo XVI los dos vireyes, Mendoza y Almansa, que gobernaron aquel pais recien conquistado, hayan podido averiguar el número de los indios que perecieron por el matlazahuatl. No acuso de falta de verdad á los dos frailes historiadores; pero es muy poco probable que su cálculo esté fundado en datos exactos.

Queda todavía un problema interesante que resolver. ¿La peste, que se dice haber asolado de cuando en cuando las regiones atlánticas de los Estados Unidos antes de la llegada de los europeos, y que el célebre Ruth y sus secuaces miran como el principio de la fiebre amarilla, seria la misma que el matlazahuatl de los indios megicanos? Debe esperarse que si esta última enfermedad vuelve a dejarse ver en Nueva-España, la observarán ya los médicos con toda atencion.

Un tercer obstáculo contra los progresos de la poblacion de la Nueva-España, y acaso el mas cruel de todos, es el hambre. Los indios americanos, como los habitantes del Indostán, están acostumbrados á contentarse con la menor porcion de alimentos necesaria para vivir; y su número crece, sin que el aumento de subsistencias sea proporcionado á este aumento de poblacion. Indolentes por caracter, y sobre todo por lo mismo de que habitan un suelo por lo comun fertil, y bajo un hermoso clima, los indigenas no cultivan el maiz, las patatas y el trigo sino en la porcion precisa para su propio alimento, ó cuando mas, lo que se consume ordinariamente en las ciudades y minas inmediatas. Es cierto que los progresos de la agricultura son muy visibles de 20 años á esta parte; pero tambien se ha aumentado el consumo extraordinariamente, por el aumento de la poblacion, por un lujo desenfrenado y que no se conocia antes en las castas mestizas, y por el beneficio de las nuevas venas de metales, el qual exige muchos hombres, caballos y mulos. Las manufacturas ciertamente ocupan muy pocos brazos en Nueva-España; pero son muchos los que se quitan á la agricultura por la necesidad de transportar á lomo las mercancias, los productos de las minas, el hierro, la pólvora y el mercurio desde la costa á la capital, y de allí á las minas en la loma de las cordilleras.

Millares de hombres y animales pasan su vida en los caminos reales de Veracruz á Mégico, de Mégico á Acapulco, de Oajaca á Durango, y en los caminos de travesia por donde se llevan las provisiones á esos artefactos, situados en regiones áridas é incultas. Esta clase de habitantes á que en el sistema de los economistas se dá el nombre de esteril y no productiva, es por las causas referidas, mayor en América de lo que podia esperarse de un pais en que la industria de manufacturas está todavía tan poco adelantada. La desproporcion que hay entre los progresos de la poblacion y el aumento de alimentos por efecto del cultivo, renueva el triste espectáculo del hambre, siempre que, ó por alguna grande sequia, ó por otra causa local, se ha perdido la cosecha del maiz. La penuria de víveres ha ido acompañada en todos tiempos y en todas las partes del globo, de epidémias las mas funestas para la poblacion. En 1784, la falta de alimentos causó enfermedades asténicas en la clase mas pobre del pueblo: y estas calamidades reunidas acabaron con un

> gran número de adultos, y mucho mayor de niños; se cuenta que en la ciudad y minas de Guanajuato perecieron mas de 8 000 individuos. Un fenómeno meteorológico muy notable contribuyó principalmente á esta hambre; y fué que en la noche del dia 28 de agosto se heló el maiz, despues de una sequia extraordinaria, y esto á 1 800 metros de altura. Se cree pasó de 300 000 el número de habitantes, que perecieron en todo el reino por esta fatal reunion de hambre y enfermedades.[171]

El siguiente asunto que trata el naturalista refuerza nuestra hipótesis sobre la sobreexplotación y la hipocresía de la nobleza, que se hacía de la vista gorda o simulaba expedir leyes o cédulas para «proteger» a los indígenas con el formalismo de que eran vasallos libres, cuando en los hechos se les daba trato de esclavos. Con mucho tiento —pues, por precaución o prejuicios, no podía aceptar ni escribir abiertamente que hubiera más cultura y humanismo en la época prehispánica—, Humboldt señaló lo evidente:

> La conquista hizo todavía mas deplorable el estado de la gente comun: el cultivador fué arrancado del suelo, para llevarlo por fuerza á las montañas donde se principiaban á beneficiar las minas; un sinnúmero de indios fueron forzados á seguir los egércitos, y á llevar por caminos de montaña, faltos de alimento, y sin descansar, cargas muy superiores á sus fuerzas. Toda propiedad india, fuese mueble ó raiz, era mirada como perteneciente al vencedor: y esta máxima atroz llegó á ser sancionada por una ley, la cual concede á los indígenas una pequeña porcion de terreno al rededor de las iglesias nuevamente construidas.
>
> La corte de España, viendo que el nuevo continente se despoblaba rápidamente, tomó algunas medidas, benéficas en la apariencia, pero que la avaricia y astucia de los conquistadores supo convertir contra aquellos mismos cuyas desgracias se trataba de aliviar. Se introdujo el sistema de las *encomiendas*. Los indígenas cuya libertad habia proclamado en vano la reina Isabel, eran hasta entonces esclavos de los blancos, que se los adjudicaban indistintamente. Con el establecimiento de las encomiendas tomó la esclavitud formas mas regulares. Para poner fin á las pendencias entre los conquistadores, se dividió en partes lo que quedaba del pueblo conquistado: los indios, divididos en tribus de algunos centenares de familias, tuvieron desde entonces dueños nombrados en España de entre los soldados que se habian distinguido en la Conquista, y entre los letrados[172], que envió la corte para gobernar las provincias, y servir de contrapeso al poder usurpador de los generales. Un sinnúmero de encomiendas, de las mejores, se distribuyeron entre los frailes. La religion, que por sus principios debia favorecer la libertad, se vió envilecida desde que se la hizo interesada en la esclavitud del pueblo. Este repartimiento de los indios los hizo una misma cosa con las tierras y su trabajo pertenecia a los *encomenderos*. El siervo tomó muchas veces el apellido de la familia de su señor; y todavía llevan hoy muchas familias indias apellidos españoles, sin que se haya mezclado jamas su sangre con la Europea. La corte de Madrid creia haber dado protectores á los indios, y habia agravado el mal, porque habia hecho mas sistemática la opresion.[173]

Por último, otro párrafo breve y contundente:

> Mégico es el país de la desigualdad. Acaso en ninguna parte la hay mas espantosa en la distribución de fortunas, civilizacion, cultivo de la tierra, y población. En el interior del reino existen cuatro ciudades á solo una ó dos jornadas de distancia unas de otras, que cuentan 35 000, 67 000, 70 000 y 135 000 habitantes. El llano central, desde la Puebla hasta Mégico, y de este á Salamanca y Zelaya, está lleno de pueblos y lugarejos, como las partes mas cultivadas de la Lombardia: y por el E. y O. de esta banda angosta corren á lo largo terrenos yermos, donde apenas se encuentran de diez á doce personas por legua cuadrada. La capital y otras muchas ciudades tienen establecimientos científicos que se pueden comparar à los de Europa. La arquitectura de los edificios públicos y privados, la finura del ajuar de las mujeres, el aire de la sociedad; todo anuncia un extremo de esmero, que se contrapone extraordinariamente á la desnudez, ignorancia, y rusticidad del populacho.[174]

En esto último, el sabio se equivocaba. El modo de ser de los indígenas era humilde y sencillo, pero no brusco. También es indignante el constatar que los potentados de Europa y de la Nueva España se esmeraban en mantener la apariencia de benevolencia y cristianismo cuando, en realidad, en muchos casos eran lo opuesto: los dominaban la codicia y los complejos de superioridad.

La culpa no era solo de los virreyes o de las autoridades civiles y clericales de la Nueva España; venía del rango supremo, de las élites de poder de la metrópoli. No sobra insistir en que tampoco el pueblo español se beneficiaba de la explotación y de la esclavitud de América; ni siquiera sabía que aquí los indígenas, por disposición de la monarquía, no podían vivir en el centro de las ciudades construidas en sus propias tierras, sino en barrios de la periferia. Estaba prohibido aprender el castellano, montar a caballo, usar armas. Por ley, los indígenas solo debían casarse con personas de sus propias culturas. No podían comer pan hecho con trigo de primera y tenían que adquirirlo no en las panaderías, sino en las pulquerías. Eran usados como animales de carga y no podían sentarse en las filas delanteras de la Catedral. El rico y el eclesiástico podían ser sepultados en la iglesia; el pobre debía yacer en el «camposanto». Los indígenas no podían ser sacerdotes ni maestros, porque para tales oficios se exigía limpieza de sangre —es decir, una supuesta superioridad racial—; les estaba vedado viajar a España —aun si eran descendientes de antiguos caciques— y, desde luego, en haciendas, minas y parroquias, las faltas leves se castigaban con cárcel, cepo, grilletes y azotes, mientras que las graves ameritaban pena capital: ahorcamiento, quema, decapitación o fusilamiento.

Es lógico que una tiranía con estas prácticas produjera malestar, frustración y violencia. Eso presentía en 1799 fray Antonio de San Miguel, monje jerónimo de Monte Corbán, natural de las montañas de Santander y obispo de Michoacán, quien, en una carta al rey, le informó de las injusticias cometidas por siglos contra indígenas y afroamericanos y le hace, con pensamiento en verdad avanzado, una propuesta para conseguir con justicia la paz y evitar —si no había cambios— la rebelión que terminaría por llegar, como finalmente sucedió. El obispo señaló al rey que la población de la Nueva España:

> Se compone de tres clases de hombres, á saber: de blancos ó españoles, de indios, y de Castas. Yo considero que los españoles componen la décima parte de la masa total. Casi todas las propiedades y riquezas del reino están en sus manos. Los indios y las castas cultivan la tierra; sirven á la gente acomodada, y solo viven del trabajo de sus brazos. De ello resulta entre los indios y los blancos esta oposicion de intereses, este odio reciproco, que tan facilmente nace entre los que lo poseen todo y los que nada tienen, entre los dueños y los esclavos. Así es que vemos de una parte los efectos de la envidia y de la discordia, la astucia, el robo, la inclinacion á dañar á los ricos en sus intereses; y de la otra la arrogancia, la dureza, y el deseo de abusar en todas ocasiones de la debilidad del indio. No ignoro que estos males nacen en todas partes de la grande desigualdad de condiciones. Pero en América son todavía mas espantosos porque no hay estado intermedio; es uno rico ó miserable, noble ó infame de derecho y de hecho.
>
> Efectivamente los indios y las castas están en la mayor humillacion. El color de los indígenas, su ignorancia y mas que todo su miseria, los ponen á una distancia infinita de los blancos que son los que ocupan el primer lugar en la poblacion de la Nueva-España. Los privilegios, que al parecer conceden las leyes á los indios, les proporcionan pocos beneficios, y casi puede decirse que les dañan. Hallándose reducidos al estrecho espacio de 600 varas de radio que una antigua ley señala á los pueblos indios, puede decirse que aquellos naturales no tienen propiedad individual, y están obligados á cultivar los bienes concejiles.[175]

Asimismo, el obispo explica que:

> Las castas, descendientes de los negros esclavos, están notadas de infames por la ley, y sujetas al tributo, el cual imprime en ellas una mancha indeleble, que miran como una marca de esclavitud transmisible á las generaciones mas remotas. Entre la raza de mezcla, esto es, entre los mestizos y los mulatos, hay muchas familias que por su color, su fisonomia, y modales, podrian confundirse con los españoles; pero la ley los mantiene envilecidos y menospreciados. Dotados estos hombres de color de un carácter enérgico y ardiente, viven en un estado de constante irritacion contra los blancos; siendo maravilla el que su resentimiento no los arrastra con mas frecuencia á la venganza.[176]

Y luego de hacerle una respetuosa advertencia de que nada se conseguiría con el uso de la fuerza, propone un programa mínimo para el bienestar del pueblo:

> Ahora bien, Señor [exclama el prelado], ¿que aficion puede tener al gobierno el indio menospreciado, envilecido, casi sin propiedad y sin esperanzas de mejorar su suerte; en fin sin ofrecerle el menor beneficio los vínculos de la vida social? Y que no se diga á V.

> M., que basta el temor del castigo para conservar la tranquilidad en estos paises; porque se necesitan otros medios y mas eficaces. Si la nueva legislacion que la España espera con impaciencia, no atiende á la suerte de los indios y de las gentes de color, no bastará el ascendiente del clero, por grande que sea en el corazon de estos infelices, para mantenerlos en la sumision y respeto debidos al soberano.
>
> Quítese el odioso impuesto del tributo personal; cese la infamia de derecho con que han marcado unas leyes injustas á las gentes de color; decláreseles capaces de ocupar todos los empleos civiles que no piden un título especial de nobleza; distribúyanse los bienes concejiles, y que están pro indiviso entre los naturales; concédase una porcion de las tierras realengas, que por lo comun están sin cultivo, á los indios y á los castas; hágase para Mégico una ley agraria semejante á la de las Asturias y Galicia, segun las cuales puede un pobre labrador, bajo ciertas condiciones, romper las tierras que los grandes propietarios tienen incultas de siglos atras en daño de la industria nacional; concédase á los indios, á los castas y á los blancos plena libertad para domiciliarse en los pueblos que ahora pertenecen exclusivamente á una de esas clases; sehálense sueldos fijos á todos los jueces, y á todos los magistrados de distrito: y he aquí, Señor, seis puntos capitales de que depende la felicidad del pueblo megicano.
>
> Se estrañará sin duda ver que en un momento en que las rentas del Estado se hallan en tan triste situacion, haya quien se atreva á proponer á V. M. la supresion del tributo. Pero un cálculo bien sencilo manifestaria, que tomando las medidas que van mencionadas, y concediendo al indio los derechos de ciudadano, lejos de padecer daño alguno la real hacienda, se aumentarian sus ingresos notablemente.[177]

En la Nueva España, aun con la calma que transitoriamente se produjo luego del Grito de Dolores en 1810 y el apaciguamiento de la rebelión popular encabezada por los curas Hidalgo y Morelos, acompañados por miles de insurgentes, pocos —muy pocos— pensaban que la época colonial no habría de llegar a su fin. Los más aferrados eran los peninsulares y algunos criollos, pero la mayoría sabía que el mal gobierno y el desorden político al interior de la monarquía española conducirían, más temprano que tarde, a convertir en realidad el sueño de una patria nueva, libre, independiente, soberana y justa. Posteriormente, trataremos en otro texto el tema de la fecunda historia de México, y allí hablaremos de cómo fue a detalle este y otros acontecimientos. Por ahora, terminaremos este libro exponiendo lo excepcional del legado de las civilizaciones indígenas que tanto nos distingue y nos ha protegido y salvado como pueblo y nación. Porque, sin esa grandeza cultural, no tendríamos la dicha y el orgullo de vivir y ser felices en nuestra amada y suave patria.

Capítulo 10

RESURRECCIÓN Y LEGADO

Todo el repaso histórico que hemos hecho sobre la vida y las civilizaciones del mundo ha tenido el propósito de esclarecer lo importante que ha sido la preservación de los valores culturales que heredamos del México prehispánico. Ese legado, repito, es lo que nos ha dado identidad, creatividad, fortaleza, humildad y humanismo para prosperar, ser felices y salir adelante frente a las adversidades. Las culturas de las antiguas civilizaciones que florecieron en el actual territorio de México, no solo nos han dado grandeza y gloria, sino que siempre han contribuido a nuestra salvación como familia, como sociedad y como nación. Pocos pueblos han tenido la dicha de vivir en un país donde se desarrollaron grandes civilizaciones que, al paso de las generaciones, han enfrentado todo tipo de desafíos, como epidemias, inundaciones, hambre, opresión y exterminio, y que han podido resistir para mantener vivas sus creencias, su modo de ser y su idiosincrasia.

Como ya vimos, esa epopeya se la debemos a los pueblos originarios de lo que Guillermo Bonfil Batalla llama el México profundo. Por eso es importante conocer cómo lograron nuestros antepasados resistir la represión y el exterminio y no someterse al pensamiento colonizador, determinar qué se conservó y, por último, saber cuáles fueron esos preceptos o valores culturales, morales y espirituales en la hazaña de persistencia que hasta la actualidad distinguen a los mexicanos.

Podríamos encontrar principios fundamentales que caracterizaron a las grandes culturas antiguas y que nos fueron heredados con el tiempo, pero solo me enfocaré en cinco de ellos, que considero básicos y constitutivos de nuestra personalidad como pueblo y nación.

En primer término, resalto la completa ausencia del afán de lucro y de acumulación de bienes materiales. Ya vimos cómo hasta Motolinía, que acusaba a los indígenas de idólatras y caníbales, reconocía que salían a trabajar «a buscar el mantenimiento a la vida humana necesario, y no más». Esto de conformarse con lo necesario, como san Francisco de Asís, quien decía: «Necesito poco y lo poco que necesito, lo necesito poco», les parecía a muchos indolencia, conformismo o apatía. Lo cierto es que la economía indígena estaba orientada básicamente a la autosuficiencia, y los excedentes de producción se destinaban al pago del tributo en especie a las autoridades. Se trataba de una economía diversificada: el maíz era lo básico, como ya hemos visto, pero en la milpa se sembraban además calabaza, frijol, yuca, chile y muchas otras plantas comestibles o medicinales. Luego, como todos en la familia sabían cazar, pescar, tejer, hacer utensilios, cocinar, criar animales domesticados y muchas cosas más, el fruto de su trabajo les alcanzaba para sí mismos, así como para cumplir con el pago del tributo a las autoridades, para las ofrendas y para la solidaridad con el necesitado. Nunca existió un propósito de enriquecimiento material. La economía indígena estaba enfocada en lo moral.

Eso lo explica muy bien Bonfil Batalla en su gran obra *México profundo: una civilización negada.* Este excepcional antropólogo sostiene que «la orientación de la producción hacia la autosuficiencia es congruente con la economía de prestigio: ambas tienden a igualar los niveles materiales de vida y obstaculizan la gestión de diferencias de riqueza».[1]

No está de más preguntarnos: si no interesaba la acumulación de capital, ¿qué era entonces lo que permitía alcanzar la tranquilidad espiritual, el bienestar y la felicidad? La respuesta es el reconocimiento que se obtiene por el servicio prestado a los semejantes en la comunidad. Se buscaba —y ello prevalece— una recompensa moral; por ejemplo, en las actuales comunidades de Oaxaca, un presidente municipal que trabaja como mínimo un año sin recibir salario, o un mayordomo que organiza una fiesta tradicional, incluido el costo, lo hacen por gusto y voluntad, porque se trata de actividades culturales vinculadas al prestigio social. El maestro Bonfil lo explica con mayor detalle de esta forma:

> Los sacrificios personales y familiares que deben hacerse para desempeñar un cargo en la comunidad, a cambio únicamente de la consideración pública, de un prestigio que se manifiesta en un trato ritualizado, deferente, pero que no conlleva ningún beneficio material de alguna significación, perfilan una orientación de la vida que resulta difícilmente comprensible desde la perspectiva individualista y acumulativa de la sociedad capitalista moderna. ¿Por qué se actúa así? ¿Por qué se acepta y se premia esa conducta? Intervienen, desde luego, mecanismos de presión social: el descrédito, la mala opinión, la burla, la insistencia familiar y de las autoridades. Quien acumula individualmente, en vez de gastar en lo que la cultura del grupo establece (es decir, el gasto suntuario a través del desempeño de un cargo), lejos de ganar prestigio y autoridad, los pierde; el conflicto puede llegar a tal punto que se vea obligado a salir de la comunidad. (En buena medida, esto explica lo que sucede en muchos casos con los que se convierten al protestantismo y se niegan a participar en el sistema de gobierno tradicional, como veremos más adelante.) La presión social, sin embargo, exige también alguna explicación. Y esta se halla en el hecho de que la participación es una condición indispensable para ser reconocido y admitido como integrante del grupo, de ese grupo que, como se mencionó en la sección anterior, se asume como depositario exclusivo de un patrimonio cultural heredado. Para tener acceso legítimo a ese patrimonio y para poder intervenir en las decisiones sobre el mismo, es necesario ser miembro del grupo; y para serlo (el círculo se cierra), se debe probar que se aceptan las normas colectivas. La participación en el sistema de cargos, y todo lo que implica como orientación fundamental de la vida, es una de las normas básicas que permiten identificar a los miembros del grupo. A tal grado es importante esta forma de organización, que en muchos casos los emigrados regresan anualmente a su comunidad para cumplir con sus obligaciones, cuando no quieren perder sus derechos como miembros del grupo.[2]

De modo que en el México prehispánico la felicidad no se conseguía solo con el dinero o lo material. Podríamos concluir sosteniendo que la eficacia de esa manera de pensar y de ser seguramente ha influido en el hecho de que, en la actualidad, el pueblo de México figure entre los diez más felices del mundo.

•••

El segundo aporte que proviene del México prehispánico es el carácter comunal de la tierra, que nunca se concibió como una mercancía. Aun cuando se ha impuesto el individualismo, creo que mucho ha quedado de la antigua concepción comunitaria en la explotación de la tierra.

¿Cómo era y cómo sigue siendo en algunas partes el manejo y el usufructo de la tierra? En los remotos orígenes, y durante siglos, en este territorio no existió la propiedad privada: la tierra era comunal y el derecho a ella se limitaba al tiempo necesario para la producción de autoconsumo y para obtener un excedente destinado a cumplir con las exigencias de las autoridades políticas y religiosas. Esto implicaba que, una vez levantada la cosecha, la tierra volvía a ser de uso común. En otras palabras, si un miembro de la comunidad requería sembrar maíz, escogía un acahual o monte alto que consideraba le produciría lo suficiente para cubrir las necesidades familiares y lo que requería para poder cumplir con los deberes ante las autoridades, básicamente el tributo en especie pagado por los campesinos y comunidades, el cual era convertido en mercancía por los jefes o mandones y destinado al intercambio con productos de otros pueblos. Asimismo, los árboles frutales se consideraban propiedad de quien los había plantado, aun cuando no fuese el dueño del terreno.

La agricultura indígena se acompañaba de una tecnología tradicional basada en la rotación de terrenos y en la asociación de cultivos. De esta forma, aunque la tierra apta para la agricultura fuera escasa, podían obtenerse buenas cosechas que, junto con la crianza de animales de patio, la pesca, la caza y la producción de artesanías, garantizaban la manutención de los miembros de la comunidad.

Esta forma del indígena de relacionarse con la tierra no era concebida ni aceptada por quienes empezaron a propagar la idea de la propiedad privada, prevaleciente en Europa y extendida con la llegada de los invasores españoles. Aunque el despojo de las tierras comunales siempre se practicó durante la Colonia, fue después de la Independencia política de México, y en especial durante el porfiriato (1876-1911), cuando este injusto proceder se intensificó bajo la máxima de que las tierras de las comunidades indígenas se consideraban tierras nacionales o baldías.

•••

El tercer elemento que influye hasta nuestros días en el temple de los mexicanos es el antiguo principio de la ayuda mutua. El trabajo en la agricultura, sobre todo en la siembra y cosecha, así como en la construcción de viviendas, obras y servicios públicos, se desarrollaba bajo el acuerdo de la ayuda mutua, conocido actualmente como «la mano», que consiste en invitar a otros miembros de la comunidad a la labor, con el compromiso de devolver el esfuerzo cuando fuese requerido. Este principio característico del mundo indígena pone de manifiesto la importancia del trabajo colectivo y de la solidaridad entre los miembros de la comunidad.

Esta práctica resultaba también incomprensible para los colonizadores y descendientes partidarios del trabajo individual y asalariado. Durante la Colonia, cuando se hacía referencia al trabajo solidario o al tequio, en muchas ocasiones españoles o criollos lo describían de manera despectiva; por ejemplo, expresaban: «Una multitud de indios que podrían estar trabajando en las fincas que tanto carecen de ellos, ocupados cuarenta en una cosa que pueden hacer dos».[3]

A pesar de este pensamiento y del avance de las relaciones estrictamente salariales, la ayuda mutua continuó existiendo y todavía prevalece en algunos pueblos indígenas, sobre todo en Oaxaca, donde este modo de organización social se practica en lo personal y en lo comunitario. Allí, por ejemplo, los miembros de la comunidad mantienen sus creencias religiosas y, al mismo tiempo, desempeñan cargos de Gobierno sin recibir salario o sueldo, motivados por el principio moral de que se debe servir a los demás, a la colectividad.

La ayuda mutua nos ha dejado como legado el ser muy fraternos y muy humanos en todos los órdenes. Los ejemplos son muchos: la solidaridad de la gente en casos de terremotos, inundaciones, epidemias y otras tragedias; el apoyo de los migrantes que trabajan en Estados Unidos a sus familiares en México; la bondad hacia el pobre y el «hacer el bien sin mirar a quién».

•••

El cuarto distintivo que caracterizó al México prehispánico y que perdura hasta la actualidad es el espíritu libertario de nuestro pueblo. Así como durante siglos no existieron la propiedad privada ni el trabajo asalariado, tampoco imperó la esclavitud. Por lo general, en la Antigüedad prehispánica, la estructura política de dominación se sustentaba en medidas coercitivas, pero también en creencias y consensos entre la clase gobernante, compuesta por caciques, sacerdotes, guerreros, comerciantes y el pueblo llano, el cual podía vivir en libertad siempre y cuando cumpliera con el pago de tributos asignados por quienes detentaban el poder. Este sistema era tan eficaz que fue adoptado por los conquistadores, quienes únicamente sustituyeron en la cobranza de tributos a los antiguos caciques nativos por los llamados encomenderos españoles. Sin embargo, como hemos visto, aun con la expedición de leyes o cédulas reales para proteger a los indígenas, sobre todo por el despoblamiento causado por las epidemias, la monarquía terminó por aceptar e incluso promover la esclavitud, utilizando el fierro del rey para marcar con fuego en la cara a las llamadas «piezas», fuesen indígenas o afroamericanas.

El punto es que la esclavitud aparece realmente con la llegada de los europeos. En Puebla, antes de tomar Tenochtitlan, Hernán Cortés convierte en esclavos a quienes se resistían a someterse y sumarse a su ejército. Al principio de la ocupación de los pueblos originarios por los españoles, los excesos en el cobro de tributo y en la sobreexplotación se extendieron por todas partes. En los libros del *Chilam Balam* se expresaba: «Tendréis exceso de dolor y exceso de miseria por el tributo reunido con violencia y antes que nada entregado con rapidez. Diferente tributo mañana y pasado mañana daréis».[4] Aunque presagiaban lo siguiente: «al terminar la codicia, cuando ocurra el despoblamiento, cuando sea la ruina, la destrucción de los pueblos por el colmo de la codicia».[5] «Justas y obedecidas serán las órdenes de los Señores legítimos para alegría del mundo».[6]

Sin embargo, siempre en defensa de su libertad, el indígena enfrentó las prácticas del enganche y otros trucos que las autoridades aplicaban en favor de los hacendados que demandaban mano de obra, sobre todo, en épocas de auge productivo y comercial. En todo el periodo colonial, la comunidad y la hacienda fueron unidades agrarias distintas y antagónicas. La hacienda pretendía absorber a la comunidad mediante la expansión territorial y el enganche de sus miembros. A su vez, la comunidad resistía la presión defendiendo su tierra y mediante la protección derivada de sus instituciones de ayuda mutua, es decir, el trabajo colectivo y la solidaridad social. En este sentido, la tierra tenía para el indígena una doble función: era el principal medio de subsistencia y, a la vez, el elemento que permitía la autonomía en relación con el trabajo servil de la hacienda. Los indígenas preferían las penalidades y pobreza de su vida de subsistencia antes que perder la libertad y someterse a la hacienda. Esta actitud resultaba inexplicable para los hacendados, quienes, ante la imposibilidad de dominarlos por la fuerza, tachaban al indígena de flojo e indolente. Pero el indígena no cambiaba por nada su libertad y antes que ser esclavo prefería vivir en lo más agreste de las montañas, en la selva, en los pantanos, en las islas o en las llamadas zonas de refugio.

•••

Por último, el quinto de los preceptos o elementos buenos que heredamos de los primeros pobladores del México prehispánico es la innata inclinación hacia la honestidad, que sigue siendo la mayor riqueza de nuestro país. La corrupción es un fenómeno relativamente nuevo, iniciado con la invasión extranjera y fomentado por la codicia y el lucro que acompañan casi siempre al afán de avaricia, superioridad, mando y dominio. Aun si tomamos en cuenta que es poco el conocimiento del México prehispánico, no existen indicios de que este vicio —el robo en todas sus dimensiones— haya sido algo sobresaliente en el mundo indígena. Ni los soldados o testigos presenciales del inicio de la Conquista ni los primeros misioneros católicos abordan el tema, como sí lo hicieron para justificar la invasión y el sometimiento, hablando de la barbarie, los sacrificios humanos, las idolatrías o la presencia del diablo en América. Más bien, en los libros del *Chilam Balam* se constata con extrañeza la desmedida ambición de los codiciosos señores, los codiciosos gobernantes, los codiciosos usurpadores, y se advierte que habría «mucha miseria en los años del imperio de la codicia, gran sufrimiento que terminará con la dispersión y la ruina de los pueblos».[7]

Es incuestionable que los conquistadores fueron movidos por la ambición del dinero. Ellos protagonizaron la primera fiebre del oro en América. Una vez vencidos los mexicas de la gran Tenochtitlan, los españoles tomaron preso a Cuauhtémoc y a otros nobles, y fueron sometidos a interrogatorios por Cortés, quien deseaba saber el destino del oro que guardaban los mexicas. Aunque recibió una canoa llena de toda clase de objetos de ese metal, Cortés no quedó satisfecho y sometió a tortura a sus prisioneros, entre ellos al propio Cuauhtémoc. Al *tlatoani* le quemaron los pies buscando que revelara el paradero del resto del oro. De acuerdo con Francisco López Gómara, quien hizo una historia basada en los testimonios de los mismos conquistadores, uno de los principales, que era torturado junto con Cuauhtémoc, le solicitó que dijera algo, a eso Cuauhtémoc «lo miró con ira y lo trató vilísimamente como muelle de poco esfuerzo, preguntándole si estaba él en algún deleite o baño».[8]

En su memorable libro *Las venas abiertas de América Latina*, Eduardo Galeano relata de manera magistral la codicia por el oro:

> A tiros de arcabuz, golpes de espada y soplos de peste, avanzaban los implacables y escasos conquistadores de América. Lo contaron las voces de los vencidos. Después de la matanza de Cholula, Moctezuma envió nuevos emisarios al encuentro de Hernán Cortés, quien avanzó rumbo al Valle de México. Los enviados regalaron a los españoles collares de oro y banderas de plumas de quetzal. Los españoles «estaban deleitándose. Como si fueran monos levantaban el oro, como que se sentaban en ademán de gusto, como que se les renovaba y se les iluminaba el corazón. Como que cierto es que eso anhelan con gran sed. Se les ensancha el cuerpo por eso, tienen hambre furiosa de eso. Como unos puercos hambrientos ansían el oro», dice el texto náhuatl preservado en el Códice Florentino.
>
> [...]
>
> Y finalmente Cortés, que había perdido Tenochtitlan, la reconquistó en 1521. «Y ya no teníamos escudos, ya no teníamos macanas, y nada teníamos que comer, ya nada comimos». La ciudad, devastada, incendiada y cubierta de cadáveres, cayó. «Y toda la noche llovió sobre nosotros». La horca y el tormento no fueron suficientes: los tesoros arrebatados no colmaban nunca las exigencias de la imaginación, y durante largos años excavaron los españoles el fondo del lago de México en busca del oro y los objetos preciosos presuntamente escondidos por los indios.[9]

Esa hambre de oro fue atraída, indudablemente, por los europeos; pero persistió y trataron de imponerla como forma de vida durante el México independiente y en los largos tramos de dominación de la oligarquía criolla y de las élites extranjeras. Sin embargo, la portentosa tradición cultural indígena logró detener ese afán de lucro y aún siguen vigentes la decencia, el recto proceder y la honestidad de nuestro pueblo.

La dignidad del mexicano ha prevalecido por los siglos de los siglos. Hasta hace poco, en los pueblos originarios ni siquiera se conocía la palabra ni el significado del robo. En la misma milpa se guardaba el maíz en trojes y nadie se atrevía a tocarlo. Aquí vuelvo a contar que, hace como diez años, un joven compañero de Morena olvidó su cartera en el revistero de un avión comercial y días después recibió la llamada de un campesino migrante desde un lugar de California para informarle que él había encontrado su cartera con sus documentos y dinero. El campesino migrante, originario de una comunidad de Veracruz, le preguntó cuánto llevaba en la cartera y, una vez aclarado el asunto, se la envió a su domicilio. Mi joven compañero le preguntó a su benefactor —quien apenas hablaba bien el español— por qué lo hacía. Le contestó que sus padres le habían enseñado a hacer el bien sin mirar a quién y que, si actuaba así, tendría una recompensa mayor.

En fin, en los pueblos del México profundo se conserva aún la esencia de la civilización mesoamericana y existe una reserva de valores culturales, morales y espirituales que nos alimentan y nutren, que nos dan fortaleza para enfrentar cualquier tipo de adversidad, levantarnos y renacer, como si se cumpliera por siempre la profecía de los Memoriales de Culhuacán, según la cual «mientras exista el mundo no acabará la gloria ni la fama de Meshico Tenochtitlan».

•••

Aunque en la heroica y abnegada resistencia indígena durante la colonización intervinieron diversos factores, si tuviésemos que ponerle nombre, le llamaríamos «operación conejo». Así definió el obispo Vasco de Quiroga, Tata Vasco, lo que hacían los indígenas para defenderse de la opresión de la monarquía española. Decía el obispo de Michoacán: «Huyen los indios y se defienden de los innumerables agravios y fuerzas y daños recibidos, con armas del conejo que es huir a los montes y breñas». Huir no es levantarse en armas. Solo «nosotros, ciegos de la codicia, llamamos rebelión de la defensa natural, porque así conviene a nuestros propios y particulares intereses».[10]

Esta denuncia ya la había hecho antes fray Bartolomé, y se repitió a lo largo del Virreinato, pero nadie atendía el fondo del problema. Carlos V no le hizo caso a Bartolomé de las Casas cuando este le proponía que se aboliera el reparto de indígenas a los encomendados, pues «sabiendo los indios que son de Vuestra Majestad, y que han de estar seguros en sus casas [...] salirse han de los montes a los llanos y rasos a hacer sus poblaciones juntas, donde aparecerá infinita gente que está escondida por miedo de las vejaciones y malos tratamientos de los españoles».[11] Enrique Semo trata un tema estrechamente relacionado con la huida al monte de los indígenas o a lugares de refugio; me refiero al proyecto de congregación de la población indígena en nuevas localidades. Lo explica así:

Durante el primer siglo de su gobierno, los españoles mantuvieron vigorosamente una política de concentración de la población indígena rural en pueblos planeados a la manera de los conquistadores. Los términos de congregación y reducción fueron usados para describir este proceso. Las comunidades nativas fueron sometidas varias veces a esa práctica debido a la disminución catastrófica de la población. La primera gran ola de congregaciones se dio entre 1550 y 1564. Antes de la Conquista, Mesoamérica estaba habitada por campesinos que vivían cerca de sus campos en habitaciones individuales o en asentamientos consistentes apenas en unas cuantas casas. En el campo, los macehualtin, o gente común, estaban reunidos en calpulltin, y el territorio, controlado por un calpilli, colindaba con el de otros, y las casas de las familias campesinas estaba diseminadas. Los españoles se dieron cuenta de que no podían explotar eficientemente ni catequizar con efectividad a un pueblo disperso en áreas remotas, donde evadiría el tributo y practicaría ritos prohibidos. El primer esfuerzo consciente para efectuar un reasentamiento indígena fue probablemente el de Vasco de Quiroga, quien en la década de 1530 proyectó sus pueblos hospitales y dirigió varias congregaciones en Michoacán.

Por primera vez en muchos siglos había más tierra de la que podían cultivar los indios. Los españoles querían esa tierra, los encomenderos querían tributo y los frailes querían tener a sus fieles dentro de la más corta distancia. Todos convinieron en que los naturales fueran reunidos en asentamientos bien dispuestos alrededor de monasterios. Fue durante el gobierno de Luis de Velasco, a partir de 1550, cuando se concentró a los macehualtin en nuevos sitios. En algunas ocasiones, varias cabeceras fueron reunidas en un solo sitio para compartir parroquia, mercado y otros servicios. En las nuevas poblaciones, los calpulltin se convirtieron en calles o barrios. A cada cabeza de familia se le asignó un solar dentro de la sección del nuevo poblado que estaba destinada a su calpulli. El efecto fue la reducción de los viejos territorios de los calpulltin a pesar de las órdenes de que ninguna tierra de los sitios abandonados fuese enajenada a los indios, al menos sin compensación. Los indios resistieron. En 1552, el virrey Velasco ordenó que los naturales pasaran a poblar las nuevas aldeas sin hacerles violencia y explicando la utilidad de esa medida, pero un año más tarde ordenaba que a los que se resistieran se les sometiera al uso de la fuerza para formar la congregación planeada.

Para el indio, la congregación resultaba totalmente desventajosa. Entre más lejos estuviera de la autoridad civil y eclesiástica, más libre estaría de los impuestos y el servicio personal. Al pasar a la nueva población tenía que construir su propia casa y luego trabajar en una iglesia o monasterio, un hospital, una cárcel o algún otro edificio. Se suponía que se le daría tierra cultivable, pero frecuentemente se encontraba con que los mejores terrenos habían sido asignados al español, al cacique y a otros nobles. Algunas veces quedaba condenado a ser terrazguero y a realizar servicios onerosos para el encomendero o el cura. Había perdido las ventajas de la vida rural y si escapaba y regresaba a su parcela ancestral, la encontraba ocupada por un rancho ganadero, una granja o una hacienda de españoles.

El oídor Vasco de Puga resumía los argumentos contrarios a las congregaciones, «alegaba que muchas juntas fueron constituidas sin orden y con mucha molestia de los indios, cumpliendo que se muden hasta derribarles las casas, porque la verdad se les hace muy mal

> dejar la tierra y casa conocida de doscientos años». Ya para 1570, el virrey proporcionó datos sobre 163 congregaciones. Muchas de las comunidades indias que sobrevivirían durante el periodo independiente tuvieron su origen en las aldeas surgidas de las congregaciones. Las congregaciones contribuyeron a la desorganización de los sistemas de producción originales, al aumento de la explotación, a la destrucción de las particularidades culturales, ya que frecuentemente miembros de diferentes etnias se veían reducidos en las mismas aldeas.[12]

En efecto, aunque se impuso esta política de reunir a la población indígena en nuevas congregaciones, en los hechos no tuvo el éxito deseado por el Gobierno monárquico español. Los indígenas defendieron su libertad y sus culturas, aun a costa de morir en los montes. En un concepto moderno de urbanismo, lo más recomendado es agrupar a las pequeñas comunidades en centros integradores de población para acercar los servicios a la gente, pero en aquella época las congregaciones eran como trampas para cazar conejos. Y eso lo constataron en carne propia los indígenas que preferían abandonar sus pueblos y refugiarse en la sierra, las islas, el desierto o los pantanos antes que perder su preciadísima libertad.

En su concepción, mientras más lejos estuvieran del asedio opresor —de la autoridad, del encomendero, del hacendado, del minero y del cura—, mejor. Claro que inicialmente la propuesta de los colonizadores parecía atractiva y se basaba en convencer y persuadir que las congregaciones eran lo más conveniente para el bienestar del pueblo. Se trataba de escoger un terreno para repartir solares y entregar a cada congregación, desde el centro del nuevo poblado, seiscientas varas (491.6 metros) de tierra a la redonda, «a los cuatro vientos». Sin embargo, como este confinamiento significaba quitarles todas las tierras comunales y convertirlas en realengas —es decir, del rey, que luego, tras la Independencia, serían llamadas nacionales o baldías—, muy pocos aceptaron voluntariamente el plan, y entonces se recurrió al uso de la fuerza. Pero los conejos ya habían huido a los montes y, tiempo después, la Corte tuvo que cancelar su propuesta y autorizar el regreso de los indígenas a sus antiguos caseríos o comunidades, aunque este retorno no ocurrió, pues las tierras indígenas habían sido acaparadas por los encomenderos convertidos en hacendados, y sus legítimos propietarios tendrían que seguir evadiendo el acoso —como sucedió— de quienes siempre buscaban mantener al indígena sojuzgado en calidad de peón acasillado. No hay que olvidar que, en los cambios de la estructura agraria, se pasó del uso comunal de la tierra de los pueblos prehispánicos a la hacienda, que no solo poseía grandes latifundios, sino que fue también un importante centro de población, con amos, capataces y peones, donde no había escuelas, pero sí ermitas y cárceles con cepos y látigos para castigar y azotar a los esclavos, considerados ellos y sus familias como propiedad del hacendado.

Pero veamos cómo sucedieron las cosas en cuanto al proyecto de las nuevas congregaciones. En los inicios, el virrey, conde de Monterrey:

> Por las órdenes de Felipe II, procedió en 1598. A reunir á los indios en pueblos y congregaciones, procurando evitar los grandes males que se originaban al cumplirlas, y cuando parecian ya agotados los esfuerzos en ese sentido por las diligencias hechas por los vireyes Moya y Velasco. Las causas que impulsaron al conde de Monterey á llevar adelante su proyecto, fueron los reclamos de los recaudadores de tributos que se quejaban de que no podian ecsigirlos por no estar empadronados todos los indios, y el deseo de algunos españoles ricos que querian apoderarse de las tierras que poseian los indios esparcidos en las sierras y valles, y tambien porque se creia que el único medio de amoldar á los indios á la vida civil y á que abandonaran sus costumbres, era el de reducirlos á poblaciones. Por tales motivos, sin perdonar gastos, mandó el virey cien comisarios con mil pesos de sueldo anual, para que visitaran los lugares que habitaban aquellos y señalaran los parajes mas apropósito para fundar las poblaciones en que se recogieran. Las instrucciones de los comisarios consistian en no dar paso sin conocimiento del cura ó doctrinero del partido, en union del cual debian visitar los ranchos debiendo atender á su parecer sobre el lugar mas apropósito para establecer el pueblo. Vueltos los comisarios á México, habiendo empleado casi todo el año en la comision, hicieron un informe bajo juramento, presentando los pareceres de los curas; pero varios de estos fueron cohechados por los ricos para que les dejaran libres los lugares que convenian á sus grangerías, por cuyo motivo quedaron designados para pueblos muchos sitios en malas condiciones.[13]

No obstante, como ya lo explicamos, al no avanzar el proyecto, se optó por el uso de la fuerza:

> Insistiendo el conde de Monterey en que se congregaran los indios, estableció un fondo para los gastos necesarios de la empresa, nombró otros cien comisarios y les dió las instrucciones previniéndoles que no faltaran á la caridad con los indios, á quienes debian anunciar que quedaban dueños de las tierras que dejaban y de las que nuevamente se les daban; pero esto nada pudo contra las prevaricaciones de muchos de aquellos empleados de quienes los ricos españoles conseguian cuanto deseaban; en esto se emplearon cerca de dos años sin que se terminara el proyecto por causa de los comisarios que escogieron principalmente el tiempo de las aguas para la traslacion, no valiendo nada los ruegos de los indígenas que pedian sumisos fuera aplazada; pero los comisarios, lejos de conmoverse y acceder, trataban á los indios de la manera mas inhumana arreándolos como si fueran béstias, quemaban las chozas y dejaban atónitos á aquellos desgraciados, que veian reducidos á cenizas los albergues donde ellos y sus padres habian nacido; al abandonar los árboles, testigos y únicos recreos de sus dias serenos que creian ya no habian de volver, y cuando reflexionaban, y se encontraban sin abrigo en medio de los llanos, huian á lejanas tierras donde no vieran á los españoles, ó se suicidaban. Los pueblos debian concentrarse hasta formar uno que pudiera sostener al párroco. Los comisarios, que llevaban listas de los individuos que habian de formar las congregaciones, tambien se introducian a las poblaciones ya formadas, y mandaban nivelar las calles y quitar los edificios que estorbaban la

vista, por cuyos actos les tomaban los indios grande aborrecimiento y de paso á todos los españoles, que informaron á Felipe III de lo que pasaba en Nueva-España.[14]

Ante el fracaso del proyecto, se desechó la idea de las nuevas congregaciones, pero ya muchos indígenas habían emigrado a zonas de refugio para defender sus culturas y su libertad en sentido amplio:

> Debido á los trabajos de algunos vecinos de la Nueva-España, permitió el rey en 1605 que pudieran volver los indígenas á habitar las tierras de donde habian sido arrancados en el gobierno del conde de Monterey; muchos no aprovecharon la gracia que se les concedia, y como la mayor parte se habia ido á lejanas tierras y muchos habian muerto, pasaron las tierras poco á poco a poder de los españoles. Así es que en nada habia mejorado la suerte desgraciada de los indios, que léjos de adelantar en su estado social, retrocedian espantados de la crueldad y la avaricia de la sociedad que les debiera servir de modelo.[15]

Existen algunos registros de cómo en distintas regiones del país los indígenas vivían enmontados por necesidad; por ejemplo, de Yucatán se reportaba que, en 1650, menos de 5 000 españoles mantenían sometidos como tributarios a 80 000 mayas.[16] En ese mismo estado, en 1678, se denuncia:

> Seguian tan vejados los indios que se habian retirado á la montaña mas de quince mil, siendo el gobernador. D. Antonio de Layseca Alvarado, quien mas abusaba y por eso estuvo próximo á ser depuesto del gobierno; compraba á muy moderados precios por medio de sus criados, efectos que despues revendia ganándoles mucha; acontecia algunas veces que los indios no tenían cera, grana y otros artículos que les hacian buscar á fuerza y les obligaban á venderlos, si no les mandaban azotar y á nadie podian quejarse siendo el mismo gobernador el primero que faltaba á las reales cédulas.[17]

En Puebla y Oaxaca sucedía lo mismo en 1772:

> Los alcaldes mayores, autoridades principales de las poblaciones, seguían desobedeciendo las órdenes que les impedían comerciar y hacer repartimientos de indios. Esas autoridades repartían toros, mulas, lana, cera y otros efectos á precios subidísimos y ejercían tanta dureza al cobrar, que muchas familias de los indios, siéndoles imposible pagar y no queriendo ir á la cárcel refugiábanse en los montes, según sucedió en Tecali y Tuxtepec, en el obispado de Puebla, y ya remontados vivian y morían como béstias, sin que hubiese quien por ellos se interesara si no eran algunos curas, pues sus gobernadores estaban aliados á los codiciosos alcaldes.[18]

La tan desdichada opción de vivir como nómadas en los lugares más inaccesibles y alejados de los colonizadores se multiplicó cuando, por una de las recurrentes crisis en la Hacienda Real, se ordenó aumentar el tributo a los indígenas y afroamericanos. El historiador lo narra de esta forma: «Desde que fue expedida la Real Ordenanza de 4 de Diciembre de 1786 quedó el tributo de los indios en dos pesos fuertes y en tres el de los negros, mulatos libres y demás castas sin distinción de solteros y casados desde que cumplieran diez y ocho años hasta los cincuenta».[19]

Y agregaba que, por esta causa, muchos decidieron desterrarse:

Jamás se vieron los indios en la miseria é infelicidad que entones, tres años consecutivos habían sentido la esterilidad y la epidemia que asolaron los pueblos pereciendo á millares aquellos desgraciados y ocasionando á los que se libraban del cruel azote del hambre, el tener que desertarse á solicitar en terrenos estraños el sustento que les faltó en los propios, no se atrevían á regresar á sus lugares temiendo el nuevo gravámen y preferían continuar errantes; si por consecuencia de tanta calamidad no habían podido enterar el tributo corriente, mucho menos podrían hacerlo despues, cuyo aumento se calculaba en ochocientos mil pesos.[20]

La opresión en la Colonia fue bárbara y la búsqueda de oro y fortunas por el medio que fuese era una enfermedad enajenante. En todas partes se cometían atrocidades, tanto en las haciendas como en las minas. En estas últimas se explotaba al extremo a los trabajadores, se pagaban míseros salarios y las rebeliones o protestas siempre eran sofocadas con el uso de la fuerza, como en Guanajuato, la Sierra Gorda o Pachuca. En el mineral de Real del Monte, del famoso e influyente conde de Regla, fundador en 1775 del Monte de Piedad o casa de empeños, luego de reprimirse una huelga, los virreyes Croix y Bucareli decidieron que permaneciera por años un destacamento de dragones «para que sostuvieran las disposiciones del Conde de Regla, á fin de quitar de por medio á los perturbadores de la paz».[21]

Por todas estas penalidades, los indígenas preferían la vida libre de sus antepasados que convertirse en esclavos o acasillados en minas y haciendas. Ya hemos contado cuando «se descubrió» que los chichimecas no eran tribus errantes, sino que tenían sus pueblos y se dedicaban a la agricultura y a otras actividades productivas, pero la conquista del norte en busca de oro y plata los había obligado a defender sus territorios y dejar la vida sedentaria para no ser esclavizados. Ellos, considerados bárbaros por el pensamiento retrógrado, son un ejemplo de cómo los indígenas tomaron la sublime decisión de ser libres, prefiriendo la vida difícil pero independiente al yugo castellano opresor. Con esa resistencia no pudieron los colonizadores. De nada les valió «descubrir» a los indígenas de Nayarit para tratar de quitarles sus nuevas tierras serranas, con abundancia de minerales, donde se habían ido a refugiar luego de ser despojados de sus valles costeros. Vale la pena preguntarnos: ¿Qué ganaron los hipócritas colonizadores con quemar ídolos y achicharrar a los líderes y sacerdotes indígenas en la hoguera de la Inquisición, si allí siguen los coras, los huicholes, los tepehuanos, los mexicaneros y otros, con sus tradiciones, costumbres, lenguas y culturas? Fue terrible, sin duda, la opresión padecida por los indígenas de México, pero, a diferencia de los nativos del

Caribe —exterminados por completo por los españoles— o de los indígenas de los actuales territorios de Estados Unidos y Canadá —quienes, hasta su eliminación, fueron convertidos en moda por los potentados y por las películas de esa fábrica de sueños mágicos y tendenciosos que es Hollywood—, aquí, gracias a la resistencia y a la estrategia de huir como conejos, nuestros antepasados pudieron defender sus culturas, y ese legado se ha ido transmitiendo de generación en generación. Es lo que llevamos a cuestas, a veces sin saberlo o desearlo, pero es nuestro ángel de la guarda o, para decirlo en forma laica, nuestra idiosincrasia.

El gran antropólogo indigenista Gonzalo Aguirre Beltrán escribió un libro titulado *Regiones de refugio,* del que transcribo este párrafo:

> En la competencia por la ocupación del territorio y sus recursos los grupos de población que participan de culturas diferentes, tienden a establecerse en aquellos lugares que, de acuerdo con las disponibilidades de su tecnología, pueden suministrarles los medios para vivir y reproducirse. En la lucha por la ocupación del hábitat, los grupos cuya cultura es menos evolucionada van quedando rezagados en las regiones que por su clima o su topografía, son marginales y en los cuales es posible mantener una vida de mera subsistencia. Ecológicamente consideradas, estas son regiones en las cuales las especies vegetales y las animales —entre ellas el hombre— se encuentran protegidas por barreras físicas contra la competencia. Estas regiones, menos favorecidas, son regiones de refugio, porque su situación marginal y su aislamiento las defienden de la agresión de los grupos más adelantados. En cierta medida podríamos decir que los indígenas fueron empujados a ellas por los movimientos de expansión europea; pero, con mayor rigor histórico, debemos afirmar que en esas regiones lograron sobrevivir las antiguas poblaciones que ahí estuvieron establecidas. Debido a la geografía enemiga y a las características peculiares que tomó la explotación colonial, dichas poblaciones se salvaron de la extinción y por ello pudieron preservar la identidad de sus formas de vida con las modificaciones que, en grado menor o mayor, produjo el proceso de aculturación.[22]

Debe tenerse muy en cuenta el hecho de que, cuando México logró su Independencia, después de tres siglos de un despiadado coloniaje, había en nuestro país aproximadamente 6 300 000 habitantes, de los que el 80% eran indígenas; es decir, de cada diez mexicanos, ocho heredaban las costumbres, tradiciones, lenguas y la organización familiar y social comunitaria cuyos orígenes se remontan al florecimiento de las grandes civilizaciones mesoamericanas. La transmisión de esas culturas se logró mediante la resistencia, la abnegación y el ingenio de los pueblos originarios, y en buena medida gracias a su vocación libertaria y a la estrategia de la operación conejo.

Ahora bien, ¿en qué consiste esa virtuosa reserva de valores y cuáles son esos rasgos o peculiaridades de las antiguas culturas de México que inspiran o se han preservado en lo general, que suelen ser excepcionales y nos distinguen claramente de otros pueblos y países? Aquí apunto, cuando menos, cien distintivos o enseñanzas mayores:

1. El hombre, la mujer y la familia indígena del México prehispánico se caracterizaron por su nobleza. Según el fraile Motolinía: «Son pacientes, sufridos sobre manera, mansos como ovejas; nunca me acuerdo haberlos visto guardar injuria; humildes, a todos obedientes, ya de necesidad, ya de voluntad, no saben sino servir y trabajar».[23]
2. Sobre la bondad, pureza e ingenuidad del indígena, el fraile Jerónimo de Mendieta, que vivió en México a partir de 1554 y escribió sobre la explotación del indígena en el régimen virreinal, opinaba que la evangelización debía partir de este principio:

> Los indios representaban la inocencia de Adán antes de la Caída. Opina que son incapaces de pecar y que por este motivo había que imponerles una segregación absoluta, no para proteger a los demás, sino para protegerlos de los demás, del contacto peligroso de los españoles. Por consiguiente, era necesario reunirlos en una vasta comunidad autónoma, que sería comparable a una inmensa escuela o a un inmenso convento.[24]

3. Cuando, en 1617, el jesuita Juan María de Salvatierra fundó Loreto en Baja California Sur: «Ocupaban el terreno diversas tribus: los pericues, los guaicuras, coras, aripas y otros muchos que habitaban además algunas islas del mar Pacífico; todos eran semejantes á los mexicanos y sin tener la menor noción de agricultura, vivan de la pesca, de la caza y de las frutas, y no obstante, desconocían el hurto y la embriaguez, y guardaban entre los miembros de su familia amor y armonía».[25]
4. Desde la Antigüedad, la familia es la principal institución de seguridad social: de la integración de la familia y del amor y la fraternidad que se comparte mutuamente depende la felicidad del mexicano. Hay muchos ejemplos, pero baste expresar que, como en muy pocas partes del mundo, los migrantes no se olvidan de sus familiares, de su pueblo y de su patria. En lo material, nuestros paisanos mandan a sus familiares 65 000 millones de dólares al año. En lo místico y cultural, si pueden, vienen a la fiesta anual del pueblo y si no, allá se organizan para celebrar las principales fechas cívicas y religiosas.
5. La unidad familiar se conserva en México, a diferencia de otras sociedades en las que los hijos se separan del seno familiar desde la adolescencia y, en ocasiones, dejan de frecuentar a sus parientes inmediatos por largos periodos. Aquí los hijos se casan y continúan viviendo con los padres o suegros, o hacen sus casas en el solar de la familia. Somos como muéganos. El obispo De Landa —del cual ya hablamos por su nefasta actuación en el auto de fe de Maní— asegura que había la costumbre de que los «mozos recién casados» hacían «unas casillas enfrente de las de sus padres o suegros donde moran los primeros años».[26]

6. Si queremos saber a ciencia cierta en qué nos ayuda y protege el legado de las antiguas civilizaciones, pensemos nada más que, por ello, los mexicanos somos trabajadores, honestos, creativos y fraternos. Sobre esto último, imaginemos lo difícil que sería enfrentar una crisis de consumo de drogas sin el afecto, el apapacho y la integración familiar que persisten en México, y los valores de ayuda mutua que nos caracterizan. Cómo nos explicamos que nuestros amigos y vecinos de Estados Unidos estén lamentablemente padeciendo por la adicción al fentanilo, que tristemente les quita la vida a 75 000 personas al año, la mayoría jóvenes, y que en nuestro país no ocurra un drama similar. Y si aquí tenemos el triple de homicidios por cada 100 000 habitantes que nuestros vecinos del norte (24 contra 8), el 60% de las muertes violentas que se registran en México están relacionadas con los negocios ilícitos que se originan en la gran demanda de droga de Estados Unidos y son cometidas con las armas de fuego que se venden en el país vecino y que entran de contrabando al nuestro. Ahora bien, si comparamos las muertes por sobredosis de ambas naciones, el resultado es totalmente distinto: aquí hubo 408 fallecimientos por esa causa en 2022, una cifra 200 veces menor a la que se registra en Estados Unidos solo por intoxicaciones fatales con fentanilo. Esta aparentemente inexplicable diferencia se debe en realidad a que nuestros hermanos estadounidenses han venido dejando a un lado los valores culturales, morales y espirituales de sus antepasados, reemplazándolos por satisfactores de índole material; inclusive se ha ido debilitando su ética protestante fundacional, al grado de que, en la actualidad, el 30% de su población se declara no creyente, y el nihilismo y el hedonismo son tendencias en ascenso, primordialmente entre los jóvenes. Muchos han optado por ensimismarse, convivir solo mediante plataformas electrónicas con contenido tóxico, y así llegan en completo estado de indefensión al mundo de las drogas. Todo ello es agravado por la inmovilidad o indolencia del Gobierno con la falacia de querer enfrentar el mal con el mal, la violencia con la violencia, y siempre con la obsesión de aplicar la ley del más fuerte; es decir, la «ley de la jungla». No obstante, la ineficacia de ese modo de pensar y de actuar, el Gobierno y la clase dominante de ese país ha hecho creer a un buen sector de su población que el problema viene de afuera, que los malos son los terroristas narcotraficantes de México y de otros países, incluso los migrantes. Se pretende resolver el problema con medidas coercitivas o con las llamadas «guerras contra el crimen», violando así la soberanía de otras naciones. Organizan razias [redadas], deportaciones masivas y persecuciones en ciudades enteras; construyen muros y militarizan las fronteras, cuando deberían comenzar por reconocer que, si no atienden la tremenda crisis social de pérdida de valores en el seno familiar y evitan la expulsión de los adolescentes de los hogares, los jóvenes van a seguir sintiéndose solos, abandonados, vacíos y sin albergar ninguna esperanza en el porvenir. Y, en consecuencia, es muy probable que, ante esa terrible frustración, continuarán buscando la felicidad deseada en el escape hacia las drogas,

lo cual los conduce, en los hechos, a una mayor infelicidad y, desgraciadamente, a la muerte en no pocos casos.

¿Por qué las autoridades permitieron la legalización de la marihuana en casi todo Estados Unidos? ¿Cómo fue que se autorizó que fumaran marihuana incluso los jugadores de basquetbol profesional, que deberían ser un ejemplo para los jóvenes? ¿Acaso las autoridades nunca supieron que de la marihuana se escala al uso de otras drogas más letales? ¿Quién consideró que es bueno vender armas a diestra y siniestra en cualquier supermercado? Todo ello, en vez de atender a los jóvenes con estudio, trabajo, deporte y, sobre todo, con mucho amor. ¿O es que en serio piensan que si desaparece el fentanilo se acaba el problema? ¿No habían legalizado antes una pastilla contra el dolor conocida como OxyContin, que se convirtió en un fármaco completamente adictivo y mortal? ¿Acaso no podría seguir sucediendo lo mismo con la venta formal o clandestina de las peores y más dañinas sustancias? ¿Por qué no ir al fondo para evitar, con atención esmerada y eficaz, que cientos de miles de sus criaturas se pierdan del todo? ¿Quién gana con la simulación? ¿Los laboratorios? ¿Los que fabrican los precursores químicos? ¿Los que, en otros países, elaboran y distribuyen la droga de manera clandestina? ¿Los narcotraficantes que surten a mayoristas de Estados Unidos? ¿La red de distribución interna? ¿Funcionarios de las agencias gubernamentales? ¿Los partidos, los políticos? ¿Las instituciones bancarias y financieras que lavan astronómicas sumas procedentes del narco? ¿Los fabricantes y vendedores de armas? ¿Los despachos y consultores de seguridad privada? ¿O es simplemente que el fanatismo por el uso de la fuerza y el afán de dominio de la poderosa nación se imponen al sentido común?

¿Es mucho pedir que atiendan a los jóvenes, que los mantengan más tiempo en familia, que el Gobierno otorgue becas a sus padres para que los cuiden y abracen hasta pasada la adolescencia? ¿No podría implementarse un plan como el del presidente Roosevelt para garantizar que todos los jóvenes tuvieran trabajo, que los empresarios los emplearan y les pagaran, y que esa inversión —que no gasto— fuera deducible de impuestos? ¿Por qué no becar a millones de jóvenes en colegios y universidades o promover la educación física, teniendo tantas y buenas instalaciones deportivas? ¿Por qué olvidar que la práctica del deporte es la mejor medicina preventiva y el antidepresivo más natural y eficaz? ¿Por qué no fomentar la lectura, el gusto por la música y las artes, y utilizar todo ese enorme aparato que solo manipula o idiotiza —los llamados medios de comunicación— para informar y advertir masiva y reiteradamente del irreparable daño que ocasionan las drogas, y cómo lograr una convivencia más sana y feliz y una sociedad mejor? Si en México hemos logrado resistir esas y otras calamidades, no ha sido, en lo fundamental, por la acción de los Gobiernos, sino por el legado cultural de grandeza y gloria de nuestros antepasados, que ha sabido preservar desde tiempos inmemoriales nuestro responsable e inteligente pueblo.

7. Sobre la autosuficiencia en la familia indígena, Motolinía pone de ejemplo la forma en que las mujeres saben parir y criar a sus hijos. Transmite esta experiencia:

> Si alguna de estas indias está de parto, tienen muy cerca la partera, porque todas lo son; y si es primeriza va a la primera vecina o parienta que la ayude, y esperando con paciencia a que la naturaleza obre; paren con menos trabajo y dolor [...] y si los hijos son dos de un vientre, luego que ha pasado un día natural, y en partes, dos días, no les dan leche, y los toma la madre después, el uno con el un brazo y el otro con el otro, y les da la teta, que no se les muere, ni les buscan amas que los amamanten, y adelante conoce despertando cada uno su teta; ni para el parto tienen aparejadas torrejas, ni miel, ni otros regalos de parida, sino el primer beneficio que a sus hijos hace es lavarlos luego con agua fría, sin temor que les haga daño; y con todo esto vemos y conocemos que muchos de estos así criados desnudos, viven buenos y sanos, y bien dispuestos, recios, fuertes, alegres, ligeros y hábiles para cuanto de ellos quieren hacer.[27]

8. También Motolinía sostiene —contrario a lo difundido de mala fe para desprestigiar a los indígenas en el afán racista y tendencioso que se inició con la propaganda colonizadora— que los «bárbaros» chichimecas no practicaban la poligamia ni el incesto: «Tomaban una sola mujer y no había de ser parienta».
9. El papel de la mujer en la familia siempre ha sido fundamental, no solo en lo económico, sino también en lo social, cultural y político. Bonfil Batalla señala:

> Las relaciones en el seno de la familia reflejan claramente la condición de esta como unidad de producción y consumo; pero, por supuesto, la función económica no es la única ni permite por sí misma comprender la riqueza y la importancia de la vida doméstica. El núcleo familiar; ocupante del espacio doméstico, es el ámbito más sólido para reproducir la cultura propia de los pueblos indios. La mujer desempeña en ello un papel fundamental: a ella corresponde la crianza de los niños y la transmisión a las hijas de todos los elementos culturales que les permitirán su desempeño adecuado dentro del grupo; ella es, en gran medida, el eslabón principal para la continuidad del idioma propio, y la depositaria de normas y valores que son sustanciales en términos de la matriz cultural mesoamericana. Su papel es reconocido social y familiarmente: en las comunidades que conservan un ámbito mayor de cultura propia, la mujer participa más activamente y en pie de igualdad con el hombre, no solo en los asuntos domésticos sino también en las decisiones que afectan a la comunidad.[28]

10. En el México prehispánico no existía el maltrato a los miembros de la familia ni de la comunidad. Imperaba el respeto a las personas:

> Uno de los rasgos que con mayor frecuencia llama la atención de los estudiosos de la vida indígena es el tratamiento benévolo y respetuoso que dan los padres a los hijos. Rara vez se educa mediante la violencia física. No se coarta la participación de los niños en la charla familiar. Hay un margen de tolerancia muy amplio para las experiencias sexuales premaritales que abarca, en ciertos grupos, la aceptación de relaciones homosexuales durante la adolescencia. Se privilegia la comunicación entre abuelos y nietos, lo que simultáneamente, ofrece un espacio importante para ubicar y aprovechar socialmente la experiencia de los ancianos.[29]

11. Tampoco en la época prehispánica el hombre maltrataba a la esposa; aunque, como asegura De Landa: «No llevan a paciencia que sus mujeres no les están honestas, y ahora en vista de que los españoles, sobre eso, matan a las suyas, empiezan a maltratarlas y aun a matarlas».[30]
12. La mujer maya era, y sigue siendo, cariñosa, trabajadora y de carácter. Los esposos, como vimos, no las maltrataban, pero ellas, enojadas, sí podían agarrar a los maridos por el pelo —que usaban largo— y darles una buena jaloneada.

    De Landa las describe así:

> Son celosas, y algunas tanto, que ponían las manos en quien tienen celos, y tan coléricas y enojadas aunque harto mansas, que algunas solían dar vuelta de pelo a los maridos con hacerlo ellos pocas veces. Son grandes trabajadoras [...] porque de ellas cuelgan los mayores y más trabajos de la sustentación de sus casas y educación de sus hijos y paga de sus tributos, y con todo eso, si es menester, llevan algunas veces carga mayor labrando y sembrando sus mantenimientos. Son a maravilla granjeras, velando de noche el rato que de servir sus casas les queda, yendo a los mercados a comprar y vender sus cosillas.
>
> Crían aves de las suyas y las de Castilla para vender y para comer. Crían pájaros para su recreación y para las plumas, con las que hacen ropas galanas; y crían otros animales domésticos, de los cuales dan el pecho a los corzos [venados], con lo que los crían tan mansos que no saben írseles al monte jamás, aunque los lleven y traigan por los montes y críen en ellos. [...] Son muy fecundas y tempranas en parir y grandes criadoras, por dos razones: la una, porque la bebida de las mañanas que beben caliente, cría mucha leche, y el continuo moler maíz y no traer los pechos apretados les hace tenerlos muy grandes, de donde les viene tener mucha leche.[31]

13. Hablando de la belleza de las mujeres de Yucatán, De Landa argumenta:

> Précianse de hermosas las que lo son y a una mano no son feas; no son blancas sino de color moreno causado más por el Sol y del continuo bañarse, que de su natural. No se adoban los rostros como nuestra nación que eso lo tienen por liviandad. Tenían por costumbre aserrarse los dientes dejándolos como dientes

de sierra y esto tenían por galantería y hacían este oficio unas viejas limándolos con ciertas piedras y agua.

Horadábanse las narices por termilla que divide las ventanas por en medio, para ponerse en el agujero una piedra de ámbar y teníanlo por gala. Horadábanse las orejas para ponerse zarcillos al modo de sus maridos; labrábanse el cuerpo de cintura para arriba —salvo los pechos por el criar—, las labores más delicadas y hermosas que los hombres. Bañábanse muy a menudo con agua fría, como los hombres, y no lo hacían con sobrada honestidad porque acaecía desnudarse en cueros en el pozo donde iban por agua para ello. Acostumbraban, además bañarse con agua caliente y fuego y de este poco, y más por causa de salud que por limpieza.

Acostumbraban untarse, como sus maridos, con cierto ungüento colorado, y las que tenían posibilidad, echábanse cierta confección de una goma olorosa y muy pegajosa que creo que es liquidámbar en su lengua llaman iztahte y con esta confección untaban cierto ladrillo como de jabón que tenían labrado de galanas labores, y con aquel se untaban los pechos y brazos y espaldas y quedaban galanas y olorosas según les parecía; y durables mucho en quitarse según era bueno el ungüento.[32]

No puedo dejar de comentar que este relato del obispo Diego de Landa es muy atrevido si pensamos que, a finales del siglo XVII, más de cien años después del inquisidor de Yucatán, el arzobispo de la Ciudad de México, Aguiar y Seixas, según Fernando Benítez, «daba gracias a Dios de haberlo hecho miope para no ver a las mujeres. Había jurado que si una mujer privaba el umbral de su palacio, él mismo, con sus manos, removería las losas mancilladas y como esta profanación llegó a ocurrir, debió ser fiel a su promesa y hacer el trabajo de los albañiles».[33]

14. En Yucatán, en la segunda mitad del siglo XVI, los casamientos se convenían entre padres y mediante un intermediario o alcahuete. De Landa afirma que en la época prehispánica se casaban a los 20 años «y ahora de doce o trece». También relata:

Los padres tienen mucho cuidado de buscarles con tiempo a sus hijos, mujeres de su estado y condición, y si podían, en el mismo lugar; y poquedad era entre ellos buscar las mujeres para sí, y los padres casamiento para sus hijas; y para tratarlo buscaban casamenteros que lo acordasen. Concertado y tratado, concertaban las arras y dote, lo cual era muy poco y dábalo el padre del mozo al consuegro, y hacia la suegra, allende del dote, vestidos a la nuera e hijo; y venido el día se juntaban en casa del padre de la novia y allí aparejada la comida, venían los convidados y el sacerdote, y reunidos los casados y consuegros trataba el sacerdote cuadrarles y si lo habían mirado bien los suegros y si les estaba bien; y así le daban su mujer al mozo esa noche si era para ello y luego se hacia la comida y convite y de ahí en adelante quedaba el yerno en casa del suegro, trabajando cinco o seis años para el mismo suegro, y si no lo hacía echábanle de la casa. Las madres trabajaban para que la mujer diese siempre de comer al marido en señal de casamiento. Los viudos y viudas se concertaban sin fiesta ni solemnidad y con solo ir ellos a casa de ellas y admitirlos y darles de comer se hacía el casamiento; de lo cual nacía que [las mujeres] se dejaban con tanta facilidad como se tomaban. Nunca los yucatenenses tomaron más de una como se hallado en otras partes tener muchas juntas, y los padres, algunas veces, contraen matrimonio por sus hijos niños hasta que sean venidos en edad, y se tratan como suegros.[34]

15. Los niños eran tratados y atendidos de acuerdo con la cultura de cada región; por ejemplo, en Yucatán, lo primero era ponerles, a los cuatro o cinco días de nacidos, las tablillas en la cabecita para amoldarla como era la costumbre. De igual forma, en la concepción de belleza de cada civilización, los mayas provocaban también que los ojos no se alinearan en la misma dirección y existiera estrabismo o se estuviera bizco. De Landa, que también trata el tema, decía «que los indios de Yucatán son gente bien dispuesta, altos, recios y de muchas fuerzas y comúnmente todos estevados porque en su niñez, cuando las madres los llevan de una parte a otra van a horcajadas en los cuadriles. Tenían por gala ser bizcos».[35] El antropólogo Jacques Soustelle, lo explica de la siguiente forma:

> Cada civilización tiene su propio ideal de belleza y estiliza en su arte la figura humana, para hacerla conformarse en lo posible a ese modelo ideal. Así como no todos los griegos de la Antigüedad eran necesariamente parecidos a las estatuas de Fidias o de Praxiteles, es probable que, individualmente, los antiguos mayas podían apartarse del tipo humano que reproducen siglo tras siglo los bajorrelieves, las pinturas y las figurillas. Pero es cierto que aún en la actualidad, en Yucatán o entre los lacandones, podemos observar esos rostros de ojos almendrados, de nariz convexa y prominente, «armenoide» según los especialistas, que parecen haber sido copiados por los escultores de Yaxchilán o los pintores de Bonampak. La persistencia de ese tipo físico a través de las vicisitudes de diecisiete siglos es bastante notable. Por otra parte, tanto en la época reciente como en la época clásica, los mayas se esforzaban por acentuar artificialmente algunos rasgos étnicos: de allí sobre todo la deformación craneana obtenida manteniendo la cabeza del niño de corta edad entre dos tablas sujetas por un pedazo de tela o una correa. Así se lograba que la línea de la frente prolongara la línea de la nariz. A juzgar por las figuraciones del arte clásico, cuando menos todos los mayas pertenecientes a los medios dirigentes sufrían ese tratamiento en su tierna infancia. En aquella época, sobre todo en Palenque, la nariz de los personajes aristocráticos —por ejemplo, en el caso de las hermosísimas cabezas de estuco descubiertas en la cripta del Templo de la Inscripciones— se prolonga hacia lo alto mediante una

larga arista entre ambos ojos. La misma representación caracteriza la máscara de jade del soberano inhumado en esa cripta y el espléndido perfil del gran señor que domina con su elegante presencia el Tablero de los Esclavos. Con su nariz larga y prominente, su frente inclinada, sus ojos ligeramente rasgados, sus labios un tanto gruesos y entreabiertos, ese personaje resume todos los rasgos de lo que fue una élite llegada a un alto grado de refinamiento.[36]

16. Lo importante es que los niños de Yucatán y de todo el país fueron en tiempos antiguos —y lo siguen siendo, en su mayoría— muy felices: «Criábanse los dos primeros años a maravilla lindos y gordos. Después con el continuo bañarlos las madres y los soles, se hacían morenos; pero eran todo el tiempo de la niñez bonicos y traviesos, que nunca paraban de andar con arcos y flechas y jugando unos con otros y así se criaban hasta que comenzaban a seguir el modo de vivir de los mancebos y tenerse en su manera en más y dejar las cosas de niños».[37]
17. En todas las culturas mesoamericanas, los ancianos siempre fueron tratados con respeto. Son los sabios, los tatamandones. Para ellos existían —y se siguen expresando— una serie de reverencias, desde el saludo inclinando la cabeza hasta pedirles la bendición, sean o no de la familia. Por tradición y afecto, los abuelos siempre encontrarán sustento y cuidado entre los familiares; solo en casos muy excepcionales en nuestro país se les lleva a vivir a los asilos. México es, en proporción a su población, uno de los países donde menos asilos existen a nivel mundial. En tiempos de la pandemia por COVID-19, el cuidado de familiares permitió salvar la vida de muchos.
18. Desde los tiempos más antiguos en Mesoamérica se han tenido consideraciones especiales para las personas con capacidades diferentes. En la época prehispánica no pagaban tributo y, con la llegada de Quetzalcóatl a la península de Yucatán —conocido allí como Kukulcán—, las autoridades mayas establecieron, dice De Landa: «La costumbre de buscar en los pueblos los mancos y ciegos y les daban lo necesario».[38]
19. La *Relación de las cosas de Yucatán* también menciona que los mayas son «muy partidos y hospitalarios porque no entra nadie en su casa a quien no den de la comida o bebida que tienen; de día de sus bebidas y de noches de sus comidas. Y si no tienen, búscanlo por la vecindad; y por los caminos, si se les junta agente, a toda han de dar aunque [a ellos] les quepa, por eso, muchos menos».[39]
20. Algo muy característico y excepcional de las civilizaciones antiguas de México es la inexistencia del trabajo asalariado. Bonfil sostiene que «la noción de salario es ajena a gran parte del trabajo orientado hacia la autosuficiencia: no se paga, se retribuye, se adquiere la obligación de hacer lo mismo que otros hicieron por uno, cuando llegue el momento».[40]
21. Tampoco había esclavitud en la época prehispánica. Está demostrado que el pueblo era libre y solo tenía el deber de otorgar tributo en especie y trabajo

a las autoridades superiores. Para quienes sostienen lo contrario, baste recordarles que durante la Conquista, y tiempos después, se produjo la apasionada polémica entre esclavistas y defensores de los indígenas, como Bartolomé de las Casas y otros, pues los primeros, apoyados en un criterio aristotélico que databa de más de 1 800 años, según el cual hay siervos por naturaleza, pretendían apropiarse de los indígenas, como lamentablemente sucedió, aun con las llamadas Leyes de Indias y otros mandamientos o normas legales que los consideraban vasallos libres. Toda esta gran simulación fue posible mediante la hipocresía —principal doctrina de los opresores, la nobleza y el alto clero—, haciéndose de la vista gorda y simulando con la aplicación de la máxima según la cual las cédulas reales, bulas y demás ordenamientos «se acatan pero no se cumplen».

Además, incluso Motolinía reconoce lo que a lo largo de este estudio hemos venido sosteniendo: que los indígenas preferían irse a vivir y morir a regiones agrestes y apartadas que ser esclavos. En la novena plaga sobre los males que aquejaban a la Nueva España, este fraile, hablando del sufrimiento por la esclavitud en las minas, menciona que, en Oaxaca, los «indios huían a los montes, y dejaban sus casas y haciendas desamparadas».[41] El mismo De Landa asegura que, en la Antigüedad, en Yucatán no había esclavos.[42]

Gracias a ese sincero amor por la libertad que nos heredaron nuestros antepasados, los mexicanos siempre hemos salido triunfantes cuando se ha tenido que enfrentar invasiones, dictaduras y oligarquías. Recuérdese que durante la Conquista y la Colonia los indígenas prefirieron huir al monte, como conejos, a aceptar la condición de esclavos. Ya vimos cómo los chichimecas dejaron de ser sedentarios y se volvieron nómadas para defender la tierra y la libertad.

22. No hay ninguna civilización en el mundo como la mesoamericana, en la cual la sociedad es autosuficiente y realiza lo elemental de muchas cosas. Saben cómo, cuándo y qué sembrar; cómo conservar lo cosechado; conocen el nombre de árboles, plantas y animales, su utilidad alimenticia o medicinal; cazan, pescan, hacen sus cayucos, los instrumentos de trabajo, sus utensilios del hogar, trastes, bateas; construyen sus casas, fogones, trojes, pozos de agua; en fin, son en colectivo científicos de lo concreto. Motolinía decía que «todos saben labrar una pared, y hacer una casa, torcer un cordel, y todos los oficios que no requieren mucho arte».[43] En la cultura occidental todo tiende a la especialización. En nuestro país, aun cuando existen actividades que requieren mayor destreza, se es más autosuficiente, somos los llamados «mil usos», no como en Europa donde «el poeta le canta a la luna, el astrónomo la estudia; el pintor recrea formas y colores del paisaje, el agrónomo sabe de la tierra, el místico reza [...] y no hay forma, en la lógica occidental, de unir todo eso en una actitud total, como lo hace el indio».[44]

23. Es importante subrayar, asimismo, que no existía la avaricia en el México prehispánico. Por eso los indígenas se sorprendían de la locura que les producía a los españoles la obtención del oro. En el *Chilam Balam* se constata con extrañeza la desmedida ambición de «los codiciosos señores, los codiciosos gobernantes, los codiciosos usurpadores», también se advierte que habría «mucha miseria en los años del imperio de la codicia, gran sufrimiento que terminará con la dispersión y la vida de los pueblos»,[45] como lamentablemente sucedió; opuesta a esta ambición por lo material, en el México prehispánico la filosofía de la gente parecía fundarse en lo que en tiempos de Jesucristo se conoció como amor al prójimo o como lo expresó en épocas más cercanas el escritor León Tolstói, argumentando que solo siendo buenos podemos ser felices.
24. En la época prehispánica las relaciones personales y familiares eran igual de entrañables que con la comunidad. Aun con el alto grado de autosuficiencia del núcleo familiar, se requería de los demás, no solo por necesidades económicas o comerciales, sino porque de ello dependía la conservación de las costumbres, creencias, la vida social y cultural. Bonfil señala que:

> Entre la familia y la comunidad existen otros niveles de organización social que también cumplen funciones en la economía india. Por una parte, se reconocen relaciones de parentesco, más allá de la familia extensa, que permiten ordenar la cooperación de un número mayor de individuos para ciertas tareas en las que los miembros de la unidad doméstica resultan insuficientes. Esta cooperación puede darse en trabajo —para la cosecha, para la construcción de una casa, o en especie—, para la fiesta de matrimonio, para el velorio y el entierro, para cumplir las obligaciones ceremoniales que son inherentes al desempeño de un cargo público en la comunidad. Siempre se coopera con base en la reciprocidad —hoy por ti, mañana por mí— y en muchos casos cada quien lleva una cuenta exacta de lo que ha aportado a otros miembros del linaje y lo que ha recibido de cada uno.[46]

25. Además de la ayuda mutua para alcanzar la autosuficiencia, los antiguos mexicanos crearon formas de trabajo cooperativo, como el tequio, que implica participar voluntariamente en la construcción de obras públicas, la edificación de escuelas, palacios municipales, templos y plazas. En todas esas jornadas participan hombres y mujeres; estas últimas, por lo general, se ocupan de preparar los alimentos para todos los miembros de la comunidad que acuden a esos trabajos colectivos. Todavía hay comunidades en donde los caminos, sus pocas obras públicas y los templos han sido construidos con las manos de hombres y mujeres de los pueblos.
26. En el México prehispánico no existía la propiedad privada de la tierra. Tanto el territorio como lo existente en él —los bosques, el agua, los animales silvestres y las plantas— se consideraban bienes comunales. Esta forma ancestral de tenencia de la tierra se conservó por siglos, aun con la introducción, por

parte de los españoles, de la propiedad privada y de múltiples intentos de despojo desde la Conquista hasta los tiempos actuales o recientes. La lucha por la defensa de la tierra es parte fundamental de la historia de México; la resistencia indígena, con todo el sacrificio que ha implicado, permite distinguir a nuestro país de otros donde no existe la propiedad social.

27. La tierra no se concibe como una mercancía. Hay una vinculación mucho más profunda con ella. La tierra es un recurso productivo indispensable, pero es más que eso: es un territorio común, que forma parte de la herencia cultural recibida. Es la tierra de los mayores; en ella reposan los antepasados difuntos. Ahí, en ese espacio concreto, se manifiestan en diversas formas las fuerzas superiores: ahí están las entidades favorables y las maléficas, a las que hay que propiciar, los sitios sagrados, los peligros, las referencias. La tierra es un ente vivo, que reacciona ante la conducta de los hombres; por eso, la relación con ella no es puramente mecánica, sino que se establece simbólicamente a través de innumerables ritos y se expresa en mitos y leyendas. Frecuentemente, la imagen que se tiene del mundo está organizada a partir de ese territorio propio, que ocupa el centro del universo.[47]

28. El cuidado de la naturaleza también nos lo heredaron los antiguos mexicanos. Aun cuando lo repita, transcribiré un párrafo de un escrito que me entregaron zapotecos de Miahuatlán, allá por 2009, en un recorrido por Oaxaca:

> Nuestro pueblo está situado bajo las montañas. En la actualidad cuenta con gran extensión de bosques vírgenes. Una laguna está sobre la montaña, aproximadamente a 3700 metros sobre el nivel del mar, desde tiempo inmemorial, nuestros abuelos la conocían con el nombre de «La Laguna Encantada». En ella viven los «mitos y ritos de nuestro pueblo». Además, cerca de ahí está el lugar de «pedimento». Para nosotros allí está nuestra vida, está la plenitud, está la presencia de «Dios». Por todo esto, nuestros ancestros nos legaron el territorio que nos corresponde en el presente y en el futuro. Sabemos bien que la tierra es nuestra madre, ella nos proporciona todo para la vida. La tierra es el sostén de toda la naturaleza, por esta razón no debemos desnudarla, quiere decir: no talar el bosque inmoderadamente ni provocar incendios. En cambio, si actuamos de manera razonable, estamos conservando un espacio para que las futuras generaciones vivan con dignidad y autonomía.

29. La actividad productiva fundamental en el México prehispánico siempre fue la agricultura, aun cuando nunca se dejó de acompañar de las más antiguas formas de subsistencia, como la recolección, la caza y la pesca. En general, la domesticación del maíz equivale a lo sucedido hace también miles de años con el trigo y el arroz, que fueron la base para el desarrollo de las grandes civilizaciones del mundo. Entre otras peculiaridades, a diferencia de esos otros cereales, el maíz —originario de México— dio lugar a la milpa, a la cual se

sumaron otros cultivos alimenticios como el frijol, la calabaza, la yuca y el chile. Ninguno de ellos se conocía en Europa antes de la invasión.

La domesticación del maíz fue toda una revolución. Así lo expresó el connotado antropólogo Michael D. Coe: «En algún momento de esta época remota, 3 000 años antes de la construcción de las pirámides egipcias, a algún indígena de Tehuacán [Puebla] se le ocurrió plantar estas semillas en la tierra para luego volver a recolectar una cosecha».[48] Esta práctica, aparentemente sencilla, condujo a lo que el mismo autor definió de esta manera: «Las glorias de la astronomía maya, las maravillas del sistema vial inca y la majestuosidad de las pirámides de Teotihuacan no son nada en comparación con el logro de los pueblos de la fase Coxcatlán que hicieron el descubrimiento más importante jamás alcanzado por los indígenas americanos. Gracias a esta planta se creó y se alimentó la civilización nativa del nuevo mundo».[49]

La importancia del maíz, alimento originario de México a mucho orgullo, ha sido fundamental en el desarrollo de nuestro país. Del grano de esa bendita planta que se cultiva en los valles y sierras —con frío, viento o calor—, en las costas o a 3 000 metros sobre el nivel del mar, dependen infinidad de alimentos y bebidas. Por ello, es atinada la consigna que reza: «Sin maíz no hay país».

30. No está de más recordar que, hasta nuestros días, la dieta mexicana se basa principalmente en el maíz, que es la base de los alimentos más consumidos y típicos: tortilla, taco, tlacoyo, totopo, tlayuda, gruesa, totoposte, garnacha, picada, empanada, panucho, gordita, huarache, corunda, enchilada, quesadilla, flauta, chilaquiles, sopes, memelas, tamales y unas seiscientas comidas más que se combinan con frijol, carne, tomate, nopales, aguacate y otros alimentos que permiten a los mexicanos contar con una dieta nutritiva y equilibrada de carbohidratos, proteínas y vitaminas.

Para el campesino, el maíz es la vida misma. Se dice en una crónica del siglo XVI de Guatemala: «Si bien se advierte, todo cuanto hacían y decían [los indios] era en orden al maíz, que poco faltó para tenerlo por Dios, y era, y es tanto el encanto y embeleso que tienen con las milpas que por ellas olvidan hijos y mujer y otro cualquier deleite, como si fuese la milpa su último fin y bienaventuranza».[50]

31. La mitología de las culturas prehispánicas tenía mucho de alegórico y de fantástico. Fue una gran calumnia de Cortés acusar a los habitantes de Mesoamérica de practicar sacrificios humanos y el canibalismo. Los indígenas hacían —y siguen haciendo— ofrendas y cumpliendo promesas al maíz, a la fertilidad, al sol, al agua. Está demostrado que en templos, lápidas, esculturas, pinturas y tronos descubiertos y estudiados de la cultura madre, la olmeca, o de la gran civilización maya, no aparecen símbolos, representaciones o figuras dedicadas a sacrificios o al canibalismo. El adjudicarles tales prácticas fue parte de la construcción de un enemigo a destruir por parte de los españoles.

Hasta los frailes encargados de montar toda esa propaganda que justificara el robo y la opresión de los invasores —que supuestamente venían a civilizarnos— se abstuvieron de considerar a los toltecas y a su gobernante-dios Quetzalcóatl como partidarios de los sacrificios y de la antropofagia. El fraile Motolinía, quien por mandato de Cortés y del superior de su orden escribió el primer texto sobre el tema —del cual copiaron casi todos—, en una confesión sincera acerca de quienes eran considerados los más bárbaros de los bárbaros, los chichimecas, afirma que: «No tenían sacrificios de sangre, ni ídolos; mas adoraban al sol y teníanle por dios, al cual ofrecían aves y culebras y mariposas».[51] Pues esto mismo, estas ofrendas son las que se hacían en todas las culturas prehispánicas, y lo otro, repito, fue una perversa mentira, de la cual no se tienen pruebas, pues nadie vio ni constató absolutamente nada.

32. Había un alimento mágico, el cacao, que llegó a ser tan demandado y tenía tanto valor que se convirtió en moneda. Sus semillas o granos se usaban para adquirir mercancías. El gran antropólogo mayista Morley cometió el error de creerle a un cronista que un esclavo, en la época prehispánica, valía aproximadamente cien almendras de cacao, y el antropólogo escribió: «Si esto es verdad, el precio de las almendras de cacao debe haber sido excesivamente alto en la época antigua, o el precio de los esclavos relativamente muy bajo».[52] Claro que es mentira. Para empezar, no había esclavitud antes de la llegada de los europeos, como lo hemos argumentado; además, cien granos de cacao equivalen a tres o cuatro mazorcas. Pero, independientemente de lo económico, el cacao es uno de los alimentos más nutritivos: con él no solo se hace el chocolate, sino también el pozol, bebida que, combinada con el maíz, es tan nutritiva que quita el hambre y da muchísima fortaleza para el trabajo de campo en el trópico. Los olmecas fueron los primeros en consumirlo, o al menos eso es lo que se sabe hasta la fecha, pues en las últimas investigaciones realizadas en vasijas de cerámica de la zona olmeca de San Lorenzo, Veracruz, se identificaron residuos de cacao —más bien, teobromina—, un compuesto que solo se encuentra en la planta de cacao. En fin, este alimento, que fue moneda por siglos y de alto valor nutritivo, se cultivaba y consumía en el sureste del país y posiblemente en todo Mesoamérica desde hace 3 000 años.
33. Así como México dio a Europa el cacao —la materia prima para la elaboración del chocolate—, también le aportó el tomate e infinidad de plantas, frutas, hierbas y flores. Cada vez que en la monarquía española se celebraba una boda o coronación, se mandaban pedir las aves más bellas de América para lucirlas en la ceremonia o festejo.
34. La caza y la pesca eran actividades importantísimas para el sustento de la gente en el México antiguo. Hemos visto cómo en el norte se cazaba el águila; en tiempos más remotos, en los alrededores de las lagunas del Valle de México, se trampeaba al mamut; y en las tierras bajas del trópico húmedo los indígenas

atrapaban y vencían, en una lucha cuerpo a cuerpo en las aguas de ríos y arroyos, a lagartos de más de cinco metros. México es, hasta la actualidad, uno de los países del mundo de mayor diversidad biológica: «La abundancia de especies, recursos genéticos y ecosistemas marinos y terrestres le dan el quinto sitio entre 12 naciones privilegiadas. En los últimos tiempos se han clasificado entre 21 073 y 23 424 plantas vasculares; 564 mamíferos; entre 1 123 y 1 150 aves; 864 reptiles y 376 anfibios, además de hongos, microorganismos y diversidad genética». Recurro a estos datos de la Comisión Nacional para el Conocimiento y Uso de la Biodiversidad (CONABIO) para responder al absurdo y la mala fe de un supuesto experto estadounidense, Michael Harner, a quien en 1977 le publicaron en el famosísimo, pero tendencioso, periódico *The New York Times* varios artículos en los que sostuvo que «el canibalismo de los mexicas correspondía a la necesidad urgente de proteínas de un pueblo cuyo régimen alimentario era muy deficiente».[53] Respondo a esta tontería solo porque hay quienes la creen, y no hablo de la gente común —que suele ser más avispada—, sino de letrados, profesionales y hasta «doctos» que, a través del tiempo, se han dedicado a repetir, por ignorancia o discriminación, estas mentiras que tanto daño han causado a la autoestima de nuestro pueblo. En forma categórica debe gritarse a los cuatro vientos que somos un pueblo con una naturaleza pródiga que estamos obligados a proteger, que por su abundancia y diversidad no hubo hambrunas en el México prehispánico y que, gracias a ello, florecieron en Mesoamérica espléndidas civilizaciones.

35. Una innovación del mundo indígena en la producción agrícola fue la construcción de chinampas en lagos y zonas bajas del Valle de México. Este cultivo consiste en elevar artificialmente el suelo con el lodo extraído del fondo de un humedal para hacer terraplenes y canales que permiten retener el agua, contar con fertilidad y sembrar hortalizas que se cosechan en pequeñas áreas, en poco tiempo y de inmejorable calidad. Se trata de una tecnología utilizada, en lo general, en las culturas mayas y teotihuacanas, aunque su máximo desarrollo se consiguió un poco antes de la llegada de los españoles, en los lagos de Xochimilco y Tláhuac, lo cual permitió abastecer de verduras y flores a la gran Tenochtitlan. A pesar de la expansión urbana, todavía pueden apreciarse estas balsas o islas flotantes y disfrutar de un agradable paseo por canales en las tradicionales chalupas (trajineras) de pueblos antiguos de Xochimilco, San Gregorio Atlapulco y San Luis Tlaxialtemalco.
36. Otra creación excepcional del México prehispánico son los tianguis o mercados públicos. Hasta Cortés habla de los mercados de Tenochtitlan, y lo mismo Bernal Díaz del Castillo. El antropólogo Michael D. Coe, describiendo la ciudad de Tenochtitlan, la define como «el corazón administrativo de un imperio que se extendía desde el golfo de México hasta el Pacífico, con millones de habitantes de diversas lenguas y culturas». El comercio era una de las dos bases

principales del imperio, y los mercados diarios de la capital azteca eran más extensos que cualquier otro conocido por los españoles en el viejo mundo. En todo México se instalaban en días fijos tianguis y mercados. Desde luego, había algunos —como el de Tlatelolco— en los que se vendía de todo: frutas, verduras, joyas, plumas, mantas, productos de alfarería, certería, orfebrería, medicinas tradicionales, pescado, especias, frijol, maíz, flores, hierbas, calabazas, chile, yuca, nopal, animales de monte, algodón, obsidiana, guajolotes, hachas y minerales. Las compras se efectuaban mediante el trueque o con semillas de cacao que hacían las veces de dinero.

37. Con un enfoque más amplio, hablando del comercio y del mercado en el *México profundo,* Guillermo Bonfil afirma que:

> La autosuficiencia absoluta no se cumple hoy en ningún caso. El intercambio existe, en distintas formas y con intensidad desigual. Se concurre por lo menos a un tianguis semanal, en el propio barrio, en el centro o en la ciudad mestiza que controla la región. Todavía, en algunas zonas, se da el intercambio directo de productos, el trueque, sin que intervenga el dinero. En general, sin embargo, las cosas ya tienen precio, se compran y se venden con moneda. Pero la gente de las comunidades no acude al mercado semanal solo como vendedor o solo como comprador: va a intercambiar, aunque lo haga con la intervención momentánea del dinero, una pequeña cantidad de sus propios productos agrícolas o artesanales, por objetos que requiere y no produce.[54]

38. La economía de autosuficiencia comunitaria implicaba que, aun cuando las familias sabían un poco de todo, necesitaban de ciertos servicios que algunos miembros de la comunidad manejaban con mayor especialización. Por ello eran importantes la partera, el huesero, el ensalmador, el carpintero, el albañil, el rezador, el curandero, el almero, el artesano y el músico, entre otros, que —sin dejar de hacer sus actividades productivas como cualquier otro integrante de la comunidad— conocían más de ciertas cosas y eran como el grupo intermedio entre el pueblo común y los sabios o expertos de mayor nivel artístico y científico. Por ejemplo, las habilidades de los trabajadores de la construcción de ahora se inspiran en las enseñanzas de los albañiles o carpinteros de antes. La casa campesina maya se sigue haciendo con arco falso, aun cuando sea de madera y guano y no de piedra.
39. Sobre los mayores grados de conocimiento en ciertas disciplinas o necesidades, Bonfil comenta:

> Las comunidades indias cuentan con otros especialistas para el desempeño de funciones necesarias que no son de competencia común. Hay personas que saben, mejor que los demás, construir casas, fabricar instrumentos agrícolas, hacer objetos de cerámica o de madera; hay también especialistas en el manejo del

tiempo: en alejar tormentas y atraer buenas lluvias; hay cantores para los responsos y maestros de danzas para las fiestas; existen músicos, cuenteros y ancianos que saben de la historia.[55]

40. Los curanderos que aún existen tienen, como sus antepasados, un profundo conocimiento de las propiedades terapéuticas de las hierbas y otros productos, resultado de una práctica acumulada y sistematizada en términos de cada cultura. Me tocó constatar, allá por 1980, que un indígena chontal de Miramar, Centro, Tabasco, mi amigo Pascual (ya fallecido), se curó él mismo de una picadura de culebra. Cuando lo fui a ver estaba en su hamaca recuperándose y me platicó que sintió la mordida, buscó a la nahuyaca, la mató, le cortó la cabeza y la envolvió en una hoja de platanillo. Se abrió la herida con el machete para sangrar, se puso un torniquete en la pierna, fue al monte a buscar una hierba que conocía, llegó a su casa, puso a hervir la planta con la cabeza del animalito venenoso y, cuando estuvo listo el remedio, lo tomó, se acostó a descansar unos días y sanó. ¿Qué hierba es esa? Hay distintas en cada región, pero solo las identifican los campesinos y los curanderos. Hace poco conversé con don Mariano Estrada Jiménez, curandero tradicional tzeltal de Xanil, Chilón, Chiapas. Don Mariano tiene 84 años y todavía ejerce su profesión, solo preocupado porque está grande y sus hijos y nietos no tienen interés en aprender sus conocimientos. Sin embargo, es tan certero que lo buscan de toda la región para curar tuberculosis, nube de ojo, inflamaciones, locura o espanto de duende y mordedura de nauyaca o mococha, entre otros males. Para la mordedura de culebra usa como siete plantas distintas. Apunté cuatro en lengua maya-tzeltal: *ichil kánal*, *kan agal*, *guarumo* e *ihkalchionay*. Estas hierbas las convierte en pócimas, pomadas o polvos que aplica directamente a la herida y en la zona inflamada, hasta que «sale el veneno como agua anaranjada».
41. La solidaridad en las actividades productivas es otro distintivo de la economía indígena de la época prehispánica. De Landa reconoce: «Que los indios tienen la buena costumbre de ayudarse unos a otros en todos sus trabajos. En tiempo de sus sementeras, los que no tienen gente suya para hacer, júntanse de 20 en 20 o más o menos, y hacen todos juntos por su medida y tasa la labor de todos y no la dejan hasta cumplir con todos».[56]

    Además de ayudarse en la sementera, o lugar donde se siembra la milpa, de igual forma se agrupaban para la caza y la pesca. El fraile explica: «Juntarse también para la caza de cincuenta en cincuenta más o menos, y asan en parrillas la carne del venado para que no se les gaste y venidos al pueblo hacen sus presentes al señor y distribuyen [el resto] como amigos y lo mismo hacen con la pesca».[57]
42. La herencia de las culturas mesoamericanas nos ha permitido contar con uno de los pueblos más trabajadores y creativos del mundo. Los mexicanos del

campo y la ciudad son laboriosos e inteligentes. El ejemplo es la responsabilidad y destreza de los trabajadores de la construcción. Cortés se quedó admirado de cómo, en cuatro días, los indígenas, cortando enormes árboles, hicieron mil vigas y, fincando profundos horcones, construyeron un gran puente en uno de los afluentes del río Usumacinta, el más grande de México.[58] Los albañiles, soldadores, fierreros, son excepcionales. Estos últimos hacen obras de arte tejiendo alambres y gruesas varillas para construir las cimbras y colar el concreto de columnas y losas de los más complejos edificios. No es casual que los trabajadores de la construcción y los jornaleros agrícolas mexicanos sean los migrantes más deseados en las actividades productivas en Estados Unidos de América. Si el mexicano fuese haragán e indolente, como sostenían los colonizadores o como todavía alegan los neoconservadores, no saldrían adelante en ninguna parte; pero, afortunadamente, en los tiempos actuales, tanto los que viven y trabajan aquí como en el extranjero, gracias principalmente a su tenaz esfuerzo y a mejores empleos y salarios, están saliendo de la pobreza y alcanzando mejores niveles de bienestar.

43. La convivencia fraterna grupal de los trabajadores mexicanos se trasladó, con el paso del tiempo, a las monterías o campamentos de corte de madera o de chicleros y, más tarde, se manifestó en el uso de las camas o catres calientes de los campamentos de los trabajadores petroleros durante la expropiación, que servían para descansar por turno y nunca quedaban vacías: el que cumplía su jornada levantaba al que debía continuar para él dormir y así, en forma sucesiva. Lo mismo hacen paisanos migrantes que son de un mismo pueblo o región y, cuando se van a trabajar a Estados Unidos, se ponen de acuerdo, rentan varios una casa o departamento, instalan literas y se organizan para solo llegar a descansar cuando está libre la cama y les corresponde; así ahorran, porque no están pensando más que en apurarse a trabajar para mandar apoyo a sus familiares, comprar un solar, hacer una casa y reunir un poco de recursos para regresar, con el tiempo, a vivir y ser felices con los suyos en su comunidad.

44. En el México antiguo, el enfrentar y resignarse a la muerte tenía varias manifestaciones, posiblemente de acuerdo con la cultura de cada pueblo. De Landa dice que entre los mayas causaba mucho miedo:

> Que esta gente tenía mucho, excesivo temor a la muerte y lo mostraban en que todos los servicios que a sus dioses hacían no eran por otro fin ni para otra cosa sino para que les diesen salud y vida y mantenimientos. Pero, ya que venían a morir, era cosa de ver las lástimas y llantos que por sus difuntos hacían y la tristeza grande que les causaban. Llorábanlos de día en silencio y de noche a altos y muy dolorosos gritos que era lástima oírlos. Andaban a maravilla tristes muchos días. Hacían abstinencias y ayunos por el difunto, especialmente el marido o

> la mujer, y decían [del difunto] que se lo había llevado el diablo, porque de él pensaban que les venían todos los males, en especial la muerte.[59]

Sin embargo, Motolinía relata que en Tlaxcala y Puebla, la gente veía de manera más natural el dejar de existir y que incluso lo programaban para evitar un mayor sufrimiento a sus familiares.[60]

Acerca del alma y la reencarnación, De Landa sostiene que los mayas creían en lo primero, pero no en lo segundo. Afirma:

> Que esta gente ha creído siempre en la inmortalidad del alma más que otras muchas naciones aunque no haya sido de tanta policía, porque creían que después de la muerte había otra vida más excelente de la cual gozaba el alma en apartándose del cuerpo. Esta vida futura, decían que se dividía en buena y mala vida, en penosa y llena de descanso. La mala y penosa, decían, era para los viciosos, y la buena y deleitosa para los que hubiesen vivido bien en su manera de vivir; los descansos que decían habrían de alcanzar si eran buenos, eran ir a un lugar muy deleitable donde ninguna cosa les diese pena y donde hubiese abundancia de comidas y bebidas de mucha dulzura, y un árbol que allá llaman yaxché muy fresco y de gran sombra, que es [una] ceiba, debajo de cuyas ramas y sombra descansarían y holgarían todos siempre.[61]

45. Los entierros se hacían, por lo general, de cuerpo entero; la incineración se usaba poco, aunque hay registro de algunos casos. También en esto ha habido diferencias sociales desde la Antigüedad: al indígena de la comunidad lo sepultaban sus familiares en sus casas o solares y a los tatamandones, como Pakal y la que, al parecer, fue su compañera, la llamada Reina Roja, en majestuosos mausoleos. La tumba de Pakal, en Palenque, descubierta por el gran arqueólogo Alberto Ruz en 1952, es comparable a las de los faraones egipcios. De Landa describe que a los:

> Muertos, los amortajaban, llenándoles la boca de maíz molido, que es su comida y bebida que llaman koyem, y con ello algunas piedras de las que tienen por moneda, para que en la otra vida no les faltase de comer. Enterrábanlos dentro de sus casas o a las espaldas de ellas, echándoles en la sepultura algunos de sus ídolos; y si era sacerdote, algunos de sus libros, y si hechicero, sus piedras de hechizos y pertrechos. Comúnmente desamparaban la casa y la dejaban yerma después de enterrados, menos cuando había en ella mucha gente con cuya compañía perdían algo del miedo que les quedaba de la muerte.
>
> A los señores y gente de mucha valía quemaban los cuerpos y ponían las cenizas en vasijas grandes, y edificaban templos sobre ellas, como muestran haber hecho antiguamente los que se hallaron en Izamal. Ahora en este tiempo, se halló

que echaban las cenizas en estatuas huecas, hechas de barro, cuando [los muertos] eran muy señores.

La demás gente principal hacía a sus padres estatuas de madera a las cuales dejaban hueco el colodrillo, y quemaban alguna parte de su cuerpo y echaban allí las cenizas y tapábanlo; y después desollaban al difunto el cuero del colodrillo y pegábanselo allí, enterrando los residuos como tenían de costumbre; guardaban estas estatuas con mucha reverencia entre sus ídolos. A los antiguos señores Cocom, habían cortado las cabezas cuando murieron, y cocidas las limpiaron de la carne y después aserraron la mitad de la coronilla para atrás, dejando lo de adelante con las quijadas y dientes. A estas medias calaveras suplieron lo que de carne les faltaba con cierto betún y les dieron la perfección muy al propio de cuyas eran; y las tenían con las estatuas de las cenizas, todo lo cual tenían en los oratorios de las casas, con sus ídolos, en muy gran reverencia y acatamiento, y todos los días de sus fiestas y regocijos les hacían ofrendas de sus comidas para que no les faltase en la otra vida donde pensaban [que] sus almas descansaban y les aprovechaban sus dones.[62]

46. La ofrenda a los muertos es algo común en casi todas las culturas mesoamericanas. El día dedicado a los difuntos se expresa con gran devoción y esplendor en Pátzcuaro y Janitzio, en Michoacán; en Mixquic, en la alcaldía Tláhuac, de la Ciudad de México, o en Pomuch, Campeche. La ceremonia incluye poner altares en las casas, visitar los panteones y, tanto en un sitio como en otro, no faltan las ofrendas de comida y bebida para los difuntos, así como los caminitos y adornos con flor de cempaxúchitl, que se siembra con anticipación en todo el Valle de México, en Tlaxcala, Puebla, Michoacán y otros estados de la república. Una de las ceremonias más originales es la de Pomuch, en el municipio de Hecelchakán, Campeche; allí donde se acaricia la muerte, la tradición prehispánica consiste en que los familiares limpian cada año los restos óseos de sus difuntos: «Como una muestra de amor hacia los seres queridos que se les han adelantado». Ernesto Castillo Rosado lo explica de esta manera:

Cada año durante el mes de octubre, familias enteras acuden al cementerio para llevar a cabo este misterioso ritual maya que comienza con la exhumación de los restos del difunto para removerles residuos de piel y cabello, antes de ponerlos a hervir en una olla con cal durante varios días con la finalidad de limpiar totalmente los huesos, para posteriormente depositarlos en una caja de madera sobre una tela blanca bordada con detalles alusivos a la personalidad y edad del familiar fallecido. Para poder llevar a cabo este proceso, es necesario que hayan transcurrido por lo menos tres años desde su muerte, como según lo marcan las creencias.

Una vez que los huesos han sido dispuestos en la caja de madera en donde permanecerán a partir de entonces, los familiares acuden al cementerio la última semana del mes de octubre para realizar la limpieza de las osamentas. Mientras la llevan a cabo, hablan con el alma de quien fuera el dueño del cuerpo al que pertenecieron los huesos en vida, en un acto de comunión entre vivos y muertos que refleja la continuidad de un lazo indisoluble que permanece a través del tiempo. Luego de realizada la ceremonia, las osamentas ya limpias y envueltas en sus sudarios, son depositadas en el sitio que les corresponde para que estén presentables durante la celebración del «Día de Muertos», que en la región maya se lleva a cabo el 31 de octubre, y el 1 y 2 de noviembre. Ahí aguardarán para su descanso hasta el siguiente año, cuando los familiares repetirán el mismo ritual con la misma solemnidad.[63]

47. El pueblo de México es racional y místico desde la Antigüedad. Nada se hace sin respeto a la naturaleza y a las divinidades. En la concepción indígena no se trata de enfrentar, transformar o dominar la naturaleza, sino de respetarla y, como a las divinidades, encargarle el bienestar en el porvenir. Las creencias del pueblo siempre han estado más vinculadas a las necesidades de sobrevivencia y a las deidades regionales, y menos pretenciosas o elitistas. El maíz continúa siendo motivo de ofrendas, así como el agua, el sol y la luna.

En este tema coincido con la opinión del antropólogo Morley de que el colapso de la civilización maya afectó fundamentalmente a la élite gobernante y sacerdotal, no tanto al pueblo, que mantuvo sus creencias fundamentales. Dice Morley: «Puede ser que la gente del pueblo haya permanecido en las regiones cercanas a los centros, adorando a un número menor de dioses, con ceremonias más sencillas, aunque la magnificencia religiosa, la complicada cosmogonía, la jerarquía sacerdotal había desaparecido»,[64] e insiste: «Puede haber surgido entonces una nueva filosofía de la vida que proporcionó nuevos valores y nuevas metas, o tal vez la gente decidió que la vida seguiría su curso sin importarles más la intervención sacerdotal ante los dioses, pensando que con sus propias plegarias y ofrendas, presentadas directamente, asegurarían las lluvias y el crecimiento de la cosecha».[65]

48. Se han olvidado Huitzilopochtli y el mismo Quetzalcóatl, pero no Tonantzin o Guadalupe, que en el inicio de la evangelización fue negada por sacerdotes y misioneros, pero defendida por los indígenas y que, mediante una excepcional tolerancia clerical, llegó para quedarse y convertirse en la más respetada y respetable imagen religiosa, así como en el principal símbolo de unidad nacional. Sin embargo, como lo afirma Francisco de la Maza en su libro *El guadalupanismo mexicano,* no fue fácil su reconocimiento y adopción. Aun cuando el obispo Zumárraga recibió a Juan Diego, vio el manto de la virgen y aceptó inicialmente el milagro, fue tanto el cuestionamiento de los frailes que procuró rectificar, sin ser muy tajante. Con el transcurrir del tiempo, la popularidad de la virgen ganó terreno y eclipsó todas las oposiciones, incluida la del respetable clérigo e intelectual fray Bernardino de Sahagún, quien, según el historiador De la Maza:

> En 1570, escribía, firme y convencido [en] su *Historia de las cosas de la Nueva España:* «Cerca de los montes hay tres o cuatro lugares donde solían hacer muy solemnes sacrificios y que venían ellos de muy lejanas tierras. El uno de estos es aquí en México, donde está un montecillo que se llama Tepeyac, los españoles llaman Tepeaquilla y ahora se llama Nuestra Señora de Guadalupe. En este lugar tenían un templo dedicado a la madre de los dioses, que llamaban Tonatzin que quiere decir *nuestra madre;* allí hacían sacrificios honra de esta diosa y venían a ellos de muy lejanas tierras, hasta más de veinte leguas, de todas estas comarcas de México, y traían muchas ofrendas; venían hombres, mujeres, mozas y mozos a estas fiestas; era grande el concurso de gente en esos días y todos decían ¡vamos a la fiesta de Tonantzin!; ahora que está allí edificada la iglesia de Nuestra Señora de Guadalupe, también la llaman Tonantzin, tomada ocasión de los predicadores que a Nuestra Señora la Madre de Dios la llaman Tonantzin».

Y continúa Sahagún:

> De dónde haya nacido esta fundación de esta Tonantzin, no se sabe de cierto, pero lo que sabemos verdaderamente es que el vocablo significa, de su primera imposición a aquella Tonantzin antigua, y es cosa que se debería remediar, porque el propio nombre de la Madre de Dios, Señora Nuestra, no es Tonantzin, sino Dios y nantzin. Parece esta invención satánica para paliar la idolatría bajo la equivocación de este nombre Tonantzin, y vienen ahora a visitar esta Tonantzin desde muy lejos, tanto como de antes, la cual devoción también es sospechosa, porque en todas partes hay muchas iglesias de Nuestra Señora y no van a ellas, y vienen de lejanas tierras a esta Tonantzin.[66]

Pero, como bien argumenta el historiador, el origen del culto guadalupano «no era cosa de "intelectuales", sino del pueblo».[67] Así, aun con demora por la oposición al interior del mismo clero, en 1710 se termina el santuario de Guadalupe y, en 1747, la imagen fue jurada patrona general del reino de la Nueva España. La mentira y la difusión de «los sacrificios» a Tonantzin no pudieron con la devoción, principalmente indígena.[68]

49. Desde la Antigüedad, los pueblos originarios de Mesoamérica no han dejado de mirar el cielo en busca del conocimiento para saber, desde lo aparentemente más sencillo hasta lo más complejo, y poder extraer enseñanzas de la observación de la Luna, el Sol, las estrellas y el viento: cuándo sembrar, cosechar o cortar un árbol; sobre los estados de ánimo y salud, la procreación y los avisos del comportamiento de la naturaleza para predecir el futuro de la humanidad.

    En el mundo indígena no solo predomina lo racional: existe siempre lo místico. No todo es ciencia y modernidad. En la cosmovisión antigua prevalece lo sobrenatural, que muchas veces se confunde con la superstición. Bonfil lo define muy bien:

> El mundo sobrenatural desempeña, en esta cosmovisión, un papel de primera importancia. Las fuerzas fuera de control humano encarnan, para ser comprensibles, en un amplio repertorio de seres que las simbolizan: los dueños de los manantiales, de los cerros, de las cuevas; los gobernantes de la lluvia y del relámpago; el animal cuya vida y suerte están indisolublemente unidas a la vida y suerte de cada recién nacido; los aires; la tierra misma. La relación con la naturaleza se simboliza mediante el ceremonial destinado a propiciar a las entidades sobrenaturales que la representan. Esta en una manera coherente de expresar simbólicamente la participación del hombre en la unidad fundamental e indivisible del universo al que pertenece.[69]

Un ejemplo de lo que hablamos es la costumbre que existía en casi todas las culturas de convivir y atender a los aluxes o chaneques, porque ellos son los amos del monte. Todavía se les respeta y se les ofrecen ceremonias cuando se va a construir algo en el territorio donde habitan. Aquí recuerdo que, aun cuando lo usaban como medicina para curar las reumas y como incienso en ceremonias religiosas, y se empleaba como colorante y para la iluminación, el petróleo era para los chontales «cosa del demonio» y se asociaba a malos augurios. El cura Manuel Gil y Sáenz cuenta que, en 1860, descubrió una chapopotera en San Fernando, comunidad chontal del municipio de Macuspana, Tabasco, y se lamentaba de haber sido «un tonto en no denunciar (la mina) a tiempo y me comieron el mandado» —porque el registro formal lo hicieron el licenciado Sergio Carrillo y el doctor Simón Sarlat Nova— «y tantos sacrificios que me costó pues los indios no querían y me expuse [...]. Decían que me iba yo a volver un montón de sal, porque eso era cosa encantada, era del *Chujilbá*, duende o amo del monte».[70]

También al antropólogo Morley le llamó mucho la atención cómo, hasta hace poco, los mayas mantenían la milenaria costumbre de hacer la cal en hornos de leña, pero no podía realizarse este trabajo ritual si había alguna mujer presente, porque entonces no se lograba el propósito de que se quemara pareja la piedra. Veamos cómo lo describe:

> En los pueblecillos y aldeas del norte de Yucatán, todavía se hacen los hornos de cal de la misma manera que los hacían en los tiempos antiguos y la piedra caliza del lugar se quema para fabricar la cal. Se escoge un lugar en el bosque y se limpia por completo. En seguida se cortan manojos de leña y se colocan en un círculo que varía entre tres y seis metros de diámetro. Los manojos se colocan paralelamente al radio del círculo, dejando en el centro un hoyo de unos treinta centímetros de diámetro. Este montón bien ordenado de leña se levanta hasta una altura de más o menos 1.25 metros, y luego, comenzando desde 30 centímetros atrás de su borde exterior, se amontonan los pedazos rotos de piedra caliza hasta otros 60 centímetros de alto.

> Terminada esta operación, se enciende el horno arrojando hojas y madera podrida al fondo del agujero del centro y prendiéndoles fuego. De esta manera el fuego se extiende desde el fondo hacia arriba y de dentro hacia fuera del horno. Los mayas creen que es importante tomar dos precauciones para obtener una buena quema: no debe haber viento, a fin de que el horno se queme parejo, y, además no se debe permitir que las mujeres se acerquen al lugar. Si alguna llega a tocar el horno, la hornada será un fracaso. Se necesitan 36 horas para que un horno se queme por completo, y cuando se ha logrado una buena quema, los fragmentos de piedra quedan enteramente reducidos a cal.[71]

50. El pueblo de México ha sido históricamente pacífico. Puede objetarse esta afirmación haciendo referencia a las guerras de Independencia, de Reforma y a la Revolución, pero si revisamos los enfrentamientos y el número de víctimas en varios siglos de civilización, vamos a encontrar dos cosas: primero, que solo en situaciones límite ha recurrido el pueblo a la lucha violenta, y lo ha hecho en defensa de la justicia, la libertad, la democracia y la soberanía; y segundo, que en comparación con naciones de otros continentes donde lamentablemente han perdido la vida millones, en nuestro país han sido menos los que, por desgracia, han sido sacrificados. La cultura olmeca floreció con relativa calma y los mayas prefirieron abandonar sus ciudades antes que enfrentar guerras. Morley, a quien ya hemos citado, está convencido de que el colapso de esta gran civilización en el periodo Clásico se produjo fundamentalmente en la élite gobernante y, en especial, fueron los «sacerdotes quienes cayeron en desgracia y que el proceso de abandono de los centros fue ante todo pacífico».[72] Sí hubo más afanes expansionistas y bélicos durante el auge de Teotihuacan y, desde luego, en la época del incipiente Imperio mexica; pero, a diferencia de lo que ha promovido el conservadurismo colonizador y sus seguidores, no fue predominante la opción por la guerra, como se nos ha hecho creer, y esa violencia no fue compartida por otros pueblos de culturas pacíficas. Baste comparar el tipo de armas de los conquistadores con las de los mexicas para saber a qué nos referimos: la España de entonces era una potencia militar. En Yucatán, según De Landa, estas eran las armas de los mayas:

> La largura del arco es siempre algo menor que la de quien lo trae. Las flechas son de [unas] cañas muy delgadas que se crían en las lagunas y largas de más de cinco palmos; átanle a la caña un pedazo de palo delgado, muy fuerte, en que va insertado el pedernal. No usaban, ni lo saben poner ponzoña, aunque tienen harto de qué. Tenían hachuelas de cierto metal y de esta hechura, las cuales encajaban en un mástil de palo y les servían de armas y para labrar la madera. Dábanles filo con una piedra, a porrazos, pues el metal es blando. Tenían lanzuelas cortas de un estado con los hierros de fuerte pedernal, y no tenían más armas que estas.[73]

51. La tolerancia y el respeto son una gran virtud del mexicano. Esto también viene de lejos, de la época prehispánica. Imaginemos las escenas que narra el propio Cortés sobre su prepotencia y ninguneo a las religiones antiguas, mayas y mexicas. La primera es cuando, en su viaje de las Hibueras, cuenta que, estando reunido con vecinos de una comunidad maya de la región de los ríos en Tabasco, se sorprendieron porque:

> Estando con ellos en esta plática, pasaron ciertos indios de los nuestros, que tenían ciertas cosas que habían quitado a sus ídolos; y como las vieron los del pueblo, dijeron que ya eran muertos sus dioses; y a esto les hablé diciéndoles que mirasen cúan vana y loca creencia era la suya, pues creían que les podían dar bienes quien así no se podía defender y tan ligeramente veían desbaratar; respondiéronme que en aquella secta los dejaron sus padres, y que aquella tenían y tendrían hasta que otra cosa supiesen.[74]

El otro desplante de intolerancia lo lleva a cabo cuando visita el Templo Mayor con Moctezuma, la primera vez que llega a Tenochtitlan, y cuenta lo siguiente:

> Los más principales de estos ídolos, y en quien ellos más fe y creencia tenían, derroqué de sus sillas y los hice echar por las escaleras abajo e hice limpiar aquellas capillas donde los tenían, porque todas estaban llenas de sangre que sacrifican, y puse en ellas imágenes de Nuestra Señora y de otros santos, que no poco el dicho Mutezuma y los naturales sintieron; los cuales primero me dijeron que no lo hiciese, porque si se sabía por las comunidades se levantarían contra mí, porque tenían que aquellos ídolos les daban todos los bienes temporales, y que dejándolos maltratar, se enojarían y no les darían nada, y les sacarían los frutos de la tierra y moriría la gente de hambre. Yo les hice entender con las lenguas cuán engañados estaban en tener su esperanza en aquellos ídolos, que eran hechos por sus manos, de cosas no limpias, y que habían de saber que había un solo Dios, universal Señor de todos, el cual había criado el cielo y la tierra y todas las cosas, y que hizo a ellos y a nosotros, y que Este era sin principio e inmortal, y que a Él había de adorar y creer y no a otra criatura ni cosa alguna, y les dije todo lo demás que yo en este caso supe, para los desviar de sus idolatrías y atraer al conocimiento de Dios Nuestro Señor; y todos, en especial el dicho Mutezuma, me respondieron que ya me habían dicho que ellos no eran naturales de esta tierra, y que había muchos tiempos que sus predecesores habían venido a ella, y que bien creían que podrían estar errados en algo de aquello que tenían, por haber tanto tiempo que salieron de su naturaleza, y que yo, como más nuevamente venido, sabría las cosas que debían tener y creer mejor que no ellos; que se las dijese e hiciese entender, que ellos harían lo que yo les dijese que era lo mejor.[75]

Baste con este fragmento para comprender de qué lado estaba el respeto y en quién la intolerancia.

52. El pueblo de México heredó su sabiduría de la imaginación y el talento de sus antepasados. Humboldt aceptaba que los indígenas, antes de la conquista española, «tenían un conocimiento casi exacto de la duración del año, que hacían sus intercalaciones al fin de su gran ciclo de 104 años, aun con más precisión que los griegos, los romanos y los egipcios».[76] Incrédulo y con el prejuicio europeo de la superioridad —una de las principales características de las élites de ese continente—, el naturalista alemán se atreve a decir que, ante tanta inteligencia, «se inclina el ánimo á creer que estos progresos no son efecto del desarrollo de las facultades intelectuales de los mismos americanos, sino que las debían á su comunicación con algún pueblo muy adelantado del Asia central».[77]

53. La honestidad era un distintivo de los antiguos pobladores del México prehispánico y se ha conservado como forma de vida en la mayoría de los mexicanos. Nunca —asegura fray Bartolomé de las Casas— «los indios usaron puertas, al menos en muchas partes de estas indias; y esto es señal de su común vivir en pobreza y de su felicidad general, que era causa de haber pocos ladrones entre ellos».[78]

Hasta uno de sus acérrimos adversarios, el otro fraile —solo que no dominico, sino franciscano—, Toribio de Benavente, Motolinía, escribe en una carta a Carlos V que los ladrones no son los indígenas, sino los españoles. Aunque cuando lo argumenta, señala:

> Toda esta tierra está carísima y falta de bastimentos, lo cual solía muy mucho abundar y muy barato todo, y ya que la gente estaba pobre, tenían que comer. Agora, los españoles pobres y deudados, mucha gente ociosa y deseosa que hobiese en los naturales la menor ocasión del mundo para los robar, porque dicen que los indios están ricos y los españoles pobres y muriendo de hambre. Los españoles que algo tienen, procuran de hacer su pella y volverse a Castilla. Los navíos que de acá parte, van cargados de oro e plata, así de V. M. como de mercaderes y hombres ricos, y quedan los pobres en necesidad.[79]

54. La tortilla siempre ha sido el alimento principal en nuestra dieta y, aun cuando se ha modificado el proceso de elaboración con el desarrollo industrial, todavía en muchos pueblos del México profundo se continúa cociendo el maíz, preparándose la masa y haciendo la tortilla como hace siglos. El antropólogo mayista Sylvanus G. Morley tuvo a bien recuperar la secuencia que se aplica hasta contar con la tortilla caliente:

> El trabajo diario de preparar el maíz para las tortillas, era y es todavía la ocupación de más importancia en la vida de la mujer maya. Esta ocupación doméstica puede dividirse en cinco etapas:

1) El maíz seco desgranado se coloca primero en una olla (cum en maya) para cocerlo, con suficiente agua y cal para ablandar los granos. La mezcla se calienta hasta que está a punto de hervir, y se mantiene a esa temperatura hasta que la cáscara está blanda, y de cuando en cuando se remueve. Luego se pone a un lado la olla y se la deja en reposo hasta el día siguiente. El maíz blando, se llama *kuum* en maya.
2) A la mañana siguiente, poco después del desayuno, se lava el *kuum* hasta que está perfectamente limpio y libre de cáscara.
3) En seguida se muele el *kuum.* Antiguamente se hacía esta operación a mano en piedras de moler compuestas de dos piezas, pero actualmente los molinos manuales de metal los han reemplazado. El maíz ya molido, que en maya se llama *zacán,* se cubre con una servilleta y se deja cubierto hasta más tarde.
4) Una hora más o menos antes de la comida principal, se lava la mesa pequeña, y redonda, de unos 40 centímetros de alto, llamada la banqueta, que siempre está cerca del *kobén,* o típico hogar (fogón) maya formado por tres piedras. Luego se limpia perfectamente el comal (*xamach*), un disco redondeo, se coloca sobre el hogar y se espera a que se caliente. Un pedazo de hoja de plátano (*u lee haas*), de unos 15 centímetros cuadrados, se calienta en el *xmach* hasta que está suave y flexible, y se coloca en la banqueta sobre un puñado de cenizas, a fin de que gire fácilmente sobre la mesa. Después de estas operaciones preliminares, la mujer está lista para hacer las tortillas (*uah*).
5) Coge entonces de la masa de maíz, *zacán,* una cantidad del tamaño de un huevo de gallina, y la coloca sobre la hoja de plátano. La mano izquierda forma el borde de la tortilla, mientras la derecha allana el bollo de *zacán,* y al mismo tiempo le da un movimiento rotatorio sobre la banqueta. Bajo sus dedos va tomando forma una tortilla redonda y delgada. Las palmadas casi continuas producen un sonido típico que se oye en todos los pueblos de Yucatán al mediodía. Cuando la tortilla ha tomado ya su forma, se la coloca en el *xamach* caliente para cocerla. Luego se pone sobre los leños ardientes debajo del *xamach* hasta que se hincha y entonces la mujer la toma y le da un golpe rápido en la banqueta, que a la aplana de nuevo. Por último, se coloca la tortilla en una calabaza (*lec*) para que se mantenga caliente; el hombre maya por lo común, se come veinte tortillas en una comida y exige que estén bien calientes.[80]

55. La alimentación en la época prehispánica no solo era variada y nutritiva, sino también natural y sana. El maíz nativo no estaba alterado con genes de otros organismos ni con compuestos químicos para obtener más resistencia a plagas o mayor producción en plantaciones agrícolas modernas, que difieren de la tecnología tradicional aplicada en la milpa prehispánica. Esto mismo —originado por la búsqueda de rentabilidad, el crecimiento de la demanda por expansión demográfica y la clara decisión de poner la ciencia al servicio

del dinero y no de la salud— ha llevado a que, en la actualidad, prácticamente todo lo que consumimos —carnes, aves, pescado, mariscos, frutas, verduras y cereales— contenga ingredientes químicos como hormonas, herbicidas, plaguicidas y fertilizantes, que causan o estimulan enfermedades crónico-degenerativas como la hipertensión arterial sistémica, la diabetes *mellitus*, la obesidad y el cáncer, entre otras. Todo ello, lamentablemente, es también inducido por el consumo de los llamados productos chatarra y las bebidas industrializadas. Es, desde luego, un asunto muy complejo: por la falta de información y por la publicidad engañosa y fraudulenta, el consumo de algunos de estos productos —desde las carnes más caras, gruesas y grasosas hasta los refrescos embotellados— se ha convertido en indicador de *status* o superioridad social. Por ello, una recomendación respetuosa: cuando se pueda, comamos lo más natural posible. Todavía hay carnes de monte, o cuando menos de potrero, no de corrales de engorda. Hay aves de patio, maíz nativo de distintas variedades, frijol, calabaza, yuca, camote, plátano dominico, roatán o macho. Hay sardinas, mojarras y pejelagarto, preferibles a la tilapia, la carpa o el pez diablo. A veces nos preguntamos por qué los mayos, los yaquis, los seris y los cochimíes son tan grandes y fuertes, y debería saberse que donde han vivido por siglos había —y por fortuna sigue habiendo— venado, conejo, borrego cimarrón, tortuga, atún, pulpo, calamar, sardina, abulón, marlín y ballenas. Muchas de estas especies ahora no pueden ni deben capturarse para conservarlas, porque no son solo nuestras, sino de las generaciones futuras. Pero añádase a la respuesta que los pobladores de esta región de México cuentan con el mar de California, uno de los acuarios naturales más ricos del mundo.

No se ha de olvidar la gran aportación nutritiva y saludable que significa aprovechar todas las verduras, frutas y vegetales, fundamentales en la autosuficiencia alimentaria de las comunidades campesinas, y que se pueden comparar en los miles de tianguis y mercados de México. En fin, si podemos, busquemos regresar a lo natural, e insisto: en lugar de un «chesco», mejor un pozol, el pinole, el tascalate, el chilate, el tejate y aguas de fruta de temporada.

56. Los indígenas del México antiguo, en particular los mayas, nos dejaron la enseñanza de cómo recolectar la miel, un rico alimento que además contiene sustancias que benefician la salud. El uso y consumo de la miel en México se remonta a los pueblos prehispánicos, los cuales iniciaron la captación del dulce y la crianza de abejas nativas (meliponas). México es el séptimo productor de miel en el mundo y Yucatán ocupa el primer lugar nacional. En la Antigüedad, según el fraile De Landa, había:

> Dos castas de abejas y ambas son muy más pequeñas que las nuestras. Las mayores de ellas crían en colmenas, las cuales son muy chicas; no hacen panal como las nuestras sino ciertas vejiguitas como nueces de cera, todas juntas unas a otras, llenas de miel. Para castrarlas no hacen más que abrir la colmena y reventar con

> un palito estas vejiguitas y así corre la miel y sacan la cera cuando les parece. Las demás crían en los montes, en concavidades de árboles y de piedras, y allí les buscan la cera de la cual y de miel abunda esta tierra mucho, y la, miel es muy buena salvo que como es mucha la fertilidad del pasto de las abejas sale algo tocada del agua y es menester darle un hervor al fuego y con dárselo queda muy buena y de mucha dureza. La cera es buena salvo que es muy humosa y nunca se ha acertado cual sea la causa, y en unas provincias es muy más amarilla por razón de las flores. No pican estas abejas ni hacen [nada] cuando las castran mal.[81]

Aun cuando las floraciones para la producción de miel varían de acuerdo con cada región, en la península de Yucatán hay dos flores que son únicas y eficaces en la polinización: la *dzidzilché* y el tajonal. Además del beneficio social —en nuestro país se dedican a la apicultura 43 000 familias que manejan alrededor de dos millones de colmenas—, se estiman tres beneficios adicionales del consumo de la miel: «Es fuente de carbohidratos, por lo que brinda energía y antioxidantes naturales; ofrece fuertes defensas contra bacterias y te protege de daños celulares, gracias a sus compuestos antibacterianos; y calma la tos y la irritación de la garganta, suavizando y brindando alivio natural».[82]

57. La arquitectura prehispánica se distingue de otras civilizaciones del mundo antiguo por su majestuosidad y belleza. No es casual que Chichén Itzá ocupe un sitio entre las siete maravillas del mundo moderno. Solo nos queda el recuerdo y la imaginación de lo que fue la gran Tenochtitlan antes de su destrucción en los tiempos de la invasión europea. Michael D. Coe escribió:

> El desprecio hacia los indios, tachados de salvajes, pronto se convirtió en admiración casi universal a medida que los relatos, en su mayoría precisos y detallados, de las grandes civilizaciones llegaban a los filósofos y eruditos europeos. Incluso los aguerridos conquistadores españoles quedaron asombrados ante el tamaño y esplendor de los imperios que ellos mismos reducían a ruinas. Basta pensar en la carta que Cortés envió a su emperador, Carlos V (fechada el 30 de octubre de 1520), en un intento de describir las maravillas que había visto en la capital azteca de Tenochtitlan, blanca y reluciente sobre una isla en medio de un gran lago. Se lee en parte:
>
> Para dar cuenta, Altísimo Señor, de la grandeza, y de las cosas extrañas y maravillosas de esta gran ciudad [Tenochtitlan] a Vuestra Excelencia Real, y de todos los dominios y esplendor de Moctezuma su soberano; se requeriría mucho tiempo y muchos narradores sumamente expertos, para describir todos los ritos y costumbres que practica este pueblo, así como el orden que impera en el Gobierno, no solo de esta ciudad, sino también de otras pertenecientes a este señor. Nunca podré narrar ni la centésima parte de lo que podría contarse al respecto, no obstante, en la medida de mis posibilidades, hablaré de algunas de las cosas que he visto, aunque mal descritas. Sé muy bien que causarán mucho asombro,

> que difícilmente serán creídas, porque incluso nosotros, que las vemos aquí con nuestros propios ojos, somos incapaces de comprender la realidad.[83]

58. Otra ciudad destruida que las crónicas describen como bellísima es Texcoco, obra de Nezahualcóyotl, gobernante, ingeniero, filósofo y poeta. A él le atribuyen este verso:

> Amo el canto del cenzontle,
> pájaro de cuatrocientas voces.
> Amo el color del jade
> y el enervante perfume de las flores,
> pero más amo más a mi hermano: el hombre.

El maestro Florescano nos cuenta lo siguiente:

> La grandiosidad de la traza y edificios del centro ceremonial de Texcoco rivalizaba con la de Tenochtitlan, aun cuando los cronistas de esta última ignoran o disminuyen las obras atribuidas a los tlatoque de Texcoco. Sin embargo, la mayoría de los relatos antiguos coinciden en destacar el genio de Nezahualcóyotl en la construcción de palacios, obras urbanas y áreas para la recreación y el cultivo del espíritu. Entre estos últimos ocupan un lugar especial las casas reales y los jardines de Tetzcotzingo, el cerro que dominaba gran parte del valle, un conjunto que conjugaba las virtudes del escenario natural, una concepción arquitectónica grandiosa y el culto al tlatoani.[84]

59. El genio en la arquitectura de los antiguos mexicanos se percibe desde la ubicación escogida para la construcción de las ciudades. Es excepcional Yaxchilán, situada en una península de ochocientas hectáreas, prácticamente toda rodeada por el río Usumacinta, con una angosta entrada natural por tierra. Los habitantes de este centro no eran guerreros, pero la ciudad estaba protegida por muros de agua del «mono sagrado». Palenque, por su parte, tiene atrás los cerros y enfrente, el gran barranco. Quién mejor para describirlo que Alberto Ruz Lhuillier, que vivió diez años en la zona arqueológica, hasta que encontró la tumba de Pakal y, con la participación del poeta Carlos Pellicer, montó el museo de sitio de Palenque:

> Los caudillos que escogieron el sitio tuvieron en cuenta que estaría protegido atrás por una sierra escarpada, que sus monumentos serían visibles a largas distancias desde la planicie, que estaría provisto de agua pura inagotable procedente de numerosos arroyos, que quedaría cerca de las milpas, rodeado de bosques ricos en maderas duras para las construcciones, lianas y palmas para los techos de las

chozas, jugosas frutas silvestres, resina para los ritos, animales comestibles o que proporcionarían sus pieles o sus plumas para trajes y adornos.

La ciudad sagrada de Palenque forma un amplio anfiteatro que comprende desde la cima de los primeros cerros hasta los linderos de la llanura, ocupando los principales grupos de edificios una explanada natural limitada al norte por un acantilado. Las construcciones se adaptaban al relieve accidentado o lo transformaban mediante terrazas cuando era necesario; algunas pirámides se apoyan sobre los contrafuertes de los cerros o aprovechan sus descansos naturales o su cumbre. Es posible también que las observaciones astronómicas rigieran la posición de algunos edificios. Quizá sea aún más notable la adaptación de la arquitectura a los rigores del clima sumamente cálido y húmedo: altas plataformas o pirámides, pórticos, patios interiores, elevadas bóvedas, techos inclinados, cornisas muy salientes, ventilación asegurada por numerosas aberturas.[85]

60. Las ciudades prehispánicas contaban con edificios públicos de uso civil y religioso, barrios, viviendas, tianguis, talleres y servicios indispensables, como espacios deportivos, culturales y acceso al agua y sistemas de drenaje. Teotihuacan era como el modelo, según Florescano:

> Es el primer Estado que surge en el área central de Mesoamérica y tiene por capital una ciudad grandiosa, nunca vista antes, ornada por innumerables templos y palacios y sujeta a una planificación que imitaba la armonía del orden cósmico.[86]
>
> [...]
>
> Los arqueólogos afirman que el brillo de ciudad grandiosa tuvo que ver con su origen, pues sus constructores la concibieron como espejo del cosmos y residencia de los dioses. Su planificación inicial seguía el movimiento del sol en la bóveda celeste, ya que su traza ortogonal y sus construcciones seguían la desviación de 15º 28' o 15º 30' hacia el norte celeste, el punto exacto donde el sol se oculta el 12-13 de agosto y el 29 de abril.[87]
>
> [...]
>
> Los cuatro rumbos cardinales estaban marcados por dos ejes sagrados. El primero, la majestuosa Calle de los Muertos, que recorre la ciudad de sur a norte, se extendía por varios kilómetros y terminaba en la parte norte con la masa colosal de la Pirámide de la Luna, consagrada a la Diosa del Agua. El arqueólogo Saburo Sugiyama sostiene que la región sur, la más baja y húmeda, representaba el inframundo y el norte la región celeste.[88] El segundo eje, el este-oeste, seguía el cauce modificado del río San Juan.[89]

[...]

Según los arqueólogos, la Pirámide de la Luna fue la primera montaña artificial que se levantó en Teotihuacan cerca del año 100 d. C., inspirada en el Cerro Gordo que se yergue detrás, el lugar donde se formaban las nubes y de donde provenía la lluvia.[90]

[...]

En el lado oriental de esta calzada se edificó la mole de la Pirámide del Sol. Los trabajos arqueológicos confirmaron que dicha pirámide fue construida en una sola etapa y que existió una fase previa con subestructuras que fueron intencionalmente destruidas para construir la pirámide alrededor del año 240 d. C.,[91] coincidiendo con el edificio de la Serpiente Emplumada y la cuarta etapa de la Pirámide de la Luna. Esta obra gigantesca, que implicó movilizar a la mayoría de la población, se alineó con la gran Pirámide de la Luna y el trazo de la Calle de los Muertos, que estaba flaqueada por templos, palacios, residencias y plazas. La Pirámide del Sol cuenta con un túnel de 102 metros de longitud excavado por los teotihuacanos, y una cámara en forma de flor de cuatro pétalos.[92] René Millon propuso que la Pirámide del Sol estaba dedicada al culto de Tláloc, que él nombra Dios de las Tormentas para diferenciarlo del Dios de la Lluvia de los mexicas.[93]

[...]

En Teotihuacan encontramos conjuntos arquitectónicos con plazas y templos de dimensiones muy grandes, conformados por complejos de tres templos, los cuales corresponden a posibles centros de barrio, en los cuales las élites intermedias integraron a nivel religioso, social y económico a ciertos sectores de la población.[94] La construcción y reparación de estos conjuntos seguramente requirió de un personal especializado y numeroso para mantenerlos funcionando a lo largo de dos, tres o más siglos. Todo parece indicar que Teotihuacan disponía de una burocracia que ejercía un poder central sobre el dilatado conjunto urbano.

Otro grupo que dependía directamente del Estado era el de los sacerdotes encargados de mantener el fuego permanente de los templos, los ritos religiosos y el cuidado de los edificios sacros. Un numeroso cortejo de sacerdotes organizaba los ritos fijados en el calendario y las espectaculares ceremonias celebradas en las plazas y en la Calle de los Muertos, el gran escenario programado para congregar multitudes y presentar escenografías espectaculares a lo largo de cinco kilómetros.

La construcción de grandes departamentos multifamiliares caminó paralela a la conversión de Teotihuacan en un centro manufacturero a gran escala, que gozó de un gran prestigio en toda Mesoamérica. Desde los orígenes de la ciudad se multiplicó el número de talleres dedicados a la producción de objetos de obsidiana (vidrio volcánico que se obtenía de las minas cercanas de Otumba y de la Sierra de las Navajas de Pachuca),[95] y el crecimiento de estos talleres corrió paralelo al fortalecimiento del Estado. Los arqueólogos atribuyen al poder del Estado el control de los centros productores de la materia prima, la fabricación masiva de los objetos y su circulación expedita en el exterior. Los trabajos de prospección arqueológica plantearon que en la ciudad de Teotihuacan existió un gran número de talleres artesanales especializados[96] en la producción de artículos de obsidiana, cerámica suntuaria (vasos, platos, recipientes trípodes, candeleros, sahumerios, incensarios), distintas piedras y minerales, moluscos, textiles, plumaria, hueso, etcétera, que hicieron de Teotihuacan el primer fabricante masivo de tales objetos, muchos de ellos reproducidos en moldes y en lugares distantes, siguiendo el diseño teotihuacano.

Teotihuacan fue el centro regional más importante del Altiplano Central que captó artesanos procedentes de diversas regiones,[97] quienes dispersaron sus talleres en los numerosos barrios que la dividían. Los arqueólogos encontraron barrios de artesanos oaxaqueños[98] y de la costa del golfo de México, dedicados a producir objetos finos que los comerciantes de Teotihuacan intercambiaban en los variados parajes de Mesoamérica.[99]

61. Las pirámides simbolizan las alturas, los montes, los cerros, los volcanes y el cielo. La arquitectura antigua no solo busca aprovechar las lomas naturales para la construcción, aunque integra los desniveles del terreno, las terrazas y las partes altas; lo más importante es la cosmogonía y el mensaje que se buscaba transmitir, aun cuando ello implicara mucho trabajo de cortes y traslados de material para edificar el templo o el edificio principal de carácter civil. Es tan importante la búsqueda del cielo que, hasta los pequeños adoratorios, los «cuyos», se hacen de tierra y de manera artificial. Coe concluye un trabajo de campo en San Lorenzo, y su estudio sobre los olmecas en La Venta le inspira una reflexión muy interesante:

> La Venta está dominada por su gigantesca «pirámide», una construcción de tierra o arcilla que ahora mide unos 30 metros de altura se asienta sobre una plataforma ancha y baja, en el sur de la cual se han recuperado varios monumentos hermosos. En todos los publicados del principal complejo ceremonial de La Venta, la pirámide aparece con el aspecto que debe tener una pirámide: cuatro lados, algo rectangular en dirección norte-sur, con una cima plana.
>
> Cuando se trazó el mapa del sitio por primera vez, la estructura estaba cubierta por una selva casi impenetrable, por lo que el topógrafo supuso, a partir de una línea de corte que la atravesaba, que su forma era perfectamente normal. Estaba muy equivocado.

[...]

Drucker y Heizer fueron los primeros en darse cuenta de que esta supuesta pirámide no se parecía a nada que hubieran visto antes, por lo que en 1968 Heizer y un grupo de la Universidad de California realizaron un mapa detallado de la misma.

Su aspecto actual es el de una especie de cono truncado, pero sus lados están estriados, es decir, diez enormes crestas, con surcos entre ellas, se abren en abanico por todos lados. Es posible que la erosión haya contribuido a su formación, pero la mayor parte de esta construcción de crestas y surcos se realizó a propósito de la Antigüedad. El conjunto se asemeja a una enorme tarta puesta al revés.

Heizer intentó descifrar la razón de semejante construcción. En realidad, el paralelismo más cercano a la forma de la gran pirámide puede verse en las mismas montañas de Tuxtla de donde procedía la piedra para lo monumentos. En la región que rodea al hermoso lago de Catemaco, en el centro de los Tuxtlas, se encuentran decenas de pequeños conos volcánicos. Un día al sobrevolar esta región, se le ocurrió una idea: la pirámide de La Venta era una imitación de volcán. Se pueden ver las mismas crestas y surcos en abanico que salen de cada cono. He aquí un ejemplo de arquitectura que imita a la naturaleza.

Con respecto a la razón por la que los olmecas hicieron esto, Heizer propone una sugerencia final. En cualquier lugar donde estuviera la patria olmeca, la gente debió aprender allí a mover y tallar enormes rocas de basalto. Las montañas de Tuxtla podrían parecer el lugar más apropiado. Por tanto, al trasladarse a La Venta, se llevaron consigo «un pedacito de casa», para recordar su punto de origen rodeado de volcanes. Habría que buscar antiguos sitios olmecas en los Tuxtlas, aunque quizá nunca se encuentren. Los mismos volcanes siguieron arrojando cenizas y lava hasta el siglo XVIII, y es muy posible que las pruebas yazcan sepultadas a gran profundidad y que nunca lleguen a descubrirse.[100]

62. Algo extraordinario de los antiguos mexicanos, en especial de los mayas del Clásico, es que la mayoría del pueblo sabía contar, leer y escribir. Relatando lo sucedido al inicio del Virreinato, De Landa afirma:

> Que su contar es de 5 en 5 hasta 20, y de 20 en 20 hasta 100, y de 100 en 100 hasta 400, y de 400 en 400 hasta 8 mil; y de esta cuenta se servían mucho para la contratación de cacao. Tienen otras cuentas muy largas, y que las extienden ad infinitum contando 8 mil 20 veces, que son 160 mil, y tornando a duplicar por 20 estas 160 mil, y después de irlo así duplicando por 20 hasta que hacen un incontable número, cuentan en el suelo o cosa llana.[101]

Y Coe dice que, aun con su gran sabiduría, lo más destacado de los mayas:

> Es que solo ellos, entre todos los pueblos nativos del mundo nuevo, sabían leer y escribir; es decir, tenían una escritura lo bastante desarrollada como para poder escribir cualquier cosa en su lengua, que ha podido descifrarse en gran medida. La mayoría de los textos jeroglíficos en estelas y relieves de los centros clásicos registran acontecimientos históricos, en particular nacimientos, matrimonios y conquistas entre dinastías reales.[102]

63. El comercio siempre ha sido una actividad vinculada al carácter emprendedor del pueblo de México. No solo se trataba de intercambios o trueque comunitario de los tianguis o mercados, pues desde la época prehispánica había comerciantes que vendían y compraban en apartadas regiones. Estos personajes eran servidores del Estado o mantenían estrechas relaciones con los gobernantes y realizaban funciones de diplomacia y espionaje para la guerra, como se manifestó con mucha claridad en el periodo del incipiente Imperio azteca, en el cual las dos actividades principales, según algunos estudiosos, eran precisamente el comercio y la conquista o sometimiento de pueblos tributarios mediante el uso del ejército, que era temido «en todo Mesoamérica por su ferocidad y destreza con las armas».

Sin embargo, los primeros que definieron las principales rutas comerciales en Mesoamérica fueron los teotihuacanos, quienes llegaron antes que otros a la mayoría de los pueblos mayas del sureste, incluidos Guatemala, El Salvador, Honduras, Belice y, obviamente, Oaxaca, Hidalgo, Puebla, Veracruz, el Valle de México, Guerrero, Morelos, Michoacán y otros estados del norte. Florescano comenta:

> Es probable que en esta época surgiera un grupo de comerciantes encargado del comercio de larga distancia y de las relaciones diplomáticas en los territorios extranjeros. La urbe del Altiplano adquirió la reputación de centro productor de obras exquisitas y sus artesanos fueron reconocidos como los artífices por excelencia. Siglos después de la caída de Teotihuacan su prestigio como cuna de las artes y la ciencia pervivió entre sus herederos políticos y culturales.[103]

Con la destrucción de Teotihuacan surgió como sustituto Xochicalco, donde en la plaza principal se localiza la emblemática pirámide de la Serpiente Emplumada, en cuyo costado se esculpió o colocó una escultura o bajorrelieve con un personaje maya, lo cual busca destacar que había relaciones políticas y comerciales entre regiones distantes de Michoacán, Guerrero, Oaxaca y las costas del golfo y del Pacífico. De igual manera, según Erick Thompson y otros estudiosos, el cacao convirtió a los mayas chontales en grandes comerciantes y por ello destacaron como navegantes experimentados. Hay quienes los han llamado los fenicios de América: con sus enormes cayucos, en los que cabían hasta cuarenta personas con todo y mercadería, salían de los puertos del golfo de México para recorrer toda la península de Yucatán, Belice y América Central. Tenían tráfico hasta con Cuba y el Darién (Colombia). Para esa amplia empresa trazaban mapas exactos, tenían lugares de descanso, provisión y culto cada 10 o 15 kilómetros sobre la costa de Tabasco y Yucatán, e incluso en Nito (Guatemala) y Naco (Honduras); asimismo, sabían dónde había corrientes de agua dulce para aliviar la sed.

64. Así como los egipcios y mesopotámicos crearon sus civilizaciones con el manejo y aprovechamiento de los ríos Nilo, Éufrates y Tigris, los olmecas, mayas, teotihuacanos, toltecas y mexicas se especializaron en los más sencillos, pero a la vez eficaces, procesos hidráulicos. En el sureste del país había —y prevalece afortunadamente— una cultura del agua y, así como sucedía en la cuna de las civilizaciones occidentales, aquí las crecientes de los ríos abonan con limos los campos de cultivo, y las entradas de agua en tiempos de inundación introducen en lagunas y humedales sedimentos que se acumulan; así, al bajar de nuevo el nivel de las aguas y regresar los ríos a sus cauces mayores, quedan terraplenes o campos elevados que poco a poco, a lo largo de siglos, van ampliando los «espaldares» de las orillas o barrancos donde se ubicaron originalmente los pueblos. Estas llamadas «sangrías», hechas escarbando una gran zanja en forma perpendicular al río o aprovechando los arroyos que desembocan en él, han permitido que en algunas regiones donde había más agua que tierra se gane terreno para padecer menos en tiempos de lluvias, cuando se salen de «madre» los ríos, y así contar con más suelo y fertilidad para la agricultura. El maestro Pellicer decía, refiriéndose a este manejo hidráulico poco conocido y al estado más tropical de México, que «esta es la parte del mundo en que el piso se sigue construyendo; los que allí nacimos tenemos una idea propia de lo que es el alma y de lo que es el cuerpo».[104]

65. Los teotihuacanos fueron creadores de sistemas hidráulicos que permitieron manejar en equilibrio los cinco lagos de la cuenca del Valle de México: Chalco, Xochimilco, Xaltocan, Zumpango y el gran lago central de Texcoco, donde en uno de sus islotes se construyó la gran Tenochtitlan. Aunque, según las más recientes investigaciones, la tecnología chinampera data de antes de Teotihuacan, es en esa época cuando se perfecciona su uso, hasta los tiempos de los mexicas, en que fue adoptada como el principal medio de producción de alimentos. Entonces, según los especialistas, «se implementó un amplio proyecto político que incluía la construcción de asentamientos chinamperos que cubrió gran parte del centro y sur de la cuenca de México para asegurar el abastecimiento de alimentos y fuerza de trabajo para Tenochtitlan». Es motivo de asombro, por su genialidad, la construcción de obras hidráulicas para controlar inundaciones y separar en el Valle de México el agua salada de la dulce, al grado que, desde la destrucción de Tenochtitlan —que incluyó la ruptura de diques, acueductos, terraplenes y puentes—, no pudieron los españoles, durante los tres siglos del Virreinato, resolver el frecuente problema

de las inundaciones y, en cuanto al abasto de agua, tuvieron que reconstruir los antiguos sistemas prehispánicos de Santa Fe, Chapultepec y Azcapotzalco. Recuérdese que, durante el sitio a Tenochtitlan, lo primero que ordenó Cortés fue destruir el acueducto de Chapultepec para dejar sin agua a la ciudad y hacer padecer a los de la resistencia mexica. Debe resaltarse la construcción, en el lago de Texcoco, del llamado Albarradón de Nezahualcóyotl, porque fue este gran ingeniero —además de gobernante, filósofo y poeta— quien dirigió esta importante obra hidráulica. Se trata de un dique en el lago —también destruido por órdenes de Cortés— que iba de Iztapalapa a Azcapotzalco, para evitar la salinidad del agua en los canales más cercanos a Tenochtitlan. A Nezahualcóyotl, señala Florescano, las crónicas de tradición mexica y texcocana «le asignan la construcción de la célebre "Albarrada de los indios", el dique de madera y mampostería que separó las aguas saladas del lago de las dulces, y aminoró las inundaciones que afectaban a la ciudad».[105]

66. La ingeniería hidráulica permitió a las antiguas ciudades prehispánicas resolver problemas de agua y drenaje con mucha imaginación y talento. Como hemos visto, uno de los manantiales que abastecía de agua a Tenochtitlan —y lo siguió haciendo siglos después— fue el que estaba ubicado en Chapultepec. Todo este sistema de conducción y distribución del agua también lo diseñó y dirigió Nezahualcóyotl. El otro manantial es el de Santa Fe, donde Tata Vasco construyó un pueblo y una ermita que aún existe. Recientemente fueron rescatados el manantial y la ermita porque, durante el gobierno capitalino de Claudia Sheinbaum Pardo, actual presidenta de México, ella y la secretaria de Cultura del Gobierno federal anterior, Alejandra Frausto, atendieron la solicitud del sensible artista Gabriel Orozco para desviar el trazo del tren El Insurgente y realizar unos altos puentes atirantados con grandes claros que permitieron preservar estas importantes obras y vestigios de la historia, la cultura y la naturaleza de la Ciudad de México.

67. Si algún día pueden visitar la zona arqueológica de Palenque, no dejen de observar el gran acueducto construido por los mayas, que atraviesa la ciudad y pasa embovedado por detrás del Palacio. Así explica la construcción de esa gran obra el arqueólogo Alberto Ruz:

> La precipitación pluvial de la región es la mayor de México, lo que justifica la tremenda exuberancia de su vegetación en la que abundan los árboles de caoba, cedro y zapote. Es frecuente que los ríos Usumacinta y Grijalva se desborden en la estación de lluvia, inundando el llano. Numerosos arroyos descienden de las cimas en hondas cañadas y formando caprichosas cascadas. Para resolver el problema de la crecida de los arroyos que inundaban la ciudad sagrada aislando algunos de sus monumentos, los palencanos construyeron puentes de piedras y canalizaron el más importante de los arroyos, el Otolum, por medio de un acueducto en parte abierto, y techado con bóveda en una larga extensión. Este canal

> subterráneo es impresionante por su solidez, con sus muros hechos de enormes bloques de piedra, verdadera obra ciclópea.[106]

68. Una manifestación más de la sensibilidad y destreza en las labores artísticas del antiguo pueblo de México se encuentra en el fino trabajo de los orfebres, especializados en elaborar bellas joyas y piezas ornamentales. Cuando Alfonso Caso encontró en enero de 1932 las ofrendas del personaje enterrado en la Tumba 7 de la majestuosa ciudad de Monte Albán, Oaxaca, explicó que las máscaras, diademas, plumas, anillos, brazaletes, pendientes, pectorales, pinzas, collares y muchas otras piezas de oro, plata, jade, turquesa, ámbar, coral y perlas estaban realizadas con un talento asombroso. Menciona que estas joyas eran parecidas a las del supremo tesoro entregado por Moctezuma a Cortés y enviado por este a Carlos V. El valor artístico de las joyas en poder del monarca dejaba de manifiesto —argumentaba el antropólogo Caso— «que la orfebrería indígena puede compararse, y en algunos puntos superar, a las más exquisitas creaciones de los orfebres del mundo».[107]
69. Un indiscutible avance en casi todas las culturas mesoamericanas fue la creación de libros o códices para transmitir enseñanzas y contar historias que ayudaban a preservar conocimientos científicos y conservar mitos y leyendas. Los libros mayas o códices se hacían:

> Con la corteza convertida en pulpa de un árbol de la familia de los «Ficus». Tenían la forma de una larga tira doblada como un biombo. El papel recibía un baño fino de cal sobre cuya superficie se pintaban en varios colores los jeroglíficos y las figuras. Por lo que se ha podido descifrar de estos manuscritos, no parecen contener ninguna información histórica sino apuntes sobre las ceremonias rituales, horóscopos, deidades que regían la sucesión de los días, tablas lunares y de eclipses, y otros cálculos cronológicos.[108]

Es posible que la ausencia de más temas en los códices comentados por Alberto Ruz se deba a lo que él mismo señala al lamentar que «Solo tres códices o manuscritos jeroglíficos han sobrevivido a los siglos, a la destrucción de la cultura maya y al fanatismo religioso de los primeros frailes españoles: los llamados Códices Dresdensis, Tro-Cortesiano y Peresiano, que se conservan respectivamente en Dresde, Madrid y París».[109]

Es tan apasionante lo de los libros antiguos que incluso, admirado, Alexander von Humboldt explica:

> Los manuscritos aztecas están escritos ó sobre papel magüey, ó sobre pieles de ciervo; los hay de 20 á 22 metros de largo, y cada página tiene de 7 á 10 centimetros cuadrados de superficie. Estos manuscritos están doblados de un lado y otro en figura de rombo; unas tablas de madera muy delgadas, atadas por sus

extremos, forman su encuadernacion, dándoles la semejanza de nuestros libros en 4.º Ninguna nacion conocida del antiguo continente ha hecho tanto uso de la escritura geroglífica, y ninguna tampoco nos presenta verdaderos libros encuadernados como los que acabamos de describir.[110]

70. Los códices o libros antiguos permitieron transmitir conocimientos científicos, pero también enseñanzas para vivir con dicha y felicidad. El caso más destacado es la recopilación de recomendaciones de códices o tradiciones orales del mundo náhuatl que el fraile Andrés de Olmos convirtió en un libro impreso en 1600, conocido como *Huehuehtlahtolli,* o testimonios de la «antigua palabra». En esta especie de cartilla moral se traducen pláticas que los padres y madres compartieron a sus hijos y a sus hijas, y los señores a sus vasallos, todas llenas de doctrina moral y política. Miguel León-Portilla agrega que los *Huehuehtlahtolli* también comprendían los temas de la moral indígena desde el nacimiento hasta la muerte. Podría pensarse que constituían un acercamiento paralelo a cuanto concernía a las formas de comportarse, buenas y malas, del hombre en la tierra. Asimismo, León-Portilla resume que en las 29 «pláticas», «La filosofía moral del mundo náhuatl queda allí a descubierto. Los jóvenes que escuchan harán de esas palabras un tesoro. Tales platicas, transmitidas de generación en generación, era repetidas hasta que se grabaran en el corazón de quienes debían guiar sus vidas a la luz de los principios que allí se enunciaban».[111]

71. La educación en la época prehispánica era pública y gratuita. En Tenochtitlan, los hijos de los «macehuales», los integrantes de la gran masa del pueblo, tenían derecho a estudiar en el tepochcalli, colegio donde se educaban quienes optaban por la formación militar; asimismo, existían el calmécac, institución escolar de las élites, aunque también los macehuales con mérito podían especializarse en ellas para el sacerdocio, los conocimientos científicos y la administración y dirección del Estado. No podemos dejar de recordar que la educación básica se aprendía con el conocimiento práctico y que los principios morales se adquirían en el seno familiar y comunitario. El niño aprendía del padre la agricultura, la pesca, la caza, los oficios y el conocimiento de plantas y animales, así como los ritos y costumbres; las mamás enseñaban a las niñas a hilar, a cocinar, a cuidar las aves de corral y otras labores del hogar, como acarrear el agua, lavar la ropa o cuidar pájaros y flores. Casi todos los estudiosos de esta materia afirman que existían muchos planteles educativos, tanto de los llamados tepochcalli «casa de los jóvenes», como de los calmécac. Jacques Soustell sostiene que:

> Existían en México muchos calmecac, cada uno de ellos anexo a un templo determinado. Su administración y la educación de los jóvenes o de las doncellas dependían del Mexicatl Teohutzin, «vicario General» de la Iglesia mexicana. Por el contrario, cada barrio tenía muchos telpochcalli, cuya administración corría

> a cargo de los telpochtlatoque, «maestros de los mancebos», o si se trataba de mujeres, de las ichpochtlatoque, «maestras de las doncellas», que son funcionarios laicos y no religiosos.
>
> En conjunto, la educación «superior» que se daba en el calmecac preparaba al alumno ya fuese para el sacerdocio, ya para las altas funciones del Estado; era severa, rigurosa. El telpochcalli formaba ciudadanos de tipo «medio» —lo que no impedía que algunos de entre ellos llegaran a alcanzar los grados más altos— dejaba a sus alumnos mucha más libertad y los trataba con mucho menos rigor que la escuela sacerdotal.[112]

Es un gran mérito que en las culturas prehispánicas la educación se concibiese no como un privilegio sino como un derecho. Por eso el testimonio de Soustelle, prestigiado investigador francés en esta materia, debe ser para los mexicanos de todos los tiempos un verdadero timbre de orgullo, pues él escribió:

> Es notable que en esa época y en ese continente un pueblo indígena de América haya practicado la educación obligatoria para todos y que ningún niño mexicano del siglo XVI, cualquiera que fuese su origen social, careciera de escuela. Basta comparar ese estado de cosas con el que nos muestran la Antigüedad clásica o la Edad Media europeas para percibir con qué cuidado la civilización autóctona de México, a pesar de sus limitaciones, vigilaba la educación de su juventud y la formación de sus ciudadanos.[113]

72. Hasta para los conquistadores, frailes, cronistas y letrados europeos, eran sorprendentes los hábitos de limpieza personal de los indígenas, presentes en todos los periodos y en todas las culturas de las civilizaciones mesoamericanas. Se atribuye a Moctezuma Xocoyotzin el hábito de bañarse cuatro veces al día y secarse con una toalla siempre distinta. Pero no solo eran los tlatoanis quienes recurrían al agua con frecuencia; los varones mayas se bañaban mucho, «no procurando de cubrirse de las mujeres sino cuanto podía cubrir la mano»,[114] «que eran amigos de buenos olores y que por eso usan ramilletes de flores y yerbas, muy curiosas y labradas».[115] Y todos «se lavan las manos y la boca después de comer».[116]

El tema sobre el agua y la limpieza en los antiguos mexicanos ha dado lugar a pesados chistes y leyendas. Recuérdese que, en una carta al rey Carlos V, Cortés le explica acerca de la supuesta opulencia de Moctezuma y, en un pasaje, le cuenta que el tlatoani se sentaba a comer suculentos, exóticos y variados platillos y, cada vez que terminaba de probar alguno, se lavaba las manos y se secaba con toallas distintas. Textualmente le dice: «Y al principio y fin de la comida y cena siempre le daba agua a manos, y con la toalla que una vez se limpiaba nunca se limpiaba más, ni tampoco los platos y escudillas en que le traían una vez el manjar se los tornaban a traer sino siempre nuevos». Esto que Cortés fue el primero en escribir, y luego lo copiaron casi todos —usándolo de burla o extravagancia—, al paso del tiempo, como otras llamadas «venganzas de Moctezuma», se empezó a manejar de mala fe, en México y en otras partes, el mensaje de que los conquistadores no tenían demasiada relación con el agua y no estaban acostumbrados a bañarse; que Cortés no era muy limpio, que digamos, en su aseo personal. Al grado que corrió tanto este chisme, que recientemente el historiador Yuval insertó en su libro la siguiente anécdota: «Cuando los españoles llegaron a México por primera vez, se le asignaron nativos portadores de quemadores de incienso para acompañarlos a donde quiera que fueran. Los españoles pensaron que se trataba de una marca de honor divino. Ahora sabemos, por fuente de los nativos, que encontraron insoportable el olor de los recién llegados».[117]

73. El conocimiento médico de los antiguos mexicanos era bastante avanzado desde épocas remotas. Como hemos visto, la mayoría de la gente sabía el nombre y las propiedades de las plantas y las usaban en remedios para curar desde calentamientos de cabeza de los niños hasta mordeduras de culebra. Pero también existía la especialización; es decir, los curanderos y médicos —estos últimos, como los astrónomos, pertenecían a la élite gobernante— se dedicaban solo al estudio y a ejecutar intervenciones quirúrgicas. Se ignora que el avance de la medicina en México, antes de la llegada de los españoles, estaba cuando menos al mismo nivel que en Europa, y existió algo muy importante para evitar el exterminio de la población ante epidemias y la sobreexplotación desatada con la Conquista. Me refiero al hecho de que, como todos sabían poco de muchas cosas —entre ellas, curarse o conocer el movimiento de los astros para sembrar—, al irrumpir la invasión extranjera, destruir su antigua forma de gobierno y eliminar a sus élites, autoridades civiles, religiosas y científicas, la gran masa de la población, los «macehuales», se fue a refugiar al monte, como hemos visto, y en algunos casos volvió a ser nómada para preservar su libertad. Pero se llevó a cuestas su cultura y conocimientos, y ello los salvó y nos salvó, porque al lograrse la Independencia, aun tras los tiempos de opresión, la población se mantuvo: no se exterminaron las culturas originarias, que son nuestras raíces y sostienen hasta la actualidad el frondoso árbol de la vida que es México. En particular, es evidente que los curanderos indígenas que no conocían las nuevas enfermedades y cómo tratarlas como la viruela, al paso del tiempo fueron encontrando remedios que si no las prevenían por completo como sucedió al descubrirse la vacuna, a finales del siglo XVIII, sí ayudaban a evitar las grandes mortandades de comienzos de la Conquista y el Virreinato. Además, frente a las epidemias —y esto puede demostrarse—, los indígenas supieron la importancia que tenía el aislamiento de los enfermos para evitar su propagación. Pero veamos cuál es la opinión sobre la medicina indígena del científico Eli de Gortari:

En sus lineamientos más importantes, la medicina de los antiguos mexicanos era equiparable a la europea de su tiempo, de tal manera que los pacientes se trataban entonces siguiendo las mismas orientaciones generales en ambos continentes. Sin embargo, en cuanto al caudal de remedios conocidos, la medicina de los antiguos mexicanos era particularmente rica, como ocurre en los pueblos que conocen empíricamente sus plantas medicinales. Es más, los antiguos mexicanos, obligados por la naturaleza misma del ambiente en que vivían, se vieron constreñidos a buscar casi exclusivamente en el reino vegetal los medios de satisfacer todas sus necesidades y, en consecuencia, lograron adquirir un conocimiento sumamente amplio y profundo de la vegetación que los rodeaba, el cual difícilmente tiene paralelo en la historia universal, dentro de un nivel semejante del desarrollo social. Los remedios preparados con las raíces, la corteza, los troncos, las hojas, las flores, los frutos y las semillas de las plantas silvestres y de las cultivadas, pusieron a disposición de los médicos indígenas un variado y extenso arsenal de zumos, lavativas, fumigantes, sorbetorios, cohetorios, gargarismos, buches, lavatorios, píldoras, polvos, cataplasmas, supositorios, unciones, emplastos y ventosas. El uso de muchas de estas plantas como medicamentos se ha generalizado en el mundo, aunque no siempre se reconoce como una herencia cultural de los indígenas americanos y, sobre todo, de los antiguos mexicanos. En rigor, la farmacopea nunca había recibido, ni recibió tampoco después, una aportación cuya magnitud, riqueza y significación fuesen comparables a las que adquirió con la contribución de los conocimientos de los antiguos mexicanos a la medicina del siglo XVI.

[...]

En todo caso, los médicos no adoptaban una actitud expectante, sino que, cuando la enfermedad no cedía con la administración de los remedios, procedían a ejecutar intervenciones quirúrgicas. En particular, lograron un desarrollo notable en la extirpación de tumores, la reducción de fracturas y luxaciones, las amputaciones y las suturas, para lo cual llegaron a usar una anestesia incompleta. Tampoco les fue ajena la profilaxis de aquellas enfermedades que consideraban contagiosas y, en caso necesario, secuestraban al enfermo para mantenerlo en riguroso aislamiento. Tenían también establecimientos similares a los hospitales, principalmente para la atención de las enfermedades incurables o raras y para el cuidado de los inválidos. En general, no descuidaban la convalecencia y empleaban algunas medidas dietéticas como complemento de la medicina. Durante el embarazo realizaban minuciosos preparativos higiénicos y preventivos, conocían y aplicaban varios recursos para auxiliar a la mujer en el trabajo de parto —practicando incluso la embriotomía en los casos desesperados— y mantenían después una atención solícita para la madre y el niño.[118]

74. También los antiguos mexicanos son precursores a nivel mundial en la creación de jardines botánicos. Eli de Gortari sostiene:

> Mucho tiempo antes de que se crearan los primeros jardines botánicos europeos —que fueron el de Padua en 1543 y el de Pisa en 1546— ya existían instituciones semejantes en el México Antiguo. En dichos jardines se cultivaban plantas de ornato, raras, medicinales y útiles, que eran colectadas en todos los sitios posibles. Los más antiguos fueron los jardines establecidos por los acolhuas en Hutecpan y Cillen, lo mismo que el bosque de Cuauhyacac. Después fueron engrandecidos por Nezahualcóyotl, quien fundó también el jardín de Texcotzingo —en el lugar conocido actualmente con el nombre de Molino de Flores, cerca de Texcoco— que se hizo famoso por sus plantas medicinales. Moctezuma Ilhuicamina estableció en Oaxtepec el que fue el más famoso e importante de los jardines de plantas aztecas, en el cual tuvo oportunidad de trabajar el doctor Francisco Hernández. El jardín de Tenochtitlan estuvo dedicado a ceremonias y se distinguió por el cultivo específico de ciertas yerbas medicinales. Moctezuma Xocoyotzin tuvo otros jardines en Chapultepec, Ixtapalapa, Azcapotzalco, Coyoacán, Tepoztlán, Cuernavaca, Huauchinango, el Peñón y Atlixco. Igualmente existieron pajareras y casas de animales que contaban con mamíferos, reptiles, aves de rapiña y peces; se tienen noticias directas de las de Tenochtitlan y Pátzcuaro. Tanto en los jardines botánicos como en las casas de animales, había estanques para la cría de peces de agua dulce y marítimos. En las casas de animales, los ejemplares se encontraban en un ambiente adecuado, que reproducía convenientemente su medio natural y en donde se les daban los alimentos necesarios, se favorecía su reproducción y se cuidaban con esmero las nidadas. Para tener una idea de la atención que se les prestaba, basta decir que en la Casa de Animales de Tenochtitlan había más de 600 servidores.[119]

75. No sobra recordar que el adelanto de la medicina se constata al demostrar que en 1552 el médico mexica Martín de la Cruz dictó o escribió —con la ayuda de un traductor y conocedor del latín, Juan Badiano, también indígena de Xochimilco— el primer libro de América sobre las propiedades de plantas, flores, animales y minerales para curar enfermedades de toda índole: desde dolores del corazón o tumoraciones de las mamas, hasta 62 remedios acompañados de los nombres de las plantas, sus dibujos y un recetario sobre cómo elaborar pócimas y aplicarlas. Con solo transcribir el contenido de este excepcional libro basta para despertar el interés por conocer este texto, que se encuentra en las principales bibliotecas públicas del país, con los anexos de quienes, desde su aparición, lo han estudiado e interpretado a la luz de nuevos conocimientos de antes y de ahora:

Tabla del contenido

Capítulo primero: Curación de la cabeza. Furúnculos. Caspa o alopecia. Tiña. Caída del pelo. Descalabradura o fractura de la cabeza.
Capítulo segundo: Cuidado de los ojos. Calor. Ojos inyectados de sangre. Glaucoma. Entorpecimiento de las cejas, o mejor dicho de los párpados. Hinchazón de los ojos. Inducción al sueño. Modo de evitar la somnolencia.
Capítulo tercero: Purulencia de los oídos, sordera u obstrucción.
Capítulo cuarto: Catarro. Medicina que ha de instilarse en la nariz. Hierba sanguinaria.
Capítulo quinto: Limpiador de dientes o dentífrico. Curación de encías inflamadas y purulentas. Dolor y putrefacción de los dientes. Fuerte calor, tumor o supuración de la garganta. Anginas. Medicina con que se mitiga el dolor de garganta. Para desechar la saliva reseca. Para acabar con el esputo sanguinolento. Para calmar la tos. Para quitar el aliento fétido y repugnante. El hipo.
Capítulo sexto: Refrigerio para la boca inflamada por el calor. Remedio para el que no puede bostezar por el dolor. Sarna de la cara. Sarna de la boca. Estruma o escrófula del cuello. Agua Subcutánea. Debilidad de las manos.
Capítulo séptimo: Opresión molesta del pecho. Dolor en el corazón. Calor. Dolor de costado. Medicina que mata lombrices y animalejos que se alojan en el vientre del hombre. Antídoto. Inflamación del estómago. Dolor de Vientre. Disentería o cólicos. Ruidos del vientre. Frialdad. Diarrea.
Capítulo octavo: Curación de la región pública. Hierba inguinaria. Hierba para la vejiga o halicacabo. Disuria o extranguria. Mal de asentaderas. Podagra. Dolor poplíteo. Contracción incipiente de la rodilla. Remedio de las grietas en la planta de los pies. Lesión de los pies. Contra la fatiga. Árboles y flores contra el cansancio del que administra la República y desempeña un cargo público.
Capítulo noveno: Remedio contra la sangre negra, fiebre, lepra, hemorroides, condiloma, calor excesivo, cuerpo maltratado, liquen o mentagra, fiebres intermitentes, sarna, heridas, enfermedad de las articulaciones, psora, pus agusanado, quemaduras del cuerpo, digestión difícil, venas inflamadas por la incisión de la sangría. Del fulminado por el rayo.
Capítulo décimo: De la enfermedad caduca o comicial. Remedio contra el miedo o poquedad de ánimo. Mente de Abdera. Vejados por el torbellino o el ventarrón. Verrugas. Fetidez de los enfermos. Mal olor de las axilas. Enfermedad del piojo y piojos de la cabeza. Para el que pasa río o agua. Para el viajero.
Capítulo undécimo: Remedio para la parturienta y para la menstruación. Lavado del vientre de la puérpera. Tumor mamario. Medicina para provocar la leche.
Capítulo duodécimo: De la sarna o quemadura de los niños. Para cuando el niño ya no quiere mamar por algún dolor.
Capítulo decimotercero: De algunas señales de la cercanía de la muerte.[120]

76. El cuidado de la dentadura era algo especial: se limpiaban con palillos los residuos de carne y de maíz después de comer. Como vimos en el caso de Yucatán, existía la costumbre de rasparlos con carbón o compuestos naturales que incluían sal, chile, miel y otras sustancias, para evitar caries y mantenerlos blancos y con buen aspecto. Fernando Benítez afirma que «curiosamente la caries afectaba más a los blancos que a los indios. Mientras los primeros quedaban desdentados a edad temprana, los segundos llegaban a viejos con sus dentaduras intactas».[121]
77. La imaginación, el talento y la facilidad de los indígenas en el desempeño de los trabajos artesanales son reconocidos por propios y extraños. El cronista franciscano fray Alonso de la Rea «pondera entusiasta la habilidad manual y el talento artístico de los Taráscos, formados por su orden, los cuales pintaban, esculpían, fabricaban muebles, fundían campanas, hacían trompetas y sacabuches, y hasta órganos todos de madera»[122] y, desde luego, «en Michoacán la gloria de haber hecho prosperar los oficios entre los indios toca principalmente a don Vasco de Quiroga, obispo del clero secular»,[123] quien, desde 1535 fundó los pueblos-hospitales de Santa Fe: uno en la ribera del lago de Pátzcuaro y otro en el lugar donde todavía existe el pueblo y la ermita, entonces a ocho kilómetros del centro de la Ciudad de México. No sobra transcribir un fragmento de un texto que explica bien cómo se trabajaba, vivía, curaba y fortalecía la fe, la moral y la fraternidad en esta única y excepcional comunidad verdaderamente cristiana:

> Los hospitales Santa Fe —puede hablarse en plural porque ambos se ajustaron a la misma concepción y organización—, eran de un carácter muy particular: Más que hospitales, como ha notado el padre Cuevas, eran verdaderos institutos de vida social y económica integral. Constaban, además de las salas destinadas a los enfermos y los aposentos para los directores y administradores de la obra, de escuelas, talleres, almacenes, casas particulares para los miembros de la congregación y sus familias. Tal era el nombre —el de *familias*— que se daba a esas casas, las cuales tenían siempre un terreno anexo para huerta o jardín. El hospital era dueño de tierras y ganados, que constituían sus principales fuentes de ingresos. El edificio central, destinado a los enfermos, estaba compuesto de cuatro partes: alrededor de un patio cuadrado estaban, en un costado, la sala de enfermos contagiosos; en el costado opuesto, la sala de los enfermos no contagiosos; uno de los otros dos lados era de la casa del mayordomo o administrador y el último, el de la del despensero. En el centro del patio había una capilla con su altar, abierta por los dos costados, para que al decir misa el sacerdote pudiera verle desde sus salas de los enfermos. En cada una de las llamadas «familias» podían vivir de ocho a 12 casados, con su mujer y sus hijos, y si algún soltero se casaba, allí llevaba a vivir a su mujer. Para el trabajo en las propiedades exteriores de la institución se había establecido una ordenación, por la cual el rector designaba

durante dos años a los que allí había de trabajar; y al terminar su turno, uno de los antiguos quedaba a instruir a los nuevos. La jornada de trabajo constaba de seis horas y era en común obligatoria. Levantadas las cosechas, se repartían, dando a cada uno de los asociados una parte igual y bastante para su consumo, se sacaban los gastos del hospital, y el resto, siempre abundante, se guardaba para distribuirlo entre los pobres, hecha la necesaria reserva, por si el año iba a ser de sequía o escasez. Ordenaban las constituciones que todos tuvieran igual traje, de suma sencillez, así para hombres como para mujeres. Los cargos se daban por elección y nadie podía ser reelegido para algunos de ellos, entre los más importantes. No había lugar a pleitos o litigios: todo se resolvía amigablemente. Si algún asociado observaba mala conducta era expulsado de la comunidad.[124]

78. Sobre la inteligencia y la creatividad de los obreros y trabajadores de México, baste con transcribir este excepcional testimonio de Motolinía:

> El que enseña al hombre la ciencia, ese mismo proveyó y dio a estos indios naturales grande ingenio y habilidad para aprender todas las ciencias, artes y oficios que les han enseñado, porque en todas han salido en tan breve tiempo, que viendo los oficios que en Castilla están muchos años en deprender (aprender), acá en solo mirarlos y verlos hacer, han muchos quedados maestros. Tienen el entendimiento vivo, recogido y sosegado, no orgulloso ni derramado como en otras naciones.[125]

79. Acerca de los artesanos del México antiguo, Eli de Gortari señala que, aun cuando no se saben todos los nombres de sus corporaciones, algunas de ellas las representan:

> Los *tlahquilqui* o *tlacalniani* que eran los albañiles, los *tetzotzonqui* o canteros, los *tlaxinqui* o carpinteros, los *tzotzocolchiuhqui* o alfareros, los *tecolmacac* o carboneros, los *tlayamani* o curtidores, los *tepancálcatl* o jardineros, los *michipipiloani* o pescadroes, los *teocuitla*, *cuzcachiuhqui* o *teocuitlapitzaqui* que eran los plateros, los *teocuitlahuaque* u orfebres, los *tlateocuitlauani* o doradores, los *tlatecqui* o lapidarios, los *tlapahqui* o tintoreros, los *tlatzotzonqui* o músicos, los *toltecas* que eran los joyeros y plumarios, y los *tepatiani* que eran los médicos con sus diversas especialidades. Las técnicas de la joyería y el tejido de plumas se atribuían tradicionalmente a los toltecas y, por ello, los artífices de estas especialidades eran conocidos con ese nombre; estos toltecas vivían en el barrio de Amantlan —que antes de ser incorporado a Tenochtitlan había sido una población independiente — y conservaban algunas costumbres peculiares. Algo semejante ocurría con los teocuitlahuaque u orfebres, a quienes se les consideraba relacionados con los yopis o tlapanecas —cuyo territorio se extendía entre el de los aztecas y el de los mixtecas, desde las estribaciones de la sierra

hasta el océano Pacífico— y, por lo tanto, mantenían también una posición especial. Una buena parte de los artesanos trabajaban por su cuenta y otros se encontraban permanente al servicio de los funcionarios de mayor rango. Sus condiciones económicas eran generalmente modestas, aunque en algunos casos recibían remuneraciones cuantiosas. Pagaban tributos, pero estaban liberados de la prestación de servicios personales y de las faenas agrícolas. Mantenían estrechas relaciones con los comerciantes, que los proveían de materias primas y les servían de intermediarios para vender los objetos elaborados. En fin, gozaban de una posición estable y reconocida socialmente, sin que hubiera graves tensiones entre ellos y la clase dirigente.[126]

80. En el terreno artístico, las culturas prehispánicas alcanzaron el mismo nivel —y en algunos casos lo superaron— que las creaciones de otras civilizaciones del mundo. A pesar de las epidemias, la esclavitud y la opresión padecidas durante la Conquista y el Virreinato —es decir, luego de tres siglos de colonialismo—, Humboldt expresa que «los megicanos han conservado un gusto particular á la pintura, y á la escultura en piedra y en madera. Es admirable ver lo que hacen con un mal cuchilllo y en las maderas mas duras».[127]
81. El talento artístico del mexicano comienza a expresarse desde hace miles de años. El testimonio más antiguo son las excepcionales pinturas rupestres de la sierra de San Francisco, en Mulegé, Baja California Sur. Según la leyenda, cuando los frailes jesuitas fundaron, a finales del siglo XVII, la misión de Loreto (Baja California Sur) y se enteraron de las pinturas, preguntaron a los indígenas cochimíes quiénes habían pintado los murales; los indígenas respondían que, según la tradición oral, los habían dibujado unos gigantes. Pues, en efecto, en sentido metafórico, fueron hombres que artísticamente parecían gigantes. Cuando se tenga la oportunidad de ir por esos rumbos de Mulegé, el municipio más grande territorialmente de México, un recorrido imperdible es el de La Pintada y su oasis, así como otras cuevas y laderas que dejan extasiados a sus visitantes y refuerzan la creencia en la grandeza cultural de México. Basta imaginar que los supuestamente nómadas sabían hacer pigmentos que han mantenido encendidos los colores de ballenas, borregos cimarrones, venados, tortugas, águilas, elementos abstractos y gigantes durante, cuando menos, 5 000 años, y la pintura no se ha descarapelado como sucede en poco tiempo en la actualidad.
82. Hubo una extensa época en la Antigüedad en que la pintura mural de México fue la mejor del mundo. Me refiero a cuando se crearon, en el siglo VIII de nuestra era, los murales de Bonampak, en la zona arqueológica de Yaxchilán, Chiapas. Esta obra grandiosa del arte maya es espléndida y peculiar. Los pintores demostraron un refinamiento pocas veces visto hasta nuestros días, cuyas imágenes son lo más representativo de la sociedad maya en el periodo Clásico.

Los personajes de la élite —hombres y mujeres—, el vestuario, los tocados de pluma, las capas blancas o de pieles de jaguar, los grandes abanicos, los sirvientes, el colorido y hasta las escenas de la humillación del pueblo indefenso y sometido proyectan imágenes de lo más realista y mágico que pueda concebirse. Es impresionante cómo, en medio de la selva tropical, brota esa exuberancia y se celebra una fiesta exquisita y, a la vez, extravagante. Podrán responder quienes suponen que la cultura, el arte y la creación solo son compatibles con el clima frío y los altiplanos: ¿cómo fue, entonces, que los olmecas y los mayas optaron por las tierras bajas y las selvas tropicales? Pero lo más importante de todo es preguntarnos y tratar de contestar de qué pasión y mística estaban imbuidos, y quiénes eran esos pintores mayas con tanta sensibilidad, imaginación y talento, que no los había en ninguna otra parte del mundo, porque, según Morley, «algunas de las figuras en los murales de Bonampak están hechas con un naturalismo que el arte europeo occidental no alcanzó sino varios siglos más tarde».[128] En fin, lectoras y lectores, si se consideran lejos Mulegé o la selva Lacandona, recuerden que también son una maravilla los murales de Cacaxtla, Tlaxcala, a 128 kilómetros de la Ciudad de México.

83. Otra aportación espléndida del arte y la comunicación colectiva del mundo antiguo son las estelas esculpidas y empleadas para informar sobre historias, mitos y saberes de las distintas culturas mesoamericanas. El maestro Rodolfo Lara Lagunas explica de manera pedagógica cuál era la función de las estelas, que se crearon y conocen desde hace, cuando menos, 3 000 años. Mi maestro comienza su explicación así:

> En nuestro tiempo, los gobernantes tienen en la televisión, la radio, la prensa y los instrumentos digitales, recursos formidables para difundir sus ideas y sus acciones. Los olmecas usaron con el mismo propósito diferentes construcciones: pirámides, tronos, palacios. Sin embargo, fue la estela, creada por los olmecas de San Lorenzo, según Soustelle, la que utilizaron preferentemente para tal fin.
>
> La estela es una lápida, un bloque de piedra, que medía de alto entre uno a diez metros. Al principio se esculpieron imágenes en la parte frontal; posteriormente se utilizó la parte trasera y, por último, se usaron también los costados. Siempre el frente fue más amplio que los costados.
>
> En las estelas generalmente se encuentran los rostros e imágenes de los jefes; ahí aparecen sus triunfos y las derrotas de sus enemigos. Y aunque también hay narraciones míticas, lo cierto es que estas fueron el instrumento principal que usaron los gobernantes para exaltar su obra política y sus acciones guerreras.
>
> Al principio se utilizó la pura imagen, cuando apareció la escritura glífica y el sistema numérico, ambos se esculpieron en las estelas. Entre algunos pueblos mayas se estableció como norma construir una estela cada 20 años.

Las estelas se colocaban en los patios y plazas de los centros ceremoniales, a fin de que pudieran ser observadas por el pueblo. De este modo, se transmitía el discurso conveniente al poder establecido. Eran, pues, en el fondo, el principal instrumento de propaganda que tuvieron los jefes en toda Mesoamérica.

En San Lorenzo, Veracruz, se esculpieron cuatro estelas; en La Venta, cinco. Fueron, sin embargo, los mayas los que más se destacaron en su multiplicación. Tan solo, por ejemplo, en Calakmul, Campeche, se han encontrado 103 estelas. Pero su creación es eminentemente olmeca.[129]

Sobre el perfeccionamiento artístico que realizaron los mayas de las primeras estelas olmecas, nos habla el maestro Ruz, incluyendo el mundo sin fronteras de la nación maya, que comprendía Guatemala, Honduras, El Salvador y Belice:

> En un estilo muy parecido al de Palenque ha sido esculpida la llamada Lápida de Jonuta, sitio arqueológico de Tabasco. Un sacerdote arrodillado presenta una ofrenda. La cara está estupendamente trazada y el estado de éxtasis religioso perfectamente expresado por la actitud y la mirada. En el conjunto de elementos que la acompañan (jeroglíficos, pájaros y otros motivos), la figura se destaca sobria y realista, exponente de un arte maduro, clásico.
>
> La región del Usumacinta fue cuna del más refinado arte escultórico de los antiguos mayas. En numerosos dinteles y estelas, ejecutados con gran maestría en bajorrelieve, nos dejaron escenas, personajes e inscripciones jeroglíficas que en algunos casos aluden sin duda a temas religiosos, pero que más frecuentemente se refieren a acontecimientos históricos en que resalta la figura omnipotente del jefe o sacerdote. Tal es el dintel núm. 3 de Piedras Negras, Guatemala, en que asistimos a una importante reunión presidida por el *halach uinic*, y la estela núm. 11 de Yaxchilán, Chiapas, esculpida en ambos lados, en uno de los cuales aparece un sacerdote con su rico atavío, cuya cara, realizada en perfil, queda oculta por una máscara para los tres cautivos arrodillados frente a él.
>
> Es curioso que los artistas mayas hayan realizado muy raramente la escultura en bulto, limitándose más bien al bajorrelieve. Sin embargo, en Copán, Honduras, el escultor utilizó mucho el altorrelieve, desprendiendo casi completamente las figuras del plano de piedra. Logró además hermosas estatuas llenas de vigoroso realismo. En las estelas de Copán, la figura humana se pierde bajo la lujosa complejidad del atavío. Tal parece que lo importante no era reproducir los rasgos de los jerarcas sacerdotales, sino expresar su poderío, glorificar su rango mediante la representación preciosista de todos sus atributos y del menor detalle de su imponente vestuario.
>
> En Quiriguá, Guatemala, no lejos de Copán, la grandeza de los sacerdotes no se expresa en la minucia del tallado de la piedra, sino en las dimensiones a

veces colosales de los monumentos, como se aprecia en la estela «E», que mide más de 10 metros de altura y pesa unas 65 toneladas.[130]

84. Un invento constructivo de primer orden aplicado en la ingeniería y arquitectura maya es el conocido arco falso, utilizado en la construcción de la típica bóveda maya. En lo arquitectónico, los edificios de piedra para los servicios civiles o religiosos copiaron el modelo de la casa o «choza» campesina, de techo de palma o guano, de estructura de madera y de dos aguas; pero el traslado de este diseño a la construcción de templos y palacios en ciudades requirió de una ingeniería precisa, que se resolvió con el llamado arco falso, el cual consiste en colocar filas de piedra en dos columnas buscando poco a poco que vayan sobresaliendo para irse acercando entre los muros y cerrar el espacio, techar y hacer la bóveda, sin usar cimbras de acero, sino solo puntales de madera que, al ponerse la mezcla final, se retiran y queda la construcción matemáticamente exacta, sólida y bella. Según Morley:

> La semejanza entre las casas techadas de paja y los edificios de piedra, es notable, especialmente si se observa desde el interior. Este parecido sugiere que el declive de los techos de paja, dio lugar en un principio a la idea del techo de bóveda de piedras saledizas.
>
> Los materiales para las construcciones de piedra se encontraban en la mayor abundancia, en forma de un material muy fácil de trabajar: la piedra caliza que, al quemarla, proporciona la cal y existen muchos depósitos de grava, que empleaban en la mezcla. Dada la gran inteligencia y el profundo fervor religioso de los antiguos mayas, era inevitable que crearan su propia arquitectura religiosa. Fuera de las atenciones de su economía interna, no tenían otra actividad que consumiera tanto su tiempo y energías sobrantes como la arquitectura.

Además, Morley hace un buen inventario de los tipos de arcos mayas que existen, desde los más elementales hasta el trifoliado, como el árabe, del palacio de Palenque. Pero los van a encontrar en toda la nación maya; cuando visiten las zonas arqueológicas, búsquenlos en Chichén Itzá, en Uxmal y, como ya expresé, en Palenque, tanto el más sofisticado del palacio como el más común en el acueducto.

85. Otro material imprescindible en la arquitectura y escultura antigua fue la mezcla de cal y posiblemente yeso para hacer el estuco, utilizado antes que la piedra en las primeras construcciones y luego convertido en la principal materia prima para los artistas que creaban los extravagantes mascarones, los finos relieves y cuerpos de gobernantes, sacerdotes, glifos y adornos. En el origen de la nación maya, Morley comenta que, en Uaxactún, en el Petén guatemalteco, en el periodo formativo maya, es decir, en el preclásico, como en el año 900 a. C., se descubrió el monumento más antiguo de la arquitectura

de esa gran civilización. Se trata de «una pirámide de estuco, decorada con dieciséis mascarones de estuco de tamaño heroico, con cuatro escalinatas, es una maravilla de la arquitectura maya primitiva. Aunque fue construida de mampostería, es únicamente una subestructura y procede de una época anterior a los edificios de piedra propiamente dichos».[131]

Con el paso del tiempo, el estuco pasó a ser el alma de la escultura maya. Ruz afirma:

> Para el arte delicado de Palenque, el estuco debió ser el material ideal. La ductilidad de la mezcla de cal era aun más apropiada que la piedra caliza para que el artista palencano expresara su sentimiento refinado y dejara en libertad su febril imaginación. En los relieves de estuco de los pilares del Palacio puede apreciarse la habilidad y el talento artístico del modelador de estuco palencano, particularmente sensible en el tratamiento de la figura humana. Algunos de estos relieves parecen representar escenas palaciegas, realizadas con gran delicadeza en un estilo «rococó» tropical, exuberante y caprichoso. Si la figura de pie no es la representación de un señor en actitud cortesana, es posiblemente la de un bailarín que esboza un paso de danza ritual. Es notable la elegancia de la actitud, la suavidad de los contornos, la perfección estética.[132]

86. Ninguna de las bellísimas esculturas del México prehispánico ni de las civilizaciones del mundo puede representar con más fuerza y esplendor al ser humano como las cabezas colosales olmecas. Es, como sostiene la inolvidable especialista en estudios estéticos Beatriz de la Fuente, «la viva mística imagen del hombre proyectada a escala monumental». Y al continuar hablando de esas enormes y excepcionales cabezas de basalto, la maestra De la Fuente, llena de sentimiento y orgullo por lo nuestro, argumenta: «Quiero insistir tan solo en que las considero el mejor testimonio de la grandeza de los olmecas. Tengo cabal conciencia de que me ocupo solamente en un aspecto de lo que fue esa cultura, de la cual hay otros importantes vestigios materiales; pero tengo para mí que las esculturas monumentales son para los olmecas lo que Lascaux o Altamira para el hombre prehistórico, o las esculturas de Fidias para el hombre griego».[133]

En efecto, ningún otro pueblo posterior a los olmecas continuó con esta tradición de esculpir grandes cabezas de personajes importantes. Las cabezas «son ejemplo único en la historia de la humanidad». Desde 1862, año en que se descubrió la primera en Huayapan, Veracruz, hasta la fecha, siguen impactando por sus tamaños, pesos y rasgos. A partir del primer descubrimiento se han hallado 17 cabezas colosales: tres en el mismo sitio de la primera, conocido como Tres Zapotes; diez en San Lorenzo, también en el sur de Veracruz; y cuatro en La Venta, Tabasco. La altura de los monolitos va de 1.47 hasta 3.40 metros, pero varía entre 6 y 50 toneladas. El maestro Lara sostiene que:

> Durante un tiempo se creyó que las cabezas colosales representan a jugadores de pelota, por el supuesto casco que llevan sobre la cabeza. También se llegó a pensar que eran retratos de guerreros o sacerdotes. Finalmente, por la información que se tiene hasta el presente, se puede afirmar que las cabezas colosales son retratos de los dirigentes políticos, de los jefes o gobernantes.[134]

Agrego un último comentario: Carlos Pellicer, el poeta de América, el tabasqueño más grande del siglo XX, fundó el espléndido Museo de La Venta, con bellísimas piezas y las cabezas colosales olmecas. A Tabasco se le conoce en el extranjero por la salsa que lleva ese nombre, aunque la elaboran en Nueva Orleans, en la otra orilla del golfo de México; no obstante, los más informados del mundo saben de nosotros por el Museo de La Venta.

87. Otro avance de la ingeniería antigua, de nivel mundial, se relaciona con la construcción de caminos y calzadas como las de Tenochtitlan —Tepeyac, Iztapalapa y Tlacopan—, que todavía causan la admiración de nacionales y extranjeros. El doctor en Filosofía e ingeniero de profesión Eli de Gortari, retomando estudios de los antropólogos Morley y Eric Thompson, explica que:

> En la región maya se conservan también restos de caminos que, aunque no igualan a los construidos por los incas, revelan un adelanto notable. El mejor conservado de estos caminos es el que comunica la población de Cobá, en Quintana Roo, con la de Yaxuná, cerca de Chichén Itzá, en Yucatán. Este camino tiene 100 kilómetros de longitud y su anchura media es de 9.5 metros. En la mayor parte de su recorrido tiene una elevación de 60 centímetros sobre el terreno, pero al cruzar las depresiones pantanosas esa altura llega a ser hasta de 2.5 metros. Los paramentos están formados con piedras toscamente labradas, el lecho con grandes cantos rodados junteados con piedras más pequeñas, y el revestimiento es una especie de estuco o cemento. La población de Cobá era centro del cual partían varios caminos, aunque todos ellos de menor longitud que el mencionado antes. La construcción de estos caminos debe haber requerido la aplicación de una enorme fuerza de trabajo y bastantes conocimientos de ingeniería. En los tramos que atraviesan los pantanos, los caminos deben estar apoyados sobre cimientos profundos y firmes, tal como lo indica el hecho de que los mayas no hicieran desviaciones para bordearlos y, también, la falta de testimonios de que se produjeran hundimientos en esos tramos.[135]

Termino este punto contando cómo en Oaxaca, con las manos de hombres y mujeres de los pueblos, se han realizado más de doscientos caminos de concreto. Algo maravilloso en todo sentido, porque se les entrega de manera directa el presupuesto a las autoridades municipales de usos y costumbres. La asamblea comunitaria nombra a un comité para dirigir la obra, se crean empleos, y los caminos no solo están bien hechos, con sus puentes y sistemas de drenaje adecuados, sino que son verdaderas obras de arte, pues con la sensibilidad de las mujeres se escogen las piedras y se colocan formando imágenes o símbolos; en algunos casos, incluso se pintan. En fin, una muestra más de la sabiduría de nuestro pueblo y de la grandeza heredada de sus antiguas culturas.

88. En la historia de México, el maíz y la cerámica han caminado juntos, compartiendo sus bondades, usos y antigüedad. La cerámica surgió en nuestro país cuando menos a partir de la domesticación del maíz. Pudieron haber existido antes vasijas de plantas para la bebida, como el bule o la jícara, o recipientes para comer, fabricados de madera o de árboles ahuecados, así como las bateas para lavar y otros usos, o el cayuco para el transporte y la pesca. Pero el subsuelo y el suelo, el inframundo y la tierra de México están llenos de barro, del cual se han hecho y se siguen haciendo, a mano o en torno y cocidas en leña, piezas útiles y artísticas para las ofrendas religiosas, los ritos funerarios, así como ollas, vasos, platos, tinajas y adornos artesanales. El barro se trabajó magistralmente en casi todas las culturas del país, inclusive en ciudades antiguas del norte, como Paquimé, Casas Grandes, Chihuahua, donde hasta la fecha se producen vasijas y jarrones de barro adornados con una simbología mítica y de excelente calidad artística. Cuánta razón tenía el finado Pedro Francisco Sánchez Nava, coordinador nacional de Arqueología del INAH, quien, según el director general de esa institución, el queridísimo y admirado Diego Prieto, decía en verso lo que todos sabemos: «Desde el Bravo hasta el Suchiate, México es un tepalcate».

Una vez, allá por los años cuarenta del siglo pasado, siendo director del Instituto Nacional de Antropología e Historia, al maestro Alfonso Caso Andrade le preguntaron en una conferencia de prensa cuántas zonas arqueológicas había en nuestro país y, para asombro de todos, contestó que solo una; enseguida agregó: «Y se llama México». En efecto, nosotros tenemos la dicha de nacer, vivir y morir en un territorio de una diversidad cultural excepcional, como pocos países en el mundo.

89. En 1803, Alexander von Humboldt, consciente de las constantes epidemias y de la brutal explotación padecida a lo largo de casi tres siglos por los indígenas, y seguramente enterado de que al comienzo del Virreinato «no fue Sahagún el único que llegó a temer la desaparición de la raza indígena»,[136] con asombro reconocía:

> La grande variedad de lenguas que aun hoy se hablan en el reino de Mégico, prueba una grande variedad de razas y de origen.
>
> Pasan de 20 estas lenguas, de las cuales 14 tiene ya gramáticas y diccionarios bastante completos. Sus nombres son: lengua megicana ó azteca, otomita, Tarásca, zapoteca, misteca, maya ó de Yucatan, totonaca, popoluca, matlazinga, huasteca, mija, caquiquella, tarumara, tepehuana, y cora. Parece que la mayor parte de estas lenguas, lejos de ser dialectos de una sola (como han querido equivocadamente

> algunos autores) son por lo menos tan diferentes entre sí, como el griego y el alemán, ó el francés y el polaco. Por de contado en este caso se hallan las siete lenguas de la Nueva-España cuyos diccionarios poseo. Esta variedad de idiomas hablados por los pueblos del nuevo continente, y de que, sin ninguna exageración, pueden contarse muchas centenas, presenta un fenómeno bien singular, especialmente si se le compara con el corto número de lenguas que se cuentan en Asia y Europa.
>
> La lengua megicana, que es la de los Aztecas, es la mas extendida, pues se habla hoy desde los 379 hasta el lago de Nicaragua en un espacio de 400 leguas. El abate Clavigero probó[137] que los Toltecas, los Chichimecas (de los cuales descienden los habitantes de Tlascala), los Acolhuas y los Nahuatlacas, hablaban todos la misma lengua que los megicanos. Esta lengua es menos sonora[138], pero está casi tan extendida y es tan rica como la de los incas. Despues de la lengua megicana ó azteca, de que hay ya impresas once gramáticas, la mas general en Nueva-España es la de los Otomíes.[139]

Un dato más sobre esta enseñanza, que tiene mucho que ver con la heroica resistencia indígena: México es hoy el quinto país en el mundo con mayor número de lenguas; se hablan 295 y ocupa el primer lugar en el continente americano.

90. La escultura de las civilizaciones mesoamericanas es de lo más bello y exquisito del arte en el mundo. Además de las cabezas colosales olmecas, los relieves en lápidas esculpidos por artistas mayas —incluyendo el gigantesco sepulcro de Pakal—, los tronos, los danzantes de Monte Albán, el Quetzalcóatl de Xochicalco, la Piedra del Sol y el Tláloc del Museo de Antropología e Historia, el adolescente de Tamuín, y mil piezas o esculturas de ese rango de finura y grandeza, con las cuales compiten sin desdoro los personajes en miniatura de la ofrenda olmeca de La Venta o las figurillas mayas de la isla de Jaina, que, con tamaños reducidos de 10 a 25 centímetros, dejan de manifiesto que en México hasta lo pequeño es hermoso.
91. El juego de pelota en la época prehispánica era el principal deporte; en esta práctica, extendida a todas las culturas desde hace más de 3000 años, se dirimían diferencias entre equipos de pueblos vecinos y se mezclaba la habilidad física y racional con lo místico social. El maestro Lara Lagunas nos recuerda que en todos los centros ceremoniales de las zonas arqueológicas se conservan las canchas con arcos para el juego de pelota. Lo explica de esta manera:

> Este deporte ritual se jugaba entre uno y nueve jugadores, integrado por dos equipos oponentes. Las canchas no tienen medidas iguales. Estas tienen forma de doble T. Hasta el momento, la cancha más grande descubierta es la de Chichén Itzá; mide 120 por 30 metros.
>
> En los asentamientos podía haber una o más canchas. En El Tajín, Veracruz, había 21 canchas, siendo Cantona, Puebla, la campeona al poseer 27. En

toda Mesoamérica existen, hasta el año 2016, un total de 2 572 canchas. México registra 1 722 en el mismo año.

Algunas tienen aros en los muros, otras no, lo que significa que el juego tenía variantes. El eje del juego es la pelota de hule que era golpeada principalmente por las caderas, las rodillas y los codos. Los jugadores usaban rodilleras y otros elementos protectores en la cintura (yugos) y en la cabeza.

El juego no era un deporte sino un ritual religioso. Este representaba la entrada al mundo subterráneo, por eso estaban ubicados en las partes bajas del centro ceremonial. En el inframundo mueren las semillas; allí germinan y con las lluvias renacen para dar vida (vegetación y frutos) y alimentar a los seres humanos. Del lugar de los muertos surge la vida; de ahí que el juego también esté relacionado con la fertilidad.

El juego sagrado, además de constituir un rito agrícola, representa la lucha de los contrarios cósmicos, lo que hace posible la existencia. A veces simbolizan las luchas de los dioses celestes. La pelota representa el sol y su traslado dentro de la cancha, el movimiento. En el juego se representa la lucha entre la luz y la oscuridad, el día y la noche, la vida y la muerte; la lucha de los opuestos.[140]

92. El calendario de los antiguos mexicanos, como lo reconoce Humboldt, es de una exactitud asombrosa y de los primeros del mundo. Sin embargo, para comprender sus fundamentos es indispensable relacionarlo con la astronomía, ciencia que también puso de manifiesto el alto nivel de sabiduría alcanzado por los genios que fundaron las excepcionales civilizaciones mesoamericanas.

Pensemos que, sin los enormes telescopios de ahora, en observatorios modestos, pero con una práctica sistemática de observar el cielo por largos periodos, pudieron conocer los movimientos de los astros del universo y sus influencias para el conocimiento del tiempo, la fecundidad y hasta los estados de ánimo o las energías que estimulan nuestros sentidos. Aun cuando es amplio su análisis, vale la pena leer un resumen de la opinión del maestro Eli de Gortari:

> La exigencia de poder realizar las múltiples tareas agrícolas con la oportunidad requerida para obtener buenas cosechas fue la condición fundamental para que los indígenas elaboraran un calendario preciso. Como verdaderos científicos, a medida que su conocimiento sobre los movimientos periódicos de los planetas se hizo más penetrante, pudieron calcular con mayor exactitud la duración de sus revoluciones, al propio tiempo que corregían la aproximación de su calendario hasta llegar a establecer el cómputo más adelantado que existió en su época en el mundo entero.
>
> [...]

> Por otro lado, los mayas advirtieron que la duración del año trópico excede en una fracción de día al periodo considerado de 365 días, y para corregir este defecto de cálculo añadieron 25 días cada dos ciclos, o sea, cada 104 años. De esta manera, el año astronómico maya tenía una duración de 365.24038462 días que, comparada con la del año trópico, que es de 365.24219879 días, representa un error por defecto de 0.00181417 de día. En consecuencia, lograron elaborar una cuenta calendárica que tenía prácticamente la misma aproximación del calendario gregoriano que ahora empleamos. Solo que, en la época del descubrimiento de América, los europeos seguían utilizando el calendario juliano, que representa un error por exceso de 0.00780121 de día, respecto de la duración del año trópico. Entonces, como el calendario gregoriano no fue adoptado hasta el año de 1582, tenemos que, en el momento de establecerse el contacto entre españoles y mayas, estos últimos tenían un calendario mucho más correcto. La cuenta calendárica a que nos referimos fue introducida por los astrónomos mayas entre los siglos VI y VII de nuestra era. Pero, en realidad, los 25 días de corrección no los añadían efectivamente a su calendario, sino que solamente los conservaban como datos calculados para servirse de ellos en la fijación exacta de las estaciones del año.[141]

93. Aunado a la exactitud del calendario, los antiguos mexicanos fueron precursores en el mundo en la definición del punto de partida de la medición cronológica del tiempo. También el maestro Eli de Gortari nos lo explica de manera didáctica:

> El tiempo siempre fue objeto del mayor interés entre los mayas. Según parece, fue el primer pueblo del mundo que comprendió la necesidad de fijar una base o punto de partida para el cálculo de su cronología. Aunque no se sabe cuál fue el acontecimiento escogido, se puede asegurar prácticamente que se trató de un hecho hipotético; porque el principio de la era maya —el día 4 *Ahau* 8 *Cumhú*, o sea, el año 3113 a. C.— es, respectivamente, 3 433 y 3 440 años anterior a las inscripciones más antiguas, que son la Placa de Leyden y la Estela 9 de Uaxactún. Esto quiere decir que la primera fecha escrita contemporáneamente fue la de 8.14.3.1.12 12 *Eb* 0 *Yaxkín*, correspondiente al 17 de septiembre del año 320 de nuestra era. Por una serie de consideraciones que se han podido hacer, lo más probable es que la inauguración efectiva del calendario maya tuviese lugar el año 353 a. C., o sea, de acuerdo con su cuenta, el día 7.0.0.0.0 (siete baktunes), que corresponde a 2 760 años después de la fecha escogida como punto de partida de la cronología. Ahora bien, en las inscripciones mayas aparecen cálculos que llegan bastante lejos en el pasado; mientras que otros son sondeos del futuro, aun cuando siempre en menor escala. Por ejemplo, en una estela de Quiriguá existe un cómputo que abarca más de 90 000 000 de años; y en otra estela de la misma población, la fecha alcanzada en el registro llega a 400 000 000 de

años atrás. En cambio, los cálculos que se conocen sobre el futuro solo llevan a unos 4 000 años adelante; por lo cual, es obvio que el futuro tenía para ellos mucho menor interés que el pasado. En todo caso, las inscripciones a que nos referimos constituyen verdaderos cómputos del tiempo, con los cuales se establecen correctamente las posiciones de los días y los meses. Estos cómputos eran tan frecuentes y tenían tanta importancia, que tuvieron necesidad de crear glifos especiales para usarlos en su transcripción a la posteridad. Por lo demás, debido a la enorme amplitud que dieron a sus cómputos del tiempo, podemos inferir que los mayas habían llegado a la conclusión de que el tiempo es infinito, sin tener principio ni término.

[...]

La gran exactitud de sus cálculos, la extraordinaria precisión de sus observaciones y el bien elaborado enlace sistemático entre sus desarrollos teóricos y sus prácticas astronómicas, solo pudieron ser adquiridos mediante un empeño tenaz y sostenido durante un largo transcurso de tiempo, contando con una organización metódica del trabajo científico y teniendo como base un amplio desenvolvimiento económico y social.[142]

94. La grandeza de las civilizaciones mesoamericanas se podría ponderar solo con el hecho de que los olmecas, antes que otras civilizaciones en el mundo, fueron los inventores del cero. Esta creación intelectual de primer orden rebasó el talento de los griegos, los romanos y otras civilizaciones o imperios:

Hasta el presente, solo hay registro de dos países que realizaron tal hazaña, la India y México; este, a través de los olmecas.

En la India, Brahmagupta, en 598 d. C., inventó el cero. Este apareció por primera vez en un documento en el año 876 d. C. En México, las dos estelas en donde aparece su uso son la de Tres Zapotes y la de Chiapa de Corzo. Como ya se mencionó estas registran las fechas 31 y 35 a. C., mientras que la estela maya más antigua que lo contiene es la 29 de Tikal, Guatemala, cuyo registro es del año 292 d. C. De acuerdo a esta información, la distancia entre México y la India, en relación a esta invención, sería de 600 años, aproximadamente. Esto es, en nuestra tierra vivió el pueblo que construyó esta proeza intelectual, siendo pionero en la materia y a nivel mundial.

Con frecuencia se repite que la invención del cero es maya. Y si bien es cierto que fue esta enorme civilización la que le dio mayor uso, la verdad es que hasta los expertos mayas en este tema le reconocen tal mérito al pueblo olmeca. Esta es la opinión de J. Eric Thompson (2012): «Es muy posible que la gente de La Venta, los llamados olmecas, hayan inventado el símbolo para el cero o para la terminación de una cantidad, puesto que también ellos emplearon las barras y los puntos en la notación por lugares».

Al respecto, los autores del texto «Los señores del cero» afirman: «Las primeras fechas en que aparece el cero en las culturas prehispánicas antiguas son las ya mencionadas, estela 2 de Chiapa de Corzo y la estela C de Tres Zapotes, que corresponden a los años 35 a. C., y 31 a. C. Es decir, el cero apareció en Mesoamérica 639 y 635 años, respectivamente, antes que en la cultura hindú». En suma, fueron los olmecas los inventores de esta creación intelectual.[143]

95. Como en el caso de otras civilizaciones, las nuestras pudieron florecer por los largos periodos de estabilidad política y paz social. Los olmecas, por ejemplo, tienen presencia cuando menos por 1 200 años consecutivos, del año 1000 a. C., al 200 d. C., en San Lorenzo, Veracruz; La Venta, Tabasco; Teopantecuanitlán, Guerrero, y Chalcatzingo, Morelos. Prácticamente fueron contemporáneos: «En los cuatro sitios hay elementos culturales idénticos, como el juego de pelota, las estelas, el uso del símbolo X y la adoración del jaguar y la serpiente».[144] El caso de la temporalidad de los mayas está demostrado que es mayor: comprende 2 500 años, aun cuando se divide en cuatro periodos generales:

I. Formativo o Preclásico: desde quizá un milenio antes de nuestra era, hasta el siglo IV d. C.
II. Clásico: del siglo IV al X d. C., dividido en una fase temprana y otra tardía.
III. Tolteca: del siglo X hasta mediados del XIII d. C.
IV. Decadente: desde mediados del siglo XIII hasta la conquista española.[145]

Los teotihuacanos crecieron, llegaron a la cúspide civilizatoria y cayeron en el transcurrir de los siglos. El incipiente Imperio mexica duró de 1325 a 1521, aunque su época de auge se advierte en el último siglo, cuando en solo cinco décadas se vuelven invasores para su propia desdicha y la de los pueblos de Mesoamérica. Pero, como hemos señalado, algo consustancial para alcanzar el esplendor civilizatorio lo determina o depende de los buenos gobiernos, así como de la razonable paciencia de los pueblos. En cuanto a los buenos gobiernos, por lo general, casi todas las autoridades civiles y religiosas del México prehispánico actuaron con responsabilidad, mesura y eficacia; cuando menos eso se advierte en la existencia de libertades y el desconocimiento de las prácticas esclavistas. Había conflictos y guerras internas, como el entierro y la destrucción de esculturas olmecas en San Lorenzo, o el asalto, guerra y destrucción de Teotihuacan, Tula y Xochicalco. Pero, en general, en la civilización maya es poca la violencia, y el colapso cultural fue más bien una separación del pueblo de la élite gobernante, o la decisión conjunta de abandonar las grandes ciudades y las prácticas de poder del Estado centralizado fuerte en lo civil, científico y religioso, ante la presión bélica de culturas del centro del país. En ningún caso la arqueología y las disciplinas afines han encontrado vestigios de matanzas o exterminios como los perpetrados por los conquistadores españoles en Cholula, el Templo Mayor y el sitio y la toma de Tenochtitlan. Por el contrario, fue el deseo de vivir en paz, sin opresión, lo que llevó a los adversarios del dominio azteca a cometer el grave error de ayudar a Cortés para someter a la élite gobernante civil y sacerdotal mexica, eliminar a Moctezuma y asesinar a Cuauhtémoc. Pero, en general, como ya vimos, los gobernantes eran bien portados; allí están sus inmortales esculturas, las cabezas colosales, la gran tumba de Pakal cubierta por una majestuosa pirámide, la concepción de que una buena autoridad puede convertirse en deidad, como el caso de Quetzalcóatl. Y por encima de todo, el mayor distintivo del desarrollo civilizatorio de los antiguos mexicanos tiene como elemento central la racionalidad de los pueblos, y aquí rescato de nuevo la breve pero profunda reflexión de Morley:

> El gran bastón no parece haber sido usado frecuentemente por los gobernantes mayas. La ausencia casi absoluta de guerras y, las muchas pruebas que se tienen del amplio comercio de objetos religiosos y de lujo, probablemente usados en las ceremonias, es una prueba más en contra de la idea de un gobierno con tendencias represivas. Este estilo de gobierno, extraordinario e informal, que transcurría tranquilamente, debe haber sido posible, gracias a un pueblo plácido y bien ajustado, que tenía en general un buen concepto de lo que es el comportamiento decoroso. Permítaseme citar a Lord Moulton, para no dejar con lo anterior una impresión de tímido conformismo: «La medida de civilización es el grado de obediencia del hombre a lo que no puede exigirse». De acuerdo con este criterio, los mayas deben haber sido un pueblo muy civilizado.[146]

96. Los antiguos mexicanos tenían el gusto de admirar las flores. Son célebres los bellos jardines de Nezahualcóyotl y Moctezuma, pero en el pueblo de casi todas las culturas existía la misma fascinación por la belleza de las flores. De Landa dedica una página de su libro a describir las flores nativas de Yucatán. Dice que en los árboles y en las yerbas las hay:

> De diversos colores y olores, las cuales, allende el ornato con que a los montes y campos atavían, dan abundantísimo mantenimiento a las abejitas para su miel y cera. Pero entre ellas pondré aquí algunas, así por su preciosidad de olor y hermosura, como por el provecho que de ellas los moradores de aquella tierra tienen.
>
> Hay ajenjos muy más frescos y olorosos que los de acá y de más largas y delgadas hojitas y críanlos los indios para sus olores y recreación, y he visto que se hacen más hermosos con echarles las indias, al pie, cernada.
>
> Hay una yerba de muy anchas hojas y de altas y gordas ramas, de singular frescura y fertilidad, porque de pedazos de las ramas se dan tanto, que crecen [a]

> la manera y muchedumbre de las mimbreras, aunque en nada les son de comparar; tratada un poco la hoja entre las manos, tiene el verdadero olor del trébol, aunque lo pierde después de seca; es muy buena para frescura de los templos en las fiestas, y de esto sirve.
>
> Hay tanta albahaca, que están los montes y los caminos llenos de ella en algunas partes, y con nacer en aquellas peñas es muy fresca, hermosa y olorosa, aunque no se compara a la que se cría en las huertas, llevada de acá, que es cosa muy de ver lo que cría y ensancha cada pie.
>
> Hay una flor que llaman tixzula del más delicado olor que yo he olido y mucho más que los jazmines; es blanca y la hay morada clara, y porque su tronco es de cebollas gordas se podría traer a España. Es, pues, de esta manera: echan sus cebollas unas espadañas altas y gruesas muy frescas, que duran todo el año y dan en medio una vez al año, un mástil verde, ancho como de tres dedos, y gordo y tan largo como las espadañas; en este al cabo salen las flores en un manojo, cada una de un jeme de largo abiertas con el pezón, que dan cinco hojitas largas y abiertas, y ciérralas por lo bajo una tela blanca, delicada, y en medio tienen unas telitas amarillas a maravilla hermosas de blanco y amarillo. Cortado este vástago y puesto en un jarro de agua, dura con muy suave olor muchos días, porque no se abren las flores juntas, sino poco a poco.
>
> Hay unas azucenitas muy blancas y olorosas y que duran mucho en agua y fáciles de traer acá, porque son también de cebolla y en todo semejantes a las azucenas, salvo que el olor es más suave y no dañoso a la cabeza, y no tienen en medio lo amarillo de las azucenas. Hay una rosa llamada ixiaul que me han dicho que es de mucha hermosura y olor.
>
> Hay también un género de árboles que llaman nicté que llevan muchas rosas blancas y otras medio amarillas y otras medio moradas; son de mucha frescura y olor y hacen de ellas galanos ramilletes, y los que quieren, letuario. Hay una flor que llaman Kom, la cual es de mucho olor y arde de gran calor cuando huele; podríase fácilmente traer acá, y son sus hojas a maravilla frescas y anchas. Sin estas flores y yerbas olorosas hay otras muy provechosas y medicinales entre las cuales hay dos maneras de yerba-mora muy fresca y muy linda.[147]

El mismo Humboldt se extraña de que, pese a la dureza o violenta frialdad que supuestamente producían los sacrificios humanos, existiera una sensibilidad tan refinada e inclinada por lo bello, omitiendo el sabio naturalista que el cuento de los sacrificios nunca podría haber endurecido el alma de los indígenas, por la sencilla razón de que la ofrenda de sangre humana a los dioses nunca existió. Fue una propaganda maliciosa de los invasores, como lo hemos venido sosteniendo, para engañar a incautos y tratar de justificar sus atrocidades y avaricias en nombre del catolicismo y la civilización. Sin embargo, el prejuiciado Humboldt acepta:

Los indios megicanos han conservado por las flores el mismo gusto, que ya en su tiempo había observado Cortés en ellos. Un ramillete era el regalo mas precioso que se hacia á los embajadores que visitaban la corte de Motezuma. Este monarca y sus predecesores habían reunido gran número de plantas raras en los jardines de istapalapan. El famoso *Arbol de las manitas,* el cheirostemon descrito por el señor Cervantes, y del cual no se conoció en mucho tiempo sino un solo individuo de remota antigüedad, parece indicar que los reyes de Toluca cultivaban también árboles que eran extranjeros para aquella parte de Mégico. Cortés en sus cartas al emperador Carlos V pondera frecuentemente la industria de los megicanos en la jardineria; y se queja de que no se le enviaban las simientes de flores de ornato, y de plantas útiles que habia pedido á sus amigos de Sevilla y de Madrid. El gusto por las flores acredita indudablemente la sensación de lo bello; y es bien estraño el encontrarla en una nacion donde lo sangriento de su culto y la frecuencia de los sacrificios, parece que debian haber extinguido toda sensibilidad del alma, y todo género de afecciones dulces. En el gran mercado de Mégico no vende el natural del país los abridores las piñas, las legumbres, ni aun el pulque, sin adornar su tienda de flores renovándolas todos los días. El mercader indio parece que está sentado en una trinchera de yerba: una especie de vallado de un metro de alto y formado de yerbas frescas principalmente de gramíneas de hojas delicadas, circunvala, á la manera de un muero semicircular, los frutos que se ofrecen al público; el fondo que es de un verde todo ritual, está dividido por medio de guirnaldas de flores paralelas entre sí, y varios ramilletitos colocados simétricamente entre las guirnaldas, dan á todo aquel sito el parecer exterior de un tapiz salpicado de flores. El europeo que gusta de estudiar los hábitos de la gente comun, debe admirarse también del espero y de la elegancia con que aquellos naturales colocan los frutos que venden, en jaulitas hechas de madera muy ligeras. Las zapotillas (achras) el mamey, las peras y las uvas, llenan la capacidad, y el remate está adornado con olorosas flores. Este arte de entretejer las flores y los frutos ¿viene acaso de aquella época feliz, muy anterior á la introducción de ritos inhumanos, en la cual los primeros habitantes de Anahuac, á la manera de los peruanos, ofrecían al grande espíritu Teotl las primicias de sus cosechas?[148]

Pues claro que sí, que nunca se olvide: la ofrenda en el México antiguo a los dioses era con alimentos, vegetales, animales, flores, arte y humildes plegarias, no con corazones ni sangre humana. Los bárbaros eran otros, no los indígenas mexicanos.

97. La poesía indígena es como el chintul usado para ensalmo, que perfuma y arrulla el alma, como lo ilustran los versos del poeta Nezahualcóyotl, así lo indican:

Por fin lo comprende mi corazón:
Escucho un canto,
Contemplo una flor:
¡ojalá no se marchiten!

Hace relativamente poco, en 1969, en Bachajón, Chiapas, el jesuita Jorge Díaz Olivares grabó un tierno poema tzeltal con la voz de Jerónimo Vázquez. El texto es el lamento de una madre y se titula «La muerte de un infante»:

Florecita de mis entrañas, imagen de tu padre
retrato de tu madre
¿Por qué te vas lejos?
¿Por qué me dejas en soledad?
¿Por qué no camina ya tu corazón?
¿Acaso no te di yo la vida
con tantas penalidades y dolor?
Te di mi pecho, te di tu alimento,
te protegí desde que naciste,
¿Dónde está tu santa alma?
¿Por qué te alejaste de mí?
Mi corazón se desgarra en dos,
mi corazón desfallece,
mi corazón se abate y está pesado
por causa de tu muerte.
Tu partida me mata, hijito mío,
mi pajarito, dónde te encuentras.
Florecita de mis entrañas
mi corazón está en soledad
Y reclama tu compañía.[149]

Recientemente, Mardonio Carballo publicó el poemario *La canción de las flores.* Hay uno que, desde mi punto de vista, lo describe a él y a su cultura náhuatl de Chicontepec, Veracruz, con sabiduría:

Cuando era niño
mi madre me leía las manos.
Ven
Dame tu mano:
tú no harás milpa
tienes demasiado suaves las manos
tú serás escritor.

Así es señora 'Natolia
aquí están mis manos
muchos días han pasado
y muchos años se fueron ya
tú te fuiste también.

Y yo
todavía tengo las manos suaves
como bien dijiste
ahora soy escritor de poemas
y, no lo creerías, 'Natolia
también cultivo mi milpa.
llévate un elote
también dos calabazas
tres frijoles
un tomate te ofrezco.

Ahora, 'Natolia, viandas varias de mi milpa
te ofrendo
recibe también este poema.[150]

98. La música indígena está muy vinculada a la danza y es predominantemente ceremonial; sin embargo, el ritmo lo trajeron desde muy temprano los hermanos africanos. La Danza del Venado, del norte de México, es actuación y movimiento perfectos, con acompañamiento musical. En el centro todavía se escucha el teponaztli, el caracol y los cascabeles de los danzantes. En el sureste también se toca el teponaztli, pero desde antes de los nahuas los mayas chontales le llamaban tunkul, así como a la flauta de carrizo y los tambores de madera y cuero de venado. Todavía escuchar a los tamborileros es una delicia. El baile en la costa de Guerrero y Oaxaca, en los pueblos afroamericanos, se ejecuta zapateando en una tarima hecha de un solo tronco ahuecado en la parte inferior del árbol de parota. El son de artesa se baila hasta obtener un alegre ritmo.

Mención aparte merece la danza de la fertilidad y el ritual de los voladores de Papantla, Veracruz, de las culturas totonacas y mexicas. La danza se ejecuta con cuatro voladores que representan los puntos cardinales y con un músico o caporal que se queda en lo alto del palo tocando una flauta de carrizo y un tambor. Según los antropólogos, «la música desempeña un papel esencial en el rito de los voladores de Papantla, ya que guía y da ritmo a la ceremonia. El encargado de la música es el caporal, quien permanece en la cima del poste durante todo el ritual».[151]

Desde luego, existen como tradiciones más actuales la marimba, el arpa, la jarana y varios instrumentos más que permiten interpretar sones con versos y coplas de cantadores que pregonan e improvisan de acuerdo con el festejo, como este verso jarocho del «Pájaro Cú»:

Pajarito eres bonito
y de bonito color,
y de bonito color,
pajarito eres bonito.
Pero más bonito fueras
si me hicieras el favor
de llevarle un papelito
a la dueña de mi amor.

Poco a poco fueron surgiendo otros estilos musicales, como el inigualable mariachi o las bandas y tamboras, o marchas como la de «Zacatecas» o «La Adelita». Los corridos de antes y de ahora, desde «La cucaracha» hasta «Somos más americanos», de Los Tigres del Norte, o canciones emblemáticas como «La Paloma juarista», «Cielito lindo» o «Canción mixteca». Una vez, cuando cenamos en casa de Ricardo Rocha con el escritor José Saramago y nuestras respectivas esposas, nos dio mucho gusto que el Nobel de Literatura nos confesara que estaba fascinado con la música y, sobre todo, con la letra de «Las mañanitas», la canción tradicional de cumpleaños de origen mexicano.

99. El pueblo de México, aun con su actitud austera y sobria, es risueño, alegre y feliz. De Landa dice que las mujeres mayas:

> Tienen la costumbre de ayudarse unas a otras al hilar las telas, y páganse estos trabajos como sus maridos los de sus heredades y en ellos tienen siempre sus chistes de mofar y contar nuevas, y a ratos un poco de murmuración. Tienen por gran fealdad mirar a los hombres y reírseles, y por tanto, que solo esto bastaba para hacer cualquier fealdad, y sin más entremeses las hacían ruines. Bailaban por sí sus bailes y algunos con los hombres, en especial uno que llamaban Naual no muy honesto.[152]

Hace poco, en este año de 2025, se dio a conocer que México está entre los diez países más felices del mundo. Este informe lo elaboran periódicamente, de manera conjunta, la Universidad de Oxford, Gallup, la Red de Soluciones para el Desarrollo Sostenible de la ONU y un consejo editorial independiente, analizando los niveles de conformidad y bienestar en más de 140 países. Es decir, México es un país relevante en lo económico y, sobre todo, en lo político, pero en el terreno social y cultural es una potencia mundial. Y en mucho, por nuestra idiosincrasia. Decía el poeta Pellicer, refiriéndose a José Martí:

«¿Qué amistad es la tuya que en la América mía electrifica el aire de extraña simpatía?».

100. Es indudable que en la época prehispánica existió la democracia; es decir, el gobierno del pueblo y para el pueblo. No hay testimonios ni pruebas arqueológicas de que el dominio político y económico haya estado en manos de oligarcas o tiranos. El comportamiento de Moctezuma y su tolerancia ante las arbitrariedades de Cortés así lo demuestran. El tlatoani mexica, en esa circunstancia, fue visto más como pusilánime que como déspota. Lucas Alamán, historiador, ideólogo y guía político de los conservadores del siglo XIX, lo llama «afeminado», «cobarde» y «supersticioso».[153]

La democracia más auténtica en la época prehispánica, al igual que en la actualidad, es la que se practica abajo, en los pueblos y barrios, en la base de la pirámide de la estructura social, religiosa y política. Esta democracia representativa y participativa tiene como máxima autoridad la asamblea popular o comunitaria. Allí residen la soberanía, el poder y la fuerza del pueblo. Así era antes y así continúa siendo en muchas comunidades de México, destacadamente en el estado de Oaxaca, donde se han conservado sus formas antiguas de gobierno: de los 570 municipios que integran el estado, solo 152 son de régimen de partidos y 418 de usos y costumbres. De esta manera se cumple cabalmente el principio constitucional de concebir a la democracia «no solamente como una estructura jurídica y un régimen político, sino como un sistema de vida fundado en el constante mejoramiento económico, social y cultural del pueblo».

•••

Concluyo compartiendo una reflexión y una propuesta: aunque la Revolución mexicana produjo, además de justicia, un movimiento cultural y artístico de grandes dimensiones, los saberes, los conocimientos, los valores, la organización social, las leyendas y los mitos del México prehispánico no han sido lo suficientemente esclarecidos, exaltados ni difundidos. Desde la invasión europea siempre se ha puesto más énfasis en la enseñanza de la historia, la filosofía y la ciencia de otras civilizaciones del mundo que en el equiparable talento y la creación de los antiguos mexicanos. No propongo fomentar el egocentrismo que siempre hemos padecido en las sociedades y, fundamentalmente, en los Gobiernos extranjeros. Se trata de internalizar más el conocimiento y legado de los pueblos indígenas. Decía Alfonso Reyes, uno de los mejores escritores de su época: «Podemos ser provechosamente mexicanos, pero también generosamente universales». Antes, en 1891, el cubano inmortal José Martí, en su ensayo filosófico y político *Nuestra América,* sostenía: «Nuestra Grecia es preferible a la Grecia que no es nuestra. Nos es más necesaria, o los políticos nacionales han de reemplazar a los políticos exóticos. Injértese en nuestras repúblicas el mundo, pero el tronco ha de ser el de nuestras repúblicas. Y calle el pedante vencido, que no hay patria en que pueda tener el hombre más orgullo que en nuestras dolorosas repúblicas americanas».[154] De modo que, buscando equilibrar, debemos conocer más sobre nuestra república nativa.

La grandeza cultural de México es nuestro orgullo y la debemos llevar prendida en el corazón. No debemos olvidar que la tragedia que más nos ha dañado y atormentado no está vinculada a la bondad, sino al «instinto bestial» que se alimenta de la ambición enfermiza por el poder y el dinero. Muchos de nuestros sufrimientos se han originado por tratar a nuestros semejantes sin piedad ni respeto. Se nos olvida que, sin sentimientos morales, se puede conseguir cualquier cosa material —y dinero, desde luego—, pero las relaciones entre las personas, hombres y mujeres, no pueden prescindir de la fraternidad, pues el amor entre los individuos es la ley fundamental de la vida humana. El «amaos los unos a los otros» es un mandamiento virtuoso e indispensable para alcanzar el bienestar del alma y la felicidad verdadera. Esto, en cuanto a nuestras relaciones personales, no públicas, pues para esto último es más necesario comprender que no se puede hacer política —la auténtica, no politiquería— sin amor al pueblo. De ahí que, si no se tiene esta convicción, más aún, si se milita en un partido de izquierda, lo mejor es hacerse a un lado y ocuparse de lo personal, quedarse en la comodidad de los legítimos asuntos o negocios privados, pero no simular que se ayuda o se sirve si en realidad no se siente ánimo ni se está dispuesto a querer a los semejantes. La política, contrario a lo que se piensa y suele pasar, es de las actividades más humanas de la faz de la Tierra. Su ejercicio es sublime, ennoblece, pero hay que practicarla con abnegación, convertir en hábito el servir a los demás, en especial a los más necesitados, y concebirlo como la finalidad misma de nuestra existencia. Es internalizar que el bienestar espiritual siempre se adquiere a través del bienestar de los otros, de la felicidad de nuestros semejantes.

Reitero que escribí este libro pensando en lo necesario que resulta rendir un tributo permanente de agradecimiento a los pueblos originarios del México antiguo. Gracias a su vocación libertaria, a su resistencia, sabiduría y abnegación, se las ingeniaron para no desaparecer ante el exterminio colonizador y lograr la hazaña de transmitirnos, de generación en generación, no solo los conocimientos adquiridos en miles de años de observar el cielo y convivir en armonía con la naturaleza, sino también sus más preciadas enseñanzas de respeto, honestidad, trabajo, responsabilidad, bondad y humanismo. Esa gran reserva de valores culturales, morales y espirituales es lo que nos ha salvado siempre de los peores males y calamidades. Ya es tiempo de entender que no es posible, conveniente ni justo tratar de negar nuestro pasado de grandeza y gloria.

Aun cuando han transcurrido siglos, afortunadamente estamos a tiempo de rectificar y aceptar que, si incorporamos las enseñanzas del México profundo a nuestro proyecto de nación, avanzaremos más deprisa en el propósito de vivir en una república más justa, igualitaria, democrática, libre, fraterna y soberana. Insisto: no se trata de excluir otras formas de pensar y de ser que han predominado en el México imaginario de casi siempre, sino de abrirle paso, en definitiva, a lo que viene de lejos y de abajo, como ya se ha venido haciendo en los últimos tiempos con la atención a los pobres y reconociendo en el pueblo a una fuerza muy poderosa en bien de todas y todos. Pero acordémoslo: construyamos un nuevo pacto social agregando cláusulas de bondad y de humanismo mexicano; porque si, contra la corriente, los pueblos indígenas nos han rescatado del desastre, hacia adelante, con la inclusión de las antiguas enseñanzas, con el consenso más amplio y la suma de voluntades, nuestro querido México irá más aprisa, de menos a más. ¿Y cuál es la parte que debemos reconocer para evitar que el proyecto transformador se finque solo en un pie? La respuesta la encontramos en lo que el finado Guillermo Bonfil Batalla llama, al final de su libro, «el dilema inevitable». Aquí transcribo este interesantísimo fragmento de su texto, y con ello me despido:

> La conclusión, a mi ver, no puede ser otra que la de proponernos construir una nación plural, en la que la civilización mesoamericana, encarnada en una gran diversidad de culturas, tenga el lugar que le corresponde y nos permita ver a Occidente desde México, es decir, entenderlo y aprovechar sus logros desde una perspectiva civilizatoria que nos es propia porque ha sido forjada en este suelo, paso a paso, desde la más remota antigüedad; y porque esa civilización no está muerta sino que alienta en las entrañas del México profundo. La adopción de un proyecto pluralista, que reconozca la vigencia del proceso civilizatorio mesoamericano, nos hará querer ser lo que realmente somos y podemos ser: un país que persigue sus propios objetivos, que tiene sus metas propias derivadas de su historia profunda.[155]

NOTAS

Introducción

[1] Cicerón, *La naturaleza de los dioses*, Alianza, México, p. 28.

1. El universo, la vida y el hombre

[1] Hubert Reeves, Joël de Rosnay, Yves Coppens y Dominique Simonnet, *La más bella historia del mundo. Los secretos de nuestros orígenes* (en prólogo de Domique Simonnet), Anagrama, España, 2009, al inicio del Acto III, p. 83, de Andrés Bello.

[2] *Ibidem*, p. 14.

[3] *Ibidem*, p. 8.

[4] *Ibidem*, p. 20.

[5] *Ibidem*, p. 21.

[6] «Génesis» (1:3-4), en Santa Biblia, Antiguo y Nuevo Testamento. Versión de Casiodoro de Reina y Cipriano Valera. Ed. Holman, Brentwood Tennessee, 1960, p. 1.

[7] *Popol Vuh, Las antiguas historias del Quiché.* Edición de Adrián Recinos, FCE, México, 1960, p. 23.

[8] Hubert Reeves, Joël de Rosnay, Yves Coppens y Dominique Simonnet, *La historia más bella del mundo. Los secretos de nuestros orígenes* (en prólogo de Domique Simonnet), Anagrama, España, 2009, p. 26.

[9] *Ibidem*, p. 27.

[10] *Ibidem*, p. 35.

[11] Carl Sagan a partir de la frase de Harlow Shapley (1929): «Nosotros, los seres orgánicos que nos autonombramos "seres humanos" estamos hechos de la misma materia que las estrellas».

[12] Hubert Reeves, Joël de Rosnay, Yves Coppens y Dominique Simonnet, *La historia más bella del mundo. Los secretos de nuestros orígenes* (en prólogo de Domique Simonnet), Anagrama, España, 2009, p. 67.

[13] *Idem*.

[14] *Idem*.

[15] *Ibidem*, pp. 67-68.

[16] *Ibidem*, p. 68.

[17] *Ibidem*, p. 79.

[18] *Ibidem,* p. 97.

[19] *Ibidem,* p. 91.

[20] *Ibidem,* p. 98.

[21] *Ibidem,* p. 99.

[22] *Ibidem,* p. 100.

[23] *Ibidem,* p. 107.

[24] *Ibidem,* p. 108.

[25] Arroyo Cabrales, Joaquín, *et. al.,* «El mamut, icónico animal del pleistoceno final», en *Arqueología Mexicana,* núm. 110, edición especial, agosto 2023, México, p. 19.

[26] *Ibidem,* p. 22.

[27] Hubert Reeves, Joël de Rosnay, Yves Coppens y Dominique Simonnet, *La historia más bella del mundo. Los secretos de nuestros orígenes* (en prólogo de Domique Simonnet), Anagrama, España, 2009, p. 111.

[28] *Idem.*

[29] *Idem.*

[30] *Ibidem,* p. 119.

[31] *Ibidem,* p. 117.

[32] *Idem.*

[33] Charles Darwin, *El origen del hombre,* Austral, México, 2019, p. XXXII.

[34] *Idem,* p. 215.

[35] *Idem.*

[36] Hubert Reeves, Joël de Rosnay, Yves Coppens y Dominique Simonnet, *La historia más bella del mundo. Los secretos de nuestros orígenes* (en prólogo de Domique Simonnet), Anagrama, España, 2009, p. 124.

[37] *Ibidem,* p. 125.

[38] *Ibidem,* p. 130.

[39] *Ibidem,* p. 133.

[40] *Ibidem,* p. 136.

[41] *Ibidem,* p. 140.

[42] *Ibidem,* p. 142.

[43] *Ibidem,* p. 143.

[44] *Ibidem,* p. 145.

[45] *Ibidem,* p. 152.

[46] *Ibidem,* p. 154.

[47] *Ibidem,* p. 155.

[48] *Ibidem,* p. 154.

[49] *Ibidem,* p. 163.

[50] *Ibidem,* p. 162.

[51] *Ibidem,* p. 170.

[52] *Idem.*

[53] *Ibidem,* pp. 170-171.

2. Darwin y la evolución

[1] Charles Darwin, *El origen del hombre,* Austral, México, 2019, p. 29.

[2] *Ibidem,* p. 50.

[3] *Idem.*

[4] *Ibidem,* p. 57.

[5] *Ibidem,* p. 55.

[6] *Ibidem,* p. 56.

[7] *Idem.*

[8] *Ibidem,* p. 77.

[9] *Ibidem,* p. 56.

[10] *Ibidem,* p. 57.

[11] *Ibidem,* p. 83.

[12] *Idem.*

[13] *Ibidem,* p. 88.

[14] *Ibidem,* p. 98.

[15] *Ibidem,* p. 101.

[16] *Idem.*

[17] *Ibidem,* p. 107.

[18] *Ibidem,* p. 109.

[19] *Ibidem,* p. 119.

[20] *Idem.*

[21] *Ibidem,* p. 151.

[22] *Ibidem,* p. 132.

[23] *Ibidem,* p. 152.

[24] *Idem.*

[25] *Idem.*

[26] Wolfgang Mieder. «El mejor indio es un indio muerto. Sobre la internacionalización de un refrán americano». Digitalizado por la universidad de Veermont, Burlington, Estados Unidos, 1992, p. 50.

[27] Charles Darwin, *op. cit.,* p. 152.

[28] *Idem.*

[29] *Ibidem,* pp. 173-174.

[30] Friedrich Engels, «Discurso ante la tumba de Marx», en *Obras escogidas,* de C. Mark y F. Engels, Progreso, Moscú, 1974, p. 171.

[31] *Ibidem,* p. 183.

[32] *Idem.*

[33] *Idem.*

[34] Charles Darwin, *op. cit.,* p. 184.

3. El racismo

[1] Charles Darwin, *El origen del hombre,* Austral, España, 2009, p. 229.

[2] *Ibidem,* p. 232.

[3] *Idem.*

[4] *Ibidem,* pp. 232-233.

[5] *Ibidem,* p. 233.

[6] *Idem.*

[7] *Ibidem,* p. 251.

[8] Gertrude Duby, *¿Hay razas inferiores?,* Colección Metropolitana, Talleres de Complejo Editorial Mexicano, 11 de marzo de 1974, México, p. 37.

[9] Conapred, *¿Existen las «razas humanas»?,* Reflexiones didácticas en torno al racismo y a la xenofobia en México, Cuadernillo I, por Diego Morales, Jimena Rodríguez, Eugenia Iturriaga y Olivia Gall, México, 2020, p. 14.

[10] *Ibidem,* p. 24.

[11] *Ibidem,* p. 32.

[12] *Ibidem,* p. 36.

[13] Archivo Nacional de Chile, *Breve historia y presentación sobre ideología nazi,* Servicio Nacional del Patrimonio Cultural, Gobierno de Chile, p. 1. Disponible en: https://www.archivonacional.gob.cl/breve-historia-y-presentacion-sobre-ideologia-nazi.

[14] *Idem.*

[15] Gertrude Duby, *op. cit.,* p. 28.

[16] *Ibidem,* p. 41.

[17] *Idem.*

[18] *Ibidem,* p. 7.

4. Salvajes, bárbaros y esclavos

[1] Roger Bartra, *El mito del salvaje,* FCE, México, 2011, p. 23.

[2] Homero, *Odisea* (Prólogo, versión rítmica e índice de nombre propios de Pedro C. Tapia Zúñiga; estudio introductorio de Albrecht Dihle), UNAM, México, 2017, pp. 204-205.

[3] Erzio Albrile y Chiara di Serio. *Il romanzo di Alessandro,* «maravillas del este», en axismundi.blog, tercer párrafo.

[4] *Ibidem,* p. 44.

[5] *Idem.*

[6] Roger Bartra, *op. cit.,* p. 47.

[7] *Ibidem,* p. 49.

[8] *Ibidem,* p. 71.

[9] *Ibidem,* p. 81.

[10] Roger Bartra, *op. cit.,* pp. 83-85.

[11] *Ibidem,* p. 95.

[12] *Ibidem,* p. 110.

[13] *Ibidem,* p. 113.

[14] *Ibidem,* pp. 114-115.

[15] *Ibidem,* p. 121.

[16] *Idem.*

[17] Roger Bartra, Mito del Salvaje, p. 129.

[18] *Ibidem,* p. 130.

[19] Roger Bartra, *op. cit.,* p. 131.

[20] *Idem.*

[21] *Idem.*

[22] *Idem.*

[23] *Don Quijote de la Mancha,* Edición de Francisco Rico, punto de lectura, Cap. XIV, p. 126.

[24] Roger Bartra, *op. cit.,* p. 138.

[25] Charles Darwin, *El origen del hombre,* Austral, Barcelona, España, 2009, p. 81.

[26] Roger Bartra, *op. cit.,* p. 153.

[27] *Ibidem,* pp. 153-154.

[28] Miguel Ángel Sabadell, astrofísico y divulgador científico, Revista *Muy Interesante,* 13 de febrero de 2023.

[29] Amín Maalouf, *Las cruzadas vistas por los árabes,* Biblioteca Maalouf, Alianza Editorial, pp. 190-192.

[30] Claude Lévi-Strauss, *El pensamiento salvaje,* FCE, p. 134.

[31] *Ibidem,* p. 160.

[32] *Idem.*

[33] Filosofía y Letras, *Revista de la Facultad de Filosofía y Letras* (enero-marzo 1941), «Sobre la naturaleza bestial del indio americano: Humanismo y Humanidad. Indagación en torno a una polémica del siglo XVI», para el Dr. José Gaos, UNAM, México, p. 144.

[34] *Ibidem,* p. 144.

[35] *Ibidem,* p. 145.

[36] *Idem.*

[37] *Ibidem,* p. 148.

[38] *Idem.*

[39] *Ibidem,* p. 149.

[40] *Ibidem,* p. 150.

[41] *Ibidem,* p. 151.

[42] *Texto del Sermón de Antón Montesino según Bartolomé de Las Casas y comentario de Gustavo Gutiérrez.* Conmemoración de los 500 años del Sermón de Antón Montesino y la primera comunidad de dominicos en América, 21 de diciembre de 2011, p. 3.

[43] Filosofía y Letras, *op. cit.,* p. 149.

[44] *Ibidem,* pp. 153-154.

[45] Aristóteles, *Política,* Plutón ediciones, España, 2021, p. 16.

[46] Filosofía y Letras, *op. cit.,* p. 152.

[47] *Ibidem,* p. 153.

[48] *Ibidem,* p. 154.
[49] *Ibidem,* p. 156.

5. Las antiguas civilizaciones afroasiáticas y europeas

[1] Yuval Noah Harari, *De animales a dioses,* Penguin Random House, México, 2022, p. 34.
[2] *Idem.*
[3] *Idem.*
[4] *Ibidem,* p. 73.
[5] *Ibidem,* p. 123.
[6] George H. Sabine, *Historia de la teoría política,* FCE, México, 2021, p. 37 (de Tucídides, lib. II, 35-46. Las citas de la edición inglesa están tomadas de la traducción de Benjamin Jowett, segunda edición, Oxford, 1900. [Las de la versión española, de la traducción de Diego Gracián, Emecé, Buenos Aires, s.a. (19449).(T).])
[7] *Idem.*
[8] *Ibidem,* p. 39.
[9] Cicerón, *La naturaleza de los dioses,* Alianza, Madrid, España, 2022, pp. 119-120.
[10] Platón, *Diálogos,* «Apología de Sócrates», Porrúa, México, 1962, p. 3.
[11] *Ibidem,* p. 6.
[12] *Ibidem,* p. 14.
[13] *Ibidem,* pp. 27-28.
[14] *Ibidem,* pp. 28-29.
[15] George H. Sabine, *op. cit.,* p. 39.
[16] *Ibidem,* p. 46.
[17] *Ibidem,* p. 116.
[18] George H. Sabine, *op. cit.,* p. 120.
[19] *Ibidem,* p. 88.
[20] *Idem.*
[21] *Idem.*
[22] *Idem.*
[23] *Idem.*
[24] *Idem.*
[25] *Idem.*
[26] *Ibidem,* p. 27.
[27] *Ibidem,* p. 125.
[28] *Idem.*
[29] *Ibidem,* p. 126.
[30] *Ibidem,* p. 125.
[31] Yuval Noah Harari, *op. cit.,* p. 124.
[32] *Ibidem,* pp. 125-126.
[33] *Citas y frases de Charles Maurice de Talleyrand.* Disponible en: es.wiquiquote.org.

[34] Pew Research Center. Encuesta Social General, encuesta de vida, 1977. Disponible en: https://www.pewresearch.org.

[35] Yuval Noah Harari, *op. cit.*, p. 98.

[36] *Ibidem*, pp. 97-98.

[37] Discurso de Andrés Manuel López Obrador en el Consejo de Seguridad de la ONU, 9 de noviembre de 2021.

[38] Atmore, Anthony *et al.*, *Historia del hombre, dos millones de años de civilización*, Industria Gráfica, Barcelona, 1974, p. 75.

[39] *Ibidem*, p. 76.

[40] *Ibidem*, p. 75.

[41] *Ibidem*, p. 75.

[42] Omar Khayyam, *Rubáiyát*, traducción de Joaquín V. González, Ediciones Obelisco, Barcelona, 2015, p. 63.

[43] Atmore, Anthony *et al.*, *op. cit.*, p. 160.

[44] *Idem.*

[45] *Idem.*

[46] *Ibidem*, pp. 160-161.

[47] *Ibidem*, p. 162.

[48] *Ibidem*, p. 165.

[49] *Idem.*

[50] *Idem.*

[51] *Idem*, p. 167.

[52] *Idem.*

[53] *Ibidem*, p. 164.

[54] Yuval Noah Harari, *op. cit.*, p. 332.

[55] León Tolstói, *Carta a un hindú*, *A. letter to a hindu*, with an introduccion by M.K. Gandhi. The Project Gutemberg E Book, digitalizada por Chetan Jain y David Widger, gutemberg.org, 2012. Cap. I-II.

[56] *Idem.*

[57] Fragmento de la carta de Tolstói a Gandhi, fechada el 7 de septiembre de 2010. En *El Viejo Topo*, elviejotopo.com, 9/sept/2019.

[58] Manifiesto de Gandhi en la India del 2 de marzo de 1930, en la *Marcha de la Sal.*

[59] *Idem.*

[60] *Las cinco principales controversias en la carrera de Winston Churchill*, BBC News Mundo, 24 de enero de 2015. Disponible en: https://www.bbc.com/mundo/noticias/2015/01/150124_reino_unido_cinco_principales_controversias_winston_churchill_lv.

[61] *Idem.*

[62] Fragmento del discurso radiofónico de Jawaharlal Nehru el 30 de enero de 1948.

[63] Franz Kafka, *La Muralla China. Cuentos, relatos y otros escritos.* Alianza Emecé, Madrid-Buenos Aires, 1973, pp. 7-20.

[64] Yuval Noah Harari, *op. cit.*, p. 221.

[65] Atmore, Anthony *et al.*, *op. cit.*, p. 170.

[66] *Idem.*

[67] Atmore, Anthony *et al.*, *op. cit.*, p. 177.

[68] *Ibidem,* p. 176.

[69] *Ibidem,* p. 177.

[70] *Ibidem,* p. 176.

[71] *Ibidem,* p. 177.

[72] *Ibidem,* p. 178.

6. Judíos, romanos y cristianos

[1] «Génesis», en Santa Biblia, Antiguo y Nuevo Testamento. Versión de Casiodoro de Reyna y Cipriano de Valera, Ed. Holman, Brentwood Tennessee, 1960. C. 1 y 2, p. 1 y 2.

[2] *Ibidem,* p. 3.

[3] *Ibidem,* p. 10.

[4] *Ibidem,* pp. 10-18.

[5] Se quito la mención a Jehová, como lo haremos con Yahve, para usar en ambos casos el nombre de Dios. *Ibidem,* pp. 23-25.

[6] Atmore, Anthony *et al., Historia del hombre, dos millones de años de civilización,* Industria Gráfica, Barcelona, 1974, p.70.

[7] *Idem.*

[8] *Ibidem,* p. 85.

[9] *Ibidem,* p. 75.

[10] «Levítico», en Santa Biblia, …, p. 94.

[11] «Éxodo», en Santa Biblia, …, p. 70.

[12] «Levítico», en Santa Biblia, …, p. 109.

[13] «Deuteronomio», en Santa Biblia, …, p. 185.

[14] Atmore, Anthony *et al., op. cit.,* pp. 81-82.

[15] Yuval Noah Harari, *De animales a dioses,* Penguin Random House Grupo Editorial, México, 2022, p. 242.

[16] Platón, *Diálogos,* Porrúa, México, 2019, p. 14.

[17] Nikolái Vasílievich Gógol, *Tarás Bulba,* OriginalBook.Ru, (Ebook: http://originalbook.ru), p. 78.

[18] *Ibidem,* p. 74.

[19] *Ibidem,* p. 52.

[20] *Ibidem,* p. 83.

[21] *Ibidem,* pp. 31-33.

[22] *Ibidem,* p. 34.

[23] *Ibidem,* p. 36.

[24] *Idem.*

[25] *Idem.*

[26] *Ibidem,* p. 56.

[27] *Ibidem,* p. 57.

[28] *Ibidem,* p. 58.

[29] *Ibidem,* p. 59.

[30] *Ibidem,* p. 60.

[31] *Ibidem,* pp. 89-90.

[32] *Ibidem,* p. 91.

[33] *Ibidem,* pp. 92-93.

[34] *Ibidem,* pp. 94-95.

[35] *Ibidem,* p. 98.

[36] *Idem.*

[37] *Ibidem,* p. 99.

[38] *Ibidem,* pp. 99-102.

[39] George H. Sabine, *Historia de la teoría política,* FCE, México, 2021, p. 666.

[40] *Ibidem,* p. 667.

[41] *Ibidem,* p. 668.

[42] *Ibidem,* pp. 668-669.

[43] *Ibidem,* p. 670.

[44] Stefan Zweig, *El mundo de ayer, Memorias de un europeo,* Acantilado, pp. 10-11 (libro digital).

[45] *Ibidem,* p. 7.

[46] *Ibidem,* p. 217.

[47] *Ibidem,* pp. 218-219.

[48] Atmore, Anthony *et al., op cit.,* p. 103.

[49] Plutarco, *Alejandro,* (traducción de Antonio Guzmán Guerra) XIV, pp. 1-5.

[50] *Ibidem,* pp. 1-5.

[51] Alejandro Magno, Historia National Geographic (nationalgeographic.com.es).

[52] *Idem.*

[53] *Idem.*

[54] *Idem.*

[55] Stefan Zweig, *Momentos estelares de la humanidad,* Freeditorial (libro digital), pp. 2-16.

[56] *Ibidem,* p. 8.

[57] Atmore, Anthony *et al., op. cit.,* p. 112.

[58] *Idem.*

[59] Howard Fast, *Espartaco,* Siglo Veinte, Buenos Aires, 1972, pp. 9-15.

[60] *Ibidem,* p. 7.

[61] Bielinski, Vissarión, *Carta a Gógol.* PDF en es.scribid.com, p. 3.

[62] Enrique Dussel, *Hacia una nueva cartilla ético política,* México, diciembre 2020, pp. 20-21-22.

[63] «Mateo», en Santa Biblia…, p. 833.

[64] Carlos María Heredia, *Memorias de un reportero de los tiempos de Cristo,* Edibesa, 2000, p. 39.

[65] «Lucas», en Santa Biblia…, p. 892.

[66] «Isaías», en Santa Biblia…, p. 643.

[67] «Evangelios de Lucas, Mateo y Juan», en Santa Biblia, Antiguo y Nuevo Testamento. Versión de Casiodoro de Reina y Cipriano Valera. Ed. Holman, Brentwood Tennessee, 1960, pp. (1) p. 850, (2) p. 934, (3) p. 834, (4) p. 922, (5) p. 850, (6) p. 942, (7) p. 851, (8) p. 853, (9) p. 834, (10) p. 833, (11) p. 35, (12) p. 852.

[68] «Evangelio» según San Mateo (5:12) en Santa Biblia, Antiguo y Nuevo Testamento. Versión de Casiodoro de Reina y Cipriano Valera. Ed. Holman, Brentwood Tennessee, 1960, p. 834.

[69] León Tolstói, *Mi religión,* escrito en 1884 del archivo de Tolstói, capítulo I. Disponible en https://www.markists.org.

[70] *Idem.*

[71] Carlos María Heredia, *op. cit.,* p. 232.

[72] «Juan 18:36», en Santa Biblia, Antiguo y Nuevo Testamento. Versión de Casiodoro de Reina y Cipriano Valera. Ed. Holman, Brentwood Tennessee, 1960, p. 943.

[73] *Ibidem,* p. 344.

[74] «Mateo», en Santa Biblia, Antiguo y Nuevo Testamento. Versión de Casiodoro de Reina y Cipriano Valera, Holman, Brentwood Tennessee, 1960, p. 864.

[75] Lev Tolstói, *El reino de Dios está en vosotros,* Kairós, 2010, p. 134.

[76] Quinto Septimio Florente Tertuliano, *Apología contra los gentiles en defensa de los cristianos,* editado en la oficina de D. Benito Cano, Madrid, 1989, y en PDF, digitalizado por Google. Cap. VII, pp. 32-33.

[77] *Idem.*

[78] Juan Fox, *El libro de los mártires.* PDF, digitalizado por dantiagovidal.wordpress.com. Cap. II, p. 8.

[79] W. D. Davies, *El Sermón de la Montaña,* Ediciones Cristiandad, Madrid, 1975, p. 105.

[80] *Ibidem,* p. 106.

[81] Vicente Cárcel Ortí, *Persecuciones religiosas y mártires del siglo XX,* Palabra, Madrid, 2001.

[82] Dion Casio, *Historia romana,* epítomes de los libros LXI a LXX, «Epítome del Libro LXIII», Traducción Antonio Duarte Sánchez, Universidad de Chicago, pp. 4-6.

[83] Marguerite Yourcenar, *Memorias de Adriano,* Hermes, México, 1981, pp. 41-44.

[84] Selección de frases y reflexiones de Adriano en Marguerite Yourcenar, *op. cit.*

[85] *Ibidem,* p. 331.

[86] Críticos así se referían a las Memorias de Adriano.

[87] Íñigo Álvarez Gálvez, *El utilitarismo y derechos humanos: La propuesta de John Stuart Mill,* Plaza y Valdés, Madrid-México, 2009, p. 316.

[88] George H. Sabine, *Historia de la teoría política,* FCE, México, 2021, p. 534.

[89] Familias nobles que controlaban las magistraturas y tenían privilegios políticos y religiosos.

[90] Marco Aurelio, de Meditaciones y las 95 frases más célebres de Marco Aurelio. Blog de César Suárez, psicológicamente.com.

[91] Edicto de Milán (313 d. C.).

[92] Paul Veyne, El sueño de Constantino: El fin del Imperio pagano y el nacimiento del mundo cristiano, Paidós, Barcelona, 2008, p. 20.

[93] *Idem.*

[94] Yuval Noah Harari, *op. cit.,* pp. 536-537.

[95] *Ibidem,* p. 424.

[96] *Ibidem,* pp. 240-241.

[97] Rubén Acosta Hernández, *Memoria histórica de la humanidad,* tomo II, p. 323.

[98] Mario Puzo, *Los Borgia* (libro digital), pp. 182-183.

[99] *Ibidem,* pp. 199-201.

[100] *Ibidem,* p. 252.

[101] *Ibidem,* p. 253.

[102] *Ibidem,* pp. 283-284.

[103] *Ibidem,* pp. 287-288.

[104] *Ibidem,* pp. 290-308.

[105] Jacques Soustelle, *El universo de los aztecas,* Trad. José Luis Martínez y Juan José Utrilla, FCE, México, 2023, p. 23.

[106] Rubén Acosta Hernández, *op. cit.,* pp. 241-242.

7. La única invasión bienaventurada de América

[1] Yuval Noah Harari, *De animales a dioses*, Penguin Random House Grupo Editorial, México, 2025, pp. 33-34.

[2] *Ibidem*, p. 109.

[3] *Estudios de antropología física identifican a «Yotzin», que podría ser el único hombre precerámico descubierto en Santa Lucía*, Secretaría de Cultura, INAH, Boletín 347, 18 de junio de 2024.

[4] *Hallazgos Cueva Puyil*, «San Felipe Puxcatán, Tacotalpa, Tabasco», Secretaría de Cultura, INAH, 2006, p. 6.

[5] *Idem.*

[6] Arqueología Mexicana, *Primeros Pobladores de México*, número 52, Noviembre-Diciembre, INAH, Editorial Raíces, 2001, p. 34.

[7] Sergio de la Rosa, *Edad del Hielo*, Comisión Nacional para el Conocimiento y Uso de la Biodiversidad (Conabio), 28 de febrero de 2023. Disponible en: https://www.biodiversidad.gob.mx/biodiversidad/edadHielo.

[8] Luis Córdoba Barradas, *El megasitio de mamuts de Tultepec revela la cultura de los antiguos cazadores de la cuenca de México*, Secretaría de Cultura, Comunicado, 22 de enero de 2024. Disponible en: https://www.gob.mx/cultura/prensa/el-megasitio-de-mamuts-de-tultepec-revela-la-cultura-de-los-antiguos-cazadores-de-la-cuenca-de-mexico?idiom=es

[9] Claude Lévi-Strauss, *El pensamiento salvaje,* «Las clasificaciones totémicas», FCE, 1997, p. 81.

[10] Ciprián Aurelio Cabrera Bernat, *Viajeros en Tabasco, Tomo II*, Gobierno del estado de Tabasco, Instituto Estatal de Cultura de Tabasco, México, 2011, pp. 175-176.

[11] Claude Lévi-Strauss, *El pensamiento salvaje.* «La ciencia de lo concreto», FCE, 1997, p. 12.

[12] *Ibidem,* p. 3.

[13] Arqueología Mexicana, *Museo Paleontológico de Santa Lucía Quinametzin,* «Sala 6, la excavación en síntesis», Rubén Manzanilla López, Editorial Raíces, S. A. de C.V., INAH, Edición Especial 110, p. 50.

[14] *Ibidem,* p. 40.

[15] Yuval Noah Harari, *op. cit.*, p. 98.

[16] Edgar Anderson, *Maíces*, Comisión Nacional para el Conocimiento y Uso de la Biodiversidad (Conabio), 2020. Disponible en: https://www.biodiversidad.gob.mx/diversidad/alimentos/maices.

[17] Carlos Pellicer, *Romance de Tilantongo*, 16 de enero de 1897.

[18] *Tenochtitlán, la caída de un imperio*, INAH, 2021, p. 269.

[19] Beatriz de la Fuente, *Los Hombres de Piedra*, «Escultura Olmeca», UNAM, 1984, pp. 57-58.

[20] *Ibidem*, p. 31.

[21] *Ibidem*, p. 32.

[22] *Ibidem*, p. 26.

[23] *Ibidem*, p. 33.

[24] *Ibidem*, p. 340.

[25] *Ibidem*, p. 341.

[26] *Ibidem*, pp. 334-335.

[27] Michael O. Coe, *La primera civilización de América*, «Capítulo V, San Lorenzo», «Capítulo VII, La Venta», New Word City. Inc., 2017.

[28] *La detección de teobromina en vasijas de cerámica olmeca: nuevas evidencias sobre el uso de cacao en San Lorenzo, Veracruz*, Revistas INAH (artículo), Ann Cyphers, Terry G. Powis, Nilesh W. Gaikwad, Louis Grivetti, Kong Cheong, Elvia Hernández Guevara (https://revistas.inah.gob.mx/article) y Arqueología núm. 46, 28 agosto 2013.

[29] Michael D. Coe, *La primera civilización de América*, «Capítulo V, San Lorenzo», New Word City, Inc., Rockville, Maryland, 2017.

[30] *Idem*.

[31] Michael D. Coe, *op. cit.*, «Capítulo VIII, Logro y legado de los olmecas».

[32] Beatriz de la Fuente, *op. cit.*, p. 38.

[33] Rodolfo Lara Lagunas y Lily Lara Romero, *Simbología Olmeca: El legado*, Centro de Difusión y Rescate de la Cultura Olmeca, Editorial Águila Jaguar, 2022, p. 152.

[34] Beatriz de la Fuente, *op. cit.*, p. 33.

[35] *Idem*.

[36] Alberto Ruz Lhuillier, *La civilización de los antiguos mayas*, capítulo II «Historia y Culturas Mayas», FCE, 2018, p. 36.

[37] *Ibidem.*, p. 38.

[38] Richard D. Hansen/Edgar Suyuc L., *Mirador*, Corporación Litográfica, Guatemala C.A., 2018, p. 29.

[39] *Ibidem*, pp. 14-25.

[40] *Ibidem*, p. 51.

[41] *Ibidem*, pp. 58 y 61.

[42] *Dinámicas socioculturales del periodo preclásico en el área maya*, «Aguada Fénix y la Monumentalidad horizontal del Preclásico Medio en la región del Usumacinta Medio», editado y coordinado por Verónica A. Vázquez López, UNAM, pp. 6-11 y 15-19.

[43] *La Nación Maya, Gestación, Devenir y Resistencia*, INAH, 2024 de Ramón Carrasco Vargas y María Cordeiro B., *The Murals of Chiik Nahb Structure, Sub 1-4,* Calakmul, Mexico, en C. Golden, S. D. Houston y J. Skidmore (edición), Maya Archaeology, 2, San Francisco California: Precolumbia Mesoweb Press, 2012.

[44] *Ibidem*, p. 26.

[45] *Ibidem*, pp. 13-14.

[46] *Ibidem*, p. 151.

[47] Michael D. Coe, *La primera civilización de América*, «Capítulo I, Descubrimiento del pasado mesoamericano».

[48] Jacques Soustelle, *Los mayas*, FCE, 2023, p. 11.

[49] *Ibidem*, p. 21.

[50] *Idem*.

[51] Michael D. Coe, *La primera civilización de América*, «Capítulo II, Los nómadas se asientan como agricultores».

[52] *Idem*.

[53] Jacques Soustelle, *op. cit.*, pp. 51, 53, 54 y 55.

[54] Richard D. Hansen/Edgar Suyuc L., *Mirador,* tomo I/volumen I, Corporación Litográfica, Guatemala/Ministerio de Cultura y Deportes de Guatemala, 2018, p. 80.

[55] Jacques Soustelle, *op. cit.*, pp. 43-44.

[56] Robert J. Sharer, *The ancient Maya*, Sanford Unviersity Press, 2006, pp. 777-778.

[57] Michael D. Coe, *op. cit.*, «Prólogo».

[58] Alberto Ruz Lhuillier, *La civilización de los antiguos mayas*, FCE, México, 2018, pp. 81-93.

[59] *Ibidem*, p. 78.

[60] Sylvanus G. Morley, *La civilización maya*, FCE, México,1985, p. 445.

[61] Alberto Ruz Lhuillier, *op. cit.*, p. 78.

[62] Román Piña Chan, *Chichén Itzá*, «La ciudad de los brujos el agua», en Prefacio de Erik Velásquez García, FCE, 2022, p. 11.

[63] *Ibidem*, p. 23.

[64] *Ibidem*, p. 8.

[65] *Ibidem*, p. 7.

[66] *Ibidem*, p. 13.

[67] Jacques Soustelle, *op. cit.*, pp. 134-138.

[68] Román Piña Chan, *op. cit.*, p. 25.

[69] Enrique Florescano, *op. cit.*, p. 232.

[70] *Ibidem*, pp. 232-233.

[71] Alberto Ruz Lhuillier, *op. cit.*, pp. 39-40.

[72] Sylvanus G. Morley, *op. cit.*, pp. 201-202.

[73] *Ibidem*, p. 201.

[74] Alberto Ruz Lhuillier, *op. cit.*, p. 37.

[75] Jacques Soustelle, *op. cit.*, pp. 173-174.

[76] Acahual: vegetación espontánea que surge de terrenos donde antes hubo cosecha o fueron deforestados.

[77] Alberto Ruz Lhuillier, *op. cit.*, p. 46.

[78] Sylvanus G. Morley, *op. cit.*, p. 202.

[79] *Ibidem*, p. 73.

[80] *Ibidem*, pp. 160-162, 165-170, 171-175 y 177.

[81] Alberto Ruz Lhuillier, *op. cit.*, pp. 58-61.

[82] Jacques Soustelle, *op. cit.*, pp. 93-94.

[83] Sylvanus G. Morley, *op. cit.*, p. 457.

[84] *Idem*.

[85] *Ibidem*, p. 459.

[86] Alfredo López Austin /Leonardo López Luján, *El pasado indígena*, FCE, México 2023, pp. 93, 95-96, 127-133, 168-169, 174-175.

[87] Alfonso Caso, *El Tesoro de Monte Albán*, Gobierno del estado de Oaxaca, Memorias del INAH, SEP, (patrocinado por Bancomer), 1969, p. 14.

[88] *Ibidem*, p. 15.

[89] *Idem.*

[90] *Idem.*

[91] *Ibidem*, p. 11.

[92] *Ibidem*, pp. 37, 44-45, 55.

[93] *Ibidem*, pp. 73-75.

[94] *Ibidem*, p. 74.

[95] Alfonso Caso, *op. cit.*, p. 13.

[96] *Idem.*

[97] Joyce Marcus, *Monte Albán*, FCE, México, 2021, p. 187.

[98] Salomón Nahmad, *Los mixes,* «Estudio Social y Cultural de la Región del Zempoaltepetl y del Istmo de Tehuantepec», Memorias del Instituto Nacional indigenista, vol. XI, 1965, pp. 36-37.

[99] *Ibidem*, pp. 55-56.

[100] *Configuraciones étnicas en Oaxaca,* «Perspectivas etnográficas para las autonomías», Alicia M. Barabas/Miguel A. Bartolomé (coordinadores), Conaculta, INAH, INI, 1999, p. 86.

[101] Joyce Marcus, *op. cit.*, pp. 190-191.

[102] Alfredo López Austin/Leonardo López Luján, *op. cit.*, p. 93.

[103] *Idem.*

[104] Miguel León-Portilla, *Antología de Teotihuacán a los Aztecas*, Lecturas Universitarias, UNAM, 1977, pp. 78, 80, 82-85.

[105] *Ibidem*, p. 75-76.

[106] Eduardo Matos Moctezuma, *Teotihuacan y Tenochtitlan,* «De la Pirámide del Sol al Templo Mayor», Fundación BBVA, 2023, pp. 263-265.

[107] Alfredo López Austin/Leonardo López Luján, *op. cit.*, pp. 118, 120-121.

[108] Alberto Ruz Lhuillier, *op. cit.*, p. 60.

[109] *La pintura mural prehispánica en México, V. Cacaxtla*, Tomo I, Catálogo. UNAM, Instituto de Investigaciones Estéticas, México, 2018, p. 18.

[110] *Origen y desarrollo de una gran urbe, Xochicalco, Morelos*, «Xochicalco», Claudia I. Alvarado León, Arqueología Mexicana Núm. 179, marzo-abril 2023, pp. 22-27.

[111] Miguel León-Portilla, *op. cit.*, p. 57.

[112] Román Piña Chan, *Quetzalcóatl.,Serpiente emplumada*, FCE, 2024, p. 58

[113] *Idem.*

[114] *Ibidem*, p. 59.

[115] Miguel León-Portilla, Toltecayotl, «Aspectos de la cultura náhuatl», FCE, 2003, p. 265.

[116] *Ibidem*, p. 267.

[117] Miguel León-Portilla, *Antología de Teotihuacán a los Aztecas*, «Fuentes e interpretaciones históricas», Jorge R. Acosta, UNAM, p. 86.

[118] *Ibidem*, p. 89.

[119] *Ibidem*, pp. 103-106.

[120] *Ibidem*, p. 106.

[121] *Ibidem*, pp. 106 y 107.

[122] Enrique Florescano, *Los Orígenes del Poder*, Penguin Random House Grupo Editorial, México, 2022, p. 246.

[123] *Ibidem*, pp. 246-247.

[124] *Ibidem*, pp. 273- 276, 278-279.

[125] *Ibidem*, p. 280.

[126] *Ibidem*, p. 358.

[127] *Ibidem*, p. 359.

[128] *Ibidem*, pp. 360-361.

[129] *Ibidem*, p. 364.

[130] Miguel León-Portilla, *op. cit.*, pp. 265-266.

[131] Enrique Florescano, *op. cit.*, p. 393.

[132] *Ibidem*, pp. 403-404.

[133] *Ibidem*, p. 405.

[134] *Ibidem*, p. 413.

[135] *Ibidem*, p. 418.

[136] *Ibidem*, pp. 418-419.

[137] Miguel León-Portilla, *op. cit.*, pp. 293-294.

[138] Enrique Semo, *La Conquista,* «Catástrofe de los Pueblos Originarios», Tomo I, Siglo XXI, 2019, p. 121.

[139] Enrique Florescano, *op. cit.*, pp. 386-391.

[140] Pedro Salmerón Sanginés, *La batalla por Tenochtitlan,* FCE, 2021, p. 215.

[141] Enrique Florescano, *op. cit.,* pp. 367-368.

[142] *Ibidem*, pp. 380-381.

[143] *Conteo de municipios de México por origen lingüístico*, Gobierno de México, mayo 2021.

[144] Enrique Florescano, *op. cit.*, pp. 376-377.

[145] *Ibidem*, pp. 375-376.

[146] Miguel León-Portilla, *op. cit.*, p. 289.

[147] Informes del ciudadano General Porfirio Díaz, del 1 de diciembre de 1900 al 30 de noviembre de 1904. Imprenta de Gobierno en el Exarzobispado, México, 1904, p. 212.

[148] Alfonso Caso, *El Tesoro de Monte Albán*, p. 15.

[149] Yuval Noah Harari, *op. cit.*, p. 215.

[150] *Ibidem*, p. 196.

[151] Enrique Semo, *op. cit.*, p. 132.

[152] Enrique Florescano, *op. cit.*, p. 395.

[153] Michael D. Coe, *op. cit.,* «Prólogo».

[154] *Huehuehtlahtolli*, «Testimonios de la antigua palabra», recogidos por fray Andrés de Olmos (1535), este ocupa el primer lugar. Un texto, de contenido en parte paralelo, en el *Códice Florentino* abarca desde el vigésimo hasta el vigesimosegundo capítulos, pues está dividido en tres partes o discursos. FCE, 2021.

[155] Enrique Florescano, *op. cit.*, p. 436.

8. La invasión de los bárbaros

[1] Germán Pinzón González, *En el nombre de Dios*, Portal El Tiempo, 2 de agosto de 2002.

[2] Eduardo Galeano, *Las venas abiertas de América Latina*, Siglo XXI, 1971, p. 28.

[3] Enrique Semo, *La Conquista, Catástrofe de los pueblos originarios*, tomo I, «Los actores: amerindios y africanos, europeos y españoles», Siglo XXI, 2019, p. 205.

[4] *Ibidem*, pp. 227-228.

[5] *Ibidem*, p. 210.

[6] *Idem.*

[7] Enrique Semo, *op. cit.*, p. 241.

[8] Hernán Cortés, *Cartas de relación*, «Segunda carta de relación, 30 de octubre de 1520», Porrúa, 2021, p. 54.

[9] *Ibidem*, «Tercera carta-relación, 15 de mayo de 1522», p. 151-152.

[10] Enrique Semo, *op. cit.*, p. 242.

[11] *Ibidem*, p. 188.

[12] *Ibidem*, pp. 192-194.

[13] *Ibidem*, pp. 244-245.

[14] *Ibidem*, p. 222.

[15] *Ibidem*, p. 220.

[16] *Ibidem*, pp. 216-217.

[17] *Ibidem*, p. 242.

[18] Eduardo Galeano, *op. cit.*, pp. 40-46.

[19] *Capitulaciones de Santa Fe*, 17 de abril de 1492.

[20] Tratado de Tordesillas (1494).

[21] *Idem.*

[22] Pedro Salmerón Sanginés, *op. cit.*, pp. 38-39.

[23] Hernán Cortés, *Cartas de relación*, Porrúa, 2021, pp. 7-8.

[24] Bernal Díaz del Castillo, *Historia verdadera de la conquista de la Nueva España*, Porrúa, 2015, pp. 9-10.

[25] *Ibidem*, p. 13.

[26] Bernal Díaz del Castillo, o*p. cit.*, pp. 31-32.

[27] *Ibidem*, p. 32

[28] *Ibidem*, p. 40.

[29] Hernán Cortés, *Cartas de relación*, «Primera carta de relación, 10 de julio 1519», pp. 12-20.

[30] Bernal Díaz del Castillo, *op. cit.*, p. 47.

[31] Hernán Cortés, *Cartas de relación*, «Primera carta de relación, 10 de julio de 1519», p. 20.

[32] *Ibidem*, p. 60.

[33] *Ibidem*, pp. 20-24.

[34] *Ibidem*, pp. 27-29.

[35] *Ibidem*, pp. 29-34.

[36] *Ibidem*, pp. 24-27.

[37] Hernán Cortés, *Cartas de relación,* «Segunda carta de relación, 30 de octubre de 1520», Porrúa, 2021, pp. 37-55.

[38] *Ibidem,* pp. 42-43.

[39] *Ibidem*, p. 47.

[40] *Ibidem*, pp. 55-69, 72-83, 85-99.

[41] *Ibidem*, p. 75.

[42] Bernal Díaz del Castillo, *op. cit.,* p. 204.

[43] Pedro Salmerón Sanginés, *op. cit.,* pp. 97-98.

[44] Hernán Cortés, *op. cit.*, p. 99.

[45] Miguel León-Portilla, *Visión de los vencidos. Relaciones indígenas de la Conquista,* UNAM, 2019, p. 118.

[46] Pedro Salmerón Sanginés, *op. cit.*, p. 106.

[47] Víctor Lloret Blackburn, «La ejecución del líder inca Atahualpa: traición y muerte», National Geographic, 15 de febrero de 2023. Recuperado de: https://historia.nationalgeographic.com.es/a/la-ejecucion-del-lider-inca-atahualpa-traicion-y-muerte_18932#google_vignette

[48] Hernán Cortés, *op. cit.*, p. 99.

[49] *Ibidem*, pp. 99-121.

[50] *Ibidem*, p. 110.

[51] *Idem.*

[52] Francisco López de Gómara, *Historia general de las Indias.* Tomo II: *La conquista de México,* Biblioteca de Historia, Orbis, Madrid, p. 169.

[53] Pedro Salmerón Sanginés, *La batalla por Tenochtitlan,* FCE, 2021, p. 209.

[54] Ramón López Velarde, *La suave patria.*

[55] Hernán Cortés, *Cartas de relación*, «Tercera carta de relación, 15 de mayo de 1522», pp. 131-143, 147-153, 156-164.

[56] *Ibidem*, p. 139.

[57] *Idem.*

[58] *Ibidem*, p. 149.

[59] *Ibidem*, p. 148.

[60] *Ibidem*, p. 150.

[61] *Ibidem*, p. 160.

[62] *Idem.*

[63] *Ibidem*, p. 164.

[64] *Idem.*

[65] *Ibidem*, pp. 164-188, 191-205.

[66] *Ibidem*, p. 175.

[67] *Ibidem*, p. 186.

[68] *Idem.*

[69] Bernal del Castillo, *op. cit.*, pp. 352-353.

[70] Hernán Cortés, *Cartas de relación*, «Tercera carta de relación, 15 de mayo de 1522», p. 195.

[71] *Ibidem*, p. 199.

[72] *Ibidem*, p. 202.

[73] *Ibidem*, p. 204.

[74] *Ibidem*, p. 205.

[75] Carlos Pellicer, Discurso 16 de septiembre de 1930 (fragmento), Huixquilucan, México.

[76] Hernán Cortés, *Cartas de relación*, «Tercera carta de relación, 15 de mayo de 1522», pp. 205-217.

[77] *Ibidem*, p. 205.

[78] *Ibidem*, p. 210.

[79] Hernán Cortés, *Cartas de relación*, «Cuarta carta-relación (15 de octubre de 1524)», Porrúa, México, 2021, pp. 221-260.

[80] *Ibidem*, pp. 263-274.

[81] *Ibidem*, p. 246.

[82] *Ibidem*, p. 248.

[83] *Idem.*

[84] *Idem.*

[85] *Idem.*

[86] José Luis Martínez, *Hernán Cortés*, FCE, México, 2022, pp. 235-242.

[87] Hernán Cortés, *Cartas de relación*, «Cuarta carta-relación (15 de octubre de 1524)», *op. cit.*, p. 246.

[88] *Idem.*

[89] *Idem.*

[90] *Idem.*

[91] José Luis Martínez, *op. cit.*, p. 243.

[92] *Ibidem*, pp. 242-246.

[93] *Ibidem*, p. IX.

[94] *Ibidem*, p. 90.

[95] Hernán Cortés, *Cartas de relación*, «Quinta carta», *op. cit.*, pp. 297-298.

[96] Jorge Gurría, «La provincia de Acalan…», *Historias Digital*, Instituto de Investigaciones Históricas, México, pp. 29-44.

[97] Hernán Cortés, *Cartas de relación*, «Quinta carta de relación», *op. cit.*, p. 288.

[98] *Ibidem*, p. 333.

[99] *Ibidem*, p. 344.

[100] *Ibidem*, p. 340.

[101] *Ibidem*, pp. 351-352.

[102] *Ibidem*, p. 356.

[103] Hernán Cortés, *Cartas de relación*, «Carta del 10 de octubre de 1530», *op. cit.*, p. 378.

[104] *Ibidem*, pp. 178-179.

[105] *Ibidem*, p. 379.

[106] José Herrera Peña, *Hidalgo a la luz de sus escritos: estudio preliminar, cuerpo documental y bibliografía*, Universidad Michoacana de San Nicolás de Hidalgo, Morelia, Michoacán, 2003, p. 82.

[107] Fray Toribio de Benavente, Motolinía, *Historia de los indios de la Nueva España*, Porrúa, 2021, p. 41.

[108] Peter Hassler, *¿Sacrificios humanos entre los aztecas?*, «Un estudio crítico de fuentes e ideología», Trad. de Alfonso Anzaldo Meneses, Universidad Autónoma Metropolitana, Ce-Acatl, México, 2010, p. 350.

[109] *Ibidem*, p. 333.

[110] *Ibidem*, p. 336.

[111] Amin Maalouf, *Las cruzadas vistas por los árabes*, Alianza, Madrid, pp. 67-69.

[112] José Luis Martínez, *Documentos cortesianos*, tomo I, FCE, México, 1993, p. 279.

[113] *Ibidem*, p. 201.

[114] José Luis Martínez, *Documentos cartesianos,* tomo II: 1526-1545, sumario IV: Juicio de residencia, UNAM/FCE, 1991, p. 369.

[115] Eduardo Matos Moctezuma, Raúl Herrera Rodríguez, «El Huei Tzompantli de Tenochtitlan», *Arqueología Mexicana,* núm. 148, noviembre de 2017 (edición digital), pp. 54-60.

[116] *Idem.*

[117] Andrés de Tapia, *Relación de la conquista de México,* Axial, 2008, pp. 72-73.

[118] *Idem.*

[119] Fray Toribio de Benavente, Motolinía, *Sacrificios e idolatrías*, FCE, México, 2017 (libro electrónico), p. 22.

[120] Francisco López de Gómara, *Historia general de las Indias*, tomo II: *La conquista de México*, Biblioteca de Historia, Ediciones Orbis, Madrid, p. 125.

[121] José Luis Martínez, *Documentos cortesianos*, tomo I: 1518-528, UNAM/FCE, 1991, p. 488.

[122] Ramón Esquerra, «Toribio Motolinía», en *Diccionario de la historia de España*, tomo II, Revistas de Occidente, Madrid, pp. 572-573; y Enciclopedia *franciscana.* Recuperado de: *franciscanos.org*

[123] José Luis Martínez, *Documentos cortesianos,* tomo II, *op. cit.*, p. 368.

[124] Francisco López de Gómara, *Historia de la conquista de México*, prólogo de Jorge Gurría Lacroix, Porrúa, México, pp. XV-XVI

[125] *Idem.*

[126] Fray Toribio de Benavente, «Carta de fray Toribio de Benavente al emperador Carlos V (2 de enero de 1555)», Simancas. Indias. Jo. Cartas de Nª España, de Frayles: de 550-570, Real Academia de la Historia. col. de Muñoz, Indias, 1554-1555, tomo 87, fascículos 213-232. Recuperado de Scribd.com

[127] *Idem.*

[128] Fray Toribio de Benavente, Motolinía, *Historia de los indios de la Nueva España,* Porrúa, México, p. 316.

[129] *Ibidem,* p. 315

[130] *Ibidem*, p. 314.

[131] *Ibidem*, p. 308.

[132] *Ibidem*, p. 306.

[133] *Ibidem,* p. 312.

[134] *Ibidem*, p. XXXIII.

[135] *Ibidem*, p. 296.

[136] *Ibidem*, pp. 41-42.

[137] López de Gómara, *Historia de la conquista de México*, *op. cit.*, p. 319.

[138] Fray Bartolomé de las Casas, *Los indios de México y Nueva España*, edición, prólogo, apéndices y notas de Edmundo O'Gorman, con la colaboración de Jorge Alberto Manrique, Porrúa, México, 2022, p. 113.

[139] Fray Toribio de Benavente, Motolinía, *Historia de los indios de la Nueva España, op. cit.*, pp. 42-43.

[140] López de Gómara, *Historia de la conquista de México, op. cit.*, p. 319.

[141] *Ibidem*, pp. 113-114.

[142] Fray Toribio de Benavente, Motolinía, *Historia de los indios de la Nueva España, op. cit.*, pp. 47-48.

[143] Francisco López de Gómara, *Historia general de las Indias, op. cit.*, pp. 319-320.

[144] Bartolomé de las Casas, *Los indios de México y Nueva España, op. cit.*, p. 115.

[145] Génesis, XXXIV, 24 y 25.

[146] Francisco López de Gómara, *Historia general de las Indias, op. cit.*, pp. 328-329.

[147] Bartolomé de las Casas, *Los indios de México y Nueva España, op. cit.*, p. 124.

[148] Fray Toribio de Benavente, Motolinía, *Historia de los indios, op. cit.*, pp. 41-67.

[149] Francisco López de Gómara, *Historia general de las Indias*, pp. 325-326.

[150] Fray Bartolomé de las Casas, *Los Indios de México y Nueva España, op. cit.*, pp. 118-119.

[151] Rubén Acosta Hernández, *Memoria histórica de la humanidad*, «Un viaje en la historia», Edición del autor, Vol. II, Litográfica Ingramex, México, 2023, p. 87.

[152] Fray Toribio de Benavente, Motolinía, *Historia de los indios, op. cit.*, p. 2.

[153] *Ibidem*, p. 6.

[154] Fray Bartolomé, *Apología*, Ed. Bilingüe de Ángel Lozada, Madrid, 1988, pp. 415-423 y 427-429.

[155] Alfredo López Austin, *Cuerpo humano e ideología*, «Las concepciones de los antiguos nahuas», UNAM, México, 2023, p. 484.

[156] Fray Diego Durán, *Historia de las Indias de la Nueva España y Islas de tierra firme*, tomo I, Imprenta J. M. Andrade y F. Escalante, 1867, p. 2

[157] Peter Hassler, *Sacrificios humanos… op. cit.*, p. 64

[158] *Ibidem*. p. 64-65.

[159] **«Corazones Palpitantes» y miles por día: por qué, desde la cirugía cardiaca y la fisiología modernas, esos relatos son técnicamente inviables**

Introducción

Este ensayo no pretende negar la existencia de sacrificios humanos en Mesoamérica, atestiguados por evidencias arqueológicas y fuentes etnohistóricas. Lo que examina críticamente —con criterios de historia, cirugía cardiaca y fisiología— es la posibilidad técnica de dos afirmaciones frecuentes: (a) que se arrancaban corazones de víctimas vivas, «a cielo abierto» y sin anestesia, Y (b) que ello se hacía a escalas masivas (miles en uno o pocos días), con corazones aun «palpitando» durante su ofrenda. Con base en la práctica quirúrgica contemporánea (toracotomías de urgencia), en la fisiología de la isquemia miocárdica y en la magnitud real documentada por la arqueología, sostengo que tales descripciones, en esos términos y escalas, son médicamente y logísticamente imposibles (Weare & Gnugnoli, 2023; Rossaint *et al.*, 2023; Wade, 2018). Además, este capítulo delimita explícitamente su alcance: no juzga valores culturales, sino la factibilidad biológica y operativa de una escena ritual específica.

Acceder al corazón de un vivo sin anestesia: por qué el procedimiento es incompatible con cadencias «industriales»

En la medicina actual, cuando una persona llega con trauma torácico grave y paro inminente, la maniobra extrema es la toracotomía de urgencias. Incluso en quirófano o sala de reanimación, con bisturíes, separadores, pinzas, aspiración, sueros, sangre para transfusión y personal entrenado, se trata de un procedimiento de altísima complejidad y bajo rendimiento, indicado en casos muy seleccionados por su baja supervivencia y su enorme demanda técnica (exposición rápida, control hemostático, apertura del pericardio, manejo de grandes vasos, etc.) (Cothren *et al.*, 2006; Weare & Gnugnoli, 2023).

Esto no se parece a «hacer un tajo y extraer el corazón»: atravesar piel, fascia, músculo, diafragma y pericardio en un paciente consciente, que se mueve por dolor, genera hemorragias torrenciales y requiere sujeción por varios asistentes (Sahagún, 1569/2023). Aun en condiciones óptimas, cada intento consume minutos y agota a los equipos. Pretender cientos por hora es anatómica y operativamente incoherente (Weate & Gnugnoli, 2023; Rossaint *et al.*, 2023). En la práctica contemporánea, incluso una toracotomía anterolateral «de reanimación» —el acceso más rápido— exige una secuencia mínima: incisión amplia, entrada en hemitórax, apertura pericárdica, control de sangrado y manipulación cardiaca (p. ej., masaje abierto o pinsamiento aórtico); ninguna de estas fases es viable en «segundos» sostenidos y repetidos (*Cothren et al.*, 2006; Weare & Gnugnoli, 2023).

Las reconstrucciones bioarqueológicas serias —por ejemplo, para el área maya clásica— han sugerido que, cuando se buscó el corazón, no se practicaba esternotomía (que exigiría cortar hueso), sino accesos subxifoideos o infracostales con cuchillos de obsidiana (Tiesler & Cucina, 2006). Esa hipótesis anatómica puntual explica trayectorias de corte, pero no resuelve los límites técnicos descritos: bajo dolor extremo y sin control hemostático, la exposición estable del corazón en un vivo es precaria, y la ventana útil antes del colapso circulatorio es muy breve; multiplicar el gesto «a ritmo de segundos» —como exigirían las cifras legendarias— no es realista (Rossaint *et al.*, 2023; Weare & Gnugnoli, 2023). Incluso aceptando el acceso subxifoideo, la disección a través del diafragma y la apertura del pericardio en un sujeto que lucha incrementan el sangrado y reducen la visibilidad; sin aspiración ni pinzamiento vascular, el campo se inunda, deteniendo el proceso.

Se suele invocar la obsidiana por su filo extremadamente agudo. En efecto, estudios experimentales en cirugía animal mostraron incisiones finas y menos respuesta inflamatoria cutánea respecto al acero (Disa, Vossoughi, & Goldberg, 1993). Sin embargo, eso no suple la necesidad de exposición, aspiración, pinzamiento y control vascular en una cavidad llena de sangre, ni soluciona la fragilidad del material y su pobre desempeño para hueso. Un bisturí a más filoso no convierte un campo hemorrágico, doloroso y dinámico en un entorno quirúrgico controlado; no reduce la complejidad de abrir diafragma y pericardio en segundos repetidas veces (Weare & Gnugnoli, 2023). De hecho, la literatura quirúrgica moderna sigue prefiriendo acero por estabilidad y control táctil; el «filo» no compensa la falta de hemostasia, succión y luz, que son los verdaderos cuellos de botella del procedimiento.

Por último, la fisiopatología del trauma hemorrágico impone un tope infranqueable: al seccionarse grandes vasos y al perderse sangre sin reposición, el sujeto entra en choque y pierde conciencia muy pronto. Sin reanimación con fluidos, productos sanguíneos y control del sangrado (protocolos contemporáneos), la Mortalidad inmediata es la regla; pensar que múltiples «oficiantes» podrían sostener un flujo continuo de extracciones en decenas de segundos por víctima contradice lo que sabemos sobre hemorragia y coagulopatía por trauma (Rossaint *et al.*, 2023). La «tríada letal» (hipotermia, acidosis, coagulopatía) se instala con rapidez —acelerada por la exposición a la intemperie— y derrumba cualquier intento de mantener un «ritmo de fábrica» sin soporte moderno.

Conclusión del punto 1: la posibilidad anatómica de una extracción puntual no se traduce en rendimiento. Aun en manos expertas y con instrumental moderno, cada toracotomía consume minutos y recursos; en un ritual sin anestesia ni hemostasia, la serie colapsa por dolor, movimiento, hemorragia y visibilidad nula, mucho antes de acercarse a «cientos por hora».

«Corazones aún palpitando»: la fisiología desmiente la escena más célebre

El corazón necesita perfusión coronaria (oxígeno, sustratos) para mantener su inotropismo. En isquemia aguda (cese del flujo), la contracción se derrumba en segundos; puede persistir actividad eléctrica o espasmos miocárdicos breves, pero mecánica eficaz desaparece casi de inmediato por agotamiento de ATP y desequilibrios iónicos (Klabunde, s. f.). Por eso, fuera del cuerpo y sin perfusión, lo esperable es un temblor terminal, no un «latido sostenido y visible» (Klabunde, s. f.). Incluso el fenómeno de «latidos residuales» observables es, en realidad, actividad eléctrica desorganizada o contracciones miocárdicas ineficaces; fisiológicamente no equivale a un latido visible y sostenido capaz de ser «mostrado» durante la ofrenda.

La medicina de trasplantes demuestra empíricamente estos límites. Sin tecnologías especiales, la conservación del corazón ex situ exige minimizar la isquemia; en la práctica clínica, más de ~4 h de isquemia fría se asocian a disfunción primaria del injerto y peor evolución, lo que ha motivado el uso de sistemas de perfusión ex vivo (p. ej., Organ Care System) para transportar el órgano latiente dentro de un circuito cerrado (Isath *et al.*, 2023). Cuando se desconecta la perfusión, el latido cesa en minutos. Casos excepcionales de viabilidad prolongada se logran precisamente manteniendo perfusión y oxigenación controladas (Kaliyev, Bekbossynov, & Nurmykhametova, 2019). Ninguna de estas condiciones era factible en ritual premoderno. Aún más: reportes recientes y guías clínicas subrayan que la «extensión» del tiempo útil depende del circuito de perfusión, temperatura y sustratos —no de una propiedad intrínseca del corazón «arrancado»— (Isath *et al.*, 2023; Kaliyev *et al.*, 2019).

Conclusión del punto 2: la iconografía del «corazón palpitante» sostenido contradice la bioenergética miocárdica. Sin perfusión, no hay latido útil; y con perfusión, se requieren tecnologías ausentes en el mundo premoderno.

¿Miles en uno o pocos días? Lo que realmente muestran los hallazgos y por qué las tasas reportadas son inalcanzables

Las excavaciones en el Huei Tzompantli (Templo Mayor, Ciudad de México) confirmaron una torre y racks de cráneos. En 2020, un comunicado oficial reportó 119 cráneos visibles en el costado este, sumados a 484 previamente identificados; es decir, cientos de individuos, un volumen impactante, pero acumulado a lo largo del tiempo, no en cuatro jornadas (Secretaría de Cultura-INAH, 2020). Reportajes científicos han hablado de cientos potencialmente miles en total para distintos periodos, muy lejos de las 80 000 víctimas en cuatro días que aparecen en algunos relatos posconquista (Wade, 2018). La arqueología avala el sacrificio; no corrobora la cadencia hiperbólica. El propio parte del INAH refiere un total de 603 cráneos identificados en esa fase —cifra históricamente significativa, pero incompatible con los picos «instantáneos» de decenas de miles— (Secretaría de Cultura-INAH, 2020).

La historiografía reciente también ha recalibrado el papel de los cautivos y la demanda ritual en la política mexica: los ritos no requerían un suministro de víctimas tan vasto como para condicionar toda la estrategia militar; por ende, las cifras descomunales de ciertos cronistas parecen obedecer a retóricas y propósitos políticos de la época (Martin, 2023). Esto coincide con la evidencia osteológica: mucho dolor real a lo largo de años/decenios, no cadenas de montaje de miles por día (Tiesler & Cucina, 2006). En otras palabras, el registro material sugiere recurrencia ritual con acumulación histórica, no una «industria» de extracción cardiaca continua a la escala de los relatos más extremos.

Aun si —a efectos argumentativos— aceptáramos una logística «óptima» con varios altares operando en paralelo, las tasas por altar que implican los números legendarios (docenas por minuto) chocarían con: (a) tiempos mínimos para incisión, apertura, exposición y sección; (b) sujeción de víctimas vivas que luchan; (c) hemorragias que anegan el campo sin aspiración; (d) relevo de oficiantes exhaustos; y (e) retirada de cuerpos para permitir el siguiente turno. Esta fricción operativo-anatómica hace que la curva de rendimiento caiga en minutos, incluso ignorando la fisiología del shock (coagulopatía por trauma, hipotermia, acidosis) que hoy obliga a protocolos estrictos de control de daños —lo contrario a una «producción en serie» (Rossaint *et al.*, 2023).

Si en cirugía de trauma la «decisión-a-incisión» debe ser inmediato y aun así la supervivencia es baja y los tiempos son críticos, imaginar una línea ininterrumpida de aperturas toracoabdominales sin soporte es, sencillamente, inviable (Cothren *et al.*, 2006; Weare & Gnugnoli, 2023).

Conclusión del punto 3: la escala cuantificada (centenas acumulada; quizá miles en años) y los límites antómico-operativos hacen inverosímiles las tasas que exigirían los relatos de «miles por día».

El cuello de botella médico-logístico: por qué las «miles de extracciones» diarias no cuadran

Pensemos en tiempos de proceso, incluso con un método subxifoideo «optimizado». En cirugía de trauma, abrir el tórax, exponer el corazón y realizar una maniobra intrapericárdica requiere varios minutos con personal entrenado, instrumental y succión constante para lidiar con hemorragias a caudal alto (Weare & Gnugnoli, 2023; Cothren *et al.*, 2006). Si añadimos que la víctima se mueve y grita (sin anestesia), que harían falta varios asistentes para sujetarla (algo que también describen fuentes como Sahagún), y que cada extracción termina en chorros de sangre que deben retirarse para no impedir el siguiente procedimiento, el rendimiento por altar se desploma (Sahagún, 1569/2023; Rossaint *et al.*, 2023).

Hagamos números muy conservadores sobre una de las cifras más citadas, 80, 400 víctimas en 4 días. Aun suponiendo operación continua 24 h (algo que contradice la lógica ritual y la luz diurna), serían 20,100 por día, equivalentes a 837 por hora o ~14 por minuto en el complejo entero. Si consideramos cuatro altares/trincheras operando en paralelo, eso exige 3-4 extracciones por altar por minuto (una cada 15-20 segundos), sin pausas, sin fallos, sin limpieza, sin relevo, y con cuchillos que jamás se desafilan. Si, más realistas, contamos 12 h diurnas, la tasa sube a 28 por minuto en total y ~7 por minuto por altar (una cada ~8-9 segundos). Es absurdo desde el punto de vista anatómico, hemostático y organizativo. Ningún procedimiento que atraviese piel, músculo, diafragma, pericardio y miocardio en una persona viva sin anestesia puede sostener esos ritmos durante horas sin colapso del «equipo», del instrumental y de la escena (Weare & Gnugnoli, 2023; Rossaint *et al.*, 2023).

A esto hay que sumar tiempos «invisibles» pero inevitables: limpieza del área, reafilado o recambio de hojas de obsidiana, despeje y descenso de cadáveres por escalinatas resbaladizas, reposicionamiento de sujeciones y coordinación de relevos. Cada una de esas tareas añade minutos y corta cualquier cadencia «industrial».

A esto se añade un problema fisiológico: tras la incisión y laceración de grandes vasos, la víctima entra en choque hemorrágico y pierde la consciencia en muy pocos minutos, a menudo en segundos si se comprometen vasos de gran calibre; el «tiempo útil» para maniobrar sobre el corazón no se alarga, se comprime (Rossaint *et al.*, 2023). En paralelo, la isquemia cardíaca hace que el órgano pierda fuerza contráctil casi de inmediato, de modo que ni siquiera habría «latido» ostensible que «mostrar» más allá de espasmos breves (Klabunde, s. f.). En suma, los límites biológicos del miocardio y los cuellos de botella logísticos convergen: no existe una trayectoria operativa que haga creíbles los ritmos de «decenas por minuto» durante horas.

Síntesis y cierre

Posible: que existieran sacrificios que incluyeran aperturas toraco-abdominales y manipulación del corazón, en eventos rituales de baja cadencia distribuidos en el calendario ceremonial, con tratamiento posmortem de restos (como muestran el tzompantli y los estudios tafonómicos) (Secretaría de Cultura-INAH, 2020; Tiesler & Cucina, 2006).

Imposible en los términos legendarios: arrancar corazones a víctimas vivas sin anestesia a ritmos de segundos, con corazones «palpitando» durante su presentación, y sostener esto durante horas o días. La cirugía cardiaca moderna, la fisiología y las guías de trauma muestran que tales descripciones contradicen lo que pueden hacer los cuerpos (y los equipos humanos) bajo esas condiciones (Weare & Gnugnoli, 2023; Rossaint *et al.*, 2023; Klabunde, s. f.; Isath *et al.*, 2023; Kaliyev *et al.*, 2019). Por tanto, la narrativa de «extracciones masivas de corazones palpitantes» debe considerarse un constructo retórico posconquista más que un hecho técnicamente reproducible.

Referencias

Cothren, C. C., Moore, E. E., Johnson, J. L., & Moore, J. B. (2006). Emergency department thoracotomy for the critically injured patient: Objectives, indications, and outcomes. *World Journal of Emergency Surgery*, 1(4). https://wjes.biomedcentral.com/articles/10.1186/1749-7922-1-4 BioMed Central

Disa, J. J., Vossoughi, J., & Goldberg, N. H. (1993). *A comparison of obsidian and surgical Steel scalpel wound healing in rats.* Plastic and Reconstructive Surgery, 92(5), 884-887. https://pubmed.ncbi.nlm.nih.gov/8415907/PubMed

Sath, A., Ohira, S., Levine, E., Pan, S., Lanier, G., Gupta, C., Wolfe, K., Spielvogel, D., Gass, A., & Kai, M. (2023). *Ex vivo heart perfusión for cardiac transplantation allowing for prolonged perfusión time and extensión of distance traveled for procurement of donor hearts: An initial experience in the United States.* Transplantation Direct, 9(3), e1467. https://journals.lww.com/transplantationdirect/fulltext/2023/03000/ex_vivo_heart_perfusion_for_cardiac.12.aspxLippincott

Kaliyev, R., Bekbossynov, S., & Nurmykhametova, Z. (2019). *Sixteen-hour ex vivo donor heart perfusión during long-distance transportation for heart transplantation.* Artificial Organs, 43(3), 319-320. https://pubmed. Ncbi.nlm.nih.gov/30585343/PubMed

Klabunde, R. E. (S.F.). Ischemic Cardiac Dysfunction. Cardiovascular Physiology Concepts. https://cvphysiology.com/cad/cad011CV Fisiología

Martin, R. W. (2023). *A reevaluation of the role of war captives in the Aztec empire. Latin American Antiquity,* 34(2), 423-437. https://www.cambridge.org/core/journals/latin-american-atniquity/article/reevaluation-of-the-role-of-war-captives-in-the-aztec-empire/DC29086F6A2C48BD4A7341B4200170B5CambridgeCore

Rossaint, R., Afshari, A., Bouillon, B., J. Duranteau, J., Nardi, G., *et al.* (2023). *The European guideline on management of major bleeding and coagulopathy a mayor* Cerny, V., Coats, T. following trauma (6th ed.). Critical Care, 27, 80. https://ccforum.biomedcentral.com/articles/10.1186/s13054-023-04327-7 - ver también registro en PubMed: https://pubmed.ncbi.nlm.nih.gov/36859355/BioMed Central+1

Sahagún, B. de. (1569/2023). *Florentine Codex: Book 2: The Ceremonies* (E. García Garagarza, Trad.). Digital Florentine Codex, Getty Research Institute. https://florentinecodex.getty.edu/book/2/folio/18vflorentinecodex.getty.edu

Secretaría de Cultura INAH. (2020, 11 de diciembre). *Arqueólogos localizan el costado este y la fachada externa de la torre de cráneos del Huei Tzompantli de Tenochtitlan.* https://www.gob.mx/cultura/prensa/arqueologos-localizan-el-costado-este-y-la-fachada-externa-de-la-torre-de-craneos-del-huei-tzompantli-de-tenochtitlan

Tiesler, V., & Cucina, A. (2006). *Procedures in human heart extraction and ritual meaning: A taphonomic assessment of anthropogenic marks in Classic Maya skeletons. Latin American Antiquity,* 17(4), 493-510. https://www.cambridge.org/core/journals/latin-american-antiquity/article/procedures-in-human-heart-extraction-and-ritual-meaning-a-taphonomic-assessment-of-anthropogenic-marks-in-classic-maya-skeletons/0BA363183F6588426056C27C8CC04B99

Wade, L. (2018, June 21). *Feeding the gods: Hundreds of skulls reveal massive scale of human sacrifice in Aztec capital.* Science. https://www.science.org/content/article/feeding-gods-hundreds-skulls-reveal-massive-scale-human-sacrifice-aztec-capital

Weare, S., & Gnugnoli, D. M. (2023). *Emergency Room Thoracotomy. En StatPearls.* StatPearls Publishing. https://www.ncbi.nlm.nih.gov/books/NBK560863/ (última actualización:24 de julio de 2023).

[160] Francisco López de Gómara, *Historia general de las Indias, op. cit.*, pp. 328-329.

[161] Robert Ricard, *La conquista espiritual de México*, FCE, México, p. 95.

[162] *Ibidem,* pp. 96-98 (Icazbalceta, *Zumárraga*, cap. XXII).

[163] *Ibidem*, 97.

[164] *Ibidem*, p. 98.

[165] *Ibidem*, pp. 96-98.

[166] Enrique Florescano, *Los orígenes del poder,* Penguin Random House, México, 2022, p. 422.

[167] Francisco de la Maza, *El guadalupismo mexicano*, Porrúa y Obregón, México, 1953, p. 9.

[168] Fray Toribio de Benavente, Motolinía, *Historia de los indios de la Nueva España, op. cit.*, pp. 81-82.

[169] Diego de Landa, *Relación de las cosas de Yucatán*, edición de Héctor Pérez Martínez, Porrúa, México, p. 38.

[170] *Idem.*

[171] «Documento número uno. Información hecha por Sebastián Vázquez, escribano de Su Majestad, sobre los atropellos cometidos y tolerados por el doctor Diego Quixada, alcalde mayor de las provincias de Yucatán. Mérida, 25 de marzo de 1565», en Sacra Católica Real Magestat, Archivo General de la Nación, México, pp. 147-149.

[172] Guillermo Palacios, «El dragado del cenote sagrado de Chichén Itzá, 1904-1914», *Historia Mexicana,* vol. LXVII, núm. 2 (octubre-diciembre), El Colegio de México, 2017, p. 697.

[173] *Ibidem,* p. 697.

[174] *Ibidem,* p. 673.

[175] *Ibidem,* p. 684.

[176] *Ibidem,* p. 685.

[177] *Ibidem,* p. 687.

[178] *Ibidem,* p. 690.

[179] *Ibidem,* p. 698.

[180] *Ibidem,* p. 702

[181] *Ibidem,* p. 717.

[182] *Ibidem,* p. 719.

[183] *Ibidem,* p. 735.

[184] *Ibidem,* p. 736.

[185] Alma Reed, «*El cenote del sacrificio humano de los mayas*», *The New York Times*, Nueva York, 8 de abril de 1923.

[186] Expediente instruido en la averiguación del delito de «robo de objetos arqueológicos pertenecientes a la Nación imputado a Edward Herbert Thompson», Poder Judicial de la Federación, 1926.

[187] Diego de Landa, *Relación de las cosas de Yucatán, op. cit.*, pp. 30-34.

9. Colonialismo decadente

[1] José Luis Martínez, *Hernán Cortés*, FCE, México, 2022, p. 242.

[2] Cuerpo de documentos del siglo *XVI* sobre los derechos de España en las Indias y Filipinas, México, Hanke y Millares, 1943, p. 285, citado en José Miranda, *Las ideas y las instituciones políticas mexicanas,* UNAM, México, 1978, p. 40, citado en Enrique Semo, *La Conquista,* tomo I, Siglo XXI / UNAM, México, 2019, p. 64.

[3] Lara Sembolini Capitani, *La construcción de la autoridad virreinal en Nueva España,* 1535-1595, El Colegio de México, México, 2014, p. 46, citado en Enrique Semo, *La Conquista,* tomo I, *op. cit.*, p. 65.

[4] El Consejo de Indias, fundado como organismo independiente en 1524, podía intervenir en todos los asuntos de las Indias: el nombramiento de sus autoridades, la administración de su hacienda, la legislación, las visitas y las residencias. La primera autoridad nombrada por los Reyes Católicos fue el notable Juan Rodríguez de Fonseca y lo siguieron el cardenal Cisneros, exvirreyes importantes y letrados

distinguidos, que eran utilizados frecuentemente como visitadores de la Casa de Contratación de Sevilla y los Virreinatos. Enrique Semo, *La Conquista*, tomo I, *op. cit.*, p. 65.

[5] *Ibidem*, pp. 62-64.

[6] Manuel Rivera Cambas, *Los gobernantes de México*, tomo I, Porrúa, México, 1981 (versión facsimilar de la edición de 1873), p. 336.

[7] Fernando Benítez, *Historia de la Ciudad de México*, tomo IV, Salvat, México, 1984, pp. 8-11.

[8] Manuel Rivera Cambas, *Los gobernantes de México*, tomo I, *op. cit.*, p. 201.

[9] *Ibidem*, p. 320.

[10] *Idem.*

[11] Enrique Semo, *La Conquista*, tomo II, *op. cit.*, p. 64.

[12] Rosaura Hernández Rodríguez, «"Relación de la Nueva España", por Alonso de Zorita», en *Estudios de Historia Novohispana*, UNAM, México, 2001, pp. 209-210.

[13] *Idem.*

[14] Enrique Semo, *La Conquista,* tomo II, *op. cit.*, pp. 69-70.

[15] Hernán Cortés, *Cartas de relación*, «Carta del 15 de octubre de 1524», Porrúa, México, 2021, p. 265.

[16] Enrique Semo, *La Conquista*, «Catástrofe de los pueblos originarios», tomo II, *op. cit.*, p. 66.

[17] *Ibidem*, p. 70.

[18] José Luis Martínez, *Hernán Cortés*, p. 203.

[19] Enrique Semo, *La Conquista, op. cit.*, pp. 53-55.

[20] Fernando Benítez, *Historia de la Ciudad*, tomo II, *op. cit.*, p. 60

[21] *Idem.*

[22] Fernando Benítez, *Historia de la Ciudad*, tomo II, *op. cit.*, p. 64.

[23] *Idem.*

[24] *Idem.*

[25] Doralicia Carmona, «Son ejecutados los coautores de la conjura de Martín Cortés», en *Crónicas de la conquista de México,* por Agustín Yáñez, Memoria Política de México, 2025. Recuperado de: https://www.memoriapoliticademexico.org/Efemerides/8/03081566.html

[26] Fray Toribio de Benavente, Motolinía, *Historia de los indios de la Nueva España*, nota de Edmundo O'Gorman, citando a Vasco Puga.

[27] Fray Toribio de Benavente, Motolinía, *Historia de los indios de la Nueva España,* (Real cédula en Granada a 9 de noviembre de 1526. Se concedió libertad para que cualquiera pueda sacar oro y plata de las minas. Se pregonó en la Ciudad de México el 22 de enero de 1527. *Cf.* Puga, Cedulario, I, pp. 18-20).

[28] Fray Toribio de Benavente, Motolinía, *Historia de los indios de la Nueva España,* p. 19 (Exodo, XXXII, 1-6).

[29] *Ibidem*, p. 19.

[30] *Ibidem*, p. 21.

[31] Enrique Semo, *La Conquista*, tomo I, *op. cit.*, p. 58.

[32] «Informe del estado en que Diego Carrillo de Mendoza y Pimentel, marqués de Gelves, halló los reinos de la Nueva España (1628)», en *Los virreyes españoles en América durante el gobierno de la Casa de Austria,* edición de Lewis Hanke, Biblioteca de Autores Españoles / Atlas, vol. III, Madrid, 1977, pp. 113-160.

[33] *Información de la Dirección General de la Conservaduría de Palacio Nacional,* SHCP.

[34] Fernando Benítez, *Historia de la Ciudad de México*, tomo V, *op. cit.*, p. 31.

[35] Manuel Rivera Cambas, *Los gobernantes de México*, tomo I, *op. cit.*, pp. 289-290.

[36] *Ibidem*, pp. 428-429.

[37] *Ibidem*, pp. 254-257.

[38] *Ibidem*, pp. 296-298.

[39] *Ibidem*, pp. 351 y 504.

[40] *Ibidem*, p. 353.

[41] *Idem.*

[42] *Ibidem*, p. 564.

[43] *Ibidem*, pp. 490-491.

[44] *Ibidem*, p. 497.

[45] I*bi*dem, pp. 525-526.

[46] *Ibidem*, p. 613.

[47] *Ibidem*, pp. 366-367.

[48] *Ibidem*, p. 35.

[49] *Idem.*

[50] *Ibidem*, pp. 66-67.

[51] *Ibidem*, p. 91.

[52] *Ibidem*, p. 103.

[53] *Ibidem*, p. 162.

[54] *Ibidem*, p. 183.

[55] *Ibidem*, p. 167.

[56] *Ibi*dem, p. 238.

[57] *Ibidem*, 318-319.

[58] *Ibidem*, 326-327.

[59] *Ibidem*, p. 77.

[60] *Ibidem*, pp. 93-96.

[61] *Ibidem*, p. 102.

[62] *Ibidem*, p. 108.

[63] *Ibidem*, p. 130.

[64] *Ibidem*, p. 223.

[65] *Ibidem*, p. 237.

[66] *Ibidem*, p. 239.

[67] *Ibi*dem, p. 245.

[68] *Ibidem*, pp. 250-251.

[69] *Ibidem*, p. 272.

[70] *Ibidem*, p. 301.

[71] *Ibidem*, p. 312-313.

[72] *Ibidem*, p. 436.

[73] *Ibidem*, p. 444.

[74] *Ibidem*, p. 471.

[75] *Ibidem*, p. 484.

[76] *Ibidem*, p. 331.

[77] *Ibidem*, p. 99.

[78] Alexander von Humboldt, *Ensayo político sobre el reino de la Nueva España,* tomo III, Porrúa, México, 1985, p. 343.

[79] José Luis Martínez, *Documentos cortesianos,* tomo I, FCE, México, p. 276.

[80] Manuel Rivera Cambas, *Los gobernantes,* tomo I, *op. cit.*, p. 56.

[81] *Ibidem*, p. 62.

[82] *Ibidem*, pp. 122-123.

[83] *Ibidem*, p. 129.

[84] *Ibidem*, p. 130.

[85] *Ibidem*, p. 137.

[86] *Ibidem*, p. 169.

[87] *Ibidem*, p. 210.

[88] *Ibidem*, p. 212.

[89] *Ibidem*, p. 220.

[90] *Idem*.

[91] *Ibidem*, p. 235.

[92] *Ibidem*, p. 249.

[93] *Ibidem*, p. 312.

[94] *Ibidem*, p. 323.

[95] *Ibidem*, p. 359.

[96] *Ibidem*, p. 360.

[97] *Ibidem*, p. 374.

[98] *Ibidem*, p. 377.

[99] *Ibidem*, p. 378.

[100] *Ibidem*, p. 382.

[101] *Ibidem*, p. 384.

[102] *Ibidem*, p. 394.

[103] *Ibidem*, p. 386.

[104] *Ibidem*, p. 303.

[105] *Ibidem*, p. 400.

[106] *Ibidem*, p. 285.

[107] *Ibidem*, p. 337.

[108] *Ibidem*, p. 346.

[109] *Ibidem*, pp. 365-366.

[110] *Ibidem*, p. 423.

[111] *Ibidem*, p. 430.

[112] *Ibidem*, p. 433.

[113] *Ibidem*, p. 453.

[114] *Ibidem*, p. 470.

[115] *Ibidem*, pp. 484-485.

[116] *Ibidem*, p. 489.

[117] *Ibidem*, p. 495.

[118] *Ibidem*, p. 514.

[119] *Ibidem*, pp. 514 o 532.

[120] *Ibidem*, p. 519.

[121] *Ibidem*, p. 547-548.

[122] *Ibidem*, p. 556.

[123] *Ibidem*, p. 585.

[124] *Ibidem*, p. 64.

[125] *Ibidem*, pp. 367-368.

[126] *Ibidem*, pp. 46-47.

[127] Fernando Benítez, *Historia de la Ciudad de México*, tomo II, *op. cit.*, pp. 79-87.

[128] Manuel Rivera Cambas, *Los gobernantes*, tomo I, *op. cit.*, pp. 174-175.

[129] *Ibidem*, p. 185.

[130] *Idem.*

[131] *Ibidem*, p. 203.

[132] *Idem.*

[133] *Ibidem*, pp. 484-485.

[134] *Ibidem*, p. 398.

[135] *Ibidem*, p. 403.

[136] *Ibidem*, p. 463.

[137] *Ibidem*, p. 491.

[138] *Idem.*

[139] Fernando Benítez, *Lázaro Cárdenas y la Revolución mexicana,* I. El Porfirismo, FCE, México, 1997, pp. 96-97.

[140] *Ibidem*, pp. 97-98.

[141] Manuel Rivera Cambas, *Los gobernantes,* tomo I, *op. cit.*, p. 524.

[142] *Ibidem*, p. 536.

[143] *Ibidem*, p. 537.

[144] *Idem.*

[145] *Ibidem*, p. 541.

[146] *Idem.*

[147] *Ibidem*, p. 561.

[148] *Ibidem*, p. 264.

[149] *Ibidem*, p. 259.

[150] *Idem.*

[151] *Ibidem*, p. 154.

[152] *Ibidem*, p. 119

[153] *Idem.*

[154] *Ibidem*, p. 80.

[155] *Ibidem*, p. 84.

[156] *Ibidem*, pp. 474-475.

[157] *Ibidem*, pp. 475-476.

[158] *Ibidem*, p. 400.

[159] *Ibidem*, p. 79.

[160] Eli de Gortari, *La ciencia en la historia de México*, FCE, México, 2016, p. 306.

[161] *Ibidem*, p. 330. Ramos (1943) y Quiroz Martínez (1949).

[162] Manuel Rivera Cambas, *Los gobernantes,* tomo II, Porrúa, 1981, p. 152.

[163] Manuel Rivera Cambas, *Los gobernantes,* tomo I, *op. cit,* p. 281.

[164] *Ibidem*, p. 476.

[165] *Ibidem*, p. 394.

[166] *Ibidem*, p. 480.

[167] *Ibidem*, p. 411.

[168] *Ibidem*, p. 533.

[169] *Ibidem*, p. 604.

[170] Eli de Gortari, *La ciencia en la historia de México*, *op. cit.*, p. 292.

[171] Alexander von Humboldt, *Ensayo político sobre el reino de la Nueva España*, tomo I, Porrúa, 1985, p. 129-133.

[172] *Ibidem*, p. 194. («Estos hombres á quienes se daban grandes poderes, no llevaban comúnmente sino el simple título de licenciados, nombre del grado que tenían en su facultad»).

[173] *Ibidem*, pp. 193-195.

[174] *Ibidem*, pp. 196-197.

[175] Alexander von Humboldt, tomo I, *op. cit.*, pp. 202-204.

[176] *Ibidem*, p. 207.

[177] *Ibidem*, pp. 209-211.

10. Resurrección y legado

[1] Guillermo Bonfil Batalla, *México profundo, una civilización negada*, FCE, México, 2019, p. 70.

[2] *Ibidem*, pp. 70-71.

[3] Manuel Gil y Sáenz, *Compendio histórico, geográfico y estadístico del estado de Tabasco*, Consejo Editorial del Gobierno del estado de Tabasco, México, 1979, p. 215.

[4] *Chilam Balam* (Traducción de sus textos paralelos por Alfredo Barrera Vásquez y Silvia Rendón, basada en el estudio, cotejo y reconstrucción, hechos por el primero, con introducciones y notas), FCE, México, 1984, p. 69.

[5] *Ibidem*, p. 55.

[6] *Ibidem*, pp. 58-59.

[7] *Chilam Balam*, Traducción de sus textos paralelos por Alfredo Barrera Vázquez y Silvia Rendón, FCE, México, 1948, p. 56.

[8] Arqueología Mexicana, *Cuauhtémoc, Sol que desciende* (https://arqueologiamexicana.mx/mexico-antiguo/cuauhtemoc-sol-que-desciende-1520-1521)

[9] Eduardo Galeana, *Las venas abiertas de América Latina,* Siglo XXI, México, 2003, pp. 35-37 (de León-Portilla)

[10] Fernando Benítez, *Historia de la Ciudad de México*, tomo II, Salvat, 1984, p. 19.

[11] *Chilam Balam, decimoctava* (Traducción de sus textos paralelos por Alfredo Barrera Vásquez y Silvia Rendón, basada en el estudio, cotejo y reconstrucción, hechos por el primero, con introducciones y notas), FCE, 1984, p. 76 (del libro *¡Gracias!* p. 454).

[12] Enrique Semo, *La Conquista*, tomo I, Siglo XXI, México, 2019, pp. 67-69.

[13] Manuel Rivera Cambas, *Los gobernantes de México,* tomo I, Porrúa, México, 1981, p. 72.

[14] *Ibidem*, pp. 77-78.

[15] *Ibidem*, p. 85.

[16] *Ibidem*, p. 188.

[17] *Ibidem*, pp. 250-251.

[18] *Ibidem*, p. 346.

[19] *Ibidem*, p. 468.

[20] *Idem.*

[21] *Ibidem*, p. 426.

[22] Gonzalo Aguirre Beltrán, *Regiones de refugio*, INI-FCE, México, 1991, p. 60.

[23] Fray Toribio de Benavente, Motolinía, *Sacrificios e idolatrías,* FCE, México, 2017, p. 51.

[24] Robert Ricard, *La conquista espiritual de México, op. cit.,* p. 28.

[25] Manuel Rivera Cambas, *Los gobernantes,* tomo I, *op. cit.,* p. 79.

[26] Diego de Landa, *Relación de las cosas de Yucatán*, edición de Héctor Pérez Martínez, Porrúa, México, p. 26.

[27] Fray Toribio de Benavente, Motolinía, *Sacrificios e idolatrías, op. cit.,* pp. 52-53.

[28] *Ibidem*, p. 61.

[29] Guillermo Bonfil Batalla, *México profundo. Una civilización negada*, FCE, México, 2019, pp. 61-62.

[30] Diego de Landa, *Relación de las cosas de Yucatán, op. cit.,* p. 47.

[31] *Ibidem*, p. 61.

[32] *Ibidem*, pp. 59-60.

[33] Fernando Benítez, *Historia de la Ciudad de México*, tomo I, *op. cit.*, p. 60.

[34] *Ibidem*, p. 48.

[35] *Ibidem*, p. 41.

[36] Jacques Soustelle, *Los mayas*, traducción de Jorge Ferreiro, FCE, México, 2023, pp. 160-163.

[37] Diego de Landa, *Relación de las cosas de Yucatán, op. cit.,* p. 59.

[38] *Ibidem*, p. 21.

[39] *Ibidem*, p. 46.

[40] Guillermo Bonfil Batalla, *México profundo. Una civilización negada, op. cit.*, p. 46.

[41] *Ibidem*, p. 21.

[42] Diego de Landa, *Relación de las cosas de Yucatán*, *op. cit.*, p. 24.

[43] Motolinía, *Sacrificios e idolatrías*, *op. cit.,* p. 51.

[44] Guillermo Bonfil Batalla, *México profundo. Una civilización negada, op. cit.,* p. 58.

[45] *Chilam Balam*, traducción de sus textos paralelos por Alfredo Barrera Vázquez y Silvia Rendón, FCE, México, 1948, p. 56.

[46] Guillermo Bonfil Batalla, *México profundo. Una civilización negada, op. cit.,* p. 62.

[47] *Ibidem*, p. 66.

[48] Michael D. Coe, *La primera civilización de América*, «Los nómadas se asientan como agricultores», New Word City, Inc., Rockville, Maryland, 2017.

[49] *Idem.*

[50] *Idem.*

[51] Fray Toribio de Benavente, Motolinía, *Historia de los indios de la Nueva España*, Porrúa, 2021, p. 4.

[52] Sylvanus G. Morley, *La civilización maya*, FCE, México, 1985, p. 15.

[53] Alfredo López Austin, *Cuerpo humano e ideología*, «Las concepciones de los antiguos nahuas», UNAM, México, 2023, p. 485.

[54] *Ibidem,* p. 62.

[55] *Ibidem,* p. 68.

[56] Diego de Landa, *Relación de las cosas de Yucatán, op. cit.*, p. 45.

[57] *Idem.*

[58] Hernán Cortés, *Cartas de relación*, Porrúa, México, 2021, p. 293.

[59] Diego de Landa, *Relación de las cosas de Yucatán, op. cit.*, pp. 62-63.

[60] Fray Toribio de Benavente, Motolinía, *Sacrificios e idolatrías*, *op. cit.*, p. 52.

[61] Diego de Landa, *Relación de las cosas de Yucatán, op. cit.*, pp. 63-64.

[62] *Ibidem*, p. 63.

[63] *Pomuch*, «En donde se acaricia la muerte», Este es Campeche Asociación Civil, 2.ª ed., 2021, p. 22.

[64] Syvanus G. Morley, *La civilización maya, op. cit.*, p. 456.

[65] *Ibidem*, p. 457.

[66] Francisco de la Maza, *El guadalupismo mexicano*, Porrúa, México, 1953, pp. 16-18.

[67] *Ibidem,* p. 19.

[68] Manuel Rivera Cambas, *Los gobernantes…, op. cit.*, pp. 307-309.

[69] Guillermo Bonfil Batalla, *México profundo. Una civilización negada, op. cit.*, pp. 72-73.

[70] Lorenzo Meyer, *México y Estados Unidos en el conflicto petrolero, 1917-1942*, El Colegio de México, México, 1981, p. 46.

[71] Sylvanus G. Morley, *La civilización maya, op. cit.*, pp. 336-337.

[72] *Ibidem*, p. 162.

[73] Diego de Landa, *Relación de las cosas de Yucatán, op. cit.*, p. 56.

[74] Hernán Cortés, *Cartas de relación*, *op. cit.*, p. 288.

[75] *Ibidem*, p. 80.

[76] Alexander von Humboldt, *Ensayo político sobre el Reino de la Nueva España*, tomo I (edición facsmilar, París, 1822), Porrúa, 1985, p. 174.

[77] *Idem.*

[78] Bartolomé de las Casas, *Los indios de México y Nueva España*, edición, prólogo, apéndices y notas de Edmundo O'Gorman, con la colaboración de Jorge Alberto Manrique, Porrúa, México, 2022, p. 97.

[79] Fray Toribio de Benavente, Motolinía, *Historia de los indios*, *op. cit.*, p. 311.

[80] Sylvanus G. Morley, *La civilización maya*, *op. cit.*, pp. 191-192.

[81] Diego de Landa, *Relación de las cosas de Yucatán, op. cit.*, p. 103.

[82] Producción de Miel en México, Gobierno de México, Secretaría de Agricultura y Desarrollo Rural.

[83] Michael D. Coe, *La primera civilización de América*, «Prólogo», New York City, Inc., Rockville, Maryland, 2017, pp. 2 y 3.

[84] *Ibidem*, 423-425. Bernal Díaz del Castillo, *Historia verdadera de la conquista de la Nueva España*, caps. LXXXII y XCII, y Hernán Cortés, «Segunda carta-relación», *Cartas y documentos,* pp. 56-60 y 72-80.

[85] Alberto Ruz Lhuillier, *La civilización de los antiguos mayas,* FCE, México, 2018, p. 81.

[86] Enrique Florescano, *Los orígenes del poder,* Penguin Random House, México, 2022, p. 89.

[87] *Ibidem,* p. 93.

[88] *Ibidem,* p. 95.

[89] *Idem.*

[90] *Idem.*

[91] *Ibidem,* p. 98.

[92] *Idem.*

[93] *Idem.*

[94] *Ibidem,* p. 105.

[95] *Ibidem,* p. 106.

[96] *Ibidem,* p. 107.

[97] *Idem.*

[98] *Idem.*

[99] Enrique Florescano, *Los orígenes del poder*, p. 107.

[100] Michael D. Coe, La primera civilización de América, Capítulo 4: «La Venta: Santuario en los pantanos».

[101] Diego de Landa, *Relación de las cosas de Yucatán, op. cit.*, p. 46.

[102] Michael D. Coe, *La primera civilización de América*, capítulo 8.

[103] Enrique Florescano, *Los orígenes del poder,* p. 107.

[104] Guillermo Acosta, Berenice Jiménez, Eduardo Corona, *Chinampas Arqueológicas*, «Historia de una tecnología», *Arqueología Mexicana*, enero-febrero de 2024, pp. 26-31.

[105] Enrique Florescano, *Los orígenes del poder,* p. 422.

[106] Alberto Ruz, *La civilización de los antiguos mayas, op. cit.*, pp. 81-82.

[107] Alfonso Caso, *El tesoro de Monte Albán*, Gobierno del estado de Oaxaca, 1969, p. 75.

[108] Alberto Ruz, *La civilización de los antiguos mayas, op. cit.,* p. 36.

[109] *Ibidem*, p. 36.

[110] Alexander von Humboldt, *Ensayo político sobre el Reino de la Nueva España*, tomo I, Porrúa, México, 1985, p. 176.

[111] *Huehuetlatolli. Testimonios de la antigua palabra recogidos por Fray Andrés de Olmos hacia 1535,* FCE, México, 2021, pp. 37-38.

[112] Jacques Soustelle, *La vida cotidiana de los aztecas*, FCE, México, 1977, p. 173.

[113] *Ibidem*, p. 176.

[114] Diego de Landa, *Relación de las cosas de Yucatán, op. cit.*, p. 41.

[115] *Idem.*

[116] *Ibidem*, p. 42.

[117] Yuval Harari, *De animales a dioses,* Penguin Random House, México, 2022, pp. 323-324.

[118] Eli de Gortari, *La ciencia en la historia de México*, FCE, 2016, pp. 125-127.

[119] *Ibidem,* pp. 122-124.

[120] Martín de la Cruz, *Libellus de medicinalibus indorum herbis,* Manuscrito Azteca de 1552, FCE-IMSS, México, 1991, pp. 13-15.

[121] Fernando Benítez, *Historia de la Ciudad de México,* tomo V, p. 82.

[122] Robert Ricard, *La conquista espiritual de México,* FCE, México, 2017, p. 291.

[123] *Ibidem,* p. 291.

[124] *Ibidem,* pp. 233-234.

[125] Fray Toribio de Benavente, Motolinía, *Historia de los indios de la Nueva España, op. cit.,* p. 241.

[126] Eli de Gortari, *La ciencia en la historia de México, op. cit.,* pp. 73-74.

[127] Alexander von Humboldt, *Ensayo político sobre el Reino de la Nueva España, op. cit.,* p. 184.

[128] Sylvanus G. Morley, *La civilización maya,* p. 445.

[129] Rodolfo Lara Lagunas y Lily Lara Romero, *Simbología olmeca: El legado,* Águila-Jaguar, Centro de Difusión y Rescate de la Cultura Olmeca, Villahermosa, 2022, p. 58.

[130] Alberto Ruz, *La civilización de los antiguos mayas, op. cit.,* pp. 72-73.

[131] Sylvanus G. Morley, *La civilización maya, op. cit.,* p. 331.

[132] Alberto Ruz, *La civilización de los antiguos mayas, op. cit.,* p. 72.

[133] Beatriz de la Fuente, *Los hombres de piedra,* «Escultura Olmeca», UNAM, México, 1984, p. 89.

[134] Rodolfo Lara Lagunas y Lily Lara Romero, *Simbología olmeca…, op. cit.,* p. 55.

[135] Morley (1947 y Thompson (1959).

[136] Robert Ricard, *La conquista espiritual de México, op. cit.,* p. 234.

[137] Alexander von Humboldt, *op. cit.,* pp. 151-153.

[138] La palabra *Notlazomahuizteopixcatatzin* signfica «sacerdote venerable á quien amo como á mi padre. Los megicanos empleaban esta voz de 27 letras, cuando dirigían la palabra á los curas».

[139] Alexander von Humboldt, *Ensayo político sobre el Reino de la Nueva España, op. cit.,* pp. 151-153.

[140] Rodolfo Lara Lagunas, *Simbología olmeca…, op. cit.,* pp. 18-19.

[141] Eli de Gortari, *La ciencia en la historia de México, op. cit.,* p. 103. (Orozco y Berra (1887), Caso (1946), Morley (1947) y Thompson (1959).

[142] Eli de Gortari, *La ciencia en la historia de México, op. cit.,* pp. 96-105. [Guthe (1932), Placios (1932), Blom (1933) y (1944), Thompson (1936) y (1959), Bowditch (1940), Soustelle (1940), Lizardi Ramos *et al.* (1941), Morley (1947), Gortari (1949b), Kirchhoff (1950) y (1956a), R. Noriega (1955), Caso (1956) y (1958) y Pavón Abreu (1956)].

[143] Rodolfo Lara Lagunas, *Simbología olmeca, op. cit.,* pp. 155-156.

[144] *Ibidem,* p. 14.

[145] Alberto Ruz, *La civilización de los antiguos mayas,* p. 38.

[146] Sylvanus G. Morley, *La civilización maya,* p. 73.

[147] Diego de Landa, *Relación de las cosas de Yucatán, op. cit.,* pp. 104-105.

[148] Alexander von Humboldt, *op. cit.,* pp. 186-188.

[149] *Textos Mayas, Una antología general,* Crónica/Poesía/Teatro/Narrativa, SEP-UNAM, 1982, pp. 91-92.

[150] Mardonio Carballo, *Ni Xochitl Ni Kuikatl, La canción de las flores,* Libro de poesía náhuatl, JBE Books & Perrier-Jouët. 2023, sin página.

[151] Juan Pablo Contreras (compositor de la obra *Voladores de Papantla* a través de un cuarteto de cuerdas), Voladores de Papantla, Rito de los voladores (en su página de Contreras).

[152] Diego de Landa, *Relación de las cosas de Yucatán, op. cit.*, p. 61.

[153] Pedro Salmerón Sanginés, *La batalla por Tenochtitlan,* FCE, México, 2021, p. 22.

[154] Leopoldo Zea, *José Martí a cien años de nuestra América,* "Panorama de nuestra América", UNAM, 1993, p. 78 (en *José Martí, Nuestra América,* Obras Escogidas, tomo 6, La Habana, Editorial de Ciencias Sociales, 1975, p. 315).

[155] Guillermo Bonfil Batalla, *México profundo. Una civilización negada, op. cit.*, pp. 237-239.